ADRIAN SCHENKER: HEXAPLARISCHE PSALMENBRUCHSTÜCKE

ORBIS BIBLICUS ET ORIENTALIS

Im Auftrag des Biblischen Institutes der Universität
Freiburg Schweiz
herausgegeben von
Othmar Keel und Bernard Trémel

ORBIS BIBLICUS ET ORIENTALIS 8

ADRIAN SCHENKER O.P.

HEXAPLARISCHE PSALMENBRUCHSTÜCKE

Die hexaplarischen Psalmenfragmente
der Handschriften Vaticanus graecus 752 und Canonicianus graecus 62

UNIVERSITÄTSVERLAG FREIBURG SCHWEIZ
VANDENHOECK & RUPRECHT GÖTTINGEN
1975

Veröffentlicht mit der Unterstützung des Schweizerischen Nationalfonds
zur Förderung der wissenschaftlichen Forschung
und des Hochschulrates der Universität Freiburg Schweiz

© 1975 by Universitätsverlag Freiburg Schweiz
Paulusdruckerei Freiburg Schweiz
UV ISBN 3-7278-0136-X   V & R 3-525-53310-1

*Dem Andenken
meines Vaters
und für meine Mutter*

VORWORT

Die vorliegende Arbeit ist die gekürzte Fassung einer Dissertation und einer Habilitationsschrift, die von der Theologischen Fakultät der Universität Freiburg i. Ü. im Jahre 1972 angenommen wurden. Ihre Absicht ist es, bisher unveröffentlichte Bruchstücke aus dem Psalter der Hexapla herauszugeben.

Wer sich schon mit hexaplarischen Fragmenten befaßt hat, weiß, wie sehr manche gedruckte Ausgaben hexaplarischer Lesarten an Unzulänglichkeiten leiden. Mit dieser Feststellung sollen nicht die Verdienste der Herausgeber geschmälert werden, die unter schwierigen Bedingungen Großartiges geleistet haben, um das Werk des Origenes dem gänzlichen Untergang zu entreißen. Aber aus dieser Feststellung ergibt sich das Programm für Neuausgaben hexaplarischer Stoffe: Es kann nicht genügen, sich auf die gedruckten Ausgaben zu stützen. Die handschriftliche Überlieferung muß ausgiebig zu Worte kommen. Vor allem Giovanni *Mercati* hat diesen Weg gewiesen.

Aus diesen Überlegungen erklärt sich die Gestalt meiner Arbeit. Da die herausgegebenen Bruchstücke einer Psalmencatene entstammen, ist zunächst diese auf Zusammensetzung und Quellen hin untersucht. Die Edition selbst ist so angelegt, daß sie die Form der Lesarten in den beiden Handschriften so getreu wie möglich erkennen läßt. Überdies werden im Kommentar der Lesarten alle hexaplarischen Zitate, so weit es möglich war, zusammen mit ihrer *handschriftlichen Bezeugung* gegeben. Auf diese Weise hoffe ich, daß die vorliegende Arbeit einen Beitrag zu einer zuverlässigen Kenntnis der hexaplarischen Übersetzungen leisten wird.

Diese ganze Arbeit wäre ohne die großzügige Hilfe von Prof. Dominique *Barthélemy* ein Ding der Unmöglichkeit gewesen. Er hat mir sämtliche hexaplarische Psalmenlesarten, die er aus den Handschriften exzerpiert und kollationiert hatte, zur uneingeschränkten Benützung überlassen. Ohne dies und ohne seine beständige Hilfsbereitschaft wäre diese Ausgabe, die er angeregt hat, nie zustande gekommen. Ihm hier dafür meinen Dank auszusprechen, ist der angenehmste Teil meiner ganzen Arbeit!

Zu danken habe ich ferner vor allem Frau Blanca *Kretz,* aber auch Frau Bernadette *Schacher* und Frau Alice *Schenker,* die mein Manuskript mit Heroismus niedergeschrieben haben. Beim Durchlesen des Manuskriptes haben mir mein Mitbruder Roland *Trauffer* und Herr Assistent Urs *Winter* aufs großzügigste geholfen. Bei der Erstellung des 3. Index waren mir mein Mitbruder Joseph *Tran Duc Anh* und Herr *Winter* liebenswürdigerweise behilflich. Dem Nationalfonds und dem Hochschulrat bin ich für die großen Beiträge an die Druckkosten zu Dank verpflichtet.

Zum Schluß sei beigefügt, daß auch noch die hexaplarischen Bruchstücke des Ottobonianus graecus 398 in absehbarer Zeit herausgegeben werden sollen.

Freiburg i. Ü., im Februar 1975.

ADRIAN SCHENKER

INHALTSVERZEICHNIS

Vorwort VII

Inhaltsverzeichnis IX

Erklärung der verwendeten Zeichen und Abkürzungen XIII

TEIL I

Einleitung zur Ausgabe der hexaplarischen Psalmenbruchstücke von Vaticanus gr. 752 = Canonicianus gr. 62

Kap. 1: *Die Stellung der Handschriften Vaticanus gr. 752 (=1173) und Canonicianus gr. 62 (=1122) in der hexaplarischen Überlieferung* 3

    1. Die Überlieferung der Hexapla 3

    2. Beschaffenheit und Wert des überlieferten hexaplarischen Gutes 4

    3. Sammlungen und Ausgaben hexaplarischer Bruchstücke 5

    4. Verbleibende Aufgaben 6

    5. Plan der vorliegenden Ausgabe 7

Kap. 2: *Aufbau der Catenen von Vaticanus gr. 752 und Canonicianus gr. 62* 9

    Einführung 9

    1. Cat xxii in Ps i–ciii 9 10

        a. Ps i–xxxii 13 10

        b. Ps xxxii 14 – xxxix 4 b 11

        c. Ps xxxix 4 c – lxxvii 35 17

        d. Ps lxxvii 36 – lxxxii 16 18

        e. Ps lxxxii 16 – c 8 19

        f. Ps ci 1 – ciii 9 21

    2. Das gegenseitige Verhältnis von 1173 und 1122 in Abschnitt Ps i–ciii 9 ... 24

    3. Cat xxii in Ps ciii 10 – cl 28

        a. 1122 29

        b. 1173 30

    Zusammenfassung: die Quellen der Catene xxii 33

Kap. 3: *Der Abschnitt Ps lxxvii 30, 36 – lxxxii 16 in der Catene xxii*   35

    Einführung   35

    1. Die Bestandteile der cat xxii, abgesehen von den hexaplarischen Lesarten
       und den hesychianischen Glossen   36
    2. Vergleich des Eusebius in cat xxii und in der palästinischen Catene   38
    3. Vergleich der cat xxii und der Catene in der Hs 1098   41

Kap. 4: *Der Beitrag der Handschriften Vaticanus gr. 752 = Canonicianus gr. 62 zur
       Bestimmung der Übersetzungsweise in den jüngeren griechischen Versionen und
       zur Kenntnis der Hexapla*   46

    1. Zur Übersetzungsweise der jüngeren Versionen   46

    Einführung   46

    2. Zum Verb   47

       a. Die Wiedergabe der hebräischen Tempora   47
          i) Hebräisches Imperfekt und Jussiv   47
          ii) Imperfectum consecutivum   48
          iii) Hebräisches Perfekt   48
          iv) Perfectum consecutivum   48
          Zusammenfassung   48

       b. Die Wiedergabe des Imperativs   49

    3. Zum Vokativ von θεός und λαός   49

       a. Der Vokativ von θεός   49
       b. Der Vokativ von λαός   51

    4. Zum Artikel beim Possessivum   51
    5. Zur Kongruenz von Subjekt und Prädikat bei Neutrum Plural   52
    6. Das Bild der Hexapla nach den Angaben von Vaticanus gr. 752 = Cano-
       nicianus gr. 62   52
    7. Die Septuaginta des Exzerptors der hexaplarischen Lesarten in Ps lxxvii 30,
       36 – lxxxii 16 der Catena von Vaticanus gr. 752 = Canonicianus gr. 62.....   55
    8. Die Überlieferung der hexaplarischen Lesarten in Vaticanus gr. 752 = Cano-
       nicianus gr. 62   56

TEIL II

Die hexaplarischen Lesarten von Vaticanus gr. 752 = Canonicianus gr. 62
Ps lxxvii 30, 36 – lxxxii 16

Vorbemerkungen zur Ausgabe 61

Text 63

TEIL III

Erläuterungen zu den hexaplarischen Lesarten von Vaticanus gr. 752
= Canonicianus gr. 62

Ps lxxvii 30, 36 – lxxxii 16 109

Register

Hebräisches Wortregister 357

Griechisches Wortregister 374

Register der Bibelstellen 393

Index rerum nominumque 443

ERKLÄRUNG DER VERWENDETEN ZEICHEN UND ABKÜRZUNGEN

I. Verzeichnis der angeführten Handschriften

1. Handschriften der Septuaginta

a. Die Handschriften des Octateuch, der Regna i–iv, der Paralipomena i–ii, von Esdras i–ii, Esther, Judith, Tobias werden mit jenen Siglen bezeichnet, die sie in der sogenannten Larger Cambridge Septuagint: The Old Testament in Greek ..., vol. i–iii, edited by Alan England *Brooke* and Norman *McLean* (Cambridge 1906–1940), tragen.
Diese Ausgabe selber wird unter der Sigel: Brooke-McLean zitiert.

b. Die Handschriften der Makkabäer i–iv, der Psalmen, der Weisheit Salomons und der Propheten werden mit jenen Siglen bezeichnet, die sie in der sogenannten Göttinger Septuaginta tragen: Septuaginta. Vetus Testamentum Graecum, Auctoritate Academiae Litterarum Gottingensis editum. Diese Sigel sind jene, welche *Rahlfs,* Verzeichnis, festgesetzt hat.
Diese Septuaginta-Ausgabe wird jeweils unter dem Namen des Herausgebers eines bestimmten Buches angeführt.

c. Wird der kritische Apparat einer dieser genannten Septuaginta-Ausgaben zitiert, so stammen die Angaben aus der Edition und sind nicht in den Handschriften selber nachgeprüft worden.

d. In den Psalmen werden bisweilen variae lectiones aus Handschriften angeführt, die sich nicht bei *Rahlfs,* Psalmi cum Odis finden, sondern die *Holmes-Parsons* liefern. In diesem Falle sind die Sigel jene von *Holmes-Parsons.*
Dasselbe gilt von den abweichenden Lesarten in Job und Proverbien; sie alle stammen aus *Holmes-Parsons.*

e. Eine Konkordanz der Sigel der Cambridger und der Göttinger Septuaginta findet man bei *Rahlfs,* Verzeichnis, S. 338, und bei *Jellicoe,* Septuagint, S. 362–369. Die Sigel von *Holmes-Parsons* hat *Rahlfs* in sein System der Handschriftenbezeichnung aufgenommen, so daß die Sigel jener Hss, die *Holmes-Parsons* und *Rahlfs* gemeinsam sind, dieselben bleiben.

f. *Rahlfs* hatte für seine Ausgabe der Psalmen in der Göttinger Septuaginta den *Papyrus Bodmer xxiv* noch nicht gekannt. Im folgenden wird er nach der Faksimile-Ausgabe zitiert: Rodolphe *Kasser* - Michel *Testuz,* Papyrus Bodmer xxiv. Psaumes xvii–cxviii. Bibliotheca Bodmeriana (Cologny - Genève 1967). Sigel: P. Bodmer xxiv.

2. Catenen- und Psalterhandschriften mit hexaplarischen Lesarten

a. Hier werden nur die unveröffentlichten Hss, die hexaplarische Bruchstücke enthalten, verzeichnet. Die veröffentlichten Hss siehe unten II, 1.

b. Alle Hss, die *Rahlfs* in seinem Verzeichnis bereits erfaßt hat, tragen hier die Sigel *Rahlfs'*.

c. Ferner werden die einzelnen Catenen auch durch die römischen Ziffern bezeichnet, welche ihnen *Karo-Lietzmann,* Catalogus, nach dem Catenentypus verliehen haben. Obwohl diese Klassifizierung viel zu wünschen übrig läßt und viel zu grob ist, hat sie sich eingebürgert und ist vor allem bei jenen Catenen bequem im Gebrauch, die durch viele Hss vertreten werden.

d. Außerdem erscheinen die Catenen, die von *Richard,* Premières chaînes, als *eine,* und zwar als eine besonders alte Catene erkannt und «chaîne palestinienne» genannt wurde, im folgenden unter der Sigel: cat pal.

e. Verzeichnis der benützten Catenenhandschriften mit der römischen Ziffer des Catenentypus von *Karo-Lietzmann,* Catalogus, der Sigel von *Rahlfs,* Verzeichnis, und dem Standort der Handschrift:

Cat iii   = 1133 = Paris Bibliothèque nationale, Ms gr. 139; *Rahlfs,* Verzeichnis, S. 200–201.
Cat iv   = 264 = Vatikan, Ottobonianus gr. 398; *Rahlfs,* Verzeichnis, S. 241.
Cat v   = 142 = Wien, Nationalbibliothek, Theol. gr. 8; *Rahlfs,* Verzeichnis, S. 318.
Cat vi   = 1121 = Oxford, Bodleian Library, Baroccianus gr. 235; *Rahlfs,* Verzeichnis, S. 170.
                    Enthält Ps i–l, erster Teil der palästinischen Catene.
Cat vii   = 1906 = Wien, Nationalbibliothek, Theol. gr. 59; *Rahlfs,* Verzeichnis, S. 320. Enthält Ps i–lxxviii 3; das Stück Ps lxxvii–lxxviii 3 ist ein Teil der palästinischen Catene; siehe Einleitung, Kap. III, S. 38.
Cat viii   = 272 = Vatikan, Palatinus gr. 247; *Rahlfs,* Verzeichnis, S. 243. Enthält Ps i–lxxvi.
            = 1812 = Sinai, Katharinenkloster, Cod. gr. 23; *Rahlfs,* Verzeichnis, S. 286. Enthält Ps lxxvi–cxliii.
Cat ix   = 273 = Vatikan, Reginensis gr. 40; *Rahlfs* Verzeichnis, S. 246.
Cat x   = 1706 = Oxford, Bodleian Library, Baroccianus gr. 223; *Rahlfs,* Verzeichnis, S.170.
            = 1625 = Jerusalem, Patriarchalbibliothek, Staurou 1; *Rahlfs,* Verzeichnis, S. 83.
Cat xi   = 1675 = Mailand, Ambrosiana, F. 126 sup.; *Rahlfs,* Verzeichnis, S. 129. Enthält Ps lxxxiii 4–cl.
            =   = Patmos, Mone S. Joannis Ev. 215 (fehlt in *Rahlfs,* Verzeichnis; beschrieben in *Richard,* Quelques manuscrits, S. 102, Nr. 43). Enthält Ps lxxviii 4–cl. Cat xi stellt den zweiten Teil der palästinischen Catene dar.
Cat xii   = 1224 = Wien, Nationalbibliothek, Theol. gr. 297; *Rahlfs,* Verzeichnis, S. 323.
Cat xiii   = 1175 = Vatikan, Cod. gr.754; *Rahlfs,* Verzeichnis, S. 256. Sehr ähnlich der cat xix = 187 = Paris, Coislin gr. 10; *Rahlfs,* Verzeichnis, S. 186.
                    Überall, wo 1175 angeführt ist, ist stillschweigend vorausgesetzt, daß es sich um die Lesarten in kleinen Majuskeln *des inneren Randes* der Catene handelt.
Cat xv   = 1138 = Paris, Bibliothèque nationale, Cod. gr. 146; *Rahlfs,* Verzeichnis, S. 201.
            = 1177 = Vatikan, Cod. gr. 1422; *Rahlfs,* Verzeichnis, S. 262–263.
Cat xvii   = 1047 = Escorial, Real Biblioteca Y – II – 14; *Rahlfs,* Verzeichnis, S. 56.
            = 1134 = Paris, Bibliothèque nationale, Cod. gr. 140; *Rahlfs,* Verzeichnis, S. 200–201.
            = 1135 = Paris, Bibliothèque nationale, Cod. gr. 141; *Rahlfs,* Verzeichnis, S. 201.
            = 1139 = Paris, Bibliothèque nationale, Cod. gr. 163; *Rahlfs,* Verzeichnis, S. 204.

= 1212 = Venedig, Biblioteca nazionale Marciana, Appendix I 30; *Rahlfs,* Verzeichnis, S. 304.

Obwohl viele Lesarten aus dem hexaplarischen Psalter durch mehr als die oben erwähnten Handschriften der cat xvii bezeugt sind, werden andere Handschriften nur in besonderen Fällen hinzugezogen. Es hätte zu weit geführt, wenn man jedes Mal die Gesamtheit der Zeugen der cat xvii hätte anführen und besprechen müssen. Dies wird die Aufgabe einer Ausgabe der hexaplarischen Bruchstücke der cat xvii oder einer neuen Gesamtausgabe aller hexaplarischen Psalmenfragmente sein.

Cat xix = 187 = Paris, Bibliothèque nationale, Coislin gr. 10; siehe oben zu cat xiii.

Cat xxii = 1173 = Vatikan, Cod. gr. 752; *Rahlfs,* Verzeichnis, S. 255.

= 1122 = Oxford, Bodleian Library, Canonicianus gr. 62; *Rahlfs,* Verzeichnis, S. 171.

Cat xxv = 1137 = Paris, Bibliothèque nationale, Cod. gr. 143; *Rahlfs,* Verzeichnis, S. 201.

Der cat xxv sehr ähnlich ist ein Kommentar, den man *Petrus von Laodicaea* zuschrieb, und der von B. *Cordier,* Expositio Patrum Graecorum in Psalmos ... (Antwerpen 1643–1646) unter dem Namen *Theodors von Heraklea* veröffentlicht wurde, siehe *Devreesse,* Chaînes, c. 1115. Dieser Kommentar ist in den folgenden zwei Hss hinzugezogen worden:

= 1811 = Sinai, Katharinenkloster, Cod. gr. 22; *Rahlfs,* Verzeichnis, S. 286.

= Sinai, Katharinenkloster, Cod. gr. 25; bei *Rahlfs,* Verzeichnis nicht erwähnt. Enthält Ps lxiv–cxli.

f. Karo-Lietzmann, Catalogus, fügten unter Ziffer xxvii eine inhaltlich heterogene Gruppe von «codices varii» hinzu, die verschiedene Typen von Catenen und mit Glossen und Scholien versehenen Psalmenhandschriften darstellen.

Solche Handschriften sind ebenfalls herangezogen, gleichviel ob sie bei *Karo-Lietzmann,* Catalogus, aufgeführt sind oder nicht. Es handelt sich um folgende Mss:

aa. Turin, Biblioteca nazionale, C. II. 6; *Rahlfs,* Verzeichnis, S. 299; = 1209. Enthält Ps li–c. Diese Hs bewahrt den mittleren Teil der palästinischen Catene. Der Bibliotheksbrand von 1907 hat die Hs stark versehrt.

bb. Paris, Bibliothèque nationale, Coislin gr. 187; *Rahlfs,* Verzeichnis, S. 188; = 190.

cc. Paris, Bibliothèque nationale, Cod. gr. 164 = Colbertus στιχηρῶς scriptus; *Rahlfs,* Verzeichnis, S. 204; = 1140.

dd. Athos, Lavra A. 89; fehlt in *Rahlfs,* Verzeichnis; siehe *Richard,* Quelques manuscrits, S. 95–96, Nr. 25.

ee. Jerusalem, Patriarchalbibliothek, Staurou 96; *Rahlfs,* Verzeichnis, S. 84; = 1070.

g. Zusammenfassende Bemerkung zur palästinischen Catene, siehe oben unter d:

Sie ist auf folgende Handschriften zerstreut:

Ps i – l	= cat vi	= 1121
Ps li – c	= «cat xxvii»	= 1209 (stark fragmentarisch)
Ps lxxvii – lxxviii 3	= cat vii	= 1906
Ps lxxviii 4 – cl	= cat xi	= Patmos, Mone S. Joannis Ev., 215
Ps lxxxiii 4 – cl	= cat xi	= 1675.

NB. Wo 1121 lückenhaft ist, sind andere Handschriften, welche von 1121 abhangen, an deren Stelle angeführt. 1121 ist nämlich der Prototyp aller andern Hss der cat vi, wie *Richard,* Premières chaînes, S. 88, gezeigt hat. Diese von 1121 abhängigen Hss sind folgende:

1021 = Athos, Iviron 579; *Rahlfs*, Verzeichnis, S. 13.
1178 = Vatikan, Cod. gr. 1789; *Rahlfs*, Verzeichnis, S. 266.
1113 = München, Staatsbibliothek, Cod. gr. 359; *Rahlfs*, Verzeichnis, S. 156; = Cod. 3
        Schulze's in seiner Theodoret-Ausgabe.

3. Eusebius' von Caesarea Psalmenkommentar

a. Der Psalmenkommentar *Eusebius'* ist bruchstückhaft und bloß in einer einzigen Handschrift für den mittleren Teil des Psalters, nämlich Ps li–xcv, erhalten. Diese Handschrift
liegt in Paris, Bibliothèque nationale, Coislin gr. 44. Wird *Eusebius* nach dieser Handschrift
zitiert, so trägt die Sigel *Eusebius'* als Exponent die Sigel der Handschrift Coislin 44, die bei
Rahlfs, Verzeichnis, nicht aufgeführt ist.   Sigel: Eus $^{Coisl\ 44}$.

b. Wo die indirekte Überlieferung von Eusebius' Psalmenerklärung in cat pal mit der direkten
Tradition in Coislin 44 parallel läuft, wird der indirekten Überlieferung nur dann ausdrücklich
Erwähnung getan, wenn sie in einem Punkt von Bedeutung von Coislin 44 abweicht, oder
wenn Coislin 44 anfechtbar erscheint, aber durch cat pal bestätigt wird.
Die Zitierung erfolgt in solchen Fällen ebenfalls durch Exponierung.

Sigel: Eus ^{1121}; Eus ^{1021}; Eus ^{1209}; Eus $^{Pat\ 215}$; usw.

4. Johannes Chrysostomus' Psalmenerklärung

a. *Johannes Chrysostomus'* Kommentar ist nicht vollständig auf uns gekommen.

Es folgt hier ein Verzeichnis der Handschriften, die beigezogen wurden. Da eine Bestimmung des gegenseitigen Abhängigkeitsverhältnisses dieser Hss fehlt, sind sie hier pragmatisch
nach ihrem Standort aufgezählt.
Jene Hss, die schon bei *Rahlfs*, Verzeichnis, eine Sigel erhalten hatten, bewahren dieselbe,
während die andern als Bezeichnung eine Majuskel erhalten. Diese Bezeichnungsweise hat den
Nachteil der Uneinheitlichkeit. Ihr Vorteil besteht darin, *Rahlfs'* Bezeichnungen überall dort
zu verwenden, wo es geht, und so Doppelbezeichnungen zu vermeiden.

1. Athos, Mone Vatopediou 660. Enthält Ps iv–xii. Wo *Chrysostomus* fehlt, ist er durch
   Asterius ergänzt. *Richard*, Quelques manuscrits, S. 97–101, besonders S. 97.   Sigel: A.
2. Berlin, Staatsbibliothek, Cod. Phillips 1410. Enthält Ps xli, xliii–xlix, cviii–cxvii, cxix–cxlix.
                                                                        Sigel: B.
3. Leiden, Bibliotheek der Rijksuniversiteit, Cod. Voss. gr. F 48. Enthält Ps cxix–cxxxi.
                                                                        Sigel: C.
4. Mailand, Ambrosiana, A. 176 sup. Enthält Ps iv–xii, xli, xliii–xlix, cviii–cxvii, cxix–cl.
                                                                        Sigel: D.
5. Oxford, Bodleian Library, Cod. Gr. th. c. 2 (olim Phillips 16.649). Enthält die Ps iv–xi.
                                                                        Sigel: E.
6. Oxford, Bodleian Library, Roe 13. Enthält Ps lxxvii–cl. Wo *Chrysostomus* fehlt, ist mit
   Hesychius ergänzt.   Sigel: F.
7. Oxford, Bodleian Library, Roe 19. Enthält Ps iv–xii, xli, xliii–xlix, cviii–cxvii, cxix–cl.
                                                                        Sigel: G.
8. Oxford, Bodleian Library, Corpus Christi College, c. 22. Enthält Ps iv–xii, xli, xliii–xlix,
   cviii–cxvii, cxix–cl.   Sigel: H.
9. Oxford, Bodleian Library, New College, 72. Enthält Ps cxix–cl.   Sigel: I.

10. Paris, Bibliothèque nationale, Coislin 12; = 1717 in *Rahlfs*, Verzeichnis, S. 186, *Karo-Lietzmann*, Catalogus, S. 66: Psalmencatene Ps vii 9 – lxxii 10 mit Chrysostomusexzerpten.
Sigel: 1717.

11. Paris, Bibliothèque nationale, Cod. gr. 654. Enthält Ps iv–viii, xliii–xlvii; in den Lücken ist der Kommentar mit *Asterius* ergänzt. Sigel: J.

12. Patmos, Mone S. Joannis Evangelistae, Cod. 159. Enthält Ps iv–xii, xliii–xlviii, cviii–cxvii, cxix–cl. Sigel: K.

13. Patmos, Mone S. Joannis Evangelistae, Cod. 161. Enthält Ps iv–viii. Wo *Chrysostomus* fehlt, steht *Asterius*. Sigel: L.

14. Patmos, Mone S. Joannis Evangelistae, Cod. 606. Enthält Ps iv–xii, xli, xliii–xlix, cviii–cxvii, cxix–cl. Es handelt sich um die Abschrift von D. Sigel: M.

15. Vatikan, Ottobonianus gr. 95. Enthält Ps iv–xii, xliii–xlviii, cviii–cxvii, cxix–cl.
Sigel: N.

16. Venedig, Biblioteca nazionale Marciana, Cod. gr. 111. Enthält Ps iv–xii, xliii–xlix, cxix–cl.
Sigel: O.

17. Venedig, Biblioteca nazionale Marciana, Cod. gr. 112. Enthält Ps iv–xii, xliii–xlix, cxix–cl.
Sigel: P.

18. Venedig, Biblioteca nazionale Marciana, Cod. gr. 562. Enthält Ps iv–xii, xli, xliii–xlix, cviii–cxvii, cxix–cl. Sigel: Q.

b. Ist *Chrysostomus* nach Hss angeführt, steht die Sigel der Hs als Exponent: z. B. Chr[A], Chr [1717], usw.

Die Chrysostomuszitate werden nach der Ausgabe *Montfaucon* (éd. Gaume), siehe unten II, 2, S. XIX, zitiert, ohne daß dabei jedesmal die handschriftliche Überlieferung mit ihren Varianten und mit den Mss, die *Montfaucons* Ausgabe bezeugen, mitangegeben wird. Dies ist einer kritischen Chrysostomusausgabe und einer Gesamtausgabe aller hexaplarischen Psalmenlesarten aufgetragen.

Die Hss der Psalmenerklärung von *Chrysostomus* sind in folgenden zwei Fällen ausdrücklich angeführt:

1. wenn sie in einem wichtigen Punkte von *Montfaucons* Ausgabe abweichen, sei es in ihrer Gesamtheit oder in einzelnen Zeugen;
2. jene Hss, die die Sigel der Lesarten (die ja bei *Chrysostomus*, wie man weiß, anonym überliefert sind unter allgemeinen Bezeichnungen wie: ἄλλος, ἕτερος) am Rande zu den Lesarten hinzusetzen. Die Anführung der Hs, z. B. Chr[N], bedeutet somit, daß N die Sigel gibt, während alle andern Hss Chrysostomus' die Lesart ebenfalls enthalten, aber anonym.

5. *Theodors von Mopsvestia Psalmenkommentar*

a. Der Kommentar von *Theodor von Mopsvestia* ist nur noch in indirekter Überlieferung bewahrt. Die erhaltenen Reste hat gesammelt und herausgegeben Robert *Devreesse*, Le commentaire de Théodore de Mopsueste sur les Psaumes (I–LXXX), Studi e testi 93 (Rom 1939). Seiner Exzerptensammlung liegen als Quellen zugrunde die Catenen:

1. Paris Bibliothèque nationale, Coislin 12; *Rahlfs*, Verzeichnis, S. 186: Sigel: 1717. Enthält die Ps vii 9 – lxxii 10.
2. Paris, Bibliothèque nationale, Cod. gr. 139; *Rahlfs*, Verzeichnis, S. 200: Sigel: 1133 (= cat iii).

b. Wird *Theodor von Mopsvestia* nach Hss zitiert, so erscheinen diese als Exponenten, z. B. ThdMopsv [1133], ThdMopsv [1717].

6. Hesychius' von Jerusalem Großer Psalmenkommentar

Der Große Psalmenkommentar des *Hesychius* enthält nur wenige hexaplarische Zitate. Er ist angeführt nach der Hs:

Oxford, Bodleian Library, Roe 13, siehe oben unter Joannes Chrysostomus, Hs F. *Hesychius* wird nach der Hs zitiert wie folgt: He [Roe 13].

7. Theodoret von Cyrus

a. Die Psalmenerklärung des *Theodoret von Cyrus* ist in zahlreichen Handschriften auf uns gekommen. Von ihnen wurden die nachstehenden herangezogen. In Ermangelung einer Bestimmung des Verhältnisses dieser Hss zueinander werden sie wiederum rein pragmatisch nach ihrem Standort aufgezählt.

Als Sigel der Hss sind jene Sigel beibehalten worden, die *Rahlfs* in seinem Verzeichnis bestimmten Mss, die er erfaßt hatte, verliehen hatte. Die andern empfangen als Sigel eine hier gewählte Majuskel.

Theodoret wird wie *Chrysostomus* nach der gedruckten Ausgabe angeführt, wobei es sich bei *Theodoret* um die Ausgabe *Schulze's*, siehe unten II, 2, S. xx, handelt. Nur dort wo die handschriftliche Überlieferung gegen *Schulze* geht oder unter sich gespalten ist, wird die handschriftliche Tradition ausdrücklich angeführt.

1. Florenz, Biblioteca Mediceo-Laurenziana, Laur xi. 5 = *Holmes-Parsons* 288. (Die Seitenzahlen dieser Hs sind auf dem Mikrofilm nicht sichtbar.)   Sigel: 288.

2. Oxford, Bodleian Library, Laudianus gr. 42 = 1124 bei *Rahlfs*, Verzeichnis, S. 173.
   Sigel: 1124.

3. Paris, Bibliothèque nationale, Cod. gr. 843 = 1141 bei *Rahlfs*, Verzeichnis, S. 208.
   Sigel: 1141.

4. Paris, Bibliothèque nationale, Cod. gr. 844 = 1142 bei *Rahlfs*, Verzeichnis, S. 208.
   Sigel: 1142.

5. Paris, Bibliothèque nationale, Cod. gr. 1051. *Rahlfs*, Verzeichnis, S. 209, führt die Hs an, ohne ihr eine Sigel zuzuteilen.   Sigel: A.

6. Sinai, Katharinenkloster, Cod. gr. 21 = 1184 in *Rahlfs*, Verzeichnis, S. 286.   Sigel: 1184.

7. Sinai, Katharinenkloster, Cod. gr. 24. Diese Hs steht in *Rahlfs*, Verzeichnis, S. 286 angegeben, aber ohne Sigel.   Sigel: B.

8. Vatikan, Barberinianus gr. 480. Bei *Rahlfs*, Verzeichnis, S. 238 erwähnt, aber ohne Sigel.
   Sigel: C.

9. Venedig, Biblioteca nazionale Marciana, Cod. gr. II 184. Bei *Rahlfs*, Verzeichnis, S. 305 ohne Sigel angeführt.   Sigel: D.

10. Venedig, Biblioteca nazionale Marciana, Cod. gr. 19 = 1216 bei *Rahlfs*, Verzeichnis, S. 308.
    Sigel: 1216

11. Venedig, Biblioteca nazionale Marciana, Cod. gr. 20. Im Verzeichnis von *Rahlfs* ohne Sigel genannt auf S. 308.   Sigel: E.

12. Wien, Nationalbibliothek, Theol. gr. 294. Bei *Rahlfs*, Verzeichnis, S. 323 vermerkt, aber ohne Sigel.   Sigel: F.

b. Wird *Theodoret von Cyrus* nach Hss zitiert, so steht die angeführte Hs als Exponent, z. B. Tht [A], Tht [1184], usw.

II. Verzeichnis der angeführten Ausgaben hexaplarischer Bruchstücke und der Väterkommentare

1. Ausgaben hexaplarischer Fragmente

a. Die hexaplarischen Lesarten zum Octateuch, zu den Regna i–iv, den Paralipomena i–ii werden nach *Brooke-McLean* und für die patristischen Zitate, sowie für *Philoponos* zu Gn i nach *Field* angeführt.

b. Die Hexapla-Lesarten zu den Propheten entstammen der Göttinger Septuaginta, siehe oben I, 1, b.

c. Die hexaplarischen Bruchstücke aus Job, den Sprüchen, dem Prediger und dem Hohen Lied sind aus folgenden Quellen geschöpft:

aa. Petrus *Morinus*, Vetus Testamentum iuxta Septuaginta ex auctoritate Sixti V. Pont. max.
    editum (Rom 1587), Anmerkungen   Sigel: Morin. n. (= nota).
bb. *Field*, Origenis Hexaplorum.   Sigel: Field.
cc. *Field*, o. c., Auctarium.   Sigel: Field, Auct.
dd. *Klostermann*, Analecta (nur zum Buche Job).   Sigel: Klostermann, Analecta.

d. Die seit *Field* veröffentlichten hexaplarischen Lesarten aus den Psalmen finden sich in:

aa. *Mercati*, Psalterii Hexapli. Die durch *Mercati* veröffentlichte Hs aus der Mailänder Ambro-
    siana erscheint hier unter ihrer Sigel bei *Rahlfs*, Verzeichnis, S. 130–131; = 1098.
bb. Charles *Taylor*, Cairo Geniza Palimpsests (Cambridge 1900).   Sigel: Taylor, Hexapla.

e. Die Aquila-Bruchstücke, die nicht über die hexaplarische Tradition auf uns gekommen sind, werden nach folgenden zwei Editionen angeführt:

aa. Charles *Taylor*, Cairo Geniza Palimpsests (Cambridge 1900).   Sigel: Taylor.
bb. F. Crawfoot *Burkitt*, Fragments of the Books of Kings according to the Translation of
    Aquila (Cambridge 1897).   Sigel: Burkitt.

f. Die Handschriften, die in diesen erwähnten Ausgaben angeführt sind, werden nach ihnen zitiert, ohne daß sie nachgeprüft wurden. Eine Ausnahme bilden jene Veröffentlichungen, die Fotografien oder Faksimile-Wiedergaben von Hss bieten. Zu diesen gehören *Mercati*, Psalterii Hexapli, auf dessen Fotos allerdings die Schrift des Palimpsests nicht überall lesbar ist, *Taylor* und *Burkitt*.

2. Erklärungen der Kirchenväter zum Psalter und zu einzelnen Psalmen

a. Ambrosius: Explanatio Psalmorum xii, S. Ambrosii Opera, Pars vi, recensuit M. *Petschenig*,
CSEL lxiv (Wien-Leipzig 1919).   Sigel: Ambr

b. Chrysostomus: Homiliae in Psalmos, Joannis Chrysostomi Opera omnia quae exstant ..., t. v,
editio Parisina altera (= éd. Gaume) (Paris 1836) 1–643 = Migne PG lv, cc. 5–528.   Sigel: Chr

c. Epiphanius: Panarion, Epiphanius (Ancoratus und Panarion), hrsg. Karl *Holl*, GCS, Bd. i–iii
(Leipzig 1915–1933).

d. Eusebius:

aa. Commentaria in Psalmos, Eusebii Pamphili Opera omnia quae exstant ..., ed. B. *de Mont-*
    faucon, Migne PG xxiii, cc. 441–1221. Dies ist der Abdruck der Hs Coislin 44 (mit einigen
    Fehlern). Der Rest der Psalmenerklärung, die nicht aus Coislin 44 stammt, ist eine Kom-
    pilation von Auszügen aus Catenen, die *Montfaucon* hergestellt hat, um Coislin 44 zu
    ergänzen.   Sigel: Eus [com]

bb. Demonstratio evangelica, Eusebius' Werke, 6. Bd., hrsg. Ivar A. *Heikel,* GCS Eusebius
6. Bd. (Leipzig 1913).   Sigel: Eus [dem]
cc. Praeparatio evangelica, Eusebius' Werke, 8. Bd., hrsg. Karl *Mras,* GCS Eusebius 8. Bd.,
1.–2. Teil (Berlin 1954–1956).   Sigel: Eus [P. E.]

e. Hesychius:

aa. Die Hesychiusexzerpte der Hs Oxford, Bodleian Library, Roe 13, sind z. T. abgedruckt
unter den Spuria des *Joannes Chrysostomus,* ed. B. *de Montfaucon,* Joannis Chrysostomi
Opera omnia quae exstant ..., t. v, editio Parisina altera ... (= éd. Gaume) (Paris 1836)
898–1001 = Migne PG lv, cc. 709–784.   Sigel: He
bb. Hesychius parvus: Der kleine Psalmenkommentar des *Hesychius von Jerusalem,* siehe
Altaner, Patrologie, S. 299, steht gedruckt unter den Werken des *Athanasius* mit dem
Titel: De titulis psalmorum, PG xxvii, cc. 649–1341. Zitiert wird PG mit Angabe der
Kolumne und der Nummer der Glosse.   Sigel: He par

f. Hieronymus: Zu den Psalmen hat *Hieronymus* an verschiedenen Stellen Erklärungen gegeben.

aa. Epistola ad Sunniam et Fretelam de psalterio quae de LXX interpretum editione corrupta
sint (= epistula cvi), nach der Ausgabe in: Biblia sacra iuxta latinam vulgatam versionem
ad codicum fidem ... cura et studio monachorum abbatiae pontificiae Sancti Hieronymi in
urbe ordinis sancti Benedicti edita, Liber Psalmorum ex recensione Sancti Hieronymi
(Rom 1953) 8–42.   Sigel: Hi [SF]
bb. Commentarioli in Psalmos, cura et studio Germani *Morin,* in S. Hieronymi presbyteri Opera,
Pars i, Opera exegetica 1, CC Series latina lxxii (Turnhout 1959) 163–245.   Sigel: Hi [com]
cc. Tractatus in Psalmos, in: S. Hieronymi presbyteri tractatus sive homiliae in Psalmos, in
Marci evangelium aliaque varia argumenta, ed. D. Germanus *Morin,* editio altera et emen-
data, S. Hieronymi presbyteri Opera, Pars ii, Opera homiletica, CC Series latina lxxviii
(Turnhout 1958).   Sigel: Hi [Tract]
dd. Epistola ad Principiam virginem, Explanatio Psalmi xliv (= epistola lxv), S. Hieronymi
Epistulae, Pars i, Epistulae i–lxx, recensuit Isidorus *Hilberg,* CSEL liv (Wien-Leipzig 1910)
616–647.   Sigel: Hi [PV]
ee. Epistola ad Marcellam (= epistola xxxiv), o. c., S. 259–264.   Sigel: Hi [M]

g. Theodor von Mopsvestia: Robert *Devreesse,* Le commentaire de Théodore de Mopsueste sur
les Psaumes (i–lxxx), Studi e testi 93 (Rom 1939).   Sigel: ThdMopsv

h. Theodoret von Cyrus: Beati Theodoreti ... Interpretatio in centum quinquaginta Psalmos,
Theodoreti ... Opera omnia, t. 1, ed. Joann. Ludov. *Schulze* (Halle 1769) = Migne, PG lxxx,
cc. 857–1998.   Sigel: Tht

III. Verzeichnis der öfter herangezogenen Literatur

ALTANER, Patrologie = Berthold ALTANER, Patrologie. Leben, Schriften und Lehre der Kirchen-
väter (Freiburg-Basel-Wien ⁶1960).
BAARS, New Syro-hexaplaric Texts = Willem BAARS, New Syro-hexaplaric Texts, Edited,
Commented upon and Compared with the Septuagint (Leiden 1968).
BARTHÉLEMY, Devanciers = Dominique BARTHÉLEMY, Les devanciers d'Aquila. Première publi-
cation intégrale du texte des fragments du Dodécaprophéton, trouvés dans le désert de
Juda, précédée d'une étude sur les traductions et recensions grecques de la Bible réalisées
au premier siècle de notre ère sous l'influence du rabbinat palestinien. Supplements to
Vetus Testamentum, vol. x (Leiden 1963).

BARTHÉLEMY, Quinta = Jean-Dominique BARTHÉLEMY, Quinta ou Version selon les Hébreux? in: Festgabe für Walter Eichrodt zum 70. Geburtstag = Theologische Zeitschrift 16 (1960) 342–353.

BLASS-DEBRUNNER, Grammatik = Friedrich BLASS, Grammatik des neutestamentlichen Griechisch, bearbeitet von Albert Debrunner (Göttingen ¹²1965).

BRØNNO, Studien = Einar BRØNNO, Studien über hebräische Morphologie und Vokalismus auf Grundlage der Mercatischen Fragmente der zweiten Kolumne der Hexapla des Origenes. Abhandlungen für die Kunde des Morgenlandes xxviii (Leipzig 1943).

DE ROSSI = Johannes Bern. DE-ROSSI, Variae lectiones Veteris Testamenti ex immensa Mss. editorumq. Codicum congerie hausta, vol. i–iv (Parma 1784–1788).

DEVREESSE, Introduction = Robert DEVREESSE, Introduction à l'étude des manuscrits grecs (Paris 1954).

DEVREESSE, Chaînes = Robert DEVREESSE, Chaînes exégétiques grecques, DBS i (Paris 1928) cc. 1084–1233.

DU CANGE, Glossarium = Carolus Du Fresne D. DU CANGE, Glossarium ad scriptores mediae et infimae Graecitatis (Lyon 1758).

EUSEBIUS, Kirchengeschichte i–iii = Eusebius' Werke Bd. 2, Die Kirchengeschichte, hrsg. Eduard SCHWARTZ; 1. Teil, Die Bücher i–v, GCS Eusebius ii, 1 (Leipzig 1903); 2. Teil, Die Bücher vi–x, Über die Märtyrer in Palästina, GCS Eusebius ii, 2 (Leipzig 1908); 3. Teil, Einleitungen, Übersichten und Register, GCS Eusebius ii, 3 (Leipzig 1909).

FIELD, Origenis Hexaplorum = Fridericus FIELD, Origenis Hexaplorum quae supersunt sive Veterum interpretum graecorum in totum Vetus Testamentum fragmenta ... adhibita etiam Versione Syro-hexaplari ..., t. i–ii (Oxford 1875) = (Hildesheim 1964).

FIELD, Origenis Hexaplorum, Auctarium = Fridericus FIELD, Auctarium ad Origenis Hexapla, in Origenis Hexaplorum, t. ii in fine.

GINSBURG, Massorah i–iii = Christian D. GINSBURG, The Massorah compiled from Manuscripts, vol. i–iii (London 1880 ff.).

GINSBURG, Massorah iv = Christian D. GINSBURG, The Massorah translated into English with a Critical and Exegetical Commentary, vol. iv (Wien 1897–1905) (unvollendet).

HOLMES-PARSONS = R. HOLMES - J. PARSONS, Vetus Testamentum graecum cum variis lectionibus, vol. i–v (Oxford 1798–1827).

KARO-LIETZMANN, Catalogus = Georgius KARO et Iohannes LIETZMANN, Catenarum Graecarum catalogus, Nachrichten von der Königlichen Gesellschaft der Wissenschaften zu Göttingen, Philologisch-historische Klasse, 1902 (Göttingen 1903) 20–66.

KENNICOTT = Benjaminus KENNICOTT, Vetus Testamentum hebraicum cum variis lectionibus, vol. i–ii (Oxford 1776–1780).

KLOSTERMANN, Analecta = Erich KLOSTERMANN, Analecta zur Septuaginta, Hexapla und Patristik (Leipzig 1895).

KÜHNER-BLASS, Grammatik = Raphael KÜHNER - Friedrich BLASS, Ausführliche Grammatik der griechischen Sprache, 1. Teil: Elementar- und Formenlehre, Bd. i–ii (Hannover-Leipzig ³1892–1893) = (Darmstadt 1966).

KÜHNER-GERTH, Grammatik = Raphael KÜHNER-Bernhard GERTH, Ausführliche Grammatik der griechischen Sprache, 2. Teil: Satzlehre, Bd. i–ii (Hannover-Leipzig ³1898–1904) = (Darmstadt 1966).

JELLICOE, Septuagint = Sidney JELLICOE, The Septuagint and Modern Study (Oxford 1968).

LEVY, Wörterbuch = Jacob LEVY, Wörterbuch über die Talmudim und Midraschim, vol. i–iv (Berlin-Wien ²1924) = (Darmstadt 1963).

LIDDELL-SCOTT, A Greek-English Lexicon = H. G. LIDDELL, R. SCOTT, H. Stuart JONES, A Greek-English Lexicon (Oxford ⁹1953), mit Supplement, ed. by E. A. Barber (Oxford 1968).

LÜTKEMANN-RAHLFS = Leonhard LÜTKEMANN und Alfred RAHLFS, Hexaplarische Randnoten zu Isaias 1–16 aus einer Sinai-Handschrift. Nachrichten von der Königlichen Gesellschaft der Wissenschaften zu Göttingen, Philologisch-historische Klasse, 1915 (Berlin 1915).

MAYSER, Grammatik = Edwin MAYSER, Grammatik der griechischen Papyri aus der Ptolemäerzeit mit Einschluß der gleichzeitigen Ostraka und der in Ägypten verfaßten Inschriften, i–ii (Berlin-Leipzig 1906–1934). Band i, Teile 2 und 3 sind in der 2. Aufl. benützt (Berlin-Leipzig 1938 und 1936).

MERCATI, Psalterii Hexapli = Iohannes Card. MERCATI, Psalterii Hexapli Reliquiae, Pars i, Codex rescriptus Bybliothecae Ambrosianae O 39 SVP, phototypice expressus et transscriptus; Codices ex ecclesiasticis Italiae Bybliothecis delecti phototypice expressi iussu Pii XII Pont. max., ... vol. viii (Rom 1958).

MERCATI, Osservazioni = Johannes Card. MERCATI, Psalterii Hexapli reliquiae, Pars i «Osservazioni», Commento critico al testo dei frammenti esaplari. Codices ex ecclesiasticis Italiae Bybliothecis ... (Rom 1965).

MONTFAUCON, Hexaplorum Origenis = Bernardus DE MONTFAUCON, Hexaplorum Origenis quae supersunt, t. i–ii (Paris 1713).

ORIGENES, Opera = Carolus DELARUE, Origenis Opera omnia ... quae exstant, t. i–iv (Paris 1733) = Migne PG xi–xvii.

PAYNE-SMITH, Thesaurus = R. PAYNE-SMITH, Thesaurus syriacus, vol. i–ii (Oxford 1879–1901).

PHILO, Opera = Leopoldus COHN - Paulus WENDLAND, Philonis Alexandrini Opera quae supersunt, vol. ii und iii (Berlin 1897–1898). Zitiert werden De plant. = De plantatione; Quis rerum divinarum = Quis rerum divinarum heres sit.

PREISIGKE-KIESSLING, Wörterbuch = Friedrich PREISIGKE, Wörterbuch der griechischen Papyrusurkunden mit Einschluß der griechischen Inschriften, Aufschriften, Ostraka, Mumienschilder, usw. aus Ägypten, Bd. i (Heidelberg-Berlin 1924–1925), Bd. ii–iv, hrsg. Emil KIESSLING (Berlin-Marburg 1925–1966).

Psalterium gallicanum = Liber Psalmorum ex recensione Sancti Hieronymi, Biblia sacra iuxta Latinam vulgatam versionem ad codicum fidem iussu Pii PP. XII cura et studio monachorum abbatiae pontificiae Sancti Hieronymi in Urbe Ordinis Sancti Benedicti edita (Rom 1953).

Psalterium iuxta Hebraeos = Dom Henri DE SAINTE-MARIE, Sancti Hieronymi Psalterium iuxta Hebraeos, édition critique. Collectanea biblica Latina, vol. xi (Rom 1954).

Psalterium mozarabicum = Psalterium mozarabicum, in: La Vetus Latina Hispana V, Teofilo AYUSO MARAZUELA, El Salterio, Introducción general y edición crítica, t. i–iii (Madrid 1962).

Psalterium Romanum = Dom Robert WEBER, Le Psautier Romain et les autres anciens Psautiers latins. Edition critique (Rom 1953).

RAHLFS, Psalmi cum odis = Alfred RAHLFS, Psalmi cum odis, Septuaginta, Vetus Testamentum graecum, x, ... (Göttingen ²1967).

RAHLFS, Septuagintastudien = Alfred RAHLFS, Septuagintastudien i–iii (Göttingen ²1965).

RAHLFS, Verzeichnis = Alfred RAHLFS, Verzeichnis der griechischen Handschriften des Alten Testaments, für das Septuagintaunternehmen aufgestellt. Nachrichten von der Königlichen Gesellschaft der Wissenschaften zu Göttingen. Philologisch-historische Klasse, 1914 (Berlin 1914).

REIDER, Prolegomena = Joseph REIDER, Prolegomena to a Greek-Hebrew and Hebrew-Greek Index to Aquila (Philadelphia 1916).

REIDER, Index = An Index to Aquila, Greek-Hebrew, Hebrew-Greek, Latin-Hebrew, with the Syriac and Armenian Evidence, by the Late Joseph REIDER completed and revised by Nigel TURNER. Supplements to Vetus Testamentum, vol. xii (Leiden 1966).

RICHARD, Quelques manuscrits = Marcel RICHARD, Quelques manuscrits peu connus des chaînes exégétiques et des commentaires grecs sur le Psautier, in: Bulletin d'information de l'institut de recherche et d'histoire des textes, Section grecque, Nº 3 (Paris 1954) 87–106.

RICHARD Premières chaînes = Marcel RICHARD, Les premières chaînes sur le psautier, in: Bulletin d'information de l'institut de recherche et d'histoire des textes, Nº 5 (1956) (Paris 1957) 87–98.

RUFINUS, Eusebius' Kirchengeschichte = Eusebius' Werke, 2. Bd., Die Kirchengeschichte. Die lateinische Übersetzung des Rufinus, bearbeitet von ... Theodor MOMMSEN, 1. Teil, Die Bücher i–v, GCS Eusebius ii, 1 (Leipzig 1903); 2. Teil, Die Bücher vi–x, GCS Eusebius ii, 2 (Leipzig 1908); 3. Teil, Einleitungen, Übersichten und Register, GCS Eusebius ii, 3 (Leipzig 1909).

SCHLEUSNER, Thesaurus = Ioh. Frieder. SCHLEVSNER, Novus thesaurus philologico-criticus sive Lexicon in LXX et reliquos Interpretes graecos ac scriptores apocryphos Veteris Testamenti, vol. i–v (Leipzig 1820–1821).

SCHWARTZ, Zur Geschichte = Eduard SCHWARTZ, Zur Geschichte der Hexapla. Nachrichten von der Königlichen Gesellschaft der Wissenschaften zu Göttingen. Philologisch-historische Klasse, 1903 (Göttingen 1904) 693–700.

SOISALON-SOININEN, Textformen = I. SOISALON-SOININEN, Die Textformen der Septuaginta-Übersetzung des Richterbuches. Annales Academiae Scientiarum Fennicae, Ser. B., Tom. 72, 1 (Helsinki 1951).

STEPHANUS, Thesaurus = Thesaurus graecae linguae ab Henrico STEPHANO constructus ... ediderunt Carolus Benedictus HASE, G. R. Lud. DE SINNER et Theobaldus FIX, vol. i–ix (Paris 1831–1865) = (Graz 1954).

THACKERAY, Grammar = Henry St. John THACKERAY, A Grammar of the Old Testament in Greek, According to the Septuagint, vol. i (Cambridge 1909).

VENETZ, Quinta = Hermann-Josef VENETZ, Die Quinta des Psalteriums, Versuch einer Charakterisierung. Dissertation (Maschinenschrift) (Fribourg 1970).

ZIEGLER, Textkritische Notizen = Joseph ZIEGLER, Textkritische Notizen zu den jüngeren griechischen Übersetzungen des Buches Isaias. Nachrichten von der Gesellschaft der Wissenschaften zu Göttingen. Philologisch-historische Klasse. Fachgruppe V Religionswissenschaft. NF i, 4 (Göttingen 1939).

ZIEGLER, Isaias = Joseph ZIEGLER, Isaias, Septuaginta, Vetus Testamentum graecum, xiv, ... (Göttingen [2]1967).

ZIEGLER, Ieremias = Joseph ZIEGLER, Ieremias, Baruch, Threni, Epistulae Ieremiae, Vetus Testamentum graecum, xv, ... (Göttingen 1957).

ZIEGLER, Ezechiel = Joseph ZIEGLER, Ezechiel, Vetus Testamentum graecum, xvi Pars i, ... (Göttingen 1952).

ZIEGLER, Daniel = Joseph ZIEGLER, Susanna, Daniel, Bel et Draco, Vetus Testamentum graecum, xvi Pars ii, ... (Göttingen 1954).

ZIEGLER, Duodecim prophetae = Joseph ZIEGLER, Duodecim prophetae, Vetus Testamentum graecum, xiii, ... (Göttingen [2]1967).

ZIEGLER, Beiträge = Joseph ZIEGLER, Beiträge zum griechischen Dodekapropheton (Septuaginta-Arbeiten Nr. 2). Nachrichten von der Gesellschaft der Wissenschaften zu Göttingen. Philologisch-historische Klasse (Göttingen 1943).

IV. Sonstige Abkürzungen und Zeichen

1. Die griechischen Übersetzungen des Alten Testamentes

O′	=	Septuaginta	Θ′	=	Theodotion
A′	=	Aquila	Є′	=	Quinta
C′	=	Symmachus	ϛ′	=	Sexta

2. Kirchenväter

Ambr	=	Ambrosius
Bas	=	Basilius
Bas N	=	Basilius v. Neopatra
Chr	=	Johannes Chrysostomus
Cyr	=	Cyrillus v. Alexandrien
Eus	=	Eusebius v. Caesarea
He	=	Hesychius v. Jerusalem
Hi	=	Hieronymus
Or	=	Origenes
Pr	=	Procopius v. Gaza
ThdMopsv	=	Theodorus v. Mopsvestia
Tht	=	Theodoretus

3. Zwei häufige Abkürzungen bei Field

Nobil. = Flaminius *Nobilius*, der Übersetzer ins Lateinische der Scholien und hexaplarischen Lesarten, welche Pierre *Morin* gesammelt hatte in: Petrus *Morinus*, Vetus Testamentum ... (Rom 1587). *Field* gab der Quelle dieser Lesarten als Sigel nicht den Namen *Morins*, ihres eigentlichen Urhebers, sondern den *Nobilius'*, des Übersetzers. Siehe *Jellicoe*, Septuagint, S. 127 –128.

Cod. Mat. = Diese Hs ist identisch mit Ms 161 *Holmes-Parsons* = *Rahlfs; Rahlfs* Verzeichnis, S. 50: Dresden, öffentliche Bibliothek, Cod. A 170.

4. Andere Abkürzungen

absol.	=	absolutus, -um
Adj.	=	Adjektiv
Adv.	=	Adverb
Akk.	=	Akkusativ
Akt., akt.	=	Aktiv, aktiv
anon.	=	anonym
Aor.	=	Aorist
c., cc.	=	Kolumne, Kolumnen
cat	=	Catena
CC	=	Corpus Christianorum, Series Latina (Turnhout)
Cod., cod(d).	=	Codex (-dices)
CSEL	=	Corpus scriptorum ecclesiasticorum Latinorum (Corpus von Wien)

Dat.	=	Dativ
DBS	=	Dictionnaire de la Bible, Supplément (Paris 1928 ff.)
E.	=	Exzerpt in Hs 1173
fol	=	folium
fol a	=	folium recto
fol b	=	folium verso
Fut.	=	Futurum
GCS	=	Die griechischen christlichen Schriftsteller der ersten drei Jahrhunderte, hrsg. von der Kirchenväterkommission der königlichen preußischen Akademie der Wissenschaften ...
Gen.	=	Genetiv
gr.	=	griechisch
hebr.	=	hebräisch
hif	=	hif'il
Hs(s)	=	Handschrift (-en)
hitp	=	hitpa'el
ho	=	hof'al
Imp.	=	Imperativ
Impf.	=	Imperfekt
Impf. cons.	=	Imperfectum consecutivum
Ind.	=	Indikativ
Inf.	=	Infinitiv
intr.	=	intransitiv
Konj.	=	Konjunktiv
l., ll.	=	Linie, Linien
L.	=	Lesart
Med., med.	=	Medium, medium
mg	=	margo, Rand
Ms(s), ms(s)	=	Manuscriptum, Manuscripta
MT	=	Massoretischer Text
nif	=	nif'al
Nom.	=	Nominativ
Obj.	=	Objekt
Opt.	=	Optativ
Pass., pass.	=	Passiv, passiv
Pers.	=	Person
Pf.	=	Perfekt
Pf. cons.	=	Perfectum consecutivum
PG	=	Migne, Patrologia, Series graeca
pi	=	pi'el
PL	=	Migne, Patrologia, Series latina
Plq.	=	Plusquamperfekt
Plur., plur.	=	Plural, plural
pol	=	polel
poss.	=	possessivum
Präs., präs.	=	Präsens, präsens
Pron.	=	Pronomen
Ptz.	=	Partizip
pu	=	pu'al

rel.	=	relativum, relativus
Sg., sg.	=	Singular
Sp.	=	Spalte
st. absol.	=	Status absolutus
Subj.	=	Subjekt
Syh	=	Syrohexapla
TM	=	textus massoreticus
trans.	=	transitiv
V.	=	Vers
Vok.	=	Vokativ
Z.	=	Zeile

5. Zeichen

( )	=	bezeichnet in der Ausgabe Abkürzungen, die aufgelöst wurden
⟨ ⟩	=	bezeichnet Buchstaben, Silben, Wörter oder Zeichen, die gegen die Überlieferung hinzugefügt sind
[ ]	=	bezeichnet Buchstaben, Silben, Wörter oder Zeichen, die gegen die Überlieferung zu tilgen sind
>	=	deest, fehlt
α̣	=	Punkt unter einem Buchstaben: der Buchstabe ist in der Hs nicht mehr sicher lesbar
A′C′Θ′	=	hexaplarische Sigel sind nicht durch Komma voneinander getrennt: es ist eine zusammenfassende oder kollektive Lesart, die mehreren Übersetzern *zugleich* zugewiesen wird

6. Abkürzungen der biblischen Bücher

Gn	Esth	Is	Ab
Ex	i–iv Mak	Jer	Jon
Lev	Ps	Thren	Na
Nu	Job	Ez	Hab
Dt	Prov	Da	So
Jos	Eccl	Os	Ag
i–iv Regn	Ct	Am	Za
i–ii Chr	Sap	Mi	Ma
Esdr	Eccli	Jo	

7. Zählung der Psalmen, Verseinteilung der Psalmen, Kapitel- und Versordnung bei Jeremias

a. Die *Psalmenzählung* ist die der Septuaginta.

b. Die Verseinteilung der *Psalmen* folgt jener bei *Rahlfs,* Psalmi cum odis.

c. Die Zählung der Kapitel bei *Jeremias* ist die griechische, d. h. sie folgt jener der Göttinger Septuaginta, *Ziegler,* Jeremias. Die hebräische Kapitel- und manchmal Verszahl steht in Klammer daneben.

V. Bemerkung zu den beiden Rezensionen Aquilas

Im Verlauf der Arbeit an den hexaplarischen Bruchstücken von 1173 = 1122 hat sich die Annahme als berechtigt erwiesen, in *Aquilas* Übertragung von *Jeremias* und *Ezechiel* eine besondere Stufe seines Übersetzungswerkes zu erblicken, auf der seine Methode noch nicht jene Verfeinerung erreicht, die die andern Bücher und insbesondere die *Regna* so charakteristisch prägt. Auf diese besondere Stufe in Aquilas Werk hat J.-D. *Barthélemy*, Devanciers, S. 32, 45, 73–74, u. ö., aufmerksam gemacht.

Daher sind im Folgenden Untersuchungen zu Aquilas Wortschatz und Übersetzungsweise gesondert, je nachdem ob es sich um *Jeremias* und *Ezechiel* oder um die andern biblischen Bücher handelt.

VI. Bemerkung zur Septuaginta des Ecclesiastes

Die Septuaginta des *Ecclesiastes* stammt in Wirklichkeit von Aquila. Dies hat J.-D. *Barthélemy*, Devanciers, S. 21–30, nachgewiesen. Diese Übertragung Aquilas stellt ihrerseits eine besondere Stufe in Aquilas Werk dar, die weder völlig mit der *Jeremias-Ezechiel Schicht* noch mit dem Hauptteil der Aquilaübertragung übereinstimmt. Dies geht aus dem leicht verschiedenen Wortschatz hervor.

VII. Zwei Nachträge

1. Die neuen Ausgaben der Göttinger Septuaginta (oben I, 1, b) erschienen erst, als das Manuskript des vorliegenden Buches bereits im Druck war. Der gütige Leser möge die notwendig werdenden Verbesserungen selber eintragen. Es handelt sich um: Genesis. Ed. John William WEVERS, Septuaginta. Vetus Testamentum graecum, i,... (Göttingen 1974), und: Esdrae liber I. Ed. Robert HANHART, Septuaginta. Vetus Testamentum graecum, viii, 1, ... (Göttingen 1974).

2. VENETZ, Quinta ist ebenfalls während der Drucklegung des vorliegenden Bandes in Buchform erschienen: Hermann-Josef VENETZ, Die Quinta des Psalteriums. Ein Beitrag zur Septuaginta und Hexaplaforschung. Publications de l'institut de recherche et d'histoire des Textes. Section biblique et massorétique, Coll. Massorah, éd. G. E. WEIL, Série I, Etudes classiques et textes, n° 2 (Hildesheim 1974).

TEIL I

EINLEITUNG

zur Ausgabe der hexaplarischen Lesarten
von Vaticanus Gr. 752 = Canonicianus Gr. 62

Ps lxxvii 30, 36 – lxxxii 16

I.

Die Stellung der Handschriften Vaticanus gr. 752
und Canonicianus gr. 62 in der hexaplarischen Überlieferung

1. Die Überlieferung der Hexapla

Das bedeutendste und umfangreichste Werk, welches das christliche Altertum je dem Text des Alten Testaments gewidmet hat, sind die Hexapla des *Origenes* (um 185–253/4). Sie verschollen zu einem unbekannten Zeitpunkt in Caesarea in Palästina, wo *Hieronymus* sie noch benützt hatte [1]. Sie wurden wohl nie in ihrem ganzen gewaltigen Umfang abgeschrieben. Was von ihnen heute übrigbleibt, sind Abschriften in Auszügen und eine große Anzahl Einzelzitate.

Damit sind die zwei Gestalten bezeichnet, unter denen die Überreste der Hexapla bis auf uns gekommen sind. Einige Bruchstücke haben die ursprüngliche Anordnung in Kolumnen mehr oder minder vollständig bewahrt, während die andern aus vereinzelten herausgegriffenen Lesarten bestehen.

Das großartigste Zeugnis für die wenigen hexaplarischen Reste in Kolumnenform ist der Mailänder Palimpsest Ambrosianus gr. O. 39 sup. = Rahlfs 1098, den *Kardinal Mercati* entdeckte und herausgab. Er ist in fünf Kolumnen angelegt. Das älteste Fragment in Kolumnenform ist jedoch das Bruchstück des Psalters aus der Geniza von Kairo, das *Taylor* veröffentlichte. Die ursprüngliche Kolumnenanlage ist auch für Os xi 1 in Barberinianus gr. 549 = Rahlfs 86 überliefert worden.

Die hexaplarische Überlieferung in Einzelzitaten ist zu einem guten Teil bei den Kirchenvätern aufbewahrt. Unter ihnen pflegten besonders die griechischen Väter *Eusebius von Caesarea, Theodoret von Cyrus, Theodor von Mopsvestia* und die lateinischen *Hieronymus* und *Ambrosius* hexaplarische Lesarten anzuführen. Ein bedeutender Tradent hexaplarischen Stoffes ist auch *Johannes Chrysostomus* in seinen

---

[1] *Hieronymus* spricht von den Hexapla, die er selber benützte, in seinen Commentarioli in Psalmos, ed. G. *Morin*, CC lxxii, S. 195, Z. 27–31, cf. S. 180, Z. 46–47 (vor 393 entstanden), und in seinem Kommentar zu Tit iii 9, Com. in Tit., ed. D. *Vallarsi*, S. Eusebii Hieronymi ... opera, t. vii, p. 1 (Venedig 1769) cc. 734–735 (zwischen 387 und 389 entstanden).

Homilien zu den Psalmen und zum Propheten Isaias. Leider zitierte er anonym,
d. h. ohne die hexaplarischen Übersetzer mit Namen zu nennen. Nur wenige Hss
setzen an Stelle der anonymen Bezeichnungen: ἄλλος, ἕτερος die Namen der Übersetzer ein [1]. Viele patristische Schriften mit hexaplarischen Lesarten gingen wohl
verloren.

Einen wichtigen Beitrag zur Überlieferung der Hexapla in Einzellesarten leisten
die Catenen, jene Kompilationen aus patristischen Materialien, die das byzantinische
und abendländische Mittelalter geschaffen hatte. Was die hexaplarischen Lesarten
in den Catenen betrifft, so stammen sie entweder aus Väterkommentaren oder gehen
mittelbar oder unmittelbar auf Hexaplahandschriften zurück. Im erwähnten Mailänder Palimpsest z. B. sind mit den patristischen Zitaten (die auch hexaplarische
Einzelzitate enthalten mögen) die Auszüge aus den Hexapla zu einer Catene verwoben.

Einzellesarten aus den Hexapla bieten auch die Ränder bestimmter biblischer
oder patristischer Handschriften. So versehen die Isaiashandschrift Sinai gr. 5 =
Rahlfs 710 für den Abschnitt Is i–xvi und die Prophetenhandschrift Barberinianus
gr. 549 = Rahlfs 86 ihre Ränder mit einer reichen Auswahl an hexaplarischen Lesarten. Eine weitere berühmte derartige Bibelhandschrift ist die Syrohexapla der
Ambrosiana in Mailand. Eine Catenenhandschrift, deren Rand mit hexaplarischen
Zitaten bedeckt ist, stellt Ottobonianus gr. 398 = Rahlfs 264 im Abschnitt Ps xxiv–
xxxii dar.

2. Beschaffenheit und Wert des überlieferten hexaplarischen Gutes

Es ist bekannt, daß diese vielfältige Überlieferung das hexaplarische Gut mannigfach veränderte. Die Kirchenväter führten hexaplarische Lesarten bald wörtlich,
bald dem Sinne nach an. Häufig faßten sie mehrere Übersetzer zusammen, die wohl
dem Sinne, nicht aber dem Wortlaut nach übereinstimmten. Dazu kommt, daß die
Überlieferung der patristischen Schriften selber mehr oder weniger verderbt ist.

Solche Mängel machen sich erst recht in den Catenen geltend. Die Catenen im
allgemeinen, aber ganz besonders die späteren, springen mit ihrem Stoff frei und
manchmal nach heutigen Begriffen gewissenlos um. Kürzungen und Änderungen
aller Art, verwechselte, versetzte oder vernachlässigte Bezeichnungen der hexaplarischen Übersetzer, falsche Einordnung von Hexaplalesarten treten zu den üblichen
Schreibfehlern hinzu. Der fehlende Zusammenhang der hexaplarischen Lesarten, die
aus ihrem Kontext gerissen sind, führte ebenfalls zu falschem Verständnis und
Irrtum. Der schwierige, ungewohnte Stil der Übersetzer gab Anlaß zu weiteren Ver-

---

[1] Siehe G. *Mercati*, Alla ricerca dei nomi degli «altri» traduttori nelle omilie sui salmi di
S. Giovanni Crisostomo ..., Studi e testi, 158 (Rom 1952).

derbnissen. Auf Schritt und Tritt erlagen die Abschreiber der Kontaminierung mit den Septuaginta, deren Text ihnen geläufig war.

Die uns vorliegende hexaplarische Überlieferung bedarf somit sorgfältiger Prüfung und Sichtung, ehe wir sie als echt annehmen dürfen.

3. Sammlungen und Ausgaben hexaplarischer Bruchstücke

Die Sammlung dieser weit zerstreuten und in zahlreichen Handschriften begrabenen Materialien begann gegen Ende des 16. Jahrhunderts. Sie war das Verdienst *Petrus Morinus',* der den von ihm hauptsächlich aus vatikanischen Manuskripten erstmals gesammelten Stoff 1587 in Form von Fußnoten zur Septuagintaausgabe Sixtus' V., die in Rom erschien, der Öffentlichkeit vorlegte. Die weiteren Sammlungen, die folgten, sind zusammengestellt bei *Jellicoe,* Septuagint, S. 128–129. Die bisher letzte und vollständigste Ausgabe aller hexaplarischen Überreste ist bis heute das große Werk von *Fridericus Field* geblieben, das 1875 in Oxford zweibändig unter dem Titel: Origenis Hexaplorum quae supersunt, erschien.

Seit dieser Ausgabe sind freilich neue Bruchstücke zum Vorschein gekommen. Erwähnung verdienen zunächst die Fragmente Aquilas, die *Burkitt* 1897 veröffentlichte, und die iii Regn xxi (hebräisch xx) 7–17 und iv Regn xxiii 11–27 umfassen, sowie die Psalmenbruchstücke aus der Kairoer Geniza, welche *Taylor* 1900 herausgab. Diese Texte gehören zwar zur außerhexaplarischen Überlieferung Aquilas, sind aber natürlich für die eigentliche hexaplarische Tradition von hoher Bedeutung. Denn sie machen Aquilas Werk genauer bekannt, und streckenweise laufen sie mit Bruchstücken der hexaplarischen Überlieferung parallel. Dadurch wird eine gegenseitige Überprüfung der beiden Überlieferungen möglich.

Die eigentliche hexaplarische Überlieferung wuchs ebenfalls durch neue Entdeckungen an. Unter ihnen ist die schon erwähnte Hs vom Katharinenkloster Sinai gr. 5 = Rahlfs 710 hervorzuheben mit ihren zahlreichen Lesarten zu Is i–xvi, die *Lütkemann* und *Rahlfs* 1915 im Druck zugänglich machten. *Klostermann* hat 1895 einige unbekannte Job-Lesarten beigesteuert, die er bei einer genauen Durchsicht schon bekannter Handschriften mit hexaplarischem Material entdeckte. Aus der Kairoer Geniza stammende Bruchstücke des hexaplarischen Psalters legte *Taylor* 1900 vor. Zu Dt xxxii sind neue syrische Bruchstücke bekannt geworden, die *Baars* 1968 veröffentlichte. Am bedeutendsten war ohne Zweifel die Entdeckung des Mailänder Palimpsests Ambrosianus gr. O. 39 sup. = Rahlfs 1098 durch *Mercati.* Der Text dieser hexaplarischen Psalmenfragmente in fünf Kolumnen wurde von *Kardinal Mercati* zur Ausgabe vorbereitet, aber erst ein Jahr nach seinem 1957 erfolgten Tode konnte ihn *Castellino* herausbringen. Später veröffentlichte *Castellino* aus *Mercatis* Nachlaß das umfangreiche Material für einen Kommentar der Ausgabe unter dem Titel: Osservazioni, commento critico al testo dei frammenti esaplari. Dieser Erläuterungsband erschien 1965.

4. Verbleibende Aufgaben

Aus dem Vorwort *Mercatis* und *Castellinos* zur Ausgabe des Mailänder Palimpsestes [1] ging hervor, daß *Mercati* weiter plante, in einem zweiten Teil die hexaplarischen Bruchstücke der Ps xxiv–xxxii, die auf dem Rand des Ottobonianus gr. 398 = Rahlfs 264 stehen, sowie die Fragmente des hexaplarischen Psalters in der Catene der Hs Vaticanus gr. 752 = Rahlfs 1173 für Ps lxxvii–lxxxii herauszugeben. Der Tod sollte ihn verhindern, sein Vorhaben auszuführen [2].

Field hatte in seinem Anhang, den er Auctarium nannte, und der am Ende des zweiten Bandes seines Werkes steht, die Lesarten des Ottobonianus noch nachgetragen. Seine Ausgabe befriedigt jedoch nicht recht. Denn erstens ließ er manchen behebbaren Fehler der Hs, namentlich in der Zuschreibung der Lesarten, stehen und zweitens bot er nicht alle in der Hs noch lesbaren Lesarten.

Es gibt jedoch eine Quelle hexaplarischer Psalmenfragmente, von der *Field* keine Kenntnis hatte. Es handelt sich zunächst um das Ms Vaticanus gr. 752 = Rahlfs 1173. Diese gute und reiche Quelle hexaplarischer Lesarten zu Ps lxxvii – lxxxii blieb bis heute unveröffentlicht.

Zum Vaticanus tritt die Oxforder Hs Canonicianus gr. 62 = Rahlfs 1122. Schon *Karo* und *Lietzmann* haben bei ihrer Klassifizierung der Catenen erkannt [3], daß

---

[1] *Mercati*, Psalterii Hexapli, S. ix–x.

[2] Wie weit waren *Mercatis* Vorarbeiten schon gediehen? Durch die Güte der Bibliotheksleitung konnte ich in der Vaticana den Nachlaß *Mercati* durchgehen, als meine eigene Arbeit schon abgeschlossen war. In den Papieren des Kardinals gibt es drei Gruppen von Notizen, die sich auf die hexaplarischen Bruchstücke des Vaticanus gr. 752 beziehen.

Eine erste Serie von Notizen gilt Beobachtungen zur Handschrift Vaticanus gr. 752 und zu einzelnen ihrer Folien im allgemeinen (4 großformatige, nicht numerierte Seiten), zu Canonicianus gr. 62 (4 kleinformatige Seiten) und zu den Fragmenten im besonderen, z. B. zu ihrer Trennung, zu ihrem Platz, ihrer Schrift, der Septuaginta des Florilegiums der hexaplarischen Lesarten, zu einzelnen Lesarten, usw. (2 innere, nicht numerierte Seiten eines großformatigen Doppelblattes).

Eine zweite Gruppe von Notizen enthält eine vollständige und eine teilweise Abschrift der Fragmente. Die vollständige Kopie gibt die Fragmente (mit den Unterschieden des Canonicianus gr. 62 in rot) zusammen mit dem Beleg für die Glossen des kleinen Hesychius und einigen eingestreuten Bemerkungen zu dieser und jener Lesart (11 großformatige Seiten). Die teilweise Abschrift der Fragmente umfaßt den ganzen Psalm lxxvii und Psalm lxxx 8–16 mit Anmerkungen zu schwierigen Stellen (fünf und eine halbe großformatige Seiten).

In der dritten Gruppe sammelte der Gelehrte die Fragmente in Kolumnenform, um sichtbar zu machen, wieviele Lücken durch die Bruchstücke des Vaticanus gr. 752 noch offen gelassen werden. Zu dieser Abschrift der Fragmente in Kolumnenform fügte *Mercati* in Fußnoten auch noch all jene Tradenten hexaplarischen Stoffes an, die mit Vaticanus gr. 752 stellenweise parallel laufen.

[3] *Karo-Lietzmann*, Catalogus, S. 59.

Vaticanus und Canonicianus zusammengehören. Wie sich zeigen wird, ist Canonicianus wohl in jenem Abschnitt, der die Fragmente enthält, eine Abschrift des Vaticanus [1].

Die hier vorgelegte Arbeit möchte nun diese Lücke schließen, indem sie die hexaplarischen Fragmente von Vaticanus gr. 752 und Canonicianus gr. 62 im Abschnitt Ps lxxvii–lxxxii erstmals veröffentlicht.

Zugleich möchte sie einen Beitrag zur Ausgabe hexaplarischer Bruchstücke auf Grund der handschriftlichen Überlieferung sein. Das Werk *Fields* basierte hauptsächlich auf gedruckten Quellen und übernahm mit deren Text auch deren Fehler und Korruptionen. Für eine neue Ausgabe hexaplarischer Bruchstücke stellt sich daher die Aufgabe, den gesamten hexaplarischen Stoff unmittelbar aus den handschriftlichen Quellen zu gewinnen.

5. Plan der vorliegenden Ausgabe

Für diese Ausgabe auf Grund der beiden Handschriften des Vaticanus und des Canonicianus war es zunächst notwendig, einleitend verschiedene Vorfragen zu klären, und dann in einem Kommentar die einzelnen Lesarten in ihrer Textgestalt und in ihrer Zuschreibung genau zu prüfen. Daher die Gliederung in die Einleitung, die Ausgabe und die Erläuterungen.

In der Einleitung werden zuerst die beiden Handschriften untersucht. Ihre Verwandtschaft und ihre Unterschiede, ihre Bestandteile und ihre Beziehungen zu andern Catenen erfahren eine Klärung. In einem zweiten Schritt wird die Frage nach der Herkunft der hexaplarischen Lesarten im Abschnitt von Ps lxxvii–lxxxii aufgeworfen, ohne – dies sei vorweggenommen – eine befriedigende Antwort zu empfangen. In einem dritten Kapitel sind einige Beobachtungen zum Stil der Übersetzer zusammengestellt. Dies war deshalb notwendig, weil es keine Grammatik der hexaplarischen Übersetzer gibt. Grammatische und stilistische Eigentümlichkeiten der Übersetzer spielen aber im dritten Teil, in den Erläuterungen, eine große Rolle. Um beständige Wiederholungen zu vermeiden, sind hier einige häufig wiederkehrende Elemente vorweggenommen. Das vierte Kapitel schließlich vereinigt jene Folgerungen, die aus den Fragmenten allgemein für die Kenntnis der Hexapla gezogen werden können. Diese Ergebnisse sind freilich gering, weil unsere Catene nicht unmittelbar auf Hexaplahandschriften zurückgeht, sondern durch ein oder mehrere Zwischenglieder von ihnen getrennt ist. Es läßt sich auch nicht erkennen, welche Septuagintaform der Exzerptor der hexaplarischen Lesarten benützte.

---

[1] Siehe unten S. 27–28.

Im Hauptteil folgt der Text der Lesarten zusammen mit dem massoretischen Text und jenem der Septuaginta sowie einem kritischen Apparat, wo Vaticanus und Canonicianus miteinander verglichen sind. Diesem Teil geht eine kleine Einleitung voraus, die die notwendigen Erklärungen enthält.

Der dritte Teil bietet sodann die erforderlichen Erläuterungen zu den einzelnen Lesarten, Beobachtungen zu ihrem Wortschatz und zu ihrer sprachlichen Fassung, Diskussionen ihres Verhältnisses zur Septuaginta und ihres Verhältnisses untereinander. Diese oft langen Erläuterungen ließen sich leider nicht vermeiden, wollte man die hexaplarische Überlieferung unserer Catene wirklich prüfen und von ihren Fehlern und Mängeln mit Behutsamkeit reinigen, soweit dies möglich war. Ich hoffe, daß aus diesen gesammelten Materialien manches als Vorarbeit für eine künftige Neuausgabe der gesamten hexaplarischen Überlieferung nützlich sein wird.

Register erleichtern den Gebrauch der Ausgabe.

II.

Aufbau der Catenen von Vaticanus gr. 752 und Canonicianus gr. 62

G. *Karo* und Ioh. *Lietzmann* haben in ihrer Übersicht über die griechischen Psalmencatenen zwei Handschriften, Vaticanus gr. 752 (fortan unter *Rahlfs'* Sigel 1173 angeführt) und Canonicianus gr. 62 (fortan *Rahlfs'* 1122) als Vertreter eines bestimmten Catenentypus angesprochen. Sie gaben diesem Catenentypus die Bezeichnung xxii [1].

1173 ist beschrieben durch R. *Devreesse,* Codices Vaticani graeci, t. iii, Codices 604–866 (Rom, in Bibliotheca Vaticana 1950) 266–268. Das dort angegebene Datum ist das ausgehende 11. Jahrhundert.

1122 wird beschrieben von H. O. *Coxe,* Catalogi Codicum manuscriptorum Bibliothecae Bodleianae, Pars tertia (Oxford 1854) 68–69. Der Codex ist verstümmelt; er beginnt erst mit *Ps vii; Ps xlvii 10 – lviii 8* fehlen. Auch die Cantica sind am Ende des Codex nicht vollständig erhalten. Weitere kleine Lücken kommen sonst noch vor. *Coxe* datiert die Hs: «codex saeculi circiter xii».

Vergleicht man die beiden Hss, so stellt sich sogleich heraus, daß sie tatsächlich fast identisch sind bis zu *Ps ciii 9* = 1173, fol 318b; 1122, fol 127b, während sie sich von *V. 10* an trennen, um eigene Wege zu gehen. Die Catenenelemente, welche *Karo-Lietzmann* für *Ps cxv* angeben, gelten in Wirklichkeit bloß für 1122, während 1173 eine andere Catene vertritt.

Dreierlei ist also notwendig: In einem ersten Schritt muß die cat xxii zwischen *Ps i* und *ciii 9* untersucht werden, wo 1173 und 1122 einen gemeinsamen Inhalt haben.

Dann muß die Frage nach dem Verhältnis der beiden Hss 1173 und 1122 zueinander in diesem Abschnitt gestellt werden.

Das letzte ist die Betrachtung der Catenen von 1173 und von 1122 im letzten Abschnitt von Ps ciii 10–cl.

---

[1] *Karo-Lietzmann*, Catalogus, S. 59.

1. Cat xxii in Ps i - ciii 9

Dieser Abschnitt zerfällt in verschiedene Teile, in denen cat xxii jeweils anders zusammengesetzt ist. Diese Abschnitte sind folgende:

a) Ps i–xxxii 13

Bis zu *Ps xxxii 13* = 1173, fol 98b (1122 ist hier nicht erhalten) besteht cat xxii durchgängig aus zwei Elementen: Erstens, meist unmittelbar nach dem Lemma, kommt das Stück aus dem *kleinen Hesychiuskommentar* (= He par), und zweitens, durch ἄλλως vom ersten getrennt, folgt ein *Zitat aus Theodorets Psalmenkommentar* (= Tht), von dem der Text nicht vollständig, sondern auszugsweise geboten wird. Diese Exzerpte aus *Theodoret* finden sich in ähnlichem Umfang auch in den *cat xvii* und *xv* wieder. Da aber in cat xxii sonst keine Bestandteile der cat xvii oder xv auftauchen, und da die *Theodoretzitate* der cat xxii nicht völlig mit denen der cat xvii und xv identisch sind, hängt hier cat xxii nicht von cat xvii oder xv ab. Ihre Quelle ist *Theodorets* Kommentar selber, aber vielleicht schon in einer gekürzten, catenenähnlichen Form, von der vielleicht auch cat xvii (und xv) herkommen.

Dafür lassen sich Beispiele geben:

Ps xiii 4–7

cat xxii = 1173, fol 46b–47a; = 1122, fol 7a–b.
cat xvii = 1047, fol 69a; = 1134, fol 16b; = 1135, fol 6b; = 1139, fol 25b; = 1212, fol 17b–18a.
cat xv   = 1138, fol 43a–b; = 1177, fol 43b.

Sieht man von He par ab, so gibt cat xxii in den *V. 4a–6b* den Kommentar *Theodorets* vollständig wieder: οὐκ ἠβουλήθητε... καὶ διώκοντος, c. 952, ll. 26–36. Cat xvii und xv führen dieses Zitat ebenfalls mit demselben Anfang und Schluß an, lassen aber in der Mitte die folgenden sechs Worte: οὗ χάριν οἱ ἀδεῶς φθεγγόμενοι· καὶ, ll. 32–33, weg, die sich in cat xxii finden.
In den *V. 7a–c* enthalten sowohl cat xxii als auch cat xvii und xv je drei Zitate für die *drei Stichoi a–c.* Alle drei Zitate sind in cat xxii kürzer als in cat xvii und xv.

Ps xxiii 7–10

cat xxii = 1173, fol 75a–b; = 1122, fol 22a.
cat xvii = 1047, fol 73a; = 1134, fol 28a; = 1135, fol 18a; = 1139, fol 42a; = 1212, fol 31b.
cat xv   = 1138, fol 58a; = 1177, fol 58a.
Tht   = 288, fol?; = 1124, fol 58a–b; = 1141, fol 52a; = 1142, fol 55b; = A, fol 63a; = 1184, fol 52b; = C, fol 22a; = D, fol 67b; = 1216, fol 43b; = E, fol 60b; = F, fol 59b.

In *V. 7–8a* stimmen cat xxii einerseits und cat xvii und xv andererseits in ihren *Theodoretzitaten* fast ganz überein: καὶ μοὶ ... ὅσα διδάσκονται, c. 1033, ll. 13–18. *Zwei Ausnahmen:* erstens fehlen am Anfang in cat xvii und xv die beiden Worte: καὶ μοὶ, l. 13, die in cat xxii wie Tht, Hss und Ausg., vorhanden sind, und zweitens besteht ein Unterschied im Wortlaut in ll. 16–18: Tht, Hss [1] und Ausg., lesen wie folgt: ἄγγελοι δὲ καὶ ἀρχάγγελοι καὶ αἱ ἄλλαι τῶν ἀοράτων δυνάμεων συμμορίαι· τοσαῦτα κτλ. Dies ist auch der Text von cat xxii. Im Gegensatz dazu lautet der Passus in cat xvii und xv: αἱ δὲ λοιπαὶ τῶν ἀγγέλων δυνάμεις τοσαῦτα κτλ.

In *V. 8b–c* folgt cat xxii weiter Tht: οὗ δὴ ... τοῦ θεοῦ, c. 1033, ll. 18–20. (Dabei sind innerhalb dieses Stückes die sechs Worte: ἐν τοῖς ἐπουρανίοις διὰ τῆς ἐκκλησίας, ibid. l. 21, in cat xxii weggelassen.) Weder cat xvii noch xv weisen diesen Abschnitt aus *Theodoret* auf.

In *V. 8c* nimmt cat xxii nach einer Unterbrechung [2] den *Theodoret-Kommentar* wieder auf mit: φύσιν ἀνθρωπίνην ... θεωμένας θεότητα, c. 1033, ll. 26–27. Cat xvii und xv führen dasselbe Stück an, aber mit zwei *Unterschieden*: Erstens beginnen sie das Zitat sechs Worte früher als cat xxii [3] mit οὐδὲν ἀπεικὸς ἀγνοεῖν τὰς ἄνω δυνάμεις, ll. 24–25, und als Bindeglied zwischen diesem Stück und dem vorhergehenden: καὶ μοὶ ... ὅσα διδάσκονται, ll. 13–18, schieben sie ein ὅθεν ein, das in Tht, Hss und Ausg., und in cat xxii nicht vorkommt. Zweitens verändern cat xvii und xv die Wortstellung: sie lesen ἀνθρωπίνην ὁρώσας φύσιν, während alle Hss und die Ausgabe *Theodorets* und cat xxii übereinstimmend: φύσιν ἀνθρωπίνην ὁρώσας, l. 26, bieten.

Für *V. 9–10* gibt cat xxii folgenden Auszug aus *Theodoret*: εἰ δὲ τοῦτο ... ἔρεσθαι νομιζέτω, c. 1033, ll. 27–37. Dieser fehlt in cat xvii und xv. Dafür fügen diese beiden Catenen unmittelbar an den vorhergehenden Abschnitt, der mit θεωμένας θεότητα schloß, l. 27, einen neuen Passus aus *Theodoret*: καλοῦσιν δὲ ... διανοιγείσας, c. 1033, l. 42 – c. 1036, l. 1, mit einem teilweise von *Schulzes* Ausgabe abweichenden Wortlaut. Dieses Stück fehlt seinerseits in cat xxii.

Das gleiche Bild ergibt eine Stichprobe in *Ps xxxii 1–13.* Diese kleinen Unterschiede zwischen cat xxii einerseits und cat xvii und xv anderseits erstrecken sich also auf den gebotenen *Stoff:* es ist nicht derselbe auf beiden Seiten, und auf die *Textform:* die gemeinsamen Teile heben sich durch Verschiedenheiten voneinander ab. Eine *Abhängigkeit* der cat xxii von cat xvii oder xv ist hier ausgeschlossen.

b) *Ps xxxii 14 – xxxix 4b*

In *Ps xxxii 14* = 1173, fol 98b (1122 hier nicht erhalten) tritt zu den zwei bisherigen Bestandteilen der cat xxii ein neuer. Am Rande von 1173 steht zu *V. 14a* Βασιλείου und es folgt auf die *Hesychglosse* zu *V. 14a*, c. 768, Nr. 25 und 26, ein Zitat: ἕτοιμον ἐστιν εἰς θέαν τὸ κατοικητήριον τοῦ θεοῦ. Bei *V. 14b* steht nach dem *Theodoretzitat*: ταῦτα καὶ ... καιρὸν ἐπήγαγεν, c. 1100, ll. 11–15, der folgende, durch ἄλλως eingeleitete Satz: πάντας ἐφόρα τοὺς υἱοὺς τῶν ἀνθρώπων· οὐδεὶς διαφεύγει αὐτοῦ τὴν θέαν.

Diese *beiden Elemente* entstammen tatsächlich weder dem *kleinen Hesychius*- noch dem *Psalmenkommentar Theodorets.* Ihre Schrift ist übrigens kleiner und feiner als der Rest, und sie sind zwischen die andern Stücke eingeklemmt. Sie machen den

---

[1] Weichen ab von der Ausg. *Schulze:* 288 liest ἀσωμάτων statt ἀοράτων, l. 14, sonst aber wie die Ausgabe. 1141 läßt von ἀκούων τῶν ἀοράτων δυνάμεων, l. 14, bis zu συμμορίαι, l. 18, alles wegfallen: Homoeoteleuton des zweimaligen ἀοράτων δυνάμεων.

[2] Cat xxii läßt also das Folgende aus *Theodorets* Kommentar weg: εἰ δὲ καὶ ... ἄνω δυνάμεις, ll. 22–25, und die eckige Klammer, ll. 25–26.

[3] Cat xvii und xv lassen also das Folgende weg aus *Theodorets* Kommentar: οὗ δὴ ... κατέμαθον ἀκριβέστερον, ll. 18–24, sowie die eckige Klammer, ll. 25–26.

Eindruck von Stellen, die nach der Niederschrift der Seite *hinzugefügt* worden sind von einer Hand, die sehr ähnlich der andern ist, die das Manuskript geschrieben hat. Etwas *Neues* ist also hier aufgetreten.

Man findet beide Worte in einem weiteren Kontext in cat xvii = 1047, fol 94a; = 1134, fol 37b; = 1135, fol 27b; = 1139, fol 55a, mit der Sigel Βασιλίου τοῦ μεγάλου, und in cat xv = 1138, fol 69a; = 1177, fol 69a, ohne diese Sigel. Gleich darauf nimmt cat xxii ihre *Theodoretzitate* wieder auf.

Aber jetzt stellt sich die Frage: Schöpft sie von hier an ihre *Theodoretzitate* wie früher aus ihrer alten *Theodoretquelle,* die, wie wir gesehen haben, nicht mit cat xvii oder xv identisch gewesen sein kann, oder schöpft sie jetzt ihren *Theodoret* aus cat xvii oder xv? Denn auch cat xvii und xv bringen ja in weiten Teilen fast keinen anderen Stoff als *Theodoret.*

Um hier Klarheit zu gewinnen, müssen wir nach Beweisen für oder gegen die *Abhängigkeit* der cat xxii von cat xvii oder xv suchen. Statt der Alternative werden wir aber ein *sowohl als auch* entdecken! Cat xxii scheint an bestimmten Stellen *nicht* von cat xvii (oder xv) abzuhangen, während sie an andern sicher von ihr abhängig ist.

1. Stellen, an denen cat xxii von cat xvii (oder xv) abhängig ist:

Ps xxxii 20a und b

cat xxii = 1173, fol 99b; 1122 fehlt hier.
cat xvii = 1047, fol 94b; = 1134, fol 38a; = 1135, fol 28a; = 1139, fol 56a.
cat xv   = 1138, fol 69b; = 1177, fol 69b.
Tht   = 288, fol?; = 1141, fol 72a; = 1142, fol 76b; = A, fol 88b; = 1184, fol 72b; = C, fol 33b; = D, fol 93b; = 1216, fol 59a; = E, fol 84a; = F, fol 72a.

Diesen beiden Stichoi werden in cat xxii je *drei*, statt wie üblicherweise *zwei Zitate* zugeordnet: neben den *hesychianischen Glossen*, c. 768, Nr. 40–41, 42, zunächst zwei *Theodoretzitate* wie gewohnt: τοσούτων τοίνυν ... τὴν ἐλπίδα, c. 1100, ll. 47–49, und καὶ τὴν ... προσμενοῦσιν ἀεὶ, ll. 49–50. Bevor wir jedoch das *dritte* Catenenelement bei *V. 20a und b* näher betrachten, bedarf es eines Blicks auf das Folgende. Zu *V. 21* ¡bringt cat xxii nach der *Hesychiusstelle,* ibid. Nr. 43, die unmittelbare Fortsetzung des obigen *Theodoretzitates:* αὐτὸς γὰρ ... τὸν ἔλεον, c. 1100, l. 50 – c. 1101, l. 3. Und zu *V. 22* folgt auf das *Hesychiuszitat,* c. 769, Nr. 44, die Fortsetzung *Theodorets*, aber nach einer kurzen Unterbrechung von drei Linien. Diese Unterbrechung lautet: παρρησίας δὲ ... ἔλεον μέτρησον, c. 1101, ll. 5–8. Das Catenenstück zu *V. 22* setzt also *nach* dieser weggelassenen Stelle ein und lautet: τοῦτο μέντοι ... καρπωσώμεθα, c. 1101, ll. 8–13.

Genau *dieses fehlende Stück* ist nun aber *in zwei Teile zerlegt* als jenes *dritte* Catenenelement, von dem die Rede war, zu *V. 20a und b* geschlagen worden: Zu *V. 20a:* παρρησίας μεγίστης ... εἰπεῖν, ibid., ll. 5–7; zu *V. 20b:* τῇ ἐλπίδι ... μέτρησον, ibid., ll. 7–8.

Dabei verdienen *vier Umstände* Beachtung:

Erstens sind diese beiden Catenenelemente in *V. 20a und b* also nicht an ihrem Platze verglichen mit ihrer Anordnung in *Theodorets* Kommentar. Das ist umso auffälliger, als sonst in der cat xxii im ganzen *Ps xxxii* und im ganzen bisher untersuchten *Psalter* derartige *Verpflanzungen* von Zitaten *Theodorets* aus ihrem ursprünglichen Zusammenhang im Kommentar in einen neuen nicht vorkamen.

Zweitens hat 1173 an den *Rand* dieses *dritten* Catenenelementes in *V. 20a* die Sigel *Theodorets* gesetzt. Dies überrascht, da ja die ganze Catene aus *Theodoret* aufgebaut ist und deshalb *überall oder nirgends* seine Sigel stehen müßte.

Drittens finden wir diese beiden Catenenelemente auch in *cat xvii und xv*. Darüber hinaus weichen sie in cat xxii zusammen mit cat xvii und xv in derselben Weise vom Texte *Theodorets*, Ausg. und Hss, ab: ibid. l. 7 fehlt das δὲ vor μεγίστης sowohl in cat xxii als auch in cat xvii und xv [1], l. 8 fehlt ἐμῇ vor ἐλπίδι wiederum gemeinsam in cat xxii und in cat xvii und xv.

Viertens sind auch diese beiden Elemente mit *kleinerer, feinerer Schrift* geschrieben und zwischen die andern Stücke eingezwängt oder an sie angehängt worden. Sie gleichen daher ganz jenen beiden Stücken, die wir in *Ps xxxii 14a und b* angetroffen haben. Wie dort wirken die beiden Stellen auch hier eingeschoben und fremd in ihrem Zusammenhang, wo sie die Anordnung der Seite sichtlich aus dem ursprünglich geplanten Gleichgewicht bringen.

Die *Wahrscheinlichkeit* ist also hoch, daß die beiden erwähnten dritten Catenenelemente zu *V. 20a und b* in cat xxii *aus cat xvii oder xv* stammen. Da sie in cat xxii aber als in einen andern Zusammenhang versetzte Fremdkörper wirken, ist es auch wahrscheinlich, daß in *Ps xxxii 20–22* die frühere *Theodoretquelle* weiter benützt ist.

Ps xxxiii 5

cat xxii =   1173, fol 101a; 1122 fehlt.
cat xvii =   1047, fol 95a; = 1134, fol 38b; = 1135, fol 28b; = 1139, fol 56b.
cat xv   =   1138, fol 70a–b; = 1177, fol 70a.

Hier finden wir in cat xxii nach der *Hesychiusglosse*, c. 769, Nr. 7 mit Anm. 4, und nach dem erwarteten *Theodoretzitat*: ἱκετεύσατε (sic)[2] φησιν ... τῶν συμφορῶν, c. 1104, ll. 20–21, folgendes *drittes* Zitat: ἀπὸ πασῶν τῶν συστροφῶν μου ἐρρύσατό με καὶ ἐκ πασῶν περιστάσεών μου ἐξείλετό με.

Dieser Satz stammt weder aus dem *kleinen Hesychius* noch aus *Theodoret*. Die Sigel *Theodoret*, die 1173 an den Rand zu dieser Stelle setzt, ist also falsch. Wieder ist dieses *dritte* Zitat in *kleinerer und feinerer Schrift* geschrieben, wie oben bei *Ps xxxii 14a und b*, S. 11–12, und *V. 20a und b*, S. 12–13. Es ist wohl *nachträglich* hinzugefügt worden, denn es stört das Schriftbild der ganzen Seite, in die es offenkundig nicht zum Vornehinein eingeplant gewesen ist. Man begegnet ihm nun aber in cat xvii, freilich in wesentlich besserer Überlieferung:

Vor ἀπὸ κτλ. steht: (ὁ) ἀκύλας, der Artikel τῶν vor συστροφῶν μοῦ fehlt[3]; zwischen με (1°) und καὶ steht: (ὁ) σύμμαχος. Auch cat xv bringt diese hexaplarischen Lesarten: Sie läßt die Sigel *Aquila* weg, aber gibt den korrekten Wortlaut: ἀπὸ πασῶν συστροφῶν μου ἐρρύσατό με, zitiert die Sigel *Symmachus'* und setzt den Artikel τῶν vor περιστάσεων (ob zu Recht oder nicht, bleibe dahingestellt).

---

[1] Bloß Tht Hs 288 hat γὰρ anstatt δὲ.

[2] In cat xvii und cat xv heißt es wie in *Theodoret*, PG und Hss: ἱκέτευσα; Hss Tht's = 288, fol?; = 1141, fol 73a; = 1142, fol 77b; = A, fol 89b; = 1184, fol 73b; = D, fol 94b; = 1216, fol 60a; = E, fol 85a; = F, fol 94b. Nur C, fol 33b allein liest ebenfalls ἱκετεύσατε.

[3] In der Lesart A' steht in cat xvii = 1047, 1139: συστροφῶν μου, während dieses μου fälschlicherweise in 1134, 1135 fehlt. Dafür lesen 1134, 1135: ἀνερρύσατο statt ἐρρύσατο. Für das vorliegende hebräische נצל hif hat A' ῥύομαι, *Reider*, Index, S. 211. Das einzige Beispiel für ἀναρρύομαι bei A', das *Reider* gibt, o. c., S. 18, ist unsere Stelle, *Ps xxxiii 5b*. Es stammt aus *Field*, Origenis Hexaplorum, ii, S. 139, der in Anm. 6 *Montfaucon* als Quelle zitiert: «Unus codex». *Montfaucon* mag eine der beiden Pariser Hss cat xvii = 1134 oder 1135 (oder eine verwandte) benützt haben. Das ἀν- erklärt sich als Korruption des μου vor ἐρρύσατο.

Ps xxxiii 6

cat xxii, xvii, xv: am gleichen Ort wie *Ps xxxiii 5.*
Tht = 288, fol? = 1141, fol 73a; 1142, fol 77b; = A, fol 90a; = 1184, fol 73b; = C, fol 34a; = D, fol 94b; = 1216, fol 60a; = E, fol 85a; = F, fol 94b.

Nach der *Hesychiusglosse*, c. 769, Nr. 9, 10, folgen wiederum *zwei Zitate*: das zu erwartende aus *Theodoret*: οὕτω καὶ ... προσώπου σου κύριε, c. 1104, ll. 25–28, und ein weiteres, *in feinerer Schrift* angefügtes, auch aus *Theodoret*: οὕτως προτρέψας ... προτιθέναι ἑαυτόν, c. 1104, ll. 28–30. Es ist die unmittelbare *Fortsetzung* des vorhergehenden *Theodoretzitates*. Es unterscheidet sich trotz seiner Kürze zweimal von *Theodoret*, PG und Hss: l. 29: statt ἀρχέτυπον steht in 1173: ἄρχεται τύπον [1], und l. 29: statt προτίθησιν steht in 1173 προτιθέναι [2]. Diese beiden Varianten sind genau so in cat xvii und xv wieder anzutreffen. Auch hier zeigt die *Schrift* und die *Dreizahl der Zitate*, daß dieses letzte Catenenelement *nachträglich* hinzugefügt wurde, wie das schon in *Ps xxxii 14a und b, 20a und b* und *xxxiii 5* der Fall gewesen war.

Ps xxxiii 15

cat xxii = 1173, fol 102b; 1122 fehlt hier.
cat xvii = 1047, fol 95b; = 1134, fol 39a; = 1135, fol 29a; = 1139, fol 57a.
cat xv = 1138, fol 71a; = 1177, fol 71a.

Nach der Glosse aus *Hesychius*, c. 772, Nr. 28, 29 (Anfang), folgt ein ἄλλως, das man so weder in *Theodoret* noch in *Hesychius* findet: ἀλλ' εὐεργετεῖ προμηθεῖται μεταδίδωσιν καὶ ὅσα ἄλλα ἀγαθὰ ποιεῖ. Doch man kann dieses Zitat mit weiterem Kontext in cat xvii und xv finden, wo es als eine stellenweise frei zitierte *Theodoretstelle* zu erkennen ist: πρότερον ἀποτρέπει ... τούτων καρπόν, c. 1105, l. 41 – c. 1108, l. 6.
Unser Passus aus cat xxii ist *identisch* mit dem entsprechenden in cat xvii und xv, die sich hier von *Theodorets* Text weit entfernen.
Überdies ist das Stück in der gleichen *Schrift* geschrieben wie der Rest der Seite. Es ist kein *nachträgliches* Anhängsel mehr wie die oben besprochenen Stellen bei *Ps xxxii 14a und b, 20a und b, xxxiii 5 und 6.* Vielmehr gehört das Stück hier zur *ersten* Niederschrift der Seite, in die es von Anfang an eingeplant war. Daraus muß man folgern, daß inzwischen die Quelle aus einer nachträglich und zusätzlich (und nur sporadisch) benützten Vorlage zu einer Vorlage geworden ist, die der Schreiber schon bei seiner *ersten Disposition der Seite* voraussieht und bei der *ersten Niederschrift* der Seite schon ausbeutet. Diese *neue Vorlage* ist also *schrittweise* eingeführt worden und hat an dieser Stelle ihren festen Platz als *von Anfang an* mitbenützte Quelle erworben!

Dies führt zu der wichtigen Vermutung, daß der *Schreiber von 1173* auch selber der *Catenist* gewesen ist. Denn die Änderung des Aufbaues der Catene äußert sich ja auch *graphisch* im Schriftbild und in der Gestaltung der Seite. 1173 wäre somit der *Archetyp* der cat xxii, d. h. *der Schreiber von 1173 kompilierte diesen Catenentypus.*

---

[1] Diese Variante steht auch in Tht: Hss A, C, 1216. 1184 hat: ἀρχαίτυπον, ein *Itazismus*, der die Variante in 1173, A, C, 1216 vielleicht veranlaßt hat.
[2] Tht: Hs E liest προτίθησιν; C, 1216 lesen προτιθεῖς. Alle andern Hss wie PG.

Ps xxxix 1–4b

cat xxii = 1173, fol 133b–135a; = 1122, fol 39a–b.

cat xvii = 1047, fol 106a; = 1134, fol 47a–b; = 1135, fol 37a–b; = 1139, fol 68b–69b.

cat xv = 1138, fol 81a–b; = 1177, fol 81a–b.

Tht = 288, fol?; = 1141, fol 87a–89a; = 1142, fol 92b–93a; = A, fol 106b–108a; = 1184, fol 88b–90b; = C, fol 42a–43a; = D, 113b–115b; = 1216, fol 71a–72a; = E, fol 102b–104a; = F, fol 120a–122b.

(Bemerkung zu Theodoret, Ausgabe Schulze: Alle Hss folgen einer völlig *andern Ordnung* als *Schulze* in c. 1153, zwischen ll. 6–34. Die *Ordnung der Hss* ist folgende: Nach l. 6 (... εἰργάσατο), Lemma *V. 3d*, ἀκωλύτως ... παρεσκεύασε, ll. 9–10, Lemma *V. 4a–b*, οὐκέτι ... λέγειν, ll. 18–26, Lemma *V. 2a–3b*, λάκκος ... δρόμον, ll. 29–33, Lemma *V. 3c*, ἐπὶ ταύτῃ ... αὐτῆς (= Mt xvi 18), ll. 6–8, Lemma *V. 3d*, τῆς γὰρ ... ὁδόν, ll. 11–12, Lemma *V. 4a–b*, ἀντὶ γὰρ ... συμβαίνον, ll. 14–17, ἐπειδὴ ... ll. 34 ff. wie Ausg. *Schulze*.

Nur Tht Hs 1142 läßt einiges aus diesem Stoff wegfallen und ordnet auf eigene, aber von *Schulze* verschiedene Weise.)

V. 1: Neben der Überschrift aus *Hesychius*, cc. 803–804 mit Anm. 2, hat cat xxii eine *Hypothese* aus *Theodoret*: aber diese ist über cat xvii in cat xxii gelangt, denn der Text beider Catenen stimmt genau überein und weicht gemeinsam vom Texte *Theodorets*, Hss und Ausgabe, ab. Die Hypothese ist in *Theodoret*: τινὲς εἰς ... ἐνίων μνησθείς, c. 1152, ll. 20–34.

Folgende *Varianten* sind cat *xxii* und *xvii* gemeinsam:

l. 21 fehlt τὸν ψαλμόν,

l. 22 fehlt θαυμάσιον,

ll. 24–25 fehlen die zehn Worte: καὶ τῷ ἑνὶ ... διάνοιαν,

l. 28 συγγεγραφέναι statt συγγεγράφθαι,

l. 29 πᾶσαν statt ἅπασαν,

ll. 31–34 εἰς δὲ ... μνησθείς fehlt; dafür steht: ἁρμόττει καὶ τῷ μακαρίῳ δᾱδ = l. 38.

In *V. 3a–c* und *3d* bilden je *drei* Elemente die Catene. Das erste ist jeweils die Glosse aus *Hesychius*, c. 804, Nr. 5 und Nr. 6 (beide mit Varianten in cat xxii), das *zweite* wird später besprochen werden, das dritte lautet zu *V. 3a–c*: συνεξακουστέον τὸ ... ἀντὶ ὡς αἴγυπτον, und zu *V. 3d*: τῆς γὰρ πλάνης ἐλευθερώσας τὴν εὐθείαν ὁδὸν τῆς ἀληθείας ὑπέδειξεν καὶ ἐπὶ τῆς εὐσεβείας τὴν πέτραν ἔστησεν.

Das Stück zu *V. 3a–c* findet sich in cat xvii und xv, fehlt aber völlig in *Theodoret* und in *Hesychius*. Dasjenige zu *V. 3d* findet sich wörtlich in cat xvii und xv wieder.

Seine *erste Hälfte*: τῆς γὰρ ... ὁδόν stammt aus *Theodoret*, c. 1153, ll. 11–12, mit einer andern Wortstellung freilich: cat xxii, xvii, xv: ὁδὸν τῆς ἀληθείας, *Theodoret*, Hss und Ausg.: τῆς ἀ. ὁδόν. Seine *zweite* Hälfte stammt nicht von *Theodoret*.

Aus diesen Stellen – denen sich weitere beifügen ließen – geht klar hervor, daß *cat xxii* in diesem Abschnitt der Catene *aus cat xvii oder xv geschöpft* hat.

2. Stellen, an denen cat xxii von cat xvii oder xv unabhängig ist:

Ps xxxii 22

cat xxii = 1172, fol 99b, 1122 fehlt.

cat xvii = 1047, fol 94b; = 1134, fol 38a; = 1135, fol 28a; = 1139, fol 55b–56a.

cat xv = 1138, fol 69b; = 1177, fol 69b.

Tht = 288, fol?; = 1141, fol 72a–b; = 1142, fol 76b; = A, fol 88b–89a; = 1184, fol 72b; = C, fol 33a–b; = D, fol 93b; = 1216, fol 59a; = E, fol 84a; = F, fol 93a–b.

In cat xxii lesen wir nach der *Hesychiusglosse*, c. 769, Nr. 44, das folgende Zitat: τοῦτο μέντοι ... πολὺν καρπωσώμεθα, das aus *Theodoret* kommt, c. 1101, ll. 8–13. In cat xvii und xv fehlt das Ende dieses Zitates: καὶ τὴν ἐλπίδα ... καρπωσώμεθα, ll. 11–13, das in cat xxii wie in allen Hss *Theodorets* vorkommt [1].

Ps xxxv 4a

cat xxii = 1173, fol 110a = 120a (die Seite trägt eine doppelte Seitenzahl); = 1122, fol 31a.
cat xvii = 1047, fol 99a; = 1134, fol 41b; = 1135, fol 31b; = 1139, fol 61a.
cat xv = 1138, fol 74a; = 1177, fol 74a.
Tht = 288, fol?; = 1141, fol 78a; = 1142, fol 83a; = 1184, fol 78b; = C, fol 37a; = D, fol 101b; = 1216, fol 64a; = E, fol 91b; = F, fol 103b.

Der Vers enthält in cat xxii nur *ein Theodoretzitat*: ἑκὼν δὲ ... καὶ μισῆσαι, c. 1121, ll. 10–12 [2].

Das Stück befindet sich auch in cat xvii und xv, wo es in *zwei Varianten* vom Text der cat xxii und *Theodorets* in den Hss abweicht: l. 10 lautet in *cat xvii* ἑκὼν φησιν ταύτην ἔχει κτλ, *cat xv*: ἑκὼν φησιν ταύτην τὴν κτλ, statt ἑκὼν δὲ ταύτην ἔχει τὴν κτλ, l. 11, liest *cat xvii* = 1134, 1135: μὴ βουλόμενος, *cat xvii* = 1047, 1139 und *cat xv*: βουλόμενος, ohne Negation, anstatt οὐ β. [3]

Ps xxxix 2–4b

Siehe oben, S. 15, den Nachweis der Stellen.

In *V. 2b* folgt auf *Hesychius*, c. 804, Nr. 2 mit Anm. 4, ein *zweites* Zitat aus *Theodoret*: ἁρμόττει δὲ ... παρὰ σοῦ ἐστιν, c. 1152, ll. 38–46. Der Text in cat xxii entspricht genau *Theodoret*, Ausg. und Hss. In cat xvii und xv steht es in einer stark *gewandelten, abgekürzten* Form (am Ende von Nr. ξε′ in cat xvii, unter Ziffer α′ in cat xv).

Zu *V. 3a–c* treten, wie schon gesagt, *drei* Zitate zur cat xxii zusammen: zuerst die Stellen aus *Hesychius*, c. 804, Nr. 3, 4 und Nr. 5 (mit Varianten in cat xxii), zuletzt ein Zitat aus cat xvii oder xv (siehe oben) und in der Mitte als *zweites* Stück ein Exzerpt aus *Theodoret*: οὐ γὰρ ... ... εἰργάσατο, c. 1153, ll. 5–6 [4]. Dieses Stück fehlt in cat xvii und xv.

Dasselbe gilt für *V. 3d*: Wieder ist nach dem *Hesychiuszitat* und vor dem Stück aus cat xvii (siehe oben) ein Passus aus *Theodoret* als *zweites* Catenenelement eingewoben: ἀκωλύτως με ... ὁδὸν παρεσκεύασε, c. 1153, ll. 9–10. Auch dieser Satz fehlt in cat xvii und xv.

Ebenso ist cat xxii in *V. 4a–b* dreiteilig: eine Glosse *Hesychius'*, c. 804, Nr. 7, 8, ein Zitat *Theodorets*: οὐκέτι γὰρ ... παθήμασιν, c. 1053, ll. 18–20, das man in cat xvii und xv nicht finden kann, und schließlich einen Abschnitt: ἀντὶ γὰρ ... συμβαῖνον, der aus *Theodoret* stammt, c. 1053, ll. 14–16, aber auch in cat xvii und xv figuriert. Es liegt nahe, die cat xxii zu *V. 4a–b* wie jene zu *V. 3a–c* und *V. 3d* zu verstehen: sie ist wie sie *dreiteilig*, und also wohl aus *Hesychius*, *Theodoret* und *cat xvii* (oder xv) zusammengesetzt. Aber streng beweisen läßt es sich nicht, weil der Text bei *cat xxii, xvii* (und *xv*) und in *Theodoret* gleich ist [5].

---

[1] Nur Tht, Hs 288 beendet den Abschnitt mit κτησώμεθα, l. 12, und läßt das Folgende fallen.

[2] In cat xxii, 1173 *und* 1122, steht irrtümlicherweise μῆσαι (sic).

[3] *Alle Hss* lesen οὐ, nicht wie Ausg. *Schulze* angibt: ὡς μή.

[4] ἐνδρίαν (sic) (statt ἑδραίαν): *Korruptel* in cat xxii.

[5] Mit einer *Variante* in cat xxii: l. 14 δυσσεβῶν statt δυσσεβοῦς: *Homoeoteleuton* mit dem folgenden τῶν εἰδώλων.

Aus diesen Stellen kann der *Nachweis* geführt werden, daß cat xxii nicht *nur* aus cat xvii (oder xv) und dem kleinen *hesychianischen* Psalmenkommentar aufgebaut ist, sondern daß eine andere Quelle, die nur *Theodoret* enthält, mitbenützt ist. Dafür spricht auch die Tatsache, daß in diesem Abschnitt der cat xxii nur selten *andere Kirchenväter* als *Hesychius* und *Theodoret* erscheinen, obgleich cat xvii recht oft mehrere von ihnen zitiert.

Aber es ist schwer, den respektiven Anteil der *cat xvii* und der andern *Theodoretquelle* näher zu bestimmen. Dies aus *drei Gründen:*

Erstens bringt ja auch *cat xvii* große Teile aus *Theodorets* Kommentar. Der Catenist der cat xxii konnte also gleiche Zitate in *beiden* Quellen finden.

Zweitens wissen wir nicht, was diese *Theodoretquelle* war. War sie auch eine Vorläuferin der cat xvii (und xv)?

Drittens kennen wir auch nicht mit Gewißheit jene Form der cat xvii, welche der cat xxii zugrunde gelegen hat.

Am einfachsten ist es, in den *drei Quellen,* aus denen cat xxii in diesem Abschnitt offenbar schöpft, den *kleinen Hesychiuskommentar,* die frühere *Theodoretquelle* des *ersten Abschnittes* der Catene (siehe oben 1a) und *eine Form der cat xvii* zu erkennen. Oben ist deutlich geworden, daß cat xvii als neue Quelle *schrittweise* eingeführt wird: zunächst in *Zusätzen* und dann in regelmäßig eingeplanten Exzerpten, siehe zu *Ps xxx 5.* So können wir mit den *beiden* bisherigen Quellen auch weiterhin rechnen, zu denen als *dritte* nun cat xvii getreten ist.

c) Ps xxxix 4c – lxxvii 35

In diesem Abschnitt der cat xxii *vereinfacht* sich das Bild: fortan gibt es nur noch *zwei Quellen,* den *kleinen Psalmenkommentar Hesychius'* und *cat xvii.*

Es folgen einige Beispiele:

Ps xxxix 4c – 7

Siehe oben, S. 15, den Nachweis der Stellen.

Von *V. 4c–d* an ist die cat xxii nicht mehr *drei-,* sondern wieder *zweiteilig.* Neben den *hesychianischen* Glossen steht jeweils ein *Theodoretzitat,* das regelmäßig auch in cat xvii (und xv) steht. Da von *V. 4c–d* bis *V. 6b* diese *Theodoretzitate* im wesentlichen identisch sind in cat xxii, xvii (xv) und in *Theodoret,* Ausg. und Hss, läßt sich über die Quelle dieser Stoffe nichts ausmachen.

Doch *V. 6c* ist bezeichnend: nach *Hesychius,* c. 804, Nr. 14 mit Anm. 9 folgt ein *Theodoretzitat:* τὰ ἐν αἰγύπτῳ ... ζῶσαν ἁγίαν, c. 1156, ll. 13–31. Cat xxii und xvii gehen in der Form des Textes *gegen Theodoret,* Ausg., zusammen: *Varianten:* ll. 13–17: τὰ ἐπὶ ... Ἰωσὴφ βασιλείᾳ (31 Worte): fehlt; ll. 17–18: ἵνα μὴ καθ' ἕκαστον διέρχωμαι: fehlt; l. 19: ἀπάντων fehlt; ll. 19–24: folgende *Zusammenfassung:* τὸ τὴν καινὴν δοῦναι χάριν statt des Wortlautes in *Theodoret;* ll. 28: συνᾴδει τούτοις ἡ ἀποστολικὴ ῥῆσις statt des Textes in *Theodoret* [1].

---

[1] 1122 hat den verderbten Text: συνᾴδει τούτων (sic) κτλ.

Es kommt ein anderer Umstand hinzu: jetzt wird die cat xvii *in größerem Umfang* in cat xxii aufgenommen, auch wo ihr Stoff nicht aus *Theodoret* stammt. Auslassungen kommen viel seltener vor.

Stichproben in *Ps xlii, xliii, xlv, xlvii, lv, lxvii, lxxvii 1–34* zeigen, daß cat xxii *einer Form der cat xvii* folgt. *Welches* diese Form ist, ist schwer festzustellen. In *Ps xliii 4–5* weist cat xxii = 1173, fol 144b; = 1122, fol 44b–45a große Ähnlichkeit mit cat xv = 1177, fol 85b–86a, auf. Denn in *V. 4d β* erscheint in cat xxii ein Zitat mit folgendem Titel: σχόλιον εἰς τὸ· ὁ θεὸς ἐν τοῖς ὠσίν.

Dieses Scholion ist offenkundig am *falschen* Platz: es gehört zu *V. 2a.* Da ist es tatsächlich zu finden in cat xv = 1138, fol 85b, ohne den Titel freilich, ebenso in cat xvii = 1047, fol 110b–111a; = 1134, fol 41a; = 1135, fol 41a; = 1139, fol 73a. Aber in *cat xv = 1177* ist das Zitat mitsamt seinem Titel, der hier einfach der Anfang des Lemmas ist: ὁ θεὸς ἐν τοῖς ὠσὶν ἡμῶν auch auf *V. 4c–d* bezogen. Das Zitat ist aber in cat xv = 1177 kürzer als in cat xxii.

In *V. 5a–b* ist die Lage ähnlich: Neben der *Hesychiusglosse* bietet cat xxii ein Stück, das sich in cat xv = 1177 (mit zwei kleineren Unterschieden) wieder findet: ἀντὶ τοῦ ὁ ὑπισχνούμενος ... προγόνου μέμνηται.

In cat xxii und cat xv = 1177 ist es *ein* zusammenhängendes Stück, in cat xvii ist es in zwei Teile zerlegt, die getrennt voneinander gebracht werden. Die Anordnung der beiden getrennten Hälften variiert in den verschiedenen Hss der cat xvii.

Es bestehen also *Kontakte* zwischen *jener cat xvii, die der cat xv = 1177 zugrunde gelegen hat,* und der andern, die cat xxii als Quelle gedient hat. Denn da cat xxii in diesem Abschnitt der Catene fast den gesamten Stoff von cat xvii, aber *nur* diesen und *nichts* vom *sonstigen Inhalt* der cat xv aufweist, ist eine Abhängigkeit der cat xxii von cat xv, die viel reichhaltiger ist als cat xvii, nicht anzunehmen.

Cat xxii hängt vielmehr von einer cat xvii ab, die auch eine der Quellen von cat xv war.

Der folgende Abschnitt *Ps xxxix 4c – lxxvii 35 bestätigt* übrigens auch die Analyse des vorhergehenden Stückes *Ps xxxii 14 – xxxix 4b:* dieses erschien als ein *Übergang* vom *ersten Abschnitt (1a),* dessen Quelle die *Ekloge aus Theodoret war,* zum *gegenwärtigen (1c),* dessen Quelle *cat xvii* ist. Im *Zwischenabschnitt (1b)* dagegen wurde zwar weiterhin aus der *Theodoretquelle* geschöpft, aber nach und nach gab eine *andere Quelle,* die *cat xvii,* immer häufiger ihren Beitrag zur cat xxii, bis sie schließlich dem Catenisten so vertraut war, daß er sie fortan *allein* verwendete und die erste *Theodoretquelle* fallen ließ. (In allen drei Abschnitten läuft dabei die Benützung des kleinen Hesychiuskommentars unverändert fort.)

d) Ps lxxvii 36 – lxxxii 16

Mit *Ps lxxvii 36* = 1173, fol 246b; = 1122, fol 84b wandelt sich die cat xxii von neuem: während der *kleine Hesychiuskommentar* als Quelle weiterhin bleibt, wird cat xvii durch eine *andere Quelle* ersetzt, aus der auch die *hexaplarischen Lesarten* dieses Abschnittes in cat xxii stammen. Das *Kap. III* wird sich näher mit dieser Catene befassen. Allerdings ist auch diese *neue Sektion* schon *vorher* einmal angekündigt worden: In *Ps lxxvii 30a* folgt auf *Hesychius,* c. 976, Nr. 69 und Anm. 6, ein mit ἄλλως eingeleitetes Stück folgenden Inhaltes: οὐκ ἐπεδεήθησαν (am Rande von 1173 steht A′): C′ οὐκ ἀπέστησαν: Ε′ οὐκ ἠλλοτριώθησαν: Α′ ἀ(πὸ) πόθου αὐτ(ῶν)· C′Ε′ τῆς ἐπιθ(υμίας αὐτῶν).

= 1173, fol 246a. In *1122*, fol 84b findet sich dasselbe Stück, jedoch ohne Sigel und ohne Abkürzungen, hier durch die Klammern angedeutet, aber mit der Variante: ἀπὸ τοῦ πόθου αὐτῶν.

Diese Stelle fehlt in cat xvii = 1047, fol 157b; = 1135, fol 76b; = 1139, fol 125b und cat xv = 1138, fol 142a; = 1177, fol 142a. Die Verwandtschaft dieser Gruppe hexaplarischer Lesarten mit dem Abschnitt *Ps lxxvii 36 – lxxxii 16a* ist offenkundig. Auch hier hat also der Catenist seine neue Quelle nicht plötzlich, sondern erst nach einem versuchsartigen, sozusagen als Lotsen vorausgesandten Zitat eingeführt. In der Folge bis und mit *V. 35* herrschen wieder allein die *hesychianischen Glossen* und *cat xvii*.

e) *Ps lxxxii 16 – c 8*

Folgende Stichproben zeigen, wie von *Ps lxxxii 16* an wieder *cat xvii* als Quelle neben dem *kleinen Hesychiuskommentar* von cat xxii benützt wird:

Ps lxxxii 16b – 19, Ps lxxxiii 1 – 4

cat xxii = 1173, fol 264a–266a; = 1122, fol 94a–95b.
cat xvii = 1047, fol 166b–167b; = 1134, fol 93b–94a; = 1135, fol 83b–84a; = 1139, fol 135a–b.
cat xv = 1138, fol 151b–152a; = 1177, fol 151b–152a.
Tht = 288, fol?; = 1124, fol 139b–140b; = 1141, fol 193a–194a; = 1142, fol 194a–195a;
     A, fol 226b–228a; = 1184, fol 267b–269a; = B, fol 75a–76a; = C, fol 102b–103a;
     = D, fol 293a–294a: beginnt mit Ps lxxxii 19, c. 1537, l. 19; = 1216, fol 260b–261b;
     = E, fol 201a–202a.

In *Ps lxxxii 16b–19* (Ende) finden wir in cat xxii (von *Hesychius* abgesehen) und in cat xvii nur *Theodoretzitate*, deren Textgestalt in beiden Catenen und in *Theodoret*, Ausg., sich deckt. Über Abhängigkeit oder Unabhängigkeit der cat xxii von cat xvii kann daher nichts gefolgert werden. Freilich fehlen in cat xxii zwei Zitate *Theodorets*, c. 1536, ll. 44–45: σκέδασον ... ῥιπιζομένης, und c. 1537, ll. 1–5: ἐν τοῖς ... ἐξαπτομένων, die in cat xvii und xv angeführt werden.

Die Lage wir klarer in der Folge: *Ps lxxxiii, V. 1:* Hypothese *Theodorets:* διπλῆ τοῦ ... τὰς καρδίας, c. 1537, ll. 30–37. Cat xxii und xvii weichen *gemeinsam* von *Theodoret*, Ausg. und Hss, ab:

l. 33 ὡς καὶ ἤδη προειρήκαμεν fehlt;
l. 36 κατασκευαζόμενον fehlt;
l. 37 Wortumstellung: τὰς vor τῶν πεπιστευκότων (l. 36).

V. 2a: Nach dem kleinen *Hesychius*, c. 1005, Nr. 1, steht in cat xxii folgender Text: ταῦτα καὶ ... τὴν γνώμην.
Dies ist *Theodoret* entnommen, c. 1537, l. 40–c. 1540, l. 2, aber stark modifiziert: c. 1537, ll. 40–42: ταῦτα καὶ ... ὀρεχθῶσιν λατρείαν wird gerafft und lautet: ταῦτα καὶ τοῖς ἐν Βαβυλῶνι ἁρμόζει; ll. 43–45: καὶ μέντοι καὶ ἡμῖν τοῖς ... τετυχηκόσιν ... καρπουμένοις; ll. 45–46:

διαφερόντως προσήκει fehlt; ll. 47–48: καὶ πολλὰς ... πολλῶν fehlt [1]. Diese Varianten finden sich wörtlich so in cat xvii (und xv).

V. 3b: Nach dem kleinen *Hesychius,* c. 1005, Nr. 3 gibt cat xxii den *Theodoret:* οὐχ ἡ ψυχὴ ... καὶ ἀναίσθητοι, c. 1540, ll. 7–14. Cat xxii läßt die acht Worte: καὶ μὲν δὴ ... προγόνων, ll. 13–14, weg: genau wie cat xvii (wo das *Theodoret*zitat weiter geht: μάλα ... ὀνομάζουσιν, ll. 15–16).

V. 4a: Neben der *hesychianischen* Glosse, c. 1005, Nr. 4, steht *Theodoret:* ὁ ἀκύλας ... τρυγόνες, c. 1540, ll. 21–24. Cat xxii unterschlägt in *Aquilas* Lesart die beiden Worte: ἑαυτῷ οἶκον, l. 22: wie cat xvii!

V. 4b: Im *Theodoret*zitat, das auf *Hesychius,* c. 1005, Nr. 5, folgt: καὶ μὲν δὴ ... ἐπλανώμεθα, c. 1540, ll. 24–28, fehlt in cat xxii das Fürwort ἑαυτῶν vor dem Zeitwort: τρέφουσιν, l. 27: wie in cat xvii. (Cat xvii hat hier wie in V. 3b ein längeres *Theodoret*zitat: νῦν δὲ ... κομιζόμενοι, ll. 28–33.)

Cat xxii hat also *die gleiche Textgestalt* in den *gemeinsamen Theodoretzitaten wie cat xvii.* Sie hat *nie mehr* Stoff als cat xvii, sondern eher weniger (*3b, 4b*). Dadurch erscheint sie als *von cat xvii abhängig.*

Ps xciii 1–5

cat xxii =   1173, fol 294a–295b; = 1122, fol 112a.
cat xvii =   1047, fol 180a–b; = 1134, fol 104b–105a; = 1135, fol 94b–95a; = 1139, fol 150a–b.
cat xv   =   1138, fol 167b–168a; = 1177, fol 167b–168a.

Neben der *Hypothese* aus *Hesychius,* cc. 1051–1052: Überschrift zu *Ps xciii,* folgt in cat xxii eine andere *Hypothese* (in 1173 am Rande, d. h. in der Catene): τὸν περὶ προνοίας ... ἱερεμίας μαρτυρεῖ.

Dies ist nicht die *Hypothese Theodorets,* sondern die des *Athanasius,* PG xxvii, c. 408, l. 54–c. 409, l. 8. Sie steht auch in cat xvii!

V. 1b–c: Zunächst *Hesychs* Glosse, c. 1052, Nr. 1, dann ein *Theodoret*zitat: ἀντὶ δὲ τοῦ ... δέσποτα, c. 1629, l. 43 – c. 1632, l. 1. *Drei Varianten* in cat xxii verglichen mit *Theodoret,* Ausg. und Hss [2]:

1. c. 1629, l. 43 ἀντὶ τοῦ in cat xxii, aber in *Theodoret,* Ausg. und Hss: ἀντὶ δὲ τοῦ (ausgenommen in 1216, C, die einen andern Text haben als *Theodoret,* Ausg. und die andern Hss; bei ihnen steht: ἀντὶ τοῦ ἐπεφάνη ἐπιφανήσεται λέγει δὲ ὅτι σὲ ἱκετεύω τὸν τῶν ἀπάντων δημιουργὸν καὶ δεσπότην; diese Form entspricht jedoch nicht der Form in cat xxii. Ebenso fehlt das δὲ in Tht 1142 bei sonst gleichem Text wie in PG);

2. c. 1629, ll. 44–45 οὕτω δὲ καὶ οἱ ἄλλοι ἑρμηνευταί fehlt in cat xxii; bei *Theodoret,* Ausg. und alle Hss (außer 1216, C: siehe oben unter 1°) steht der Ausdruck;

3. c. 1632, l. 1: θεὸν καὶ fehlt in cat xxii, ist aber in *Theodoret,* Ausg. und Hss (ausgenommen in 1216, C), vorhanden.

Diese drei Varianten finden sich so in cat xvii und in cat xv [3].

---

[1] c. 1540, l. 1: ἑκάστη μέντοι τῶν προεφημένων der cat xxii und xvii ist keine Variante, sondern Text der Hss Theodorets, von dem Ausg. Schulze abweicht.

[2] Tht, Hss: 288, fol?; = 1124, fol 159a; = 1141, fol 218a; = 1142, fol 221a; = A, fol 257a; = 1184, fol 336a; = C, fol 118a; = D, fol 283b; 1216, fol 183a; = E, fol 227a.

[3] Cat xv zitiert freilich weiter unten *dasselbe* Stück noch einmal in einer *andern* Form: ἀντὶ δὲ τοῦ ἐπαρρησιάσατο ὁ ἀ(κύλας) καὶ οἱ ἄλλοι ἑρμηνευταὶ ἐπιφάνηθι εἰρήκασιν (videtur) ... Die *Fortsetzung* ist aber dann völlig *anders.*

V. 2–4: Abgesehen von den *hesychianischen* Glossen, c. 1052, Nr. 1–7 mit Anm. 2 und 7, bringt cat xxii *Theodoretzitate*, die alle auch in cat xvii enthalten sind. Aber in *V. 3b–4b* tauchen Elemente auf, die weder in *Theodoret* noch in cat xvii an dieser Stelle zu entdecken sind.

Doch bei näherem Zusehen erweist es sich, daß diese Elemente einem *Kyrilloszitat* entstammen, das in cat xvii zu *V. 8* zitiert wird: φυσικὸς λογισμὸς . . . τὸν θεόν, PG lxix, c. 1233, ll. 6–15. In cat xxii ist die *zweite Hälfte* dieses Abschnittes: καὶ τῷ μὴ . . . τὸν θεόν, ll. 10–15, abgetrennt und auf die *V. 2b, 3b–4a* verteilt worden, während für *V. 8* nur noch die *erste Hälfte:* φυσικὸς λογισμὸς . . . ἀναγουσῶν λογισμῶν, ll. 6–10, bleibt. In *V. 4b* steht überdies folgender Passus in cat xxii: εἴδομεν αὐτὸν καὶ οὐκ εἶχεν εἶδος οὐδὲ κάλλος (Is liii 2)· μετὰ δὲ τὴν εἰς οὐρανοὺς ἄνοδον τὰς θεοπρεπεῖς ἀφῆκεν ἀκτῖνας. Er fehlt in cat xvii, und er ist auch nicht für *Kyrillos* bezeugt. Dennoch könnte er von ihm stammen und die Fortsetzung des Bruchstückes: φυσικὸς λογισμὸς . . . τὸν θεόν sein, die sich in der Quelle der cat xxii erhalten hätte. Alle andern Elemente der cat xxii zu *Ps xciii* finden sich in cat xvii wieder. So ist es auch hier am wahrscheinlichsten, für cat xxii eine cat xvii als Quelle anzunehmen, trotz des isolierten Stückes zu *V. 4b*, das sich nicht in cat xvii = 1047; = 1134; = 1135; = 1139; = Leningradensis gr. 64 (olim Coislinus gr. 188) = Rahlfs 191, fol 125a; = Vindobonensis theol. gr. 299 = Rahlfs 1911, fol 167b findet. Auch in cat xv = 1138, 1177; ebenso in Parisinus Suppl. gr. 1157 = Rahlfs 1149 (*Rahlfs*, Verzeichnis, S. 216) fehlt das Catenenelement gänzlich. Auch in 1133 = cat iii mit ihren zahlreichen *Kyrilloszitaten* zu *Ps xciii* sucht man das Stück vergeblich. Das Glied mag vom Catenisten der cat xxii = 1173 aus eigenen Stücken hinzugefügt worden sein, wie er das gelegentlich tut, siehe unten Kap III, S. 37.

Stichproben in *Ps lxxxvii* [1], *lxxxviii 1–12, xcvii, c* ergeben, daß auch sie *ganz* aus dem *kleinen Hesychiuskommentar* und aus *cat xvii* aufgebaut sind.

f) Ps ci 1 – ciii 9 (bzw. civ 9 in 1173)

Das Bild ändert sich völlig mit *Ps ci.* Sowohl cat xvii als auch der kleine *hesychianische* Psalmenkommentar werden verlassen [2]. In 1173 tragen die Catenenelemente fortan mit größter Regelmäßigkeit die *Namen* ihrer Verfasser. Diese Notierung der

---

[1] Für diesen Psalm enthält cat xxii *drei Hypothesen:* Die *erste,* καὶ ὁ αἰθαμ . . . ἡ προσευχή findet sich gleich in cat xvii; sie stammt aus *Theodoret,* c. 1568, ll. 25–35. Darauf folgt ἄλλως· προθεσπίζει τὰς . . . φιλανθρώπῳ θεῷ. Dies ist eine *Kurzfassung derselben Hypothese,* ebd. ll. 28–34, mit Änderungen im Vergleich zu *Theodoret.* Diese Hypothese steht nicht im Text der cat xvii bei *Ps lxxxvii,* aber in ähnlicher Gestalt in ihren *Prologen* am Anfang der Catene, z. B. 1047, fol. 95a. Für die *dritte,* kurze *Hypothese* habe ich weder in cat xvii noch sonst eine *Parallele* gefunden.

Im selben Psalm in *V. 9 a–b* steht in 1173, fol 275a = 1122, fol 99b nach der *Hesychiusglosse,* c. 1021, Nr. 16, das folgende Stück: μηδὲ (sic) τοῦ θανάτου δουλείαν δεξάμενος. ἐμαυτὸν συναριθμῶ τοῖς νεκροῖς.

Dies sucht man umsonst in cat. xvii = 1047, fol 171b; = 1134, fol 97b; = 1135, fol 87b; = 1139, fol 140a, und es fehlt auch in cat xv = 1138, fol 140a.

[2] Letzte zitierte *Hesychiusglosse:* zu *Ps ci 2a,* c. 1077, Nr. 1. Der *kleine Hesychius* erscheint aber wieder für die *Überschriften* von *Ps cii, ciii, civ (in* 1173: im Psalmtext, 1122: in einer besonderen majuskelartigen Schrift).

Sigel bricht in *Ps ciii 9b* ebenso jäh wieder ab, wie sie begonnen hat. 1122 gibt die Sigel nur ab und zu.

Diese Kirchenväternamen mit ihren zugehörigen Exzerpten finden sich *fast alle* und *in der gleichen Reihenfolge* in *cat iii* wieder. Cat xxii hat freilich viel *weniger* Stoff als cat iii und das mit cat iii Gemeinsame ist bei ihr oft *gekürzt*. Aus der Art dieser Kürzungen, die nicht nur am Ende, sondern auch am Anfang und innerhalb der Zitate vorgenommen worden sind, geht hervor, daß cat xxii nicht etwa von einer – vorauszusetzenden – kürzern Vorlage von cat iii, sondern von dieser selber abhängt. In diesem vorliegenden Catenenabschnitt ist also *cat iii Quelle* für cat xxii.

Richard, Premières chaînes, S. 93–98, besonders S. 97, hat gezeigt, daß die cat iii in diesem Teil aus *zwei Quellen* zusammengesetzt ist, von denen er die eine «*monophysitische Catene*» nennt. Die cat iii hat nämlich neben der *palästinischen Catene* eine andere Catene benützt, deren Bestandteile aus *Athanasius, Cyrillus, Hesychius* (großer Kommentar), auch aus *Chrysostomus, Basilius* und *Severus von Antiochien* stammen. Der Ursprung der Catene scheint *ägyptisch* zu sein. Diese zweite monophysitische Quelle ist am besten erhalten in cat iii zwischen *Ps xc* und *cxviii*. Da *Severus von Antiochien* keinen Psalmenkommentar verfaßt hat, konnte nur ein eifriger Monophysite die Geduld aufbringen, im gesamten Werk des *Severus* alle Stellen aufzustöbern, die die Psalmen kommentieren.

Hätte 1173 = 1122 etwa bloß die *eine* der beiden Quellen von cat iii ausgebeutet? Dies ist nicht der Fall. Die Auszüge stammen ebenso von *Didymus, Eusebius, Theodoret* wie von *Chrysostomus, Athanasius, Cyrillus. Severus* ist nicht genannt. Zwar enthält cat xxii in unserm Abschnitt am zahlreichsten *Chrysostomus-* und *Hesychius-zitate*. Das gilt aber schon für die Vorlage, für cat iii. Die Gegenwart von *Eusebius* und *Didymus* macht es gewiß, daß der Catenist von 1173 einen Typus der cat iii, nicht eine von ihren zwei Quellen, vor sich liegen hatte.

Beispiele: Ps ci 1–6

cat xxii = 1173, fol 308b–309b; = 1122, fol 122a–123a.

V. 1:   1. *Hypothese* des kleinen *Hesychiuskommentars,* cc. 1077–1078; 2. *Hypothese:* πρόρρη-σιν μὲν ... χάριτος ἐνδεή, *Theodoret,* c. 1676, ll. 15–22 = 1133, fol 330a, Zitat 11 [1] mit der Sigel: *Theodoret;* 3. *Hypothese:* πτωχὸν τὸν ... αὐτοῦ ἀπαγγελῶ. Dieses Stück fehlt in *Theodoret,* cat xvii, iii und in allen andern Catenen [2].

---

[1] Die Zitate der cat iii werden auf *jeder* Seite der Hs *neu* gezählt, *von oben nach unten.* Jeder neue Abschnitt, auch wenn er mit: τοῦ αὐτοῦ, oder καὶ μετ' ὀλίγα und dgl. beginnt, wird als *selbständiges* Zitat mitgezählt.

[2] In *zwei Catenen* liegen jedoch Gemeinsamkeiten mit dieser Hypothese in cat xxii vor: 1. In der von *Montfaucon* als *Eusebius'* Psalmenkommentar veröffentlichten Psalmencatene, PG xxiii, c. 1249, ll. 47–50: Anspielung auf die Seligpreisung. 2. In der Catene des *Euthymius von Zigabene,* PG cxxviii, c. 997, ll. 42–47 steht ein ähnlicher Gedanke.

V. 2a :   1. Letzte Glosse *Hesychs*, c. 1077, Nr. 1. Sie fehlt in cat iii, vgl. S. 21, Anm. 2; 2. *Didymus*, Sigel in 1173, 1122: ἡ μὲν προσευχὴ ... δεομένῳ παρασχεθῆναι, = *Didymus* in 1133, fol 330b, Zitat 1, ll. 1–2 [1].

V. 2b :   ohne Sigel in 1173, 1122: ταῦτα δὲ ... ἐπίστασις = Fortsetzung des *Didymuszitates* (= Zitat 1) von 1133, ibid. ll. 2–4, wobei cat xxii 14 Wörter: εἴρηται δὲ ... ὅτι ἐστιν, l. 3, fortläßt.

V. 3a :   *Eusebius*, Sigel in 1173, 1122: ὁ μηδὲν ... παρακαλῶν λέγει = *Eusebius* in 1133, fol 330b, Zitat 2, ll. 1–3, doch hat cat xxii den Schluß des Passus ll. 4–7 weggeschnitten.

V. 3ba :   *Kyrillos*, Sigel nur in 1173: διὰ τί ... νοητῶν ἐπαγωγήν = *Kyrillos* in 1133, fol 330b, Zitat 3, ll. 1–3: hier gibt cat xxii den Text vollständig.

V. 3bβ :   *Eusebius*, Sigel bloß in 1173: κλίνειν δὲ ... κατηξιομένοις ὑπακούεσθαι = *Eusebius* in 1133, fol 330b, Zitat 4, ll. 1–6. Der Text ist in cat xxii vollständig, aber mit einer Variante: cat iii liest, ll. 5–6: καταξιωομένοις εἰσακούεσθαι.

V. 3c :   *Hesychius*, Sigel allein in 1173: καὶ τί ... ἑξῆς δηλοῖ = *Hesychius* in 1133, fol 330b, Zitat 5, ll. 1–2, vollständiger Text in cat xxii.

V. 4a :   *Theodoret*, Sigel nur in 1173: ἐντεῦθεν φασὶ ... πυρὸς προσβολῆς = *Theodoret* in 1133, Zitat 6, ll. 1–5, das Ende, ll. 5–10 hat cat xxii weggelassen.

V. 4b :   *Didymus*, Sigel in 1173, 1122: εἴρηται δὲ ... εἶναι = *Didymus* in 1133, fol 330b, Zitat 9 (Zitat 7 und 8 fehlen in cat xxii), ll. 1–5, wobei ll. 5–7 in cat xxii beiseite gelassen werden.

V. 5a :   *Athanasius*, Sigel in 1173, 1122: πᾶσα γὰρ ... τοῦ ἔθνους = *Athanasius* in 1133, fol 330b, Zitat 10, ll. 1–3, der Text ist vollständig in cat xxii.

V. 5b :   *Hesychius*, Sigel in 1173, 1122: ἄρτος ἡμῶν ... τοῖς ἀποστόλοις = *Hesychius* in 1133, fol 330b, Zitat 12 (Zitat 11 fehlt in cat xxii), ll. 1–2, die ll. 3–7 des Zitates fallen weg in cat xxii.

V. 6a–b :   ohne Sigel in 1173, 1122: τοῦτ' ἐστιν ... ὁ ἔσω ἀνακαινίζεται = *Hesychius* in 1133, fol 330b, Zitat 13, ll. 1–3, vollständig in cat xxii.

Die weitern Stichproben: *ci 7–10, ciii 1–9,* und für 1173: *ciii 10 – civ 9,* geben dasselbe Bild. In den allermeisten Fällen *folgt cat xxii der cat iii* mit denselben Sigeln und Texten, diese oft gekürzt. Die Sigel stimmen fast stets in cat iii und xxii überein [2]. Nur ganz selten hat cat xxii ein Plus, das man in 1133 umsonst sucht [3]. Cat xxii *hängt* in diesem Abschnitt sicher *von einer Form der cat iii ab.*

---

[1] Diese *Linienzählung* bezieht sich nicht auf die Linie der Seite, sondern auf die *Linien jedes einzelnen Zitates.*

[2] *Ausnahme:* Ps ciii 2b: ὁμοῦ καὶ ... τὰ μὴ ὄντα ποιεῖ ist nach 1173 von *Jo. Chrysostomus,* nach 1133 von *Athanasius,* unter dessen Namen das Stück in PG xxvii, c. 436, ll. 24–27, veröffentlicht ist.

[3] Z. B. die *3. Hypothese* dieses Psalms: siehe oben *V. 1.*

2. Das gegenseitige Verhältnis von 1173 und 1122 im Abschnitt Ps i - ciii 9

Hängt 1122 in diesem Teil des Psalters von 1173 ab? Das umgekehrte Abhängigkeitsverhältnis ist nicht wohl denkbar. Denn 1173 hat im allgemeinen den *bessern* und oft reichhaltigern Text als 1122. Daß es sich dabei um *Weglassungen* in 1122 und nicht um Erweiterungen in 1173 handelt, steht gewiß fest. Das zeigen besonders deutlich die *Sigel für die hexaplarischen Lesarten* des Abschnittes *Ps lxxvii 36 – lxxxii 16* und die Kirchenväternamen in Abschnitt *Ps ci 1 – ciii 9*. Offenkundig sind hier die Sigel in 1173 ursprünglich, ihr Fehlen in 1122 sekundär.

Dennoch gibt es seltene Stellen, in denen 1122 ein *Plus* gegenüber 1173 aufweist. Sie erheischen eine Erörterung.

Ps lxvii 7a–10a

cat xxii = 1173, fol 205a–206a; = 1122, fol 62a–b.
cat xvii = 1047, fol 138b–139a; = 1134, fol 73a–b; = 1135, fol 63a–b; = 1139, fol 105a.
cat xv = 1138, fol 120b; = 1177, fol 120b.
Tht = 288, fol?; = 1124, fol 104a–b; = 1141, fol 145b–146a; = 1142, fol 148b–149a, = A, fol 179a–b; = 1184, fol 156a–b; = B, fol 41a–b; = C, fol 78b; = D, fol 192b–193a; = 1216, fol 122b–123a, = E, fol 162b–163a.

In diesem kurzen Stück trennen sich 1173 und 1122 teilweise; jede Catene verfolgt ihren eigenen Weg.

V. 7a: 1173 besteht aus folgenden Teilen: 1. *Kleiner Hesychius*, c. 912, Nr. 14 mit Anm. 6; 2. πάσης διψυχίας ... πόλει κατοικίζει = *Origenes* in cat xvii (= PG xii, c. 1505, ll. 48–51). *1122* fügt allein zu diesen *zwei* Elementen ein *drittes*: μονοτρόπους καλεῖ ... ἀξιώσει τῆς σωτηρίας = *Theodoret*, c. 1380, ll. 9–23.

V. 7b: 1173 besteht aus den folgenden beiden Stücken: 1. *Hesychiusglosse*, c. 913, Nr. 15 und Anm. 1; 2. ὥσπερ τοὺς ... ἐν φρονήσει = *Origenes* nach cat xvii (= PG xii, c. 1508, ll. 1–3). *1122* ist damit identisch.

V. 7c: 1173 enthält zwei Stücke: 1. den *kleinen Hesychius*, c. 913, Nr. 16 und Anm. 2; 2. μονοτρόπους καλεῖ ... θείῳ οἴκῳ = *Theodoret*, c. 1380, ll. 9–12. Das Stück findet man in etwas längerer Gestalt in cat xvii. *1122* enthält 1. denselben *Hesychius* und 2. bloß: μονοτρόπους καλεῖ τοὺς ἕνα = *Theodoret*, c. 1380, ll. 9–10.

Das *Theodoretzitat*, das mit μονοτρόπους καλεῖ κτλ beginnt, steht also in 1122 an einem andern Ort: bei *V. 7a* (1173: bei *V. 7c*), und es ist länger: ll. 9–23 (bei 1173: ll. 9–12). Es stammt also nicht aus 1173. 1122 hängt aber doch — so scheint es — weiter von 1173 ab, weil 1122 das Zitat nochmals bringt in *V. 7c* (um nur die vier ersten Worte davon zu bringen): Offenbar doch nur, weil eben 1173 dort das Zitat anführt!

In *1173* stammt das *Theodoretzitat* aus cat xvii. Zwei *Varianten* beweisen das, die der cat xvii und 1173 gegen *Theodoret*, Hss und Ausgabe, gemeinsam sind: 1. 10: ἐπιμελουμένους statt ἐπιμελεῖσθαι προαιρουμένους nach allen Mss *Theodorets*; ll. 12–13: τούτους οὖν κατοικίζεσθαι λέγει τῷ θείῳ οἴκῳ, anstatt: τούτους δὲ ἐν τῷ οἴκῳ τῷ θείῳ κατοικίζεσθαι λέγει, nach der Mehrzahl der Hss [1].

---

[1] Tatsächlich ist hier die Überlieferung *Theodorets* gespalten:

In *1122* stammt das Zitat wohl nicht aus cat xvii. Denn obgleich an beiden Orten Anfang und Ende des Stückes (ll. 9–23) erscheinen, fehlen *im Innern* des Zitates in cat xvii: ll. 15–18, τοιοῦτος ... πόλεμον, und: l. 19, φησι. Beide Stellen finden sich in *Theodoret* Hss und in *1122!* 1122 hängt hier nicht von cat xvii ab. Außerdem liest 1122 ἐπιμελεῖσθαι προαιρουμένους, l. 10, im Gegensatz zu cat xvii und 1173, aber entsprechend *Theodoret* Hss, und ebenso: τούτους δὲ ἐν τῷ οἴκῳ τῷ θείῳ κατοικίζεσθαι λέγει, ll. 12–13, gegen cat xvii und 1173, aber in Übereinstimmung mit einer Anzahl guter *Theodoret-Hss* (siehe oben S. 24, Anm. 1.)[1].

Auch von cat xv hängt 1122 nicht ab. Denn die Textgestalt ist nicht identisch auf beiden Seiten: ll. 12–13: τούτους δὲ ἐν τῷ θείῳ οἴκῳ κατοικίζεσθαι ἔφη heißt es in cat xv[2]; 1122 ist also näher bei *Theodoret* Hss, und außerdem ist das Zitat in cat xv viel kürzer als in 1122: es umfaßt ll. 9–13 (wie 1173), aber es fehlt darin (wie in 1122: siehe Anm. 27): καὶ μὴ ... προαιρουμένους, ll. 10–11.

Der *Vergleich* ergibt also folgendes: *1173* enthält nichts, was nicht auch im *kleinen Hesychius-Kommentar* und in *cat xvii* stünde.

1122 hat ein langes Stück *Theodoret* allein, das es weder aus cat xvii, bzw. xv noch aus 1173 empfangen hat. Dagegen gibt es Anzeichen für einen Kontakt mit der *direkten Überlieferung Theodorets.*

Lassen sich diese Beobachtungen im folgenden bestätigen?

V. 8a: 1173 enthält erwartungsgemäß die Glosse aus *Hesychius*, c. 913, Nr. 17 und ein Stück: ὁ σύμμαχος οὕτως ... καὶ ἀοίκητον, das in cat xvii zu finden ist: es ist aus *Theodoret*, c. 1380, ll. 26–31, geschöpft.

1122 führt nach derselben *Hesychiusstelle* das Stück an: ταῦτα ὁ σύμμαχος οὕτως ἡρμήνευσεν ... δρῶντα ἐπήγαγεν = *Theodoret*, c. 1380, ll. 26–41.

V. 8b: 1173 gibt 1. *Hesychius*, c. 913, Nr. 18 und Anm. 3; 2. das Zitat: καὶ μηδέπω ... ψεκάδας ἐπέσταξας = *Theodoret*, c. 1380, ll. 31–33. Das Zitat auch in cat xvii!

V. 9a: 1173 verbindet Hesychius, c. 913, Nr. 19 und Nr. 20, mit zwei Stellen: γέγονεν δὲ ... πνεύματος χάρις = *Theodoret*, c. 1380, ll. 34–35, 38–39, und: οἷον τινας ... ἐπήγαγεν ἀπὸ προσώπου = *Theodoret*, c. 1380, ll. 39–41. Beide Zitate finden sich in cat xvii!

V. 8b–9a: 1122 gruppiert diese beiden Stichoi und gibt bloß *Hesychiusglossen* dazu: c. 913, Nr. 19 nach Anm. 3, Nr. 19 im Text, Nr. 20.

Der Vergleich von 1173 und 1122 zeigt, daß beide dasselbe *Theodoretzitat:* ταῦτα ὁ σύμμαχος ... δρῶντα ἐπήγαγεν, c. 1380, ll. 26–41 enthalten. Das gleiche Zitat steht auch in cat xvii.

---

1. zunächst muß festgestellt werden, daß *alle Hss* gegen Ausg., c. 1380, l. 12, τούτους δὲ κτλ. lesen;

2. τούτους δὲ ἐν τῷ οἴκῳ τῷ θείῳ κατοικίζεσθαι λέγει = 288, 1124, A, B, E.

3. τούτους δὲ ἐν τῷ οἰκεῖν τὸ θεῖον (sic) κ. λ. = 1141, 1184, D.

4. τούτους δὲ ἐν τῷ οἴκῳ τούτῳ κ. λ. = C, 1216.

5. τούτους δὲ οἰκεῖν τῷ θείῳ κ. λ. = 1142.

[1] Freilich weicht 1122 von *Theodoret* Hss ab, wenn es (im Gegensatz zu 1173 und cat xvii) ausläßt: καὶ μὴ νῦν μὲν ταῦτα, νῦν δὲ ἐκεῖνα προαιρουμένους, ll. 10–11 (wohl durch *Homoeoteleuton* mit dem vorhergehenden προαιρουμένους, l. 10). Auch Tht 288, D lassen dies weg.

[2] In *zwei* Punkten ist 1122 näher bei *Theodoret* Hss als cat xv: l. 12: ἐν τῷ θείῳ οἴκῳ in cat xv findet sich in keiner Hs Theodorets (oben S. 24, Anm. 1), während die Lesart von 1122 in vielen guten Hss *Theodorets* figuriert; ll. 12–13 ἔφη der cat xv kommt nicht gegen das einheitlich bezeugte λέγει aller Hss *Theodorets* und 1122's auf.

Doch unterscheidet es sich in *1173* und *1122*:

1. in der *Anordnung*: bei 1173 ist es in *vier* Abschnitten auf die Verse *8a, b, 9a* verteilt, in 1122 erscheint es als ganzes ungeteilt zu *V. 8a*.

2. in der *Textgestalt*: ll. 26–27: ταῦτα ὁ σύμμαχος οὕτως ἡρμήνευσεν: bei 1122 und den Hss *Theodorets* [1]; aber ὁ σύμμαχος οὕτως bei 1173; das ist auch die Lesart der cat xvii!

ll. 35: καὶ αἱ πέτραι ἐρράγησαν bei 1122 und in allen Hss *Theodorets* [2], während die vier Worte in 1173 fehlen: ebenso auch in cat xvii!

l. 39 steht 1122 mit ἐπεδήμησεν ganz allein, alle Hss *Theodorets* [3], cat xvii und 1173 lesen: ἐπεφοίτησεν.

l. 41: ἐπήγαγεν ἀπὸ προσώπου in 1173; diese beiden letzten Worte ἀπὸ προσώπου fehlen in sämtlichen Hss *Theodorets*, in 1122 und in cat xvii = 1134, 1135, aber sie stehen in cat xvii = 1047, 1139: Diese zwei Worte sind der Anfang des Lemmas *V. 9b und c*; sie sind irrtümlicherweise von cat xvii = 1047, 1139 als *Ende eines Zitates* aufgefaßt worden anstatt als das Lemma zum nächstfolgenden Zitat.

Dieses Mißverständnis ist ja in cat xvii gut möglich, da sie die Lemma-Anfänge in den Text einfügt. 1173 hängt von einer solchen verderbten cat xvii ab.

Dieser Vergleich des Theodoretzitates in 1173 und 1122 zeigt: 1. 1122 hat nicht aus 1173 geschöpft, denn sein Text ist näher der *direkten Überlieferung Theodorets* als 1173; 2. 1173 hat einen Text, der mit dem der *cat xvii* zusammenfällt. 1173 schöpft daher auch hier aus nur *zwei* Quellen: aus dem *kleinen Hesychius* und aus *cat xvii*.

V. 9b–c, 10a: 1173 enthält: 1. kleiner *Hesychius*, c. 913, Nr. 21; 2. das Stück: τὸ εὐαγγελικὸν ... χειρῶν μου, mit der Sigel *Athanasius* am Rande (ob zu recht, bleibe dahingestellt). Dies Zitat stammt aus cat xvii (von wo auch die Sigel *Athanasius* herrührt); 3. ποτὲ ἐχωρηγεῖτο ... τῆς χάριτος, mit der Sigel *Theodoret*, aus cat xvii (das Stück ist in sehr modifizierter Weise aus *Theodoret*, c. 1381, ll. 6–12 gewonnen).

V. 9b–c: 1122 gibt hier nur: ὁ γὰρ ἐν τῷ σινᾷ ... ἐδωρήσατο χάριν = *Theodoret*, c. 1380, l. 43 — c. 1381, l. 4. Das Stück fehlt völlig in 1173, findet sich aber in cat xvii. 1122 hat es jedoch nicht aus cat xvii geholt, wie ein Vergleich erweist: l. 3 τὴν ὑμετέραν διελέγχων μανίαν fehlt in cat xvii, wogegen es in allen Hss *Theodorets* [4] und in 1122 vorkommt. 1122 hängt also nicht von cat xvii ab, sondern steht näher bei *Theodoret* in direkter Überlieferung.

V. 10a: 1122 besteht aus *drei* Gliedern: 1. *Hesychius*, c. 913, Nr. 21; 2. das Stück: τὸ εὐαγγελικὸν ... χειρῶν μου ohne Sigel *Athanasius*, die aus cat xvii stammt (siehe oben 1173 zu *V. 9b–c, 10a*); 3. (nach einem nachträglich eingeschobenen ἄλλως): ἄσπερ ἄνω ... ἀπολαύει τῆς χάριτος = *Theodoret*, c. 1381, ll. 6–12. Dieses *Theodoretzitat* entspricht den Hss *Theodorets*, während es in 1173 in stark gekürzter Form (siehe oben 1173 bei *V. 9b–d, 10a*) der cat xvii entnommen war. Wieder hängt 1122 nicht von 1173, bzw. von cat xvii ab, sondern steht ganz in der Nähe der *direkten Theodoretüberlieferung*.

---

[1] Ausgenommen C, 1216, bei denen die *hexaplarische Lesart*, ll. 26–29, weggelassen ist. Das τοῦτο der Ausg., l. 26, ist gegen alle Hss.

[2] C, 1216 fügen auch noch: καὶ τὸ ... κρεμάμενον, ll. 35–37, hinzu.

[3] Hss 1141, 1142, A lesen trotz einer orthographischen Verschiedenheit: ἐπεφύτησεν, wohl dasselbe.

[4] In C, 1216 ist die Stelle erweitert worden.

Aber von *V. 10b* an deckt sich der Text von 1173 und 1122 wieder völlig. Die *Theodoretzitate* stimmen mit cat xvii überein, nicht mehr mit *Theodoret in direkter Überlieferung*. *1122 = 1173* hangen also von hier an wieder einzig und allein von *cat xvii* und dem *kleinen Hesychius* ab.

Zwischen *V. 7a* und *10a* hat 1122 den *gesamten* Kommentar *Theodorets* geliefert. Und dies, wie gesagt, in einer Form, die der *direkten Überlieferung* auf den Fersen folgt.

Der *Überschuß* des Stoffes in 1122 gegenüber 1173 betrifft *nur Theodoretzitate*. Es ist also höchst wahrscheinlich, daß 1122 an dieser Stelle während kurzer Zeit mit *Theodoret in direkter Überlieferung* seine Vorlage (= 1173) ergänzt hat, um dann wieder zu 1173 zurückzukehren!

Ergänzung : Ps xxviii 8b, 9b

cat xxii = 1173, fol 88a; = 1122, fol 28a–b. Wie oben (S. 10–11) klar wurde, sind hier die Glossen des *kleinen Hesychiuskommentars* mit Teilen aus *Theodorets* Kommentar zur cat xxii verwoben worden.

In *V. 8b* folgt in 1173 auf die Glosse des *Hesychius*, c. 749, Nr. 16 und Anm. 5 das *Theodoretzitat*: ταῦτα δὲ ... καὶ τέξεσθαι, c. 1068, ll. 28–30. In 1122 flicht der Catenist ein weiteres, durch ἄλλως eingeleitetes *Theodoretzitat* ein, das in 1173 nicht vorkommt: ἔρημον δὴ ... (τὸ) Κάδης, c. 1068, ll. 27–28, 34–42. Im Innern des Zitates fehlen also die Worte: ταῦτα δὲ ... τὸν ἄνδρα, ll. 28–34: entweder durch *Homoeoarkton:* ταῦτα, l. 28 und ταύτην, l. 34, oder eher, weil im ersten *Theodoretzitat* zum selben Vers ll. 28–30 eben schon zitiert wurden!

Dasselbe in *V. 9b*: Hesychiusglosse, c. 752, Nr. 19 (ohne λέγει in cat xxii), *Theodoret*: τούτῳ κρατυνθέντες ... προηγόρευσεν λόγος, c. 1069, ll. 2–5, beides sowohl in 1173 als auch in 1122. In 1122 allein ist nun ein weiteres *Theodoretzitat* angehängt, durch ἄλλως, vom vorhergehenden abgehoben: τοῦτο γὰρ ... ἐκκλησίας ἐφύτευσαν, c. 1069, ll. 7–19. Man sucht dieses Stück in 1173 vergeblich.

1122 hängt für diese beiden Stücke nicht von 1173 ab. Da der *Überschuß von 1122* nur *Theodoret*[1] enthält, liegt es wieder am nächsten, vorauszusetzen, der Catenist habe mitunter *Theodorets Kommentar* unmittelbar benützt, um seine Catene aus ihm zu bereichern. Die Auslassung im Innern seines zweiten Zitates zu *Ps xxviii 8b* könnte das stützen, denn er läßt weg, was er schon im ersten Zitat aus 1173 gewonnen hatte.

Es ist also nicht gelungen, einen negativen Beweis zu erbringen, demnach 1122 nicht von 1173 abhinge. Wohl sind drei oder vier Stellen (es mögen noch mehr sein) aufgetaucht, an denen 1122 über 1173 hinaus aus einer weiteren Quelle, aus *Theodoret* (und *Hesychius*) *in direkter Überlieferung* schöpft. Aber aufs Ganze gesehen ist die Parallelität von 1173 und 1122 überwältigend.

Treffen die Beobachtungen zu, die man oben (S. 11–14) beim Übergang vom ersten Teil der Catene (*Ekloge aus Theodoret, Hesychius*) zu ihrem zweiten Teil (*cat xvii*

---

[1] In *Ps lxxvii 49b* fehlt in 1173 freilich auch die *Hesychiusglosse*, c. 980, Nr. 113, während sie in 1122 vorhanden ist. Da 1122 indessen den *hesychianischen kleinen Kommentar* in direkter Überlieferung gekannt hat, denn es verwendet ihn für seine Catene in *Ps ciii 10 — cl* (siehe unten, S. 28–30), läßt sich auch dieses Plus in 1122 erklären.

und *Hesychius*) in *Ps xxxii 14a und b, 20a und b, xxxiii 5 und 6* machen konnte, daß nämlich 1173 der Archetyp der cat xxii ist, so wird die *Abhängigkeit* der Hs 1122 von 1173 (wohl eher unmittelbar als mittelbar, da es nicht viele Hss dieses Catenentyps gegeben haben wird) zur Gewißheit.

Der Schreiber von 1122 hat sich jedoch die Freiheit gestattet, bisweilen aus *Theodorets Kommentar,* den er vollständig zur Verfügung besaß, einiges zu seiner Quelle 1173 hinzuzufügen. Dies sollte ja dann im letzten Teil dazu führen, daß er 1173 überhaupt durch *Theodoret* ersetzte (siehe unten).

3. Cat xxii in Ps ciii 10 – cl

a) 1122

Mit *Ps ciii 10a* führt die Catene der Hs 1122 wieder den seit *Ps ci 2a* verlassenen *kleinen Hesychiuskommentar* ein. Diesen Glossen folgt jeweils ein zweites, durch ἄλλως abgesetztes Catenenelement. Es stammt, wie die Untersuchung rasch ergibt, aus *Theodorets Psalmenkommentar.* Von *Ps ciii 10* bis *cl* setzt sich die cat xxii nach 1122 also aus dem *Glossenkommentar Hesychs* und aus dem *vollständig* zitierten *Kommentar Theodorets* zusammen. Das ist der *Unterschied* zu Abschnitt *Ps i–xxxii 13:* dort war *Theodoret auszugsweise* geboten worden, hier erscheint er *in extenso.*

Es läßt sich zeigen, daß dieser *Theodoret* nicht über cat xvii (oder xv) in die Catene von 1122 gelangt ist. *Erstens:* der Stoff, den cat xvii nicht aus *Theodoret,* sondern aus andern Vätern geschöpft hat, *fehlt* stets in der Catene von 1122. *Zweitens:* der *Theodorettext* der Catene von 1122 stimmt in der *Textgestalt* mit den Hss und der Ausgabe *Theodorets* dort überein, wo sich cat xvii von ihnen trennt.

Ps ciii 10–14
1122, fol 127b–128a.
cat xvii =   1047, fol 191b; = 1134, fol 114b; = 1135, fol 104b; = 1139, fol 162b.
    V. 10a: Hesychiusglosse, c. 1093, Nr. 21, dann *Theodoret:* εἶτα τὴν ... χρείαν, c. 1697, ll. 41–42. Dafür hat cat xvii folgenden Wortlaut: καὶ ἐντεῦθεν τὴν τούτων διεξέρχεται χρείαν, auch dies steht bei *Theodoret,* aber zu *V. 13,* c. 1700, ll. 12–13. 1122 hat beide Stellen *Theodorets,* jedoch beide an ihrem richtigen Platz.
    V. 10b: Hesychius, c. 1093, Nr. 22.
    V. 11a–12b (1122 gruppiert die Lemmata wie *Theodoret* in seinem Kommentar!): καὶ τοῦτο ... δίψαν αὐτοῦ, *Theodoret,* c. 1697, l. 46 – c. 1700, l. 7. Dieses Zitat steht auch in cat xvii, aber mit *Unterschieden:*
    c. 1700, l. 1 ὄρη τέμνων = 1122 und *Theodoret,* Ausg. und Hss [1], τὰ ὄρη τεμῶν = cat xvii. Es folgen drei *hesychianische* Glossen, c. 1093, Nr. 24–26 mit Anm. 2, 3.

---

    [1] Mit *Ausnahmen:* wie cat xvii = Tht Hs 1124, fol 176a; ὄρη τεμῶν = Tht, Hs B, fol 101b; = E, fol 246b.

V. 13a–b: Theodoret: οὐ γὰρ μόνον ... ὠφέλειαν, c. 1700, ll. 9–13. Das Stück ist auch in cat xvii enthalten, aber dort steht: δείκνυσιν, ll. 12–13, während *Theodoret*, Ausg. und Hss [1]: ὑποδείκνυσιν lesen: wie 1122.

Darauf folgen zwei *Hesychiusstellen,* c. 1093, Nr. 27 und 28, mit Anm. 4.

V. 14a–c: Theodoret: φύεται γὰρ ... τῆς προμηθείας, c. 1700, ll. 16–23: auch in cat xvii, aber mit Varianten: l. 18 καρποὶ ohne Artikel in cat xvii, οἱ καρποὶ in *Theodoret,* Hss und Ausg.; und in 1122, l. 20 fehlt in cat xvii das Wort ψαλμῷ, das 1122 und *Theodoret,* in Hss und Ausg., setzen.

Ps ciii 17–18

1122, fol 128b–129a.
cat xvii =   1047, fol 192a; = 1134, fol 114b; = 1135, fol 104b–105a; = 1139, fol 163a.

V. 17a–b: zunächst zwei *Hesychiuszitate,* c. 1093, Nr. 37 und 38 mit Anm. 1, sodann das Stück aus *Theodoret:* ὁ δὲ ἀκύλας ... τὰς οἰκήσεις, c. 1701, ll. 2–9. Cat xvii unterscheidet sich *zweifach* von 1122: *Erstens* bezieht sie dieses *Theodoretzitat* bloß auf *V. 17a,* während sie für *V. 17b* ein weiteres Catenenelement bietet: οὐδὲ τοῦτο ... ἐρωδιὸν λέγων, das nicht aus *Theodoret* stammt: Es fehlt denn auch in 1122! An dieses Zitat knüpft sie ein weiteres, ebenfalls nicht aus *Theodoret,* das zu *V. 17a* gehört: ἐπειδὴ ἁπλῶς ... καὶ οἴκησιν: auch dieses Element fehlt in 1122. *Zweitens* bestehen Unterschiede im obigen *Theodoretauszug:* ὁ δὲ ἀκύλας ... τὰς οἰκήσεις, in der Textgestalt zwischen cat xvii einerseits und 1122 und *Theodoret,* Hss und Ausg., anderseits:

l. 2 ὁ ἀκύλας in cat xvii; ὁ δὲ ἀ. in 1122 und *Theodoret.*

l. 8–9 τὰ δὲ ὀρνέων ἐστὶν οἴκησις in cat xvii; τῶν δὲ ὀρνέων αὐτὰ δέχεται τὰς οἰκήσεις in 1122 und *Theodoret* [2].

Ps ciii 26b

1122, fol 130a.
cat xvii =   1047, fol 193a; = 1134, fol 115b; = 1135, fol 105b; = 1139, fol 164a.

Das *Theodoretzitat:* διὰ τοῦ δράκοντος ... τοῦ ἐχθροῦ, c. 1704, ll. 28–44, steht vollständig in 1122, während es in cat xvii um den letzten Satz: καὶ ὁ κύριος ... τοῦ ἐχθροῦ, ll. 42–44, amputiert ist.

Ps ciii 28b

An den gleichen Stellen wie *Ps ciii 26b.*

Nach *Hesychius,* c. 1097, Nr. 61 mit Anm. 6, steht in 1122 der *Theodoretpassus:* τὴν εὐκολίαν ... τὴν φοράν, c. 1705, ll. 1–5. Dieses Stück fehlt ganz in cat xvii.

---

[1] Mit einer *Ausnahme:* Tht Hs 1124, fol 176a liest δείκνυσιν wie cat xvii.

[2] Das *Symmachuszitat* in Ausg. *Schulze,* ll. 4–5, fehlt in allen Hss *Theodorets:* in Tht Hs 288 fehlen A′ und C′; in den folgenden Hss fehlt C′: 1124, fol 176b; 1141, fol 239b; 1142, fol 245a; A, fol 282b; 1184, fol 259b; B, fol 102a; C, fol 131a; D, fol 310a; 1216, fol 204b; E, fol 247a. Dazu kommt cod. 1 von *Schulze.* Das *Symmachuszitat* fehlt in 1122, es steht dagegen in cat xvii. Auch hier stimmt also 1122 mit *Theodoret* Hss gegen cat xvii überein!

Stichproben in den *Ps cxv 1–3, cxxv 1–3, cxxx, cxl 1–7, cl* bestätigen das gewonnene Ergebnis für den ganzen Rest des Psalters. Abgesehen von *Hesychius* enthält 1122 *nichts anderes als Theodoret,* aber diesen *vollständig.* Cat xvii enthält *mehr als nur Theodoret,* aber diesen *unvollständig.*

1122 ist also in diesem letzten Abschnitt von *zwei Quellen* unmittelbar abhängig: vom *kleinen hesychianischen* und von *Theodorets Psalmenkommentar* [1].

b) *1173*

Hier liegen die Dinge anders. 1173 folgt weiter der cat iii = 1133 – wie zwischen *Ps ci 1 – ciii 9* – bis zu *Ps civ 10.* Von *Ps civ 1*c an führt 1173 den *kleinen Hesychiuskommentar* neben den Zitaten aus cat iii her. In *Ps civ 10* gibt 1173 cat iii als Quelle auf und ersetzt sie durch cat xvii bis ans Ende des Psalters.

Nachweis:

Ps ciii 10–14
1173, fol 318b (die Lesarten sind stets ohne Sigel):

V. 10a: καὶ ἐνταῦθα ... ὡς ὄντα = *Jo.* Chrysostomus in 1133, fol 337b, Zitat 10 (von oben gezählt), ll. 2–4 [2]; ll. 1–2 Anfang fehlen in 1173, und es bestehen Varianten in der Textgestalt zwischen 1133 und 1173.

V. 10b: ὅπως ἂν ... διαναπαύονται = *Athanasius* in 1133, fol 337b, Zitat 4 von unten, l. 1; vollständig. ἄλλως· καθάπερ γὰρ ... πλήθους ὁρῶν = *Hesychius* in 1133, fol 337b, Zitat 3 von unten, ll. 1–2; l. 2, Ende von l. 3 fehlen in 1173.

V. 11a: θηρία τοῦ δρυμοῦ ... γίνεσθαι = *Hesychius* in 1133, fol 337b, letztes Zitat der Seite, ll. 1–3; in 1173 fehlen l. 3 Ende – l. 6, und es kommen Varianten vor.

V. 11b: ὁ δὲ ὀνάγρων ... ἀνθρώπων = *Jo.* Chrysostomus in 1133, fol 338a, erstes Zitat der Seite, l. 1; in 1173 ist der Anfang von l. 1 nicht wiedergegeben. ἄλλως · ὀνάγρους τοὺς ... εἰσήγαγεν = *Hesychius* in 1133, fol 338a, Zitat 2 (von oben gezählt), ll. 1–2; in 1173 fehlt l. 2 Ende – l. 3, und der Text weist Varianten auf.

V. 12a: ὅρα ... ἅπαντα κατασκεύασεν = *Jo.* Chrysostomus in 1133 fol 338a, Zitat 3, ll. 1–2; 1173 hat Varianten und läßt l. 2 Ende – l. 3 weg.

V. 12b: τινὲς τὰ ὕδατα ... ἐμφιλοχορούντων = *Jo.* Chrysostomus (mit: τοῦ αὐτοῦ eingeleitet) in 1133, fol 338a, Zitat 4, ll. 1–3; 1173 bringt nicht l. 3 Ende.

---

[1] Der kleine *hesychianische Glossenkommentar* war 1122 *unmittelbar zugänglich,* denn er gelangte nicht über cat xvii (wo er fehlt) dorthin, auch nicht über cat xv (denn nach welchem Kriterium hätte der Schreiber von 1122 aus der Masse von cat xv *gerade diese Glossen* herausgegriffen, die ja nicht besonders gekennzeichnet sind?) und wohl auch nicht über cat ix (die He par neben andern Catengliedern, aber von ihnen gesondert, bietet). Denn wie würde es sich erklären, vorausgesetzt, der Kompilator habe die *hesychianischen* Glossen *aus einer Catene* geschöpft, daß er bloß die Glossen und nichts sonst zitiert? (Übrigens kann He par *in cat ix* als He der *direkten Überlieferung* betrachtet werden.) Siehe oben S. 27, Anm. 1.

[2] Siehe oben S. 22, Anm. 1 und S. 23, Anm. 1.

1173, fol 319a:

V. 13a: τινὸς ἕνεκεν ... νεφέλων ἀνασπώμενον = *Jo. Chrysostomus* in 1133, fol 338a, Zitat 6 und 7 (in 1173 ohne das: καὶ μετ' ὀλίγα zwischen beiden Zitaten), ll. 1–3, in 1173 fehlt l. 3 Ende — l. 5.

V. 13b: ἔργον τοῦ ... ὑδάτων λέγει = *Eusebius* in 1133, fol 338a, Zitat 10, ll. 1–3; in 1173 ist l. 3 Ende – l. 13 weggeschnitten. ἄλλως· οὐκ ἄρα ... εἶναι νομίζουσιν = *Jo. Chrysostomus* in 1133, fol 338a, Zitat 11, ll. 1–3; in 1173 ist l. 3 Ende — l. 5 nicht aufgenommen worden.

V. 14a: ἄρα κύκλῳ ... καὶ ἄχρηστον = *Jo. Chrysostomus* in 1133, fol 338a, Zitat 14, ll. 1–4; in 1173 fehlt l. 4 Ende — l. 5, es gibt Varianten.

V. 14b: τοῦ κυριακοῦ ... μυστικὸν ἐξήγαγεν = *Hesychius* in 1133, fol 338b, Zitat 2, l. 1; 1173 gibt es vollständig wieder.

Ps ciii 32–35

1173, fol 322a (die Lesarten auch hier ohne Sigel):

V. 32b: διαλύεται ... εὐκολίας δηλοῖ = *Jo. Chrysostomus* in 1133, fol 341b, Zitat 2, ll. 1–3; 1173 läßt l. 1 Anfang weg und enthält Varianten im Text.

V. 33a–b: αὐτὴν ... ἔργων = *Jo. Chrysostomus* in 1133, fol 341b, Zitat 5, l. 1; in 1173 fehlt: l. 1 Anfang und l. 1 Ende — l. 4; mit Varianten.

V. 33a–b: τοῦτο ... ὑμνητήν = *Didymus* in 1133, fol 341b, Zitat 6, ll. 1–2; in 1173 ist das Ende: l. 2 Ende — l. 3 fortgelassen.

V. 33a–b: ὃν ἡ ζωὴ ... ἐμοῦ καρπόν = *Eusebius* in 1133, fol 341b, Zitat 8, ll. 1–2, 12–13; 1173 läßt weg: l. 2 Ende — l. 12 Anfang und l. 13 Ende — l. 15.

V. 34a: εὐπρόσδεκτος ... θεόν = *Jo. Chrysostomus* in 1133, fol 341b, Zitat 12, ll. 1–2; 1173 gibt nicht wieder: l. 2 Anfang und l. 2 Ende — l. 6.

V. 34b: τοῦτ' ἐστιν ... δεσπότην = *Jo. Chrysostomus* in 1133, fol 341b, Zitat 14, ll. 1–2; in 1173 fehlt l. 2 Ende — l. 4.

V. 35a: οὐ τὴν ... ἁμαρτωλόν = *Jo. Chrysostomus* in 1133, fol 342a, Zitat 6, ll. 1–4; 1173 ist der Anfang, l. 1 leicht anders.

V. 35b: ἀλλὰ ... προσφέρουσιν = *Jo. Chrysostomus* in 1133, fol 342a, Fortsetzung des vorhergehenden Zitates 6, ll. 4–7, in 1173 ist Einzelnes innerhalb des Zitates weggelassen.

V. 35c: ἀσφαλῆ ... κατέληξεν = *Jo. Chrysostomus* in 1133, fol 342a, Zitat 7 (eingeleitet mit: καὶ μετ' ὀλίγα) ll. 3–4; 1173 läßt beiseite: l. 1 — l. 3 Anfang; das Ende des Zitates ist überdies in 1173 mit Elementen aus l. 1 (καταλύσας εἰς δοξολογίαν) erweitert worden.

Ps civ 1–9

1173, fol 322a–b:

Die *Hypothese* aus dem *kleinen Hesychiuskommentar* steht auch hier in der Psalmenkolonne: cc. 1099–1100.

V. 1a: τῶν ἐπιγραφομένων ... εἰς θεόν = *Eusebius* in 1133, fol 342a, letztes Zitat auf der Seite, ll. 1–3; 1173 hat Einzelnes im Zitat weggelassen; ebenso fehlt l. 3 Ende — l. 5.

V. 1b: ἐν γὰρ ... ἀγαθά = *Jo. Chrysostomus* in 1133, fol 342b, Zitat 1, ll. 1–2; in 1173 fehlt l. 1 Anfang.

Hier beginnt der *hesychianische* Glossenkommentar von neuem: ἀγαλλιώμενοι δοξάζεται (sic) αὐτόν = He par, c. 1100, Nr. 3.

V. 1c: ἐπειδὴ τὸν ... τὴν μετάβασιν = *Hesychius* in 1133, fol 342b, Zitat 5 (mit: τοῦ αὐτοῦ eingeleitet), ll. 1–3, in 1173 fehlt l. 1 Anfang, mit Varianten. ὅτι ... ἐχωρίσθη = He par, c. 1100, Nr. 4.

V. 2a–b: ᾄσατε . . . μελωδούμενα = *Hesychius* in 1133, fol 342b, Zitat 8, ll. 1–2. ἐκ τῆς . . .
ἀνθρώποις = He par, c. 1100, Nr. 5.

Dieses Bild bleibt dasselbe bis zu *V. 9,* wo ein letztes Zitat aus 1133, fol 343b, Zitat 9,
ll. 2–4 = *Hesychius* folgt; 1173 läßt weg: l. 1 und weist Varianten auf.

Ps civ 10–18

1173, fol 323b:

Tht = 288, fol?; = 1124, fol 179b–180a; = 1141, fol 243a–b; = 1142, fol 249a–250b; = A,
fol 287a–b; = 1184, fol 263b–264b; = B, fol 105a–106a; = C, fol 133a–b; = D, fol
314a–315a; = 1216, fol 307b–309b; = E, 250a–251a.

V. 9a–b: ὅτι εἶπεν . . . χάρις = He par, c. 1101, Nr. 17, 18. καὶ ἐπλήρωσεν . . . κατάσχοντι
= He par, c. 1101, Nr. 19.

V. 10a–b: τούτων τῶν ὅρκων . . . συμπεράνας χ(ριστο)ῦ = *Theodoret,* c. 1712, ll. 25–37, in
cat xvii = 1047, fol 194a: denn cat xvii und 1173 haben dieselbe, von *Theodoret* in PG und Hss
verschiedene Textform: τὸ σπέρμα . . . τῆς γῆς, ll. 28–31 ist in 1173, cat xvii ersetzt durch: καὶ
τὰ ἑξῆς. τούτῳ τῷ ὅρκῳ, l. 31, lautet in 1173, cat xvii: τούτου τοῦ ὅρκου (wie sonst nur in Tht
Hs 1124: alle andern Hss wie Tht in PG).

V. 11a–b: λέγων . . . ἔθνη, He par, c. 1101, Nr. 21 mit Anm. 5.

1173, fol 324a:

V. 11a–b: ἰδιώτας . . . κόσμῳ = He par, c. 1101, Nr. 24. ἄλλως· σχοίνισμα τὴν . . . τὴν γῆν
ὑποβάλλειν = *Theodoret,* c. 1712, ll. 39–41, auch in cat xvii = 1047, fol 194b, in gleicher Ausdehnung und Textgestalt.

V. 12a–b: κηρύσσοντες . . . ἔθνη = He par, c. 1101, Nr. 25 und Anm. 6. ἄλλως· παροικοῦν-
τες γὰρ . . . ἱδρυμένου τόπου = *Theodoret,* c. 1712, l. 49 — c. 1713, l. 1; das Zitat findet man in
gleicher Länge und Gestalt auch in cat xvii = 1047, fol 194b.

V. 13a–b: καὶ ἐκ . . . ἔθνη = He par, c. 1101, Nr. 26. ἄλλως· ἀλλὰ νῦν μὲν . . . μεταφέροντες
= *Theodoret,* c. 1713, ll. 1–2. Das gleiche Zitat steht so auch in cat xvii = 1047, fol 194b.

V. 14a–b: οὐκ . . . ἀποστόλων = He par, c. 1104, Nr. 27, ἡρώδην . . . ἐθανάτωσεν = He
par, c. 1104, Nr. 28. ἄλλως· οὕτω γὰρ . . . προφήτης ἐστιν = *Theodoret,* c. 1713, ll. 8–21. (Dieses
Stück weist in 1173 und cat xvii die gleiche Länge und die gleichen Varianten im Vergleich zu
Theodoret in PG auf: οὕτως, l. 8 = PG und Hss; in 1173, cat xvii = 1047, fol 194b = οὕτω γὰρ;
αὕτη δὲ . . . ἀνδρί, l. 13: fehlt in 1173, cat xvii; καὶ προσεύξεται . . . σωθήσῃ, ll. 21–22 [Schluß
des Abschnittes bei *Theodoret*]: fehlt in 1173, cat xvii.)

V. 15a–16a: ἡ ἁμαρτία . . . θεραπόντων ἐπεμελήθη = *Theodoret,* c. 1713, ll. 23–28, in derselben Form und Länge auch in cat xvii = 1047, fol 194b.

V. 16b: ἀντὶ τοῦ . . . (1173, fol 324b) . . . βιωτεύουσιν ἄνθρωποι = *Theodoret,* c. 1713, ll. 29–
32; ebenso auch in cat xvii = 1047, fol 194b.

V. 17a: ἐγένετο . . . ἰωάννης = He par, c. 1104, Nr. 33. ἄλλως· ἀμφότερα κατὰ . . . ἐχρήσατο
πονηρίᾳ = *Theodoret,* c. 1713, ll. 34–37, so auch in cat xvii = 1047, fol 194b.

V. 17b: τὸ γένος . . . προσέθηκεν = He par, c. 1104, Nr. 34 mit Anm. 2. ἄλλως· οὐ γὰρ . . .
κάθοδον ἐπρυτάνευσεν = *Theodoret,* c. 1713, ll. 37–41; cat xvii = 1047, fol 194b, hat dasselbe
Zitat in gleicher Länge, mit einer Variante: statt τὸν δοῦλον, l. 40, liest sie: τοῦτον: das ist auch
der Text von 1173! In *Theodoret,* PG und Hss, geht das Stück noch weiter: ἔδει γὰρ . . .
κατέλαμψεν, ll. 41–47. Dies fehlt sowohl in 1173 als auch in cat xvii.

V. 18a: ἐδάμασεν . . . ἁμαρτίᾳ = He par, c. 1104, Nr. 35.

V. 18b: εἰς θάνατον . . . ἀνθρώπων = He par, c. 1104, Nr. 36 und Anm. 4. ἄλλως· μετὰ γὰρ
. . . σφαγῆς ἐκινδύνευσε = *Theodoret,* c. 1713, l. 49 — c. 1716, l. 2. Das Stück steht auch in cat
xvii = 1047, fol 195a.

Aus diesem Abschnitt geht hervor, daß von *Ps civ 10* an 1173 aus *zwei Quellen* schöpft: aus dem *kleinen Hesychiuskommentar* und aus *cat xvii*. Denn die gleiche *Textgestalt* der *Theodoretzitate* in 1173 und in cat xvii = 1047, die sich hierin von *Theodoret* in direkter Überlieferung unterscheiden, zeigt zwingend, daß 1173 von cat xvii abhängt. Dies wird durch den Umstand bestätigt, daß 1173 fast allen Stoff von cat xvii (auch andere Zitate als *Theodoret!*) bringt, aber nichts über cat xvii hinaus enthält.

Stichproben in *Ps cvi 1–8, cxviii 57–64, cxx, cxxx, cxl 1–7, cl* stützen das gewonnene Ergebnis: *1173 ist ausschließlich auf dem kleinen Hesychiuskommentar und auf cat xvii aufgebaut.*

Zusammenfassung:

Die Quellen der Catene xxii

A. Ps i–ciii 9:

a) Ps i–xxxii 13:
   1. kleiner Hesychiuskommentar;
   2. eine Ekloge aus Theodoret.
b) Ps xxxii 14 – xxxix 4b:
   1. kleiner Hesychiuskommentar;
   2. eine Ekloge aus Theodoret;
   3. cat xvii tritt progressiv hinzu.
c) Ps xxxix 4c – lxxvii 35:
   1. kleiner Hesychiuskommentar;
   2. cat xvii.
d) Ps lxxvii 36 – lxxxii 16:
   1. kleiner Hesychiuskommentar;
   2. Catene mit Eusebius, Theodoret und hexaplarischen Lesarten.
e) Ps lxxxii 16 – c 8:
   1. kleiner Hesychiuskommentar;
   2. cat xvii.
f) Ps ci 1 – ciii 9: cat iii = 1133.

B. Ps ciii 10 – cl in 1173:

a) Ps ciii 10 – civ 1b: cat iii = 1133.
b) Ps civ 1c – civ 9:
   1. kleiner Hesychiuskommentar;
   2. cat iii = 1133.

c) Ps civ 10 – cl:
1. kleiner Hesychiuskommentar;
2. cat xvii.

C. *Ps ciii 10 – cl in 1122:*

1. kleiner Hesychiuskommentar;
2. Theodoret in direkter Überlieferung.

Von *Ps ciii 10* bis *cl* vertritt also 1173 allein die cat xxii, denn vorher waren die Vorlagen von cat xxii ausschließlich *He par* und *catenenartige Quellen,* nie *Theodoret* in direkter Überlieferung gewesen.

III.

Der Abschnitt Ps lxxvii 30, 36 – lxxxii 16 in der Catene xxii

In diesem Abschnitt bilden folgende *drei* Elemente den Inhalt der Catene xxii:

1. der *kleine Psalmenkommentar des Hesychius von Jerusalem,* wie bereits gesagt;
2. die *hexaplarischen Lesarten;*
3. 126 fast durchwegs anonyme [1] *Catenenelemente,* deren größtes Teil aus *Eusebius'* und ein beträchtlicher Anteil aus *Theodorets* Psalmenkommentar stammen. Nur 11 Stücke auf diese 126 fallen aus dem Gesamtbild heraus und bedürfen der besonderen Besprechung, siehe weiter unten.

Die Frage, die sich stellt, ist die nach dem *Zusammenhang* zwischen den hexaplarischen Lesarten und den Catenengliedern. Denn es ist klar, daß der kleine *hesychianische* Glossenkommentar auch hier wie im Rest der Catene ein selbständiges Glied ist, dem jeweils ein anderer Stoff (*Theodoret,* cat xvii oder cat iii) an die Seite gestellt wird. Er scheidet damit aus unserer jetzigen Betrachtung aus. Fließen also – so ist die Frage – die *hexaplarischen Lesarten* und die *Bestandteile der Catene* aus *einer und derselben Quelle,* oder müssen wir zwei voneinander unabhängige Quellen voraussetzen?

Die cat xxii weist eine deutliche Neigung zur *Zweiercatene* auf: sie paart die *hesychianischen* Glossen mit einem parallelen Stück (Kap. II). Unser Abschnitt ist mitten in eine gleichartige Catene eingefügt, denn vorher wie nachher ist cat xxii zweigliedrig – aus cat xvii und den *hesychianischen* Glossen – aufgebaut. In unserm Abschnitt hat der Catenist auf das eine der beiden Glieder, die cat xvii, verzichtet, während er das andere, *Hesychius,* wie gesagt, bewahrt. Daher drängt sich die Vermutung auf, an die Stelle der *einen* cat xvii sei *eine* andere Quelle getreten, der der Catenist sowohl die Bruchstücke der Hexapla als auch die Elemente aus *Eusebius* und *Theodoret* und die 11 andern Catenenglieder verdankt. Läßt sich diese Vermutung beweisen?

---

[1] 2 von den 126 Stücken tragen einen *Namen*: 1. *Ps lxxx, Hypothese* mit der Sigel *Theodorets* in 1173, 2. *Ps lxxxi, Hypothese* mit der Sigel *Eusebius'* in 1173 und 1122.

Eine Psalmencatene, welche sowohl Kirchenväter in der Catene anführt als auch hexaplarische Lesarten enthält, ist der berühmte Mailänder Palimpsest, Ambr. O. 39 sup. = R 1098, den G. *Mercati* entdeckt und veröffentlicht hat [1]. Die Fragmente dieses Palimpsestes decken sich leider nirgends mit unserem Abschnitt des Psalters. Der Vergleich zwischen cat xxii und der Catene von 1098 ist also für unsern Abschnitt nur indirekt möglich, indem man die *Art* der Catene auf beiden Seiten genau prüft. Für die Catene von 1098 hat *Mercati* das in seinen Osservazioni aufs sorgfältigste durchgeführt. Für cat xxii soll diese Untersuchung hier erfolgen.

1. Die Bestandteile der cat xxii,
abgesehen von den hexaplarischen Lesarten und den hesychianischen Glossen

In Ps lxxvii 36 – lxxx 11 bietet die cat xxii fast ausschließlich Zitate aus Eusebius, in Ps lxxx 12 – lxxxii 13 nur solche aus Theodoret. Das ist eine überraschende Feststellung, auch wenn man die folgenden 11 Ausnahmen in Betracht zieht:

(1.–2.) *Ps lxxvii 46a und 47a:* Hier steht folgendes Zitat aus *Hesychius'* großem Psalmenkommentar: ἐρυσίβην δὲ ἀκούων ... λέγει γὰρ τὸ μικρὸν (zu *V. 46a*), καὶ εὐτελὲς τῆς ἀκρίδος ... ἐρυσίβης ἐκδέδωκεν (zu *V. 47a*). Das Zitat ist anonym in cat xxii. Es ist das einzige aus *Hesychius* in unserem Abschnitt in cat xxii. Es steht bei *Hesychius,* Cod. Roe 13, fol 4b, ll. 16–17, 17–18 = *Jo. Chrysostomus,* Spuria, PG lv, c. 717, ll. 44–46, 46–48. Es findet sich mit dem Namen *Hesychius* auch in cat iii (fol 178a). Hätte es der Catenist von 1173 selbständig von cat iii = 1133 (die er ja weiter unten im Psalterium benützt!) entliehen?

(3.) *Ps lxxvii 55c* steht eine Lesart C', an die sich die folgende Lesart A' anschließt: ἐν σκέπαις αὐτῶν σκῆπτρα ἰὴλ αὐτῶν δέ φησιν τῶν ἐξελαθέντων καὶ ἀναιρεθέντων ἑπτὰ ἐθνῶν· τὰς γὰρ πόλεις αὐτῶν τῶν ἐκβεβλημένων καὶ τοὺς οἴκους ἐκληρονόμησαν.

Es ist klar, daß die Lesart A' mit ἰσραηλ zu Ende ist. Das folgende ist ein Stück Kommentar oder ein Scholion. Woher? Die seltsame Stellung des Stückes, durch nichts von der Lesart A' getrennt, und sein Inhalt weisen auf ein erklärendes Scholion, das der Catenist in seiner Vorlage vorfand, hin. Denn hätte er selbst hexaplarische Lesarten und andere Catenenglieder erstmalig verknüpft, so hätte er die Zäsur nicht vergessen, sondern klar markiert. Die Vernachlässigung der Trennung ist somit ein Zeichen, daß der Catenist von 1173 die beiden Elemente: hexaplarische Lesarten und Catenenglieder, *bereits verbunden* übernahm!

(4.) *Ps lxxvii 57a:* Nach einer Lesart C' steht die folgende hexaplarische Lesart: Α'Ε' (καὶ) ἠσυνθέτησαν· ὡς π(ατέρε)ς· αὐτῶν· τὴν ἐπὶ τῶν κριτῶν φησιν εἰδολολατρίαν (sic)

---

[1] *Mercati,* Psalterii hexapli und Osservazioni.

καὶ τὴν ἐπὶ τῶν βασιλέων ἐνταῦθα. Die Lesart Α' Є' endet mit πατέρες αὐτῶν. Sie fehlt in 1122, dagegen steht das Folgende: τὴν ἐπὶ τῶν κριτῶν κτλ. auch bei ihr. Stellung und Inhalt dieses Stückes lassen wieder an ein Scholion des Catenisten oder seiner Vorlage denken. Die fehlende Abhebung der hexaplarischen Lesart vom folgenden Scholion führt zur gleichen Vermutung wie beim unmittelbar vorhergehenden Beispiel: der Catenist von 1173 traf beides schon verbunden an.

Die nun folgenden Ausnahmen betreffen ausschließlich *Überschriften* und *Hypothesen* zu den Psalmen:

(5.–6.) *Ps lxxix:* Neben der Überschrift aus dem kleinen *Hesychius* (cc. 989–990) erscheinen eine *Hypothese* und eine *Überschrift:*

Die Hypothese: ἰστέον ὅτι ὁ οθ' συνημμένος παρ' ἡμῖν ἐν τῷ ἑβραικῷ· (sic) διήρηται εἰς δύο· καὶ πᾶσα δὲ ἡ τῶν ψαλμὸν (sic) βίβλος εἰς πέντε μέρη διήρηται. Welcher Irrtum hier unterlaufen ist, ist leicht zu sehen. Ursprünglich stand: ἰστέον ὅτι ὁ θ' κτλ.

Denn von *Ps ix* stimmt es, daß er in der LXX *ein* Psalm ist, während die hebräische Zählung bekanntlich zwei Psalmen aus ihm macht. Man hat den Artikel fälschlich zur Zahl θ' hinzugesetzt, man bekommt οθ' und überträgt die Bemerkung auf *Ps lxxix,* wo sie sinnlos wird! Woher kommt diese Erklärung zu *Ps ix?* Man gewinnt den Eindruck eines *Psalmenprologs,* wie sie am Anfang gewisser Catenen zu stehen pflegen, und geht vielleicht auf *Origenes* zurück. Eine wörtlich exakte Vorlage fand ich nicht.

Die Überschrift: προφητεία· τῆς ὑπὸ ἀσσυρίων· πολιορκείας καὶ δέησις περὶ τῆς τοῦ χ(ριστο)ῦ ἐπιφανείας. Diese Überschrift steht in den *Prologen* der cat xvii als *Hypothesen Eusebius'* zu den Psalmen, z. B. cat xvii = 1047, fol 54b. Sie ist auch auf dem obern Rand der cat xv zu lesen, z. B. cat xv = 1177, fol 147a. Sie ist inspiriert durch *Eusebius,* Psalmenkommentar, c. 952, ll. 26–28.

(7.) *Ps lxxx:* Auf die *Überschrift* des kleinen *Hesychius,* cc. 995–996 und Anm. 5, 7 folgt eine *Hypothese* mit der Sigel *Theodoret* am Rande von 1173 (nicht in 1122): τὴν ἰουδαίων ὁ ψαλμὸς ... τὸν σεσοκότα (sic) θ(εό)ν = Tht, c. 1520, ll. 18–26 [1]. Die *Hypothese* stammt in dieser Form nicht aus cat xvii, die zwar nach der Hypothese *Eusebius'* auch die des *Theodoret* bringt, aber stark modifiziert.

(8.–9.) *Ps lxxxi:* Nach der Überschrift des kleinen *Hesychius,* cc. 999–1000 und Anm. 5, 6 teilweise: οὖν, stehen eine *Hypothese* und eine *Überschrift:*

Hypothese: Am Rande steht in 1173 und 1122 die Sigel *Eusebius';* der Text lautet: ὁ μὲν πρὸ τούτου ψαλμὸς ... ὁ λαὸς δηλῶν = Eus, c. 981, ll. 34–35, 42–44, 49–50: also ein freies, stark gekürztes Zitat. Es ist nicht identisch mit der *Eusebiushypothese* in cat xvii, aber es ist dieser nicht unähnlich.

---

[1] Mit wenigen geringfügigen Unterschieden zwischen 1173 und Tht, Ausg.

5

Überschrift: Es folgt wie bei *Ps lxxix* die Überschrift: ἔλεγχος τῶν ἀρχόντων τοῦ ἰουδαίων ἔθνους καὶ προφητεία περὶ τῶν ἐθνῶν. Sie ist eine der *Psalmenhypothesen* des *Eusebius,* wie sie die cat xvii enthält, z. B. cat xvii = 1047, fol 54b, und man begegnet ihr wieder in cat xv auf dem obern Rande der Seite, z. B. cat xv = 1177, fol 149b. Sie ist inspiriert durch *Eusebius'* Psalmenkommentar, c. 984, ll. 7–10, 15–17.

(10.–11.) *Ps lxxxii:* Auf die *Überschrift* aus dem kleinen *Hesychius,* cc. 1001–1002, folgt eine anonyme *Hypothese,* die so lautet: εὐχὴ κατὰ ἐθνῶν τῶν αἰχμαλωτευσάντων τὴν ἰλῆμ· καὶ ἐπαρθέντων κατὰ τοῦ θεοῦ· εἰς τὸ γνῶναι θεοῦ δύναμιν· ἐκ τῶν πραγμάτων. Sie findet sich weder in *Theodoret* noch in *Eusebius;* auch cat xvii enthält den Passus nicht.

Überschrift: δέησις περὶ τοῦ πεπονθότος σκύθρωπα λαοῦ καὶ προφητείας περὶ τοῦ τέλους τῶν ἐχθρῶν τοῦ θεοῦ, wiederum eine der *Psalmenhypothesen* des *Eusebius,* die in cat xvii angeführt sind, z. B. cat xvii = 1047, fol 54b–55a, und die in cat xv am obern Rand stehen, z. B. cat xv = 1177, fol 150b. Sie ist durch *Eusebius'* Psalmenkommentar angeregt, c. 992, ll. 23–24.

Die restlichen 115 Catenenglieder verteilen sich in der erwähnten Weise auf *Eusebius* und *Theodoret.* Das Überraschende besteht nicht in der Auswahl *Eusebius'* und *Theodorets* allein unter fast völligem Ausschluß anderer Kirchenväter. Es besteht in der *Verteilung,* denn *Eusebius-* und *Theodoretzitate* alternieren nicht, sondern folgen aufeinander. Jeder hat seinen Bereich, in dem er allein herrscht.

Dieser Umstand könnte zur Annahme führen, der Catenist von cat xxii oder eher seine Vorlage hätten die Kommentare *Eusebius'* und *Theodorets* unmittelbar als Quellen für die Catene ausgebeutet. Diese Vermutung scheint von einer andern Seite her eine Bestätigung zu erhalten: Von allen Catenen, die *Eusebius* enthalten, bringt die sogenannte *palästinische Catene* [1], wie aus dem Vergleich mit *Eusebius* in direkter Überlieferung, Coislin 44, hervorgeht, die längsten Auszüge. Der *Eusebius* der cat xxii in unserem Abschnitt ist jedoch nicht vollständig in der *palästinischen Catene* enthalten und hängt daher nicht (wenigstens nicht allein) von ihr ab!

2. Vergleich des Eusebius
in cat xxii und in der palästinischen Catene

Die *palästinische Catene* liegt hier in *zwei* bruchstückhaften Zeugen vor:
(1.) Die halbverbrannte Turiner Hs Taur. C ii 6 = R 1209 (sehr fragmentarisch).
(2.) Im Abschnitt *Ps lxxvii–lxxviii 3* die Wiener Hs Vindob. Theol. Gr. 59 = R 1906 (*Karo-Lietzmann,* Catalogus, S. 31 = cat vii). J.-D. *Barthélemy* hat aus einem Vergleich festgestellt, daß *1906* mit *1209* für den erwähnten Abschnitt *identisch* und daher ein *Zeuge der palästinischen Catene* ist.

---

[1] *Devreesse,* Chaînes, cc. 1161–1117, *Richard,* Premières chaînes, S. 88–93.

Der Vergleich bleibt auf den Abschnitt *Ps lxxvii 36 – lxxviii 3* beschränkt, wo wir uns auf beide Zeugen stützen können und keine Folgerungen aus dem lückenhaften 1209 allein ziehen müssen.

Allgemein ist festzustellen, daß *Eusebius* in 1906 (und 1209) gewöhnlich näher der direkten Tradition in Hs Coislin 44 (= Ausgabe *Montfaucon* in PG) steht als in cat xxii, sein Text somit dort besser ist.

Beispiele:

Ps lxxvii 50a:

  Cat xxii zitiert *Eusebius* in der nachstehenden Reihenfolge: ἀλλὰ τούτοις . . . ὀργὴν αὐτοῦ, c. 928, l. 57 — c. 929, l. 1, ἔχρισαν γὰρ . . . πραξάντων ἐπιβολῆς, c. 928, ll. 49–52, τῶν δὲ αἰγυπτίων . . . ψυχὰς αὐτῶν, c. 929, ll. 1–2.

  Palästinische Catene: = 1906, fol 326b; = 1209, fol C 6a folgt dagegen in Anordnung und Form dem Text von Coislin 44, fol 262b.

Ps lxxvii 54a:

  Cat xxii: ὄρος τὸ σιὼν . . . ἑξῆς λέγων, c. 932, ll. 17–20: cat xxii hat den Text in gekürzter und modifizierter Gestalt.

  Palästinische Catene = 1906, fol 328a (1209 fehlt hier) identisch mit dem Text in PG.

Ps lxxvii 55a:

  Cat xxii: ἐπαναλαμβάνει τὴν ἱστορίαν . . . μετρήσαντες τὴν γῆν, c. 932, ll. 27–32, aber unter Weglassung der folgenden vier Worte: πολέμῳ κρατήσαντες τῆς χώρας, l. 31.

  Palästinische Catene = 1906, fol 328a (1209 fehlt auch hier) wie Eusebius in PG.

Ps lxxvii 55b:

  Cat xxii: εἶτα αὖθις . . . κακῶν ἐποιήσαντο · τὸ πῶς διασαφεῖ λέγων, ein Amalgam von zwei Stellen aus *Eusebius*: c. 932, ll. 32–34 (bis . . . κακῶν ἐποιήσαντο) und c. 932, l. 46: τὸ πῶς διασαφεῖ λέγων. Das Ganze ist aber in cat xxii viel kürzer als in *Eusebius* in PG.

  Palästinische Catene =1906, fol 328a–b (1209 fehlt) entspricht dem Text von *Eusebius* in PG.

Es kommen aber umgekehrt auch Fälle vor, wo *cat xxii* den *bessern Text* für *Eusebius* überliefert als die *palästinische Catene:*

Ps lxxvii 56a:

  Cat xxii: Bei der Erklärung des Verses führt die Catene u. a. das Lemma *V. 58* aus *Eusebius'* Kommentar an. Aber wie Coislin 44, fol 264b [1], so liest auch cat xxii βωμοῖς statt βουνοῖς im Gegensatz zur überwiegenden Mehrheit der LXX-Textzeugen. βωμοῖς ist wohl als *lectio difficilior* ursprünglich in *Eusebius* und sie hat sich in cat xxii behauptet.

  Palästinische Catene nur = 1906, fol 328b. Hier steht das geläufige βουνοῖς, wohl als *lectio facilior* an Stelle von βωμοῖς gesetzt.

Ps lxxvii 61b:

  Cat xxii: Folgendes Stück aus *Eusebius* wird zitiert: ο' (sic) α' ἀντὶ τοῦ . . . αἰνίττεται λόγος, c. 933, ll. 26–28, 30.

  Palästinische Catene = 1906, fol 329a; = 1209, fol C 9a, bringt das Stück auch, aber in viel gerafterer und kürzerer Form.

---

[1] *Montfaucon* in PG, c. 932, l. 47 setzt gegen Coislin 44 βουνοῖς und fügt in Anm. 2 hinzu: Γρ(άφεται) βωμοῖς.

Damit gelangen wir zu jenen Stücken, die in der *palästinischen Catene* fehlen, in *cat xxiii* jedoch vorkommen:

Ps lxxvii 51a:

Cat xxii: ὁ μὲν ὀλοθρευτὴν ... τῶν πρωτοτόκων, c. 929, ll. 34–35.
Palästinische Catene = 1906, fol 327a (= 1209 hier verbrannt) bricht ihr *Eusebiuszitat* beim Wort: ὀλοθρευτὴν, l. 34, ab.

Ps lxxvii 51b:

Cat xxii: ὁ δὲ παρὼν ... τὰς φλιάς, c. 929, ll. 35–37 = Fortsetzung des Zitates zu *V. 51a*.
Palästinische Catene: das Zitat fehlt.

Ps lxxvii 52a:

Cat xxii: καὶ τοῦτο φυλακτήριον γεγονέναι τῶν διαφυγόντων τὴν ὀργήν (Coislin 44, fol 263a und PG, c. 929, ll. 38–39: ... διαφυγόντων τὸν ὀλοθρευτήν), c. 929, ll. 37–39.
Palästinische Catene: das Zitat fehlt.

Ps lxxvii 58a:

Cat xxii: καὶ ἐβαρύνθη ... ἐβασάνισεν αὐτούς, c. 937, ll. 3–5 (= *i Regn v 3*, zitiert bei *Eusebius*).
Palästinische Catene: das Zitat fehlt.

Ps lxxvii 58b:

Cat xxii: καὶ ἔταξεν (sic) αὐτοὺς ... ἕδρας αὐτῶν, c. 937, ll. 5–6 = Fortsetzung des Zitates zu *V. 58a;* darauf folgt unmittelbar: ὄνειδος γὰρ ἦν ... ἐκείνοις τοῖς μέραισιν (sic), c. 937, ll. 22–23 (in 1122 fehlt das letzte Wort: μέρεσιν).
Palästinische Catene: alles fehlt.

Ps lxxvii 65b–67b:

Cat xxii: bringt *fünf* Zitate aus *Eusebius:* 1. *V. 65b:* διδάσκει ἡ ἱστορία ... εἰς τὰς ἕδρας αὐτῶν, c. 937, ll. 2–6 (mit Wiederholung des schon bei *V. 58b* gebrachten Zitates, c. 937, ll. 5–6), und unmittelbar darauf folgen die drei Worte: καὶ τὰ ἑξῆς.
2. *V. 66a:* ὄνειδος γὰρ ἦν ... μετέρχετο· πῶς, c. 937, ll. 22–24 (πῶς nicht zum Text *Eusebius'* gehörend) (der Anfang ist die Wiederholung des schon bei *V. 58b* gebrachten Zitates, c. 937, ll. 22–23).
V. 66b: ποῖον δὴ τοῦτο ... ἰωσὴφ υἱός, c. 937, ll. 24–25.
V. 67a: καίπερ αὐτὴν ... ἐρημίαν κατέστη, c. 937, ll. 26–27.
V. 67b: παιδεύει δὲ διὰ τούτων ... τοῖς πρώτοις, c. 937, ll. 28–29.
Palästinische Catene: alle fünf Zitate aus *Eusebius* fehlen.

Ps lxxvii 71c:

Cat xxii: τὸ δὲ ἐν ταῖς συνέσεσι ... λοιπῆς πολιτείας, c. 941, ll. 8–10.
Palästinische Catene = 1906, fol 331a (1209 fehlt) hört acht Worte vorher mit:... τῶν πράξεων, l. 9, auf.

Ps lxxvii 72b:

Cat xxii: Folgendes Zitat aus *Eusebius* steht zu diesem Vers: οὓς ἐδήλου λέγων ... ἐν οὐρανοῖς, c. 940, ll. 2–4.
Palästinische Catene = 1906, fol 330b; = 1209, fol C 10b, bringt einen langen Auszug aus *Eusebius*, in dessen Mitte aber *gerade die obige Stelle* weggelassen ist, die die cat xxii zu *V. 72b* anführt!

Es muß auch darauf hingewiesen werden, daß die *Reihenfolge* der *Eusebius-zitate* in der cat xxii und in der palästinischen Catene nicht überall gleich ist.

Ein *Vergleich* der beiden Hs 1906 und 1209 läßt darauf schließen, daß beide Hs den gleichen *Umfang* besitzen. Denn aus den erhaltenen Teilen läßt sich ermitteln, wieviel eine Kolumne von 1209 in 1906 ausmacht, und von da aus kann man die Lücken von 1209 mit den entsprechend langen Stücken von 1906 füllen und kontrollieren, ob sich die beiden Texte in ihrem Umfang entsprechen. Auf Grund dieses Vergleiches kann man, was den Umfang betrifft, mit *zwei* Textzeugen der palästinischen Catene rechnen, selbst dort, wo nur noch 1906 allein den Text bewahrt hat.

Aus dem vorliegenden Sachverhalt ergibt es sich zwingend, daß cat xxii hier nicht von der palästinischen Catene abhängt. Eine Bestärkung in dieser Erkenntnis liegt darin, daß 1. auch jene einzige Stelle aus *Hesychius* (oben S. 36, Nr. 1–2) in der *palästinischen Catene* nicht figuriert, und 2. keines der andern Elemente, welche die *palästinische Catene* in dem untersuchten Abschnitte neben den *Eusebiuszitaten* auch noch enthält, in cat xxii vorkommt.

3. Vergleich der cat xxii und der Catene in der Hs 1098

Der Vergleich erstreckt sich nur auf die Catene von 1173 = 1122, unter Absehung also der *hexaplarischen Lesarten* und des *kleinen Hesychius*. Für 1098 ist die eingehende Studie des *Kardinals Mercati* Grundlage des Vergleichs. Es gibt in 1098 *dreizehn Catenenabschnitte* [1]:

1.	*Ps xxvii*	*1– 5,*	p. 13–17,	Oss.	p. 45–54	(= Framm. ii),
2.	*Ps xxviii*	*5– 9,*	p. 19–21,	Oss.	p. 66–71	(= Framm. iii),
3.	*Ps xxix*	*6–13,*	p. 27–31,	Oss.	p. 88–94	(= Framm. iv),
4.	*Ps xxx*	*1–21,*	p. 39–41,	Oss.	p. 146–160	(= Framm. v),
5.	*Ps xxxi*	*1–8,*	p. 45–49,	Oss.	p. 175–184	(= Framm. vi),
6.	*Ps xxxiii*	*1–22,*	p. 51–53,	Oss.	p. 185–198	(= Framm. vii),
7.	*Ps xxxiv*	*1,*	p. 61,	Oss.	p. 265–272	(= Framm. viii),
8.	*Ps xxxiv*	*11–28,*	p. 63–67,	Oss.	p. 273–284	(= Framm. ix),
9.	*Ps xxxv*	*1–10,*	p. 71–73,	Oss.	p. 300–312	(= Framm. x),
10.	*Ps xliv*	*14–17,*	p. 75,	Oss.	p. 313–315	(= Framm. xi),
11.	*Ps xlv*	*1–6,*	p. 79–81,	Oss.	p. 352–358	(= Framm. xi),
12.	*Ps xlvii*	*4–15,*	p. 83–85,	Oss.	p. 359–364	(= Framm. xii),
13.	*Ps lxxxviii*	*1–46,*	p. 101–113,	Oss.	p. 442–460	(= Framm. xiii).

---

[1] Die Zählung der Catenenabschnitte ist die unsrige. Man darf die *13 Catenenabschnitte* nicht etwa mit den *13 Fragmenten* der Hs 1098 verwechseln. Die letztern sind in Klammern und mit römischen Zahlen hinzugefügt.

a) Umstellung in der Reihenfolge der Catenenglieder

Sowohl in der Catene von 1098 wie auch in cat xxii fällt der gleiche Umstand auf: Bisweilen werden die Catenenelemente nicht der *Reihenfolge der Psalmverse* entsprechend, sondern in einer *willkürlichen* Art und Weise angeordnet. Deutet dieser Zug auf eine Verwandtschaft zwischen beiden Catenen?

Die Catene von 1098:

    Catenenabschnitt 2, Ps xxviii 5–9 (Mercati, Psalterii Hexapli, S. 19, 1. 39 — S. 21, 1. 9): Ein anonymes Stück zu *V. 5* ist zwischen die Catene von *V. 6–8* und *V. 9* eingeschoben (*Mercati,* Osservazioni, S. 70).

    Catenenabschnitt 3, Ps xxix 6–13 (o. c., S. 27, ll. 22–26; S. 27, 1. 36 — S. 29, 1. 12): Ein Zitat aus *Theodoret* (c. 1076, ll. 8–15) zu *V. 9* folgt auf ein *Basiliuszitat* zu *V. 10* (*Mercati,* Osservazioni, S. 89). Ein *Eusebiuszitat* (c. 261, ll. 27–59) zu *V. 9–10* folgt auf die Catene zu *V. 10.*

    Catenenabschnitt 4, Ps xxx 1–21 (o. c., S. 41, ll. 27–40): Ein *Theodoretzitat* (c. 1084, 1. 20 — 1085, 1. 1) zu *V. 19–21* folgt auf einen *Eusebius* zu den *V. 20–21* und auf ein kurzes Zitat aus *Didymus* (*Mercati,* Osservazioni, S. 158–159).

    Catenenabschnitt 5, Ps xxxi 1–8 (o. c., S. 45, ll. 30–32, S. 47, ll. 9–12). Nach einem *Eusebiuszitat* zu *V. 1–2* folgt ein Kommentar des *Didymus* zum Titel (PG xxxix, c. 1317, 1. 57 — c. 1320, 1. 2), an den sich ein weiterer *Didymusauszug* zu *V. 1–2* anschließt. Nach zwei weiteren Elementen folgt ein Stück aus den Stromata ii, xv, 65, 2–3 (ed. *Stählin,* ii, 148, ll. 6–12) von *Klemens von Alexandrien* zu *V. 1,* worauf die Catene mit *V. 4 ff.* weitergeht (*Mercati,* Osservazioni, S. 175–180).

    Catenenabschnitt 8, Ps xxxiv 11–28 (o. c., S. 63, ll. 6–38, S. 65, ll. 1–31). Hier überschneiden sich die Catenenstücke 2, 3, 4 und 5 (Zählung von *Mercati*) ganz leicht: 2 = *Athanasius,* PG xxvii, c. 172, ll. 6–24, zu *V. 11–13;* 3 = *Eusebius,* c. 311, ll. 11–20, 27–33, 35–49, c. 311, 1. 56–304, 1. 15, zu *V. 12–13;* 4 = *Theodoret,* c. 1112, ll. 37–45, zu *V. 12;* 5 = *Eusebius,* c. 304, ll. 19–30, c. 305, 1. 49–308, 1. 40, zu *V. 11–13* (*Mercati,* Osservazioni, S. 274–276). Doch läßt sich kaum von Umstellungen sprechen.

    Catenenabschnitt 12, Ps xlvii 4–15 (o. c., S. 83, 1. 1–15): Auf ein *Eusebiuszitat* zu *V. 7–8* folgt ein *Didymustext,* PG xxxix, c. 1380, ll. 38–47, zu *V. 5–6,* dem sich ein abgekürztes *Theodoretzitat,* c. 1212, ll. 44–45 — c. 1213, ll. 3–7, 10–12, zu *V. 4* anschließt.

    Die Überschneidungen der Catenenelemente 7, 8, 9, 10 sind so geringfügig, daß nicht von *Umstellungen* gesprochen werden kann (*Mercati,* Osservazioni, S. 360, 361–364).

    Catenenabschnitt 13, Ps lxxxviii 1–46 (o. c., S. 105, ll. 9–13, S. 107, ll. 25–29). Auf ein *Eusebiuszitat* zu *V. 4–5* folgt ein anonymes, nicht identifiziertes Stück zu *V. 3–6,* während das folgende Catenenglied zu *V. 7b* gehört (*Mercati,* Osservazioni, S. 446).

    Das Stück auf S. 107, ll. 25–29, das nach einer leeren Linie auf ein Stück von *Eusebius* und *Didymus* zu *V. 8* folgt, ist zusammengesetzt aus Catenengliedern, die zu *V. 9* und *10* gehört haben, aber in *einen* Text verschmolzen worden sind (*Mercati,* Osservazioni, S. 451–452).

Tatsächliche *Umstellungen* in der Catene gegen die Reihenfolge der Verse im Psalm gibt es nur *zwei:* in Catenenabschnitt 2 und 12. Die andern sind leichte Verschiebungen, die sich aus der Gruppierung von mehreren Versen oder aus den Notwendigkeiten der Catenenkompilation erklären.

Die cat xxii:

Umstellungen in der Reihenfolge:

Ps lxxvii 36a:

Hier steht: πολλὰ δὲ ... ἱδρύμενοι δαίμονες, *Eusebius*, c. 912, ll. 35–36: in seinem ursprünglichen Zusammenhang im Psalmenkommentar steht der Satz bei *V. 11* und ist von cat xxii oder ihrer Vorlage zu *V. 36* verpflanzt worden (vielleicht unter dem Einfluß des in unmittelbarer Nachbarschaft von *V. 11* zitierten *Ps lxxvii 43*, c. 912, ll. 31–33).

Ps lxxvii 36b:

Eusebius: τίς ὁ ταῦτα λέγων ... τοῖς ὄχλοις, c. 901, ll. 35–39; diese Stelle steht im Kommentar als Erklärung zu *V. 1.*

Ps lxxvii 38b:

καὶ χωρὶς παραβολαῖς οὐκ ἐλάλει αὐτοῖς, c. 901, ll. 39–40 = Fortsetzung des obigen Zitates zu *V. 36b* aus *Eusebius'* Kommentar, wo der Passus also zu *V. 1* gehört.

Ps lxxvii 40b:

Eusebius: καὶ παρώργισαν ... βωμοῖς αὐτῶν, c. 932, l. 47. Der Satz gehört in seinem ursprünglichen Zusammenhang zu *V. 56.*

Ps lxxxvii 42a, 43a:

μετὰ ταῦτα ... εἰς λυπηρά, *Eusebius*, c. 932, ll. 8–10, und:| ἀλλ' ἐπὶ ... ἐρυθρᾶς θαλάσσης, c. 932, ll. 10–13; beide Zitate sind im Kommentar Erklärungen zu *V. 52–53.*

Ps lxxvii 43b:

δέον γὰρ ... οἱ δὲ εἰδωλολάτρουν · ἐν πεδίῳ δὲ τάνεως, c. 909, l. 52 — c. 912, l. 2 (bis: ... εἰδωλολάτρουν), l. 16 (ἐν ... τάνεως). Dies gehört am ursprünglichen Ort im Kommentar zu *V. 9.*

Ps lxxvii 45a–b:

τὰ ἐν αἰγύπτῳ διὰ μωυσέως πραχθέντα. διὰ τὸ ἐν τούτῳ μάλιστα τῆς δαιμονικῆς ἐνεργείας ἐκράτει τότε, c. 912, ll. 29–33, 34–35; πολλά τε ἴσχυον ... ἱδρύμενοι δαίμονες, c. 912, ll. 35–36. Beide Stellen erläutern in *Eusebius'* Kommentar *V. 11–12.*

Ps lxxvii 57b:

μετέρχεται γὰρ τῇ ἀλλοφύλῃ ἀοράτῳ δυνάμει κολάζων αὐτούς, c. 936, ll. 47–48. Bei *Eusebius* gehört es zu *V. 65.*

Ps lxxvii 58a:

καὶ ἐβαρύνθη ... ἐβασάνισεν αὐτούς (= i Regn v 3), c. 937, ll. 3–5; bei *Eusebius* steht dies zur Erklärung von *V. 65.*

Ps lxxvii 58b:

καὶ ἔταξεν (sic) (statt ἐπάταξεν) αὐτούς ... ἕδρας αὐτῶν. ὄνειδος γὰρ ἦν ... τοῖς μέρεσιν, c. 937, ll. 5–6, 22–23. Die Stelle steht bei *Eusebius* in der Erläuterung von *V. 66.*

Ps lxxviii 2a–b:

λέλεκται δὲ ... τὰς ἑαυτῶν γαμετάς, c. 945, ll. 3–5; am ursprünglichen Ort im Kommentar steht dies bei *V. 5.*

Es kommen noch andere *Umstellungen* vor, die aber das Catenenelement nur um einen Vers vor- oder nachrücken. Sie können hier unberücksichtigt bleiben.

Es gibt also *ungefähr ein Dutzend* großer Umstellungen, die sich alle auf
Ps lxxvii und den Beginn des *Ps lxxviii* konzentrieren. Vergleicht man sie mit
denen, die wir in der Catene von 1098 festgestellt haben, sieht man leicht, daß man
auf diesem Weg keine Verwandtschaft beider Catenen feststellen kann.

b) Die Art der cat xxii und der Catene von 1098

Die Catene von 1098 ist uneinheitlich: In den Catenenabschnitten *Ps xxvii 1–5,
Ps xxix 6–13, Ps xxx 1–21, Ps xxxi 1–8, Ps xxxiii 1–22, Ps xxxiv 1, Ps xxxiv 11–28,
Ps xlv 1–6* und *Ps lxxxviii 1–46* hängt sie von der *palästinischen Catene* ab. Sie
bringt deren Stoff, aber in gekürzter Gestalt und ergänzt zuweilen mit Elementen
anderer Herkunft. In diesen Abschnitten ist die Catene von 1098 also anderer Art
als cat xxii im Abschnitt *Ps lxxvii 36 – lxxxii 16*. Denn wir haben gesehen, daß
cat xxii hier *nicht* von der palästinischen Catene abhängt (oben S. 38–41).

In den 4 verbleibenden Catenenabschnitten von 1098 entfernt sich diese Catene
von der palästinischen Catene. In *Ps xxviii 5–9* erscheinen nur zwei Kirchenväter
zitiert, in abwechselnder Reihenfolge: *Basilius* (einmal mit *Origenes* verbunden) und
Theodoret. Dazu kommt ein anonymes Zitat, das am falschen Ort (oben S. 42,
Catenenabschnitt 2) eingeschoben ist.

In *Ps xxxv 1–10* entfernt sich die Catene ganz von der palästinischen Catene.
Eusebius ist nicht angeführt, wohl aber *Theodoret, Didymus, Athanasius* und mehrmals *Metrophanes*.

Die kurze Catene *Ps xliv 15–17* scheint gleichfalls nicht von der palästinischen
Catene abzuhangen. Zitiert werden *Theodoret, Eusebius* und *Didymus*.

In *Ps xlvii 4–15* ist die Catene von 1098 zwar in den Zitaten aus *Theodoret,
Eusebius* und *Didymus* mit der palästinischen Catene verwandt, aber sie hängt nicht
von ihr ab. Weiter sind zitiert: *Athanasius, Cyrill von Alexandrien* und *Gregor von
Nyssa*.

*Keiner dieser vier Catenenabschnitte weist eine eindeutige Verwandtschaft mit
cat xxii im Abschnitt Ps lxxvii 36 – lxxxii 16 auf.* Freilich läßt sich auch die Verneinung jedes Zusammenhangs nicht beweisen, denn der kurze Abschnitt *Ps xliv
15–17* mit *Eusebius, Theodoret* und *Didymus* könnte z. B. der cat xxii im fraglichen
Abschnitt nahestehen. Doch läßt sich nichts Gewisses aus dem Vergleich der Catene
von 1098 und der cat xxii erheben. Die Natur der Vorlage von cat xxii in unserem
Abschnitt muß auf andere Weise erhellt werden.

Die in cat xxii, *Ps lxxvii 36 – lxxxii 16*, vorliegende Catene ist jedenfalls keine
alte Catene. Die Catenenglieder sind kurz bis sehr kurz [1]; ihre Gestalt ist mitunter
stark verändert: sie sind gekürzt, mit Einleitungen und Überleitungen versehen, die

---

[1] Kürzer als die Glieder der Catene von 1098!

sie in den neuen Kontext einpassen; sie sind gelegentlich auch Zusammenfassungen
eines längeren Passus des ursprünglichen Kommentars; und auch sehr freie Wiedergaben der Gedanken der Kirchenväter fehlen nicht. All das ist typisch für *späte*
Catenen [1]. Übrigens weist auch die Entwurzelung der Zitate aus ihrem ursprünglichen Zusammenhang und ihre Verpflanzung an einen Ort, wo sie von Haus aus
nicht hingehören (siehe oben), auf eine große Distanz zwischen dem Kommentar,
aus dem die Zitate stammen, und der Catene.

Wann sind die *Catenenglieder* und die *hexaplarischen Lesarten* miteinander verbunden worden? Ist das in cat xxii geschehen oder schon vor ihr? Die Kürze der
Catenenelemente jedenfalls kann mit dem Vorhandensein der hexaplarischen Lesarten in Verbindung gebracht werden: damit die Catene nicht zu umfangreich würde,
hat man ihre Bestandteile gerafft. Die Vernachlässigung von wichtigen Zäsuren, die
wir oben beobachtet haben, ebenso wie die Fehler und besonders die Nachlässigkeit
bei der Setzung der Sigel am Anfang der hexaplarischen Lesarten lassen mit großer
Wahrscheinlichkeit darauf schließen, daß der Catenist von 1173 eine Vorlage für
Ps lxxvii 30, 36 – lxxxii 16 benützt hat, die bereits eine Kompilation mit den hexaplarischen Lesarten und dem andern Cateneninhalt war. Dasselbe geht aus dem
Irrtum von *Ps lxxvii 61a,* und siehe Kap. IV, S. 53–54, hervor, wo der Schreiber
von 1173 ein *Eusebiuszitat* irrtümlicherweise für eine hexaplarische Lesart gehalten
hat. Die hexaplarischen Lesarten fand der Kompilator von 1173 bereits in einer
Catene vor.

---

[1] *Devreesse,* Chaînes, cc. 1117–1118, 1136.

IV.

Der Beitrag der Handschriften Vaticanus gr. 752 = Canonicianus gr. 62 zur Bestimmung der Übersetzungsweise in den jüngern griechischen Versionen und zur Kenntnis der Hexapla

1. Zur Übersetzungsweise der jüngern Versionen

Am deutlichsten greifbar ist die Eigenart der jüngern griechischen Übertragungen im *Wortschatz*. Im Vokabular unterscheiden sie sich untereinander und von den Septuaginta. Der Kommentar der Bruchstücke, die hier veröffentlicht werden, geht einigen Fragen des Vokabulars im einzelnen nach, siehe Teil III.

Aber auch der *Stil* ist ein unterscheidendes Merkmal. Jede der Versionen besitzt ihre eigene Ausdrucksweise, die von der mehr oder weniger engen Anlehnung an das Hebräische, vom Sprachempfinden und von der Zeit des Übersetzers bedingt ist. *Field,* Origenis Hexaplorum, I, S. xxi–xxiv, xxx–xxxv, xxxix–xlii, xliv, xlv, hat der stilistischen Eigentümlichkeit jedes der Übersetzer eine knappe Behandlung gewährt; *Reider,* Prolegomena, S. 37–38, und *Venetz,* Quinta, S. 225–246, haben diese Untersuchung für *Aquila* vertieft.

Im Kommentar zu den einzelnen Fragmenten kommen auch grammatische Fragen zur Sprache, sowohl Fragen der Formen als auch Fragen des Satzbaues. Um diesen Kommentar durch schwerfällige Wiederholungen nicht noch mehr in die Länge zu ziehen, stelle ich hier einige Beobachtungen grammatischer Art zusammen, auf die der Kommentar sich gegebenenfalls mit einem Rückverweis beziehen wird. Diese Beobachtungen stellen nur die *Ergebnisse* aus einer Statistik dar, die sich ausschließlich auf die Psalmen erstreckt, und die ich hier nicht im einzelnen vorlege.

Da es sich bei den hexaplarischen Übersetzungen um rezensierende Übertragungen handelt, gehört der Vergleich mit O' wesentlich mit zu ihrer Untersuchung. Die Hauptaufmerksamkeit gilt den drei Übersetzungen A', C' und Є', die im Psalter am sichersten und umfänglichsten überliefert sind.

2. Zum Verb

a) *Die Wiedergabe der hebräischen Tempora*

(i) *Hebräisches Imperfekt und Jussiv*

Septuaginta

In der Mehrzahl der Fälle übertrugen O′ das hebräische Imperfekt durch das griechische Futurum und den Jussiv durch den Aorist Konj/Opt/Imp 2.

Aquila

Bei A′ ist die Proportion dieser Gleichungen: hebräisches Imperfekt = griechisches Futurum, Jussiv = Aorist Konj/Opt/ Imp 2 noch größer als bei O′. Der Zug zu einer einheitlicheren und stetigeren Übersetzung des Imperfekts und Jussivs des Hebräischen ist somit unverkennbar. Doch haben diese Entsprechungen nichts Starres. A′ durchbricht sie ziemlich oft, weniger oft allerdings als O′, wie bereits gesagt.

Einen bemerkenswerten Fall, wo A′ diese Entsprechung aufgibt, stellt *Ps lxxxii 15 a–b*, E. 130, L. 1, 4 dar: hier überträgt A′ Imperfekte von Verben, die in einem *konjunktionslosen* Nebensatz stehen, mit einem Participium coniunctum oder absolutum. Das ist eine Übersetzungsregel bei A′: siehe *Reider*, Prolegomena, S. 45, und *Mercati*, Osservazioni, S. 234, 386 (zu *Ps xxxiv 19a, xliii 7b, 10b* [= *V. 11* bei *Mercati*, Psalterii hexapli, S. 89] nach 1089).

Symmachus

In den verglichenen Fällen, wo O′ und C′ nebeneinander bestehen, überträgt C′ das hebräische Imperfekt etwas weniger oft als O′ durch das griechische Futurum. Den Jussiv gibt er gerne wie O′ durch Aorist Konj/Opt/Imp 2 wieder. C′ variiert seine Wiedergabe der Tempora am stärksten von allen griechischen Übersetzern, O′ miteingeschlossen.

Ein besonderes *stilistisches* Merkmal läßt sich dabei bei ihm beobachten: C′ liebt es nicht, innerhalb eines inhaltlich zusammenhängenden Stückes die griechische Zeitform zu wechseln, während die andern Übersetzer den hebräischen Wechsel der Zeiten von Vers zu Vers oder von Stichos zu Stichos mehr oder weniger getreu widerspiegeln.

C′ greift ferner gerne zu partizipialen, ja sogar zu adjektivischen Wiedergaben von Verbalformen. Überdies bestimmen seine mannigfach ausgewählten Konjunktionen oft Modus und Tempus der abhängigen Verben.

Quinta

Є′ überträgt häufiger als O′ hebräisches Imperfekt mit griechischem Futurum und Jussiv mit Aorist Konj/Opt/Imp 2. Die rezensierende Tendenz ist unverkennbar, die eine genauere Entsprechung zwischen hebräischen und griechischen Tempora und Modi anstrebt.

(ii) *Imperfectum consecutivum*

Septuaginta, Aquila, Symmachus, Quinta

Alle vier Übersetzungen geben diese Form gewöhnlich durch καὶ mit Aor Ind wieder. Bei A′ und Є′ ist diese Übersetzungsweise konstanter durchgeführt als bei O′. Am freiesten ist C′, namentlich wegen seines Widerstrebens, das schon erwähnt wurde, die Zeiteinheit eines gleichen Abschnittes durch den Gebrauch verschiedener Tempora aufzuheben.

(iii) *Hebräisches Perfekt*

Septuaginta

Die dominierende Übertragung des hebräischen Perfektes ist jene mit griechischem Aorist.

Aquila

Die Gleichung: hebräisches Perfekt = griechischer Aorist herrscht vor. Da sie über O′ hinaus ausgedehnt ist, tritt wiederum der Zug der Rezension zu größerer Konsequenz an den Tag.

Symmachus

Auch C′ gibt das hebräische Perfekt vorwiegend mit dem Aorist wieder. Aber er beschränkt sich durchaus nicht auf diese Übersetzungsweise. Entsprechend seinem griechischen Sprachempfinden und entsprechend dem Kontext nuanciert er seine Übersetzungen erheblich. Bei ihm findet man nicht selten griechische Imperfekte und Partizipien für das Perfekt des Hebräischen.

Quinta

Є′ stellt eine strengere Äquivalenz zwischen hebräischem Perfekt und griechischem Aorist her als O′, ja sogar als A′. Die rezensierende Absicht ist deutlich.

(iv) *Perfectum consecutivum*

Septuaginta, Aquila, Symmachus, Quinta

Dort wo die Übersetzer das ו als ו consecutivum interpretieren, übertragen sie es in der Regel mit καὶ + Futurum. Es scheint, daß A′ und Є′ insbesondere die Übersetzung von O′ einfach übernehmen.

Zusammenfassung

Alle drei Übersetzer: A′, C′ und Є′ hangen stark von O′ ab in der Wiedergabe der Zeiten. Die Grammatik des Verbs ist bei ihnen daher im wesentlichen die der O′.

Die Fälle, wo die drei von O′ abweichen, zeigen einerseits die Tendenz zu größerer Vereinheitlichung, anderseits aber auch den gegenteiligen Zug zu einer bestimmten Vielfalt der Entsprechungen. Dies trifft am wenigsten auf Є′ zu, die die konsequenteste Übersetzungsweise verfolgt. Neben A′ gilt diese Tendenz ganz besonders für C′: beide sind in unterschiedlichem Maße für die Erfordernisse des griechischen Satzbaus und Stils empfänglich. Bei C′ finden wir eine Vorliebe für gleiche Tempora im selben Abschnitt, denen er die verschiedenen hebräischen Tempora opfert, und eine Neigung zur Abwechslung im Gebrauch von Konjunktionen und von participia coniuncta und absoluta dort, wo das Hebräische finite Verbalformen bietet.

b) Die Wiedergabe des Imperativs

Septuaginta

O′ übertragen die hebräischen Imperative überwiegend mit dem Aorist Imperativ.

Aquila, Symmachus, Quinta

Die Tendenz A′s geht dahin, die Gleichung: hebräischer Imperativ = Aorist Imperativ noch über O′ hinaus auszudehnen. Aber es gibt auch Ausnahmen. Є′ dagegen errichtet eine viel lückenlosere Entsprechung zwischen hebräischem Imperativ und Aorist Imp: bei ihr ist die rezensierende Hand am stärksten spürbar. C′ ist am freiesten; häufiger als O′ und A′, und erst recht als Є′, zieht er den Präsens Imp heran. Auch partizipiale oder nominale Wiedergaben verschmäht er nicht.

3. Zum Vokativ von θεός und λαός

a) Der Vokativ von θεός

Im hebräischen Alten Testament ist der Vokativ von «Gott» stets אלהים ohne Artikel. האלהים erscheint nie allein als Anrede Gottes, sondern ausschließlich als Prädikat oder als Apposition, etwa zu יהוה.

Diesen *Vokativ* אלהים übertragen O′ in ganz wenigen Fällen mit θεέ, einer Vokativform, die dem *klassischen* Griechisch fremd ist, ebenso wie das klassische Latein keinen Vokativ von deus kennt.

θεέ findet man bei O′ in *Eccli xxiii 3, iii Mak vi 2, iv Mak vi 27*, also in Werken, die von Anfang an griechisch geschrieben waren, oder in Übersetzungen, deren hebräisches Original verloren ging. Er steht übrigens auch zweimal in *Mt xxvii 46*. Weiter findet man ihn dreimal im *Oktateuch*, und zwar immer in Hs B, im Unterschied zu andern Textzeugen:

Iud xvi 28: θεέ = B und Minuskeln; ὁ θεός = Gabc; omittunt = A und Minuskeln (die Übersetzungen brauchen nicht berücksichtigt zu werden).

Iud xxi 3: θεέ = B allein!; ὁ θεός alle andern.

ii Regn vii 25: θεέ = Buy*; ὁ θεός = hva₂; omittunt = AMN und Minuskeln.

Die Vermutung liegt nahe, in diesem vereinzelten θεέ in Hs B die Spur einer *Rezension* zu erkennen. Diese Bearbeitung, sollte es sich um eine solche handeln, wäre älter als A′, denn die griechische Übersetzung von *Eccli, iii und iv Mak, Mt* sind vom 2. vorchristlichen bis zum 1. nachchristlichen Jahrhundert anzusetzen. A′ hat auch hier eine Option, die zaghaft da und dort auftaucht, aufgegriffen und mit Entschiedenheit verallgemeinert.

Siehe zum *Vokativ* von Gott in O′ auch *Thackeray*, Grammar, § 10. 10, S. 145: neben den erwähnten Orten mit θεέ lautet der Vokativ bei O′: ὁ θεός. Auch diese Vokativbildung ist unklassisch und kommt nur in *jüdischen* und *christlichen* Schriften griechischer Sprache vor und in Texten, die von ihnen abhangen. Dies hat gezeigt J. *Wackernagel*, Über einige antike Redeformen, Universitätsprogramm (Göttingen 1912) 5–8.

Der *Nominativ mit Artikel* kommt im *Attischen* freilich vor, aber nur in der Anrede an untergeordnete Personen, *Wackernagel*, o. c., S. 9–10. Dennoch wählten O′ diese Vokativform. *Wackernagel* unterschätzt wohl den Einfluß, den die vielen aus Nominativ und Artikel gebildeten Vokative im Griechischen auf die O′ ausübten. Gewiß sind alle diese Vokative besonderer Art, *Wackernagel*, o. c., S. 8–9: Es handelt sich um Anreden, in denen die Angeredeten durch ein Partizip bezeichnet werden: οἱ ἄρχοντες, u. dgl., oder im Ausdruck: οἱ ἄλλοι, oder durch adverbielle Anreden: οἱ κατὰ πόλιν, und ähnlich, oder in der Anrede: οἱ δὲ mit Imperativ, und besonders häufig in Anreden, da der Angerufene durch Apposition näher bestimmt ist: Ἱππίας ὁ καλός u. dgl. In den Anreden an Gott ist ja die Apposition überaus häufig: κύριε ὁ θεός, u. a. m.

O′ haben sich jedoch, da ein anderer Vokativ von θεός im Griechischen gänzlich *fehlte*, wohl an solche Vorbilder angelehnt und den Vokativ aus Nominativ mit Artikel gebildet. Damit mußten sie der Sprache weniger Zwang antun als mit der Neubildung θεέ.

Dies ist am wahrscheinlichsten. Die Sprache der O′ vermeidet ja bestehende Vokative sonst keineswegs: δέσποτα, βασιλεῦ und zahllose κύριε sind in den O′ anzutreffen, siehe *Wackernagel*, o. c., S. 11. Aber ebenso haben sie statt Vokativen bisweilen Nominative mit Artikel verwendet O′ haben also die Anrede nicht *einheitlich* ausgedrückt. Bald geschah es durch den *Vokativ*, bald durch *Nominativ und Artikel*. Es hing vielleicht jeweils vom üblichen Sprachgebrauch der Übersetzer ab, wofür sie sich entschieden.

Mayser, Grammatik, ii, 1, § 12, 2, S. 55 sagt: «Nominativ statt Vokativ läßt sich an einigen unsicheren Stellen (sc. in den ptolemäischen Papyri) eher vermuten als feststellen.» Allerdings fehlen in den gegebenen Beispielen, l. laud., S. 55–56, Fälle von Nominativen mit Artikel.

Daß O′ mehr oder weniger der gängigen Sprache folgen, was den Vokativ anlangt, geht auch aus dem Wegfall des vorgesetzten ὦ hervor. Dies ist allgemeiner hellenistischer Sprachgebrauch, siehe *Mayser*, o. c., S. 55.

A′ läßt dieses ὦ ebenfalls weg, wahrscheinlich aber deswegen, weil ihm im Hebräischen nichts entspricht, und nicht, weil es zeitgenössischer Sprachgebrauch gewesen wäre.

A′ hat wie schon angedeutet dem neugebildeten Vokativ die Alleinherrschaft eingeräumt. Dies erlaubte ihm, den *artikellosen Vokativ* אלהים im Griechischen unmißverständlich als Vokativ zu kennzeichnen, ohne einen Artikel einführen zu müssen, dem nichts im Hebräischen entspräche.

Der Vorteil von A′s Übersetzung ist die Übereinstimmung der hebräischen Anrede אל, אלהים, die als Anrede nie mit Artikel stehen, mit der griechischen artikellosen Vokativform: ἰσχυρέ, θεέ.

Zusammenfassend kann man für *A′s Übertragung der hebräischen Anrede* folgendes vermuten:

1. Die *angeredete Person* ist durch einen *Genetiv* bestimmt, אלהי ישענו. A′ überträgt durch *Vokativ mit Genetiv,* θεὲ σωτηρίου ἡμῶν, siehe *Ps lxxviii 9a,* E. 66, L.1, oder θεὲ στρατιῶν in *Ps lxxix 5a, 8a, 20a;* E. 79, L. 1, 3; E. 89, L. 1.

2. Die *angeredete Person* ist durch ein *Pronominalsuffix* bestimmt, עמי. A′ überträgt durch *Vokativ mit enklitischem Pronomen,* λαὲ μου, siehe *Ps lxxx 9a,* E. 91, L.1, oder אלי, ἰσχυρέ μου (bis) in *Ps xxi 2a* nach Eus[dem].

3. Die *angeredete Person* bleibt *undeterminiert* (kein Artikel, kein Genetiv, kein Suffix): A′ überträgt durch bloßen Vokativ, z. B. *Os xiii 14* nach Syh, *Is i 2* (A′ Θ′) nach 710, *Ps ii 10a* nach 1175.

4. Die *angeredete Person* ist *mit dem Artikel* determiniert: Dies ist der normale Fall im Hebräischen. A′ hat hier wohl den *Nominativ mit Artikel* verwendet: siehe z. B. *Zach iii 2* nach Syh: A′ ὁ ἀντικείμενος für השטן (O′ διάβολε, C′Θ′ ἀντικείμενε nach Syh), *Mi vi 2* nach Syh: A′ καὶ τὰ στερεά (für den Vokativ והאתנים).

Anhangsweise sei noch darauf hingewiesen, daß *auch C′* den Vokativ θεέ verwendet, siehe das zu *Ps lxxxi 8a,* E. 113, L. 2 Gesagte. Dies ist eines der vielen Anzeichen dafür, daß C′ die Übertragung A′s gekannt und vielleicht seine Übersetzung deshalb geschaffen hat, weil er mit A′s überspitzter Lösung der Aufgabe nicht recht befriedigt war.

b) Der Vokativ von λαός

Wackernagel, o. c., S. 13–16, hat darauf aufmerksam gemacht, daß das *klassische* Griechisch den Vokativ λαέ nicht kennt. Bei den *Tragikern* ist der poetische Vokativ λεώς bezeugt, ibid., S. 15. Der Form nach ist λεώς jedoch *Nominativ.*

Analog zum Vokativ λεώς, der ein Nominativ ist, wurde in der Dichtung auch der *Nominativ* λαός als Anredeform gebraucht, ibid., S. 15–16.

Diesem Sprachgebrauch folgen O′: als *Anredeform* dient der *Nominativ* λαός. Es schien nicht notwendig, eine besondere Vokativform einzuführen. Wie bei θεός sehen wir O′ bei λαός einen geltenden Sprachgebrauch übernehmen.

Nicht so A′. Er schafft den *Vokativ* λαέ *neu* gegen die gängige Ausdrucksweise des Griechischen, aber in *Übereinstimmung mit seiner Wiedergabe der Anrede,* siehe oben unter a, 3. In der Vokativform λαέ scheint A′ keinen Vorgänger gehabt zu haben.

4. Zum Artikel beim Possessivum

Im *klassischen Griechisch* gibt es Substantive, die mit einem Possessivum ohne Artikel verbunden sind. Dies ist die Regel, wenn das Nomen einen *unbestimmten* Gegenstand bezeichnet, oder wenn es Begriffe wie πόλις, πατρίς, u. dgl. oder Verwandtschaftsbezeichnungen sind, siehe *Kühner-Gerth,* Grammatik, i, § 465, 3, S. 627.

Bei A' fehlt der Artikel *stets* bei Substantiven mit Possessivpronomina, es sei denn, es liege im Hebräischen eine *Partikel* wie את, ל vor, die A' dann durch den griechischen Artikel anzudeuten pflegt. Steht jedoch das Substantiv ohne jede Partikel, nur mit dem Suffix des Possessivums, fehlt bei A' der Artikel. Dies ist selbstverständlich genaueste Nachbildung des Hebräischen.

O' *und* C' halten sich an das *griechische Sprachempfinden* ohne Rücksicht auf materiell genaue Nachbildung der hebräischen Vorlage. Das Possessivum steht daher mit oder ohne Artikel nach den Sprachregeln des Griechischen.

Є' folgt meistens den O', aber es kommt vor, daß der Artikel *gegen griechisches Sprachempfinden* entfernt wird in materieller Übereinstimmung mit der hebräischen Ausdrucksweise.

Daraus darf man den Schluß ziehen, daß in diesem Punkt wie in vielen andern Є' eine Art Schrittmacher für A' war: was in Є' *sporadisch* und *inkonsequent* erfunden wird, um das Griechische dem hebräischen Original anzunähern, findet bei A' eine sozusagen lückenlose und systematische Anwendung.

5. Zur Kongruenz von Subjekt und Prädikat beim Neutrum Plural

Das *klassische* Griechisch kennt den besonderen Fall der *Inkongruenz* zwischen Satzgegenstand und Satzaussage, wenn das *Subjekt ein Neutrum im Plural* ist: dann steht das Prädikat im *Singular*. Doch kommen auch in der *klassischen* Sprache Ausnahmen vor. Siehe *Kühner-Gerth,* Grammatik, i, § 364–365, S. 64–66.

O', das *Neue Testament* und die *ptolemäischen Papyri* schwanken zwischen Prädikat im *Plural* und im *Singular*, wenn das Subjekt im Neutrum Plural steht, siehe *Mayser*, Grammatik, ii, 3, § 151, S. 28, Z. 14–16, *Blass-Debrunner*, Grammatik, § 133, S. 88–89.

Die jüngeren Übersetzer A', Є', Θ' (und ς') bevorzugen den Plural des Prädikats, der ja der hebräischen Mehrzahl entspricht. Bei A' ist das stets der Fall, meistens auch in Є' und Θ'. C' schwankt wie O' zwischen Ein- und Mehrzahl; vielleicht verwendete er sogar häufiger den Singular als den Plural.

6. Das Bild der Hexapla
nach den Angaben von Vaticanus gr. 752 = Canonicianus gr. 62

In dem Catenenabschnitt, der von *Ps lxxvii 30, 36 – lxxxii 16* reicht und die *hexaplarischen Lesarten* enthält, steht keinerlei Angabe über die Herkunft dieser Lesarten. Auch Stichwörter wie ἑξαπλᾶ, τετραπλᾶ, ἐν τῷ ὀκτασελίδῳ, u. dgl., wie sie in andern Catenen anzutreffen sind (z. B. in Vaticanus gr. 754 = 1175 oder in cat xvii), fallen nirgends.

In 1173 tragen die meisten, wenn auch nicht alle Lesarten die Sigel des Übersetzers, von dem sie stammen. Besonders gegen Ende des Abschnittes, in *Ps lxxxii*, fehlen diese Sigel immer häufiger.

Im Gegensatz dazu ließ der Schreiber von 1122 die Sigel sozusagen völlig beiseite. Es läßt sich jedoch zeigen, daß er sie in seiner Vorlage las. In *Ps lxxvii 46a*, E. 22, L. 1 steht bei 1173 α' φυήν, bei 1122 ἀφυὴν (sic). Diese Lesart ist sinnlos, jene sicher zutreffend (siehe die Erläuterung dazu in Teil III). Die Lesart von 1122 erklärt sich aber leicht als *lectio conflata* aus α' φυήν. Dasselbe wiederholt sich in *Ps lxxxi 5c*, E. 110, L. 1, wo 1173 α' σφαλησάτωσαν enthält, während man in 1122 die *lectio conflata* ἀσφαλήτωσαν antrifft. Diese Verständnislosigkeit von 1122 den Sigeln gegenüber ist in 1173 schon vorbereitet: auch dort erlahmt ja das Interesse an der genauen Identifizierung gegen Ende mehr und mehr.

Im *Prolog* zur Catene von 1173, fol 8b–9b, steht freilich eine *Notiz* über die verschiedenen griechischen Übersetzungen des Alten Testamentes. Sie stammt aus der «*Schrift über die sieben Ausgaben*», die *Devreesse*, Introduction, S. 102–108, untersucht hat. Diese Schrift ist ein *Prolog*, den man in vielen Handschriften des griechischen Alten Testamentes und am Anfang gewisser Catenen in verschiedenen Formen findet. Die Formen hangen miteinander zusammen; einige von ihnen sind in *Mignes* Patrologia graeca abgedruckt, siehe *Devreesse*, o. c., S. 105–106, Anm. 7. Der Prolog mit der Notiz über die sieben Ausgaben in 1173 = Vaticanus gr. 752 ist in extenso veröffentlicht in PG lxxxiv, cc. 19–32; das «*opuscule des sept éditions*» steht in c. 28, l. 27 – c. 29, l. 18. Ein eng verwandter Text findet sich unter den Spuria des hl. *Athanasius*, Synopsis sacra, 77 = PG xxviii, cc. 433, 436.

Diese Notiz in 1173 ist also nicht eine *selbständige* Nachricht des Catenisten, die mit seinem selbständigen hexaplarischen Abschnitt in Verbindung gebracht werden könnte. Sie ist vielmehr ein Stück, das in verschiedene Kompilationen Eingang fand und mit der hexaplarischen Lesartensammlung von 1173 in *Ps lxxvii 30– lxxxii 16* nichts zu tun hat.

Wir sind schon zum Schluß gekommen, daß es nicht der *Kompilator der Catene von 1173* war, der die hexaplarischen Lesarten aus einem Exemplar der Hexapla *erstmals* ausgewählt und vereinigt hat (siehe oben Kap. III). 1122 hängt in diesem Abschnitt ganz von 1173 ab, oben Kap. II; 1122 braucht daher nicht gesondert betrachtet zu werden.

Der Nachweis einer *Vorlage von 1173*, die bereits die hexaplarischen Lesarten mit andern Catenengliedern verbunden umschloß, läßt sich mit Eindeutigkeit führen.

In 1173 ist mindestens dreimal nicht genau zwischen *hexaplarischen Lesarten* und dem *restlichen Catenenstoff* unterschieden: *Ps lxxvii 55c* = E.39, L.2; *lxxvii 57a* = E.42, L.2; *Ps lxxx 11a* = E. 95, L.2: siehe den Kommentar zu diesen Stellen in Teil III.

Ja, es kommt vor, daß der Kompilator der Catene von 1173 den nicht-hexaplarischen Stoff mißversteht und ihn fälschlich für hexaplarische Lesarten hält: *Ps lxxvii 61a* steht auf das Zitat des He par, c. 984, Nr. 139 das Folgende: ο' α' ἀντὶ

6

τοῦ τὴν ἰσχὺν ... αἰνίττεται λόγος. Dies ist ein Zitat aus *Eusebius* = PG xxiii, c. 933, ll. 26–28, 30 mit der *A'-Lesart:* ἀντὶ τοῦ τὴν ἰσχὺν αὐτῶν, τὸ κράτος αὐτῶν ἡρμήνευσεν ὁ ἀκύλας (= Eus Coisl 44). In Eus cat pal = 1209, 1906 fehlt αὐτῶν nach κράτος, sonst ist der Text identisch. Bei der Exzerpierung dieses *Eusebiuszitates* und bei seiner Einfügung in die Catene ist die Wortstellung verändert worden. ὁ ἀκύλας kam an den *Anfang* zu stehen. ἀκύλας ist durch die *Sigel* α' ersetzt worden und zusammen mit dem *Artikel* ὁ entstand die Möglichkeit des Irrtums von 1173: ο' α'; der Artikel wurde als *Sigel der Septuaginta* mißdeutet.

Der Catenist hätte diesen Irrtum nicht begehen können, wenn er selbst aus zwei unabhängigen Quellen geschöpft hätte: aus einer *Hexaplahandschrift* die hexaplarischen Lesarten, aus einer andern Quelle die *Theodoret-* und *Eusebiuszitate.* Denn der Irrtum beruht ja auf der Verwechslung dieser beiden Quellen: der *Eusebiusauszug* wird als hexaplarischer Auszug mißverstanden.

Der Irrtum ist dagegen leicht möglich, wenn der Kompilator als Vorlage eine *Kompilation* abschreibt, die sich bereits aus den beiden Quellen zusammensetzt.

Übrigens paßt dies völlig zur Kompilation der Catene von 1173: Alle ihre Vorlagen sind *ausschließlich Catenen:* siehe oben Kap. II: die *Ekloge aus Theodoret, cat xvii, cat iii.* Zu diesen Catenen tritt als weitere die catenenartige Vorlage mit dem hexaplarischen Stoff hinzu.

Eine Beobachtung zu der Streitfrage, ob es eine Kolumne mit einer *vollständigen Sexta* gegeben habe: Die Notiz des *Origenes* über die Quinta und Sexta ist ja seit *Nestles* im Jahre 1906 erfolgten Vorschlag immer wieder dahin ausgelegt worden, die *Sexta* sei nur dann angeführt worden, wenn sie in Gegensatz zu Ϛ' trete, siehe *Mercati,* Psalterii Hexapli, S. xxxi–xxxiii. In diesen Fällen sei sie als *Randlesart* (παραθήκη) neben der Kolumne der Quinta eigens angeführt worden.

Die *Häufigkeit* der gruppierten Lesarten Ϛ'ϛ' in 1173 und in 264 ist jedoch auffällig. Sind das wirklich nur *e silentio* erschlossene ϛ'-Lesarten? Wenn das so wäre, warum werden sehr oft Ϛ'-Lesarten allein zitiert, denen keine andere ϛ'-Lesart gegenübersteht? *Mercati,* o. c., S. xxxii–xxiii hat vielleicht Recht, wenn er darauf hinweist, ein so vollständig angelegtes Werk wie die Hexapla hätte wohl alle Versionen *in extenso* enthalten. Daß die Abschreiber dann die ϛ' sehr oft fallen ließen, da sie fast stets mit Ο' oder Ϛ' zusammenfiel, ist leicht begreiflich.

Damit wäre die Interpretation der Notiz des *Origenes* neu zur Frage gestellt. Dies mag hier jedoch auf sich beruhen.

Ein Hinweis auf die *Gestalt der Hexapla,* welche dem Exzerptor vorgelegen hatte, läßt sich aus der *Interpunktion* gewinnen. Manche Lesarten sind durchweg oder teilweise durch *Kolen* in *kleine Einheiten* von ein bis zwei Wörtern unterteilt. Diese kleinen durch die Kolen markierten Einheiten entsprechen wohl *einer Linie einer Hexaplakolumne.*

Freilich ist die Überlieferung gerade in einem solchen Punkt vielen Nachlässigkeiten ausgesetzt gewesen.

7. Die Septuaginta des Exzerptors der hexaplarischen Lesarten in Ps lxxvii 30, 36 - lxxxii 16 der Catene von Vaticanus gr. 752 = Canonicianus gr. 62

Es gibt ein weiteres Indiz dafür, daß es nicht der Kompilator der Catene von 1173 war, der die hexaplarischen Lesarten ausgewählt hatte. Dieses Indiz ist die *Form der Septuaginta in 1173:* es handelt sich um einen *lukianischen Psalter.* Es scheint nun, daß die hexaplarischen Lesarten nicht im Vergleich mit diesem lukianischen Psalter ausgewählt wurden. Denn die hexaplarischen Lesarten und Ausgaben sind ja seit *Origenes'* Ursprüngen zum Vergleich mit den *Septuaginta* herangezogen worden. Dort wo Septuaginta und jüngere Versionen sich decken, werden diese nicht angeführt, während sie bei *Divergenzen* mit dem Septuagintatext zu Worte kommen. Um dieses Vergleiches willen wurden auch die Septuaginta der Hexapla in jenen Fällen als «Version», als hexaplarische Lesart, zitiert, wo die *hexaplarischen Septuaginta* von einer andern Septuagintaform abwichen. Aus einer hexaplarischen Lesart mit der Sigel O' läßt sich daher schließen, daß die verglichene Septuagintaform des Exzerptors anders als die angeführte hexaplarische O'-Lesart gelautet haben muß.

In 1173 finden wir zwei O'-Lesarten unter den andern hexaplarischen Auszügen. Die Septuaginta des Exzerptors waren also nicht jene der Septuagintakolumne der Hexapla, sondern eine andere Form. Welche war es?

Leider sind die beiden hexaplarischen O'-Lesarten in 1173 = 1122 keine typischen Lesarten, die durch andere Septuagintazeugen belegt sind.

1. *Ps lxxvii 40a,* E. 9, L. 3: Θ′Є′ς′ οἱ O' ποσάκις. Dieses ποσάκις ist die Lesart *sämtlicher* O'-Zeugen bei *Rahlfs* und *Holmes-Parsons;* es steht ebenso in P. Bodmer xxiv. «quotiens» des Psalterium gallicanum spiegelt gewiß dieses ποσάκις wieder.

Der Exzerptor wollte hier vielleicht bloß alle Versionen vollständig anführen, ohne einen *Gegensatz* zwischen seinen Septuaginta und denen der Hexapla vorauszusetzen. Doch befriedigt eine solche Annahme nicht recht. Denn in manchem andern Fall zitiert er alle Versionen außer O'. Enthielten seine O' ποσάκις, warum noch eigens οἱ O' anführen? Leider wissen wir aber gar nicht, was denn anderes in seinen O' stand.

2. *Ps lxxviii 7b,* E. 63, L. 4: οἱ O' ἠφάνισαν. Alle andern Zeugen der O' bei *Rahlfs* und *Holmes-Parsons* enthalten ἠρήμωσαν. P. Bodmer xxiv: ἠρήμωσεν[1]. Psalterium gallicanum: «desolaverunt».

Steht hinter «*desolaverunt*» des *gallikanischen Psalters* ἠφάνισαν? ἀφανίζω im Psalter: *Ps xciii 23c, Ps cxlv 9c;* im *Psalterium gallicanum* beide Male: «*disperdo*». Freilich ist das zugrunde liegende *Hebräisch* verschieden: nicht שׁמם wie in *Ps lxxviii 7b,* sondern צמת und עוה.

---

[1] Die Ausgabe *Kasser-Testuz* ist hier fehlerhaft. Siehe die Fotografie.

Im *Psalterium gallicanum* ist die Wurzel ἐρημο- meistens durch *«desero»* wiedergegeben, nicht durch *«desolo»;* so das Verb in *Ps lxviii 26a;* das Nomen und Adjektiv ἔρημος als *«desertum»* in *Ps xxviii 8a, b, lxii 1, 2d, lxiv 13a, lxvii 8b, lxxiv 7b, lxxvii 15a, 19b, 40a, 52b, xciv 8b, cv 9b, 14a, 26b, cvi 33a, 35a, cxxxv 16a* (Verszählung nach *Rahlfs*, Psalmi cum Odis).

An all diesen Stellen folgt *Psalterium gallicanum* aber nur dem *alten lateinischen Psalterium,* das überall durch die Wurzel *«desero»* übertragen hatte, ausgenommen die *eine* Stelle *Ps xxviii 8a:* wo *«solitudinem»* (statt *«desertum»*) steht, siehe *Psalterium romanum,* z. St. Wenn hier eine Initiative des *gallikanischen Psalters* vorliegt, verknüpft er also die Wurzel ἔρημο- mit *«deser-».*

Freilich ist ἐρημο- auch im *Psalterium gallicanum* mit *«solitudo, desolo»* verknüpft: ἔρημος = *«solitudo»* in *Ps liv 8b, cvi 4a;* ἐρημικός = *«solitudinis»* in *Ps ci 7a;* = *«desolatoriis»* in *Ps cxix 4b;* ἐρήμωσις = *«in desolationem»* in *Ps lxxii 19a.*

In diesem Punkt folgt aber der *gallikanische Psalter* nur dem *altlateinischen.* Nur in der *Form* hat *Psalterium gallicanum* kleine Retouchen angebracht: ἐρημικός = *«in solitudine»* in *Ps ci 7a;* ἐρήμωσις = *«in desolatione»* in *Ps lxx 19a;* sonst sind *Psalterium romanum* und die andern *altlateinischen Psalter* mit *Psalterium gallicanum* identisch.

Zusammenfassend läßt sich sagen, daß ἔρημο- im *gallikanischen Psalter* öfter als Wurzel *«deser-»* denn als Wurzel *«sol-», «desol-»* erscheint. Aber diese Feststellung hat wenig Gewicht, weil in diesem Stück der *gallikanische Psalter* die *altlateinischen Psalter* nur an einer einzigen Stelle, *Ps xxviii 8a,* zu rezensieren scheint. Die Übersetzung von ἀφανίζω und ἐρημόω ist im *Psalterium gallicanum* nicht konsequent geschieden.

ἠφάνισαν mag hinter dem *«desolaverunt»* des *Psalterium gallicanum* stehen. Aber ἠρήμωσαν könnte ebenfalls Vorlage von *«desolaverunt»* gewesen sein, besonders da auch die *altlateinischen Psalter* schon *«desolaverunt»* aufwiesen.

Ein anderer Umstand ist beachtlich: ἠφάνισαν steht auch *bei A'.* Es ist zu vermuten, daß die O'-Form, welche ἠφάνισαν wie A' enthielt, eine *rezensierte* O'-Form war, die zu den *«devanciers d'Aquila»* gehörte oder aber eine *von A' beeinflußte* Rezension.

Man darf vielleicht vermuten, daß in *Ps lxxvii 40a,* wo nur C' πόσα statt ποσάκις wählte, auch O' des Exzerptors πόσα enthielten.

Der Exzerptor hatte auf jeden Fall eine *O'*-Form, die sich von «hexaplarischen» O' unterschied, und mit der er diese «hexaplarischen» O' zweimal ausdrücklich verglichen hat. Es liegt am nächsten, unter diesen zitierten hexaplarischen O' die *O'-Kolumne der Hexapla* zu verstehen. Zur *Mehrdeutigkeit* des Begriffes «hexaplarische» Septuaginta, siehe *Mercati, Psalterii hexapli,* S. xxxiii–xxxiv.

Ob es *einen* Exzerptor gab, der die Lesarten mit seinen eigenen O' verglich, oder ob im Laufe der Überlieferung die Abschreiber weitere Vergleiche mit ihren eigenen O'-Formen anstellten, die zum Verschwinden von weiteren hexaplarischen O'-Lesarten geführt haben, ist natürlich nicht mehr festzustellen.

8. Die Überlieferung der hexaplarischen Lesarten in Vaticanus gr. 752 = Canonicianus gr. 62

Die Überlieferung in 1173 ist im großen Ganzen gut. Versehen und Irrtümer lassen sich oft korrigieren. Gegen Ende läßt die Sorgfalt, besonders bei der Angabe der

Sigel, merklich nach, so daß es nicht mehr überall möglich ist, die gestörten Stellen in Ordnung zu bringen. Zum Einzelnen siehe den Kommentar in Teil III.

Vergleich Ottobonianus gr. 398 — Vaticanus gr. 752.

Ein Vergleich zwischen den hexaplarischen Lesarten von *Vaticanus gr. 752* = *Canonicianus gr. 62* und *Ottobonianus gr. 398* = *Rahlfs 264* wäre nötig. Besteht eine Verwandtschaft, eine gemeinsame Herkunft? Es wäre jedenfalls keine unmittelbare Verwandtschaft, denn die Vorlage von 1173 = 1122 war bereits eine Catene, während die Vorlage von 264 margo nichts als die hexaplarischen Lesarten zwischen *Ps xxiv und xxxii* zu enthalten schien. Man kann also nicht *zwei Catenen* vergleichen, wie man die Catenen von 1098 und 1173 vergleichen konnte, siehe oben Kap. III. 264 margo und 1173 = 1122 decken sich nirgends. Ein *direkter* Vergleich ist also unmöglich.

Indirekt ist der Vergleich kaum durchführbar: Kriterien wie Orthographie, Häufigkeit von Versionen, gruppierte Lesarten (insbesondere von Є′ und ς′) können ja auf verschiedene Stadien in der Textüberlieferung zurückgehen und von der ursprünglichen Quelle von 264 margo und 1173 nichts mehr erkennen lassen.

TEIL II

DIE HEXAPLARISCHEN LESARTEN

von Vaticanus gr. 752 = Canonicianus gr. 62

Ps lxxvii 30, 36 – lxxxii 16

VORBEMERKUNGEN ZUR AUSGABE

1. Der gebotene Text ist jener von Vaticanus gr. 752 = 1173. Auch die Umbrüche der Zeilen (|) und der Seiten (||) sind jene von 1173. Abkürzungen von 1173 sind jeweils aufgelöst im Text, aber im *ersten* Apparat angegeben. Ebenso sind Irrtümer in der Textüberlieferung von 1173 verbessert, während die verderbte Form von 1173 im Apparat figuriert.

2. In einem *zweiten* Apparat stehen die Unterschiede von Canonicianus gr. 62 = 1122 zu 1173. Zeilen- und Seitenumbrüche von 1122 sind nicht angegeben. Bestehen die Unterschiede zwischen 1173 und 1122 bloß in der Interpunktion, so werden sie nur in besonderen Fällen erwähnt.

3. In 1122 fehlen regelmäßig die *Sigel* zu den Lesarten, es sei denn, es stehe ausdrücklich etwas anderes vermerkt.

4. Eine Folge dieser Vernachlässigung der Sigel in 1122 ist die mangelnde oder unsichere Isolierung der Lesarten voneinander und von ihrem Kontext in der Catene. Oft sind die Lesarten untereinander verbunden, schließen sich bruchlos an das vorhergehende Catenenglied an oder gehen ohne Zäsur in das folgende über. Auch dieser Eigenheit von 1122 wird nur dann Erwähnung getan, wenn sie für die Ausgabe relevant ist.

5. Das *Iota subscriptum* fehlt in beiden Hss durchwegs. Es ist überall stillschweigend ergänzt.

6. Ist eine Lesart *in Schrägschrift gesetzt,* so bedeutet das, daß sie bisher gänzlich unbekannt war, also weder in griechischer, noch in syrischer oder lateinischer Überlieferung bestand.

7. Der Text der O', der jeweils den Lesarten vorausgeschickt ist, ist nicht der Psalter von 1173, da dieser nicht die Textform des Exzerptors der Lesarten ist. Dafür ist als O'-Text einfach der Text von Rahlfs, Psalmi cum odis, angeführt. Nur

an jenen Stellen, da dem Exzerptor offenkundig ein anderer Text vorlag, ist Rahlfs' Text verlassen worden. Gelegentlich sind auch variae lectiones der O', die möglicherweise im Psalter des Exzerptors gestanden haben, angegeben. In den Erläuterungen zu den Lesarten in Teil III ist der dem Exzerptor vorliegende O'-Text überall dort besprochen, wo er Fragen aufwirft.

8. Die Psalmenzählung ist jene der O'. Die Verseinteilung folgt der bei *Rahlfs,* Psalmi cum odis, es sei denn etwas anderes vermerkt.

9. In 1173 sind *spiritus asper* und *spiritus lenis* oft verwechselt, und überdies sind sie auf dem Mikrofilm manchmal kaum unterscheidbar. Sie sind in diesen Fällen stillschweigend nach den geltenden Akzentregeln gesetzt.

10. 1122 schreibt manche Abkürzungen von 1173 aus. Dennoch bezeichnen runde Klammern in der vorliegenden Ausgabe *alle* Abkürzungen von 1173, gleichviel, ob 1122 diese auflöst oder nicht.

11. Die Sigel Є', Θ' und ϛ' erscheinen aus drucktechnischen Gründen *nie in Schrägschrift.* Bei diesen Sigeln kann der Leser somit nicht *aus dem Druckbild* erkennen, ob sie schon bekannt oder ob sie von 1173 zum ersten Mal überliefert sind.

12. Ebenfalls aus drucktechnischen Gründen sind alle *syrischen* Zitate in den *Erläuterungen* in *hebräischen* Buchstaben gesetzt. Die *Pluralpunkte* (Seyame) sind nie angegeben.

PSALMUS LXXVII

Exzerpt 1. Vers 30a

MT 30a: לֹא־זָרוּ מִתַּאֲוָתָם

O′ 30a: οὐκ ἐστερήθησαν ἀπὸ τῆς ἐπιθυμίας αὐτῶν.

5 1173, fol 246a = 1122, fol 84a.

| ἄλλο(ς) ⟨A′⟩ οὐκ ἐπεδέ[η]θησαν (1): C′ οὐ|κ ἀπέστησαν (2): Є′ οὐκ ἠλλοτριώ|θησαν
(3): A′ ἀπ(ὸ) πόθου αὐτ(ῶν) (4): C′ Є′ τῆς ἐπιθ(υμίας αὐτῶν) (5): – ...|

1173: 1.6   ἄλλο(ς)] ⲁⲭⲭ / Sigel A′ am Rande wohl von derselben Hand, von der
die Catene geschrieben wurde, hinzugefügt / ἐπεδέ[η]θησαν] επεδεήθησαν
10   (sic) / ἀπέστησαν] απέστησαν (sic) / ἠλλοτριώ|θησαν] ηλλοτριώ|θησαν (sic)
1.7   ἀπ(ὸ)] α^π (sic) / αὐτ(ῶν)] αὐτ / ἐπιθ(υμίας αὐτῶν)] ἐπιθ
1122: 1.7   ἀπ(ὸ) πόθου] ἀπὸ τοῦ πόθου / C′Є′] καὶ / ἐπιθ(υμίας αὐτῶν)] ἐπιθυμίας: –

E. 2. V. 36b

MT 36b: וּבִלְשׁוֹנָם יְכַזְּבוּ

15 O′ 36b: καὶ τῇ γλώσσῃ αὐτῶν ἐψεύσαντο

1173, fol 247a = 1122, fol 84b.

| ... ἄλλο(ς) | ⟨ ⟩ τῇ γλώσσῃ (1): – σύμμαχος ἐψεύδον|το (2) · ἡ δὲ ⟨ς′⟩ · [καὶ] ἐψεύ-
δοντο (3): – ... |

1173: 1.17   ἄλλο(ς)] ⲁⲭⲭ
20 1122: 1.17   ἄλλο(ς)] ⲭⲭⲭ: / Sigel C′ ausgeschrieben wie in 1173
ll. 17–18 keine Interpunktion außer dem Kolon vor ἡ δὲ

E. 3. V. 37a

MT 37a: וְלִבָּם לֹא־נָכוֹן עִמּוֹ

O′ 37a: ἡ δὲ καρδία αὐτῶν οὐκ εὐθεῖα μετ᾽ αὐτοῦ,

25 1173, fol 247a = 1122, fol 84b.

| ... ἀκύλας (καὶ) | καρδ(ία) αὐτ(ῶν) (1): ⟨Є′⟩ καρδ(ία) αὐτῶν (2) A′ οὐ|χ ἡδρασμένη ·
μετ᾽ αὐτοῦ (3): C′ οὐ | βεβαία · πρὸς αὐτόν (4): ... |

1173:   1.26   (καὶ) | καρδ(ία) αὐτ(ῶν)] ξ | καρᐞ αὐτ︠/ 〈Є′〉] C′ / καρδ(ία)] καρᐞ

       1.27   μετ᾽ αὐτοῦ] μεταυτου

1122:   1.26   die Lesart 〈Є′〉: >

E. 4. V. 37a – 38b

MT 37a: לֹא־נָכוֹן עִמּוֹ

      37b: וְלֹא נֶאֶמְנוּ בִּבְרִיתוֹ:

      38a: וְהוּא רַחוּם

      38b: יְכַפֵּר עָוֹן וְלֹא־יַשְׁחִית

O′   37a: οὐκ εὐθεῖα μετ᾽ αὐτοῦ,

      37b: οὐδὲ ἐπιστώθησαν ἐν τῇ διαθήκῃ αὐτοῦ.

      38a: αὐτὸς δέ ἐστιν οἰκτίρμων

      38b: καὶ ἱλάσεται ταῖς ἁμαρτίαις αὐτῶν καὶ οὐ διαφθερεῖ

            Variae lectiones apud O′: V. 38b: διαϑθ(ε)ιρει = T He* / + eos: Sa La
            Ga Hi

1173, fol 247a = 1122, fol 84b – 85a.

| … Є′Θ′ οὐχ ἑτοίμη (1): 〈ϛ′〉 ἕτοιμος με|τ᾽ αὐτοῦ (2): A′ καὶ οὐκ ἐπιστώθησαν (3):
C′ οὐ|δὲ ἐνέμειναν (4): - A′ οκτίρμων (5): | C′ ἐλεήμων (6): 〈A′〉 ἐξ〈ι〉λάσεται (7): 〈C′〉
ἐξ〈ι〉λάσκων (8): Є′ καὶ ἐξ〈ι〉λάσεται τῇ ἀνο|μίᾳ (9): A′ ἀνομίαν (10) · C′ ἀδικίας (11):
C′ (καὶ) | μὴ διαφθείρων (12): - … |

1173:   1.16   〈ϛ′〉] Θ′ / με|τ᾽ αὐτοῦ] με|ταυτου / ἐπιστώθησαν] επιστώθησαν (sic)

       1.17   ἐξ〈ι〉λάσεται] εξηλασεται

       1.18   ἐξ〈ι〉λά|σκων] εξηλά|σκων / ἐξ〈ι〉λάσεται] εξηλάσεται / A′ ἀνομίαν C′ ἀδι-
            κίας: ohne Punkt auf dem Mikrofilm von 1173 zwischen den Lesarten,
            doch siehe 1122.

       1.19   (καὶ)] ξ

1122:   1.16   ἐπιστώθησαν] επιστώθης︠ (sic) || fol 85a

       1.17   ἐξ〈ι〉λάσεται] εξηλασεται

       1.18   ἐξ〈ι〉λά|σκων] εξηλάσκων / ἐξ〈ι〉λάσεται] εξηλάσεται / A′ ἀνομίαν · C′ ἀδι-
            κίας] ἀνομίαν · ἀδικίας: siehe oben ll. 23–24.

E. 5. V. 38c

MT 38c: וְהִרְבָּה לְהָשִׁיב אַפּוֹ

O′ 38c: καὶ πληθυνεῖ τοῦ ἀποστρέψαι τὸν θυμὸν αὐτοῦ

1173, fol 247a = 1122, fol 85a.

| … A′ τοῦ ἐπι|στρέ(ψαι) θυμὸν αὐτ(οῦ) (1): C′ (καὶ) ἐπὶ πολὺ ἀπέστρε|ψ(εν) τ(ὴν) ὀργ(ὴν)
αὐτοῦ (2): Є′ καὶ ἐπλήθυνεν (3) | 〈Θ′〉 τὴν ὀργὴν αὐτοῦ (4): … |

1173:   1.34   ἐπι|στρέ(ψαι)] ἐπι|στρЄ / αὐτοῦ] αὐ︭ / (καὶ)] ξ / ἐπὶ πολὺ] επιπολυ (sic) /
             ἀπέστρε|ψ(εν)] απεστρε|ψ︭ / τ(ὴν)] τ︠

1.34 ὀργ(ὴν)] ὀργ‵

1.35 αὐτοῦ (1º)] αὐτου (sic) / ἐπλήθυνεν] ἐπλήθυνε˜

1.35 ⟨Θ′⟩ am Rande hinzugefügt von einer, wie es zuerst scheint, *zweiten*
Hand, da die Form in 1173 ϑ̂ ist, nicht wie sonst -ϑ-, wie z. B. auf dem
gleichen Folio 247a, 1.14 (bis). Aber es kommen in 1173 auch solche
θ vor: z. B. fol 246b, 1.13 von unten, oder fol 247b, 1.10, usw. So ist
es wohl eher der *Schreiber der Handschrift* selber, der die Sigel hinzugefügt hat. Von einem Korrektor mit einer *andern Schrift* ist ja sonst
in der Handschrift nichts zu merken, doch siehe Einleitung S. 14.

1122: 1.34 ἐπὶ πολύ] ἐπιπολύ (sic)
            1.35 die Lesarten Ε′ und Θ′ : >

E. 6. V. 38d–39a

MT 38d: ‏ולא־יעיר כל־חמתו:‏
    39a: ‏ויזכר‏
O′ 38d: καὶ οὐχὶ ἐκκαύσει πᾶσαν τὴν ὀργὴν αὐτοῦ·
    39a: καὶ ἐμνήσθη

1173, fol 247a = 1122, fol 85a.

| Ε′Α′ (καὶ) οὐκ ἐξεγερεῖ (1): C′ (καὶ) οὐ διή|γειρεν (2) Α′ πάντα χόλον αὐτοῦ (3): |
C′ ὅλον τὸν θυμὸν αὐτοῦ (4): Α′Θ′ | καὶ μνησθήσεται (5): − C′ ἀλ|λὰ ἐμνημόνευσεν (6): − |

1173: 1.18 (καὶ) (1º)] ϛ / ἐξεγερεῖ] εξεγερεῖ (sic) / (καὶ) (2º)] ϛ
1122: 1.18 ἐξεγερεῖ] εξεγερεῖ (sic)

E. 7. V. 39a

MT 39a: ‏ויזכר‏
O′ 39a: καὶ ἐμνήσθη

1173, fol 247b = 1122, fol 85a.

|| Α′Θ′ καὶ μνησθήσεται C′ ἀλλὰ ἐ|μνημόνευσεν (1): … |

E. 8. V. 39b

MT 39b: ‏רוח הולך ולא ישוב:‏
O′ 39b: πνεῦμα πορευόμενον καὶ οὐκ ἐπιστρέφον.

1173, fol 247b = 1122, fol 85a.

| C′ (πνεῦμα) ἀπαλλασσόμενον (καὶ) μὴ ὑπο|στρέ⟨φ⟩ον (1): Ε′ καὶ αὐτῷ ἐπιστρέφον (2): |

1173: 1.31 (πνεῦμα)] πνᾶ / (καὶ)] ϛ / ὑπο|στρέ⟨φ⟩ον] ὑπο|στρέφον
1122: 1.31 (πνεῦμα)] πνᾶ | / ἀπαλλασσόμενον (καὶ) μὴ ὑπο|στρέ⟨φ⟩ον] πορευόμενον καὶ
          οὐκ ἐπιστρέψον ἢ ἀπαλλασσόμενον · / ἐπιστρέφον] ἐπιστρέφων

E. 9. V. 40a

MT 40a: כמה ימרוהו במדבר

O' 40a: ποσάκις παρεπίκραναν αὐτὸν ἐν τῇ ἐρήμῳ,

1173, fol 247b = 1122, fol 85a.

5 | Α' πόσα[κις] προσήρισαν αὐτῷ (1): | C' πόσα παρεπίκρα⟨ι⟩ν⟨ον αὐτόν⟩ (2): Θ'Є'ϛ'
οἱ O' | ποσάκις (3): Α' ἐν ἐρήμῳ (4): – |

1173: 1.5   προσήρισαν] πρὸς ἥρισαν (sic) / παρεπίκρα⟨ι⟩ν⟨ον αὐτόν⟩] παρεπίκραγ
1.6   οἱ O'] οἱ σ͡ / ἐρήμῳ: –] ερημω: – (sic)

1122: 1.5   προσήρισαν] πρὸς ἥρισαν / παρεπίκρα⟨ι⟩ν⟨ον αὐτόν⟩] παρεπίκραναν
10   ll.5–6   Θ'Є'ϛ'οἱ O'] οἷον
1.6   ποσάκις] ποσάκϊς

E. 10. V. 40b

MT 40b: ויעציבוהו בישימון׃

O'   40b: παρώργισαν αὐτὸν ἐν γῇ ἀνύδρῳ;
15   *Varia lectio* apud O': τη ερημω = S

1173, fol 247b = 1122, fol 85a.

| Α' διεπόνησαν αὐτόν (1): Α' ἐ|ν ἠφανισμένῃ (2): C' ἐν τῇ ἀνύ|δρῳ (3): Θ' ἐν τ(ῇ) ἀνύδρῳ
(4): C' ἠνό|χλουν αὐτὸν ἐν τῇ ἀοικήτῳ (5): |

1173: 1.17   διεπόνησαν] διεπώνησαν / ἐ|ν ἠφανισμένῃ] ἐ|νηφανισμένη / ἐν τ(ῇ) (2°)] ἐνᵗ
20 *1122:* 1.17   ἐ|ν ἠφανισμένῃ] ἐνηφανισμένη / Lesart Θ': >

E. 11. V. 41a

MT 41a: וישובו וינסו אל

O'   41a: καὶ ἐπέστρεψαν καὶ ἐπείρασαν τὸν θεὸν

1173, fol 247b = 1122, fol 85a.

25 | ... Θ'Α' καὶ ἐπείρασαν | ἰσχυρὸν (1): C' καὶ πάλιν ἐπείραζον | τὸν θ(εὸ)ν (2): Є'ϛ' (καὶ)
π(αρ)επ(ίκραναν) τὸν ἰσχυρ(όν) (3): – |

1173: 1.25   ἐπείρασαν] ἐπείρασα˜ / θ(εὸ)ν] θ͡ν
ll.25–26   (καὶ) π(αρ)επ(ίκραναν)] ϛ π˒επˣ (siehe Kommentar)
1.26   τ(ὸν) ἰσχυρ(όν)] τ' ἰσχυρ˒: –

30 *1122:* ll.25–26 statt der Lesarten C' und Є'ϛ' von 1173 steht folgende Lesart:
καὶ παλιν (sic) ἐπείρασαν τὸν θ͡ν: –

E. 12. V. 41b

MT 41b: וקדוש ישראל התוו׃

O'   41b: καὶ τὸν ἅγιον τοῦ Ἰσραηλ παρώξυναν.

1173, fol 247b = 1122, fol 85a.

| ... A' (καὶ) ἅγιον (ἰσραηλ) παρή|νεγκαν (1): C' καὶ τὸν ἰσχυρὸν τοῦ | (ἰσραηλ) ἐφιστᾶν ἐποίουν (2): Ε' καὶ τὸν | ἅγιον τοῦ (ἰσραηλ) ὡμοίωσαν (3): – |

1173: ll. 2, 3 (ἰσραηλ)] ιῆλ
     1.2   (καὶ) (1°)] ϛ / ἐφιστᾶν] ἐφισταν (sic)
1122: ll. 2, 3 (ἰσραηλ)] ιῆλ
     1.2   ἐφιστᾶν] ἐφιστὰν

E. 13. V. 42 a–b

MT 42a: לא־זכרו את־ידו
    42b: יום אשר־פדם מני־צר׃
O' 42a: οὐκ ἐμνήσθησαν τῆς χειρὸς αὐτοῦ,
    42b: ἡμέρας, ἧς ἐλυτρώσατο αὐτοὺς ἐκ χειρὸς θλίβοντος,
     Varia lectio apud O': θλιβόντων = S' Sa He 55 P. Bodmer xxiv

1173, fol 247b = 1122, fol 85a.

| ... C' οὐκ ἀνε|μιμνήσκοντο (1): C' τὴν χεῖρα | αὐτ(οῦ) τ(ὴν) ἡμέρ(αν) ἐν ᾗ · ἐρρύσατο | αὐτοὺς ἐκ τοῦ θλίβοντος (2): – |

1173: 1.15   ἀνε|μιμνήσκοντο] ανε|μιμνήσκοντο (sic) / χεῖρα] χεῖρα / αὐτ(οῦ)] αὐτ̄ /
         τ(ὴν) ἡμέρ(αν)] τ̄ ημέρ̄ (sic)
     1.16   αὐτοὺς] αὐτούς (sic)

E. 14. V. 42b

MT 42b: אשר־פדם מני־צר׃
O' 42b: ἧς ἐλυτρώσατο αὐτοὺς ἐκ χειρὸς θλίβοντος,

1173, fol 247b. 1122 fehlt.

| ... A' ἧς ἐλυ|τρώσατο (1): A' ἐκ θλίβοντος (2): Θ' ἐκ | χειρὸς ἐχθροῦ (3): – ... |

E. 15. V. 43a

MT 43a: אשר־שם ... אתותיו
O' 43a: ὡς ἔθετο ... τὰ σημεῖα αὐτοῦ

1173, fol 248a = 1122, fol 85a.

|| A' ὅσα ἔθηκεν (1): – C' τοῦ ποιή|σαντος (2): Ε' ὃς ἔθετο (3): – A'Ε'ϛ' ση|μεῖα αὐτοῦ (3): ... |

E. 16. V. 43b

MT 43b: ומופתיו בשדה־צען׃
O' 43b: καὶ τὰ τέρατα αὐτοῦ ἐν πεδίῳ τάνεως

1173, fol 248a = 1122, fol 85a.

| C' καὶ τὰ τεράστια αὐτοῦ (1): A' ἐν | χώρᾳ τάνεως (2): – ... |

E. 17. V. 44a

MT 44a: ויהפך לדם
O′ 44a: καὶ μετέστρεψεν εἰς αἷμα

1173, fol 248a = 1122, fol 85b.

5 | … A′ (καὶ) ἔστρεψεν (1): C′ τοῦ με|ταβαλ[λ]όντος εἰς αἷμα (2): – … |

1173: 1.5   A′ (καὶ)] ᾱ϶ / με|ταβαλ[λ]όντος] με|ταβάλλοντος / αἷμα] αἷμα (sic)
1122: 1.5   με|ταβαλ[λ]όντος] μεταβάλλοντος

E. 18. V. 44a–b

MT 44a: יאריהם
10   44b: ונזליהם בל-ישתיון:
O′ 44a: τοὺς ποταμοὺς αὐτῶν
   44b: καὶ τὰ ὀμβρήματα αὐτῶν, ὅπως μὴ πίωσιν·

1173, fol 248a = 1122, fol 85b.

| … A′ ῥεῖθρα αὐτῶν · (καὶ) | καταρροίας αὐτῶν οὐ μή πίωσιν (1): | Θ′ τὸν ποταμὸν (καὶ)
15 τὰ κατεσκαμ|μένα (2): – … |

1173: 1.14   ῥεῖθρα] ῥεῖθρα | (καὶ) 1°] ϛ / (καὶ) 2°] ϛ
1122:   Lesart A′ : >

E. 19. V. 45a

MT 45a: ישלח בהם ערב ויאכלם
20 O′ 45a: ἐξαπέστειλεν εἰς αὐτοὺς κυνόμυιαν, καὶ κατέφαγεν αὐτούς,

1173, fol 248a = 1122, fol 85b.

| … A′ ἀπέστ⟨ει⟩λεν | ἐν αὐτοῖς πάμμικτον (1): C′ τοῦ | ἐπιπέμψαντος αὐτοῖς κυνό|μυιαν
κατ(α)φαγεῖν αὐτούς (2): – |

1173: 1.22   ἀπέστ⟨ει⟩λεν] ἀπέστηλεν
25   1.23   κατ(α)φαγεῖν] κατφαγεῖν
1122: 1.22   ἀπέστ⟨ει⟩λεν] ἀπέστηλεν

E. 20. V. 45b

MT 45b: ותשחיתם:
O′ 45b: καὶ διέφθειρεν αὐτούς·

30 1173, fol 248a = 1122, fol 85b.
| C′ διαφθεῖραι αὐτούς (1): – |

E. 21. V. 46a

MT 46a: לחסיל
O′ 46a: τῇ ἐρυσίβῃ

1173, fol 248a = 1122, fol 85b.

| Α′ τῷ βρούχῳ (1): C′ τῷ μυζήτῃ (2): | Ε′ τῇ ἐρ⟨υ⟩σίβῃ (3): – ||

1173: 1.2   ἐρ⟨υ⟩σίβῃ] ἐρεσίβη
1122: 1.2   ἐρ⟨υ⟩σίβῃ] ἐρεσίβη

5 E. 22. V. 46 a–b

MT 46a: יְבוּלָם
    46b: וִיגִיעָם
O′ 46a: τὸν καρπὸν αὐτῶν (τους καρπους αυτων = La^R Ga L″)
    46b: καὶ τοὺς πόνους αὐτῶν

10 1173, fol 248b = 1122, fol 85b.

| Α′ φυὴν αὐτῶν ⟨καὶ⟩ κόπ(ον) αὐτ(ῶν) (1)· C′ τὰ | γενήματα αὐτῶν καὶ τοὺς κό[λ]|πους αὐτ(ῶν) (2): – … |

1173: 1.11   ⟨καὶ⟩ κόπ(ον) αὐτ(ῶν)] ς κοπ̄ αὐτ̄/ κό[λ]|πους αὐτ(ῶν)] κόλ|πους αὐτ̄
1122: 1.11   Α′ φυὴν] ἀφυὴν / κόπον] κόπων / κό[λ]|πους] κόλπους

15 E. 23. V. 47a

MT 47a: יַהֲרֹג … גַּפְנָם
O′ 47a: ἀπέκτεινεν τὴν ἄμπελον αὐτῶν

1173, fol 248b = 1122, fol 85b.

| C′ τοῦ ἀποκτείναντος (1): Α′ ἄμ|πελον αὐτῶν (2): … |

20 *1173:* 1.19   ἀποκτείναντος] ἀποκτήναντος

E. 24. V. 47b

MT 47b: וְשִׁקְמוֹתָם בַּחֲנָמַל׃
O′ 47b: καὶ τὰς συκαμίνους αὐτῶν ἐν τῇ πάχνῃ·

1173, fol 248b = 1122, fol 85b.

25 | Α′ καὶ συκομ⟨ό⟩ρους αὐτῶν ἐν | κρύει (1): C′ ⟨καὶ⟩ τὰς συκομ⟨ό⟩ρους αὐτ(ῶν) | σκώλ⟨η⟩κι (2): – … |

1173: 1.25   συκομ⟨ό⟩ρους 1°] συκομώρους / C′ ⟨καὶ⟩] c̄ s̄ / συκομ⟨ό⟩ρους αὐτ(ῶν) 2°] συκομώρους αὐτ̄
         1.26   σκώλ⟨η⟩κι] σκώλικι
30 *1122:* 1.25   συκομ⟨ό⟩ρους 1°] συκομώρους / συκομ⟨ό⟩ρους 2°] συκομώρους
         1.26   σκώλ⟨η⟩κι] σκώλικη

E. 25. V. 48a

MT 48a: וַיַּסְגֵּר לַבָּרָד בְּעִירָם
O′ 48a: καὶ παρέδωκεν εἰς χάλαζαν τὰ κτήνη αὐτῶν

1173, fol 248b = 1122, fol 85b.

| Α′ καὶ ἀπέκλεισεν τῇ χα(λάζῃ) (1): C′ τοῦ | ἐκδόντος λοιμῷ (2) · Θ′ (καὶ) συνέδω|κεν εἰς χά(λαζαν) (3): Θ′Ε′ τὰς κτήσεις | αὐτῶν (4): – … |

1173: 1.2   χα(λάζῃ)] χα᾿ / τοῦ] $\widetilde{τ}$ / (καὶ)] ϛ

5   1.3   χά(λαζαν)] χα᾿

1122:   Lesarten A′ und C′: >

E. 26. V. 48b

MT 48a: בעירם

    48b: ומקניהם לרשפים:

10 O′ 48a: τὰ κτήνη αὐτῶν

    48b: καὶ τὴν ὕπαρξιν αὐτῶν τῷ πυρί ·

1173, fol 248b = 1122, fol 85b.

| … Α′ [καὶ τὰ] βοσκή|ματα αὐτῶν (1): – C′ [καὶ] τὰ κτή|νη αὐτῶν (2): – Α′ (καὶ) κτή-σεις αὐ|τῶν τοῖς πτηνοῖς (3): – ⟨C′⟩ (καὶ) τὰ κτή|ματα αὐτῶν οἰων(οῖς) (4): – … |

15 *1173:* 1.13 τὰ (1° u. 2°)] τα (sic) / (καὶ)] ϛ

          1.14 ⟨C′⟩] Ε′ / (καὶ)] ϛ / τὰ] τα (sic) / οἰων(οῖς)] οἰων͞

    1122: 1.14 οἰων(οῖς)] οἰῶν͞: –

E. 27. V. 49a–b

MT 49a: ישלח־בם חרון אפו

20   49b: עברה וזעם

 O′ 49a: ἐξαπέστειλεν εἰς αὐτοὺς ὀργὴν θυμοῦ αὐτοῦ,

    49b: θυμὸν καὶ ὀργὴν

1173, fol 248b = 1122, fol 85b.

| Α′ ἀπέστειλεν ἐν αὐτοῖς (1): C′ ὃς | ἔπεμψεν αὐτοῖς (2): – Θ′ ἐξαπ(έστειλεν) αὐτοῖς |

25 θυμ(ὸν) ὀργ(ῆς) αὐτ(οῦ) μῆνιν (καὶ) ἐμβρίμησ⟨ιν⟩ (3): |

    1173: 1.24 ἐξαπ(έστειλεν)] ἐξαπ

          1.25 θυμ(ὸν) ὀργ(ῆς) αὐτ(οῦ)] θυμ᾿ ὀργ͞ϛ αὐτ͞ / (καὶ)] ϛ / ἐμβρίμησ⟨ιν⟩:] ἐμβρί-μησ: (sic)

    1122: 1.24 Lesarten A′ und C′ : >

30   1.25 ἐμβρίμησ⟨ιν⟩] ἐμβρίμησ: – (sic)

E. 28. V. 49b – 50b

MT 49b: עברה וזעם וצרה

    49c: משלחת מלאכי רעים:

    50a: יפלס נתיב לאפו

35   50b: לא־חשך ממות נפשם

 O′ 49b: θυμὸν καὶ ὀργὴν καὶ θλῖψιν,

49c: ἀποστολὴν δι᾽ ἀγγέλων πονηρῶν ·

50a: ὡδοποίησεν τρίβον τῇ ὀργῇ αὐτοῦ,

50b: οὐκ ἐφείσατο ἀπὸ θανάτου τῶν ψυχῶν αὐτῶν

Variae lectiones apud O': V. 50b: in initio: + καὶ = 87; + et = La^G

Aug / τῶν ψυχῶν αὐτῶν] τὰς ψυχὰς α. = 99, 162

1173, fol 248b – 249a = 1122, fol 85b.

| A' ἀνυπερθεσίαν (καὶ) ἐμβρίημσ⟨ιν⟩ (1): C' | χόλον καὶ ἐμβρίμησ⟨ιν⟩ (2): Є' ὀργὴν (καὶ) |
ἀπειλὴν καὶ θλῖψιν ἀποστο(λήν) (3) A' ἀγγέλων πο(νηρῶν) (4): C' ἐπαποστολ(ὴν) ἀγ-
γέλων κακούντων (5): | A' ὡδοπ(οίησεν) ἀτραπόν (6): C' διέστρωσεν ἀτραπόν (7): A' τῷ
θυμῷ αὐτοῦ · οὐχ ὑπεξείλατο (8) || C' ἐκ θανάτου (9): . . . |

1173:   1.7   (καὶ) ἐμβρίμησ⟨ιν⟩ (1°)] ζ ἐμβρίμης (sic) / χόλον] χολὸν (sic) / ἐμβρίμη-
σ⟨ιν⟩ (2°)] ἐμβρίμης (sic) / (καὶ)] ζ

     1.8   ἀπειλὴν] ἀπειλην (sic) / θλῖψιν] θλίψιν / ἀποστο(λήν)] ἀποστο)
πο(νηρῶν)] π° / ἐπαποστολ(ὴν)] επαποστοχ᾽ (sic)

     1.9   ὡδοπ(οίησεν)] ὡδοπ / διέστρωσεν] διεστρωσεν (sic)

     1.10   οὐχ ὑπεξείλατο] οὐχυπεξείλατο (sic)

1122:   1.7   ἐμβρίμησ⟨ιν⟩ (1°)] ἐμβρίμης (sic) / von Lesart C' an bis 1.10, Ende: >

E. 29. V. 50c

MT 50c: ‏:וחיתם לדבר הסגיר‏

O'   50c: καὶ τὰ κτήνη αὐτῶν εἰς θάνατον συνέκλεισεν ·

1173, fol 249a = 1122, fol 85b.

| Θ'A' καὶ τὰ ζῷα αὐτῶν τῷ λοιμῷ · | ἀπέκλεισεν (1): . . . |

1173:   1.22   τὰ] τα (sic)

E. 30. V. 50c – 51a

MT 50c: ‏:וחיתם לדבר הסגיר‏

    51a: ‏ויך כל־בכור‏

O'   50c: καὶ τὰ κτήνη αὐτῶν εἰς θάνατον συνέκλεισεν ·

    51a: καὶ ἐπάταξεν πᾶν πρωτόκον

1173, fol 249a = 1122, fol 86a.

| . . . C' ἀλλὰ τὴν ζωὴν αὐτ(ῶν) λοι|μῷ ἐξέδωκεν (1): A' καὶ ἔπληξε · | πᾶν πρωτό-
τ(οκον) (2): . . . |

1173:   1.30   αὐτ(ῶν)] αὐτ᾽ / ἔπληξε ·] επληξε · (sic)
ll.30–31   πᾶν πρωτότ(οκον)] πὰν πρωτοτ (sic)

E. 31. V. 51 a–b

MT 51a: ‏במצרים‏

    51b: ‏:ראשית אונים באהלי־חם‏

O′　51a:　　ἐν Αἰγύπτῳ,
　　　51b:　　ἀπαρχὴν τῶν πόνων αὐτῶν ἐν τοῖς σκηνώμασι Χαμ.

Variae lectiones apud O′:

51a:　　εν γη αιγυπτω = S *L′*, in terra aegypto = La^R; εν γη αιγυπτου = R L^pau
T 1219, in terra aegypti = Ga Aug; γη add. etiam Sy: cf. 12; εν
omisso hab. aegypti = La^G, aegyptiorum = Sa, αιγυπτιων = P. Bodmer
xxiv.

1173, fol 249a = 1122, fol 86a.
| *A′C′Є′ϛ′ ἐν αἰγύπτῳ* (1): *ϛ′Є′ ἀρχὴ ὀ|δύνων ἐν (τοῖς) σκηνώ(μασιν) χαμ* (2): ... |

1173:　1.9　　ϛ′ super rasuram in duobus locis / ὀ|δύνων] ὀ|δυνῶν / τ(οῖς)] τ /
　　　　　　σκηνώ(μασιν)] σκην^ω / χαμ] χάμ
1122:　1.12　ὀ|δύνων] ὀδυνῶν (vid) / χαμ] χάμ

E. 32. V. 51b

MT　51b:　　רֵאשִׁית אוֹנִים בְּאָהֳלֵי־חָם׃
O′　51b:　　ἀπαρχὴν τῶν πόνων αὐτῶν ἐν τοῖς σκηνώμασι χαμ.

1173, fol 249a = 1122, fol 86a.
| *A′ κεφάλαι(ον) λυπῶν* (1) ⟨*C′*⟩ *πρωτεῖ⟨ο⟩ν δυνά|μεως αὐτῶν* (2): *A′ ἐν σκέπαις* (3): *C′
ἐν | ταῖς σκηνώσεσι χαμ* (4): ... |

1173:　1.17　κεφάλαι(ον)] κεφάλαι‘ / Sigel C′: > / πρωτεῖ⟨ο⟩ν] πρωτεῖῶν (sic)
　　　　　1.18　χαμ] χάμ
1122:　1.17　λυπῶν] λοιπῶν / πρωτεῖ⟨ο⟩ν] προτεῖ‾
　　　　　1.18　χαμ] χάμ

E. 33. V. 52a

MT　52a:　　כַּצֹּאן עַמּוֹ
O′　52a:　　ὡς πρόβατα τὸν λαὸν αὐτοῦ

1173, fol 249b = 1122, fol 86a.
|| *A′C′Є′ ὡς ποίμνιον* (1): *A′ λαὸν αὐτοῦ* (2): |

1122:　1.27　τὸν λαὸν αὐτοῦ

E. 34. V. 52b

MT　52b:　　וַיְנַהֲגֵם כַּעֵדֶר בַּמִּדְבָּר׃
O′　52b:　　καὶ ἀνήγαγεν αὐτοὺς ὡς ποίμνιον ἐν ἐρήμῳ

1173, fol 249b = 1122, fol 86a.
| ... *A′ (καὶ) ἀπήλασεν αὐτούς* (1): | *C′Є′Θ′ (καὶ) ἀπήγαγεν αὐτ(ούς)* (2): *ϛ′ (καὶ) ἤγεν* (3) |
Є′A′ ὡς ἀγέλην ἐν ἐ(ρήμῳ) (4): *C′ ὡς ἀγέλην διὰ τῆς | ἐρήμου* (5) ... |

1173: 1.33 (καὶ) (ter)] ς / αὐτ(ούς)] αὐτοὺς / ἤγεν] ἤγεν (sic)

1.34 ἐν ἐ(ρήμῳ)] ενε

1122: 1.33–34 die Lesarten ς' und Є'Α' : >

E. 35. V. 53b

5 MT 53b: ‏ואת־אויביהם כסה הים:‏

O' 53b: καὶ τοὺς ἐχθροὺς αὐτῶν ἐκάλυψεν θάλασσα.

1173, fol 249b = 1122, fol 86a.

| C' τοὺς δὲ ἐχθροὺς αὐτ(ῶν) (1) Α' ἐκ(άλυψεν) ἡ θά|λασσα (2): – … |

1173: 1.8 αὐτ(ῶν)] αυτ / ἐκ(άλυψεν)] εχα

10 *1122:* 1.8 αὐτ(ῶν)] αυτοῦ / ἐκ(άλυψεν) ἡ θά|λασσα] ἐκάλεσε θαλασ

E. 36. V. 54a–b

MT 54a: ‏ויביאם אל־גבול קדשו‏

54b: ‏הר־זה קנתה ימינו:‏

O' 54a: καὶ εἰσήγαγεν αὐτοὺς εἰς ὄρος ἁγιάσματος αὐτοῦ,

15 54b: ὄρος τοῦτο, ὃ ἐκτήσατο ἡ δεξιὰ αὐτοῦ,

O' apud *Rahlfs:* V. 54a: ὅριον (Grabe)

1173, fol 249b = 1122, fol 86a.

| … Α' καὶ ἤ|γαγεν αὐτοὺς πρὸς ὅριον ἡγιασ|μένον αὐτοῦ (1): – Є'ς' εἰς ὅριον (2): – |
C' εἰς τὸ ὄρο(ς) (3): < > εἰς τὸ ὄρο(ς) ὃ ἐκτήσα(το) (4): – |

20 *1173:* 1.18 ἤ| γαγεν] ἤ| γαγεν (sic) / ὅριον (2°)] ὅριον (sic)

1.19 ὄρο(ς) 1°] ὄρο / ὄρο(ς) 2°] ὄρο / ἐκτήσ(ατο)] εκτη

1122: ll.18–19 die Lesarten Є'ς' und C' : >

1.19 ὄρο(ς)(2°)] ὄρο / ἐκτή(σατο): –] ἐκτη: –

E. 37. V. 55a–b

25 MT 55a: ‏ויגרש מפניהם גוים‏

55b: ‏ויפילם‏

O' 55a: καὶ ἐξέβαλεν ἀπὸ προσώπου αὐτῶν ἔθνη

55b: καὶ ἐκληροδότησεν αὐτούς

1173, fol 249b = 1122, fol 86a.

30 | … C' καὶ ἐκ|βαλὼν · ἐξέμπροσθεν αὐτῶν · ἔθνη | ὑπέβαλεν αὐτοῖς (1): – … |

1122: 1.30 ἐκ|βαλὼν] εκβαλ

E. 38. V. 55b

MT 55b: ‏ויפילם בחבל נחלה‏

O' 55b: καὶ ἐκληροδότησεν αὐτοὺς ἐν σχοινίῳ κληροδοσίας

1173, fol 250a = 1122, fol 86b.

‖ *A′ καὶ κατέβαλεν αὐτούς* (1): *ϛ′ καὶ* | *ἐκληρώσατο* (2): *C′ σχοινίῳ μέτρῳ · κλη*|*ρουχίαν* (3): *Θ′Є′ϛ′ κληρονομίας* (4): |

E. 39. V. 55c

5 MT 55c: וַיַּשְׁכֵּן בְּאָהֳלֵיהֶם שִׁבְטֵי יִשְׂרָאֵל׃

O′ 55c: καὶ κατεσκήνωσεν ἐν τοῖς σκηνώμασιν αὐτῶν τὰς φυλὰς τοῦ Ἰσραηλ.

1173, fol 250a = 1122, fol 86b.

| … *C′ καὶ ἵδρυσεν · ἐν* | *ταῖς σκηνώσεσιν αὐτ(ῶν) τὰς φυ(λάς)* (1): *A′ ἐν* | *σκέπαις αὐτῶν σκῆπτρα (ἰσραηλ)* (2) · … |

10 *1173, 1122:* 1.8   ἵδρυσεν] ἵδρυσεν (sic)
    1173: 1.8   σκηνώσεσιν αὐτ(ῶν)] σκηνώσεσην αὐτ῀/ φυ(λάς)] φυ̅
              1.9   (ἰσραηλ)] ἰη̅λ
    1122: 1.9   (ἰσραηλ)] ἰη̅λ

E. 40. V. 56a

15 MT 56a: וַיְנַסּוּ וַיַּמְרוּ אֶת־אֱלֹהִים עֶלְיוֹן

O′ 56a: καὶ ἐπείρασαν καὶ παρεπίκραναν τὸν θεὸν τὸν ὕψιστον

1173, fol 250a = 1122, fol 86b.

| … *C′ καὶ ἐπείραζον · (καὶ)* | *παρεπίκρα⟨ι⟩νον* (1): − *A′ (καὶ) προσήρι*|*σαν τῷ θ(ε)ῷ · ὑψίστῳ* (2): *ϛ′ (καὶ) παρώξυ*|*ναν* (3): … |

20 *1173:* 1.18   (καὶ) | παρεπίκρα⟨ι⟩νον] ϛ̅ | παρεπίκρανον / A′ (καὶ)] α̅ς̅ / θ(ε)ῷ] θῶ
              1.19   ϛ′ (καὶ)] ς̅ς̅
    1122: 1.18   παρεπίκρα⟨ι⟩νον] παρεπίκραναν / A′ (καὶ) προσήρι*|*σαν] προσήρισαν (1122 las
              also wohl in ihrer Vorlage A′ϛ′)

E. 41. V. 56b

25 MT 56b: וְעֵדוֹתָיו לֹא שָׁמָרוּ׃

O′ 56b: καὶ τὰ μαρτύρια αὐτοῦ οὐκ ἐφυλάξαντο

1173, fol 250a. 1122 fehlt.

| *A′ καὶ μαρτυρίας αὐτ(οῦ)* (1): *C′ (καὶ) τὰς δια*|*μαρτυρί(ας) αὐτ(οῦ) οὐκ ἐφύλασσον* (2) *A′ οὐ*|*κ ἐφύλαξαν* (3): − … |

30 *1173:* 1.28   αὐτ(οῦ) (1°)] αυ̅ / C′ (καὶ)] ϲ̅ϲ̅ / δια|μαρτυρί(ας) αὐτ(οῦ)] διαμαρτυρί αυ̅ /
              ἐφύλασσον] εφυλασσον (sic)
              1.29   ἐφύλαξαν] εφυλαξαν (sic)

E. 42. V. 57a

MT 57a: ויסגו ויבגדו כאבותם

O′ 57a: καὶ ἀπέστρεψαν καὶ ἠθέτησαν καθὼς καὶ οἱ πατέρες αὐτῶν

O′ apud *Rahlfs:* ἠσυνθέτησαν

1173, fol 250a = 1122, fol 86b.

| ... *C′* ἀπέ|νευον (καὶ) ἠσυνθήκουν ὡς οἱ (πατέρες) | αὐτῶν (1): Α′Ϲ′ (καὶ) ἠσυνθέτησαν ·
ὡς (πατέρες) | αὐτ(ῶν) (2) · ... |

1173: 1.6 (καὶ) ἠσυνθήκουν] ⸵ ἠσυνθήκουν / (πατέρες)] πρ̅ε̅ς̅ / (καὶ)] ⸵ / ἠσυνθέτησαν (vid)
         1.7 (πατέρες) | αὐτ(ῶν)] πρ̅ε̅ς̅ | αὐτ⸍

1122: 1.6 ἠσυνθήκουν (sic) / (πατέρες)] πρ̅ε̅ς̅
         ll.6–7 Lesart Α′Ϲ′ : >

E. 43. V. 57b

MT 57b: נהפכו כקשת רמיה:

O′ 57b: καὶ μετεστράφησαν εἰς τόξον στρεβλὸν

1173, fol 250a = 1122, fol 86b.

| ... *Α′* ἐστράφησαν ὡς | τόξον · κατεπιθέσεως (1): – *C′* ἀπεστρέ|φοντο ὡς τόξον ἄτονον
(2): *Ϲ′* δόλιον (3): | *Θ′* δόλου (4) ⟨ς′⟩ ὡς τόξον στρεβλόν (5): – ||

1122: 1.16 ὡς (1°)] εἰς / κατεπιθέσεως] κατεπιθέσε⸍

E. 44. V. 58a

MT 58a: ויכעיסוהו בבמותם

O′ 58a: καὶ παρώργισαν αὐτὸν ἐν τοῖς βουνοῖς αὐτῶν

1173, fol 250b = 1122, fol 86b.

| ... *C′* καὶ παρώργιζον αὐτ(ὸν) | διὰ τ(ῶν) βουν(ῶν) αὐτῶν (1): – *Α′* ἐν ὑψώμα|σιν αὐτ(ῶν)
(2): ⟨ ⟩ ἐν τοῖς βωμοῖς αὐτ(ῶν) (3): |

1173: 1.23 αὐτ(ὸν)] αὐτ‵ / διὰ] δια (sic) / τ(ῶν) βουν(ῶν)] ⸀ βουν⸍ / αὐτ(ῶν)] αὐτ⸍
         1.24 vor ἐν τοῖς βωμοῖς α. ein leerer Zwischenraum / αὐτ(ῶν)] αὐτ⸍

1122: 1.23 ὑψώμα|σιν] υψώμασιν (sic)

E. 45. V. 58b

MT 58b: ובפסיליהם יקניאוהו:

O′ 58b: καὶ ἐν τοῖς γλυπτοῖς αὐτῶν παρεζήλωσαν αὐτόν.

1173, fol 250b. 1122 fehlt.

| *Α′* καὶ ἐν γλυπ(τοῖς αὐτῶν) (1): *C′* καὶ τοῖς γλυ|πτοῖς αὐτῶν · ἐξεζήλουν αὐτόν (2): |

1173: 1.32 ἐν γλυπ(τοῖς αὐτῶν) :] ἐν γλυ⁗:

E. 46. V. 59a–b

MT 59a: ויתעבר
     59b: ‏:וימאס מאד בישראל
O′ 59a: καὶ ὑπερεῖδεν
5   59b: καὶ ἐξουδένωσεν σφόδρα τὸν Ἰσραηλ.

1173, fol 250b = 1122, fol 86b.

| Α′ (καὶ) ἀνυπερθέτησεν (1): C′ καὶ ἐ|χολώθη (2): Ε′ (καὶ) ὠργίσθη (3): Θ′ καὶ | ὑπερ-
έθετο (4): Α′ καὶ ἀπέρριψε σφό|δρα ἐν (ισραηλ) (5): ... |

1173: 1.7   (καὶ) ἀνυπερθέτησεν] ϛ ῴ̄ (offenes α) ὑπερθέτησεν / (καὶ) (2°)] ϛ
10   1.8   (ισραηλ)] ιῆλ
1122: 1.7   (καὶ) ἀνυπερθέτησεν] καὶ ᾱ̄ν (siehe die Schreibweise in 1173!) ὑπερθέτης᷄
      1.8   (ισραηλ)] ιῆλ

E. 47. V. 62a–b

MT 62a: לחרב עמו
15   62b: ‏:ובנחלתו התעבר
O′ 62a: καὶ συνέκλεισεν εἰς ῥομφαίαν τὸν λαὸν αὐτοῦ
     62b: καὶ τὴν κληρονομίαν αὐτοῦ ὑπερεῖδεν.

1173, fol 251a = 1122, fol 87a.

| ... Α′C′ εἰς μάχαι|ραν τ(ὸν) λα(ὸν αὐτοῦ) (1) Θ′ ἐν τῇ ῥομφαίᾳ (2) Α′ καὶ ἐν | κληροδο-
20 σίᾳ αὐτ(οῦ) ἀνυπερθέτησεν (3): | C′ (καὶ) ἐν τῇ κληρ(ου)χίᾳ αὐτοῦ ἐχολώθη (4): | Θ′ ὑπερ-
έθετο (5) Ε′ (καὶ) τῇ κλη(ρονομίᾳ) αὐτ(οῦ) ὠργίσθ(η) (6): ⟨ϛ′⟩ πα|ρεῖδεν (7): – ... |

1173: 1.19   τ(ὸν) λα(ὸν αὐτοῦ)] λ̄᷾ ᾱ̇᷾ᵀ
      1.20   αὐτ(οῦ) ἀνυπερθέτησεν] ᾱ̄ᵀ ἀνυπε͓ρθέτησεν (sic) / (καὶ)] ϛ / κληρ(ου)χίᾳ]
             κληρ̄χία
25   ll.20–21   ὑπερέθετο] ὑπὲρ ἔθετο
      1.21   (καὶ)] ϛ / κλη(ρονομίᾳ) αὐτ(οῦ) ὠργίσθ(η)] κλη᷾ῃ αὐτ᷄ ὠργίσθ / ⟨ϛ′⟩] Θ′
1122: 1.19   τ(ὸν) λα(ὸν αὐτοῦ):⟩ / ἐν τῇ ῥομφαίᾳ] ἐν ῥομφαίᾳ
      1.20   ἀνυπερθέτησεν] ἀνυπερθέτησαν
      1.21   ⟨ϛ′⟩] καὶ

30 E. 48. V. 63a

MT 63a: ‏:בחוריו אכלה־אש
O′ 63a: τοὺς νεανίσκους αὐτῶν κατέφαγεν πῦρ,

1173, fol 251a = 1122, fol 87a.

| ... Α′ ἐκλεκτ⟨οὺς⟩ αὐτ(οῦ) ἔ|φα(γεν) πῦρ (1): C′ ἀνάλωσεν πῦρ (2): C′⟨Θ′⟩ | τοὺς
35 νεανίσκους αὐτοῦ (3): – |

1173: 1.34　ἐκλεκτ⟨οὺς⟩] ἐκλεκτή / αὐτ(οῦ) ἔ|φα(γεν)] αὐτ̈ ε|ϕ^α (sic) / C'⟨Θ'⟩] C'Є'
1122: 1.34　ἐκλεκτ⟨οὺς⟩] ἐκλεκτή / ἔ|φα(γεν)] ἔϕ^α

E. 49. V. 63b–64a

MT 63b:　　　　ובתולתיו לא הוללו׃
　5　64a:　　　　כהניו
O' 63b:　　καὶ αἱ παρθένοι αὐτῶν οὐκ ἐπενθήθησαν ·
　　64a:　　οἱ ἱερεῖς αὐτῶν

Variae lectiones apud O':
　　63b:　　καὶ διὰ τοῦτο αἱ παρθένοι αὐτῶν = Arm.
10　64a:　　καὶ οἱ ἱερεῖς αὐτῶν = 267, Ps syr. et aeth.

1173, fol 251a = 1122, fol 87a.
| ... *A'C' καὶ παρθένοι αὐτοῦ* (1): | Є' *(καὶ) αἱ παρθ(ένοι) αὐτῶν οὐκ ἐπηνέθησαν* (2): |
A' *οὐχ ὑμνήθησαν* (3): ⟨O'⟩ *οὐκ ἐπένθησ(αν)* (4): | Θ' *οὐκ ἐπηνέθησαν* (5): *A'C' ἱερεῖς*
αὐτ(οῦ) (6): | Є' *οἱ ἱερεῖς αὐτ(ῶν)* (7) · Θ' *οἱ ἱερεῖς αὐτοῦ* (8): – |

15　1173:　1.12　(καὶ)] ϛ̣ / αἱ παρθ(ένοι)] αἱ παρθ (vid) / ἐπηνέθησαν] επηνέθησαν (sic) (das
　　　　　　　　erste ε ist über ein η geschrieben)
　　　　1.13　⟨O'⟩] C' / ἐπένθησ(αν)] επένθησ̣ (sic) / ἐπηνέθησαν] επηνέθησαν (sic)
　　　　1.14　αὐτ(οῦ)] αὐτ^οῦ / αὐτ(ῶν)] αὐτ̃
　1122:　1.13　οὐχ ὑμνήθησαν] οὐχὑμνήθησαν (sic)
20　　　　ll.13–14 statt Lesart A'C', Є' und Θ' steht: οἱ ἱερεῖς αὐτ:͠ –

E. 50. V. 64a–b

MT 64a:　　　　בחרב נפלו
　　64b:　　　　אלמנתיו
O' 64a:　　ἐν ῥομφαίᾳ ἔπεσαν,
25　64b:　　καὶ αἱ χῆραι αὐτῶν
　　　　　Varia lectio apud O':
　　64a:　　επεσαν = B' R T He 55
　　　　　επεσον = L Theod P. Bodmer xxiv

1173, fol 251a = 1122, fol 87a.
30　| ... *A' ἐν μαχαί|ρᾳ · ἔπ(εσον)* (1): *C' μαχαίρᾳ · ἔπ(εσον)* (2) *Є'A' (καὶ) χῆραι* |
αὐτ(οῦ) (3): *C' καὶ αἱ χηρευθ⟨εῖ⟩σαι αὐτοῦ* (4): |

　1173:　1.30　ἔπ(εσον) (1º)] επ / ἔπ(εσον) (2º)] επ / Є'A' (καὶ)] Є̂ ά͡ ϛ̣ / αὐτ(οῦ)] αὐτ̃
　　　　1.31　αἱ χηρευθ⟨εῖ⟩σαι] αἱ χηρευθῆσαι (vid)
　1122:　ll.30–31　ἔπ(εσον): C' μαχαίρᾳ · ἔπ(εσον) Є'A' (καὶ) χῆραι | αὐτ(οῦ): >
35　　　　1.31　αἱ χηρευθ⟨εῖ⟩σαι] αἱ χηρευθῆσαι

E. 51. V. 64b–65a

MT 64b: לֹא תִבְכֶּינָה׃
　　65a: וַיִּקַץ כְּיָשֵׁן [אֲדֹנָי] ⟨יְהוָה⟩
O' 64b: οὐ κλαυσθήσονται.
5　　65a: καὶ ἐξηγέρθη ὡς ὁ ὑπνῶν κύριος,

1173, fol 251a = 1122, fol 87a.

| ... C' (καὶ) οὐκ ἔκλαυσαν · | διηγέρθη (γὰρ) · ὡς ὑπν(ῶν) πιπ(ι) (1) A' (καὶ) ἐξυπ⟨ν⟩ί|σθη
ὡς ὑπν(ῶν) πιπ(ι) (2) · Θ' ἐξεγερθήτω (3): – |

1173: 1.7　(καὶ)(1°)] ᵹ̄ / ἔκλαυσαν] ἔκλαυσαν (sic) / (γὰρ)] ⅄ / ὑπν(ῶν)] υπν͞ (sic) /
10　　　　πιπ(ι)] πι͞π / A' καὶ] ⳤ͞ / ἐξυπ⟨ν⟩ί|σθη] ἐξυπί|σθη
　　　1.8　ὑπν(ῶν) πιπ(ι)] υπν͞ πι͞π (sic)
1122: 1.7　ἔκλαυσαν] ἔκλαυσαν (sic)
　　　ll.7–8 πιπ(ι) (1°) bis Ende: >

E. 52. V. 65b–66b

15 MT 65b: כְּגִבּוֹר מִתְרוֹנֵן מִיָּיִן׃
　　66a: וַיַּךְ־צָרָיו אָחוֹר
　　66b: חֶרְפַּת עוֹלָם
O' 65b: ὡς δυνατὸς κεκραιπαληκὼς ἐξ οἴνου
　　66a: καὶ ἐπάταξεν τοὺς ἐχθροὺς αὐτοῦ εἰς τὰ ὀπίσω,
20　66b: ὄνειδος

1173, fol 251a = 1122, fol 87a.

| ... C' ὡς δυνάστης δι|αλαλῶν ἐξ οἴνου (1): A' (καὶ) ἔπληξε θλίβον|τας αὐτὸ⟨ν⟩ ὀπίσω
ὄνειδ(ος) (2): – ||

1173: 1.22　οἴνου] ὄινου (sic) / A' (καὶ)] ⳤ͞ / αὐτὸ⟨ν⟩] αὐτου (sic) / ὀπίσω] ὀπίσω (sic)
25　　　1.23　ὄνειδ(ος)] ονει∆ (sic)
1122: 1.22　οἴνου] ὄινου (sic) / θλίβον|τας] θλίβοντ̅ / αὐτὸ⟨ν⟩] αὐτοῦ / ὀπίσω] ὀπίσω (vid)
　　　1.23　ὄνειδ(ος)] ὄνει∆

PSALMUS LXXVIII

E. 53. V. 1d–2b

MT 1d: :לְעַיִּים
    2a: נָתְנוּ אֶת־נִבְלַת עֲבָדֶיךָ
    2b: מַאֲכָל לְעוֹף הַשָּׁמָיִם
O' 1d: ὡς ὀπωροφυλάκιον.
    2a: ἔθεντο τὰ θνησιμαῖα τῶν δούλων σου
    2b: βρώματα τοῖς πετεινοῖς τοῦ οὐρανοῦ,

O' apud *Rahlfs:* V. 1d: εἰς ὁ.

1173, fol 253a = 1122, fol 88a.

| Θ'Ε' εἰς ὀπωροφυλάκιον (1) ς' εἰς ὀ|χεύματα (2): – Α'C' ἔδωκαν (3) Α' τὸ θνη|σιμαῖον (4): C' τὰ πτώματα (5): Α' δού|λων σου κατάβρωμα τῷ · πετ⟨ει⟩|νῷ τ(οῦ οὐρανοῦ) (6): C' βρῶσιν (7): Ε' βρῶμα (8): |

1173: 1.11 ὀπωροφυλάκιον] οπωροφυλακιον (sic) / εἰς ὀ|χεύματα] εἰσο|χεύματα (sic)
           1.12 κατάβρωμα] καταβρωμα (sic) / πετ⟨ει⟩|νῷ] πετη|νῶ / τ(οῦ οὐρανοῦ)] ⳨
1122: 1.11 ὀπωροφυλάκιον] ωποροφυλάκιον (sic) / ὀ|χεύματα] οχεύμτ^α (sic) / θνη|σι
               μαῖον] θνησιμαῖον
           1.12 τῷ πετ⟨εῖ⟩|νῷ τ(οῦ οὐρανοῦ)] τοῖς πετηνοῖς τοῦ οὐνῦ (sic)
           1.13 die Lesarten C' und Ε': >

E. 54. V. 2c

MT 2c: בְּשַׂר חֲסִידֶיךָ
O' 2c: τὰς σάρκας τῶν ὁσίων σου

1173, fol 253a. 1122 fehlt.

| Α' σάρκας τῶν ὁσίων (1): – |

1173: 1.24 ὁσίων] ὁσίων (sic)

E. 55. V. 3a

MT 3a: דָּמָם כַּמַּיִם
O' 3a: τὸ αἷμα αὐτῶν ὡσεὶ ὕδωρ
O' apud *Rahlfs:* ὡς ὕ.

1173, fol 253a = 1122, fol 88a.

| ... Aʹ αἷμα αὐτῶν ὡς ὕδ(ωρ) (1): – |

1173:   1.2   αἷμα] αἷμα (vid) / ὕδ(ωρ)] υᐞ

1122:   1.2   ὡς] ὡσεὶ

5   *E. 56. V. 3b*

MT 3b: סביבות ירושלם ואין קובר׃

Oʹ   3b: κύκλῳ Ἰερουσαλημ, καὶ οὐκ ἦν ὁ θάπτων.

1173, fol 253a = 1122, fol 88a.

| ... Aʹ κυκλόθεν (ιερουσαλημ) (καὶ) οὐκ | ἔστι θάπτων (1): – Cʹ τῆς (ιερουσαλημ) | καὶ
10 οὐχ ὑπῆρχε θάπτων (2): – |

1173:   1.9   (ιερουσαλημ) (1°, 2°)] ιλη̄μ | (καὶ)] ϛ

        1.10   ὑπῆρχε] υπῆρχε (sic)

1122:   1.9   κύκλωθεν / (ιερουσαλημ)] ιλη̄μ / ἔστι] ἔστιν / θάπτων] ὁ θάπτων

        ll.9–10   die Lesart Cʹ: >

15   *E. 57. V. 4a*

MT 4a: היינו חרפה

Oʹ   4a: ἐγενήθημεν ὄνειδος

1173, fol 253a. 1122 fehlt.

| Cʹ ἐγενόμεθα ὄνειδος (1): |

20   *E. 58. V. 4b*

MT 4b: לעג וקלס לסביבותינו׃

Oʹ   4b: μυκτηρισμὸς καὶ χλευασμὸς τοῖς κύκλῳ ἡμῶν.

1173, fcl 253a = 1122, fol 88a.

| Aʹ μυχθισμὸς (καὶ) πομπή (1): Cʹ ἐ|πιλάλημα (καὶ) χλε(υασμός) (2): Θʹ τοῖς | περικύκλῳ
25 ἡμῶν (3): – |

1173:   1.24   (καὶ) πομπή] ϛ πομπῇ (vid) / ἐ|πιλάλημα] ἐ|πὶ λάλημα / (καὶ) χλε(υασμός)]
                ϛ χλℓ̄ / περικύκλῳ] περὶ κύκλω

        1.25   ἡμῶν] ἡμῶν (vid)

1122:   1.24   πομπή] πομπῇ (sic)

30   *E. 59. V. 5a*

MT 5a: עד־מה יהוה תאנף לנצח

Oʹ   5a: ἕως πότε, κύριε, ὀργισθήσῃ εἰς τέλος,

1173, fol 253b. 1122 fehlt.

‖ Aʹ ἕως τίνος · πιπι θυμωθή|σῃ εἰς νῖκ⟨ο⟩ς (1): – … |

1173: 1.2   ἕως] ἕως (sic) / πιπι] πιπτί (sic) / νῖκ⟨ο⟩ς] νῖκας

E. 60. V. 5b

5 MT 5b: תִּבְעַר כְּמוֹ־אֵשׁ קִנְאָתֶךָ׃

O′ 5b: ἐκκαυθήσεται ὡς πῦρ ὁ ζῆλός σου;

1173: fol 253b = 1122, fol 88b.

| Aʹ ἀναφθήσεται ὁμοίως πυ|ρὶ ζῆλός σου (1): Θʹ ἐκκαυθή|τω (2): … |

1173: 1.8   ζῆλός σου] ζῆλος σου

10 *1122:* 1.8   ζῆλός σου] ζῆλος σου / die Lesart Θʹ: >

E. 61. V. 6a

MT 6a: שְׁפֹךְ חֲמָתְךָ אֶל־הַגּוֹיִם אֲשֶׁר לֹא־יְדָעוּךָ

O′ 6a: ἔκχεον τὴν ὀργήν σου ἐπὶ ἔθνη τὰ μὴ γινώσκοντά σε

1173, fol 253b = 1122, fol 88b.

15 | Aʹ ἔκχεον χόλον σου (1): – ⟨Cʹ⟩ ἐ|πίχεε τ(ὸν) θυμόν σου (2): Eʹ ὀργήν σου (3): – ϛʹ
ἔκχεε (4): – Aʹ πρὸς τὰ | ἔθνη · ἃ οὐκ ἔγνωσάν σε (5) · Cʹ τ(οῖς) | ἔθνεσι τοῖς μὴ γινώσκουσί
σε (6): | ϛʹ ἐπεγνωκότα σε (7): – |

1173: 1.15   χόλον σου] χόλον σοι / ⟨Cʹ⟩] Eʹ / τ(ὸν) θυμόν] τʹ θυμόν
            1.16   τ(οῖς)] τʹ̄ / μὴ] μη (sic) / γινώσκουσί] γινωσκουσί (sic)
20 *1122:* 1.15   Eʹ ὀργήν] καὶ τὴν ὀργήν
            ll.15–16 die Lesart ϛʹ: >
            1.16   Cʹ] ἀλλ~:
            1.17   die Lesart ϛʹ: >

E. 62. V. 6b

25 MT 6b: וְעַל מַמְלָכוֹת אֲשֶׁר בְּשִׁמְךָ לֹא קָרָאוּ׃

O′ 6b: καὶ ἐπὶ βασιλείας, αἳ τὸ ὄνομά σου οὐκ ἐπεκαλέσαντο,

1173, fol 253b = 1122, fol 88b.

| … Aʹ καὶ ἐπὶ βα|σίλεια · ἃ ἐν ὀνόματί σου · οὐ|κ ἐπεκαλέ(σαντο) (1): – Cʹ καὶ βασι-
λεί|αις ταῖς τὸ ὄνο(μά σου) μὴ καλούσαις (2) | Eʹ αἳ ὄνο(μά σου) (3): ϛʹ καὶ τὰς μὴ ἐπι|
30 καλεσαμένας σε (4): – |

1173: 1.28   ἐπὶ] ἐπι (sic) / ὀνόματί σου] ονόματί σου (sic) / οὐ|κ ἐπεκαλέ(σαντο)]
            οὐ|κεπεκαλε̄
            1.29   ὄνο(μά σου) (1°, 2°)] ὄνω / μὴ (2°)] μη (sic)
1122: 1.28   ὀνόματί σου] ονόματί σου (sic)
35   1.29   die Lesart Eʹ: >
        ll.29–30 ἐπι|καλεσαμένας σε:–] επικαλεσαμς σε: –

E. 63. V. 7a–b

MT 7a: כי אכל את־יעקב
    7b: ‪:ואת־נוהו השמו‬

O′ 7a: ὅτι κατέφαγον τὸν Ἰακωβ
 5 7b: καὶ τὸν τόπον αὐτοῦ ἠρήμωσαν.

1173, fol 253b = 1122, fol 88b.

| Aʹ ὅτι ἔφαγον τὸν ἰακωβ · (καὶ) τὸ | ὡραῖον αὐτοῦ ἠφάνισαν (1): Cʹ ἔ|καστοι γὰρ αὐτῶν
ἔφαγον τὸν ἰ|ακ(ωβ) (καὶ) τὴν καλλονὴν αὐτοῦ ἠρή(μωσαν) (2): – | ϛʹΘʹϵʹ (καὶ) τὴν εὐ-
πρέπειαν αὐτοῦ (3) | οἱ Oʹ ἠφάνισαν (4): |

10 1173:   1.7   τὸν ιακωβ] τὸν ἀκὼβ / (καὶ)] ξ / ὡραῖον] ὡραῖον (sic) / ἠφάνισαν] ἠφάνισαν
                (vid) / ἔ|καστοι] ἔκαστοι (sic)
        1.8   ἰ|ακ(ωβ)] ι|ακ / (καὶ) (1°, 2°)] ξ / ἠρή(μωσαν): –] ἠρϙ: –
        1.9   οἱ Oʹ] οἱ ο̄ / ἠφάνισαν] ἠφάνισαν (vid)
    1122:   1.7, 8 ιακωβ] ιακὼβ
15   1.7   ὡραῖον] ὡραῖον (sic)
        1.8   ἠρή(μωσαν)] ἠρήμωσαν (vid)

E. 64. V. 8a

MT 8a: אל־תזכר־לנו עונת ראשנים
O′ 8a: μὴ μνησθῇς ἡμῶν ἀνομιῶν ἀρχαίων ·

20 1173, fol 253b = 1122, fol 88b.

| Aʹ μὴ μνησθῇς ἡμῖν · ἀνομίαν | πρώτ(ων) (1) · ϵʹ ἡμ⟨ῖ⟩ν ἁμαρτιῶν (2) Cʹ μὴ
μνη|μονεύσῃς ἡμῖν ἀνομίαν τ(ῶν) προ|τέρων (3): – ... |

    1173:   1.21   μνησθῇς] μνησθὴς / πρώτ(ων)] πρώτͧω: zuerst war wohl πρώτην geschrie-
                ben gewesen, das dann in πρώτων korrigiert wurde / ἡμ⟨ῖ⟩ν] ἡμην
25   (sic) / ἁμαρτιῶν] ἁμαρτιῶν (vid) / μὴ: >
        1.22   τ(ῶν)] τ̄
    1122:   1.21   μνησθῇς] μνησθὴς / πρώτ(ων) · ϵʹ ἡμ⟨ῖ⟩ν ἁμαρτιῶν: >
        1.22   τ(ῶν) προ|τέρων: –] τ̄προτερ: –

E. 65. V. 8b–c

30 MT 8b: מהר יקדמונו רחמיך
    8c: כי דלונו

O′ 8b: ταχὺ προκαταλαβέτωσαν ἡμᾶς οἱ οἰκτιρμοί σου,
    8c: ὅτι ἐπτωχεύσαμεν

1173, fol 253b = 1122, fol 88b.

35 | ... Aʹ ταχὺ | προφθασάτωσαν ἡμᾶς · [οἱ] οἰ|κτιρμοί σου (ὅτι) ἠρ⟨αι⟩ώθημεν (1): CʹϵʹΘ
τά|χυνον · προλαβέτωσαν ἡμᾶς τὰ | ἐλέη σου (ὅτι) ἠτονήσαμεν (2): – ... |

1173: 1.35 (ὅτι)] ᶜⲓϭ / ἠρ⟨αι⟩ώθημεν] ἠρεώθημεν (vid)
        1.36 (ὅτι)] ᶜⲓϵ̣ / ἠτονήσαμεν] ἠτονήσαμεν (sic)
1122: 1.35 προφθασάτωσαν] προκαταλαβέτωσαν / ἠρ⟨αι⟩ώθημεν] ἠρεώθημεν (vid)
        1.36 ἠτονήσαμεν] ἠτονήσαμεν (vid)

5 **E. 66. V. 9a–b**

MT 9a: אלהי ישענו
   9b: על־דבר כבוד־שמך

O′ 9a: ὁ θεὸς ὁ σωτὴρ ἡμῶν·
    9b: ἕνεκα τῆς δόξης τοῦ ὀνόματός σου,

10 1173, fol 254a = 1122, fol 88b.

|| A′ θεὲ (σωτηρίου) ἡμῶν · ἐπὶ ῥήμα|τι · δόξης ὀνόματός σου (1): Є′ ἕ|νεκα λόγου δόξ(ης)
ὀνό(ματός σου) (2): C′ ἕνε|κεν (3): – ... |

1173: 1.11 (σωτηρίου)] σρ̅ιο̅υ̅ / ἐπὶ] ἐπι (sic) / ἕ|νεκα] ἕ|νεκα (sic), corr. e prima manu
               ἕ|νακα (vid)

15   ll.11–12 δόξ(ης) ὀνό(ματός σου):] δόξ′ ὀν̅ο̅:
        1.12 ἕνε|κεν] ἕνε|κεν (vid)
1122: 1.11 (σωτηρίου)] σρ̅ιο̅υ̅ / ἕνεκα] ἕνεκα (sic)
        1.12 Lesart C′: >

E. 67. V. 9b

20 MT 9b: והצילנו
    O′ 9b: ῥῦσαι ἡμᾶς

    1173, fol 254a = 1122, fol 88b.

| ... A′Є′ καὶ ῥῦσαι ἡμᾶς (1): | C′ (καὶ) ἐξελοῦ ἡμᾶς (2): – |

· *1173:* 1.23 (καὶ)] ς̄
25 *1122:* 1.23 ῥῦσαι] ῥύσαι / (καὶ)] ς̄

E. 68. V. 9c

MT 9c: וכפר על־חטאתינו למען שמך:
O′ 9c: καὶ ἱλάσθητι ταῖς ἁμαρτίαις ἡμῶν ἕνεκα τοῦ ὀνόματός σου,

    1173, fol 254a = 1122, fol 88b.

30 | A′ καὶ ἐξίλασαι (1): C′ (καὶ) ἐξιλάσθη|τι (2): Θ′ καὶ ἵλασαι (3): A′ ἐπὶ ἁμαρτί|ας ἡμῶν ·
διὰ ὄνομά σου (4) C′ πε|ρὶ τῶν ἁμαρτιῶν ἡμῶν δι(ὰ) τὸ ὄ|νομά σου (5) · Θ′ ἀνομίας ἕνε-
κεν (6): – |

1173: 1.30 (καὶ)] ς̄ / ἵλασαι] ἵλασαι (sic)
        1.31 ὄνομά σου (1°)] ὀνόμασσου / δι(ὰ)] δι (sic)
35 *1122:* 1.30 (καὶ)] ς̄ / ἵλασαι] ἵλασαι (vid)
        ll.31–32 ἕνεκεν] ἕνεκεν (vid)

E. 69. V. 10 a

MT 10a: למה יאמרו הגוים

O′ 10a: μήποτε εἴπωσιν τὰ ἔθνη = R″ L″ 1219᾽

         Varia lectio apud O′: μηποτε ειπωσιν εν τοις εθνεσιν = B″ Sa Ga Aug

5 1173, fol 254a = 1122, fol 88b.

| ... Ε′Θ′ ἵνα μὴ ἔρωσ(ιν) ἐν τ(οῖς) | ἔθνε(σιν) (1): – Α′ εἰς τί · ἐροῦσι τὰ ἔθνη (2): – |
C′ εἰς τί · λέγει τὰ ἔθ(νη) (3) ⟨ϛ′⟩ ἵνα τί ἔφ(ασαν) ἐν τ(οῖς) | ἔθνεσιν (4): – ... |

1173: 1.6   ἔρωσ(ιν)] ερωσ⟋: diese Abkürzung ist mit 1122 in ἔρωσιν aufzulösen,
               denn auch 1173 kürzt -ιν auf diese Weise ab, siehe z. B. E. 109, L. 1
10   = unten S. 97, E. 118, L. 1 = S. 101, usw.
               Oder ist mit einem Irrtum zu rechnen und wie in Lesart 4 in -αν
               aufzulösen?
               Ist mit einer dritten Möglichkeit zu zählen? Obgleich gelegentliche
               Formen des Aorist Konjunktiv mit -σαν statt mit -σιν bezeugt sind,
15   z. B. ειπωσαν in Dt xxxii 27 nach z, ειπησαν nach d f o (ειποισαν nach
               p r u), ist die Auflösung in -ιν die naheliegendste und wahrscheinlichste.
               Auffällig ist das Fehlen jeglichen Akzentes auf ε wie auf ω. |
               ἐν τ(οῖς)] ἐνᵀ / ἔθνε(σιν)] ἔθ͜ε⟋

     1.7   εἰς τί] εἰς τι (sic) / ἔθ(νη)] ἔθ / ⟨ϛ′⟩] C′ / ἔφ(ασαν)] ἐφσ⟋ (Die Abkürzung
20   ἐφσ⟋ ist rätselhaft. Auf welche Form paßt 𐌏 = ου über φ? Zu welcher
               Form von φημί Präteritum würde die Endung -ιν gehören? Der Kopist
               und der mögliche Korrektor scheinen schon ratlos gewesen zu sein.) |
               ἐν τ(οῖς)] ἐνᵀ

1122: 1.6   ἔρωσ(ιν)] ἔρωσιν
25   ll.6–7 Ende: die Lesarten A′, C′ und ⟨ϛ′⟩: >

E. 70. V. 10 a–b

MT 10a: איה אלהיהם

     10b: יודע בגוים לעינינו

O′ 10a: Ποῦ ἐστιν ὁ θεὸς αὐτῶν,

30   10b: καὶ γνωσθήτω ἐν τοῖς ἔθνεσιν ἐνώπιον τῶν ὀφθαλμῶν ἡμῶν

1173, fol 254a = 1122, fol 88b.

| ... Α′ π(οῦ) θ(εὸ)ς αὐτ(ῶν) γνωσθ(ήτω) | ἐν ἔθ(νεσιν) εἰς ὀφθ(αλμοὺς ἡμῶν) (1): C′Ε′
γνωσθήτω (2): | C′ ἐν ὀφθαλμοῖς ἡμῶν (3): – |

1173: 1.32   π(οῦ)] π°ᵘ / θ(εὸ)ς] θς̄ / αὐτ(ῶν)] αὐτ͞ / γνωσθ(ήτω)] γνωσθᴸ / ἔθ(νεσιν)] εθ
35   (sic) / εἰς ὀφθ(αλμοὺς ἡμῶν)] εισοφθ (sic)
1122: 1.32   statt der Lesart A′: ποῦ ἐστιν ὁ θς̄ αὐτῶν (= O′)

E. 71. V. 10b–c

MT 10b: לְעֵינֵ֑ינוּ

    10c: נִקְמַ֖ת דַּם־עֲבָדֶ֣יךָ הַשָּׁפֽוּךְ׃

O′ 10b: ἐνώπιον τῶν ὀφθαλμῶν ἡμῶν

5   10c: ἡ ἐκδίκησις τοῦ αἵματος τῶν δούλων σου τοῦ ἐκκεχυμένου.

1173, fol 254b. 1122 fehlt.

|| Ε′ κατ' ὀφθαλμοὺς ἡμῶν (1): – Α′ ἐκ|δίκ(ησις) · αἷμ(ατος) · δούλ⟨ω⟩ν ⟨σου⟩ τοῦ ἐκκε(χυ-μένου) (2): – |

1173:   l.7   κατ' ὀφθαλμοὺς] κατοφθαλμούς / ἡμῶν] ἡμῶν (vid) / ἐκ|δίκ(ησις)] ἐκ|δικ /

10   αἷμ(ατος)] αιμ (sic) / δούλ⟨ω⟩ν ⟨σου⟩] δούλον

     ll.7–8   ἐκκε(χυμένου): –] ἐκκ̅ε̅: –

E. 72. V. 11a

MT 11a: תָּב֣וֹא לְפָנֶיךָ֮ אֶנְקַ֪ת אָ֫סִ֥יר

O′ 11a: εἰσελθάτω ἐνώπιόν σου ὁ στεναγμὸς τῶν πεπεδημένων,

15 1173, fol 254b = 1122, fol 89a.

| ... Α′ ἔλθοι εἰς πρό|σωπόν σου · οἰμωγὴ · δεσμώτ(ου) (1): – | C′ εἰσέλθοι ἔμπροσθέν σου ἡ οἰ|μωγὴ τῶν δεσμ⟨ί⟩ων σου (2): – |

1173:   l.16   οἰμωγη (sic) / δεσμώτ(ου): –] δεσμώτ̅ο̅ν̅: –

      l.17   δεσμ⟨ί⟩ων] δεσμῶν

20 1122:   l.16   die Lesart Α′ : >

      l.17   δεσμ⟨ί⟩ων] δεσμῶν

E. 73. V. 11b–c

MT 11b: כְּגֹ֥דֶל זְרוֹעֲךָ֑

    11c: הוֹתֵ֗ר בְּנֵ֣י תְמוּתָֽה׃

25 O′ 11b: κατὰ τὴν μεγαλωσύνην τοῦ βραχίονός σου

    11c: περιποίησαι τοὺς υἱοὺς τῶν τεθανατωμένων.

1173, fol 254b = 1122, fol 89a.

| Α′ ἐν μεγέθει βραχίονός σου | περίσσευσον υἱοὺς θανατώσεως (1) | C′ κατὰ τὸ μέγεθος τοῦ βραχ(ίονός σου) · | ὑπόλιπε τέκνα τῆς θανα|τώσεως (2) : – |

30 1173:   l.28   περίσσευσον] περίσευσον

      l.29   βραχ(ίονός σου)] βραχ

1122:   l.28   μεγέθει] μεγέθη

E. 74. V. 12a

MT 12a: וְהָשֵׁ֣ב לִשְׁכֵנֵ֗ינוּ שִׁבְעָתַ֨יִם אֶל־חֵיקָ֑ם

35 O′ 12a: ἀπόδος τοῖς γείτοσιν ἡμῶν ἑπταπλασίονα εἰς τὸν κόλπον αὐτῶν

1173, fol 254b. 1122 fehlt.

| Aʹ καὶ ἐπίστρεψον τοῖς γείτ(οσιν ἡμῶν) (1): – CʹEʹ (καὶ) | ἀπόδος (2): AʹΘʹ ἑπταπλα-
σίως (3): | Cʹ ἑπτάκις (4): – Aʹ πρὸς κόλπον | αὐτ⟨ῶ⟩ν (5) · ⟨Eʹ⟩ εἰς κόλπον αὐ-
τ⟨ῶ⟩ν (6): – |

5   *1173:*   1.2   γείτ(οσιν ἡμῶν)] γειτ^τ / CʹEʹ (καὶ)] $\widehat{C}\widehat{E}\varsigma$
         ll.2–3 ἑπταπλασίως] επταπλασίως (sic)
         1.3   ἑπτάκις] ἑπτάκις / αὐτ⟨ῶ⟩ν] αὐτὸν
         ll.3–4 αὐτ⟨ῶ⟩ν] αὐτον (sic)

E. 75. V. 12b

10   MT 12b: הרפתם אשׁר חרפוך אדני׃
      Oʹ   12b: τὸν ὀνειδισμὸν αὐτῶν, ὃν ὠνείδισάν σε, κύριε.

1173, fol 254b. 1122 fehlt.

| ... Aʹ ὀνειδισμὸν | αὐτ(ῶν) (1): Cʹ τὸ[ν] ὄνειδο⟨ς⟩ · δ[ν] ὠνείδ(ισάν σε κύριε) (2): – ||

  1173:   1.13   αὐτ(ῶν):] αὐτ^τ: / τὸ[ν] ὄνειδο⟨ς⟩] τὸν ὄνειδον / ὠνείδ(ισάν σε κύριε):–] ὠνει^Δ: –||

15 ### E. 76. V. 13a

     MT 13a: ואנחנו עמך וצאן מרעיתך
     Oʹ   13a: ἡμεῖς δὲ λαός σου καὶ πρόβατα νομῆς σου

          Variae lectiones apud Oʹ :

          νομης σου   = R Lʹ 1219ʹ
20   της νομης σου   = Bʹ Sy (mg auf griechisch) = *Rahlfs*

1173, fol 255a. 1122 fehlt.

| Aʹ καὶ ἡμεῖς αὐτοὶ λα(ός σου) (1) · Cʹ ἡμεῖς (γὰρ) | λα(ός σου) (καὶ) ποίμνη τῆς νεμή-
σε(ώς) σ(ου) (2): – | Aʹ (καὶ) ποίμνιον νεμήσεώς σου (3): | Eʹ τῆς νομῆς σου (4): – |

  1173:   1.22   λα(ός σου) (1º)] ⩗ / (γὰρ) | λα(ός σου) (2º)] ⩗ | ⩗ / (καὶ)] ς
25   ll.22–23 νεμήσε(ώς) σ(ου)] νεμήσε^~ σ̈: –
         1.23   (καὶ)] ς / νεμήσεώς σου] νεμήσεως σου: (sic)

E. 77. V. 13b

     MT 13b: נודה לך לעולם׃
     Oʹ   13b: ἀνθομολογησόμεθά σοι εἰς τὸν αἰῶνα,

30   1173, fol 255a = 1122, fol 89a.

| Aʹ ἐξομολογησόμεθά σοι (1) : Cʹ ἐξο|μολογούμενοί σοι (2) : – AʹCʹEʹ εἰς |
αἰῶνα (3) : – ... |

E. 78. V. 13c

MT 13c: לְדֹר וָדֹר נְסַפֵּר תְּהִלָּתֶךָ :

O' 13c: εἰς γενεὰν καὶ γενεὰν ἐξαγγελοῦμεν τὴν αἴνεσίν σου.

1173, fol 255a = 1122, fol 89a.

5 | ...C' καὶ καθ' ἑκάστην γε|νεάν (1): Θ' εἰς γενεὰς (καὶ) γενεάς (2) · | A' διηγησόμεθα (3) C' διηγού|μενοι (4): – A' ὑμνήσεις σου (5) : C' τὸν | ὕμνον σου (6) : – ... |

1173:   1.5   καθ' ἑκάστην] καθεκάστην / (καὶ)] ς̔

1122:   1.5   die Lesart C' : >

       1.6   die drei Lesarten C', A', C' : >

PSALMUS LXXIX

E. 79. V. 5a – b, 8a

MT 5a: יהוה אלהים צבאות
    5b: עשׂנת
5   8a: אלהים צבאות
O' 5a: κύριε ὁ θεὸς τῶν δυνάμεων,
    5b: ὀργίζῃ
    8a: κύριε ὁ θεὸς τῶν δυνάμεων,

1173, fol 256b. 1122 fehlt.
10 | Α' πιπι θεὲ · στρατιῶν (1): Θ' ἐ|κάπνισας (2): – Α' θεὲ στρα|τιῶν (3): – ... |

E. 80. V. 14a–b

MT 14a: יכרסמנה
    14b: וזיז שדי ירענה:
O' 14a :   ἐλυμήνατο αὐτήν
15   14b: καὶ [μονιὸς] ἄγριος κατενεμήσατο αὐτήν.
    Zum *Text der O'* in *V. 14b*: siehe E. 81, S. 89, ll. 5–11.

1173, fol 257b = 1122, fol 90b.
| Α' λυμανεῖται αὐτήν (1): C' κατ⟨ε⟩|μασήσατ⟨ο⟩ αὐτήν (2): ⟨ ⟩ ἐγαστρο|ποίησεν ἐξ
αὐτῆς (3): ⟨Α'⟩ (καὶ) παντο|δαπ⟨ὸ⟩ν χώρας κατανεμήσε|ται αὐτήν (4): – ... |

20 *1173:* 1.18 αὐτήν (1ο)] αὐτήν (sic) / κατ⟨ε⟩|μασήσατ⟨ο⟩] κατα|μασησάτω / ⟨ ⟩ ἐγα-
          στρο|ποίησεν C' ἐ.
      1.19 ⟨Α'⟩ (καὶ)] C' ϛ / παντο|δαπ⟨ὸ⟩ν] παντο|δαπῶν
1122: 1.18 αὐτήν (1ο)] αὐτήν / κατ⟨ε⟩|μασήσατ⟨ο⟩] καταμασησάτω / αὐτήν (2ο)] αὐτ̃
          (sic)
25   1.19 (καὶ): > / παντο|δαπ⟨ὸ⟩ν] παντοδαπῶν / κατανεμήσε|ται αὐτήν] κατε-
          νεμήσεται · (sic)

E. 81. V. 14b

MT 14b: ‏וזיז שדי יִרְעֶנָה׃‎

O' 14b: καὶ ὄνος ἄγριος κατενέμησεν αὐτήν.

O' apud *Rahlfs:* κατενεμήσατο

5   *Text der O':*

          ονος   =   B'' Sa Sy^mg Cyr-Alex P. Bodmer xxiv

          μονος   =   R

          μονιος   =   *L''* A' 2004

O' des Exzerptors enthielten entweder ὄνος oder μόνος. Aber stand in ihnen eben-
10 falls κατενέμησεν? Dies ist höchst fraglich. Aber ebenso ungewiß ist, was an Stelle
von κατενέμησεν nun denn zu denken ist: siehe Kommentar S. 255.

1173, fol 257b = 1122, fol 90b.

| ... C' κατεβο|σκήσατο αὐτήν (1): Θ'Є'ϛ' κατενε|μήσατο αὐτήν (2): – Є' (καὶ) μονιὸς |
ἄγριος (3): ϛ' (καὶ) ζῷα ἐρημίας κα|τενεμή(σατο αὐτήν) (4): ... |

15 *1173:* l.13   Є' (καὶ)] Є´Ꞩ

        l.14   ϛ' (καὶ)] Ꞩ´Ꞩ / κα|τενεμή(σατο αὐτήν)] κα|τενεμͥ (sic)

1122: ll.13–14 die Lesarten Є' und ϛ': >

E. 82. V. 17a

MT 17a: ‏שְׂרֻפָה בָאֵשׁ כְּסוּחָה‎

20 O' 17a: ἐμπεπυρισμένη πυρὶ καὶ ἀνεσκαμμένη·

1173, fol 258a = 1122, fol 90b.

| ... A' ἐμπεπυρισμέ|ν⟨η⟩ν (1) ϛ' ἐν πυρί (2): C' κατακέκαυ|ται πυρί (3): A' π(ερι)κε-
κλαδευμέ|ν(ην) (4): C' ἐκτέτμηται (5): – |

1173: l.22   ἐμπεπυρισμέ|ν⟨η⟩ν] ἐμπεπυρησμέ|νον
25   ll.22–23 π(ερι)κεκλαδευμέ|ν(ην)] πᵉκεκλαδευμέ|ν´
1122: l.22   ἐμπεπυρισμέ|ν⟨η⟩ν] ἐμπεπυρισμένον / die Lesart C': >

E. 83. V. 17b

MT 17b: ‏מִגַּעֲרַת פָּנֶיךָ יֹאבֵדוּ׃‎

O' 17b: ἀπὸ ἐπιτιμήσεως τοῦ προσώπου σου ἀπολοῦνται.

30 1173, fol 258a = 1122, fol 90b.

| ... C' ἀπὸ ἐμβρι|μήσεως (1): A' προσώπου σου ἀ|πόλοιτο (2) · C' φυγέτωσαν (3): – |

1122: l.31   A'] ἀπὸ / die 2. Lesart C': >

E. 84. V. 18 a

MT 18a: תְּהִי־יָדְךָ עַל־אִישׁ יְמִינֶךָ

O′ 18a: γενηθήτω ἡ χείρ σου ἐπ᾽ ἄνδρα δεξιᾶς σου

Text der O′: δεξια σου = P. Bodmer xxiv, 140, 166, 167, 185, 186, 190*, 195, 201,
5   208, 262, 290.

Diese varia lectio δεξιά σου ist wohl eine Haplographie. Man darf deshalb mit größerer Wahrscheinlichkeit auch für O′ des Exzerptors die richtige Lesart δεξιᾶς σου
vermuten.

1173, fol 258a. 1122 fehlt.

10 | ... A′ χείρ σου (1) C′ γε|νέσθω (2): Є′ ⟨ἐ⟩γενήθη χείρ σου (3): | A′ ἐπὶ ἄνδ(ρα δεξιᾶς
    σου) (4): C′ περὶ ἄνδ(ρα δεξιᾶς σου) (5): |

    1173: 1.10   Є′ ⟨ἐ⟩γενήθη χείρ σου] Є′ γενηθη χειρ σου (sic) / ἐπί] επι (sic)
             ll.10–11 ἄν(δρα δεξιᾶς σου)] ανᐞ (sic)
             1.11   περὶ ἄνδ(ρα δεξιᾶς σου)] περιανᐞ (sic)

15 *E. 85. V. 18 b*

MT 18b: עַל־בֶּן־אָדָם אִמַּצְתָּ לָּךְ׃

O′ 18b: καὶ ἐπὶ υἱὸν ἀνθρώπου ὃν ἐκραταίωσας σεαυτῷ·

1173, fol 258a. 1122 fehlt.

    | A′ καὶ ἐπὶ υἱὸν (ἀνθρώπου) (1): C′ περὶ | υἱὸν (ἀνθρώπου) (2) A′ ἐκαρτέρωσας | σοί (3)
20   C′ ὃν ἐκράτυνας (4): |

    1173: 1.19   (ἀνθρώπου) (1°)] α͞ν͞ο͞υ / (ἀνθρώπου) (2°)] α͞ν͞ο͞υ

E. 86. V. 19 a

MT 19a: וְלֹא־נָסוֹג

O′ 19a: καὶ οὐ μὴ ἀποστῶμεν

25 1173, fol 258a = 1122, fol 90b.

    | ... A′ (καὶ) οὐκ ἀποστρα|φησόμεθα (1): C′ οὐ γὰρ ἀναχω|ρήσομεν (2): – |

    1173: 1.26   (καὶ)] ς̄ | οὐκ ἀποστρα|φησόμεθα] ουκαποστρα|φησόμεθα (sic) / γὰρ] γαρ
              (vid)

    1122: 1.26   ἀναχω|ρήσομεν] αναχωρήσομεν (sic)

30 *E. 87. V. 19 a–b*

MT 19a: וְלֹא־נָסוֹג מִמֶּךָּ
     19b: תְּחַיֵּנוּ

O′ 19a: καὶ οὐ μὴ ἀποστῶμεν ἀπὸ σοῦ,
     19b: ζωώσεις ἡμᾶς,

1173, fol 258a = 1122, fol 90b.

| Є′ (καὶ) οὐκ ἀπέστη · ἀπ(ὸ σοῦ) (1): C′ ἀναζωώ|σεις ἡμᾶς (2): – … |

1173: 1.2   (καὶ)] ϛ / ἀπέστη] απεστη (sic) / ἀπ(ὸ σοῦ)] αᵖ (sic)

1122: 1.2   ἀπέστη] απεστη (sic) / ἀπ(ὸ σοῦ): > / C′ ἀναζωώ|σεις] ἀλλὰ ἀναζωώσῃς (sic)

5 *E. 88. V. 19b–20a*

MT 19b: וּבְשִׁמְךָ נִקְרָא׃

    20a: יהוה

O′ 19b: καὶ τὸ ὄνομά σου ἐπικαλεσόμεθα.

    20a: κύριε

10 1173, fol 258b. 1122 fehlt.

|| A′ καὶ ἐν ὀνό(ματί σου) ἐπικαλέσομαι πιπ(ι) (1):| C′ (καὶ) τ⟨ῷ⟩ ὀνόμα⟨τί σου⟩ κληθη-
σόμεθα (2): | Є′ (καὶ) ἐν τ(ῷ) ὀνό(ματί σου) ἐπικαλεσόμεθα (3): – |

1173: 1.11   ὀνό(ματί σου) (1°)] ο‿υ̅ο̅ (sic) / ἐπικαλέσομαι] επικαλεσομαι (sic) (irrtümlich
        für ἐπικαλεσόμεθα?) / πιπ(ι):] πιᵖ: / (καὶ) τ⟨ῷ⟩ ὀνόμα⟨τί σου⟩] ϛ τὸ
15   ὄνομα
    1.12   (καὶ) ἐν τ(ῷ) ὀνό(ματί σου)] ϛ ἐνᵀ ο‿υ̅ο̅ (sic)

E. 89. V. 20a–b

MT 20a: אלהים צבאות

    20b: הָאֵר פָּנֶיךָ וְנִוָּשֵׁעָה׃

20 O′ 20a: ὁ θεὸς τῶν δυνάμεων,

    20b: καὶ ἐπίφανον τὸ πρόσωπόν σου, καὶ σωθησόμεθα.

1173, fol 258b. 1122 fehlt.

| … A′ θεὲ στρατι|ῶν (1): A′ (καὶ) φάνον · [τὸ] πρόσω|πόν σου καὶ σωθ(ησόμεθα) (2): – |

1173: 1.23   (καὶ)˙ (1°)] ϛ / φάνον] φανον (sic) / πρόσω|πόν σου] πρόσω|πον σου (sic) /
25   σωθ(ησόμεθα): –] σωθ: –

E. 90. V. 8 a–c

MT 8a: וָאֲחַלְּצֶךָּ

    8b: אֶעֶנְךָ בְּסֵתֶר רַעַם

  5   8c: אֶבְחָנְךָ עַל־מֵי מְרִיבָה

O′ 8a: καὶ ἐρρυσάμην σε·

    8b: ἐπήκουσά σου ἐν ἀποκρύφῳ καταιγίδος,

    8c: ἐδοκίμασά σε ἐπὶ ὕδατος ἀντιλογίας.

1173, fol 260a. 1122 fehlt.

10 || Α′Ε′ ἐξειλάμην σε (1): Α′ ἐπακού|σω σου · ἐν ἀπ(οκρύφῳ) (2): Θ′Ε′ βροντῆς (3): | C′ (διὰ) κρυφαίας βροντῆς ἐδο(κίμασά σε) | ἐπὶ τοῦ ὕδατ(ος) τ(ῆ)ς μάχης (4): Α′ ἐπὶ | ὕδ(ατος) διαδικασίας (5): – ... |

1173: 1.10 ἐπακού|σω σου] ἐπακου|σω σου (sic) / ἐν ἀπ(οκρύφῳ)] ἐν α^π (sic)

           1.11 (διὰ)] ᐞ / ἐδο(κίμασά σε)] ἐδ⳨ / ὕδατ(ος) (1°)] υδα^τ (sic) / τ(ῆ)ς] τ^ς / ἐπὶ

15   (2°)] ἐπι (sic) / ὕδ(ατος)] υ^Δ (sic)

E. 91. V. 9 a

MT 9a: שְׁמַע עַמִּי וְאָעִידָה בָּךְ

O′ 9a: ἄκουσον, λαός μου, καὶ [διαμαρτύρομαί] σοι ·

Zur Form der O′ siehe den Kommentar S. 276, E. 92, L. 1.

20 1173, fol 260a = 1122, fol 91b.

| ... Α′ ἄκουε | λαέ μου (1): Α′ καὶ μαρτύρομαι | ἐν σοί (2): – ... |

1173: 1.21 ἐν σοί] ἐν σοι (sic)
1122: 1.21 λαέ μου] λαός μου / ἐν σοί: –] ἐν σύ: – (sic)

E. 92. V. 9 a

25 MT 9a: וְאָעִידָה בָּךְ

O′ 9a: καὶ [διαμαρτύρομαί] σοι

Zur Form der O′ siehe oben E. 91.

1173, fol 260a = 1122, fol 91b.

| Θ′Є′ς′ καὶ διαμαρτύρομαί | σοι (1): – C′ καὶ διαμαρτυρο|μέν(ου) μ(ου) (2): – ... |

1173: 1.2   διαμαρτυρο|μέν(ου) μ(ου)] διαμαρτυρο|μενου μ᷎ (sic)

E. 93. V. 10 a

MT 10a: לֹא־יִהְיֶה בְךָ אֵל זָר
O′ 10a: [οὐκ ἔσται] ἐν σοὶ θεὸς πρόσφατος,
Zur Form der O′ siehe den Kommentar S. 279, E. 93, L. 2.

1173, fol 260a = 1122, fol 91b.

| Α′ οὐκ ἔσται ἐν σοὶ ἰσχυρὸς ἀλλό⟨τριος⟩ (1): | Є′ς′ οὐκ ἔσται (2): C′ μὴ ἔστω ἐν σοὶ |
θ(εὸ)ς ξένος (3): – ⟨Є′⟩Θ′ ἰσχυρὸς πρόσ|φατος (4): – ... |

1173: 1.9   ἀλλό⟨τριος⟩] ἄλλος
1.10   θ(εὸ)ς] θ̅ς̅ / ⟨Є′⟩Θ′] C′Θ′
1122: 1.9   ἔσται] ἐστίν / ἀλλό⟨τριος⟩] ἄλλος / Lesart Є′ς′: >
1.10   (θεὸς)] θ̅ς̅

15   *E. 94. V. 10 b*

MT 10b: וְלֹא תִשְׁתַּחֲוֶה לְאֵל נֵכָר׃
O′ 10b: οὐδὲ προσκυνήσεις θεῷ ἀλλοτρίῳ·

1173, fol 260a = 1122, fol 91b.

| ... Α′ (καὶ) οὐ προσκυ(νήσεις) τῷ θ(ε)ῷ · τῷ ἰ|⟨σ⟩χυρῷ · ἀπεξεν⟨ω⟩μένῳ (1): C′ μηδὲ |
20   προσκυ(νήσῃς) θ(ε)ῷ ἀλλοτρίῳ (2) · Є′Θ′ ἰσχυ|ρῷ (3): – ... |

1173: 1.19   Α′ (καὶ)] Α′ ς̅ / προσκυ(νήσεις)] προσχ᷎ / θ(ε)ῷ] θ̅ω̅ / ἰ|⟨σ⟩χυρῷ] ι|χυρῶ
(sic) (σ am Zeilenanfang ausgefallen) / ἀπεξεν⟨ω⟩μένῳ] ἀπεξενομένω /
μηδὲ] μὴ δὲ (sic)
1.20   προσκυ(νήσῃς) θ(ε)ῷ] προσχ᷎ θ̅ω̅
25   *1122:* 1.19   Lesart Α′: >
ll.19–20   μηδὲ | προσκυν(ήσῃς) θ(ε)ῷ] οὐδὲ προσκυνήσις θ̅ω̅ (sic)
1.20   Lesart Є′Θ′ : > ·

E. 95. V. 11 a

MT 11a: אָנֹכִי יְהוָה
30   O′ 11a: ἐγὼ γάρ εἰμι κύριος

1173, fol 260a = 1122, fol 91b.

| ... Α′C′ ἐγώ εἰμι κ(ύριος) (1): Θ′ ὅτι ἐγώ εἰμι (2): ... |

1173: 1.32   Α′C′ ἐγώ εἰμι κ̅σ̅ / ὅ|τι ἐγώ εἰμι] ὅ|τι ἐγώ εἰμι
1122: 1.32   κ(ύριο)ς] κ̅σ̅

E. 96. V. 11 b

MT 11b: המעלך מארץ מצרים

O' 11b: ὁ ἀναγαγών σε ἐκ γῆς Αἰγύπτου·

1173, fol 260a = 1122, fol 91b.

5 | ... ⟨ ⟩ ὁ ἀναβιβάσ⟨ας⟩ σε ἀ|πὸ γῆς αἰ(γύπτου) (1): – ... |

1173:   1.5   Sigel fehlt / ἀναβιβάσ⟨ας⟩] ἀναβίβασσε (sic) / αἰ(γύπτου): -] αἰ: –

1122:   1.5   ἀναβιβάσ⟨ας⟩ σε] ἀναβιβάσσασε (sic) / ἀ|πὸ] ἐκ

E. 97. V. 12 a–b, 13 a

MT 12a: ולא־שמע עמי לקולי

10   12b: לא־אבה לי :

         13a: ואשלחהו בשרירות לבם

O'   12a: καὶ οὐκ ἤκουσεν ὁ λαός μου τῆς φωνῆς μου,

        12b: οὐ προσέσχεν μοι

        13a: καὶ ἐξαπέστειλα αὐτοὺς κατὰ τὰ ἐπιτηδεύματα τῶν καρδιῶν αὐτῶν,

15 1173, fol 260a = 1122, fol 91b.

| ... C' οὐκ ⟨ὑπ⟩ήκουσεν δὲ | ὁ λαὸς τῆς φω(νῆς μου) (1): A' οὐκ ἠθέλησεν ἐν ἐ|μοί (2):
⟨C'⟩ οὐκ ἐπ⟨εί⟩σθη μοι (3): C' ἀφῆ|κα οὖν αὐτοὺς (4) A' ἐν σκολιότητι | καρδίας
αὐτῶν (5): ... |

1173:   1.16   ⟨ὑπ⟩ήκουσεν] ἤκουσεν / τῆς φω(νῆς μου)] τῆς φ̅ω̅, am linken Rande der
20   Catene ohne Verweiszeichen hinzugefügt / ἠθέλησεν] ηθέλησεν (sic)

        1.17   ⟨C'⟩] Θ' / ἐπ⟨εί⟩σθη]ϭωιαϧ (sic), vgl. denselben Schriftzug in *Ps lxxvii*
               39a, Lesart A'Θ', fol 247a, Z. 5 von unten: μνηαϧόϭϩαι (μνησθήσεται)

1122:   1.16   ⟨ὑπ⟩ήκουσεν] ἤκουσεν (sic) / λαὸς] λαο᾽ / τῆς φω(νῆς μου): >
        1.17   ἐπ⟨εί⟩σθη] ἐπίσθη

25 *E. 98. V. 15 a–b*

MT 15a: אכניע

         15b: ועל־צריהם אשיב ידי :

O'   15a: ... ἂν ... ἐταπείνωσα

        15b: καὶ ἐπὶ τοὺς θλίβοντας αὐτοὺς ἐπέβαλον τὴν χεῖρά μου.

30 1173, fol 260b = 1122, fol 92a.

| ... A' ἐ|κώλυσα (καὶ) ἐπὶ θ(λίβοντας αὐτοὺς) · ἐπέστρεψα | χεῖρά⟨ς⟩ μου (1): – C' (καὶ)
ἐπὶ τοὺς | ἐναντίους αὐτῶν · ἀνέστρε|ψα ⟨ἂν⟩ τὴν χεῖρά ⟨μου⟩ (2): – |

1173:   1.31   (καὶ)] ϛ / ἐπὶ θ(λίβοντας αὐτοὺς)·] ἐπιθ · / χεῖρά⟨ς⟩ μου] χειραμου (vid) /
               C' (καὶ)] ϭ̄ ϛ

35   1.32   ⟨ἂν⟩, ⟨μου⟩: > / χεῖρά ⟨μου⟩] χεῖρα

1122: 1.31 Lesart A′: >
       1.32 ⟨ἂν⟩: > / χεῖρά ⟨μου⟩] χεῖρα

E. 99. V. 16 a–b

MT 16a: מְשַׂנְאֵי יְהוָה יְכַחֲשׁוּ־לוֹ
5   16b: וִיהִי
O′ 16a: οἱ ἐχθροὶ κυρίου ἐψεύσαντο αὐτῷ,
    16b: καὶ ἔσται

1173, fol 261a = 1122, fol 92a.
|| Α′ μισοποιοῦντες πιπ(ι) (1): C′ μι|σοποιοί (2): – Α′ ἀρνήσονται αὐ|τῷ (3): C′ οἱ ψευ-
10 σάμενοι αὐτῷ · ἀλλ’ ἔσται (4) – . . .

1173: 1.9 πιπ(ι):] πι^{π}:
1122: 1.9 1. Lesart A′: > / μι|σοποιοί] μισοποιοῖ

E. 100. V. 16 b

MT 16b: עָתֵם לְעוֹלָם:
15 O′ 16b: ὁ καιρὸς αὐτῶν εἰς τὸν αἰῶνα.

1173, fol 261a = 1122, fol 92a.
| A′C′ καιρὸς αὐτ(ῶν) εἰς αἰῶνα (1): – |

1173: 1.17 αὐτ(ῶν)] αὐ͞
1122: 1.17 αὐτ(ῶν)] αὐ͞ / εἰς αἰῶνα: –] εἰς τὸν αἰῶνα: –

PSALMUS LXXXI

E. 101. V. 1 b–c

MT 1b: אלהים נצב בעדת־אל
   1c: בקרב אלהים ישפט׃

5 O′ 1b: ὁ θεὸς ἔστη ἐν συναγωγῇ θεῶν,
   1c: ἐν μέσῳ δὲ θεοὺς διακρίνει

Zum O′-Text in V. 1c: cf. E. 102, unten.

1173, fol 261b. 1122 fehlt.

| Α′ (θεὸ)ς ἔστη · ἐν συ(ναγωγῇ) ἰσχυρο⟨ῦ⟩ ἐν ἐγ|κάτω θ(εῶν) κρινεῖ (1): C′ κατέστη ·
10 ἐν συ|νόδῳ θ(εο)ῦ ἐν μέσοις θ(εὸ)ς κρίνων (2): – |

1173: 1.9   θ(εὸ)ς] θ͞ς / συ(ναγωγῇ)] συ̅γ / ἰσχυρο⟨ῦ⟩] ἰσχυρὸς / ἐν ἐγ|κάτω] ἐνεγ|κάτω /
             θ(εῶν)] θ͞ϛ

       1.10   θ(εο)ῦ] θ͞υ / θ(εὸ)ς] θ͞ϛ

E. 102. V. 1 c

15 MT 1c: בקרב
   O′ 1c: ἐν μέσῳ [δὲ]
           Varia lectio apud O′: Athanasius: καὶ ἐν μέσῳ

1173, fol 261b. 1122 fehlt.

| … ϛ′ ἐν μέσῳ | δὲ (1): – … |

20 *E. 103. V. 2 a*

MT 2a: תשפטו־עול
   O′ 2a: κρίνετε ἀδικίαν

1173, fol 261b. 1122 fehlt.

| … Α′ παράνομον (1) C′Є′ ἀ|δικίαν (2): Θ′ ἀδίκως (3): – |

25 *1173:* 1.24   παράνομον] παρανόμων / ἀ|δικίαν] ἀ|δικίαν�012345σ: – (sic)

E. 104. V. 2b

MT 2b: ‏ופני רשעים תשאו‏
O′ 2b: καὶ πρόσωπα ἁμαρτωλῶν λαμβάνετε;

1173, fol 261b = 1122, fol 92b.
5 | ... Α′ καὶ πρόσωπον ἀ|σεβῶν αἴρετε (1): C′ καὶ πρό|σωπον παρανόμων προσή⟨σε⟩-
σθε (2): |

1173: 1.5   πρόσωπον (1º)] προσωπον (sic)
        ll.5–6   πρό|σωπον παρανόμων προσή⟨σε⟩σθε] προ|σωπον παρανομον προσῆσθε (sic)
1122: ll.5–6   προσή⟨σε⟩σθε] προσῆσθε (vid)

10 *E. 105. V. 2c–3a*

MT 2c: ‏סלה-‏:
    3a: ‏שפטו-דל ויתום‏
O′ 2c: διάψαλμα.
    3a: ὀρφανὸν καὶ πτωχόν,

15 1173, fol 261b = 1122, fol 92b.
| ... Α′Ε′ | ἀεὶ ⟨ϛ′⟩ εἰς τέλος (1): – Α′ ἀραιῷ (καὶ) ὀρ|φανῷ (2): C′ ἀτόνῳ (καὶ) ὀρ-
φα(νῷ) (3): ... |

1173: 1.16   (καὶ) (1º, 2º)] ϛ
        ll.16–17   ὀρφα(νῷ)] ὀρφ^α
20 *1122:* 1.16   Lesarten Α′Ε′ und ⟨ϛ′⟩: >

E. 106. V. 3b

MT 3b: ‏עני ורש הצדיקו‏:
O′ 3b: ταπεινὸν καὶ πένητα δικαιώσατε·

1173, fol 261b = 1122, fol 92b.
25 | ... Α′ πένητα (καὶ) ἄπο|ρον δικα(ιώσατε) (1) · Ε′ πέ(νητα) (καὶ) ἐνδεῆ (2): C′ πτω|χῷ
(καὶ) ἀπόρῳ τὸ δίκαιον ποιή|σατε (3): – ... |

1173: 1.25   (καὶ) (1º, 2º)] ϛ / δικα(ιώσατε)] δικ^γ / πέ(νητα)] π^ε / ἐνδεῆ] ενδεη (sic)
        1.26   (καὶ)] ϛ
1122: 1.25   δικα(ιώσατε)] δικαιώσαται / Lesart Ε′: >
30   ll.25–26 Lesarten Α′ und C′ durch das Lemma O′ V.3b getrennt

E. 107. V. 3b

MT 3b: ‏עני ורש הצדיקו‏:
O′ 3b: ταπεινὸν καὶ πένητα δικαιώσατε·

1173, fol 261b. 1122 fehlt.

| ... Θ′ ταπεινῷ καὶ πέ|νητι (1) : – .... |

E. 108. V. 4a–b

MT 4a: פלטו־דל ואביון

5   4b: מיד רשעים הצילו׃

O′ 4a: ἐξέλεσθε πένητα καὶ πτωχόν,

4b: ἐκ χειρὸς ἁμαρτωλοῦ ῥύσασθε.

1173, fol 261b = 1122, fol 92b.

| ... A′ δι|ασῴσατε ἀραιὸν (καὶ) πτωχὸν (1) ⟨ ⟩ ῥύ|σασθε αὐτὸν (2) ⟨C′⟩ (καὶ) πένη-
10 τα (3) : A′ ἀ|σεβῶν ῥύσασθε (4) : C′ π(αρα)νόμου ἐ|ξέλετ⟨ε⟩ (5) : – ... |

1173: 1.9   ἀραιὸν (καὶ)] ἄραιον ϛ / πτωχὸν] πτωχον (sic) / ⟨C′⟩ (καὶ)] ϛ
       1.10 π(αρα)νόμου] ⌐νόμου / ἐ|ξέλετ⟨ε⟩ : –] ἐ|ξέλεται : –

1122: 1.9   ἀραιὸν] ἄραιον
       1.10 Lesarten A′ und C′ : >

15 *E. 109. V. 5a–b*

MT 5a: לא ידעו ולא יבינו

5b: בחשכה יתהלכו

O′ 5a: οὐκ ἔγνωσαν οὐδὲ συνῆκαν,

5b: ἐν σκότει [διαπορεύονται]

20 Zur Form der O′ siehe Kommentar, S. 307, E. 109, L. 6.

1173, fol 262a = 1122, fol 92b.

|| C′A′ οὐ γινώσκουσ(ιν) ⟨A′⟩ (καὶ) οὐ συνιᾶσι (1) · | C′ οὐδὲ ἐννοοῦσιν (2) : A′C′ ἐν σκο|
τίᾳ (3) : C′ πε(ρι)πατοῦσιν (4) · A′ ἐμπε|ριπατοῦσ⟨ι⟩ν (5) : Θ′ (δια)πορεύονται (6) : – |

1173: 1.22 γινώσκουσ(ιν)] γινωσκουσ (sic) / (καὶ)] / ϛ / ἐννοοῦσιν] ἐννοοῦσην
25   1.23 π(ερ)ιπατοῦσιν] πᵉπατουσην (sic) / ἐμπε|ριπατοῦσ⟨ι⟩ν] ἐμπε|ριπατοῦσην /
          (δια)πορεύονται : –] ϙπορεύονται : –

1122: ll.22–23 σκο|τίᾳ] σκοτεία
       1.23 Lesarten A′ und Θ : >

E. 110. V. 5c

30 MT 5c: ימוטו כל־מוסדי ארץ ׃
O′ 5c: σαλευθήσονται πάντα τὰ θεμέλια τῆς γῆς.

1173, fol 262a = 1122, fol 92b.

| ... A′ σφαλήτωσαν (1) : | C′ πε(ρι)τραπήσεται (2) : A′ θεμε|λιώματα τῆς γῆς (3) : – ... |

1173:　1.33　πε(ρι)τραπήσεται] π^ετραπήσεται

1122:　1.33　Α′ σφαλήτωσαν] ἀσφαλησάτωσαν (vgl. oben Ps lxxvii 46a, E. 22, L. 1) /
　　　　　　Lesart C′: >

E. 111. V. 6a–b, 7a

MT 6a:　　　אמרתי
　　6b:　　　:ובני עליון כלכם
　　7a:　　　אכן כאדם תמותון
O′　6a:　　　εἶπα
　　6b:　　　καὶ υἱοὶ ὑψίστου πάντες ·
　　7a:　　　ὑμεῖς δὲ ὡς ἄνθρωποι ἀποθ⟨ανεῖσθε⟩

Zur Form der O′, V. 7a, siehe Kommentar S. 310.

1173, fol 262a. 1122 fehlt.

| … C′ εἶ|πον (1): A′ ὑψίστου πάντες ὑμεῖς ἄ|ρα ὡς ἄν(θρωπ)οι ἀπο(θανεῖσθε) (2) Θ′Є′
πάντες ὑμεῖς | ἰδοὺ δὴ · ὡς ἄν(θρωπ)οι ἀπ(οθανεῖσθε) (3) · C′ ὑψίστου πάν|τες ὑμεῖς
ὄντως δὲ ὡς ἄν(θρωπ)οι (4): … |

1173:　1.13　ἄ|ρα] ἄ|ρα (vid) / ἄν(θρωπ)οι] ἀνοῖ / ἀποθ(ανεῖσθε)] ἀποθ
　　　　1.14　ἄν(θρωπ)οι ἀπ(οθανεῖσθε)] ἀνοῖ ἀ^π
　　　　1.15　ὄντως] ὄντως (sic) / ἄν(θρωπ)οι] ἀνοῖ

E. 112. V. 7b

MT 7b:　　　: וכאחד השרים תפלו
O′ 7b:　　　καὶ ὡς εἷς τῶν ἀρχόντων πίπτετε.

1173, fol 262a = 1122, fol 92b.

| … A′C′ πε[ι]|σε⟨ῖ⟩σθε (1) · ϛ′ (καὶ) ὡς οἱ ἄρχοντες κατα|πίπτετ⟨ε⟩ (2): … |

1173:　1.23　πε[ι]|σε⟨ῖ⟩σθε] πει|σεσθε (sic) / (καὶ)] ϛ̀ / κατα|πίπτετ⟨ε⟩:] κατὰ | πίπτε-
　　　　　　ται: (sic)
1122:　1.23　Lesart A′C′: > / ἄρχοντες] ἀρχον^τ / κατα|πίπτετ⟨ε⟩:] καταπίπτεται: –

E. 113. V. 8a–b

MT 8a:　　　קומה אלהים
　　8b:　　　כי־אתה תנחל
O′ 8a:　　　ἀνάστα, ὁ θεός,
　　8b:　　　ὅτι σὺ κατακληρονομήσεις

1173, fol 262a. 1122 fehlt.

| … A′ ἀνάστηθι θεὲ (1): | C′ στῆθι ὁ θ(εό)ς (2): A′ (καὶ) σὺ κλη(ρονομήσεις) (3): C′
σὺ γὰρ | κληρουχήσ(ει)ς (4): – … |

1173: 1.33   θ(εό)ς] θϛ / (καὶ)] ϛ̀ / κλη(ρονομήσεις)] κλ⟩�η
          1.34   κληρουχήσ(ει)ς: –] κληρουχήσϛ: –

E. 114. V. 8b

MT 8b: : כי־אתה תנחל בכל־הגוים
5 O′ 8b: ὅτι σὺ κατακληρονομήσεις ἐν πᾶσιν τοῖς ἔθνεσιν.

1173, fol 262a = 1122, fol 92b.

| ... Є′ σὺ γὰϱ κατακληϱο|δοτήσεις (1): ϛ′ σὺ γὰϱ καταβασιλεύ|σεις (2) C′Є′ϛ′ πάντα
τὰ ἔθνη (3): – |

1173: 1.7   σὺ γὰϱ (1ᵒ)] συγὰϱ / σὺ γὰϱ (2ᵒ)] συγὰϱ
10 *1122:* 1.7   ϛ′ σὺ γὰϱ] ϛ̀ (= καὶ)
          ll.7–8 C′Є′ϛ′ πάντα τὰ ἔθνη: –] εἰς πάντ^α τ^ὰ ἔθν^η: –

PSALMUS LXXXII

E. 115. V. 2a

MT   2a: אלהים אל־דמי־לך
O'   2a: ὁ θεός, τίς ὁμοιωθήσεταί σοι;

5 1173, fol 262b = 1122, fol 93a.
| A' θεὲ μὴ σιωπήσῃ σοί (1) · C' ὁ θ(εὸ)ς | μὴ ἡσυχάσῃς (2): Ε'ς' ὁ θ(εὸ)ς μὴ πα|ρα-
σιωπήσῃς (3): – ... |

1173:   1.6   die Akzente der ersten Zeile werden durch eine Miniatur überdeckt,
außer ὁ / ἡσυχάσῃς] ἡσυχάσῃς (sic) / θ(εὸ)ς (1°, 2°)] θς̄
10 1122:   1.6   σοί] σοι (sic) / ἡσυχάσῃς] ἰσυχάσῃς / θ(εὸ)ς] θς̄ (1°), θς̄ (2°)

E. 116. V. 2b

MT   2b: אל־תחרש ואל־תשקט אל׃
O'   2b: μὴ σιγήσῃς μηδὲ καταπραΰνῃς, ὁ θεός·

1173, fol 262b = 1122, fol 93a.
15 | ... ⟨A'⟩ μὴ | κωφεύσῃς (καὶ) | μὴ καθησυχάσῃς | ἰσχυρέ (1): ⟨C'⟩ μὴ π(αρα)σιωπήσῃς
μηδὲ | ἠρεμήσῃς θεέ (2): – ... |

1173:   1.15   (καὶ)] ς̀ / μὴ (2°)] μη (sic)
ll.15–16   π(αρα)σιωπήσῃς μηδὲ] π̄σιωπησης μηδὲ (sic)
1.16   ἠρεμήσῃς] ηρεμησης (sic)
20 1122:   1.16   μηδὲ] μὴ δὲ

E. 117. V. 2b–3a

MT   2b: ואל־תשקט אל׃
3a: יהמיון
O'   2b: μηδὲ καταπραΰνῃς ὁ θεός ·
25   3a: ἤχησαν,

1173, fol 262b = 1122, fol 93a.

| [Aʹ] ⟨ ⟩ μηδὲ ἀμελήσῃς (1) · ⟨ ⟩ μηδὲ παύσῃ · | ὁ ἰσχυρὸς ⟨Aʹ⟩ ὤχλασαν (3) ⟨Cʹ⟩ συνη-χοῦσ⟨ιν⟩ (4): |

1173:   1.2   Sigel Aʹ am Rande neben die Lesart durch dieselbe Hand hinzugefügt,

5   von der auch die Lesart stammt / μηδὲ (bis)] μὴδὲ / ἀμελήσῃς] ἀμε-

            λησης (sic) / Punkt nach ἀμελήσῃς: >

       ll.2–3 συνηχοῦσ⟨ιν⟩:] συνήχους:

1122:   1.2   μηδὲ (bis)] μὴδὲ / Punkt nach παύσῃ: >

       ll.2–3 συνηχοῦσ⟨ιν⟩:] συνήχους: –

10 *E. 118. V. 3b*

MT 3b: וּמְשַׂנְאֶיךָ נָשְׂאוּ רֹאשׁ׃

Oʹ   3b: καὶ οἱ μισοῦντές σε ἦραν κεφαλήν,

1173, fol 262b = 1122, fol 93a.

| ... Aʹ καὶ | μισοποιοῦντές σε · ⟨Cʹ⟩ ἐπα⟨ί⟩ρουσ(ιν) κε(φαλήν) (1): |

15 *1173:*   1.14   μισοποιοῦντές σε] μισοποιοῦντες σε / ἐπα⟨ί⟩ρουσ(ιν) κε(φαλήν)] ἐπαρουσ

            κε (sic)

1122:   1.14   μισοποιοῦντές σε] μισοποιούντεσε (vid) / ἐπα⟨ί⟩ρουσ(ιν)] ἐπάρουσιν (sic)

E. 119. V. 4a

MT 4a: עַל־עַמְּךָ יַעֲרִימוּ סוֹד

20 Oʹ   4a: ἐπὶ τὸν λαόν σου κατεπανουργεύσαντο γνώμην

1173, fol 262b = 1122, fol 93a.

| ... Aʹ ἐπὶ λαὸν πανουργεύσον|ται · ἀπορρήτως (1) · ⟨Cʹ⟩ κατὰ τοῦ λα|οῦ σου πανούρ-γως ὁμιλοῦσ(ιν) (2): – |

1173:   1.22   ἐπὶ] ἐπι (sic)

25   1.22–23 πανούργως ὁμιλοῦσ(ιν)] πανοῦργως ὁμιλοῦσ: –

E. 120. V. 4b

MT 4b: וַיִּתְיָעֲצוּ עַל־צְפוּנֶיךָ׃

Oʹ   4b: καὶ ἐβουλεύσαντο κατὰ τῶν ἁγίων σου·

1173, fol 262b = 1122, fol 93a.

30 | Aʹ (καὶ) συνεβουλε(ύσαντο) · κατὰ συγκεκρυμ|μένων σου (1) · ⟨Cʹ⟩ (καὶ) συμβουλεύ-

      ονται · | κατὰ τοῦ ἀποκρύφου σου (2) · Εʹ κα|τὰ τοῦ κεκρυμμένου σου (3) · ⟨ ⟩ κατὰ |

      τῶν κεκρυμμένων σου (4): – ... |

1173:   1.30   am linken Rande steht zusätzlich die Sigel Aʹ in folgender Form:

           ܐܟܝ / (καὶ) συνεβουλε(ύσαντο)] ϛ συνεβουλχ (sic) / (καὶ) (2º)] ϛ

35   1.32   τῶν] τὸν

1122: 1.30 am rechten Rande steht die Sigel A′ in der folgenden Form: ⍟

1.31 κατά (3°)] κϲά

E. 121. V. 5b, 6a–b

MT 5b: עוֹד׃

5   6a: כִּי נוֹעֲצוּ לֵב יַחְדָּו

6b: עָלֶיךָ בְּרִית יִכְרֹתוּ׃

O′ 5b: καὶ οὐ μὴ μνησθῇ τὸ ὄνομα Ἰσραηλ ἔτι.

6a: ὅτι ἐβουλεύσαντο ἐν ὁμονοίᾳ ἐπὶ τὸ αὐτό,

6b: κατὰ σοῦ διαθήκην διέθεντο

10 1173, fol 263a = 1122, fol 93a.

| ... C′ μηκέτι | ὅτι ⟨συ⟩σκέψαντο · ὁμοθυμαδόν (1): – | ⟨A′⟩ καρδία ὁμοῦ κατὰ σοῦ
συν|θήκην κόψουσιν (2): – ... |

1173: 1.11 μηκέτι] μήκετι (sic) / ⟨συ⟩σκέψαντο] σὺ ἐσκέψαντο / ὁμοῦ] ὁμοῦ (sic) /
σοῦ] σου (sic)

15 *1122:* 1.11 μηκέτι] μήκετι (sic) / ⟨συ⟩σκέψαντο] σὺ ἐσκέψαντο

E. 122. V. 6b–8a

MT 6b: בְּרִית יִכְרֹתוּ׃

7a: אָהֳלֵי אֱדוֹם וְיִשְׁמְעֵאלִים

7b: מוֹאָב וְהַגְרִים׃

20 8a: גְּבָל

O′ 6b: διαθήκην διέθεντο

7a: τὰ σκηνώματα τῶν Ἰδουμαίων καὶ οἱ Ἰσμαηλῖται,

7b: Μωαβ καὶ οἱ Ἀγαρηνοί,

8a: Γεβαλ

25 1173, fol 263a. 1122 fehlt.

| C′ συνθήκην ἔτεμον (1) · ⟨A′⟩ σκέπαι | ἰδουμαί⟨ων⟩ (2) ⟨C′⟩ σκηνώσεις ἐδὼμ (3): – |
A′ (καὶ) ἰσμαηλιτῶν (4) · ⟨C′⟩ (καὶ) οἱ ἀπὸ | ἀγάρ (5) ⟨A′⟩ (καὶ) ⟨ἀγαρηνοί⟩ (6)
C′ γαβάλ (7): – |

1173: 1.26 σκέπαι | ἰδουμαί⟨ων⟩] σκεπαι | ἰδουμαῖ (sic)

30 1.27 (καὶ) (1°, 2°, 3°)] ϡ / ⟨ἀγαρηνοί⟩] ⍟

E. 123. V. 10a–b

MT 10a: כְּמִדְיָן כְּסִיסְרָא

10b: כְּיָבִין בְּנַחַל קִישׁוֹן׃

O′ 10a: ὡς τῇ Μαδιαμ καὶ τῷ Σισαρα,

35 10b: ὡς ὁ Ἰαβιν ἐν τῷ χειμάρρῳ Κισων·

1173, fol 263b = 1122, fol 93b.

| ... A' ὡς μαδ(ιαμ) · | ὡς σισα(ρα) (1) ⟨C'⟩ ὡς τῷ σισάρα · ὡς τῷ ἰα|βίν (2) · ⟨A'⟩ ὡς ἰαβίν · ἐν κισ(ῶν) (3) · ⟨C'⟩ ἐν τῇ | φάραγγι τῆς κισῶν (4): – ... |

1173: 1.2   μαδ(ιαμ)] μα^Δ / σισα(ρα)] σισ^α (sic)
5   1.3   κισ(ῶν) ·] κῖσ ·
1122: 1.2   μαδ(ιαμ)] μαδιάμ / ὡς σισα(ρα): >
       1.3   ὡς ἰαβίν: > / κισ(ῶν) (1°)] κινσῶν (sic)

E. 124. V. 11 a

MT 11a: נשמדו בעין־דאר
10 O' 11a: ἐξωλεθρεύθησαν ἐν 'Αενδωρ,

1173, fol 263b = 1122, fol 93b.

| ... A' ἐξετρίβησαν ἐν ἠν|δώρ (1) · ⟨C'⟩ ὡς ἐξῃρθησαν (2): – ... |

1173: 1.12   ἠν|δώρ] ην|δώρ (sic)
1122: 1.12   ἠν|δώρ] ηνδώρ (sic) / ἐξῃρθησαν] ἐξηράνθησαν

15 ## E. 125. V. 11 b

MT 11b: היו דמן לאדמה:
     O' 11b: ἐγενήθησαν ὡσεὶ κόπρος τῇ γῇ.

1173, fol 263b. 1122 fehlt.

| ... C' ἐγένοντο (1) ⟨A'⟩ κό|πρι(ον) · τῇ χθονὶ (2) · ⟨C'⟩ εἰς γῆν (3) · ⟨ ⟩ ὡσεὶ | ἀδαμα
20 τῇ γῇ (4) · ⟨ ⟩ κόπρος · τῇ ἀ|δαμα (5): – ... |

1173: 1.19 κό|πρι(ον)] κό|πρι / χθονὶ] χθονι (sic) / ὡσεὶ] ὡσει (sic) / ἀδαμα] αδαμα (sic)

E. 126. V. 12 a–b

MT 12a: שיתמו נדיבמו כערב וכזאב
     12b: וכזבח וכצלמנע כל־נסיכמו:
25 O' 12a: θοῦ τοὺς ἄρχοντας αὐτῶν ὡς τὸν 'Ωρηβ καὶ Ζηβ
     12b: καὶ Ζεβεε καὶ Σαλμανα πάντας τοὺς ἄρχοντας αὐτῶν,
     Varia lectio apud O':
     V. 12a: ἔθου = P. Bodmer xxiv, 2049, posuisti = La^G: siehe Kommentar S. 343,
         E. 126, L. 1.

30 1173, fol 263b–264a = 1122, fol 93b.

| ... A' θοῦ αὐτοὺς · ἐκου|σιαζομένους αὐτοῦ (1) ⟨C'⟩ τάξον τοὺς | ἡγεμόνας αὐτῶν (2): – || A' ὡς ὀρη(β) · (καὶ) ὡς ζη(β) (3) · ⟨C'⟩ ὡς ζε(βεε) · | (καὶ) σαλμο(να) (4) · ⟨A'⟩ καθισταμένους | αὐτῶν (5) · ⟨C'⟩ τοὺς χρ⟨ι⟩στοὺς αὐτῶν (6): – |

1173: 1.31 ἐκου|σιαζομένους] ἐκου|σιαζομένους (sic) / τάξον] ταξον (sic) / ἡγεμόνας]
          ἡγεμόνας (vid)

      1.32 ὀρη(β)] ορ^η (sic) / (καὶ) (1°, 2°)] ς̓ / ὡς (2°)] ὡς (vid) / ζη(β)] ζη˜ (sic) /
          ζε(βεε)] ζ^ε / σαλμο(να)] σαλμ^ο

      1.33 χρ⟨ι⟩στούς] χρηστούς

1122: 1.31 ἐκου|σιαζομένους] ἐκουσιαζομένους (sic) / ἡγεμόνας] ἡγεμόνας (sic)

      ll.32–33 von Lesart A′ an bis Ende des Exzerpts: >; es fehlt somit alles,
      was in 1173 auf fol 264a steht!

E. 127. V. 13

MT 13:   אֲשֶׁר אָמְרוּ ... אֵת נְאוֹת אֱלֹהִים:

O′ 13:   οἵτινες εἶπαν ... τὸ ἁγιαστήριον τοῦ θεοῦ.

1173, fol 264a = 1122, fol 93b.
| ... A′ οἱ · εἶπον (1) · ⟨C′⟩ τοὺς εἰπόντας (2) · ⟨A′⟩ τὰ ὡραῖα θ(εο)ῦ (3) · ⟨C′⟩ τ(ὴν)
δί|αιταν (4) · ⟨Ε′Θ′ς′⟩ τὴν εὐπρέπειαν τοῦ θ(εο)ῦ (5) ... |

1173: 1.13 εἰπόντας] ειποντας (sic) / ὡραῖα] ωραια (sic) / θ(εο)ῦ] θῦ / τ(ὴν)] τ̑
      1.14 δί|αιταν] δι|αιταν (sic) / τοῦ] ꝉ̄ / θ(εο)ῦ] θῦ

1122: 1.13 οἱ] οἱ (vid) / ὡραῖα θ(εο)ῦ] ωραια τοῦ θῦ (sic)
      1.14 θ(εο)ῦ] θῦ

E. 128. V. 14a

MT 14a: אֱלֹהַי שִׁיתֵמוֹ

O′ 14a: ὁ θεός μου, θοῦ αὐτοὺς

1173, fol 264a. 1122 fehlt.
| A′ θεέ μου (1) · ⟨C′⟩ τάξον αὐτούς (2): – |

1173: 1.23 τάξον] ταξον (sic)

E. 129. V. 14b

MT 14b: לִפְנֵי־רוּחַ:

O′ 14b: κατὰ πρόσωπον ἀνέμου·

1173, fol 264a. 1122 fehlt.
| ... ⟨A′⟩ εἰς πρόσωπον ἀνέ(μου) (1): – | ⟨C′⟩ πρὸ ἀνέμου (2): – ... |

1173: 1.29 ⟨A′⟩] C′ / πρόσωπον] προσωπον (sic) / ἀνέ(μου)] ἀγέ͜

E. 130. V. 15 a–b

MT 15a: כאש תבער־יער
     15b: וכלהבה תלהט הרים׃
O′ 15a: ὡσεὶ πῦρ, ὃ διαφλέξει δρυμόν,
5   15b: ὡς εἰ φλὸξ κατακαῦσαι ὄρη,

1173, fol 264a = 1122, fol 94a.

| A′ ὡς πυρ⟨ὸς⟩ ἀνάπτοντος δρυ(μόν) (1) · ⟨C′⟩ ὡς | πῦρ κατακαίει (2) · ⟨ ⟩ ὃ καταφλέ-
ξει (3) · | ⟨A′⟩ (καὶ) ὡς φλογὸς λαβρωσσούσης ὄρη (4) : – |

1173:   1.7   πυρ⟨ὸς⟩] πῦρ / δρυ(μόν)] δρ⁰
10   1.8   (καὶ)] ς̄ / ὡς] ὡς (vid) / φλογὸς] φλογος (sic)
1122:   1.7   Lesart A′: > / κατακαίει] κατακαίη

E. 131. V. 15b–16a

MT 15b: וכלהבה תלהט הרים׃
     16a: כן תרדפם בסערך
15 O′ 15b: ὡς εἰ φλὸξ κατακαῦσαι ὄρη,
     16a: οὕτως καταδιώξεις αὐτοὺς ἐν τῇ καταιγίδι σου

1173, fol 264a = 1122, fol 94a.

| ... C′ ὡς φλὸξ · φλέγει | ὄρη · οὕτως δίωξον αὐτοὺς | ἐν κατ(αιγίδι σου) (1) · ⟨ ⟩
κατακαύσει (2) : – |

20 1173:   1.18   φλὸξ] φλος (sic) / οὕτως] οὕτως (vid)) / ἐν] ἕν (sic) / κατ(αιγίδι σου)] κατ̄
1122:   1.18   ἐν κατ(αιγίδι σου)] ἔνκατα

E. 132. V. 16 a–b

MT 16a: כן תרדפם בסערך
     16b: ובסופתך תבהלם׃
25 O′ 16a: οὕτως καταδιώξεις αὐτοὺς ἐν τῇ καταιγίδι σου
     16b: καὶ ἐν τῇ ὀργῇ σου ταράξεις αὐτούς.

1173, fol 264a = 1122, fol 94a.

| A′ οὕτω διώξ⟨εις⟩ αὐτοὺς · ἐν λ⟨αί⟩|λαπί σου (καὶ) ἐν συσ⟨σ⟩εισμῷ σου κα|τασπουδά-
σεις αὐτούς (1) : – |

30 1173:   1.28   οὕτω] οὕτω (vid) / διώξ⟨εις⟩] διώξι / αὐτοὺς] αὐτους (sic) / λ⟨αί⟩|λαπί]
           λέ|λαπί / (καὶ)] ς̄ / συσ⟨σ⟩εισμῷ] συσεισμῶ
     1.28–29 κα|τασπουδάσεις] κα|τὰ σπουδάσεις
1122:   1.28   διώξ⟨εις⟩] διώξει / λ⟨αί⟩|λαπί] λέλαπί / συσ⟨σ⟩εισμῷ] συσεισμῶ
     ll.28–29 κα|τασπουδάσεις] κατασπουδάσης
35   1.29   αὐτούς : –] αὐτ⁰ύς: –

TEIL III

ERLÄUTERUNGEN
ZU DEN HEXAPLARISCHEN LESARTEN

von Vaticanus gr. 752 = Canonicianus gr. 62

Ps LXXVII 30, 36 – LXXXII 16

PS LXXVII

Exzerpt 1. Vers 30a

Lesart 1

1173 = 1122 lesen: ἐπεδεήθησαν von ἐπιδέω = bedürfen. Dies ist ein Irrtum: 1. A′ scheint ἐπιδέω = *ermangeln, brauchen,* nicht zu verwenden. 2. זיר entspricht bei ihm ἐπιδέω = *verbinden: Is i 6* זרר לא οὐκ ἐπεδέθησαν nach 710; *Os v 13* מזור ἐπίδεσις sive συνδεσμός nach Hi; *Ab 7* מזור: על פכרא nach Syh = ἐπὶ δέσιν! Die Lesart A′ gilt der *Wortwahl A′s,* ebenso die folgenden des C′ und von Є′.

Lesart 2

Die Lesart C′ ist *aus Eus* schon bekannt.

ἀφίσταμαι steht bei C′ für סור in *Is vii 17* nach Tht (keine gruppierte Lesart A′C′!); ἀφέσ-τηκα ist häufig bei C′, z. B. *Ps xxi 2b* nach Eus dem (= A′ nach 1175: wohl zu Unrecht, da Eus alle Versionen der Reihe nach zitiert, und da die Übersetzung für A′ zu frei wäre; auch ist die Lesart A′ in Eus dem sicher die echte A′-Lesart); *Prov vii 11* nach Morin. n. λ; usw.

Lesart 3

Das Verb ist sonst für Є′ *nicht belegt,* wohl aber *bei* O′ in *Gn xlii 7* (התנכר), *i Esdr ix 4* (נבדל); dazu kämen *i Mak vi 24, xi 53, xv 27.* ἀπαλλοτριόω scheint möglicherweise von Θ′ gebraucht zu werden in *Is i 4* für זרר (זור) nach 710 (※ anonym), während es A′ zugeschrieben wird bei Q, den C′Θ′ bei Syh. *Lütkemann-Rahlfs,* S. 20, Anm. 8 entscheiden sich für Θ′, besonders auf Grund von *Job xxi 29,* wo Θ′ das Wort für התנכר nach Ausweis von *Field* («Colb.: ※ ἐκ Θ′ . . . sic sub aster. Hieron. . . .»), Syh verwendet hat. ἀπαλλοτριόω erscheint auch in Hs o zu *Gn xlii 7!*

Es läßt sich vermuten, warum die *Rezension* Є′ von O′ abgerückt ist und ein *anderes Wort* gewählt hat. O′ lassen nämlich dem hebräischen זר oft das griechische ἀλλότριος entsprechen. Dasselbe tut *auch A′:* so in *Nu iii 38* nach s, v, z (anonym); *Os viii 12* nach 86; *Ps lxxx 10a* nach Eus (freilich lesen hier 1173 = 1122 ἄλλος, wohl zu Unrecht, siehe unten z. St.: E. 93, L. 1). Während nur A' das vorliegende Verb זרר nicht mit der Wurzel זר = ἀλλότριος verbindet, und während O' im Gegensatz zu A' in זרו zwar *dieselbe Wurzel* זר, fremd, erkennen, aber durch *zwei* griechische Wortstämme überträgt, ἀλλοτρι- und στερε-, versucht die Rezension Є' die hebräische Wortgruppe זר, זור oder זרר in *einer* griechischen Wortfamilie abzubilden. Von da erklärt sich ἀλλότριος, ἀλλοτριόω für זר, זור oder זרר als *Systematisierung,* die typisch für die Rezenzion ist.

Lesart 4

Zur *Wortwahl A's:* Für עֵל־תָּאוֹת נַפְשׁוֹ in *Ps ix 24a (x 3a)* bezeugen Hss Chr E, M, N als A'-Übertragung ἐπὶ πόθῳ ψυχῆς αὐτοῦ. Es ist möglich, daß auch Chr D auf ihrem innern Rand die Sigel A' trägt, denn Chr D geht im gebotenen Text mit Chr E, M, N zusammen. Aber der Mikrofilm läßt keine Sigel erkennen, da der innere Rand auf der Fotografie nicht ganz sichtbar ist. Das Zeugnis von Chr E, N ist jedoch *nicht eindeutig.* Denn von den zwei hexaplarischen Lesarten, die dargeboten werden, trägt die erste die Sigel A'A' (sic), die zweite A'. Eine der beiden Bezeichnungen ist sicher falsch, da die beiden Lesarten dieselben *V. 24ab—25ab* betreffen. Zu *V. 25a–b* folgt eine *dritte* Lesart unmittelbar auf die erwähnten beiden mit Sigel A'A', A'. Sie trägt in Chr E, N die *Sigel A':* zu Recht, siehe *Field* z. St.

Der *Fehler,* der in diesen zwei Hss unterlief, ist der folgende: Irrtümlicherweise hatte der Abschreiber ein Lemma der O', *V. 25a,* als hexaplarische Lesart mißdeutet. Infolgedessen setzte er vor dieses Lemma die gewöhnliche Einleitung der hexaplarischen Lesarten bei Chrysostomus: ἄλλος δέ φησιν. Diese falsche, vermeintliche hexaplarische Lesart ergab mit den beiden folgenden Lesarten, die korrekt die Sigel C' und A' trugen, eine Gruppe von drei Lesarten, von denen die erste sigellos war. Der Schreiber zog nun die Sigel C', die bei der zweiten Lesart stand, zur ersten Pseudolesart, die in Wirklichkeit das Lemma der O' war. Von den beiden verbleibenden Lesarten trug die letzte richtig die Sigel A', während die mittlere ihre richtige Sigel C' an die erste hatte abgeben müssen. Der Schreiber behalf sich, indem er die mittlere ebenfalls mit der Sigel A'A' dem A' zuwies.

Stilistische Eigentümlichkeiten lassen aber keinen Zweifel an der Zugehörigkeit der Lesarten. Dies war bereits *Montfaucon* und *Field* klar gewesen. (*Fields* Polemik gegen *Montfaucon* ist nicht gerechtfertigt.) Insbesondere ἐπὶ πόθῳ ψυχῆς αὐτοῦ für עֵל־תָּאוֹת נַפְשׁוֹ ist typischster A', der das Possessivum ja stets ohne Artikel gebraucht, siehe Einleitung, Kap. IV, 3. Der Rest der letzten Lesart paßt ebenfalls ganz zu A'. Die der A'-Lesart vorangehende stimmt gut mit C's Stil überein. Das Zeugnis von Chr E, N ist also richtig für die letzte Lesart, die tatsächlich dem A' gehört, falsch für das in eine Pseudolesart mißdeutete O'-Lemma von *V. 25a,* das mit C' bezeichnet ist, und falsch für die C'-Lesart, die mit A'A' versehen wird.

Chr H, Q weisen die eben bestimmte C'- und A'-Lesart dem A' und dem C' zu. Der Stil der Lesarten macht diese Zuweisung jedoch unmöglich. Chr H, Q haben aus Irrtum die häufigste Abfolge der Sigel: A', C' hergestellt, obgleich sie in diesem Falle falsch ist.

Unser *V. 30a* und *Ps ix 24a* nach Chr E, M, N bestätigen sich, da sie für תָּאוָה die gleiche A'-Übersetzung bezeugen. Dazu passen auch die ἐπιποθήματα für מַאֲוַיִּים in *Ps cxxxix 9a* nach cat xvii (anders in cat xxv, aber sicher ist cat xvii vorzuziehen, da cat xxv eine kollektive Lesart bietet: siehe unten L. 5). *Cat xvii* ist in Hss 1047, 1135, 1139, *cat xxv* in 1811, Sinai Cod. gr. 25, 1137 vertreten.

Lesart 5

Die Lesart C' ist auch *bei Eus* überliefert.

תאוה hat C' übrigens öfters durch ἐπιθυμία übertragen (wie schon O'): *Ps ix 24a* nach Chr E, M, N (wo aber die Sigel C' irrtümlicherweise zu dem Lemma der O' zu *V. 25a* gesetzt wurde, siehe oben L. 4, wo auch die falsche Identifizierung der C'-Lesart in Chr H, Q erläutert ist), ebenso in *Ps lxxvii 29b* nach Eus. Weiter in *Prov xiii 12* C'Θ'Є' nach Syh; *Prov xviii 1* A'C' nach Morin. n. α; *Prov xxi 25* C'Θ' nach Morin. n. α (2°). *Keine andere Übersetzung* von תאוה wird C' zugewiesen.

Das verwandte Wort מאויים in *Ps cxxxix 9a* heißt bei ihm wie bei O' ἐπιθυμίαι nach Tht, Chr (anonym), cat xvii. In cat xxv steht: ὁ ἀκύλας καὶ σύμμαχος καὶ θεοδοτίων οὕτως· μὴ δῷς κε τὰς ἐπιθυμίας τοῦ παρανόμου· μὴ δῷς κε ἐπιθυμίαν ἀσεβοῦς. In παρανόμου und in ἀσεβοῦς sind Fragmente der C'- und A'-Lesart bewahrt. Ebenso ist μὴ δῷς nach Tht, Chr C's wirkliche Übertragung, wohl auch die A's für אל־תתן. Das seltene ἐπιποθήματα A's ist durch das bei O' und C' stehende geläufige ἐπιθυμία verdrängt worden.

Damit ist die *erste* Lesart als die des C' gekennzeichnet, und sie stimmt wörtlich mit Tht, Chr überein. Die *zweite* ist die A's, abgesehen vom unechten Wort ἐπιθυμίαν.

Für Є' ist ἐπιθυμία als kollektive Lesart durch Syh bezeugt in *Prov xiii 12c:* אין ה.ת.ס. שבעין: O' lesen ἐπιθυμία. Aber auch in *Ps cxxxix 9a* überliefert cat xxv: κατὰ δὲ τὴν ε' ἔκδοσιν (εὔχεται) μὴ ἐγκαταλειφθῆναι ἀπὸ θεοῦ καὶ τῇ τοῦ ἀσεβοῦς ἐκδοθῆναι ἐπιθυμία. Wenn dieses Kommentarfragment (aus Eusebius?) die Worte selbst der Є' wiedergibt, so hätte Є' hier wie O' ebenfalls ἐπιθυμία verwendet.

In der Wortwahl treffen sich C' und Є'. Aber die Lesart gilt wohl dem *Fehlen der Präposition* ἀπὸ im Gegensatz zu O'. Für C' ist dies durchaus möglich, da die Präposition ja schon im Verbum ἀφίσταμαι enthalten ist. C' vermeidet die *Wiederholung der Präposition,* siehe z. B. unten *V. 45a,* E. 19, L. 2; *Ps lxxviii 6a–b,* E. 61, L. 2, 6 und E. 62, L. 2.

Für Є' ist dies überraschend: hat Є' tatsächlich מן unübersetzt gelassen? In *Ps lxxix 19a,* E. 87, L. 1 hat Є' מן durch ἀπὸ ausgedrückt. Fehlte etwa in der O'-*Vorlage* von Є' dieses ἀπὸ? Weder P. Bodmer xxiv noch *Holmes-Parsons* noch *Rahlfs* enthalten die geringste Spur einer solchen O'-Form.

Vielleicht trifft Є' in der Wortwahl mit C' zusammen, aber nicht im Fehlen der Präposition, das *allein* dem C' zugehören könnte.

Die Abkürzung in 1173 ἐπιθ schließt sicher auch αὐτῶν ein, wie oft in 1173 die Abkürzungen auch noch das *nachfolgende Pronomen* mitenthalten: z. B. in Lesart Є', *Ps lxxix 19a,* E. 87, L. 1; *Ps lxxix 19b,* Lesarten A', C', Є' = E. 88, L. 1, 2, 3; *Ps lxxx 8c,* Lesart C' = E. 90, L. 4; usw.

Der Schreiber von 1173 setzt stillschweigend voraus, daß der Leser seine Abkürzungen nach O' auflöst. Er kürzt tatsächlich fast nur dort ab, wo die betreffende Lesart mit O' zusammenfällt.

1122 hat die Abkürzung also nicht vollständig aufgelöst. Der Kopist von 1122 hat ja aus den L. 3, 4, 5 einen zusammenhängenden Satz im Sinne eines Kommentars gemacht, indem er die Konjunktion καὶ zwischen ἀπὸ [τοῦ] πόθου αὐτῶν und τῆς ἐπιθ⟨υμίας⟩ einschob. Damit verrät er, daß er seine Vorlage ändert, und daß seine Auflösung der Abreviatur daher nicht entscheidend ins Gewicht fällt. Auch der Artikel in ἀπὸ τοῦ πόθου αὐτῶν in der L. 4 (A′) in 1122 ist sicher falsch, da er gegen A′s Gepflogenheiten geht.

Exzerpt 2. Vers 36b

Lesart 1

Die *erste Lesart* trägt keine Sigel und ist von den folgenden Lesarten durch jenes Trennungszeichen :— geschieden, welches zwischen unabhängigen Catenengliedern steht. Auf den ersten Blick scheint es also keine hexaplarische Lesart zu sein.

Doch steht die *Zäsur* :— auch sonst in 1173 zwischen hexaplarischen Lesarten. Meistens sind diese zwar durch einen einfachen Doppelpunkt oder durch einen hochgestellten Punkt, oft übrigens durch gar keine Interpunktion voneinander gesondert. Das große Trennungszeichen :— steht jedoch z. B. auch in E. 4 zwischen hexaplarischen Lesarten, nämlich zwischen L. 4 und 5; ebenso in E. 6 zwischen L. 5 und 6; in E. 15 zwischen L. 1 und 2, und zwischen L. 3 und 4, usw.

Dies mag seinen Grund in der Vorlage von 1173 haben. Dort erschienen die hexaplarischen Lesarten ja bereits als Catenenglieder neben andern Elementen, wie oben Einleitung, Kap. III, klar wurde. Diese Interpunktion rührt also von einem frühern Zustand her, wo die Lesarten anders gruppiert waren als jetzt in 1173. Diese für 1173 nicht gänzlich passende Interpunktion ist somit ein weiteres Argument dafür, daß die Vorlage von 1173 in Abschnitt *Ps lxxvii 30a – lxxxii 16b* bereits eine Catene war. Allerdings ist auch mit der Nachlässigkeit des Schreibers in einer so geringfügigen Sache wie der Interpunktion zu rechnen.

Der Ausdruck τῇ γλώσσῃ könnte deshalb trotz dem Trennungszeichen und der fehlenden Sigel eine *hexaplarische Lesart* sein. Denn er steht zusammen mit den andern hexaplarischen Lesarten unter der gemeinsamen Einleitung für ein neues, einheitliches Catenenglied: ἄλλος. Er gehört nicht zu *He par,* wo sonst derartige kurze Glossen stehen. Überdies kann es sich nicht um eine Glosse handeln, da das Wort γλῶσσα ja in O′ vorkommt: es handelt sich viel eher um eine varia lectio, sei es ohne καί oder ohne αὐτῶν im Gegensatz zu O′.

Alle Übersetzer übertragen לשׁונ durch γλῶσσα. Die Lesart gilt nicht der Wortwahl, sondern der syntaktischen Einordnung. *Kennicott* und *De Rossi* kennen keine Variante בלשׁונ ohne Suffix ם-. Dagegen verzeichnen *Holmes-Parsons* folgende Lesarten:

Hs 39   τῇ δὲ γλώσσῃ,
   142   καὶ ἐν τῇ γλώσσῃ,
   272   καὶ γλώσσῃ (ohne Artikel).

Der Exzerptor hatte also entweder eine weitere O′-Lesart τῇ γλώσσῃ vor sich, die aus den O′ der Hexapla stammen müßte, oder eine Version, die τῇ γλώσσῃ las. Das Ganze ist freilich völlig unsicher und geht über Hypothetisches nicht hinaus.

Lesart 2

Die Lesarten 2 und 3 beziehen sich auf das *Imperfekt im Gegensatz zum Aorist* in O'. C' hat in diesem Psalm auch sonst den Aorist bei O' und bei den andern Übersetzern durch das *Imperfekt* ersetzt: *V. 40a, b, 41a, b, 42a.* Das Imperfekt ist in den *V. 40–42* ein Imperfekt der wiederholten Handlung (durch πόσα eingeleitet!), also eine Ausdrucksweise, die C' aus griechischem Sprachempfinden eingegeben wurde. Dasselbe könnte auch hier der Fall sein. Es geht ja um eine lügenhafte Haltung, nicht um eine einmalige Lüge. Die Freiheit in der Wiedergabe hebräischer Zeiten ist typisch für C', siehe oben Einleitung, Kap. IV, 2.

Lesart 3

Dieser Lesart fehlt die Sigel: ἡ δὲ verlangt eine Sigel Є' oder ς'. Da im MT und in O' keine Konjunktion ו bzw. καί vor dem Verb steht – sie wäre ja auch syntaktisch sinnlos –, liegt es nahe, das Wort καί als *Mißdeutung* der Sigel ς' zu verstehen, die mit der Abkürzung für καί verwechselt wurde.

Die Lesart wurde wegen des *Imperfektes,* wie die des C', zitiert. Es ist nicht ausgeschlossen, daß das καί dann verhindert hat, die Lesart mit C' zusammenzufassen. Auch diese Verwechslung beweist, daß es nicht der Kompilator von 1173 war, der die Lesarten aus einer Hexaplahandschrift auszog.

Das *Imperfekt* entspricht hier einem hebräischen einfachen Imperfekt. Ist dies eine *Option der ς'* oder ist das Imperfekt bloß auf die *O'-Vorlage der ς'* zurückzuführen?

Für das erste spricht der Umstand, daß die Rezensionen außer C' im allgemeinen versucht haben, das hebräische Imperfekt mit Futurum, oder zumindest *nicht mit Aorist* zu übertragen, siehe Einleitung Kap. IV, 2. Hier hat dieses hebräische Imperfekt deutlich Vergangenheitsbedeutung, wie aus dem Zusammenhang hervorgeht. So könnte es die Absicht der ς' gewesen sein, die Gleichung: hebräisches Imperfekt = griechischer Aorist, die bei O' gesetzt ist, aufzugeben. Als Ersatz für den Aorist stünde Imperfekt.

Die *palästinische Rezension der O'* war anderseits bestrebt, alle Imperfekte auszumerzen, siehe *V. 52b,* E. 34, L. 3. Insbesondere hat sie das Imperfectum consecutivum stets durch καί mit Aorist ausgedrückt, siehe *Barthélemy,* Devanciers, S. 65. So könnte das *Imperfekt* ἐψεύδοντο ein *altes Imperfekt* darstellen, das dann einer rezensierenden Hand zum Opfer fiel. Von einem dergestalt vorausgesetzten Imperfekt gibt es weder in P. Bodmer xxiv noch bei *Rahlfs* und *Holmes-Parsons* die geringste Spur.

Ist also eine Option der ς' in Anschlag zu bringen? ς' kennt Imperfekte auch sonst: *V. 52b,* E. 34, L. 3, und sie übersetzt Verben nicht immer gleich: so sind die hebräischen Perfekte in *Ps lxxviii 6a,* E. 61, L. 7, *6b,* E. 62, L. 4 mit einem *Partizip Perfekt* und einem *Partizip Aorist* übertragen. ς' hat also hier möglicherweise O' verlassen, um eine dauernde Handlung in der Vergangenheit anzudeuten wie C' oder um ein hebräisches Imperfekt nicht mit Aorist zu verknüpfen, wie die jüngern Versionen bis auf C' alle dies vermeiden, siehe Einleitung, Kap. IV, 2.

Exzerpt 3. Vers 37a

Lesart 1

Die Lesart will auf das καὶ bei A′ anstatt des δὲ bei O′ hinweisen. Die Lesart A′ entspricht somit genau MT, ist also in ihrer wortwörtlichen Treue charakteristisch für A′, der den Artikel beim Possessivum ja nie setzt.

Lesart 2

Diese Lesart soll das Fehlen von ἡ δὲ vor καρδία bei C′ im Gegensatz zu O′ herausstellen.

Die Lesart überrascht bei C′, denn dieser folgt in einer Sache wie dem besitzanzeigenden Fürwort dem griechischen Sprachgebrauch. Das Griechische setzt aber den Artikel, wo das Nomen mit dem Possessivum bestimmt ist, außer in einigen besonderen Fällen, siehe *Kühner-Gerth,* Grammatik, ii, § 462, S. 598–610. Nun fällt auf, daß Є′ gerade bei Begriffen von Körperteilen wie καρδία, χείρ, κεφαλή, usw., den Artikel gerne bei jenen Substantiven wegläßt, die mit einem Possessivum versehen sind: Daraus ergibt sich die Vermutung, die Sigel C′ könnte falsch sein und in Wirklichkeit Є′ darstellen. Der Irrtum C′ für Є′ ist ja sehr leicht, und der Kompilator von 1173 oder seine Vorlage haben ja gerade oben die Sigel ς′ mißverstanden, siehe E. 2, L. 3. Die häufige Reihenfolge: A′, C′ konnte den Fehler noch erleichtert haben. Ohne völlige Sicherheit erlangen zu können, darf man die Lesart vielleicht doch Є′ anstatt dem C′ zuweisen.

Lesart 3

Den ersten Teil der Lesart hatte *Field* aus Syh לא מסתתא הו zurückermittelt: οὐχ ἡδρασμένη. 1173 bestätigt Fields Rückübertragung glänzend.

μετὰ mit Gen. für עם ist für A′ üblich, z. B. *Ps xvii 27a und b; Ps xlv 8a:* μετ᾽ ἡμῶν = עמנו mit Personalsuffix (wie hier) nach 1098; usw. Zur *Elision* μετ᾽ αὐτοῦ siehe unten *Ps lxxix 18a,* E. 84, L. 4.

Lesart 4

βέβαιος für נכון kommt bei C′ auch sonst vor: *Gn xli 32* nach M, v, j (anon.); *i Regn xxiii 23* nach j. In *Ps lxxxviii 22a* übersetzt C′ das Verb כון nif mit: βεβαίως συνέσται nach Eus. Obschon er es meistens mit der Wurzel ἐδραζ/σ- verbindet, ist daher die Lesart in 1173 sicher zutreffend.

πρὸς mit Akk. für עם ist bei C′ ebenfalls gebräuchlich: z. B. *Ps xvii 27a und b* nach 1098

Exzerpt 4. Vers 37 a–38b

Lesart 1

Nichts steht der Richtigkeit dieser Lesart entgegen: Θ' und Є' übersetzen לבב mit καρδία, auf welches Wort ἑτοίμη sich bezieht. ἕτοιμος für נכון überrascht bei Θ' in keiner Weise. Zwar ist der einzige Beleg für die Entsprechung נכון = ἕτοιμος bei Θ' nur die Doppellesart C'Θ' in *Is ii 2* nach Q.

Auch für Є' ist die Übersetzung plausibel: *Ps lxxxviii 38b* ἑτοιμασθήσεται für כון nif nach 1098.

In *Os vi 3* hat Є' nach 86 allerdings βεβαία für נכון, aber das ist kein Argument gegen unsere Stelle, denn Є' nach 86, zweite Hand, in Oseas ist eine Pseudo-Quinta, siehe *Barthélemy, Quinta.*

Lesart 2

1173 liest in Widerspruch zu L. 1 hier nochmals eine Sigel Θ'. Diese ist kaum richtig. Obschon die Θ'-Lesart für den Anfang des *Verses 37a* nicht bekannt ist, darf man als gewiß annehmen, daß auch Θ' לבב mit καρδία wiedergegeben hatte. Zu καρδία paßt aber das maskuline Adjektiv ἕτοιμος nicht.

1173 führt alle Versionen an außer ς', während die Sigel Θ' doppelt steht. Es liegt somit nahe, nach A', C', Є', Θ' noch ς' zu vermuten, deren Sigel in Θ' verwandelt wurde. ς' ist gelegentlich periphrastisch, wie in unsern Bruchstücken z. B. *Ps lxxxi 7b*, E. 112, L. 2 zeigt. ς' wird hier לבב mit einem männlichen, frei übertragenen Hauptwort ausgedrückt haben, auf welches das Adjektiv ἕτοιμος paßt. (ἕτοιμος könnte feilich auch eine fehlerhafte Überlieferung in 1173 darstellen.)

Lesart 3

καὶ οὐ ist A's ständige und wörtliche Wiedergabe von ולא, z. B. *Is i 6* nach 710; *Ps xvii 37b, 38b, 39a, lxxxviii 44b* nach 1098; usw.

Der Wurzel אמן entspricht bei A' nach dem Vorbild der O' der griechische Stamm πιστ-.

Die vorliegende Lesart A' in 1173 ist insofern etwas Besonderes, als *einzig hier* die Übertragung des *nif* von אמן für A' überliefert ist. Bezeichnenderweise stimmt A' darin mit O' überein. A' hat also auch im nif die Option der O' aufgenommen. אמן hif ist πιστεύω, nif πιστόομαι. Vielleicht war A' konsequenter in seinen Wiedergaben als O', aber was die Wortwahl betrifft, hat er keine völlig andere Wahl getroffen.

Lesart 4

οὐδέ hat C' hier aus O' unangetastet übernommen. οὐδέ und μηδέ sind sowohl bei O' als auch bei C' seltenere Wiedergaben von ולא.

Die Wurzel אמן ist bei C′ wie bei O′ und A′ meistens mit der griechischen Wurzel πιστ- verknüpft.

Aber zuweilen gibt C′ dem Stamm אמן den Sinn von: *fest sein, dauern, bleiben,* βέβαιος εἰμί, μένω, διηνεκῶς.

So steht für אמן nif in *Ps lxxvii 8d* nach Eus (nach ThdMopsv[1133] mit der falschen Sigel A′) ἀβέβαιος (ἦν) (O′ οὐκ ἐπιστώθη); für אמונה in *Ps cxviii 86a* διάμενον nach cat xvii (1047, mit einer Korruptel in 1135, 1139; die Lesart fehlt in 1134) (O′ = ἀλήθεια); *Ps cxviii 138b* διαμένουσαν nach cat viii (O′ = ἀλήθειαν); *Ps xxxvi 3b* nach Eus[1021] διηνεκῶς (O′ = ἐπὶ τῷ πλούτῳ αὐτῆς); in *Is vii 9* ist nach Tht, Hi (lat) אמן nif durch διαμένω übersetzt (O′ = οὐ μὴ συνῆτε!).

ἐμμένω in unserer vorliegenden Lesart überrascht also nicht. Überdies ist C′ der einzige unter den jüngern Übersetzern der ἐμμένω gebraucht: ein zweiter Beleg ist *Job ii 9* für עודך מחזיק nach Field («'Colb. et Reg. unus.' – Montef. ...»).

Lesart 5

Das Wort רחום ist sonst nirgends für A′ nachgewiesen. *Ps cii 8a* ist eine Restitution *Taylors* (das Fragment enthält: ...]ων).

Die Wurzel רחם bei A′ ist für die Substantive רחם Schoß, Eingeweide und רחמים Erbarmen, Mitleid am besten bekannt. Jenes übersetzt A′ durch μήτρα in *Ps cix 3c* nach Eus [cat pal], Epiphanius: Panarion haer. 65, 4, 5, ed. Holl, Bd. III, S. 6, Z. 26, cat xvii in den Hss 1047, 1134, 1135, 1139 (O′ = γαστήρ); *Prov xxx 16* nach Morin. n. ε (zu Kap. ΚΔ′, S. 502b) (O′ = γυνή); *Jer xx 17* nach 86, Syh (= O′); *Ez xx 26* nach Tht (= O′). Dieses überträgt A′ durch den Plural οἰκτιρμοί, so in *Ps xxiv 6a* nach 264 mg (= O′); *lxxviii 8b* nach 1173, E. 65, L. 1 (= O′); *cii 4b* nach Taylor (= O′); *Prov xii 10* nach Morin. n. o (οἱ οἰκτειρμοί) (O′ τὰ δὲ σπλάγχνα).

σπλάγχνα finden wir bei A′ in *Am i 11* nach 86 nach der Konjektur *Zieglers*, Duodecim prophetae, z. St. (A′Θ′ nach Syh) (O′ = μήτραν oder μητέρα, siehe *Ziegler*, Duodecim prophetae, z. St.); *Gn xliii 30* A′C′ τὰ σπλάγχνα αὐτοῦ nach M, c₂, Fᵇ (anon.), Syh (O′ τὰ ἔντερα αὐτοῦ nach einigen Hss, σπλάγχνα nach e, g, j, n, t, v (txt), y, d₂, Chr).

Das Verb רחם ist für A′ allein bezeugt in *Jer xxxvii (xxx) 18* nach 86: οἰκτείρω (O′ ἐλεέω); zusammenfassende Lesarten sind *Is lx 10* A′C′Θ′ nach 86 (O′ ἀγαπάω); *Jer xxvii (l) 42* A′C′ nach 86 (O′ ἐλεέω). Die gruppierende Lesart von *Is lx 10* verdient Kredit für alle drei Versionen, denn für C′ und Θ′ ist οἰκτείρω je gesondert als Wiedergabe von רחם bezeugt in *Is xlix 15* nach Q (O′ ἐλεέω).

A′ vermeidet offenbar ἐλεέω für רחם, folgt aber O′, wo diese οἰκτείρω gewählt haben. So paßt die vorliegende Lesart A′s οἰκτίρμων für רחום, welche A′ von O′ übernahm, ganz in den Rahmen der Wiedergaben A′s von dem Stamm רחם. Ein weiterer Beleg für A′s Übertragung von רחום ist nicht bekannt.

Lesart 6

Die Lesart C′s in 1173 wird bestätigt durch das Zeugnis Eus's.

C′ hat רחום hier mit ἐλεήμων verbunden, so wie er unten in *Ps lxxviii 8b* nach 1173, E. 65, L. 2 רחמיך mit τὰ ἐλέη σου verknüpfen wird.

Lesart 7

1173 läßt die Sigel hier fortfallen, so daß die Lesart unmittelbar auf die vorhergehende des C′ zu *V. 38a* folgt. Sie ist jedoch zweifellos dem A′ zuzuweisen.

Dafür spricht die *Wortwahl:* A′ überträgt nämlich כפר *pi* unten in *Ps lxxviii 9c* nach 1173, E. 68, L. 1 mit ἐξιλάσκομαι Med (O′ = ἱλάσκομαι!); in *Lev xvi 10* O′A′ τοῦ ἐξιλάσασθαι nach v; *Is xlvii 11* A′C′ ἐξιλάσασθαι nach Tht (O′ = καθαρὰ γενέσθαι). Diese beiden gruppierten Lesarten treffen gewiß auf die erwähnten Versionen zu. O′ übertragen כפר *pi* mit ἐξιλάσκομαι Med oder Pass, z. B. *Gn xxxii 20 (21)*, *Ex xxx 15, 16*, usw; C′ kennt dieselbe Übertragung in *Ps lxxviii 9c* nach 1173, E. 68, L. 2 (O′ = ἱλάσκομαι Pass); *Ez xvi 63* nach 86 (= O′).

Zu dieser Wortwahl A′s für כפר *pi* paßt seine Übersetzung des *Nomens* כפר: *Ps xlviii 8b* nach 1098 ἐξίλασμα(= O′); *Is xliii 3* ἐξιλασμοῦ nach Q (O′ = ἄλλαγμα); und zusammenfassende Lesarten.

Einfaches ἱλάσκομαι steht bei A′ für die Wurzel סלח.

Daß die Lesart wohl dem A′ gehört, geht auch daraus hervor, daß die nächstfolgende dem C′ zugehört, siehe L. 8. Somit ist die Abfolge der Lesarten A′, C′ gegeben, welche ja sehr häufig ist.

Lesart 8

Die Lesart schließt sich sigellos an die vorhergehende an, die wie gesagt wohl von A′ stammt. Die Sigel ist hier mit Gewißheit zu ergänzen, da *Eus* die Lesart C′ ἐξιλάσκων parallel zu 1173 und mit dem Namen C′s überliefert.

Die *Wortwahl* paßt zu C′: in *Ps lxxviii 9c* nach 1173, E. 68, L. 2, und in *Ez xvi 63* nach 86 finden wir ἐξιλάσκομαι Med oder Pass. In der vorliegenden Lesart ist es ἐξιλάσκω Akt.

Charakteristisch für C′ ist auch die Wiedergabe der hebräischen Verbalform durch ein griechisches Participium coniunctum oder absolutum. Dies ist häufig bei C′, siehe z. B. *Ps xvii 35b* nach 1098; *xxvi 2b* nach 264 mg; *xxvii 6a* nach 1098; *xxix 8b* nach 264 mg, 1098; *lxii 7a* nach Eus, ThdMopsv [1133]; *lxxvii 38b* nach 1173, E. 4, L. 12; *lxxviii 13b*, E. 77, L. 2, usw.

Lesart 9

Die Lesart trägt die Sigel Є′. Bisher war kein Zeugnis für Є′s Übertragung von כפר *pi* bekannt gewesen. Für die Lesart Є′ von 1173 spricht, daß Є′ sich hier wie in manchen Fällen mit A′ deckt, und die Übersetzung von כפר Substantiv bei Є′ in *Ps xlviii 8b* nach 1098 mit ἐξίλασμα (= O′) bestärkt die Lesart von 1173.

Im Unterschied zu O′ hat Є′ also das Kompositum ἐξιλάσκομαι statt einfachem ἱλάσκομαι gewählt. Der Grund für diese Wahl ist vielleicht wie bei A′ eine Spezialisierung von ἐξιλάσκομαι auf כפר und von ἱλάσκομαι auf סלח. Der Nachweis läßt sich jedoch nicht erbringen, da keine Є′-Übertragung für סלח bekannt ist, und es auch keine Lesart der Є′ gibt, wo ἱλάσκομαι vorkäme.

Є′ hat die Konjunktion καί der O′ beibehalten. Diese hat im Hebräischen keine Vorlage. O′ setzen gelegentlich die Konjunktion καί ein, ohne entsprechende Vorlage in MT. Є′ folgt dabei den O′ ohne zu rezensieren: z. B. *Ps xxix 6a* vor ζωή;

xlv 4a vor ταραχθήσονται; *xlv 9a* vor ἴδετε; *xlviii 12a* vor ἐν μέσῳ αὐτῶν. Nach 1098 bewahrte Є′ überall das καὶ der O′.

Zur *Wortwahl* ἀνομία bei Є′: Es gibt drei Stellen, wo Є′s Übertragung von עָוֹן *allein* überliefert ist: *Ps xlviii 6b* nach 1098: ἀνομία (= O′); *lxxxviii 33b* nach 1098: ἀνομίαι (O′ = ἀδικίαι); *Ps lxxviii 8a* nach 1173, E. 64, L. 2: ἁμαρτίαι (O′ = ἀνομίαι).

Dazu treten zusammenfassende Lesarten: *Ps xxx 11c* nach 264 mg: Θ′Є′ ἐν ἀνομίᾳ (O′ = ἐν πτωχείᾳ); *xxxi 2a* nach 264 mg: Є′ς ἀνομίαν (O′ = ἁμαρτίαν).

ἀνομία ist somit die häufigste Entsprechung von עָוֹן, aber sie ist nicht völlig konsequent durchgeführt, wie *Ps lxxviii 8a* nach 1173 zeigt: siehe E. 64, L. 2.

Bedeutsam ist auch der *Singular,* den Є′ anstatt des Plurals in O′ gesetzt hat. Der Plural in O′ ist eine sinngemäße Deutung des Kollektivbegriffes von עָוֹן, der Singular bei Є′ ist eine wörtliche Wiedergabe.

Weiter ließ Є′ das *Fürwort* αὐτῶν weg, das bei O′ steht. Damit paßt sie sich auch in diesem Punkt enger dem MT an. Bei *Kennicott* gibt es keinen Zeugen, der ein Personalpronomen im Hebräischen nachwiese. Da auch A′ und C′, siehe unten L. 10, 11, ohne Fürwort übertrugen, ist es sicher, daß das Fürwort αὐτῶν zum hebräischen Text hinzugefügt und eine Freiheit der O′ darstellt, die die Rezensionen wieder abgeschafft haben.

A′ wird noch einen Schritt weiter gehen als Є′, indem er auch den Artikel aufgibt, dem im Hebräischen ja nichts entspricht.

Lesart 10

Die Übersetzung A′s ist gewiß richtig: ἀνομία steht bei ihm für עָוֹן, wie folgende Stellen beweisen: *Lv xxvi 39 (bis)* nach v, z, s (anon.); *Ps xxx 11c* nach 264 mg; *Ps xxxi 5b* nach 264 mg; *Ps xxxi 5d* nach 264 mg, 1175; *Ps xlviii 6b* nach 1098; *Ps lxxviii 8a* nach 1173; *Ps lxxxviii 33b* nach 264 mg, 1098; *Is i 4* nach 710; *Is liii 5* nach Eus; *Am iii 2* nach 86. Hinzuzufügen wäre noch *Jer xviii 23* nach 86, Syh. Es gibt noch weitere Lesarten, auch zusammenfassende; hier sind nur die eindeutigen angeführt. Sie genügen, A′s Wiedergabe von עָוֹן sicherzustellen.

Abgesehen von *Jer xiv 7*, wo nach 86 ἀνομήματα steht, gibt es drei abweichende Zeugnisse. Sie verdienen eine Erwähnung: 1. *Ps cii 3a* ἀνομήματι nach Taylor; 2. *Gn iv 13* ἀνόμημα nach s, v: Diese beiden Übersetzungen sehen echt aus. Wahrscheinlich hat also A′ gelegentlich neben ἀνομία auf ἀνόμημα, das er in Jer gebraucht hatte, zurückgegriffen. 3. *Is lix 2* αἱ ἁμαρτίαι ὑμῶν (sic: Artikel mit Possessivum!): diese Übersetzung ist wohl fälschlich in 86 dem A′ zugeschrieben. Der Rest der Lesart ἦσαν διαχωρίζουσαι für הָיוּ מַבְדִּלִים dagegen könnte von A′ stammen; und αἱ ἁμαρτίαι ὑμῶν könnte kontaminiert sein durch τὰ ἁμαρτήματα der O′: ursprünglich wäre ἀνομίαι ὑμῶν dagestanden. Oder die ganze Lesart gehört dem C′, und die Sigel A′ ist falsch.

A′ ließ wie gesagt, oben L. 9, das Fürwort αὐτῶν der O′ und den Artikel weg.

Lesart 11

Dem Zeugnis von 1173 widerspricht jenes des Eus, der ἁμαρτίας bietet. O' haben hier ταῖς ἁμαρτίαις, wie sie überhaupt oft עָוֹן durch ἁμαρτία ausdrücken.

Von den 23 Lesarten, die C's Übertragung allein und auf griechisch überliefern, ersetzen *9* die Äquivalenz der O': עָוֹן = ἁμαρτία durch eine andere Übersetzung:

1. *Ps xxxi 2a:*   ἀνομία   nach 264 mg.
2. *Ps xxxi 5b:*   ἀδικία   nach 264 mg.
3. *Ps lxxxviii 33b:*   ἀδικία   nach 1098.
4. *Is i 4:*   ἀνομία   nach 710.
5. *Is v 18:*   ἀνομία   nach 710, Q.
6. *Is xiv 21:*   ἀνομία   nach Eus.
7. *Is liii 6:*   ἀνομία   nach Eus.
8. *Is liii 11:*   ἀσέβεια   nach Eus.
9. *Am iii 2:*   ἀδικία   nach 86.

Anderseits behalten *2* Stellen die Entsprechung עָוֹן = ἁμαρτία der O' bei: *Lev xxvi 39* (*bis*) nach v, z, s (anon.).

An den weitern Stellen verläßt C' meistens die Vorlage von O', um selbständig zu übersetzen:

1. *Ps xxx 11c:* O' πτωχεία, C' κάκωσις nach 264 mg, Eus [1121].
2. *Ps xxxi 5d:* O' ἀσέβεια, C' ἄνομος (Adjektiv statt Hauptwort) nach 264 mg, 1175.
3. *Ps xxx 3b:* O' ἀνομία, C' ἀδικία nach Eus [1113].
4. *Ps xxxviii 12a:* O' ἀνομία, C' ἀδικία nach 1175.
5. *Ps l 7a:* O' ἀνομία, C' ἀδικία nach Eus [1121].
6. *Ps lviii 5a:* O' ἀνομία, C' ἁμαρτία nach Eus, Tht, ThdMopsv [1717], 1140 (aber ἀνομία nach cat xxv [1811]). Dies ist der einzige Fall, wo C' sich von O' trennt, um ἁμαρτία zu wählen.
7. *Job xiv 17:* O' εἴ τι ἄκων παρέβην, C' ἀνομία nach Field («Colb., Reg. unus...»).
8. *Is xxvi 21:* O' ὀργή, C' ἀνομία nach Q, Syh (※, anon.).

In den 4 folgenden Fällen hat C' die Wahl der O' aufrechterhalten:

1. *Ps lxiv 4a:* O' ἀνομία, C' ἀνομία nach Tht [288, 1070]; die andern Hss lesen irrtümlicherweise ἀνόμων statt ἀνομιῶν).
2. *Ps xlviii 6b:* O' ἀνομία, C' ἀνομία nach 1098.
3. *Ps lxxviii 8a:* O' ἀνομία, C' ἀνομία nach 1173.
4. *Ps lxxxix 8a:* O' ἀνομία, C' ἀνομία nach Eus, Tht.

ἁμαρτία ist keine typische Wiedergabe von עָוֹן durch C'. Dieser hat diese Übersetzungsweise bei O' im Gegenteil oft ersetzt durch eine eigene, wie er überhaupt sich von O' bei den Entsprechungen von עָוֹן *meistens* trennt. Nur in 6 Beispielen von 23 geht C' mit O' zusammen: 4 mal ist ihnen ἀνομία gemein, zweimal (in derselben Lesart!) ἁμαρτία.

Die *Lesart von 1173* verdient daher den *Vorzug vor Eus.* Bei diesem erklärt sich das Abweichen als Kontamination durch O'. In 1173 stehen überdies 3 Lesarten: A', C' und Є' gleichzeitig, während Eus nur gerade C' zitiert. Bei einem Einzelzitat ist ein derartiges Versehen leichter denkbar.

Das *Fehlen des Fürwortes* αὐτῶν ist ebenso bei C' wie bei A' und Є' Absicht der Übersetzer und nicht Werk der Exzerptoren. Denn dieses Fehlen des Fürwortes entspricht der *Abwesenheit des Suffixes* in MT: siehe oben L. 9, 10.

Lesart 12

שחת *hif* bei C': *Ps lii 2b* διεφθάρησαν nach 1175, Eus; *Ps lxxvii 45b* διαφθεῖραι nach 1173; *Partizip: i Regn xiii 17* οἱ διαφθείροντες nach z; *Ez xxv 15* εἰς διαφθοράν nach 86, Syh. Dazu treten zahlreiche zusammenfassende Lesarten. Das Partizip bedingt die Verneinung μή statt οὐ bei O'.

C' hat diesen *asyndetisch*, d. h. ohne Relativpartikel angeschlossenen Nebensatz dem Genius des Griechischen entsprechend in eine *Partizipialkonstruktion* umgesetzt. Dazu gibt es eine genaue Parallele unten in *V. 39b*, E. 8, L. 1, mit dem Unterschied, daß dort schon O' zu dieser Übersetzungsweise gegriffen hatten.

C' liebt Partizipialkonstruktionen überhaupt: siehe dazu unten in *Ps lxxviii 6a,* E. 61, L. 1.

Vielleicht ist C' in diesem Punkt durch A' beeinflußt, der bisweilen *Relativsätze ohne Relativpartikel* als *Partizipien* überträgt, siehe dazu Einleitung, Kap. IV, 2 zur Übersetzung der Zeiten bei A', Imperfekt, S. 47.

Exzerpt 5. Vers 38c

Lesart 1

ל und Infinitiv wird bei A' durch τοῦ mit Infinitiv ausgedrückt, z. B. *Is iii 8* nach 710 (aber gegen Eus); *v 22* nach 710; *vii 15* nach Q, usw., siehe *Reider,* Index, S. 167. A' hat ἀποστρέψαι von O' durch ἐπιστρέψαι ersetzt.

A' hat die *Vielfalt* der O'-Übersetzungen für die *Wurzel* שוב (ἀπο-, ἀνα-, ὑποστρέφω, ἀποδίδωμι, ἀποκαθίστημι, ἐπιβάλλω, ἀποτιννύω, u. a.) auf *größere Einheitlichkeit* zurückgeführt: er arbeitet mit ἐπιστρέφω und ἀποστρέφω. Er *bevorzugt dabei* ἐπιστρέφω, denn dieses Verb steht für שוב *qal, hif* und *pol*, während ἀποστρέφω nur für *qal* steht (von Jer und Ez ist dabei abgesehen): zu der Ursache für die *Bevorzugung von* ἐπιστρέφω, siehe *Barthélemy,* Devanciers, S. 104–105, obgleich ἐπιστρέφω nicht überall bei A' den Sinn von Bekehrung, Wende zum Guten hat. A' folgt den *Spuren seiner Vorgänger,* ohne ihre Motivierungen stets aufrechtzuerhalten.

> ἐπιστρέφω *für* שוב *qal:*
>
> a) *in Übereinstimmung mit O':*
> *iv Regn xxiii 20, 25* nach Burkitt; *Ps xxi 28a* nach den Hexapla Taylor; *Ps lxxxix 3b* nach Tht; *Ct vii 1 (vi 12) (bis)* nach Field («Theodoret., Reg. unus ...»).
>
> b) *im Gegensatz zu O':*
> *Gn iii 19 (bis)* nach M und v; *Ex xiv 26* nach j; *Ex xxxii 31* Θ'A'O' nach v; *Jos v 2* nach v, b, Syh (anon.); *Ps xvii 38b, xxxiv 13c* nach 1098; *Is ix 13 (12)* nach 710; *Is xxi 12* nach Q, Syh; *Is xxxviii 8* A'Θ' nach 86; *Is li 11* nach 86ᵗˣᵗ; *Jon iii 8* A'Θ' nach Q, Syh.
>
> ἐπιστρέφω *für* שוב *hif:*
>
> a) *in Übereinstimmung mit O':*
> *iii Regn xxi (xx) 9* nach Burkitt.
>
> b) *im Gegensatz zu O':*
> *Ps xxvii 4c* nach 264 mg; *Ps xxxiv 17b* nach 1098; *Ps lxviii 5c* nach Eus; *Ps lxxviii 12a* nach 1173; *Ps lxxx 15b* nach 1173; *Ps lxxxviii 44a* nach 1098; *Ps cxxxi 10b* nach 1075; *Job xx 10* nach Field («'Sic omnes.' – Montef., ...»).

Da wir auch in unserem Vers ein hif haben, ist A's Änderung folgerichtig. Denn ἀποστρέφω ist für שוב *qal* (und zweimal für eine andere Wurzel, siehe unten) vorbehalten:

a) ἀποστρέφω *für* שוב *qal in Übereinstimmung mit* O':

Gn xxxviii 22 nach j, v (anon.); *iv Regn xxiii 26* nach Burkitt; *Is lix 20* nach Pr (nicht ganz sicher, da die Lesart nicht die Wortwahl, sondern die *Wortform* betrifft: O': ἀποστρέψει, A' ἀποστρέψασιν).

b) *Im Gegensatz zu* O':

Ex iv 7 nach b, Syh; *Iud xii 3* nach z (in O' gibt es Zeugen für die Form ἀποστρ.); *Ps cxlv 4a* Θ'A' nach 1175 (in O' auch hier Zeugen mit ἀποστρ.).

ἐπιστρέφω erscheint übrigens *auch als Wiedergabe von* שוב *pol* in *Is lviii 12* nach 86 (O' übersetzen völlig anders) und von נבט *hif* in *Ps lxxiii 10b* nach Eus (O' übersetzen mit ἐπιβλέπω).

ἀποστρέφω seinerseits steht für סתר *hif* in *Ps xxi 25b* nach den Hexapla Taylor (wie O'!) und im Medium für das *Partizip* שגים in *Ps cxviii 118a*: ἀποστρεφομένους (O': ἀποστατοῦντας) nach cat xvii [1047, 1135, 1139].

Bei A' fehlt vor dem θυμὸν αὐτοῦ erwartungsgemäß der *Artikel*. Auch die *Wahl* des Wortes θυμός für אף entspricht A's Manier: vgl. *Ps xxvi 9b* nach 264 mg (hier haben O': ἐν ὀργῇ); *Ps xxix 6a* nach 1098 (O' = A'); *Ps lxxvii 50a* nach 1173 (O': τῇ ὀργῇ): siehe dort E. 28, L. 8.

Lesart 2

Diese ganze Lesart C's wird durch Eus und Tht bestätigt.

Die *freie* Wiedergabe des hebräischen Infinitivs und des finiten Verbums ist keine Schwierigkeit für diese C'-Lesart.

Ein anderes Beispiel für eine ähnlich freie Wiedergabe von רבה *hif* durch C' ist eine Stelle in *Is lv 7*: כי־ירבה לסלוח heißt bei ihm: πολὺς γάρ ἐστιν ἀφιέναι nach 86 (O': ὅτι ἐπὶ πολὺ ἀφήσει).

C' pflegt רבה *hif* weiter mit αὐξάνω, so in *Ps xvii 36c* nach 1098; *Ps lxx 21a* nach 264, Tht; und mit πληθύνω, so in *Is xl 29* nach 86; *Is lvii 9* nach Eus, Tht (C'Θ'), 86 (anon.) zu übersetzen.

שוב *hif* erscheint bei C' als ἀνταποδίδωμι, ἀναστρέφω (siehe unten *Ps lxxx 15ab*, E. 98, L. 2), ἀποστρέφω, τάττω, ἀποκαθίστημι. ἀποστρέφω z. B. in *Ps lxxxviii 44a* nach 1098; *Ps cxxxi 10b* nach 1175.

אף erscheint oft eng verbunden mit einem *synonymen Ausdruck*:

a) אף und חמה: *Ps vi 2a, b; lxxvii 38c, d: Is lxiii 3; Ez v 15.*

b) אף und עברה: *Ps lxxxix 11a, b;*

c) אף und חרון: *Thren i 12c.*

Alle diese Paare sind bei C' mit dem Paar ὀργή und θυμός wiedergegeben, wobei aber אף bald θυμός ist: wie in *Ps lxxxix 11a* nach Tht (עברה = ὀργή) (O' = umgekehrt!); *Is lxiii 3* nach Eus (O' anders); *Thren i 12c* nach Q (חרון = ὀργή) (O' = umgekehrt!); bald ist אף ὀργή: *Ps lxxvii 38c* nach 1173 (חמה = θυμός!) (O' = umgekehrt!); *Ez v 15* nach Q txt (mit ※) (חמה = θυμός) (O' anders): der Grund ist hier, daß C' חמה fast durchwegs mit θυμός verbindet und nur selten von dieser Übersetzungsweise abweicht: siehe zu V. 38c.

Es ist müßig, hier eine *konsequente* Übersetzungsweise aufspüren zu wollen. C' überträgt bald so, bald anders, wie es der Augenblick erheischt. Immerhin bleibt die Entsprechung אף =

ὀργή (und die Äquivalenz: חֵמָה = θυμός, siehe zu *V. 38d*) *vorherrschend,* und C′ entfernt sich ziemlich oft von der Vorlage der O′.

Im übrigen entspricht das Wort ὀργή bei C′ auch noch andern hebräischen Wurzeln, bald im Einklang mit O′, bald gegen O′: קצף, רגז, כעס, זעם, u. a.

Zur *Zeitwahl* des Verbs bei C′ im Gegensatz zu O′, siehe unten E. 6, L. 5, 6.

Lesart 3

Diese Є′-Lesart gilt dem *Aorist,* der im Gegensatz zum *Futurum* (oder möglicherweise Präsens) der O′ steht. Dieser Aorist von Є′ verrät die Hand des Rezensenten, denn aus der Untersuchung über die Zeitwahl bei den jüngern griechischen Übersetzern, siehe Einleitung, Kap. IV, 2 ging hervor, daß A′ und Є′ dem hebräischen Perfekt den griechischen Aorist Indikativ zuordneten, und dies mit viel größerer Regelmäßigkeit als O′. In der Überlieferung der O′ gibt es keine Spur eines Aoristes in diesem *V. 38c,* weder in P. Bodmer xxiv, noch bei *Rahlfs,* noch bei *Holmes-Parsons.* Einzig *Psalterium Romanum* schwankt zwischen *multiplicabit* und *multiplicavit* (= Vaticanus lat. 12958); ebenso *Psalterium mozarabicum* zwischen *habundabit* und *habundavit* (= 29 30 31ᶜ 32 33 34 37 204 206 207); auch *Psalterium gallicanum* enthält *habundavit* (= FQUG * Ψᴮ Ω), *abundavit* (= G²): vielleicht kontaminiert durch *Psalterium Romanum:* siehe Ausgabe, Apparat z. St. Der Aorist der Є′ erklärt sich daher vorzüglich als Eingriff des Bearbeiters in eine O′-Vorlage, die ein Futurum las. O′ haben hier das Perfekt והרבה ohne Zweifel für ein Perfectum consecutivum mit Futurumbedeutung gehalten: siehe zu der Zeitwahl in *V. 38–39* bei den Übersetzern unter E. 6, L. 5, 6.

In der *Wortwahl* hat sich Є′ an O′ gehalten.

In *Ps xvii 36c* überliefert uns 1098 ein Parallelbeispiel: Є′ übertrug רבה hif auch dort mit πληθύνω. Obgleich O′ in diesem Vers ἀνώρθωσε (Aorist, den Є′ hier als Futurum wiedergibt, weil er einem hebräischen Imperfekt entspricht!) enthalten, können wir daraus nicht ohne weiteres auf eine von Є′ gewollte und durchgeführte Äquivalenz: רבה hif = πληθύνω schließen. Denn es ist möglich, daß die O′-Vorlage von Є′ ebenfalls πληθύνω gekannt hatte. Denn im parallelen Vers der Dublette des *Ps xvii,* die sich in *ii Regn xxii* findet, also in *ii Regn xxii 36b,* steht ἐπλήθυνεν bei O′ (im Aorist für hebräisches Imperfekt!). Es ist daher möglich, daß bei der gegenseitigen Beeinflussung der Texte von *Ps xvii* und *ii Regn xxii* auch in der O′-Vorlage von Є′ in *Ps xvii 36c* ἐπλήθυνεν stand, und daß sich die Rezension damit begnügte, ohne an die Wortwahl zu rühren, die Zeitwahl zu ändern, damit hebräischem Imperfekt ein griechisches Futurum entspräche. In der O′-Überlieferung des *Ps xvii 36c* ist jedoch keine Spur mehr eines ἐπήλθυνεν vorhanden.

Dies läßt es doch als nicht ausgeschlossen erscheinen, daß Є′ hier nicht bloß in der Wahl der Zeitform, sondern zugleich auch in der des Verbs von O′ abgerückt ist.

Lesart 4

Die Lesart kann Θ′ gehören, denn es ist für ihn nicht ausgeschlossen, daß er sich hier von O′ trennt und mit ὀργή überträgt.

Es gibt neben unserm Vers ein anderes Beispiel dafür, daß Θ' θυμός der O' durch ὀργή ersetzt hätte: *V. 49a,* siehe dort.

Die Lesart Θ' ist nicht unmöglich, aber es besteht keine strenge Parallele zu ihr. Immerhin steht fest, daß die Θ'-Version(en) sich in diesem Punkte nicht immer an O' hielten.

Man kann vermuten, daß die Lesart einfach die Fortsetzung der Lesart Є' war, und daß der Kopist erst nachträglich, nachdem er die Identität von Є' und Θ' beobachtet hatte, die Sigel Θ' an den Rand setzte. Für Є' allein ist nur ein Zitat mit אף überliefert: *Ps xxix 6a* nach 1098: θυμός wie O'. Man kann natürlich auch für Є' die Möglichkeit nicht in Abrede stellen, daß Є' hier von O' abgewichen sein könnte.

Exzerpt 6. Vers 38d–39a

Lesart 1

In dieser Lesart trennen sich A' und Є' von O' durch die Form der Verneinung: οὐκ statt οὐχί der O'. A' und wohl auch Є' kennen diese Negation nicht: wahrscheinlich verhüten sie es, die *eine* hebräische Verneinung לא durch mehr als *eine* griechische wiederzugeben.

ולא ist bei A' καὶ οὐ, siehe E. 4, L. 3. Dasselbe gilt für Є': siehe z. B. *Ps xvii 37b, 38b, 42b, xxx 9a, xxxiv 15b, lxxxviii 44b, 49a* nach 1098, usw.

ἐξεγείρω akt. und pass. als Entsprechung von עור ist sowohl für A' als auch für Є' je gesondert bezeugt.

1° עור *hif* bei A': *Ps xxxiv 23a* nach 1098; *Is l 4 (bis)* nach Eus (ἐγείρω, [ἐξ]εγείρω, siehe *Ziegler,* z. St.: vielleicht besser zweimal ἐξεγείρω zu lesen wegen unserer Stelle?); *bei Є': Ps xxxiv 23a* nach 1098.
2° עור *qal* bei A': *Is li 9 (bis)* nach Eus, Chr. Für Є' sind wir auf die gruppierende Lesart: *Ps xliii 24a* A' ἡ Є': ἐξεγέρθητι in 1175 angewiesen. Es mag noch hinzugefügt werden, daß A' עור *pol* mit ἐξανεγείρω übersetzt, wenn man Q in *Is xv 5* vertrauen und die fehlende Sigel mit A' ergänzen darf, siehe *Lütkemann-Rahlfs,* S. 105, Anm. 561; aber in *Job iii 8* nach Morin. n. ι ist es ἐξεγείρω.

Die Wiedergabe des Hebräischen ist daher für A' und Є' in 1173 von großer Wahrscheinlichkeit. Die Lesart gilt der von O' verschiedenen *Wortwahl.*

Lesart 2

Die Lesart C' wird durch Eus bestätigt. C' übersetzt עור oft mit ἐξεγείρω, auch gelegentlich mit ἐξυπνίζω, γρηγορέω. διεγείρω ist aber nach Morin. n. ι gleichfalls die C'sche Wiedergabe in *Job iii 8.* Für C' *allein* von allen Übersetzern ist übrigens das Verb διεγείρω bezeugt: siehe unten *V. 65a,* E. 51, L. 1.

Zur *Zeitwahl* des C' in dieser Lesart, siehe unten L. 5.

Lesart 3

כֹּל ist bei A' πᾶς, siehe *Reider,* Index, S. 186.

Nur in der Wendung: כל־הֵיוֹם überträgt A' mit ὅλην τὴν ἡμέραν, so in *Ps xxxi 3b* nach 264 mg; *xxxiv 28b* nach 1098; *xxxvi 26a* nach Eus [1121]; und in den zusammenfassenden Lesarten: A'Θ' *Ps xliii 23* nach 1175 (Θ' allein nach 264 mg); A'C'Θ' *Is xxviii 24* nach Q (mit ※), vgl. *Mercati,* Osservazioni, S. 263–264. In allen diesen Beispielen haben auch O' ὅλην τὴν ἡμέραν! A' begnügt sich, diese Übertragung, ohne sie anzurühren, zur seinen zu machen.

חֵמָה ist bei A' χόλος, wie folgende Stellen dartun: *Ps lviii 14a* nach Eus; *Ps lxxviii 6a* nach 1173; *Ps lxxxviii 47b* nach 1098; *Is li 22, lix 18* nach 86; *Hab ii 15* nach 86, Bas N; *Job vi 4* nach 252 bei Field, Auct.

Bloß in Jer haben wir abweichende Übertragungen: *vi 11* θυμοῦ nach 86, siehe Ziegler z. St.; *xxxix (xxxii) 31* τὴν ὀργήν μου nach 86.

Das *Fehlen des Artikels* ist typisch für A'.

Lesart 4

Abgesehen davon, daß Eus die Lesart C' von 1173 bestätigt, lehrt auch die *Art und Weise* der Übertragung, daß wir hier einen echten C' vor uns haben: ὅλος für כל in *Dt iv 19* nach M, *b*, s, v, z; *i Regn xxviii 20* nach j, z; *Ps xliii 16a* nach 1175, Eus [1121], 264 mg (mit einem Irrtum: [οὐ] statt C'); *Is lii 5* nach Eus; *Jer xx 7, xxxix (xxxii) 41 (bis)* nach 86.

θυμός ist die fast ausnahmslose Wiedergabe von חֵמָה bei C': *Ps lviii 14a* nach Eus, Tht; *Ps lxxv 11a und b* nach 264, cat xxv [1811, Sinai Cod. gr. 25, 1137], Apollinarius [1133, 273]; *Ps lxxviii 6a* nach 1173 (siehe z. St. E. 61, L. 2); *Ps lxxxvii 8a* nach Eus, Tht; *Ps lxxxviii 47b* nach 1098; *Is li 22* nach Eus; *lix 18* nach 86, usw. Ausnahmen sind: *Is li 20* und *lxiii 3* nach Eus.

Lesart 5

Die Lesart hebt sich durch das *Futurum* an Stelle des Aoristes von O' ab. A' und Θ' haben das *Imperfekt* nicht als Imperfectum consecutivum gedeutet; das ו ist bei ihnen ein ו *copulativum* anstatt ein ו consecutivum.

O' haben den *V. 38* als allgemeingültige Aussage verstanden: in *V. 38a* steht ein *atemporales Präsens* und in *V. 38b, c, d* stehen *Futura,* die wohl auch die Dauer eines Zustandes ausdrücken. In *V. 39a* kehren sie zum Bericht der einmaligen, geschichtlichen Ereignisse zurück, der im *Aorist* erfolgt.

C' hat den entgegengesetzten Weg eingeschlagen: für ihn ist *V. 38–39* ebenso *Bericht* von Ereignissen wie der gesamte Zusammenhang vor und nach *V. 38–39.* Deshalb stehen alle Verben in *V. 38c, d, 39a* in der Zeit des Berichtes, im *Aorist.* Nur in *V. 38a, b* hat er eine über die Feststellung von Einmaligem herausgehende Aussage erkannt, aber diese als allgemeingültig und dauernd mit Hilfe von *Partizipien* charakterisiert. Wir stoßen hier erneut auf C's Widerstreben, Zeitformen in einem zusammenhängenden Ganzen häufig zu wechseln, siehe Einleitung, Kap. IV, 2. Er strebt nach *Einheit in der gewählten Zeitform.*

Sowohl O' als auch C' erreichen auf ihre Weise ein syntaktisch sinnvolles, einheitliches Gefüge.

A' wählte in V. 38a vielleicht ein *Präsens* wie O': doch ist das nur eine Vermutung. In V. 38b steht bei ihm das *Futurum,* entsprechend den O' und dem Hebräischen, siehe E. 4, L. 7. Dasselbe gilt *für* Є', siehe E. 4, L. 9. Leider ist es nicht bekannt, wie A' das *Perfectum consecutivum* von V. 38c וְהִרְבָּה übertrug. Є' hat es durch *Aorist* wiedergegeben, siehe E. 5, L. 3: Є' hatte also das ו als ו *copulativum,* nicht als ו consecutivum aufgefaßt. Da A' nicht besonders erwähnt ist, hatte er vielleicht wie O' ebenfalls ein Futurum. (In der Untersuchung über die Zeiten schien sich ja in der Tat abzuzeichnen, daß Є' in der Spezifizierung der den hebräischen Verbalstufen entsprechenden griechischen Tempora *konsequenter war als A',* daß also A' in diesem Punkt zu einer etwas freieren Übersetzungsweise zurückkehrte.) In *V. 38d und 39a* wählte A' wiederum das *Futurum;* in V. 38d hat auch Є' das *Futurum;* in V. 39a ebenso Θ'!

Є' (= O', C') stimmt mit dem massoretischen Text überein in *V. 39a: Imperfectum consecutivum.* A' und Θ' dagegen rechnen *V. 39* zu der allgemeinen Feststellung, die mit V. 38 beginnt. Є' zerreißt dort den Zusammenhang, indem mitten in den *Futura von V. 38b und V. 38d* ein *Aorist* in *V. 38c* auftaucht.

Es ergibt sich aus diesen Verschiedenheiten zwischen den Übersetzern, daß die *Deutung der Verbalformen mit vorgespanntem* ו offenkundig nicht eindeutig war und von Übersetzer zu Übersetzer anders geschehen konnte. C' ist auch in diesen *V. 38–39* der Dolmetscher, der sich von keinem Schema der Äquivalenzen zwischen hebräischen und griechischen Zeitstufen binden ließ, wie das schon aus der Untersuchung über die Zeiten, Kap. IV, 2 hervorging.

Die *Wortwahl* gibt bei A' zu keinen besonderen Bemerkungen Anlaß. A' hat hier das Wort der O' unrezensiert beibehalten; und auch sonst entspricht bei ihm זָכַר μιμνήσκομαι.

Ebenso überträgt Θ' auch sonst זָכַר mit μιμνήσκομαι.

Θ' hat sich von O' nicht in der *Wahl* des Wortes, sondern in der *Form,* in welcher μιμνήσκομαι auftritt, getrennt. Daher ist die bloße Erwähnung Θ's ein Argument dafür, daß die hier gebotene Lesart mit dem *Futurum* richtig ist. Das Futurum erklärt sich wie bei A'. Beiläufig sei bemerkt, daß auch in *Da* die Θ'-*Übersetzung* in der *Wahl der Zeiten* oft von den O' verschiedene Wege geht, z. B. *i 6, 13, 16, 21, ii 3, 8, 20, 21, 22, 23,* usw.

Lesart 6

Die Lesart C' gilt nicht der *Zeitform* wie die vorhergehende, denn C' hat mit O' den Aorist gemein. Sie gilt C's *Wortwahl* μνημονεύω. C' *allein* verwendet das Wort unter allen jüngern Übersetzern: siehe *Ps xxiv 6a, 7a, b* nach 264 mg; *lxxiii 22b* nach Eus; *lxxviii 8a* nach 1173; *lxxxvii 6b* nach Eus, Tht; *lxxxviii 48a, 51a* nach 1098; *cii 14b* nach 1175; *cx 5b* nach Tht.

Nur in *Ps viii 5a* nach Field (der abhängt von *Montfaucon,* Hexaplorum Origenis, i, S. 483: «... Sic unus Codex. Drusius vero Interpretem tacet.») hätte *auch* Є' μνημονεύω gebraucht. Welches dieser «unus Codex» war, deutet *Montfaucon* in der Anmerkung a seiner Ausgabe der Psalmenerklärungen Chrysostomus' zu *Ps viii 5,* S. 104, an: «... hanc lectionem ά. et ἐ. notat Savilius, ...; verum Codex unus illam quintae Editionis tantum esse notat ...». Es handelt sich also um eine Chrysostomushandschrift. Welche? — *Field* weist daher über *Montfaucon* hinaus noch auf das anonyme Zeugnis von Chr: «Chrysost. ex *alio* exscripsit». Die Hss E, N von Chr bezeichnen die Lesart mit der Sigel C', die Hss H (videtur), Q mit der Sigel A', in Hss D, M fehlt die Sigel. Є' ist also durch keine Hs bezeugt! A' scheidet wohl aus, da er זָכַר nicht mit μνημονεύω zu verbinden pflegt, siehe oben L. 5.

Eine Vermutung mag geäußert werden zur *Sigel* Є′ bei *Montfaucon:* in *Hs N* steht zu *Ps viii 5a* die Sigel *Ĉ*, zu *V. 5b* Ϛ͂. Beide bezeichnen *C′.* Ein flüchtiger Abschreiber (oder Leser?) mochte in diesen Sigeln Є′ und ϛ′ (eine recht häufige Sigelfolge) erkannt haben.

Oder noch wahrscheinlicher: die Lesart zu *V. 5b* wird in *Hss H, Q* mit der Sigel Є′ versehen. Diese Sigel ist möglicherweise zu der Lesart *V. 5a* (die sich in unmittelbarer Nachbarschaft zu jener von *V. 5b* befindet) geglitten, wobei die ursprüngliche Sigel von *V. 5a* verschwand (wie die Sigel zur Lesart von *V. 5a* in *Hss D, M* verschwunden ist!).

Nach J. D. *Barthélemy* ist es wahrscheinlich, daß *Savilius Chr Hs H* um ihrer Sigel willen verwendete. In diesem Falle verlas sich *Savilius,* da die Sigel Є′ auf *derselben Linie* gerade neben ὅτι μνημονεύεις zu stehen kommt, also neben die *Lesart zu V. 5a,* bei der schon die *Sigel A′* stand in *Hs H,* in merkwürdig korrigierter Form. In *Hss E, N* steht zu *V. 5a C′:* es stand wohl auch *in Hs H ursprünglich C′.* Die *Sigel C′* bei der Lesart zu *V. 5b* ist wohl verderbt aus Є′ in *Hss E, M, N, D.*

So ist also μνημονεύω auch in *Ps viii 5a* am besten für *C′* bezeugt und mit hoher Wahrscheinlichkeit ihm zuzuschreiben. Die freie Art der Wiedergabe der ganzen Lesart weist in dieselbe Richtung.

Merkwürdigerweise hat *C′* an den *beiden einzigen Stellen* des Psalters, wo *O′* μνημονεύω verwenden, dieses Wort verlassen: in *Ps vi 6a* übertragen *O′* זִכְרֶךָ ὁ μνημονεύων σου, *C′* dagegen ἀνάμνησίς σου nach 1175; in *Ps lxii 7a* steht bei *O′* für זְכַרְתִּיךָ אִם: εἰ ἐμνημόνευόν σου, bei *C′* ist ἀναμιμνήσκομαι gewählt nach Eus, Tht, ThdMopsv 1133. ἀναμιμνήσκομαι kommt jedoch auch sonst öfters vor bei *C′* als Wiedergabe von זָכַר, siehe Belege unten *Ps lxxvii 42a, E. 13, L. 1.*

ἀλλά für וְ oder גַם ist beste *C′*-Art, siehe *Ps lxxvii 50c* nach 1173, siehe E. 30, L. 1; *lxxx 16b* nach 1173, siehe E. 99, L. 4; usw.

In der Wahl des *Aorists* folgt *C′* den *O′.*

Exzerpt 7

Dieses Exzerpt wiederholt zwei Lesarten, die bereits in Exzerpt 6, Lesarten 5 und 6 gegeben worden sind. Siehe dort.

Exzerpt 8. Vers 39b

Lesart 1

Zuerst zur *Variante* der Lesart 1 in *1122:* 1122 liest: πνεῦμα πορευόμενον καὶ οὐκ ἐπιστρέψον (sic!) ἢ ἀπαλλασσόμενον. Dies ist *V. 39b* nach *O′ mit dem Zusatz* ἢ ἀπαλλασσόμενον. Daß es sich hier nicht um die echte Lesart *C′* handelt, zeigt schon die *Negation* καὶ οὐκ vor dem Partizip.

In solchen Fällen verwendet *C′* καὶ μή, z. B. in *Ps lix 12b* nach Eus Coisl 44, cat xxv 1137, 1811 (προελθών in allen Zeugen, nicht προσελθών wie in Eus, Ausgabe Montfaucon!); *lxv 9b* nach Eus; *lxxii 22a* nach Eus, Tht, ThdMopsv 1133; *lxxvii 38b* nach 1173, Eus; usw.

Die Lesart *C′* in der *Form von 1173* verdient zweifellos den Vorzug, obgleich auch sie fehlerhaft überliefert ist: das Partizip ὑποστρέψον ist entweder als *Partizip Aorist* zu deuten und in ὑποστρέψαν zu korrigieren, oder als *Partizip Präsens,* das ὑποστρέφον lauten müßte. Da das erste der beiden Partizipien ἀπαλλασσόμενον im *Präsens* steht, ist wohl auch das *parallele* Partizip im *Präsens* gehalten. 1173 ist somit in ὑποστρέφον zu verbessern.

Das syrische Partizip מַגְהֵיא hat *Field* in unserem Vers als ἀπαλλαττόμενον rückübersetzt. 1173 bestätigt diese Rekonstruktion *Fields* glänzend.

ὑποστρέφω ist für C′ bezeugt in *Ps xxxiv 13c* nach 1098, 1175; *Is xxxvii 7* nach 86; *Is xxxviii 8* nach 86, Chr; *Is lv 10* nach 86, Eus (anon.); *Is lv 11* nach 86, Eus (anon.); *Job xxxix 4* nach Field («Colb., Reg. unus.») als Übertragung von שוב qal. In *Jer xxvii (l) 19* nach 86 steht ὑποστρέφω transitiv für שוב pol.

Die Lesart C′ in 1173 ist daher wohl echt.

Lesart 2

E′ hat ולו gelesen oder zumindest als ולו verstanden: nur so erklärt sich ihr καὶ αὐτῷ. Allerdings erwähnen *Kennicott* und *de Rossi* keine Handschrift, welche so läse.

ἐπιστρέφω als Wiedergabe von שוב qal durch E′ ist zwar sonst im Psalter nicht bezeugt; aber das besagt nichts, da E′ hier einfach O′ übernimmt. Die Lesart gilt nicht dem Partizip ἐπιστρέφον, sondern dem καὶ αὐτῷ.

E′ versteht καὶ αὐτῷ ἐπιστρέφον als Komplement von ἀπαλλασσόμενον: Gott erinnert sich, daß sie Fleisch sind und ein Geist, der sich versöhnen läßt (ἀπαλλασσόμενον) und zu ihm wieder umkehrt (sich bekehrt, שוב)! Der Satz ist auf die *Bekehrung* und *Versöhnung* Israels gedeutet. Man kann sich fragen, ob die Rezension E′ nicht bewußt die negative Aussage ולא ישוב (die als: «und er wird sich nicht bekehren» verstanden werden kann) geändert hat in ולו ישוב (und er wird sich zu ihm bekehren), um eine positive Aussage über den Geist Israels zu gewinnen.

Dies ist eine Bestätigung des *moralischen* Sinnes von ἐπιστρέφω: sich zum Guten bekehren, der in der *palästinischen* O′-*Rezension* zu Tage tritt, siehe J. D. *Barthélemy*, Devanciers, S. 104–105, und supra, S. 120.

Die Zeugnisse für ἐπιστρέφω bei E′ sind die folgenden: In *Ps lv 10a* bietet *1175* eine zusammenfassende Lesart A′C′Θ′E′. Aber diese Lesart gilt nicht dem gewählten Verb ἐπιστρέφουσιν (dies ist das Verb der O′), sondern dem davorgesetzten τότε (für אז), welches in O′ fehlt.

In *Ps xxxiv 17b* bezeugt 1098 für E′ ἐπιστρέφω als Entsprechung von שוב hif. A′ hat ja, siehe oben E. 5, L. 1, diese Gleichung ziemlich systematisch durchgeführt: ἐπιστρέφω entspricht שוב hif. Da O′ in diesem V. 17b ἀποκαθίστημι wählten, dürfen wir in der Übersetzung E′s den Willen der Rezension erblicken und damit wiederum ein Beispiel für eine Übersetzungsweise vorfinden, die A′ übernehmen und systematisieren sollte.

Exzerpt 9. Vers 40a

Lesart 1

Beginnen wir mit dem Sicheren. προσερίζω *mit Dativ* ist A′s bekannte Übersetzung von מרה qal und hif.

Beispiele für die Dativkonstruktion sind: *Ps lxxvii 17b* nach Eus [Coisl 44, 273] = cat. ix, 1906 (in Eus, Ausgabe Montfaucon [mindestens nach Migne, PG xxiii], steht irrtümlicherweise προτερίσαι [sic]); *lxxvii 56a* nach 1173, siehe unten E. 40, L. 2; *Is iii 8* nach 710, vgl. Eus. Siehe die übrigen Stellen mit προσερίζω bei A′ in *Reider*, Index, s. v., S. 204.

Schon O′ hatten מרה gelegentlich mit ἐρίζω wiedergegeben, so in i Regn xii 14, 15.

Field hatte προσήρισαν αὐτῷ völlig richtig aus *Syh* zurückermittelt.

Das Urteil ist schwieriger zu fällen für den Anfang der Lesart. 1173 = 1122 haben ποσάκις. An zwei weiteren Orten ist A′s Übertragung von כמה bekannt: *iii Regn xxii 16* ἕως πόσων καθόδων für עד כמה פעמים nach j; *Ps xxxiv 17a* πόσα ὄψει für כמה תראה nach 1098. Die letzte Stelle ist gleich gebaut wie die hier vorliegende: Fragewort, Verb. Man ist überrascht, daß A′ bei solcher Ähnlichkeit des Hebräischen verschieden übersetzt haben sollte. O′ lesen in unserm Vers ποσάκις, siehe unten L. 3.

Zwei Möglichkeiten stehen offen: Entweder hat A′ hier bloß die Wendung ποσάκις *von O′ übernommen,* ohne sich um eine fugenlose Folgerichtigkeit in seinen Übersetzungen von כמה zu kümmern. Derartige «Inkonsequenzen» gibt es bei A′ immer wieder, da er nicht der unerbittliche und mechanische Übersetzer ist, als welcher er zuweilen hingestellt wird. Vgl. z. B. כל, das mit πᾶς verbunden wird, außer in כל־היום, wo wir ὅλην τὴν ἡμέραν finden.

Oder ποσάκις ist *Kontamination* der Lesart A′ durch O′. Diese zweite *Möglichkeit* wird besonders auch durch L. 3 nahegelegt: Θ′Є′Ϛ′ οἱ O′ ποσάκις. M. a. W.: A′ wird wie C′ eigens zitiert, doch wohl weil er sich *von O′ unterschied,* also nicht ποσάκις enthielt!

Sicher läßt sich die Frage nicht beantworten. πόσα scheint *wahrscheinlicher* auf Grund der *Parallelen,* und weil es *lectio difficilior* ist. Der Kopist hat ja übrigens gleich im folgenden Wort den Beweis seiner mangelnden Genauigkeit erbracht, wenn er πρὸς ἤρισαν schreibt! Ein Beispiel von Kontamination durch O′ wird übrigens gleich in L. 2 folgen.

Lesart 2

C′ kennt für כמה sowohl die Wiedergabe πόσα in *Ps xxxiv 17a* nach 1098 als auch ποσάκις in *iii Regn xxii 16* nach j.

παραπικραίνω ist die häufigste Übersetzung bei ihm für מרה hif: *Ps lxxvii 56a* nach 1173, siehe E. 40, L. 1; *Is iii 8* nach 710, Eus; *Dt i 26* nach s, z (Θ′ vid).

1173 liest παρεπίκραν, also den abgekürzten *A*orist in der 3. Pers. Plur. wie O′. Auch *1122* enthält diese Form des Aorists, aber unabgekürzt. Nun sind die Verben in *V. 36b vor* unserm *V. 40a* und in *V. 40b, 41a, b, 42a nachher* alle im *Imperfekt* bei C′. C′ hat durch diese Feinheit der Übersetzung das Fortdauern des Ungehorsams der Israeliten zum Ausdruck gebracht. Sollte *einzig* unser Vers aus diesem Rahmen fallen? Dies wäre für C′ umso ungewöhnlicher, als wir feststellen konnten, wie sehr er brüsken Wechseln in den Zeitformen widerstrebte: siehe Einleitung, Kap. IV, 2. Es liegt daher nahe, hier ein Imperfekt παρεπίκραινον anzunehmen, das durch Unachtsamkeit des Kopisten, der sich vom Aorist der O′ beeinflussen ließ, in den Aorist verwandelt wurde.

Das scheinbar fehlende Objekt αὐτόν bei C′ ist nicht etwa auf eine andere hebräische Vorlage zurückzuführen. Die Hss bei *Kennicott* und *de Rossi* lesen alle ימרוהו, bzw. ימרהו. Vielmehr schloß der Exzerptor hier dieses Element, das ja aus O′ bekannt war, in die Abkürzung ein, so daß aufzulösen ist: παρεπίκρα⟨ι⟩ν⟨ον αὐτόν⟩.

Oder noch wahrscheinlicher: dieses Element interessierte ihn nicht mehr, so daß er es *nicht mitzitierte*. In diesem Fall müßte in παρεπίκρα⟨ι⟩ν⟨ον⟩ aufgelöst werden. Ganz sicher läßt sich der *Umfang der Abkürzungen* nicht immer abgrenzen.

Lesart 3

O′ übertragen hie und da כמה durch ποσάκις, wie es hier geschieht. Für Θ′, Є′ *und* Ϛ′ sind keine andern Zeugnisse bekannt. Es ist aber durchaus plausibel, daß sie in einem solchen Punkt O′ folgen. Ein Problem stellt die *Lesart O′* dar. Warum werden O′ gerade hier besonders erwähnt? Es ist keine *varia lectio* der O′ zu diesem ποσάκις bekannt: die Zeugen der O′ lesen samt und sonders ποσάκις. Auch der Psalter von 1173 enthält ποσάκις. Siehe zu diesem Punkte E. 31, L. 1.

Lesart 4

Die *Wortwahl* ist bei A′ die übliche, siehe z. B. *Nu i 19* nach v; *Dt i 40* nach z, s (anon.); *Ps lxiv 13a* nach 1175, 264 mg (anon.); *lxxvii 15a* nach Eus; *Is xl 3* nach Eus.; usw. מדבר ist ja übrigens meistens bei O′ und bei den andern Übersetzern durch ἔρημος ins Griechische gewendet.

Die Lesart gilt in der Tat nicht der Wortwahl, sondern dem *Fehlen des Artikels*. MT punktiert mit Patah in der Präposition: במדבר, also mit Artikel. A′ steht also im Gegensatz zu MT.

Der gleiche Ausdruck במדבר, bei den Massoreten *mit Artikel* versehen, erscheint in *Ps lxxvii 15a*: nach Eus übertrug auch hier A′ *ohne* Artikel. (Hier fehlt der Artikel aber auch in O′, abgesehen von Hs S, die den Artikel setzt.) In *Is xl 3* haben sowohl MT wie A′ und O′ den Artikel (במדבר).

Betrachten wir die Vokalisierung von מדבר und das Setzen des Artikels bei מדבר in MT im Ganzen: מדבר in Status absolutus erscheint 34 mal *mit*, 25 mal *ohne* Artikel. Das Wort ist also bald bestimmt, bald unbestimmt gebraucht.

Versehen mit Präpositionen finden wir מדבר im Status absolutus wie folgt:

ב mit Artikel:	120 mal,	ל mit Artikel:	1 mal,
ב ohne Artikel:	0 mal.	ל ohne Artikel:	1 mal.
כ mit Artikel:	6 mal,	מן mit Artikel:	2 mal,
כ ohne Artikel:	0 mal.	מן ohne Artikel:	6 mal.

Das *völlige Fehlen* von במדבר *ohne* Artikel überrascht, wenn man es mit dem sonstigen gemischten Gebrauch von bestimmtem und unbestimmtem מדבר vergleicht. Es scheint, daß MT hier uniformiert hat. Dem A′ ist diese Normalisierung noch nicht bekannt gewesen.

Exzerpt 10. Vers 40b

Lesart 1

Zur *Wortwahl A's :* bei ihm ist das Verb עצב διαπονέω zufolge *Gn xxxiv 7* nach v; *i Regn xx 34* nach j, z. Dazu treten die «O'» des *Eccl*, die in die größte Nähe A's gehören, siehe *Barthélemy, Devanciers*, S. 21–30: *Eccl x 9.*

Weiter legt für diese Übersetzung Zeugnis ab die verderbte Lesart *Gn vi 6* in v: A' διενοήθη, ein offensichtlicher Irrtum, der durch Kontamination mit O', die διενοήθη lesen, entstanden ist, und der das ursprüngliche διεπονήθη entstellt. Daß diese Übertragung διαπονέω echt ist, wird auch durch die Substantive klar bestätigt: עצב bei A' διαπόνημα in *Ps cxxvi 2c* nach HiM; *Is lviii 3* nach 86; עצבת bei A' διαπόνημα in *Ps xv 4a* nach 1175, Hi Tract; מעצבה bei A' διαπόνησις in *Is l 11* nach Eus, Chr.

Lesart 2

A's Wortwahl an dieser Stelle deckt sich mit seinen sonstigen Gepflogenheiten: ישימון ist bei ihm stets ἠφανισμένη, so in *Dt xxxii 10* nach M; *i Regn xxiii 19* nach j, m; *i Regn xxiii 24* nach j; *i Regn xxvi 1* nach j; *i Regn xxvi 3* nach z.

Der Artikel *fehlt* in Übereinstimmung mit MT (und O').

Lesart 3

Diese Lesart steht im *Widerspruch* zu L. 5, wo für C' ἐν τῇ ἀοικήτῳ überliefert wird. Diese letzte Lesart trifft wohl tatsächlich für C' zu. Denn erstens gebraucht er die Übersetzung ἡ ἀοίκητος (γῆ) für ישימון, siehe unten in L. 5 die Belege, und zweitens ist bei ihm ἄνυδρος nirgends bezeugt. Wo er nämlich ישימון nicht mit ἀοίκητος überträgt, wählt er ἔρημος, so in *i Regn xxvi 1* nach j; *i Regn xxvi 3* nach z.

Oder betraf diese Lesart C' ursprünglich *V. 40a*, und kam hierher zu *V. 40b* aus Irrtum? Diese Annahme ist aus drei Gründen nicht haltbar: Erstens kommen *falsch plazierte* Lesarten in 1173 sonst ganz selten vor. Zweitens ist ἄνυδρος bei C' nirgends nachgewiesen. Und drittens übersetzt C' das in *V. 40a* vorliegende Wort מדבר wie die andern griechischen Übersetzer meistens mit ἔρημος. (Immerhin kommt ἀνυδρία bei C' vor als Wiedergabe von ציון in *Is xxxii 2* nach Ausweis von 86.)

So bleibt die Folgerung wohl unabweisbar, daß die Sigel C' falsch ist.

Die Lesart gilt dem *Artikel* τῇ vor ἀνύδρῳ anstatt des γῆ von O'! Die Lesart mag deshalb einer rezensierenden Hand zuzuweisen sein, die jenes γῆ ausmerzte, dem im Hebräischen nichts entspricht. Oder es ist eine *varia lectio* der O' selber, denn *P. Bodmer xxiv, 55* lesen ἐν τῇ ἀνύδρῳ und *Psalterium gallicanum* und *Augustinus* kennen die Form «in inaquoso», ob mit oder ohne Artikel, steht dahin, aber jedenfalls ohne γῆ, «terra».

Fest steht, daß die O' des Exzerptors ἐν γῆ ἀνύδρῳ enthielten: dieser Form der O' setzt er die vorliegende Lesart und die folgende des Θ' entgegen. Da Psalterium gallicanum nicht ἐν γῇ ἀνύδρῳ vertritt, waren die O′ des Exzerptors nicht die *hexapla-rischen O′.*

Der Übergang von ἐν τῇ ἀνύδρῳ zu ἐν γῇ ἀνύδρῳ ist sehr leicht, besonders in der Majuskel-schrift T, Γ. Wenn wir einen Nominativ mit יְשִׁימוֹן besäßen, könnten wir erkennen, ob O′ mit ἡ ἄνυδρος oder mit ἡ γῇ ἄνυδρος übertrugen. Da aber nur die Form ἐν τῇ oder ἐν γῇ ἀνύδρῳ vorliegt, kann das eine oder andere primär sein.

Es ist aber auch die Form ἐν ἀνύδρῳ bezeugt: *Ps cv 14b, cvi 4a* und *Dt xxxii 10* in Hss AFMNΘomn arm Clem; nur B liest also γῇ. Daraus ergibt sich, daß (ἡ) ἄνυδρος durchaus als substantiviertes Adjektiv gebraucht werden konnte, das keines hinzugefügten γῇ bedurfte. Hätte man nun leichthin eine Wendung wie ἐν γῇ ἀνύδρῳ ihres γῇ beraubt? So ist vielleicht die Wendung ἐν (τῇ) ἀνύδρῳ als die *primäre* zu betrachten, die bisweilen sekundär in ἐν γῇ ἀνύδρῳ verwandelt wurde. Ganz sicher ist das jedoch nicht, und es ist für unsern Zusammenhang auch ohne Belang.

Die Lesart kann somit die ursprüngliche *Sigel O′* getragen haben, oder auch Є′ oder ς′. Da auf A′ gewöhnlich C′ folgt, ist der Irrtum des Kopisten leicht erklärlich. Von Є′ oder von ς′ ist der Übergang zu C′ ja leicht geschehen. Mehr läßt sich zur *Identifizierung* der Lesart wohl nicht beibringen, es sei denn das Beispiel unten in E. 93, L. 4, wo die Sigel C′ irrtümlich an Stelle von Sigel Є′ steht, und unten E. 69, L. 4, wo C′ statt richtiger ς′ steht!

Sie kann übrigens entweder eine *rezensierte Form* darstellen, wo ein γῇ der O′ durch ein τῇ ersetzt worden war, in Übereinstimmung mit dem Hebräischen, oder aber eine *unrezensierte O′-Form,* die aus jenen O′ stammte, welche der Rezension als Vorlage dienten.

Lesart 4

ἄνυδρος ist nicht selten in O′: es gibt 24 Belege. Einmal erscheint es in einem asteri-sierten Passus bei *Jer xxvii (l) 12* als Übersetzung der πάντες nach Q, der οἱ γ′ nach 86. Θ′ gehört offenbar zu diesen Übersetzern, ja er ist vielleicht sogar der eigentliche Urheber dieses asterisierten Satzgliedes. Wie die vorhergehende Lesart verwarf er hier das γῇ der Lesart in den O′ des Exzerptors, oder seine O′-Vorlage hatte schon die Form ἐν τῇ ἀνύδρῳ enthalten.

Eine *Vermutung:* da diese Lesart mit der vorhergehenden zusammenfällt, stand vielleicht zuerst bloß ἐν ἀνύδρῳ da, dem ein ungeschickter Korrektor das ἐνᵗ, nämlich τῇ, zufügte. Dies würde erklären, warum wir hier nicht *gruppierte* Sigel haben, obwohl doch die beiden Lesarten völlig identisch waren. Aber dies bleibt im Bereich unbeweisbarer Spekulation.

Lesart 5

Diese Lesart erweist sich als echte *C′-Übersetzung:* Erstens durch das *Imperfekt* des Verbs, siehe oben das zu E. 9, L. 2 Gesagte: dieses Imperfekt ist typisch für C′. Zweitens ist ἀοίκητος ein Wort, das von den jüngern griechischen Übersetzern *allein* für C' bezeugt ist, und überdies sind zwei *Parallelen* der Übersetzung C's von יֹשׁימין durch ἀοίκητος auf uns gekommen: *i Regn xxiii 24* nach j, m, b (anon.); *Ps lxvii 8c* nach Tht.

Drittens ist ἐνοχλέω ein bei C' beliebtes Wort. Neben Θ', der in *Ez xxxiv 4* nach 86 den Ausdruck τὸ ἐνοχλούμενον (sc. πρόβατον) für אֶת־הַנַּחְלוֹת (sc. צֹאן) gebraucht (O' ἠσθενηκός), ist es C' *allein* unter den jüngern Übersetzern, der die Wendung heranzieht: *Iud xviii 7* nach z; *i Regn xxv 7* nach j, beide Male für כְּלִם. Für עצב im Besonderen sind bei C' folgende weitere Übersetzungen belegt:

ὀδύνω in *i Regn xx 34* nach b, j, m; κατοδύνω in *Is liv 6* nach Eus, Tht; φροντίζω in *Ps lv 6a* nach Eus; ἐπιπίπτω in *Gn vi 6* nach v.

Exzerpt 11. Vers 41a

Lesart 1

Die Lesart betrifft nicht das *Verb:* die Wahl sowohl des Wortes wie auch seiner Form, des Aorists, deckt sich mit jener der O'.

Siehe zur *Wortwahl* A's, *Reider,* Index, S. 187: *Dt xxviii 56* nach M. Hinzu kämen «O'» *Eccl ii 1, vii 24 (23).*

אל ist bei A' ἰσχυρός, hier erwartungsgemäß ohne Artikel. *Hieronymus* schreibt Ad Marcellam de decem nominibus quibus apud Hebraeos Deus vocatur (epistula xxv), in: S. Eusebii Hieronymi Epistulae, Pars I, Epistulae i–lxx, rec. Isidorus *Hilberg,* CSEL liv (Wien-Leipzig 1910) 218–219: Primum dei nomen est Hel quod O' «deum», A' ἐτυμολογίαν eius exprimens, ἰσχυρόν, id est, «fortem» interpretatur. Siehe auch *Reider,* Index, S. 119.

Da auch O' נסה oft mit πειράζω übertragen, stellt sich der Zuschreibung der Lesart nicht nur an A', sondern auch *an* Θ' nichts in den Weg. Denn Θ' kennt schon die Wiedergabe von אל mit ἰσχυρός: *Ps ii 7a* nach 1175, 264 mg (anon.); *xvii 33a* nach 1098; *lxxii 11a* nach 1175, 264 mg; *lxxiii 8b* nach 1175, 264 zwischen cat und mg; usw.

Eine Ausnahme stellt *Ps lxxxiv 9a* nach 1175, 264 mg dar. Entweder ist die Übersetzung θεός hier eine Inkonsequenz Θ's, oder, und das ist wahrscheinlicher, 1175 ist im Unrecht mit seinem Zeugnis, das durch O' kontaminiert ist. Siehe dazu auch unten das Zeugnis von E. 93, L. 4.

Lesart 2

Die Lesart paßt zu C': wir finden das *Imperfekt* wieder, siehe oben E. 9, L. 2 und E. 10, L. 5. Auch die *Freiheit* der Übertragung verrät die Hand C's.

Dasselbe πάλιν findet man bei C' auch in *Gn iv 2* nach M, v, s (anon.) und *Jon ii 5* nach Coislin für יסף hif: fortfahren, erneut tun. In *Ez viii 6* lautet der hebräische Text וְעוֹד תָּשׁוּב תִּרְאֶה, den O' übersetzen: καὶ ἔτι ὄψει. Hinter καὶ ἔτι, das וְעוֹד תָּשׁוּב wiedergibt, fügen nach dem Zeugnis von 86 A'Θ' ἐπιστρέψας (ὄψει), C' ※ πάλιν ein. Dieses πάλιν des C' gilt also nicht

וְעוֹד, sondern תָּשׁוּב und ist somit eine genaue *Parallele* des C' zu seiner Übersetzung hier in *V. 41a*.

C' übersetzt נסה wie O' und die andern Übersetzer meistens mit πειράζω, siehe ein weiteres Beispiel unten in *V. 56a*, E. 40, L. 1.

In O' findet man gelegentlich κοπιάζω neben dem geläufigem πειράζω als Wiedergabe von נסה, ebenso *Komposita* mit πειράζω, wie z. B. ἐκπειράζω.

C' übertrug אֵל wie O' mit (ὁ) θεός. Beispiele sind zahlreich; siehe u. a. *Ps xv 1b* nach cat xvii 1047, 1134, 1135, 1212; *xxviii 3b* nach 1098; *xxx 6b* nach 264 mg, 1098; *lxvii 21a* nach Eus; *lxxii 11a* nach 1175, 264 mg; *lxxii 17a* nach Eus; *lxxxii 2b* nach 1173, siehe unten, E. 116, L. 2; usw.

Lesart 3

Zuerst zur *varia lectio* in 1122: Statt der beiden Lesarten C' und Є'ϛ' in 1173 steht eine *einzige,* wie fast immer sigellose Lesart, die wie folgt lautet: καὶ πάλιν ἐπείρασαν τὸν θεόν.

Aus drei Gründen verdient 1173 den Vorzug vor 1122: Erstens ist das *Imperfekt* der C'-Lesart ein Erweis der Echtheit der Lesart von 1173, siehe oben das in E. 9, L. 2, E. 10, L. 5 und in userm Exzerpt zu L. 2 Bemerkte. Das Imperfekt ist ja auch dadurch geschützt, daß es im Gegensatz zum Aorist der O' steht.

Zweitens ist die von 1122 gebotene einzige Lesart auch nicht die von Є'ϛ' in 1173, denn dort steht τὸν ἰσχυρόν anstatt τὸν θεόν. τὸν ἰσχυρόν ist nun nicht bloß *lectio difficilior,* da O' τὸν θεόν enthalten, sondern die für Є' gut verbürgte Wiedergabe von אל: siehe gleich unten.

Drittens hängt 1122 von 1173 ab, ist also keinesfalls als ursprünglich oder auch nur als eine von 1173 unabhängige Überlieferung zu betrachten, siehe Einleitung, Kap. II.

In 1122 ist also ein Mißgeschick unterlaufen, das man sich vielleicht so vorstellen darf: nachdem der Kopist καὶ πάλιν entweder der Lesart C' oder der Lesart Є'ϛ' geschrieben hatte, verführte ihn das folgende ἐπείρα- durch *Homoeoarkton* und *Kontamination* dazu, den Satz mit dem ihm bekannten O'-Text zu Ende zu führen: ἐπείρα-σαν τὸν θεόν. Somit sind die Lesarten in der Form von 1173 zu bewahren.

Die Auflösung der Abkürzungen in 1173 wirft jedoch Fragen auf. Die *zweite* Hälfte: επ^χ stellt vielleicht das Verb ἐπ(ίκραινον) dar, obgleich נסה sonst nirgends durch ein Verb πικραίνω oder παραπικραίνω wiedergegeben wird. In O' finden wir für unsern *V. 41a* nur ἐπείρασαν, abgesehen von zwei Zeugen bei *Holmes-Parsons*: 202 ηθετησαν, 210 εξεπειρασαν.

Die *erste* Hälfte der Abreviatur: π̄ könnte zunächst als πάλιν gedeutet werden. Dies stünde wie bei C' wohl für das hebräische שׁוּב. Da jedoch O' das hebräische Verb שׁוּב wörtlich durch ein Verb übertrugen, ist es unwahrscheinlich, daß Є' diese genaue Entsprechung gegen eine viel freiere vertauscht hätte.

Mercati hat in seinen nachgelassenen Schriften (siehe S. 6, Anm. 2) als Auflösung παρά vorgeschlagen und auf 1173, fol 248b, 1. 4, hingewiesen, wo ein παρά
ganz ähnlich abgekürzt ist. Mit ihm ist also wohl παραπικραίνω zu ergänzen.

Da sämtliche O′-Zeugen hier den Aorist lesen, lag der Aorist auch dem Exzerptor vor. Seine Abkürzung setzt somit wohl den Aorist: παρεπίκραναν voraus, der
ja auch zu dem Kontext von Є′ paßt, die den Aorist in *41b* enthält, siehe E. 12, L. 3,
und den Exkurs über die Zeiten. ς′ mag ein Imperfekt enthalten haben, wenn sie
hier wie in *V. 36b* übertrug, siehe E. 2, L. 3. Doch ist natürlich auch für ς′ ein
Aorist durchaus denkbar.

Vorausgesetzt, daß die Form παρεπίκραναν die richtige Auflösung der Abkürzung
von 1173 ist, bleibt ein Unbehagen: warum ist נסה nur hier so übertragen? Wie
Є′ נסה übertrug, wissen wir nicht; denn kein Zeugnis ist für sie erhalten geblieben.
παραπικραίνω ist in Є′ sonst die Entsprechung von שׁור und מרה. Müssen wir annehmen,
men, daß es sich nicht um *V. 41a* handelt? Das ist wegen des folgenden: τ(ὸν)
ἰσχυρ(όν) nicht wahrscheinlich.

Aber da wir in *V. 40a* das Verb מרה finden, ist es gleichwohl denkbar, daß der
Exzerptor oder einer seiner Vorgänger die Lesarten zwischen *V. 40a* und *41a* durcheinander brachte. Dies umso eher, als die leichteste Erklärung für die merkwürdige
C′-Lesart im folgenden Stichos, *V. 41b*, E. 12, L. 2, siehe dort, wohl gleichfalls die
in Unordnung geratene Kopie der hexaplarischen Kolumnen von *V. 40–41* ist.

אל ist *bei* Є′ wie bei A′ (ὁ) ἰσχυρός, wie die folgenden Belege zeigen: *Ps xvii 31a, 33a* nach
1098; *xxviii 1c* nach 264 mg, *1098*; *xxx 6b, lxxxviii 27b* nach 1098; *lxxx 10a* nach 1173 (mit
einer falschen Sigel C′, die in Є′ korrigiert werden kann, siehe E. 93, L. 4). Siehe dazu auch
Mercati, Osservazioni, S. 34 zu *Ps xvii 48*, col. f.

Weiter ist noch ein kollektives Zeugnis von *Tht* anzuführen: *Ps xlix 1b* οἱ γ′ ἰσχυρός. Dies
trifft nicht auf C′, wohl aber auf A′ und Є′ zu, da die Version, welche Tht mit Θ′ bezeichnet,
in Wirklichkeit Є′ ist, wie *Mercati, Psalterii hexapli*, S. xxv–xxix, gezeigt hat.

Die Überlieferung kennt außerdem zwei Zeugnisse, die der Wiedergabe אל = ἰσχυρός bei
Є′ widersprechen: *Ps xvii 48a, xxviii 3b* nach 1098: beide Male steht θεός. *Mercati, Osservazioni*,
S. 34, hat erwiesen, daß 1098 in diesem Punkt fehlerhaft ist.

Bei ς′ fällt ein Schwanken zwischen ἰσχυρός und θεός als Wiedergabe von אל auf:
In *Ps xxx 6b* nach 1098 steht ὁ θεός (= O′) — wie stets in 1098 — ohne Sigel am rechten
Rande der Kolonne Є′. *Mercati* bemerkt in den *Osservazioni*, S. 115, zu dieser Lesart: «sarà
della VI», wie die andern Lesarten am rechten Rand von Є′.

Zur ς′-Lesart von 264 mg, 1175 in *Ps ii 7a* bedarf es einer kleinen Erörterung: 1175 gibt
zu *V. 7a* anonym: | ἀναγγέλλων | (264: ἀναγγέλων) ἰσχυροῦ ἀκρι|βασμόν: | ἡ ς′ (am Rande links
hochgestellt) | καταγγέλ|λων εἰς θν | διαθήκ′: | Θ′ (am Rande links und hochgestellt) (264: ohne
Sigel) | ἰσχυροῦ | πρόσταγμα. | *Field* hat die erste anonyme Lesart *mit der Sigel A′* gedruckt und
die syrische Lesart חתיתותא .א dazugefügt (= ἀκριβασμόν): wohl als Beweis für seine Identifizierung der Lesart mit A′.

Nun ist die Sequenz: A′, ς′, Θ′ eine ganz ungewöhnliche Folge von Sigeln. Die erste Hypothese bestünde darin, ς′ als Fehler für C′ zu betrachten. So gewänne man die normalen «drei»:
A′, C′, Θ′.

Aber diese Hypothese ist nur auf den ersten Blick die bestechendste. Denn ihr stellen

sich Schwierigkeiten in den Weg: Erstens haben 1175 und 264 mg ausdrücklich ἡ ϛ', was mit
C' natürlich sinnlos wäre. Zweitens ist *Fields* Identifizierung der Lesart mit A's Übersetzung
nicht so sicher wie es zuerst aussieht: ἀναγγέλλων für אספרה ist bei A' singulär, siehe *Reider,
Index*, s. v., S. 16. ἀναγγέλλω ist bei A' Übersetzung von נגד hif.

ספר pi ist sonst bei A' mit großer Regelmäßigkeit διηγέομαι, siehe unten ein Beispiel in
Ps lxxviii 13c, E. 78, L. 3, und *Reider, Index*, s. v., S. 58 (εὐαγγελίζομαι in der Schicht der
Jer-Ez-Wiedergabe). אל freilich ist mit ἰσχυρός und חק mit ἀκριβασμός gut aquilanisch übersetzt.

Nun ist jedoch אל = ἰσχυρός nicht ausschließlich A's Eigentum: *auch* Є' *und* Θ' übertragen
so, wie wir gesehen haben.

Dasselbe gilt vielleicht auch für חק = ἀκριβασμός. Gewiß ist A' fast der einzige, der ἀκριβασμός verwendet, und zwar zur Verdolmetschung von חק. In *Prov viii 29* nach Field («... Cod. 23
... alii. Syrus...») ist es aber *auch* Θ' ※, der das Wort wählt. Die Verbindung der *Wortsippe*
חק, חקק mit ἀκριβ- ist das Werk von *A's Vorläufern* und insbesondere bei Θ' und Є' bezeugt:
ἀκριβάζω: Θ' *Ps lix 9c*: Θ' nach 264 mg, 1175: מחקקי = ἀκριβαζόμενός μου (A' = ἀκριβαστής
μου nach 264 mg, 1175, Eus); Є' *Ps lxxviii 32a*: Є' nach 1098: חקתי = τὰ ἠκριβασμένα μου
(A' = ἀκριβείας μου).

ἀκρίβασμα: Є' *Ps cxviii 23b* nach cat xvii [1047, 1135, 1139]: בחקיך = ἐν τοῖς ἀκριβάσμασί σου
(A' = ἐν ἀκριβασμοῖς σου); Θ'Є' *Ps cxviii 118a* nach cat xvii [1047] [1135, 1139]: מחקיך = ἀπὸ τῶν ἀκρι-
βασμάτων σου (A' = ἀπὸ ἀκριβασμοῦ σου).

ἀκριβασμός: Θ' *Prov viii 29* nach Field («Sic sub simplici aster. Cod. 23, ... Syrus in textum
infert: חתיתות... חקותי תחומה דלה ※. ת») (A' nicht überliefert). In Syh steht auf dem Rand zu
חתיתות *auf griechisch:* ἀκριβασμόν (bei Field nicht erwähnt).

Diese Stellen aus dem Psalter und Prov genügen, um zu zeigen, daß ἀκριβ- = חקק nicht
ausschließlich bei A' anzutreffen ist. Da es insbesondere erwiesen ist, daß Є' diese Übersetzungsweise kennt, siehe übrigens noch *Mercati, Osservazioni*, S. 409–410, zu *Ps lxxviii 32a* in 1098,
ist es mindestens nicht unmöglich, die anonyme Lesart von 264 mg = 1175 der Є' zuzuschreiben
anstatt dem A'! Die Zuschreibung an Є' würde die andern beiden Lesarten sehr gut erklären:
Є', ϛ', Θ', eine Gruppe, der man oft zusammen begegnet. Nicht einmal die Reihenfolge ist überraschend! Denn der Exzerptor gibt zuerst vollständig den *V. 7a* nach Є' und ϛ', dann teilweise,
d. h. nur die zweite Hälfte des Stichos, nach Θ'.

Dies alles nur, um die *Lesart* ϛ' als solche zu erhärten. ϛ' hat also hier gegen A' oder Є'
und gegen Θ', die ἰσχυρός haben, mit θεός übertragen.

Damit sind uns 2 Lesarten der ϛ', die אל durch θεός übertragen, bekannt: *Ps xxx 6b* und
Ps ii 7a.

Gegen diese Äquivalenz erhebt sich unser *V. 41a* mit Є'ϛ' ἰσχυρός. Zwei Möglichkeiten sind denkbar: entweder ist ϛ' nicht folgerichtig, sondern greift bald zu
θεός, bald zu ἰσχυρός. Oder die Überlieferung von 1173 ist in diesem Stück nicht
genau genug.

Angesichts der zwei Bezeugungen אל = θεός in ϛ' hat die zweite Möglichkeit
vielleicht mehr für sich als die erste. ἰσχυρός fand sich möglicherweise bloß in Є',
während ϛ' θεός enthielt. Freilich ist eine Inkonsequenz in ϛ' auch nicht ganz unmöglich. Nachgewiesen ist das *Schwanken* von ϛ' ja für סלה, siehe *Mercati, Osservazioni*, S. 164–165. Wenn ϛ' bei einem so stereotypen, kontextlosen Wort unter-
schiedlich übertrug, so konnte sie es auch bei אל tun! Denn ϛ' ist ja eine den O'-Text
nur leise und verhältnismäßig selten verändernde Rezension. Aber gerade dies
spricht auch wieder für θεός, denn O' haben אל stets mit θεός übersetzt.

Ein Wort zum *Artikel:* τὸν ἰσχυρόν, dem kein hebräischer Artikel entspricht (bei *Kennicott* und *de Rossi* fehlt jede Variante האל): wahrscheinlich ist er aus O′ in die beiden Versionen gekommen (wenigstens in ς′, denn Є′ hat vielleicht genauer das Hebräische im Griechischen abgebildet).

Oder der Artikel entspricht jener *Rezension,* die in den Θ′ ※ - *Stellen bei Job* am Werk war: denn dort erscheint אל *ohne Artikel überall (Ausnahme: Job xxxvii 10 ohne* Artikel! Cf. *Job xxxiv 23* Θ′ ohne ※ : mit Artikel für אל ohne Artikel) als ὁ ἰσχυρός: *Job* ※ Θ′ *xxii 13, xxxiii 29, xxxiv 31, xxxvi 22, 26, xxxvii 5.* Es gab also eine *Rezension,* die sich hier systematisch vom Hebräischen trennte. Vgl. noch *Gn xliii 14* ὁ ἰσχυρός = אל nach F^b (anon.) (aber umgekehrt in *Gn xlvi 3* nach F^b [anon.]!). Siehe unten E. 117, L. 2.

Exzerpt 12. Vers 41b

Lesart 1

קדוש ist bei A′ wie bei allen Übersetzern und wie bei O′ gewöhnlich mit ἅγιος verbunden. קדוש ישראל ist bei A′ ἅγιε ἰσραηλ in *Ps lxx 22b* nach Eus; *Is v 24* [τοῦ] ἁγίου ἰσραηλ nach Eus.

παρήνεγκαν übertrug *Syh:* אעבדו, ein Af'el, das sehr wohl dieses griechische Verb übersetzen mag. παραφέρω ist zwar schon bezeugt als A′s Übertragung von יבל in *Ex xix 13* nach v, Syh; *Nu xxxvi 4* nach b. Es ist aber bei A′ nicht unerhört, daß er bisweilen für *zwei* hebräische Wurzeln *einen und denselben griechischen* Ausdruck verwendet, siehe ein Beispiel unten *V. 44a,* E. 18, L. 1: καταρροία für נזל und אפיק, siehe auch *V. 48a,* E. 26, L. 1.

Die Lesart gilt neben dem Verb auch dem Fehlen der *Artikel* vor ἅγιον und ἰσραηλ bei A′ im Gegensatz zu O′, C′ und Є′.

Lesart 2

Die Übersetzung C′s ist nicht unwahrscheinlich für das Verb: ἐφιστᾶν ἐποίουν. Das Verb steht nämlich im *Imperfekt,* wie auch bei C′ in den *V. 40b, 41a, 42a,* siehe dort.

C′ pflegt überdies das *Kausativ* des Hebräischen mit ποιέω und Infinitiv oder Adjektiv oder Adverb auszudrücken: hebräisches *hif* erscheint als ποιέω und Infinitiv z. B. in *Ps xxviii 6a* nach 1175 (264 mg hat eine andere Sigel); *lviii 11b* nach Eus; *lxvii 23 a und b* nach ThdMopsv 1133; *V. 23b* nach Eus (die *Überlieferung bei Tht* ist geteilt: *nur einmal* ist in *V. 23a–b* אשיב übersetzt in Hss 288, A, 1184, B, D, E, 1141, 1142: ἐπιστρέψαι ποιήσω (ἐ. ποιῆσαι = B), und in Hss 1216, C fehlt diese Lesart C′ überhaupt. In *Hs 1124* ist אשיב in *V. 23a* C′ ὑποστρέψαι ποιήσω, *in V. 23b* C′ ἀναστρέψαι ποιήσω (= Eus, ThdMopsv). Ist Hs 1124 ursprünglich? Eus und ThdMopsv widersprechen ihr in *V. 23a*! Eus und Thd Mopsv sind aber unter sich selber uneins); *Is liii 6* nach Eus; *lv 10* nach 86, Eus (anon.). Kausatives *pi* erscheint ebenso als ποιέω mit Infinitiv, so in *Ps liv 10a* nach Eus; *lxxxviii 49b* nach 1098; *Is xxv 8* nach Eus. *Hif* wird bei C′ auch sehr gerne mit ποιέω und Adjektiv (oft Verbaladjektive wie γνωστόν, ἀκουστόν usw.) oder

Adverbien wiedergegeben, so z. B. in *Ps xvii 41b* nach 1098; *xxv 7a* nach 264 mg; *xxxi 5a* nach 264 mg; *l 10a* nach 1140; *liv 8a* nach Eus, ThdMopsv [1717]; *liv 9a* nach Eus, cat xvii [1047] [1134,1135,1139,1212]; *lxxxi 3b* nach 1173, siehe unten E. 106, L. 3; usw.

ἐφίστημι kommt zwar für C' allein bezeugt nicht vor. In *Prov xxv 6* gibt Morin. n. θ in einer zusammenfassenden Lesart A'C'Θ' ἐπιστῆς für תעמד (O': ὑφίστασο).

Da das hebräische Verb unseres *V. 41b* von C' vielleicht als ein ἅπαξ λεγόμενον betrachtet wurde (תוה ii), siehe L. 3 in fine, braucht die Seltenheit des Verbs ἐφί-στημι bei C' kein Gegenzeugnis gegen die Echtheit der Überlieferung von 1173 zu sein. Der Sinn bei C' ist: sie brachten ihn dazu, zu widerstehen; sie rührten ihn zum Widerstand auf.

Die größte Crux dieser Lesart ist jedoch entschieden die Wendung τὸν ἰσχυρὸν τοῦ ἰσραηλ.

ἰσχυρός ist häufig bei C' und steht für folgende hebräische Wortstämme: חיל, עז, עצם א(י)ל. Je einmal steht ἰσχυρός für חזק in *Job xxxvii 18* nach Field («Cod. 252, ...»), für כבד in *Is xxxii 2* nach 86, אדיר in *Jer xxxii 21* (*xxv 35*) nach 86, אמים in *Jer xxvii* (*l*) *38* nach 86, Syh. Nie jedoch stünde ein ἰσχυρός τοῦ ἰσραηλ als Entsprechung von קדוש ישראל in der Überlieferung bezeugt wie hier. Diese Wendung ist auch bei C' wie in O' und A' ἅγιος (τοῦ) ἰσραῆλ, wie folgende Stellen dartun: *Is i 4* nach Tht (ohne ἰσραηλ im C'-Zitat, das aber zweifellos bei C' stand wie bei O' und deshalb nicht eigens angeführt zu werden brauchte); *v 24* nach Eus; *xxx 11* nach Eus, Pr; *xli 16* nach Eus, Q (C'Θ'). Ebenso lautet die Übersetzung von קדוש יעקב in *Is xxix 23* bei C': τὸν ἅγιον ἰακωβ nach Eus.

Kennicott und *de Rossi* kennen ihrerseits keine varia lectio für קדוש ישראל, welche dem Ausdruck C's zugrundeliegen könnte.

Ist das ἰσχυρός in einem der Vorgänger von 1173 aus Kolumne E' oder A' in *V. 41a* in die C'-Lesart von *V. 41b* hinübergeglitten? Dieser oder ein anderer Irrtum ist denkbar; die Möglichkeit eines andern hebräischen Textes bei C' ist jedoch auch nicht völlig von der Hand zu weisen.

Lesart 3

E' überträgt קדוש auch wie O', A', C' mit ἅγιος, z. B. *Ps xlv 5b* nach 1098; *lxxxviii 6b* nach Tht (der die Lesart als Θ'-Lesart anführt, aber bei Tht sind alle Θ'-Lesarten in Wirklichkeit solche der E', siehe *Mercati, Psalterii hexapli*, S. xxv–xxix), usw.

ὁμοιόω ist für E' nur noch einmal bezeugt, denn das ὡμοιώθη in *Ps cxliii 4a,* das Tht in einem Θ'-Zitat, also in einer E'-Lesart bringt, stammt wohl aus dem *Lemma der O'*, nicht aus der hexaplarischen Lesart selber, die nur ἀτμίς betrifft. So bleibt als eindeutiges Zeugnis nur noch *Ps xlviii 13b* nach 1098 ὡμοιώθη für דמה nif (= O').

Was ist der Sinn dieser überraschenden Übersetzung hier? Vielleicht hängt sie mit der Exegese von den Ereignissen während der Wüstenwanderung zusammen: ὡμοίωσαν = sie machten den Heiligen Israels ähnlich, d. h. sie bildeten ihn (im goldenen Kalb) ab. Der Psalm spricht demgemäß von zwei Versuchungen: in der ersten stellten die Israeliten die Macht des Herrn auf die Probe, sie zu ernähren

(*V. 18a* zum ersten Mal נסה!), in der zweiten versuchten sie ihn durch das goldene Kalb (*V. 41b* zum zweiten Mal נסה!). Diese Deutung wurde möglich, weil Є′ nicht *zwei* Wurzeln תוה unterschied, sondern im Gegensatz zu A′ und C′ auch hier *in V. 41b* den Sinn von «zeichnen, bezeichnen» erkannte wie in *i Regn xxi 14, Ez ix 4*.

Exzerpt 13. Vers 42 a–b

Lesart 1

Die Lesart gilt der *Wortwahl* C′s und seiner *Zeitwahl*. Eus bestätigt das Zeugnis von 1173.

Das *Imperfekt* wählte C′ im Gegensatz zum Aorist der O′ auch in *V. 36b, 40a, b, 41a, b*, siehe oben E. 9, L. 2.

Lesart 2

Eus bestätigt die Überlieferung C′s. C′ konstruiert ἀναμιμνήσκομαι mit *Akkusativ*, während O′ μιμνήσκομαι mit Genitiv verbunden hatten. In *Ex xxiii 13* bilden auch O′ das Verb ἀναμιμνήσκομαι mit Akkusativ.

C′ hat desgleichen für die Angabe der Zeit den adverbialen oder temporalen *Akkusativ* dem Genetiv der O′ vorgezogen. Er vermeidet weiter die *Attraktion des Relativums* der O′ und setzt die Präposition ἐν zur Verdeutlichung.

Zu all dem gibt es *Parallelen:* In *Ps lxxxix 15b* setzten O′ den temporalen Genetiv, dem sich ein Relativsatz anschloß mit dem attrahierten Relativum, also wie in unserem *V. 42b*: ἐτῶν ὧν εἴδομεν. C′ ersetzt nach der Überlieferung des Eus den Genetiv durch den Akkusativ und knüpft den Relativsatz an den Akkusativ mittels der Präposition ἐν und des Relativpronomens: ἔτη ἐν οἷς εἴδομεν.

Ähnlich steht in *Ps lv 4a* bei O′ ἡμέρας φοβηθήσομαι für יום אירה (eine Relativkonstruktion ohne Relativpartikel), wofür C′ nach Eus gesetzt hatte: ἐν ᾗ ἂν ἡμέρᾳ φοβηθῶ (mit Einbeziehung des regierenden Hauptwortes, von dem der Relativsatz abhängt, in denselben). C′ kennt jedoch auch den temporalen Genetiv, z. B. in *Ps xc 6b* nach 264 mg, 1175, cat x[1625, 1706] (obgleich der Genetiv hier auch als genetivus obiecti interpretiert werden könnte).

Weiter vertauschte C′ das Verb λυτρόομαι der O′ durch ῥύομαι. Eine solche Ersetzung findet sich ebenfalls in *ii Regn iv 9* nach j und in *Ps xliii 27b* nach Chr[M, N]. Aber C′ verschmäht λυτρόομαι nicht grundsätzlich, ja, λυτρόομαι ist seine häufigste Wiedergabe von פדה. Wahrscheinlich ist es hier die Fügung: ἐκ θλίβοντος, welche C′ zu ῥύομαι greifen ließ: dem Bedränger wird jemand eher entrissen, als daß er von ihm losgekauft oder losgelöst würde. Die Wortwahl C′s hängt nicht nur vom hebräischen Wortlaut, sondern von seinem Sprachgefühl und Stilempfinden ab, wie hier deutlich zu erkennen ist.

Der Hauptunterschied in der Übersetzung von מני־צר zwischen C′ und O′ besteht im Weglassen des Wortes χειρὸς bei C′. C′ kannte also einen hebräischen

Text, der mit MT übereinstimmte. Ob O′ einen andern hebräischen Text mit יד lasen, oder ob die Wendung ἐκ χειρός eine freie Wiedergabe des מני ist, bleibt offen.

Ein Wort ist noch fällig zur *Anordnung* der beiden C′-Lesarten: beide zusammengenommen bilden ein fortlaufendes *Ganzes*. Die Wiederholung der Sigel in der Mitte dieses Ganzen vor τὴν χεῖρα κτλ. scheint somit eine überflüssige Unterbrechung. Das ist ein Zeichen, daß nicht der Catenist von 1173 die Lesarten aus einer hexaplarischen Hs exzerpierte. Denn da wäre kein Grund gewesen, die Einheit des fortlaufenden Zusammenhanges zu stören. Die Vorlage von 1173 dagegen hatte wohl Anlaß, in die C′-Lesart eine Trennung einzuführen, vielleicht, um eine andere hexaplarische Lesart, welche dann von 1173 nicht mitübernommen wurde, einzuschieben.

Exzerpt 14. Vers 42b

Lesart 1

Diese erste A′-Lesart deckt sich mit O′. Gegen die Überlieferung A′s ist nichts einzuwenden: Absolute Zeitangaben können bei A′ wie bei O′ (und C′) im *Genetiv* stehen, siehe z. B. *Ps lv 4a* nach 1175, cat xvii[1047, 1134, 1135, 1139] (= O′), *lxxxvii 2b* nach cat x[1625, 1706] (= O′); *xc 6b* nach 264 mg, 1175 (O′ übertragen anders, mit einem Adjektiv); u. a. Auch die *Wortwahl* paßt zu A′: פדה ist bei ihm λυτρόομαι, siehe *Reider*, Index, S. 150.

Gilt daher die Lesart dem fehlenden *Pronomen* αὐτούς, das bei O′ im Gegensatz zu A′ steht? Bei *Kennicott* und *de Rossi* gibt es keine Hss, welche פדה statt פדם bezeugen. Es ist doch wohl eher anzunehmen, daß sich der Exzerptor bloß für das Relativum und das Verb interessierte und daher dem Pronomen keine Rechnung trug, obwohl es bei A′ vorhanden war, und er es an sich hätte mitzitieren können.

Wahrscheinlicher ist, daß die O′ des Exzerptors eine der *variae lectiones* vertraten, die bei *Holmes - Parsons* verzeichnet stehen: *Vet. lat.:* qua liberavit (= Psalterium [romanum] *mozarabicum*), vgl. auch liberabit (= Psalterium mozarabicum, Hss 13, 17, 29, 32*, 33, 35, 204); *144:* ἣ ἐλυτρώσατο; *163:* καὶ ἐ.; *171, 196, 204:* ὡς ἐ.; *299, 377:* ὃς ἐ. Im Gegensatz zu einer dieser O′-Formen, die in O′ des Exzerptors vorkam, zitierte der Exzerptor die A′-Lesart.

Lesart 2

Die Lesart A′s deckt sich wie die des C′, E. 13, L. 2, *mit MT* gegen O′, die χειρός enthalten, dem in MT nichts entspricht. A′ läßt erwartungsgemäß den *Artikel* weg.

Die *Wortwahl* A′s ist die erwartete: מני ist ἐκ, so in *Ps lxvii 32a* nach Eus; *lxxvii 2b* nach Eus[Coisl 44, 1209, 1906] (ohne ἐκ in cat iii = 1133); *Mi vii 12* (semel) nach Syh.

Das Partizip θλίβων gibt bei A′ צר dort wieder, wo dieses Widersacher, Bedränger bedeutet: siehe *Ps xxvi 12a* nach 264 mg (= O′) (fehlt in *Field*, Auctarium, und *Reider*, Index); *xxxi 7a* nach 264 mg, 1098; *lxxvii 66a* nach 1173, 264 mg, 1175; *lxxx 15a* nach 1173 (bei *Reider*, Index, nicht aufgeführt); *lxxxviii 43a* nach 264 mg, 1175, 1098 (= O′); *Is i 24* nach 710; *lix 18* nach 86.

Nur für *Ps cxviii 139b* überliefern cat xvii [1135, 1139], cat x [1625, 1706] in einer Lesart, die unverkennbar den Stempel A's trägt, die Übersetzung θλίπται μου für צרי. Das Substantiv ist sonst für A' nicht weiter nachgewiesen. Dies ist ein neues Beispiel für A's gelegentliche Ausnahmen in seinen sonst regelmäßigen Entsprechungen zwischen hebräischen und griechischen Wörtern, siehe oben E. 12, L. 1.

Wie C's hebräischer Text, so entsprach auch der A's dem uns vorliegenden MT, siehe *Reider,* Prolegomena, S. 83.

Lesart 3

Die Lesart Θ's gilt der Wortwahl ἐχθροῦ statt θλίβοντος in O'! Θ' hat ἐκ χειρός der O' beibehalten im Gegensatz zu A' und C'.

In *V. 42b* und in *V. 66a* hat die Θ'-Version den entgegengesetzten Weg beschritten. Da weder *Rahlfs* noch *Holmes-Parsons* noch *P. Bodmer xxiv* weder in *V. 42b* die O'-Variante ἐχθρός noch in *V. 66a* die Lesart θλίβων kennen, gibt es keinen Anhaltspunkt für jenen der beiden Verse, da Θ' bloß die O'-Vorlage unrezensiert übernahm, und für den andern, wo er die Initiative der Rezension ergriff. Vielleicht ist übrigens diese Alternative falsch, da Θ' in diesem Punkt möglicherweise nicht konsequent arbeitete. Oder der Exzerptor mochte eine *Randlesart zu O',* die bloß eine *varia lectio* darstellte, irrtümlich als Θ'-Lesart interpretiert haben (vgl. die Θ'-Lesarten in 1098!). So wäre eine der beiden «Θ'»-Lesarten entweder in *V. 42b* oder in *V. 66a* in Wirklichkeit *varia lectio der O'.*

Exzerpt 15. Vers 43a

Lesart 1

Die Lesart gilt zunächst der *Konjunktion* des Nebensatzes, ein Relativum bei A', eine modale Konjunktion bei O', und dem Unterschied *Aktiv-Medium* im Verb zwischen A' und O'.

Ps xlv 9b liefert eine exakte *Parallele* zur A'-Lesart in unserm *V. 43a*: אשר־שם lautet dort nach 1175, 1098 bei A': ὅσους ἔθηκεν, auf ἀφανισμούς bezogen, während O' formulieren: ἃ ἔθετο.

Weitere Beispiele für ὅσος als Äquivalent von אשר sind *Dt vii 15, xxvi 2* nach v, z; *Ps lxx 20a* nach 264 mg, 1175; *Is xxi 6* nach Q.

A' unterscheidet sich von O' und von Є' durch seine aktive Form: τίθημι statt Medium τίθεμαι. Dies hängt damit zusammen, daß A' für שים aktives τίθημι, für שית mediales τίθεμαι spezialisiert: siehe den Nachweis unten *Ps lxxxii 12a,* E. 126, L. 1.

Lesart 2

C' ist aus *Eus* schon bekannt.

Absolute Genetive sind bei C' keine Seltenheit, siehe z. B. *Ps ix 4a–b* nach Tht, Chr [E, N], cat xvii [1047, 1134, 1139, 1212], cat x[1625, 1706]; *xxvii 1e* nach 264 mg; *xxix 8b* nach 264 mg, 1098;

lxv 9a–b nach Eus; *lxxx 9a* nach 1173: E. 92, L. 2; *Ez xxxi 5* ※ nach 86; usw. Übrigens ist das *Participium absolutum* nur eine Spielart der *Partizipialkonstruktionen,* die C′ auch in der Form des *Participium coniunctum* gerne heranzieht, siehe das zu *Ps lxxviii 6a,* E. 61, L. 6 Gesagte.

Auch für unsere C′-Lesart ist *Ps xlv 9b* nach 1098 eine *Parallele:* auch hier gibt C′ שׂים mit ποιέω wieder, wie er das auch tat in *Ps xliii 15a* nach Eus [1121]; *lxxxviii 30a, 41b* nach 1098; *Is xxi 4* nach Eus; usf.

Lesart 3

Є′ hat die Relativpartikel wie C′ auf Gott bezogen im Unterschied zu A′, der sie von den Zeichen abhangen ließ.

Die Lesart Є′ ist, was das Verb betrifft, mit O′ identisch. Der Unterschied gilt daher nur dem Unterschied ὅς - ὡς bei Є′ und O′. Dadurch wird klar, daß ὅς bei Є′ nicht Versehen für ὡς, sondern absichtlich gewählt ist. Є′ empfand zweifellos die Konjunktion ὡς als *zu freie* Wiedergabe des Relativums אשׁר.

Є′ folgt den O′ in ihrer Verwendung von τίθεμαι, siehe die Parallele in *Ps xlv 9b* nach 1098, wo Є′ wie O′ ἃ ἔθετο überträgt; *xviii 5c* nach Eus [1121].

Zu dieser Stelle bedarf es einer kleinen Erörterung. Є′ habe «ὁμοίως» übersetzt: ähnlich welcher Übersetzung? Wohl der gerade unmittelbar vorher angeführten, also der Θ′-*Übertragung.* Nun steht aber Θ′ in *Eus* [1121] zu Θ′ in *1175* und zu C′Θ′ in *cat x* [1625, 1706] (mit Unterschieden in der Lesart) im Widerspruch. Doch ist die Sigel Θ′ in *1175,* bzw. C′Θ′ in *cat x* falsch; statt Θ′, C′Θ′ muß C′, bzw. C′ *allein* stehen. Denn erstens gibt *Eus* [1121] alle Übersetzungen A′, C′, Θ′ in extenso wieder, während *1175, cat x* nur Θ′, bzw. C′Θ′ und A′ bieten: die Fehlerquelle bei *1175, cat x* für die Sigel ist also größer. Zweitens ist τάσσω für שׂים typische *C′-Wiedergabe.* — Wenn somit die Є′-Übertragung der Θ′-Version gleich ist, so ist die Θ′-Lesart nach *Eus* [1121] ἔθετο zu lesen, während die Θ′-Lesart nach *1175* (bzw. C′Θ′ nach *cat x*): ἔταξεν in Wirklichkeit jene C′s ist; im übrigen ist die Θ′-Übertragung von *Eus* [1121] den O′ sehr nahe, bloß am Ende ist sie wörtlicher als O′. Auch das spricht für Θ′ nach Eus [1121]. Daß sich Є′ mit Θ′ trifft, ist bei dieser nur geringfügigen, aber auf eine Rezension zurückgehenden Abweichung von O′ ja sehr plausibel.

Die weiteren Zeugnisse für Є′ wären: *Ps lxxxviii 30a, 41b* nach 1098 (= O′); *xc 9b* nach Eus (= O′).

Wo שׂים bei O′ mit καθίστημι übertragen ist, nämlich in *Ps xvii 44b,* folgt Є′ nach 1098 den O′; und in *Ps xxxviii 9b,* wo O′ ἔδωκάς με erkoren, hielt sich Є′ in der Wortwahl, nicht aber in der Form an O′ nach dem Ausweis von Eus [1121]: μὴ δῷς με.

Є′ ergreift also bei der Übersetzung von שׂים, wie es scheint, keine eigene Initiative.

Lesart 4

Die Lesart gilt dem *Artikel,* der diesen drei Versionen im Unterschied zu O′ abgeht.

Der fehlende *Artikel* bei A′ erklärt sich ohne weiteres. Daß er bei ς′ fehlt, dürfte auf das Konto der O′-Vorlage von ς′ gehen, denn auch in *P. Bodmer xxiv* fehlt der Artikel. ς′ hing wohl von dieser O′-Form ab.

Dasselbe mag auch auf Є′ zutreffen. Da sich aber in Є′ bereits Anzeichen einer Art Systems abzuzeichnen beginnen, wo der Artikel nicht mehr bloß nach griechischem Sprachempfinden, sondern auch mit Rücksicht auf Vorhandensein oder Fehlen des hebräischen Artikels gesetzt wird, könnte hier ein solcher Fall der Angleichung des Griechischen ans Hebräische bei der Setzung des Artikels vorliegen. Siehe zum Artikel mit Possessivpronomen bei Є′ die Einleitung, Kap. IV, 3.

Wir haben hier übrigens einen der Fälle, wo Є′ *und* ζ′ zusammengefaßt erscheinen, wo sie sich also nicht unterscheiden. Dies findet man auch in *V. 40a, 41a, 51a, b, 54a, 55b, Ps lxxviii 7b, Ps lxxx 9a, 10a, Ps lxxxii 2a.*

Diese Art, Є′ und ζ′ bald einzeln, bald zusammengefaßt zu zitieren, findet man auch in *264 mg*, in *Ps xxiv–xxxii*, wo an folgenden Stellen Є′ und ζ′ zusammengefaßt sind: *Ps xxiv 1a, 7a, 10b, 14c, 16b, Ps xxv 11b, Ps xxvi 7b, 8a, b, 11a, b, 12a, Ps xxvii 2a, 3b, 8b* (hier steht in 1098 keine Lesart neben Є′!), *Ps xxviii 1d* (hier hätte nach 1098 Є′ dieselbe Lesart wie Θ′, nicht wie ζ′! 264 ist wohl im Irrtum, siehe *Mercati*, Osservazioni, S. 62–63); *2a* (ζ′ in 1098 nicht erwähnt), *6a* (in 1175 wird die Lesart nur Є′ zugeschrieben), *6b, Ps xxix 8a, b* (für beide Halbverse wird ζ′ nicht erwähnt in 1098), *11b* (nicht erwähnt in 1098), *12a* (nicht angeführt in 1098), *Ps xxx 1* (hier widerspricht 1098: ζ′ hat nach 1098 εἰς τὸ τέλος, nach 264 mg wie Є′ τῷ νικοποιῷ. 264 mg ist wohl gegenüber 1098 im Irrtum, siehe *Mercati*, Osservazioni, S. 95–96).

264 und 1173 weisen also eine stattliche Anzahl von ζ′-Lesarten auf, die mit Є′ *zusammengefaßt* geboten werden. 1098 dagegen hat nur *eine einzige* ζ′-Lesart, die mit der Lesart Є′ identisch ist: *Ps xxix 11a!* Wo 264 mg und 1098 nebeneinander erhalten sind, gibt 264 mg ζ′-Lesarten, die in 1098 fehlen, und die oft mit Є′ übereinstimmen.

Aus diesem Sachverhalt folgt eine Feststellung zum Verhältnis von 264 mg und 1173 einerseits und 1098 anderseits und eine weitere zur Kolumne ζ′ der Hexapla.

1. 264 mg hängt nicht von 1098 als von seiner Quelle ab. Da 1173 ebenfalls mehrere Lesarten Є′ζ′ wie 264 mg zitiert, wird es dadurch von 1098 weg und in die Nähe von 264 mg gerückt.

2. Die vielen mit Є′ identischen ζ′-Lesarten in 264 mg und 1173 (zu denen weitere aus 1175 kommen) machen eine *vollständige Kolonne der* ζ′ wahrscheinlich. Denn wie würden sich diese ausdrücklichen Erwähnungen der ζ′ erklären, wenn man die ζ′ als bloße zerstreute Lesarten verstünde, die ab und zu der Kolonne Є′ beigegeben sind, und zwar nur dort, wo Є′ und ζ′ sich unterscheiden? Vgl. im gleichen Sinn *Mercati,* Psalterii hexapli, S. xxxi–xxxiii.

Exzerpt 16. Vers 43b

Lesart 1

Die C′-Lesart heißt bei Eus: καὶ τὰ τέρατα αὐτοῦ. τεράστια ist ein typisch *symmachianisches* Wort, die andern Versionen einschließlich O′ kennen es nicht. Es entspricht aber bei C′ in allen andern 8 bekannten Fällen der hebräischen Wurzel: פלא, ausgenommen in *Nu xiii 34 (33)*, wo C′ nach M, s, v, z נפלים mit τεράστιοι wiedergegeben hat. Aber hier liegt es ja auf der Hand, daß C′ auch dieses hebräische Wort mit פלא in Verbindung gebracht hat.

Anderseits sind für מופת zwei weitere C′-Übersetzungen bezeugt: Eus gibt in *Ps lxx 7a* für C′ τέρας (= O′); 86 in *Za iii 8* für C′ θαυμαστοί (bestätigt durch Bas N in einer freieren, von O′ abhängigen Form: θαυματόσκοποι).

τεράστιος ist also, soweit man feststellen kann, für פלא vorbehalten. Für מופת ist τέρας belegt.

Dennoch ist die Lesart von *1173* wohl besser. In *V. 43b* lesen O′ τέρατα. Die Lesart des C′ bei Eus weist eine von MT, O′ verschiedene Wortstellung auf: במצרים = ἐν αἰγύπτῳ in *V. 43a* ist unmittelbar vor בשדה צען = ἐν πεδίῳ τάνεως in *V. 43b* gesetzt. Ist dies C′s ursprüngliche Anordnung? Ausgeschlossen ist dies nicht. Trotz diesem Abstand C′s von O′ bei Eus ist das Wort τέρατα wohl *aus O′* in die Überlieferung C′s bei Eus eingedrungen, entweder bei Eus selber oder eher bei einem Kopisten, der sich durch das häufige und in unserm *V. 43b* aus O′ geläufige τέρατα kontaminieren ließ. Da C′ ja nicht von eiserner Konsequenz ist, spricht der eingangs beobachtete Befund פלא = τεράστιος bei C′ nicht gegen die Möglichkeit, daß C′ hier einmal מופת mit diesem Begriff verband.

Lesart 2

Für צען war bisher keine A′-Übertragung bekannt. A′ trennte sich nicht von O′ in der Identifikation von צען mit τάνις.

Exzerpt 17. Vers 44a

Lesart 1

στρέφω ist A′s Übertragung von הפך, siehe *Lev xiii 13* nach M, v, z, s (anon.) (O′ μεταβάλλω); *Ps xxix 12a* nach 1098 (= O′); *xxxi 4b* nach 1175, cat xvii 1047 (O′A′Θ′) (264 mg hat irrtümlich ἐπεστράφη) (= O′); *lxxvii 57b* nach 1173 (O′ ἀποστρέφω); *Prov xvii 20* nach 248 (zitiert bei *Field,* der aber der zusammenfassenden Lesart von 161: A′C′Θ′ στρεφόμενος den Vorzug gibt) (O′ εὐμετάβολος); *Is lx 5* nach 86 (O′ μεταβάλλω). (In *Jer xiii 23* hatte A′ ἐπιστρέφω gewählt [O′ ἀλλάττομαι]). Es wären noch die zusammenfassenden Lesarten A′Θ′ hinzuzuziehen, die wohl für beide Übersetzer zutreffen, denn auch für Θ′ allein ist στρέφω als Wiedergabe von הפך gut bezeugt: *Ps xxxi 4b* nach 264 mg, cat xvii 1047 (O′A′Θ′); *Job xxviii 5* ※; *xxxiv 25* ※; *Da x 16* (O′ ἐπιστρέφω); *Da x 8* nach Qtxt (siehe z. St.: *Ziegler,* Daniel). Die Lesarten A′Θ′ sind: *Ps cxiii 8a* nach 1175 (ὁμοίως τοῖς O′, die τοῦ στρέψαντος übersetzt haben); *So iii 9* nach 22, Tht (O′ μεταστρέφω); *So iii 9* ist eine Parallele zu unserm *V. 44a*: μεταστρέφω wird durch einfaches στρέφω ersetzt.

Lesart 2

1173 = 1122 haben μεταβάλλοντος, Eus μεταβαλόντος. Diese *Aoristform* verdient den Vorzug, da die parallelen Partizipien alle im Aorist stehen, auch nach 1173: siehe *V. 43a, V. 45a,* (*V. 46a* nach Eus, in 1173 fehlt diese Lesart C′), *V. 47a, 48a.* Zum *Genetivus absolutus,* siehe oben zu *V. 43a,* E. 15, L. 2.

μεταβάλλω drückt bei C′ הפך oft aus, wie es schon in O′ geschah. Z. B. in *Ps xxix 12a* nach 264 mg, 1098 (O′ στρέφω); *lxv 6a* nach Eus, Tht, ThdMopsv 1133 (O′ μεταστρέφω); *cxiii 8a* nach 1175 (wo zwar der Akkusativ Plural vielleicht falsch statt des richtigen Genetiv Singular steht; hier kommt es jedoch bloß auf die Wortwahl an) (O′ = στρέφω); *Jer xiii 23* nach 86 (O′ ἀλλάττομαι).

εἰς αἷμα wird durch Eus bestätigt und erheischt keine weiteren Bemerkungen.

Exzerpt 18. Vers 44 a–b

Lesart 1

Die Übersetzung A's trifft wohl zu, obwohl für κατάρροια als Übersetzung von נזל sonst keine Parallele vorkommt. *Eus* bezeugt seinerseits diese Übertragung A's. In *Ps cxxv 4b* ist κατάρροια nach cat pal [Pat 215, 1675] und nach Chr (anon.) Wiedergabe von אפיק. Das *Verbum* נזל ist in der Übersetzung von A' allein aus *Ct iv 16* bekannt: ῥυήτωσαν nach Morin. n. υ, 161, und aus *Jer xviii 14*: καταρρέονται nach Syh. Somit stoßen wir auf ein weiteres Beispiel relativer Freiheit, die sich A' bei seiner Übersetzung gestattet! Siehe oben *V. 41b, E. 12, L. 1.*

ῥεῖθρον ist bezeugt als A's Übertragung von יאר: *Ex vii 24* nach j, v, z, c_2 (in der zweiten Hälfte des Verses kommt יאר nochmals vor, und dafür hätte A' nach j, v, z, c_2 ποταμοῦ übersetzt. Dies ist gewiß ein Irrtum, entweder durch Kontamination mit den unmittelbar folgenden Lesarten C' und Θ', die mit τοῦ ποταμοῦ enden, oder durch Kontamination mit O'. Außerdem ist die Wendung τοῦ ὕδατος τοῦ ποταμοῦ nicht aquilanisch. Syh bestätigt unsern Zweifel, denn für A' gibt sie: דרדיא, aber für C' und Θ' מן דנהרא); *Job xxviii 10* nach Syh (siehe Field z. St.); *Is xxxiii 21* nach Eus. (*Is vii 18*: diese zusammenfassende Lesart A'C' in 710 trifft nicht auf A' zu, siehe *Lütkemann-Rahlfs*, S. 62, Anm. 276.)

בר ist οὐ μή, meistens mit Konjunktiv Aorist, siehe *Reider*, Index, S. 178, unter οὐ μή: dort ist zu streichen *Ps xx (xxi) 12*, hinzuzufügen *Ps xlv 6a* nach 1098. – In *Os vii 2* gibt 86 für ובל bei A' μήποτε. In *Ps cxviii 121b* steht בל vor einem hebräischen Jussiv: A' hätte hier nach cat pal Pat [215, 1675] mit einfachem μή übersetzt. Zur *Verneinung* bei A': siehe unten *Ps lxxix 19a, E. 86, L. 1.*

πίνω gibt zu keinen Bemerkungen Anlaß.

Lesart 2

Das überraschende ποταμόν in der *Einzahl* für יארים ist schon den alten Kommentatoren aufgefallen. So schreibt *Tht* zu *Ez xxix 3*: τινες τῶν ἑρμηνευτῶν ἑνικῶς εἶπον τὸν ποταμόν, οἱ δὲ O' πληθυντικῶς (zitiert bei Field, Ziegler z. St.). Da wir in *Is vii 18* bei Θ' ποταμοῦ für hebräisch יארים nach Tht bezeugt finden und jetzt unsern Vers nach 1173 als Stütze hinzuziehen können, werden die τινες des Tht wohl auf Θ' zu beziehen sein.

Wie kommt Θ' aber auf κατεσκαμμένα als Wiedergabe von נזליהם (oder נזלים wie Hs 93 bei *Kennicott* liest)? κατασκάπτω gebrauchen allein O', nicht aber, wie es scheint, die Versionen, außer hier Θ'. In O' steht κατασκάπτω nie für נזל, und stets bedeutet es: «zerstören». Hier heißt es wohl: «die Gräben», nämlich das Gegrabene, die Kanäle. Das Verb κατασκάπτω und das Hauptwort κατασκαφή haben zunächst die Bedeutung von: «graben», bzw. von «Graben, Grab». Freilich ist kein anderes Beispiel von κατεσκαμμένα = «Gräben» bekannt, siehe *Liddell-Scott*, A Greek-English Lexicon; *Stephanus*, Thesaurus, vol. v, s. v. Aber in *Preisigke*, Wörterbuch, I, Sp. 764, ll. 25–26 wird das Verbum in einem Papyrus aus dem 3. J. v. Chr. (Petr. ii 13, 5, 2) als: «untergraben» beim *Kanalbau* wiedergegeben!

Eine Schwierigkeit bietet das Fehlen von αὐτῶν bei ποταμὸν und bei κατεσκαμμένα. Hat Θ' in seiner Vorlage יארים und נזלים (wie *Kennicott* Hs 93) gelesen? Es wäre auch möglich, daß nur *ein* αὐτῶν nach κατεσκαμμένα stand, das aber in der Lesart als identisch mit O' nicht zitiert wurde, und das sich auf beides, ποταμὸν und κατεσκαμμένα bezog: siehe die ähnliche Weglassung des Pronomens oben E. 14, L. 1.

Exzerpt 19. Vers 45a

Lesart 1

ἀποστέλλω ist A's Übersetzung von שרץ qal, pi. An vier Stellen jedoch lesen wir ἐξαποστέλλω: *Ps lxxx 13a* (pi) nach Tht, doch könnten hier O' die Lesart A' durch ihr ἐξαπέστειλα beeinflußt haben; *Ps xliii 3b* (pi) nach cat xvii [1047, 1134, 1135, 1139], wo O' ἐξέβαλεν lesen; *Is xvi 2* (pu) nach Q; *Prov xxix 15* (pu) nach Morin. n. ξ. Die beiden letzten Stellen sind nicht von O' kontaminiert. Es scheint so zu sein, daß A' שלח pu ἐξαποστέλλομαι und vielleicht auch sonst hie und da ἐξαποστέλλω für שלח pi gebraucht habe. Die große Mehrzahl der Belege jedoch bezeugt die Wiedergabe durch ἀποστέλλω. Zu den bei *Reider*, Index, S. 29, vermerkten Stellen hinzufügen: *Ps lxxvii 49a* nach 1173; *Jer xxvii (l) 33* nach 86; *Ez v 16* ※ nach 86 (nach Q^txt ist die Lesart von Θ'); *Ez xxxi 5* ※ nach 86; *Eccl xi 1* «O'», in Wirklichkeit A', siehe *Barthélemy, Devanciers*, S. 21–30.

ערב ist nach Hi^SF von A' als πάνμικτον übertragen worden, wie man aus seiner Bemerkung schließen darf, daß κυνόμυια in O' in Wirklichkeit κοινόμυια nach dem *hebräischen* Wortsinn zu lesen sei, und daß diesem κοινόμυια A's Wiedergabe πάμμικτον entspreche. Dem entspricht in *Ex viii 21 (17)* für A': לחלותא, Mischung, nach Syh. Mit dem paßt auch A's Ausdruck σύμμικτος in *Jer xxvii (l) 37* nach 86 für ערב zusammen.

Zur Konstruktion A's ἀποστέλλω ἐν (O' εἰς!), siehe die Parallele in *V. 49a*, E. 27, L. 1 und das dort Gesagte.

Lesart 2

Die Lesart C' steht auch bei *Eus.* Dort heißt es allerdings φαγεῖν anstatt καταφαγεῖν. C' gebraucht beide Formen für אכל.

Im vorliegenden *Psalm lxxvii* haben wir bei C' φαγεῖν in *V. 25a* (= O') und *29a* (= O') nach Eus, ebenso in *Ps lxxviii 7a* nach 1173 (O' κατέφαγον). In *V. 63a* steht ἀναλίσκω für אכל (O' καταφάγω). *Einfaches* φαγεῖν ist bei C' häufiger als καταφαγεῖν, das nur viermal eindeutig für C' belegt ist: *Ps xxvi 2a* nach 264 mg (O' φαγεῖν!); *Is x 17* (Medium) nach Eus (O' φάγομαι); *Is l 9* (Medium) nach Q (hier ist καταφάγεται vielleicht bloß Wiederaufnahme des Lemmas von O', nicht Lesart des C'); *Hab iii 14* nach 86, Coislin (bei Montfaucon zitiert).

Da in unserem Vers O' κατέφαγεν lesen, ist das φαγεῖν bei *Eus* vorzuziehen. Das καταφαγεῖν von 1173 = 1122 ist durch *Kontaminierung* mit O' entstanden.

Für שלח qal, pi hat C' mehrere Ausdrücke im Griechischen gewählt: in *Ps lxxvii 49a* nach 1173 und in *Jer xvi 16* nach 86 ist es πέμπω, im selben Vers *Jer xvi 16* nach 86 ist es auch μετα-πέμπομαι. So paßt auch das ἐπιπέμπω unseres Verses trotz seiner Isolierung gut zu C'. Daneben kommen folgende weitere Übertragungen vor: am häufigsten ἀποστέλλω, dann auch ἀφίημι, ἐκτείνω, ἀπολύω, προβάλλω, ἐμβάλλω. In *Is xlv 13* steht bei Tht ἐκπέμπω als Übersetzung von οἱ γ': in Wirklichkeit ist es wohl C'.

Die Konstruktion ἐπιπέμπω *mit bloßem Dativ* (statt εἰς bei O'!) hat eine fast genaue *Parallele* unten in *V. 49a, E. 27, L. 2*: πέμπω mit Dativ (O' εἰς). Für den *absoluten Genetiv,* siehe oben zu *V. 43a, E. 15, L. 2.*

Nach *Hi*[SF] muß auf griechisch nicht κυνόμυια, sondern κοινόμυια gelesen werden. In *Ex viii 21 (17)* steht in Syh als Übertragung von ערב in der Lesart *C':* חלתא, Mischung. Dies könnte auf ein κοινόμυια zurückgehen. Hieronymus' Auffassung würde sich demzufolge auf die *Hexapla* stützen, wo bei *C'* und vielleicht auch in O' κοινόμυια gestanden hätte. Aber κοινόμυια ist kein griechisches Wort; es fehlt in *Stephanus,* Thesaurus; *Liddell-Scott,* A Greek-English Lexicon; *Preisigke,* Wörterbuch. Wohl aber ist gut griechisch κυνάμυια und später κυνόμυια. Die Ersetzung dieses Wortes durch κοινόμυια beruht auf einer *künstlichen Etymologie,* die bei *Hieronymus* ausgesprochen ist, vielleicht aber schon auf *C'* zurückgeht. Dieser wäre auf sie verfallen vom Hebräischen ערב «Mischung, Gemengsel» her. Damit würden A's πάμμικτος und C's Übertragung einander angenähert. Doch gestatten es diese *Mutmaßungen* nicht, den C'-Text in 1173, Eus in κοινόμυια zu *korrigieren.* C' kann sehr wohl den gut griechischen Ausdruck κυνόμυια wie O' gebraucht haben!

Exzerpt 20. Vers 45b

Lesart 1

שחת *hif* ist bei C' διαφθείρω, siehe *V. 38b.* Die *Konstruktion* ist dieselbe wie in *V. 45a,* E. 19, L. 2.

Die ganze Lesart wird überdies bestätigt durch *Eus.*

Exzerpt 21. Vers 46a

Lesart 1

Die Übertragung A's ist auch aus *Eus, He* = Roe 13, fol 4b (= PG lv, c. 717, l. 47) bekannt. *He* ist auch in cat iii = 1133 angeführt. Anonym ist die Lesart A' in cat pal[1906] erwähnt. Cat xxv[1811] zitiert A's Lesart in mg.

Lesart 2

Die Lesart C' wird durch *Eus* bestätigt. Anonym steht sie ebenfalls in cat pal[1906] und mit Sigel C' in cat xxv[1811] am Rande.

Lesart 3

ἐρυσίβης ist auch die Übersetzung von O′. Das hebräische חסיל ist für keinen Übersetzer sonst belegt. Die Wiedergabe von Є′ hat nichts Unmögliches an sich.

Die Frage ist nur, ob der Exzerptor der Lesarten einen andern *O′-Text* gekannt habe, dem er die Є′-Lesart gegenüberstellte. Als einzige Variante in O′ bezeugen *Holmes-Parsons* die Lesart «caniculae» der Vetus latina (= Psalterium Veronense, Psalterium Sangallense, siehe *Psalterium romanum* z. St., S. 191, Psalterium mozarabicum: alle Hss), wohl κυνόμυια. Es ist jedoch nicht sicher, ob dies die O′-Vorlage des Exzerptors gewesen ist.

Oder galt die Lesart der verschiedenen *Orthographie* ἐρεσίβη, die in 1173 = 1122 verwendet ist? Der Exzerptor hätte in diesem Falle den Schreibfehler als echte *varia lectio der* Є′ betrachtet.

Exzerpt 22. Vers 46 a–b

Lesart 1

1122 liest ἀφυήν, wie sie in *Ps lxxxi 5c,* wo 1173 A′ σφαλήτωσαν bot, ἀσφαλησάτωσαν schrieb, siehe unten E. 110, L. 1. Das ist der Beweis, daß der Schreiber von 1122 in seiner Vorlage die *Sigel* der Lesarten gelesen hatte!

φυή ist der *einzige* Beleg für A′s Wiedergabe von יבול. Das Verbum יבל ist für A′ durch Chr^N in *Ps xliv 15a* bezeugt: ἀνενεχθήσονται (O′ ἀπενεχθήσονται). Damit paßt die andere, zusammengefaßte Lesart mit A′: *Job x 19:* A′Θ′ ἀπηνέχθην nach Field («Codd. 137, 138, 255. Montef. ex Reg. uno affert: 'A.Θ. οὐκ ἀνηνέχθην.») nicht übel. Da O′ ἀπηλλάγην lesen, darf nun dem «Regius unus» von Montfaucon der Vorzug zugebilligt werden, da ἀπηνέχθην durch Kontamination mit O′ entstanden sein könnte. ἀνηνέχθην dieses Regius deckt sich überdies mit dem Zeugnis von Chr^N in *Ps xliv 15a* darin, daß beide dem A′ ἀναφέρω zuschreiben. Die Lesart A′Θ′ in *Job x 19* trägt übrigens den Stempel A′s, so daß sie ohne Schwierigkeit für A′ beansprucht werden kann.

Das Fehlen der Artikel ist bei A′ das Übliche.

Lesart 2

Die Lesart C′ ist aus *Eus* bekannt. Dort steht allerdings γεννήματα. Die *Orthographie* γένημα in 1173 = 1122 ist vorzuziehen, siehe *Liddell-Scott, A Greek-English Lexicon,* unter γένημα und γέννημα, ebenso *Preisigke,* Wörterbuch, I, Sp. 286, l. 19, Sp. 287, l. 43.

Das hebräische יבול ist in einer andern C′-Übertragung erhalten: in *Ps lxvi 7a* hat C′ nach Eus mit φορά übersetzt. Das Verb יבל hat C′ mit ἀπάγω wiedergegeben, so in *Ps cvii 11a* nach Eus in cat pal ^Pat 215, 1675 (freilich könnte hier das ἀπάγω aus O′ stammen und nicht zur eigentlichen Lesart C′ gehören); *Jer xi 19* nach 86; mit προσφέρω (so nach Eus) oder προσάγω (so nach 86 [※]) in *Is liii 7;* mit ὁδηγέω in *Is lv 12* nach Eus, 86 (C′Θ′), mit ἀκολουθέω in *Ps xliv 15a* nach Chr^N, 264 mg, 1175.

Aus dem Verb läßt sich also weder φορά noch γένημα bestätigen. Aber die beiden Übertragungen sind ganz wahrscheinlich.

κόπος ist C's Ausdruck für יגיע: *Ps cxxvii 2a* nach 1175, cat xvii [1047, 1135, 1139], Tht, cat x [1625, 1706] (im Plural statt im Singular wie die andern Zeugen); *Is lv 2* nach Eus, 86 (C'Θ').

Exzerpt 23. Vers 47a

Lesart 1

Die Lesart C' auch bei *Eus.*

Zum *absoluten Genetiv*, vgl. *V. 43a, 45a, 48a,* E. 15, L. 2.

Lesart 2

Die Lesart A' gilt nicht der Wortwahl, sondern dem üblichen Fehlen des Artikels bei A'.

Exzerpt 24. Vers 47b

Lesart 1

Tht sagt zu unserer Stelle: τὰς μέντοι συκαμίνους οἱ ἄλλοι ἑρμηνευταὶ συκομόρους ἡρμήνευσαν. Zu *Is ix 10 (9)* haben nach Eus und Tht οἱ λ': συκομόρους. In *Am vii 14* geben 407, Tht (und Syh, Hi) für A': συκομόρους, für C' gleichfalls: συκομόρους, aber für Θ' συκαμίνους (für Θ' bietet Hi kein Zeugnis) (O' lesen συκάμινα). In *i Chr xxvii 28* steht in e₂ anonym: μόρων, wohl verderbt aus συκομόρων. Aus diesem Tatbestand geht die Richtigkeit der Lesarten A' und C' in 1173 = 1122 hervor. Wieder gilt das Interesse der Lesart neben der Wortwahl auch dem Fehlen des Artikels.

κρύος als Übersetzung von הנמל wird bestätigt durch *Eus* zu unserm Vers und durch cat xxv[1811] in mg: A' ἐν κρύει. Hinzu kommt die anonyme Bezeugung in cat pal[1906] zu *V. 46a, 47b.* Da das hebräische Wort ein ἅπαξ λεγόμενον ist, lassen sich keine weiteren Nachweise anführen. Der Artikel fehlt selbstverständlich bei A'.

Lesart 2

Die Übersetzung συκομόρους bei C': siehe *L. 1.*

Die ganze Lesart C' findet sich bei Eus, aber dort heißt es ἐν σκώληκι und in Wiederholung gibt Eus für C' τῷ σκώληκι und für A' ἐν κρύει. In cat xxv[1811] mg lautet das C'-Exzerpt τ σκληκι (ohne ἐν).

C' pflegt das *hebräische* ב frei zu übersetzen, siehe z. B. oben *V. 45a* בהם = (ἐπιπέμψαντος) αὐτοῖς, und neben den vielen andern Möglichkeiten (κατά, ἐπί, εἰς, Akkusativ, ohne Präposition) die parallelen Beispiele, wo C' mit *bloßem Dativ* überträgt: unten *V. 55b,* E. 38, L. 3; *V. 58b,* E. 45, L. 2; *V. 64a,* E. 50, L. 2; *Ps lxxix 17a,* E. 82, L. 3; *Ps lxxxviii 31b* nach 1098; *Is iii 25* nach Eus, usw.

Freilich drückt C′ bisweilen das Instrument, das hebräisch mit בְּ angegeben ist, auch durch ἐν aus, so z. B. in *Ps lxxxviii 33a* und *b* nach 1098.

Beide Formen, ἐν σκώληκι oder σκώληκι *allein,* sind also für C′ möglich. ἐν steht *in O′,* ebenso in *V. 47a* C′ nach Eus. Die Lesart ohne ἐν scheint die *lectio difficilior* zu sein. Das ἐν mag bei Eus aus *V. 47a* C′ oder aus *V. 47a und b* O′ in *V. 47b* eingedrungen sein.

Die *Wahl* des Wortes σκώληξ ist neben Eus auch als anonyme Lesart durch cat pal[1906] zu *V. 46a, 47b* bezeugt, siehe L. 1.

Exzerpt 25. Vers 48a

Lesart 1

סָגַר ist bei A′ ἀποκλείω wie *Gen ii 21* nach v, c_2 lehrt. (M liest hier ἐπέκλησεν, was leicht als Korruptel von ἀπέκλεισεν zu erklären ist.)

Field schreibt das anonyme Scholion in *Job xli 7,* das man bei *Morin.* n. ζ findet, und das ἀποκλείστου für סגור enthält, dem A′ zu.

Eine Bestätigung der Entsprechung סגר = ἀποκλείω stellt die Übertragung folgender Nomina durch A′ dar:

סגר in *Job xxviii 15* nach Field («Cod. 252 ... »): ἀπόκλειστον;

מסגר in *Ps cxli 8a* nach Tht, cat xvii [1047, 1135, 1139]: ἀποκλεισμός;

מסגרת in *Ps xvii 46b* nach 1098: ἀπὸ ἐπικλισμ(ῶν), das nach *Mercati,* Osservazioni, S. 31–32, durch Itazismus aus -κλεισμῶν entstanden zu denken ist. Das ἐπι- ist vielleicht, wie *Mercati* meint, eingefügt worden, um die harte Folge ἀπὸ ἀποκλεισμῶν zu vermeiden, oder auch wegen der Herleitung des Wortes infolge des Itazismus von der Wurzel κλίνω, da Wörter wie ἐπικλίνω, ἐπίκλισις häufig sind. Somit wäre auch hier mit ἀπὸ ἀποκλεισμῶν zu rechnen.

ברד ist bei A′ χάλαζα, wie aus *Is xxviii 2* hervorgeht: hier gibt 86 als Lesart A′C′Θ′ ὡς ἐντίναγμα χαλάζης. ἐντίναγμα ist A′s Wiedergabe von זרם, wie *Is xxxii 2* nach Eus lehrt. Die zusammenfassende Lesart in *Is xxviii 2,* wo hebräisch כזרם ברד steht, ist also in Wirklichkeit A′s Übertragung. Da in *Is xxviii 17* die Übersetzungen C′s und Θ′s ebenfalls χάλαζα lauten nach dem Zeugnis von Tht (C′) und von 86 (Θ′), verdienen die folgenden gruppierenden Lesarten für jeden der Übersetzer Vertrauen: *Jos x 11* (O′A′C′) nach v; *Ps xvii 13b* nach 1175 (A′C′Θ′), cat xvii [1047, 1134, 1135, 1139, 1212] (ὁ ἑβραῖος καὶ ὁ α′ καὶ ὁ σ′ καὶ ὁ θ′ καὶ ε′ καὶ ἕκτη); *Is xxxii 19* (A′C′) nach 86.

Lesart 2

Diese Lesart C′ ist schon aus *Eus und Tht* (und in frei und fehlerhaft zitierter Form aus cat x [1625, 1706]) bekannt.

ἐκδίδωμι für סגר hif finden wir bei C′ unten in unserm Psalm, *V. 50c.* Sonst sind C′s Übertragungen mannigfach: סגר *qal Gen ii 21* συγκλείω nach M, v, c_2; *Ps xvi 10a* ἀποφράττω nach 264 mg (anon.), 1175, 1121 (unter der Sigel des Diodor von Tarsos?), cat xvii [1047, 1134, 1135, 1139, 1212], cat xxv [1137] (anon.), 1811, Lavra A. 89, cat x [1625, 1706] (ἐφράγησαν); *Ps xxxiv 3a* περιφράττω zweimal bezeugt bei ThdMopsv [1133].

מסגרת ist περίφραγμα nach 1098 in *Ps xvii 46b.*

C′ hat nicht ברד, sondern דבר gelesen, wie sein λοιμός in *V. 50c* zeigt.

λοιμός ist C's Übertragung von דֶּבֶר auch in *Ps lxxvii 50c* nach 1173; in *Ps xc 6a* nach Eus; in *Jer xlv (xxxviii) 2* nach 86.

Kennicott kennt 3 Hss, die לדבר aufweisen: 4: עמו לדבר (das hat C' nicht vorgelegen); 201, 224ᵇ: לֹדבר.

Wenn Eus ¹⁹⁰⁶ (nicht aber Eus ᶜᵒⁱˢˡ ⁴⁴) und cat xˡ⁶²⁵, ¹⁷⁰⁶ λιμῷ statt λοιμῷ lesen, so ist das ein einfacher Fehler durch *Itazismus*.

Auch die andere Abweichung der cat x: σύμμαχος ἐξέδωκε κτλ. kommt gegen das einhellige Zeugnis Eus', Tht's und von 1173 natürlich nicht auf.

Zur Serie der *absoluten Genetive* bei C' siehe oben *E. 15, L. 2*.

Lesart 3

Bei Θ' ist סָגַר hif mehrmals bezeugt: als συγκλείω *Lev xiii 4* nach s (anon.), z (anon.), Syh bei Bar-Hebräus; *xiii 5* nach M; *xiii 26* nach M (v, z schreiben hier die Lesart C' zu, zu Unrecht), und in *Job xxviii 15* hat Θ' nach Field («Cod. 252 . . .») סָגַר mit συγκλεισμός wiedergegeben. In *i Regn xxiii 12* finden wir παραδίδωμι nach j, m. συνδίδωμι in unserem Vers steht bei Θ' isoliert da, ist aber durchaus möglich (συν-κλείω, παρα-δίδωμι!).

χάλαζα ist in *Is xxviii 17* als theodotionische Wiedergabe von ברד bezeugt nach 86. Die zusammenfassenden Lesarten mit Θ': *Is xxviii 2* (Α'C'Θ') nach 86; *Ps xvii 13b* nach 1175 (Α'C'Θ'), cat xvii ¹⁰⁴⁷, ¹¹³⁴, ¹¹³⁵, ¹¹³⁹, ¹²¹² (Α'C'Θ'Є'Ϛ') treffen daher wohl auch auf Θ' zu.

Die Tatsache, daß die Fügung εἰς χάλαζαν *mit O' identisch* ist, könnte darauf hindeuten, daß die O'-Form des Exzerptors wie die von Hs B ἐν χαλάζῃ gelautet habe. Zwingend ist diese Annahme jedoch nicht, denn die Θ'-Lesart konnte auch bloß dem Unterschied des Verbs gegolten haben.

Lesart 4

בְּעִיר kommt 6 mal vor im Alten Testament. O' übersetzten 5 mal mit κτῆνος, 1 mal mit τὰ πόρια. Die andern Übersetzer sind nur aus einer Stelle in Syh bekannt: Α'C' לבעירא דילהון in *Gen xlv 17*.

Anderseits ist das Wort κτῆσις für Θ' als Wiedergabe von מִקְנֶה bezeugt: *Iud xviii 21* (O'Θ') nach z; *Job xxxvi 33* (Θ'※).

In *Is xxx 23* steht als Übertragung von מִקְנֶה bei 86 folgende Lesart: Α'C'Θ' ἡ κτῆσίσ σου. Sie dürfte nach den beiden eben angeführten Parallelen auf Θ' zutreffen. Obgleich die *Form* (Artikel!) nicht aquilanisch ist, stimmt die Lesart in der *Wortwahl* κτῆσις auch *für A'*. Denn so pflegt dieser מִקְנֶה wiederzugeben: siehe unten *V. 48b* A' κτῆσεις αὐτῶν nach 1173 (siehe dort zur Echtheit dieser A'-Lesart). Auch *für C'* mag die Lesart richtig sein, obgleich κτῆσις bei ihm nie als Übertragung von מִקְנֶה, sondern von מְכָרִים in *Dt xviii 8* nach M, z und von גלות in *Iud i 15* (1º) nach M, k (anon.), (2º u. 3º) nach M, z, k (anon.) erscheint.

Exzerpt 26. Vers 48b

Lesart 1

Diese Lesart trägt in 1173 die *Sigel A'*. βόσκημα ist A's Ausdruck von שה, wie *Lev xxvii 26* nach s, v, z lehrt. Die andere Stelle, da βόσκημα dem A' zugeschrieben wird, ist *Gn xxxvii 14:* A'C' nach j (anon), v, Syh und für A' allein nach c₂ für hebräisches הצאן

Während A' צאן mit ποίμνιον wiedergibt, siehe *Reider*, Index, s. v., S. 198, und unten *V. 52a*, E. 33, L. 1, S. 161–162, ist βόσκημα die häufigste Übersetzung von צאן *bei C'*, ja βόσκημα ist ein bei C' beliebtes Wort, das von O' abgesehen nur noch bei A' für שה verwendet ist. Die Lesart *Gn xxxvii 14* ist wohl in Wirklichkeit C's Übersetzung: siehe zu diesen Lesarten in *Gn xxxvii 14* unten *V. 52a*, S. 161–162.

Die Lesart C' für *V. 48a*, siehe unten L. 2, ist aus Eus, Tht, cat x[1625, 1706] bekannt. Die vorliegende A'-Lesart ist dieser C'-Lesart parallel. Die A'-Lesart bezieht sich somit ebenfalls auf *V. 48a*.

Obgleich βόσκημα sonst bei A' für שה vorbehalten ist, trifft das Zeugnis von 1173 wohl zu. A' klammert sich ja nicht starr an *eine* Übersetzung. Wir hätten hier ein weiteres Beispiel dafür, daß A' *dasselbe griechische* Wort für *zwei verschiedene hebräische* Wurzeln gebraucht, siehe andere solche Fälle oben *V. 41b*, E. 12, L. 1; *V. 44a*, E. 18, L. 1. A' wollte offenbar κτη- ausschließlich mit der Wurzel קנה = κτάομαι verbinden.

Schwierigkeiten bereiten indessen die Konjunktion καί, der *Artikel*, den A' selbst nicht gesetzt haben kann, und der *Plural*.

Ist um dieser Schwierigkeiten willen an eine *andere Sigel* zu denken? In Frage käme nur ς', da alle andern Übersetzer außer A' und ς' gegeben sind. Nach Θ'Є' (oben E. 25, L. 4) würde ς' zwar passen, aber vor C' (unten L. 2) paßt ς' gar nicht.

So bleibt die Sigel A' doch wohl unanfechtbar. Der *Plural* braucht nicht notgedrungen einen *andern hebräischen Text* vorauszusetzen. Es ist auch nicht notwendig, die Überlieferung von 1173 in diesem Punkte für verderbt zu halten. A' überträgt *kollektive Singulare* des Hebräischen mitunter als *griechische Plurale*, siehe *Reider*, Prolegomena, S. 36.

Der *Artikel* und die *Konjunktion* sind jedoch Eindringlinge, wenn die Lesart zu *V. 48b* gehört. Sie erklären sich als Assimilation an die L. 3, denn bei der Gruppierung der Lesarten in Exzerpte, die auf die verschiedenen Stichoi verteilt wurden, gerieten A' und C' *V. 48aβ* versehentlich zu *V. 48bα*, zu einem V. also, der mit ו, bzw. καί begann. Indem man nun die *Konjunktion ergänzte* in Analogie zu O' und zu A' in L. 3, fügte man auch den *Artikel* hinzu.

Lesart 2

Diese Lesart C′ wird uns durch Eus, Tht, cat x[1625, 1706] zu V. *48a*β überliefert. Daher gehört sie wohl zu diesem Stichos, siehe oben L. 1.

1173 faßte sie irrtümlicherweise als auf V. *48b* bezogen auf und schob aus diesem Grund die Konjunktion καὶ ein. Die Überlieferung Eus's, Tht's und der cat x ist vorzuziehen.

Zur *Wortwahl:* C′ begnügte sich, den *Ausdruck der O′* zu übernehmen, siehe oben E. 25, L. 3.

Lesart 3

Diese Lesart trägt die *Sigel A′,* und mit Recht: κτῆσις für מקנה bei A′ ist nicht nur nicht unmöglich, sondern manches spricht dafür, siehe oben *L. 1* und *Reider,* Index, s. v., S. 142, wo aber keine griechische Lesart für A′ allein angegeben ist. Hinzuzufügen ist «O′» des *Eccl ii 7.*

πτηνός ist A's Übertragung von רשף, wie *Hab iii 5* nach 86; *Job v 7* nach Morin. n. ι, Field («... Codd. 137, 255: ʼA. [Σ. Cod. 137] πτηνοῦ ...»), Field, Auctarium: A′ς′ («Cod. 252.») zeigen. *Hab iii 5* wird bestätigt durch Hi: volatile, und Syh^m gibt in *Dt xxxii 24* ab ave für A′. (Nur in *Ct viii 6* hat A′ das Wort nach Syh, Hi durch λαμπάδες wiedergegeben; diese Lesart A's erscheint als anonymes Scholion in 161, Morin. n. v.)

Auch die Sprechweise der Lesart ist unverkennbar *aquilanisch. Field* hatte aus Syh τοῖς πετεινοῖς zurückerschlossen.

Lesart 4

Diese Lesart trägt die *Sigel* Є′. Dadurch widerspricht sie *Eus, Tht,* die beide die vorliegende Lesart dem C′ zuschreiben.

Für C′ ist das Wort κτῆμα sonst nur in *Jer xxviii (li) 13* durch 86 als Wiedergabe von בצע bezeugt. Nach *Ziegler,* Jeremias, z. St., scheint es auf Grund von Syh und Vulgata notwendig, das Wort in τμῆμα zu verbessern. (Immerhin ist auch dieses Wort τμῆμα sonst für C′ nicht weiter belegt.) Für מקנה finden wir bei C′ in *Gn iv 20* κτηνοτρόφια nach s (C′Θ′ [?] nach v). (*Job xxxvi 33* C′ nach Field [«Olymp. et 'omnes'. Syro-hex ...»] scheidet aus der Betrachtung aus, denn das dort angeführte ζῆλος gilt dem hebräischen Wort אף.) Die Wortwahl kann also nicht als *typisch symmachianisch* angesprochen werden. Nichts spricht jedoch zugunsten von Є′.

Nun ist jedoch der Irrtum: Є′ für C′ (und umgekehrt) außerordentlich leicht. Da bei Eus und Tht keine Sigel, sondern die ausgeschriebenen Namen stehen, ist der Irrtum in 1173, die die Sigel schreibt, zu suchen.

Es ist freilich auch die gekoppelte Sigel C′Є′ denkbar, von der der Schreiber die erste: C′ hätte fallen lassen, während Eus und Tht die Є′-Lesart nicht zitieren wollten.

Der Wortlaut der Lesart ist aber gewiß jener des C′, da Eus und Tht ihn ausdrücklich für C′ anführen. Nichts spricht inhaltlich gegen diese Zuschreibung, und angesichts des leicht geschehenden Schreibversehens Є′ statt C′ ist die Möglichkeit einer Doppelsigel C′Є′ unwahrscheinlich.

Gestützt auf Eus, Tht restituieren wir somit die *Sigel C′*.

Noch ein Wort zur *Abfolge* der Lesarten: die Folge A′, C′ ist völlig normal, ebenso die Folge *V. 48aβ, V. 48b*. Ungewöhnlich ist nur die Lesart Θ′Є′ zu *V. 48aβ*, die den beiden Lesarten A′ und C′ zum gleichen Vers vorangeht: E. 25, L. 4 gefolgt von E. 26, L. 1 u. 2. Dieses *schrittweise Fortgehen* der Exzerpte läßt sich in 1173 = 1122 auch sonst oft beobachten, siehe z. B. *V. 49b – 50b*, E. 28; *V. 54a–b*, E. 36, usw.

Exzerpt 27. Vers 49a–b

Lesart 1

שלח *pi* ist bei A′ ἀποστέλλω, siehe oben *V. 45a*. Überdies hat A′ εἰς der O′ durch ἐν vertauscht, wie oben *V. 45a*, E. 19, L. 1: A′ konstruiert offenbar שלח ב mit ἀποστέλλω ἐν.

Dies geht darauf zurück, daß A′, sofern man von der *Jer-Ez-Schicht* seiner Übertragung absieht, ב *nie* mit εἰς übersetzt. εἰς ist für ל und auch für אל vorbehalten. Die Zeugnisse, die *Reider*, Index, S. 70, für ב = εἰς gibt, sind samt und sonders *kollektive* Lesarten. Erstens: *Gn ii 7* οἱ λ′ nach v, eine Lesart, die so nicht von A′ stammen kann: בְּאַפָּיו würde A′ nicht εἰς τοὺς μυκτῆρας ⟨αὐτοῦ⟩, also mit Artikel, übersetzen. Zweitens: *Ex xiii 20* enthält für A′C′Θ′ nach M nicht εἰς, sondern ἐν! *Reider* stützt sich auf *Field*, Origenis Hexaplorum. Dieser hatte zwei Quellen: erstens eine «collatio Bodl.» des cod. X (*Holmes-Parsons*) = M (*Brooke-McLean*) mit ЄΝΝΘΑΝ (sic) und zweitens die Kollation *Montfaucons* von M mit εἰς ἠθάν (εἰς unter Einfluß des folgenden Akkusativs τὴν ἐρημωτάτην fälschlich an Stelle des bezeugten ἐν ἠθαν gesetzt!). Unglücklicherweise folgte *Field* der irrigen Kollation *Montfaucons*. (Übrigens ist τὴν ἐρημωτάτην auf jeden Fall nicht A's Wiedergabe von בקצה המדבר. Dies dürfte C's Stempel verraten. In M liegt vielleicht eine durch Homoeoteleuton ἠθάν aus Lesarten A′ und C′ zusammengeschmolzene verkürzte Lesart vor!). Drittens: *Is xxxi 8* enthält MT לָמַס: *Reider* reiht dieses Zeugnis von 86 A′C′Θ′ zu Unrecht unter die Kategorie ב! Viertens: *Is xliii 7* οἱ λ′ nach Eus, Pr: auch hier lautet MT: לִכְבוֹדִי! Die Lesart gehört in die Kategorie ל, wo εἰς bei A′ durchaus gebräuchlich ist, nicht in die Kategorie ב! In *Is xliii 7* haben wir den entgegengesetzten Fall zu unserm *V. 49a* und zu *V. 45a:* dort übertrugen O′ ל mit ἐν, was A′ in εἰς verändert hatte; hier übertragen O′ ב mit εἰς, das A′ beide Male in ἐν verwandelt.

Lesart 2

πέμπω für שלח pi ist eine der möglichen Übertragungen C's, siehe oben *V. 45a:* die Konstruktion mit bloßem Dativ ist dieselbe wie dort, E. 19, L. 2.

Lesart 3

Θ′ übersetzt שלח qal, pi wie O′ oft mit ἐξαποστέλλω, so in *Ps cxlvii 7a* nach 1175 (ὁμοίως τοῖς O′, die ἐξαποστελεῖ lesen); *Job xxx 11* (⁂ Θ′); *Job xxxix 3* (⁂ Θ′); *Jer xxxiii (xxvi) 22* nach Q^txt (⁂ Θ′); *xxxvi (xxix) 17, 20* nach Q, 86 (⁂ Θ′). Daneben sind auch ἀποστέλλω und ἐκτείνω als Θ′-Übertragungen bezeugt.

Für אַף Singular finden wir bei Θ′ sowohl ὀργή als auch θυμός (siehe oben zu *V. 38c*).

חרון אף bei Θ′: *Is xiii 9* nach Q: ὀργῆς καὶ θυμοῦ (Ο′ scheinen die beiden Wörter durch ein einziges wiederzugeben: ὀργῆς, wie auch sonst bei Ο′: *ii Chr xxviii 11, 13; So ii 2,* wenigstens in einem Teil der Ο′-Überlieferung); in *Jer xxxii 24 (xxv 38)* gibt Q die zusammenfassende Lesart: Α′C′Θ′ (dafür 86: οἱ γ′) ※ ... ὀργῆς θυμοῦ; in *Jer xxviii (li) 45* lesen Ο′ nach 86: ἀπὸ θυμοῦ ὀργῆς, während Syh diesen Passus unter ※ dem Θ′ zuschreibt.

הרון אף erscheint in Ο′ bald in der Reihenfolge ὀργή-θυμός, bald θυμός-ὀργή (die beiden Übersetzungsweisen halten sich ungefähr die Waage), bald sind sie als *Genetivverbindungen* verknüpft, bald durch καί verbunden.

Θ′ scheint Ο′ nicht überall korrigiert zu haben. Wenn er sich wie hier und in *V. 38c* von Ο′ (= θυμός) trennt (Θ′ ὀργή), so hängt das wohl mit dem *Kontext* zusammen, der *mehrere Ausdrücke* für «Zorn, Groll» enthält. Ο′ haben in *V. 38c* אַף durch θυμός, *V. 38d* חמה durch ὀργή, *V. 49a* חרון durch ὀργή, אַף durch θυμός, *V. 49b* עברה durch θυμός, זעם durch ὀργή wiedergegeben. Für *fünf hebräische Begriffe* standen ihnen also nur *zwei griechische* zur Verfügung. Wie *V. 49b* zeigt, haben die Rezensionen versucht, auch das Griechische entsprechend dem Hebräischen zu *differenzieren*. Es ist die Verteilung griechischer Begriffe für «Wut, Zorn» auf entsprechende hebräische Ausdrücke, die Θ′ veranlaßt, von Ο′ abzurücken.

So steht bei Θ′ auch als *Wiedergabe von* עברה nicht das gemeine θυμός der Ο′, sondern μῆνις. Diese Übertragung findet man bei Θ′ auch in *Is xiii 9* nach Q, 710 (anon.); *xvi 6* ※ nach Q (anon.), Syh.

Aber θυμός wurde erkoren in *Prov xiv 35* nach Morin. n. τ (2°) (Ο′ sehr frei); ὀργή in *Ez vii 19* ※ nach Q^txt; *Job xxi 30* ※; χόλος in *Os v 10* nach 86 (Ο′ ὅρμημα).

Für זעם überliefert Q in *Ez xxi 31 (36)* als Wiedergabe Θ′s ἐμβρίμημα (Ο′ ὀργή). Sonst ist ὀργή bezeugt: *Jer x 10* ※ nach Q, 86; *Da viii 19, xi 36* (= Ο′), aber in *Is xxx 27* nach 86 ἐμβρίμησις *wie hier*!

Exzerpt 28. Vers 49b – 50b

Lesart 1

Die ersten drei Lesarten gelten ganz der *verschiedenen Übertragung* der Begriffe von «Wut und Zorn» in den Versionen. Nach Θ′ werden Α′, C′ und Є′ angeführt.

Α′ überträgt עברה nicht nur hier mit seinem überraschenden ἀνυπερθεσία, sondern auch in *Ps vii 7a* nach 1175, Chr ^D, E, N, Q, Tht (fälschlich Singular statt richtigem Plural); *Os v 10* nach 86. ἀνυπερθεσία wird *nur* von Α′ unter allen griechischen Versionen, Ο′ miteingeschlossen, verwendet. Zur Wortsippe ἀνυπερθετ/σ-, die der hebräischen Gruppe עברה, התעבר entspricht, bei Α′, siehe unten *V. 59a*, E. 46, L. 1.

In *Jer xxxi (xlviii) 30* hatte Α′ nach 86 noch μῆνις gebraucht.

ἐμβρίμησις war bisher aus keinem Α′ allein zugewiesenen Zeugnis bekannt. Es wurde dem Α′ immer *gemeinsam mit* C′ zugeschrieben, so in *Ps xxxvii 4a* nach Eus ^1121, 1717, 1625, 1706; *Os vii 16* nach 86; *Jer xv 17* nach 86, Syh. In *Ps xxxvii 4a* formulieren cat x ^1625, 1706 und 1717 das Zitat: ἀπὸ προσώπου ἐμβριμήσεώς σου. Dies ist aquilanische Diktion. 1121 fügt den Artikel τῆς vor ἐμβριμήσεως ein: das ist wohl eine erleichternde Korrektur. In *Os vii 16* bezeugt Syh eine Α′- und eine C′-Lesart allein. In beiden gelangt dasselbe Wort עזזותא, ἐμβρίμησις zur Verwendung. Die zusammenfassende Lesart A'C' von 86 hat also, was die *Wortwahl* anlangt (nicht die Form: die scheint bei 86 den Wortlaut C's zu repräsentieren) eine Bestätigung in Syh. Die Lesarten *A'C'* ἐμβρίμησις dürften somit auf A' wie auf C' zutreffen. – In *Ez xxi 31 (36)* hatte A' nach Q, 86 mit ἀπειλή übertragen.

Lesart 2

עברה war schon χόλος bei C' in *Ps vii 7a* nach 1175, Tht, Chr D, E, N (Θ' nach Chr Q); *lxxxix 9a* nach Eus. Vgl. auch unten das denominative Verb χολόομαι für denominatives התעבר in *V. 59a*, E. 46, L. 2.

Anderwärts hatte C' ὀργή gewählt: *Ps lxxxix 11b* nach Tht; *Prov xxi 24* nach Morin. n. ω; *Is xvi 6* nach Q, Eus.

זעם ist auch mannigfaltig wiedergegeben: am häufigsten ist dabei ἐμβρίμησις, das für C' allein bezeugt ist in *Ez xxi 31 (36)* nach Q, und für A'C' zusammengenommen an den in L. 1 angegebenen Orten. In *Is xiii 5* überliefert Q für C' ὀργή (nach 710 A'C': siehe dazu *Lütkemann-Rahlfs*, S. 89, Anm. 451). Nach Syh stand in *Ez xxii 24* möglicherweise ἐπιτίμησις.

Lesart 3

Die Übersetzung der Є' für עברה wird in *Ps vii 7a* durch Tht (wie immer unter der falschen Bezeichnung Θ') überliefert, ein Zeugnis, das Chr D, Q bestätigen, vielleicht auch Chr E, während Chr N es Θ' zuzuweisen scheint (die Interpretation der Sigel in Chr E und N ist allerdings sehr fraglich): Є' hatte da im Gegensatz zu O' (ὀργή) θυμός gewählt. Hier schlägt Є' den entgegengesetzten Weg ein und ersetzt θυμός der O' durch ὀργή.

Für die Richtigkeit des vorliegenden ὀργή bei Є' spricht jedenfalls das denominierte Verb ὀργίζομαι in *V. 59a*, E. 46, L. 3, für das hebräische Denominativum התעבר. Das legt die Vermutung nahe, daß Є' עברה mit Vorliebe dem griechischen ὀργή verband.

Da Є' aber nicht übertrieben konsequent war, adoptierte sie vielleicht in *Ps vii 7a* eine andere Wiedergabe, oder sie fand möglicherweise in ihrer *O'-Vorlage* nicht ὀργή, sondern eben θυμός, das sie unrezensiert herübernahm. Allerdings krankt diese Annahme am völligen Fehlen jeder Spur einer solchen O'-Lesart bei *Rahlfs* und *Holmes-Parsons*.

Im übrigen übertrugen O' עברה gerne durch ὀργή, so in *Ps lxxiv 4a, lxxxix 9b; So i 15, 18; Ez xxii 21, 31, xxxviii 19*.

Auch ἀπειλή ist die *einzige* für Є' bekannte Wiedergabe von זעם.

In *Hab iii 12* übertrugen schon O' auf diese Weise, und ebenso ist in *Is lxvi 14* O' das Verb זעם durch ἀπειλέω ausgedrückt worden. In *Ps vii 12b* lautet eine der drei Lesarten, die Chr zu diesem Vers bietet, und die leider alle in sämtlichen Chr-Hss *anonym* geblieben sind: ἄλλος ἀπειλούμενος ἐμβριμώμενος οὐ κολάζων. Die letzten drei Worte gehören wohl bereits nicht mehr zur Lesart, sondern bilden den *Kommentar*, der die erste der drei Lesarten: ἄλλος φησιν ἐμβριμώμενος κατὰ πᾶσαν ἡμέραν wiederaufnimmt, indem er die Bedeutung ἐμβριμώμενος präzisiert: ἐμβριμώμενος ja, aber nicht κολάζων, «züchtigend». Nach der dritten Lesart ἄλλος ἀπειλούμενος ist also ein Punkt, eine Zäsur zu denken. Die erste Lesart weist auf C' hin, denn dieser gebraucht ἐμβρίμησις für זעם, siehe L. 2, und כל־היום ist bei A' ὅλην τὴν ἡμέραν, siehe E. 6, L. 3, während C' die Wendung mit κατὰ πᾶσαν ἡμέραν (*ohne* Artikel trotz vorhandenem hebräischem Artikel!) wiedergibt, z. B. *Ps xxxi 3b* nach 264 mg (A' ὅλην τὴν ἡμέραν!), Eus 1121 (O' ὅλην τὴν ἡμέραν); *Ps xxxiv 28b* nach 1098, Tht (A', O', Є' ὅλην τὴν ἡμέραν); usw. In den drei Chr-Lesarten ist die erste also wohl C', die zweite ὁ ἑβραῖος, die dritte mit ἀπειλούμενος vielleicht Є' (sicher nicht A').

Dies trotz *Hi* com, der als A′-Lesart anführt «comminans et infrendans omni die». Dies ist wohl nicht wörtlich zitiert. «comminans» entspricht griechischem Partizip ἀπειλούμενος, «infrendans» dagegen ἐμβριμώμενος. Dies ἐμβριμώμενος dürfte dem A′ gehören, da in L. 1 die Äquivalenz der Nomina זַעַם = ἐμβρίμησις für A′ erhärtet wurde. Es gibt freilich keinen andern Beleg, wo זַעַם Verbum in einer A′-Übertragung bekannt wäre. Somit ist das Glied «comminans» bei *Hi* com nicht mehr zur A′-Lesart gehörig. Es könnte wie die entsprechende anonyme Lesart in Chr: ἀπειλούμενος aus E′ rühren. (Oder ist dieses comminans aus einer *ersten Ausgabe* A′s?)

Auf dem Niveau der *Jer-Ez-Übertragung* fanden wir bereits A′ die Entsprechung זַעַם = ἀπειλή herstellen in *Ez xxi 31 (36)* nach Q, 86, siehe oben L. 1. Das paßt sehr gut in das Bild einer A′-Übertragung, die in den Spuren von Vorgängerinnen, zu denen E′ zu rechnen ist, beginnend, ihre eigene Persönlichkeit nach und nach immer unabhängiger herausbildete.

צָרָה ist sehr oft schon in O′ mit θλίψις verdolmetscht, wie hier in unserm *V. 49a* und anderwärts, siehe *Hatch-Redpath*. Unmittelbar überliefert sind E′s *Übertragungen* in *Ps xlv 2b* nach 1098 (θλίψις wie O′); *xxx 8c*, wo 1098 ἐκ τῶν ἀναγκῶν (wie O′) für E′ bezeugt, während 264 mg E′C′ θλίψεις, Θ′ζ′ ἐκ τῶν ἀναγκῶν liest. Diesen Widerspruch löst *Mercati*, Osservazioni, S. 122, so auf, daß ein *Irrtum in 1098* dazu geführt hat, die Lesart O′ oder Θ′ an die Stelle von E′ gleiten zu lassen. E′ hätte demnach auch hier θλίψις.

θλίψις an unserer Stelle wäre ein weiterer Hinweis, daß E′ צָרָה mit Regelmäßigkeit als θλίψις wiedergegeben hat.

ἀποστολή ist das Wort der O′. Es ist sonst für E′ nicht überliefert, doch scheint E′ für das Verb שלח den O′ zu folgen, da E′ nur einmal bezeugt ist: *Ps lxxix 12a* (Θ′E′) nach 1175 mit einem von O′ abweichenden Ausdruck: ἐξαπέστειλεν statt ἐξέτεινεν. Dies ist eine wörtlichere Übersetzung als jene in O′. Sie zeigt das Bestreben der E′, שלח mit (ἐξ-)αποστέλλω systematisch zu verknüpfen. Diese Beobachtung gestattet den Schluß e silentio, überall dort, wo O′ שלח mit (ἐξ-)αποστέλλω übertrugen, dieselbe Übersetzung auch für E′ zu veranschlagen. Die Lesart E′ in 1173 trifft gewiß zu.

Lesart 4

Das Interesse an dieser A′-Lesart ging wohl auf das Fehlen der *Präposition* δι′, die bei O′ vor ἀγγέλων steht. Dadurch stimmt A′s Wendung getreuer mit dem Hebräischen überein. Sonst deckt sich seine Wiedergabe mit der der O′.

Das ist ohne weiteres plausibel für ἀγγέλων als Wiedergabe von מַלְאֲכֵי. Parallelen: *iii Regn xxi (xx) 9 (2)* (bis) nach Burkitt; *Ps xc 11a* nach Taylor, Eus com, dem; *Job i 14* nach Field («... Colb., teste Montef., ...»).

πονηρῶν als Übertragung von רָעִים könnte Zweifel erwecken, da es Stellen gibt, wo A′ diese Wurzel unzweideutig mit κακός verband: siehe *Mercati*, Osservazioni, S. 385, zu *Ps xlviii 6a* A′ und *Lütkemann-Rahlfs*, S. 10, Anm. 2 und S. 41, Anm. 132. Gegen *Lütkemann-Rahlfs'* Feststellung: «... übersetzt A′ רָעָה stets durch κακία zum Unterschied von רַע κακόν...» hat *Mercati* zu Recht Einspruch erhoben: πονηρός als Wiedergabe von רַע findet sich in *Dt vii 15* nach v, z; *Ps xlviii 6a* nach 1098, Chr D, M, N; *xcvi 10a* nach Taylor, 1175 (ἡ E′ ἡ ζ′ A′ Θ′). *Eccl v 12, ix 12* können freilich nicht herangezogen werden, da der traditionell überlieferte «A′» nicht A′ ist, während «O′» von Eccl an den beiden Stellen κακός, bzw. κακία haben. Von *Jeremiasstellen* sehen wir ab.

Wir haben also erneut ein Beispiel vor uns, da A′ nicht mit absoluter Strenge seine Übersetzung normierte. Es ist bezeichnend, daß an jenen Stellen, wo A′ mit πονηρός arbeitete, *auch O′* πονηρός gewählt hatten. A′ beschränkte sich somit, O′ unrezensiert zu übernehmen. Erst dort, wo er die eigene Intiative ergreift (wie z. B. in Eccl!), bevorzugt er deutlich κακός, κακία.

Ps xlviii 6a ist übrigens eine strenge und aufschlußreiche Parallele zu unserem *V. 49c:* denn רע, bzw. רעים sind in beiden Fällen von einem *Nomen im Status constructus* abhängig: בימי רע und מלאכי רעים. Da A' im ersten Fall ἐν ἡμέραις πονηροῦ übersetzt, ist der zweite Fall ἀγγέλων πονηρῶν (d. h. «von Boten böser Dinge», nicht «böser Boten»!) ganz entsprechend wiedergegeben. Freilich gibt *de Rossi* eine Hs an, deren erste Hand: מלאכים im Status absolutus las: 538.

Lesart 5

Die Lesart gilt dem *Partizip* κακούντων statt πονηρῶν bei O' und der bei C' fehlenden *Präposition* δι'.

Die *Wortwahl* wird von allen Zeugen bestätigt: Eus [Coisl 44, 1209, 1906], Tht, Thd-Mopsv [1133], cat xxv [1137, 1811, Sinai cod. gr. 25].

Eus [1209, 1906] setzen jedoch δι'ἀγγέλων κακούντων. In Anbetracht des übereinstimmenden Zeugnisses der andern Tradenten ist die Lesart von Eus [1209, 1906] als durch O' kontaminierte Lesart zu verwerfen.

C' mag מלאכים im *Status absolutus* gelesen haben, siehe oben L. 4. Sicher ist das aber in keiner Weise.

ἄγγελος macht keine Schwierigkeiten. κακόω ist bei C' fast stets Entsprechung zu ענה (qal, pi, pu), aber an *einem* Ort, in *Jer xv 12* nach 86, Syh, Hi [lat] steht κακόω für רעע bei C', und sollte die anonyme Lesart in *iii Regn xvii 20* nach j tatsächlich von C' stammen, wie *Field* meint, so hätten wir nochmals eine Entsprechung κακόω רעע bezeugt.

משלחת in *Eccl viii 8* ist durch Morin. n. θ, Field («. . . sine nom. Cod. 252 in marg.») für C' als παρατάσσομαι überliefert; משלוח in *Is xi 14* nach Q, Eus als ἔκτασις (Q ἔκστασις) (710: C'Θ'); משלח in *Is vii 25* nach 710 als ἄφεσις.

ἐπαποστολή ist ein ἅπαξ λεγόμενον für C'. Siehe *Schleusner*, Thesaurus, ii, S. 431 zu ἐπαποστέλλω.

Lesart 6

Die *Lesart A'* ist schon aus *Eus*[1906] (fehlt in Coisl 44!) und aus cat xxv [1137, 1811, Sinai Cod. gr. 25] bekannt.

ὁδοποιέω ist auch Übersetzung von O'. Einen Beleg für A's Wiedergabe von פלס durch ὁδοποιέω stellt weiter *Prov iv 26* nach Morin. n. η (2⁰) dar, während A' in *Ps lvii 3b*, wo das Wort eine andere Bedeutung hat, mit διασταθμίζω arbeitet nach cat x [1625, 1706]. Dazu paßt seine Übersetzung des Substantivs פלס σταθμός in *Prov xvi 11* nach Morin. n. ι.

נתיב, bzw. נתיבה ist nach dem Erweis von *Is lviii 12* nach 86 (A' ※) ἀτραπός. (Die zusammenfassende Lesart A'Θ' in *Jer vi 16* nach 86: τρίβος spricht nicht dagegen, und in *Ps cxli 4b* nach cat xvii [1047, 1135, 1139] gehört der Ausdruck τὰς τρίβους μου zu O', nicht mehr zur Lesart A'. Dies wird bestätigt durch cat xvii in Hs Athos, Μόνη 'Ιβηρῶν, 17 = R 1018, siehe *Rahlfs*, Verzeichnis, S. 12: diese Hs läßt τὰς τρίβους μου aus der Lesart A' fort!)

Lesart 7

C's Lesart ist durch Eus [Coisl 44, 1209, 1906] bekannt.

Die Wahl von διαστρώννυμι ist frei; die einzige andere Übertragung C's von פלס, die überliefert ist, heißt διατήρησον in *Prov iv 26* nach Morin. n. η (2⁰).

C' hat ἀτραπός verwendet: für נתיב, bzw. נתיבה in *Job xxxviii 20* nach Field («Nicetas 'et omnes' ... 259»), und für מעגל in *Ps xxii 3b* nach 1175, 264 mg. Oft entspricht bei ihm (wie bei O') τρίβος dem hebräischen נתיב, bzw. נתיבה: *Is lviii 12* (C' ※) nach 86; *Jer vi 16* nach 86.

Lesart 8

τῷ θυμῷ αὐτοῦ wird durch *Eus* in der palästinischen Catene = 1906, nicht aber in Coislin 44 bezeugt, ebenso durch cat xxv [1137, 1811, Sinai Cod. gr. 25].

אף ist θυμός bei A', siehe zu *V. 38c*. Zu den dort gegebenen Belegen hinzufügen: *Ps vi 2a* nach 1175; *Prov xxx 33* nach Morin. Kap. XXIV, n. γ (4°); *Is xiii 3* nach Q ⟨A'⟩. (In *Ez viii 17* hat A' nach Q durch μυκτήρ übersetzt. Dies ist A's Wendung für אפים: *Thren iv 20* nach Orig [*Ziegler,* Ieremias, z. St.].)

Der *Artikel* τῷ steht wegen der hebräischen Dativpartikel.

Die Entsprechung חשך ὑπεξαιρέομαι bei A' läßt sich auch in *Job xxi 30* nach Field («Olymp., Orat., Reg. unus...») beobachten, wo als Lesart C' συντηρέω angeführt wird (nach denselben Zeugen). In *i Regn xxv 39* hat A' ἐξαιρέομαι nach b, j, m gewählt. Eines der beiden Verben hat wohl der armenischen Pseudo-Chrysostomusübersetzung von *Is liv 2* in der Lesart A' vorgelegen. Unsere A'-Lesart in *V. 50b* ist somit wohl richtig.

Lesart 9

Die Lesart C' unterscheidet sich von O' durch die verschiedene Wiedergabe von מן.

Exzerpt 29. Vers 50c

Lesart 1

ζῶον ist richtige A'-Übersetzung von חיה, siehe *Gn i 30* nach M; *Gn ii 20* nach c₂; *Gn iii 1* nach M, v; *Gn iii 14* nach v; *Ex xxiii 11* nach M, j, s, v; k und z anonym; *Lev xvii 13* nach M, v, s (anon.); *Is xxxv 9* nach 86; *Is lvi 9* nach Eus (zweimal). Dazu treten zwei Ezechielstellen: *Ez i 13, x 17* nach 86.

Ebenso entspricht λοιμός bei ihm דבר: *Ex v 3* nach b; *Dt xxviii 21* nach M, v, z (anon.); *Am iv 10* nach 86; *Hab iii 5* nach 86, Bas N; *Ps xc 3b* und *6a* nach Taylor. (Freilich hat Eus für *V. 6a* ῥήματος. Der Überlieferung Taylors wird man Vertrauen schenken. Vielleicht haben wir hier die Spur einer *zweiten Ausgabe,* einer Korrektur A's. Zuerst vokalisiert A' דבר mit Qamez, also: «Wort»; dann mit Segol, also: «Seuche», oder umgekehrt. Siehe *Field,* Origenis Hexaplorum, t. i, S. xxiv–xxvii.)

סגר ist bei A' ἀποκλείω, siehe zu *V. 48a*.

Die Lesart dürfte auf A' zutreffen, ausgenommen der *Artikel* τὰ vor ζῷα.

Θ' lehnt sich in seinen Ausdrücken für חיה an O' an, die meistens mit θηρίον oder ζῷον übertragen. In *Is xxxv 9* nach 86 und *Da viii 4* steht wie in O' θηρία; in *Ez i 14* in einem Passus mit ※τὰ ζῷα nach Qtxt, Hilat. (In *Job xxxiii 28* ※ ἡ ζωή.)

Auch was דבר betrifft, so folgt Θ' den O', indem er θάνατος gebraucht, das die O' in den *Chronikbüchern,* bei *Am, Jer* und *Ez* für דבר gebrauchen. Von Θ' sind ausschließlich mit Asterisken versehene Stellen: θάνατος aus Jer überliefert: *Jer xxxvi (xxix) 17, 18* nach Q, 86, Syh; *Jer xlix (xlii) 17* nach Q, 86 (ohne ※). Dazu treten drei zusammenfassende Lesarten: θάνατος mit A': A'Θ' (※) *Jer xlv (xxxviii) 2; xlix (xlii) 22* nach Q, 86 (ohne ※); *Jer xxxv (xxviii) 8* (※) nach Q, 86 (οἱ γ').

O' bedienen sich wohl des Wortes λοιμός, jedoch nicht als *Entsprechung zu* דבר.

Θ's Gebrauch von λοιμός in unserm Vers ist also *verdächtig,* aber natürlich nicht völlig unmöglich.

Für Θ's Übertragung von סגר, siehe *V. 48a.* Sowohl ἀποκλείω als συγκλείω werden von O' als Äquivalente von סגר herangezogen. Man kann vermuten, daß hier Θ' *wie O'* συνέκλεισεν las, da man ja keinen Rezensionswillen in der Wahl von κλείω, ἀπο- oder συγκλείω bei Θ' feststellen kann.

Alles in allem: *die Lesart ist aquilanisch;* die *drei letzten Worte* sind von A', ebenso καὶ ζῷα αὐτῶν, während τὰ vor ζῷα αὐτῶν wohl von Θ' stammt. Θ' wird sonst dem A' sehr ähnlich gewesen sein.

Exzerpt 30. Vers 50c–51a

Lesart 1

Field hat diese Lesart C's wörtlich aus Syh erschlossen!

Dem חיה läßt C' auch in *Is lvii 10* nach 86 ζωή entsprechen, obgleich er meistens sonst ζῷον wählt: siehe *Is xlvi 1* nach Eus; *Ez i 19* nach 86. In *Gn i 30, ii 19* nach v; *Gn ii 20* nach M, v; *Gn iii 14* nach M finden wir A'C' zusammengefaßt vor: da für beide unabhängig die Wortwahl ζῷον = חיה überliefert ist, werden diese Lesarten für beide gelten. In *Is xxxv 9* hat C' nach dem Ausweis von 86 durch θηρίον übersetzt.

λοιμός ist דבר bei C', siehe oben zu *V. 48a.* Dort finden wir auch ἐκδίδωμι für סגר *hif* wie hier.

Zu ἀλλὰ für ו siehe oben E. 6, L. 6.

Lesart 2

A' hat נכה durch πλήγνυμι ausgedrückt, siehe *Reider,* Index, S. 196.

πρωτότοκος für בכור bei A' als *Masculinum: Ps lxxxviii 28a* nach 1098, als *Neutrum Lev xxvii 26* nach s, v, z. Hier ist es wie in Lev als *Neutrum* (Erstgeburt, Erstgeborenes), nicht als *Person* (Erstgeborener) gebraucht. Das πᾶν ist wohl als Neutrum (trotz des seltsamen Akzentes [?] in 1173) zu fassen, wie 1122 denn auch verstanden hat.

Exzerpt 31. Vers 51a–b

Lesart 1

Diese Lesart setzt wohl einen der folgenden O'-Texte voraus: ἐν γῇ αἰγύπτῳ = S, *L,* Tht; *in terra aegypto* = Lateinische Kolumne von R (La^R); oder: ἐν γῇ αἰγύπτου = R, *L*pau, T, 1219; *in terra aegypti* = *Ga, Aug;* γῇ auch in Syh; oder: (πᾶν πρωτότοκον) αἰγυπτίων wie in P. Bodmer xxiv: diesem entspricht das מצרים ohne ב der Hss 256, 828 (erste Hand) bei *de Rossi.*

In diesem Stück treffen sich hexaplarische und lukianische Rezension der O′, beide enthalten γῆ. So hat auch der Psalter von 1173 = 1122 ἐν γῆ αἰγύπτῳ, und es läßt sich *hier* nicht feststellen, ob die Auswahl der hexaplarischen Lesarten in 1173 im Blick auf den Psalmentext der Catene oder davon ganz unabhängig geschehen ist.

Da es *nur zwei* ausdrückliche O′-Lesarten unter allen hexaplarischen Fragmenten von 1173 gibt, ist auch klar, daß entweder der Exzerptor oder der Catenist oder beide die O′ in ihren hexaplarischen Quellen (falls O′ dort reichlicher vorkamen) nicht sehr eifrig mit den O′ ihres eigenen Psalters verglichen: siehe unten E. 63, L. 4.

Lesart 2

Die zusammenfassende Lesart enthält nichts Unmögliches für keine der beiden Rezensionen: ἀρχή ist auch bei O′ häufige Übertragung von ראשית (neben ἀπαρχή, πρῶτον und πρωτογένημα und vereinzelte andere Wiedergaben); און wird in O′ ganz verschieden zum Ausdruck gebracht: τέκνα, τὰ ὑπάρχοντα, δύναμις, δόξα, ἀναψυχή im positiven Sinne; πόνος, κόπος, πένθος, ὀδύναι, bzw. ὀδυνώμενοι und ἀνομία ἀσεβής im negativen Sinn. Dazu kommt noch eine Übertragung durch στενός (?) in *Job xviii 12 (11b)*. In *Ps xciii 23a* bezeugt He für Є′ς′ die Lesart τὰς ὀδύνας αὐτῶν, wo O′ ἀνομίαν lesen. Zusammen mit unserer Stelle könnte das auf die Tendenz der Vereinheitlichung hindeuten, die in den Rezensionen Є′ und ς′ die bunte Vielfalt der O′-Übersetzungen von און zu größerer Regelmäßigkeit zurückführen wollte.

Das Interesse der Lesart gilt neben der Wortwahl auch dem *Fehlen des Possessivums* bei Є′ς′ im Gegensatz zu O′. Bei *Kennicott* lesen 43, 254 אונם, zu ihnen ist zu zählen *de Rossi* 879. O′ und wohl auch C′ (siehe nächste Lesart) beruhen demzufolge warscheinlich auf einer hebräischen Vorlage אונם, obschon O′ und C′ αὐτῶν auch ohne hebräische Vorlage, aber um des Griechischen willen, eingeführt haben konnten.

σκήνωμα ist nach σκηνή die häufigste Wiedergabe von אהל in O′. Die Wahl des Wortes σκήνωμα in den Rezensionen Є′ und ς′ erstaunt daher gar nicht. Überdies gibt *Ps xviii 5c* eine Parallele für Є′, die diese Übersetzungsweise bestätigt: Nach Eus [1121] ist Є′ mit Θ′ identisch. Θ′ hat wie O′: σκήνωμα. (Freilich widerspricht die Überlieferung von 1175 dem Eus in diesem Punkt: ihr zufolge hätte Θ′ σκηνή. Eus ist jedoch wohl im Recht, denn er gibt nacheinander die Lesarten A′, C′ und Θ′ an, und identifiziert Є′ mit Θ′. 1175 dagegen führt nur A′ und Θ′ an. Dieser Θ′ in 1175 entspricht dem C′ in Eus [1121]. Eine Verwechslung der Sigel C′ mit Θ′ mag in 1175 vorgekommen sein.)

Die folgenden Lesarten verbieten die Vermutung, die Sigel ς′ sei irrtümlich für C′ gesetzt. (Eine Verwechslung mit Θ′ wäre an sich möglich, aber nichts weist darauf hin.)

Exzerpt 32. Vers 51b

Lesart 1

Die Lesart hat Field fehlerfrei aus Syh ermittelt. Sie ist untrüglicher A′: vgl. *Gn xlix 3*, wo nach M für וראשית אוני ואני καὶ κεφάλαιον λύπης μου steht!

און = λύπη bei A′: *Gn xlix 3* nach M; *Dt xxvi 14* nach M, v (k, z anonym); *Is xl 29* nach 86.

(In *Os xii 8* [*9*] nach 86; *Jer iv 14* nach *Victor Antiochensis* bei *Ghislerius* [siehe *Ziegler*, Ieremias, z. St.] findet man ἀνώφελες bei A′: dies entspricht אָוֶן).

Das *Possessivum* αὐτῶν fehlt wie bei ϛ′ε′: siehe E. 31, L. 2.

Lesart 2

Die Lesart C′ ist *ohne Sigel* und ohne Trennung unmittelbar an die A′-Lesart angeschlossen. Aber die Lesart von C′ ist aus *Eus Coisl 44, 1906* bekannt. (1906 liest ebenfalls προτείων!)

ראשית ist sonst nirgends in der Übertragung durch πρωτεῖον bekannt. Doch da O′ oft dem hebräischen Wort πρῶτος (allein und im Kompositum πρωτογένημα) entsprechen lassen, ist C′s Wiedergabe durchaus im Rahmen des zu Erwartenden. In *Prov viii 22* übersetzte C′ mit ἀρχή wie O′, nach *Field, Montfaucon;* in *Job xlii 12* C′Θ′ ὑπὲρ τὰ ἔμπροσθεν nach *Field* («Colb.»). Weitere Belege für C′ gibt es nicht.

אָוֶן hat bei C′ wie in O′ die doppelte Bedeutung von *Leid:* Dt xxvi 14: πένθος nach M, v (k und z anonym), und von *Kraft:* Dt xxi 17: ἰσχύς nach M, v; Is xl 29 ἀδυνάτοις (לְאֵין אוֹנִים) nach 86. In *Jer iv 14* hat C′ wie A′ אָוֶן ἀδικία gelesen nach *Victor Antiochensis* bei *Ghislerius* (*Ziegler*, Ieremias, z. St.). δύναμις für אוֹן findet man außerdem in der Doppellesart C′Θ′ nach 86 in *Is xl 26,* sowie in O′ in *Job xl 11* (*16*).

Da C′ δυνάμεως αὐτῶν übersetzt, ist es möglich, daß er אונם statt אונים gelesen hat: siehe oben E. 31, L. 2.

Lesart 3

A′ wird auch durch *Eus* bezeugt, aber mit *irrtümlich* hinzugesetztem *Artikel.*

Lesart 4

C′ übersetzt אֹהֶל meistens durch σκηνή.

σκήνωσις ist überliefert in *Ps lxxvii 60a* und *b* nach *Eus; Ps lxxvii 55c* nach 1173. σκήνωσις *findet nur bei C′ Verwendung: Ps xxv 8b* nach 264 mg (מִשְׁכֳּן); die beiden erwähnten Orte in *Ps lxxvii 55c, 60a, b.* In *Ps xlii 3c* überliefert uns Tht eine Lesart οἱ δὲ ἄλλοι: sie ist C′ zuzuschreiben, und unten *Ps lxxxii 7a,* E. 122, L. 3. (In *ii Mak xiv 35* nach A steht das Wort gleichfalls.) Auch C′ ist gleichfalls durch *Eus* bezeugt.

Exzerpt 33. Vers 52a

Lesart 1

צֹאן ist bei A′ ποίμνιον, siehe *Reider,* Index, S. 198. Zu *Reiders* Angaben kommt hinzu: *Ps lxxviii 13a* nach 1173, *Eccl ii 7* «O′».

βόσκημα kommt in 2 verschiedenen Lesarten in *Gn xxxvii 14* vor: 1° in einer Lesart A′C′ nach j (anon.), v, Syh, und 2° in einer Lesart A′ nach c₂: Doch ist diese Lesart A′ in ihrer Diktion *nicht aquilanisch:* τὴν εἰρήνην τῶν ἀδελφῶν σου (sic!) καὶ τῶν βοσκημάτων. Überdies gleicht sie zu sehr jener unmittelbar vorangehenden Doppellesart A′C′ im gleichen Vers: τὴν εἰρήνην τῶν ἀδελφῶν σου καὶ τὴν εἰρήνην τῶν βοσκημάτων σου, um nicht als eine vereinfachte Wiedergabe dieser letzteren zu erscheinen. Es ist deshalb äußerst fraglich, ob wir es in c_2 mit einer echten A'-Lesart zu tun haben, und in der Lesart A'C' nach j (anon.), v, Syh scheint C' geboten zu sein, wie der Stil zeigt. βόσκημα ist daher kaum Übertragung A's für צֹאן.

C' überträgt צֹאן verschieden:

1. βόσκημα: siehe oben zu *V. 48a; Gn xxx 38* nach M; *41* nach M, v (anon.); *42* nach M, j, s, v (anon.); wohl auch *Gn xxxvii 14* (siehe oben); *Ps xliii 12a* nach Eus [1121]; *Ps xlviii 15a* nach 1098, Eus [1121]; *Jer xiii 20, xxxviii (xxxi) 12* nach 86.

2. ποίμνια (*immer im Plural!*): *Ps lxxix 2b* nach 1175, 264 mg; *Ps cvi 41b* nach cat pal [Pat 215, 1675], cat iii = 1133 (= Eus), cat x [1625, 1706]; *Ct i 8* nach Field («Nobil., Mat. . . .»); *Jer xxvii (l) 8* nach Q, 86; *Ez xxxiv 8* (bis) nach 86 bei *Ziegler*, Ezechiel, z. St. Nur in C'Θ' ※ in *Is lxvi 3* nach Q, Syh (Eus: οἱ λ', ohne ※) steht der Singular.

3. ποίμνη: *Ps lxxviii 13a* nach 1173. Vgl. *Field* zu *Ps cvi 41b*: C' ποίμνη = Eus. Dieser Eus stammt aus der Ausgabe *Montfaucons*: PG xxiii, c. 1328, l. 26. Dieser Teil des Eusebius-schen Psalmenkommentars ist von *Montfaucon* aus Catenen zusammengestellt worden. In seinen *Hexapla* hat *Montfaucon*: ποίμνια mit der Anmerkung: «Eusebius Aq. & Sym. lectiones sic habet». Diesen Eusebiusauszug hat *Montfaucon* wohl aus cat iii = 1133, eine Hs, die er benützt hat: siehe *Rahlfs*, Verzeichnis, S. 200; *Montfaucon*, Hexaplorum Origenis, i, S. 472. So ist die Form ποίμνια tatsächlich viel besser bezeugt als ποίμνη. Auch *Morin*. n. ι stimmt mit der palästinischen Catene, cat iii und cat x überein: ποίμνια (gegen ποίμνη).

Es ist nicht unmöglich, daß C' zwar das Wort: ποίμνιον las in unserm Vers, es aber in den *Plural* setzte, wie er das in *allen* andern Beispielen getan hatte, wo er ποίμνιον verwendete.

Є' ist auch aus *Ps xlviii 15a* nach 1098 bekannt, wo sie sich nicht von O': ὡς πρόβατα für כַצֹּאן getrennt hatte. Hier rückt sie von O' vielleicht wegen des Parallel-verses *52b* ab, wo O' ποίμνιον für עֵדֶר bieten. Є' hat in *V. 52a* und *b* zwei parallele *Kollektivbegriffe:* ποίμνιον-ἀγέλη (wie übrigens auch A' und C'): siehe *V. 52b*, und spiegelt damit die hebräische Vorlage genauer wider als O'.

Es fällt auf, daß der *Artikel* des MT nicht berücksichtigt ist in den drei Versionen. In den 11 Beispielen von כַצֹּאן mit Artikel in MT haben auch O' *stets* ohne Artikel übertragen. Die Übersetzer lasen also hier wohl keinen Artikel.

Lesart 2

Hier hebt die Lesart A' das *Fehlen des Artikels* vor λαός hervor. עַם = λαός bei A': siehe *Reider*, Index, s. v., S. 146.

Exzerpt 34. Vers 52b

Lesart 1

Das Interesse der Lesart gilt der *Wahl des Verbs*. Bei O' wird die Wurzel נהג fast stets mit griechischem ἄγω und seinen *Komposita* ἀπ-, εἰς-, ἐπ-, ἄναγω verknüpft. Für A' ist ἐλαύνω gut bezeugt: *Ex iii 1* nach M, v; *i Regn xxx 2, 22* nach j; *iv Regn ix 20* nach j, Syh, Bar Hebräus (wo auch für das Nomen מִנְהַג zweimal ἔλασις durch j belegt wird); *Is xi 6* nach 710 (siehe *Lütkemann-Rahlfs*, S. 85, Anm. 420). Hinzuzufügen wären «O'» des *Eccl ii 3*: ὡδήγησαν. Alle diese Stellen bieten נהג *qal*.

Ist das ἀπήλασεν durch Kontamination mit ἀπήγαγεν der folgenden Lesart entstanden? A' hat nämlich überall sonst *einfaches* ἐλαύνω gebraucht, sofern man von *Prov xxv 5* nach Morin. n. ζ A'Θ' ἀπέλασον für hebräisches הגו absieht. Im MT ist diese Form als *Infinitiv von* הגה vokalisiert, wogegen sie in unserer Lesart offenkundig von נהג abgeleitet ist (durch Elision des נ).

Wie aus der nächsten Lesart hervorgeht, überträgt Θ' נהג durch die Wurzeln ἄγω und καθοδηγέω. A' verknüpft die Wurzeln נהג und ἐλαύνω. Die Lesart mag daher auf ihn zutreffen, denn A' gebraucht ja bisweilen für *dasselbe hebräische Verb* die einfache Form und ein Kompositum, hier also ἐλαύνω und hie und da ἀπελαύνω. Da hier in *V. 52b* נהג *pi'el* vorliegt, wird das Kompositum ἀπελαύνω noch glaubhafter, da es נהג *qal* = ἐλαύνω gegenübersteht.

Das Verb ἀπελαύνω begegnet als Wiedergabe von נהג qal in *i Regn xxiii 5* als Lesart der Hss boc₂e₂, während die andern O'-Zeugen ἀπάγω enthalten.

Syh verpflichtet nicht zur Korrektur, obschon *Field* das Syrische mit ἤλασεν rückübersetzt. Dies war auf Grund der verbürgten Entsprechung von נהג = ἐλαύνω bei A' die gebotene Restitution. Aber Syh erlaubt meistens nicht, zwischen einfachem Verb und Kompositum zu unterscheiden. Syh vermag daher das Zeugnis von 1173 nicht in Frage zu stellen. Trotz der Isolierung des Verbums ἀπελαύνω bleibt die Überlieferung von 1173 durchaus glaubhaft.

Lesart 2

ἀπάγω für נהג bei C': C' überträgt dieses Tätigkeitswort mit ἄγω und seinen Komposita:

ἄγω in *iv Regn ix 20* nach j; ἔπαγω in *Ps lxxvii 26b* nach Eus; μέταγω in *Eccl ii 3* nach Morin. n. ε; das Nomen מנהג ist mit ἀγωγή in *iv Regn ix 20* (*bis*) nach j verdolmetscht.

Verben für נהג bei Θ': καθοδηγέω in *Ps lxxix 2b* nach Eus (O' ὁδηγέω); ἄγω in *iv Regn ix 20* nach j (= O' nach Hss b x c₂ e₂ und nach Tht, z [mg]: diese O' könnten die hexaplarischen O' darstellen). Vgl. ferner *Prov xxv 5* A'Θ' nach Morin. n. ζ, siehe oben L. 1.

Für Є' ist keine Übertragung von נהג bekannt. Doch ist das in 1173 gebotene Zeugnis nur wahrscheinlich. Es hält sich in der Nähe von O', die ja oft mit ἀπάγω übertragen haben. Übrigens ist die Lesart ἀνάγω in O' nicht ganz unumstritten. B enthält in der Tat: ἤγαγεν, siehe L. 3. Es mag vielleicht auch die Form ἀπήγαγεν gegeben haben, obgleich keine Hs mehr von ihr Zeugnis ablegt. (P. Bodmer xxiv läßt die erste Silbe nicht mehr erkennen, aber es steht mindestens fest, daß er im Gegensatz zu B ein *Kompositum* mit ἄγω enthält.)

Lesart 3

Die *Lesart* ζ' ist durch ihr καὶ *mit Impf* und durch ihr *einfaches* ἄγω gekennzeichnet. Da in 1173 zusammen mit ζ' alle andern Versionen geboten sind, besteht kein Anlaß, die Lesarten oder gar deren Sigel anzuzweifeln.

Es ist möglich, daß in ζ' ἦγεν als *Aorist* aufgefaßt wurde. Die Form im Plural ἦγαν ist in *ii Regn vi 3* O' (B) bezeugt (neben ἦγον: A M N rell Tht). Diese Auffassung ist deshalb verlockend, weil sie das *Imperfectum consecutivum* wie meistens durch καὶ *und Aorist Indikativ* wiedergibt.

Aber diese Annahme ist nicht zwingend. Die *alten O'* scheinen das hebräische *Imperfectum consecutivum* wie die andern Zeiten mit einer gewissen Freiheit wiederzugeben: καὶ *mit Impf* erscheint z. B. in der Sektion βγ der Königsbücher: *ii Regn xii 15, xiii 2, 9, 19, 25, xiv 6,* usw. = b o c₂ e₂. Dieselben Textzeugen übersetzen das *Imperfectum consecutivum* auch durch καὶ *mit Präsens historicum:* siehe *Barthélemy,* Devanciers, S. 63–65: *xi 4, 9, 14 a, b, 27, xii 24, xiii 6, 14, 17 a, b,* usw.! Auch *andere Hss* bezeugen ein καὶ *mit Impf* für hebräisches *Impf cons: ii Regn xi 1:* j, n, b₂, c₂, e₂; *xi 2, 17:* B; *xiii 25:* alle Hss außer A, B; usw. ς' übersetzt also vielleicht ein Imperfectum consecutivum durch καὶ mit Impf und gleicht darin andern Textformen von O'. ς' weist übrigens auch sonst Imperfekte auf im Gegensatz zu O': siehe oben *V. 36b,* E. 2, L. 3.

Einfaches ἤγαγεν (statt des *Kompositums*) ist auch die Lesart der O' nach B.

O' übertragen נהג meistens durch ἄπαγω und ἄγω. Die Wendung bei ς' hat nichts Unwahrscheinliches an sich.

Lesart 4

Die Lesart gilt dem Wort ἀγέλη, das A' und Ε' statt ποίμνιον der O' gewählt haben.

A's Übertragung ist weiter aus *Is xxxii 14* nach 86, Eus, Pr bekannt. In *Ct vi 5 (6)* gilt die Lesart A' und C' wohl nicht dem Wort ἀγέλαι, das aus O' stammt, sondern *dem davon abhängigen Genetiv,* der bei O', A', C' je verschieden wiedergegeben ist, siehe *Field* z. St. — In *Jer xxxviii (xxxi) 24 (23)* war A's Übertragung noch ποίμνιον gewesen nach 86. O' haben in der Mehrzahl der Fälle עדר durch ποίμνιον ausgedrückt; ἀγέλη kommt auf 39 Übersetzungen nur 8 mal vor.

Das Wort ἀγέλη ist für Ε' nicht weiter belegt. In *V. 52a* entspricht ποίμνιον bei Ε' dem hebräischen צאן. Es ist zu vermuten, daß Ε' das Paar צאן/עדר durch ein paralleles Paar von Kollektivbegriffen ποίμνιον-ἀγέλη wiederzugeben suchte, und daß Ε' deshalb O' verließ; siehe *V. 52a.* Wie in *V. 52a* haben A', C', Ε' den *Artikel* des MT *vor* עדר nicht übersetzt: wie O'! *V. 52b* ist die einzige Stelle in MT von בעדר *mit Artikel,* die fünf andern Beispiele sind in MT (und in O') ohne Artikel.

ἐν ἐρήμῳ *ohne Artikel* wie in O': siehe aber auch oben zu *V. 40a.*

Lesart 5

ἀγέλη für עדר bei C': *Is xl 11* nach Eus; *Jer xxxviii (xxxi) 24 (23)* nach 86; *Ct vi 5 (6)* scheidet aus, siehe oben zu L. 4.

διὰ τῆς ἐρήμου ist eine freie Übertragung, wie C' sie liebt, vgl. ב *des Ortes* = διὰ bei C' in *Ps xxii 3b* nach 1175, 264 mg; *xxxvii 15b* nach 1175, 264 mg; *lxxxviii 38b* nach 1098; usw.

Exzerpt 35. Vers 53b

Lesart 1

δέ an Stelle von καὶ ist bei C' nichts Unerhörtes: vgl. z. B. *Ps xvii 32b* nach 1098; *xxix 6d* nach 264 mg; *xxxiv 15a* nach 1098, Eus [1121] (alles Fälle, wo O' καὶ haben); *lxxx 12a* nach *1173,* Eus; siehe unten E. 97, L. 1; usw.

Keine Hs bei *Kennicott* liest אויביו. 1122 ist mit αὐτοῦ wohl ein Versehen unterlaufen.

Lesart 2

Die Lesart gilt dem *Artikel* ἡ vor θάλασσα. Denn nichts unterscheidet sonst A' von O'. Die meisten Hss von O' lassen jedoch den Artikel weg. (Irrtum aus Haplographie: NH?). Den *Artikel* haben: P. Bodmer xxiv, Sᶜ – 1046, 1219. Der Exzerptor hatte einen solchen O'-Text *ohne Artikel*, dem er den Artikel bei A' gegenüberstellte.

καλύπτω für כסה *pi*, siehe *Reider*, Index, s. v., S. 125.

θάλασσα für ים, siehe *Reider*, Index, s. v., S. 107–108.
1122 hat die Abkürzung ἐκᵃ sicher falsch aufgelöst.

Exzerpt 36. V. 54 a – b

Lesart 1

ἄγω für בוא *hif* bei A': siehe *Reider*, Index, s. v., S. 2–3. Von den dort angegebenen Lesarten zeugen folgende *für A' allein*: *Ps civ 40a* nach He ᴿᵒᵉ ¹³,¹¹³³; *Is xlix 22* nach Eus; *Is lxvi 4* nach 86 (*Da ix 24* nach Syh). Hinzuzufügen sind: «O'» des *Eccl iii 22, xi 9, xii 14*. A' überträgt also meistens durch ἄγω; vielleicht kommt gelegentlich auch ein Kompositum mit ἄγω vor.

πρός mit Akk für אל bei A': *Reider*, Index, s. v., S. 203.

ὅριον ist für A' allein bisher nicht bezeugt außer in *Ez xxvii 4* nach 86; *Jer xxxviii (xxxi) 17* nach Syh.

Aber ὅριον ist die regelmäßige Übertragung der O' für die hebräische Wortfamilie: גבל, גבול, גבולה. Die zusammenfassenden Lesarten (siehe *Reider*, Index, s. v., S. 175) mögen tatsächlich A's Wiedergabe zu erkennen geben. Das Zeugnis von 1173 in unserm Vers weist darauf hin.

Es ist bekannt, daß A' קודש durch ἡγιασμένος, -ον ausdrückt, siehe *Reider*, Index, s. v., S. 3.

Lesart 2

Diese Lesart steht dem üblichen O'-Text gegenüber, der ὄρος liest: so auch in P. Bodmer xxiv und im Psalterium gallicanum. *De Rossi* gibt eine Hs 350, deren erste Hand הר («ut videtur») geschrieben hat.

Є' und ς' haben entweder eine ursprünglichere O'-Form, in der das *echte* ὅριον noch nicht durch Kontamination mit *V. 54b* zu ὄρος verderbt war, übernommen, oder sie haben als Rezensionen das schon ursprünglich bei O' stehende ὄρος verbessert in ὅριον. In *V. 54a* stützt *keine Hs* der O' die Lesart ὅριον. Es ist deshalb wahrscheinlicher, daß Є' und ς' (oder deren O'-Vorlage) den gängigen O'-Text rezensiert haben, indem sie ὄρος durch das *getreuere* ὅριον ersetzten, entsprechend der sonstigen Übersetzungsweise bei O', in der גבול meistens ὅριον entspricht.

Im Unterschied zu A', aber im Einklang mit O' steht εἰς statt πρὸς für אל bei Є' und ζ': εἰς für אל bei Є' auch in *Ps xxvii 5b* nach 264 mg und unten in *Ps lxxviii 12a,* E. 74, L. 6, siehe dort. ζ' scheint אל mit εἰς zu übersetzen in *Ps ii 7a* nach 1175, 264 mg, aber die Übersetzung אל = εἰς θεόν sieht wie eine Dublette aus oder eine Paraphrase und ist daher unsicher. Andere Belege für אל = εἰς bei ζ' gibt es weiter nicht.

Lesart 3

Die folgende Lesart C' gehört zu *V. 54b.* Dies nicht bloß wegen des *Trennungs-zeichens*: –, denn dieses ist nicht immer zuverlässig, siehe oben zu *V. 36b.* Auch zwischen Lesarten 1 und 2, die beide denselben *V. 54a* betreffen, steht ja diese *Trennung*: – !

Doch übersetzt C' גבול in den andern bekannten Beispielen entweder wie O' durch ὅριον, so in *i Regn xiii 18* nach Morin. n. η: das Zeugnis fehlt in *Brooke-McLean; Is x 13* nach Eus; *Ez xl 12* nach 87–91, Syh (die andern Zeugnisse sind zusammenfassende Lesarten); durch περιορισμός: *Ez xliii 13* nach Q, Syh (und *Ez xliii 17* nach Syh); oder durch ὅμοροι (Grenzen) in *Ez xxvii 4* nach Q-Syh, 86.

Es wäre erstaunlich, daß C' sich in *V. 54a* von einer so unpräzisen Wiedergabe von גבול durch ὄρος bei O' hätte beeinflussen lassen und nicht wie A', Є' und ζ' verbessert hätte. ὄρος paßt dagegen vollkommen als Übersetzung von הר in *V. 54b:* Zu ihm gehört daher die Lesart.

Die Lesart C' gilt der *Präposition* εἰς, die C' im Gegensatz zu O' hinzugefügt hat. Diese Wiederholung von εἰς erklärt sich noch besser, wenn in *V. 54a* nicht das-selbe Wort ὄρος stand. Denn steht ὄρος in *V. 54a und 54b,* so ist es beim zweiten Mal Apposition, welche die Wiederholung von εἰς überflüssig macht.

Die *Einführung einer griechischen Präposition,* die im Hebräischen *keine Entsprechung* hat, ist bei C' nichts Ungewöhnliches, vgl. z. B. *Ps xv 3b* nach 1175 (εἰς); *Ps xvi 13c* nach Tht (εἰς); *Ps lxxvii 42a* nach 1173, Eus (ἐν); usw.

Lesart 4

Die Lesart gilt dem *Fehlen* des τοῦτο, das in O' nach ὄρος steht.

Freilich wirft der Text von O' Fragen auf. Nach P. Bodmer xxiv und den andern Hss lesen O': ὄρος τοῦτο ὃ ἐκτήσατο κτλ. Das Psalterium gallicanum dagegen bietet die Lesart: montem *quem* adquisivit etc. Dieselbe Textform findet sich in O' von Sunnia und Fretela in der Epistola ad Sunniam et Fretelam, p. 28, ll. 17–18. Hier fügt *Hieronymus* jedoch hinzu: «pro quo apud Septuaginta legitur ὄρος τοῦτο ἐκτήσατο ἡ δεξιὰ αὐτοῦ, et non, ut vos ponitis, ὃ ἐκτήσατο, hoc est quem adquisivit ....» (ll. 18–20). Der Septuagintatext, den Sunnia und Fretela «setzen», ist der des Psalterium gallicanum. Welches aber sind die «Septuaginta», die *Hieronymus* in diesem Brief unter diesem Namen anführt?

Diese «Septuaginta» sind sonst die *hexaplarischen* O' (ibid. p. 9, ll. 5–10, 19–24), aber sie decken sich hier jedenfalls nicht mit Psalterium gallicanum. Man fragt sich, ob *Hieronymus* hier nicht eine «O-Form» postuliert auf Grund seiner Hebräischkenntnisse, nach denen זֶה = τοῦτο wäre. Die O' des Psalterium gallicanum und von Sunnia und Fretela enthalten *nur* ein *Relativum* für זֶה; die O' des *Hieronymus* dagegen *nur* ein *Demonstrativum*, während O' des P. Bodmer xxiv und aller Hss *beides: Demonstrativum und Relativum,* enthalten. Diese doppelte Übersetzung von זֶה (die man übrigens auch in *Hieronymus'* Psalterium iuxta Hebraeos: montem istum quem possedit, wiederfindet!), kann eine Mischform aus den beiden ersten Übersetzungen sein, oder umgekehrt die ursprüngliche Form, welche spätere Rezensionen vereinfacht haben. Das zweite scheint wahrscheinlicher: Die «doppelte» Übersetzung: ὄρος τοῦτο ὃ steht in allen Hss, auch in einer so alten wie P. Bodmer xxiv, während die vereinfachenden in jüngern Zeugen: Psalterium gallicanum, O' von Sunnia und Fretela einerseits, O' bei Hieronymus anderseits anzutreffen sind. In der Entscheidung entweder für die Entsprechung זֶה = Relativum oder für die Gleichung זֶה = Demonstrativum könnte sich der Wille eines Rezensenten äußern, für den *ein* hebräisches Wort nicht durch *zwei* griechische repräsentiert werden darf.

זֶה ist als Demonstrativum und Relativum zugleich übertragen auch in *Ps lxxiii 2c* nach O' in einer fast gleichen Wendung. Leider sind dort keine hexaplarischen Lesarten überliefert.

Die in 1173 vorliegende Lesart ist *sigellos*. Sie folgt auf eine Lesart C', und sie entspricht genau jener Rezension, wie wir sie in Psalterium gallicanum und bei Sunnia und Fretela finden, welche זֶה als reines Relativum wiedergab ohne Demonstrativum.

Nun schreibt *Hieronymus* in derselben Epistola ad Sunniam et Fretelam, S. 28, ll. 20–22 «... secundum hebraicam proprietatem interpretatus est *Symmachus: montem quem adquisivit ...».* Das *Demonstrativum* fehlt also bei C' wie in dieser anonymen *Lesart* von 1173, die *Relativpartikel* steht hingegen bei beiden.

Am nächsten läge somit, die Lesart *dem C'* zuzuschreiben, und das Fehlen der Sigel dadurch zu erklären, daß die unmittelbar vorhergehende Lesart schon von C' ist.

Die Wiederholung des ersten Teils der Lesart würde sich aus dem schrittweisen Exzerpieren von 1173 erklären: siehe oben zu *V. 48, E. 28, L. 4:* Die Exzerpte verzahnen sich oft ineinander, indem ein zweites Zitat nicht denselben Umfang wie das erste aufweist, sondern später einsetzt und über es hinausgreift.

Doch ein Umstand verbietet vielleicht diese Zuweisung der Lesart 4 an C': nie sonst wird dieselbe Lesart wiederholt! Es würde sich hier ja nicht um eine Verzahnung handeln im oben angedeuteten Sinn, sondern um die wörtliche Wiederholung des ersten Teiles der C'-Lesart. Dies ist nie sonst der Fall in 1173. Es kann sich aber auch um einen *bloßen Fehler* handeln: der Exzerptor der Hexapla schrieb zweimal die Linie ab, auf der C's Wiedergabe von זֶה stand!

Die Lesart ist jedenfalls einem ziemlich freien Übersetzer zuzuschreiben, der sich nicht scheut, ein εἰς einzuführen, dem im Hebräischen nichts entspricht, der aber das Wort זֶה nicht doppelt überträgt, sondern bloß als Relativum, und der im übrigen den O' nahesteht. Den O' des Psalterium gallicanum läßt sich aber die Lesart nicht assimilieren, da dort kein dem εἰς entsprechendes *in* steht.

Da auch mit der Möglichkeit einer Dittographie des εἰς vor ὄρος gerechnet werden muß, ist der Grund zu unsicher, um feste Schlüsse tragen zu können. Die Lesart mag somit C', Θ', Є' oder ϛ' zugehören.

Exzerpt 37. Vers 55 a–b

Lesart 1

Die Ersetzung einer *konjugierten Verbalform* durch ein *Partizip* erstaunt bei C′ nicht, vgl. oben *V. 38b,* E. 4, L. 8.

Das Wort גרש übertragen O′ meistens durch ἐκβάλλω. C′ allein ist nur an *einer* Stelle, *Is lvii 20* (zweimal) bezeugt durch Eus, Pr: ἐκβράσσω (vielleicht wie A′: Zweifel an A′s Übertragung: *Mercati,* Osservazioni, S. 136, Anm. 35). In *Jon ii 5* ist die zusammenfassende Lesart C′Θ′ überliefert: ἐξεβλήθην nach *Ziegler,* Duodecim prophetae, z. St. («Coislin.») und Syh. C′ wird oft wie O′ mit ἐκβάλλω gearbeitet haben.

ἔμπροσθεν für פנים und für mit פנים zusammengesetzte Ausdrücke ist eine bei O′ gebräuchliche Übersetzung. Aber die Wendung ἐξ ἔμπροσθεν fehlt gänzlich in O′. Für A′ ist ἔμπροσθεν bezeugt in *Jer xli (xxxiv) 5* nach 86 (※), Syh, ebenso in «O′» des *Eccl i 16, ii 7, iv 16,* ἀπὸ ἔμπροσθεν in «O′» von *Eccl i 10, ii 9* (= B; A, S ohne ἀπὸ). Zu den weiteren Stellen, die *Reider,* Index, s. v., S. 80, gibt für ἔμπροσθεν bei A′, ist Folgendes zu bemerken:

Gn xli 43: Field zitiert *Hieronymus:* «... pro quo Aq. transtulit: et clamavit *in conspectu eius* ... Sym. ... ait: et clamavit *ante* eum, ...». Die Restituierung A′s ist mit hoher Gewißheit: εἰς πρόσωπον (לפניו), nicht ἔμπροσθεν, diejenige C′s kann ἔμπροσθεν sein.

Ps xlix 3b: Nach 264 (interlinear) lautet A′: πῦρ ἔμπροσθεν αὐτοῦ, C′ πῦρ εἰς πρόσωπον αὐτοῦ (לפניו). Die Sigel sind hier offensichtlich verwechselt worden. εἰς πρόσωπον ist typisch für לפני bei A′, siehe unten *Ps lxxviii 11a,* E. 72, L. 1.

Job viii 16: A′ εἰς πρόσωπον nach Field («Nobil., Olymp., Reg. unus ...»). *Klostermann,* Analecta, S. 70 zitiert A′ ἔμπροσθεν aus Cod. Vat. gr. 338 = Rahlfs 255. Die Sigel dürfte falsch sein. (Die andern von *Reider* herangezogenen Verse kommen als *kollektive* Lesarten nicht in Betracht.)

Is xlviii 19 gibt Eus für A′: ἐξ ἔμπροσθεν: hier hat *Ziegler,* Textkritische Notizen, S. 96, die Verwechslung mit C′ bemerkt, ebenso *Reider,* Index, s. v.

ἔμπροσθεν ist oft verwendet bei C′, und er ist der einzige, der ἐξ ἔμπροσθεν gebraucht: für מפני in unserm Vers; מנגד in *Ps xxx 23b* nach 264 mg, 1098; מלפני in *Eccl x 5* nach Field («Nobil., et sine nom. Codd. 248, 252, ...»); מעל־פני in *Jer xv 1* nach 86.

ἔθνος für גוי ist die geläufige Übersetzung von O′, und bei C′ ist sie gewöhnlich: *Ps xliii 12b, 15a* nach Eus [1121], *Ps xlv 7a* nach 1098, Chr[N]; usf.

ὑποβάλλω ist zweimal für C′ bezeugt: *Lev xix 19* nach s (anon.) und nach Field («Cod. 128 ...»: Cod. 128 wurde von *Brooke-McLean* nicht herangezogen) für רבע *hif;* *Jos xxiii 4* nach z für eine ganz ähnliche Wendung wie in unserm Vers: הפלתי לכם את־הגוים: Dasselbe Verbum נפל *hif* ist also beidemale gleich ins Griechische übersetzt worden. (Dies genügt, um die Sigel von v: A′ in *Jos xxiii 4* als falsch zu erweisen. In v hat der häufige Fehler des Gleitens von einer Reihenfolge zur andern: statt C′ – Θ′, A′ – C′ stattgefunden.) Das ὑποβαλόντες in Θ′ *Da iii 9* nach A, 106 ist ein Irrtum für ὑπολαβόντες. Außer diesen Stellen hat das Wort nur noch in *i Esdr ii 17 (18)* O′ Verwendung gefunden. Es ist also typisch für C′.

Es ist möglich, daß auch das Fürwort αὐτοῖς bei C′ im Gegensatz zu O′ stand, wo die Hss αὐτούς lesen. Immerhin hat P. Bodmer xxiv εκληροδοτησεν αυτοις, und Psalterium gallicanum: sorte divisit *eis.*

Gleicherweise liest P. Bodmer xxiv: απο προσωπου αυτο[υ : wohl ein Irrtum (Homoeoteleuton: προσώπου αὐτοῦ).

In *V. 55b* fehlt bei C′ καί wegen seiner Satzkonstruktion mit *Participium coniunctum* in *V. 55a*.

Bemerkenswert auch die *Punkte*, die die Lesart *in kleine Abschnitte gliedern*. Sie bezeichnen wohl ursprünglich *eine Linie der Hexapla*, aus denen exzerpiert wurde. Siehe unten E. 38, 40, 42, 45, usw.

Exzerpt 38. Vers 55b

Lesart 1

A′ hat hier die freie und ungewöhnliche Wiedergabe des Zeitwortes נָפַל *hif* bei O′ verlassen. Denn κληροδοτέω ist *nur hier* Wiedergabe von נָפַל *hif*. Dieses hebräische Verbum im hif übersetzen O′ meistens mit βάλλω und seinen Kompositen: καταβάλλω, ἐπιβάλλω. Gelegentlich kommen auch andere, jedoch seltenere Wiedergaben vor: ῥίπτω, πίπτω, στηρίζω, καταμετρέομαι, u. a. m.

Für A′ ist an den folgenden beiden Stellen die sehr aquilanische Übertragung: πτωματίζω überliefert: *Dt xxv 2* nach M; *Ps cxxxix 11b* nach 1175.

In *Ps xxi 19b* gibt uns Eus^P. E. als Lesart A′s: βαλοῦσιν (statt ἔβαλον in O′). A′ hat die Übersetzung des hebräischen Imperfektes durch Aorist Indikativ bei O′ vermieden und durch den zu erwartenden Futurum Indikativ ersetzt. Der Kontext in *Ps xxi 19b* und in unserm Vers ist für das Verbum derselbe: es geht um das Werfen von Losen, von Besitzanteilen, um das Verteilen eines Besitzes. An beiden Orten hat offenbar A′ die Übersetzungsweise der O′: נָפַל *hif* (Lose fallen lassen, verlosen) = βάλλω, καταβάλλω weitergeführt.

A′ hat wie O′ Hss, aber im Gegensatz zu P. Bodmer xxiv, Psalterium gallicanum: αὐτούς, nicht αὐτοῖς.

Lesart 2

κληρόομαι ist ein sonst nur in O′, und dort bloß 4 mal belegtes Wort: *Is xvii 11* zweimal als freie, wie es scheint periphrastische Wiedergabe des Nomens נַחְלָה; *Est iv 11* nach A, wohl eine Verderbnis von ἐκλήθην (für נִקְרֵאתִי), das in f, k, z steht, oder von κέκλημαι, welches die andern Hss haben; *i Regn xiv 41*.

An 6 Stellen findet man in O′ κατακληρόομαι: *i Regn x 20, 21* (bis), *xiv 42* (bis), *47*. In *i Regn xiv 41* schwankt die Überlieferung zwischen κληρόομαι (= B) und κατακληρόομαι (= N, a, b … o … c₂ e₂): das Fehlen von κατα- in B könnte Haplographie sein zwischen καὶ κατα-κληροῦται.

Es gäbe demnach in *i Regn x, xiv* sieben Beispiele für κατακληρόομαι. (Die 3 Beispiele von κληρόομαι sind so isoliert, daß sich nichts über ihre Herkunft sagen läßt.) κατακληρόομαι jedoch erweckt den Anschein, zur alten O′ zu gehören. Denn in *i Regn xiv 47* gibt B eine *zweifache* Übertragung eines *einzigen* hebräischen Ausdruckes: לִכֹד מְלוּכָה = ἔλαχεν τοῦ βασιλεύειν κατακληροῦται ἔργον. Beide Satzglieder übersetzen dasselbe; dem zweiten hat im Hebräischen מַלְאָכָה לִכֹד מל(א)(כ)ה vorgelegen; מַלְאָכָה entspricht häufig ἔργον; *Kennicott* kennt freilich nur die Hs 2, die מְלֻכָה liest im Unterschied zu allen andern mit מְלוּכָה. In b o c₂ e₂ (z am Rande) steht bloß: κατακληροῦται τὸ ἔργον τοῦ βασιλεῖν und in der koptischen Übersetzung fehlt zudem noch τοῦ βασιλεῖν. Eine Rezension scheint das ursprüngliche κατακληροῦται ἔργον ersetzt zu haben. In B sind beide Formen, die rezensierte und die ursprüngliche, nebeneinander erhalten geblieben, ebenso teilweise in b o c₂ e₂ z.

ϛ′ bedient sich somit hier eines Wortes, das in den *alten Septuaginta* gebraucht wurde, freilich als Kompositum κατα-κληρόομαι statt als einfaches κληρόομαι wie hier. Daraus darf man vermuten, daß die in diesem *V. 55b* in O′ vorliegenden Wendungen κληροδοτέω und κληροδοσία, die nur selten für O′ bezeugt sind, siehe unten, vielleicht *durch Rezension* in den Psalter eingedrungen sind, während ϛ′ eine ursprüngliche O′-Vorlage mit diesem Wort κληρόομαι vertritt. ϛ′ hat ja Bezüge zu alten O′-Übersetzungen, wie auch das Imperfekt in *V. 52b*, E. 34, L. 3 nahelegen könnte. Diese Deutung der Dinge ist wahrscheinlicher als die umgekehrte, derzufolge ϛ′ ursprüngliches κληροδοτέω durch κληρόομαι ersetzt hätte.

Das Wort κληροδοτέω: Es ist unzweifelhaft *für A′* bezeugt: *Dt xxii 8a* (נַחַל hif) nach M; *Is lvii 13* nach 86: κληροδοθήσονται: Zunächst muß man die *Beobachtung*, welche Field zu *Prov xxviii 10*, Lesart A′ nach Morin. n. ι machte, es sei richtig κληροδο⟨τη⟩θήσονται zu lesen, auf unsere Stelle, *Is lvii 13*, anwenden. Der Irrtum dieser Art *Haplographie* entsteht natürlich leicht.

Dann stellt sich die Frage, auf *welches hebräische Wort* dieses κληροδο⟨τη⟩θήσονται sich bezieht: ist es יורש oder ist es יִנְחָל? Zwar steht es im *Plural* für einen hebräischen *Singular*. Aber es könnte sein, daß A′ hier den *Singular*: הַחוּסָה, der ein *Kollektivbegriff* ist, durch den *Plural* übertrug, wie er das gelegentlich tut: für אדם = ἄνθρωποι siehe unten *Ps lxxxi 7a*, E. 111, L. 2, und vgl. *Reider*, Prolegomena, S. 34–36. So würde sich der Plural erklären.

Angesichts der gesicherten *Verknüpfung* zwischen der Wurzel נחל und κληροδοσ/τ- bei A′ ist die Lesart A′ an unserer Stelle eher auf נחל zu beziehen. Dazu hat bereits *Mercati*, Osservazioni, S. 43 mit Anm. 10, geraten. Sollte das richtig sein, hätte A′ יִנְחָל wahrscheinlich *als Nifʿal* gedeutet und es daher *passiv* übertragen.

Dieses Passiv ist ein weiteres *Argument* dafür, daß κληροδο⟨τη⟩θήσονται יִנְחָל entspricht. Denn יורש kann *nicht* als Nifʿal = Passiv gedeutet werden (dies wäre יִוָּרֵשׁ), wohl aber יִנָּחֵל!

Daraus dürfte man folgern: נָחַל hif ist bei A′ κληροδοτέω; נָחַל nif wäre κληροδοτέομαι. Siehe unten *Ps lxxxi 8b*, E. 113, L. 3, S. 315. Dies hatte *Field* bereits aus A′ nach Syh in *Jer xii 13* vermutet, obgleich ein Zeugnis in 86: A′ ἐκληρονόμησαν dieser Vermutung *widerspricht*. Aber es ist leicht möglich, daß ein Schreiber von ἐκληροδο⟨τή⟩θησαν, das selten ist, zum viel häufigeren ἐκληρονόμησαν übergeglitten ist. Überdies ist ja die *Jer-Ez-Schicht* ein besonderer Teil von A′s Übersetzungswerk, von dem nicht ohne weiteres auf den Rest der Übertragung geschlossen werden kann. (Als Bestätigung von A′ *Jer xii 13* nach Syh kann *Ez xxii 16* A′ nach 86 gelten: κατακληροδοτήσω für נִחַלְתְּ: als 1. Person Qal verstanden.)

Is xlix 8 nach Eus: Hier gibt Eus zwar als *Sigel C′*, aber wohl zu Unrecht, denn die *zweite Hälfte* der Lesart ist *für A′ typisch*: לְהַנְחִיל נְחָלוֹת שֹׁמֵמוֹת = κληροδοτῆσαι κληροδοσίας ἠφανισμένας. κληροδοσία ist abgesehen von unserer Stelle nur bei A′ nachgewiesen: siehe unten. ἀφανίζω entspricht bei ihm der Wurzel שׁמם. Der *Anfang* der Lesart ist dagegen vielleicht *symmachianisch*, oder mindestens fraglich für A′. Die Vermutung drängt sich auf, daß Eus zuerst C′, dann A′ zitierte, und daß durch *Homoeoarkton*: κληρονομῆσαι (= C′) – κληροδοτῆσαι (= A′) der Kopist von der Lesart C′ auf die A′s übergesprungen ist.

Neben diesen Zeugnissen für A′ allein gibt es die gruppierende von *Prov viii 21* nach Morin. n. χ A′C′Θ′ (נַחַל hif).

κληροδοσία für נַחֲלָה ist wiederum *typisch für A′*: *Dt iv 20* nach M; *Ps xxvii 9a* nach 264 mg (1098: κληρονομίαν wie O′, Є′: zu Unrecht, siehe *Mercati*, Osservazioni, S. 42–43); *Ps xxxii 12b* nach 264 mg; *Ps lxxvii 62b* nach 1173; «O′» von *Eccl vii 12 (11)* nach A, S (B: κληρονομίας).

(*Ps lxvii 10b* gibt *Field* τὴν κληροδοσίαν σου nach Eus: in Eus findet sich das Wort jedoch nicht, weder in der Ausgabe *Montfaucons*, PG xxiii, c. 693, ll. 30–32, noch in *Coislin 44*, fol 138a, col. b. Die Lesart stammt aus den *Hexapeln Montfaucons:* «... Sic Eusebius, Theodoretus & duo Regii ...», Hexaplorum Origenis, i, S. 571. Weder Tht noch Eus enthalten κληροδοσία, und falls die «duo Regii» Hss der cat xvii wären, erbringen auch diese kein Zeugnis für κληροδοσία, denn deren Lesart gilt bloß dem ἑκούσιον von *V. 10a.*)

Zu den Lesarten A's müssen jedoch auch die drei κληροδοσία bei *Philo* gerechnet werden: *Ex xv 17* in De plant. p. 336 M = Cohn-Wendland ii, p. 143, § 46: «codd.»; *Nu xviii 20* p. 339 M = Cohn-Wendland ii, p. 146, § 63: «codd.»; *Dt xxv 16* in Quis rerum divinarum. p. 495 M = Cohn-Wendland iii, p. 37, § 162: « εν κληρωι Pap: κληροδοσίαν codd.», denn diese Wendungen sind das Werk *des Rezensoren der biblischen Lemmata,* der der Tradition A's verpflichtet ist: siehe D. *Barthélemy,* Est-ce Hoshaya Rabba qui censura le «Commentaire allégorique»?, in: Philon d'Alexandrie, Colloques internationaux du CNRS, Lyon 11–15 septembre 1966 (Paris 1967) 45–79, besonders S. 46–54. Siehe zu נחל bei A' unter *Ps lxxxi 8b,* E. 113, L. 3.

In O' findet man κληροδοτέω und κληροδοσία an folgenden Orten: κληροδοτέω: *Ps lxxvii 55b; Ex xxxiv 9* (נחל qal) nach Fᵇ (= Korrektur in kursiver Hand); *Jos xix 48 (49)* nach b, c, k, x, Arm, Syh (נחל qal) = in einer rezensierten Stelle; *ii Esdr ix 12* (ירש hif) = B; A, ℵ: κληρονομέω; *Prov xiii 22* (נחל hif): ἄλλος nach Field («Sic Syh in textu, et Cod. 161 in marg. ...»); *Eccli xvii 11* (hebräische Vorlage verloren).

κληροδοσία: *Ps lxxvii 55b; Da xi 21, 34* (חלקלקה); *i Mak x 89.*

κληροδοτέω ist vielleicht in *Ps lxxvii 55b* auch nicht ursprünglich, siehe oben.

Das Wort κληροδοτέω wäre demnach entweder in späten Stücken der griechischen Bibel oder an rezensierten Stellen zu finden als Wiedergabe von נחל oder ירש hif. κληροδοτέω und κληροδοσία scheinen anderseits vor allem durch die *griechische Bibel* und durch *christliche Autoren* bezeugt zu sein, vielleicht aber auch in der außerbiblischen Rechtssprache, siehe *Stephanus,* Thesaurus, s. v. κληροδότης, vol. v, c. 1632.

Zu diesen beiden Termini gehört auch κατακληροδοτέω, das analog zu κατακληρονομέω gebildet ist. Auch dieser Begriff erscheint nur im Umkreis der griechischen Bibel und zwar entweder in der Rezension der Є': *Ps lxxxi 8b,* siehe unten E. 114, L. 1, oder an wahrscheinlich ebenfalls bearbeiteten Stellen der O': *Dt i 38* in A F M(txt) N a c d e h j k l p q s(txt) t x y z (txt) b₂; *Dt xxi 16 in* A F M N Θ, Phil-cod ¹/₃, a und andere Hss mehr, vgl. *Brooke-McLean,* Apparat, z. St. Auffällig sind die vielen *hexaplarischen* O'-Zeugen: M, a, b₂, c, k, c₂, x! Schließlich steht das Wort noch in *i Mak iii 36* in S, V (κατακληρονομῆσαι in A).

Es ist möglich, daß κληροδοτέω und κατακληροδοτέω von Übersetzern des Alten Testamentes als griechische Neubildungen geschaffen wurden, um in den Verben נחל, ירש die beiden Aspekte: «ererben, zum Erbe erhalten» (qal) und «vererben, erblassen, als Erbe vermachen» (pi, hif) mit einem *gleichen Wortstamm:* κληρο-νομέω und κληρο-δοτέω auszudrücken. Dieses Bestreben, das zu Grunde liegende Hebräische in der Übersetzung durchsichtig zu machen und abzubilden, paßt besonders gut zu den Rezensionen. So sind κληροδοτέω, κατακληροδοτέω, κληροδοσία vielleicht Neologismen von jüdischen Bibelübersetzern, die sich um die größere Annäherung an das Hebräische bemühten.

A' hat also auch hier Ansätze aufgenommen, die *vor* ihm schon gemacht wurden.

Es ist übrigens nicht deutlich, ob jene Stellen, da in O' κληρονομέω durch κληροδοτέω ersetzt wird, unter *A's Einfluß* rezensiert wurden oder unabhängig von ihm zu der oben beschriebenen, voraquilanischen Rezension gehören. Solche Stellen wären der schon genannte Ort in *Ex xxxiv 9* nach Fᵇ (נחל qal) und besonders für נחל pi: *Jos xiii 32* in k; *Jos xix 51* in a b c Arm-ed (vid) Syh (vid) k.

Die Stellen *Dt i 38, xxi 16, Jos xix 48 (49), Prov xiii 22* (Syh im Text!) scheinen jedenfalls darauf hinzudeuten, daß in den *hexaplarischen* O' κληροδοτέω und κατακληροδοτέω figurierten.

Siehe zum Ganzen auch unten das in E. 113, L. 3, E. 114, L. 1 Gesagte.

Die vier angegebenen Stellen mit κληροδοσία gehören ebenfalls zu der Schicht der Übersetzung, welche κληροδοτέω verwendete. Das Wort findet man nur im biblischen Bereich, ist also gleichfalls eine Neuschöpfung der späteren griechischen Bibelübersetzer oder der Rezensoren.

Lesart 3

Drei Unterschiede zwischen C′ und O′ haben den Exzerptor zu seiner C′-Lesart veranlaßt: σχοινίῳ μέτρῳ bei C′ statt ἐν σχοινίῳ, κληρουχία statt κληροδοσία; eine *andere Konstruktion:* in O′ hängt κληροδοσία als *Genetiv* von σχοινίῳ ab, während C′ κληρουχία als *Objekt im Akkusativ* versteht. Deshalb muß er auch zu σχοινίον μέτρον als Verdeutlichung setzen, da σχοινίον nicht wie bei O′, Θ′, Є′, ς′ und wohl auch bei A′ durch einen Genetiv bestimmt ist. Der Grund für diesen syntaktischen Unterschied besteht darin, daß O′ das *Pronomen:* «er überließ *sie* als Erbe...» auf die *Völker* bezog (wie MT), wogegen C′ dieses Pronomen auf die *Israeliten* deutete: «er unterwarf *ihnen*... ein Erbe».

Dies tut er vielleicht wegen der *griechischen Syntax:* αὐτούς (*V. 55b*) in O′ kann sich schlecht auf ἔθνη (Neutrum!) (*V. 55a*) beziehen!

Freilich lesen O′ in P. Bodmer xxiv und Psalterium gallicanum ebenfalls: αὐτοῖς. Dies mag als lectio difficilior richtig sein, und man verstünde gut, wie das Fehlen eines Akkusativobjektes die Verwandlung von αὐτοῖς in αὐτούς nach sich zog, um dieses Fehlen wettzumachen. In diesem Falle hätte nicht C′, sondern A′ ein von O′ verschiedenes Verständnis des Verses aufgebracht. Denn A′ überträgt mit αὐτούς. Immerhin bleibt auch dann, daß C′ allein gegen O′, Θ′, Є′, ς′ und wohl auch A′ נחלה nicht als Genetiv faßte, denn κληροδοσίας (Genetiv) ist ursprünglich in O′, oder mindestens jener rezensierte Text, der uns allein bekannt ist, und der C′ wohl auch vorlag, siehe oben S. 170.

σχοινίον μέτρου für קָו bei C′ in *Job xxxviii 5* nach Field («Olymp. et ʻomnes.ʼ ...»). Sonst gibt es keine Parallele. Dennoch ist diese freie, verdeutlichende Wendung für C′ gut denkbar.

Das Fehlen des ἐν *instrumentale* ist nicht selten bei C′, siehe oben E. 24, L. 2, oder z. B. *Ps lviii 12b* nach Eus, Tht [1140, 1184, A, D].

κληρουχία ist typisch für C′: *Ruth iv 7* nach b (für גְּאֻלָּה); *Ps xxvii 9a* nach 1098; *lxxiii 2b* nach 1175, 264 mg, Eus, ThdMopsv [1133] (cat x [1625], aber unter dem Namen A′; cat x [1706]: κληρονομίας unter dem Namen A′); *lxxvii 62b* nach 1173.

C′ ist auch der einzige, der als Verb κληρουχέω heranzieht: *Ps lxxxi 8b* nach 1173, cat xxv [1137, 1811, Sinai Cod. gr. 25].

κληρουχία steht allerdings auch in *Neh xi 20 = ii Esdr xxi 20*, aber in einem Vers, der später hinzugefügt wurde in S [c. a.]. In b e₂ steht κληρονομία. Siehe zu κληρουχία unten *Ps lxxxi 8b*, E. 113, L. 4.

Lesart 4

Die gruppierende Lesart steht im Gegensatz zu O′: κληροδοσίας.

Θ′, Є′ und ς′ treffen sich in κληρονομία. Liegt es nicht nahe, diese Übereinstimmung damit zu begründen, daß die *gemeinsame O′-Vorlage* von Θ′, Є′ und ς′ eben κληρονομία war, die von den drei Versionen unverändert übernommen wurde? Damit ist aber ausgesprochen, daß die vorliegende O′-Form, κληροδοσία, nicht die ursprüngliche, oder zumindest nicht die einzige Form in der O′-Überlieferung war. So wird die in L. 2 geäußerte Vermutung zur Form der ς′: ἐκληρώσατο bestärkt. Sowohl κληροδοτέω als auch κληροδοσία sind Optionen einer Rezension im Psalter, freilich einer alten. Ursprünglich stand wohl κληρόομαι und κληρονομία. κληρονομία ist ja die gewöhnliche O′-Wiedergabe von נחלה.

Ein Wort zur Є′- und Θ′-Übertragung:

Є′ gebraucht κατακληροδοτέω in *Ps lxxxi 8b* nach 1173. Aus der Nichterwähnung des Verbs von Є′ in 1173 im vorliegenden Vers darf man dementsprechend vielleicht schließen, daß Є′ hier wie O′ lautete, also κληροδοτέω. Für das Substantiv κληροδοσία dagegen hat hier Є′ κληρονομία der *ursprünglichen* O′ beibehalten ohne zu rezensieren, vgl. *Ps xxvii 9a* nach 1098; *lxxvii 62b* nach 1173. Erst A′ hätte also das κληρονομία systematisch ausgeweitet, Є′ ist wie meistens nicht ganz konsequent.

Θ′ hat mit κληρονομία נחלה übersetzt: so in *Ps lxxiii 2b* nach cat xvii[1047, 1134, 1135, 1139] (wenn die Lesart nicht ausschließlich dem ῥάβδον im Gegensatz zum ῥάβδῳ bei O′ gilt); *Jer xxxix* (*xxxii*) *8* nach 86 ⟨ ⁂ ⟩ (hebräische Vorlage davon?); *Ez xxxv 15* nach Q^txt (⁂) (anon.), Hi^lat (נחלה).

Da *alle* Versionen außer A′ erwähnt sind, darf man vermuten, daß A′ hier mit O′ identisch ist, d. h. ebenfalls κληροδοσία las. (Zu den Stellen, da für A′ κληρονομία überliefert ist, siehe *Mercati*, Osservazioni, S. 43, der die Möglichkeit von Fehlern ins Auge faßt.)

Exzerpt 39. Vers 55c

Lesart 1

ἱδρύω ist für C′ typisch: *Jos xi 13* nach v, z (עמד); *Ps lxxvii 60b* nach Eus (für שכן). In O′ ist das Wort ein einziges Mal gebraucht: *Ps cxliii 12b* nach R L^a (etwa 56 bis 75 L–Hss bei *Holmes-Parsons*), 1219^s′, ebenso nach 1175, wo für Θ′ angegeben wird: ὁμοίως τοῖς O′ (מגדלים), also ebenfalls ἱδρυμένα. (B *, S, A, L pauci haben jedoch ἡδρυμμένα, das eher von ἁδρύνω herzuleiten wäre. Vgl. *Rahlfs*, Psalmi, z. St., Apparat.) Weiter kommt das Wort in *iv Mak xvii 3* vor.

σκήνωσις kommt gleicherweise in *V. 60b* bei C′ für אהל vor. Siehe oben zu *V. 51b*, E. 32, L. 4.

Nach P. Bodmer xxiv, B wäre in O′: ταῖς φύλαις zu lesen. C′ würde sich in Gegensatz zu O′ begeben, indem er den *Akkusativ* wählt. Doch ist φύλαι hier vor allem um A′s willen zitiert, der σκῆπτρα ergreift.

Lesart 2

σκέπη bei A′; siehe oben *V. 51b*, E. 32, L. 3. Der *Artikel* fehlt, wie auch vor σκῆπτρα.

σκῆπτρον für שבט bei A′: siehe *Reider*, Index, s. v., S. 217.

Die Lesart A′ geht in 1173 = 1122 ohne Trennung in das folgende Catenenglied über, das einer (nicht-identifizierten) Glosse gleicht: «ἃ ἐν σκέπαις αὐτῶν σκῆπτρα ἰῆλ αὐτῶν δέ φησιν τῶν ἐξελαθέντων καὶ ἀναιρεθέντων ἑπτὰ ἐθνῶν· τὰς γὰρ πόλεις αὐτῶν τῶν ἐκβεβλημένων καὶ τοὺς οἴκους ἐκληρονόμησαν. Siehe *Einleitung*, Kap. III, S. 36.

14

Exzerpt 40. Vers 56a

Lesart 1

Die Lesart C' gilt dem *griechischen Imperfekt* an Stelle des *Aorist* der O'. In der *Wortwahl* hat sich C' an O' gehalten. Das *Imperfekt* erscheint hier und in den folgenden Versen bei C': *56b, 57a, b, 58a, b:* ein weiteres Beispiel dafür, daß C' in Sequenzen mit dem gleichen Tempus arbeitet, da es ihm widerstrebt, von Vers zu Vers zu ändern (siehe Einleitung, Kap. IV, 2). Das Imperfekt von παραπικραίνω ist παρεπίκραινον: 1173 hat das ι weggelassen, wohl unter dem Einfluß des Aorists in O', und 1122 ist den Rückweg zum Aorist zu Ende gegangen.

Zur *Wortwahl:* πειράζω bei C' siehe oben V. *41a*, E. 11, L. 2; zu παραπικραίνω V. *40a*, E. 9, L. 2. In V. *40b–42a* herrscht übrigens gleichfalls eine Folge von Imperfekten vor: siehe dort, E. 9–13.

Lesart 2

Es handelt sich sicher nicht um die *Sigel* ϛ': denn die Lesart ϛ' folgt gleich danach, und das hebräische *Imperfectum consecutivum* fordert ja καὶ mit *Aorist Indikativ* bei A'. Dazu tritt das ausdrückliche Zeugnis der Syh hinzu: ועציו .א., das *Field* treffsicher mit καὶ προσήριαν ins Griechische rückübersetzt hatte, indem er auf *Ps civ 28b* hinwies. Dort treten als Zeugen für A's Lesarten *folgende Hss* auf: 190, 1175, cat x [1625, 1706] (προθήρισαν [sic!]).

Zu προσερίζω bei A' siehe oben V. *40a*, E. 9, L. 1: das Verbum wird mit dem Dativ konstruiert.

את verbunden mit einem *artikellosen* Nomen wird im Griechischen A's durch den *Artikel* angedeutet, siehe *Burkitt*, S. 12, *Barthélemy*, Devanciers, S. 17.

אלהים ist θεός, siehe *Reider*, Index, s. v., S. 109–111.

עליון = ὕψιστος, siehe ebd., S. 247, wie in O', C', Θ' und Є'. Zu den bei *Reider* vermerkten Stellen kommt noch hinzu: *Ps lxxxi 6b* nach 1173, siehe E. 111, L. 2.

In allen Versionen ist übrigens ein Unterschied gemacht zwischen עליון als *Name Gottes* und als *Adjektiv* «hoch, oben». ὕψιστος ist dabei die für Gott vorbehaltene Wiedergabe, während ὑψηλός, ἄνω, ἐπάνω u. dgl. für das *Adjektiv* dienen.

τῷ θεῷ ὑψίστῳ bei A' hat der Exzerptor der Erwähnung würdig befunden wegen des *Akkusativs in O':* τὸν θεὸν ὕψιστον, oder – das ist allerdings weniger wahrscheinlich! – weil ihm ein O'-Text wie P. Bodmer xxiv vorlag, wo steht: τ[ον] υψιστον θ(εο)ν.

Lesart 3

παροξύνω ist *in O'* ein einziges Mal für מרה gebraucht: *Nu xx 24*. In *Da xi 11* erscheint es in einer anonymen Lesart nach 36 (zur lukianischen Gruppe gehörig), um das ὀργίζω der O' für התמרמר zu ersetzen.

O′ übertragen מרה ganz *verschieden:* παραπικραίνω, ἀπειθέω, παρέρχομαι (genauer: παρέβην) und viele andere Wendungen (z. T. mit von MT abweichenden Deutungen: so ist in *Ez v 6, xx 13* das hebräische Wort von אמר abgeleitet). In den *Psalmen* jedoch (10 Stellen) ist *ausschließlich* παραπικραίνω zur Verwendung gelangt, ebenso in den *Klageliedern* (4 Stellen).

Weiter kann man beobachten, daß C′ oft παραπικραίνω verwendet.

Man kann sich fragen, ob der Übersetzer (oder ein Rezensent?) des Psalters מרה nicht *systematisch* mit der Wurzel מור(ר) bitter verbunden hat, während in den andern Teilen des Alten Testaments מרה oft als eine andere, eigenständige Wurzel: *widerspenstig, ungehorsam sein, bestreiten,* verstanden wurde.

A′ hat mit seinem προσερίζω diese letzte Deutung zu der seinen gemacht, C′ dagegen hat hauptsächlich jene andere: *erbittern,* erkoren, ohne daß er weitere Wiedergaben verschmäht hätte: ἀπειθέω in *Ps civ 28b* nach 190, 1175, cat x [1625, 1706]; παροργίζω in *Ps cv 7c* nach 264 mg; φιλονεικέω *Ps lxxvii 17b* nach Eus; und – wenn die Sigel nicht mit A′ verwechselt ist – προσερίζω in *Ps lxxvii 8b* nach 1140.

In *Ps civ 28b* gibt 190 alle Versionen: A′ οὐ προσήρισαν, C′ οὐκ ἠπ⟨ε⟩ίθησαν, Ε′Θ′ οὐ παρεπίκραναν, ϛ′ ὁμοίως τοῖς Ο′ οὐ παρεπίκραναν. Dieselbe vollständige Aufzählung aller Versionen in derselben Reihenfolge und Gruppierung (Θ′Ε′ auch zusammengefaßt) legt auch *1175* vor, bloß daß dort für ϛ′ *nur:* ὁμοίως τοῖς ο′ steht ohne: οὐ παρεπίκραναν (O′ ist in 1175: ὅτι παρεπίκραναν), und daß der Unterschied von O′ = ὅτι und A′, C′, Θ′Ε′ = καὶ οὐ mitberücksichtigt ist. – Cat x [1625], [1706] gibt A′, C′, Θ′Ε′ (ohne καὶ wie 190) ohne ϛ′. Diese *doppelte* Lesart für ϛ′ in 190 ist auffällig, denn *eine* der beiden Erwähnungen hätte genügt. Möglich ist die Annahme, O′ hätten hier wie P. Bodmer xxiv, Psalterium gallicanum, S, 1219 den *Singular:* παρεπίκρανεν gelesen, während Ε′, Θ′ mit *demselben* Wort, παραπικραίνω, aber im *Plural* gearbeitet haben. ϛ′ verwendet nun das *gleiche* Wort, aber *wie O′* im *Singular.* Die Bemerkung: «οὐ παρεπίκραναν» wurde später auf Grund eines andern O′-Textes mit dem Verb im Plural hinzugefügt. ϛ′ unterscheidet sich daher nicht in der *Wortwahl,* sondern durch den Singular von Ε′ und Θ′. Oder der Unterschied galt nicht dem Verb παραπικραίνω, sondern dem ὅτι (siehe 1175).

In *Ps cv 7c* gibt 264 unten am Fuß der Catene die Lesarten von *A′:* καὶ προσήρικαν (sic) ..., *C′:* καὶ παρώργισαν ... *Ε′:* (καὶ) παρεπίκραναν ..., *O′:* (καὶ) παρεπίκραναν ... (= hexaplarische, d. h. rezensierte O′), worauf ohne Sigel die Bemerkung folgt: «ὁμοίως τοῖς O′». Dies kann bedeuten: die hexaplarische O′ ist *gleich* wie O′ des Exzerptors, oder eine *Sigel* ist ausgefallen: in Frage kommen Θ′ oder ϛ′. Doch läßt sich nicht eindeutig entscheiden, ob Θ′ *oder* ϛ′ «ὁμοίως τοῖς O′» übertrugen. Sollte «ὁμοίως τοῖς O′» bedeuten: gleich wie die angeführten hexaplarischen O′, wäre Θ′ wahrscheinlicher, da die hexaplarischen O′ dem MT entsprechen (durch Wiederholung von θάλασσα). Diese Angleichung an MT ist eher Θ′ zuzuweisen als ϛ′.

ϛ′ steht also mit παροξύνω in unserm Vers *allein.* Das Wort ist vielleicht deshalb gewählt, um die Wurzel πικρ- mit der Wurzel מור(ר) zu verbinden, während für מרה ein *anderes griechisches Äquivalent,* eben παροξύνω gesucht wurde. Vorbild konnte dabei *Nu xx 24* O′ sein.

Exzerpt 41. Vers 56b

Lesart 1

Zwei Unterschiede zwischen A′ und O′: bei A′ fehlt der *Artikel,* wie zu erwarten ist, und das Nomen ist *feminin,* während es ein *Neutrum* in O′ ist.

A′ kennt μαρτύριον auch, aber für תעודה: *Is viii 16* nach Q, Eus [com, dem] (O′ anders). In *Ruth iv 7* übertragen O′ dieses Wort ebenfalls durch μαρτύριον, aber in *Is viii 20* durch βοήθεια.

A′ hat in *Dt xxxi 21* nach dem Zeugnis von M hebräisches עֵד mit μαρτύριον wiedergegeben (O′ μαρτυροῦσα).

O′ unterscheiden nicht zwischen den Wörtern: 1° עֵדָה, Plural עֵדוֹת und 2° Singular אֵדָה, bzw. עֵדוּת, Plural עֵדוֹת. Für beide Wörter gebrauchen sie unterschiedslos μαρτύριον. Die einzige Schwankung besteht in der Deutung von עֵדוּת als *Singular* oder *Plural,* siehe z. B. *Ex xxx 6: Sg:* m, x, a₂, Aeth (vid), Lat; *Pl:* B, rell; *Lev xvi 13: Sg:* a, Origenes-lat; *Pl:* B, rell; usw.

Mit der Angabe von 1173 für unsern Vers, A′ habe μαρτυρία gewählt, paßt zusammen: *Ps lix 1* nach Eus; *lxxix 1a* A′C′ nach Eus; *iv Regn xi 12* nach j.

Wie O′ so unterscheidet auch A′ nicht zwischen עֵדָה und עֵדוּת, bzw. עֵדָה. Beide Ausdrücke bedeuten ihm: μαρτυρία; siehe unten *Ps lxxx 9a,* E. 91, L. 2 zu μαρτύρομαι.

Lesart 2

Bei C′ finden sich drei Eigentümlichkeiten im Vergleich zu O′: das Wort διαμαρτυρία und das *Imperfekt* des Verbs, welches *aktiv* ist (medial bei O′).

διαμαρτυρία ist außer in *Gn xliii 3* O′ und in *iv Mak xvi 16* nur bei C′ nachgewiesen: *Ps lxxvii 5a* nach Eus, ThdMopsv[1133]. Sonst kennt C′ wie üblich mehrere Ausdrücke für עֵדָה oder עֵדוּת, denn auch er scheidet in seinen Übersetzungen nicht zwischen beiden Wörtern. עֵדָה in *Ps xcii 5a* nach He: μαρτυρίαι; עֵדוּת: μαρτύριον in *iv Regn xi 12* nach j; *Ps cxviii 24a* nach Eus [Pat 215, 1675]; μαρτυρία in *Ps lix 1, lxxx 6a* nach Eus; *cxviii 138a* nach cat viii [1812]. In *Ps cxviii 152a* steht nach cat xvii [1047, 1135, 1139]: τῶν μαρτυρίων, ein Plural, der sowohl in μαρτύριον als auch in μαρτυρία im Singular aufgelöst werden kann.

In *Ps cxxi 4b* hat C′ nach Eus [Pat 1215, 1675] עֵדוּת als ἐκκλησία (wie עֵדָה) übertragen.

In *Ex xxxiv 29* gibt Syh für A′C′: testimonii.

תְּעוּדָה in *Is viii 16* ist nach Q, Eus [com, dem] wie bei A′ und Θ′ μαρτύριον.

Das *Imperfekt* ist die vorherrschende Zeitform bei C′ zwischen *V. 56a–58b,* siehe oben zu *V. 56a,* E. 37, L. 1. Hier entspricht es hebräischem *Perfekt.*

Die *Wortwahl* ist dieselbe wie in O′ und A′, nur haben A′ und C′ das *Aktive,* O′ das *Medium* gewählt.

In O′ fällt auf, daß im *Hexateuch,* in den *Psalmen* und in den *Propheten* φυλάσσω und φυλάσσομαι für שָׁמַר qal promiscue gebraucht werden. Insbesondere in den *Imperativen* wird sehr häufig das *Medium* gewählt. In den *geschichtlichen Büchern,* in *Job* und den *Proverbien* ist das *Medium* für שָׁמַר qal so gut wie fehlend. (In *Iud* kommt es zweimal vor: *ii 22, xiii 14:* die Formen des Hebräischen mögen als nif gedeutet worden sein; in den *iv Regna* nur 4 mal, in *Paralipomena* 3 mal, *Esdras und Nehemias* 1 mal.)

Es bestehen Anzeichen einer Bearbeitung, was die Übersetzung von שָׁמַר anlangt. An folgenden Stellen finden wir φυλάσσω bzw. φυλάσσομαι in Konkurrenz mit einer andern Übersetzung: 1. in Bezug auf die *Wortwahl:* in *ii Regn xviii 12* nach o c₂ e₂ v[b]; *iv Regn vi 9* nach b c₂ e₂: an beiden Stellen: προσέχω. In *ii Regn xi 16* steht nach b o c₂ e₂ M (mg) Syh[i] (vid): περικάθησθαι (bzw. περικάθησαι oder πυρὶ κάθησθαι); in *ii Regn xxii 44* nach b o c₂ e₂ ἔθου (während in *Ps xvii 44a* O′ nach 1098 und nach den andern Hss [*Rahlfs* gibt keine Variante] καταστήσεις steht; im Hebräischen findet sich hier: תְּשִׂימֵנִי, während in *ii Regn xxii 44* תִּשְׁמְרֵנִי vorliegt. b o c₂ e₂ haben wohl תְּשִׂימֵנִי auch in *ii Regn xxii 44* gelesen oder sie haben harmonisiert). An all diesen Stellen findet man in den andern O′-Zeugen שָׁמַר qal durch φυλάσσω *aktiv* und *nif* durch φυλάσσομαι *medium* übertragen.

2. im *Genus Verbi*: in *ii Regn xxii 22* nach b c_2 e_2 (*Ps xvii 22a*: aktiv, ohne Varianten bei *Rahlfs*); *iii Regn ii 3* nach b o c_2 e_2; *ii 4* nach b o c_2 e_2 j; in *iv Regn xxi 8* nach b c_2 e_2 Did; *ii Chr vi 16* nach b e_2 steht das *Medium,* während die andern Hss das Aktiv lesen. Im Hebräischen entspricht dem stets שָׁמַר qal.

Wenn wir bei den *jüngern Versionen* eine ähnliche Verteilung von שָׁמַר qal auf φυλάσσω aktiv und nif auf Medium antreffen, so erstaunt das weiter nicht, ist diese Verteilung der Übersetzungen doch schon in O'-Bearbeitungen angedeutet, siehe unten L. 3.

C' freilich hält sich nicht streng an diese Regel: an zwei Stellen ersetzt er tatsächlich das *Medium* φυλάσσομαι bei O' für שָׁמַר qal durch φυλάσσω: *Dt xxvii 1* nach v, z; *Is xlii 20* nach Eus.

Aber auch das Gegenteil kommt einmal vor: in *Ps xvi 4b* vertauscht er φυλάσσω *aktiv* bei O' durch φυλάσσομαι nach Eus[1121], cat[1625, 1706] für hebräisches שָׁמַר qal.

Doch bevorzugt C' *aktives* φυλάσσω. Übrigens entspricht dieses Verb bei ihm noch andern hebräischen Wurzeln als שָׁמַר: זהר, צרר, u. a. Daneben gebraucht er andere Fügungen, um שָׁמַר wiederzugeben: so παραφυλάσσω; für das Ptz: φύλαξ; usw.

Lesart 3

A' bewegt sich in den Bahnen der oben beobachteten O'-Rezensionen, siehe L. 2.

1. In der *Wortwahl* ersetzt er verschiedene Übertragungen von שָׁמַר bei O' durch φυλάσσω: *Dt iv 23* nach M, s (anon.), b und *Dt vi 12* nach M, wo O' προσέχω lesen; *Ps xxx 7a* nach 1098, 264 mg (Є'A'); *Ps xc 11b* nach Taylor, Eus [com, dem], O' = διαφυλάσσω; in *Ct iii 3* nach Field («Nobil., Mat.»), O' = τηρέω. 2. Im *Genus des Verbs* unterscheidet A' zwischen שָׁמַר qal = φυλάσσω und *nif* = φυλάσσομαι: *Jon ii 9* nach Ziegler, Duodecim prophetae («Colbert.»): φυλασσόντων, O'= φυλασσόμενοι für מִשְׁמְרִים (O' haben es vielleicht wie die Massoreten als Ptz pi aufgefaßt, A' als Ptz qal mit מֵן). An allen andern Stellen hat A' *nif'al* durch *Medium,* qal durch *Aktiv* wiedergegeben. Die einzige Stelle, die Schwierigkeiten bereitet: *Za xi 11* nach 86, Syh: für שֹׁמֵר Ptz qal aktiv: φυλασσόμενοι. Die Lesart enthält jedoch offenkundige Widersprüche für ein A'-Zitat: עָנִי ist bei A' πένης, πτωχός entspricht אֶבְיוֹן, siehe *Reider,* Index, s. v.; MT liest צֹאן *ohne Suffix,* welches μου voraussetzen würde; A' übertrüge auch nicht im Falle, daß er צֹאנִי gelesen hätte, durch τοῦ ποιμνίου μου. Dieses vereinzelte Zitat kann somit nicht gegen die vielen andern A'-Zeugnisse sprechen.

Einen besondern Platz nimmt «O'» von *Eccl* ein: Hier ist die Übersetzung A's in der *Wortwahl* freier: *xi 4* steht τηρέω; *xii 3* φύλαξ für *Ptz akt;* die andern Beispiele: *iii 6, iv 17, v 7, viii 2, 5, xii 13* enthalten שָׁמַר qal = φυλάσσω, *v 12* שָׁמוּר qal Ptz pass = φυλασσόμενον.

In *Ez xxxiii 7* nach 86 überträgt A' זהר hif mit φυλάσσω (mit ※).

Der *Aorist* ist normal für hebräisches Perfekt.

Exzerpt 42. Vers 57a

Lesart 1

Die Verben sind im *Imperfekt* wie in *V. 56a–58b,* während sie bei O' und A' im *Aorist* stehen, siehe oben zu *V. 56a,* E. 40, L. 1.

Die *Wahl der Verben:* 1. ἀπονεύω ist nur bei C' belegt: *Ps cxxxviii 19b* nach cat xvii [1047, 1139] (nur 1135 liest: ἀποστῆναι) für סוּר; *Ct v 6* nach Field («Nobil., Mat. . . .») für חמק.

Für סוּג haben O' verwendet: ἀποστρέφω, μετακινέω, μετατίθημι, u. a. C' übersetzt sehr mannigfaltig: *Ps lxxix 19a* nach 1173: ἀναχωρέω, siehe unten z. St.; *Ps xliii 19a* nach Chr[N]:

ἀποχωρέω; *Prov xxiii 10* nach Field: μετακινέω («Sic Cod. 161. Nobil., Cod. 248: [μὴ] μετακινήσῃς
... »); *Mi ii 6* nach 86: κωλύω; *Os v 10* nach 86: παρορίζω (Hs: παρορμίζω); *Prov xiv 14* nach Field
(«Codd. 161, 248 ...»): βαρυμωροκάρδιος (לֵב סוּג); *Dt xix 14* nach *b*: ἐπελεύσει ... (vielleicht in
ἐπελαύσει zu verändern, da das Verb transitiv sein muß? Hier hat C' wohl wie A' das Verb נשׂג
gelesen). In *Mi vi 14* hat C' nach 86 ἥξεις von ἥκω, was gleichfalls נשׂג entsprechen mag. (Syh
gibt ἕξεις: gewiß ein *Irrtum* des syrischen Übersetzers oder seiner Vorlage [Itazismus].)
    Interessant ist die Stelle *Mi vi 14*, wo O' mit ἐκνεύω übertragen (nach Q auch = Θ'). Von
einer solchen Stelle ist C' vielleicht inspiriert worden für die Wahl von ἀπονεύω.
    In *Jer xxvi (xlvi) 5* und *xlv (xxxviii) 22* hat er ἀποστρέφω, freilich nur durch Syh auf syrisch
überliefert.

    Bei ἀπένευον hat C' *im Gegensatz zu O'* das καὶ fortgelassen: wohl um die καὶ
nicht übermäßig wuchern zu lassen, da das im Griechischen unschön wäre. (Bei
Kennicott haben alle Hss וייסגו.)
    2. Das Zeitwort ἀσυνθηκέω, das 1173 = 1122 voraussetzt, ist zunächst verdächtig.
Hieronymus, in der Ep. ad Sunniam et Fretelam, S. 28, l. 22 – S. 29, l. 2, sagt nämlich, alle Übersetzer hätten «voce simili» mit ἠσυνθέτησαν übersetzt. Bei C' ist der
Kontext durch das *Imperfekt* beherrscht (*V. 56–58*). Aus *Hieronymus* wäre daher auf
ἠσυνθέτουν zu schließen bei C'. Da der Kopist von 1173 (und 1122) ἠσυνθήκουν schrieb,
könnte man vermuten, er habe irrtümlich η συνθηκη zu schreiben begonnen und
daran die Imperfektendung -ουν gefügt.
    Doch ist ἀσυνθηκέω auch in *Is lxiii 8* nach Eus bei C' bezeugt für שׁקר, das O' wie in
unserm Vers durch ἀθετέω wiedergegeben hatten. Daß nämlich die dem Exzerptor in
unserm Vers vorliegenden O' wahrscheinlich ἀθετέω, nicht ἀσυνθετέω enthielten, darüber siehe L. 2. Dieses *zweifache Zeugnis* in zwei voneinander unabhängigen Überlieferungen läßt es geraten erscheinen, das ungewöhnliche Wort ἀσυνθηκέω als eine eigentümliche Bildung C's anzuerkennen. Die Änderung in ἀσυνθετέω ist entsprechend als
lectio facilior abzulehnen.

    Diese Annahme wird weiter gestützt durch *Is xlviii 8*, wo Eus für C' das Adjektiv ἀσύνθηκος
überliefert. Für ἀσύνθηκος hat schon *Schleusner*, Thesaurus, vol. 1, S. 478 einen Beleg bei *Onosander,* Tacticus (1. J. n. Chr.) gefunden; er widerstrebte deshalb der Emendierung *Montfaucons*
(der *Field* jedoch gefolgt ist) in *Is lxiii 8*: anstatt ἀσυνθηκέω ἀσυνθετέω. *Papyrus Oxyrhynchos*
904, 2 (5. J. n. Chr.) kennt ἀσυνθηκεί = vertragswidrig, siehe *Preisigke-Kiessling,* Wörterbuch, i,
Sp. 228, l. 55.
    Die Tatsache, daß C' anderwärts בגד durch ἀθετέω überträgt, so in *Is xxi 2* (bis) nach Tht;
xxiv 16 (bis) nach Eus; *xxxiii 1* (quater) nach Pr, Tht, 86 (86, Tht nur für die beiden letzten,
nicht für die beiden ersten Stellen); *Ps xxiv 3b* nach 264 mg oder durch προδίδωμι in *Jer xii 6*
nach 86, Syh, bildet keinen Einwand gegen unsere Lesart. Denn C' ist immer frei genug, seine
Übersetzungen zu variieren. Siehe L. 2.
    In *Ps cxviii 158a* hätte C' nach *1175* (C'Є') ἀθετοῦντας (für בגד); nach *cat xxv* 1811: ἀσυνθε
τοῦντας (cat xxv Sinai Cod. gr. 25 = 1137: ἀσθενοῦντας). Da 1175 *sämtliche* Versionen, cat xxv aber
nur C' zitiert, ist ein Irrtum der Sigel leichter für cat xxv möglich. Überdies wäre dies der
einzige Beleg für ἀσυνθετέω bei C'! C' hat entweder – siehe oben – ἀθετέω oder ἀσυνθηκέω
gebraucht, nicht aber ἀσυνθετέω. 1175 verdient deshalb den Vorzug.

    C' vereinfacht das καθὼς καὶ der O' in gewöhnliches ὡς.

Lesart 2

Das Verb der Lesart: ἠσυνθέτησαν ist dem Exzerptoren wohl nicht bloß deshalb aufgefallen, weil es sich von *C's Tätigkeitswort* unterschied. Denn der Exzerptor gibt
oft nur *eine Lesart*, die im Gegensatz zu O' steht. Damit zeigt er, daß er – wie auch
die Kirchenväter, die hexaplarische Lesarten anzuführen pflegen – die Versionen
nicht *unter sich*, sondern *jede mit O'* vergleicht. Der Vergleichspunkt ist meistens O'.

Hat er das Verb von A' und Є' jedoch zitiert, so deshalb, weil es *nicht wie das
in O'* lautet. Tatsächlich gibt es mehrere Zeugen für ein ἠθέτησαν: R, hexaplarische
O' nach *Hieronymus* im zitierten Passus, siehe L. 1, *L"*, 1046 (vid.), 1219'.

Für A' ist ἀσυνθετέω (= בגד) in einer Lesart von *1175* zu *Ps cxviii 158a* überliefert: A'Θ' ἡ
ϛ' ἀσυνθετοῦντας, C'Є' ἀθετοῦντας. In *Prov xxiii 28* gibt Morin. n. υ für Θ' ἀσυνθετοῦντας (= בגד).

ἀσυνθετέω, bzw. ἀσύνθετος findet sich als Übertragung von בגד weiterhin *in O'*: ἀσυνθετέω
in *Ps lxxii 15b* nach B' Boᵖ Sa R* (vid)" Ga Lᵇ ⁽ˢⁱˡ⁾ 1219 (mit der Orthographie: ησυντεθηκα)
(und wie 1219 vielleicht P. Bodmer xxiv, der hier schwer lesbar ist), ebenso noch Lᵈ' Sᶜ; in
Ps cxviii 158a (ἀσυνετοῦντας = Bo Sa R' Aug L" A") und *in unserem Vers* nach P. Bodmer xxiv,
B' Ga Hi Aug.

In *Ps lxxii 15b, lxxvii 57a, cxviii 158a* ist ἀσυνθετέω die bessere Lesart, während die andern
Lesarten das seltene und ungewöhnliche Verb durch geläufigere: ἀθετέω, (ἀ)συντίθημι ersetzen.

ἀσύνθετος erscheint bei O' für בגד Ptz in *Jer iii 7, 8, 10, 11* (gelegentlich mit der bezeich-
nenden Variante ἀσύνετος in Hs 763, 106).

Sonst übersetzen O' sehr oft mit ἀθετέω, καταφρονέω, ἐγκαταλείπω, u. a. ἐγκαταλείπω erscheint
nur im Dodekapropheton.

Für *A'* ist weiter bezeugt: ἀθετέω für בגד in *Ps xxiv 3b* nach 264 mg; *Is xxiv 16* (bis) nach
Eus (wie O', C', Θ'). Für Є' ist unter der Form: οἱ λοιποὶ καὶ ἡ Є': ἀποστατοῦντες in *Ps xxiv 3b*
nach Eus [1121] überliefert.

Was ergibt sich aus diesem Sachverhalt?

ἀσυνθετέω, ἀσύνθετος wird von O' wohl ursprünglich in den Psalmen: *Ps lxxii 15b, lxxvii 57a,
cxviii 158a* und bei *Jeremias* gebraucht. Von da ist es dann in die Versionen übergegangen
und als Wiedergabe von בגד noch weiter ausgedehnt worden. Die Vorliebe für das Wort erklärt
sich aus dem Zusammenhang mit συντίθημι, συνθήκη, den *Hieronymus* gespürt und in seiner
Epistola ad Sunniam et Fretelam, S. 28, l. 22 – S. 29, l. 2, erklärt hat.

Aber da O' anderseits meistens ἀθετέω verwenden, haben die jüngern Versionen von O'
auch dieses Wort überkommen.

Aus dem Gebrauch *beider* Verben für das *gleiche hebräische* בגד und aus der Ungewöhnlich-
keit von ἀσυνθετέω ist wohl die Unsicherheit der Überlieferung zu erklären, die in den Zeugen bei
ἀθετέω, ἀσυνθετέω (und ἀποστατέω) herrscht.

Ist es möglich, in diese durcheinander geratene Überlieferung Ordnung zu bringen?

1. *C'* hat eine spezifische Wahl durch sein ἀσύνθηκος, ἀσυνθηκέω getroffen, die den Zusammenhang mit συνθήκη besonders unterstreicht. Aber er übersetzt auch anders und wie O', siehe
oben L. 1.

2. *Θ'* hat ἀθετέω verwendet *wie O'* in *Is xxiv 16* (mit ※) nach Q, Syh (ἀθετέω, ἀθεσία), aber
in *Prov xxiii 28* nach Morin. n. υ trennt er sich von O', die παράνομος lesen, um ἀσυνθετέω zu setzen.
Dieses Wort kennt er vielleicht aus *Ps cxviii 158a*, wo für O' und für Θ' nach 1175 A'C'Θ'
ἀσυνθετέω bezeugt wird.

3. ϛ' hat im selben *Psalm cxviii 158a* nach 1175 ebenfalls ἀσυνθετέω. Dies hat nichts Über-

raschendes, bedenkt man bloß, daß O' hier wohl von Anfang an ἀσυνθετέω lasen. ζ' hat sich wie meistens begnügt, O' *unverändert* zu übernehmen.

In *Ps xxiv 3b* überliefert uns 264 mg die ζ'-Lesart: ἀποστατοῦντες, wo O' ἀνομοῦντες gebraucht hatten. Wo ζ' also sich *von O' trennt*, scheint sie sich für ἀποστατέω = בגד zu entscheiden· Es gibt freilich keine weitere Stütze, welche diese Option der ζ' bekräftigen würde: das Verb ist *nur hier* für ζ' bezeugt.

Das Zeugnis von 264 mg ist nicht unbestritten: Lavra A. 89 führt die gleiche Lesart unter ἄλλως *anonym* an, am Rande ist: σύμμαχος hinzugefügt. Da 264 mg aber *für C'* eine gesonderte Lesart (neben denen von A' und ζ') angibt (ἀθετέω), ist dieses Zeugnis von Lavra A. 89 nicht entscheidend.

In Eus[1121] steht jedoch, daß «οἱ λοιποὶ καὶ ἡ Ε'» ἀποστατοῦντες gewählt hätten. οἱ λοιποὶ sind A', C' *und* Θ' bei Eus. A' und C' haben nach 264 mg mit οἱ ἀθετοῦντες übertragen, und dies paßt zum bisher Beobachteten. Wie ist also der Widerspruch zwischen 264 mg und Eus[1121] zu lösen? In 1121 verdarb wohl ein Irrtum durch Homoeoteleuton oder Homoeoarkton die Überlieferung: οἱ λοιποὶ καὶ ἡ πέμπτη ἔκδοσις [οἱ ἀθετοῦντες. καὶ ἡ ἕκτη ἔκδοσις] οἱ ἀποστατοῦντες ... Ε' enthielt somit auch οἱ ἀθετοῦντες.

4. Ε' ist *dreimal* bezeugt: 1° in unserm Vers (A'Ε') ἀσυνθετέω; 2° in *Ps cxviii 158a* nach 1175 (C'Ε') ἀθετέω. Es ist anzunehmen, daß Ε' an beiden Orten die O'-*Vorlage* übernommen hat. 3° In *Ps xxiv 3b* nach Eus[1121]: οἱ λοιποὶ καὶ ἡ Ε': ἀποστατέω. Aber es ist soeben klar geworden, daß Eus[1121] wohl *verderbt* ist und Ε' *auch* ἀθετέω enthält. ζ' steht somit *allein* mit ἀποστατέω.

5. Für A' ist *zweimal* ἀσυνθετέω belegt: in unserm Vers und in *Ps cxviii 158a*. An beiden Orten wird er O' übernommen haben. An den andern Stellen übertrug er mit ἀθετέω. In *Ps xxiv 3b* nach 264 mg trennt er sich von O' (παρανομέω), um ἀθετέω zu wählen. So scheint A' dort, wo er selbständig griechische Entsprechungen sucht, בגד mit ἀθετέω zu verbinden.

Zur Lesart ist noch festzustellen: καθὼς καὶ der O' für כ wird wie erwartet durch ὡς ersetzt bei A' und wohl auch bei Ε' (ὡς auch bei O' nach R).

Das *Fehlen des Artikels* vor πατέρες ὑμῶν ist das Übliche bei A'; es mag aber auch auf Ε' zutreffen; zum Fehlen des Artikels bei Ε', siehe Einleitung, Kap. IV, 4.

Auch hier ist eine nichtidentifizierte Glosse unmittelbar an die Lesart angeschlossen: A' Ε' ... ὡς πρες· αὐτῶν· τὴν ἐπι (sic) τῶν κριτῶν φησιν εἰδολολατρίαν (sic) καὶ τὴν ἐπι (sic) τῶν βασιλέων ἐνταῦθα, vgl. Einleitung, Kap. III, 1, S. 36-37.

Exzerpt 43. Vers 57b

Lesart 1

Vier Unterschiede bringen A' in Gegensatz zu O':

1. καὶ *am Anfang* fehlt, entsprechend MT. (Bei *Kennicott* hat keine Hs ויהפכו.)

2. Das Verbum στρέφω statt μεταστρέφω *bei O'*. הפך ist bei A' normalerweise στρέφω, siehe oben *V. 44a*, E. 17, L. 1 (O' auch dort: μεταστρέφω).

3. ὡς entsprechend dem MT, statt εἰς *bei O'*. ב statt כ lesen bei *Kennicott* die Hss 97, 133*. ὡς in O' nach R, Syh, 1219; εἰς auch in P. Bodmer xxiv.

4. κατεπίθεσις für רמיה ist bei A' überliefert in *Ps xxxi 2b* nach 264 mg. Unsere Lesart und die von 264 mg erheben es zur Gewißheit, daß auch die *namenlose Lesart in Ps cxix 3b* nach Chr von A' rühren muß.

Das Verbum רמה *pi* = *betrügen* ist dementsprechend ἐπιτίθεμαι: siehe *Gn xxix 25* nach M; *i Regn xxviii 12* nach j.

מרמה ist ἐπίθεσις, siehe *Reider*, Index, s. v., S. 91.

Auf dem Niveau der Jeremias-Übersetzung ist für תרמית ἐνθύμημα überliefert durch 86 in *Jer viii 5, xiv 14*.

Field hatte ἐπίθεσις aus Syh zurückermittelt.

Die Wortgruppe ἐπιτίθεμαι usw. scheint den Sinn von: «schießen» und von: «betrügen», «täuschen» in einer Art Oberbegriff: «angreifen» zusammenzufassen.

Lesart 2

Imperfekt des Zeitwortes wie in *V. 56 a, b, 57 a, 58 a, b.*

Zur Übersetzung von הפך *bei C'* siehe *V. 44a, E. 17, L. 2.* Das καὶ der O' fehlt bei C' entsprechend MT, A'.

ἄτονος ist ein Wort, das *nur von C'* gebraucht wird.

Denn in *Job v 16* ist Field, Auctarium C' ἀτόνῳ («Cod. 252: C'. Θ'. ἀτόνῳ. πτωχῷ. ...») vor seiner ersten Ausgabe: A' ἀτόνῳ («Nobil. ...») der Vorrang zu geben. Denn A' übersetzt דל nicht mit ἄτονος, sondern mit ἀραιός, siehe *Reider*, Index, s. v., S. 30, und unten *Ps lxxxi 3a* nach 1173, 1175.

A' verknüpft die hebräische Wurzel מעד mit der griechischen ἀτον –: מעד *qal* = ἀτονέω in *Ps xvii 37b* nach 1098; *xxv 1c* nach 1175 (264 mg mit einer Korruptel der Lesart); מעד *hif* = ἀτονόω in *Ps lxviii 24b* nach Eus.

C' verbindet dagegen die Wurzel דל gerne mit ἀτον –: ἀτονέω = דלל in *Ps lxxviii 8c* nach Eus, 1173 (C'E'), siehe unten z. St.; *Ps cxiv 6b, cxli 7b* nach Tht. Doch in *Ps xxx 11c* übersetzt C' mit ἀτονέω כשל nach 264 mg.

Es ist noch ein Wort zur Entsprechung קשׁת רמיה = τόξον ἄτονον bei C' fällig. Die Wendung findet sich auch in *Os vii 16*. C' hat dort übertragen nach 86: τ. ἀνεστραμμένον (E' διάστροφον): «ein zurückgewendeter Bogen», d. h. ein verräterischer, in die eigenen Reihen schießender Bogen; ἀντεστραμμένον anon. bei *Theophylakt*: diese Form des C' ist vielleicht besser als ἀνεστραμμένον von 86, da *Hieronymus* C' als *perversus*, und nicht bloß als *reversus* ins Lateinische überträgt, siehe *Barthélemy*, Quinta, S. 346–347. O' nach Q^cb L''-36 (86 *) – 49' – 407 ThdMopsv Tht haben: οὐ τεταμένον: «ein ungespannter, lahmer Bogen». Es ist dieses Bild, welches C' in unserem Vers erblickte. C' hat seine Übersetzung im Vergleich zu *Os vii 16* geändert, weil er hier schon ein Verb στρέφω verwendet hatte.

Im übrigen hat C' ebenfalls wie A' ὡς gelesen (statt εἰς): siehe A' in L. 1.

Lesart 3

Die *Lesart* E' ist nicht unwahrscheinlich, denn in O' ist die hebräische Wurzel רמי(ה) gerne durch die Wurzel δολ- dargestellt. Das *Adjektiv* δόλιος für רמיה bei O': *Ps cxix 3b, Prov xii 24, 27.*

Dagegen kommt στρεβλός bloß hier als Wiedergabe von רמיה bei O' vor. E' versucht also anscheinend, die Wörter רמיה = δολ- zu verbinden.

E' διάστροφον in *Os vii 16* nach 86 stammt vom *zweiten Schreiber* der Hs 86, der die hexaplarischen E'-Lesarten in *Os iv 15 – ix 11* hinzugefügt hat. Dessen E' ist eine griechische Übersetzung von aus der *Vulgata* und aus *Hieronymuskommentaren* geschöpften Glossen, siehe *Barthélemy,* Quinta, S. 348. So heißt es denn auch in *Hieronymus'* Kommentar: «... arcus dolosus sive *perversus*. Dolosus arcus atque *perversus* ...». διάστροφος bedeutet «verdreht» oder «perversus». Es ist im Alten Testament in allen Übersetzungen nur hier belegt.

Lesart 4

Die *Lesart* Θ' gilt ebenfalls der Übersetzung von רמיה. Eine Θ'-Lesart ist aus *Prov xix 15* nach Field, Auct. («Codd. 161, 248.») bekannt: δόλιος. O' übersetzen hin und wieder רמיה mit δόλος: *Ps xxxi 2b, li 4b, Job xiii 7.* Θ's Lesart erklärt sich gut auf diesem Hintergrund.

Lesart 5

Zäsurlos und ohne Abstand fährt der Text fort: ὡς τόξον στρεβλόν. Das ist selbstverständlich nicht mehr Θ', denn dessen Lesart galt רמיה = δόλου, während der vorliegende Text רמיה = στρεβλόν gibt.

Eine *Sigel* ist offenbar *verlorengegangen.* Da sämtliche Versionen *außer* ς' zitiert sind, und da die Lesart genau wie O' lautet außer dem ὡς anstatt εἰς, die Ähnlichkeit der Lesart mit O' also sehr eng ist, wie das bei den ς'-Lesarten üblich zu sein pflegt, so wird man kaum danebenschießen, wenn man die *Sigel* ς' konjizierend der Lesart beigibt. Diese Lesart, die der ς' gehören mag, deckt sich mit O' nach R, Syh, 1219.

Exzerpt 44. Vers 58a

Lesart 1

Imperfekt bei C' wie in *V. 56 a, b, 57 a, b, 58 b.*

παροργίζω ist die geläufigste Übertragung von כעס pi und hif in O'. C' und A' haben die Wurzel כעס gleichfalls mit παροργ- verknüpft. Für A' siehe *Reider,* Index, s. v., S. 186. C' überträgt כעס durch παροργισμός in *Ps ix 35a* nach 1175, Tht, cat x [1625, 1706], cat xvii [1047, 1134, 1135, 1139], Lavra A. 89 (anon.) (wie auch A' nach 1175, cat xvii in den gleichen Hss, cat x [1625, 1706], Chr N [nur Sigel, ohne Lesart!], Tht); *Ps xxx 10b* nach 264 mg, 1098, Eus [1121] (auch A' ebd.); *Ez xx 28* nach 86. Das Verb ist für C' bezeugt in *Ps cv 7c* nach 264 unten mg (hebräisch: מרה); *Eccl vii 10 (9)* nach Morin. n. χ (hebräisch כעס qal); *Jer xxxix (xxxii) 30* nach Q (A'C' ※) (hebräisch כעס hif).

Freilich hält sich C' auch hier nicht sklavisch an eine Übersetzung: in *Ps cxi 10a* nach Eus [Pat 215, 1675] wählt er ὀργίζομαι (wie O') (hebräisch כעס qal); *Eccl vii 10* nach Morin. n. λ: ὀργή für כעס.

διά mit *Genetiv* für ב *instrumenti* bei C': *Ps iv 1a* nach 1175, Origenes [1121]; *Ps xvi 1d* nach Tht; *Ps xvii 30a, b* nach 1098; usf.

βουνός ist eine ganz *seltene* Übertragung für במה. In O' ist sie bloß *in unserem Vers* und in *i Regn x 13* bezeugt, ebenso in *Jer vii 31,* siehe unten S. 183 (L. 3). Zu unserm Vers gibt *Rahlfs* keine Varianten, und P. Bodmer xxiv liest ebenfalls βουνοῖς. Das Wort ist hier ursprünglich (siehe unten L. 3); ebenso schwankt in *i Regn x 13* die Textüberlieferung nicht: nur b fügt nach βουνός βαμα hinzu.

C′ überträgt verschieden: במה = ὑψηλός(-ν) in *iii Regn xv 14* nach j; *Is xiv 14* nach 710, Eus; *Is xvi 12* nach Eus; *Jer vii 31* nach 86, Syh; *Am vii 9* nach 86; *Ps xvii 34b* nach 1175. (Die *gruppierenden* Lesarten sind nicht in Betracht gezogen.) במה = Altar bei *C′* ist durch Syh bezeugt: *iii Regn xii 32, xiii 2, 33, iv Regn xvii 9, xxiii 20.* βουνός ist sonst für *C′* nicht in griechischen Zeugnissen belegt. In Syh entspricht dem Worte βουνός der Ausdruck תלּלא, so *O′* in *Is xvi 12.* Man darf deshalb auch βουνός hinter dem .ס.רתלּלא von *Jer xxxiii (xxvi) 18* (במה in MT) vermuten. In unserem V. übernahm *C′* einfach das Wort der *O′*.

Lesart 2

ὕψωμα ist die regelmäßige Übertragung *A′s* von במה. Diese Übersetzung findet sich schon bei *Ez vi 6, xx 29* nach 86, siehe *Reider*, Index, S. 248: dort wird die Lesart *A′* zu *i Regn ix 12* zitiert: diese fehlt bei *Brooke – McLean*, denn es handelt sich nicht um eine handschriftlich bezeugte Lesart, sondern um eine allgemeine Bemerkung Eus's im Onomastikon der biblischen Ortsnamen, hrsg. E. *Klostermann*, GCS (Leipzig 1904) S. 56, l. 8: ὁ δὲ ἀκύλας τὸ ἐν βαμα ἐν ὑψώματι ἡρμήνευσεν. Hinzuzufügen ist die anonyme Lesart *Lev xxvi 30* nach M: ὑψώματα. Sie ist gewiß *A′s* Werk. Im Gegensatz zu *O′* fehlt der Artikel.

Lesart 3

Nach der Zäsur und einem leeren Zwischenraum, der gerade Platz für eine Sigel böte, folgt diese anonyme Lesart.

βωμός für במה haben wir als eine der *C′*-Übersetzungen beobachtet. *C′* hat mit dieser Übersetzungsweise nur eine von *O′* schon vorgezeichnete Bahn beschritten, denn *O′* übertragen mitunter במה durch βωμός: so in *Is xv 2; xvi 12:* βωμοῖς (Syh in mg: עלּותא) (in 88 – Syh, Tht steht jedoch: βουνοῖς [Syh: תלּלא]: die *hexaplarischen O′* haben hier ohne Zweifel *rezensiert*); *Jer vii 31:* βωμόν, aber B–S–106–410 = βουνόν: Welches ist ursprünglich? Der Kontext legt βωμός näher, denn er lautet: καὶ ᾠκοδόμησεν τὸν βωμὸν τοῦ Ταφεθ. Ersetzt man βωμόν durch βουνόν mit B–S–106–410, wird der Sinn seltsam oder zumindest weniger glatt. Da nun also βουνός *lectio difficilior* ist, und da sich der *B-Text* von Jeremias in andern Fällen als der ursprünglichere gegenüber den andern Zeugen erweist (siehe *Ziegler*, Jeremias, S. 44–46 [4. Wortwahl]), ist hier wohl der *B-Lesart* βουνόν der Vorrang zuzubilligen. βωμόν ist unter Einfluß des *Kontextes* und der *folgenden* weiteren Stellen, die bei Jeremias במה durch βωμός übertragen, eingedrungen: *Jer xxxi (xlviii) 35, xxxix (xxxii) 35.* Die Änderung in βωμόν kann ein *Schreibversehen* sein. Man braucht nicht an eine bewußte Rezension zu denken. – Dazu kommen: *Os x 8, Am vii 9.* βωμός ist daher ursprüngliche *O′*-Übertragung, wie es scheint, an *6 Stellen,* die alle aus den *Propheten* stammen: 2 bei Is, 2 bei Jer, 2 im Dodekapropheton.

In *Is xvi 12* haben die hexaplarischen *O′* in βουνοῖς umgeändert, aber in *Jer vii 31* scheint umgekehrt eine ältere *B-Lesart* βουνόν in βωμόν abgewandelt worden zu sein: und zwar wohl wegen des Kontextes, der vom Opfern im Hinnomtal spricht. Diese Opfer bedurften eines Altars. So übersetzen *O′* in *Jer xxxix (xxxii) 35* im selben Zusammenhang von Opfern im Hinnomtal ohne Schwanken der Textüberlieferung במות durch βωμούς. Unter Einfluß dieser Stelle und des gleichen Zusammenhanges und der *graphischen Ähnlichkeit* der beiden Wörter mag in *Jer vii 31* βουνόν dem βωμόν gewichen sein.

Der Vollständigkeit halber sei festgehalten, daß *O′* außerdem במה wie folgt ausdrücken: 1. ὑψηλόν: das ist die häufigste Wiedergabe; 2. βαμα, bzw. βαμωθ und ähnliche Transkriptionen (Beispiele in *Nu; i Regn ix–x: i, ii Chr; Ez xx 29*); 3. ὕψος; 4. στήλη; u. a. m.

Unsere *anonyme Lesart* stellt möglicherweise eine *Rezension* dar, die βουνοῖς durch βωμοῖς ersetzt hat. Bei *Eus* ist uns im Psalmenkommentar nach Coislin 44, fol 264b, col. b die Lesart βωμοῖς bei O′ überliefert (bei *Montfaucon* in PG xxiii, c. 932, l. 47 als Anmerkung [2] Γρ. abgedruckt). Handelt es sich um unsere Lesart?

Man könnte sich aber auch das Umgekehrte vorstellen: βωμοῖς ist die *alte Form der O′*, welche ein Bearbeiter durch βουνοῖς ersetzt hätte, wie das wohl in *Is xvi 12* in den hexaplarischen O′ geschah.

Welche der beiden Möglichkeiten ist wahrscheinlicher?

Daß βωμοῖς Ergebnis einer Rezension sein könnte, dafür spricht:

1. die Parallele in *Jer vii 31*, wo βουνός durch βωμός ersetzt wird;

2. die Übersetzung von במה durch βωμός in *jüngern* Übersetzern, wie *C′*, ja vielleicht *A′* in der *Jer-Ez-Schicht*, siehe oben;

3. die klangliche Entsprechung במה-βωμός, die rezensierende, d. h. das Hebräische möglichst getreu nachbildende Übersetzer verlocken konnte;

4. βουνός ist keine häufige O′-Übersetzung von במה. Ein Bearbeiter hätte, wenn er βωμός entfernen wollte, zu einer der geläufigen Wiedergaben mit ὑψ- gegriffen.

5. der Text der O′-Überlieferung unseres Verses ist keinem Schwanken unterworfen. Auch die O′ des Eus enthielten βουνοῖς, wenn dem Lemma des Kommentars, l. laud., c. 932, l. 54, Vertrauen geschenkt werden darf.

Die Lesart mit βωμός ist somit wohl das *Ergebnis einer Rezension*, also nicht ursprüngliche O′. Nichtsdestoweniger ist βωμοῖς wohl die *Form der O′ des Eus!* Dafür spricht der Umstand, daß *Coislin 44* diese Form im ersten, *formellen Lemma* bietet, PG xxiii, c. 932, ll. 47–49, während sie bei der *Wiederaufnahme des Lemmas*, ebd. l. 54, *im Kontext* durch βουνοῖς ersetzt ist. Der Schreiber ließ sich von der einhelligen Überlieferung βουνοῖς beeinflussen.

Läßt sich bestimmen, wer der Anonymus der Lesart gewesen ist?

Die Θ′-*Versionen* haben sich wohl eng an O′ gehalten: in *Jer xvii 3* nach Q, 86 (ohne ※): ※ ὑψηλά; *Mi iii 12* nach Syh: לתללא .ת., was wohl durch βουνός zurückzuwenden ist. Є′ und Ϛ′ sind für במה nicht bezeugt.

Die Lesart ist sehr *ähnlich wie O′*: ein Wort ist verändert. In E. 43, L. 4 (*V. 57b*) unmittelbar vorher ist die *Sigel* Ϛ′ verschwunden. Aus diesen Beobachtungen darf man vielleicht mutmaßen, es handle sich um Ϛ′. Oder es ist die *Form der O′ bei Eus*, also wohl der *hexaplarischen O′!* Der Exzerptor vernachlässigte die Sigel O′ aus den gleichen Gründen, aus denen er auch sonst O′-Lesarten nur selten anführte.

Exzerpt 45. Vers 58b

Lesart 1

Die Lesart gilt dem bei A′ *fehlenden Artikel.* Zum Wort γλυπτόν für פסל siehe *Is xl 19* nach 86 (in *Ps xcvi 7a* ist das Wort Restitution *Taylors*). γλυπτόν ist die übliche Wiedergabe von פסל in O′. Die Abkürzung ist wohl mit αὐτῶν einschließlich aufzulösen.

Lesart 2

C′ überträgt zuweilen das ‫ב‬ *instrumenti* durch den bloßen *instrumentalen Dativ,* siehe dazu oben *V. 55b,* E. 38, L. 3, und auch die Ersetzung von ‫ב‬ *loci* durch den bloßen *Dativ* in *V. 49a,* E. 27, L. 2.

ἐκζηλόω ist ein bisher in den griechischen Versionen des Alten Testamentes unbezeugtes Wort. O′ haben meistens durch ζηλόω, hie und da durch παραζηλόω und in *Dt xxxii 16* durch παροξύνω übertragen. Ihnen scheinen sich die andern Übersetzer angeschlossen zu haben, denn in *ii Regn xxi 2* überliefert uns j: A′ ... ἐν τῷ ζηλῶσαι αὐτὸν ..., C′ ... ζηλῶσας ..., Θ′ ... ἐν τῷ ζηλῶσαι ... für ‫קנאתו‬ = inf. pi.

Das *Imperfekt* steht in Gegensatz zu O′, wie schon in *V. 56 a, b, 57 a, b, 58 a.*

Exzerpt 46. Vers 59 a–b

Lesart 1

καὶ ἀνυπερθέτησεν wird durch Eus bezeugt.

Es ist dies tatsächlich A′s Übersetzung des denominativen Verbs ‫התעבר‬: siehe *Reider,* Index, s. v., S. 23, wo *Ps lxxvii 62b* nach 1173 hinzugefügt werden muß! Entsprechend lautet A′s Nomen für ‫עברה‬ ἀνυπερθεσία; siehe oben *V. 49b,* E. 28, L. 1, und unten L. 2, 3.

Lesart 2

καὶ ἐχολώθη findet sich als C′s Lesart in 1140 überliefert.

Das Verbum χολόομαι wird übrigens *nur* bei C′ verwendet: *Ps lxxvii 21a* nach Eus (A′ nach Eus übrigens: ἀνυπερθετέω!), 1133, 1209, 1906 (die die Lesart nicht unter Eus, sondern unter Tht bringen); *lxxvii 62b* nach 1173 (A′ wieder nach 1173: ἀνυπερθετέω!): siehe unten; *lxxxviii 39b* nach 1098, Eus, Tht (A′ nach 1098 ἀνυπερθέτησας, nach Eus: ὑπερθέτησας; 1098 bezeugt die richtige Lesart, welche schon *Field* an dieser Stelle vorgeschlagen hatte).

Lesart 3

Wie in Lesart A′ so ist in der Є′-Lesart die Abkürzung für καὶ klar als die *Konjunktion* καὶ und nicht als Sigel ϛ′ zu deuten.

ὀργίζομαι für ‫התעבר‬ bei Є′ wird auch durch 1098 in *Ps lxxxviii 39b* überliefert. Da in unserem *vorliegenden V.,* in *Ps lxxvii 62b* (siehe unten) und in *Ps lxxxviii 39b* nach 1098 Є′ gegen O′ dreimal die gleiche eigene Übersetzung wählt, dürfen wir hierin eine *Initiative* der Є′-Übertragung erblicken. Dazu paßt ja auch vorzüglich das Paar ὀργή = ‫עברה‬ bei Є′, siehe oben *V. 49b,* E. 28, L. 3.

Lesart 4

ὑπερτίθεμαι finden wir in *Dt iii 26* als ὑπερέθετο für ‫ויתעבר‬, und zwar als Lesart A′Θ′ in M, s, v, als Lesart Θ′C′ in b, als Lesart Θ′ in z, und anonym in k. O′ haben in *Dt iii 26* wie in unserm Psalmvers: καὶ ὑπερεῖδεν. Die *Sigel* Θ′ ist in *Dt iii 26* von allen am besten verbürgt. Weiter wird sie durch *Ps lxxvii 62b* nach 1173 (siehe unten!) und durch vorliegende Lesart gestützt. Θ' hat demzufolge התעבר durch ὑπερτίθεμαι wiedergegeben im Gegensatz zu O'. Der Sinn des Ausdruckes ist: *«wegschieben, von sich fortweisen»*, sei es «einen Rechtsstreit an die andere Instanz überweisen, zuschieben» (*Preisigke-Kiessling*, Wörterbuch, ii, Sp. 649, Z. 26–31), sei es: «aufschieben, vertagen, liegen lassen» (ebd. Sp. 649, Z. 32–650, Z. 3), vgl. ὑπέρθεσις = «Aufschub, Verzögerung» (ebd. Sp. 647, Z. 45 ff.). Im Unterschied von O', die ὑπεροράω im Sinne von: «übersehen», d. h. verachten, als quantité négligeable behandeln (vgl. Psalterium gallicanum: sprevit) gewählt haben, hat Θ' seine Übersetzung näher bei der hebräischen Wurzel עבר *«vorbeigehen»* gesucht. ὑπερτίθεμαι ist ja eine Art Kausativ: «wegschieben, vorbeigehen lassen».

In *Lev xiii 11* nach M, v, z (s ohne Sigel) scheint C' ebenfalls ὑπερτίθεμαι verwendet zu haben, aber für סגר hif. Der intendierte Sinn ist dabei wohl: «überweisen, übermitteln, weitergeben». C' überträgt ja סגר hif auch mit ἐκδίδωμι, siehe oben *V. 48a* in E. 25, L. 2 und *V. 50c* in E. 30, L. 1. Nach *Schleusner*, Thesaurus, s. v., wäre der Sinn jedoch auch hier: «verzögern, aufschieben».

Eine weitere C'-Lesart ὑπερέθετο ist durch M in *i Regn xiii 8* für ויחל überliefert. Hier bedeutet das Wort sicher: «warten, verziehen, Aufschub leiden».

In *Dt iii 26* hätte nach M, s, v auch A' wie Θ' ויתעבר durch καὶ ὑπερέθετο wiedergegeben. Sollte dies zutreffen, was nicht unmöglich ist, so hätten wir hier vielleicht den *Ursprung* für das merkwürdige ἀνυπερθεσία = עברה, ἀνυπερθετέω = התעבר bei A'. ἀνυπέρθετος bedeutet: «ohne Aufschub, ohne Verzögerung» (*Preisigke – Kiessling*, Wörterbuch, i, Sp. 142, Z. 12–23), ebenso ἀνυπερθέτως (ebd., iv, Sp. 183, Z. 8–40). A' hätte die Entsprechung: התעבר = ὑπερτίθεμαι übernommen, indem er sie jedoch durch das Alpha privativum ins Gegenteil verkehrte: «unverzüglicher Zorn, pünktliches Eintreffen der Strafe» (rascher Zorn, wohl im Gegensatz zur langsamen Geduld), siehe *Schleusner*, Thesaurus, s. v. Interessant ist, daß *Hieronymus* diese Wiedergabe A's in seinem Psalterium iuxta Hebraeos, S. 114, sich zu eigen gemacht und *«non distulit»* übertragen hat.

ὑπερτίθεμαι ist auch einmal bei O' nachgewiesen: für פור hif in *Prov xv 22 (23)*. *Schleusner*, Thesaurus, s. v., t. v, S. 387:«... vertere mallem *differre coguntur* ... », d. h. (die guten Ratschläge) warten, sie leiden Aufschub, verziehen.

Lesart 5

ἀπέρριψε bei A' wird bestätigt durch A' ἀπέρριψεν in *1175* (*Field, Montfaucon* und *Morin* kennen diese Lesart nicht!).

ἀπορρίπτω ist bei A' Entsprechung von מאס, siehe *Reider*, Index, s. v., S. 28, ebenso σφόδρα von מאד, siehe ebd., S. 232. Schon O' haben für מאד mit Vorliebe σφόδρα gesetzt, während ἀπορρίπτω nur ein *einziges* Mal in O' als Wiedergabe von מאס erscheint: in *iv Regn xvii 15* nach A x y Syh armenische Version, während b g o r c₂ e₂ ἀπώσαντο lesen. M. a. W.: ἀπορρίπτω für מאס gehört zu den hexaplarischen O', d. h. in *iv Regn xvii 15* kommt es *in den hexaplarischen O'* als ein Zusatz (aus A'?) zu dem Text der *palästinischen Rezension*, wie B ihn vertritt, hinzu.

ἐν ἰσραήλ ist wörtliche Wiedergabe des Hebräischen.

Exzerpt 47. Vers 62a–b

Vorbemerkung zu diesem Exzerpt:

In 1173, fol 251a = 1122, fol 87a steht vor dieser Lesart zu *V. 62a–b* folgendes anderes Exzerpt: | ... O' A' ἀντὶ τοῦ | τὴν ἰσχὺν | τὸ κράτος αὐτῶν ἡρμήνευσαν· κράτος | δὲ

... | ... αἰνίττεται λόγος: – | Dies ist nun nicht etwa, wie es auf den ersten Blick scheinen könnte, eine Lesart aus der *Quelle der übrigen hexaplarischen Lesarten*. Dieses Stück ist vielmehr ein *Catenenglied,* das *Eusebius'* Kommentar zu den Psalmen entstammt: PG xxiii, c. 933, ll. 26–28 u. 30. Das Stück befindet sich auch in der *palästinischen Catene,* Hs 1209, fol C. 9a. Es gilt dem Kommentar von *V. 61a.*

Der Kopist hat den Artikel ὁ ᾶ fälschlich als Sigel der O′ gedeutet! Dieser Irrtum, der dem Catenisten unterlief, weil er nicht merkte, daß er es hier nicht mit einem Exzerpt aus der hexaplarischen Quelle, sondern mit einem Stück Eusebiuskommentar zu tun hatte, ist höchst aufschlußreich. Er zeigt, daß nicht der *Catenist von 1173* es war, der die Catenenglieder mit den hexaplarischen Exzerpten zu einer Catene verwob!

Vielmehr fand er die beiden Elemente schon *verbunden* vor, als er seine Catene kompilierte. Nicht er hat also dieses Catenenstück mit den hexaplarischen Lesarten zusammengestellt, sondern er hat es bloß als Quelle benützt und abgeschrieben, wie sein Irrtum an dieser Stelle zeigt: siehe Einleitung, Kap. III. Der Catenenabschnitt mit den hexaplarischen Lesarten ist somit älter als Hs 1173 (Ende 11. Jhdt.).

Daraus ergibt sich eine wichtige Folgerung: Der Exzerptor hat seine *Auswahl an hexaplarischen Lesarten nicht im Hinblick auf den Psalter von 1173* getroffen!

Freilich ist damit noch nicht entschieden, welcher Psalmentext dem Exzerptor vorlag.

Lesart 1

Für *C′* ist die Lesart verbürgt bei Eus: εἰς μάχαιραν τὸν λαὸν αὐτοῦ (= Coislin 44; ... ἑαυτοῦ nach 1209, 1906).

> μάχαιρα ist bei C′ für חרב geläufig: *Ps xvi 13c* nach Tht (*A′*: μάχαιρα nach Thd Mopsv [1133]); *xxi 21a* nach Hexapla Taylor (ebenso *A′* nach Hexapla Taylor); *xliv 4a* nach Chr [N] (*A′* ebenso nach Chr [N]); *lviii 8a* nach 1175, ThdMopsv [1717]; *lxxv 4b* nach 1175 (*A′* ebenso nach 1175); *lxxxviii 44a* nach 1098; usw.
>
> λαός ist zu erwarten für עם.

So gibt uns die *Lesart bei Eus* einen Hinweis, wie die schwierige *Abkürzung in 1173* aufzulösen ist. Das π᾿ über λα(ὸν) ist vermutlich eine Verschreibung von τ᾿ = τὸν. πάντα empfiehlt sich kaum, denn weder bei *Kennicott* noch in den *Versionen* findet man die geringste Spur eines כל, bzw. πάντα.

A′ ist mit *C′* zusammengefaßt worden wegen der *gleich übersetzten Begriffe:* μάχαιρα, λαός (siehe oben und *Reider,* Index, s. v.). A′ wird jedoch den Artikel vor λαόν fortgelassen haben, der allein bei *C′* stand. Vielleicht erklärt sich die schwierige Abkürzung in 1173 gerade aus diesem Umstand: Der Exzerptor setzte versehentlich den Artikel τ᾿, strich ihn aber wieder durch, als er seines Irrtums gewahr wurde. Den so gestrichenen Artikel deutete dann der Schreiber von 1173 als π᾿ = πάντα.

1209, 1906 geben wohl nicht die korrekte Form des Possessivums: ἑαυτοῦ, denn dieses *reflexive Possessivum* wird richtigerweise in attributiver Stellung (zwischen Artikel und Nomen, oder nach dem Nomen, aber mit Wiederholung des Artikels) gebraucht. Damit ist freilich noch nicht entschieden, ob nicht schon entweder Eus oder C′ diese etwas verwilderte Form gelesen hatten.

Vgl. *Mayser,* Grammatik der griechischen Papyri, ii, 2, § 66, 5, S. 68–73, bes. S. 71, Z. 19–73, Z. 22.

Eine rasche Überprüfung der C′-Lesarten von 1098 und jener, die Eus überliefert, lehrt, daß C′ – wie die andern Übersetzer – das *reflexive Possessivpronomen* überhaupt nicht (oder zumindest sehr selten!) gebraucht hat. C′ überträgt allermeist durch ein direktes *Possessivpronomen, das hinter dem Substantiv* (dieses mit oder manchmal ohne Artikel) steht (*Ps liv 11a* nach Eus ist nur scheinbar Ausnahme, denn Coislin 44 liest gegen *Montfaucons* Ausgabe, PG xxiii, c. 480, ll. 20–21: κυκλοῦντα αὐτὴν τὰ τείχη αὐτῆς).

Anderseits drückt *Eusebius* das Besitzverhältnis nicht selten durch das *reflexive Possessivpronomen* aus, ja sogar das reflexive Possessivum in *prädikativer* Stellung (wie in unserm Vers nach 1209, 1906!), d. h. nachgestellt und ohne Wiederholung des Artikels: z. B. PG xxiii, c. 757, l. 24: τὰς ἀνομίας ἑαυτῶν; c. 777, l. 18: ὕμνησιν ἑαυτοῦ; c. 780, ll. 26–27: τοῦ πάθους ἑαυτοῦ. Das sind nicht die einzigen Beispiele.

Auf Grund dieser Beobachtungen ist das ἑαυτοῦ von 1209, 1906 vielleicht der *echte Eusebiustext,* aber *kaum ursprünglicher C′.* Dieser hatte (wie Coislin 44) wohl αὐτοῦ.

Lesart 2

Das unterscheidende Merkmal der Θ′-Lesart ist nicht sosehr die *Wortwahl:* ῥομφαία ist ja der Ausdruck der O′. Es ist der *Artikel* τῇ. Dieser fehlt bei A′, C′ und in O′.

Welcher *O′-Text* lag aber dem Exzerptoren vor? ἐν ῥομφαίᾳ oder εἰς ῥομφαίαν? Es läßt sich nicht entscheiden, was die hexaplarischen O′ gelesen haben. Denn «*in gladio*» des Psalterium gallicanum hängt von «*conclusit*» ab: wie in *V. 50c* εἰς θάνατον συνέκλεισεν (das dort unbestritten ist) durch «*in morte* conclusit» wiedergegeben ist, so hier συνέκλεισεν εἰς ῥομφαίαν durch «conclusit in gladio»: aber ἐν ῥ. ist natürlich ebensogut möglich.

εἰς entspricht *MT.* Keine Hs *Kennicotts* hat בְּ gelesen. Es ist daher für hexaplarische O′ vielleicht doch eher auf εἰς zu deuten.

ἐν ῥ. ist die Lesart von *Lᵃ* (= 56–75 L-Hss bei H.-P.) und des Psalters von 1173.

Der Exzerptor hat infolgedessen die Lesart Θ′ sicher wegen des *Artikels* τῇ und vielleicht zusätzlich wegen der *Präposition* ἐν statt εἰς zitiert.

ῥομφαία für חרב bei Θ′ ist normal. Es ist neben μάχαιρα die gewöhnlichste Wiedergabe in O′.

Lesart 3

Für κληροδοσία bei A′: siehe oben zu *V. 55b* in E. 38, L. 2. Der Ausdruck ahmt ganz wörtlich das Hebräische nach.

ἀνυπερθετέω für התעבר: siehe oben *V. 59a* in E. 46, L. 1.

Lesart 4

Field hatte C's Lesart vollständig aus dem Syrischen zurückgewonnen bis auf die *Präposition:* κατὰ τῆς κληρουχίας für עֲלֵי. ἐν ist festzuhalten; das עַל in Syh erklärt sich aus der Konstruktion mit רִגֵּז (siehe *Payne-Smith*, Thesaurus, ii, Sp. 3807: רִגֵּז wird tatsächlich mit עַל konstruiert) oder aus einer etwas freien syrischen Übersetzung des ἐν.

Zu κληρουχία: siehe oben zu *V. 55b* in E. 38, L. 3.

χολόομαι, ebenfalls wie κληρουχία typisch symmachianisch, siehe oben *V. 59a* in E. 46, L. 2.

Lesart 5

Θ's Übersetzung ist besprochen oben in *V. 59a*, E. 46, L. 4.

Lesart 6

Є' hat *wie O'* die *Präposition* בְּ nicht ausdrücklich übersetzt, da sie von der Konstruktion des gewählten Zeitwortes abhängt. Da Є' הִתְעַבֵּר durch ὀργίζομαι wiedergibt, wie ebenfalls *V. 59a* in E. 46, L. 3 zeigt, drängte sich der Dativ auf, während das ὑπεροράω der O' den Akkusativ erheischt hatte.

Das gewählte Wort κληρονομία ist dasselbe wie in *V. 55b* bei Є'. Hier stimmt Є' überdies mit O' überein: siehe oben zu *V. 55b* in E. 38, L. 4.

Lesart 7

Die Lesart trägt in 1173 die *Sigel* Θ'. Ein Irrtum ist dabei unterlaufen, denn eine andere Lesart hatte Θ's Verb: ὑπερέθετο schon gegeben. Daß sich παρεῖδεν auf ὑπερεῖδεν der O', und nicht auf etwas anderes bezieht, ist klar. Für das Verb sind also die Übersetzungen A's, C's, Θ's und der Є' gegeben. Θ's Übersetzung ὑπερτίθεμαι kann nicht ernstlich in Frage gestellt werden (siehe oben L. 5). Es bleibt nur ϛ' übrig. Man mag ihr Sigel hier mit großer Wahrscheinlichkeit restituieren. Für sie spricht auch die geringfügige Abweichung von O'.

<blockquote>

παρoράω hat wie ὑπερoράω den Sinn von: «übersehen, übersehen aus Verachtung» = «verachten», siehe *Schleusner*, Thesaurus, t. iv, S. 246.

παρoράω für עָלַם findet sich in «O'» des *Eccl xii 14.*

</blockquote>

1122 liest καὶ παρεῖδεν. Auch wenn es verlockend wäre, hinter dem καὶ die *Abkürzung* ϛ, *aus* ϛ' *entstanden,* zu vermuten, so ist das καὶ eher eine glättende *Verbindung* der beiden Verben ὠργίσθη, παρεῖδεν. 1122 ist bestrebt, den Lesarten, die es um ihre Sigel gebracht hat, zusammenhängenden Sinn und Folgerichtigkeit abzugewinnen. Dies erreicht 1122 oft durch bloße Aufhebung der Interpunktion zwischen den Lesarten. Hier fügt es ein καὶ hinzu.

Exzerpt 48. Vers 63a

Lesart 1

Die Lesart gilt vier *Unterschieden* zu O': dem Wort: ἐκλεκτὴ αὐτοῦ (*ohne Artikel!*),
dem *Possessivum* αὐτοῦ im *Singular* und dem einfachen ἔφαγον (statt κατέφαγον) bei A'.

ἐκλεκτή wirft eine Frage auf: es steht im *Nominativ*, ist also Subjekt. Außerdem
ist es ein *Femininum Singular*.

Die *Wortwahl* selbst ist für A' gut möglich: בחור ist bei ihm in *Is ix 17 (16)* nach 710;
lxii 5 nach 86: ἐπίλεκτος. In *ii Regn x 9* heißt eine Lesart A'C' nach j: ἐκλεκτῶν. In Jer findet man
νεανίσκος und ἐκλεκτός bei A': dieses nach 86 in *Jer xxix 20 (19)* (*xlix 19*); nach Syh in *Jer xviii
21*; jenes in *Jer xxxviii (xxxi) 13* nach 86, Syh. In *Eccl xi 9* liest «O'» (= A') νεανίσκος und entsprechend בחורות = νεότης in *xi 9, xii 1*. בחר ist ἐκλέγομαι bei A', siehe *Reider*, Index, s. v.,
S. 74.

Obgleich also nirgends sonst ἐκλεκτός unmittelbar für A' bezeugt ist, steht der Richtigkeit
des Wortes hier nichts im Wege.

Ein Fehler in der Überlieferung: ἐκλεκτή statt ἐκλεκτούς ist sehr wohl möglich:
ist nicht ein tachygraphisches Zeichen für -ους in η mißverstanden worden? Die
Abkürzung für -ους wird in *1173* selten oder nicht verwendet. Der Schreiber mochte
sie mit einem η *verwechselt* haben; in *1098* sieht sie z. B. einem η ähnlich, siehe *Mercati*,
Psalterii hexapli, S. 6, Tab. iii, col. c, l. 7, 29, col. d, l. 37, col. e u. f, l. 22; vgl. B.
de Montfaucon, Palaeographia graeca (Paris 1708) 346, col. c: die Verwechslung
erscheint somit durchaus als möglich.

Im Parallelvers *63b*, unten E. 49, L. 1, steht bei A' der Plural *Akkusativ*. Es ist
auch von da aus wahrscheinlich, ἐκλεκτούς αὐτοῦ zu konjizieren. Übrigens liegt es
ja auch auf der Hand, daß πῦρ Subjekt ist und ἐκλεκτ- das Akkusativobjekt sein muß.

Der Singular des Possessivums: αὐτοῦ entspricht MT. Keine *Kennicottsche* Hs
liest den Plural wie O'.

φαγεῖν für אכל, siehe *Reider*, Index, s. v. (ἔσθειν), S. 97.

Lesart 2

ἀναλίσκω steht bei C' für אכל auch in *Ps xvii 9b* nach 1175; sonst verwendet C' das
Wort für כלה, תמם und einmal für סור *hif*. Das Wort ist *für C' typisch*, der es oft
gebraucht.

Die *unaugmentierte Form* ἀνάλωσεν ist selten, aber sie kommt gelegentlich vor,
siehe *Mayser*, Grammatik der griechischen Papyri, i, 2, S. 108, Z. 11–12 (unaug-
mentiertes Perfekt), vgl. ebd. S. 112, Z. 27–30 und Anm. 2 (Literatur).

Lesart 3

Der Unterschied zu O′ beruht auf dem αὐτοῦ statt αὐτῶν.

C′ übersetzt בחור oft mit νεανίσκοι, so in *Ps lxxvii 31b* nach Eus, ThdMopsv[1133]; *Jer vi 11* nach 86; *Thren v 13* nach Syh. Für Є′ fehlen Belege, doch ist νεανίσκος eine gebräuchliche O′-Wiedergabe, von der sich Є′ nicht getrennt haben wird.

Der *Singular* des Possessivums entspricht dem MT. O′ scheinen einhellig den Plural gelesen zu haben. A′ und C′ (Є′: siehe unten!) sind sich hier im Singular einig. Auch *Hieronymus* hat in seinem Psalterium iuxta Hebraeos den *Singular: «eius»* erwählt.

Aber Є′ stimmt wohl nicht mit C′ *in diesem Punkt* überein, sondern nur in der *Wortwahl*: νεανίσκους. Denn in *V. 63b, 64a* hat Є′ den *Plural*: αὐτῶν. Der *Plural* ist daher auch *für V. 63a* bei Є′ anzunehmen. Siehe die folgenden Є′-Lesarten zu *V. 63b, 64a*. Aber unter dieser Annahme fällt Є′ mit O′ zusammen! Hätte der Exzerptor Є′ zitiert, wenn sie sich von O′ in nichts unterschieden hätte?

So ist es vielleicht geraten, einen *Irrtum der Sigel* anzunehmen und Є′ *durch* Θ′ *zu ersetzen*. Θ′ weist in der Tat auch den *Singular des Possessivums* auf wie A′ und C′. Dies geht aus *V. 64b*, E. 49, L. 8 hervor. So konnte Θ′ *mit* C′ zusammengefaßt werden, während er in *V. 64a*, E. 49, L. 2 und 5, *von* Є′ *gesondert* zitiert ist, obschon er doch dasselbe Verb wie Є′ gebraucht.

Exzerpt 49. Vers 63b–64a

Lesart 1

Zwei Unterschiede zu O′: der *Artikel* fehlt, das *Possessivum im Singular* wie MT. Der fehlende Artikel trifft wohl nicht auf C′, wohl aber auf A′ zu. In dem Singular von αὐτοῦ (wie oben *V. 63a* und unten *64a*) treffen sich A′ und C′. Ebenso in der *Wortwahl*: παρθένος = בתולה: siehe unten L. 2.

Lesart 2

Є′ hat hier im Gegensatz zu *V. 63a* αὐτῶν wie O′. Dies läßt es zweifelhaft erscheinen, ob Є′ in *V. 63a* tatsächlich den *Singular* las. Wahrscheinlich hatte Є′ schon in *V. 63a* den *Plural*. Doch ist die dort gegebene Sigel Є′ wohl fälschlich an Stelle der richtigen Sigel Θ′ geraten, siehe oben E. 48, L. 3.

Das Wort παρθένος scheint von O′ und allen Übersetzern für בתולה gebraucht worden zu sein: A′: *Job xxxi 1* nach Field («Cod 252 ...»), Syh; *Jer xiv 17* nach 86; C′: *Job xxxi 1* nach Syh (בתולתא) und nach *Klostermann*, Analecta, S. 73 («Vat. gr. 338 = Ho 255»); *Jer xiv 17* A′C′ ※ παρθένος nach Q; Θ′: *Job xxxi 1* (※). Dazu ist die zusammenfassende Lesart A′C′Θ′ in *Is xxiii 12* nach Q, Syh (※) zu zählen, wie auch die anonyme Lesart bei *Jo i 8* nach 86: *Ziegler*, Duodecim prophetae, zitiert sie wie folgt: «⟨α′σ′θ′⟩ ὡς παρθενον ...». – Daß Є′ hier in unserem Vers ebenfalls παρθένος wählte, überrascht also nicht.

Das *Verbum* von Є′ wird in 1175 so angegeben: C′ Θ′ ἡ Є′ οὐκ ἐπηνέθησαν. 1173 und 1175 bestätigen sich daher für Є′. Є′s Übersetzung von הלל ist weiter in *Ps xxxiv 18b* nach 1098 überliefert: αἰνέσω wie O′ und in *Ps lv 5a* nach Eus ἐπαινέσω wie O′. O′ übersetzen הלל meistens mit αἰνέω; ἐπαινέω kommt aber ebenfalls oft vor. Das ἐπηνέθησαν von Є′ ist daher wohl an seinem Platze.

Es ist anzunehmen, daß O′ des Exzerptors ἐπενθήθησαν = *L′ 55* oder ἐπένθησαν = B′′ Sa R Sy P. Bodmer xxiv enthielten. Psalterium gallicanum läßt nicht erkennen, welche der beiden Formen in den hexaplarischen O′ vorgelegen hat, da «lamentatae sunt» Passiv oder Deponens sein kann. Da aber im parallelen *V. 64b* ein Passiv «plorabuntur» steht, mag dies auch für *V. 63b* vermutet werden. Der Psalter von 1173 hat: ἐπενθήνθησαν (sic).

Lesart 3

Die Lesart A′ ist aus 1175, 264 mg (anon.), cat iii = 1133 und aus Eus bekannt. Zwar steht bei Coislin 44 = Eus in der Ausgabe *Montfaucon* das verderbte: ὑπε- μνήσθησαν. Auch in 1175, 264 mg finden wir eine Verderbnis in der Überlieferung: ὑμνήσθησαν statt ὑμνήθησαν. Aber in der palästinischen Catene: 1906 und in cat ix = 273 findet sich richtig ὑμνήθησαν, das auch aus dem Kontext des Eusebiuskommentars hervorgeht.

ὑμνέω ist auch tatsächlich die vorherrschende Übertragung von הלל bei A′. Daneben ist καυχάομαι überliefert: *Ps xliii 9a* nach 1175, Eus[1121], ThdMopsv[1717]; *lv 11a* nach Eus. In Jer findet man auch αἰνέω nach 86: *Jer xx 13*.

Lesart 4

Die Lesart C′ ist nach cat iii = 1133 οὐκ ἐπηνέθησαν; nach 1175, 264 mg: C′Θ′Є′ οὐκ ἐπηνέθησαν; nach Eus in Coislin 44 (verderbt), 1906, cat ix = 273: οὐκ ἐπηνέθησαν. 1173 steht demzufolge einem dreifachen Zeugnis entgegen. Dazu tritt Syh: ﹅ד. אתקלסין, das ἐπαινέω im Passiv zu entsprechen scheint.

Der Kommentar des Eus stützt die Lesart ἐπηνέθησαν, da er das Wort in ἐπαί- νων wiederaufnimmt (c. 933, l. 42).

1173 ist von allen Zeugen jener, der *am meisten* gesonderte Lesarten anführt: Є′, A′, C′, Θ′. Es fehlt bloß ϛ′. Weiter ist nach Eus, 1173, 1133 im parallelen *V. 64b* C′s Übersetzung: οὐκ ἔκλαυσαν, während O′ (auch hexaplarische O′!) das *Passiv:* οὐ κλαυσθήσονται lesen.

Demgegenüber darf man die Parallele für C′ in *Prov xii 8* nach Morin. n. ϰ nicht vergessen, wo für הלל *pu* ebenfalls ἐπαινέομαι *passiv* erscheint. Obgleich C′ הלל meistens mit ὑμνέω über- trägt, ist die seltene Wiedergabe durch ἐπαινέω, siehe auch *Ct vi 8 (9)*: A′C′ nach Field («Nobil., Mat., …») also kein Einwand gegen das ἐπηνέθησαν an unserer Stelle. C′ übersetzt übrigens gelegentlich durch αἰνέω.

Die Lesart C′ von 1173 kann nicht aufrecht erhalten werden. Entweder ist die *Sigel* falsch oder die *Lesart*. Es wäre verlockend, statt C′ die Sigel ϛ′ zu vermuten. Aber dem steht 1175 wohl im Weg: dort ist ϛ′ ὁμοίως τοῖς O′. O′ von 1175 (mit οἱ O′

der hexaplarischen Randlesarten wird hier vielleicht der Psalter von 1175 bezeichnet!) lesen aber: ἐπενθήθησαν.

Oder ist Θ′ und C′ vertauscht worden: so daß Θ′ ἐπένθησαν, C′ ἐπηνέθησαν in der Vorlage von 1173 stand? Auch dieser Hypothese widerspricht 1175: nach ihr las Θ′ wie C′ ἐπηνέθησαν.

Dennoch fällt es schwer, in ἐπένθησαν, das ja eine der O′-Varianten ist, eine Verderbnis von ἐπηνέθησαν zu sehen, zumal die Lesarten gerade um dieses Verbs willen aufgeführt werden.

Ein Irrtum in der Sigel erklärt sich übrigens auch leicht: auf A′ folgt gewöhnlich C′. Der Kopist hat mechanisch eine uns unbekannte Sigel durch jene des C′ ersetzt.

Man könnte an O′ denken, da es ja eine *O′-Variante* ist! Auch daß Θ′ auf die Lesart folgt, könnte die Annahme stützen, daß O′ vorliegt. Es würde sich dabei wohl um die *hexaplarischen O′* handeln: «lamentatae sunt» im Psalterium gallicanum müßte somit als Deponens gedeutet werden! Damit hätten wir wieder eine *verkannte O′-Lesart* zurückgewonnen wie vielleicht schon oben zu *V. 58a,* E. 44, L. 3.

Aber die Frage muß offen bleiben.

Lesart 5

Die Lesart Θ′ wird durch *1175* bestätigt: siehe oben L. 2, 4.

Lesart 6

Die Lesart gilt dem *Singular* des Possessivs wie oben in *V. 63b,* siehe L. 1. Das Fehlen des *Artikels* gehört zu A′, kaum zu C′.

ἱερεύς ist Übertragung von כהן bei allen Übersetzern wie schon bei O′.

Lesart 7

Das *Possessivum im Plural* wie in *V. 63b,* siehe oben L. 2. Ebenso steht wie in *V. 63b* bei Є′ der *Artikel*.

Diese Lesart ist besonders interessant, da sie ja mit O′ von *Rahlfs* identisch ist. O′ des Exzerptors müssen daher anders gelautet haben, hätte man die Lesart doch sonst nicht eigens angeführt. Die einzige Variante steht bei *Holmes-Parsons:* καὶ ο. ἱ. α. in 267, Psalt. syr. und aeth. War es diese Variante oder eine andere, die dem Exzerptor vorlag? Zu 267 siehe *Rahlfs,* Verzeichnis, S. 241: Ottob. gr. 294, 14. J. «Ps. Od. c. comm. Nicephori Callisti et Cosmae Indicopleustae».

Oder aber die Lesart ist mit der *vorhergehenden* und der *folgenden* verglichen worden: A′C′, Θ′, welche den *Singular* bieten. Dieser Unterschied von *Plural* und *Singular* scheint den Exzerptoren interessiert zu haben. So wäre kein anderer O′-Text vorauszusetzen.

Lesart 8

Das *Possessivum* im *Singular,* wie wahrscheinlich schon in *V. 63a,* siehe oben E. 48, L. 3.

Exzerpt 50. Vers 64 a–b

Lesart 1

Das Interesse der Lesart A′ geht auf das *gewählte Wort:* μάχαιρα, siehe *Reider,* Index, s. v., S. 152–153, und oben *V. 62a,* E. 47, L. 1.

πίπτω für נָפַל: siehe *Reider,* Index, s. v., S. 193, wo zu streichen ist *Iud v 27* (siehe z bei *Brooke-McLean;* z = 85 bei *Field*) und vgl. *Mercati,* Osservazioni, S. 21 (zu l. 15).

Wie ist die *Abkürzung* aufzulösen? Sie besteht nur aus den zwei ersten Buchstaben: d. h. A′ hat sich von O′ nicht unterschieden, so daß es genügte, die zwei Anfangslettern des Wortes von O′ hinzusetzen.

Nun lesen *L′* Tht und P. Bodmer xxiv: ἔπεσον, die andern anscheinend ἔπεσαν. Der Psalter von 1173 enthält ἔπεσον.

A′ enthält die Formen: *Aor. Plur.* ἔπεσον: *Ps xxvi 2b* nach 264 mg (O′ nach Tht: ἔπεσον; nach Z T He* und den andern Zeugen: -σαν); *Da iii 23* nach Ziegler, Daniel, z. St. («Or. ep. ad Afr. 2 [XVII 22 Lo.]») (= O′); *Aor. Inf.:* Is *xxx 25* nach Eus (A′Θ′ nach 86). Dagegen gibt Morin. n. μ bei *Job xxxi 22* für A′ πεσάτω (O′ anderes Verb).

Angesichts dieses Sachverhaltes ist es wohl geraten, die Abkürzung eher in ἔπεσον aufzulösen als in ἔπεσαν. Damit ist nicht gesagt, der Exzerptor habe mit einem *lukianischen* Psalter verglichen. Denn auch P. Bodmer xxiv weist ἔπεσον auf.

Vgl. die Parallele in *Is iii 25* zu unserer Lesart: A′ ἐν μαχαίρᾳ πεσοῦνται nach Q, Syh (und 710, aber in 710 fehlt das Verb πεσοῦνται). Siehe auch die A′-Lesart in *Ez v 12* (※) nach Q^{txt}.

Lesart 2

Die Lesart C′ betrifft die *Wortwahl* μάχαιρα: zu ihr siehe oben *V. 62a,* E. 47, L. 1.

C′ drückt hier das בְּ *instrumentale* wiederum durch *bloßen Dativ* aus wie oben schon: siehe *V. 47b,* E. 24, L. 2; *V. 55b,* E. 38, L. 3; *V. 58b,* E. 45, L. 2. Dazu die strenge *Parallele:* μαχαίρᾳ πεσοῦνται in *Is iii 25* nach Eus. Schon O′ übersetzen übrigens בְחֶרֶב oft durch bloßen Dativ: so immer in Is (4 mal) und sehr oft in Ez.
Auch für C′ ist das Verbum πε abgekürzt in 1173. Es ist wie bei A′, L. 1, aufzulösen, also in ἔπεσον. Diese Form des Aorist ist durch 264 mg in *Ps xxvi 2b* belegt; *Aor. Inf.* πεσεῖν in *Is xxx 25* nach Eus; das *Ptz Aor.:* πεσών in *Ps xl 9b* nach 1175, cat x$^{1625, 1706}$, Eus^{dem}. Aber in *ii Regn iii 34* steht ἔπεσας bei C′ nach j (O′ bei j^a: ἔπεσες). In *Ps xvii 39b* findet sich ἔπεσαν nach 1098; ein Korrektor hat über das α ein ο geschrieben. Die Formen des starken Aorist ἔπεσον sind anscheinend *häufiger* als die des schwachen ἔπεσα: wie bei A′!

Es ist also auch von C′ aus wahrscheinlicher, für *O′ des Exzerptors starkes* ἔπεσον zu erschließen, das sich dann bei A′ und C′ wiederfindet.

Sowohl in A' wie in C' *fehlt* im Gegensatz zu MT der *Artikel:* dieser fehlt übrigens auch in O'.

An den allermeisten Stellen haben O' בחרב *ohne Artikel* wiedergegeben. Die andern Versionen scheinen ihnen darin zu folgen. (Nur in *Jos xiii 22, ii Regn xx 10* steht der Artikel, wenn ἐν τῇ ῥοπῇ in *Jos xiii 22* wirklich בחרב überträgt, und בחרב in *ii Regn xx 10* ist nicht *instrumental*, während in den andern 101 Stellen בחרב bei O' *ohne Artikel* übertragen ist, sei es mit ἐν oder mit bloßem Dativ oder gelegentlich in anderer Konstruktion.)

Lesart 3

Zwei Unterschiede scheiden diese Lesart von O': 1. *das Fehlen des Artikels,* das für A' das Übliche ist, und das bei Є' vorkommen mag, siehe Einleitung, Kap. IV, 4.

2. Das *possessive Fürwort im Singular,* wie oben bei A' in *V. 63a und b, V. 64a.* Doch *bei* Є' haben wir in *V. 63b* und *64a* ausdrücklich den *Plural* überliefert: αὐτῶν: siehe dort, E. 49, L. 2 und 7. In *V. 63a* steht in der zusammenfassenden Lesart C'Є' zwar der *Singular,* wie in unserer vorliegenden Lesart, aber wir vermuteten dort als *richtige Sigel* Θ', nicht Є', siehe oben E. 48, L. 3. Der ausdrücklichen Bezeugung *für* Є' allein ist jedenfalls der Vorzug zu geben vor den gruppierenden Zeugnissen. Є' hat ja vermutlich *konsequent* mit αὐτῶν, nicht bald mit αὐτοῦ, bald mit αὐτῶν gearbeitet. Der *Singular* der vorliegenden Lesart wird deshalb *auf A'* zutreffen, *nicht auf* Є'. (Übrigens könnte Є' eine bloße *Dittographie* von der vorhergehenden *Abkürzung* πε sein, die ja ohne trennendes Satzzeichen vor ε' α' steht.)

Die *Wortwahl* gibt zu keinen Bemerkungen Anlaß. Für A' gesondert ist das Wort χήρα bezeugt in *Ps lxvii 6a* nach Eus (wo aber die Lesart auf das Wort δικαστής bezogen, χηρῶν also vielleicht bloß aus O' übernommen ist!), und auf dem Niveau der *Ez-Übertragung: Ez xix 7* nach 86 (χώρας aus Irrtum für χήρας). (*iii Regn xi 26*: O' ist bei Syh mit A' ※ versehen; *Job xxiv 21* ist griechisch überliefert bei Field, Auctarium, S. 8: «οἱ λοιποί· χήραν.» «*Codd.* 137, 138 (sine nom.), 255.»; *Is i 23* nach Q, Syh: A'C'Θ'.)

Є' ist für seine Übersetzung von אלמנה sonst nicht bekannt; nichts steht jedoch χήρα bei Є' im Wege. In O' entspricht χήρα אלמנה; das hebräische Wort wird dort nur einmal anders übersetzt: *Job xxiv 21*: ἀγύναιον: A B S¹; γύναιον: S² R.

Die Abkürzung, die in 1173 auf die Sigel Є'A' folgt, stellt wirklich καί dar, nicht die Sigel ϛ', denn das Hebräische verlangt ein καί.

Lesart 4

Die Lesart C' mit dem Partizip Aorist Passiv: die *verwitweten Frauen* wird durch Eus und durch cat iii = 1133 (anonymes Catenenglied) verbürgt. Es ist die einzige bekannte Stelle, da C' so überträgt. Sonst greift auch er zu χήρα.

Exzerpt 51. Vers 64b–65a

Lesart 1

οὐκ ἔκλαυσαν wird bezeugt durch *Eus* und cat iii = 1133 (anonymes Catenenglied). κλαίω entspricht bei O′ dem hebräischen בכה, ebenso bei *A′*, siehe *Reider*, Index, s. v., S. 135, und bei *C′: Is xxx 19* nach 86, Eus; *Is xxxiii 7* nach Eus; *Jer xiii 17* nach 86, usw. Die Lesart gilt dem *Aktiv* bei C′ im Gegensatz zum *Passiv* bei O′. Das Aktiv entspricht dem hebräischen Text.

C′ überträgt das *hebräische Impf* hier durch den *Aorist* (statt *Fut bei O′*) und vermeidet so den *Bruch* des Zusammenhanges durch unvermittelte *Änderung des Tempus*. C′ hatte ja schon Aoristformen in *V. 59a, 62b, 63a* und besonders im folgenden Stichos *V. 65a*.

Schwierigkeiten bereitet das καὶ vor οὐκ ἔκλαυσαν, dem nichts im MT entspricht und das aus dem syntaktischen Rahmen fällt. Ist die Abkürzung in 1173 von καὶ eine falsch verstandene *Sigel* ς′? Die Verbindung C′ς′ ist allerdings eine Seltenheit: in 1173 kommt sie nie vor.

Ohne die Möglichkeit einer Sigel von ς′ auszuschließen, ist folgende Vermutung vielleicht eher gerechtfertigt: der Catenist, welcher das vorliegende Stück der Catene aus Eus, Tht und den hexaplarischen Bruchstücken kompilierte, hat das καὶ *willkürlich* eingeführt, nachdem er durch seine Catene den Zusammenhang der hexaplarischen Lesarten zerrissen hatte.

Eine andere Möglichkeit bestünde darin, C′s Sätze *anders zu trennen:* ἱερεῖς αὐτοῦ μαχαίρᾳ ἔπεσον καὶ αἱ χηρευθεῖσαι αὐτοῦ (Anakoluth!). Καὶ οὐκ ἔκλαυσαν διηγέρθη γὰρ ... Aber das wäre eine unnatürliche Trennung, die den Parallelismus zerstörte. Diese Hypothese hat somit wenig Wahrscheinlichkeit für sich.

γὰρ steht bei C′ meistens für כי, selten aber für ו; siehe γὰρ = כי z. B. in *Ps xvii 29a, 32a* nach 1098; *Ps xxi 17a* nach Hexapla Taylor; *Ps xxx 11a, 14a* nach 264 mg; *Ps xxxi 4a* nach 264 mg; *Is xxvii 10* nach Pr, usw. Daß C′ aber mitunter ein ו durch γὰρ ausdrückt, ist bei ihm wohl möglich: Siehe ein *paralleles Beispiel* in *Ez xxi 14 (19)*: ותכפל חרב bei C′ nach 86, Syh: ἐπιδιπλωθήσεται γὰρ μάχαιρα, und unten *Ps lxxviii 13a*, E. 76, L. 2; *lxxix 19a*, E. 86, L. 2.

διεγείρω ist typisch für C′: siehe oben *V. 38d* in E. 6, L. 2. In *Prov vi 22* erscheint das Wort für קיץ hif in einem anonymen *Scholion* bei Morin. n. o (2°). Sollte es eine *hexaplarische* Lesart sein, wäre sie von C′, denn nur zu diesem würde das ἂν und δὲ passen, die darin vorkommen, aber nicht schon in O′ stehen.

ὑπνόω für וישן ist bereits bei O′ geläufig. Für C′ ist ein weiterer Beleg *Ps xliii 24a* nach Eus[1121], ThdMopsv[1717], Chr[DMN] und anders in der Form, aber mit demselben Wort auch bei Pseudo-Diodor in cat v = 142 und in cat x[1625, 1706].

Das *Tetragramm* steht gegen den MT, der אדני liest. Aber *Kennicott* zitiert *zwölf* Mss, die יהוה enthalten: 1, 38, 40, 73, 74, 93, 97, 131, 133, 215, 249, 252. *Ginsburg*, Massorah, iv, S. 28 (zu Liste א, § 113) weist auf *sieben* Fälle hin, wo *in den Psalmen* einige Hss und alte Ausgaben יהוה statt אדני bieten: *Ps xxx 9b, xxxviii 16, xxxix 8, xl 18, xliv 24, lxxxvi 3, 5* (hebräische Zählung!). In *Ps xxix (xxx) 9b* ist den Übersetzern bereits אדני vorgelegen: A′ κύριον, C′ τὸν δεσπότην μου, E′ κύριόν μου nach 1098; ebenso in *Ps xxxviii (xxix) 8a* für C′: δέσποτα nach Eus[1121]; *Ps xliii (xliv) 24 a* für C′: δέσποτα nach Eus[1121], ThdMopsv[1717].

Zu diesen sieben bei *Ginsburg* festgestellten Fällen kommt nun unser Vers hinzu, gestützt durch die Übersetzer A' und C'. *Ginsburg*, Massorah, iv, S. 28–29 (zu Liste א, § 115) bemerkt, daß in den *137* Beispielen, wo אדני im MT *allein* steht, gelegentlich die besten Hss und alten Ausgaben das *Tetragrammaton* enthalten. Und er erklärt den Übergang von יהוה zu אדני als leicht, da יהוה ja als אדני ausgesprochen wurde, während das Umgekehrte nicht leicht geschehen konnte. «The reading, therefore, in the conflicting passages is in favour of the Tetragrammaton.» (S. 29). Siehe zum *Tetragrammaton in 1173* unten *Ps lxxix 5a–b, 8a, E. 79, L. 1.*

Lesart 2

ἐξυπνίζομαι ist eine *O'-Übertragung* von יקץ in *Iud xvi 14, 20* (A: ἠγέρθη und ἐξηγέρθη) und in *iii Regn iii 15* neben andern Übersetzungen: ἐξεγείρομαι, u. a.

Es ist bekannt, daß A' קיץ, קוץ durch ἐξυπνίζω (*Is vii 6* nach 710, siehe *Lütkemann-Rahlfs*, S. 60, Anm. 260), wo es *transitiv*, und durch ἐξυπνίζομαι wiedergibt, wo es *intransitiv* ist: siehe die Belege bei *Reider*, Index, s. v., S. 87.

Für יקץ *qal* gab es bisher nur einen hexaplarischen Beleg: die kollektive Lesart οἱ λ' zu *Hab ii 7* nach 86, Bas N: ἐξυπνισθήσονται. Unser Vers liefert ein Zeugnis *für A' allein.* A' scheint also קיץ / קוץ und יקץ nicht auseinandergehalten zu haben.

ὑπνόω als Äquivalent von ישן im Griechischen des A' ist bezeugt in *Os vii 6* nach 86; *in «O'»* von *Eccl v 11* und in der zusammenfassenden Lesart A'Θ' ※ in *Jer xxviii (li) 57* nach Q.

Wie bei C', aber im Gegensatz zu O' fehlt vor ὑπνῶν der *Artikel:* in Übereinstimmung mit MT.

Zum *Tetragramm* statt אדני (das bei A' durch κύριος ausgedrückt wird): siehe oben L. 1.

Lesart 3

Die Lesart Θ' unterscheidet sich nicht in der *Wortwahl* von O', sondern in der *Verbalform.*

In Θ's Lesart in 1173 fehlt das καί: dieses Fehlen findet sich auch in La^R. Sollte dieses fehlende καί nicht auf den Exzerptoren zurückgehen, der es als nebensächlich unerwähnt ließ, sondern auf Θ', der in seiner hebräischen Vorlage *kein* ו las (bei *Kennicott und de Rossi* gibt es jedoch kein Ms, bei dem das ו fehlte), so würde das Θ's Übersetzung erklären: er hat anstatt eines *Imperfectum consecutivum* das *einfache Imperfekt* als *Jussiv* gedeutet. Zum *Grund* für den Imperativ Aorist 2 bei Θ' siehe die ähnliche Stelle in *Ps lxxviii 5b* in E. 60 und die dort geäußerte Vermutung in L. 2.

Exzerpt 52. Vers 65b–66b

Lesart 1

Die Lesart C's wird durch Eus ebenfalls überliefert. In *Montfaucons* Ausgabe, PG xxiii, c. 936, l. 51 steht zwar δυνατός statt δυνάστης. Dies ist eine Korruptel, durch den Einfluß von O' entstanden. Die Hs, Coislin 44, enthält wie 1173: δυνάστης.

δυνάστης ist sonst für C′ nicht eindeutig bezeugt: die beiden Zeugnisse bei *Field* zu *Prov xix 10, xxviii 16* sind nicht ganz schlüssig: *Prov xix 10* ist eine *kollektive* Lesart aus Morin. n. θ: οἱ λ′; *Prov xxviii 16* enthält in einer C′-Lesart des *Cod. 161* das Wort δυνάστης, wo es aber eher *Glosse* zu ἡγούμενος als echter Wortlaut des C′ ist. In *Is iii 2* überträgt Θ′ גְּבוּר durch δυνάστης nach Q, 710, Eus, Syh (C′ ἀνδρεῖος, A′ δυνατός, O′ γίγαντα καὶ ἰσχύοντα), ebenso in *Is ix 6 (5)* nach Eus com, dem, Chr (δυνατός nach Q, Syh) (A′ δυνατός, C′ δυνατός nach Q, Eus com, dem, Chr, Syh; O′ ἰσχυρός). C′ überträgt meistens durch ἀνδρεῖος, δυνατός.

διαλαλέω wird *nur von C′* gebraucht. Für שִׂיחַ ist διαλαλέω bezeugt in *Ps lxxvi 4b* nach 1175, 264 cat (264 mg: λαλέω), Eus, Tht; *lxxvi 7a* nach Eus, cat viii²⁷² (während *Ps cxlii 5c* in den *Hss* keine C′-Lesart überliefert ist, sondern bloß *Montfaucon* diese C′-Lesart irrtümlich dem *Drusius* zuschreibt. Da diese falsche Zuschreibung aber zu C′ in *Ps lxxvi 4b* paßt, hat *Field* die Lesart aufgenommen, siehe *Field* zu *Ps cxlii 5c*); für רָנַן *pi* in *Ps l 16b* nach Tht; für רָנַן *hitpol* in unserem V.

C′ übersetzt nach MT das *Partizip* durch ein *Partizip Präsens*.
ἐξ οἴνου (= O′) erfordert keine weitere Bemerkung.

Lesart 2

Die Lesart A′ ist aus *1175* bekannt bis auf das letzte Wort: ὄνειδος. *264 mg* bezeugt dieselbe Lesart wie 1175, aber statt A′ καὶ steht: σὺ κ (sic).

πλήγνυμι, bzw. πλήσσω für נָכָה ist bei A′ die gewohnte Wiedergabe, siehe oben *V. 51a*, E. 30, L. 2.
θλίβων für צַר bei A′, siehe *V. 42b*, E. 14, L. 2.

Die Lesart 1173 θλίβοντας αὐτοῦ *widerspricht freilich 1175, 264 mg*, wo θλίβοντας αὐτ᾽ (bzw. in 264 mg: αὐτὸν) A′ zugeschrieben ist. Da das Partizip θλίβων bei A′ sonst überall dort mit einem *Personalpronomen im Akkusativ* überliefert ist, wo צר mit Suffix vorliegt, da also A′ das Suffix als *Verbal-* und nicht als *Nominalsuffix* gedeutet hat, ist das αὐτοῦ hier in 1173 eine Ausnahme. Ist dies schon genug, um die Lesart von 1173 zu verurteilen? Wenn auf O′ geachtet wird, wo τοὺς ἐχθροὺς αὐτοῦ steht, ist freilich θλίβοντας αὐτόν *lectio difficilior*, und θλίβοντας αὐτοῦ ist dem Verdacht der *Kontamination durch O′* ausgesetzt. Es ist daher die Lesart von *1175 wahrscheinlicher,* und die von 1173 ist zu ihren Gunsten aufzugeben.

אָחוֹר ist bei A′ ὀπίσω im Gegensatz zu εἰς τὰ ὀπίσω bei O′. ὀπίσω für אָחוֹר ist bei A′ sonst überliefert in *Job xxiii 8* nach *Field*, Auctarium («Cod. 257 [praem. "Αλλος].»): es ist also eine anonyme Lesart, die freilich wohl dem A′ gehört, wie die Diktion zeigt: קֶדֶם = ἄρχηθεν, אַיִן = οὐχ ὑπάρχων, בִּין = συνίημι. (*Is i 4* ist in 710 eine anonyme Lesart mit ※ erhalten, die – trotz Q mit Sigel A′ – in dieser Form *nicht von A′* stammt: siehe *Lütkemann-Rahlfs*, S. 20, Anm. 8. *Is ix 12 [11]* ist A′C′ ἀπὸ ὄπισθεν nach 710.)

ὄνειδος ist *bei O′* oft Wiedergabe von חֶרְפָּה. Auch *für A′* ist diese Übersetzung nachgewiesen: *Ps xxxviii 9b* nach Eus ¹¹²¹ (= O′); *lxxxviii 42b* nach 1098 (= O′). Sonst gebraucht er auch ὀνειδισμός. An den Stellen mit ὄνειδος hat er einfach O′ *ohne zu rezensieren* übernommen. Siehe *Reider,* Index, S. 172.

Stand in den *O' des Exzerptors* statt ὄνειδος ὀνειδισμόν? Dies ist die Lesart in R. Dies ist möglich, denn warum hätte der Exzerptor noch dieses ὄνειδος bei A' angehängt, wenn es mit seinen O' identisch war? Anderseits setzen *V. 57b*, E. 43, L. 5; *V. 63b*, E. 49, L. 4 einen O'-Text des Exzerptors voraus, der *nicht* mit dem in R identisch ist.

Man könnte also annehmen, daß die *Abkürzung* von 1173 = 1122 *statt in* ὄνειδος in das häufigere ὀνειδισμός aufzulösen wäre. Dies scheint jedoch trotzdem weniger warscheinlich.

N. B. In 1173, fol 252a = 1122, fol 87b erscheint die Sigel: C', der eine Lesart A', durch ἄλλως eingeführt, vorangeht: es handelt sich um ein *Catenenglied aus Eus:* PG xxiii, c. 937, ll. 40–41, 44–47 (nicht ganz wörtlich) und *nicht um eine Lesart aus der Quelle der Hexaplafragmente.*

PS LXXVIII

Exzerpt 53. Vers 1d–2b

Lesart 1

Auf *welchen Unterschied* zu O′ bezieht sich diese Lesart Θ′Є′? Die *Wortwahl* ist dieselbe.

Im Psalter von 1173 steht ὡπορoφυλάκιον. Wäre es das o/ω in οπωρoφυλακιον (sic), dem die Lesart gälte? Kaum, denn es ist ja deutlich geworden (Einleitung, Kap. III und E. 47), daß der Exzerptor seine Auswahl an Hexaplalesarten nicht im Hinblick auf den Psalter von 1173 gemacht hat. Es ist somit höchst wahrscheinlich, daß dem Exzerptor ein *anderer Psalter* vorlag.

Wahrscheinlicher ist das εἰς intendiert, dem ὡς in O′ nach Bo Sa R″ *L*ᵃ (*L*ᵃ bedeutet 56–75 lukianische Hss bei Holmes-Parsons) und nach *Psalterium romanum* und *mozarabicum* gegenübersteht. Das *Psalterium gallicanum* liest «in» außer in Hs G, wo «ut» steht. Sollte die Lesart diesem *Unterschied*: εἰς *statt* ὡς gelten, so wäre der *verglichene O′-Text* des Psalters wohl nicht in den *hexaplarischen O′* (Psalterium gallicanum: «in»!), sondern *im* L- (oder R-) *Text* zu suchen. (Der Psalter von 1173 weist ebenfalls ὡς auf.)

Weder *Kennicott* noch *de Rossi* kennen die Variante כעיים.

Das Wort ὀπωρoφυλάκιον kommt in O′ nur in der Zusammensetzung ὡς ὁ. oder εἰς ὁ. vor. Zwischen beiden Ausdrücken schwankt die Überlieferung

ὡς scheint in unserm Vers und in *Mi i 6 ursprünglich*, denn für eine Rezension wäre es viel leichter, ὡς = ל in εἰς zu ändern als εἰς = ל in ὡς. Θ′Є′ haben demgemäß in unserer Lesart wahrscheinlich ὡς = ל durch εἰς ersetzt, um dem MT genauer zu entsprechen.

Lesart 2

Die Lesart gilt dem εἰς statt dem ὡς (siehe L. 1) und dem gewählten Wort ὀχεύματα = עיים. Dieses Wort wird in O′ nie verwendet. ὀχεία oder ὀχεῖον erscheint in *Eccli xxxvi (xxxiii) 6*, wo aber das hebräische Äquivalent nicht mehr erhalten ist.

In O′ wird עי durch ὀπωρoφυλάκιον (4 mal) übersetzt, und in *Job xxx 24, Is xvii 2* (MT = *Is xvii 1*) wird es nicht oder völlig frei wiedergegeben.

Die *Bedeutung* von ὄχευμα ist nach *Stephanus*, Thesaurus, s. v.: «Semen s. Genitura qua ὁ ὀχεύων implevit τὴν ὀχευμένην. ... Exp. etiam Coitus.» Der Sinn wäre hier vielleicht nach ς′: «*Ausschweifungen*».

Oder, wenn man hinter dem Wort ὄχευμα das Wort ὄχημα als ursprünglich erkennen wollte (vielleicht im Zusammenhang mit aramäischem עיים pa'el, das nach *Levy*, Wörterbuch, iii, 639b *fortbewegen*» bedeutet), wäre der Sinn des Ausdruckes: «*zum Wagenpark oder zum Reittierstall*».

Lesart 3

Die Lesart bezieht sich auf die *Wortwahl*. נתן = δίδωμι bei A′: siehe *Reider*, Index, s. v., S. 57; bei C′: *Hatch-Redpath*, s. v. O′ erschienen A′ und C′ als zu frei.

Lesart 4

Die Lesart ist deshalb interessant, weil sie ein besonders deutliches Beispiel für die *Übernahme einer O′-Übertragung* durch A′ ist, aber so, daß A′ sie noch *genauer mit MT* zur Deckung bringt (Singular bei A′ und MT, *Plural* bei O′!).

O′ übertragen נבלה hauptsächlich mit θνησιμαῖον, aber es kommt auch σῶμα, νεκρός u. a. vor. In *iii Regn xiii 30* steht in einem (in Syh asterisierten) Satzglied bei O′ nach A d e f m p q s t w y z: νεκριμαῖον (bzw. νεκρομ- bei A), aber nach x: θνησιμαῖον. νεκριμαῖον wird durch M dem A′ zugeschrieben in *Dt xiv 8* (O′: θνησιμαῖον). Sonst ist A's Wiedergabe von נבלה nirgend bezeugt. Ist die Überlieferung von M für *Dt xiv 8* richtig, so hat A′ נבלה teils *unrezensiert* aus O′ übernommen: θνησιμαῖον, teils hat er es durch ein eigenes Wort: νεκριμαῖον ersetzt.

Der Artikel τὸ repräsentiert die Akkusativpartikel: את, wie oben in *Ps lxxvii 56a*, E. 40, L. 2, wie es für A′ kennzeichnend ist.

Lesart 5

πτῶμα als Wiedergabe von נבלה ist für C′ sicher bezeugt: *Jer xvi 4, xliii (xxxvi) 30* nach 86; *Is xiv 11* nach 710 (Eus: στόμα, eine Verderbnis aus πτῶμα): siehe *Lütkemann-Rahlfs*, S. 96, Anm. 499.

Der *Plural* πτώματα bei C′ für נבלת *Singular* in MT findet sich desgleichen in *Jer xvi 4* nach 86: wohl im Anschluß an O′.

Das Syrische: נפילא.ם., welches *Field* mit τοὺς πεπτωκότας restituiert hat, entspricht wohl dem πτώματα, auch wenn Syh πτῶμα eher mit מפלתא überträgt, wie in *Jer xxxviii (xxxi) 40* A′C′, *Job xxxvii 16* O′, oder durch מפולתא, wie in *Job xvi 15, xviii 12, xx 5, xxxi 29, xxxiii 17, Prov xvi 18*: alle in O′; *Sap iv 18, Eccli xxxi (xxxiv) 6, xxxiv (xxxi) 16, Is viii 14, xxx 13, 14, li 19, Ba iv 33*: O′.

Lesart 6

Zunächst fehlt der *Artikel* vor δούλων σου entsprechend MT.

κατάβρωμα steht im *Singular* wie מאכל im MT, während O′ den *Plural* gewählt haben: freilich liest P. Bodmer xxiv: βρῶμα! Ebenso *Hieronymus* im Psalterium iuxta Hebraeos, aber hier mag es der Einfluß A's sein, der wie oft (siehe z. B. gerade V. 1d: לעיים = in acervis lapi-

dum!) *Hieronymus'* Übersetzung bestimmt. Ist das βρῶμα Singular in P. Bodmer xxiv ursprüng-
lich oder Rezension? Psalterium gallicanum enthält den Plural: «escas»: siehe unten L. 8: die
Einzahl erscheint als das Ursprüngliche in O'. (Übrigens vertritt R mit α,γ [= altlateinische
Versionen] und dem Psalterium iuxta Hebraeos den Singular!)

מאכל ist für A' bezeugt in *Prov vi 8* durch Field («Scholium apud Nobil. Aquilae nomen
praemittunt Codd. 161, 248.»): βρώματα αὐτοῦ. Der *Plural* und auch das *Suffix* machen stutzig,
denn hebräisch heißt es: מאכלה. Weder *Kennicott* noch *de Rossi* kennen hier Varianten. (In O'
heißt es: τὴν παράθεσιν.)

Das ähnliche מאכלת in *Is ix 5 (4)* nach 710 lautet bei A': κατάβρωμα.

אכלה ist für A' überliefert in *Ez xxix 5* nach 86: A'O' ※ κατά⟨βρωμα⟩. In *Ez xxiii 37* steht
die kollektive Lesart A'C'Θ' εἰς βρῶσιν nach 86.

אכל ist belegt in *Job xxxix 29* nach *Field*, Auctarium («Codd. 161, 248.»): βρῶμα, und syrisch
in *Os xi 4* nach Syh.

Obgleich die Zeugnisse für A', wie man sieht, *spärlich* sind, darf man die Vermutung wagen,
A' habe 1. auf dem *Niveau der Ez-Übertragung* אכלה durch κατάβρωμα ausgedrückt. Dabei hat er
sich O' angeschlossen, die in Ez diesen für Ez charakteristischen Begriff meistens mit κατάβρωμα
wiedergeben.

2. A' hat מאכל, מאכלת auf dem Niveau seiner andern Übertragungen durch κατάβρωμα
übersetzt, wie unser Vers und *Is ix 5 (4)* zeigen. (*Prov vi 8* ist vielleicht fehlerhaft überliefert
oder eine andere Übersetzung A's, der ja nicht sklavisch stets *nur eine* Übersetzung kennt.)

אכל heißt bei A' βρῶμα, wie *Job xxxix 29* zeigt. A' spezialisiert also אכל und מאכל, מאכלת
in βρῶμα und κατάβρωμα.

O' ihrerseits übertragen אכל fast durchwegs mit βρῶμα; gelegentlich kommt auch βρῶσις vor.

τὸ πετεινόν für עוף bei A' unterscheidet sich von O' durch den *Singular*.

In *Jer v 27* nach 86 hat A' עוף durch den *Plural* (= O') übersetzt. In *Is xvi 2* dagegen verwendete A' nach dem Zeugnis von 710, Q den *Singular* (= O'): und zwar im *Neutrum*, wie es
scheint, so daß A' nicht πετεινός, sondern πετεινόν gesagt hat: das Neutrum ist belegt in den
Papyri, siehe *Preisigke-Kiessling*, Wörterbuch, ii, Sp. 303, Z. 28, und siehe *Schleusner*, Thesaurus,
iv, S. 528.

Der *Artikel* τῷ, der gegen das Hebräische steht (status constructus), vertritt das
ל, siehe zu dieser Übersetzungsweise A's: *Barthélemy*, Devanciers, S. 17.

Die *Variante in 1122* ist durch Kontamination mit O' entstanden.

Die *Abkürzung* in 1173 ist vielleicht nur in τοῦ aufzulösen. Aber da A' שמים
durch οὐρανός wiedergibt, siehe *Reider*, Index, s. v., S. 179, wird er sich hier von O'
nicht unterschieden haben. So ist auch das sehr abkürzende Kompendium zu
erklären.

Lesart 7

βρῶσις für מאכל bei C' ist weiter bezeugt in *Ps xliii 12a* nach Eus[1121]. In *Prov vi 8* hat
C' nach Morin. n. v frei: τὰ δέοντα αὐτοῦ übersetzt. מאכלת in *Is ix 5 (4)* ist bei C' nach 710, Pr:
κατάβρωμα. βρῶσις dient C' auch zur Wiedergabe von אכל: so in *Ps lxxvii 30b* nach Eus. Daneben
steht für אכל bei C': τροφή in *Job xx 21* nach Field («Colb., Reg. unus. ...»); *Job xxxvi 31*
nach Field («Olymp. et 'omnes'.»); *Os xi 4* nach Syh, Hi[lat]; φαγεῖν in *Thren i 11* nach Q, Syh;
βορά in *Job ix 26* nach Field («Nobil., Olymp. et 'omnes'. ...»), Syh (= O').

Lesart 8

Eine andere Lesart Є' für מאכלת, מאכל, אכל oder אכלה ist nicht bekannt. Unsere Lesart gilt dem *Singular* an Stelle des *Plural* in den meisten O'-Zeugen (siehe oben L. 6 Anfang). Є' hat den *Singular*, der dem MT genauer entspricht.

Ist also der *Singular* Ergebnis einer bearbeitenden Hand oder *ursprüngliche Form* der O'? Da βρῶμα, bzw. βρώματα sich auf das vorhergehende θνησιμαῖα bezieht, ist der *Plural* eine *lectio facilior*, der *Singular* als schwierige Verbindung *lectio difficilior*. Є' repräsentiert somit entweder die *ursprüngliche Einzahl der O'*, oder eher: sie ist zu ihr zurückgekehrt durch *Rezension* einer Form der O', die die Einzahl bereits durch die Mehrzahl vertauscht hatte.

Exzerpt 54. Vers 2c

Lesart 1

In Entsprechung zu MT fehlt der *Artikel* vor σάρκας.

Der *Plural* σάρκας für בשר überrascht. In *Gn xli 2* nach M und in *Ps cxviii 120a* nach 1175, cat xvii[1135], cat x[1625, 1706] hat A' den Plural bei O' durch den Singular ersetzt.

In unserm Vers ist der *Plural* σάρκας *bei O'* allgemein vorhanden: in P. Bodmer xxiv, Psalterium gallicanum, auch in Psalterium iuxta Hebraeos. Weder bei *Kennicott* noch bei *de Rossi* ist übrigens eine Variante בשרי überliefert. Wir haben also wohl hier eine Stelle, da A' die Lesart der O' *unrezensiert* übernahm. Da es vorkommt, daß A' hebräische Singulare durch griechische Plurale (und umgekehrt hebräische Plurale durch griechische Singulare) wiedergibt, siehe *Reider*, Prolegomena, S. 36, so ist diese Übernahme des Plurals aus O' keine Unmöglichkeit bei A'.

Zur Übertragung von בשר bei A' muß der Vollständigkeit halber beigefügt werden, daß A' auch durch κρέας zu übersetzen pflegte, siehe *Reider*, Index, S. 140.

τῶν ὁσίων unterscheidet sich von O' durch das fehlende *Possessivum* σου. Überdies ist der *Artikel* τῶν bei A' überraschend. *Kennicott und de Rossi* kennen keine Varianten, die das *Suffix* ך nicht enthielten und dafür den Artikel hätten. Hat der Exzerptor, dessen Hauptinteresse auf das *Fehlen des Artikels* vor σάρκας ging, den Rest der Lesart unter dem Einfluß von O' kontaminiert überliefert?

ὅσιος = חסיד bei A': siehe *Reider*, Index, s. v., S. 176.

Exzerpt 55. Vers 3a

Lesart 1

Der *Artikel* fällt weg wie stets. Abgesehen davon ist wohl ὡς im Gegensatz zu ὡσεὶ von O' = L, Tht, 1219 gesetzt. Damit ist ein weiteres Anzeichen gewonnen, daß der *Exzerptor mit einem lukianischen Text des Psalters* verglichen haben könnte, siehe oben zu *V. 1d* in E. 53, L. 1.

Die *Wortwahl* erheischt keinen Kommentar, außer daß A' gegen MT כ *ohne Artikel* (wie O')
übertragen hat. כ mit Artikel in MT = ὡς ohne Artikel bei A' auch *Ps lxxvii 52 a, b* in E. 33,
L. 1 und E. 34, L. 4.

Wie ist die Abkürzung υ^δ aufzulösen? In jenen Fällen, da A' *allein* überliefert ist, finden
wir den *Plural* an folgenden Stellen bezeugt: *Ps xxviii 3a* nach 1098 (= O'!); *Ps xxxi 6b* nach
264 mg, 1098 (= O'!); *Ps xxxii 7a* nach 264 mg (= O'!); *Ps lxiv 10c* nach 1140 (= O'!); *Ps lxxiii
13b* nach Hi (= O' bei La^R Ga Hi; andere O'-Zeugen: Sg); *Ps lxxx 8c* nach 1173 ist A's Lesart
leider auch nur abgekürzt und akzentlos überliefert, so daß *die Zahl* nicht feststellbar ist, siehe
E. 90, L. 5: immerhin lesen O' (und C') den Singular.

Gleicht sich mithin A' bei der Übertragung von מים den O' an? Folgende Stellen scheinen
darauf hinzudeuten: als *Einzahl* wie bei O': *Is i 22* nach 710; *Is xxx 14* nach Q; *Na iii 14* nach
Bas N (hier könnte freilich ὕδωρ noch zum Texte des Lemmas der O', nicht zur eigentlichen
A'-Lesart gehören); *Job xxviii 25* nach Field («Nicet. et 'omnes'.»).

Aber wir stoßen auf Stellen, wo A' den Singular der O' durch den *Plural* ersetzt: so vielleicht in *Ps lxxiii 13b* nach Hi, wo der größere Teil der O'-Zeugen die Einzahl aufweist; *Is xix 5*
nach Eus; *Is xl 12* nach Eus, Hi^{lat}; *Is liv 9* nach 86.

Wo A' frei, d. h. ohne Vorbild der O' überträgt, scheint er überdies der *Mehrzahl* den Vorzug zu geben: so in *Is xiv 23* nach 710; *Is lvii 20* nach Eus, Pr, 86 (※, A'C'). Freilich steht in
«O'» von *iii Regn xiv 15* (※ nach Syh, c₂) umgekehrt die *Einzahl*, in einem Passus also, der
von Syh dem A' zugeschrieben wird und tatsächlich typisch aquilanische Züge an sich trägt.

In *Jer xv 18* hätte A' nach 86 ebenfalls den Singular wie O', aber *Ziegler*, Jeremias, z. St.,
zweifelt an der Richtigkeit der Sigel.

Die *syrisch* erhaltenen Zeugnisse erlauben kein Urteil darüber, ob A' im *Singular* oder
Plural übersetzte, da Syh beide Zahlen als Mehrzahl wiedergeben muß.

Die bei *Reider*, Index, s. v., S. 242, angeführten *Gn-Stellen* sind hier unberücksichtigt
geblieben, da sie bei *Brooke-McLean* fehlen. In *Gn i* ist jedoch *Philoponos* ein guter Tradent der
jüngeren Versionen. Nach ihm hat A' in *i 3, 6 (ter), 20* den *Plural* gegen den *Singular* bei O'
gewählt (*Philoponos* ist nach *Field* zitiert).

A' ist somit nicht völlig konsequent: obgleich er die Mehrzahl begünstigt, merzt er die
Einzahl nicht gänzlich aus. Ein Grund mag sein, daß der Kontext den Plural im Griechischen
manchmal nur schlecht ertrug, so z. B. in *Is i 22,* wo es sich um das in den Wein gegossene
Wasser handelt.

1173 oder bereits seine Quelle hatte abgekürzt, wahrscheinlich weil ihre O'
sich von A' nicht unterschieden. Andernfalls hätte der Exzerptor oder der Schreiber
wohl auch diesem Unterschied der Zahl zwischen O' und A' Rechnung getragen.
Daraus darf man mutmaßen, daß *bei A' hier die Einzahl* stand, da es in O' die varia
lectio ὡς ὕδατα nach *Rahlfs* und *Holmes-Parsons* nicht gibt. Auch P. Bodmer xxiv
bezeugt den Singular (ϒΔΩΡ').

Exzerpt 56. Vers 3b

Lesart 1

κυκλῶθεν oder κυκλόθεν (die richtigere Form, siehe *Liddell-Scott*, A Greek-English
Lexicon, s. v.) ist bei A' als Wiedergabe von סביבת überliefert in *Ex vii 24* durch
j, v, z, c₂.

In *Ps xxvi 6b* nach 264 mg ist סביבותי περικύκλῳ μου; in *Ps xliii 14b* לסביבותינו = τοῖς κύκλῳ ἡμῶν nach Chr (anonyme Lesart, aber durch Vergleich mit der lateinisch zitierten A′-Lesart bei Ambrosius als A′ identifizierbar).

οὐκ ἐστι für אין ist üblich bei A′: siehe *Barthélemy, Devanciers,* S. 67–68.

Der *Artikel* ὁ vor θάπτων in 1122 ist selbstverständlich ein Eindringling aus O′.

θάπτω als Äquivalent von קבר ist für A′ allein nicht deutlich und zweifelsfrei bezeugt, aber natürlich gut möglich, umsomehr als ja auch O′ so übersetzen. Das Nomen קבר ist überdies bei A′ τάφος, siehe *Reider,* Index, s. v., S. 234.

Lesart 2

C′ pflegt κύκλῳ mit dem *Genetiv* zu verbinden: so in *Ex vii 24* nach j, v, z, c₂; *Ps xxvi 6b* nach 264 mg; *xliii 14b* nach Eus[1121]; *lxxvii 28b* nach Eus; *Thren i 17* nach Origenes; usw. Es ist also hier ein κύκλῳ wie bei O′ vorauszusetzen, von dem ἱερουσαλημ *im Genetiv* abhängt, der durch τῆς zum Ausdruck gebracht wird.

C′ versieht manchmal den Namen ἱερουσαλημ *mit Artikel:* Ps lxvii 30a τῆς nach Tht, ThdMopsv[1133] (O′ ohne Artikel); *Ps cxxi 6a* τὴν nach Tht, 1175 (anon.), Chr (anon.) (= O′); *Is xxxvi 7* τῇ nach 86 ※ (A′C′Θ′), Q, Syh (bei beiden anonyme Lesart): die Lesart paßt gut zu C′; *Is lxii 7* τὴν nach Eus (O′ ohne Artikel); usw. Da O′ den Namen der Stadt oft *ohne Artikel* verwenden, ist vielleicht in manchen weiteren Lesarten C′s mit dem Verschwinden des Artikels unter dem kontaminierenden Einfluß der O′ zu rechnen.

οὐχ ὑπάρχω für אין bei C′ ist auch sonst bezeugt.

C′ hat hier אין durch ein *Imperfekt* wiedergegeben. Das erstaunt nicht, denn er übersetzt אין nicht immer *atemporal* durch das Präsens, siehe *Barthélemy,* Devanciers, S. 68, und er wählt gelegentlich *Imperfekte,* siehe Einleitung, Kap. IV, 2.

θάπτω ist wie gesagt Wiedergabe der O′ von קבר. C′ wird das Wort übernommen haben. Den Artikel der O′ hat auch C′ weggeschnitten.

Exzerpt 57. Vers 4a

Lesart 1

C′ hat im Unterschied zu O′ *Aorist Medium* statt *Passiv* gewählt, vgl. *Mayser,* Grammatik der griechischen Papyri, i, 2, § 78, S. 157, Z. 46–48: «Die passive Form (von γίνομαι Aor.) wird vom III. Jahrh. v. Chr. an immer mehr gebräuchlich, ... Höhepunkt im II. Jahrhundert; dann Rückgang wie es scheint.» *Thackeray,* A Grammar of the Old Testament, § 21, 6, S. 238–239. Siehe parallele Lesart unten *Ps lxxix 18a,* E. 84, L. 2.

C′ *bevorzugt* anscheinend das *Medium,* denn überall dort, wo O′ (und oft mit O′ auch die andern Übersetzer, A′, Є′, Θ′) das Passiv wählen, steht bei C′ das Medium: *Ps xxi 15c* nach Hexapla Taylor; *xxix 8b* nach 264 mg, 1098; *xxix 11b* nach 264 mg, 1098 (O′ Passiv außer in 1098; ebenfalls Medium bei A′, Θ′, Є′, Ϛ′ nach 264 mg und 1098); *xxx 12a* nach 264 mg (A′C′); *13b* nach 264 mg (A′C′); *xxxii 9a* nach 264 mg (auch A′ Medium); *xliv 17a* nach Eus[1121]; *lx 4a* nach Eus; usf. Darin ist C′ sehr konsequent.

ὄνειδος steht wie bei O′ sehr oft, so auch bei C′ für חרפה‎: *Ps lxviii 11b* (auch hier übrigens ἐγένετο bei C′ statt ἐγενήθη bei O′!); *lxxiii 22b* nach Eus; *Ps lxxxviii 42b, 51a* (ὄνειδον) nach 1098; *Is xxv 8* nach Eus; wohl auch *Is lxiv 11* (10) nach 86, Eus (wiederum ἐγένετο bei C′ an Stelle von ἐγενήθη bei O!), obgleich MT jetzt חרבה‎ enthält: bei *Kennicott* lesen zwei Hss: 224, 264: לחרפה‎, bei *de Rossi* die Hs 20 und die Biblia Brixiensis 1494. Siehe unten E.75, L. 2.

Einige Zeugen von O′: B R La^R La^G und das Psalterium romanum lesen oder setzen voraus: εἰς ὄνειδος. Es läßt sich nicht nachweisen, ob dieser Text dem Exzerptoren vorlag.

Exzerpt 58. Vers 4b

Lesart 1

Die Familie μυχθίζω, μυχθισμός trifft man nur unter der Feder A′s an: das *Verbum* in *Ps ii 4a* nach 1175; μυχθισμός in *Ps cxxii 4b* nach cat xvii[1047, 1135, 1139], cat x[1625, 1706], Chr (anon.) (cat xvii, Chr: μοχθισμοῦ statt μυχθισμοῦ; bei Chr haben *alle* Hss μοχθισμοῦ, *nur* K und die *Ausgabe Gaume*, t. v, S. 412, l. 33 = PG lv, c. 352, l. 42 lesen μυκτηρισμοῦ. Schon *Montfaucon* und *Field* nach ihm nahmen μυχθισμός an); *Os vii 16* nach 86. Diese griechische Wortgruppe entspricht לעג‎, Verb und Nomen.

In *Ps xxxiv 16a* nach 1098 steht bei A′ für לעגי‎ (Substantiv) λέξεων: siehe *Mercati*, Osservazioni, S. 217–218.

קלס‎ = πομπή bei A′: siehe *Ps xliii 14b*: hier haben wir denselben Vers wie den vorliegenden: לעג וקלס לסביבותינו‎. O′ lauten hier: μυκτηρισμὸν καὶ καταγέλωτα τοῖς κύκλῳ ἡμῶν. Chr gibt eine seiner *anonymen* Lesarten: ἄλλος λέγει πομπὴν τοῖς κύκλῳ ἡμῶν. *Ambrosius* zitiert auf lateinisch: «pulchre posuit Aquila: 'spretionem et pompam posuisti nos his qui in circuitu nostro sunt'». Es unterliegt wohl keinem Zweifel, daß die beiden Lesarten bei Chr und Ambrosius *identisch* sind.

In *Hab i 10* קלס‎ *hitp* gibt Syh für A′: נזדיח‎ .א. *Field* notiert zur Stelle: «Aquilae versionem Chaldaico-Syriacum קלס‎ *laudavit, celebravit*, respicere quivis videt». Das syrische Wort bedeutet im 'ethpa'el «(im Triumph) geführt, gefahren werden», זויחא‎, זוויחא‎ bedeutet πομπή, siehe *Payne – Smith*, Thesaurus, i, Sp. 1099, 1100.

Das Wort ist *typisch für A′*, denn nur er gebraucht πομπή, πομπεύω. (*Sap iv 2; ii Mak vi 7* kennen πομπεύω. Sonst kommt das Wort in O′ nicht vor.)

Es wird einleuchtend, warum A′ das Wort πομπή, πομπεύω als Übersetzung von קלס‎ gewählt hat, sobald man der Bedeutung von πομπεύω im Griechischen nachgeht: «im Festzug mitschreiten, den feierlichen Triumphzug führen, im Triumphzug geführt werden», aber auch: «schmähen, beschimpfen». Ebenso enthält das Wort πομπεία diesen *doppelten Sinn*: «Umzug, Fest-, Triumphzug», und: «Schmähung, Beschimpfung, Verunglimpfung», siehe *Stephanus*, Thesaurus, vii, c. 1458, 1459–1460, *Liddell-Scott*, A Greek-English Lexicon, S. 1446–1447.

Im späteren Hebräischen und Aramäischen besaß nun קלם‎ die Bedeutung von: «feiern, loben», im *biblischen* Hebräisch ist der Sinn jedoch: «verspotten, höhnen». A′ suchte ein griechisches Wort, das ähnlich *doppelsinnig* war wie קלם‎ zu seiner Zeit, und er fand es in πομπεύω, πομπεία. Er gab, so scheint es, auch dem Begriff πομπή diesen Doppelsinn: «Triumph, Feier» und «Schmach, Beschimpfung».

Lesart 2

C' hat לַעַג auf ganz *verschiedene* Art und Weise übersetzt, wie übrigens schon O'. In O' finden wir in der Tat die Wurzeln (ἐκ-)μυκτηρίζω, (ἐκ-) (κατα-)γελάω, ἐξουδενόω, φαυλίζω, καταμωκάω, καταχαίρω und ὄνειδος.

Bei C' finden wir φθέγμα für לַעַג Nomen in *Ps xxxiv 16a* nach 1098, Eus[1121]; φθέγγομαι für das Verb in *Os vii 16* nach 86, Syh; ἐπιφθέγγομαι in *Ps lviii 9b* nach Eus (in Coislin 44: ἐπιφθέγξει, während die Ausgabe Montfaucon, PG xxiii, c. 544, ll. 2–3 unglücklicherweise verderbt ἐπιφράξει enthält); προπηλακισμός (ein ἅπαξ λεγόμενον im griechischen Alten Testament) in *Ps xliii 14b* nach Eus[1121]; καταφλυαρέω in *Jer xx 7* nach 86; διάλεκτος in *Is xxxiii 19* nach Eus, 86. Fraglich ist das Zitat in *Job xxi 3* nach Field («Olymp. et 'omnes'.»): στήσετε für לַעַג hif und *Is xxxvii 22*, wo nach 86 bei C' ἐχλεύασεν steht, aber ἐξεφαύλισε nach Eus (O' ἐμυκτήρισε).

Für unsern V. ist jedoch bemerkenswert, daß *Ez xxiii 32* nach Syh ולממללא «in locutionem» aufweist; *Ps cxxii 4b* nach Tht, cat xvii[1047, 1135, 1139], cat x[1625, 1706], Chr (anon.): ἐπιλαλούντων. Das ἐπιλάλημα ist also gut möglich, ja vielleicht ist das Syrische in *Ez xxiii 32* in ἐπιλάλημα zu restituieren.

χλευασμός ist Wiedergabe von קֶלֶס bei C' auch in *Ps xliii 14b* nach Eus[1121] Während es in *Ps xliii 14b* unwahrscheinlich ist, daß C' in O' χλευασμός vorgefunden hatte (siehe *Rahlfs*, Septuagintastudien, ii, S. 217), hat er in unserm Vers bloß die Übersetzung von O' zur eigenen gemacht.

Lesart 3

περικύκλῳ mit vorgesetztem Artikel und folgendem Genetiv findet sich oft in O' als Wiedergabe von סְבִיבַת mit *vorgesetztem* אֲשֶׁר, so z. B. in *Dt vi 14, xiii 7 (8), Jos xix 8* nach ΑΝΘ und andern Hss, usw., mit vorgesetztem מִן *Ez xxviii 24*, oder als Übersetzung von סָבִיב mit *vorgesetztem* מִן, so z. B. in *Ez xxxvi 4* nach L'' Bo Aeth Arab Tht Arm, *xxxvi 7, xxxvii 21*, usw., oder mit vorgesetztem לְ: so in *Da ix 16*.

Bei Θ' ist περικύκλῳ *ohne* vorgesetzten Artikel, aber mit folgendem Genetiv überliefert in *Ez xxxii 23* nach Q[txt] (※) (in O', aber mit ※ O 449 86 Hi) für סְבִיבוֹת, *mit* vorangestelltem Artikel und folgendem Genetiv in *Da ix 16* für לְכָל־סְבִיבֹתֵינוּ (= O'): ἐν πᾶσι τοῖς περικύκλῳ ἡμῶν. Diese letzte Stelle ist unserm V. ganz ähnlich.

Exzerpt 59. Vers 5a

Lesart 1

In *Nu xxiv 22* ist syrisch überliefert: ... עדמא לאנש ... .א. = «usque ad quendam» für עַד־מָה. In *Ps lxxviii 47a*, wo der hebräische Text lautet: לַנֶצַח ... עַד־מָה gibt A' nach 1098, Eus in palästinischer Catene (Hs Pat 215: anonym; Hs 1675: Eus): ἕως τίνος ... εἰς νῖκος (Eus[com]: ἕως πότε ... εἰς νεῖκος). Die indirekte Überlieferung in der palästinischen Catene verdient den Vorzug, da das πότε sicher aus O' eingedrungen ist.

לַנֶצַח ist bei A' εἰς νῖκος, siehe *Ps xlviii 10a* nach 1098, 1175, cat x[1625, 1706], 1121 (Lesart unter der Sigel: Eus, Tht, Kyrillos), *lxxiii 1b* nach 1175, 264 mg (anon.); usw. Bekannt ist schließlich die Übersetzung A's: מְנַצֵּחַ = νικοποιός, siehe *Reider*, Index, S. 163.

Für unsern Vers liefert *Syh* übrigens eine Bestätigung mit לזכותא .א. = εἰς νῖκος.

אָנַף ist θυμόομαι passiv bei A' auch in *Ps lix 3b* nach Eus (Eus zitiert diese Lesart A' an *zwei* verschiedenen Stellen seines Kommentars: PG xxiii, c. 553, l. 52 u. c. 557, l. 55) (cat x[1625], [1706]: θαμβηθείς, eine verderbte Form von θυμωθείς). Auch O' übersetzen אָנַף durch θυμόομαι in *Dt i 37, iv 21, ix 8, 20, iv Regn xvii 18, ii Chr vi 36* nach b e₂, sonst aber durch ὀργίζομαι.

Auf dem Niveau der *Jer-Übertragung* hat A' קָצַף durch θυμόομαι übersetzt: *Jer xliv (xxxvii) 15* nach 86.

Exzerpt 60. Vers 5b

Lesart 1

A' überträgt die *Wurzel* בָּעַר wie folgt: בָּעַר *qal* ist ἀνάπτομαι Medium oder Passiv: *Ex iii 2* nach M, j, v, z, c₂; *Ps lxxviii 47b* nach 1098; *Is i 31* A'C' nach Q; *Is lxii 1* nach Eus. Dazu paßt die *vorliegende Lesart* vortrefflich. Unten in *Ps lxxii 15a*, E. 130, L. 1, überliefert uns 1173 aber auch ἀνάπτω *Aktiv* für בָּעַר qal. Dieses ἀνάπτω Aktiv hat bei A' nicht etwa intransitive Bedeutung «brennen», denn an jener Stelle regiert es ein Objekt.

Die Rückübersetzung *Fields* aus Syh ζωπυρῶν in *Os vii 6* ist bei diesem Gesamtbild von A's Wiedergaben unwahrscheinlich.

ἀνάπτω ist übrigens eine Übersetzung, wenn auch eine seltene, der O' für בָּעַר qal: so in *Thren ii 3c*: O' der *Thren* gehört zur *Gruppe* καίγε, siehe *Barthélemy*, Devanciers, S. 47! O' gebrauchen sonst vorwiegend καίω, ἐκκαίω, ἀνακαίω, κατακαίω in aktiven und passiven Formen.

In der *Jer-Ez-Schicht* hatte sich A' allem Anschein nach noch nicht auf ἀνάπτ- *Aktiv* oder *Medium/Passiv* = בָּעַר qal festgelegt. Denn ἀνάπτω *Aktiv* für נָפַח *hif* ist dem A' zugeschrieben in *Ez xxi 31 (36)* bei 86, ἀνάπτομαι Passiv für יָצַת *nif* in *Jer xxviii (li) 58* bei 86 (A'C').

בָּעַר *pi und hif* erscheint mit großer Konstanz als ἐπιλέγω bei A': so in *iv Regn xxiii 24* (pi'el) nach Burkitt; *Dt xxi 21* (hif'il) nach v; *xxiv 7* (hif'il) nach v, Syh; *xxvi 13* (hif'il) nach M,v; *xxvi 14* (hif'il) nach M. Für *pu'al* finden wir ἐκκαικαυμένη, zu ἐκκεκαυμένη verbessert, für A'C' in *Jer xliii (xxxvi) 22* nach 86 überliefert: dies ist wohl möglich, zumal es sich um die Jer-Ez-Schicht handelt; Syh gibt die Lesart unter *A' allein.*

Steckt in der *syrischen A'-Lesart* zu *Nu xxiv 22* (pi'el) ebenfalls ἐπιλέγω? *Field* hat dies jedenfalls angenommen und entsprechend rückübersetzt.

Es bleibt nur noch die aus dem Rahmen fallende Wiedergabe von *Is iii 14* nach 710: κατανέμομαι. Zunächst möchte man sie als falsch abweisen. Aber 1173 liefert eine *Parallele*, freilich mit *falscher Sigel C'* und mit dem *hebräischen Verb* רָעָה statt בָּעַר: siehe unten *Ps lxxix 14b*, E. 80, L. 4! Weiter ist es bekannt, daß A' בָּעִיר durch «Vieh» überträgt wie O' und C'. Gewiß gibt es keine *griechische Lesart A'* für eine der fünf Stellen, da בָּעִיר im Alten Testament zur Verwendung gelangt. Aber in *Gn xlv 17* läßt *Syh* wenigstens soviel erkennen, daß A'C' *beide* durch «Vieh» übertrugen. Es ist daher gegeben, bei A' eine Auffassung von בָּעַר anzunehmen, in der בָּעַר von בָּעִיר *denominiert* ist und also die Bedeutung von: «*abweiden, abgrasen*» (vom Vieh gesagt) erlangt.

בָּעַר *pi* heißt also bei A': 1. *herauslesen* im Sinne von «ausreißen, wegschaffen, entfernen»; dies ist auch der Sinn von בָּעַר hif. 2. «*abweiden, abgrasen*», dies ist denominiert von בָּעִיר.

Ein *vierter Sinn* der Wurzel בָּעַר für A' (wie schon für O') ist jener von «*Dummheit, Dumpfheit*», den A' durch ἀσύνετος und *Derivate* zum Ausdruck bringt: das *Adjektiv* in *Ps xlviii 11a* nach 1098; *Ps lxxii 22a* nach 1140 (ἀσύνθετος statt ἀσύνετος!); *Ps xci 7a* nach 264 cat, Taylor; *Prov xxx 2* nach Morin. n. ψ zu Prov xxiv. Das *Verb* auf *syrisch* in *Jer x 8*, aber mit Sicherheit in seiner *griechischen Form* erkennbar, da die *A'-Lesart* in *L'* als *asterisierter Passus* übernommen wurde: sie lautet dort ἀσυνετίζω.

ὁμοίως = כמו ist das Übliche bei A', siehe *Reider,* Index, s. v., S. 172.

Bei ζῆλος fehlt im Unterschied zu O' der *Artikel,* wie zu erwarten war. In der *Wortwahl* hat sich A' nicht von O' abgesondert.

A' verbindet ὁμοίως sehr oft mit dem *Dativ,* wohl aus Gründen des griechischen Sprachempfindens: z. B. *Ps xxviii 6b* nach 264 mg; *lvii 9a* nach 1175; *lxxvii 69a* nach Eus, 1175 (mit einer Verderbnis); *lxxxvii 6a* nach Eus; *lxxxviii 47b* nach 1098; usw.

Lesart 2

Θ' scheidet sich von O' nicht in der *Wortwahl,* sondern in der *Verbalform.*

Θ' scheint die Übersetzung von בער bei O' zu *vereinheitlichen,* insofern als er anscheinend hauptsächlich ἐκκαίω und ἐκκαίομαι für בער gebraucht: so ändert er für בער pi einfaches καίω in *Ez xxxix 9* O' in ἐκκαίω nach Q^txt ※, und ἐκκαίομαι für בער qal erscheint bei ihm sonst in *Jer x 8* ※ nach Q, 86, in unserm *V. 5b* und vielleicht ἀνακαίομαι in *Os vii 6* nach Syh (ὁμοίως τοῖς O', die hier nämlich ἀνακαίομαι ohne *varia lectio* lesen). Für בער hif ist ἐξαίρω (= O') bezeugt in *Dt xxi 21, xxiv 7* O'C'Θ' nach v; *xix 13* nach Syh ^mg (O' καθαίρω).

Θ' versteht hier das hebräische Imperfekt als *Jussiv* und übersetzt es durch *Aorist Imperativ passiv 2.* Eine ähnliche Deutung eines hebräischen Imperfektes als Jussiv im Gegensatz zu O' fanden wir oben in *Ps lxxvii 65a, E. 51, L. 3.* In *Ps lxxvii 65a* fällt der *Imperativ* des Θ' aus dem Zusammenhang, denn der Sinn des ganzen Abschnittes berichtet von etwas Vergangenem und verlangt die Vergangenheit, während der Imperativ hier in unserm Vers sinnvoll ist. Θ' wollte möglicherweise an beiden Stellen, da von Gottes Erwachen und Entbrennen zum Zorn die Rede ist, durch die Jussivform eine *Distanz* schaffen, die den *Anthropomorphismus* des göttlichen Zorns mildert. Denn man tritt Gott sozusagen weniger nah, wenn man ihn auffordert, zu zürnen, als wenn man feststellt, daß er tatsächlich gezürnt hat.

Exzerpt 61. Vers 6a–b

Lesart 1

ἔκχεον ist die Form von O'; שפך ist sowohl bei O' wie auch bei A' durch ἐκχέω wiedergegeben, für A' siehe *Reider,* Index, s. v., S. 77: aber die dort gegebenen Lesarten (von der fraglichen Stelle *Jer vi 11* abgesehen und vor allem mit Ausnahme von *V. 10c* unten: siehe E. 71, L. 2!) sind alle *kollektiv.* Dennoch spricht nichts gegen die Wahrscheinlichkeit, daß A' wie O' שפך übertragen hat (siehe *Lütkemann-Rahlfs,* S. 66, Anm. 298).

χόλος ist die von A' erkorene Wiedergabe von חמה, siehe oben *Ps lxxvii 38d, E. 6, L. 3.*

1173 enthält χόλον σοι, das einer hebräischen Vorlage חמה לך entsprechen würde. Bei *Kennicott* und *de Rossi* gibt es diese Variante nicht. Obgleich σοι *lectio difficilior* ist verglichen mit σου (= O'!), und 1122 von kleinem Gewicht gegenüber 1173 ist, muß man doch mit einem *Versehen von 1173* rechnen (von υ zu ι ist der

Übergang ja leicht). Zwar findet man auch in den *Taylorschen Fragmenten* in *Ps xc 9a,
xci 9a, ci 28a* den Fehler, daß σοι statt συ steht. In beiden Fällen, sowohl σοι statt
σου als auch σοι statt σύ, handelt es sich um *orthographische Schreibversehen*: siehe
Thackeray, Grammar, § 6, 41, S. 94, und *Ziegler,* Jeremias, S. 114; *Ziegler,* Ezechiel,
S. 70. Bei *Taylor,* Cairo Geniza Palimpsests, S. 74, ist σοι als *Verwechslung für* συ
erklärt. In 1098 (*Ps xxx 4a, 5b; xxxi 7a; lxxxviii 27a, 39a*) und in 264 mg (*Ps xxx 4a;
xxxi 5d*) steht immer σύ für אתה. Haben die Fragmente Taylor eine *Besonderheit A's*
bewahrt? Wie dem auch sei, der Fall in unserm Vers ist *verschieden*: es geht um σου
statt σοι. Hier ist ein *Versehen* des Schreibers wahrscheinlich.

Lesart 2

Diese und die folgende Lesart tragen in 1173 die Sigel Є' für zwei Übersetzungen
des gleichen hebräischen Ausdruckes. Eine der Sigel ist *falsch.*

θυμός ist Übertragung von חמה *bei C'*: siehe oben *Ps lxxvii 38d,* E. 6, L. 4. Freilich kennt
C' auch die Wiedergabe von חמה durch gelegentliches ὀργή: so *Ps vi 2b* nach 1175 (= O'); *Is
li 20* nach Eus; *Is lxiii 3* nach Eus.

ὀργή ist oft Ausdruck von חמה *bei O'* und *für* Є' bezeugt in *Ps lxxxviii 47b* nach 1098
(O' ὀργή, C' θυμός!).

Außerdem läßt Є' bisweilen den *Artikel* vor einem Wort mit Possessivum weg, siehe Einleitung, Kap. IV, 4 und unten *V. 6b,* E. 62, L. 3.

ἐπιχέω ist indessen nie für C' überliefert. O' haben das Wort mehrmals gebraucht, jedoch
nirgends als *Äquivalent von* שפך. A' und Θ' sind je einmal bezeugt: A' in *Dt xxviii 53* nach M
für צוק (die Lesart ist auf θλίψει = Verbum [2°], nicht – wie *Brooke-McLean* nach M angeben? –
auf das vorhergehende θλίψει = Nomen [1°] zu beziehen); Θ' in *Job xxxvi 27* ※ nach Field für זקק.

Im übrigen ist das Fehlen eines weiteren Beleges ἐπιχέω = שפך kein entscheidender Einwand gegen die Zugehörigkeit der Lesart zu C'. Denn die *Übersetzungen* von שפך, das in MT mehr
als *100 mal* vorkommt, sind in nur *geringer Zahl* auf uns gekommen. Für *C'* gesondert gibt es,
unsere Stelle in 1173 mitgerechnet, bloß *5 Zeugnisse*: 2 mit ἔκχεω in *Ps xxi 15a* nach Hexapla
Taylor; *Jer vi 11* nach 86; 1 mit λύω (sic) in *Ps lxxii 2b* nach Tht; 1 mit διαχέω in *Ps xli 5a* nach
ThdMopsv [1717], Pseudo-Diodor in cat v = 142, cat x [1625], [1706].

C' ist der einzige, der διαχέω *für* שפך verwendet; bei O' steht es nie für שפך.
Obgleich C' meistens ἔκχεω wie O' gebraucht haben wird, ist es doch bester sym-
machianischer Stil, hie und da seine Wiedergabe zu *variieren.* Hat er διαχέω gebraucht, so mag er sich auch des Wortes ἐπιχέω bedient haben.

Ist der *Imperativ Präsens*: ἐπίχεε ein *Indiz* zugunsten von C' oder von Є'?

Die *Statistik der Imperativ-Übersetzungen* in der Einleitung, Kap. IV, 2, b, legt
es näher, die vorliegende Lesart mit dem *Präsens Imperativ für* C' in Anspruch zu
nehmen als für Є'.

Etwas abgeschwächt wird diese statistische Wahrscheinlichkeit jedoch dadurch, daß bei
O' nach *Rahlfs* die Hs 55 ebenfalls *Präs Imp*: ἔκχεε enthält, eine Lesart, die in 1173 der ς'
zugeschrieben wird, siehe unten L. 4. Hat nämlich ein Teil der O'-Überlieferung Präs Imp
gelesen, wäre es ja möglich, daß auch der O'-Text, der Є' vorgelegen hatte, zu dieser Überlieferung
gehört hätte.

Ein weiteres Argument, die Lesart C′ zuzuschreiben, ist jedoch auch das folgende: Die *Präpositionen* אל in *V. 6a* und על in *6b*, die vom Verb שפך abhangen, sind bei C′ durch *präpositionslose Dative* übersetzt (siehe unten L. 6, folgendes E., L. 2). Diese Dative ohne Präposition erklären sich am besten, wenn sie von einem Verb abhangen, das nicht nur *den Dativ regiert,* sondern *die Präposition selber enthält.* ἐπι-χέω bei C′ ist ein solches Verb. Es gibt שפך mit אל und על *griechischer* wieder als ἐκχέω ἐπί der O′. Die Eleganz der Wendung ist des C′ würdig (siehe auch unten L. 6).

Alles in allem: die vorliegende Lesart ist am wahrscheinlichsten dem C′ zuzuschreiben.

Die Folge der Lesarten A′, C′, Є′ ist übrigens ja die normale Reihenfolge.

Lesart 3

Siehe die Lesart 2. Der Unterschied von Є′ zu O′ besteht in der Wegnahme des *Artikels.*

Lesart 4

Diese ς′-Lesart entspricht einer Variante in O′ nach Hs 55, siehe *Rahlfs.* Sie enthält *Präs Imp* statt *Aor Imp.*

Da es den Anschein macht, daß die *Rezensionstendenz* auf die Ausdehnung des *Aor Imp* auf Kosten des *Präs Imp* hinausläuft, siehe Einleitung, Kap. IV, 2, b: besonders bei Є′ ist dieser Hang zu beobachten, vielleicht auch bei Θ′, so könnte die Lesart ς′ einer ältern verdrängten O′-Form entsprechen, die auch in 55 erhalten geblieben wäre.

Lesart 5

Die *Wortwahl* dieser A′-Lesart spiegelt den üblichen Sprachgebrauch dieses Übersetzers wieder: siehe אל = πρός mit Akk: oben *Ps lxxvii 54a,* E. 36, L. 1; unten *V. 12a,* E. 74, L. 5. גוי = ἔθνος, ידע = γινώσκω: *Reider,* Index, ss. vv., S. 66, 48.

Das *hebräische Relativum* drückt A′ oft mit Hilfe des griechischen *Relativpronomens* aus: siehe oben *Ps lxxvii 42a* in E. 14, L. 1; unten *V. 6b,* E. 62, L. 1; *Is ii 1* nach 710; usw.: vgl. *Reider,* Index, S. 176.

Die Lesart gilt vor allem dem *Relativsatz* bei A′, der genauer den hebräischen Relativsatz abbildet als die Partizipialkonstruktion in O′.

Lesart 6

Wie A′ so deckt sich auch C′ weitgehend mit O′ in der *Wortwahl.* Anders als O′ hat jedoch C′ das אל durch den *präpositionslosen Dativ* ausgedrückt, wie C′ gelegentlich zu tun pflegt: *Ps xxx 7b* nach 1098; *Ps lv 4a* nach 1175, cat xvii[1047, 1134, 1135, 1139], Eus, Tht. Analog dazu ist אל bei C′ ebenso – entsprechend dem verwendeten Verbum – mit *präpositionslosem Akkusativ* übertragen, z. B. *Ps xxvi 14c* nach 264 mg; *Ps lx 3a* nach Eus; *lxv 17a* nach Eus, Tht, oder mit *präpositionslosem Genetiv,* z. B. in *Ps xc 10a* nach Eus[com, dem].

In *Ps xxvi 14c, xxx 7b, lx 3a, lxv 17a, xc 10a* hat C′ die hebräische *Präposition* in einem *verbum compositum* übersetzt, d. h. in einem Verb, das die *Präposition enthält*. Die Verwendung des Kompositums statt des einfachen Verbs beruht bei C′ also oft auf diesem Wunsch, die hebräischen Präpositionen in einem *möglichst griechischen* Satz aufgehen zu lassen.

Von O′ hat C′ die *Partizipialkonstruktion* übernommen. *Relativsätze* pflegt C′ mitunter durch ein Partizip (*Participium attributivum, coniunctum, absolutum*) ins Griechische zu übersetzen, siehe oben z. B. *Ps lxxvii 43a*, E. 15, L. 2 (Gen. abs.) und *Is xxix 22* nach Eus (86: A′C′Θ′) (attributives Ptz); *Is li 23* nach Eus (Part. coniunctum); usf., und er wiederholt oder setzt bisweilen den Artikel, um das Relativum auszudrücken: z. B. *Is vii 18* A′C′ nach 710; *Is xxvii 1* nach Eus, Syh, und unten *V. 6b*, siehe folgendes E., L. 2; usw.

Lesart 7

Zwei Unterschiede zeichnen ϛ′ vor O′ aus: das erkorene *Wort* ist ἐπιγινώσκω und die gewählte Form das *Perfekt Partizip*.

In der *Wortwahl* stimmt ϛ′ mit 55 überein, siehe *Rahlfs*, wo ἐπιγινώσκοντα steht.

In *Wortwahl* und *Form zugleich* ist diese Lesart der ϛ′ identisch mit B, wo auch ἐπεγνωκότα vorliegt.

P. Bodmer xxiv liest: ἐγνωκότα.

Die Ersetzung des *griechischen Perfektes* durch den *Aorist* oder durch das *Präsens* kommt auch in der Rezension vor, welche in den vier Königsbüchern einige Sektionen bearbeitet hat: siehe *Barthélemy*, Devanciers, S. 91–143.

Da aber unser Psalmvers *im Hebräischen* ein *Pf Ind* enthält, hätte eine konsequente Rezension (wie A′) nicht nur das *Pf* in ein *Präs*, sondern auch das *Ptz* in eine *konjugierte Verbalform* verwandelt. Die Variante ἐπεγνωκότα mag den alten O′ zugehören. Dafür spricht das ἐγνωκότα in P. Bodmer xxiv.

Exzerpt 62. Vers 6b

Lesart 1

A′ hat hier מַמְלָכָה durch βασίλειον übersetzt. Diese Wiedergabe A′s erscheint in *iii Regn iv 19* in A, x, armenische Übersetzung als O′; in Syh mit ※ als A′C′; in *iii Regn xiv 8* in A d e (f)mp-tw–armenische Übersetzung als O′; in c₂, Syh mit ※, wobei ein Scholion in Syh die Stelle dem A′ zuschreibt (der Stil des Satzes: καὶ ἔρρηξα σὺν τὸ βασίλειον = ואקרע את־הממלכה וג׳ bestätigt die Autorschaft A′s eindeutig); und in *iv Regn xv 19* in A x y arm als O′, in Syh mit ※ als A′. Unser V. ist ein weiterer Beleg für die Übersetzung βασίλειον = מַמְלָכָה bei A′! Zum Ganzen siehe die gründliche Erörterung bei *Mercati*, Osservazioni, S. 335–336 (zu A′ in *Ps xlv 7a*).

Freilich hat *Mercati* die Stelle *Ps ci 23b* bei Taylor, wo και βασιλεις (wie in *Ps xlv 7a* nach 1098!) für וּמַמְלָכוֹת steht, nicht in Betracht gezogen. *Burkitt* in *Taylor*, Cairo Geniza Palimpsests, S. 82 schrieb zu dieser Stelle: «There are some apparently accidental old ink marks in the MS., and such may have been the dots over ... α (sc. über βἄσιλεις) here. But the latter (sc. über α) serve to call attention to βασιλεις, in lieu of which the Hebrew requires βασιλειας. On the left edge of the vellum is perhaps a slight trace of a variant.»

Hinzu treten drei weitere *auffällige* Übersetzungen: *Jos x 2* nach *b*, Syh (vid): οἱ λ' πόλεων τῶν βασιλέων (sic!) für עָרֵי מַמְלָכָה; *Jer xxviii* (*li*) 27 nach 86: *C'* βασιλεῖς (sic!) für מַמְלָכוֹת; *Jer xxxiv* (*xxvii*) *1* nach 86, Q: *A'* ※ ἐν ἀρχῇ βασιλέως (sic!) für בְּרֵאשִׁית מַמְלֶכֶת. Nun zeigt ein Blick in O', daß an diesen drei Stellen ein Teil der *O'-Überlieferung* schon βασιλεύς dem Wort מַמְלָכָה hatte entsprechen lassen:

Jos x 2: μητροπόλεων τῶν βασιλέων lesen: GMbcei a? jkqrv(mg)x arm aeth syr. (Die Lesart οἱ λ' in *b*, Syh gilt damit vielleicht nur dem einfachen πόλεων statt μητροπόλεων!)

Jer xxviii (*li*) 27: βασιλεῖς steht bei O' in Hss: B-S-239-410 407 490 534 aeth Tht^p; βασιλείας: 311; βασιλείαι: 538; βασιλείαις: rell. Die Lesart C' hat sich begnügt, O' *unrezensiert* zu übernehmen. Sie gilt wohl vornehmlich dem מֶנִי, das als *Eigenname:* μενει verstanden ist: siehe die *parallelen Lesarten* von A', Θ', die auch diesem Punkte gelten!

Jer xxxiv (*xxvii*) *1:* βασιλεύς findet sich in folgenden Zeugen von O' (mit ※ bei *OL*): O – 233 *L'*; βασιλεία: Syh, Arm, Tht (regnum: Aeth). Der Passus fehlt in den andern Zeugen von O'. Hier ist freilich anzunehmen, daß dieser asterisierte Satz in O' die *Lesart A'* ist, die in O' aufgenommen wurde. Ist hier βασιλεία oder βασιλεύς ursprünglich bei A' und somit in O' ※? βασιλεύς könnte unter dem Einfluß des folgenden *Königsnamens* ιωακειμ das *ursprüngliche* βασιλεία verdrängt haben: ἐν ἀρχῇ βασιλέως ιωακειμ statt ἐν ἀρχῇ βασιλείας ι. Sicher ist das jedoch nicht, im Gegenteil hat βασιλεύς die *größere Wahrscheinlichkeit* als echte *A'-Wiedergabe* für sich: *zwei Hss,* 86 und Q, bezeugen nämlich ausdrücklich βασιλέως. Da es aus *Ps xlv 7a* und *Ps ci 23b* erwiesen ist, daß bei A' βασιλεύς *für* מַמְלֶכֶת stehen kann, ist das Zeugnis von Q, 86 in *Jer xxxiv* (*xxvii*) *1* βασιλέως zu *bewahren,* nicht in βασιλείας zu ändern.

Um das Bild zu vervollständigen, muß man auf die weiteren O'-Übersetzungen von מַמְלָכָה durch βασιλεύς hinweisen, die wenigstens durch einen Teil der O'-Überlieferung, oft sogar durch *alle* Zeugen gestützt werden: *ii Chr xiii 5, ii Esdr xix 22 = Neh ix 22; Ps ci 23b; So iii 8:* ohne Varianten; *Ag ii 22* (bis): ohne Varianten, *Is xiii 4, 19; xiv 4; xxiii 11; lx 12:* alle Is-Stellen ohne Varianten in der Wortwahl βασιλεύς; *Jer i 10, xxviii* (*li*) *20*.

Die Übersetzung מַמְלָכָה = βασιλεύς erscheint meistens in einem *Kontext*, wo ἔθνη *oder* λαοί zusammen mit den βασιλεῖς (גוים, עמים und מַמְלָכוֹת) angeführt sind. Das erklärt vielleicht auch diese Wiedergabe von O': es handelte sich um eine interpretierende Übertragung, welche die *Redundanz* von Volk und Königreich, die ja identisch sind, vermeiden möchte, indem sie Volk und König sagt. Doch siehe G. *Fohrer*, «Priesterliches Königtum» (Ex 19,6), in: Beihefte der Zeitschrift für die alttestamentliche Wissenschaft 115 (Berlin 1969) 150–151, wo gezeigt wird, daß מַמְלָכָה tatsächlich bisweilen 'König' bedeutet.

Man könnte auch an das verwandte מַלְכוּת denken, welches bei O': *Est i 14, Da viii 22* (= Θ'), *x 13, xi 2, 21* ebenfalls durch βασιλεύς übertragen wird. Hier ist מַלְכוּת vielleicht *Hoheitstitel,* solche sind ja als abstrakte Nomen beliebt (Majestät, Lordship, usf.). Doch ist מַמְלָכָה, wie es scheint, nie so verwendet worden.

Was nun A' betrifft, so ist festzustellen, daß er מַמְלָכָה wohl als βασίλειον übertragen hat, wahrscheinlich auch als βασιλεία und drittens als βασιλεύς.

Dazu gehört *Ps ci 23b* bei Taylor und *Ps xlv 7a*, wohl auch *Jer xxxiv* (*xxvii*) *1* (siehe oben).

Die *Präposition* ἐπὶ *mit Akk* für עַל, ὄνομα für שֵׁם, ἐν für בְּ: siehe *Reider*, Index, ss. vv., S. 89, 172–173, 80–81.

Das *Relativum* אֲשֶׁר ist oft das griechische *Relativpronomen*, siehe zu *V. 6a,* vorhergehendes Exzerpt, L. 5.

ἐπικαλέομαι (immer im *Medium*) für קְרָא: *Ps lx 3a* nach Eus; *lxxix 19b* nach 1173, siehe unten E. 88, L. 1; *lxxxv 7a* nach Eus; *cxxix 1b* nach 1175; *Is xii 4* nach 710; *Jer xxxvi 11 (xxix 12)* A'Θ' ※ nach Q, 86. Daneben auch καλέω wie in *Gn iv 26* nach s, v, Syh; *Is vii 14* nach Eus^[dem]; usw.

Lesart 2

ממלכה ist bei C' βασιλεία, wie *i Regn xxvii 5* nach *b*, m; *Ps xlv 7a* nach 1098; *Is xiii 19* nach 710; *Is xlvii 5* nach Eus zeigen. An *einer* Stelle, nämlich *Jer xxviii (li) 27*, ist für C' βασιλεῖς nach 86 bezeugt: siehe oben L. 1.

C' hat (wie in *V. 6a* אל, siehe vorhergehende Lesart, E. 61, L. 6) hier die hebräische *Präposition* על durch *präpositionslosen Dativ* ausgedrückt: genauer gesprochen: die Präposition ἐπί findet sich im Kompositum wieder: ἐπιχέω, siehe oben E. 61, L. 2, 6.

Der hebräische *Relativsatz* ist durch ein *Partizip in attributiver Stellung* dargestellt, siehe oben *V. 6a*, E. 61, L. 6.

καλέω steht bei C' für קרא, z. B. *Ps lxxix 19b* nach 1173, Eus; *cxxix 1b* nach 1175; *Is vii 14* nach Eus^[dem]; *Is ix 6 (5)* nach Q, Syh, Eus^[com, dem], Chr; *Is xliii 22* nach Eus; usw.

Andere Übersetzungen kommen gleichfalls vor: κηρύσσω in *Ps civ 1b* nach Tht; ὀνομάζω in *Ps xlviii 12c* nach 1098, 1175, Chr^M (und Chr^D nach *Mercati*, Osservazioni, S. 396, eingangs zur Besprechung von V. 12); usw.

Das Kompendium ὀνο in 1173 ist wohl in ὄνομά σου aufzulösen, wie 1122 es getan hat.

Lesart 3

Є' hat hier wie O' und entsprechend A' den hebräischen Relativsatz ad litteram als *Relativsatz* ins Griechische gewendet. Є' wird βασιλείας wie O' gelesen haben, analog zu *Ps xlv 7a* nach 1098, wo Є' ממלכה als βασιλεία übertragen hatte.

Im Unterschied zu O' ließ Є' den *Artikel* wegfallen. Das ist bei Є' ja nichts Unerhörtes, auch wenn diese Eigenart bei Є' noch nicht die unerbittliche Gesetzeskraft besaß, die sie bei A' genießen sollte: siehe oben zu *V. 6a*: ὀργήν σου in unmittelbarer Nachbarschaft von unserm Vers, E. 61, L. 3.

Auch in Є' ist die Abkürzung gewiß in ὄνομά σου zu explizitieren.

Lesart 4

Die Lesart ϛ' ist *schwierig:* das καὶ am Anfang ist entweder als *falsche Zutat* zu streichen, oder ein Ausdruck καὶ τὰς βασιλείας (ohne ἐπί) ist irrtümlicherweise verschwunden.

Im ersten Fall wäre es vielleicht *eine Sigel* ϛ', die als Kompendium für καὶ mißverstanden wurde. Die jetzt *vor dem* καὶ vorhandene *Sigel* ϛ' wurde spontan ergänzt, da die Lesart ja auf Є' folgt.

Im andern Fall wäre der Kopist von einem καὶ τὰς auf das wiederholte τὰς des attributiven Partizips geglitten.

Sei dem wie ihm wolle, diese Lesart ς′ ist *parallel* zu der in *V. 6a :* beidseitig ein *Partizip*. Ist das Partizip in *V. 6b* in ς′ *ursprünglicher* als der Relativsatz der O′? Die Tatsache, daß der Übergang vom Partizip zum Relativsatz der Tendenz einer Rezension entspricht, da dadurch eine größere Treue dem Hebräischen gegenüber erreicht wird, könnte dafür sprechen. Für das Umgekehrte, den Übergang vom Relativsatz zum Partizip, wäre das einzige Motiv der *griechische Stil*. Ist dieses Motiv bei ς′ wahrscheinlich? Anderseits ist ς′ bisweilen *frei genug*, um sich vom Hebräischen weit zu entfernen. Dabei jedesmal die *Gründe* einsichtig zu machen, ist wohl nicht möglich: siehe gleich weiter unten.

Auch das *Fürwort* σε als Akkusativobjekt statt τὸ ὄνομά σου ist weit vom hebräischen Vorbild entfernt. Es hat in keinem Ms bei *Kennicott* oder *de Rossi* eine Vorlage. So ist es wohl als *Parallelform* zu *V. 6a, E. 61, L. 7,* zu erklären. Diese *Parallelität*, die in MT ja nicht durchgeführt ist, wäre ein Beweis für die *große Freiheit*, die sich ς′ zuweilen herausnimmt, siehe unten *Ps lxxxi 7b, E. 112, L. 2; lxxxi 8b,* E. 114, L. 2.

In der *Stellung* des Akkusativobjektes hat die ς′-Lesart eine Gemeinsamkeit mit La^G, Aug, welche das Verb (invocaverunt, invocant) ebenfalls *vor* das Objekt (nomen tuum) setzen.

Das gewählte Verbum ist jenes der O′. In *P. Bodmer xxiv* fehlt das *Relativpronomen:* και επει (sic) βασιλειας το ονομα σου ουκ ἐπεκαλεσαντο: Das scheint ein Irrtum des Kopisten zu sein.

Die in 1173 vorliegende ς′-Lesart ist vielleicht in verderbter Form auf uns gekommen.

Exzerpt 63. Vers 7 a–b

Lesart 1

Die *Verben* stehen bei A′ wie bei O′ (ausgenommen P. Bodmer xxiv, wo das zweite Verb in der Einzahl steht) im *Plural*. Den *Plural* weisen 17 Hss bei *Kennicott* auf. *De Rossi* fügt 9 weitere hinzu. In 2 andern Hss ist am Wortende unter ל oder כל radiert worden. Zur *Wortwahl* siehe oben *Ps lxxvii 63a, E. 48, L. 1*. Dort und hier unterscheidet sich A′ durch einfaches φαγεῖν von O′, die καταφαγεῖν enthalten.

Der *Artikel* τὸν ἰακωβ vertritt die *Akkusativpartikel* את erwartungsgemäß: siehe *Barthélemy,* Devanciers, S. 17 (règle 1).

τὸ ὡραῖον αὐτοῦ als Wiedergabe von נוה bei A′ wird bezeugt durch cat x[1625, 1706] (τὸ ὡραῖον) und Tht (ὡραῖον αὐτοῦ). Der *Artikel* stellt wiederum את dar.

A′ überträgt die *Wortfamilie:* נאוה (Verb), נאוה (Adjektiv), נאות (Nomen) durch die griechische Wortsippe: ὡραιόω, ὡραῖος, ὡραιότης.

נאוה *Verb:* Is lii 7 ὡραιώθησαν nach Q, 86, Chr, Eus ^com, dem.

An den folgenden Stellen hat A′ ebenfalls נאוה *Verb* gelesen: *Ps xxxii 1c* nach 264 mg, Eus[1121]; *Ps cxlvi 1c* nach cat xvii[1047, 1135, 1139].

נאוה *Adjektiv:* als Adjektiv feminin Plural hat A′ נאות an folgenden Orten gedeutet: *Ps lxiv 13a :* τὰ ὡραῖα nach 1175, 264 mg (anon.); *lxxxii 13a* in einer anonymen Lesart nach 1173, die jedoch von A′ stammt, siehe unten z. St., E. 127, L. 3.

Hinzu treten *3 Belege* aus *Jeremias: Feminin Singular* in *Jer vi 2* A′Θ′ ※ nach Q, 86 τὴν ὡραίαν; *Feminin Plural:* ix 10 (9) nach 86: τὰ ὡραῖα; xxxii 23 (xxv 37) nach 86 A′C′ τὰ ὡραῖα (Syh: A′ allein).

נְאוֹת als *Substantiv: Ps xxii 2a* nach 1175, 264 mg (anon.), cat x^1625, 1706: Α′C′ ἐν ὡραιότητι (das Wort ist *nur für A′*, nicht für C′ bezeugt: die Lesart ist eher dem A′ als dem C′ zuzuschreiben); *Ps lxxiii 20b* in einer Lesart nach 1175 mit Sigel C′, 264 mg (anon.): aber schon *Field* hatte «proculdubio» erkannt, daß sie in Wirklichkeit *aquilanisch* ist: die Diktion (Fehlen der Artikel), die Wortwahl: ἀδικία für חָמָס, weisen auf A′.

Wenn Syh richtig rückübersetzt ist, so hätte A′ in *Jer xxiii 10* einmal mit εὐπρέπειαι übertragen.

Damit ist jedoch A′s Gebrauch von ὡραῖος noch nicht erschöpfend geklärt. A′ hat nämlich das hebräische נָוֶה meistens mit נְ<א>וֶה *identifiziert:* So finden wir bei ihm ὡραιότης als Wiedergabe von נָוֶה in *ii Regn vii 8* nach j; *Job v 24* nach Field («Nobil., ... et Reg. unus»), Auct. («... Cod. 255; ... Codd. 161 ... 248.»); *Job xviii 15* nach Field in einer anonymen Lesart («Etiam hoc fragmentum Theodotioni vindicant Olymp. et Colb., repugnante Syro-hex. et ipso Colb., qui Theodotioni tribuunt versionem quae hodie LXX-viralis est. Aquilam sapit ὡραιότης pro Hebr. נָוֶה positum.»); *Ps lxvii 13b* nach ThdMopsv^1133, Lavra A. 89 (anonym); *So ii 6* nach 86, Bas N (anonym).

Dieselbe Deckung von וְאוֶה, נָוֶה läßt sich bei A′ auf dem Plane seiner Jeremia- und Ezechielübertragung feststellen: εὐπρέπεια ist häufige Wiedergabe von נָוֶה:

Jer x 25 nach 86, Syh; *xxiii 3* nach Syh; *xxvii (l) 19* nach 86; *xxvii (l) 7* A′Θ′ nach 86 (Tht apud Ghisler. ii 875 mit Sigel C′: siehe *Ziegler,* Ieremias, z. St.); *Jer xxix 20 (xlix 19)* nach Syh (aber κατοικητήριον nach 86!: siehe gleich weiter unten); *xxxii 16 (xxv 30)* A′Θ′ nach 86; *Ez xxxiv 14* A′Θ′ nach 86; siehe auch *Job v 3* nach Field («Nobil. et Codd. 161, 248, 255. ... Symmacho hoc fragmentum tribuunt Olymp. et Cod. 259. ...»): ist es tatsächlich A′?

An *drei Orten* bei *Jeremias* stößt man auf die Übersetzung κατοικητήριον, welche eine Unterscheidung bei A′ zwischen נָאוֶה und נָוֶה voraussetzt (wie sie bei O′ vorkommt!): *Jer xxvii (l) 44* nach 86, *xxvii (l) 45* nach 86, *xxix 20 (xlix 19)* nach 86 (aber hier gibt Syh als A′-Lesart: εὐπρέπεια! Man greift hier wohl in 86 und in Syh auf einen *Unterschied zwischen den zwei Ausgaben* der Jeremiasübertragung. εὐπρέπεια sieht dabei nach *Rezension* aus: 86 würde somit die *ältere, erste* und Syh die *zweite Ausgabe* vertreten. In der ersten Ausgabe hatte A′ נָאוֶה und נָוֶה noch *nicht völlig identifiziert* [siehe *Field,* Origenis Hexaplorum, i, S. xxvii]).

In *Os ix 13* überliefert 86, Syh A′C′ ἐν κατοικίᾳ: die Lesart ist eher die des C′ als die des A′. Zum Ganzen, siehe auch L. 3 Ende.

ἀφανίζω *für* שָׁמֵם: diese Übersetzung wird sozusagen konsequent durchgehalten bei A′ in allen Büchern, abgesehen von Jer-Ez:

ἀφανισμός: *Dt xxviii 37* nach M; *Ps xlv 9b* nach 1098, 1175; und *Mi vi 13* nach Syh.

ἀφανίζω: *Ps lxviii 26a* nach Eus; *Is xlix 8* nach Eus (unter der Sigel C′: es ist aber wohl eine A′-Lesart: siehe oben *Ps lxxvii 55b*, E. 38, L. 2!), οἱ γ′ ※ nach Q. Hinzu treten die gruppierenden Lesarten *Is liv 3* A′C′ nach 86 (Eus: C′); *Is lxii 4* A′C′Θ′ nach 86; *Is xv 6* A′C′Θ′ nach 710 (hier ist für A′ nur die Wort*form*, nicht die Wort*wahl* fraglich! Vgl. *Lütkemann-Rahlfs,* S. 105, Anm. 562).

Anders als die Entsprechung שָׁמֵם ἀφανίζω lauten folgende Zeugnisse: *Job xviii 20* A′ ἀδημονήσουσιν nach Field («Nicet., Orat. et Reg. unus. ...»): Die Lesart gehört dem *C′*, denn ἀδημονέω ist für C′ als Übertragung von שָׁמֵם auch sonst belegt: siehe L. 2.

Da ix 26 A′C′ ἐρημώσεων nach 88. Entweder hat hier A′ sich begnügt, O′ zu übernehmen ohne Änderung, oder es handelt sich um C′.

i Regn v 6 A′Θ′ ἐφαγεδαίνησεν (vom Krebs befallen sein) nach m: φαγεδαινίζω wird bei A′ für hebräisches הַמֵּם, φαγεδαινόω für הֻם herangezogen, siehe *Reider,* Index, s. v., S. 248. A′ hat wohl nicht וַיִּשָּׁמֵם, sondern וַיְהֻמֵּם vorgelegen, obgleich weder *Kennicott* noch *de Rossi* diese Variante verzeichnen.

Aber es scheint doch, daß A′ neben ἀφανίζω andere Übertragungen kannte:

Denn in *Is lxiii 5* lesen wir nach 86: A' ἐξηπορήθην. In *Job xxi 5* nach Field («Nicet et 'omnes', . . . ») hätte A': ἐξαπορήθητε. In *Jer ii 12* schließlich gibt Syh die Lesart: . . . אתם .ס .א. Dieses Wort überträgt oft ἀπορέομαι *Passiv* bei C' (siehe unten L. 2). Dies könnte die richtige Rekonstituierung sein, da C' ἐξαπορέω nicht verwendet. Aber auf Grund der beiden andern *Zeugnisse A'*, an denen zu zweifeln kein konkreter Grund besteht, stellt Syh vielleicht ἐξαπορέομαι des A' dar. Die Lesart mag ja auch deshalb zusammengefaßt worden sein, weil *nur ein* ἐξ- die beiden Verben A's und C's trennte. C' hatte sich möglicherweise von dieser selteneren A'-Wiedergabe zu seiner Übertragung inspirieren lassen.

Eccl vii 17 (16) «O'» ἐκπλαγῇς: dies ist wohl eine der Sonderübertragungen des A' (= O') in Eccl, denn es bestehen Unterschiede zwischen A' und «O'» des Eccl, so wie Unterschiede bestehen zwischen A' der Jer-Ez-Schicht und dem Rest des Übersetzungswerkes von A'. Übrigens unterscheiden sich auch «O'» von Eccl und A' in Jer-Ez!

Bei Jer-Ez: Zeugnisse für *A' allein:*

1. שׁמם *Verb: Jer x 25* ἀφανίζω nach Syh; *Ez iii 15* ἠρεμάζων nach Hi: «Aquilae vero *secunda editio* quam Hebraei κατὰ ἀκρίβειαν nominant transtulit ἠρεμάζων». Das ist die *einzige* Verwendung dieses Wortes bei A'. Wir finden es sonst bei O' in *ii Esdr ix 3 und 4*. In *V. 3* steht für ἠρεμάζων (ἐρεμάζων in A) der Hss bei b, y, e₂: ἠρεμῶν καὶ θαυμάζων. θαυμάζων ist eine zweite Übersetzung von משׁומם («masmim» nach Hi). Θ' übersetzt שׁמם gelegentlich durch θαυμάζω: z. B. *Ez xxvii 35* nach 86; *Ez xxviii 19* nach 86. ἠρεμῶν könnte demnach die *alte, vorrezensierte* Form darstellen und ἠρεμάζων wäre die rezensierte Form. Oder aber ἠρεμῶν ist eine Verderbnis aus ἠρεμάζων, das somit die alte Form wäre. Wie dem auch sei, wir haben eine *Grundlage* in O', von der A' zu seiner Wiedergabe von *Ez iii 15* ausgehen konnte.

2. *Von* שׁמם *abgeleitete Nomen:* שׁממה in *Jer iv 27* nach Syh; *ix 11 (10)* nach 86; *xxviii (li) 26* nach 86, Syh (A'C') = ἀφανισμός; שׁמה in *Jer v 30* nach 86, Syh = ἀφανισμός. Dazu treten A'C'- Lesarten mit ἀφανισμός = שׁממה שׁמה.

Interessant ist, daß A' für שׁמם den Sinn von: «erstaunen, vor Staunen verstummen» in der zweiten *Ez-Ausgabe* noch unterscheidet, indem er ἠρεμάζω gebraucht (vgl. ἐκπλήγνυμαι in *Eccl vii 17* [16]).

Seine Übertragung mit ἐξαπορέομαι mag sich übrigens auch als «sprachlos, d. h. mittel- und weglos sein» erklären.

Erinnern wir uns auch daran, daß A' ישׁימון durch das Partizip Perfekt ἠφανισμένη überträgt, siehe in *Ps lxxvii 40b*, E. 10, L. 2.

Lesart 2

Bei C' überrascht das *Subjekt* ἕκαστοι γὰρ αὐτῶν. Weder *Kennicott* noch *de Rossi* geben hier Zeugen eines andern hebräischen Textes als MT. Nur der *Plural* אכלו ist in vielen Hss überliefert, siehe oben L. 1.

Aber es genügt ein Blick auf *C's Gebrauch von* ἕκαστος, um den symmachianischen Ursprung des Ausdruckes hier zu erkennen: ἕκαστος wird sehr oft dort eingeführt, wo C' aus *griechischem Sprachempfinden* ein ausdrückliches Subjekt oder Objekt im Satz erheischt schien, während im Hebräischen ein bloßes Suffix oder eine Verbalform schon genug war.

So finden wir ein solches erläuterndes ἕκαστος, dem im Hebräischen nichts entspricht, bei C' z. B. in *Dt xviii 8* nach M, z; *Jos xi 13* nach v, z; *Job xvi 9* nach Field («Nobil., Olymp., Regii duo. . . . »), Auct. («Codd. 137, 255.»); *xxii 30* nach Field («Nicet., Colb., Regii duo.»); *xxxviii 32* nach Field («Nobil. et 'omnes'. . . . »); *Ps xxxii 15a* nach Eus[1021]; *lxxiv 14a* nach Eus; usf.

In *Ps liv 22b* nach Eus, Tht ist לִבֵּ֬ = ἡ καρδία ἑκάστου αὐτῶν; in *Jer li (xliv) 9* nach 86 steht ἑκάστου αὐτῶν, das ebenfalls ein Suffix ausdrücken muß: es ist freilich schwer zu entscheiden, *welches,* da hier alles hebräische Suffixe mit כֶ֑ם־ sind (der MT ist bei *Kennicott* und *de Rossi* ohne Varianten mit הֶם־ oder ם־ überliefert).

C′ hat freilich ἕκαστος auch für אִישׁ oder אֱנוֹשׁ und für Ausdrücke wie כָּל־הַיּוֹם oder לְדוֹר וָדוֹר u. dgl. gebraucht.

Unser Vers schien für C′ ein ausgesprochenes *Subjekt* zu verlangen, und er hat es wie anderswo durch ἕκαστοι αὐτῶν diskret eingeführt.

γάρ ist häufig Wiedergabe von כִּי bei C′, siehe oben *Ps lxxvii 65a,* E. 51, L. 1.

C′ kennt κατεσθίω, ἐσθίω, ἀναλίσκω für אָכַל, siehe oben *Ps lxxvii 45a,* E. 19, L. 2; *V. 63a,* E. 48, L. 2.

Die C′-Lesart unterscheidet sich von O′ durch *einfaches* ἔφαγον (= A′), während *O′* κατέφαγον bevorzugten.

τὸν ιακωβ ist die Wendung der O′ und der *Artikel* versteht sich vom Griechischen her; in den Fällen, da C′s Gebrauch von ιακωβ bekannt ist, unterscheidet er sich meistens nicht von O′, sondern er *läßt* gewöhnlich den Artikel wie diese *weg: Gn xxx 41* nach M, s, v (s, v anon.) (Nominativ); *xxxiii 1* nach j, v (Nominativ); *Ps xlvi 5b* nach Eus[1121] (Genetiv); *lxxv 7a* nach 1175 (Genetiv), usw.; *Is xl 27* nach Q, Syh, 86, Pr (Vokativ); *Is xliii 22* nach Eus (Vokativ); *Is lix 20* nach Pr (ἐν mit Dativ). Bisweilen setzt C′ den Artikel wie O′: *Jer xxxviii (xxxi) 7* nach 86 (Dativ).

Gegen O′ unterdrückt C′ den Artikel in *Am vii 2* nach 86 (Akkusativ), aber er setzt ihn in *Am vii 9* nach 86 (O′: andere Übersetzung). Vielleicht hatte C′ den Artikel (Genetiv) auch in *Ps xliii 5b gegen O′,* wenn man einem Teil der Textüberlieferung: Chr (anon.), Tht[288, A, D, E, F, 1070, 1047] den Vorzug vor der andern: Tht[rell], Eus[1121], cat xxv[1137, 1811] geben darf. Die Lesart ohne Artikel ist die Wendung der O′ (bei *Rahlfs,* Psalmi cum odis, ohne Varianten), daher lectio facilior und eher falsch als die Lesart mit Artikel.

Ein zuverlässiges Urteil über diesen Punkt wird nicht nur durch die wenigen Zeugnisse, sondern durch die in einer solchen Einzelheit sicher besonders gefährdete Treue der Überlieferung erschwert. Es ist mit mannigfachen Kontaminationen mit O′ zu rechnen.

Der *Artikel* wird hier bei C′ seine Berechtigung haben. Es ist im übrigen wohl möglich und zu erwarten, daß C′ nicht immer *mit* oder nicht immer *ohne* Artikel übertrug, sondern daß er die *Anaphora* je nach dem Zusammenhang ausdrückte oder, wo sie fehlte, den *Artikel wegließ,* siehe dazu *Blass-Debrunner,* Grammatik, § 260, S. 162–163.

τὴν καλλονήν ist bezeugt durch cat x[1625, 1706], καλλονὴν αὐτοῦ durch Tht. Wie A′ bringt es C′ hier in Verbindung mit נָאוָה = geziemen, schön, angenehm sein.

Im übrigen hat C′ die hebräische *Wortsippe:* נָאוָה folgendermaßen ins Griechische übertragen: נָאוָה *Verbum: Is lii 7* nach 86 (C′Θ′), Eus[com, dem]: εὐπρεπεῖς Adj (εὐτρεπίζεις nach Q, Chr; εὐπρεπεῖς ist vermutlich richtig, εὐτρεπίζεις eine Verderbnis, denn eine zweite Person Singular ist im Zusammenhang sinnlos).

Als *Verb* hat C′ auch נָאוָה aufgefaßt in *Ps xxxii 1c* nach 264 mg: πρέπει (= O′), *Prov xvii 7, xix 10* nach Morin n. η, bzw. n. η: οὐ πρέπει (O′ in *xvii 7:* οὐχ ἁρμόσει, *xix 10:* οὐ συμφέρει); *Prov xxvi 1* nach Morin n. α: C′Θ′ οὐκ ἔπρεψεν (O′ οὐκ ἔστιν).

נָאוָה *als Adjektiv: Ps cxlvi 1c* nach cat xvii[1047, 1135, 1139]: εὐπρεπής.

An drei Stellen finden wir ὡραῖος oder ὡραιότης: es sind in Wirklichkeit A′-Lesarten, siehe L. 1: *Ps lxxiii 20b* nach 1175, 264 mg (anon.) = C′: *falsche Sigel* für A′; *Ps xxii 2a* nach 1175,

264 mg (anon.), cat x[1625, 1706] und *Jer xxxii 23 (xxv 37)* nach 86: zwei *kollektive* Lesarten A'C', die wohl zu A' gehören.

Auch C' hat נאוה mit נוה *identifiziert,* das er als «Weide, Nahrung, Wohnung» deutete: נאות = αἱ νομαί in *Ps lxiv 13a* nach 1175, 264 mg, cat xxv[Sinai Cod. gr. 25 mg], 1811, 1137; = δίαιτα in *Ps lxxii 13a* nach Tht, 1173 (anonym); *Jer xxxii 23 (xxv 37)* nach Syh; נאוה Adjektiv = ἡ νομή nach 86 in *Jo ii 22.*

Das Wort נוה ist von C' wie folgt übersetzt worden:

a. als נאוה: *Is xxvii 10* nach Pr: καλή; vielleicht *Jer xxxii 16 (xxv 30) nach 86,* Syh: ἐπὶ τῇ θελήσει αὐτοῦ. In *Job v 3* trüge nach Field («... Olymp. et Cod. 259. ...») die Lesart: τὴν εὐπρέπειαν αὐτῶν die *Sigel C';* ebenso wäre in *Job viii 6* nach Field («... Cod. 138.») die Lesart εὐπρέπειαν die des *C':* siehe oben L. 1 für *Job v 3;* unten L. 3 für *Job viii 6.*

b. = νομή in *ii Regn vii 8* nach j; *Ez xxxiv 14* nach 86; = δίαιτα in *Prov xxiv 15* nach Morin. n. μ; *Ps lxvii 13b* nach Tht, ThdMopsv[1133].

c. = κατοικητήριον: *Jer xxvii (l) 44* nach 86, Syh; *xxix 20 (xlix 19)* nach Syh; = κατοίκησις in *Jer x 25* nach 86; *xxvii (l) 19* nach 86; *Is xxxiii 20* nach 86: C'Θ'; = κατοικιστής: *Jer xxvii (l) 7* nach 86, Syh; *xxxviii (xxxi) 23* nach Syh: A'C'; = οἰκία in *Is xxxii 18* nach Eus; = κατοικία in *Os ix 13* nach 86, Syh (beide A'C').

d. Zwei *freie Übersetzungen: Hab ii 5:* οὐκ εὐπραγήσει nach 86, Bas N; εὐπορήσει nach Hi; *So ii 6* nach 86: παράλιον.

ἐρημόω bei C' ist hier aus O' übernommen. שמם ist ἐρημόω bei C' in *Da ix 27* (bis) nach 88 - Syh (88: A'C') (auch hier bei O' *dasselbe* Wort ἐρήμωσις, aber *als Substantiv* anstatt *als Verb* wie bei C').

Sonst überträgt C' die Wortsippe שמם in bunter *Mannigfaltigkeit.* Im folgenden sind nur die Lesarten, wo C' *allein* überliefert wird, angeführt.

Für das *Verb* שמם: ἀφανίζω in *Is xxxiii 8, liv 3* nach Eus, 86 (A'C'); ἀδημονέω in *Ez iii 15* nach 86, Syh (C'Θ'); *Eccl vii 17 (16)* nach Morin. n. φ: siehe zu *Job xviii 20* weiter unten in dieser Lesart; ἀπορέω in *Job xi 8* nach Morin. n.ε für שמים (MT hat dies offenkundig nicht von שמם hergeleitet); *Ct vi 11 (12)* nach Field («Nobil., Mat., Theodoret. ...») für שמתי (MT hat auch dies nicht mit שמם verbunden); *Jer xix 8* nach 86 (ἀπορ[ρ]ηθήσεται), Syh; *Jer iv 9, xxvii (l) 13, Thren i 13* ⟨C'⟩ nach Syh; das *Ptz qal* erscheint als ἔρημος in *Thren i 4* nach Syh; *Thren i 16* nach Origenes, siehe *Ziegler,* Jeremias, z. St.

In *Is xlii 14* hat C' אשם vom Verb נשם abgeleitet, denn er überträgt nach Eus: ἀναπνεύσω.

Für die *Nomina* findet man: שמה = ἀφανισμός in *Jer xxxii 4 (xxv 18)* nach Syh, 86 (A'C'); = ἀδημονία in *Ez xxiii 33* nach 86; = σύγχυσις in *Jer v 30* nach 86, Syh; = κατάργησις in *Ps xlv 9b* nach 1098. שממה ist ἀφανισμός in *Is lxiv 10 (9)* nach Eus, Tht (οἱ ἄλλοι); *Jer xxviii (li) 26* nach 86, Syh (A'C'); ἄκοσμος in *Jer iv 27* nach *Syh;* ἐρήμωσις in *Da ix 26* nach Syh, 88 (A'C'). שממון ist ἀδημονία in *Ez xii 19* nach 86, Syh; ἀκηδία in *Ez iv 16* nach 86, Syh; משמה erscheint als ἀπορία in *Ez v 15* nach Syh.

Das *Adjektiv* שמם ist mit ἄβατος wiedergegeben in *Thren v 18* nach Syh.

Ein Wort noch zu *Job xviii 20:* A' ἀδημονήσουσιν nach Field («Nicet., Orat., Reg. unus. ...»). ἀδημονέω ist sonst für A' *nie* nachgewiesen. ἀδημονέω wird unter allen Übersetzern (O' eingeschlossen) *nur von* C' gebraucht, und zwar als Wiedergabe von שמם. Daher ist die Sigel A' falsch und an Stelle der richtigen Sigel C' geraten.

In *Job xxi 5* bietet Field: ... C' ἄφθογγοι γίνεσθε nach «Nicet. et 'omnes', uno excepto Regio, qui ad Sym. habet ἄφθονοι. Parsonsii Codd. 137, 255: Σ' ἄφθονοι γίνεσθε. Cod. 138: Σ' ἄφωνοι γ. Cod. 259: Σ' ἄφθογγοι γ. ...», *Klostermann,* Analecta, S. 72: «Σ' ἄφρονοι γίνεσθε ... c

(= Cod. Ven. Marc. gr. xxi) Scholion?». Sollte es sich um eine echte Lesart C′ handeln, hätten wir hier für שׁמֵם *hif*: ἄφθογγος γίνομαι.

C′ hat wie stets seine Übersetzung dem jeweiligen Zusammenhang angepaßt, doch herrscht die Wiedergabe ἀφανίζω, ἀφανισμός vor (dies wird besonders deutlich, wenn man auf die vielen A′C′ Lesarten achtet mit ἀφανιζ/σ-, die kaum alle für C′ falsch sind). Das ist erneut ein klares Zeichen, daß auch C′ von seinen Vorgängern abhängt.

Lesart 3

Die Lesart ist als die des Θ′ durch *Tht, cat* x[1625, 1706] überliefert. Da Θ′ bei Tht wohl Є′ ist, haben wir jedoch in Wirklichkeit ein *Zeugnis für* Є′. Sollte cat x[1625, 1706] *von Tht abhangen,* was sehr wohl möglich ist, sprächen die Zeugen *nur für* Є′.

Doch ist die Lesart *für* Θ′ wohl möglich: in *Is lii 7* übertrug Θ′ nach Eus das *Verb* נָאוָה durch εὐπρεπεῖς (Q, Chr: εὐτρεπεῖς: wohl irrtümlich!); in *Prov xxvi 1* C′Θ′ nach Morin. n. α: οὐκ ἔπρεψεν für לֹא־נָאוָה. In *Ps lxxxii 13a* nach 1173 ist eine anonyme Lesart bezeugt: τὴν εὐπρέπειαν. Es mag sich hier um Θ′ oder Є′ (und vielleicht ς′) handeln, siehe unten E. 127, L. 5.

Für Θ′ *und* Є′ ist auch ὡραῖος belegt: *Ps lxiv 13a* Θ′ τὰ ὡραῖα nach 1175, 264 mg (anon.); *cxlvi 1c* Θ′Є′ ὡραιώθη nach cat xvii [1047, 1135, 1139]; *Jer vi 2* A′Θ′ ※ τὴν ὡραίαν nach Q, 86.

Für נָוֶה erscheint εὐπρέπεια unter der Sigel Θ′ *Jer xxvii (l) 7* A′Θ′ nach 86, Tht apud *Ghisler. ii 875* bei *Ziegler,* Jeremias, z. St.; *Jer xxxii 16 (xxx 30)* A′Θ′ nach 86; *Ez xxxiv 14* A′Θ′ nach 86; *Job viii 6* nach Field («Colb., Reg. unus. . . . »). In *Job v 24* findet sich eine anonyme Lesart, die ganz den Eindruck einer *Rezensionslesart* macht, denn *Field* schreibt zur Lesart τῆς εὐπρεπειάς σου: «Codd. Alex., 249 in continuatione.»

Weiter ist ebenso für נָוֶה ὡραιότης *bei* Θ′ bezeugt: *Prov xxiv 15* A′Θ′ nach Morin. n. μ: es handelt sich aber wohl um A′! κατοίκησις in *Is xxxiii 20* C′Θ′ nach 86; ist es C′ allein? *Os ix 13:* οἱ υἱοὶ αὐτοῦ nach 86 (o. υ. αὐτῆς), Syh für בָּנֶיהָ (Θ′ muß בָּנֶיהוּ oder בָּנֶהוּ [oder etwas Ähnliches] gelesen haben).

Aus dieser *Übersicht* über die griechischen Übersetzungen von נָוֶה, נָאוָה ergibt sich folgendes Bild. O′ hatten sehr *vielfältig* übertragen: Für die *Wortgruppe* נָאוָה findet man: 1. πρέπει, ὡραῖος, ὡραιόω, ἁρμόττω, συμφέρω, καλός, u. a.; 2. τόπος, ἁγιαστήριον, κατάλυμα, πεδίον, οἶκος; 3. νομή, τρίβος. *Dem Worte* נָוֶה entspricht: 1. τόπος, ἔπαυλις, πόλις, κατάλυσις, κατάλυμα; 2. νομή, μάνδρα, δίαιτα; 3. εὐπρέπεια, εὐπρεπής, ὡραιότης. (Einige andere seltenere Übersetzungen in O′ bleiben hier unberücksichtigt.)

Die *beiden Wortgruppen* haben sich *gegenseitig überlagert.* Drei Bedeutungen schälen sich heraus: «geziemen» (נָאוָה), «Wohnstätte» und «Weideplatz» (נָוֶה).

Die *Rezensoren* haben der Bedeutung: *«geziemen, lieblich sein»,* den Vorrang, ja die Ausschließlichkeit eingeräumt. Θ′ und Є′ scheinen dabei vor allem mit (εὐ-)πρεπ- gearbeitet zu haben, A′ mit ὡραιο-. Für beide Optionen gab es den *Ansatz* in O′. C′ hat die künstliche Einengung des Sinnes, der nur noch zwischen ὡραῖος und (εὐ-)πρεπής hin- und herpendelte, wieder aufgebrochen, indem er zu den *drei Bedeutungen der O′* zurückkehrte.

Bei A′ ist die *zunehmende Verengung des Sinnes* besonders deutlich zu verfolgen: In *Jer und Ez* kennt er *in der ersten Ausgabe* von Jer noch zwei *Bedeutungen: «Wohnort»* und *«geziemend».* Für נָאוָה wählt er wie Θ′ und Є′ εὐπρεπής in diesem Stadium. *In der zweiten Ausgabe* scheint er den Sinn: *«Wohnung»* auszumerzen: *Jer xxix 20 (xlix 19)* nach 86 (erste Ausgabe): κατοικητήριον; Syh (zweite Ausgabe): εὐπρέπεια. Im Reste seines Werkes erscheint dann bloß noch ὡραιο-.

Lesart 4

Diese *O'-Lesart* ist sonst nicht bezeugt. Hinter dem «*desolaverunt*» des *Psalterium gallicanum* mag ἠφάνισαν vermutet werden, aber ἠρήμωσαν ist ebenso möglich.

ἀφανίζω als Entsprechung der Wurzel שׁמם ist in den *griechischen* Übersetzungen des Alten Testamentes sehr erfolgreich gewesen.

An den *13 Stellen* mit שׁמם im *Hexateuch* kommt diese Gleichung in O' noch nicht vor: dort ist es: (ἐξ-)ερημο-: *Gn xlvii 19, Lev xxvi 22, 31, 32, 33, 34, 35, 43;* ἀοίκητος: *Jos viii 28;* αἴνιγμα: *Dt xxviii 37;* γυναῖκες (= נשׁים) *Nu xxi 30.*

Im *Dodekapropheton* der O' wird dagegen *nur* diese Wiedergabe gebraucht (23 Stellen).

In den andern Büchern hausen mehrere Übertragungen nebeneinander; ἀφανιζ/σ- ist dabei mehr oder weniger häufig.

Ein Blick auf die Θ'-*Traditionen* und auf Ɛ' zeigen, daß ἀφανιζ/σ- die Gunst der Rezensionen besaß: Ɛ': *Ps xlv 9b* nach 1098: O' τέρατα (= ς'), Ɛ' ἠφανισμένα (= A'). Θ' *Danielbuch:* auf *9 Stellen* mit שׁמם liegt in O' *7 mal* ἔρημος und ἐρήμωσις, nie ἀφανιζ/σ- vor. Θ' hat *dreimal* ἀφανισμός, ἠφανισμένος eingeführt: *ix 18, 26, xi 31.*

Ezechiel: die asterisierten Θ'-Lesarten enthalten oft die Entsprechung: ἀφανιζ/σ- שׁמם: *Ez v 15* nach Q txt (A'Θ' ohne ※ nach 86); *vi 4* A'Θ' ※ nach Q txt (π' ※ 86); *xxiii 33* nach 86 (= ※ ... ἀφαν⟨ε⟩ίας καὶ ἀφανισμοῦ) und Q txt (= ※ ἀφανείας καὶ); *xxix 12* C'Θ' ※ und *xxx 7* nach Q txt; *xxxv 15* nach Q txt (anonym), Hi lat.

Jeremias: asterisierte Θ'-Lesart mit der Entsprechung ἀφανιζ/σ- שׁמם: *xxxvi (xxix) 18* nach Q, 86, Syh mg.

Es überrascht nicht, dieselben und weitere Lesarten mit ἀφανιζ/σ- in *asterisierten Stellen der O'* selbst wiederzufinden:

Jer xxxvi (xxix) 18: εἰς ἀφανισμόν: O-233 L' c-613 Arm Tht; ※ OL.

Ez v 15 καὶ ἀφανισμός: O-147' Arm 62 L'-311 Tht; ※ O.

Ez vi 4 ἀφανισθήσεται: O'L'-311 106 Arm Tht; ※ Q; ἀφανισθήσονται: 46, 106.

Ez xxiii 33 ἀφανείας καὶ ἀφανισμοῦ: 967 O-147' *l* II Aeth Tht; ※ ἀφαν(ε)ίας καὶ: O; ἀφανισμοῦ ἀφαν(ε)ίας: 62 403'; ἀφανείας καὶ ἀφανισμοῦ (in anderer syntaktischer Position als oben bei 967 O-147' *l* II Aeth Tht): A''-410 L'.

Ez xxix 12 ἀφανισμός: O' 36-V-449 239' 927 Aeth Arm; L''-36 Tht; A; 46 C'-86-403' 26 106' 544; ※ O.

Ez xxx 7 ἠφανισμένων: alle außer B 967 (= ἠρημωμένων!); ※ O.

Ez xxxiii 28 καὶ ἠφανισμένην: O-Q-62 403'; ※ 88. Anstatt κ. ἠ. hat L'' Arm ergänzt: καὶ ἀπώλειαν.

Ez xxxvi 3 εἰς ἀφανισμόν Syh L'' Tht; ※ Syh.

Besonders deutlich tritt die rezensionelle Herkunft von ἀφανιζ/σ- in *Jer ii 15* hervor: hier lesen: εἰς ἔρημον: B-S-239 A-106' O-Q c et txt-233 87 mg-91 mg Bo Arab; εἰς ἔρημον ἀφανισμοῦ (für לשׁמה!): 62-130'; εἰς ἀφανισμόν rell. 62-130' haben die alte und die rezensierte Form zugleich.

Ez xxx 12 ἀφανιῶ = 62'; ἀπολῶ rell (außer *l* I, wo der Ausdruck überhaupt fehlt). 62 und ihre Schwester-Hs 147 (= 62') sind stark von A' her bearbeitet, siehe *Ziegler,* Ezechiel, S. 35.

ἔρημο- scheint also bisweilen durch spätere Hände gegen ἀφανιζ/σ- ausgetauscht worden zu sein. Der Grund ist vielleicht der, daß ἔρημο- für hebräisches חרב vorbehalten werden sollte, siehe *Jer xxv 11:* לחרבה = ἐρήμωσιν O Arm L' Chr; ※ O Arm.

In unserm *V. 7b* lesen L und alle andern Zeugen ἠρήμωσαν.

17

Dies ist daher wohl die *ältere* Form, während ἠφάνισαν zu einer rezensierenden Hand gehört. Deshalb mag diese Lesart zur *hexaplarischen O′* gehören.

Daraus folgt für den Sammler der vorliegenden Hexapla-Bruchstücke: *sein Psalter war nicht der hexaplarische Psalter*. Was er als O′ zitiert, sind (wie zu erwarten) wohl die hexaplarischen O′. (Wir haben gesehen, daß sein Psalter aber auch nicht der von 1173 ist.) Es liegt hier die zweite und letzte Lesart mit Sigel O′ in 1173 vor: siehe oben E. 9, L. 3, vgl. auch E. 31, L. 1. Es mag in 1173 überdies *anonyme O′-Lesarten* geben: siehe oben *Ps lxxvii 58a*, E. 44, L. 3.

Exzerpt 64. Vers 8a

Lesart 1

Im *Verb* unterscheidet sich A′ nicht von O′; siehe oben *Ps lxxvii 39a*, E. 6, L. 5: μιμνήσκομαι = זכר. ἡμῖν entspricht *genauer* dem *MT* als O′: ἡμῶν.

עָוֹן ist ἀνομία bei A′: siehe oben *Ps lxxvii 38b*, E. 4, L. 10. Überdies hat A′ sich hier desselben Wortes bedient wie O′.

Für den *Singular* bieten *Kennicott* und *de Rossi* keine hebräischen Zeugen. Bei O′ ist der *Plural* einstimmig überliefert. *Rahlfs* gibt zumindest *keinen Zeugen* für einen *Singular* an. Da ebenso C′ *Singular* liest, und da die Lesarten u. a. auch diesem Gegensatz: *Plural bei O′ und* Є′, *Singular bei A′ und C′ gelten,* ist nicht mit einem Versehen des Kopisten zu rechnen. Umsoweniger, als ja auch das πρώτην, das in πρώτων korrigiert wurde, auf ἀνομίαν deutet.

Hat A′ eine andere *hebräische Vorlage* vor sich gehabt? A′ respektiert nämlich sonst genau Singular und Plural im Wort עָוֹן, wie alle Stellen zeigen, die oben in *Ps lxxvii 38b*, E. 4, L. 10 angeführt sind (siehe besonders *Singular* und *Plural* nebeneinander in *Lev xxvi 39* nach v, z, s [anon.]). In *Ps lxxviii 33b* freilich hat 264 mg einen griechischen Plural für hebräisches עֲוֹנָם. Aber 1098 liest hier den Singular, und 264 mg ist sehr verderbt auf uns gekommen, siehe *Mercati*, Osservazioni, S. 411–412.

Es mag eine Vermutung geäußert werden zu diesem Singular bei A′: Der *Plural* ἀνομιῶν hätte zu einem Mißverständnis geführt, da man ἀνομιῶν πρώτων unweigerlich als: «der ersten Bosheiten», anstatt: «der Bosheiten der Ersten, Früheren» verstanden hätte. A′ hat deshalb, um der Durchsichtigkeit des Satzes willen den Singular gewählt, der Mißverständnisse ausschloß.

μιμνήσκομαι ist bei A′ meistens mit dem *Genetiv* konstruiert, aber der *Akkusativ* ist ebenfalls bezeugt: *Os vii 2* nach 86; «O′» von *Eccl xi 8*: Siehe oben *Ps lxxvii 39a*, E. 6, L. 5: *6* Beispiele sind mit Gen, *3* mit Akk konstruiert.

Warum aber hat A′ in diesem Fall nicht den *Akkusativ Plural* ἀνομίας gewählt? Dieser wäre ja vor dem Mißverständnis, πρώτων als Adjektiv von עֲוֹנוֹת, ἀνομίας zu deuten, geschützt gewesen. Der Grund ist möglicherweise in der Exegese A′s zu suchen, wo diese עֲוֹנוֹת in bestimmter Weise erklärt wurden.

Will man nicht eine Verderbnis in der Überlieferung von 1173 in Anschlag bringen, durch die ἀνομίας in ἀνομίαν verändert wurde, bleibt als Erklärung, entweder eine *andere hebräische Vorlage* bei A′ vorauszusetzen, oder einen jener Fälle festzustellen, da A' einen Plural durch Singular bzw. umgekehrt eine Einzahl durch die Mehrzahl wiedergibt, auf die *Reider,* Prolegomena, S. 36 (siehe auch S. 53–54) aufmerksam machte. Beispiele in 1173 sind *Ps lxxviii 2c,* E. 54, L. 1; *Ps lxxxi 7a,* E. 111, L. 2.

Diese Freiheit bei der Wiedergabe von Ein- und Mehrzahl gestattete sich auch C', der hier vielleicht von A's Vorbild inspiriert ist.

ראשון ist πρῶτος bei A', siehe *Reider,* Index, s. v., S. 207.

In *Gn xxviii 19* gibt j folgende Lesart: α' α' (sic) πρότερον λουζ ὄνομα τῇ πόλει (hebräisch: ואולם לוז שם העיר לראשנה). Das Wort πρότερον bei A' bezieht sich aller Wahrscheinlichkeit nach nicht auf לראשנה, sondern auf ואולם (Wortstellung!), wie übrigens auch *Hieronymus* bezeugt (zitiert bei *Field* z. St.: siehe dort). *Gn xxviii 19* nach j spricht daher nicht gegen die Gleichung: ראשון = πρῶτος bei A', sondern lehrt uns eine zweite Entsprechung A's: אולם = πρότερον.

Der *Genetiv Plural* bildet exakt die *hebräische Konstruktion* nach, welche in O' nicht eindeutig durchsichtig wird. Das πρώτων ist als *lectio difficilior* dem πρώτην sicher vorzuziehen.

Lesart 2

ἡμῖν ersetzt das ungenauere ἡμῶν der O' wie bei A'.

Є' hat den *Plural* ἁμαρτιῶν beibehalten wie O', aber ein anderes Wort: ἁμαρτία *statt* ἀνομία gewählt: siehe oben E. 4, L. 9. Dies ist überraschend. Denn in *Ps xlviii 6b* hat Є' nach Ausweis von 1098 ἀνομία aus O' übernommen, in *Ps lxxvii 38b* nach 1173 und *Ps lxxxviii 33b* nach 1098 hat Є' ἁμαρτία der O' (oder vielleicht ἀδικία in *Ps lxxxviii 33b*: S 1098 L'' A'') durch ἀνομία ersetzt. Man würde der Annahme zuneigen, Є' wünsche עון *mit* ἀνομία *regelmäßig* zu verknüpfen. Hier ist jedoch gerade das Gegenteil anzutreffen: Є' vertauscht ἀνομιῶν der O' durch ἁμαρτιῶν. Hatte Є' eine Vorlage O', die ἁμαρτιῶν enthielt, und die sie unrezensiert übernahm? Keine Variante in O' weist darauf hin. Las sie און statt עון? *Kennicott* und *de Rossi* kennen diese Variante jedenfalls nicht, und außerdem hat Є' in den bekannten Wiedergaben von און 1° ἀδικία gebraucht: *Ps xxxv 4a, 5a* nach 1098 (O' ἀνομία), 2° ὑπὲρ τοῦ μὴ εἶναι (על־אין = על־אין) in *Ps lv 8a* nach 1175, cat x¹⁶²⁵ ⁽¹⁷⁰⁶⁾; 3° ἀνομία in *Ps xxvii 3b*: Є'ς' nach 264 mg (O' nach B L'' 1219': ἀδικία; nach S' U' R L^pau: ἀνομία). ἁμαρτία taucht im Psalter weder bei O' noch bei Є' je als Wiedergabe von און auf.

So bleibt die Frage ohne Antwort, weshalb Є' hier ἁμαρτιῶν enthält im Gegensatz zu O' mit ἀνομιῶν. Siehe *Venetz,* Quinta, S. 131–134 (= S. 98–99, 105–106 in der Ausgabe 1974, siehe oben, Nachträge, S. xxvii).

Lesart 3

C' verwendet μνημονεύω für זכר, wie schon *Ps lxxvii 39a,* E. 6, L. 6 gezeigt hatte.

Wie Є' und A' hat C' genauer als O' ἡμῖν dem hebräischen Dativ entsprechend übersetzt.

C' hat das Wort ἀνομία der O' beibehalten. Siehe zur Übersetzung von עָוֹן bei C' *Ps lxxvii 38b*, E. 4, L. 11.

Zu dem überraschenden *Singular* siehe oben zu A' in L. 1.

πρότερος steht *in O'* oft für רִאשׁוֹן. C' übersetzt in der Regel wie A' durch πρῶτος, so in *Ps lxxxviii 50a* nach 1098 (O' ἀρχαῖος); *Is ix 1 (viii 23)* nach 710, Pr (= O'); *Is xli 4* nach Eus (= O'); *Is xli 22* nach Q (O' πρότερος); *Is xlii 9* nach Eus (O' ἀπ' ἀρχῆς); aber er kennt auch *andere Wiedergaben:* ἀρχαῖος in *Is lxi 4* nach 86, Q (C'Θ') (O' πρότερος); ἐν ἀρχῇ in *Jer vii 12* nach 86, Syh (O' ἔμπροσθεν). Ebenso überträgt er gelegentlich durch πρότερος, so in *Jer xliii (xxxvi) 28* nach 86 (O' haben רִאשׁוֹן nicht übersetzt), und in unserm V.

Der Umstand, daß *in 1173* μὴ in der Lesart C' *fehlt*, jedoch *in 1122* vorkommt, besagt nichts über die Unabhängigkeit der Hs 1122 von 1173, denn ein μὴ fügt man vor μνημονεύσῃς ganz spontan ein unter dem Einfluß des Parallelismus mit Lesart O', A'.

C' wählt denselben *Satzbau* wie A', nur gestaltet er die Konstruktion für seinen griechischen Leser viel *durchsichtiger.* A' und C' folgen genau MT.

Exzerpt 65. Vers 8b–c

Lesart 1

A' hat hier מַהֵר *wie O'* übertragen; *Reider* gibt als weitere Stellen mit ταχύ an: *Ps lxviii 18c* (nach Eus) = O'!, *Is viii 1* (nach 710), O': ὀξέως.

An diesem Beispiel der *Wurzel* ταχ-, die der *Wurzel* מַהֵר entspricht, läßt sich die *Fächerung der A'-Übersetzung* sehr schön beobachten:

מַהֵר *Verbum pi* = ταχύνω in *i Regn xxv 42* nach m (※); *Is li 14* nach 86; «O'» in *Eccl v 1.* Die andern Zeugnisse sind gruppierende Lesarten.

מַהֵר *Verb nif* = ταχύνω in *Is xxxii 4* (A'Θ') nach 86; *Nif'al Partizip* = ταχινός in *Is xxxv 4* nach 86 (cod. ταπεινοῖς statt ταχινοῖς).

מַהֵר *Adverb* = ταχύ in *Ps lxviii 18c* nach Eus; *Is viii 1* nach 710 (לְמַהֵר).

מָהִיר *Adjektiv* = ταχεινός in *Ps xliv 2c* nach Eus[1121].

מְהֵרָה = ταχέως in *Ps xxx 3b* nach 264 mg, 1098; in «O'» des *Eccl iv 12* (aber ταχύ in «O'» des *Eccl viii 11*).

Obgleich die Zeugnisse *spärlich* auf uns gekommen sind, zeichnet sich die *Spezialisierung* in den *Ableitungen* von ταχ- ab, die der Spezialisierung von מַהֵר im Hebräischen entspricht.

Vergleicht man A' mit O', so fällt sogleich die *Ausschließlichkeit der Wurzel* ταχ- *für* מַהֵר auf, während bei O' *zwei* Wiedergaben das Feld beherrschen: ταχ- und σπευδ-, von weiteren vereinzelten Übersetzungen abgesehen. σπευδ- ist besonders die im *Pentateuch* und in den *geschichtlichen Büchern* gebrauchte Übersetzung. Die *Ausmerzung* von σπευδ- als Äquivalent von מַהֵר ist bei A' konsequent durchgeführt, aber begonnen hat sie schon *vor ihm.* Darauf deuten mehrere Anzeichen: in *ii Regn xv 14, xix 16 (17)* lesen *b o c₂ e₂* σπεύδω, während die andern Hss ταχύνω haben. (In *ii Regn xv 14* steht in *b o c₂ e₂* überdies φθάνω für מַהֵר: auch diese Wiedergabe ist bei den andern durch ταχύνω ersetzt worden.) In *i Regn xxv 18* haben *c x* als Zeugen der hexaplarischen O' ἐτάχυνεν, während die andern ἔσπευσαν enthalten. In *iv Regn ix 13* steht *x* mit ἐτάχυναν den andern Hss mit ἔσπευσαν gegenüber. Aus diesen Beobachtungen tritt die Tendenz, מַהֵר ausschließlich mit ταχ- zu verknüpfen, deutlich hervor.

A' hat קָדַם durch προφθάνω übersetzt, wie *Ps xvi 13a* nach 1175, 264 mg (O' = προφθάνω) zeigt. In *Is xxxvii 33* lesen nach 86 A'C'Θ' προφθάσει. Die Lesart weist auf A' hin, denn θυρεός und vielleicht πρόσχωμα sind für ihn kennzeichnend.

προφθάνω ist auch bei O' die üblichste Wiedergabe, die nur gelegentlich durch συναντάω oder andere Verben vertauscht wird.

Die *Lesart von 1122* ist durch O' *kontaminiert*: προφθασάτωσαν ist sicher richtig.

οἰκτιρμοί ist das Wort, dessen sich in unserm V. schon O' bedient haben. Überdies läßt A' fast regelmäßig der *Wortsippe* רחם die griechische *Familie* οἰκτιρ- entsprechen: siehe oben im einzelnen zu *Ps lxxvii 38a*, E. 4, L. 5.

Der *Artikel* entbehrt bei A' eines genügenden Grundes. Er ist wohl durch *Kontamination mit O'* dem Schreiber in die Feder geflossen.

Die Wurzel דלל ist bei A' mit ἀραιός, ἀραιόομαι verknüpft, siehe unten zu *Ps lxxxi 3a* nach 1173, 1175, E. 105, L. 2.

Lesart 2

Diese Lesart ist für C' bezeugt bei *Eus,* mit dem Unterschied allerdings, daß bei Eus das Verb προλαβέτω im Singular steht.

Da in unserm V. der *Singular nicht mit O'* übereinstimmt, für C' jedoch bei *Eus* (Coislin 44, 1209, Pat 215) überliefert ist, steht der *Singular bei C'* kaum in Zweifel. 1173 vertritt hier wohl, was den *Plural* betrifft, die *Lesart* Є', nicht die *Lesart C',* Siehe zum Ganzen: Kongruenz bei Subjekt im Neutrum Plural, Einleitung, Kap. IV, 5.

C' hat מהר als *Imperativ* aufgefaßt, vielleicht auch Є'.

Für beide ist die *Wortgruppe* ταχ- Wiedergabe von מהר. Diese Entsprechung ist, wie wir in L. 1 gesehen haben, in O' schon vorhanden, aber von den späteren Rezensenten systematisch ausgedehnt worden. Es erstaunt daher nicht, sie in Є' anzutreffen. Sogar C' hält sich ziemlich straff an diese Übertragung. Bloß das *nif* übersetzt er zweimal mit ἀνόητος: *Is xxxii 4* nach 86, Eus (O' = ἀσθενῶν); *Is xxxv 4* nach Eus (O' ὀλιγόψυχος), und in *Job v 13* nach Field («Olymp. Interpretis nomen tacent Colb. et Codd. 161, 248.») lesen wir ταραχθήσεται: das ist vielleicht verdorben aus einer Verbalform von ταχύνω.

προλαμβάνω für προκαταλαμβάνω bei O' = קדם *pi* ist in C' ein ἅπαξ λεγόμενον. C' verwendet für קדם προφθάνω, so in *Ps xvi 13a* nach 264 mg (statt Sigel C': καὶ), 1175; *Ps lxxxvii 14b* nach Tht; in *Ps cxviii 147a* nach cat xvii[1047, 1135, 1139], cat x[1625, 1706] greift er zu προανίσταμαι. O' haben in *Mi vi 6* zweimal mit einem *Kompositum von* λαμβάνω קדם dargestellt: ἀντι- und καταλαμβάνω. Das vorliegende προλαμβάνω hat nichts Unmögliches an sich, weder in der Feder der Є' und noch weniger bei C'.

Zur Übersetzung der Wurzel רחם bei C' siehe oben *Ps lxxvii 38a*, E. 4, L. 6.

ἔλεος ist eine recht *vereinzelte* Wiedergabe von רחמים. Aber sie ist bei C' natürlich möglich. Für Є' sind keine weiteren Belege überliefert. Θ' hat οἰκτιρ- für רחם verwendet.

ἀτονέω ist nur bei C' Äquivalent von דלל, siehe oben *Ps lxxvii 57b*, E. 43, L. 2.

Die *ganze Lesart* ist, vom *Plural* προλαβέτωσαν abgesehen, wohl *dem C' zuzuschreiben,* wie auch die durch Eus bezeugte Lesart erweist. Є' wird ihr sehr nahe gewesen sein, vielleicht besonders *am Anfang,* während der *Schluß:* ὅτι ἠτονήσαμεν ganz symmachianisches Gepräge trägt.

Exzerpt 66. Vers 9a–b

Lesart 1

Die *Lesart A'* in ihrer exakten Wörtlichkeit ist bestimmt echter A'. Der *Vokativ* θεέ ist bei A' häufig, siehe *Reider,* Index, S. 110 (obgleich *Reider* unglücklicherweise die Vokativformen nicht getrennt aufführt). Siehe Einleitung Kap. IV, 3, a: Zum Vokativ von θεός.

Lesart 2

Da in der *Lesart C',* siehe L. 3, ein ἕνεκεν erscheint, kann man voraussetzen, daß der *Psalter des Exzerptors* ἕνεκα enthielt. Die Lesart Є' gilt daher nicht dem ἕνεκα als solchem, sondern der Wiedergabe von על־דבר durch ἕνεκα λόγου.

Zum *Gegensatz* ἕνεκα- ἕνεκεν siehe *Thackeray,* Grammar, § 9, 8, S. 135. ἕνεκα ist viel seltener als ἕνεκεν.

Є' hat hier deutlich das Werk des *Rezensenten* getan: ἕνεκα *der O' bleibt,* aber darüber hinaus muß דבר eigens ausgedrückt werden: durch λόγος. Dadurch bedeutet ἕνεκα nicht mehr: על־דבר (wie bei O' auch in *Gn xx 18, Nu xxxi 16*), sondern *nur mehr* על. A' und schon seine Vorbilder sind einen Schritt weiter gegangen, indem sie על *wörtlich mit* ἐπί wiedergegeben haben und ἕνεκα für למען und בעבור vorbehalten, siehe *Barthélemy,* Devanciers, S. 85.

λόγος entspricht bei Є' דבר: siehe *Ps xxi 2b* nach 264 mg, Eus dem, 1121 (= O'): *Ps lv 5a* nach Eus (= O', die aber den Plural statt des Singulars bei Є' lesen); *Ps cxlvii 8a* nach 1175 (= O', aber *in* Є' *ohne Artikel*), und hinzuzufügen wäre die «Θ'» Lesart (= Є') bei Tht in *Ps lxiii 4b*: λόγον (O' = πρᾶγμα), siehe *Mercati,* Psalterii hexapli, S. xxv–xxvii.

Bemerkenswert in der Є'-Lesart ist das *Fehlen der Artikel* im Gegensatz zu O': siehe dazu Einleitung, Kap. IV, 4.

Syh bezeugt: א. ה. מטל מלתא. Das ist wörtlich Є' und annähernd A'.

Lesart 3

C' ist ἕνεκεν zugeschrieben in *ii Regn xii 25* nach j; *Is lii 4* nach 86, Eus; *Ez xxiii 21* nach 86; aber ἕνεκα in *Ps xxx 4b* nach 1098 (O', Є', ς': ἕνεκεν). Ist das Zeugnis in *Ps xxx 4b* zutreffend, hat C' *sowohl* ἕνεκα *als* ἕνεκεν gebraucht wie O'. Die Lesart ἕνεκεν bei C' in unserm V. weist auf den *O'-Text* ἕνεκα beim Exzerptor hin: das ist ein Anzeichen, daß O' des Exzerptors nicht der *lukanische Psalter* waren, denn *L'* 55 lesen ἕνεκεν (P. Bodmer xxiv: ἕνεκε), während die übrigen Zeugen: B'R ἕνεκα haben.

Exzerpt 67. Vers 9b

Lesart 1

Die Lesart gilt dem καὶ vor ῥῦσαι ἡμᾶς. Dieses καὶ entspricht genau dem MT. In O' ist es weggelassen, vielleicht wegen der *Satzteilung* in *drei* Stichoi. *Kennicott* und *de Rossi* bezeugen keine Variante mit הצילנו *ohne* vorangestelltes ו.

In 1175, 264 mg findet sich eine Lesart: A'C' ἡ Є' καί, die durch keinen Verweis auf den
V. 9b bezogen ist, an dessen Rand die Lesart steht. Ohne Zweifel geht das καί auf ῥῦσαι (bzw.
ἐξελοῦ bei C') und entspricht ו vor הַצִּילֵנוּ.

ῥύομαι ist eine sehr häufige Übersetzung von נצל‎ bei O'. In den meisten Fällen, wo ῥύομαι
bei O' verwendet wird, stellt es נצל‎ dar.

Є' hat ῥύομαι aus O' übernommen ohne zu ändern. Die Beispiele, wo Є' überliefert ist, sind:

> *Ps xvii*   *44a* nach 1098   =   O': נצל‎,
> *Ps xxx*   *2b* nach 1098   =   O': פלט‎,
> *Ps xxxii*   *19a* nach 264   =   O': נצל‎,
> *Ps lxxviii*   *49b* nach 1098   =   O': מלט‎.

Umgekehrt hat Є' נצל‎ mit O' anders übersetzt: *Ps xxxii 16b* σῴζω (= O') nach 264 mg;
ἐξαιρέομαι in *Ps xxx 3b* (= O') nach 1098: an beiden Orten hat Є' die *Wortform* der O', nicht
aber die *Wortwahl* korrigiert.

A' läßt dem hebräischen נצל‎ ῥύομαι entsprechen, siehe *Reider,* Index, s. v., S. 211.

Hinzuzufügen zur Liste *Reiders* sind: *Ps lxxxi 4b* nach 1173 (siehe unten z. St.); *Is xxxviii
6:* «οἱ O' ῥύσομαί σε, A' ὁμοίως τοῖς O' . . .» nach Q. A' hat also im Vergleich zu Є' und O' das
Wort ῥύομαι *ausschließlicher* an נצל‎ gebunden.

Lesart 2

Auch die *Lesart C'* gilt zunächst dem καί *vor* ἐξελοῦ. In der Versteilung von O' in
drei Stichoi hätte das ו keinen Sinn. A', Є' und C' haben die Teilung in *zwei Halbverse* wie MT, so daß das καί sinnvoll wird.

C' überträgt נצל‎ wie folgt: in den meisten Fällen ist es ἐξαιρέω und noch öfter ἐξαιρέομαι:
Ps xxi 21a in Hexapla Taylor; *Ps xxx 3b* nach 1098; *xxx 16b* nach 264 mg; *xxxii 19a* nach 264 mg;
xxxiii 5b nach cat xvii[1047, 1134, 1135, 1139], cat x[1625, 1706]; *xxxiv 10b* nach ThdMopsv[1717]; *xxxviii 9a*
nach Eus[1121]; *lxxxi 4b* nach 1173 (siehe unten z. St.), und wohl auch die am Anfang und in
ihrer Sigel nicht mehr entzifferbare Lesart von 264 mg in *Ps xxiv 20a;* weiter in *Is xix 20* nach
Eus; *xxxviii 6* nach Q; *lvii 13* nach Eus, Hi[lat]. In *Zach iii 2* nach 86, Syh wählt C' ἐξαίρω (?). In
Ps xxxii 16b hat C' mit διαφεύγω nach dem Zeugnis von 264 mg, ThdMopsv[1717] gearbeitet. In
Prov xxiv 11 nach Morin. n. θ steht bei C' σῴζω und in *Ex iii 22* schließlich σκυλεύσετε nach M
(A'C'), z (anon.), συσκευάσασθε nach c₂: dies letztere ist vielleicht richtig für C', da σκυλεύσετε als
A's Wiedergabe möglich wäre.

Exzerpt 68. Vers 9c

Lesart 1

A' unterscheidet sich von O' durch die *Wortwahl:* ἐξιλάσκομαι *Med* statt ἱλάσκομαι
Pass. Diese Übersetzung A's ist bei ihm üblich, siehe oben *Ps lxxvii 38b,* E. 4, L. 7.
Einfaches ἱλάσκομαι ist bei A' für סלה‎ vorbehalten. ἐξιλάσκομαι *ist in* O' die weitaus
häufigste Wiedergabe von כפר‎.

Lesart 2

C′ hat wie A′ das einfache ἱλάσκομαι der O′ durch ἐξιλάσκομαι vertauscht, aber im Gegensatz zu A′ (und zu O′) als *Passiv, nicht als Medium* behandelt, denn O′ und A′ pflegen ἐξιλάσκομαι *im Medium* zu gebrauchen. Auch dies entspricht C′s üblichem Verfahren: in *Ez xvi 63* nach 86 steht gleichfalls das *Passiv*. Doch in *Ps lxxvii 38b*, E. 4, L. 8 finden wir das *Aktiv*. C′ legt sich also auch hierin nicht fest.

Lesart 3

Θ′ hat das *einfache* ἱλάσκομαι von O′ bewahrt, es aber als *Medium* gebraucht. Die *Wurzel* כפר ist für Θ′ sonst belegt in *Is xxvii 9* A′C′Θ′ ἐξιλασθήσεται nach 86 (O′ ἀφαιρεθήσεται); כפר in *Prov vi 35* λύτρωσις nach Morin. n. ε (3°) und ἐξίλασμα in vier zusammenfassenden Lesarten *Ex xxx 12, Am v 12, Prov xiii 8, xxi 18*.

Es ist möglich, daß die Rezension Θ′ ἱλάσκομαι im ganzen *Psalter* konsequent als *Medium* verwenden haben wollte. ἱλάσκομαι kommt nämlich im Psalter der O′ *vier mal* vor, drei mal, in *Ps xxiv 11b, lxiv 4b, lxxvii 38b*, ist es wohl im *Medium*, nur in unserm *V.* ist es als Imperativ sicher im *Passiv*. Θ′ hat es also hier ebenfalls ins *Medium* gesetzt.

Lesart 4

Diese Lesart entspricht genau aquilanischer Manier. Die *Wortwahl* ist die *übliche*, wie eine Überprüfung in *Reider*, Index, s.s. v.v., lehrt.
ὄνομάς σου in 1173 ist *Dittographie.*

Zu διὰ ὄνομά σου siehe die genaue *Parallele* in *Ps xxiv 11a* nach 264 mg. Zur *Nicht-Elision* von ἐπὶ ἁμαρτίας und διὰ ὄνομα, siehe unten *Ps lxxix 18a*, E. 84, L. 4.

Lesart 5

Auch die Lesart C′ ist wohl richtig; das δι in 1173 ist ein Versehen oder die Ab-kürzung für διά. Siehe die *Parallele* zu διὰ τὸ ὄνομά σου in *Ps xxiv 11b* nach 264 mg. περὶ für על auch in *Ps xxx 5c* nach 264 mg; *6a* nach 264 mg, Tht, Eus[1121] (ὑπὲρ nach 1175, cat x [Tht] ist durch O′ kontaminiert); usw.

Lesart 6

Θ′ unterscheidet sich von O′ durch sein Wort ἀνομία *im Akkusativ* statt ἁμαρτίαις *im Dativ*. ἀνομία ist jedoch bei Θ′ meistens die Entsprechung von עין: *Is i] 4* nach 710 (O′ ἁμαρτίαι); *Ez xliv 12* ※ nach Q und viele zusammenfassende Lesarten. Daneben kommen *vereinzelte* andere Wiedergaben vor: ἀδικία in *Os xiii 12* nach 86 (= O′); ἁμαρτία τῆς ἀσεβείας μου (עון חטאתי) in *Ps xxxi 5d* nach 1175 (O′ ἀσεβεία τῆς ἁμαρτίας μου). Wie Θ′ so haben auch Ε′ und besonders A′ versucht, ἀνομία mehr oder weniger ständig mit עין zu verbinden.
Aber *Ausnahmen* kommen vor: *für* Ε′ siehe oben *V. 8a*, E. 64, L. 2.

Die einfachste Erklärung für das *überraschende* ἀνομία = חטאת in unserer Lesart wäre – unter Voraussetzung einer *gleichen* hebräischen Vorlage: *Kennicott* und *de Rossi* verzeichnen hier in der Tat keine abweichende Lesart – die Annahme, der Θ′ *vorliegende O′-Text* habe ἀνομία enthalten. Denn O′ übersetzen gelegentlich חטאת durch ἀνομία.

Der *sahidische Psalter* liest denn auch *ṆNENANOMIA,* das ἀνομίας (nicht notwendig ἀνομίαις, wie *Rahlfs* es wiedergibt) sein mag, siehe E. A. W. *Budge,* The Earliest Known Coptic Psalter (London 1898) 86.

Θ′ hätte eine solche O′-Form *unrezensiert* übernommen.

In der vorliegenden Θ′-Lesart hat Θ′ ἰλάσκομαι mit dem *Akkusativ* der Sache (Genetiv Singular ist wohl ausgeschlossen: der Genetiv kommt als *Genetiv der begnadigten Person* vor in *Est iv 17*) konstruiert. ἰλάσκομαι ist *in O′* gewöhnlich mit dem *Dativ* der Sache und der Person verbunden, aber der *Akkusativ* kommt vor: *Ps lxiv 4b* nach B′ R He* 55, während den Dativ lesen: L′ 1219. Umgekehrt finden wir in *Ps lxxvii 38b* bei fast allen Zeugen den *Dativ,* bei Lᵖᵃᵘ den *Akkusativ.*

Ebenso konstruiert A′ einmal mit dem *Dativ: Ps cii 3a* nach Taylor, dann wieder mit dem *Akkusativ: Ps xxiv 11b* nach 264 mg (anonym, aber auf eine Lesart A′ unmittelbar folgend): und bezeichnenderweise trotz hebräischem לעיני = τὴν ἀνομίαν μου.

ἐξιλάσκομαι wird bei O′ bisweilen und bei Θ′: *Da ix 24*, mit *Akkusativ* konstruiert. (In O′ ist jedoch die häufigste Wendung: ἐξιλάσκομαι περί: *wie hier bei C!*)

Da Θ′ hier das *Medium* wählte, wurde das *Akkusativobjekt* möglich, während das Passiv der O′ den Dativ (oder eine Umstandsbestimmung) erheischte. A′ richtete sich nur nach dem Hebräischen (על = ἐπί), während C′ nach der verbreitetsten Konstruktion von ἐξιλάσκομαι *passiv* mit περί übertrug.

ἡμῶν fehlt: wohl bloß im Auszug des Exzerptors, der das Possessivum wegließ, weil es sich nicht von O′, A′ und C′ unterschied. Man könnte sich fragen, ob nicht eine *Sigel* zwischen ἀνομίας und ἕνεκεν verloren ging. Unmöglich ist das nicht. Immerhin ist ἕνεκεν für למען bei Θ′ durchaus denkbar, siehe *Barthélemy,* Devanciers, S. 85, und siehe *Is xliii 25* ※ nach Q, Syh (anon.). *Auch* Є′ überträgt freilich למען durch ἕνεκεν. So läßt man die Sache am besten *offen.* Sowohl Θ′ oder eine vorauszusetzende Є′-*Lesart* dürften ἕνεκεν gelesen haben. (Übrigens wäre ja auch eine O′-*Lesart* möglich!)

Siehe einen ähnlichen Fall, wo *mitten in der Lesart* ein *Possessivum fehlt,* unten in *V. 10c,* E. 71, L. 2.

ἕνεκεν statt ἕνεκα finden wir auch in P. Bodmer xxiv, R, L′, 55. ἕνεκα steht in B′. Die Erwähnung der Lesart Θ′ ἕνεκεν setzt wieder wie in *V. 9b,* oben E. 66, L. 3, einen O′-Text mit ἕνεκα voraus. L und der Psalter von 1173, 1122 haben jedoch ἕνεκεν. Der Exzerptor hat also mit einem andern Psalter verglichen, der wie B′ beidemale ἕνεκα enthielt.

Exzerpt 69. Vers 10a

Lesart 1

Ein *erster Unterschied* trennt diese Lesart Є′Θ′ von O′ durch das ἵνα μή anstatt des μήποτε.

O′ übersetzen לָמָה auf *drei* verschiedene Arten: als *Fragewort*: «*warum*» (ἵνα τί am häu-figsten, διὰ τί, τί, τί ὅτι; hie und da auch durch ὅτι allein), als finale Konjunktion (selten) und oft als *negative finale Konjunktion*: ἵνα μή, μήποτε, μή, μὴ οὖν und μὴ γάρ.

Die *beiden letzteren Übersetzungen* erklären sich durch den *Übergang von der direkten Frage* (ἵνα τί) *in die indirekte Rede* (ἵνα μή usw.). Es mag auch mitspielen, daß μή und μήποτε sowohl *Fragewörter* sind mit dem Sinn von: «etwa?» «numquid?», als auch *finale Konjunktionen*, die Nebensätze einleiten. So ist das Oszillieren von einer Wendung zur andern leicht möglich.

Der zweite Unterschied zwischen Lesart Є′Θ′ und O′ besteht in der *Verbal-form*: O′ εἴπωσιν, Є′Θ′ ἔρωσ(ιν). Daß ἐρῶ nicht als *Futurum*, sondern als *Präsens* betrachtet wird, von dem ein *Konjunktiv* gebildet wird (denn in dem negativen Finalsatz *muß* es sich wohl um den Konjunktiv handeln), ist etwas höchst Eigen-artiges! ἵνα wird zwar gelegentlich mit *Indikativ* verbunden, aber das *Fut* würde ἐροῦσιν lauten, während die Endung mit -ω-: ἔρωσιν auf den Konjunktiv weist. Es gibt Stellen in O′, wo das Verb als Präsens gedeutet werden könnte, z. B. *Gn x 9*, *Ps cxxxviii 20a*: in *Gn x 9* hat Vulg ein Perfekt (aber in freier Wiedergabe: «pro-verbium exivit»), in *Ps cxxxviii 20a* als Präs übersetzt: «dicis»: Ga in R I L, Vetus latina in γ, La^G. *A′ Θ′* haben mit *Fut, C′, Є′* mit Aor übersetzt (Θ′, Є′, vielleicht auch A′, C′ [ἀντιλέγω!] haben hier übrigens nicht אמר, sondern מור oder מרה gele-sen): siehe 1175.

Die *Futurumbedeutung* steht jedoch an den meisten andern Stellen außer Zweifel.

Nie aber findet sich sonst ein *Präs* *Konjunktiv* ἐρῶ, soviel ich sehen konnte. D. h. die *Konjunktiv-Aoristformen* von εἶπον in O′ weisen nirgends in den *Cambridger-* und *Göttinger-Ausgaben* (und wo diese fehlen, in *Holmes-Parsons*) eine *Variante* auf, *die von ἐρῶ abgeleitet* wäre. (In *ii Regn xiii 28, xvii 9* ist ein ἐρῶ, bzw. ἐρεῖ, εἴπει, εἴπῃ in b o c₂ e₂ Syh^j [vid] durch εἴπω, bzw. εἶπεν bei den rell ersetzt worden.) Diese Form scheint nicht gebraucht worden zu sein.

Soll man daher annehmen, ἔρωσ(ιν) sei hier nicht eine *hybride Konjunktivform* von ἐρῶ, sondern der *Fehler* eines Kopisten? Wie wäre der Fehler unter dieser Annahme zu erklären?

Vielleicht ist die folgende Hypothese eine mögliche Lösung: einer der beiden Übersetzer, Є′ oder Θ′, hatte εἴπωσιν wie O′, das von ἵνα μή abhing. Der andere hatte ἐροῦσιν wie A′, das von einer direkten Frage ἵνα τί (oder vielleicht von ἵνα mit Indikativ oder von der Fragepartikel: μή) abhing. Є′ und Θ′ stimmten in dem Ende ἐν τοῖς ἔθνεσιν überein und wurden deshalb zur kollektiven Lesart zusammengefaßt. Bei dieser Zusammenfassung geschah die *Verquickung der beiden Formen*: εἴπωσιν und ἐροῦσιν in das hybride ἔρωσιν.

Eine andere, wenn auch kaum wahrscheinlichere Erklärung bestünde in der Auflösung der Abkürzung ἔρωσ͞ mit ἐρωτάω, da ja eine Frage auf den Satz folgt: Man möchte: ἵνα μὴ ἐρωτῶσιν (Konjunktiv Präsens) oder ἐρωτήσωσιν (Konjunktiv Aorist) vermuten. Dieser Annahme steht entgegen, daß ἐρωτάω in O′ meistens für שאל steht, obgleich in *Ex iii 13* אמר so übertragen ist. Als Θ′-Lesart ist ἐρωτάω in *Jer xv 5* nach Q (C′Θ′ ※), 86 (οἱ γ′ ※) bezeugt, denn C′ hat hier nach 86's ausdrücklichem Zeugnis mit ἱκετεύων übersetzt. Die Korruption ἔρωσιν aus ἐρωτῶσιν (ἐρωτήσωσιν) wäre durch Kontamination mit εἴπωσιν entstanden.

Ein Einwand gegen diese Deutung kommt auch aus Syh: א. ס. ה. למבא במרון. Es scheint also, daß *auch* Є′ ein Verb mit λέγω, ἐρῶ oder εἶπον gekannt hat.

Man muß vielleicht doch mit einer hybriden Form ἔρωσ(ιν) rechnen, obgleich sie analogielos dasteht.

Wie dem auch sei, die jetzt vorliegende Lesart ist fehlerhaft. 1122 fügt nichts Neues hinzu, denn diese Hs begnügt sich, das Kompendium auszuschreiben: -σιν.

ἐν τοῖς ἔθνεσιν ist die Lesart mehrerer O'-Zeugen: P. Bodmer xxiv B'' Sa Ga Aug. τὰ ἔθνη steht bei R'' L'' 1219'. Aus der Lesart Є'Θ' läßt sich nicht schließen, was der *Psalter des Exzerptors* enthielt, denn es folgen ja weitere Lesarten mit τὰ ἔθνη.

בגוים ist bezeugt durch *Kennicott* Hss 100, 224*, *de Rossi* 380*, ext. 29.

Rahlfs erklärt ἐν τοῖς ἔθνεσιν als *Kontamination* mit *V. 10b*, wo der Ausdruck sich wiederfindet. So könnte sich auch die Variante der hebräischen Mss erklären. Eine Parallele zu unserm V. sind *Ps cxiii 10a*, wo R allein ἐν τοῖς ἔθνεσιν liest, *Jo ii 17*, wo τὰ ἔθνη lesen: 764, Syp^clim Aeth^P Gild^P; der Ausdruck fehlt: 710*, Aeth^P; ἐν τοῖς ἔθνεσιν: rell.

Є' Θ' werden die Stelle *unrezensiert* aus ihrer O'-Vorlage übernommen haben. Es sind die *ägyptische* und die *hexaplarische* Form von O', die so lesen.

Lesart 2

Die *Lesart A'* stellt keine Probleme: למה ist bei A' εἰς τί: siehe *Reider*, Index, S. 238.

λέγω, εἶπον, ἐρῶ sind Präsens, Aorist, Futurum für אמר bei A'. Der Plural des Prädikats bei Neutrum Plural als Subjekt ist das für A' Übliche, siehe Einleitung, Kap. IV, 5 Kongruenz Subjekt-Prädikat bei Neutrum Plural.

Lesart 3

Diese C'-Lesart ist als *zusammenfassende* Lesart οἱ ἄλλοι durch Tht überliefert. 1173 lehrt, daß die Lesart *wörtlich* die C's ist, aber mit A' eng verwandt erscheint: bei A' und C' ist das Fragepronomen εἰς τί, bei beiden sind τὰ ἔθνη das Subjekt des Satzes. Siehe auch die zusammenfassende Lesart der *Syh* (oben S. 230). Nur das *Verb* ist verschieden: bei A' steht es im *Futurum Plural*, bei C' im *Präsens Singular*. Der Singular des Prädikats zu einem Subjekt im Neutrum Plural ist gut symmachianisch: siehe Einleitung, Kap. IV, 5.

C' hat למה mannigfaltig übertragen: εἰς τί wie hier ist weiter bezeugt in *Gn iv 6* nach v; *Jer xv 18* nach 86, Syh; *Ps ii 1a* nach 1175, 264 (marg., anon.); ἵνα τί in *Nu xx 4* nach v (O'C'Θ'); *Ps xli 10b* nach Eus[1121]; *xliii 24a* nach Eus[1121], ThdMopsv[1717], Chr[D, M, N], Pseudo-Diodor in cat v = 142; *xliii 25a* nach Eus[1121]; *lxxiii 1b* nach 1175, 264 mg (anon.); *lxxxvii 15a* nach 1175, cat x[1625, 1706]; *Prov xvii 16* nach Morin. n. ρ (A'C'); in *Ps lxvii 17a* schwankt die Überlieferung: nach Eus: εἰς τί; nach 1175: ἵνα τί. Da O' und die Lesart Θ', die in 1175 der Lesart C' unmittelbar vorangeht, ἵνα τί enthalten, ist εἰς τί für C' wohl vorzuziehen. (Bei *Field* ist «Vat.» [= 1175] unkorrekt angeführt.)
    διὰ τί in *Iud v 16* nach z; *ii Regn xiv 13* nach j; *Is xl 27* nach Q, 86, Pr, Syh; *lv 2* nach Eus, 86 (C'Θ'); *lviii 3* nach 86; *Ps xlviii 6a* nach 1098; ἵνα μὴ in *Eccl vii 17 (16)* nach Morin. n. φ.

Lesart 4

Die vorliegende Lesart trägt die *Sigel C'*: zu Unrecht! Da alle Übersetzungen *außer* ς' angeführt sind, ist es wahrscheinlich, daß ς' mit C' verwechselt worden ist. Nichts spricht gegen die Zuweisung an ς': ἵνα τί ist sehr geläufig in O' für למה, siehe oben L. 1.

ἐν τοῖς ἔθνεσιν ist nicht bloß für C'Θ' bezeugt, sondern auch für einen Teil der O'-Überlieferung, wie es scheint, für den ägyptisch-nordafrikanischen und den hexaplarischen Teil.

φημί für אמר kommt in O' vor, obgleich das Wort vor allem für נאם verwendet wird (so auch bei A', C' und Θ'). Die Nähe von ς' zu O' erklärt auch gut das griechische *Präteritum* für *hebräisches Imperfekt*. Konsequentere Rezensionen wie Є' und A' haben hier strengere Äquivalenzen aufgestellt, während O' die Tempora recht frei wiedergeben, siehe Einleitung Kap. IV, 2.

Die *Abkürzung* ἔφσ' ist übrigens wohl nicht anders als in ἔφασαν aufzulösen (oder allenfalls: ἔφησαν). Man sieht nicht, welche andere Übersetzung von אמר so abgekürzt werden könnte.

Exzerpt 70. Vers 10 a–b

Lesart 1

Die *Lesart A'* ist sehr *abgekürzt* wiedergegeben, da sie in der *Wortwahl* von O' fast nicht abweicht. Aber A's Übersetzung bildet das *Hebräische* so genau wie möglich ab: Dem *Fragesatz* fehlt das *Zeitwort* wie im MT. Vor γνωσθήτω hat A' das καί gestrichen, da der MT es nicht rechtfertigt. ἐν ἔθνεσιν wird *ohne Artikel* gesetzt. Dies *gegen MT*, der mit Artikel vokalisiert hat. Aber da MT *nur einmal* בגוים *ohne Artikel*, dagegen *mit Artikel über 70 mal* punktierte, während לגוים *3 mal ohne Artikel, 14 mal mit Artikel* vokalisiert ist (כגוים *3 mal mit Artikel*, מגוים *1 mal ohne Artikel*), vgl. *Ginsburg*, Massorah, i, ג, Listen 97, 99, 100, S. 206, Massorah, iv, S. 239, können wir in בגויים eine systematisierende Tendenz der Massoreten erkennen, von der A' frei war; vgl. eine ähnliche Statistik mit במדבר oben zu *Ps lxxvii 40a*, E. 9, L. 4. Dem *hebräischen* ל wird εἰς anstatt dem gewichtigen ἐνώπιον zugeteilt, wie A' das oft tut, siehe *Reider*, Index, S. 70.

Ein Punkt läßt uns zögern: Ist die *Abkürzung* γνωσθ᷎ in γνωσθήτω aufzulösen? Die *Abreviatur* ᷎ bezeichnet sonst in 1173: -εν, z. B. fol 269a, Z. 11 von oben: ἐσκήνωσ᷎ ; ebd. Z. 6 von unten μ᷎ = μὲν; fol 272b, Z. 25 von oben: μ᷎'τοι = μέντοι; ebd. Z. 7 von unten: μ᷎ = μὲν; fol 277a, Z. 2 von oben: μηδ᷎ = μηδὲν; usw. Die Abkürzung ist übrigens selten.

Aber da es klar ist, daß die Lesart nicht dem Wort γνωσθ⟨ήτω⟩, sondern dem davor *fehlenden* καί gilt, das in O' steht, besteht wohl kein Zweifel, trotz der Vereinzelung dieses Abkürzungszeichens (das übrigens am Ende der Zeile steht!), daß hier A' *wie* O' γνωσθήτω las. *Der Aorist Imperativ 2* wird ja von A' für hebräische Imperfekte gebraucht, siehe zu den Zeiten bei A', Einleitung, Kap. IV, 2. Überdies spricht gerade die Abkürzung dafür, daß A' mit O' übereinstimmt. In O' scheint diese Stelle einhellig überliefert zu sein und *«innotescat»* im *gallikanischen Psalter* läßt auch für die hexaplarischen O' das γνωσθήτω vermuten.

Lesart 2

Auch C' und Є' haben dem MT getreu *asyndetisch ohne* καὶ übersetzt, ohne das von O' gewählte Wort zu verlassen.

Lesart 3

Daß C' die *hebräischen Präpositionen* frei zu übertragen pflegt, ist nichts Neues. לְ begegnete in unsern Fragmenten bei C' als *Dativ ohne Präposition* in Ps lxxvii 48a, lxxviii 8a; als εἰς: Ps lxxvii 44a, 62a. Weitere *Beispiele für* ἐν = לְ wären zu finden in: Ps ix 22b nach 1175, Lavra A. 89 (anon.), 264 mg (anon.) (obgleich in 1175 am Rande die Sigel A' steht, ist die darüberstehende Sigel C' wohl die echte Sigel der Lesart); Ps lxviii 22b nach Eus. Während in Ps lxviii 22b weder *Kennicott* noch *de Rossi* eine *Variante* בְּ *statt* לְ verzeichnen, gibt es in Ps ix 22b ein *einziges Ms* bei *Kennicott: 31,* das בְּעִתּוֹת statt לְעִתּוֹת enthält. Es ist weiter nichts Überraschendes, daß die Übersetzung von לְ durch ἐν bei C' selten bleibt, da es ja eine ziemlich freie Wiedergabe ist.

C' hat die Wendung לְעֵינֵי vielfältig ins Griechische gesetzt: ἐνώπιον in *Ps xlix 21c* nach cat x [1625, 1706]; *Is lii 10* nach Eus; in *Jer l (xliii) 9* durch *Genetivus absolutus*: βλεπόντων (sc. ἀνδρῶν) nach dem Zeugnis von 86.

Ist der *fehlende Artikel* richtig? Zunächst scheint er verdächtig. Denn auf 27 Stellen, da ὀφθαλμός *mit Possessivum* für *C' allein* bezeugt ist, gibt es nur *4 mit Possessivum ohne Artikel.* Aber in 3 dieser 4 Fälle steht vor ὀφθαλμός + Possessivum eine *Präposition: Prov iv 21* nach Morin. n. ω: ἐξ; *Prov xxi 10* nach Morin. n. θ: ἐν; *Jer xlvi (xxxix) 12* nach 86: πρό. Bei *Substantiven + Possessivum mit Präposition* fehlt jedoch der Artikel in gutem Griechisch «ungemein häufig», *Kühner-Gerth, Gammatik,* i, § 462 f, S. 605–606. Unsere Lesart *paßt* also ausgezeichnet zu diesem Sachverhalt bei C'.

Freilich hat sich C' nicht ehern an diese Übersetzungsweise gekettet: in *Eccl v 10* nach Field («'Sic duo Regii ex Olympiodoro.' - Montef. ... Nobil. et Syro-hex. ... Cod. 252.») finden wir ὀφθαλμός + Possessivum *ohne Artikel und ohne Präposition,* und umgekehrt steht κατά + ὀφθαλμός *mit Possessivum und mit Artikel* in *iii Regn xxi (xx) 38* nach j, z; ἐν + ὀφθαλμός *mit Artikel und Possessivum* in *Is vi 10* nach Tht. Schon O' übertragen im *Psalter* ὀφθαλμός + Possessivum stets *mit Artikel,* ausgenommen in *Ps lxxxix 4a, cxvii 23b,* wo ἐν davorsteht. – Bei *adverbialen* Präpositionen wie ἀντικρύς (*Ps xvii 25b* nach Eus[1121]; *xxxv 2b* nach 1098, Eus[1113]) und ἔμπροσθεν (*Ps xxx 23b* nach 1098, 264 mg) verwendet C' ὀφθαλμός + Possessivum *mit Artikel,* wie auch O' mit ἐνώπιον! (N. B. In *Ps xxx 10b* steht nach 1098, Eus [1121], Tht ὁ ὀφθαλμός μου, *ohne Artikel:* 264 mg. Nach dem Obigen ist die Lesart nach 1098, Eus, Tht wahrscheinlich besser. In diesem Sinn ist zu ergänzen *Mercati, Osservazioni,* S. 124.)

Ein Wort noch zu *1122:* Anstatt der Lesart A' hat sie bloß die *Lesart O'* nochmals wiederholt.

Exzerpt 71. Vers 10b–c

Lesart 1

Die *Wendung* לְעֵינֵי mit abhängigem Nomen oder Suffix wird in O' wie folgt wiedergegeben:
im *Pentateuch* ist es ἐναντίον (oder ἔναντι; die Überlieferung schwankt zwischen beiden Formen
erheblich) und seltener ἐνώπιον.

In *Jeremias* ist es stets κατ' ὀφθαλμούς. Allerdings bedürfen folgende Ausnahmen der Erwähnung: *Jer xvi 9:* ἐνώπιον τῶν ὀφθαλμῶν ὑμῶν = B – S – 130 – 538 A – 106' C 86^mg; ἐναντίον τ. ὀ. ὑ.
= rell. Es handelt sich wohl um die Kombination zweier Übersetzungen, denn ἐνώπιον und
ἐναντίον (ohne ὀφθαλμῶν) stehen im Pentateuch und anderswo für לְעֵינֵי, während in Jer ausschließlich sonst κατ' ὀφθαλμούς vorkommt. ἐνώπιον oder ἐναντίον mit ὀφθαλμῶν verbunden
sieht nach einer Doppelübersetzung desselben hebräischen Ausdruckes aus.

Jer xxxix (xxxii) 13: ἐνώπιον αὐτῶν = C' – 239; κατ' ὀφθαλμοὺς αὐτῶν = rell.

In den andern biblischen Büchern ist die Übertragung *uneinheitlich.* ἐναντίον, ἐνώπιον,
κατ' ὀφθαλμούς (oder κατ' ὀφθαλμῶν) und andere Wiedergaben gehen nebeneinander her.

Interessant ist es, die Wiedergabe in deutlich erkennbaren *Rezensionen* zu beobachten:
Die Sektion βγ *der Königsbücher:*

ii Regn xii 11: κατ' ὀφθαλμούς σου = B, rell. κατὰ τοὺς ὀφθαλομούς σου = g. ἐνώπιόν σου = b o c₂ e₂.

ii Regn xii 16: ἐν ὀφθαλμοῖς ὑμῶν = B, rell. κατ' ὀφθαλμοὺς ὑ. = Or-gr.

ii Regn xiii 5: κατ' ὀφθαλμούς μου = B, rell. ἐνώπιόν μου = b o c₂ e₂.

ii Regn xiii 6: ἐν ὀφθαλμοῖς μου = B, rell. ἐνώπιόν μου = b o c₂ e₂.

ii Regn xiii 8: κατ' ὀφθαλμοὺς αὐτοῦ = B, rell. κατ' ὀφθαλμῶν α. = a₂. ἐνώπιον αὐτοῦ = b o c₂ e₂.

In *i Chr xxviii 8:* κατ' ὀφθαλμούς = b e₂. κατὰ πρόσωπον = B, rell.

In *Jos x 12* bieten h, F^b dgn-qt ⟨84⟩ einen Zusatz (zum Teil nach MT) «κατ' ὀφθαλμούς...»,
der in den andern Hss fehlt (ἐπ' ὀ. = ⟨74⟩).

Ebenso ist in *Jer xlvi (xxxix) 6* der *asterisierte* Zusatz (O') κατ' ὀφθαλμοὺς αὐτοῦ = O-86^mg L'
Arm, und in der *Lesart* Θ' nach Q finden wir denn auch wieder: κατ' ὀφθαλμούς α.

Weiter finden wir im Zusatz zu *Dt i 30:* κατ' ὀφθαλμοὺς ἡμῶν = d, Arm-codd, κατ' ὀ. ὑμῶν =
a c k p t x y Arm-edd., κ. ὀ. αὐτῶν = A^a (in mg et sup ras). Das ist die einzige Übersetzung :
κατ' ὀφθαλμούς in O' Pentateuch!

In *Ez x 19* überliefert uns 86 die *A'-Lesart:* κατ' ὀφθαλμούς ⟨μου⟩.

Diese Zeugnisse zusammengenommen zeigen, daß die *genaue Wiedergabe* κατ' ὀφθαλμούς
in die Gruppe der *rezensierenden Übersetzungen* gehört. *Im Pentateuch und in den alten O' der
Königsbücher* waren ἐναντίον und ἐνώπιον im Schwange gewesen.

Da Є' ebenfalls in die Gruppe der καίγε-*Rezension* gehört, paßt bei ihr das κατ'
ὀφθαλμοὺς ἡμῶν ganz in den Rahmen. Zum Grund für den *fehlenden Artikel* siehe
das oben zu C' in E. 70, L. 3 Gesagte.

Lesart 2

Die *Lesart A'* ist vom Schreiber wieder mit vielen *Abkürzungen* niedergelegt worden.
In der *Wortwahl* unterscheidet sich A' ja auch tatsächlich nicht von O'. A' hat dagegen alle *griechischen Artikel,* denen im MT nichts entspricht, weggeschafft.

δοῦλον in 1173 ist wohl nichts als eine Verwechslung zwischen ο und ω. Merk-
würdig das *Fehlen von* σου, denn weder *Kennicott* noch *de Rossi* kennen hier eine
Hs mit *suffixlosem* עבדים, auch wenn nach *Kennicott* die Variante עבדיו vorkommt
(Hs 97). So darf man wohl das σου *ergänzen,* da sein Fehlen der Flüchtigkeit des
Kopisten zu verdanken sein wird. (Oben in *V. 9c, E. 68, L. 6,* beobachteten wir das
Fehlen eines Possessivums mitten in einer Lesart. Man konnte dort an zwei Lesarten
denken, die durch *Ausfall der Sigel* in der Mitte zu einer einzigen zusammen-
gewachsen waren. Ist diese Lösung schon für *V. 9c* sehr hypothetisch, so erst recht
hier, wo sie gar nicht wahrscheinlich ist!)

    Zur *Wortwahl* vergleiche übrigens *Reider,* ss. vv. Was ἐχχέω betrifft, siehe oben zu *V. 6a*
in E. 61, L. 1.

Exzerpt 72. Vers 11a

Lesart 1

Die Lesart A′ unterscheidet sich von O′ sowohl in der *Form* als in den *gewählten*
Wendungen: ἔλθοι ist das *einfache* Verbum statt des *Kompositums* bei O′. ἔρχομαι
entspricht bei A′ in der Tat hebräischem בוא. A′ hat hier den *Aorist Optativ* dem
Aorist Imperativ 2 vorgezogen: siehe Einleitung, Kap. IV, 2, wo klar wird, daß
sich A′ frei zwischen Aorist Optativ, Konjunktiv und Imperativ 2 bewegt.

    εἰς πρόσωπον ist die wörtliche Wiedergabe von לפני. Bei A′ ist es die *übliche* Übersetzung,
siehe *Reider,* Index, S. 206: wo aber nur wenige Beispiele aufgeführt sind. *Im Psalter* kommt εἰς
πρόσωπον = לפני an folgenden Stellen vor: *Ps xxi 28b* nach Hexapla Taylor; *xxi 30b* nach
Eus 1121; *xxxiii 1a* nach Eus 1021 (fol 214a), A′Є′ nach Eus 1021 (fol 209a) (aber A′ wohl irrtümlich:
ἐναντίον [= O′!] nach 264 mg); *lxxi 5b, 9a, lxxix 3a:* alle drei nach Eus; *xcv 13a, xcvi 3a* (εἰς
π[. . .]), *ci 29b:* die drei nach Taylor.
    Hinzu treten folgende drei *schwierige Stellen:* Ps xlix 3b nach 264 mg: A′ ἔμπροσθεν, C′ εἰς
πρόσωπον, die *Sigel* sind wohl *vertauscht,* da ἔμπροσθεν typisch für C′, εἰς πρόσωπον ebenso charakteristisch für A′ ist, siehe oben zu *Ps lxxvii 55a,* E. 37, L. 1, und gleich unten, L. 2.
    Ps lxvii 5c nach Eus: C′ χαὶ γαυριᾶσθε εἰς πρόσωπον αὐτοῦ. *Coislin 44* ist hier der *einzige*
Zeuge für die Lesart. Nun ist εἰς πρόσωπον für A′ kennzeichnend. Gibt es in der Lesart eine
weitere Eigentümlichkeit, die nur für A′ paßt?
    γαυριάομαι *Medium* wird von C′ *nie,* von A′ *meistens* oder *immer* gebraucht. γαυριάω bzw.
ἀγαυριάω *Aktiv* erscheint bei C′: *Ps xcv 12a* nach Tht; *Prov xxiii 16* nach Field («Nobil., Codd. 248
. . . ἀγαυριάσουσιν. . . .»). In *Ps lix 8b* gibt Eus folgende Lesart: A′ γαυριάσομαι, C′ γαυριάσω!
Der *einzige Unterschied* besteht hier gerade darin, daß C′ das *Aktiv* gebraucht, während *A′*
das *Medium* γαυριάσομαι benützt.
    Bei A′ erscheint denn auch das *Medium* (wie bei C′ das *Aktiv*): A′ in *Ps xxiv 2b* nach 264
mg, *xxvii 7c* nach 1098, 1175, cat x1625, 1706; *lix 8b* nach Eus; *xcv 12a* nach Taylor.
    In *Ps ix 3a* hat ChrH, Q jedoch die *Lesart A′* χαὶ γαυριάσω: *Fut Akt.* ChrE, N weisen diese
Lesart A′C′ gemeinsam zu (die Sigel A′C′ befindet sich in N unten auf der vorhergehenden Seite
statt neben der Lesart selbst!). Weiter lesen folgende Chr-Hss in dieser Lesart γαυριάσομαι *Med:*
A, K, O, P, 1717, während die andern γαυριάσω *Akt* bezeugen. Aus dieser Lesart ist somit nicht
sicher eine aktive Form für A′ abzuleiten: es könnte sich ja um eine kollektive Lesart handeln,
bei der der sekundäre Unterschied zwischen Aktiv und Medium vernachlässigt wurde. Aber

aktives γαυριάσουσιν überliefern 1175, 264 (anon. und unten an der Seite: γαυριασ^ωσ') für A' in
Ps v 12c. A' verwendete somit meistens γαυριάομαι Med, ohne das Aktiv völlig auszuschließen.

     Auf Grund dieses Sachverhaltes ist es nicht völlig ohne Wahrscheinlichkeit, daß Eus in
Ps lxvii 5c die Lesart mit einem *falschen Namen,* C' statt A', überliefert. Die Lesart gehört
möglicherweise A'.

     In *Ps lxxxii 14b* schreibt 1173 dem C' εἰς πρόσωπον zu, während die folgende anonyme Lesart πρὸ aufweist. Da hier O' κατὰ πρόσωπον enthalten – ein bei O' im Psalter ganz ausnahmsweiser
Ausdruck; meistens steht ἐνώπιον, oft ἐναντίον (zwischen beiden schwankt die Überlieferung oft),
manchmal πρὸ προσώπου oder πρὸ allein –, ist es möglich, daß C' sich hier der O'-Übertragung angepaßt hat. Aber es könnte noch wahrscheinlicher sein, daß die anonyme Lesart mit πρὸ in
Wirklichkeit jene des C' ist: denn C' übersetzt gelegentlich mit πρὸ: so *Ps lxvii 8a* nach Tht;
Ps lxxxiv 14a nach Eus (πρὸ ins Verb: προελεύσεται eingegliedert): siehe L. 2. Dagegen wäre die
Lesart εἰς πρόσωπον die des A'. Der Irrtum wäre durch *Verschiebung der Sigel* entstanden: Siehe
unten zu *Ps lxxxii 14b,* E. 129, L. 1, 2.

     A' verbindet οἰμωγή mit der hebräischen Wurzel אנק, während er στεναγ- für אנח vorbehält: *Ps xxx 11b* στεναγμός = אנחה nach 264 mg (= O'; aber O': Plural, A': Singular); *Job iii 24*
nach Field («Nobil., Colb. ...») (= O'). Auf dem Niveau der Jeremiasübersetzung finden wir
diese Verbindung schon in *Jer li 33 (xlv 3)* (= O', = Θ'; bei A' bloß im Singular, bei O' und Θ'
im Plural) nach 86.

     In *Jer xxviii (li) 52* finden wir indessen auch in 86, Syh: A' στενάξει (O' πεσοῦνται) für יאנק.

οἰμωγή = אנקה in *Ps xi 6a* nach 1175 (O' στεναγμός), wie C', der auch – nach 1175 – οἰμωγή
enthält (1175 schreibt οἰμωγή); *Ps ci 21a* nach Taylor (τοῦ ἀκοῦσαι οἰμωγῆς δεσμίου = לשמע אנקת
אסיר, ein unserm V. paralleler Ausdruck. Der Parallelismus ist auch in O' durch gleiche Wortwahl, στεναγμός, πεπεδημένοι [Plural!] unterstrichen.); *Mal ii 13* nach 86: οἰμωγή, ebenso C':
οἰμώσσωντες (= 86ᶜ; 86* οἰμώσωντες), Θ' στένοντες, alle drei nach 86 (O' στεναγμῷ); *in Ex ii 24:*
A'C' τῆς οἰμωγῆς αὐτοῦ = v; A'C' τῆς οἰμωγῆς = M j z (j, z: anonym) (O' τὸν στεναγμὸν αὐτῶν).

     Die Absicht A's ist klar: Während O' στεναγ/ζ- unterschiedslos für אנח und für אנק, ja
sogar für אנה gebrauchen, möchte A' differenzieren: אנח = στεναγ/ζ-, אנק = οἰμωγ/ζ- (das *Verbum* οἰμώζω ist jedoch nur für C' belegt; bei A' findet man bloß das *Nomen:* οἰμωγή), אנה = λυπ-:
siehe *Is xxix 2:* λυπηρὰ καὶ λυπουμένη nach Eus für תאניה ואניה. So ist wohl auch in *Thren ii 5*
das Syrische zu rekonstituieren.

     Auf der Stufe der *Jeremias-Übertragung* kannte A' dieses streng beobachtete System der
Äquivalenzen anscheinend noch nicht. Die Wurzel οἰμωγ/ζ- kommt *in O' nur im 3. und
4. Makkabäerbuch* vor.

     Beachtenswert ist, daß C' hier der Differenzierung A's folgt, siehe L. 2.

     Die Wurzel אסר ist bei A' an δέω, δεσμ- geknüpft, siehe *Reider,* Index, S. 51; hinzuzufügen wäre: *Gn xl 3* δεδεμένος nach Δ₅, «O'» von *Eccl iv 14, vii 27 (26)*.

אסיר ist bei A': δέσμιος in *Ps ci 21a* nach Taylor; *Job iii 18* (A'Θ') nach Field («... Cod. 138.
Nobil., Colb. ... Cod. 255. ...»); *Is xiv 17* (A'C'Θ') nach 710, Q und Syh (οἱ λ'). Diese Übersetzung finden wir schon in O': in *Za ix 11, 12; Thren iii 34,* obgleich meistens andere Wörter wie
πεπεδημένος im *Psalter,* ἐπαγ-, ἀπαγ- in *Pentateuch* und *Isaias* gebraucht werden. Da die *Threni*
zu der Schicht der καίγε–*Übersetzer* gehören, siehe *Barthélemy,* Devanciers, S. 47, und da diese in
iii 34 mit δέσμιος übertragen, erklärt sich δέσμιος gut als Wahl eines hebraisierenden Übersetzers,
der die *Verwandtschaft von* אסר *und* אסיר durch δέω *und* δέσμιος im Griechischen nachbilden wollte.

Das Wort δεσμώτης ist sonst für A' nicht bezeugt. Doch ist das kein Grund,
es ihm abzusprechen, da A' ja nicht völlig monolithisch und mechanisch wiedergibt,
und da δεσμώτης wie δέσμιος die Verwandtschaft mit δέω = «binden» erkennen läßt.

Im Gegensatz zu O′ und C′ hat A′ den *Singular* δεσμώτ(ου) bewahrt, der das Hebräische widerspiegelt. Und im Unterschied zu C′ hat er das *Possessivpronomen* σου als zu frei weggeschnitten, da ihm kein hebräisches Suffix zugrundeliegt.

Lesart 2

C′ hat das Verb der O′ εἰσέρχομαι bewahrt, es aber wie A′ in den *Aorist Optativ* gesetzt, wohl als die dem Gebet oder der Bitte angemessenere Form.

ἔμπροσθεν ist der *geläufigste* Ausdruck des C′ für לִפְנֵי: *Ps xxi 30b* nach Eus[1121]; *xxxiii 1a* nach Origenes[264], Eus[1021]; *xl 13b* nach Eus[dem]; *lv 14c, lx 8a* nach Eus; *lxviii 23a* nach Tht; *lxxi 5b* nach 1175, 264 mg (anon.), Eus; *lxxi 9a, lxxix 10a* nach Eus.

In *Ps cxl 2a* ist eine anonyme Lesart in 1070, Chr mit ἔμπροσθεν erwähnt: es ist wohl C′.

Die Übersetzung C′s in *Ps lxvii 8a* ist nach Tht: πρὸ, ebenso in *Ps lxxxiv 14a* nach Eus: προελεύσεται αὐτόν für לִפְנָיו יַהֲלֹךְ.

Einmal hat aber auch C′ unstreitig πρόσωπον beibehalten: מִלְּפָנֶיךָ des *Ps xvi 2a* übertrug C′ nach 1175 mit ἀπὸ τοῦ προσώπου σου (O′ ἐκ προσώπου σου). Das hängt damit zusammen, daß מִלְּפָנָי dieselbe Bedeutung wie מִפָּנַי besitzt.

Dieser Ausdruck מִפָּנַי erscheint unter C′s Feder oft als ἐκ προσώπου, so in *Ps ix 4b* nach Tht, Chr[E, N] (aber A′ nach Chr[H, Q]), cat xvii[1047, 1134, 1139, 1212], cat x[1625, 1706] (O′ ἀπὸ π.), oder als ἀπὸ προσώπου in *Ps xliii 17b* nach Eus[1121]; *lix 6b, lx 4b* nach Eus; *lxvii 9b* nach Eus, Thd Mopsv[1133] (überall = O′); usw.

Doch auch für מִפָּנַי verbietet sich C′ keineswegs andere Wiedergaben: ἐξ ἔμπροσθεν in *Ps lxxvii 55a* nach 1173, oben E. 37, L. 1; ἀπὸ ἔμπροσθεν in *Ps lxxviii 24a* nach Eus (also zwei für C′ typische Wiedergaben!); διὰ mit Akkusativ in *Ps xxxvii 4b* nach Eus[1121]; ὑπὸ mit Genetiv in *Ps liv 4a* nach Tht (2 Hss: B, E lesen zwar ἀπὸ, aber da auch O′ ἀπὸ aufweisen, ist ὑπὸ als lectio difficilior wohl vorzuziehen); usf.

Sollte überdies die in L. 1 besprochene Lesart bei Eus in *Ps lxvii 5c* tatsächlich C′s und nicht A′s Übersetzungswerk entstammen, so hätten wir einen weiteren Beleg für eine C′-Übertragung mit πρόσωπον.

Zwei andere Wiedergaben, die für C′ bezeugt, aber falsch oder strittig sind, siehe oben in L.1.

C′ hat οἰμωγή gewählt *wie A′.* Dieses Zusammentreffen A′s und C′s ist kaum ein reiner Zufall, sondern setzt voraus, daß C′ die Übersetzung A′s gekannt hat.

οἰμωγή ist für C′ allein weiter belegt in *Ps xi 6a* nach 1175 (= A′!, O′ στεναγμός) (1175 schreibt οἰμωγή); *Ps lxxxvii 14a* nach Tht für שִׁוְעָתִי (in O′ die Verbalform: ἐκέκραξα), A′ ist für diese Stelle nicht überliefert; *Ps ci 2b* nach Tht, He für שַׁוְעָתִי (O′: ἡ κραυγή μου), A′ wiederum nicht bewahrt für diesen Vers.

Auch das *Verb*: οἰμώζω wird von C′ herangezogen: *Mal ii 13* nach 86 (O′: στεναγμῷ = וַאֲנָקָה); *Ps lxxi 12a* nach Eus für מִשּׁוֹעַ (O′: ἐκ χειρὸς δυνάστου = B″ Sa R′ He* 1219′; ἐκ δυνάστου = La[G] Aug Ga *L″* Tert Eus); *Jer xxviii (li) 52* nach 86 für יֶאֱנֹק (O′: πεσοῦνται).

Bei C′ entspricht οἰμωγ/ζ- also *zwei* hebräischen Wurzeln: אנק und שׁוע. In der Verbindung: אנק = οἰμωγ/ζ- trifft er sich mit A′: wohl weil C′ A′s Übersetzung kannte. Es ist interessant, daß C′ aus שׁוע den Sinn von «Seufzen, Stöhnen» heraushörte.

Das letzte Glied des Ausdruckes wirft besondere Fragen auf. δεσμός bedeutet die «*Fessel*», das «*Band*», nicht aber den «*Gefesselten*», den «*Gebundenen*». In den andern Stellen mit אָסִיר hat uns die Überlieferung die folgenden C′-Übertragungen bewahrt:

δέσμιος: *Is xiv 17* nach Eus, 710 (A′C′Θ′), Q und Syh (οἱ λ′); *Is xxiv 22* nach Eus;
δεσμώτης: *Ps lxviii 34b* nach Eus; *Job iii 18* nach Field («Nobil., Colb.»);

18

δεδεμένος: *Ps lxvii 7b* nach Eus (in 1140 steht zwar πεπεδημένους als Lesart C′, aber das ist die Lesart O′, welche die Lesart C′ kontaminiert hat).

Ist also δεσμός in unserm Vers eine verderbte Form von δέσμιος?

Die Stelle von *Is x 4* mahnt indessen zur Vorsicht. Nach Tht liest C′ ὑπὸ δεσμῶν (so nach der Ausgabe *Schulze* [Halle 1770], tom. 2, S. 241 = PG lxxxi, c. 304, l. 26), während 710 ὑπὸ δεσμόν unter den Sigeln C′Θ′ bietet. *Ziegler*, Isaias, z. St. zitiert C′ bei Tht im *Singular:* ὑπὸ δεσμόν: diese Korrektur ist jedoch nicht sicher. Denn es steht zwar im Hebräischen אסיר *Singular*, doch ist damit der *Plural* in C′s Übersetzung nicht zunichte gemacht. C′s Freiheit erlaubt ihm, einen hebräischen, kollektiven Singular durch den Plural wiederzugeben, wie ja der Plural in unserm V. darzutun scheint. *Lütkemann* und *Rahlfs*, S. 81, Anm. 390, halten die *Sigel C′* in 710 für *falsch*, da nur Θ′ so lese, während C′ αἰχμαλωσίαν habe. Diese Lesart C′ αἰχμαλωσίαν stammt aus *Montfaucons* Hexapla, tom. 2, S. 106: «Α. Σ. ... αἰχμαλωσίαν», S. 108, Anm. zu V. 4: «Theodoretus ...». *Montfaucon* hat aber *fälschlich:* «οὕτω γὰρ καὶ ὁ C′ ἡρμήνευσε, καὶ οἱ λοιποὶ δὲ ὁμοίως» auf den *vorhergehenden Satz*, nicht auf das *folgende Zitat* bezogen, obschon *dieses folgende Zitat die Lesart C′s ist!* Der vorhergehende Satz: «ἀπαγωγὴν γὰρ ἐκάλεσε τὴν αἰχμα-λωσίαν» ist Tht′s Kommentar zu *Is x 4* nach O′. Den A′ hat *Montfaucon* hinzugefügt wegen: «καὶ οἱ λοιποὶ δὲ ὁμοίως». Siehe die Richtigstellung bei *Ziegler*. Es bleibt also bestehen, daß C′ hier אסיר mit δεσμός oder eher mit δεσμοί übertragen hat.

Trotzdem scheint der Sinnzusammenhang im vorliegenden Vers *«die Gefangenen, die Gefesselten»* = δεσμίων zu verlangen, denn darauf weist schon das «deine» bei C′ hin. Man möchte deshalb zu der Konjektur neigen, δεσμίων *statt* δεσμῶν zu lesen, weil δεσμός, wie es scheint, nie «Gefangener» bedeutet.

Jedenfalls hat hier C′ wie O′ sinngemäß einen *Plural,* während A′ in wörtlicher Entsprechung zum Hebräischen den *Singular* wählte.

Anders als O′ und A′ hat C′ ein *Possessivum:* σου eingeführt, obgleich ihm im MT nichts entspricht. C′ hat es wohl aus Gründen der Deutlichkeit im Griechischen hinzugefügt. (Kein Zeugnis für ein Suffix אסירך bei *Kennicott* und *de Rossi*.)

Exzerpt 73. Vers 11 b–c

Lesart 1

ב statt כ weisen keine Zeugen, weder bei *Kennicott* noch bei *de Rossi,* auf. Dennoch hat A′ hier natürlich כ gelesen.

A′ hat גדל und seine *Derivate* mit der griechischen *Wortfamilie* μέγας und ihren Ableitungen zusammengebracht wie O′ und alle Übersetzer.

Bei ihm sehen die Entsprechungen so aus: גדל *Verb* = μεγαλύνω, μεγαλύνομαι.

In *Nu vi 5* enthält A′ nach s, v, z μεγεθύνων für גדל, das MT als גדל (Pi Partizip?) vokalisiert.

גדול *Adjektiv* = μέγας und vielleicht μεγαλεῖος: so bezeugt in *Ps lxx 19a*: A′C′ nach Tht. Vermutlich gehört diese Lesart so aber *nur dem C′,* der μεγαλεῖος nachgewiesenermaßen auch anderswo benützt: *Jer xxxix (xxxii) 22* nach 86, wogegen das Adjektiv sonst bei A′ zu fehlen scheint, siehe *Reider,* Index, S. 153.

גְדֹל *Nomen* = μέγεθος. Die Belege sind: *Is x 12* nach 710; *Is ix 9 (8)* nach 710 (A′C′: siehe die einschränkende Beobachtung für die Zuschreibung an A′ bei *Lütkemann-Rahlfs*, S. 76, Anm. 357), *unser V.*

Auf der Stufe der *Jer-Ez-Übertragung* hatte A′ wie Θ′ (= hexaplarische O′) μεγαλειότης gewählt, wenn man der Lesart A′Θ′O′ ※ in *Ez xxxi 18* in 86 Vertrauen schenken darf.

(Die Übertragung dieses Nomens ist übrigens in O′ äußerst bunt und vielgestaltig.)

גְדוּלָה *Nomen* = μεγαλωσύνη in *Ps cxliv 6b* nach 1175 (= O′; aber A′: Plural = KETIB, O′: Singular = QERE′). (In *Ps cxxx 1d*, wo Tht nach *Schulze* eine Lesart A′ mit μεγαλωσύνη enthält, lautet in *allen* Hss Tht's, ebenso in cat x ¹⁶²⁵,¹⁷⁰⁶, cat pal ᴾᵃᵗ ²¹⁵ die Sigel: Θ′, nicht A′. Die Lesart gehört also in Wirklichkeit wie alle Θ′-Lesarten bei Tht der Є′. Die Lesart ist anonym bei Chr bezeugt.)

Aber גְדֻלָה ist bei A′ auch mit μεγαλειότης wiedergegeben, denn in *Ps lxx 21a* bezeugen 1175 mit Sigel A′, 264 mg (anonym) diese Lesart.

O′ benützen μεγαλωσύνη oft, aber nicht ausschließlich für גְדוּלָה.

Es ist jetzt klar, warum A′ das Wort μεγαλωσύνη der O′ in userm V. ersetzt: μεγαλωσύνη entspricht als *Femininum* dem femininen גְדוּלָה (das auch als feminines μεγαλειότης ausgedrückt werden mag), während μέγεθος dem *maskulinen* גְדֹל beigesellt ist.

Da in *Ps cxliv 6b* nach dem Zeugnis von 1175, in *Ps lxx 21a* nach Ausweis von 1175, 264 mg (anonym) bereits Θ′ גְד(וּ)לָה mit μεγαλωσύνη (= O′!) verdolmetschte, hat A′ auch in diesem Stücke eine *Erbschaft* angetreten, *nicht eine Erfindung* gemacht.

Vor βραχίονός σου steht kein Artikel. Das war zu erwarten.

περισσεύω als Wiedergabe von יתר *hif* ist nicht neu, wie ja überhaupt die Wortgruppen יתר und περισσ- sich bei A′ verbündet haben, siehe *Reider*, Index, S. 190.

Die Bedeutung: «*überflüssig, überschüssig sein und machen*» hat im Aramäischen den ersten Sinn von: «*übrig-, zurückbleiben*» überwogen. Wir haben also hier ein Beispiel für den *aramäischen* Einfluß auf A's Verständnis des Hebräischen, auf welchen *Reider*, Prolegomena, S. 56–57, hinweist.

Der Imperativ steht im *Aorist* wie bei O′. Auch das paßt zu A's häufigster Wiedergabe der Befehlsform, siehe Einleitung, Kap. IV, 2, b, S. 49.

Vor υἱούς ließ A′ den Artikel wieder weg.

θανάτωσις = תְמוּתָה ist schon aus *Ps ci 21b* nach Taylor (θανατ[...]) bekannt. תְמוּתָה kommt nur an diesen beiden Stellen vor.

Das Substantiv θανάτωσις ist A′ von O′ her nahegelegt: τεθανατωμένων (von θανατόω; an den beiden einzigen Stellen im Psalter, wo תמותה vorkommt, übertrugen O′ mit dem Partizip Perfekt Passiv). Denn formal war dieses passive Partizip Perfekt zu weit vom Hebräischen entfernt, um A′ zu befriedigen. Er stellte infolgedessen die genaue Entsprechung, Nomen für Nomen, her, wobei er aber das Substantiv von jenem Verb θανατόω ableitete, das die O′ verwendet hatten!

Lesart 2

C′ folgt O′ zunächst in der *Präposition* κατά, die gut כ wiedergibt.

Als *Substantiv* ist μέγεθος gewählt anstatt μεγαλωσύνη: es ist schwierig, sich bei dieser Wortwahl *keinen* Einfluß A's vorzustellen. μέγεθος ist aber dem Wortschatz des C′ auch sonst nicht fremd, es steht hingegen nicht immer für גָּדֹל, sondern in *Is xxxvii 24* nach 86 (C′Θ′) für מָרוֹם; in *Eccl ii 9* nach Morin. n. ξ als etwas freie Übertragung: μεγέθει ὑπερέβαλον = גָּדַלְתִּי.

Anderseits hat C′, und das wird niemanden überraschen, גָּדֹל auch anders übertragen: εὐφροσύνη (sic) in *Is x 12* nach Eus.

Der Vollständigkeit halber noch ein Hinweis auf *C's Äquivalenzen für* גדל(ו)לה: *Ps lxx 21a* nach Tht, 264 in der Catene, cat xxv ^Sinai Cod. gr. 25, 1811, 1137: μεγαλειότης. In *Ps cxxx 1d* nach Tht: μεγαλειότης: anonym in Chr (trotz dem Schwanken der Überlieferung in den Hss von Chr ist daran festzuhalten, daß Tht's «Θ′» = Є′ μεγαλωσύνη, C′ μεγαλειότης lasen).

περιποιέομαι *bei O′ für* יתר ist dem C′ wohl zu frei erschienen. C′s Übersetzung ist eng bei dem ursprünglichen Sinn von «übrig lassen» verharrt.

ὑπολείπω wurde schon in O′ häufig mit יתר in Verbindung gebracht. ὑπολείπω für יתר bei C′: *i Regn xxv 34* nach M: οὐκ ἂν ὑπελείφθη (O′ εἰ ὑπολειφθήσεται) für אִם־נוֹתַר; für שאר: *i Regn ix 24* nach z; *Jer xv 11* nach 86 (O′ beide Male anders).

C′ hat τέκνα dem υἱοί der O′ und A′s vorgezogen: wie in *Ps lxxxix 16b* nach Eus; *Job v 7* nach Morin. n. ι (O′ νοσσοί); *Job xxviii 8* nach Field, Auct. («Cod. 252 . . .»); *Is xxix 23* nach Eus (= O′); usw.

Wie A′ läßt auch C′ den *Artikel* fort, aber aus andern Gründen. Die Bitte an Gott bei C′ läßt es *unbestimmt,* wieviele «Kinder des Massakers» übrigbleiben sollen. Daher drückt C′ die *Indetermination* aus: lasse Kinder übrig! Eine Feinheit der C′schen Übertragung!

θανάτωσις ist ein sehr seltenes Wort: in O′ ist es in *i Regn xxvi 16* belegt, und zwar in der Wendung υἱοὶ θανατώσεως = בְּנֵי־מָוֶת. Dort findet man als Variante: θανάτου in b o c₂ e₂ und Tht, aber auch in c x zᵃ?, und als Variante in *ii Regn xxi 4* in Hss 64, 71; siehe auch *Schleusner,* Thesaurus, t. 3, S. 43.

θανάτωσις ist auch im *profanen* Griechisch selten. Ist es ein Zufall, daß C′ hier wie A′ überträgt? Wohl kaum, und so fügt sich ein weiteres Zeugnis von C′s *Anlehnung* an A′s Übersetzung hinzu.

Exzerpt 74. Vers 12a

Lesart 1

שוב *hif* ist ἐπιστρέφω bei A′: siehe oben *Ps lxxvii 38c,* E. 5, L. 1.

Entsprechend MT steht ein καὶ vor dem Verb (wie bei C′ und Є′).

γείτων hat A′ von O′ übernommen, ohne zu ändern: siehe die andern Zeugnisse bei *Reider,* Index, S. 46.

Lesart 2

Diese Lesart gilt dem *vorgestellten* καὶ, das bei O′ *fehlt,* aber dem MT folgt. ἀποδίδωμι ist das Wort der O′; C′ und Є′ haben es sich angeeignet.

Є′ verwendet ἀποδίδωμι in *Ps xxx 24c* nach 1098, 264 mg für וּמְשַׁלֵּם (= A′; O′, C′ = ἀνταποδίδωμι); C′ in *i Regn xxvi 23* für שׁוּב hif (O′ = ἐπιστρέφει) nach dem Zeugnis von j, während b, m die Sigel A′ geben. Da A′ שׁוּב hif in der Regel durch ἐπιστρέφω wiedergibt, siehe oben L. 1, und da ἀποδίδωμι bei A′ hebräischem שׁלם entspricht, siehe *Reider,* Index, S. 26 (bei Ez: מכר), ist dem Ms j der Vorzug vor b, m zuzubilligen, umsomehr, als ἀποδίδωμι als Entsprechung von שׁוּב hif für C′ auch in unserm V. belegt ist.

ἀποδίδωμι *bei* C′ ist aus O′ übernommen für שׁלם in *Ps lv 13a, lx 9b* nach Eus; ἀποδίδομαι in *Ps xliii 13a* für מכר hat C′ ebenfalls mit O′ gemein nach Ausweis von Tht, Eus[1121].

Lesart 3

A′Θ′ haben das *Adjektiv* der O′ mit einem *Adverb* vertauscht.

O′ übertragen שׁבעתים bald mit ἑπταπλάσιος, bald mit ἑπταπλασίων, bald mit ἑπταπλασίως, einmal auch mit ἑπτάκις.

Für A′ ist ἑπταπλασίως überliefert in *Gn iv 24* nach s, v. An derselben Stelle finden wir für Θ′ ἑβδομάδας (sic) nach v, z (O′ ἑπτάκις).

In *ii Regn xii 6* steht für ארבעתים: O′ τετραπλάσιον = Chr; τετραπλασίονα = o c₂ e₂ Tht Iren; τετράπλην = Jos Fl; ἑπταπλάσιον = A a* defmpqrstwyᵇza₂; ἑπταπλασίονα = B rell. A′Θ′ τετραπλάσιον, C′ τετραπλασίως nach j.

Für den *Dual der Zahl,* der «n–fach», «n–fältig» bedeutet, hat A′, wie es scheint, mit -πλάσιον und / oder -πλασίως gearbeitet. Da diese Wörter selten sind, ist es wohl möglich, daß *Gn iv 24, unser V.* mit ἑπταπλασίως, *ii Regn xii 6* mit τετραπλάσιον richtig überliefert sind trotz der *zwei* griechischen Formen für die *eine* hebräische Wortbildung für proportionalia.

Für Θ′ sind somit *drei verschiedene* Formen überliefert. Das schließt in keiner Weise aus, daß alle drei richtig sind, da ja die Sigel Θ′ verschiedene Übersetzungs- oder Rezensionsschichten bezeichnen kann und in diesen nicht letzte Konsequenz herrscht.

Lesart 4

Die Freiheit des C′ äußert sich auch in der *Mannigfaltigkeit* seiner multiplikativen und proportionalen Zahlwörter: *Gn iv 24* ἑβδομαῖος nach s, v (ἑβδομάδος nach c₂: wohl irrtümliche Überlieferung des C′, worauf auch δίκην bei c₂ anstatt ἐκδίκησιν bei s, v für יקם hindeutet); *ii Regn xii 6* τετραπλασίως nach j; in *unserm V.*: ἑπτάκις. ἑβδομαῖος ist dem griechischen Alten Testament sonst gänzlich unbekannt, C′ ist der *einzige* Übersetzer, der es gebraucht. Es ist möglicherweise ἑβδομαίως zu lesen, da im parallelen Ausdruck in *Gn iv 24:* «siebenundsiebzigmal»: ... o′ καὶ ἑβδομαίως nach s (... o′ καὶ ἑβδομαῖος nach v) überliefert ist. Denn ἑβδομαῖος scheint «allsieben-täglich» und «am siebten Tag» zu bedeuten, während ἑβδομαίως an dieser Stelle gewiß siebenfältig meint.

Lesart 5

Die Lesart gilt der *Präposition* πρὸς statt εἰς; dies ist bei A′ die übliche Wiedergabe von אל, siehe oben *Ps lxxvii 54a,* E. 36, L. 1; *Ps lxxviii 6a,* E. 61, L. 5 und *Reider,* Index, S. 203. Weiter fehlt der *Artikel* im Gegensatz zu O′. κόλπος wie in O′, siehe *Reider,* Index, S. 138.

Lesart 6

Der Lesart *fehlt die Sigel.* Der Unterschied zu O′ besteht in der *Weglassung des Artikels.* Dies weist auf Є′ hin, wo zuweilen der Artikel nicht steht, wenn ihm nichts im MT entspricht, siehe Einleitung, Kap. IV, 4. Doch ist dieses Indiz nicht stark genug, um die Zuschreibung an Є′ zur Gewißheit zu erheben. Denn C′ versagt es sich nicht, gelegentlich den Artikel der O′ zu unterdrücken, wenn gutes Griechisch dies erfordert: so oben in *V. 11c:* τέκνα. Dagegen mag allerdings eingeworfen werden, daß C', wie es den Anschein erweckt, den *Artikel* regelmäßig *mit dem Possessiv-pronomen* setzt, wenn das Nomen *determiniert* ist. In gutem Griechisch verlangt ja ein bestimmtes Hauptwort mit Possessivum den Artikel: vgl. *Kühner-Gerth, Grammatik*, i, § 465, 3, S. 627. κόλπος ist hier als der *eine* Busen natürlich deter-miniert. Bei Є' ist indessen auffällig, daß sie gerade bei Organen, wie z. B. καρδία, χείρ und dgl. den Artikel wegläßt: siehe Einleitung, Kap. IV, 4. Bei κόλπος würde dieser artikellose Gebrauch also besonders zu Є' passen. Siehe auch unten *Ps lxxix 18a*, E. 84, L. 3.

εἰς für אֶל bei Є' siehe oben auch in *Ps lxxvii 54a*, E. 36, L. 2, ebenso in *Ps xxix 10b* nach 1098 (auch C' und O' = εἰς), und in *Ps xxxiv 13c* nach 1098 finden wir in Є' für die *parallele* Fügung עַל־חֵיקִי: εἰς κόλπον μου, C' εἰς τὸν κόλπον μου! (Vielleicht lasen Є', C' und O' אֶל statt עַל.) Damit ist die *Sigel* Є' am wahrschein-lichsten für unsere vorliegende Lesart.

Exzerpt 75. Vers 12b

Lesart 1

Die Lesart gilt dem *Fehlen des Artikels* bei A'.

Das Wort ὀνειδισμός ist die häufigste Wiedergabe von חֶרְפָּה bei A', siehe oben *Ps lxxvii 66b*, E. 52, L. 2: wo deutlich wird, daß A' *neben* ὀνειδισμός hie und da auch ὄνειδος verwendet. Beide Wörter, ὄνειδος und ὀνειδισμός, sind schon *O'-Übertragungen* von חֶרְפָּה. Hier trennt sich also A' nicht von O'.

Lesart 2

C' hat ὄνειδος nach dem Zeugnis von 1173 als *Masculinum* aufgefaßt. *Maskulin* ist das Wort ebenfalls in *Ps lxxxviii 51a* nach 1098. In O' ist ὄνειδος dort, wo das Geschlecht erkennbar ist, ausnahmslos *sächlich*.

Aber *Stephanus*, Thesaurus, vi, c. 2013, zitiert *Eusthatius*, Bischof von Thessalonike (12. J.), der ausdrücklich, aber *ohne Belege* zu geben, feststellt, ὄνειδος könne auch als *Masculinum* gebraucht werden. Die Herausgeber der dritten Ausgabe des Thesaurus von 1829 zitieren fol-gende Belege: *Photius*, Contra Manichaeos (9. J.), *Leo Diaconus*, Historiae (Ende 9. J.), *Nice-phorus Gregoras*, Historia Byzantina (Wende 13., 14. Jhd.). (Die Daten nach H. G. *Beck*, Kirche und theologische Literatur im byzantinischen Reich, Handbuch der Altertums-Wissenschaft, xii, 2, 1 [München 1959].)

Sonst ist ὄνειδος bei C' deutlich als *Neutrum* erkennbar: *Ps lxviii 11b; lxxiii 22b; Is xxv 8*: alle drei nach Eus; *Is lxiv 11 (10)* nach 86, Eus. Das Geschlecht von ὄνειδος bei C' ist nicht er-kennbar in *Ps lxxviii 4a* nach 1173, E. 57, L. 1; *lxxxviii 42b* nach 1098; *Prov xiv 34* nach Morin. n. ρ (2°) (für חֶסֶד).

So entsteht die Frage, ob es nicht die *byzantinischen* Schreiber von 1173 und 1098 waren, die dem Sprachgefühl ihrer Zeit folgend, ὄνειδος als *männliches* Wort kannten. Zur Zeit C's stünde ein maskulines ὄνειδος vereinzelt da. (*Mercati* äußert sich in seinen Osservazioni zu diesem Punkte nicht.)

τὸν ὄνειδον ὄν in unserm Vers ist somit wohl eine byzantinische Hülle, die dem echten sächlichen ὄνειδος des C′ übergeworfen wurde. Dies wurde durch O′ erleichtert mit ihrem männlichen τὸν ὀνειδισμὸν ὄν!

Eine andere Möglichkeit des Irrtums in 1173 wäre denkbar: es stand bei C′ wie in O′ und A′ ὀνειδισμόν, welches zu ὄνειδον verderbt wurde. Dies ist nicht sehr wahrscheinlich, selbst wenn es wahr ist, daß C′ ὀνειδισμός in *Ps lxviii 21a* nach Eus gebraucht (sonst nicht belegt für C′!). Denn da O′ und A′ ὀνειδισμός enthalten, sieht man nicht, unter welchem Einfluß der Schreiber das dritte ὀνειδισμόν bei C′ verderbt als ὄνειδον niedergeschrieben hätte.

C′ ließ das Pronomen αὐτῶν weg, nicht weil sein hebräischer Text ohne Suffix gewesen wäre, sondern weil es neben dem folgenden Relativsatz für ein griechisches Ohr tautologisch wirken mußte. (Bei *Kennicott* und *de Rossi* gibt es keine Variante חרפה, d. h. ohne Suffix.)

Das Kompendium in 1173: ὠνειδ umfaßt gewiß auch das Pronomen σε und die Anrede κύριε, da C′ אדני auch mit κύριε zum Ausdruck bringt.

Exzerpt 76. Vers 13a

Lesart 1

A′ überträgt das ו des MT *wörtlich* durch καί – anders als O′.

Überraschend ist das ἡμεῖς αὐτοί für אנחנו. Die Vermutung drängt sich auf, A′ habe נחנו mit *einfachem* ἡμεῖς, אנחנו mit ἡμεῖς αὐτοί wiedergegeben. Diese Hypothese läßt sich leider nicht nachprüfen, da נחנו nie in einer Übersetzung A′s bezeugt ist (bei O′ ἡμεῖς). אנחנו ist einmal für A′ überliefert in *Is liii 4:* ואנחנו, wo A′ nach Eus: ἡμεῖς δέ hätte! Dies ist verdächtig, und da der Anfang der Lesart identisch mit der Lesart C′ ist, verstärkt sich der Zweifel an dieser A′-Lesart. Wir können also auch kein weiteres Zeugnis für אנחנו = ἡμεῖς αὐτοί beibringen. λα(ός σου) wohl wie O′.

Lesart 2

C′ gibt dem *parataktischen* ו einen *kausalen* Sinn: γάρ. Diese Übersetzung steht bei ihm nicht *vereinzelt* da, siehe ein anderes Beispiel oben in *Ps lxxvii 65a*, E. 51, L. 1.
λα(ός σου) wie O′ und A′.
צאן ist bei C′ meistens βόσκημα oder ποίμνια, siehe oben *Ps lxxvii 52a*, E. 33, L. 1.
νέμησις ist für C′ sonst nirgends belegt. Er hat מרעית in *Os xiii 6* nach 86 durch νομή dargestellt – wie O′, die aber dort den Plural lesen. Nach 86 haben A′C′ νομή (wie O′, aber in anderer Konstruktion) in *Jer x 21;* ebenso nach Syh A′C′ in *Jer xxxii 22 (xxv 36)* (O′ τὰ βοσκήματα). Da auch A′ νέμησις wählt, siehe die folgende L., ist ein Einfluß A′s auf C′ in diesem seltenen Wort möglich. (νέμησις ist im ganzen griechischen Alten Testament bisher nur für diesen Vers bei A′ und C′ bezeugt.)

Lesart 3

Zur Übersetzung von צאן bei A′ siehe ebenfalls oben *Ps lxxvii 52a,* E. 33, L. 1.

νέμησις ist wie für C′ so auch für A′ sonst unbezeugt. Da er aber die *Wurzel* רעה mit der Wurzel νεμ-/νομ- verbindet, ist das Zeugnis von 1173 in unserm Falle durchaus glaubhaft:

νέμω = רעה, siehe *Reider,* Index, s. v., S. 162. νομή = מרעה in *Is xxxii 14* nach 86 (nach Eus: A′ = βοσκήματα: wohl aus O′, wo βοσκήματα steht!). νομεύς = רעה, siehe *Reider,* Index, s. v., S. 163.

Insbesondere, da מרעה bei A′ dem griechischen νομή zu entsprechen scheint, ist νέμησις für מרעית plausibel. Siehe zu רעה = νέμω unten *Ps lxxix 14a–b,* E. 80, L. 4.

Im Unterschied zu C′ hat A′ wie üblich den griechischen *Artikel* weggelassen.

Lesart 4

Die *Lesart* C′ deckt sich mit O′ in der *Wortwahl* νομή, unterscheidet sich von ihr durch den *Artikel,* der offenbar in der Vorlage des Exzerptors der hexaplarischen Lesarten gefehlt hatte. *Ohne Artikel* lesen den Text die Hss: R *L′* 1219′. Er findet sich im Gegenteil in B′ Sy (auf griechisch in mg) P. Bodmer xxiv.

Exzerpt 77. Vers 13b

Lesart 1

A′ unterscheidet sich in der *Wortwahl* von O′. Diese übertragen ידה hif an allen Stellen des *Psalters* durch ἐξομολογέομαι, *außer in zwei Versen:* Ps xxxi 5c: ἐξαγορεύω und in *unserm Vers:* ἀνθομολογέομαι. A′ hat an beiden Orten O′ verlassen und die ausnahmslose Regelmäßigkeit der ἐξομολογέομαι-Übersetzung hergestellt, nach dem Zeugnis von 264 mg in *Ps xxxi 5c* und von 1173 = 1122 *hier.*

Zu den bei *Reider* aufgeführten Stellen ist zu ergänzen: *Ps xxix 10c* nach 1098; *Ps xliv 18c* nach x [1625, 1706], Chr (anon.).

Lesart 2

C′ hat nicht nur ἀνθομολογέομαι der O′ verschmäht (das Wort ist bei ihm nicht belegt), sondern er hat die *Konstruktion* gewechselt.

Partizip für das *hebräische konjugierte Tätigkeitswort* findet sich ja bei C′ oft genug, siehe oben zu *Ps lxxvii 38b,* E. 4, L. 8 und unten *V. 13c.*

C′ hat ידה *hif* mannigfaltig ausgedrückt, ἐξομολογέομαι ist dabei die häufigste Wiedergabe (7 mal für C′ allein bezeugt). Daneben kommen weiter vor: ὁμολογέω (aktiv) in *Ps xxxi 5c* nach 264 mg; *Ps cxviii 3a* nach 1175 (ὁμολογέω kommt auch in O′ einmal vor als Übersetzung von ידה hif in *Job xl 14* und vielleicht als Θ′-Lesart in *Prov xxviii 13b* nach Morin n. λ [A′Θ′]), ὑμνέω, ἐπαινέω, αἰνέω, ἐξαγορεύω.

Lesart 3

In dieser gruppierten Lesart fehlt im Gegensatz zu O' der *Artikel*.

Diese Lesart bereitet *für A' und C'* keine Schwierigkeiten, denn εἰς αἰῶνα ist A's *übliche* Wiedergabe von לְעוֹלָם, während C' abwechselt zwischen εἰς αἰῶνα und δι' αἰῶνος oder αἰώνιος Adjektiv, siehe die zahlreichen Beispiele in den Fragmenten *Mercati*, und den Gesamtüberblick über C's Übersetzungsweise in *Ps lxxx 16b*, E. 100, L. 1.

Aber Zweifel entstehen *bei* Є'. Denn in den überlieferten Zeugnissen finden wir fast *immer* εἰς τὸν αἰῶνα = O'. לְעוֹלָם ist in den acht erhaltenen Zeugnissen von Є' wie folgt übertragen: *Ps xxviii 10b* A'C'Є' nach 264 mg: εἰς αἰῶνα (O' mit Artikel);

xxix 7b, 13b, xxx 2a nach 1098: εἰς τὸν αἰῶνα (= O');

xlviii 10a (MT: V. 9) nach 1098, 1121 (unter den Sigeln Eus, Tht, Kyrillos): εἰς τὸν αἰ- ῶνα (= O');

xlviii 12a nach 1098: εἰς τὸν αἰῶνα (= O');

lxxviii 13b A'C'Є' nach 1173: εἰς αἰῶνα (O' mit Artikel);

lxxxviii 29a, 53a: εἰς τὸν αἰῶνα (= O'):

6 mal *mit* Artikel, 2 mal *ohne* Artikel. Die beiden Male ohne Artikel stammen aus zusammenfassenden Lesarten, freilich aus zwei verschiedenen Überlieferungen: 264 mg und 1173; die andern sechs Zeugnisse mit Artikel finden sich samt und sonders in der *einen* Quelle von 1098.

Aber an einer Stelle steht auch in 1098 ein Zeugnis für Є' mit εἰς αἰῶνα (O' = εἰς τὸν αἰῶνα): in *Ps lxxxviii 38a*. Aber hier ist MT עוֹלָם, nicht לְעוֹלָם!

Eine Hypothese wäre verlockend: Є' hätte לְעוֹלָם als εἰς τὸν αἰῶνα übersetzt und עוֹלָם, Apposition oder Genetiv, durch εἰς αἰῶνα davon unterschieden. Diese Annahme scheitert aber daran, daß wir 1. in unserm vorliegenden Vers לְעוֹלָם haben (keine Variante עוֹלָם bei *Kennicott* und *de Rossi*!), und 2. hat Є' nach dem Zeugnis von 1175 (Θ' ἡ Є' ὁμοίως τοῖς O') in *Ps xxiii 9b* den Genetiv durch das Adjektiv αἰώνιος übersetzt. 3. hatte vielleicht der alte hebräische Text in *Ps lxxxviii 38a*, der in der Umschrift von 1098 vorliegt, לְעוֹלָם, denn die Transkription lautet dort λωλαμ! לְעוֹלָם haben hier 9 Hss *Kennicotts* und 9 *de Rossis*.

Es ist daher eher anzunehmen, wenn man das Zeugnis von 1173 für Є' nicht zurückweisen will, daß Є' *bei der Übersetzung von* לְעוֹלָם den O' gefolgt ist. O' zeigen bisweilen ein Schwanken in der Überlieferung zwischen εἰς τὸν αἰῶνα und εἰς αἰῶνα: siehe *Ps xx 5b, xxxvi 18b, xl 13b, xliv 7a, lxxi 19a*. Es kann vorausgesetzt werden, daß eine solche Formel besonders der Tendenz zur Vereinheitlichung ausgesetzt war. Die zwei Formen mit oder ohne Artikel sind also wohl von Anfang an nebeneinander hergelaufen, aber der Ausdruck *mit Artikel* hat sich in der großen Mehrzahl der Fälle durchgesetzt. Da Є' also keine besondere Übersetzungsabsicht in dieser Formel erkennen läßt, gibt sie wohl nichts *als den ihr vorliegenden O'-Text*. Dieser hatte hier in *V. 13b* vermutlich εἰς αἰῶνα. Dasselbe wäre auch in *Ps xxviii 10b* A'C'Є' nach 264 mg zu vermuten, wiewohl *Holmes-Parsons* keine Varianten εἰς αἰῶνα zu diesen Stellen kennen.

Exzerpt 78. Vers 13c

Lesart 1

C' hat die *distributive Wiederholung*, einen Idiotismus des Hebräischen, im Griechischen gerne vermieden, indem er das *distributive Adjektiv* ἕκαστος einführt, siehe z. B. auch *Ps xxxii 11b* nach 264 mg; *lxxvi 9b* nach Tht, ThdMopsv[1133]; *lxxxviii 5b* nach Eus; *lxxxix 1b* nach Eus; u. a.

Diese Übersetzungsweise konnte C' schon in O' vorgebildet finden, so in *Ps xlvii 14c* und *ci 19a,* *Jo i 3:* O' εἰς γενεὰν ἑτέραν. C' hat aber auch die *Wiederholung* εἰς γενεὰν καὶ γενεάν nicht gescheut: so z. B. in *Ps ix 27b* nach Chr N, Tht, cat xvii [1047, 1134, 1135, 1139], cat x [1625, 1706]; *Ps lx 7b* nach Eus. Eine dritte Weise gebrauchte er in *Ps xlvii 14c* nach Chr [D, M, N]: γενεᾷ μεταγενεστέρᾳ.

Wie dieser Überblick zeigt, hat C' wie O' *stets* γενεά als *Äquivalent von* דּוֹר betrachtet. So haben *alle Versionen* getan. (O' haben nur in *Prov xxx 11, 12, 13, 14* durch ἔκγονον κακόν und in *Is xxxviii 12* durch συγγενεία übersetzt. Sonst findet man γενεά.)

Das καί am Anfang ist bei C' nötig wegen der *beiden Partizipien* ἐξομολογούμενοι und διηγούμενοι: siehe L. 4.

Lesart 2

Woher der *Plural* bei Θ'? Θ's Wiedergabe von דּוֹר ist nur noch in *Is xxxviii 12* durch Q überliefert: ἡ γενεά μου im *Singular*. Q berichtet zudem, daß in *Is xxxiv 10* οἱ γ' εἰς γενεάν im *Singular* gegenüber εἰς γενεάς im *Plural bei O'* (für לְדוֹר) übersetzt hätten. Da A' und C' überall, wo sie bekannt sind, der *hebräischen Einzahl* eine *griechische Einzahl* entsprechen lassen, ist dies wohl auch für Θ' dort anzunehmen, wo er selbständig überträgt.

דּוֹר kommt im Psalter meistens in *formelartigen* Wendungen vor wie: לְדוֹר וָדוֹר, דּוֹר וָדוֹר, בְּדוֹר וָדוֹר, usw. Ein Blick auf die Übersetzungen der O' zeigt, daß *im Psalter* die *Einzahl des Hebräischen* der *Einzahl des Griechischen* entspricht außer in *Ps lxxi 5b* und *civ 8b*. In *Ps civ 8b* ist der *Plural* im Griechischen notwendig: εἰς χιλιάς γενεάς = לְאֶלֶף דּוֹר. In *Ps lxxi 5b* ist der Plural bloß durch den *Akzent* kenntlich: γενεάς (statt γενεᾶς = Sg). *Psalterium gallicanum* bezeugt nicht einhellig den Plural; mehrere Hss lesen den Singular, ebenso das Psalterium iuxta Hebraeos. Dieses Zögern *zwischen Singular und Plural* findet sich mehr oder weniger stark auch in *Ps xxxii 11b, lx 7b, xcix 5b, cxxxiv 13b*.

Beobachtet man weiter, daß *im Pentateuch: Ex iii 15, xvii 16, Dt vii 9, xxxii 7*, also stets, wo דּוֹר in Formeln vorkommt wie: דּוֹר־דּוֹר, לְאֶלֶף דּוֹר, מִדֹּר דֹּר, לְדֹר דֹּר, und in *Isaias, Jo ii 2, iv 20*, wo es sich immer um דּוֹר in den Formeln לְדוֹר דּוֹר, דּוֹר וָדוֹר, עַד דּוֹר וָדוֹר handelt, ebenso in *i Chr xvi 15* (וּלְאֶלֶף דּוֹר) *bei O' der Plural* erscheint, so tritt eine *Zweiteilung* zwischen dem *Psalter*, der den *Singular* stark bevorzugt, und den *genannten Büchern*, die ebenso deutlich den *Plural* wählen, klar zu Tage.

Da der *Singular* dem wörtlichen *hebräischen Text* näher steht, ist die Einführung des Singulars das Zeichen größerer Übersetzungstreue, vielleicht sogar einer bearbeitenden Hand. Ein Hinweis darauf ist *Ex xvii 16*, wo statt ἀπὸ γενεῶν der andern Hss bei a c x Lat Or-lat: ἀπὸ γενεᾶς und an Stelle von εἰς γενεάς bei a c o x Or-lat: εἰς γενεάν steht (für מִדֹּר דֹּר): dies sind Zeugen der hexaplarischen O'!

Darf man deshalb die Θ'-Lesart in unserm Psalm als *die dem Θ' vorliegende O'-Form* deuten, die Θ' unverändert übernommen hätte, obgleich sie die *Mehrzahl* enthielt, eine Mehrzahl, welche später von einem Rezensenten im Psalter der O' ausgemerzt wurde?

Vielleicht ist aber auch mit einer *Änderung* Θ's zu rechnen, der aus Stellen wie *Dt vii 9, Ps civ 8b, i Chr xvi 15* lernen konnte, daß דּוֹר ein *kollektiver Singular* ist, und der daher dem Worte דּוֹר auch an andern Stellen zutreffend den Sinn der Mehrzahl gab. Für diese zweite Möglichkeit könnte das Schweigen aller Zeugen der O' über den vermuteten Plural εἰς γενεάς καὶ γενεάς in unserm *V. 13c* sprechen.

Lesart 3

A' hat hier ein anderes Wort gewählt als O': siehe *Reider,* Index, s. v., S. 58. διηγέομαι zusammen *mit C' gegen O'* (= ἀναγγέλλω) auch in *Ps ci 22a* nach 1175.

Lesart 4

διηγέομαι ist auch bei C' bezeugt als Wiedergabe von סָפַר pi, siehe z. B. *Ps xxxix 6c* nach 264 mg, 1175, Eus[1121], ThdMopsv[1717] (ohne Sigel!), cat x[1625,1706]; *lxx 15a* nach cat xvii[1047,1134,1135,1139], (O' ἐξαγγέλλω!); u. a. m.

Die *Partizipialkonstruktion* führt jene von *V. 13b* fort, siehe oben E. 77, L. 2. Sie macht das καὶ (L. 1) nötig als Verbindung zwischen ἐξομολογούμενοι und διηγούμενοι.

Lesart 5

Bei A' fällt der *Plural* auf, der auf ein תְּהִלָּתְךָ zu weisen scheint. *Kennicott* und *de Rossi* kennen keine Hss mit Plene-Schreibung: תְּהִלּוֹתְךָ, wohl aber 5 Hss mit תְּהִלָּתֶיךָ: dieses *Jod* ist gewöhnlich (zusammen mit dem ֶ der Pluralendung ־ֶיךָ) Zeichen des *Plurals*. Deshalb hat *Mandelkern* auch in *Ps ix 15a* תְּהִלָּתֶיךָ (= רִ׳) als Plural aufgefaßt. A' hat wohl ähnlich den Plural verstanden in תְּהִלָּתֶ(י)ךָ des *V. 13c*.

Nach *Bauer-Leander*, Historische Grammatik, § 29b' (= Anm. 4) kommen aber *Singularia* mit *Pluralsuffixen* vor. Nach diesem Werk ist תְּהִלָּתֶיךָ in *Ps ix 15a* als Singular zu betrachten.

In *Ps ci 22b* treffen wir eine ganz ähnliche Lage: O' *Singular:* τὴν αἴνεσιν αὐτοῦ, Objekt von ἀναγγέλλω, für תְּהִלָּתִי, Objekt von סָפַר pi, während A' hier auch nach Ausweis der Fragmente Taylor den *Plural* ὑμνήσεις αὐτοῦ liest!

Noch ähnlicher ist *Ps lxx 14b:* תְּהִלָּתֶךָ (bei *Kennicott* 5 Hss und bei *de Rossi* 12 Hss mit תְּהִלָּתֶיךָ, ebenso in vielen gedruckten Ausgaben, siehe *de Rossi*, Appendix, S. 104–105) steht im *Singular bei O,' im Plural bei A' und bei C'* nach dem Zeugnis von Eus!

Siehe auch den schon erwähnten Ort in *Ps ix 15a*, wo bei Chr eine *anonyme Lesart:* ἄλλος· τὰς ὑμνήσεις σου für תְּהִלָּתֶיךָ (ebenfalls vom Verb סָפַר pi abhängig) erscheint. Viele Hss bei *Kennicott* und *de Rossi* lesen hier umgekehrt תְּהִלָּתֶךָ ohne Jod. Die Hss Chr[H, Q] schreiben die Lesart dem Θ' zu. Dies ist *nicht wahrscheinlich,* denn Θ' hat an drei Stellen bei Is καύχημα, einmal αἴνεσις; in den Psalmen sind zwei Belege mit αἴνεσις bezeugt: *Ps cxliv 1a* nach 1175; *Ps cviii 1b:* ὁμοίως τοῖς O' (= αἴνεσις) nach 1175, 264 unten an der Seite in mg. (Von den drei kollektiven Lesarten *Ps xxi 4a, Jer xxxi [xlviii] 2, Hab iii 3* ist abgesehen.) *Da O' nur ein einziges Mal, in Ps lxx 6c, das Wort* ὕμνησις *für* תְּהִלָּה *verwenden,* ist es ausgeschlossen, daß Θ' ὕμνησις oft aus O' übernommen hat.

Da anderseits ὕμνησις so typisch für A' ist, obgleich auch C' das Wort mitunter heranzieht, so ist die Lesart am ehesten *dem A',* vielleicht auch *dem C' zuzuschreiben.*

Wie dem auch sei: A' *unterscheidet* Singular und Plural von תְּהִלָּה, denn er übersetzt in zehn Beispielen (von den Jeremia-Stellen und den zusammenfassenden Lesarten ist dabei abgesehen) תְּהִלָּה mit dem Singular. Er hat also keinen *Kollektivbegriff* in תְּהִלָּה gesehen.

Daraus folgt, daß A' in *Ps lxx 14b, lxxviii 13c* und *ci 22b* (entgegen MT) eine *Mehrzahl* in תְּהִלָּתֶ(י)ךָ erkannte. (Ebenso in *Ps ix 15a*, falls die Lesart von ihm stammte – hier mit MT, wie es scheint.)

Zur *Wortwahl* ὕμνησις, siehe *Reider*, Index, s. v., S. 243–244. In der *Jeremiasschicht* hatte A' ἔπαινος gebraucht: *Jer xxviii (li) 41* nach 86 (A'C'); ἐπαινετός als Adjektiv in *Jer xxx 14 (xlix 25)* nach 86 (A'C'), Syh (A'C'Θ'), [Eus (C')]; und – möglicherweise – αἴνεσις in *Jer xvii 14* nach Syh allein.

Lesart 6

Sieht man von den zusammenfassenden Lesarten ab, ist ὕμνος die bei C' *häufigste* Übersetzung von תְּהִלָּה: neben unserm *V. 13c* kommen 5 *Zeugnisse* vor: *Ps xxxiv 28b* nach 1098; *Ps lxv 8b* und *lxx 14b* nach Eus; *Ps cxliv 1a* nach 1175; *Is xliii 21* nach Eus.

PS LXXIX

Exzerpt 79. Vers 5a–b, 8a

In 1173 stehen diese drei Lesarten als erstes Catenenelement zu *V. 8a,* zu dem in Wirklichkeit nur die *zweite A'-Lesart* gehört, während die *erste A'-* und die *Θ'-Lesart* den *V. 5a* betreffen. Da Θ's ἐκάπνισας (*V. 5a*) gar nicht zu *V. 8a* paßt, hat wohl *nicht der Catenist von 1173* die Auswahl der hexaplarischen Lesarten getroffen. Er hat vielmehr eine schon *bestehende Sammlung* von Exzerpten benützt, ohne sich genaue Rechenschaft über deren Platz zu geben.

Lesart 1

Die Lesart A's ist durch manche *Parallelen* gestützt, siehe *Reider* unter θεός *Vokativ,* S. 109–110 (siehe zum Vokativ Einleitung Kap. IV, 3), und unter στρατιά, ebd., S. 223; siehe *Mercati,* Osservazioni, S. 337–338 zu *Ps xlv 8a.* Siehe auch die Parallelen in *V. 8a,* unten L. 3, und in *V. 20a,* E. 89, L. 1.

Das *Tetragrammaton* erscheint in 1173 *stets* in der Umschrift πιπι; so in *Ps lxxvii 65a* (A', C') (MT enthält jetzt hier אדני, siehe oben E. 51, L. 1); *lxxviii 5a* (A'); *lxxix 20a* (A'); *lxxx 16a* (A'); die Ausnahme mit κύριος in *Ps lxxx 11a* (A'C') erklärt sich wohl aus einer andern *hebräischen Vorlage* oder als *Irrtum,* siehe unten E. 95, L. 1.

Lesart 2

Die *Lesart Θ'* hat keine *Parallele,* denn das Verb עשׁן kommt im Alten Testament nur 6 mal vor, und die Versionen sind griechisch nur in *einer* anonymen Lesart bei Chr in *Ps cxliii 5b* vertreten (siehe dazu unten). O' haben in *Ex xix 18* und *Ps ciii 32b, cxliii 5b* עשׁן wörtlich mit καπνίζω, in *Dt xxix 20 (19)* mit καίω wiedergegeben, in unserm *V. 5a* und in *Ps lxxiii 1c* bildlich mit ὀργίζομαι.

Die *Syh* überliefert in *Ps lxxiii 1c* מתתננא .ס. א. (Field: «καπνίζεται [s. καπνισθήσεται]»), in unserm *V. 5a* מתנן אנת .ס. א. (Field: «καπνίσεις»).

In *Ps cxliii 5b* finden wir bei Chr die anonyme Lesart mit καπνίζω. Da sie zwei *absolute Genetive* enthält, ist es wahrscheinlich eine C'-Lesart, da dieser Übersetzer wohl allein zwei Imperative im Hauptsatz mit Partizipien des Genetivus absolutus wiedergeben konnte (siehe zur Übertragung der Imperative in Einleitung, Kap. IV, 2, b).

Fields Rückübersetzung mit ϰαπνίζω trifft damit *für C' in unserem V. 5a* und in *Ps lxxiii 1c* gewiß das Richtige, und man darf wohl auf die Zusammenfassung von C' und A' Vertrauen setzen, da für עשן Nomen A's Übersetzung: ϰαπνός bekannt ist: siehe *Reider,* Index, s. v., S.125.

In *Is ix 18 (17)* werden zudem neben A' auch *für C'* und *für Θ' gesondert* die Lesarten mit ϰαπνός = עשן durch 710 geboten. Daher verdient auch die zusammenfassende Lesart A'C'Θ' von Q mit ϰαπνός in *Is iv 5* für jeden der drei Übersetzer Kredit. (Für C' gibt 710 übrigens einzeln Zeugnis.)

Da O' also im Psalter עשן an zwei der vier Stellen durch ϰαπνίζω übersetzen, und da anderseits die drei Versionen die *Wurzel* עשן mit der *Wurzel* ϰαπν- verbinden, wird es bei der Tendenz zur Vereinheitlichung und größeren Übersetzungstreue dem Hebräischen gegenüber einleuchtend, daß Θ' hier O' verließ (wie A'C' nach Syh dies taten), um wörtlicher mit ϰαπνίζω zu arbeiten. Zudem hat Θ' den *Aorist* für *hebräisches Perfekt* anstatt Präsens bei O' gewählt. Dies entspricht der Übersetzungsweise der Rezensionen.

Lesart 3

O' haben in diesem Vers den Unterschied zwischen *V. 5a* יהוה אלהים צבאות und *V. 8a* אלהים צבאות aufgehoben, indem sie auch in *V. 8a* ϰύριε einfügten. A' hat den MT in peinlicher Treue bewahrt. (Bei *Kennicott* hat Hs 4 [und Hs 227 am Rande] ebenfalls יהוה in Analogie zu *V. 5a* eingeführt.)

Die Stelle ist jedoch von großer Bedeutung, da das *Psalterium gallicanum* sowie die ägyptische Tradition: P. Bodmer xxiv und Sa יהוה in *V. 8a* auch nicht gelesen haben! Der O'-*Psalter,* mit dem der *Exzerptor* verglichen hat, war demnach *kein hexaplarischer Psalter.*

Welcher Psalter war es? Unten in *V. 14b,* E. 81, L. 2, 3 würde man an eine *ägyptische Form* denken. Hier spricht der Tatbestand *eher dagegen:* denn *wie der hexaplarische Psalter* lassen ja auch *P. Bodmer xxiv* und Sa das Tetragrammaton weg. Ganz entscheidend ist dieser Befund jedoch auch nicht: denn die Lesart mag nur den Unterschieden θεέ statt ὁ θεός und στρατιῶν statt τῶν δυνάμεων gegolten haben, ohne Anwesenheit oder Abwesenheit von ϰύριε zu berücksichtigen.

Exzerpt 80. Vers 14a–b

Lesart 1

Die Lesart A' unterscheidet sich nicht in der *Wortwahl* von O', sondern in der *Zeit: Futurum* bei A', *Aorist* bei O'. Daß A' den Aorist für hebräisches Imperfekt systematisch eliminiert und durch Futurum ersetzt, geht aus der Betrachtung über die Zeiten in Einleitung, Kap. IV, 2 hervor. Dieselbe Änderung der Zeit, nicht aber des Wortes der O' zeigt auch *V. 14b,* siehe unten L. 4.

A' ist der *einzige* Übersetzer, der in diesem Vers das *Futurum* wählt. C', Є', Θ', ς' und O' haben den Aor Ind in *V. 14b;* man darf daher wohl dasselbe für *V. 14a* voraussetzen. Diese *ungebräuchliche und in den Rezensionen verpönte Gleichung:* hebräisches Imperfekt = griechischer Aorist Indikativ geht auf die *Deutung* des Psalms auf *geschehene* Ereignisse zurück, siehe ein ähnliches Beispiel oben *Ps lxxvii 38–39* bei C', und siehe dazu E. 6, L. 5. Siehe weiter unten zu *V. 18a* die *Lesart* Є', E. 84, L. 3.

Da das Wort כרסם ein ἄπαξ λεγόμενον im Alten Testament ist, gibt es bei A′ keine Parallelen. O′ verwenden λυμαίνομαι für mehrere andere hebräische Verben. Es ist bisher in den jüngern Versionen unbelegt gewesen.

Lesart 2

Diese Lesart wird wie die beiden folgenden in 1173 *dem C′ zugeschrieben* (siehe L. 3 und 4). Die Zuschreibung der letzten Lesart ist zu verwerfen, siehe L. 4. Die Attribution der *beiden* andern an C′ muß ebenfalls einen *Fehler* enthalten, da beide Übersetzungen dem gleichen Verb כרסם gelten, welches wie gesagt (L. 1) ἄπαξ λεγόμενον ist.

Welche der beiden Übersetzungen gehört dem C′, und wem gehört die andere, nicht-symmachianische?

Eus gibt uns die Übersetzung C′s für den ganzen Vers *14a–b:* In *V. 14a* lautet sie nach Eus in *Coislin 44* und in *cat pal* = Pat 215 (nicht erhalten in 1209) κατενε-μήσατο. Dieses Verb ist das Verb der O′ in *V. 14b.* Es ist sonst weder für C′ noch für O′ weiter bezeugt. Für A′ siehe L. 4.

Wir haben festgestellt (oben in *Ps lxxviii 13a,* E. 76, L. 2, 3, also in nächster Nähe unseres Verses), daß C′ (und A′) die Wurzel νεμ-, νομ- in der Form νέμησις (Aktions-Substantiv zu νέμω) für die Wurzel רעה in der Form מרעית gebrauchen. κατανέμομαι in *V. 14b* O′ paßt ganz zu diesem Gebrauch, denn im Hebräischen steht dort die Wurzel רעה.

In *V. 14a* hingegen ist die Wurzel כרסם völlig anders. Das in unserer Lesart gegebene Tätigkeitswort καταμασάομαι bedeutet «beißen, kauen», siehe *Liddell-Scott,* A Greek-English Lexicon, S. 900. Es ist ein seltenes Wort: *Liddell-Scott* führt je eine Stelle aus *Hippokrates* (5. Jhd. v. Chr.) und aus *Alexander Rhetor* (2. Jhd. n. Chr.) an. Im Alten Testament griechischer Sprache fehlte es bislang ganz.

Angesichts der Seltenheit dieses Verbums: es ist ein ἄπαξ λεγόμενον der griechischen Bibel, und angesichts seiner Nähe zu κατενεμήσατο von *V. 14b* O′ ist die Vermutung höchst wahrscheinlich, daß ein Kopist in *Eusebs* Kommentar – durch Homoeoarkton und Homoeoteleuton! – von καταμασήσατο in κατενεμήσατο überge-glitten ist. Auf jeden Fall ist καταμασήσατο als das viel seltenere und schwierigere Wort dem κατενεμήσατο vorzuziehen. In cat pal = Pat 215 ist übrigens die Möglichkeit, daß C′ durch O′ kontaminiert wurde, besonders deutlich greifbar: denn das Verb κατενεμήσατο steht in der C′-Lesart sowohl in *V. 14a* als auch *14b*! In *einem* der beiden Stichoi ist es sicher fehl am Platze! – Trifft dies zu, ist καταμασήσατο die (auf A′ folgende!) Lesart C′.

Dazu tritt ein weiteres Argument: כרסם und καταμασάομαι sind *beide* ἄπαξ λεγόμενα und haben *beide dieselbe Bedeutung.* Denn כרסם wird durch כסם erklärt bei *Levy,* Wörterbuch, iv, 386a, welches bedeutet: «abschneiden, abessen, abrupfen».

Bei *Sa'adja Ga'on* wird das Wort erklärt als: «zerbeißen, zerkauen» = arabisch קצם in seinem Ha'egron, und in dem Kitab 'al-seba'in erklärt er es: «dieses Wort (sc. יכרסמנה = arabisch (ויקרצ'הא) ist aus zweien gezweit: er füllt seinen Bauch (כרס) aus ihr (ממנה).» Ebenso erklärt es *Menaḥem Ben Saruq:* «es gibt Erklärer, die mit diesem Wort (כרש = Bauch) יכרסמנה verbinden.» *Rajbag* identifiziert כרסם mit קרסם. *Parḥon* erklärt es: ינקרנה בשניו (= benagt ihn [den Weinstock] mit seinen Zähnen) und verweist wie *Rajbag* und *Levy* auf Mischna Pea 2,7; diese Erklärungen sind entnommen: Ha'egron – Kitāb 'Uṣūl al-shi'r al-'ibrānī by Rav Sĕ'adya Ga'on, Critical Edition with Introduction and Commentary by Nĕḥemya *Allony,* The Academy of Hebrew Language, Texts and Studies viii (Jerusalem 1969) 254.

Wir haben also *zwei Erklärungen: «kauen, zerbeißen, benagen»,* und: *«den Bauch füllen».* Die erste trifft sich mit καταμασάομαι, das dem C' zugeschrieben werden muß, die zweite mit γαστροποιέω ἐξ αὐτῆς der folgenden Lesart: siehe L. 3.

Eine Bermerkung noch zur *Form* des Wortes: in 1173 steht der *Imperativ Aorist 2:* καταμασησάτω. Im parallelen *V.14b* lesen wir nach dem übereinstimmenden Zeugnis von Eus in Coislin 44 (nicht nach cat pal = Pat 215, wo κατενεμήσατο steht: eine offenkundige Kontamination mit O') und von 1173: κατεβοσκήσατο. Da aus der Betrachtung über die Wiedergabe der Zeiten, Einleitung, Kap. IV, 2, hervorgeht, daß C' nicht gerne die Zeiten in einer Sequenz von parallelen Aussagen wechselt, daß er im Gegenteil manchmal sogar hebräische Imperfekte durch Aoriste wiedergibt, um im Griechischen die Zeiten nicht ändern zu müssen, ist es wohl wahrscheinlicher, einen *Irrtum in* καταμασησάτω, das aus einem richtigen καταμασήσατο oder noch eher κατεμασήσατο verderbt wurde, anzunehmen als in κατεβοσκήσατο, das aus καταβοσκησάτω entstanden wäre. In *V.17a* verwendet C' das Perfekt (siehe unten), was darauf hinzudeuten scheint, daß C' das in *V.13–14* berichtete Unglück als vergangen betrachtet.

Zusammenfassend: Die Lesart καταμασησάτω αὐτήν ist wohl die des C', und es ist nicht unwahrscheinlich, daß κατεμασήσατο αὐτήν zu lesen ist.

Zur Übersetzung der *Zeit: Aorist Indikativ* für *hebräisches Imperfekt,* siehe oben L. 1.

Lesart 3

Die Lesart trägt ebenfalls die *Sigel C'.* Ist, wie wir in L. 2 angenommen haben, jene zweite Lesart in Wirklichkeit die des C', so bleibt für diese Θ', Є' oder ς' übrig.

Das *Wort* ist im griechischen Alten Testament nicht belegt. *Liddell-Scott,* A Greek-English Lexicon, führt es nicht auf, ebenso fehlt es in *Preisigke-Kiessling,* Wörterbuch. Auch *Du Cange,* Glossarium, kennt es nicht. *Stephanus,* Thesaurus, iii, c. 532 zitiert es als *«lectio vitiosa»* und verweist auf γαστροειδής, wo wir lesen: «... [*Hesych.:* Γαστροειδής· προγάστωρ, καὶ γαστροποιῶν (γαστροπίων Heinsius). ... Γαστροοιδής ... Quae scriptura fortasse Hesychio restituenda.]». προγάστωρ bedeutet «krugbauchig», und γαστροποιῶν könnte bedeuten: «Bauch-machend» im Sinne von «Bauch ansetzend, bauchig werdend». Jedenfalls scheint es nicht mehr angängig, das Wort γαστροποιέω als Irrtum zu erklären, nachdem neben *Hesychius* (5. J. n. C.) ein zweites Vorkommen nachgewiesen ist.

Dies umso weniger, als die jüdische Worterklärung des *Sa'adja Ga'on* und des *Menaḥem ben Saruq* das Wort mit כרס oder כרש verknüpfen, was «Bauch», «Magen» heißt. In dem von *Mayer Lambert* und *Louis Brandin* veröffentlichten *Glossaire Hébreu-français du xiiie siècle* (Paris 1905) liest man ebenfalls zwei Übersetzungen: *vontroylera li* (= remplira son ventre) und: *démârchera li* (= fouleras) (S. 182, ll. 3–34). Das zweite Wort kann sich auf *V. 14b* beziehen, aber wahrscheinlicher ist es eine andere Übersetzung von יכרסמנה. Ist dies der Fall, so mag man dieses: «zertreten» mit dem «zerbeißen, zerkauen» von *Sa'adja Ga'on* im 'Egron in Zusammenhang bringen. Oder man kann vermuten, da das Wort wie folgt geschrieben ist: דְּמַר אֶקְרָא לִי, daß es zunächst «demâchera li» (von de-mâcher?) gelautet habe: so daß wir der Bedeutung von «kauen» noch näher kämen. Freilich ist das Wort demâcher nicht bezeugt im Altfranzösischen. Unbestritten ist jedoch, daß auch dieses Glossar das Verb יכרסמנה von כרש/ס «Bauch» abgeleitet hat.

Ja, die Wendung ἐγαστροποίησεν ἐξ αὐτῆς entspricht aufs Exakteste der Etymologie von *Sa'adja Ga'on* im Kitab 'al-seba'in: וימלא כרסי ממנה !

Leider ist כרש im Alten Testament ebenfalls ἅπαξ λεγόμενον: O' übersetzen es in *Jer xxviii* (li) 34 mit κοιλία, während die jüngeren Versionen nicht bekannt sind.

So bleibt nur, die Lesart als sicher zutreffend überliefert zu betrachten und darauf zu verzichten, sie einem der drei: Є', Θ' oder ς' zuzuschreiben. Man mag annehmen, sie gehöre Є' an, da der Übergang von Є' zu C' leicht geschehen kann, und da die Lesart nach den Lesarten A' und C' steht. Zur gewählten Zeitform: *Aorist Indikativ für hebräisches Imperfekt,* siehe oben L. 1.

Lesart 4

Diese Lesart trägt nochmals die Sigel C'! Hier kann der *Irrtum* nachgewiesen werden: Denn Eus und 1175 überliefern für A' καὶ παντοδαπὸν χώρας. Die Überlieferung schwankt jedoch beträchtlich: 1175, Eus in Pat 215: καὶ παντοδαπῶν χώρας; Eus in Coislin 44: καὶ παντοδαπὸν χώραν; Eus in 1209: καὶ παντοδαπὸν χώρας. *Montfaucon* in seiner Ausgabe (nach PG xxiii, c. 964, l. 52) hat wohl bewußt emendiert: καὶ παντοδαπὴν χώραν.

Das Wort זיז ist im Alten Testament an *drei* Stellen gebraucht: in *Ps xlix 11b* ist bloß die Übertragung der O' bekannt: ὡραιότης. (Freilich zitiert *Field* z. St.: «*Agellius:* ... ' ... *Aquila* ... παντοδαπὰ χώρας, quem B. Hieronymus imitatus edidit, et universitas agri ... *Sym.* ... πλῆθος ...'»: wo hat *Agellius* diese Lesarten geschöpft? Dazu kommt *Syh* mit den *Lesarten A' und Є'*: ... ופתיכותא דאתרא .א, bei *Field* als: «A' καὶ παντοδαπὰ [fort. παντοδαπία] χώρας ...» wiedergegeben; ... וערדא דברא .ה, was *Field* zurückermittelt als: «Є' καὶ ὄναγρος ἄγριος»: siehe unten E. 81, L. 3.) In *Is lxvi 11* haben O' für מזיו: ἀπὸ εἰσόδου, A' ἀπὸ παντοδαπίας, C' ἀπὸ λίπους, Θ' ἀπὸ πλήθους nach Q, 86; und in *unserem Vers.*

A' hat das Wort in *Is lxvi 11* offenbar als *Substantiv* aufgefaßt. Es ist daher das am Nächsten Liegende, in παντοδαπόν ein *substantiviertes Neutrum*: «das Mannigfache, das Vielfältige» zu erkennen. Daraus ergibt sich als *richtige Lesart jene von 1209. Der Genetiv Plural* von 1175 und Pat 215 καὶ παντοδαπῶν χώρας scheidet aus, da er keinen Sinn im Zusammenhang der A'-Übersetzung von *V. 14a–b* ergibt; die Variante von Coislin 44: παντοδαπὸν χώραν ist eine *lectio facilior,* und die Lesart in Eus' Ausgabe stützt sich auf keine der Hss. Es ist also παντοδαπὸν χώρας zu lesen. Diese Lesart ist bestätigt durch *Hieronymus zu Is lxvi 10,* wo unsere Stelle *Ps lxxix 14b* A' zitiert wird mit der Erklärung: «Ziz sadai quod Aquila transtulit, παντό-δαπον χώρας, hoc est omnimodum regionis ...». M. *Adriaen* bemerkt in seiner Ausgabe des *Isaiaskommentars* (S. Hieronymi Presbyteri Opera, p. 1, opera exegetica, 2 A Commentariorum in Esaiam Libri xii–xviii, CC LXXIII A, Turnholti MCMLXIII, p. 779, ad l. 41): «παντοδαπη, παντοδαπήν edd. μ» (μ = editio Maurinorum ... t. iii, Parisiis 1704).

Syh gibt übrigens hier zu *V. 14b:* וחיותא דאתרא .א, dazu siehe unten E. 81, L. 4. Dies ist eine andere Lesart als die in 1173, 1175, Eus gebotene. *Field* zitiert daher unsere Stelle als eine jener Doppelübersetzungen, die auf eine doppelte Edition der A'-Version hindeuten, *Field,* Origenis Hexaplorum, i, S. xxvi. Doch siehe die Vermutung in E. 81, L. 4.

χώρα entspricht שדי bei A', siehe oben *Ps lxxvii 43b,* E. 16, L. 2.

Das *Verb* ist *dasselbe* wie das bei O', aber *im Futurum:* siehe dazu die Bemerkung oben in L. 1.

κατανέμομαι Medium ist sonst für A' noch einmal, nämlich in *Is iii 14* durch 710 für בער Pi'el (O' ἐμπυρίζω) überliefert. Die hebräische *Vorlage* ist also hier und dort anders. *Kennicott* und *de Rossi* kennen bei *Is iii 14* die varia lectio mit רעה statt בער Pi'el nicht. (Nur Hs 25 *Kennicotts* schreibt das ב von בערתם über einer Rasur. Das heißt aber nicht, daß vorher רעיתם dastand.) Doch da O' hier in *V. 14b* κατα-νέμομαι wählten, ist ihnen A' ohne Änderung der *Wortwahl* gefolgt, wohl aber mit *geänderter Form: Futurum* statt *Aorist.* Diese Änderung schließt übrigens die Annahme aus, der Abschreiber habe sich durch O' *kontaminieren* lassen.

רעה und abgeleitete Wörter sind ja bei A' mit νέμω und abgeleiteten Begriffen verknüpft, siehe E. 76, L. 3.

Die Lesart A' βόσκω für רעה in *Gn xxxvi 24* bildet eine Ausnahme. Sie wird nur durch *Field,* nicht aber durch *Brooke-McLean* geboten. Die Lesart stammt aus *Hs H-P 25: Rahlfs,* Verzeichnis, S. 149–150 (München, Hof- und Staatsbibliothek, Gr. 9) nach der Kollation von *P. de Lagarde.*

Die Lesart trägt tatsächlich *typisch aquilanisches* Gepräge ausgenommen das isolierte βόσκω, welches aber nicht etwa als *Kontamination* mit O' erklärt werden kann, da O' hier ἔνεμε enthält.

Aber vielleicht gibt es eine andere Erklärung dieser Ausnahme. βόσκω wird von den *jüngern Übersetzern* – abgesehen von *Gn xxxvi 24* A' – auch *von* C' gebraucht: *Is xl 11* nach Eus für רעה und von Θ' in *Is xi 7* nach Q für רעה: es wäre nach *Field* und *Montfaucon* die Sigel Θ' in C' zu ändern: siehe *Field,* Origenis Hexaplorum, ii, S. 567 zu *Is xi 7.* Wie immer dem sei: ließe sich in *Gen xxxvi 24,* wo auf A' unmittelbar Θ' folgt, nicht an eine *Korruptel* durch *Homoeoarkton* oder *Homoeoteleuton* denken: A' ... ἐν τῇ ἐρήμῳ ἐν τῷ, und von diesem Punkt aus wäre der Schreiber auf ⟨C'⟩ ... ἐν τῷ βόσκειν αὐτὸν κτέ. übergesprungen? Siehe auch *Wevers,* Genesis (oben, S. xxvii, Nachtrag 1), z. St.

Freilich ist auch die Möglichkeit eines *vereinzelten* βόσκω bei A' einzuräumen, da A' ja *nicht völlig konsequent* verfährt. In *Prov x 21* gibt Morin. n. β (2°) ποιμαίνω als A'-Übersetzung. Die

19

Sigel könnte *falsch* sein, umso eher, als es sich um eine alleinstehende Lesart handelt, bei der ein Irrtum in der Sigel leichter geschieht. Gegen A′ spricht auch in bestimmtem Grade das *griechische Präsens* ποιμαίνουσιν für hebräisches Imperfekt. Sowohl die *Wortwahl* von ποιμαίνω wie das *Präsens* würden jedoch gut zu C′ passen: dieser überträgt tatsächlich רעה oft durch ποιμαίνω: *Ps xxvii 9b* nach 1098, 264 mg; *Ps xxxvi 3b* nach Eus[1021]; *Prov xv 14* nach Morin. n. π (wo ein *Präsens* ποιμαίνει für hebräisches Imperfekt steht!); *Ct ii 16* nach Field («Nobil., Mat. ..., et Regius unus. Nilus apud Mai. ... Theodoret. ...»); *Ct vi 2 (3)* nach Field («Theodoret.»); *Is lxi 5* C′Θ′ nach 86; *Ez xxxiv 2* nach 86. So ist *Os xii 1 (2)* nach Syh A′C′ (vorausgesetzt, daß *Fields* Rückübersetzung ποιμαίνει zutrifft) gewiß dem C′, nicht aber dem A′ zuzuweisen. (Freilich hat A′ auf der Stufe der *Jer-Ez-Schicht* ποιμαίνω für רעה gebraucht.)

Wie aus dem *Reiderschen* Index, S. 162 hervorgeht, und wie die Untersuchung der widersprechenden Zeugnisse oben dargetan hat, verknüpft A′ רעה *mit* νέμω, und dies in großer Regelmäßigkeit. Dazu paßt, daß er רעה, *Hirte,* mit νομεύς, *Reider,* Index, S. 163; מרעית mit νέμησις, oben *V. 13a*, E. 76, L. 3; מרעה mit νομή in *Is xxxii 14* nach 86 verbindet. Siehe bei *Reider,* Index, S. 164, 198 (ποιμαίνω) die A′-Übersetzungen der *Jer-Ez-Schicht* und siehe Eccl «O′».

So wird es durchaus *plausibel,* daß A′ hier unter dem Einfluß des in O′ vorliegenden κατανέμομαι ebenfalls *ausnahmsweise* das zusammengesetzte Verb statt des einfachen νέμομαι gewählt hat. Was das Medium betrifft, so verwendet A′ sowohl νέμω *Aktiv:* Ps xxvii 9b nach 264 mg, 1098; *xlviii 15a* nach 1098; *Prov xxviii 7* nach Morin. n. ζ, Field, Auct. («Cod. 252 ...»); *Prov xxix 3* nach Morin. n. γ; *Is lxi 5* nach 86; als auch νέμομαι *Medium* in *transitivem* Sinne: *Ps xxxvi 3b* nach Eus[1021]. רעה *intransitiv:* «weiden» ist νέμομαι *Passiv: Is v 17* A′C′ nach 710; *xi 7* nach Q; *Ct vi 1 (2)* A′C′ζ′ nach Field («Nobil., Mat.»).

Es gibt auch sonst Beispiele, da A′ zwar meistens mit dem *einfachen* Verb überträgt, ein *gelegentliches Kompositum* aber nicht völlig verschmäht: z. B. ὀλεθρεύω und ἐξολεθρεύω kommen nebeneinander vor: in *Is ix 14 (13)* hat A′ nach Eus ὀλοθρεύσει (sic) (O′ ἀφεῖλε); *Is lvi 5* nach 86: A′ ὀλοθρευθήσεται (sic) (O′ ἐκλείψει); *Gn xli 36* A′ ὀλεθρευθήσεται nach M (O′ ἐκτριβήσεται). In *Ps xvii 41b* dagegen hat A′ ἐξολοθρεύσω αὐτούς (sic) nach 1098, während O′ ἐξωλόθρευσας lesen: also wie in unserm *V. 14b* hat A′ die *Wortwahl von O′* übernommen, obgleich er sonst *einfaches* ὀλεθρεύω bevorzugt, aber er hat statt des *Aorists das Futurum* gesetzt und das Pronomen hinzugefügt. *Dt xix 1* A′Θ′ ist eine syrische Lesart, wo nicht zu entscheiden ist, ob ἐξολεθρεύω oder ὀλεθρεύω vorlag. *Field* entscheidet sich für ἐξολεθρεύω wegen des anonymen ἐξολοθρεύσῃς (sic) in «Cod. xi in textu» = Cod. V. Auch aus *iii Regn xiv 10* ※ ἐξολεθρεύω (= A′ nach Syh) ist zu entnehmen, daß A′ sich einen freien Spielraum zwischen ἐξολεθρεύω und ὀλεθρεύω bewahrte.

Ein anderes *Beispiel:* בוא *hif* ist bei A′ ἄγω, siehe *Reider,* Index, S. 2–3, aber in *Gn xxxvii 2* ist es κατήνεγκεν nach v, j (α′ ὁ σύρος καὶ ὁ ἑβραῖος), während O′ κατήνεγκαν (freilich mit Varianten) haben: wieder übernahm A′ das gewählte *Kompositum der O′,* das er in der *Form abwandelte.*

Das *dritte Beispiel* findet sich unten in einem Zeugnis von 1173: *Ps lxxxii 2b,* E. 116, L. 1. Die Beispiele ließen sich häufen.

Man darf also seltene Komposita bei A′ nicht als *unmöglich* hinstellen. Sie gehören zu der Variationsbreite, die sich A′ beim Übersetzen gestattet.

Exzerpt 81. Vers 14b

Lesart 1

Diese Lesart wird durch Eus überliefert.

Das Wort καταβόσκω wird von O′ *dreimal* (*Ex xxii 5* [4]) gebraucht. Sonst ist es bei C′ allein *als Substantiv* in *Is vi 13* nach 710, Eus, Tht für בער bezeugt und in *Is iii 14 als Verb* nach 710!

(A' hatte dort κατανέμομαι, so daß A' und C' in *Is iii 14* und *hier in userm Vers parallel* über-setzen, und sich beide Stellen dadurch gegenseitig bestärken.)

Zum *Aorist Indikativ* als Wiedergabe des hebräischen Imperfektes, vgl. oben E. 80, L. 1!

Lesart 2

Wie O' und C' hat diese kollektive Lesart den *Aorist Indikativ* für das hebräische Imperfekt (im Gegensatz zu A'): siehe ebenfalls oben E. 80, L. 1.

Die Lesart setzt weiter voraus, daß in dem verglichenen *O'-Text* nicht κατενεμήσατο αὐτήν, sondern etwas anderes stand. *Holmes-Parsons* verzeichnen nur *vereinzelte Varianten:* κατεμήσατο αὐτήν = 169; κατελυμήνατο αὐτήν = 204 sind Irrtümer des Abschreibers; κατενε-μήσατο αὐτῆς in 284 ist *mit Genetiv* konstruiert: Auch dies dürfte ein *Fehler* sein, da (κατα)νέμω und (κατα)νέμομαι sonst stets mit *Akkusativ* verbunden werden, siehe *Stephanus*, Thesaurus, s. v. (284 ist in *Rahlfs*, Verzeichnis, S. 65 beschrieben: Florenz, Bibliotheca Mediceo-Laurenziana, Plut. V., cod. 17, aus dem Jahr 1403.)

Bei *Basilius Magnus* fehlt αὐτήν: auch dies kann nicht als echte Variante betrachtet werden. So ist es verständlich, daß *Rahlfs* in seinen Psalmi cum Odis hier keine Varianten verzeichnet.

Doch finden wir in *P. Bodmer xxiv* κατενεμευσεν αυτη[[ς]]ν, und der Herausgeber bemerkt zu αυτη[[ς]]ν: «[[ς]] paraît barré». Das Verb κατανεμεύω wird in der griechischen Literatur nirgends bezeugt. So wird man mit einem Fehler rechnen. Aber die Form weist vielleicht auf ein *aktives* κατανέμω (statt Medium) hin!

Da wir in der nächsten Lesart eine weitere mögliche Berührung mit einem *ägyptischen Text* beobachten, können wir annehmen, daß der *verglichene O'-Psalter hier eine dem P. Bodmer xxiv nahestehende Form besaß.*

Die drei Versionen sind in diesem Falle als eine *O'-Lesart* zu verstehen, die Θ', Є' und ς' *als Vorlage* diente, und die von ihnen unverändert herübergenommen wurde. Es handelt sich somit nicht um eine *Option* dieser drei Übersetzer, sondern um *die Übernahme von O'.*

Läßt sich die «*ägyptische*» *O'-Form* näher bestimmen? Siehe dazu die folgende L. 3. Aus dem «depastus eam» des *Psalterium gallicanum* läßt sich jedenfalls nicht erschließen, ob im hexaplarischen Psalter κατενεμήσατο oder κατενέμησεν stand.

Lesart 3

Є' vertritt hier *dieselbe Lesart* wie die O'-Zeugen *L''* A' 2004. Die dem Exzerptoren vor-liegende Form muß etwas anderes enthalten haben. War es μόνος wie in R oder ὄνος wie in B'' Sa Sy^mg Cyr. Alex. und P. Bodmer xxiv? *Psalterium gallicanum* ist der Vetus Latina mit «*singularis ferus*» gefolgt: dies entspricht μόνιος (oder μόνος) ἄγριος, nicht ὄνος ἄγριος.

Man würde hier am liebsten – wie in der vorherigen Lesart 2 – einen *ägyptischen Text* wie den des *P. Bodmer xxiv* voraussetzen, mit dem der Exzerptor die Hexaplafragmente verglich.

Eine Bemerkung noch zur *Sigel* Є': Field fügt der anonymen *Randlesart* zu *userem V.* in Syh ערדא die *Sigel* Є' hinzu mit dem Verweis auf *Ps xlix 11b*, wo Syh: ה. ערדא דברא ... gibt. Selbst wenn hier das Griechische mit καὶ ὄναγρος ἄγριος richtig erschlossen ist (ὄνος ἄγριος wäre vielleicht auch möglich), ist in der Randlesart zu unserm *V. 14b* eher eine *Glosse*, ein *Scholion* zu sehen (das gut durch Є' in *Ps xlix 11b* inspiriert sein kann!) als eine echte Є'-Lesart. Auf jeden Fall kommt diese Vermutung *Fields* wohl nicht gegen das *ausdrückliche*

Zeugnis von 1173 auf, an dem zu zweifeln kein Grund besteht. Übrigens spricht auch der Umstand, daß ς' auf diese Lesart folgt, für Є', denn Є'-ς' ist eine *häufige Abfolge*. Ferner hat *Rahlfs* die *Randlesart in Syh* als O'-Lesart gedeutet.

Lesart 4

Das *Verb* dieser Lesart ς' war schon in der gruppierenden Lesart Θ'Є'ς' gegeben worden: siehe oben L. 2. Die Abkürzung kann deshalb sicher aufgelöst werden.

Das *Subjekt* ist ein *Plural*, der bei *Field* dem C' zugeschrieben wird: «Nobil. affert: σῦς ἐκ δρυμοῦ] Σ. ζῶα ἐρημίας. Hanc lectionem ad שׁדי זיז potius quam ad חזיר מיער pertinere probabiliter opinatur Montef.». *Nobilius = Morinus* hatte diese Lesart vielleicht *aus einer Hs von cat xxv*, wo steht: C' ζῶα ἐρημίας = Sinai Cod. gr. 25, 1811, 1137.

Aber *Montfaucon* weist darauf hin, daß *Eus* als *C'-Lesart für* זיז שׂדי (*V. 14b*) schon καὶ μονιὸς ἄγριος gibt, so daß zwischen *Eus* und *Morinus* ein Konflikt entsteht. (Es scheint, daß *Field* dieses Gegensatzes nicht innewurde. So führt er den V. auch nicht unter den Beispielen einer zweifachen Ausgabe C's an, *Field*, Origenis Hexaplorum, i, p. xxxvi.) *Montfaucon* löst die Schwierigkeit, indem er in C' μονιὸς ἄγριος bei Eus eine *Kontamination durch O'* vermutet.

Dieser Ausweg ist aber versperrt, da *1175* ausdrücklich behauptet: C' ὁμοίως τοῖς O'. Weder *Rahlfs* noch *Holmes-Parsons* verzeichnen indessen ζῶα ἐρημίας als *varia lectio der O'*. Hinter dem Ausdruck von 1175: C' ὁμοίως τοῖς O' ist daher nichts anderes zu erblicken als καὶ μονιὸς ἄγριος (was Eus ja ausdrücklich bekräftigt) oder allenfalls μόνος ἄ. oder ὄνος ἄ. Letztere beiden Lesarten wären aber gegen Eus' Zeugnis.

In dieser Situation bringt 1173 ein neues Element: ζῶα ἐρημίας ist eine ς'-*Lesart!* Die Sigel ς' muß *irrtümlich* in cat xxv, Morin. n. ι zu C' verwandelt worden sein. Es besteht auch hier kein Anlaß, an dem Zeugnis von 1173 zu zweifeln, denn diese Quelle erweist sich für *V. 14a–b* als die reichste und beste (abgesehen von der Unordnung der Sigel in *V. 14a*) und im Ganzen in Übereinstimmung mit Eus und 1175.

Das *Fehlen der C'-Übersetzung* von זיז שׂדי in 1173 erklärt sich zur Genüge aus der *selektiven* Art, Lesarten zu bieten: hier ist dies besonders deutlich, da von einer Lesart Θ'Є'ς' κατενεμήσατο = *Ende des Halbverses*, zurückgegriffen wird zu den Lesarten Є' und ς' vom *Anfang des Halbverses*. Überdies deckt sich C' mit O' und ist daher weniger interessant für 1173.

Die Übersetzung von זיז durch ζῶα steht natürlich nahe der *A'-Lesart in Syh*: siehe E. 80, L. 4. So ist es verlockend, sich zu fragen, ob die A'-Lesart von Syh wirklich *A'* ist oder nicht ς', die ja in Syh nur selten zitiert wird.

Die Übersetzung der ς': ζῶα ἐρημίας entspricht übrigens einem Midrasch zu dieser Stelle: siehe Midrasch Tehillim, ed. S. *Buber* (Wilna 1891) 363: הרי הם כחיות המדבר: siehe Übersetzung: A. *Wünsche*, Midrasch Tehillim, 2. Bd. (Trier 1893) 34. Der Ausdruck «Tiere der Wüste» entsteht aus dem Vergleich mit *Is xxi 1*.

Zum *Neutrum Plural* des Subjektes mit dem Verb im Singular, siehe Einleitung, Kap. IV, 5, zur Kongruenz.

Exzerpt 82. Vers 17a

Lesart 1

Auch hier begnügt sich A′, das Wort *aus O′* zu übernehmen, wie oben in *V. 14 a und b* die Verben, obwohl er sonst für שָׂרַף nicht ἐμπυρίζω, sondern ἐμπίμπρημι gebraucht: siehe *Reider*, Index, ss. vv., S. 79, 80. ἐμπυριζ/σ- scheint A′ auf der Ebene der *Jeremiasübertragung* verwendet zu haben: siehe *Mercati, Osservazioni*, S. 347: *Mercati* schreibt: «A′ . . . rendeva שָׂרַף e derivati con ἐμπρήθειν ο ἐμπιμπράναι» und führt in Anm. 73 die Stellen auf, die diesen Satz stützen; zuletzt sagt er: «inoltre LXXIX, 17, nuovo . . ., dov'è male scritto ἐμπεπηρισμένον». Dies ist *nicht richtig*. In *1173* liest man ἐμπεπυρησμένον (sic), und 1122 liefert die Bestätigung mit ἐμπεπυρισμένον. 1173 ist also nicht ein Beweis mehr für die Gleichung שָׂרַף = ἐμπίμπρημι, sondern ein Gegenzeugnis oder eine Ausnahme davon.

Sofort erhebt sich die Frage nach der *Richtigkeit* des Zeugnisses von 1173. Ist das *Wort* richtig? Und ist die *Sigel* richtig?

Was die *Zuverlässigkeit des Wortes* betrifft, so kann man auf zwei entgegengesetzte Weisen argumentieren:

a) angesichts der gut bezeugten Entsprechung שָׂרַף = ἐμπίμπρημι kann man andere Zeugnisse in Zweifel ziehen. Dies tut *Mercati*, l. laud., Anm. 74, mit *Jer xli (xxxiv) 5*, wo 86 für A′ ἐμπυρισμός überliefert. *Mercatis* Zweifel scheinen nicht gerechtfertigt: *erstens* überträgt ja A′ oft verschieden auf der Ebene der Jeremias-Übertragung und in den andern Büchern, *zweitens* ist ἔμπροσθεν einer bestimmten Schicht der A′-Übertragung nicht völlig fremd, denn wir finden ἔμπροσθεν für לִפְנֵי in «O′» des *Eccl i 16, ii 7, iv 16. Drittens* ist die Übersetzung eines Relativsatzes: אֲשֶׁר mit Verb im Perfekt durch ein griechisches Partizip für A′ bezeugt, und bezeichnenderweise gerade wieder in Jeremias: *Jer lii 15* nach Q, 86! (Die andern Beispiele, die *Reider*, Prolegomena, S. 43, gibt, sind *zusammenfassende* Lesarten und deshalb weniger beweiskräftig. Aber es ist wohl kaum ein Zufall, daß sie samt und sonders in *Jer* vorkommen.)

Die Einwände *Mercatis* gegen das Zeugnis von 86 für A′ in *Jer xli (xxxiv) 5* sind deshalb schwerlich stichhaltig.

Hat A′ aber ἐμπυρίζω und Derivate *in Jer* gebraucht, so ist es durchaus möglich, daß er das Wort auch *in unserm V. 17a* verwendet, umso mehr, als es ja bisweilen geschieht, daß A′ einer O′-Übersetzung gegen seine sonstigen Gepflogenheiten folgt: ein *Beispiel* fanden wir gleich oben in *V. 14a*, E. 80, L. 4 mit κατανέμομαι für רְעָה. Die Lesart A′ ἐμπεπυρισμένον ist daher nicht unmöglich.

b) Indessen läßt sich der Verdacht nicht von der Hand weisen, daß die Nähe zu O′ auf eine Kontamination durch O′ zurückgehen möchte, umso eher, als der Kontamination durch Homoeoarkton und Homoeoteleuton (falls man die Verbesserung in ἐμπεπυρισμένην statt -μένον, siehe gleich unten, annimmt) der Weg gebahnt ist: ursprüngliches ἐμπεπρησμένον bei A′ wäre in ἐμπεπυρησμένον – unter dem Einfluß des ἐμπεπυρισμένη in O′ – hinübergeglitten.

Aber dies bleibt im Bereich der Vermutungen, wie auch eine andere Möglichkeit des Irrtums: handelte es sich in Wirklichkeit nicht um die *Sigel A′*, sondern um die eines *andern Übersetzers*: Θ′ oder Є′? Oder sogar ς′? Da O′ ἐμπυρίζω gerne für שָׂרַף heranziehen, und da diese drei Versionen den O′ am engsten folgen, ist diese Annahme verlockend. Normalerweise folgt überdies ς′ nicht gleich auf A′, sondern auf Є′ (oder Θ′). In *Ps lxxiii 8b* überliefert uns die übereinstimmende Angabe von 1175, 264 mg und Hieronymus in Epistola ad Sunniam et Fretelam die Wiedergabe von שָׂרַף bei *allen Übersetzern*: A′ und C′ (in Einzellesarten!): ἐμπίμπρημι, Θ′ ἐμπυρίζω, Є′ und ς′ (in Einzellesarten!) κατακαίω; O′: κατακαίω. Man möchte daher *in unserm V. 17a* eine *Sigel* Θ′ statt jener von A′ voraussetzen. Nichts beweist jedoch diese Annahme. Daher muß es mit einem Fragezeichen bei dieser A′-Lesart sein Bewenden haben.

Unsicher ist übrigens auch, was dieses *Neutrum* oder dieser *Akkusativ Masculinum* soll. Ein *Neutrum* wäre ohne Verbindung zu dem Vorhergehenden, denn dort steht als Bezugswort entweder גפן in *V. 15c,* das bei A' stets ἄμπελος *feminin* ist, siehe oben *Ps lxxvii 47a,* E. 23, L. 2, oder על־בן *V. 16b,* ein *männliches* Wort, bei A' υἱός. (O' übertragen גפן mitunter durch ὁ ἀμπελῶν *masculinum.* Bei A' scheint es diese Übersetzung von גפן nicht zu geben, siehe *Reider,* Index, S. 14 und 15. So ist ein Bezugswort ἀμπελῶν in *V. 15c* wohl nicht anzunehmen.) Da im *parallelen Ausdruck* desselben Stichos περικεκλαδευμένην steht, muß wohl ein Fehler in der Endung entweder von ἐμπεπυρισμένον oder von περικεκλαδευμένην unterlaufen sein. Da der Zusammenhang und das gebrauchte Bild deutlich auf den Weinstock, die Pflanze, passen, laufen wir wohl keine große Gefahr zu irren, wenn wir ἐμπεπυρισμέν⟨η⟩ν *konjizieren.* Das Neutrum konnte leicht entstehen, als die Lesart aus ihrem Zusammenhang gerissen und *isoliert* weitergegeben wurde, was ja allem Anschein nach schon vor dem Catenisten von 1173 geschah. Beachtenswert ist der *Akkusativ* im Gegensatz zum *Nominativ bei O'.* A' wollte damit wohl den Stichos *V. 17a* mit *V. 16a* strenger verbinden (über *V. 16b* hinweg), als O' es getan hatten.

Lesart 2

Die *Lesart* ϛ' fügt ein ἐν vor πυρί ein. Dies mag eine *Angleichung* an *Ps xlv 10c* sein, wo O' und Є' (wie übrigens auch A') nach 1098 באש mit ἐν πυρί wiedergeben. Aber dort ist das gewählte Verb: κατακαίω, während O' hier ἐμπυρίζω enthalten.

So ist eher geraten, hier die *bearbeitende Hand* eines Rezensenten zu erkennen, der größere Nähe zum Hebräischen anstrebte, selbst um den Preis der schwerfälligen Wendung ἐμπυρίζω ἐν. Der *Artikel* der Massoreten באש ist außer Acht gelassen, wie bei A', Є' und O' in *Ps xlv 10c.* Es ist ein mehrfach festgestellter Zug, daß für den mit ב, ל, כ verbundenen Artikel oder für sein Fehlen die *Versionen* und die *Massoreten* getrennte Wege gehen.

An der *Sigel* ist kaum zu zweifeln. Vor באש steht kein ו, das an dieser Stelle sinnlos wäre. Es ist somit keine falsch aufgelöste *Abreviatur* für καὶ statt ϛ' in Anschlag zu bringen. 1122 bestätigt dies, da dort kein καὶ steht, ein Umstand, der beweist, daß 1122 die Sigel *als Sigel* las und deshalb wie immer wegließ.

Es mag sein, daß sämtliche andern Lesarten (A' miteingeschlossen? Dies ist fraglich!) den *einfachen Dativ:* πυρί wie O' boten wegen des Kompositums ἐμ-πυρίζω.

Lesart 3

C' gebraucht in diesem Stichos *zwei Perfektformen.* Das ist eine Verbürgung der Echtheit dieser beiden Lesarten, siehe unten L. 5. Denn *C' allein* hat in den Beispielen, die in der Betrachtung der Übertragung der Zeiten, Einleitung Kap. IV, 2, untersucht sind, *selbständig,* d. h. *im Gegensatz zu O',* ein Perfekt verwendet. Zudem hat er die passiven Partizipien mit konjugierten Verbalformen im Passiv ausgedrückt. Diese *Freiheit* paßt ebenso zu C′ wie seine *Wortwahl:* שרף = κατακαίω auch in *Ps xlv 10c* nach 1098 (wie O′ und Є′), siehe *Mercati,* Osservazioni, S. 347.

πυρί ist als *Dativus instrumentalis* zu deuten. Dieser ist bei C′ geläufig: siehe in unsern Lesarten oben *Ps lxxvii 47b,* E. 24, L. 2; *V. 55b,* E. 38, L. 3; *V. 58b,* E. 45, L. 2; *V. 64a,* E. 50, L. 2.

Lesart 4

Das hebräische Wort כסוחה kommt im Alten Testament *zweimal* vor, beide Male als *passives Partizip Qal.* In O′ wird es übersetzt: in *Is xxxiii 12* durch ἐν ἀγρῷ ἐρριμμένη (sc. ἄκανθα, שׂיד) «wie eine im Feld herausgeworfene Distel»; in *Ps lxxix 17a:* ἀνεσκαμμένη «auf- oder ausgegraben» (sc. Weinstock, ἄμπελος). An beiden Stellen steht כסוח in unmittelbarer Nachbarschaft zu Feuer und Verbrennen (באש, שרף), also im gleichen Kontext der Verbrennung ausgerissener Pflanzen. In *Is xxxiii 12* gibt es in *Ziegler,* Isaias, z. St. keine hexaplarischen Lesarten.

In unserm *V. 17a* gibt *Syh:* .א דכסיחא .ס. גמימא. *Field* hatte ohne Erklärung wiedergegeben: «′A. *succisa.* Σ. τετμημένη.» *Payne – Smith,* Thesaurus syriacus, i, c. 1784, zitiert zum Verb כסם (dieselbe Wurzel כסח!), für das er die Bedeutung: «putavit, amputavit, spec. vitem» gibt, einen Ausdruck aus den syrischen *Geoponika,* deren griechische Vorlage erhalten ist: נשרא דנכסוה, τῆς κλαδείας ἄρχεσθαι δεῖ, Geoponika, 19. 22; it. ib. 14. 28.

In *Ct ii 12* überliefert *Field:* C′ τῆς κλαδεύσεως («Nobil., Mat. ...»), A′C′ κλαδεύσεως nach Tht für הזמיר, Beschneidung des Weinstocks. Dieses Wort κλάδευσις findet sich in den griechischen Geoponika, 4. 5. 2. Im Alten Testament ist dieses κλάδευσις ein ἅπαξ λεγόμενον.

Nun gibt Syh für *Ct ii 12* folgende C′-Lesart: דכסחא .ס. (bei *Field* in Corrigenda et addenda ad tom. ii, S. 1036, siehe auch *Field,* Auct. z. St.). Dadurch ist ein Beleg für die Gleichung כסם = κλαδ- im Alten Testament selber gewonnen! Das Verb περικλαδεύω ist einmal bei Chrysostomus bezeugt: *Stephanus,* Thesaurus, vii, c. 845 und c. 796 (unter περιβοθρεύω), und zwar mit dem genauen Sinn: «Reben beschneiden», da der ganze Satz bei Chrysostomus vom Weinbau und seinen Tätigkeiten handelt. Da *Preisigke-Kiessling,* Wörterbuch, i, Sp. 799, Z. 31–36, ein Wort: κλαδοτομέω, κλαδοτομία verzeichnen, wie man auch κλαδάω und κλαδεύω, siehe *Stephanus,* Thesaurus, v, cc. 1595–1596, antrifft, so sind alle diese Wörter mit der gleichen Bedeutung als örtlich und zeitlich verschiedene Verben zu verstehen, die im Weinbau gebräuchlich waren.

Die *syrischen Lesarten* und *1173* stützen sich gegenseitig, so daß das Wort περικεκλαδευμένην bei A′ als ziemlich sicher gelten darf, obgleich es ein neues *A′-Wort* ist. Es paßt auch vorzüglich in den Zusammenhang des Verses. Im Gegensatz zu O′ hat A′ das καί unterdrückt, da es sich ja nicht in MT findet.

Lesart 5

C′ hat mit ἐκτέμνω gearbeitet, ein Wort gleicher Bedeutung wie das des A′, aber allgemeiner, weniger spezialisiert auf Weinbau.

Zur Form: Perfekt Passiv, siehe L. 3. Stutzig macht zuerst die *Lesart C′ der Syh,* angeführt oben in L. 4, wo wir ein *passives Partizip* finden, das *Field* denn auch als Partizip Perfekt Passiv restituiert. Aber Syh übersetzt auf diese Weise, nämlich durch ein *syrisches Partizip Passiv* der aktiven Konjugation, die griechischen passiven Perfekte und Plusquamperfekte, siehe T. *Skat Rørdam,* Dissertatio de

Regulis grammaticis ... in: Libri Judicum et Ruth secundum Versionem syriaco-hexaplarem ... (Havniae MDCCCLXI) 35. So widerspricht Syh nicht dem Zeugnis von 1173, sondern bestätigt es. Auch C' hat das καὶ der O' weggelassen. Seine *asyndetische* Übersetzung mit den beiden Perfekten ist eine stilistische Feinheit im Zusammenhang des Verses, da sie das Unglück der Zerstörung mit diesem sprachlichen Mittel plastisch darstellt.

Zum Wort ἐκτέμνω: bei C' ist es bezeugt in *Is xxxviii 12* für בצע pi nach 86 (= O'!).

Ebendort ist es durch 86 auch für A' (in Einzellesart, wie C'!) bekundet. A'C' haben בצע pi so auch übersetzt in *Is x 12* nach 710 (A' allein nach Chr). Siehe *Reider,* Index, s. v., S. 76.

Exzerpt 83. Vers 17b

Lesart 1

ἐμβρίμησις ist ein Wort, das für C' bekannt ist: so oben *Ps lxxvii 49b,* E. 28, L. 2, für זעם.

גער Verb wird von O' meistens durch ἐπιτιμάω ausgedrückt (neben ἀποσκορακίζω, ἀφορίζω); das Substantiv גערה und מגערת (*Dt xxviii 20:* ἀνάλωσις) ist ganz verschieden übersetzt. So ist es nicht erstaunlich, daß wir in den andern Versionen deutlich die *vereinheitlichte* Wiedergabe ἐπιτίμησις antreffen: *für A'* siehe *Reider,* Index, s. v., S. 94. (*Is xxx 17* ist nach Q bei οἱ γ': χιλιὰς μία ἀπὸ προσώπου ἐπιτ⟨ι⟩μήσεως ἑνός: so bei *Ziegler,* Isaias, z. St. Diese Lesart mit dem charakteristischen ἀπὸ προσώπου *für* מפני und in ihrer Wörtlichkeit ist wohl *A's* Werk.) Hinzuzufügen wären «O'» des *Eccl vii 6 (5):* ἐπιτίμησις.

Für Θ' ist das Verb ἐπιτιμάω durch 86 (C'Θ'), Q in *Is liv 9* überliefert; das Nomen ἐπιτίμησις in *Prov xvii 10* nach Morin. n. μ; *Is li 20* nach 86; und in zusammenfassenden Lesarten: *Prov xiii 8* A'C'Θ' nach Morin. n. ι; *Is lxvi 15* A'C'Θ' nach 86, Tht (οἱ λ'): hier steht freilich auch ein Gegenzeugnis von Eus: οἱ λ' τὸν σκορακισμὸν αὐτοῦ.

Ε' ist *nirgends* für ihre Wiedergabe von גער und Derivaten festgehalten worden, ebensowenig ς'.

C' gebraucht *oft* ἐπιτιμάω: so in *Is liv 9* nach Pr; und als Nomen ἐπιτίμησις in *Is l 2* nach Tht, Pr; *li 20* nach Eus (und in den gruppierenden Lesarten *Prov xiii 8, Is lxvi 15:* siehe oben unter Θ'). Aber ἐμβριμάομαι und ἐμβρίμησις sind ebenfalls nachgewiesen, und zwar *bei ihm allein als Wiedergabe von* גער! Das *Verb: Is xvii 13* nach Eus; das *Nomen: Ps lxxv 7a* nach 1175, cat xvii[1134, 1135, 1139], Eus (264 mg: ἐπιτιμήσεως = O'; es ist also eine Kontamination mit O' in 264 mg C'-Lesart geschehen).

Wie O' hat C' ἀπὸ ἐμβριμήσεως *ohne Artikel* gesetzt.

Lesart 2

πρόσωπον *ohne Artikel* im Gegensatz zu O', entsprechend MT.

Hebräisches Imperfekt ist als *Aorist Optativ* gewendet, wie A' das gelegentlich tut, siehe die Betrachtung der Zeiten, Einleitung Kap. IV, 2.

Die *Wortwahl* ἀπολλυ- für אבד ist die bei A' übliche (wie schon z. T. bei O'!), siehe *Reider,* Index, s. v., S. 28.

1122 hat die Sigel A' in ἀπὸ *mißdeutet,* wohl unter dem Einfluß der vorhergehenden C'-Lesart, die mit ἀπὸ beginnt.

Lesart 3

Die *Form des Verbs* ist normal; C' hat wie A' das Imperfekt des Hebräischen als Wunsch oder Bitte aufgefaßt, dem der *Aorist Imperativ 2* energischer Ausdruck verleiht als der Aorist Optativ von A'. Überraschend ist die *Wortwahl:* φεύγω für אבד. Man findet weder in *Kennicott* noch in *de Rossi* die Spur eines andern Verbs als אבד in den hebräischen Hss. Anderseits sind die Zeugnisse für φεύγω bei C' nach *Hatch-Redpath* Entsprechungen von נוס und מלט.

Dennoch spricht gerade die *freie Wiedergabe* für C'. Alle Zeugen von O' und *Hieronymus* im Psalterium iuxta Hebraeos haben אבד im Sinne von «untergehen» verstanden. So hat vermutlich auch C' אבד gelesen, aber um des Sinnes willen übertragen: «vor dem Schelten deines Angesichtes stürzen sie davon»; *wie in Ps ciii 7a,* wo MT tatsächlich נוס statt אבד enthält! Dies ist ja in der Tat das zu Erwartende: das Schelten richtet nicht zugrunde, sondern jagt Angst ein, so daß die Angeschrieenen davonrennen. C' hat sich wegen eines guten Sinnes hier eine weite Übertragung gestattet als eine Art Parallele von *Ps ciii 7a* (wo die C'-Lesart nicht überliefert ist). Ferner stellt *Is xvii 13* eineParallele dar, wo Eus die Wiedergabe C's bewahrt hat. MT: וגער בו ונס ממרחק, bei C': καὶ ἐμβριμήσεται αὐτῷ καὶ φεύξεται πόρρω. Solche Stellen mögen C' für unsern *V. 17b* vorgeschwebt haben.

Exzerpt 84. Vers 18a

Lesart 1

A' *ohne Artikel* wie MT, im Gegensatz zu O'.

Lesart 2

Diese C'-Lesart ist *parallel* zu C' in *Ps lxxviii 4a, E. 57, L. 1:* wie dort hat C' das *Medium* des Aorist dem *Passiv der O'* vorgezogen. Darin spiegelt sich die verschiedene Epoche der beiden Übersetzungen: siehe oben L. 1 zu E. 57. In O' und bei C' handelt es sich um *Aorist Imp 2.*

Lesart 3

Die Є'-Lesart trägt *keine Akzente* in 1173. Theoretisch wäre es möglich, γενηθῇ zu akzentuieren, so daß ein *Aorist Passiv Konjunktiv* entstünde. *Syntaktisch* ist dies aber kaum möglich, denn O' und die Versionen verwenden den Konjunktiv anscheinend nicht im positiven *unabhängigen Jussiv des Hauptsatzes,* denn dafür ist der Imperativ 2 oder Optativ gebräuchlich. Der Konjunktiv wird in *Nebensätzen* mit Konjunktionen, die den Konjunktiv verlangen, gebraucht, ebenso im verneinten Futurum mit οὐ μή. Siehe dazu *Blass-Debrunner,* Grammatik, § 364. 3, S. 221, der *zwei Beispiele* aus den apostolischen Vätern für Konjunktiv Aorist anstatt positivem Imperativ und einige seltene Papyrusstellen zitiert. *Mayser,* Grammatik, ii, 1, § 43, 3a, S. 229–

230 stellt fest, daß es diesen *Aorist Konjunktiv* an Stelle des Imperativs gebe, und führt einige Beispiele aus der «volkstümlichen κοινή» an. Aus dem griechischen Alten Testament gibt es offenbar kein Beispiel. Die Akzentuierung γενηθῇ scheidet somit wohl aus.

Welches ist der *Gegensatz* dieser Lesart Є′ zu O′? Der *fehlende Artikel* vor χείρ σου allein, die *Verbalform* allein oder *beide Unterschiede* zugleich? Das letzte ist am wahrscheinlichsten, denn die Lesart A′, oben L. 1, beruht *nur* auf dem Unterschied des nicht vorhandenen Artikels. Wäre die Lesart Є′ nur in diesem Punkt von O′ verschieden gewesen, hätte man sie *wie die Lesart A′* angeführt.

Daraus ergibt sich, daß auch das *Verb* in Є′ und O′ verschieden ist, daß wir also in Є′ in 1173 *keine Korruptel von* γενηθήτω, sondern eine *andere Verbalform* annehmen müssen.

Am einfachsten ist es, ἐγενήθη *Aorist Indikativ* vorauszusetzen. Die Hs 1173 oder ihre Quelle hat Є′ ЄΓЄΝΗΘΗ durch *Haplographie* in ЄΓЄΝΗΘΗ, εγενηθη verschrieben.

Die Schwierigkeit dieser Hypothese besteht darin, daß Є′ sonst mit großer Regelmäßigkeit das *hebräische Imperfekt* entweder mit *Futurum* oder mit *Aorist Konjunktiv* oder *Optativ* oder mit *Imperativ 2* Präsens oder Aorist verknüpft, nicht aber mit Aorist Indikativ: siehe die Übertragung der Zeiten, Einleitung, Kap. IV, 2. *Holmes-Parsons* kennen keine O′-Variante mit Indikativ ἐγενήθη: so ist wohl der Ausweg verschlossen, Є′ habe bloß eine *O′-Vorlage unrezensiert* übernommen, die den Indikativ Aorist enthielt. Auch für den hebräischen Text sind keine Varianten bezeugt.

Der Grund für Є′s ausnahmsweise Wiedergabe durch den *Aorist Indikativ* mag in der *Deutung des Psalms* liegen. In *V. 14a*, siehe oben, E. 80, L. 3; *V. 14b*, E. 81, L. 2 und unten *V. 19a*, E. 87, L. 1 hat Є′ (und ebenso O′, C′, Θ′, ς′: nur A′ nicht!) das *hebräische Imperfekt* durch *Aorist Indikativ* wiedergegeben. Man hat den Psalm, wie auch im Midrasch Tehillim, auf die Vergangenheit gedeutet. Є′ ist dabei konsequenter geblieben als O′ und C′ und hat auch das *Kurzimperfekt* תהי unseres Verses *als Präteritum* wiedergegeben. Vgl. oben E. 80, L. 1.

Das *Fehlen des Artikels* vor χείρ σου könnte durch *Haplographie* entstanden sein, ἐγενήθη ἡ χείρ σου. Aber Є′ läßt doch den Artikel bisweilen weg, besonders bei Körperteilen, siehe Einleitung Kap. IV, 4 zum Artikel mit Possessivum und insbesondere oben *Ps lxxviii 12a*, E. 74, L. 6. So ist die Annahme eines Fehlers in 1173 durchaus unnötig.

Lesart 4

In dieser Lesart gilt das Interesse dem *nicht elidierten* ἐπί des A′ im Unterschied zur Elision ἐπ′ ἄνδρα bei O′. Der Rest der Lesart A′ dürfte sich *mit O′ decken,* da 1173 abgekürzt hat. Es ist ja auch in der Tat ein Genetiv ohne Artikel, der genau der Wortwahl A′s entspricht, siehe δεξιά bei *Reider,* Index, s. v., S. 51–52; ἀνήρ ist איש, siehe ebd., S. 19–20.

Holmes-Parsons kennen keine Zeugen für ἐπὶ ἄνδρα bei O'. *Thackeray*, Grammar, § 9, 10, (1) und (2), S. 136–137, bemerkt zu O', daß die Elisionen in O' selten sind, da eine deutliche Tendenz zur Isolierung der Wörter bestehe. Die Beispiele der Elision werden vor allem durch *Präpositionen mit Pronomen* dargestellt. Dasselbe gilt für das Neue Testament, siehe *Blass-Debrunner*, Grammatik, S. 14–15; vgl. auch *Mayser*, Grammatik, i, § 30, S. 155–158.

Diese Regeln gelten auch für A', aber es scheint, daß sie bei ihm mit größerer Strenge angewendet sind. Denn in den *Fragmenten Mercati* finden wir *9 Präpositionen mit Elision:* alle 9 sind Präpositionen *mit Pronomen*, während *11 Präpositionen ohne Elision* vorkommen, die *alle* nicht von einem Pronomen, sondern von einem *mit Vokal anlautenden Nomen, Partizip oder Adverb* gefolgt sind.

Eine *Parallele* zu unserer Lesart ist *Ps xxxiv 20a*, wo O' die *Elision* ἐπ' ὀργήν enthalten, während A' ἐπὶ ἀθρο(ισμόν) *ohne Elision* schreibt. Es macht den Anschein, daß A' also *bei Präpositionen mit vokalisch anlautenden Pronomen stets elidiert, bei Präpositionen mit andern Verbindungen nie.*

Unsere Fragmente widersprechen diesem Befund von 1098 nicht: wir finden zwei *nicht-elidierte* Formen ἐπὶ ἁμαρτίας und διὰ ὄνομα in *Ps lxxviii 9c*, E. 68, L. 4, aber eine *elidierte* Form: μετ' αὐτοῦ (= O') in *Ps lxxvii 37a*, E. 3, L. 3.

Anhangsweise sei noch vermerkt, daß A' schwere Elisionen verschmäht: *Ps xlviii 10a* ἔτι εἰς; *Ps xlviii 10b* ὅτι ὄψεται; *Ps xlviii 11a* ἅμα ἀνόητος; *Ps lxxxviii 30a* σπέρμα αὐτοῦ. *Elisionen sind daher bei ihm auf Präpositionen mit Pronomen beschränkt!*

Da die in unserm *V. 18a* vorliegende Lesart ausdrücklich die *Nicht-Elision* betrifft, ist die Möglichkeit, es handle sich bloß um die Orthographie des Abschreibers von 1173 oder eines Abschreibers der Vorlagen von 1173, weniger wahrscheinlich.

Die *Parallele* zu unserm *V. 18a:* μετὰ ἀνδρός in *Ps xvii 26a* nach 1098 (= O'), der ganze Befund der *Mercatischen Fragmente*, sowie die *Fragmente Burkitt: Elision* von Präpositionen mit Pronomen (*iii Regn xxi [xx] 7, 15; iv Regn xxiii 20, 25*), jedoch *keine Elision* bei Präpositionen mit Nomen, Adverb, usw. (*iv Regn xxiii 12:* ἀπὸ ἔκειθεν; *22:* ἀπὸ ἡμερῶν; *26:* ἀπὸ ὀργῆς; *27:* ἀπὸ ἐπὶ)und das *völlige Fehlen anderer Elisionen* in diesen Fragmenten: all dies weist in dieselbe Richtung: es handelt sich um eine Übersetzungsregel A's, nicht um eine bloße Eigenart bestimmter Abschreiber.

Diese *Übersetzungsregel* würde also lauten: *A' elidiert nur im Falle von Präpositionen, die mit vokalisch anlautenden Pronomina verknüpft sind.* Es ist nicht ausgeschlossen, daß er diese Elision deshalb gelten ließ, weil sie der engen *Verbindung von Präposition mit Suffix im Hebräischen* gleicht.

Lesart 5

περί gehört nicht zu den Präpositionen, deren ι *elidiert* wird. Die Lesart gilt de *Präposition*, die an Stelle von ἐπί bei O' tritt. Sie ist für C' nicht unerhört: siehe oben *Ps lxxviii 9c*, E. 68, L. 5: περί *mit Genetiv* für עלי (O' bloßer Dativ). Hier wird dieses περί bei C' gestützt durch den *Parallelvers 18b:* περὶ υἱὸν ἀνθρώπου, siehe unten E. 85, L. 2, für עלי־בן־אדם.

Aus dieser Parallele geht auch hervor, daß die *Auflösung des Kompendiums* περὶ ἀνδ in 1173 analog zu O' geschehen muß: περὶ ἄνδρα *im Akkusativ.* δεξιᾶς σου wird wohl auch für C' zutreffen.

Exzerpt 85. Vers 18b

Lesart 1

Die Schwierigkeit dieser Lesart A' beruht auf dem Umstand, daß sie sich *mit O'* *deckt. Holmes-Parsons* geben als einzige Variante ἐπὶ υἱῶν in zwei Hss. Diese ist offenkundig ein *Schreibversehen* der Kopisten: ω für o. *Rahlfs* gibt keine Varianten an. P. Bodmer xxiv ist mit O' der Ausgaben identisch. Psalterium iuxta Hebraeos und Psalterium gallicanum setzen einen gleichen griechischen Text voraus. Wäre jedoch die A'-Lesart aufgeführt worden, wenn sie sich in nichts von O' unterschieden hätte?

So möchte man versucht sein (wenn man nicht einfach mit einem Fehler in 1173 rechnen will), aus dem *MT,* in welchem das ‎ו‎ *fehlt* (ausgenommen in *12 Hss* bei *Kennicott* mit ‎ו‎, von denen aber eine das ‎ו‎ durch Rasur nachträglich entfernt hat), auf einen hypothetischen rezensierten O'-Text zu schließen, dem ein καὶ *am Anfang fehlte.* Dieses καὶ, das bei A' sich fand, in der hypothetischen O'-Form jedoch nicht vorhanden war, hätte zur Wahl der A'-Lesart geführt.

Welches wäre diese hypothetische Form der O' ohne καὶ? *Hexaplarische O'* sind nicht gänzlich ausgeschlossen, obgleich «et» in sämtlichen Zeugen des Psalterium gallicanum bezeugt ist. Denn eine solche Konjunktion drängt sich zwischen den Parallelversen fast notwendig auf. Das «et» des Psalterium gallicanum könnte daher als *lectio facilior verdächtigt* werden. Aber das alles bleibt rein hypothetisch!

Es ist deshalb erwägenswert, ob die Lesart nicht in diese *christliche* Catene aufgenommen wurde *wegen des Ausdruckes* υἱὸς ἀνθρώπου. Die theologisch, besonders die *prophetisch* bedeutenden Stellen der Versionen sind ja *ausführlicher* überliefert worden als andere: der Hinweis auf *Is vii 14, ix 6–7, lii 13 – liii 12, Zach ix 9–10* mag das erläutern. So könnte es sein, daß der Exzerptor den *evangelischen Titel* υἱὸς ἀνθρώπου *überall* festhielt, trotz seiner Identität mit O', um zu zeigen, daß *alle Übersetzer* die Prophetie auf Christus enthielten.

Der *Akkusativ* von ἐπὶ lehrt, daß die Abkürzung von *V. 18a* im parallelen Ausdruck: ἐπὶ ἄνδρα im Akkusativ lauten muß, siehe oben E. 84, L. 4.

Lesart 2

Hier ist die *Präposition* περὶ mit Akkusativ wiederum wie im parallelen *V. 18a* als Wiedergabe von ‎עלי‎ gewählt: siehe oben E. 84, L. 5.

C' enthält καὶ nicht: er hat wohl *denselben Text wie MT ohne* ‎ו‎ vor sich gehabt, während A' vermutlich das καὶ nicht nur aus O' übernommen, sondern als *Entsprechung eines* ‎ו‎ in seiner hebräischen Vorlage bewußt beibehalten hat.

Es ist möglich, daß die Wendung C's und A's υἱὸς ἀνθρώπου, obwohl *identisch mit O',* dennoch *gesondert* angeführt wurde, weil der *christliche Exzerptor* sich vornehmlich für diesen *Titel* interessierte. Ein Zeichen dieses Interesses ist z. B. *Eusebs* Kommentar, z. St., PG xxiii, c. 968, ll. 18 ff., wo ausdrücklich von den Juden die Rede ist: «... sich zu wundern, wie es geschieht, daß die Kinder der Juden, die dieses (sc. den *V. 18*) lesen und es von zarter Kindheit auf bedenken, nicht suchen, wer dieser Mann der Rechten Gottes war, und den, welchen man Menschensohn nennt, nicht erkennen ...». Siehe dazu oben L. 1, versus finem.

Lesart 3

καρτερόω ist für A' bezeugt als Entsprechung אמץ *pi* und *hif,* siehe *Reider,* Index, s. v., S. 127: dort ist zu ergänzen: *Dt iii 28* nach M: A' κρατέωσον: dies ist ein offenkundiger *Fehler* für καρτέρωσον. Derselbe Irrtum begegnet auch in der Überlieferung des Zeugnisses von *Hieronymus* in *Za vi 3:* A' καρτεροί, wo *einige Hss* κρατεροί bieten. Weiter fehlt bei *Reider: Ps xxvi 14b:* A' καρτερούσθω nach 264 mg.

Die *Wurzel* אמץ, Verb, Adjektiv, Nomen, deckt sich bei A' genau mit der griechischen Wurzel καρτερο-.

Bemerkenswert an dieser Lesart ist auch das *Personalpronomen* σοί an Stelle des *Reflexivpronomens* σεαυτῷ der O'. A' vermeidet das *griechische Reflexivpronomen* nicht gänzlich. Dort wo im Hebräischen *betont* das Reflexive ausgedrückt ist, wie z. B. im *Dativus ethicus,* in Wendungen wie לך קום, usw., oder für נבש *mit Reflexivbedeutung* wie in *Is iii 9* nach 710, siehe *Lütkemann-Rahlfs* z. St., S. 41, Anm. 131, und siehe *Reider,* Prolegomena, S. 25, schreckt A' vor dem griechischen Reflexivum nicht zurück. Aber wo *keine Betonung* auf dem Reflexivum liegt, wie in unserm *V. 18b,* gibt A' *einfachem Personalpronomen* den Vorzug. Dieser Schwund des Reflexivpronomens liegt schon in der Sprache seiner Zeit: siehe *Blass-Debrunner,* Grammatik, § 283.3, S. 177. Der Zug zur *Vereinheitlichung,* d. h. zur Verwendung des Personalpronomens in allen Fällen, wo die Rückbeziehung *nicht notwendig* ausgedrückt werden muß, beruht bei A' sicher auch auf dem Wunsch, möglichst dem *Hebräischen nahe* zu bleiben, das ja keine reflexiven Formen des Pronomens kennt.

Das *Relativpronomen* wurde nicht etwa bloß vom *Schreiber* nicht mitzitiert, sondern es fehlte *von Anfang an bei A',* da es ja einer Grundlage im Hebräischen entbehrte; siehe unten L. 4.

Lesart 4

Während A' das *im Hebräischen* nicht ausdrücklich gesetzte *Relativum* auch im Griechischen fortließ, so daß der Sinn der A'-Übersetzung ohne Zweifel für einen griechischen Leser schwer verständlich sein mußte, haben O' die syntaktischen Verhältnisse durch die *Einführung des Relativpronomens* viel durchsichtiger gemacht. C' folgt in diesem Punkt bezeichnenderweise den O'.

Aber C' verläßt O' in der *Wortwahl*. O' haben die *Wurzel* אמץ mit einer *großen Vielfalt* von Übersetzungen versehen: für אמץ Qal finden wir 6 Verben: ἰσχύω, κατισχύω, κραταιόω, ἀνδρίζω, στερεόω, ὑπερέχω; für das Pi'el nicht weniger als 10 Ausdrücke: κατισχύω, ἐνισχύω, κραταιόω, παρακαλέω, ἀποστέργω, ἐρείδω, ἀνδρίζω, κρατέομαι, θάρσος περιτίθημι, ἰσχυρὸν ποιῶ. Dazu treten sehr freie Wiedergaben in *Prov* und *Job*. Auch die Adjektive und Nomina der Wurzel sind mannigfach dargestellt.

C' kennt ebenfalls einen gewissen Reichtum von Wiedergaben: στερεόω, ἐπιρώννυμι, ὑπερισχύω, κραταιόω für das *Verb*; für das *Nomen* κράτος, κραταιός oder ἀνυπόστατος (in *Job ix 19*, siehe *Field*, Auct [«Cod. 252.»]).

κρατύνω ist für C' — neben unserem *V. 18b* — in *Is xxxv 3* durch 86, Eus bezeugt. κραταιόω ist ein Wort, dem man nur in *O'*, im *Neuen Testament*, bei *Philo* und bei *christlichen* Schriftstellern zu begegnen scheint, siehe *Stephanus*, Thesaurus, v, c. 1922, *Liddell-Scott*, A Greek-English Lexicon, S. 990, und Supplement, S. 88, während κρατύνω der griechischen literarischen Sprache seit *Thukydides*, *Herodot*, usw., in seiner *medialen* Form κρατύνομαι seit *Homer*, geläufig ist. Die *Wahl von* κρατύνω verrät daher C's Gefühl für eine *literarische* Sprache.

Exzerpt 86. Vers 19a

Lesart 1

A' hat ἀποστρέφω *Futurum Passiv* gewählt. *Reider, Index,* erwähnt in seinem Register סוג nicht, und ἀποστρέφω ist bei ihm *nie* als Äquivalent von סוג verzeichnet.

Unser *V. 19a* ist in der Tat das *erste unmißverständliche Zeugnis für A's Wiedergabe von* סוג.

Hier übersetzt er mit einem *Futurum Passiv*. Wahrscheinlich hat er diese Form nicht als Qal, sondern als *Nif'al* verstanden.

A' hat hier wiederum das *Futurum* wie in *V. 14a, b:* übrigens jetzt gemeinsam mit O' und C'.

Weiter hat A' οὐ μὴ *mit Aorist Konjunktiv bei O' durch Futurum Indikativ mit einfacher Verneinung* οὐ ersetzt. Dahinter steht eine *Übersetzungsregel A's:* לא mit Imperfekt Indikativ ist οὐκ, οὐ mit Futurum Indikativ; בל mit Imperfekt Indikativ ist οὐ μὴ mit Aorist Konjunktiv; אל ist μὴ; בל mit Imperfekt Jussiv ist μὴ oder μήποτε mit Aorist Konjunktiv: siehe oben *Ps lxxvii 44b*, E. 18, L. 1.

O' übersetzen das mit לא verneinte hebräische Imperfekt nicht selten durch οὐ μὴ mit Aorist Konjunktiv. A' korrigiert in diesen Fällen *regelmäßig* durch οὐ mit Futurum Indikativ, siehe z.B. *Ps xvii 39a, xxix 13a, lxxxviii 34 a, b, 35 a, b* nach 1098. Umgekehrt, wo O' בל mit einfachem οὐ oder μὴ wiedergeben, steht bei A' οὐ μὴ: *Ps xxxi 9c, xlv 6a* nach 1098. (Siehe *Reider*, Prolegomena, S. 46, 47, dessen Angaben also zu *korrigieren* und im dargestellten Sinne zu *präzisieren* sind. Auf dem Niveau der *Jeremias-Übertragung* hat offenbar dieses System der Verneinungen noch nicht ausgebildet bestanden. In *Ps ix 36b [x 15b]* ist keine A'-Lesart überliefert: es handelt sich um C' allein nach allen *griechischen* Zeugen. Dagegen kommt die *kollektive* Lesart A'C' der *Syh* nicht auf!)

Lesart 2

γὰρ *für* ו bei C' ist mehrfach bezeugt: siehe oben *Ps lxxvii 65a,* E. 51, L. 1; *Ps lxxviii 13a,* E. 76, L. 2.

C's *Übertragungen von* סוג stehen oben *Ps lxxvii 57a,* E. 42, L. 1, verzeichnet. Wie O' und A' hat C' das *Futurum* gewählt.

Exzerpt 87. Vers 19 a–b

Lesart 1

Die *Wortwahl* ist *identisch* mit jener in O'. Für Є' ist keine weitere Übersetzung von סוג überliefert.

Überraschend ist die *Form: Aorist* in der *3. Person Einzahl.* Є' hat נסוג offenkundig als *Nifʻal perfekt* aufgefaßt, was ja durchaus möglich ist. In *V. 14a und b* haben wir die für Є' *ungewöhnliche* Wiedergabe *hebräischer Imperfekte* durch *Aorist Indikativ* gefunden. Der Schlüssel zu dieser singulären Übersetzung liegt vielleicht in diesem *V. 19a,* der für Є' von *derselben Vergangenheit* handeln mochte wie die von *V. 14a, b:* siehe oben zu *V. 14a, b* die E. 80, L. 1 und E. 81, L. 2 und 4. Die *3. Person Einzahl* bezieht sich ohne Zweifel auf den «Mann deiner Rechten» und «Sohn des Menschen» von *V. 18a, b.*

Die *Abkürzung* ist sicher im Sinne der O' aufzulösen, also in ἀπὸ σοῦ.

Lesart 2

Diese C'-Lesart steht in *Widerspruch zu Eusebius' Zeugnis,* das uns in Coislin 44, cat pal = Pat 215 und in cat x[1625, 1706] erhalten ist: dort steht ζωώσεις ἡμᾶς.

Die *Lesart von 1173 verdient den Vorzug:*

1. sie ist *lectio difficilior,* da ja O' ohne Varianten ζωώσεις (siehe *Holmes-Parsons*) lesen (auch der Psalter von 1173 enthält ζωώσεις). Der Kopist des Eusebiuskommentars oder vielleicht schon Eusebius selber haben C' vereinfacht.

2. Hätte C' ζωώσεις ἡμᾶς enthalten, so gäbe es *keinen Unterschied* zwischen O' und C'. Der Grund für die Zitierung C's fiele dahin.

3. O' kennen ἀναζωόω nicht. Wohl aber ist es ein *für C' typisches Wort.* Er *allein* gebraucht es, ausgenommen die Lesart in *Os vi 2,* wo das Wort auch *dem A'* zugeschrieben wird: aber in einer *gruppierenden Lesart zusammen mit C'* (86: A'C' ἀναζωώσει: siehe *Ziegler,* Duodecim prophetae, z. St.; *Field* und folglich *Hatch-Redpath* sind nicht richtig!).

Der *Irrtum* bei Eusebius ist möglicherweise nur *scheinbar,* denn die Intention Eusebius' war es, den Ausdruck: τῷ ὀνόματί σου κληθησόμεθα bei C' in Gegensatz zur O'-Wendung zu stellen, während er für den Rest des Verses O' anführte, siehe unten zu *V. 19b,* E. 88, L. 2.

1173 erlaubt also, die Überlieferung des C' an diesem Punkte zu verbessern.

Exzerpt 88. Vers 19b–20a

Lesart 1

‫קרא ב‬ ist bei A′ ἐπικαλέομαι ἐν: siehe *denselben Ausdruck* ‫קרא בשם‬ = ἐπικαλέομαι ἐν ὀνόματι oben in *Ps lxxviii 6b,* E. 62, L. 1.

Überraschend ist die *1. Person Singular* ἐπικαλέσομαι bei A′. *Kennicott* und *de Rossi* haben nirgends in ihren Hss ‫אקרא‬ angetroffen. Da das Wort *ohne Akzent* geschrieben ist, besteht umso mehr der Verdacht eines Schreibversehens eines gleichgültigen Kopisten. Aber es muß wohl beim Fragezeichen zu dieser Form ἐπικαλέσομαι sein Bewenden haben, denn *ganz ausgeschlossen* ist sie nicht! Freilich spricht auch der *Plural* in der folgenden A′-Lesart von *V. 20b* gegen den Singular in *V. 19b:* siehe dort.

Lesart 2

‫קרא‬ ist bei C′ häufig durch *einfaches* καλέω wiedergegeben, siehe ebenfalls oben *Ps lxxviii 6b* in dem *gleichen Ausdruck,* E. 62, L. 2.

Das *Passivum* deutet vielleicht darauf hin, daß C′ als *Nif'al* vokalisiert hat: ‫נקרא‬. Eine *ähnliche passive Übersetzung* von ‫קרא‬ Qal des MT beobachtet man bei C′ auch in *Is ix 6* (5) (= O′!) nach Q, Syh, Eus com, dem, Chr; und in *Is xliv 5* nach Eus, Chr (= O′!) (siehe gleich unten).

Die *Lesart C′ in 1173* widerspricht dem *Zeugnis von Eus in Coislin 44, cat pal* = Pat 215, cat x[1625, 1706]. Dort steht: καὶ τῷ ὀνόματί σου κληθησόμεθα. Das *Verbum* ist auf beiden Seiten dasselbe. Aber in 1173 steht der *Akkusativ* statt des Dativs bei Eus, und σου *fehlt* in 1173 im Gegensatz zu Eus.

Was diesen letzteren Unterschied anlangt, ist er wohl das *Versehen* eines Schreibers in der Überlieferung von 1173. Denn weder bei *Kennicott* noch bei *de Rossi* läßt sich eine Spur von ‫ובשם‬ anstatt ‫ובשמך‬ feststellen. Der Wegfall des Possessivums *verdirbt auch den Sinn* des Satzes, denn dieses gehört zur Aussage, ist es doch das *notwendige Vokativelement.* Eusebius' C′-Lesart ist daher in diesem Punkt besser als die von 1173.

Ist der *Dativ* (Eus) oder der *Akkusativ* (1173) ursprünglich? Der Akkusativ paßt schlecht zur *passiven Konstruktion.* Er ist auch identisch mit dem *Akkusativ von O′* (wo er mit dem medialen ἐπικαλέομαι sinnvoll ist!): *Kontamination* mit O′ ist somit mindestens denkbar. Weiter gibt es keine *parallele* Wendung: καλέομαι passiv mit τὸ ὄνομα Akkusativ für ‫קרא ב‬. Umgekehrt gibt es jedoch eine genaue *Parallele zu unserer C′-Lesart* nach Eus: *Is xliv 5:* ‫יקרא בשם־יעקב‬ hat C′ nach Eus, Chr so übertragen: κληθήσεται τῷ ὀνόματι Ἰακώβ. (Auch hier ist das Qal aktiv des MT bei C′ durch das Passiv wiedergegeben.)

Aus diesen Gründen ist ebenfalls in diesem Punkt die Lesart C′ *nach Eus* besser als die nach 1173.

Lesart 3

Є' hat *O' wörtlich* übernommen, ausgenommen die *Konstruktion* ἐπικαλέομαι ἐν. Diese ist selbstverständlich eine semitisierende Annäherung an das Hebräische: קרא ב.

Den *O'* ist diese ganz wörtliche Übertragung nicht völlig fremd: sie ist in *iii Regn xviii 24, 25, 26, iv Regn v 11* (wo o und die armenische und äthiopische Übersetzung ἐν weglassen und ὄνομα in den Akk setzen), in *i Chr xvi 8* und wohl auch in *ii Chr xxviii 15*, wo MT jetzt נקבו haben, aber *O'* doch wohl נָקְרוּ lasen, bezeugt. Weiter finden wir in *i Chr vi 65 (50)* 3 Hss: b y e₂, die ein ἐν ὀνόμασιν nach καλέω einfügen, um das קרא בשמות ganz genau zu übertragen.

Є' ist hier wiederum deutlich *rezensierend*. Es ist interessant, daß Є' in *Ps xlviii 12c,* wo das zweite Zeugnis von קרא ב für Є' überliefert ist, ohne zu ändern den *O'* folgt: ἐπεκαλέσαντο τὰ ὀνόματα αὐτῶν nach 1098. Є' ist nicht streng konsequent. Oft führt sie eine Übertragungsweise nur stellenweise durch.

Die Auflösung der Abkürzungen geht wohl im Sinne der *O'.*

Exzerpt 89. Vers 20 a–b

Lesart 1

Dieser A'-Übersetzung begegneten wir schon oben in *V. 5a* und *V. 8a,* siehe dort, E. 79, L. 1 und 3.

Lesart 2

In dieser A'-Lesart fällt zunächst das καί auf. Ihm entspricht kein ו in MT. Aber *Kennicott* kennt 4 Hss mit והאר und 1 mit והער. So brauchen wir weder eine *Kontamination durch O'* noch eine *Sigel* ς', die fälschlich für die Abkürzung von καί genommen worden wäre, anzunehmen. A' *mag* והאר gelesen haben, obgleich die Möglichkeit der Kontamination mit *O'* nicht ganz ausgeschlossen ist.

A' φάνον πρόσωπόν σου finden wir in *Ps xxx 17a* nach 264 mg für האירה פניך, während *O'* wie *in unserm V. 20b* ἐπίφανον τὸ πρόσωπόν σου übertragen. Wir haben also eine *strenge Parallele* zu unserer Lesart. Übrigens haben *O'* den *gleichen Ausdruck* auch in *Ps lxxix 4b, 8b, cxviii 135a,* und *Θ'* des *Danielbuches* kennt ihn in *ix 17* (*O'* anders). An all diesen Stellen ist *A's* Übersetzung verloren.

φαίνω *für* אור hif ist bei *A'* noch in *Ps xvii 29a* aus *1098* bekannt. *Mercati,* Osservazioni, S. 2–3, nimmt für diese 3 φαίνω bei *A'* einen *Irrtum* an. Denn אור wird bei *A'* mit φῶς übertragen, und er gibt אור hif nachgewiesenermaßen mit φωτίζω wieder: so in *Ex xiv 20* nach M, v, z; *Is xxvii 11* nach Eus, 86 (A'Θ'); *Is lx 19* nach 86; ebenso «O'» in *Eccl viii 1*! Die nur unsicher rekonstruierte Stelle der Fragmente Taylor, *Ps xcvi 4a,* kann unberücksichtigt bleiben, ebenso die kollektiven Lesarten.

20

Es scheint aber doch *willkürlich,* die drei *übereinstimmenden* Übertragungen A's mit φαίνω aus drei so ausgezeichneten, voneinander unabhängigen *Zeugen wie 1098, 264 mg und 1173* als Fehler abzutun! Es ist eher geraten, bei A' *zwei Übertragungen* von אור hif vorauszusetzen: φωτίζω und φαίνω.

Der Grund für diese *zwiefältige* Übertragung liegt nicht, wie man zunächst vermuten möchte, in einem *kausativen* und in einem *innerlich kausativen oder intensiven* Hif'il, so daß φωτίζω *transitiv* = «erleuchten» und φαίνω *intransitiv* = «leuchten» wäre; siehe zu diesen beiden Hif'il: *Gesenius – Kautzsch,* Hebräische Grammatik, § 53 d, f (Leipzig 28 1909 = Hildesheim 1962) 152–153. Denn φαίνω ist an allen drei bezeugten Stellen ebenso *transitiv* wie φωτίζω.

Aber *Mercati* weist selber darauf hin, daß A' ירה *hif* mit φωτίζω zu übersetzen pflegt. *Reider,* Index, s. v., S. 253, bestätigt diese Beobachtung. Wahrscheinlich hat A' ירה *etymologisch von* אור abgeleitet, denn sonst hätte er es nicht mit φωτίζω ausgedrückt. Für ihn gibt es also *zwei denominative Tätigkeitswörter* von אור: אור hif und ירה hif.

Da nun φωτίζω bereits dem ירה entspricht, hatte A' für אור hif eine *andere* Übersetzung zu suchen: er fand sie in φαίνω! Dabei sind ihm O' zu Paten gestanden mit ihrem φαίνω und ἐπιφαίνω. (O' übertragen אור hif verschieden: φαίνω, ἐπιφαίνω und φωτίζω sind häufig.)

Man möchte daher folgende *Hypothese* vorschlagen: ירה *hif ist bei A'* φωτίζω (in O' war das schon eine freilich seltene Übertragung gewesen); אור *hif ist sowohl* φαίνω *als auch* φωτίζω. Diese zweite Übertragung φωτίζω neben φαίνω kann als *etymologisch engere Anlehnung* an das Hebräische verstanden werden, um derentwillen A' eine *Inkonsequenz* in seinen sonst so präzisen Äquivalenzen zwischen hebräischen und griechischen Wörtern in Kauf nahm: אור und ירה *gehören* nach A' *zusammen.*

Der *Artikel* τὸ vor πρόσωπον ist wohl durch *Kontamination aus O'* in A' eingedrungen. Keine hebräische Partikel konnte ja A' hier veranlassen, sie durch den griechischen Artikel anzudeuten. Siehe zur Verwendung des Artikels bei A': *Burkitt,* Fragments, S. 12–13; *Lütkemann - Rahlfs,* S. 113–114; *Barthélemy,* Devanciers, S. 17–18.

Die *Wortwahl* von πρόσωπον für פנים und σῴζω für ישע hif, nif ist normal: siehe *Reider,* Index, ss. vv., S. 206 und 232. A' folgt hier übrigens einfach den O', wie die Abkürzung σωθ zeigt. Die Auflösung dieses Kompendiums ist klar.

PS LXXX

Exzerpt 90. Vers 8 a–c

Lesart 1

In dieser Lesart haben A' und E' O' verlassen, um ἐξαιρέομαι *statt* ῥύομαι für חלץ zu wählen.

ῥύομαι und ἐξαιρέομαι werden *beide* von O' gebraucht für חלץ. A' hat ῥύομαι als Äquivalent von נצל hif herangezogen, siehe oben *Ps lxxviii 9b*, E. 67, L. 1 und *Reider, Index*, s. v., S. 211. So erklärt sich A's Abweichen von O': ἐξαιρέομαι *entspricht* חלץ bei A'.

Wenn *Reider*, Index, sub ἐξαιρέω (in Wirklichkeit müßte ἐξαιρέομαι *Medium* stehen), S. 84 *Is lviii 11* als Äquivalent von נוף hif angibt, so ist das ein *Irrtum*. Denn dort bietet *86* die A'-Lesart: ἐξαλεῖται, von der schon *Field*, z. St., vermutet hatte, es sei ἐξελεῖται zu lesen. Dieses ἐξελεῖται entspricht ויחליץ *hif*, nicht einem Verb נוף, das in *V. 11* gar nicht vorkommt. Unser *V. 8a* A' ἐξειλάμην *für* חלץ *pi* paßt daher sehr gut zu ἐξελεῖται = חלץ *hif* in *Is lviii 11*.

Ebenso passen dazu die beiden Zeugnisse von M für *Dt iii 18* und *xxv 10*, nach denen חלוץ *passives Partizip* bei A' mit ἐξῃρημένος und ἐξαιρεθείς übersetzt ist. *Der Wurzel* חלץ *entspricht somit* ἐξαιρέομαι *bei A'*.

Freilich gibt es *Ausnahmen:* so finden wir bei *Field*, der sich auf Morin. n. μ stützt, in *Prov xi 9* A' ... ῥυσθήσονται für חלץ nif. Dies ist der *einzige* Beleg für die Verknüpfung חלץ = ῥύομαι bei A'.

Umgekehrt ist חשך in *i Regn xxv 39* bei A' ἐξείλετο nach *b, m*; ἐξείλατο nach *j*.

Für E' gibt es *kein* weiteres Zeugnis von חלץ = ἐξαιρέομαι. Wohl aber hat E' das *Verbum* ἐξαιρέομαι verwendet: in *Ps xxix 2a* nach 264 mg, 1098 für דלה pi (O' ὑπολαμβάνω); *in Ps xxx 3b* nach 264 mg (C'E'), 1098 für נצל (= O').

E' hat also noch weniger als A' *strenge Äquivalenzen* gewahrt. Dieselbe Freiheit konnte man oben in *Ps lxxviii 9b*, E. 67, L. 1 beobachten, wo ῥύομαι bei E' untersucht wurde: ῥύομαι steht für נצל, פלט, מלט. Meistens folgt E' den O' in der Wortwahl.

Besonders aufschlußreich sind vielleicht die Stellen, wo sich E' von O' trennt: *Ps xxix 2a* und unser *V. 8a*. Aus ihnen mag man entnehmen, daß ἐξαιρέομαι *für* חלץ bei E' eine gewisse Gunst genoß, wie ῥύομαι *für* נצל. E' hat in die durcheinandergemischten Übersetzungen der O' vielleicht bereits etwas mehr Stetigkeit gebracht. Doch sind die Zeugnisse für E' zu spärlich, um dies deutlich zu erweisen.

Aus dem *fehlenden* καὶ der A'E'-Lesart kann schwerlich etwas in bezug auf einen *hebräischen* Text *ohne* ו gefolgert werden. *Kennicott* und *de Rossi* wissen nichts von einer solchen Variante. Der Exzerptor wird das καὶ als *nebensächlich geopfert* haben, da sein Interesse dem Verb galt.

Lesart 2

Diese A'-Lesart ist uns bereits aus Eus in Coislin 44 und cat pal = Pat 215 bekannt.
Das Zeugnis von Eus *deckt sich* mit dem von 1173.

Das *Futurum,* das A' *gegen* O' gewählt hat, entspricht A's *gewöhnlicher Wiedergabe* der hebräischen Imperfekte, siehe Einleitung, Kap. IV, 2 über die Zeiten.

> *Field* zitiert die A'-Lesart aus Eus, aber *im Aorist:* ἐπήκουσά σου . . . *Dies ist ein Irrtum.*
> Denn weder die Ausgabe Eus in Migne, PG xxiii, c. 977, l. 11 noch Coislin 44 haben den Aorist,
> sondern beide lesen das *Futurum* wie 1173. *Montfaucon* hat in seinen Hexapla richtig das Futu-
> rum. Im *Auctarium* hat *Field* aus Cod. 268 die richtige A'-Lesart ἐπακούσω.

Lesart 3

Diese Lesart Θ'Є' ist *indirekt* bekannt. *Für* Є' sagt Eus, nachdem er die A'-Lesart
zitiert hat, ihre Lesart sei «ὁμοίως» *der des A'.* Dies schließt wohl auch das Wort
βροντή ein.

Anderseits fügt Tht im Anschluß an die C'-Lesart die Bemerkung an: καὶ οἱ
ἄλλοι δὲ τὴν βρόντησιν ὁμοίως τεθείκασιν. Für Tht sind die *«andern»* neben C', den
er wörtlich anführt, A' *und* Є', die er für Θ' hält. Nach cat pal[1209] haben *«alle»*
Übersetzer βροντῇ gesetzt. (Vor diesem Catenenglied steht als Einleitung die Sigel
für Tht.) O' ist offenbar *allein* mit καταιγίς.

Es ist ziemlich leicht zu begreifen, warum O' hier die normale Übertragung
von רעם mit «Donner» aufgegeben haben. (καταιγίς ist *nur hier* Äquivalent von
רעם im O'!): das «Versteck im Donner» ist ein *merkwürdiges Bild,* während das
«Versteck im Sturmesgewitter» sinnvoller erscheint. A', C', Є' haben nach dem
Zeugnis von Eus und Tht die Übertragung auch hier *normalisiert,* indem sie dem
רעם *wie überall* sonst βροντή entsprechen ließen. Das schwierige Bild hat die Versionen offenbar nicht erschreckt.

1173 fügt dieser Überlieferung *ausdrücklich* Θ' hinzu. Auch dieser habe βροντή
enthalten. Dies wird gestützt durch *Ps lxxvi 19a,* wo A', C' und Θ' nach Eus'
Zeugnis βροντή lesen (= O'!).

> Übrigens ist auch *Ps xxviii 3b* in der Überlieferung von 1098 eine Bestätigung unserer Les-
> art: רעם hif wird von allen Übersetzungen: A', C', O', Є' durch βροντάω ausgedrückt.

Lesart 4

Diese lange C'-Lesart ist zu einem guten Teil *schon bekannt:* διὰ κρυφαίας βροντῆς
ist durch Tht (auch in cat pal = Pat 215, 1209, aber unter der Form διὰ κρυφαίου
βροντῆς) auf uns gelangt, ebenso durch Syh (A'C' mit einer Umstellung der Wörter:
διὰ βροντῆς κρυφαίας).

Das *Adjektiv* κρυφαῖος kommt in O' 4 mal vor, zweimal als Wiedergabe von מסתר, 2 mal ohne hebräische Vorlage. In den *Versionen* ist es *hier* und in *Is xlv 15* nach Eus com, dem dem C' zugeschrieben. In *Is xlv 15* fassen Q, Chr die Lesart κρυφαῖος unter C'Θ' zusammen. Außerdem hat C' in *Hab iii 14* κρυφαίως nach 86 (κρυφίως nach Coislin apud Montf.). Obgleich κρυφαῖος nicht völlig auf C' beschränkt ist, ist es doch genügend charakteristisch für ihn. Die Übersetzung der Status-constructus Verbindung durch *Adjektiv und Nomen* ist ebenfalls bester C'!

Das folgende Glied war bisher unbekannt. C' hat einfach O' *übernommen.* In O' ist בחן oft δοκιμάζω; bei C' ebenso in *Job xxiii 10* nach Field, Auctarium («Cod. 139 . . . ») und nach Syh; *Gn xlii 15* (A'C') nach M, j, v; *Prov xvii 3* (A'C'Θ') nach Morin. n. δ.

Bezeichnenderweise hat C', *den O' folgend, Aorist* für hebräisches Imperfekt gewählt. Dies *paßt gut zu C',* der es nicht liebt, die Zeiten im gleichen Zusammenhang zu wechseln: ἐρρυσάμην in *V. 8a,* ἐπήκουσα in *V. 8b,* ἐδοκίμασα in *V. 8c* bei O': C' fand diese O'-Übertragung nach seinem Geschmack. Nicht so A'! Siehe Einleitung, Kap. IV, 2, über die Zeiten, zu C'!

ἐπὶ τοῦ ὕδατος ist ebenfalls nicht überliefert, denn 1140 gibt nur: C' τῆς μερρὰς λέγει, und Syh: דתכתושא ‏.ס. *Montfaucon* hat von sich aus ἐπὶ ὕδατος *aus O' ergänzt!* Da *Holmes-Parsons* keine O'-Hs kennen, die ἐπὶ τοῦ ὕδατος enthielte, ist die C'-Lesart von 1173 mit Artikel wohl festzuhalten! C' hat sich hierin von O' getrennt.

Bleibt noch die Übersetzung von מריבה. *Field* hatte *aus Syh* τῆς μάχης ermittelt und trifft damit genau die Lesart von 1173!

Dagegen vermag die glossenartige Lesart in 1140 kaum aufzukommen: es ist wahrscheinlich ein Scholion, ob es nun, wie *Montfaucon* meint, מרה von *Ex xv 23* auf griechisch transkribiert, oder ob es ein verderbtes מריבה ist.

μάχη ist umso wahrscheinlicher, als C' ריב Substantiv so überträgt: *Ps lxxiii 22a* nach Eus; *Iud xii 2* nach z; usw. Von מריבה ist für C' nur die Stelle in *Ez xlviii 28* überliefert: ἀντιλογίας nach Eus, Onomasticon, ed. *Klostermann,* Eus' Werke, iii, 1, GCS, S. 134, Z. 8; in Syh: במיא ‏.ס. דהרחותא, das man vielleicht hier nicht wie *Field* mit ἐν ὕδατι νείκους, sondern gestützt eben auf Eus, mit ἐν ὕδατι ἀντιλογίας zurückgewinnen kann.

Lesart 5

ἐπὶ ὕδ(ατος) *wie in O'* oder ἐπὶ ὑδάτων? Zum *Singular* und *Plural* von ὕδωρ bei A' siehe oben *Ps lxxviii 3a,* E. 55, L. 1. Aus dem dort Dargelegten erhellt, daß die *Auflösung* der Abkürzung ὑδ sehr wohl auch ὑδάτων sein könnte! Zugunsten von ὕδατος spricht lediglich der Umstand, daß O' (und C') die *Einzahl* vertreten, denn Abkürzungen pflegen die Schreiber hexaplarischer Zitate dort zu verwenden, wo der hexaplarische Übersetzer mit O' wörtlich übereinstimmt. So ist die Auflösung ἐπὶ ὕδ(ατος) nur möglich, *nicht sicher.*

διαδικασία ist eine bisher *nicht bezeugte* A'-Vokabel! (Obzwar *Mercati* διαδικασία in *Ez xlviii 28* für A' *konjiziert,* siehe Osservazioni, S. 248, Anm. 125, und unten.) In *Ps liv 10b* zitiert Eus in Coislin 44 eine C'-Lesart mit ἀδικασία, welche *Field* nach dem Muster der Catena Patrum Graecorum, siehe *Field* z. St., in διαδικασία korrigiert.

Diese *Konjektur* erhält in *Ps xxxiv 23b* durch 1175, 264 mg und 1098 *erhöhtes Gewicht:* denn dort ist für C' ein weiteres διαδικασία als Übertragung von ריב überliefert: Siehe die Diskussion und die Rechtfertigung dieser *C'-Lesart:* διαδικασία, bei *Mercati, Osservazioni,* S. 248–250. (Ebenfalls in dieser Diskussion führt *Mercati* den Nachweis, daß *A':* δικαίωσις im selben V. für ריב nach 1098 ein *Irrtum* sein muß. A' muß auch hier δικασία gelesen haben, wie übrigens die nicht fehlerfrei überlieferten A'-Lesarten von 264 mg und 1175 vermuten lassen: sie enthalten: δίκασόν μ(ου) [sic].)

Abgesehen von diesen beiden Belegen mit διαδικασία bei C' ist das Wort im ganzen griechischen Alten Testament *bisher unbekannt* gewesen.

Nun ist jedoch für A' ein διαδικασμός aus *Ez xlviii 28* überliefert: O' haben dort (wie in *Ez xlvii 19*) transkribiert: μαριμωθ (mit Varianten, siehe *Ziegler,* Ezechiel, Apparat, z. St.). *Eusebius* bemerkt zu diesem Namen in seinem Onomasticon, ed. *Klostermann,* Eus' Werke, iii, 1, GCS, S. 134, Z. 8: *A'* διαδικασμοῦ. *Mercati, Osservazioni,* S. 248, Anm. 125 schlägt eine Änderung der Endung in διαδικασ⟨ιῶν⟩ vor, da ja מריבות ein *Plural* sei, und dies umso mehr, als *Hieronymus* in seiner Übersetzung des Onomasticon des Eus: S. Hieronymi Opera, ed. Dominicus *Vallarsi* (Venetiis ²1768), t. iii, c. 250, sagt: «... *Mariboth,* pro quo Aquila, lites (*Plural!*): Symmachus, jurgia, vel contradictiones (Plural!) interpretantur.» *Mercati* möchte so διαδικασμός zugunsten von διαδικασία *eliminieren,* welches *allein* A' gebraucht habe.

Nun hat jedoch der *griechische Text* in Eus' Onomasticon sowohl für A' wie für C' den *Singular.* Der Singular des C' wird auch durch *Syh* bestätigt. Trotzdem übersetzt *Hieronymus* zweimal durch den *Plural!* Daraus folgt, daß diesen *Pluralen* bei *Hieronymus kein Gewicht* für den zugrundeliegenden griechischen Text beigemessen werden darf. Der *Plural* ist aus dem *lateinischen Sprachempfinden Hieronymus'* abzuleiten.

Übrigens überträgt *Hieronymus* in *Ez xlvii 19* und *xlviii 28* in seinem *Ezechielkommentar* (siehe S. Hieronymi Opera, ed. Dominicus *Vallarsi* [Venetiis ²1768] t. v, pars 1, cc. 600–601, 613 = S. Hieronymi Opera, Commentarium in Hiezechielem libri xiv, ed. CC lxxv [Turnholti 1954], p. 725, ll. 1428–1430; p. 726, l. 1450, 1460, 1465; p. 740, l. 1883, 1894, 1900; p. 741, l. 1910, 1913) *meistens* durch «contradictionis» *im Singular.* Zu *Ex xlvii 19* sagt er freilich: «Mariboth – hoc enim 'contradictio' sive διαδικασμοι (= codd.; διαδικασμός *Vallarsi, Martianay*), hoc est 'iurgia' sonant – ...». Auf jeden Fall scheint es schwierig, *gegen Eus' Onomasticon und gegen das Zitat* διαδικασμοι bei *Hieronymus* zu *Ez xlvii 19* (wo zwar A' nicht erwähnt wird, aber es doch klar ist, daß *Hieronymus* dieses griechisch zitierte Wort nicht erfand, sondern aus A' kannte) zu behaupten, die *Lesart A' in Ez xlviii 28 sei* διαδικασία! Es ist angesichts dieser beiden Zeugen an διαδικασμός *festzuhalten.*

Es ist nicht ausgeschlossen, daß in *Ez xlviii 28* der *Plural* διαδικασμῶν dastand, aber selbst dies ist nicht völlig gewiß.

(Übrigens ist die Referenz *Mercatis* in Anm. 125 Ende, auf S. 249: «P. L., xxv. 520 seg.» nicht richtig: bei *Migne* findet sich der Kommentar in cc. 479 ff.)

Mercati hat jedoch völlig recht, wenn er darauf hinweist, A' habe ריב *Verb* mit δικάζω, ריב *Nomen* mit δικασία übersetzt. *Reider,* Index, s. v., S. 58, 59, bestätigt dies.

Diesem Befund mag die folgende *Hypothese* gerecht werden: A' hat bereits in der *Schicht der Jeremias-Ezechielübertragung* ריב mit δικαζ/σ- verknüpft, wie das griechische Zeugnis von 86 zu *Jer xxvii (l) 34* zeigt (von den syrischen Zeugnissen sehen wir ab). Das um ein Präformativ und um eine Endung *verlängerte* Wort מרובת wird entsprechend bei *Ez xlviii 28* durch ein griechisches, um eine Präposition und um eine Endung vermehrtes Wort ausgedrückt, nämlich: διαδικασμός. Dieses Wort hat A' geschmiedet; es ist eine seiner typischen Bildungen. *Stephanus,* Thesaurus, iii, c. 1141 kennt es nur aus A' in *Ez xlviii 28* (und *xlvii 19,* wo es aber nicht direkt überliefert ist, siehe *Hieronymus,* oben). In *Preisigke-Kiessling,* Wörterbuch, fehlt das Wort. (δικασμός ist aus *Philo* belegt in einer Etymologie von Δεβών in *Legum allegoriae* iii, § 233, Mangey i, p. 133, l. 37: es ist der einzige Ort, wo *Philo* es verwendet, und sonst ist es nirgends bezeugt. *Philo* las wohl 'Ρεβων [Verwechslung ר/ד]. Hat sich A' von *Philo* inspirieren lassen?)

Auf der Höhe seiner Übersetzungsmethode hat A' die Wortsippe ריב im Griechischen dann *noch peinlicher* abgebildet: ריב *Verb* = διχάζω, ריב *Nomen* = διχασία, מריבה (nomen femininum) διαδιχασία (= *femininum*, während διαδιχασμός noch masculinum gewesen war!).

(In *Prov xx 3* überliefert *Field*, aus Morin. n. ε schöpfend, für A' ἀντιδιχασία. Dieses ἅπαξ λεγόμενον ist nicht über jeden Verdacht erhaben, siehe *Mercati*, Osservazioni, S. 248, Anm. 124, aber ist es «dubbio del tutto»? Es ist eine *lectio difficilior gerade wegen des sonst oft und gut bezeugten* διχασία bei A': es ist leichter, ein ἀντιδιχασία in das für A' so häufig angeführte διχασία zu verwandeln als umgekehrt. A' ist ja nicht von eherner Folgerichtigkeit, und da ἀντιδιχασία nicht aus der Entsprechung ריב = διχαζ/σ- herausfällt, wird die Lesart unter A's Feder noch plausibler.)

Exzerpt 91. Vers 9a

Lesart 1

A' hat hier den *Imperativ Präsens* statt den des *Aorist* bei O'. Ein anderes Beispiel, wo A' den Imperativ Aorist der O' durch den des Präsens ersetzt, ist *Ps xxx 24a* nach 1098: אהבו: A' ἀγαπᾶτε, O' ἀγαπήσατε. Sonst verstärkt A' im Vergleich zu O' eher die Tendenz, hebräische Imperative durch *Imperativ Aorist* wiederzugeben: siehe zur Übersetzung der Imperative, Einleitung, Kap. IV, 2, b. Der *Grund* dieser beiden Ausnahmen liegt wohl im *Sinn* des Imperativs: «liebt JHWH in einem fort»; «hört auf mich ohne Unterlaß» (und *nicht inchoativ:* «beginnt JHWH zu lieben», «richtet eure Aufmerksamkeit auf mich» – wie O' durch ihren Imperativ Aorist nahelegen). Ist diese Deutung richtig, so haben wir ein Beispiel des feinen griechischen Sprachempfindens A's. (Den Imperativ Präsens hat A' übrigens kaum einer O'-Vorlage entnommen. Denn weder für unsern *V. 9a* noch für *Ps xxx 24a* ist eine O'-Lesart mit Imp präs überliefert, soweit dies die kritischen Apparate bei *Rahlfs* und *Holmes-Parsons* erkennen lassen. Auch P. Bodmer xxiv bietet hier und dort den *Aorist* (erkennbar trotz der Lücke im Papyrus in *Ps xxx 24a* gerade im uns betreffenden Wort αγαπη[ ]ε]).

A' verwendet *Vokativformen*, so wie wir es für θεέ schon oben in *Ps lxxviii 9a, lxxix 5a, 8a, 20a* gesehen haben, siehe Einleitung, Kap. IV, 3: zum Vokativ, wo auch der Vokativ λαέ besprochen ist.

λαός μου in 1122 ist eine Kontamination durch O'.

Lesart 2

In dieser Lesart hat A' das *einfache* μαρτύρομαι statt des Kompositums διαμαρτύρομαι bei O'. A' scheint der hebräischen Wortsippe עד, עוד die griechische μαρτυ- zuzuteilen: עד = μάρτυς; עדות = μαρτυρία: siehe *Reider*, Index, ss. vv., S. 152, und oben *Ps lxxvii 56b*, E. 41, L. 1.

Das *Verbum* עוד, meistens im Hif'il, wird *in O'* sehr oft mit διαμαρτύρομαι, oft auch mit μαρτύρομαι, gelegentlich mit ἐπιμαρτύρομαι, immer Medium, übertragen. Aber auch μαρτυρέω διαμαρτυρέομαι und καταμαρτυρέω und einige andere, aus dem Rahmen fallende Übertragungen kommen vor.

A' ist für עוד Verb (hif) mit *zwei Lesarten* aus *Jeremias* bekannt: *Jer xlix (xlii) 19* nach Q, 86 (οἱ γ') mit ※ διαμαρτύρομαι (= O' ※); *Jer xxxix (xxxii) 44*, wo Syh ein Passiv gibt, das dem MT nicht genau entsprechen kann. Außerdem ist nicht klar, ob in der griechischen Vorlage die Form μαρτυρέω oder μαρτύρω stand, da Syh zwischen beiden nicht zu unterscheiden erlaubt.

Die *dritte* bekannte Lesart ist kollektiv: A'C' und steht in *Job xxix 11*. Gewährsmann ist *Montfaucon*, den *Field* einfach übernimmt: ἐμαρτύρησε περὶ ἐμοῦ nach «Regii, Orat. Nicetas & Drusius.» für ותעידני. Diese Übersetzung ist wohl zu frei, um von A' zu stammen. Sie ist gewiß C's Werk, und A' mag ihr *geglichen* haben, *im Gegensatz* zu O', wo eine ganz untreue Wiedergabe des Hebräischen vorliegt.

Nichts steht indessen dem Zeugnis von 1173 im Wege. Es ist das erste, das uns zuverlässig erkennen läßt, wie A' עוד *hif* überträgt: *mit einfachem* μαρτύρομαι *Medium*. Dies paßt zu den übrigen einfachen Wörtern der μαρτυ-Familie: μάρτυς, μαρτυρία, μαρτύριον.

Der *Kohortativ* ist hier *als Präsens Indikativ* übersetzt, wohl unter dem *Einfluß von* O'. Der Kohortativ der *1. Pers. Singular* ist bei A' oft wie ein *gewöhnliches Imperfekt* behandelt, das meistens als Futurum übersetzt ist: z. B. in 1098 in *Ps xxx 8a* (bis), *xxxi 8b, xlviii 6a* und in Hexapla Taylor *Ps xxi 23 a, b*, usw. Aber auch der *Optativ* ist bezeugt: *Gn xlvi 30* nach M, j, v: A' ἀποθάνοιμι (während O' das Futurum ἀποθανοῦμαι haben).

Daß O' den *Kohortativ* häufig mit *Futurum Indikativ* übertragen, dazu siehe die Beispiele in E. 92, L. 1.

ἐν σοί für בך ist prächtigste A'-Treue.

Exzerpt 92. Vers 9a

Lesart 1

Diese Lesart setzt einen O'-Text voraus, der entweder wie *P. Bodmer xxiv* lautete: καὶ λαλήσω ιηλ καὶ διαμαρτυρουμαι σοι; oder wie B" Sa He* 55: καὶ λαλήσω σοι ισραηλ καὶ διαμαρτύρομαι (He * [vid.]: διαμαρτυροῦμαι) σοι (55: σε); oder wie R' Aug: καὶ λαλήσω σοι (La^R – Aug. om.: σοι) καὶ διαμαρτύρομαι (R^c: διαμαρτυροῦμαι) σοι ισραηλ; oder wie La^G: καὶ λαλήσω ισραηλ; oder wie L^pau: καὶ λαλήσω σοι ισραηλ; oder wie AT L^pau: καὶ διαμαρτυροῦμαι σοι; siehe *Rahlfs*, Apparat, z. St.

Der *Text von* Θ'Є'ς' entspricht gegenüber diesen wohl aus *Ps xlix 7b* in O' eingedrungenen Ausweitungen *dem MT*.

Die Form des *hebräischen Kohortativs* wird in O' häufig wie ein gewöhnliches hebräisches *Imperfekt* übersetzt, d. h. durch Futurum oder durch Präsens Indikativ wie hier: siehe Beispiele in *Ps xxi 23a, b; xxx 8a; xxxi 8b; xli 10a*, usw.

Der *Indikativ Präsens* erklärt sich am besten so, daß die drei Versionen Θ'Є'ς' dieses Präsens *aus ihrer O'-Vorlage* unrezensiert übernommen haben. Das würde also bedeuten, daß ihre O'-Vorlage nicht διαμαρτυροῦμαι enthielt. Є' hat ja sonst eher die Tendenz, hebräische Imperfekte durch *Futurum* auszudrücken; siehe zur Wiedergabe der Zeiten die Einleitung, Kap. IV, 2.

Zur Wortwahl: עוּד war bisher in keiner Є'- und ζ'-Lesart überliefert. Die Lesart in 1173 macht keinerlei Schwierigkeiten, denn Є's und ζ's enge Anlehnung an O', die gerne mit διαμαρτύρομαι übertragen, siehe oben E. 91, L. 2, macht διαμαρτύρομαι hier sehr plausibel. Dasselbe *gilt für* Θ' ebenfalls, obgleich Θ' aus *Jer xi 7* ※ durch zweifaches ἐπιμαρτύρομαι nach Q, 86 und durch ein ἐπιμαρτυρία (= Infinitivus absolutus) nach Q (μαρτυρία nach 86) bekannt ist. Die drei Übersetzer Θ', Є' und ζ' werden nicht bloß die Form des Verbs, sondern das Verb selbst aus ihrer O'-Vorlage überkommen haben. Dies erklärt auch die Übereinstimmung der drei Versionen.

Lesart 2

Zur *Wortwahl C's:* C's Übertragung von עוּד Verb ist nur in 3 Fällen auf uns gekommen: עוּד *hif* in *Ps xlix 7b* nach 190: μαρτύρομαι und in *Job xxix 11* nach Montfaucon: A'C': μαρτυρέω. Dies ist wohl eine C'-, keine A'-Lesart, wie aus Obigem, E. 91, L. 2, hervorgeht. Ferner in *Ps cxlvi 6a* עוּד *pol Partizip:* C' nach Tht: ἀνακτώμενος (O' ἀναλαμβάνων): C' und O' haben hier eine andere Wurzel als עוּד = «zeugen, Zeuge, Zeugnis» erkannt.

διαμαρτύρομαι ist daher für C' das *einzige Mal* in diesem *V. 9a* belegt. Daß aber C' seine Wiedergaben variiert und vor Anleihen aus O' nicht zurückschreckt, das braucht nicht mehr neu gesagt zu werden. Übrigens ist das *Kompositum* διαμαρτύρομαι bei C' umso eher echt, als er als *Nomen* διαμαρτυρία verwendet, und zwar, wie es scheint, als *einziger* unter den Übersetzern: siehe oben E. 41, L. 2. Und vor allem: O' verwenden hier διαμαρτύρομαι: C' begnügt sich, O' aufzunehmen.

Zur *Form:* C' liebt *Partizipialkonstruktionen,* und er verschmäht insbesondere *absolute Genetive* nicht: siehe weitere Beispiele oben in *Ps lxxvii 43a, 44a, 45a, 47a, 48a,* E. 15, L. 2.

Vermutlich hatte auch C' ein *Dativobjekt:* σοι oder etwas Ähnliches für בָּךְ, das der Exzerptor nicht festhielt. Es mochte mit dem σοι der O' identisch sein.

Exzerpt 93. Vers 10a

Lesart 1

Die Lesart A' ist *aus Eus* bekannt, aber das *letzte Wort* heißt bei ihm ἀλλότριος. *Aus Syh* stammt die Lesart: אכסניא .א. Zu dieser Lesart bemerkt *Field* z. St.: «Dissentire videtur Syro-hex., qui habet: 'A. ξένος (אכסניא).»

Tatsächlich wird ἀλλότριος in Syh mit größter Regelmäßigkeit unter der Form נוכריא wiedergegeben. Neben den über 110 Entsprechungen ἀλλότριος = נוכריא in O' der Syh gibt es *eine* hexaplarische Lesart: *Prov xxvii 13a:* A'C' καὶ οἱ λ' (sic!) ὅτι ἐνεγγυήσατο ἀλλότριον nach Morin. n. ξ = מטל דערב בנוכריא .ת. .ס. .א. (*Field* schreibt ausdrücklich: ἐνεγυήσατο im Gegensatz zu *Morin.*)

Auf der andern Seite ist ἄλλος *in Syh* אחריא, während אכסניא dem Wort ξένος entspricht.

So haben wir *drei Zeugen* mit je einer widersprechenden Angabe: Eus, Syh, 1173.

Folgende Beobachtung hilft weiter: in unserem *V. 10a,* in *Nu iii 38* und in *Os viii 12* haben wir stets dasselbe *hebräische* Wort זָר, und an diesen *drei* Stellen haben wir die *A'-Lesart mit* ἀλλότριος überliefert: in *Nu iii 38* nach s, v, z (anonym) ohne Gegenzeugnis, in *Os viii 12* nach 86, ebenfalls ohne Widerspruch. So ist Eus' Zeugnis zu unserm *V. 10a* zweimal gestützt. Es verdient daher den Vorzug vor ἄλλος in 1173 = 1122.

C' hat זָר *oft* durch ἀλλότριος übertragen: so in *Nu iii 38* nach v; *Os viii 12* nach 86; *Prov ii 16; xiv 10* nach Morin. n. ξ, ν; usw. Daher bekommen auch die *zusammenfassenden* Lesarten A'C'(Θ') mit ἀλλότριος = זָר erhöhtes Gewicht, da tatsächlich A' und C' so übertragen. Solche gruppierende Lesarten sind:

Nu iii 10 C'A' nach v (s, z ohne Sigel): dem Stil nach ist es aber eine reine C'-Lesart.
Dt xxv 5 Θ'C'A' nach v (z ohne Sigel).
Prov v 3 A'C'Θ' nach Morin. n. γ.
Prov xxvii 13 A'C' καὶ οἱ λοιποί nach Morin. n. ξ und Syh (A'C'Θ').

Da weiter das syrische נוכריא genau dem griechischen ἀλλότριος entspricht, können auch die *syrischen* Zeugnisse für A' und C': זָר = ἀλλότριος herangezogen werden:

A': *Jer xviii 14.*
C': *Jer xviii 14; xxxvii (xxx) 8, Ez xvi 32.*

Was Θ' betrifft, so ist als Einzellesart der asterisierte Passus *Prov xx 16* ※ (= Θ' ※ nach Syh) bekannt mit ἀλλότριος, während in *Is xxv 5* Q, Syh für Θ' ※ ἀλλογενής überliefern.

Da O' im *Pentateuch immer* זָר durch ἀλλογενής wiedergeben, ausgenommen 4 Stellen, wo vom *fremden Feuer* oder *Weihrauch* die Rede ist, und wo 1 mal ἕτερος und 3 mal ἀλλότριος gewählt ist, während sie in den *andern Büchern* meistens ἀλλότριος gebrauchen, so ist die Θ'-Übertragung mit ἀλλογενής und ἀλλότριος durchaus normal. Die zusammenfassenden Lesarten mögen daher auf *jeden der drei Übersetzer* zutreffen.

Der Irrtum ἄλλος statt ἀλλότριος in unserem *V. 10a* erklärt sich leicht als Versehen des Schreibers von 1173 selber oder einer der Vorlagen von 1173.

Die Lesart von Syh ist vielleicht als *Irrtum in der Sigel,* ·ܐ statt richtigem ·ܣ zu erklären. Man könnte freilich auch an einen falschen Verweis in Syh denken: אכסניא ·ܐ· würde in Wirklichkeit *zu V. 10b* gehören, wo A' ἀπεξενωμένῳ hat: siehe unten E. 94, L. 1. Denn *Paul von Tella* übersetzt passive Partizipien des Perfekts gelegentlich durch einfaches syrisches Adjektiv, also hier durch אכסניא, das sonst dem Adjektiv ξένος entspricht, siehe T. *Skat Rørdam,* Libri Iudicum et Ruth secundum versionem syriaco-hexaplarem ..., Dissertatio de Regulis grammaticis ... (Havniae 1861) 50–52. Überdies hat *Mercati,* Osservazioni, S. 30, zu *Ps xvii 46a,* col. c, gezeigt, daß Syh ἀπεξενωμένος nachweislich durch אכסניא übertragen hat. Es ist also wohl möglich, daß der Irrtum von Syh in dem falschen Verweis auf *V. 10a* statt auf *V. 10b* liegt.

Der Rest der Lesart paßt in allem zu A's Übersetzungsweise. οὐκ ἔσται ἐν σοί ist identisch mit O'. Warum also das Zitat A's? Die Frage spitzt sich zu, wenn wir das οὐκ ἔσται von Є'ϛ' betrachten: siehe dazu die folgende L. 2.

Lesart 2

Diese Lesart unterscheidet sich *nicht* von O', zu denen *Rahlfs* hier *keine Variante* gibt. Nur bei *Holmes-Parsons* ist der *Plural* οὐκ ἔσονταί σοι θεοὶ πρόσφατοι als Lesart des *Psalterium syriacum* verzeichnet! Hatte der *Exzerptor diesen O'-Text vor sich liegen?*

Aber um *welchen syrischen Text* handelt es sich? *Holmes-Parsons* präzisieren in ihrem Vorwort zu den Psalmen am Ende, daß sie eine Kollation aus den gedruckten orientalischen Versionen benützt haben, die von «cl. Alterus» (F. C. Alter, Orientalist in Wien) hergestellt worden sei. Der Text der Syh und der Peschitta bei *Walton* hat jedenfalls den Singular. Das Targum allerdings hat den Plural. Sonst findet sich aber keine Spur von einem Plural. So ist es doch äußerst fraglich, ob dem Exzerptor ein Plural vorgelegen hat.

Eine *andere Variante:* ἐστιν statt ἔσται findet man im *Psaltertext von 1122.* (Dies erklärt ja auch das ἐστιν der A'-Lesart in 1122!) Weder *Rahlfs* noch *Holmes-Parsons* kennen diese Variante. Aus einem isolierten ἐστιν in 1122 läßt sich nicht viel schließen. Aber es ist damit zumindest erwiesen, daß die O'-Überlieferung hier ebenfalls Abweichungen kannte. Dem Exzerptor lag ein solcher *abweichender Text* zugrunde. Welcher er war, ist nicht mehr mit Gewißheit zu erkennen.

Ε' und ϛ' werden ihre hier angeführte Lesart unverändert ihrer O'-Vorlage entnommen haben.

Lesart 3

C' verläßt O' *im Modus:* er macht aus dem *Indikativ* einen *Prohibitiv.* Seine Absicht ist klar: das hebräische verneinte Futurum Indikativ hat ja in Wirklichkeit *stärksten verneinenden Imperativ-Charakter* (vgl. Dekalog). C' verdeutlicht die Sache für griechische Leser, indem er den verneinten Imperativ 2 wählt. (*Hieronymus* hat sich durch C' für sein Psalterium iuxta Hebraeos inspirieren lassen: *non sit tibi...*!)

C' hat das seltene πρόσφατος der O' wie A' *ersetzt,* und zwar durch ξένος, obgleich er sonst nie זָר auf diese Weise ausdrückt.

Bei ihm ist זָר meistens ἀλλότριος. Es gibt bloß *zwei* Stellen, wo er anders zu übertragen scheint:

1. in *Jer xxviii (li) 2* A'C' nach 86, Syh: λικμήτης, aber diese Wiedergabe: «Worfler, Getreideworfler» verrät, daß A' und C' das Wort hier mit der Wurzel זָרָה = «ausstreuen, worfeln, ausschütteln» verbunden haben.

2. *Ez xxxi 12* steht das Wort ἄσπλαγχνοι nach 86: es ist vielleicht nicht Übersetzung von זָרִים, sondern vom folgenden עָרִיצֵי.

So bleibt keine andere Wiedergabe von C' als ἀλλότριος übrig. Doch da C' ebenfalls נָכְרִי und נֵכָר mit ἀλλότριος übersetzt, so z. B. in *Is xxviii 21* C'Θ' nach 86 (wo es sich, wie der Kontext zeigt, auf נָכְרִי und nicht auf זָר bezieht!); *Is lvi 3* nach 86, Eus; *Is lx 10* C'Θ' nach 86; *Eccl vi 2* nach Field, Auct. («Cod. 252.»); *Prov xxiii 27* nach Morin. n. τ und unten in *V. 10b* nach 1173, so war für die beiden Synonyme in *V. 10a und b* eine Wiedergabe durch *zwei griechische synonyme* Begriffe zu finden. C' wählte ξένος für זָר und ἀλλότριος für נֵכָר (*V. 10b*).

Die ganze C′-Lesart ist übrigens schon aus 1140, Eus bekannt. Die beiden Überlieferungen von 1140, Eus und 1173 = 1122 stimmen überein, außer daß 1140 πρόσφατος statt ξένος liest. Dies ist eine offenkundige Kontamination mit O′. 1173 = 1122 = Eus sind vorzuziehen.

Lesart 4

Hier ist ein *Irrtum der Sigel* unterlaufen. C′ übersetzt אל nie mit ἰσχυρός. Der einzige Beleg für C′ אל = ἰσχυρός ist die Lesart A′C′ zu *Ps ix 33a* (*x 12a*) nach 1175. Dies ist jedoch zweifellos *A′s Wortlaut,* denn A′ pflegt ja אל bekanntermaßen mit ἰσχυρός zu übertragen: siehe *Reider,* Index, s. v., S. 119. Sonst hat C′ immer durch θεός (wie O′) übertragen. Überdies ist ja die Sigel C′ in unserm *V. 10a* schon für ihre echte Lesart verwendet worden.

Statt C′ ist also etwas anderes, Є′ *oder* ϛ′, zu lesen. Sowohl Є′ wie Θ′ haben אל mit ἰσχυρός übersetzt: *für* Є′ siehe oben *Ps lxxvii 41a,* E. 11, L. 3, und *für* Θ′ geht dies aus den folgenden Psalmenstellen hervor: *Ps ii 7a* nach 264 mg (anon.), 1175; *Ps xv 1b* A′Θ′ nach 1175; *xvii 33a* nach 1098 (eine der Randlesarten zwischen der Kolumne O′ und Є′, ohne Sigel); *lxxii 11a* nach 264 mg, 1175; *lxxiii 8b* nach 264 mg, 1175; *lxxvii 41a* A′Θ′ nach 1173: siehe oben E. 11, L. 1; *lxxx 10b* Є′Θ′ nach 1173: siehe gleich unten, E. 94, L. 3. Nur einmal überliefern 264 mg, 1175 ein θεός für אל bei Θ′: in *Ps lxxiv 9a.* Wahrscheinlich ist Θ′ in seiner Wiedergabe innerhalb des Psalters konsequent gewesen. Deshalb ist dieses isolierte θεός wohl ein Fehler, und Θ′ hatte ursprünglich auch hier ἰσχυρός. Siehe die Bemerkung *Mercatis* zur Möglichkeit dieses Irrtums in: Osservazioni, S. 34, zu *Ps xvii 48,* l. 35, col. f, wo er auch einen nachweisbaren solchen Fehler als Beispiel anführt.

Sowohl Є′ wie Θ′ übertragen also אל durch ἰσχυρός.

Wie steht es bei ϛ′? Dazu siehe oben *Ps lxxvii 41a,* E. 11, L. 3: dort sah es eher so aus, als ob ϛ′ *die Übersetzung* θεός *bevorzuge,* obschon das nicht ganz klar wird. So ist es also wahrscheinlicher, Є′ an Stelle von C′ zu ergänzen als ϛ′. Übrigens ist ja auch die Reihenfolge Є′Θ′ oder Θ′Є′ häufig und gerade im folgenden Stichos *V. 10b* bezeugt.

Das Wort πρόσφατος erlaubt keine Bestärkung dieses Urteils. Es ist bloß aus O′ übernommen. Solche Übernahmen charakterisieren sowohl Є′ wie ϛ′! Es ist für keinen der Übersetzer bezeugt, außer für «O′» von *Eccl i 9* als Äquivalent von חדש.

Exzerpt 94. Vers 10b

Lesart 1

A′ überträgt ganz wörtlich καὶ οὐ; siehe für A′ die gleiche Abweichung von οὐδὲ bei O′ oben in *Ps lxxvii 37b,* E. 4, L. 3. προσκυνέω für השתחוה wie O′; die Abkürzung muß wie in O′ als Futurum aufgelöst werden. Diese Übertragung entspricht A′s Gepflogenheiten, siehe *Reider,* Index, s. v., S. 205.

Erstaunlich die Wendung τῷ θεῷ τῷ ἰ⟨σ⟩χυρῷ: sie setzt im Hebräischen לאל
לאלהים voraus. Weder *Kennicott* noch *de Rossi* verraten die leiseste Spur einer
solchen Lesart.

Man könnte vermuten, es sei eine *Sigel* zwischen τῷ θεῷ und τῷ ἰ⟨σ⟩χυρῷ verloren gegangen.
Aber A' überträgt אל mit ἰσχυρός, siehe oben *V. 10a*, E. 93, L. 1, und ἀπεξενωμένῳ gehört zur
A'-Lesart: siehe unten.

Eine Sigel müßte also sowohl *vor* τῷ θεῷ als auch vor τῷ ἰ⟨σ⟩χυρῷ ausgefallen sein. Im zweiten Fall hieße die Sigel wieder A', aber im ersten wäre es welche Sigel? Es bliebe nur ς' übrig,
da C', Є' und Θ' in den beiden folgenden Lesarten mit andern Wiedergaben zitiert werden. Die
Sequenz: A', ς', A', C', Є'Θ' ist nun nicht gerade wahrscheinlich, umso weniger als ς' die A'-Lesart
in der Mitte entzweischneidet! Zudem ergäbe sich für den Ausdruck לאל die überraschende
Lesartenfolge: ς', A'! Der Exzerptor pflegt nicht auf diese Weise zu zitieren. Ist nicht viel eher
anzunehmen, es liege hier eine *lectio conflata* vor, die durch Kontamination mit O' entstand?
προσκυ(νήσεις), das mit O' identisch ist, hat auch das folgende Wort der O': θεῷ herbeigeführt,
und daran anschließend führte der Abschreiber A's Wortlaut weiter.

Immerhin steht dieser Erklärung eine *Schwierigkeit* entgegen: in 1173 lautet die Fügung:
προσκυ(νήσεις) τῷ θεῷ, während O' προσκυνήσεις θεῷ *ohne Artikel* enthalten. Dieser Artikel τῷ wäre
bei A' völlig am Platze, denn A' deutet Akkusativ- und Dativpartikel, את und ל, durch die
griechischen Artikel an, siehe *Lütkemann-Rahlfs*, S. 113, *Barthélemy*, Devanciers, S. 17. Anderseits gibt es keinen O'-Zeugen bei *Rahlfs* und *Holmes-Parsons* mit τῷ θεῷ.

Angesichts dieses ganzen Sachverhaltes ist die Annahme doch nicht jeder Wahrscheinlichkeit bar, der Ausdruck: τῷ θεῷ τῷ ἰσχυρῷ sei bei A' *ursprünglich*. Daraus
folgt, daß die hebräische Vorlage A's לאלהים לאל נכר enthielt. Obgleich dieser hebräische Text nirgends bezeugt ist, ist er nicht völlig unmöglich. Denn die Fügung
אלהים אל kehrt im Psalter mehrmals wieder: *xli 3a* (mit ל!), *xlix 1b, lxii 2a*,
und vgl. *lxxvii 35a, b*. Leider sind A's Übertragungen dieser Stellen nicht mehr
erhalten. Bloß zu *Ps xlix 1b* gibt Tht: οἱ γ' ἰσχυρός, was auf A' und Є' sicher zutrifft,
vielleicht auch auf C' in diesem Falle. Man wird somit am besten tun, die Lesart A'
von 1173 prout iacet anzunehmen. Umso eher, als dies nicht das einzige Mal ist,
daß A' ein Plus gegenüber MT enthält: siehe *Reider*, Prolegomena, S. 92–93.

נכר ist bei A' ἀπεξενωμένος, wie *Mercati*, Osservazioni, S. 30, zu *Ps xvii 46a*,
col. c, gezeigt hat, während A' נכרי mit ξένος überträgt. An dieser Stelle weist *Mercati* auch darauf hin, daß Syh sowohl ξένος wie ἀπεξενωμένος durch das *nämliche*
אכסניא überträgt.

Lesart 2

μηδὲ oder οὐδὲ für ו mit Negation ist bei C' keine Seltenheit: siehe oben *Ps lxxvii 37b*,
E. 4, L. 4. Wie schon in *V. 10a*, so verdeutlicht C' hier in *V. 10b* den prohibitiven
Sinn des verneinten hebräischen Futurums Indikativ durch den griechischen Kon-
junktiv.

προσκυ(νήσῃς) ist wohl eher als Konjunktiv Aorist, der dem verneinten Imperativ entspricht, denn als Konjunktiv Präsens zu ergänzen. Auch in *V. 10a* steht ja verneinter Imperativ.

אל ist bei C′ θεός, siehe oben *V. 10a,* E. 93, L. 3.

Zu seiner Übertragung mit ἀλλότριος, die durch 1140 bestätigt wird, siehe ebd.

Nun hat freilich *Syh* hier: דגלא .מ., das *Field* mit ψευδής rückübersetzt. Tatsächlich ist דגלא die regelmäßige Übertragung von ψευδής in Syh. In ψευδής muß man wohl eine paraphrasierende Übersetzung erblicken: «ein fremder», d. h. ein *falscher* Gott.

C′ hat נכר sonst meistens, wie es scheint, mit ἀλλότριος übersetzt, wie wir seine erhaltenen Lesarten lehren: *Is lvi 3* nach 86, Eus (O′ ἀλλογενής); *Is lx 10* C′Θ′ nach 86 (O′ ἀλλογενής); *Ps xvii 45b, 46a* nach 1098 (= O′). In *Mal ii 11* überliefert Syh: דאלהא דנוכריותא ... .מ., was *Field* mit «θεοῦ ἀπαλλοτριώσεως» ins Griechische rücküberträgt (O′ = ἀλλότριοι). In *Is lxi 5* bezeugt 86 als C′-Übersetzung ξένος (O′ ἀλλόφυλος). Nie erscheint jedoch ψευδής als Entsprechung von נכר. ψευδής ist im Gegenteil *Äquivalent von* שקר, so in *Ps xxx 19a* nach 264 mg; *xxxiv 19a* nach 1098; *cxviii 29a* nach Eus [Pat 215, 1675], 1070; *Prov xii 17* nach Morin. n. α (2°); *Jer xvi 19, xxxiv (xxvii) 11 (14)* nach 86; oder von כזב in *Ps lvii 4b* nach ThdMopsv [1717]. In *Is lviii 6* wäre nach der durch *Field* korrigierten Hs 86 die Übersetzung C′ von מוטה συγγραφὴ ψευδής (Hi: cautio falsa).

In *Jer xiii 10* bezeugt Syh für C′ dasselbe לאלהא דגלא wie in unserm *V. 10b* für hebräisches אלהים אחרים. Wie in unserm V. haben wir ein griechisches Gegenzeugnis in 86, wonach C′ θεοῖς ἀλλοκότοις enthält. In diesem Falle ist die Lesart von 86 *äußerst wahrscheinlich:* denn erstens ist C′ der einzige Übersetzer im *ganzen griechischen Alten Testament,* der ἀλλόκοτος verwendet, und zweitens gebraucht er es an den beiden andern bezeugten Stellen: in *i Regn xxvi 19* nach j, *Jer vii 6* nach 86 in derselben Wendung: אלהים אחרים. Wir haben also folgende Lage: zwei einwandfrei bezeugte, glaubhafte, weil typische C′-Lesarten, die auf griechisch überliefert sind, und die den beiden gleichbedeutenden Wendungen אלהים אחרים und נכר (אל) gelten, stehen zwei gleichlautenden syrischen Zeugnissen gegenüber: (θεῷ) ἀλλοτρίῳ und θεοῖς ἀλλοκότοις stehen gegenüber: (אלהא) דגלא und לאלהא דגלא.

Dazu kommt die weitere Tatsache, daß immer in derselben Wendung: «andere Götter» die syrische C′-Überlieferung דגלא verwendet: *Jer i 16; xxii 9; xxxix (xxxii) 29.* Leider ist hier jeweils kein griechisches Zeugnis erhalten.

In *Jer v 19* kommt überdies als Übersetzung von אלהי נכר in Syh eine anonyme Randglosse vor: דגלא. *Field* schreibt sie C′ zu und verweist auf unsern *V. 10b.*

«Andere Götter» und «Götter der Fremde» sind also *im syrischen C′ in Jer und in den Psalmen* zu «lügenhaften Göttern» geworden. Da an zwei Stellen, in unserm *V. 10b* und in *Jer xiii 10,* parallel zu dieser syrischen Überlieferung die *griechische C′-Überlieferung* zuverlässig θεὸς ἀλλότριος und θεοὶ ἀλλόκοτοι bezeugt, drängt sich die Folgerung auf, daß entweder דגלא nicht *stets* ψευδής, sondern mitunter auch ἀλλότριος und ἀλλόκοτος entsprechen kann, oder aber, daß C′ eine *Bearbeitung* erfuhr, die sich in der syrohexaplarischen Überlieferung spiegelt. Der ersten der beiden Möglichkeiten widerstrebt die Tatsache, daß diese vorausgesetzte Äquivalenz ἀλλότριος, ἀλλόκοτος = דגלא nur in diesen C′-Lesarten, nirgends bei O′ begegnet. Die zweite empfiehlt sich eher, doch ist auch sie nicht vor Fragen gefeit: Die Bearbeitung muß vor dem Übersetzungswerk des *Paul von Tella* durchgeführt worden sein. Wann ist dies geschehen?

Da diese freie, targumische Übertragung nur in *Jer* und *Psalter* erscheint, könnte man an eine *zweite Edition* C′s für diese zwei Bücher denken. Aber diese zweite Edition C′s ist ja sehr *fraglich,* siehe *Field,* Origenis Hexaplorum, i, Prolegomena, S. xxxvi–xxxvii. Immerhin fällt auf, daß die einzige klare Erwähnung *Hieronymus'* einer «prima editio Symmachi» das *Buch Jeremias* betrifft.

Wie dem auch sei, die übereinstimmende Lesart 1173 = 1140 ist nicht nach Syh zu korrigieren.

Lesart 3

Zu dieser Übersetzungsweise von Є′ und Θ′ siehe *V. 10a,* E. 93, L. 4. Es sei noch darauf hingewiesen, daß Θ′ ηλ bisweilen einfach *transkribiert,* so in *Mal ii 11* nach Syh.

Exzerpt 95. Vers 11a

Lesart 1

Diese Doppellesart gilt dem Wegfall des γὰρ im Unterschied zu O′. Dies ist verständlich, da ja nichts im Hebräischen dieser Partikel entspricht. ἐγώ εἰμι für אנכי ist hier nicht stoßend wie in den Fällen, wo ἐγώ εἰμι unmittelbar vor einer Verbalform steht, und die typisch für die *καίγε-Gruppe* sind, siehe *Barthélemy,* Devanciers, S. 69–78. Es ist daher durchaus plausibel, daß C′ das ἐγώ εἰμι aus O′ übernahm, da er diesen *Nominalsatz* des Hebräischen in geläufiges Griechisch umsetzen wollte, welches ein Verb erheischte. Eben dies muß auch schon O′ bestimmt haben, mit ἐγώ εἰμι zu übertragen.

Für A′ ist dies seltsamer, denn er hat sich von der regelmäßigen Wiedergabe אנכי = ἐγώ εἰμι distanziert (außer in der *Jeremiasübertragung*): siehe *Barthélemy,* l. laud., S. 73–74. Aber A′ hat hier wohl O′ unrezensiert übernommen, einerseits weil der griechische Satz das εἰμι stark forderte, und andererseits weil er sich vielleicht der ἐγώ εἰμι erinnerte, die er in *Jer* und vielleicht in *Daniel* selbst verwendet hatte.

Überraschend ist κ(ύριο)ς für hebräisches יהוה. Zwei Erklärungen sind möglich: man ist im hebräischen Text von A′, C′ und O′ von יהוה zu אדני übergeglitten, was ja leicht geschah, wie wir oben schon gesehen haben: *Ps lxxvii 65a,* E. 51, L. 1. Nur wäre hier der umgekehrte Fall: MT hätte in unserem *V. 11a* das ursprüngliche Tetragrammaton יהוה bewahrt, während der O′, A′ und C′ vorliegende hebräische Text an dessen Stelle אדני las. *De Rossi* kennt keinen Zeugen mit אדני, und die einzige Variante *Kennicotts* ist das Fehlen von יהוה in nur *einer* Hs.

So ist es auch möglich, daß das Wort κ(ύριο)ς nicht auf A′ und C′ zurückgeht, sondern auf Schreiber, die sich durch O′ beeinflussen ließen.

Lesart 2

Θ′ hat ein ὅτι anstatt des γὰρ eingeführt. Bei *Grabe* nach *Holmes-Parsons* ist γάρ εἰμι obelisiert, ebenso «enim» in G² des Psalterium gallicanum. Bei *Hieronymus,* Psalterium iuxta Hebraeos fehlt jede begründende Partikel. In *Kennicott* und *de Rossi* gibt es keine Varianten mit כי. La^R enthält «autem». Unsere Θ′-Lesart mit ὅτι ist also gänzlich isoliert. Die Partikel γάρ ist in der O'-Überlieferung nicht ganz einhellig bezeugt, und es war wohl die *hexaplarische Bearbeitung,* die sie als griechischen Fremdkörper obelisiert hat. ὅτι ist vielleicht nur der O'-Vorlage von Θ', nicht dem Rezensenten selber zu verdanken.

ἐγώ εἰμι ist aus O' übernommen. Überdies scheint die Θ'-Rezension (oder Rezensionen) אנכי mit ἐγώ εἰμι zu übertragen: siehe *Barthélemy,* l. laud., S. 73–74.

Exzerpt 96. Vers 11b

Lesart 1

Diese *anonyme* Lesart unterscheidet sich von O' nur durch das gewählte *Verb* und durch die *Präposition* ἀπό statt ἐκ.

ἀναβιβάσας (so ist die Form ἀναβιβάσ von 1173, ἀναβιβάσσα von 1122 ohne Zweifel zu ergänzen) ist sehr gut *möglich für A'.* Denn dieser Übersetzer läßt עלה hif ἀναβιβάζω entsprechen: siehe *Reider,* Index, s. v., S. 16. Dies gilt freilich noch nicht für die *Jeremias- und Ezechiel-Übertragung,* wo für A' ἀνάγω bezeugt ist: *Jer xlv (xxxviii) 10* nach 86 (= O'); *Jer xxxvii (xxx) 17* nach 86, Pr (A'C'), siehe *Ziegler,* Jeremias, z. St.; und ἀναφέρω: *Ez xix 3* nach 86, *Jer xxxi (xlviii) 35* A'C' nach Syh. O' hatten עלה hif *sehr verschieden* wiedergegeben: ἄγω und dessen Komposita: ἀνάγω, ἐξάγω, συνάγω, συνανάγω; φέρω und Komposita: ἀναφέρω, προσφέρω, συναναφέρω (von einem Opfer gesagt); ἀναβιβάζω ist nicht selten; aber auch andere, seltenere Wiedergaben wie καίω, ἅπτομαι, τίθημι, u. a. m. kommen vor. A' hat ἀναβιβάζω als wörtliche Übersetzung aus O' aufgegriffen, wohl auch deshalb, weil dieses Wort *gleichzeitig* sowohl «hinaufgehen lassen» wie «als Opfer aufsteigen lassen» ausdrücken konnte.

Für C' ist die Lesart kaum zu beanspruchen. Er gebraucht ἀναβιβάζω nur ein *einziges* Mal in *Is lvii 6* nach 86 (O' ἀναφέρω) für עלה hif. Sonst überträgt er mit ἀνάγω: *Ps xxix 4a* nach 1098; *Is lxiii 11* nach 86; *Jer xlv (xxxviii) 10* nach 86; ἀναφέρω in *Jer xxxi (xlviii) 35* (A'C') nach Syh.

Є' ist *nur in Ps xxix 4a* durch 1098 bekannt: ἀνάγω wie O'. ς' ist nie bezeugt.

Dagegen verwendet *auch* Θ' ἀναβιβάζω: *Is lxiii 11* nach 86 (= O'!); *Ez xix 3* nach 86 (gegen O'!). Da, wo Θ' *selbständig* überträgt und O' verläßt, hat er also zu ἀναβιβάζω gegriffen. Freilich ist auch ἀνάγω bei Θ' bezeugt: *Jer xi 7* ※ nach Q, 86; *Jer xlv (xxxviii) 10* nach 86. In *Jer xxxiv (xxvii) 18 (22)* enthält Q folgende Lesart: Θ' ※ ... ἀναβιβῶ, während *86 A'* ※ ... ἀναβιβῶ bietet. Da Syh Q bestätigt, ist möglicherweise Q im Recht für Θ'.

Die *Präposition* ἀπό kann nicht für den einen oder andern Übersetzer entscheiden. Denn A' überträgt מן sowohl durch ἀπό als auch durch ἐκ, siehe *Reider,* Index, ss. vv., S. 25, 71–72. Was Θ' betrifft, so haben wir eine *Parallele* zu unserm *V. 11b* in *Is lxiii 11*: המעלם מים wird nach 86 bei Θ' so übertragen: ὁ ἀναβιβάσας ἀπό τῆς θαλάσσης (O': ὁ ἀναβιβάσας ἐκ τῆς γῆς). Auch an dieser Stelle hätte also Θ' ἐκ *der O'* durch ἀπό ersetzt. An der gleichen Stelle lautet A's Wiedergabe nach Tht: ὁ ἀναβιβάσας αὐτούς ἀπό θαλάσσης.

So ist diese anonyme Lesart in *V. 11b* entweder *dem A' oder dem Θ' oder beiden* zuzuschreiben. Man könnte sich denken, daß es die Fortsetzung der Θ'-Lesart ist, die unmittelbar vorher ohne richtiges Ende abbrach, weil durch ein Mißgeschick ein Eus-Zitat sich dazwischen geschoben hatte. Das bleibt jedoch im Bereich der Vermutungen. Die Lesart paßt ja auch ausgezeichnet zu A's Stil. So muß die Frage offenbleiben.

Exzerpt 97. Vers 12a–b, 13a

Lesart 1

Die Lesart C' ist *aus Eus* schon bekannt. Aber zwischen Eus und 1173 = 1122 bestehen *zwei Unterschiede:* bei Eus lautet das *Verb* ὑπακούω, und ὁ λαός ist mit dem Possessivum μου versehen. ὑπακούω ist nicht nur oft bei O', sondern auch ein oder zwei Mal bei C' *Äquivalent* von שׁמע.

Zwar überträgt C' ענה gerne mit ὑπακούω, so in *Ps xvii 36b* nach 1098, Eus[1121]; *xvii 42b* nach 1098; *Job ix 3* C'Θ' ※ nach Field («Colb. Syro-hex. . . . »), und wohl auch in *Is liii 7* nach *Eus* (während ἤκουσεν *nach 86* für ענה wohl *ein Fehler* ist, trotz *Hieronymus*, der sagt: C'Θ' *audiens* . . . Denn dieses «audiens» mag ja auch von Θ' stammen). Aber ὑπακούω für שׁמע bei C' ist unbestritten überliefert in *Jer xiii 17* durch 86 (O' ἀκούω!).

Die Übersetzung שׁמע = ὑπακούω ist also bei C' *selten,* aber bezeugt. Sie ist hier, wo O' ἤκουσεν haben, *lectio difficilior.* Es ist daher Eus' Überlieferung vorzuziehen und an ὑπακούω gegen 1173 festzuhalten. ὑπακούω wird übrigens durch *Eus' Kommentar gestützt,* denn er sagt dort: PG xxiii, c. 980, l. 46 ff.: εἰ ἔσχον (Gott spricht) αὐτοὺς ὑπηκόους . . . νῦν δὲ ἀνήκοοι . . . καὶ ἀνηκόους . . . Auch ἐπείσθη bei C' in *V. 12b* nach Eus (und E. 97, L. 3) paßt zu ὑπακούω in *V. 12a!*

Bei Eus steht ὁ λαός μου. *Das Fehlen des* μου in 1173 könnte *akzidentell* sein: wie der Kopist τῆς φω(νῆς μου) vergessen hatte, so daß es am Rande nachgetragen werden mußte, hatte er auch μου vergessen.

Man kann aber auch anders argumentieren: da nach ὁ λαός μου τῆς φωνῆς μου folgt, hätte C' die zwei dicht *aufeinanderfolgenden* μου als schwerfällig empfunden und das erste geopfert. Eus wäre durch *Kontamination mit O'* dazu geführt worden, das erste μου zu ergänzen. In solchen Einzelheiten pflegt Eus ja weniger genau zu sein als ein Exzerptor der Hexapla.

Das Argument der Kontamination durch O' hat freilich nicht sein ganzes Gewicht, weil O' in 194 und Syh-Text ebenfalls μου *nicht haben.* Es gibt also Zeugen der O', die ebenfalls das erste μου fallen lassen. (Wie übrigens auch in *V. 14a,* wo zwei μου hart aufeinanderfolgen, B das erste μου wegließ.) Handelt es sich in diesen Fällen um einen *Irrtum* (Haplographie) oder um eine *stilistische Korrektur?* Da es nicht dieselben Zeugen in den zwei verschiedenen Versen sind, ist wohl eher an einen *Irrtum* zu denken. So ist also auch ein Irrtum *in der C'-Lesart* nach 1173 möglich.

Der Rest der Lesart ist gute *symmachianische* Sprechweise. δὲ für hebräisches ו: siehe oben *Ps lxxvii 53b,* E. 35, L. 1. Cat pal[1209], Pat[215] läßt das δὲ wegfallen: gegen das vereinte Zeugnis von 1173, Coislin 44 kommen cat pal[1209], Pat[215] jedoch nicht auf. Sie sind wohl durch O' kontaminiert. Alle Hss: 1173, Coislin 44, 1209, Pat 215 enthalten gegen die Ausgabe Eus', PG xxiii, c. 980, l. 9, das ν ἐφελκυστικόν.

21

Lesart 2

Diese *A'-Lesart ist neu.* ἐν ἐμοί setzt בִי, nicht לִי voraus.

Denn לְ, bzw. אֶת mit Suffix erscheint bei A' als *Personalpronomen im Dativ,* bzw. *im Akkusativ:* für den *Akkusativ* siehe *Barthélemy,* Devanciers, S. 17–18, für den *Dativ* siehe z. B. *Is iii 11* nach 710; *Ps xvii 36a, 41a, 48a; xxix 2b, 11b; xxx 3c, 10a:* alle nach 1098; usw. *Kennicott* und *de Rossi* verzeichnen hier allerdings keine Variante בִי statt לִי. Aber *derselbe Fall* findet sich auch in *Ps xxx 5a* nach 264 mg, 1098, wo A' ἐν ἐμοί überträgt statt μοι wie in O', C', Є'. Auch hier führen *Kennicott* und *de Rossi* keine Variante בִי statt לִי an. Diese *Parallele* ist deshalb von Bedeutung, weil man ja an eine *Dittographie* nach ἠθέλησεν ἐν ἐμοί denken könnte. Daß dies mindestens nicht der Fall sein muß, sondern daß ein anderer hebräischer Text vorliegen mochte, das zeigt *Ps xxx 5a* nach 264 mg, 1098, denn hier ist Dittographie *ausgeschlossen,* siehe *Mercati,* Osservazioni, S. 111.

(ἐ)θέλω ist bei A' gut bezeugt als Wiedergabe von אבה in *iii Regn xxi (xx) 8* durch Burkitt; in *iii Regn xxii 50* gibt Syh einen asterisierten Passus, der ohne Sigel und ohne ※ auch in A, armen. Version vorkommt, unter ※ A' (vid), in dem אבה mit ἠθέλησεν übertragen ist.

Auf dem Niveau der *Jer-Ez Übertragung* entsprach θέλω חפץ, siehe *Reider,* Index, s. v., S. 109.

Lesart 3

Diese «Θ'-*Lesart*» ist ebenfalls neu. Schwierigkeiten bietet zunächst die *Entzifferung* des Verbs. Aber es besteht wohl kein Zweifel, daß 1122 mit ἐπίσθη (mit Itazismus für ἐπείσθη) die Schrift von 1173 richtig interpretiert hat. Dieses Verb ἐπείσθη ist nach Eus auch die *Übersetzung C's.*

Das Wort πείθω wird in O' eifrig gebraucht, aber meistens im *Perfekt* oder in vom Perfekt abgeleiteten Formen (also stets mit der Perfektreduplikation und dem Perfektstamm-Vokal: -οι-: wie in πέποιθα): siehe *Thackeray,* Grammar, § 24, S. 281. Die Formen des Präsensstammes von πείθω kommen vor allem in griechisch verfaßten oder nur griechisch überlieferten Büchern der O' vor: Tobias, Judith, i-iv Mak.

Diese Gebrauchsweise spiegeln auch die Versionen. A', C' und Θ' gebrauchen *meistens* Perfekt πέποιθα mit seinen abgeleiteten Formen. Bei C' macht sich das Bestreben bemerkbar, πέποιθα als Perfekt zu betrachten, nicht als Präsens, zu dem es einen abgeleiteten Aorist ἐπεποίθησα gibt wie in O' und A'. *Denn nur bei C'* stellt man auch *Formen des Präsensstammes* fest: *Gn xxxvii 27* nach j, v (c₂ schreibt die Lesart zwar A' zu: das ist aber kaum richtig, denn A' überträgt schwerlich שמע so frei mit einem Verb, das in dieser Form für ihn anderswo nicht nachgewiesen ist) und in *Ps lxxvi 3c* nach Eus (für מאן: Diese Stelle ist somit eine *Sinnparallele* zu unserem *V. 12b!*).

Θ' *ist nie mit einem* πείθω *im Präsensstamm nachgewiesen.*

Damit gewinnt die Vermutung sehr an Wahrscheinlichkeit, daß die *Sigel* in 1173 *falsch* ist. Statt Θ' muß C' stehen. Denn C' ist wie gesagt *der einzige* unter den hexaplarischen Übersetzern, der πείθω im Präsensstamm verwendet. Überdies führt Eus dieselbe Lesart wie die vorliegende ausdrücklich *als C's Übertragung* an.

Die falsche Sigel Θ' wurde vielleicht von einem Kopisten deshalb eingesetzt, weil *zwei C'-Lesarten* aufeinanderfolgten, und dies empfand er als abnormal. Er versuchte, dem Übelstand abzuhelfen, indem er die erste Sigel C' in Θ' verwandelte.

Lesart 4

Diese *C'-Lesart* ist ebenso in Eus, Tht, ThdMopsv [1133], cat xxv [Sinai Cod. gr. 25, 1811, 1137] überliefert. (In cat xxv fehlt οὖν.) ἀφίημι für שלח *pi* bei C': siehe oben *Ps lxxvii 45a*, E. 19, L. 2; οὖν für ו paßt zu C's Wunsch, die einförmige Konjunktion ו zu *variieren*: weitere Beispiele von οὖν = ו sind: *Ps xxxviii 8a* nach Eus [1121]; *lxxvii 31a* nach Eus; *Os vi 3* nach 86; usw.

Das Suffix αὐτούς an Stelle des הֶ‑ im Hebräischen wird C' aus O' *übernommen* haben, da ja auch im Griechischen der Übergang von einem Kollektivbegriff wie λαός zu einem Plural zwanglos geschieht, umso mehr als hier auch לבם mit *Suffix Plural* den *V. 13a* beendet.

Lesart 5

Die A'-Lesart haben uns auch Tht und cat xxv [Sinai Cod. gr. 25, 1811, 1137] bewahrt. Da unser *V. 13a* die einzige Stelle ist, wo die *griechische A'-Übertragung* von שרירות bekannt ist, tritt das Zeugnis von 1173 als *Bestätigung* zu dem Tht's und von cat xxv hinzu.

A's Übertragung des Wortes ist in *Dt xxix 19 (18)* nicht erhalten. Die andern Vorkommen mit A's Wiedergabe sind alles *Jeremiasstellen*, wo *nur das Syrische* bekannt ist. *Jer xi 8, xvi 12, xviii 12:* מעקמותא. In *Jer xiii 10* gibt Q eine asterisierte Lesart *ohne Sigel* mit σκολιότης für שרירות: wohl auch A'.

Field zitiert: ἐ. σ. κ. αὐτοῦ: dieser Singular muß in αὐτῶν *Plural* nach 1173 korrigiert werden, obgleich auch *alle Hss* Tht's, die *für diesen V.* erhalten sind, den *Singular* bieten (die Lesarten C', A' zu *V. 13a* fehlen in Hss 1216, C). Der Plural entspricht MT und paßt vorzüglich zu A's genauer Übersetzungsweise.

Die wortwörtliche *Treue* der Übersetzung (ב = ἐν, keine Artikel) spricht beredt A's Sprache! Die Überlieferung von 1173 ist gut.

Exzerpt 98. Vers 15 a–b

Lesart 1

Von der *A'-Lesart* ist das *Ende* durch 1175 überliefert: χεῖράς μου ohne Verweiszeichen im Psalmentext. Da O' (und C'Θ' nach 1175!) den *Singular* haben, ist der *Plural lectio difficilior*. Der Plural oder im Hebräischen der *Dual* ידי setzt ja keinen andern *Konsonantentext* voraus. So ist die Pluralübersetzung bei A' wohl ursprünglich. Im übrigen sprechen die fehlenden Artikel in der Lesart deutlich für die Urheberschaft A's.

Das *Verb* κωλύω bezeugen uns die Fragmente Burkitt in *iii Regn xxi (xx) 7:* καὶ οὐκ ἐκώλυσα für ולא מנעתי. *Prov i 15* A'Θ' nach Morin. n. τ stimmt damit überein. Weiter sind Belege aus *Jer und Ez* bei *Reider*, Index, s. v., S. 144 angeführt: immer als Übertragung von מנע.

Anderseits ist כנע hif aus *ii Regn viii 1* nach j für A′ bekannt: ἐκόλασεν für יכניעם. Dies ist die *einzige* A′-Übersetzung von כנע, die erhalten ist. O′ übertragen durch ἐντρέπομαι (für nif), ταπεινόω, συστέλλομαι (für nif), τροπόω, ἀποστρέφω, ἐπιστρέφω, ἡσυχάζω, ἐκτρίβω.

Da wir in unserem *V. 15a* כנע hif haben, das A′ also mit κολάζω überträgt, und nicht מנע, für das er κωλύω wählt, vermutet man einen *Irrtum in 1173*. Aber geschah der Fehler nicht schon *im hebräischen Text*, den A′ vor Augen hatte? מנע ist zwar nie im Hif'il gebraucht, so daß eine Pleneschreibung אמניע nicht vorkommt. Ist aber אכניע in A's Vorlage *defective* geschrieben gewesen (Defective-Schreibung ist jedoch bei *Kennicott* und *de Rossi* in keinem Zeugen nachgewiesen!), so ist freilich zwischen אכנע und אמנע nur *ein* Buchstabe verschieden! *Beide* Verben, מנע und כנע hif, ergeben einen *Sinn* im Zusammenhang.

Der Übergang von ἐκόλασα zu ἐκώλυσα ist leicht, aber er setzt doch *zwei* Veränderungen voraus. Der Übergang von אכנע zu אמנע geschieht ebenfalls leicht, insbesondere in der alten Schrift ist מ und כ ähnlich. Aber die Defectiveschreibung אכנע ist zweifelhaft, da כנע ja auch im Nif'al verwendet wird, und somit die beiden defective geschriebenen Imperfekte Hif'il und Nif'al nicht unterschieden werden könnten. So ist unter der Voraussetzung der *Pleneschreibung* ebenfalls mit zwei Veränderungen im Übergang von אכניע zu אמנע zu rechnen.

Die Entscheidung fällt also schwer, und nur mit *Vorbehalt* behalten wir ἐκώλυσα bei und nehmen in der hebräischen Vorlage A's אמנע an. Die Möglichkeit eines ursprünglichen ἐκόλασα in A's Wiedergabe, das dem אכניע des MT entspricht, ist ja beinahe ebenso groß.

ἐπί mit Akkusativ ist bei A′ oft anzutreffen, siehe *Reider,* Index, s. v., S. 89.

Die Abkürzung ist ohne weiteres in θλίβοντας *analog zu O′* aufzulösen, denn die Wurzel צור entspricht bei A′ θλίβω, siehe oben *Ps lxxvii 42b,* E. 14, L. 2.

Die Frage erhebt sich nur, ob auch das *Pronomen* αὐτούς wie in O′ oder ob αὐτῶν zu ergänzen ist. Denn der Exzerptor kümmert sich nicht immer um solche kleinen Dinge wie Endungen, wenn er abkürzt, siehe z. B. oben in *V. 10b,* E. 94, L. 3, wo die *Verbalendung* bei C′ nicht dieselbe ist wie in O′. Aber A′ kennt anscheinend nur die Fügung θλίβων *mit Akkusativ des Personalpronomens,* also mit Verbalsuffix, während das Personalpronomen im Genetiv (Nominalsuffix) nirgends nachgewiesen ist, siehe oben *Ps lxxvii 66a,* E. 52, L. 2.

Siehe die Zeugnisse in *Ps xxvi 12a* nach 264 mg (= O′); *lxxvii 66a* nach 1175 (O′ ἐχθρός statt θλίβων); *lxxxviii 43a* nach 1175, 264 mg, 1098 (= O′); *Is i 24* nach 710 (O′ übertragen das Suffix י- nicht).

Somit liegt nicht der Schatten eines Zweifels über der Ergänzung ἐπὶ θ(λίβοντας αὐτούς); es ist im Gegenteil die einzig mögliche Auflösung bei A′.

ἐπιστρέφω *für* שוב *hif* ist bei A′ das gebräuchlichste Äquivalent, siehe oben *Ps lxxvii 38c,* E. 5, L. 1.

Noch ein Wort zur *Wahl der Zeiten:* A′ hat hier die zwei hebräischen Imperfekte von *V. 15 a und b* durch *Aorist Indikativ* wie O′ übertragen: der Sinn dieser Ausnahme ist klar. A′ drückt den *Irreal* aus, den es im Hebräischen nicht als besondere Form gibt. Unsere Lesart zeigt uns, daß A′ den Irreal benützt, aber *ohne* ἄν, wie es scheint.

Lesart 2

Die Lesart C' ist *aus Eus* bekannt. Die Überlieferung Eus' ist nicht ganz *einheitlich*: in Eus *Coislin 44 = 1209* steht ἐπὶ τοὺς ἐναντίους; in Pat 215 (anon.) ἐπὶ τοῖς ἐναντίοις. Der *Akkusativ* ist nun auch durch 1173 gestützt, so daß er wohl richtig ist, obschon der Dativ weiter von O' entfernt ist, die ja auch *Akkusativ Plural* gewählt haben. Statt ἀνέστρεψα in *Coislin 44 = 1173* finden wir ἀνέγραψα in 1209 und ἐνέγραψα in Pat 215 (anon.). Diese beiden Lesarten sind verderbt.

Aber Eus nach *Coislin 44, 1209, Pat 215* stimmen in dem ἂν überein, das C' nach ἀνέστρεψα hätte: im Gegensatz zu *1173*, wo es fehlt. C' benützt ἂν, wenn er den *Irreal* auszudrücken wünscht: so in *Ps liv 8a* nach Eus, ThdMopsv[1717] (O' ohne ἂν); *liv 8b, 9a* nach Eus (O' ohne ἂν); *i Regn xxv 34* nach M, j (O' ohne ἂν); usw. Da überdies in *V. 15a* C' nach Eus in den drei genannten Hss schon ein ἂν steht, ist das ἂν in *V. 15b* auch dadurch gestützt. So ist *1173* hier wohl *im Unrecht*, wenn die Hs das ἂν wegläßt.

Zu τὴν χεῖρα von 1173 ist μου zu ergänzen, denn nicht nur ist das μου in Eus einheitlich bewahrt, sondern 1175 gibt — freilich ohne Verweis im Psalmentext — die Lesart: C'Θ' ὁμοίως τοῖς O', und auf diese Lesart folgt unter demselben Zeichen die A'-Lesart χεῖράς μου (siehe oben L. 1). Dies erlaubt, auch C'Θ' auf *V. 15b* Ende zu beziehen. Da O' unbestritten τὴν χεῖρά μου enthalten, und da sich 1175 und Eus decken, ist das fehlende μου in 1173 zweifellos als Fehler anzusehen.

ἐναντίος als Übertragung von צר ist bei C' beliebt, während O' dieses Wort nie als Äquivalent von צר verwenden. Bei C' steht es für צר in *Ps xxvi 2b* nach 264 mg (O' οἱ θλίβοντές με); *12a* nach 264 mg (O' θλιβόντων με); *xliii 11a* nach Eus[1121], Chr (ohne Sigel) (O' παρὰ τοὺς ἐχθροὺς ἡμῶν); *lxxvii 66a* nach 264 mg, 1175 (O' τοὺς ἐχθροὺς αὐτοῦ); *cxxxviii 20b* nach 1175 (wo C' ohne Zweifel צריך statt עריך in MT und O': τὰς πόλεις σου gelesen hat, obgleich weder *Kennicott* noch *de Rossi* diese Variante kennen. Es gibt jedoch eine *massoretische* Auslegungstradition, wonach in *fünf* Fällen, zu denen diese Stelle zählt, ערים den Sinn von «Feinden» besitzt, siehe die Liste bei *Mi v 13* in der *Biblia rabbinica* des *Jacob ben Hayim ibn Adoniya* [Venedig 1525], anastatischer Neudruck besorgt von M. *Goshen-Gottstein* [Jerusalem 1972], t. iii, p. 381). Auch C' *Job xvi 9* nach Field, Auctarium («Codd. 137, 255.») ist hinzuzurechnen (O' freie Übersetzung). In *Ps xli 11a* hat C' nach Eus[1121] auch צרר mit ἐναντίος übertragen (O' οἱ θλίβοντές με).

Θ' gebraucht in den überlieferten Zeugnissen ἐναντίος für צר in *Is lix 18* nach 86 und für איב in *ii Regn xii 14* nach j. Diese Θ'-Übertragung ist von O' inspiriert, wo ὑπεναντίος als Entsprechung von «Feind, Widersacher» צר, איב gebraucht wird.

Für *Ps lxxvii 61b* bezeugt He, daß *die einen* Übersetzer mit θλίβων, *die andern* mit ἐναντίος übertragen. θλίβων bezieht sich auf A': siehe oben L. 1; ἐναντίος ist C' oder / und Θ'!

Doch ist es deutlich *C'*, der ἐναντίος *für צר am liebsten benützt*.

ἀναστρέφω für שוב hif: siehe oben *Ps lxxvii 38c, E. 5, L. 2*.

Lesart 1

Exzerpt 99. Vers 16a–b

Diese Lesart A' ist *aus Tht* bekannt, aber freilich mit κύριος statt πιπι. Zu שנא pi
= μισοποιέω, siehe *Reider,* Index, s. v., S. 159, und *Reider,* Prolegomena, S. 109.

Lesart 2

Diese C'-Lesart haben Eus und Tht ebenfalls festgehalten. Die *Nähe zu A'* ist unverkennbar, und *ohne A's Einfluß* wäre diese C'-Übersetzung undenkbar. Das Wort ist
ein ἅπαξ λεγόμενον im griechischen Alten Testament überhaupt.

Lesart 3

Auch diese Lesart findet sich bei Tht. Auf lateinisch: «negabunt» hat sie Hi bewahrt.

Field zitiert aus Morin. n. γ das Pronomen αὐτόν, welches bei Tht in den Hss und in der
Ausgabe fehlt. Dieses αὐτόν steht dagegen im Tht-Exzerpt der cat xvii [1047, 1134, 1135, 1139], cat x
[1625, 1706]. Dieses αὐτόν mag aus O' stammen, da nach *Rahlfs* L [pau] αὐτόν lesen. Es ist aber keine
Frage, daß die *unmittelbare Überlieferung* in Tht und in 1173 zu bevorzugen ist.

A' hat ἀρνέομαι mit ἐν konstruiert, entsprechend ב כחש pi, in *Is lix 13* nach Eus.

Er hat wohl kaum לי mit αὐτόν übersetzt, dies umso weniger als in *Ps lxv 3b,* wo die gleiche
Wendung: ל כחש vorkommt, in 1175 eine Lesart geboten ist, die lautet: A' C' Θ' ἡ Є' ἡ ϛ' σοί.
Das Verweiszeichen im Psalmentext fehlt. Es ist aber sicher לך in *V. 3b* gemeint, das O' mit σε
übertragen (außer σοι: R L [pau]; tibi: La Ga; siehe *Rahlfs,* Apparat, z. St.). *Auch O' in 1175 lesen*
σε. Nun bezeugen hier Lavra A. 89 und cat x [1625, 1706] für A' als Verb ἀρνήσονται (Lavra A. 89:
Aor). Somit haben wir eine strenge *Parallele:* ל כחש *pi* = ἀρνέομαι *mit Dativ,* zu unserer Wendung.
Es ist also so gut wie sicher, daß 1173 hier mit αὐτῷ Recht hat.

ἀρνέομαι *für* כחש *pi* siehe *Reider,* Index, s. v., S. 32. Bemerkenswert ist das
Futurum bei A' an Stelle des Aorist in O': eine den Gepflogenheiten A's ganz entsprechende Wiedergabe.

Lesart 4

Zeugen für diese Lesart sind *Eus* (ohne ἀλλ' ἔσται) und *Tht* (für das Ganze). C' hat
frei mit einem Partizip in Apposition übertragen. ψεύδομαι für כחש pi auch in
Is lix 13 nach 86, Eus. Übrigens hat C' das Verb von O' übernommen.

ἀλλά *für* ו, um die Konjunktion zu variieren, wie schon oben *Ps lxxvii 39a,*
E. 6 (und 7), L. 6; *lxxvii 50c,* E. 30, L. 1.

ἔσται *wie in O'.* Die Lesart gilt ja nicht dem Verb, sondern der Konjunktion
ἀλλά, statt καὶ bei O'.

(Zum Zeugnis Eus' siehe folgendes Exzerpt, L. 1.)

Exzerpt 100. Vers 16b

Lesart 1

Diese Doppellesart ist *für C' bei Tht bezeugt* unter der Form: ὁ καιρὸς αὐτῶν εἰς τὸν αἰῶνα.

Bei Eus steht: κατὰ δὲ τὸν σύμμαχον· μισοποιοὶ κυρίου οἱ ψευσάμενοι αὐτῷ. καὶ προστίθησι· καὶ ἔσται ὁ καιρὸς αὐτῶν εἰς τὸν αἰῶνα. Das *Subjekt* von προστίθησι ist der *Übersetzer der O'*, oder besser noch: *der Psalmist, nach O'*, wie das καὶ ἔσται beweist. Denn bei C' ist es: ἀλλ' ἔσται, siehe oben E. 99, L. 4. So überliefert Eus C' *nur für V. 16a*.

Das Zeugnis von 1173 und jenes von Tht *widersprechen sich* glatt: Nach Tht hat C' den *Artikel* vor καιρός und vor αἰῶνα, nach 1173 fehlt der Artikel beide Male. Das Zeugnis Tht's ist in *allen* Hss dasselbe: der Artikel steht zweimal. Nur in Tht Hss C, 1216 fehlt die Lesart C' überhaupt.

Für A' trifft die Lesart von 1173 wohl zu. Die *Wortwahl* ist die für ihn geläufige: siehe *Reider*, Index, sub καιρός, S. 123, und sub αἰών, S. 8. Die *Unterdrückung der Artikel* ist für ihn kennzeichnend. Siehe auch oben *Ps lxxviii 13b, E. 77, L. 3*.

Hat C' mit A' *übereingestimmt?* In der *Wortwahl* gewiß: Tht und 1173 trennen sich nicht darin. Aber da O' ebenfalls dieselben Wörter gewählt haben, gilt die Lesart in 1173 nicht ihnen, sondern den *fehlenden Artikeln*.

C' hätte also hier nach dem Zeugnis von 1173 *keinen Artikel* vor καιρός gesetzt. Dies ist in gutem Griechisch durchaus möglich, denn bei *Zeitbestimmungen* kann der Artikel leicht fehlen, siehe *Kühner-Gerth*, Grammatik, i, § 462 g, S. 606. In den dort gegebenen Beispielen figuriert καιρός freilich nicht. Aber ein Blick auf *Stephanus*, Thesaurus, v, cc. 817–819, zeigt, daß καιρός tatsächlich *häufig artikellos* verwendet ist, und dies seit *klassischer Zeit* (*Hippokrates, Aeschylus, Sophokles, Demosthenes*, usw.).

Das Zeugnis von 1173 weist also für C' einen guten griechischen *Sprachgebrauch* nach, und deshalb ist es der Überlieferung bei Tht vorzuziehen, wo der Einfluß von O' gespielt haben mag.

Was nun den *zweiten fehlenden Artikel* vor αἰῶνα betrifft, so bedarf es einer kurzen *Übersicht* über C's Übertragung von לעולם im Psalter.

Zunächst betrachten wir *nur* die Lesarten, die C's Übersetzung *gesondert* bringen. Es gibt unter den 101 לעולם in den Psalmen, die in O' *fast stets* als εἰς τὸν αἰῶνα erscheinen, *19 symmachianische Wiedergaben, die für ihn allein* bezeugt sind:

1. *9 mal* εἰς αἰῶνα *ohne Artikel:* Ps xxix 7b nach 264 mg, 1098; xxx 2a nach 264 mg (A'C'), 1098; xxxvi 27b nach Eus[1121], ThdMopsv[1717]; xliv 18c nach Eus[1121], cat x[1625, 1706], Tht (οἱ γ'); xlviii 12a, lxxxviii 29a, 53a nach 1098; cxviii 98b nach 1175, 264 mg, cat xxv[Sinai Cod. gr. 25, 1811, 1137]; cxliv 2b nach Chr (anon.).

2. *2 mal* δι' αἰῶνος *ohne Artikel:* Ps xxix 13b nach 264 mg, 1098; xl 13b nach Eus[dem]. (עולם ohne ל ist durch C' nach 1098 ebenfalls mit δι' αἰῶνος übertragen worden

in *Ps lxxxviii 38a* nach 1098. Vielleicht hat C′ לְעוֹלָם gelesen wie die *Transkription des Hebräischen in 1098:* λωλαμ [siehe oben E. 77, L. 3 für €′].)

3. *Zwei freie Übertragungen: Ps xlviii 10a* (MT: V. 9): τῷ αἰῶνι τούτῳ nach 1098, 1121 (unter den Sigeln Eus, Tht, Kyrillos), cat x[1625, 1706], ThdMopsv[1717] (unter A′), 1175, Chr[N]. *Ps cx 5b* nach Tht: *Adjektiv* αἰώνιος.

4. εἰς τὸν αἰῶνα *mit Artikel: Ps lxxii 26a* nach Eus (= O′!); *lxxvii 69b* nach Eus, Tht, Hi[SF] (griechisch) (= O′!). Das sind bloß zwei Beispiele!

Dazu treten *vier unsichere Zeugnisse:*

1. *Ps xi 8b:* C′A′ ἅμα τῇ γενεᾷ τῇ εἰς τὸν αἰῶνα nach Chr[N]. Aber statt dieser Lesart bieten die folgenden Chr-Hss eine andere Form, allerdings ohne Sigel: ἄλλος (+ φησιν nach Chr[AGOP])· ἅμα τῇ γενεᾷ τῇ αἰωνίᾳ = Chr[ABDGHKMOPQ].

Weiter muß darauf hingewiesen werden, um Mißverständnisse zu vermeiden, daß Chr[N] zwei Lesarten im Vorhergehenden bietet: A′ φυλάξεις αὐτούς, C′ φυλάξεις αὐτά. Auf diese Lesarten folgt das Lemma O′: καὶ διατηρήσεις ἡμᾶς ἀπὸ τῆς γενεᾶς ταύτης, καὶ εἰς τὸν αἰῶνα (= V. 11b). An dieses Lemma ist dann die oben zitierte Lesart C′A′ angeknüpft.

2. *Ps lxxx 16b:* A′C′ εἰς αἰῶνα ohne Artikel = 1173; C′ εἰς τὸν αἰῶνα mit Artikel = Tht (= O′).

3. *Ps cxxiv 1c:* C′ εἰς τὸν αἰῶνα mit Artikel nach Chr[cat pal] = Pat[215, 1675]; mit Artikel, aber ohne Sigel nach Chr[IKOP 1133], dazu Chr[N mg] (anon.) (= O′); ἕτερος εἰς αἰῶνα ohne Artikel nach Chr[BCDFGHMQ].

4. *Ps cxlviii 6a:* ἄλλος· διαμένειν αἰωνίως (לָעַד לְעוֹלָם) nach Chr (anon.). Ist es C′?

In *Ps xi 8b* ist doch gewiß der großen Mehrzahl der Chr-Zeugen zu folgen, umso mehr als C′ am ehesten diese freie Wiedergabe zuzutrauen ist: eine Parallele dazu gibt es ja in *Ps cx 5b* nach Tht! Die Wendung εἰς τὸν αἰῶνα in der Apposition zu τῇ γενεᾷ ταύτῃ τῇ in Chr[N] allein ist wohl unter dem Einfluß von O′ zustande gekommen.

In *Ps lxxx 16b* und *cxxiv 1c* ist Kontamination durch O′ ebenfalls denkbar.

Die Freiheit der Fügung von *Ps cxlviii 6a* läßt unweigerlich an C′ denken.

Weiter sind drei *zusammenfassende* Lesarten zu erwähnen, die stets artikelloses εἰς αἰῶνα bekunden: *Ps xxviii 10b* A′C′€′ nach 264 mg; *xxxii 11a* A′C′ nach 264 mg; *lxxviii 13b* A′C′€′ nach 1173 (siehe oben E. 77, L. 3).

Es ergibt sich aus diesem Bild, daß C′ in der *überwiegenden Mehrheit der Fälle* mit εἰς αἰῶνα *oder* δι′ αἰῶνος *ohne Artikel* übertrug. Es ist daher kein unbegründeter Zweifel, wenn die *wenigen* Beispiele von εἰς τὸν αἰῶνα *mit Artikel,* die samt und sonders mit O′ übereinstimmen, der *Kontamination durch* O′ verdächtigt werden.

Wenn zwei Überlieferungen *im Konflikt* stehen wie hier, eine mit und die andere ohne Artikel, ist die *ohne Artikel* vorzuziehen.

Dies umso mehr, als 1173 ja gar keinen Grund hätte, C′ zu zitieren, wenn dieser mit O′ übereinstimmte! Überdies liegt C′s Vorliebe für die artikellose Fügung εἰς αἰῶνα in seinem guten Sprachgefühl begründet, denn fehlender Artikel *bei Hauptwörtern mit Präposition* ist im Griechischen «ungemein häufig», *Kühner-Gerth,* Grammatik, i, § 462 f, S. 605.

Da anderseits die Tht-Überlieferung einhellig für εἰς τὸν αἰῶνα Zeugnis ablegt, muß diese Kontamination mit O′ sehr *weit hinaufgehen,* vielleicht bis auf Tht selber.

PS LXXXI

Lesart 1

Die A′-Lesart steht auch *bei Eus* überliefert: in *Coislin 44* lautet sie wie folgt:
| ... καταδὲ (sic) τὸν | ἀκύλαν. θϛ ἔστη ἐν συνα|γωγῆι ἰσχυρῶν · ἐνεγκά|τω θϛ κρίνει · ... |

Die Unterschiede von Coislin 44 mit *1209* und *Pat 215* beruhen auf leicht erkennbaren Textverderbnissen in den letzten beiden Zeugen, die nicht erwähnt zu werden brauchen.

κύριος statt θϛ vor κρίνει ist ein *Irrtum bei Montfaucon,* PG xxiii, c. 984, l. 13, und bei *Field.*

1173 unterscheidet sich von der Eus-Überlieferung in dieser A′-Lesart in *3 Punkten:*

1. statt ἰσχυρῶν *Genetiv Plural* hat A′ nach 1173 ἰσχυρός *im Nominativ Singular.* Die *Einzahl* stimmt mit MT überein, nicht der *Nominativ;*

2. statt θεός im *Nominativ Singular* nach ἐν ἐγκάτῳ enthält 1173 θεῶν *im Genetiv Plural.* Dies mag MT entsprechen;

3. statt κρίνει im *Präsens* hat A′ nach 1173 κρινεῖ im *Futurum.*

Von diesen *drei Widersprüchen* ist der letzte am leichtesten zu lösen: da A′ in der Regel *hebräisches Imperfekt* durch *Indikativ Futurum* überträgt, ist das Futurum von 1173 wahrscheinlicher als das Präsens in Eus. Überdies ist das Futurum lectio difficilior, da O′ das Präsens haben (freilich gibt es auch Zeugen der O′ mit Futurum).

Die beiden andern Widersprüche hängen zusammen. Doch bevor wir sie genauer ansehen, sei noch festgestellt, daß die *Wortwahl* in dieser A′-Übersetzung zu keinen Bedenken Anlaß gibt, da sie für A′ charakteristisch ist. Besonders das ἐν ἐγκάτῳ für בקרב ist *Eigenart A′s.* Es wird für unsern *V. 1c* auch durch 1175 und durch 264 mg Є′A′ bezeugt. Siehe zu den andern Wörtern *Reider,* Index, ss. vv.

Die beiden Widersprüche bedingen sich gegenseitig: in A′ nach Eus sind die *zwei Stichoi parallel:* (1b) θεὸς ἔστη ἐν συναγωγῇ ἰσχυρῶν || (1c) ἐν ἐγκάτῳ θεὸς κρίνει. Die Stichoi sind *getrennt wie in MT.* Die Trennung von בקרב und dem nachstehenden אלהים entspricht den *Teamim* des MT, die אלהים mit folgendem ישפט enger verbinden als mit dem vorangehenden בקרב. בקרב erhält eine isolierte Stellung ohne abhängiges Glied im Genetiv. Die Trennung stimmt auch mit der Auslegung im Midrasch Tehillim überein. Merkwürdigerweise fügt sich in O′ ein δὲ gerade nach ἐν μέσῳ und vor θεούς ein (siehe folgendes Exzerpt 102, L. 1), gleichsam um über das ἐν μέσῳ *ohne Genetiv* hinwegzuhelfen. Die Schwierigkeit von MT und von A′ nach Eus beruht gerade auf dem Umstand, daß בקרב *ohne nähere Bestimmung* ist. Dieses merkwürdige Fehlen wird noch auffälliger wegen des Parallelismus in *V. 1b:* בעדת־אל, wo eine Ergänzung steht! בקרב würde eine ähnliche Bestimmung erheischen.

In 1173 ist die Lage gerade umgekehrt: Der *Parallelismus* der beiden Stichoi lautet: *(1b)* θεὸς ἔστη ἐν συ(ναγωγῇ) // ἰσχυρὸς *(1c)* ἐν μέσῳ θεῶν κρινεῖ. Die Stichoi sind *gegen MT getrennt,* aber auch gegen O′! Dies ist ein Argument zugunsten der Lesart A′ nach 1173.

Weiter stimmt der *Singular* אל in MT mit ἰσχυρός bei A′ nach 1173 überein, während ἰσχυρῶν bei Eus leicht durch Kontamination mit O′ entstanden sein konnte.

Aber sogleich melden sich *zwei Einwände* gegen die Lesart nach 1173: zunächst bietet Syh die Lesart A′: ※ דחילתנא .א. Dies ist τοῦ ἰσχυροῦ nach *Field,* vielleicht aber eher einfaches ἰσχυροῦ. Und ferner: בעדת fordert noch gebieterischer als בקרב eine Bestimmung! Denn בעדת steht im *Status constructus.*

Außerdem, und dies ist die *dritte Schwierigkeit,* werden die beiden אלהים in *V. 1b* und *1c* verschieden übertragen: in *V. 1b* im *Singular:* θεός; in *V. 1c* im *Plural* θεῶν (so ist die *Abkürzung* in 1173 aufzulösen, wie *erstens* der Vergleich mit dem abgekürzten θ͞ς von *V. 1b* zeigt: es handelt sich um zwei *verschiedene* Abkürzungen, und *zweitens* die gleiche Abkürzung in fol 260a, l. 13 von unten: τὴν πο/͞ς θε᾽ εἰδωλατρίαν, und hier, fol 261b, l. 6 von oben [Zeilen der Catene]:θ͞ς).

Übrigens ist eine *andere Frage* noch offen: in 1173 ist συναγωγῇ abgekürzt in συ: *wie ist zu ergänzen? Mit oder ohne* θεῶν? Wir haben schon festgestellt, daß 1173 sich nicht scheut, dort wo die hexaplarischen Lesarten mit O′ sich decken, eines oder mehrere Wörter abgekürzt wiederzugeben: z. B. oben *Ps lxxix 18, E. 84, L. 4* und 5! Dazu viele Beispiele, wo die Abkürzung Nomen, bzw. Verb *mit* Possessivum, bzw. Personalpronomen im Akkusativ umfaßt.

Wäre hier also mit συναγωγῇ θεῶν zu ergänzen? Wäre dies der Fall, hätte man aber auch die *fehlende Bestimmung* von בעדת: בעדת אלהים! Die beiden parallelen Verse würden zweimal mit größter Betonung Gott in der Versammlung der Götter und inmitten der Götter vorstellen.

Aber weder *Kennicott* noch *de Rossi* wissen etwas von einer בעדת אלהים vor אל. Immerhin sei darauf hingewiesen, daß die hebräischen Hss vielleicht nicht mehr alle Spuren bewahrten, wo die Überlieferung zwischen einfachem אל oder אלהים und dem Paar אל אלהים schwankte. Siehe ein Beispiel für dieses Paar, das unter den *Zeugen von MT* gänzlich unterging, oben *Ps lxxx 10b, E. 94, L. 1.*

Es ist indessen vielleicht das Beste, wenn man die Hypothese einer andern hebräischen Textvorlage für A′ vermeiden will, die *Lesart der Syh* als ursprünglich anzunehmen: θεὸς ἔστη ἐν συναγωγῇ ἰσχυροῦ· ἐν μέσῳ θεῶν κρινεῖ. Diese Lesart A′ versieht *beide Umstandsbestimmungen mit ihrem notwendigen Komplement;* sie trennt die Verse *nicht anders als MT,* wenn auch innerhalb von *V. 1c* die Teilung anders ist als jene der Teamim; und sie setzt in 1173 nur den *kleinen Irrtum* ἰσχυρός statt ἰσχυροῦ voraus: ein Irrtum, der durch Angleichung an θεὸς von *V. 1b* entstehen konnte, besonders leicht, als συναγωγῇ abgekürzt wurde und dadurch die Notwendigkeit des Genetivs weniger spürbar wurde. Daß אלהים in *V. 1b* als Singular und in *V. 1c* als Plural erscheint, ist kein Einwand. Denn A′ überträgt אלהים nötigenfalls als Plural, siehe *Reider,* Index, s. v., S. 109–110; z. B. *Ps xcvi 7c; xcvi 9b* nach Taylor; u. a. m. Übrigens erklärt sich die Form des A′-Zitates bei Eus vielleicht aus theologischen Bedenken eines der Tradenten: er verwandelte den Plural θεῶν in *V. 1c* in den Singular, der den anstößigen Polytheismus zum Verschwinden brachte. A′ war in diesem Punkte dem hebräischen Texte treuer geblieben.

Lesart 2

C′ ist *aus Eus* ebenfalls bekannt. 1173 stimmt mit ihm überein. Die *Teilung* der Stichoi ist wie die in MT. C′ hat im Gegensatz zu O′ *nur Singulare:* θεός. Die Anspielung auf andere Götter ist damit ausgemerzt; es ist nur die Rede von Gott. Wie A′ hat C′ einfaches κρίνω, aber *als Participium coniunctum.* Dies erlaubt ihm, den Wechsel von Perfekt im Hebräischen in *V. 1b* zu Futurum in *V. 1c* elegant und unauffällig nachzuahmen, ohne den im Griechischen harten Übergang von Aorist zu Futurum wie bei A′. Besonders fein ist C′s Übersetzung von בקרב. Der *Plural* ἐν μέσοις gibt die Idee von *Gerichtshof* her, ohne daß C′ θεός je im Plural zu verwenden braucht.

Exzerpt 102. Vers 1c

Lesart 1

Diese ζ′-Lesart setzt einen O′-Text entweder *ohne* δὲ voraus: = 226, oder einen Text, dessen δὲ, bzw. *autem* obelisiert ist wie in Psalterium Gallicanum G², oder sonst eine Textform, wie z. B. bei Athanasius: καὶ ἐν μέσῳ: siehe *Holmes-Parsons* z. St. (*Holmes-Parsons* haben Unrecht, *für 264* ἐν ἐγκάτῳ δὲ zu zitieren: im Psalmentext von 264 steht ἐν μέσῳ δὲ.)

Exzerpt 103. Vers 2a

Lesart 1

Welches ist die echte *Form* der A′-Lesart? Wie das *Schriftbild* in 1173 zeigt, ist das ν *finale* ganz eng an das ω, das vorangeht, angeschlossen. Daraus möchte man vermuten, es handle sich um das *ursprüngliche* Wort παράνομον, das irrtümlicherweise in παρανόμων verändert wurde. Der Genetiv Plural ist kaum richtig; er fügt sich in keinen syntaktischen Zusammenhang.

Leider ist עְוִיל sonst für A' *nie* bezeugt. Wohl aber ist der *Stamm* עְוִיל bei ihm mit παρανομ-
verbunden: עְוְלָה ist παρανομία in *Job vi 29* nach Morin. n. μ; *Job xi 14* nach Field («Nobil., qui
quasi scholion affert. Aquilae vindicat Montef. ...») = Morin. n. θ; *Ps xlii 1c* nach 1175. Da עְוְלָה
ein *feminines Nomen* ist, hat A' es als weibliches griechisches Hauptwort übersetzt. עְוִיל *masculinum* wird er als *Neutrum* (ähnlich wie ἀνωφελές für אָוֶן) übertragen haben, siehe Beispiele von
solchen Neutren in *Reider*, Prolegomena, S. 51. Ferner begegneten wir schon einem *Beispiel*
von hebräischem = griechischem *Femininum*, dem das Paar hebräisches = griechisches *Masculinum* beigesellt wurde: oben in *Ps lxxviii 11b*, E. 73, L. 1: μέγεθος גֹּדֶל, μεγαλωσύνη גְּדוּלָה, und
ein anderes, noch ähnlicheres Beispiel: צֶדֶק = δίκαιον (Neutrum), צְדָקָה = δικαιοσύνη, siehe *Reider*, Index, S. 58. Übrigens haben schon O' עָוֶל als Neutrum ἄδικον in *Lev xix 15, 35* und *Dt
xxv 16* übersetzt.

Zugunsten dieser *Hypothese* von עְוִיל = (τὸ) παράνομον, עְוְלָה = παρανομία in A's Werk spricht
ferner folgende Beobachtung: A' überträgt *adverbialen Akkusativ* auch im Griechischen *als
Akkusativ*. Leider läßt sich für das *Verb* שָׁפַט kein Beispiel beibringen. Aber Belege für solche
Akkusative wären (alle Beispiele aus 1098): *Ps xvii 33a*: הַמְאַזְּרֵנִי חָיִל = περιζωννύς με εὐπορίαν;
ähnlich *40a; xxix 12b; xxxiv 28b*: כָּל־הַיּוֹם = ὅλην τὴν ἡμέραν; *lxxxviii 36a*: אַחַת נִשְׁבַּעְתִּי = μίαν
ὤμοσα; *38a*: וְכוּן עוֹלָם = ἑτοιμασθήσεται αἰῶνα. Da schon O' mit *adverbialem Akkusativ* übertragen,
hätte A' in unserem *V. 2a* also nicht die *Konstruktion*, sondern nur die *Wortwahl* im Vergleich
zu O' geändert.

Die Schwierigkeit dieser Hypothese beruht, abgesehen von den *mangelnden Zeugnissen*
für עָוֶל bei A', darauf, daß der von A' gewollte *Sinn* von κρίνατε παράνομον kaum durchsichtig
war, denn diesen Ausdruck mußte man auf den ersten Blick als: *«richtet (den) Gesetzesbrecher»*
(also als *Masculinum*) und nicht als: «richtet Gesetzesbrecherisches» (*Neutrum*) verstehen.

So ist es nicht sicher, ob A' in diesem Konflikt zwischen seiner Methode (die Hypothese,
daß עָוֶל = [τὸ] παράνομον Neutrum sei, einmal vorausgesetzt) und der Klarheit des Sinnes im
Griechischen sich für παράνομον entschied.

Wäre παρανόμως möglich, ähnlich dem ἀδίκως des Θ'? Es scheint wie gesagt, daß A' adverbiale Akkusative als Nomina im Akkusativ zu übertragen pflegte. Aber man kennt bei ihm
tatsächlich auch *Adverbien* an Stelle von Nomina im Akkusativ. So ist z. B. שָׁוְא εἰκῇ, siehe
Reider, Index, s. v., S. 67, aber auch εἰκαιότητα *Akkusativ* in *Prov xxx 8* nach Morin. (= *Prov
xxiv*) n. θ (2⁰)! So ist auch *denkbar*, A' habe עָוֶל gelegentlich einmal durch das Adverb παρανόμως
übertragen. Dies kann jedoch nicht überall der Fall gewesen sein, denn anders als שָׁוְא ist עָוֶל
oft deutlich Nomen mit den syntaktischen Bezügen, die nur für Nomina, nicht für Adverbien
möglich sind.

So könnte man auf eine *dritte Hypothese* geführt werden: παρανόμω[ν] ist ein *Dativ*, und die
Kopisten haben irrtümlicherweise, vielleicht unter dem Einfluß des nachfolgenden, symmachianischen ἀδικίαν, das *Schluß-ν* angehängt.

Der *Einwand* gegen diese Hypothese ist die Tatsache, daß wir keinen *Dativ im
Hebräischen* haben. Aber diese Schwierigkeit läßt sich entkräften: in *V. 3a* (siehe
unten) haben wir *dieselbe hebräische Konstruktion*, die A' mit Dativ überträgt.

A' hat dort den hebräischen Akkusativ, der ja durch kein אֵת als solcher gekennzeichnet
wird, sinngemäß als Dativ ins Griechische übersetzt. Der Dativ ergibt einen guten Sinn. Denn
wir dürfen annehmen, daß A' wie O' in unserem *V. 2a* im Präsens Indikativ κρίνετε übersetzt
hatte. Darauf weist der Parallelvers *2b* mit Präsens, siehe unten E. 104, L. 1, hin. Der Sinn des
V. 2a wäre also: «Bis wann richtet ihr zugunsten des Gesetzesbrechers?» Das in 1173 eingedrun-
gene ν kam wohl erst hinzu, als die Lesart aus jedem syntaktischen Zusammenhang gelöst war, und
dadurch die Kaususendungen allfälligen Verderbnissen viel ungeschützter preisgegeben waren.

Eine Schwierigkeit bleibt allerdings: עָוֶל würde somit «den Gesetzesbrecher», also die Person, nicht die Sache: «den Gesetzesbruch», bedeuten! Vermag der Parallelismus mit *V. 2b, 3 a, b, 4 a, b*, wo ausschließlich von Personen als Gegenstand des richterlichen Tuns die Rede ist, diese überraschende Bedeutung von עָוֶל aus dem Kontext zu erklären und zu rechtfertigen? Übrigens ließe sich hinter παρανόμων auch die Form παρανομίαν vermuten, die zu παρανόμων verderbt worden wäre. Auch diese Möglichkeit kann nicht völlig ausgeschlossen werden.

Alles in allem: Die *erste Hypothese:* «Wie lange richtet ihr Gesetzesbrecherisches?», im Sinne von: «Wie lange richtet ihr auf gesetzbrecherische Art und Weise?», in der also das Neutrum im adverbialen Akkusativ *Adverbbedeutung* bekleidet, erscheint *am wahrscheinlichsten.* Die Verderbnisse im Verlaufe der Überlieferung dieser Lesart erklären sich wohl gerade aus diesem ungewöhnlichen Gebrauch des Neutrums παράνομον, der nur auf dem Hintergrund des Hebräischen voll verständlich wird.

Lesart 2

Diese Lesart C′Є′ wirft in der *Wortwahl* keine Fragen auf. Denn C′ verbindet die *Wurzel* עָוֶל meistens mit ἀδικ-: *Ps lii 2b* nach Eus: עָוֶל Nomen, wie in unserm *V. 2a* adverbial gebraucht = μετὰ ἀδικίας (O′ ἐν ἀνομίᾳ); *Job xxxiv 10* nach Field («Olymp. et 'omnes'.»): עָוֶל Nomen = ἀδικία (O′ freie Übersetzung). Die Fügung עַוְלָה בֶן erscheint in *ii Regn iii 34* als *Adjektiv* ἄδικος nach j (O′ υἱὸς ἀδικίας); *Ps lxxxviii 23b* nach Eus als υἱὸς ἀδικίας (O′ ἀνομία); *xci 16b* ist עַוְלָה nach Tht: ἀδικία (= O′) (es ist aber vielleicht gar kein Zeugnis für C′, sondern bloße Wiederaufnahme von O′ *nach* der Lesart C′). Es überrascht nicht, daß sich C′ nicht ausschließlich an *eine* Übertragung hielt, sondern auch ἀνομία für עַוְלָה unter seiner Feder auftaucht: *Ps lxiii 7a* nach Eus (= O′; es ist aber nicht sicher, ob hier ἀνομία noch zur C′-Lesart gehört!); *Prov xxii 8* nach Morin. n. ζ.

Є′ ist sonst für עָוֶל oder עַוְלָה nicht bezeugt, aber da O′ nicht selten mit ἀδικία übertragen, ist diese Verbindung auch bei Є′ nicht unmöglich.

Warum sind aber C′Є′ angeführt, da sie ja doch dieselbe Lesart wie O′ enthalten? In O′ gibt es isolierte Varianten: ἀδικίας *im Plural* = 213; ἁμαρτίαν = 274. Überdies enthält 1173 eine zur Wahl gestellte Form: ἀδικίανσ.

Die einfachste Erklärung ist wohl die: C′ hatte den *Singular* wie auch in *Ps lii 2b* nach Eus und *Job xxxiv 10* nach Field («Olymp. et 'omnes'.»). Є′ dagegen hatte den *Plural, wie* O′ oft: siehe *Ez xviii 24* Variante: ἀδικίας; *V. 26* Variante: παραπτώματα; *xxxiii 18* ἀνομίας (ἀνομίαν = O′ nach 86); usw.

Oder vielleicht noch wahrscheinlicher: Є′, die eine *Rezension* ist, hatte einen *Plural,* der ihrer O′-*Vorlage* zugehörte, in den *Singular, der dem Hebräischen enger entsprach,* verwandelt. Ähnlich haben die *hexaplarischen* O′ nach 86 den Plural in den Singular umgeändert in *Ez xxxiii 18*. Es stand also *bei C′ und bei* Є′ ἀδικίαν. In O′ des Exzerptors jedoch fand sich in *V. 2a* noch der alte Plural, der zu dem Zitat der C′Є′-Lesart den Anlaß gab.

Das nachträglich aufgesetzte Sigma erklärt sich vielleicht aus der Ratlosigkeit eines späteren Schreibers, der sah, daß in seinen O′ die Lesart C′Є′ mit O′ *identisch* war, und sich fragte, worin denn C′Є′ von O′ verschieden seien, und eine Möglichkeit des Unterschiedes in Ein- und Mehrzahl andeutete.

Lesart 3

Diese Θ'-*Lesart* hat den *adverbialen Akkusativ* als *Adverb* ausgedrückt, das vom *gleichen Wortstamm* genommen ist. Siehe eine ähnliche freiere Übertragung Θ's mit dem Worte שָׁקַר in *Ps xxxiv 19a* nach 1098: μάτην, oder in *Ps lxxviii 38a* nach 1098, wo zwischen Lesart C' und Lesart O' (also wohl Θ') das Adverb αἰωνίως für עוֹלָם im Akkusativ mit adverbialer Bedeutung steht. Schon O' hatten oft so die adverbialen Akkusative gewendet.

Exzerpt 104. Vers 2b

Lesart 1

Im Gegensatz zu O' hat A' πρόσωπον im *Singular* beibehalten, wie er das immer tut. Auch O' übersetzen ja meistens in der Einzahl.

רָשָׁע = ἀσεβής, siehe *Reider*, Index, s. v., S. 33–34, und unten *V. 4b*, E. 108, L. 4. Der *Artikel* fehlt vor beiden Substantiven wie in O' und bei C'. *Bei O' und C'* erklärt sich die Weglassung der Artikel aus einer *Eigentümlichkeit des Griechischen:* Verbindung zweier Substantive, von denen das eine indeterminiert oder allgemein ist, siehe *Kühner-Gerth*, Grammatik, i, § 462 k, S. 607–608, bei A' aus dem Wunsche, das *Hebräische abzubilden.*

נָשָׂא = αἴρω, ebd. S. 7–8, und unten *Ps lxxxii 3b*, E. 118, L. 1. Wie O' hat A' das *Präsens* im Griechischen für *hebräisches Imperfekt* gewählt.

Lesart 2

Wie bei A' steht πρόσωπον auch bei C' in der *Einzahl.*

παράνομος (hier ein *Plural;* das o in 1173 ist mit 1122 durch ω zu ersetzen) ist bei C' *sehr häufiges* Äquivalent von רָשָׁע: *Ps xxvii 3a* nach 264 mg; *xxxi 10a* nach 264 mg, 1098; *lxxiv 5b* nach Eus; und unten *V. 4b*, E. 108, L. 5, usw.

Das Verbum προσίεμαι (Medium von προσίημι) ist ein ausschließlich *symmachianisches* Wort. Das gesamte griechische Alte Testament enthält sonst keinen Beleg mit diesem Verb. (*iv Mak* benützen προσεῖμι = hinzutreten, – gehen: ein anderes Kompositum aus πρὸς und εἶμι = gehen.)

Wohl aber ist προσίεμαι für *Flavius Josephus* bezeugt: Ant. Jud. iii 15, 2.

In C' ist προσίεμαι neben unserem *V. 2b* noch an *zwei* Stellen überliefert: *Jer vi 10* nach 86 für חָפֵץ und als *strenge Parallele* zu unserer Wendung in *Job xlii 9* nach Field («Nobil. et 'omnes'.») für פָּנִים נָשָׂא. Die Übersetzung ist vortrefflich, denn die Bedeutung von προσίεμαι ist «zulassen, vorlassen, ertragen».

Aber um welche Form handelt es sich? Zuerst denkt man an einen itazistisch entstellten *Aorist Medium:* προσῆσθε für προσεῖσθε. Aber obgleich Aorist Medium von ἵημι und einigen seiner Komposita εἵμην ist, siehe *Kühner-Blass*, Grammatik, ii, § 291, S. 214–215, ist für dieses Verb προσίεμαι *nur* der *Aorist Medium* mit -κα- belegt: *Liddell-Scott*, A Greek-English Lexicon, s. v., S. 1514, *Stephanus*, Thesaurus, vii, c. 1932; vgl. *Mayser*, Grammatik, i, 2, § 76, S. 143, Z. 18 ff. (wo aber das Wort προσίεμαι bzw. προσίημι nicht figuriert: es war damals in den ptolemäischen Papyri offenbar noch nicht nachgewiesen; aber bei *Preisigke-Kiessling* ist es erwähnt, Bd. ii, Sp. 402, Z. 46 – Sp. 403, Z. 3, aus Papyri vom 2. bis zum 6. J. n. Chr!).

Dazu kommt, daß der Aorist *schlecht* in den Zusammenhang paßt. In die Frage: «bis wann?» gehört als *Zeitform* ein *Präsens* oder ein *Futurum*.

Das *Präsens* wäre προσίεσθε. Es ist nicht möglich, von hier ohne Korruption zu προσῆσθε zu gelangen.

Das *Futurum* lautet προσήσεσθε. Auch der Weg von hier zu προσῆσθε geht über eine *Verderbnis,* aber eine, die *leicht* geschah, denn es ist nicht nur der graphische Unfall der *Haplographie:* προσή-σε-σθε > προσήσθε, der eintreten kann, sondern es mag sich auch die *Kontamination* mit προσειμί auswirken. In der Tat ist dieses Verb recht häufig, und wie die 2. Person Mehrzahl «ihr seid» entweder ἦτε oder ἦστε sein kann, so auch das Kompositum: προσῆτε oder προσῆστε. Der Unterschied von προσήστε, das geläufig sein mochte, und προσήσεσθε war so gering, daß es leicht zur Vermischung der beiden Formen kommen konnte. Welches auch die Ursache der offenkundig verderbten Form in 1173 = 1122 war, die *wahrscheinlichste* Restitution ist die des *Futurum Medium:* προσή⟨σε⟩σθε.

Exzerpt 105. Vers 2c–3a

Lesart 1

Der Übertragung von סלה hat *Mercati* eine sorgfältige Untersuchung in Osservazioni, S. 164–166, gewidmet: A' und Є' verwenden ἀεί.

εἰς τέλος ist hier ohne Sigel. O', C' *und* Θ' übertragen durch διάψαλμα. Es bleibt nur ζ'. Tatsächlich gibt *Origenes* zwei Übersetzungen von סלה durch ζ': εἰς τέλος in *Ps lxxv 4c, 10c* nach 1175. So ist hier wohl ζ' zu ergänzen. Der Exzerptor hat also jene Lesarten angeführt, die mit O' nicht übereinstimmen.

Lesart 2

Diese Lesart hatten bereits *Field* und *Morin.* n. β gekannt. Deren Quellen waren wohl 264 mg und 1175.

ἀραιός entspricht דל, siehe *Reider,* Index, s. v., S. 30. Oben *Ps lxxviii 8c,* E. 65, L. 1 hatten wir für דלל ἀραιόω bei A' angetroffen. Die beiden Lesarten bestätigen sich gegenseitig. Siehe ferner unten *V. 4a,* E. 108, L. 1.

ὀρφανός bereitet keinerlei Bedenken: *Reider,* Index, s. v., S. 176.

Bemerkenswert ist die *Dativkonstruktion:* «zugunsten des Armen und der Waise»: siehe als Parallelen: *Ps ix 39a (x 18a)* nach Chr[H, Q] (möglicherweise findet sich auch auf dem innern Rand von Chr[D] eine Sigel, die auf dem Mikrofilm nicht sichtbar ist: fol 100a).

Freilich verbindet A' κρίνω oft auch mit dem Akkusativ, z. B. *Ps xxxiv 24a* nach 1098 (O' Dativ!); *iv Regn xxiii 22* nach Burkitt; usw.

Diese *doppelte* Übertragung im Griechischen für *gleiches* שפט mit Objekt im Hebräischen beruht auf dem *Doppelsinn* von שפט: «zum Recht verhelfen» und «richten». Diese Feinheit der Übersetzung *trennt hier A' von O'*, die sich mit bloßem *Akkusativ* begnügen, in einem Teil zumindest der Überlieferung, nämlich in ihren Hss P. Bodmer xxiv, B, S, Psalterium Gallicanum, Cyprian, während R, *L'*, [Sy?], A'', La, Vulg, Tert den Dativ enthalten. Es ist nicht erstaunlich, daß *C'* den Dativ auch seinerseits hier übernimmt.

Den *Doppelsinn* von שׁפט haben allerdings auch oft schon O' gefühlt. So übertragen sie שׁפט in der Bedeutung von «*Recht sprechen für jemanden*» gerne durch κρίνω mit *Dativ*, z. B. in *Ps ix 39a* (*x 18a*), *Is i 17, 23, xi 4*, usw., oder auch durch δικάζω mit *Dativ*, z. B. *i Regn xxiv 16*, oder mit *Akkusativ*, z. B. *i Regn viii 5, 6*.

Aber für שׁפט in der Bedeutung von «*richten, Recht sprechen über jemanden*» verwenden sie κρίνω mit *Akkusativ*, z. B. *Ps vii 9a, Ps lxxxi 8a*, usw.

Es kommt jedoch ebenfalls vor, daß sie שׁפט im Sinne von «*Recht sprechen zugunsten jemandes*» durch κρίνω *mit Akkusativ* übertragen: so z. B. in *Ps vii 9b, xlii 1b, lxxi 4a*, usw. Dieser *Doppelsinn von κρίνω mit Akkusativ* ist in der Bedeutung des griechischen Verbs angelegt, weil κρίνω mit Akkusativ nicht nur jemanden «*ab- oder verurteilen*», sondern auch «*jemanden beurteilen*» (zum Guten wie zum Bösen!) heißt.

Unter der Voraussetzung dieses Sprachgebrauchs von O' wird die Wendung A's (und C's) verständlich: einerseits ist κρίνω als *Äquivalent von* שׁפט beibehalten, es ist anderseits durch den Dativ klarer und eindeutiger verständlich als in O' konstruiert.

Denn A' hat ja wie gesagt selbst κρίνω mit Akkusativ verknüpft. Wenn also *Mercati*, Osservazioni, S. 250–251, sich fragt, ob das Zeugnis Eus', das 1175 in der Catene zu *Ps xxv 1b*: ἐν τῷ ἑξαπλῷ παρὰ τοῖς O' καὶ τοῖς λοιποῖς πᾶσιν ἑρμηνευταῖς κρῖνόν με κεῖται: – überliefert, auf *alle* Übersetzer und auf *alle Fälle*, wo κρίνω *mit Objekt* vorkommt, zutreffe, so ist noch schärfer darauf hinzuweisen, daß für A' und C' sowohl Zeugnisse von κρίνω *mit Akkusativ* wie auch von κρίνω *mit Dativ* überliefert sind. Dies beruht nicht etwa auf Unzuverlässigkeit der Überlieferung, sondern auf einer *differenzierten Übertragung* von שׁפט mit Objekt.

Damit liegt ein anderer Aspekt des Rezensionswerkes von A' (und C') vor uns: sie haben sich nicht nur um eine möglichst genaue Wiedergabe des Wortschatzes und der Formen bemüht, sondern sie haben auch den *Sinn* genauer zu erfassen und darzustellen gesucht. Dabei scheuen sie offenbar nicht davor zurück, eine *Differenzierung* zwischen Akkusativ und Dativ im Griechischen einzuführen, obgleich ihr im Hebräischen eine einheitliche, undifferenzierte Form entspricht.

Übrigens haben *fast alle Zeugen* von O' – S, Psalterium Gallicanum, Vulg, Cyprian ausgenommen – ὀρφανὸν καὶ πτωχόν (bzw. -ῷ καὶ -ῷ), als ob in ihrer hebräischen Vorlage יתום ודל gestanden hätte: vielleicht sind beide Varianten: *Dativ* statt Akkusativ, und *Reihenfolge* mit ὀρφανός an der Spitze, durch *Ps ix 39a* (*x 18a*) O' beeinflußt.

Lesart 3

Die Lesart C' ist ihrerseits aus denselben Quellen 264 mg und 1175 bekannt, wo allerdings ἀγόνῳ steht. *Montfaucon* hatte bereits ἀτόνῳ vermutet, mit dem Hinweis auf C' in *Ps cxiv 6b* nach Tht und *Job v 16* (vgl. Field, Auctarium: «Cod. 252 . . .»). *Field* korrigierte, gestützt auf Syh: ולמשׁפלא .ס. in ἀτόνῳ. Unsere Lesart bestätigt in *unmittelbarer Überlieferung* diese Konjektur. Siehe zu ἀτονέω oben *Ps lxxviii 8c*, E. 65, L. 2: in diesem Vers hatte Syh dieselbe Wurzel שׁפל im 'Aph'el, was die Treue der Überlieferung von 1173 vom Syrischen her noch bestätigt.

Exzerpt 106. Vers 3b

Lesart 1

πένης *für* עָנִי bei A′: siehe *Reider*, Index, s. v., S. 187, wo hinzuzufügen ist: «O′» *Eccl vi 8;* ἄπορος *für* רֵשׁ: A′C′ in *i Regn xviii 23* nach j (*A′ allein* nach z); A′Θ′ *Prov xxviii 3* nach Morin. n. β. Unsere Stelle bestätigt diese beiden Lesarten. Nach z in *i Regn xviii 23* bietet 1173 nun das *zweite* Zeugnis für A′ allein.

δικαιόω *für* צָדֵק *hif* ist hier zum *ersten Mal* für A′ bezeugt! Bisher war nur aus Field («Sic Nicet. et 'omnes MSS'.») zu *Job xv 14* die Lesart A′Θ′ δικαιόομαι *für* צָדֵק *Qal* bekannt gewesen. Da O′ meistens mit δικαιόω צָדֵק im Pi'el und Hif'il, und oft mit δικαιόομαι im Qal übertragen, ist A′ wohl wegen seiner *Übereinstimmung mit O′* in der Überlieferung nicht öfter zu Wort gekommen.

Dieser Parallelvers erklärt übrigens vollends, warum A′ in *V. 3a* κρίνω *mit Dativ* verband.

Lesart 2

עָנִי ist *für* ℭ′ bezeugt in *Ps xvii 28a* nach 1098: πένης. Die beiden Lesarten bestätigen sich. Die ℭ′-Lesart von *Za ix 9* nach Origenes: πτωχός spricht nicht dagegen, denn diese Übersetzung «ℭ′» ist ja kaum dieselbe wie ℭ′ im Psalter, und selbst wenn es dieselbe wäre, kann mit Variationen über so große Distanzen hinweg gerechnet werden, zumal ℭ′ ja nie ganz konsequent in ihren Optionen ist.

Für רֵשׁ ist *keine* weitere griechische Lesart von ℭ′ überliefert. In *Prov xiii 23* gibt Syh: בישא .ה., und in *Prov xxix 13:* ... בישא .ה .ם. Die Rückübersetzung ist wohl πτωχός. Aber auch dies spricht nicht gegen das Zeugnis von 1173 in unserem *V. 3b*.

Lesart 3

C′ überträgt עָנִי *fast immer mit* πτωχός. Die *andern* Übersetzungen bei ihm sind πραΰς und ταπεινός, die er aber wohl zur Wiedergabe von עָנָו verwendete, wie O′ es schon getan hatten; auch finden wir κεκακωμένος in *Is li 21* nach Eus für עֲנִיָּה, das C′ ohne Zweifel als *passives Partizip* von עָנָה: עֲנ[וּ]יָה im *Femininum* auffaßte.

Wo C′ עָנִי las, da übertrug er mit πτωχός.

Für רֵשׁ ist eine *Doppellesart:* A′C′ in *i Regn xviii 23* nach j überliefert: ἄπορος, und in Syh zu *Eccl iv 14* steht am Rande zur C′-Lesart *auf griechisch* ἠπορήθη. Dies wird bestätigt nach Field durch «Nobil.» (= Morin. n. χ) und Cod. 252 mg (anonym).

Das *Hitpolel Partizip* מִתְרוֹשֵׁשׁ heißt bei C′ nach Morin. n. η πτωχευόμενοι in *Prov xiii 7*, und das *Hauptwort* רֵישׁ in *Prov xiii 18* ist mit πενία (wie O′!) nach Morin. n. τ bei C′ bezeugt.

ἄπορος ist an dieser Stelle wohl unter *A′s Einfluß* von der symmachianischen Übertragung gewählt worden.

צָדֵק *Qal* ist für C′ zweimal bei Job als δικαιόομαι *Passiv* überliefert: *Job xxii 3* nach Field («Olymp., Colb., Orat., Reg. unus.»); *xl 3 (8)* nach Field («Ex Nobil. et Drusio edidit Montef., ...»): diese Lesart, Morin. n. β, wird in Cod. *252 (bei Field nach Parsons)* dem A′ zugeschrieben: zu Unrecht: siehe gleich unten.

In *Job ix 20* erscheint C′ nach Morin. n. κ in seiner Übersetzung von אֶצְדָּק Qal Impf freier: δικαιότερος ἀναφανῶ.

צדק *hif* ist *nie* bei C′ bezeugt. Dennoch ist unsere Lesart *glaubwürdig* wegen ihrer *symmachianischen Konstruktion.* C′ liebt es, bisweilen das Kausative des Hif'ils oder des Pi'els mit Hilfe von ποιέω auszudrücken: siehe oben *Ps lxxvii 41b,* E. 12, L. 2. Nun läßt sich überdies eine *Parallele* erbringen: in *Job xl 3 (8)* übertrug C′ das *Hif'il von* רשע durch: ἄδικον ποιήσεις με nach Field («Ex Nobil. et Drusio edidit Montef., ... Cod. 252 ...: ᾽Α. ἄδικον κ. τ. ἑ. ...»).

Wie *Field* müssen auch wir das *Zeugnis von Cod. 252 zurückweisen.*

So bleibt die ausgezeichnete *Parallele* ἄδικον ποιέω τινα = רשע hif zu unserem *V. 3b:* τὸ δίκαιον ποιέω = צדק hif bestehen, obschon die Ähnlichkeit zwischen beiden Wendungen nicht total ist: doppelter Akkusativ masculinum in *Job xl 3 (8)* gegen Dativ mit Akkusativ neutrum in *V. 3b!*

Exzerpt 107. Vers 3b

Lesart 1

Die *Wortwahl* Θ′s deckt sich mit jener in O′, aber die *Form* ist verschieden: *Akkusativ* in O′, *Dativ* bei Θ′. Dieser überrascht mit dem Verb: הצדיקו, dem doch wohl auch bei Θ′ δικαιόω entspricht. δικαιόω wird aber nicht mit Dativ, sondern mit Akkusativ gebildet!

צדק *Verb* ist für Θ′ nur *einmal,* und zwar für eine *Qal-Form,* erhalten: Α′Θ′ δικαιωθήσεται in *Job xv 14* nach Field («Sic Nicet. et 'omnes MSS'.»). Daraus läßt sich immerhin entnehmen, daß Θ′ sich in den Bahnen von δικαιο- bewegte, um צדק zu übertragen. Oder war es vielleicht bei Θ′ δικάζω, das mit *Dativ* konstruiert sein kann, und das für Θ′ bezeugt ist: *Ps cxviii 154a* Θ′Є′ nach cat xvii [1047, 1135, 1139] (ריב) und zusammenfassende Lesarten Α′C′Θ′ in *Prov xxiii 11* nach Morin. n. ι; *xxv 9* nach Morin. n. κ; *Is lvii 16* nach 86, Chr (οἱ λ′); *Os x 6* Α′Θ′ nach Syh: alle als Übertragung von ריב? Diese Lesarten enthalten kein *Dativ-,* aber auch kein *Akkusativobjekt.*

Welches immer das Verb gewesen sein mag, die Tatsache, daß die Wortwahl der Adjektive mit jener von O′ in *V. 3b* sich deckt, ist genügende Gewähr, daß die vorliegende Θ′-Lesart zu *V. 3b* gehört, daß es also nicht eine *verirrte* Lesart ist, die ihren ursprünglichen Platz verloren hätte.

Der *Dativ* mag sich auf die nämliche Weise erklären wie der Dativ oben in *V. 3a* bei A′ und C′, siehe dazu das in E. 105, L. 2 Gesagte. Oder noch genauer: das Verb (δικάζω?) wurde so gewählt, daß sein Dativobjekt so deutlich wie möglich den Sinn des richterlichen Handelns erkennen ließ, das Gott in diesem Vers fordert.

Exzerpt 108. Vers 4a–b

Lesart 1

Die «A′-Lesart», so wie sie 1173 bietet, ist in Wirklichkeit eine *Anhäufung von drei Lesarten,* in der *zwei Sigel* verlorengegangen sind. Denn da die zweite A′-Lesart dieses Exzerptes, L. 4, deutlich das *Ende von V. 4b* übersetzt (ohne מיד), da aber anderseits auch die beiden Wörter ῥύσασθε αὐτόν, L. 2, in der zweiten Hälfte der ersten «A'-Lesart» das *Ende von V. 4b* übersetzen, ist es klar, daß nicht beides von A' stammt. Nun trägt die *A'-Lesart, L. 4,* das Gepräge der Echtheit, siehe dort. So ist der Ausdruck ῥύσασθε αὐτόν in L. 2 einem andern Übersetzer zuzuschreiben: siehe zu L. 2. Ferner ist der Ausdruck: καὶ πένητα, L. 3, der am Ende der ersten «A'-Lesart» auf ῥύσασθε αὐτόν folgt, nicht die normale Fortsetzung von ῥύσασθε αὐτόν, Ende *V. 4b,* sondern gehört in den *V. 4a,* wo er ואביון überträgt. Somit ist καὶ πένητα in L. 3 eine *selbständige* Lesart, deren Sigel verschwunden ist. Wem ist sie zuzuweisen? Siehe L. 3. Siehe ein ähnliches Beispiel mit dem Verschwinden von Sigeln oben in *V. 2c,* E. 105, L. 1. Die Reihenfolge der Lesarten ist also gestört:

L. 1: A'   = V. 4a   ganz;
L. 2: ⟨ ⟩   = V. 4b   Ende;
L. 3: ⟨C'⟩ (?)   = V. 4a   letztes Wort;
L. 4: A'   = V. 4b   Ende;
L. 5: C'   = V. 4b   Ende.

Wahrscheinlich hat der Exzerptor die Lesart 2 als Variante zu ἐξέλεσθε *in V. 4a* aufgefaßt und sie deshalb zwischen die Lesarten 1 und 3 eingefügt, die zu *V. 4a* gehören.

Es könnte sein, daß die *Sigel* bei dieser Verwirrung in der Anordnung der Lesarten verloren gingen. Es ist auch nicht unmöglich, daß die anonyme Lesart 2 gar keine hexaplarische Lesart, sondern eine *varia lectio der O'* ist: siehe dazu unten zu L. 2.

Unser *V. 4a* gibt ein neues Zeugnis für die Äquivalenz zwischen διασῴζω und פלט bei A': siehe die beiden andern Bezeugungen in *Reider,* Index, s. v., S. 56.

ἀραιός *für* דל bestätigt die Lesart A's von *V. 3a,* E. 105, L. 2.

πτωχός *ist* אביון bei A', wie folgende Stellen zeigen: *Ps xi 6b* nach 1175; *xlviii 3b* nach 1098; *cvi 41a* nach Tht (die Lesart A' von cat x [1625], [1706] widerspricht jener bei Tht; in cat x ist jedoch die Lesart A' mit der des C' durcheinander gemischt); *Is xxix 19* nach 86.

Eine weitere Stelle, die bei *Reider,* Index, s. v., S. 208, nicht richtig verzeichnet ist, liefert zu *Is xli 17* Q: A'C' οἱ πένητες καὶ οἱ πτωχοί für והאביונים העניים. Da עני bei A' πένης ist, siehe oben *V. 3b,* E. 106, L. 1, und אביון wie gesagt πτωχός, *paßt* diese Lesart ausgezeichnet *zu A'.* Sie *paßt* aber *nicht* zu C', der eher עני mit πτωχός, אביון aber mit πένης überträgt, siehe oben *V. 3b,* E. 106, L. 3, und unten L. 3. So ist *Is xli 17* ein weiteres Zeugnis für die Gleichung אביון = πτωχός bei A'.

In der *Jer-Ez Schicht* allerdings ist A's Wahl auf πένης gefallen, wie die drei folgenden Belege lehren:

Jer xxii 16 nach Syh; *ii 34* A'C'Θ' ※ nach Q; *v 28* A'C' nach Syh.

Lesart 2

ῥύσασθε αὐτόν ist eine *varia lectio* zu *V. 4b in O'* nach *L"* 1219 (αὐτούς nach *L*[pau] A). Sie beruht wohl nicht auf einer *hebräischen Variante* zum MT, jedenfalls ist keine in *Kennicott* und *de Rossi* vermerkt, sondern ist eine lectio facilior, die das *harte* ῥύομαι *ohne Objekt* vermeidet.

ῥύομαι entspricht nun dem Verb נָצַל nicht nur bei A', sondern auch bei Є': siehe oben E. 67, L. 1, desgleichen wohl bei Θ', siehe z. B. *Is xxxvii 11* A'C'Θ' ※ nach Q, Syh; *lvii 13* nach 86 (O' ἐξελέσθωσαν! Θ' stellt also *gegen* O' die Gleichung ῥύομαι = נָצַל her!); usw., und möglicherweise ebenfalls bei ς'.

Die Lesart kann also sowohl von Є', Θ' oder auch von ς' stammen (*nicht* von den *hexaplarischen O'*, da das *Psalterium gallicanum*: «liberate» *ohne Pronomen* überträgt).

C' scheidet aus der Betrachtung aus, da er ἐξαιρέω in *V. 4b* enthält, siehe unten L. 4.

Lesart 3

Von allen jüngern Übersetzern ist es C', der אביון am liebsten mit πένης zu verknüpfen pflegt. Darin geht er oft mit O' einig, denn O' bevorzugen das Paar אביון = πένης. Das Paar עָנִי ואביון kehrt so in O' meistens als πτωχὸς καὶ πένης wieder, aber im Vokabular der Armut sind O' wenig konsequent.

C' überträgt עָנִי ebenfalls meistens durch πτωχός, אביון durch πένης: *Ps xi 6b* πένης (*V. 6a:* עָנִי = πτωχός) nach 1175; *Ps xxxvi 14c* πτωχὸς καὶ πένης nach ThdMopsv [1717] (= O') für עני ואביון; *Ez xvi 49* πτωχὸς καὶ πένης nach 86, Syh (= O' in der Wortwahl, nicht in der Form) für עני ואביון אבירן (ohne עָנִי in Parallele): *Ps xlviii 3b* nach 1098; *lxxi 12a* nach Eus; *cvi 41a* nach cat x [1625, 1706], cat pal = Pat 215, 1675 (anon., Eus nach cat iii = 1133); *Job xxiv 4* nach Field («Olymp., Colb., Reg. unus.») und Auctarium («Codd 252, 255.»); *Prov xiv 31* nach Morin. n. μ (2°).

Hinzu kommen die *Jer-Stellen,* die schon für A' angeführt wurden: *Jer xxii 16* C' nach Syh; *ii 34* A'C'Θ' nach Q; *v 28* A'C' nach Syh.

In Is sind zwei Lesarten C's *überliefert: Is xxxii 7* nach Eus: ταπεινός (= O'); *Is xli 17* A'C' nach Q: οἱ πένητες καὶ οἱ πτωχοί für הענוים והאביונים. Die Wortwahl paßt hier *zu A':* siehe oben L. 1, nicht zu C'. Auch die Artikel οἱ entsprechen den beiden hebräischen Artikeln. So spricht nichts gegen die Zuweisung an A', wohl aber die Wortwahl gegen jene an C'!

So wäre man geneigt, die vorliegende Lesart καὶ πένητα für ואביון dem C' zuzuschreiben.

Aber völlige Gewißheit darüber läßt sich nicht erreichen. Denn in *Ps xlviii 3b* bezeugt 1098 *für* Є' πένης als Übertragung von אביון (= O'). Aber Є' hat *gegen* O' (= ταπεινός) das Wort πένης oben in *V. 3b* als Übersetzung von עָנִי verwendet. Daraus darf man vielleicht entnehmen, daß Є' es liebte, עָנִי *mit* πένης dort zu verknüpfen, wo sie O' verließ und selbständig übersetzte. Es ist auch nicht wohl denkbar, daß Є' ein und dasselbe πένης in *V. 3b* für עָנִי und in *V. 4a* für אביון heranzog. Denn wir haben schon einmal etwas Ähnliches beobachtet, als wir die verschiedenen Ausdrücke für Zorn, Wut, Groll untersuchten, wo die Rezensionen in den Promiscuegebrauch von griechischen Äquivalenten für hebräische Ausdrücke bei O' etwas Ordnung und Konsequenz bringen wollten: siehe *Ps lxxvii 49b,* E. 28, L. 1–3, 8.

Θ' scheint ἐνδεής bevorzugt zu haben: so findet man bei ihm אביון übersetzt in *Is xxix 19* nach 86 (O' ἀπηλπισμένοι); *Is xli 17* nach Q, Pr (οἱ λ') (= O'). Freilich hätte er in *Jer ii 34* nach Q A'C'Θ' ※ πενήτων enthalten. ἐνδεής ist die Wiedergabe von O' an einigen Stellen des Deuteronomiums: *xv 4, 7, 11, xxiv 14.* Θ' hat sich vielleicht von hier aus zu einer konsequenteren Übersetzungsweise inspirieren lassen. Übrigens hat Θ' in *V. 3b* רָשׁ mit πένης wiedergegeben: siehe oben E. 107. So hat er wohl nicht im folgenden Stichos ein ganz anderes hebräisches Wort mit demselben griechischen ausgedrückt.

So darf man aus alledem folgern, daß die Lesart sehr gut zu C′ passen würde, daß sich anderseits Є′ und Θ′ weniger empfehlen, und daß eine kleine Möglichkeit besteht, die Lesart für ς′ in Anspruch zu nehmen. C′ bleibt am Wahrscheinlichsten.

Als Anhang sei hier eine Übersicht über das *Vokabular der Armut* bei den hexaplarischen Übersetzern nach 1173 = 1122 geboten, da ja fast alle Begriffe in den *Versen 3a–4b* vorkommen:

אביון	= A′	πτωχός:	4a;	⟨C′⟩	πένης:	4a,
דל	= A′	ἀραιός:	3a, 4a;	C′	ἄτονος:	3a,
יתום	= A′	ὀρφανός:	3a;	C′	ὀρφανός:	3a,
עני	= A′	πένης:	3b;	C′	πτωχός:	3b,
	= Є′	πένης:	3b;	Θ′	ταπεινός:	3b,
רש	= A′	ἄπορος:	3b;	C′	ἄπορος:	3b,
	Є′	ἐνδεής:	3b;	Θ′	πένης:	3b.

Lesart 4

ἀσεβής steht für רשע bei A′: siehe oben *V. 2b*, E. 104, L. 1. Im Gegensatz zu O′ (den Plural haben in O′ aber P. Bodmer xxiv, Tht', Tert^p), jedoch im Einklang mit MT hat A′ den *Plural*: ἀσεβῶν. Der *Genetiv* hängt von ἐκ χειρός ab, das der Exzerptor nicht eigens anführte, da sich A′ hier von O′ kaum unterschied.

ῥύομαι steht bei A′ für נצל hif, siehe oben *Ps lxxviii 9b*, E. 67, L. 1. Hier hat A′ das Wort *unverändert aus O′* übernommen.

Lesart 5

παράνομος ist C′s gewöhnliche Übersetzung von רשע, oben *V. 2b*, E. 104, L. 2. Wie O′ hat C′ den *Singular. Kennicotts* und *de Rossis* Variantensammlung enthält keine Hs mit dem Singular רשע gegen *MT mit Plural*. C′ hat wohl einfach den Singular der O′ mit einem andern Wort fortgeführt, da das dem Griechischen nicht schlecht anstand.

ἐξαιρέομαι ist das häufigste symmachianische Äquivalent von נצל hif, siehe oben *Ps lxxviii 9b*, E. 67, L. 2.

Überraschend ist die Form. Denn ἐξαιρέω erscheint bei C′ meistens als *Medium;* der Imperativ würde also lauten: ἐξέλεσθε (wie bei O′ in *V. 4a*). Hier bleibt nur der Schluß übrig, daß C′ ἐξεῖλον *Aktiv* verwendete. Dafür gibt es übrigens bei C′ Parallelen: *Ps xxi 21a* nach Hexapla Taylor; *xxxiv 10b* nach ThdMopsv [1717].

In allen andern Fällen erscheint allerdings das Medium.

Exzerpt 109. Vers 5a–b

Lesart 1

Zunächst überrascht die *Reihenfolge der Sigel:* C′A′. Man gewinnt den Eindruck, C′ sei *nachträglich* hinzugekommen. Dieser Nachtrag müßte aber schon in einer der *Vorlagen* von 1173 geschehen sein, da die Sigel C′A′ in 1173, fol 262a, 1. Zeile, *in die Linie passen,* ohne den Rand zu überschreiten, und da keine *andere Hand* für C′ zu unterscheiden ist.

Daß die Sigel C′ aber nachträglich eindrang, ist deshalb wahrscheinlich, weil die *zweite Hälfte* der Lesart: καὶ οὐ συνιᾶσι ja nicht auf C′ zutrifft. Er hat, wie die nächstfolgende Lesart ausdrücklich lehrt, οὐδὲ ἐννοοῦσιν. Aber er hatte wohl auch οὐ γινώσκουσιν *im Präsens,* da bei ihm die beiden andern Verben von *V. 5a–b* auch im Präsens stehen. Dieses οὐ γινώσκουσιν, das in A′ und C′ *identisch* war, gab zur *nachträglichen Hinzufügung der Sigel C′* vor A′ Anlaß.

Warum die *Praesentia* bei A′ und C′? Es ist möglich, daß A′ und C′ bereits *wie MT* ידעו als Perfekt vokalisiert haben, obschon diese Konsonanten auch das *Imperfekt* darstellen könnten. Angesichts *eines Perfektes* und *zwei* darauf folgender *Imperfekte* (יבינו, יתהלכו) hätte man dann gewissermaßen als *neutrales* Niemandsland das *Präsens* gewählt. Grund könnte dafür auch sein, daß der Psalm Gottes direkte Rede enthält, die in eine *gegenwärtige, noch andauernde* Situation hineingesprochen ist, wie der Imperativ in *V. 3–4* und die Frage in *V. 2* deutlich zeigen. Bei C′ kommt noch seine schon erwähnte Abneigung, häufig die Zeitform zu wechseln, als Grund hinzu (siehe dazu in Einleitung, Kap. IV, 2 über die Zeiten).

ידע = γινώσκω, siehe oben *Ps lxxviii 6a,* E. 61, L. 5 für A′, L. 6 für C′.

ולא ist bei A′ *stets* καὶ οὐ.

συνίημι entspricht בין, siehe *Reider,* Index, s. v., S. 229. καὶ οὐ συνιᾶσι gehört wie gesagt *nur dem A′* an, nicht auch dem C′.

Lesart 2

C′ hat das οὐδὲ *der O′* bewahrt. Das ist ja eine Übersetzungsweise, die C′ selbst schätzt, siehe oben *Ps lxxvii 37b,* E. 4, L. 4.

ἐννοέω ist *in O′ selten,* bei A′ entspricht es der *Wurzel* זמם, siehe *Reider,* Index, s. v., S. 83; bei C′ ist es *sehr häufig* gebraucht: für ידע in *Dt ii 7* nach b, und für בין in *Prov i 3* nach Morin. n. β; *Job ix 11* nach Field, Auctarium («Codd. 137, 138, 255.»); *xxvi 14* (für Hitpol) nach Field («Olymp. ..., Colb., Orat.»); *xxxi 1* (Hitpol) nach Klostermann («255»); usw. In den *Psalmen:* für השכיל in *Ps xxxv 4b* nach 1098, 1140; *c 2a* nach Tht. Für זמם in *Ps xxxvi 12a* nach ThdMopsv 1717, 1140, 264 mg (anon.), 1175 (anon.). Für חשב in *Ps xl 8b* nach Eus dem. Für התעלל in *Ps cxl 4b* nach Tht, Chr (anon.), Eus Pat 215, 1675 (in der *Ausgabe Tht's,* PG lxxx, c. 1949, l. 4 *fehlt* das Verb ἐννοέω durch *Homoeoarkton* mit unmittelbar folgendem ἐννοία. Die *Hss* enthalten aber das Verb, ebenso Tht in cat x 1625, 1706, cat pal = Pat 215 [in 1675 fehlt die Stelle aus Tht], 1070, 1140).

ἐννοέω ist also ein *typisch symmachianisches* Wort, das am meisten בין übersetzt, aber auch viele andere Verben, die alle «sinnen» bedeuten.

Lesart 3

Ein schönes Beispiel der *Differenzierung* A′s in der Übersetzung. חשך ist bei A′ σκότος, *Reider,* Index, s. v., S. 218, חשכה mit der *a-Endung* entspricht σκοτία! Obgleich bisher σκοτία für A′ nur aus der *Doppellesart* A′Θ′ für לוט in *Is xxv 7* nach Eus (freilich steht in der Hs C′Θ′ statt A′Θ′, aber schon *Field* hatte in A′Θ′ verbessert. Ihm folgt *Ziegler,* Isaias, z. St.) bekannt war, ist unser Zeugnis trotzdem sehr wahrscheinlich, umsomehr als σκοτία auch schon von O′ zur Übersetzung von חשכה gebraucht wurde: *Mi iii 6.*

C' hat σκοτία ebenfalls verwendet, nicht für חשכה, von dem übrigens *keine weitere C'-Über-tragung* bekannt ist, sondern für בעלטה in *Ez xii 7* nach 86.

Lesart 4

C' verknüpft הלך nicht ungern mit περιπατέω, so in *Ps xxxvii 7b* nach Pseudo-Basilius (PG xxx, c. 93, l. 14) = 1717 (unter Basilius); *xli 10b* nach Eus [1121]; *lxxii 9b* nach 264 mg, 1175 (Eus: περιπατήματα, wohl ein Irrtum, da Syh A'C' das Zeugnis von 264 mg, 1175 stützt, siehe *Field* z. St.); *Eccl x 3* nach Field («Cod. 252. ...»).

Hier haben *auch O'* das *Präsens*. Dieses Präsens mag C' bestimmt haben, in den *drei* Verben von *V. 5a und 5b* das *Präsens* zu setzen, da er ja häufige unmotivierte Zeitwechsel ablehnt.

Lesart 5

A' überträgt הלך mit περιπατέω, *Reider,* Index, s. v., S. 190, aber התהלך mit ἐμπε-ριπατέω, indem er also das *Afformativ* des Hebräischen durch ein *griechisches Präfix* nachzubilden sucht! Siehe *Reider,* Index, s. v., S. 79.

Freilich scheint A' nicht ganz *konsequent* gewesen zu sein, da περιπατέω auch für התהלך bezeugt ist: *Gn v 22* nach s, v, Syh; *v 24* nach v, c₂, Syh; *vi 9* A'C' nach M, v; j, s (anon.).

Diese *Übersetzungsweise* wird von O' schon angedeutet: ἐμπεριπατέω ist in O' *nur* Wiedergabe von התהלך, während περιπατέω *alle* Stämme von הלך darstellen kann.

Aber O' haben die Wendung התהלך *im Sinne von «wandeln mit»* durch εὐαρεστέω übertragen: *Gn v 22, 24, vi 9, Ps xxxiv 14a.* Im Gegensatz dazu hat A' *wörtlich* durch (ἐμ)περιπατέω übertragen. Da auch Є' gegen O' und ζ' in *Ps xxxiv 14a* nach 1098 wörtliches ἐμπεριπατέω gewählt hat, ist es klar, daß diese Übersetzungsweise nicht A's Werk ist, sondern zumindest als Ansatz schon zu jenem *Rezensionswerk* gehörte, das A' vervollkommnen sollte.

Lesart 6

Diese Lesart setzt einen *andern O'-Text beim Exzerptor* voraus als bei den meisten Zeugen der O', die sozusagen einstimmig διαπορεύονται lesen. Bei *Holmes-Parsons* steht als *einzige* Variante: διεπορεύοντο *nur* in 293.

Die Θ'-Lesart ist somit der *übliche O'-Text:* vielleicht ist Θ' eine *falsche Sigel* für O', da auch hexaplarische O' ein *Präsens:* «ambulant» enthalten, oder die Sigel ist *richtig,* weil Θ' seine O'-Vorlage unverändert übernahm.

In *beiden* Fällen hat wohl die *Form der O'* des Exzerptors verschieden gelautet.

Exzerpt 110. Vers 5c

Lesart 1

Die *Wortwahl* ist jene, die man bei A' erwartet: מוט ist bei ihm nämlich σφάλλω, siehe *Reider,* Index, s. v., S. 231.

Die *Form* ist ebenfalls gut möglich, da A′ *hebräische Imperfekte* mit Jussiv-
bedeutung durch *Aorist Imperativ 2* zu übertragen liebt, siehe Einleitung, Kap. IV, 2
über die Zeiten. Darin trennt sich A′ von O′, die durch *Futurum Indikativ* übersetzen außer R L – Tht^P 55.

Lesart 2

Die Lesart C′ war *Field* über *Montfaucon* aus *Corderius*, Catena Patrum graecorum, bekannt.
Cordier schöpfte seine Lesart aus cat xxv, wo die Hss Sinai Cod. gr. 25, 1137, 1811 die C′-Lesart
bezeugen.

Die widersprüchliche Lesart der cat x[1625, 1706], die sich bei *Euthymius von Zigabene*, PG
cxxviii, c. 853, ll. 26–27, wiederfindet, erklärt sich als Korruptel der cat xxv: Dort wird nämlich
zunächst in direkter Rede ein Stück Kommentar geboten: «ἀνθ᾽ ὧν» φησιν (sc. Gott) «περιτραπήσεται πάντα τὰ θεμέλια τῆς γῆς.» Diesem Satz läßt der Kommentator folgende Zwischenbe-
merkung folgen: – οὕτω γὰρ ὁ σύμμαχος ἡρμήνευσε – und fährt wieder in direkter Rede fort:
«καὶ ταράξω (sc. ich, Gott) τὴν γῆν διὰ τοὺς ἐνοικοῦντας.»

Cat x und *Euthymius* haben nun die Erwähnung des Übersetzers statt nach rückwärts
fälschlich nach vorwärts bezogen. Dieser Irrtum ist sehr leicht, da der Übersetzer ja in der Regel
vor und nicht nach seinem Zitat genannt wird! Die Lesart von *cat x*, *Euthymius* ist somit eine
Pseudolesart, ein Stück Kommentar aus cat xxv, während die echte vorhergehende C′-Lesart
als solche nicht erkannt wird! Die C′-Lesart von cat xxv mit dem Singular des Prädikats bei
Subjekt im Neutrum Plural paßt übrigens stilistisch gut zu C′, siehe Einleitung, Kap. IV, 5
zur Kongruenz von Subjekt und Prädikat bei Satzgegenstand im Neutrum Plural. (In cat x ist
überdies περιτραπήσονται im Plural überliefert, und das Wort πάντα fehlt: zweifellos eine Verderbnis in der Überlieferung.)

Zu C′ paßt auch die Wortwahl περιτρέπω, ein Tätigkeitswort, das sozusagen nur unter der
Feder C′s anzutreffen ist. In O′ steht es an der einzigen Stelle von *Sap v 23 (24)*. Die Lesart οἱ λ′ in
Job ix 6 nach Field («Nobil. et sine titulo Codd. 161, 258 in marg.») gehört deshalb wohl C′ allein.

περιτρέπομαι vertritt מוט bei C′ auch in *Ps xlv 7a* nach 1098, Eus[1121]; *cxx 3a* nach 264 mg,
1175, cat x[1625, 1706]; usw. Wie O′ wählt C′ das Futurum.

Lesart 3

Das Wort θεμελίωμα ist hier zum ersten Mal für A′ überliefert. Nichts steht seiner
Richtigkeit im Weg. Denn die *Wurzel* יסד ist bei A′ (wie übrigens schon in O′) mit
θεμελιο- verbunden. Aber weder O′ *noch ein anderer Übersetzer* kennen θεμελίωμα.

In *Ps lxxxvi 1b* ist nach cat xxv[Sinai Cod. gr. 25, 1811, 1137] יסודה bei A′ θεμελίωσις.

Nach unserem *V. 5c* ist מוסד θεμελίωμα. (Die *kollektive* Lesart *Is xxviii 16* A′C′Θ′ bezieht
sich auf יסד, nicht auf מוסד, wie es irrtümlicherweise bei *Reider*, Index, s. v., S. 109 heißt.
Denn es handelt sich nicht um das *Nomen* θεμέλιος, -ον, sondern um das *Partizip* θεμελιῶν, wie
schon *Field* erkannte. Die Lesart widerspricht daher nicht der Übersetzung unseres Verses. In
Jer xxxviii 35 [xxxi 37] nach Syh, 86 [A′Θ′] ist es θεμέλιον für מוסד.)

Wenn Morin. n. ε (2°) zu *Prov x 25*: A′C′Θ′ ... θεμέλιος ... für יסד auch für A′ Recht hat,
so hätte man θεμέλιος(ν) als *drittes* Substantiv bei A′ bezeugt. Dieses Zeugnis ist nicht unmöglich, wenn auch die Lesart als Ganzes nicht auf A′ deutet.

יסד *Verb* ist θεμελιόω, siehe *Reider*, Index, s. v., S. 109.

Nun ist θεμελίωμα, wie es scheint, eine *Neubildung A's*, da weder *Stephanus*, Thesaurus, noch *Liddell-Scott*, A Greek-English Lexicon, noch *Preisigke-Kiessling*, Wörterbuch, noch *Du Cange*, Glossarium, dieses Nomen verzeichnen!

Ein Umstand verrät übrigens die Hand A's in der Bildung des Wortes: θεμελίωμα besitzt die Endung -μα, eine Bildung, die bei A' häufig ist. Vielleicht war mit ein Grund für diese Bildung, daß -μα dem hebräischen Nominalpräfix מ von מוּסָד entspricht (wie die Femininendung von θεμελίωσις der Femininendung יְסֻדָּה entspricht!). Siehe zu den Wörtern mit -μα G. *Dorival*, Recherches sur la langue du rabbin Aquila (thèse) (Paris 1968) 109–110.

Ein Wort ist noch nötig zu dem *Artikel* τῆς γῆς. Nach den Regeln A's ist der Artikel hier *überflüssig*, da ihm nichts im Hebräischen entspricht. *Kennicott* und *de Rossi* haben nirgends die Variante הארץ verzeichnet.

So ist mit dem *Einfluß von O'* in diesem Punkte zu rechnen: sei es, daß A' *selber* die Form der O' mit Artikel unverändert herübernahm, sei es, daß ein *Schreiber* sich durch Reminiszenz der O' verleiten ließ, ein τῆς zu ergänzen, wo keines stand. Das zweite mag wahrscheinlicher sein.

Exzerpt 111. Vers 6 a–b, 7a

Lesart 1

In O' ist *für den Psalter* in der Ausgabe *Rahlfs* nur in *Ps xxxix 8a Aorist ii* εἶπον überliefert, sonst ist an den andern Orten *Aorist i* εἶπα bezeugt (allerdings mit *Varianten*). Siehe *Thackeray*, Grammar, § 17, 2, S. 210. Der *Aorist i* εἶπα (anstatt εἶπον) ist bereits *attisch* bezeugt.

C' hat hier wie auch in *Ps xxx 23a* nach 1098, 1175; *xxxi 5c* nach 264 mg; *xxxviii 2a* nach Eus [1121]; *xxxix 8a* nach 1175, 264 mg (anon.); *liv 7a* nach Eus; *cxv 2a* nach Tht, Chr (anon.) εἶπον gewählt. *Nur in Ps lxxiv 5a* überliefert Eus ein εἶπα bei C', aber da O' hier εἶπα enthalten, ist das wohl *Kontamination* durch O'.

εἶπα hat dem C' vielleicht als *unattisch* gegolten, obgleich die Doppelform εἶπον, εἶπα alt ist. Er hat sie daher immer durch den *Aorist ii* ersetzt (oder durch *andere Formen: Imperfekt* in *Ps xxix 7a* nach 264 mg, 1098; *Präsens Genetivus absolutus* in *Ps xl 5a* nach 1175, Eus[dem], 264 mg [anon.]; *Konjunktiv Aorist* in *Ps cxxxviii 11a* nach Tht, Chr [anon.]).

Lesart 2

Die Lesart A' enthält nichts, das im Widerspruch zu seiner Manier stünde:

ὕψιστος *für* עֶלְיוֹן trafen wir oben in *Ps lxxvii 56a*, E. 40, L. 2. Es ist ja auch schon die geläufige Wiedergabe von O'.

ἄρα *für* אָכֵן (nicht ἄρα, wie 1173 schreibt): siehe *Reider*, Index, s. v., S. 30.

ἄνθρωπος entspricht אָדָם, wie ἀποθνήσκω מוּת, siehe ebd., S. 20–21, 26.

In Frage steht zunächst jedoch der *Plural* ἄνθρωποι statt אָדָם = *Einzahl im Hebräischen*. Aber diese Frage löst sich schnell: A' hat אָדָם sinnvoll nach dem Zusammenhang als *Kollektivbegriff* aufgefaßt und entsprechend *als Plural* übertragen: z. B. in *iv Regn xxiii 14, 20* nach Burkitt; *Ps xxx 20d* nach 1098; *Ps xliv 3a* nach Eus [1121], 1717, cat x [1625, 1706], Chr [DM]; usw. Siehe

Reider, Prolegomena, S. 36. Hierin folgt A′ übrigens bloß der Gepflogenheit von O′. Nach *Justi-nus Martyr,* Dialog, Kap. CXXIV, 2, Ausgabe Maran, hätten die «Juden» im Gegensatz zu O′ die *Einzahl* ὡς ἄνθρωπος gelesen: siehe unten L. 3. Und *Hieronymus* überträgt im *Psalterium iuxta Hebraeos:* ergo quasi Adam moriemini. Dies entspricht dem *Midrasch Tehillim,* der den *Vers 7a* auf *Adams* Strafe mit dem Tod bezieht.

Trotz dieser exegetischen Überlieferung brauchen wir am *Plural bei A′* nicht zu zweifeln, obschon natürlich eine *Kontamination* durch O′ nicht völlig ausge-schlossen ist.

Wie ist die *Abkürzung* ἀποθ aufzulösen? *Holmes-Parsons* und *Rahlfs* kennen keinen griechischen Zeugen der O′ mit *Futurum.* Wohl aber haben *lateinische* Über-setzungen: La^G, Aug, Cyp und vor allem das *Psalterium gallicanum* (und das *Psal-terium iuxta Hebraeos*) das Futurum: «moriemini». Anderseits haben *A′* und *C′* das *Futurum* in *V. 7b:* siehe das nächstfolgende Exzerpt 112, L. 1. Es ist unwahrschein-lich, daß A′ (und C′) die beiden hebräischen Imperfekte in *V. 7a und 7b je verschieden* übertragen hätten. Das Futurum im Psalterium iuxta Hebraeos weist ebenfalls auf ein Futurum bei A′ und C′, denn *Hieronymus* läßt sich ja sehr von diesen Über-setzern für seine eigene Übertragung inspirieren. Zudem ist das Futurum bei A′ die regelmäßigste Wiedergabe des hebräischen Imperfektes.

So ist es wohl nicht verwegen, hinter der *Abkürzung* ἀποθ die Form ἀποθανεῖσθε zu erraten.

Was bedeutet dies für O′ des Exzerptors? Wahrscheinlich dies, daß *auch seine O′* ἀποθανεῖσθε enthielten, so daß der Exzerptor *gerade wegen der Identität* zwischen der Form in A′ und in seinen O′ abkürzen konnte. Hatte der Exzerptor also die *hexaplarischen O′* als Basis? Das kann man auf Grund dieses Zusammentreffens zwischen den *O′ des Exzerptors* und dem *Psalterium galli-canum* kaum behaupten, und die zwei O′-Zitate von 1173 sprechen eher gegen diese Annahme, da diese beiden angeführten O′-Lesarten doch wohl aus den hexaplarischen O′ geschöpft sind, von denen sich O′ des Exzerptors mithin unterschied: siehe zu den O′ des Exzerptors Einleitung, Kap. IV, 7.

Noch vorsichtiger muß uns eine andere Möglichkeit machen, die immerhin denkbar wäre: der Exzerptor oder der Kopist hatte den Unterschied zwischen ἀποθνῄσκετε Präsens und ἀποθα-νεῖσθε Futurum als zu geringfügig vernachlässigt, so daß aus seiner Abkürzung nur auf die Identität des Verbs, nicht aber auf die der Form zwischen Lesart O′ und Lesart A′ geschlos-sen werden könnte. Dies trifft aber *schwerlich* zu, denn in der nächsten Lesart zu *V. 7b,* E. 112, L. 1, widmet ja der Exzerptor gerade die erste Lesart diesem Unterschied von Präsens und Futurum zwischen O′ und A′C′.

Die *Versteilung der O′* bei *Rahlfs* erscheint zunächst zweifelhaft. Denn ist es wahrscheinlich, daß O′ das כלבם mitten entzweigeschnitten haben?

Immerhin weist das δὲ auf eine Teilung wie die bei *Rahlfs* hin: hätten nämlich O′ πάντες ὑμεῖς an den Versanfang von *7a* genommen, wäre die normale Sprechweise πάντες δὲ ὑμεῖς gewesen. O′ haben *durch das* δὲ, das sie hinter ὑμεῖς setzen, die Versteilung, wie sie bei *Rahlfs* vorliegt, nahegelegt. Übrigens bestätigt das *Lateinische des Psalterium gallicanum:* «et filii Excelsi omnes vos autem» (mit der *Zäsur* zwischen «omnes» und «vos» in R C I) diese Trennung. Zur Entstehung dieser Versteilung in O′, siehe unten L. 3.

Die *Lesart A'* trennt nun dem *Hebräischen entsprechend* nach כלם, das nicht mehr auseinandergerissen wird: πάντες ὑμεῖς gehört zu *V. 6b,* und ἄρα leitet wie אכן in MT einen neuen Satz, den *V. 7a,* ein. Die Lesart A' gilt sicher auch *diesem unterscheidenden Merkmal A's* im Gegensatz zu O'.

Lesart 3

ἰδοὺ δή für אכן ist sonst nirgends bezeugt.

O' haben אכן sehr *mannigfaltig* übertragen: ὅτι, εἰ οὕτως, μὴ (oder ἵνα μή), ἀληθῶς, γὰρ, πλήν, δέ, ἀλλά. Besonders bemerkenswert sind διὰ τοῦτο, das *3 mal* gebraucht wird: *Ps xxx 23c, lxv 19a, Is xlix 4,* ἄρα γε in *Jer iv 10* und ὄντως in *Jer iii 23* (אכן 1°). Diese beiden *Jer-Stellen* haben offenbar *A' und C'* auf die *Idee* ihrer beiden Übertragungen gebracht (siehe L. 2 und 4 dieses Exzerptes).

Θ' *allein bezeugt* finden wir in *Is xlv 15* nach Eus com, dem, Hi lat mit διὰ τοῦτο; in *Is xl 7* nach Hieronymus (lateinisch) mit ※ . . . ἀληθῶς. Diese Lesart ἀληθῶς gehört nach Q, Pr gemeinsam dem C'Θ', nach 86 dem A'C'Θ', und den λ' nach Eus im Kommentar zu *Ps lix 1,* PG xxiii, c. 556, l. 25. Da A' sicher ausscheidet, weil er regelmäßig ἄρα für אכן gebraucht, C' wohl auch, weil er mit großer Stetigkeit ὄντως heranzieht, siehe unten L. 4, ist die Zuschreibung an Θ' wohl richtig, d. h. an den Bearbeiter, der die fehlenden Satzglieder in O' nach dem Hebräischen (mit ※) ergänzt hat.

Є' ist sonst noch aus *Ps xxx 23c* bekannt, wo 1098 für sie διὰ τοῦτο (= O') überliefert.

Kennicott und *de Rossi* wissen von keiner Hs mit הנה אכן oder הנה אכן (= *Jer viii 8*). Θ'Є' werden hier dieselbe hebräische Vorlage gehabt haben wie die andern Übersetzer, nämlich MT.

ἰδοὺ δή ist der Text von *Justinus Martyr,* ἰδοὺ δέ findet sich bei *Clemens von Alexandrien,* ἰδοὺ oder ἰδοὺ δή in Sa (siehe *Rahlfs,* Septuagintastudien ii, S. 205, Anm. 1); δὲ δή statt einfachem δέ ist die Lesart von B' *Orig, Kyrill von Alexandrien,* siehe *Rahlfs,* Apparat, z. St. *P. Bodmer xxiv:* ιδ [. . . | μη ωσει α̅ν̅οι.

Da wir in L. 2 sahen, wie energisch A' die *Versteilung* von MT im Griechischen nachgebildet hat, und da wir dieselbe Betonung derselben Versteilung in L. 4 bei C' antreffen werden, drängt sich zuerst der Gedanke auf, dieses ἰδοὺ δή von Θ'Є' sei ein *ähnlicher Versuch,* die *Zäsur* nach πάντες ὑμεῖς ganz stark zu markieren. *Justinus Martyr* zitiert denn auch diesen Vers *7a von* ἰδοὺ δή *an,* indem er das Vorhergehende wegläßt: dies zeigt, daß er wie A' und C' teilt, d. h. wie MT.

Dies könnte die *ungewöhnliche* Wendung für אכן bei Θ' und Є' erklären. Die Frage stellt sich aber, ob Θ' und Є' hier nicht vielmehr von einer alten O'-Form abhangen, die sie übernahmen, und die ἰδοὺ δή enthielt, und von der P. Bodmer xxiv, Clemens von Alexandrien, Sahidische Version, Justinus Martyr mehr oder weniger getreue Zeugen wären. Denn ist es wahrscheinlich, daß alle diese Zeugen bereits von einer Rezension erfaßt sind, von der Є' und Θ' Vertreter wären?

Für diese zweite Hypothese, daß ἰδοὺ δή eine alte O'-Form ist, spricht die Tatsache, daß ἰδοὺ δή keine sehr wörtliche Übertragung ist. Nun erwartet man von einem Rezensenten gerade größere Treue dem Hebräischen gegenüber! Wäre ἰδοὺ δή das Werk eines Bearbeiters, hätte er sich in diesem Fall vom Hebräischen entfernt!

Deshalb ist die Annahme vielleicht nicht ohne Wahrscheinlichkeit, ἰδοὺ δὴ sei die *alte O'-Form* (in P. Bodmer xxiv zu ἰδοὺ μὴ verderbt), welche ein *Bearbeiter dem Hebräischen anglich,* indem er das ἰδοὺ strich. Wenn aber das ἰδοὺ fällt, *muß das δὴ den Zusammenhang verändern, da es ja nicht am Anfang stehen kann.* So kam es dann zur Trennung πάντες | ὑμεῖς δὲ (oder vielleicht δή: so würde sich das ὑμεῖς δὲ δὴ bei B', Origenes, Kyrill von Alexandrien als *Dublette* eines zur Wahl gestellten δὲ oder δὴ erklären).

Gegen diese *paradoxerweise durch Rezension* entstandene *unhebräische* Trennung haben dann A' und C' reagiert, indem sie die alte Trennung wiederherstellten.

Die Annahme, daß ἰδοὺ δὴ *die Form der alten O' sei,* während die *Streichung* des ἰδοὺ durch einen *Rezensenten* zur *unhebräischen Trennung* zwischen πάντες und ὑμεῖς δὲ geführt habe, paßt gut in die *Chronologie:* Ϲ' und Θ' haben ja wohl kaum P. Bodmer xxiv, Justinus Martyr und Clemens von Alexandrien beeinflußt, während Ϲ' und Θ' natürlich auf einer alten unrezensierten O'-Form basieren können.

Die *Schwierigkeit,* die sich *Rahlfs* zu *Justins Dialog,* Kap. CXXIV 3–4, in den Septuaginta-studien ii, S. 205, macht, beruht wahrscheinlich auf einer *irrigen Fragestellung:* der Gegensatz zwischen der *jüdischen* Version (ὡς ὑμεῖς ἐξηγεῖσθε) und derjenigen *der O'* (ἐν δὲ τῇ τῶν ἑβδομήκοντα ἐξηγήσει) betrifft nicht ὑμεῖς δὲ *im Gegensatz zu* ἰδοὺ δὴ, sondern den Singular ὡς ἄνθρωπος = כאדם bei den Juden im Gegensatz zum *Plural* ὡς ἄνθρωποι in O'. Das ist der «*sachliche Unterschied*», den man nach *Rahlfs,* ebd., «zwischen den beiden Übersetzungen erwarten» sollte. Siehe oben Spuren für die Deutung mit Singular in L. 2. Der Singular ist in der Ausgabe *Marans* anzutreffen. Aus dem Zusammenhang des Kommentars, Nr. 3, geht hervor, daß es sich in *V. 7a* gerade um *den Plural bei O'* handelt: denn er bezeichnet die Sünde *zweier* Menschen, Adams und Evas, und in *V. 7b* um die Sünde *eines* der «Archonten», nämlich der Schlange. Der Plural der O' erlaubt die Deutung auf Adam und Eva, nicht aber der Singular der Juden. Siehe Pierre *Prigent,* Justin et l'Ancien Testament, Etudes bibliques (Paris 1964) 299, n. 1: «Le pluriel est donc dû à une correction de scribe.»

Der Rest der Lesart wird mit O' identisch gewesen sein, insbesondere wird Θ'Ϲ' auch ἀποθανεῖσθε *im Futurum* gelesen haben, da diese Form in O' des Exzerptors vorgelegen zu haben scheint: siehe oben L. 2.

Lesart 4

ὕψιστος ist auch C's *übliche Wiedergabe* von עליון: *Ps ix 3b* nach Tht, cat xvii [1047, 1135, 1139, 1212], cat x [1625, 1706]; *xlv 5b* nach 1098, 1175, 264 mg (anon.), Eus [1121], Chr[N], cat x [1625, 1706]; *lxxii 11b, lxxvi 11b, lxxvii 17b* nach Eus; *lxxvii 35b* nach cat x [1625, 1706], cat xvii [1047, 1134, 1135, 1139, 1212]; *lxxxvi 5c* nach Eus, cat xxv [Sinai Cod. gr. 25, 1811, 1137]; *xc 1b* nach Eus, 1140, cat xxv [Sinai Cod. gr. 25, 1811, 1137] (A'C'); *xc 9b* nach Eus [com, dem]; *Is xiv 14* nach Eus.

Nur in Ps lxxxviii 28b hat C' mit ἀνώτατος übertragen nach 1098, 1175, Eus, Tht und in *Is vii 3* nach 710 mit ἀνώτερος.

Wie A' hat C' πάντες ὑμεῖς als Einheit vom Folgenden deutlich abgehoben. Sein Mittel der Trennung ist besonders energisch ὄντως δὲ.

Diesen zweiten Teil der Lesart C′, von ὄντως δὲ angefangen, kannte *Field* aus Tht, aber unter einer falschen Form. Tht Hs 1124 weist dieselbe Lesart C′ wie 1173 auf, eingeleitet wie folgt: ὁ δὲ σύμμαχος οὕτως· «ὄντως δὲ ὡς ἄνθρωποι κτέ.». Tht Hss 288, 1142, 1184, D haben daraus gemacht: ὁ δὲ σύμμαχος οὕτως δὲ ὡς ἄνθρωποι κτλ., d. h. durch *Homoeoteleuton* fiel ὄντως aus. Die so entstandene Form ist unklar in bezug auf das Ende der Einleitungsformel und den Beginn des eigentlichen Zitates. So wird sie in zwei Richtungen verändernd interpretiert: *Entweder* wird nach οὕτως das Fürwort ὑμεῖς aus O′ eingeschoben und οὕτως zur Einleitungsformel geschlagen: ὁ δὲ σύμμαχος οὕτως· «ὑμεῖς δὲ ὡς ἄνθρωποι κτέ.» = Tht Hss B, E, cat pal = Pat 215, *Montfaucon* in den Hexapla. (Dasselbe wird auch erreicht, indem δὲ nach οὕτως ausgemerzt wird: ὁ δὲ σύμμαχος οὕτως· «ὡς ἄνθρωποι κτλ.» = Tht Hs 1141 [Rasur nach οὕτως?], Morin. n. γ.) *Oder* das geläufige einleitende οὕτως wird der eigentlichen Lesart einverleibt: ὁ δὲ σύμμαχος· «οὕτως δὲ ὡς ἄνθρωποι κτλ.» = *Field,* der sich auf *Corderius* beruft: dort steht die Lesart, aber anders interpunktiert, im Comm. Heracleotae: Ὁ δὲ Σύμμαχος οὕτως· Ὡς ἄνθρωποι.

Eine besondere Überlieferung vertritt Tht nach *cat xvii :* hier sind die *beiden* δὲ verschwunden: ὁ C′ οὕτως· «ὄντως ὡς ἄνθρωποι κτλ.» = cat xvii [1047, 1134, 1135, 1139].

1173 = Tht Hs 1124 ist gewiß richtig überliefert.

אכן hat C′ *immer* mit ὄντως übertragen: *Gn xxviii 16* nach M, s, v; *Ps xxx 23c* nach 1098, 264 mg (anon.); *Job xxxii 8* nach Field («Nicet. et 'omnes'. Sic Codd. 255, 257, 259.»); *Is xlv 15* nach Eus [com, dem]; *liii 4* nach Eus, Tht, Pr, 86 (A′). ὄντως überträgt aber auch אך bei C′: so in *Jer xvi 19* nach 86.

Zur *kollektiven* Lesart *Is xl 7* mit ⁜ ... ἀληθῶς ...: siehe oben L. 3: es handelt sich wahrscheinlich *um* Θ′.

ὄντως ist von O′ in *Jer iii 23* für אכן (1°) gebraucht worden.

ὄντως ist hier mit einem δὲ als *adversative* Partikel betont. Das δὲ wurde dem C′ durch O′ vermittelt; es hilft, die Zäsur hervorzuheben.

ὡς ἄνθρωποι im Plural wie O′, Є′Θ′ und A′.

Exzerpt 112. Vers 7b

Lesart 1

Diese Lesart mit der Form πεσεῖσθε ist für C′ durch Tht überliefert. Selbstverständlich steht auch der Zuweisung an A′ nichts im Wege, da er נפל mit πίπτω überträgt, *Reider,* Index, s. v., S. 193, wie O′ und C′, und da er wohl das *Präsens der O′* für das *Futurum* verlassen haben mag.

Diese Lesart erlaubt es, in *V. 7a, E. 111, L. 2,* ebenfalls ein Futurum anzunehmen. πεισεσθε (ohne Akzent) in 1173 ist ein *Schreibversehen*.

Lesart 2

In dieser ς′-Lesart fehlt das *Wort für* אחד. Weder bei *Kennicott* und *de Rossi* noch bei *Holmes-Parsons* und *Rahlfs* gibt es Zeugen, die אחד, bzw. εἷς nicht gelesen hätten.

Eine weitere Schwierigkeit ist das καταπίπτεται. Die *Endung* ist wohl ein Irrtum für -πίπτετε. καταπίπτω ist selten in O′; in *Ps cxliv 14a* erscheint es als Wiedergabe von נפל.

Man gewinnt den Eindruck eines *sekundär* hergestellten *Parallelismus* zwischen *V. 7a* und *V. 7b*: ὡς ἄνθρωποι ἀποθνήσκετε· | ὡς οἱ ἄρχοντες καταπίπτετ⟨ε⟩. Denn das אֶחָד, bzw. εἷς ist ja etwas überraschend. Auf *sekundäre Änderung* weist möglicherweise auch καταπίπτω hin, da dieses Wort in O′ eher in jüngeren Büchern gebraucht wird: Sap, ii Esdr, iii–iv Mak (dazu einmal in Job nach A, Is *xlix 19* nach S* V–88–oII C 403′ 449′ 534˙Eus). Es erscheint ebenso bei *Flavius Josephus*, Bellum Iud., vii, 4, 2, Antiquitates vi, 14, 2.

Siehe zu dieser Lesart die ς′-*Lesart* zu *V. 8b*, E. 114, L. 2.

Exzerpt 113. Vers 8 a–b

Lesart 1

O′ verwenden *beide Imperativformen*. ἀνάστα (bei *Thackeray* ἀναστᾶ akzentuiert) scheint eher in jüngeren Büchern zur Verwendung zu gelangen: siehe *Thackeray*, Grammar, § 23, 8, S. 254.

Auf jeden Fall ist es klar, daß *A′ alle Imperative Singular von* קוּם: קֹם, קוּם, קוּמָה, קוּמִי *ausnahmslos* durch dasselbe ἀνάστηθι übertrug: *Ex xxxii 1* nach v: o′ α ἀνάστηθι λ ἀνάστα (sic); *Dt x 11* nach v, z; *iv Regn viii 1* nach j; *Ps ix 33a* (*x 12a*) A′C′ nach 1175; *xxxiv 2a* nach 1098; *Is lx 1* nach 86, Eus. Der *Plural* lautet: ἀνάστητε: *Jer xxx 9* (*xlix 31*) A′C′ nach 86, Syh (A′); *xxxviii* (*xxxi*) *6* A′C′ nach 86.

Zum *Vokativ* θεέ siehe das oben in Einleitung, Kap. IV, 3 zum Vokativ Gesagte.

Lesart 2

C′ überträgt קוּם, קוּמָה *Imperativ* nicht ungern mit στῆθι: *Ps xxxiv 2a* nach 1098; *lxxiii 22a* nach Eus; doch auch ἀνάστηθι ist bezeugt: *Ps ix 33a* (*x 12a*) A′C′ nach 1175; *Is lx 1* nach Eus; das *Partizip* hat er nach j in *iv Regn viii 1* gewählt.

Den *Vokativ* אֱלֹהִים hat C′ *meistens wie O′* mit ὁ θεός ausgedrückt: siehe *Ps xxi 3a* nach Eus^dem; *xxix 3* nach 264 mg; *xxxiv 23b, 24a* nach 1098; *xlii 4c* nach Tht, 1175: C′Θ′ ὁμοίως τοῖς O′ (= ὁ θεὸς ὁ θεός μου); *xliii 5a* nach Eus^1121, cat xxv^1137, 1811, 1175 (C′Є′ς′); *xliv 7a* nach Eus^1121, Tht, Chr^N; *xlvii 10a* nach ThdMopsv^1717, 190, cat x^1625, 1706, Chr (anon.); usw.

Aber es ist *auch die Form* θεέ überliefert: *Ps xxix 13b* (אֱלֹהִים) nach 264 mg, 1098; *Ps xxx 6b* (אֵל) nach 264 mg, 1098; *lxvii 36a* (אֱלֹהִים) nach 1140; *lxviii 7a und b* nach Eus (*V. 7a* אֲדֹנָי יְהוָה צְבָאוֹת, *V. 7b* אֱלֹהִים) (für *V. 7a* besteht auch das Zeugnis von 1175, und 264 mg bietet die Lesarten von 1175 sigellos und in verderbtem Zustand); *lxxxviii 8a* (אֵל) nach Eus; u. a. m.

C′ *wechselt also wie O′ zwischen* θεέ *und* ὁ θεός, wobei ὁ θεός wie in O′ *häufiger* ist. Warum C′ und O′ an einer Stelle ὁ θεός setzen, während sie anderswo θεέ wählen, ist nicht klar. Wahrscheinlich spielt das Streben nach Deutlichkeit und nach Abwechslung dabei eine Rolle.

Die Lesart C′ in 1173 bestätigt übrigens die Lesart C′ bei *Field*, der sie durch *Montfaucon* aus *Corderius*, d. h. *cat xxv* kannte. In cat xxv^1137, 1811, Sinai Cod. gr. 25 steht allerdings der ganze *V. 8 a–b*, und der Vokativ lautet: θεός ohne Artikel (sicher zu Unrecht!).

Lesart 3

In der Lesart A′ *vermißt* man ὅτι, das dem כִּי entsprechen würde. Bei *Kennicott* und *de Rossi* fehlen Zeugen mit ו statt כִּי. Da C′, Є′ und ς′, sowie O′ כִּי lasen, hat man etwas Mühe, *für A′* eine *andere hebräische Vorlage* vorauszusetzen. Aber die

Abreviatur für καί ist nicht eine mißverstandene *Sigel* ϛ', denn die *Lesart* ϛ' wird ja ausdrücklich geboten, siehe das folgende Exzerpt, L. 2. So liegt doch die Annahme am nächsten, A' habe ואתה, statt כי אתה vor Augen gehabt.

Das *Verbum* ist abgekürzt; es wird gewiß in κληρονομήσεις aufzulösen sein. Die Auflösung in κλη(ροδοτήσεις), an die man ebenfalls denken könnte, empfiehlt sich nicht, wie sich gleich zeigen wird. Im Unterschied zu O' hätte A' somit kein *Kompositum*, sondern das *einfache* κληρονομέω gebraucht. In der Tat ist κατακληρονομέω bei A' nirgends nachgewiesen.

κληρονομέω für נחל *qal* ist bei A' *allein nur* an dieser Stelle bezeugt. *Kollektiv* überliefert Morin. n. φ dieses Verb in *Prov xiv 18* für A'C'Θ'.

נחל *im hif* ist κληροδοτέω, im *nif* ist es sehr wahrscheinlich κληροδοτέομαι passiv: siehe oben *Ps lxxvii 55b*, E. 38, L. 2.

Zwischen κληροδοτέομαι einerseits und κληρονομέω anderseits besteht ein subtiler Bedeutungsunterschied, der auf dem feinen Bedeutungsunterschied zwischen Qal und Nifʿal des Verbs נחל beruht. Darum fand A' sein Gefallen an der sorgfältig auseinandergehaltenen Übertragung mit κληροδοτέομαι und κληρονομέω. Es fällt auf, daß MT keine נחל-Formen als Nifʿal vokalisierte. Die Massoreten waren offenbar der Ansicht, daß das Qal auch den Sinn: «zum Erben eingesetzt werden» ausdrücke, da dies mit: «eine Erbschaft antreten» sachlich zusammenfällt. Nicht so A': er hat die beiden Aspekte unterschieden und daher für Qal und Nifʿal verschiedene griechische Wiedergaben geschaffen. In *Prov xxviii 10* überliefert Morin. n. ι: A'Θ' κληροδοθήσονται, διελοῦνται und *Syh*: נארתון .ת.א. für ינחלו. Das *syrische* Verb אירת überträgt zwar gewöhnlich κληρονομέω, während κληροδοτέω in der Rückübersetzung *Fields* in *Jer xii 13 A'C'* für יהב פסא erscheint. Aber da in *Prov xxviii 10* die Lesart A'Θ' in Syh *zusammenfassend* ist, und da das Zeugnis des Morin. so trefflich *auf A' paßt*, der נחל hif, bzw. nif wohl *als einziger* mit κληροδοτέω, bzw. κληροδοτέομαι verbindet, dürfen wir auch hier voraussetzen: A' hat ינחל *als Nifʿal* vokalisiert und durch κληροδοτέομαι passiv übertragen.

So ergibt unsere Lesart, zusammen mit den andern Zeugnissen, *folgendes Bild von A's Äquivalenzen* für die Wurzel:

נחל qal: κληρονομέω,

hif: κληροδοτέω,

nif: κληροδοτέομαι;

נחלה Nomen: κληροδοσία und vielleicht *gleichzeitig*: κληρονομία, entsprechend dem doppelten Standpunkt des *Erblassers* und des *Erben*;

So ist es nicht sicher, ob man mit *Mercati*, Osservazioni, S. 43, versuchen muß, alle κληρονομία bei A' auszumerzen und nur κληροδοσία zu dulden. Vielleicht bewahrte A' *beide Formen* gleichzeitig für das Nomen wie für das Verb; das Band der Einheit zwischen ihnen war κληρο-.

Gegen diese Hypothese, die sich unglücklicherweise nur auf *spärliche* Zeugnisse stützen kann, spricht nicht die Tatsache, das A' auch ירש qal mit κληρονομέω übertrug: siehe *Reider*, Index, s. v., S. 136: das deutlichste Zeugnis ist *Mi i 15* nach Tht, Theoph. Zeugnisse für ירש hif sind bei *Reider*, Index, ebd., keine verzeichnet.

Lesart 4

γάρ für כי ist bei C' beliebt, siehe ein weiteres Beispiel oben *Ps lxxviii 7a*, E. 63, L. 2.

κληρουχέω wird *nur von C'* verwendet, siehe oben *Ps lxxvii 55b*, E. 38, L. 3.

Der Grund von C's abweichender Wortwahl liegt vielleicht darin, daß κληρουχία und κληρουχέω nicht absonderliche, d. h. besondere, neugeprägte Begriffe der *biblischen* Sprache wie κληροδοτέω, κληροδοσία waren, sondern *gebräuchliche* Bezeichnungen des Besitzantrittes: siehe *Liddell-Scott*, A Greek-English Lexicon, S. 959–960.

Auch diese C'-Lesart ist schon aus cat xxv [1137, 1811, Sinai Cod. gr. 25] bekannt.

Exzerpt 114. Vers 8b

Lesart 1

O' übertragen ab und zu כי *durch* γάρ, obschon sie *am häufigsten* durch ὅτι übertragen: z. B. *Ps xxiv 11b, xliii 7a, 8a*, usw.

Є' überträgt *meistens* durch ὅτι wie O' (und wie A' stets). Aber eine abweichende Übertragung mit γάρ ist natürlich möglich, wie schon in O'.

κατακληροδοτέω erscheint in bestimmten Zeugen der O' in *Dt i 38, xxi 16*: siehe oben in *Ps lxxvii 55b*, E. 38, L. 2. Es erscheint auch unter A's Feder in *Ez xxii 16* nach 86, siehe ebd.

Durch die Wahl dieses Wortes hat Є' einen *andern Sinn* als den der O' vorgetragen: Gott ererbt nicht unter den Völkern einen Besitz, sondern er vererbt, vergibt die Völker zu Besitz. Gott ist nicht der Erbe, sondern der Erblasser, d. h. der Geber des Besitzes.

A', C', ϛ' und O' haben dies nicht wie Є' verstanden.

Muß man daraus schließen, Є' habe in תנחל ein *Hif'il* erkannt? Ausgeschlossen ist das nicht. Aber in *Ez xxii 16* scheint auch A' ein נחל qal oder pi als κατακληροδοτέω *aktiv* übertragen zu haben, denn נחלת in dieser Ez-Stelle kann nicht als *Hif'il* gedeutet werden. *Kennicott* und *de Rossi* kennen hier keine andere, als hif zu deutende Form (1 Hs bei *Kennicott* primo ונחלתי). So dürfen wir vielleicht trotz der äußerst schmalen Argumentationsbasis folgende *Entwicklung* vermuten: Wie in O' κληρονομέω und κατακληρονομέω נחל *sowohl im Qal wie im Pi'el und Hif'il* übertragen können, so konnten auch die durch Rezension eingeführten κληροδοτέω, κατακληροδοτέω sowohl נחל *Qal* wie *Pi'el* und *Hif'il* übertragen. Dies setzt voraus, daß נחל *qal* nach diesem Verständnis auch «vererben» bedeuten kann, so wie κληρονομέω *in O'* sowohl «ererben» als auch «vererben» bedeuten kann! *Erst A'* hat in diesen *undifferenzierten* Gebrauch eine strengere Ordnung gebracht, indem er in seinem Hauptwerk κατακληροδοτέω ausschied und κληροδοτέω nur für נחל *Hif'il* (und vielleicht *Pi'el*?) vorbehielt: siehe oben E. 113, L. 3.

Lesart 2

Zu γάρ als Wiedergabe von כי, siehe oben L. 1. Nachgetragen sei, daß weder *Holmes-Parsons* noch *Rahlfs* eine Variante von O' mit γάρ statt ὅτι kennen.

καταβασιλεύω ist eine völlig *vereinzelte Wiedergabe* von נחל. καταβασιλεύω ist ἅπαξ λεγόμενον im gesamten Alten Testament griechischer Sprache. Ja, es ist ein bisher in der griechischen Literatur unbelegtes Wort! Es figuriert weder in *Stephanus*, Thesaurus, noch bei *Liddell-Scott*, A Greek English-Lexicon, noch in *Preisigke-Kiessling*, Wörterbuch. Auch *Schleusner*, Thesaurus und *Du Cange*, Glossarium verzeichnen es nicht. Das Wort muß bedeuten: «unterjochen, botmäßig machen».

Bei O′ gibt es nur die *Variante:* ἐξολεθρεύσεις in P. Bodmer xxiv, S, Sa, Cyprian. Die Vereinzelung dieser Lesart ς′ und ihre Entfernung vom hebräischen Wortlaut entsprechen der in *V. 7b,* E. 112, L. 2 ähnlich gearteten ς′-*Lesart.* Sie wird daher wohl echt sein.

Auffällig ist die *Nähe* dieser beiden Lesarten ς′ in *V. 7b, 8b* zu *Midrasch Tehillim:* «Damit sind die *Fürsten der Höhe* gemeint» (*Wünsche,* Midrasch Tehillim, 2, S. 40), «אלו שרים של מעלה» (*Buber,* Midrasch Tehillim, Wilna 1891, S. 369), und: «sei du selbst *König*» (ebd.), «ותהא עצמך מלך» (ebd.).

Lesart 3

Im Unterschied zu O′ haben diese Übersetzungen nicht *wörtlich* das ב wieder- gegeben, sondern dem griechischen Zusammenhang entsprechend als bloßen Akku- sativ. In O′ finden wir ἐν. So wörtlich wird auch A′ und vielleicht gleichfalls Θ′ übertragen haben. *Hieronymus* in seinem *Psalterium iuxta Hebraeos* und – nach *Holmes-Parsons* – der *armenische* und der *syrische* Psalter haben ebenfalls das ב sinngemäß als *Akkusativ* gewendet.

Da Є′ und ς′ *übereinstimmen,* stellen sie vermutlich bloß die Form ihrer O′-*Vor- lage* dar. Da diese Vorlage weiter vom Hebräischen entfernt ist als die jetzt in allen O′-Zeugen überlieferte Wendung ἐν πᾶσιν τοῖς ἔθνεσιν, ist die O′-*Vorlage von* Є′ *und* ς′ *älter* als die bearbeitete, dem Hebräischen näher entsprechende Form, die sich in allen O′-Zeugen durchsetzen konnte.

Für C′ war die Lesart schon aus *cat xxv* [1137, 1811, Sinai Cod. gr. 25] = *Corderius* = *Montfaucon* = *Field* bekannt.

PS LXXXII

Exzerpt 115. Vers 2a

Lesart 1

Zum *Vokativ* θεέ: siehe die Einleitung, Kap. IV, 3: Vokativ.

Zur *Verneinung* μὴ: siehe oben die Darstellung der *Verneinungen bei A'*: Ps lxxix 19a, E. 86, L. 1.

Um welche Form handelt es sich bei σιωπηση in 1173 = 1122? Die *Wortwahl* ist die erwartete: דמה, דמם entspricht bei A' der griechischen Wortfamilie σιωπάω, siehe *Reider*, Index, s. v., S. 215–216.

A' und die andern jüngern Übersetzer haben für diese hebräische Wurzel nur die *Optionen der O'*, die recht vielfältig übertragen, etwas gestraffter wiederaufgenommen, indem sie weniger Äquivalente als O' duldeten.

Der Ausdruck אל־דמי wird von *O', C', Є'ζ'* nach 1173 = 1122 als *Verbalform* übertragen, für A' gilt dasselbe, siehe das Ende der Besprechung der Lesart. Bei *Kennicott* und *de Rossi* erscheint keine varia lectio für אל־דמי. Anderseits verzeichnen weder *Holmes-Parsons* noch *Rahlfs* an Stelle von τίς ὁμοιωθήσεταί σοι andere Übersetzungen bei O'. Das heißt wohl, daß O', A', C' und Є'ζ' vermutlich keinen andern hebräischen Text vor Augen hatten.

Ihre Übersetzungen stimmen darin überein, daß sie alle mit Verben übertragen. Erkannten sie also in דְּמִי eine *Imperativform?* Dies ist trotz ihrer Übersetzung unwahrscheinlich. Denn im Hebräischen wird ja niemals eine Imperativform verneint, sondern bloß eine *Jussivform*. Es ist daher möglich, daß sämtliche Übersetzer hier ein Nomen mit vorgesetztem אל sahen, etwa im Sinne von: «es sei kein Schweigen» (oder bei O': «es sei keine Ähnlichkeit dir»).

An *drei* weiteren Stellen wird דמי in der Tat als *Substantiv* gebraucht. In *Is lxii 6* steht für die Fügung אל־דמי bei Eus folgendes Zeugnis: C' ※ μὴ ἡσυχάσητε. Dieselbe asterisierte Lesart stellt 86 unter die Sigel A'C'Θ'. Der *Wortlaut* der Lesart gehört gewiß *dem C'*, nicht dem A', da A' דמה/דמם mit σιωπάω verschwistert, während C' bisweilen ἡσυχάζω wählt. Grund für die Zusammenfassung der Lesarten bei 86 war wohl die Sinnverwandtschaft der Übertragung von A', C' und Θ'; in *Is lxii 7* gibt es A' in einer *kollektiven* Lesart von 86 A'C'Θ', die aber wohl C', sicher nicht A' *im Wortlaut* wiedergibt, denn ואל wäre bei A' nicht μηδὲ, wohl aber bei C', und die Wurzel דמם/דמה entspräche bei A' nicht ἡσυχάζ/σ-, wohl aber bei C', vgl. unten L. 2. Bleibt die dritte Stelle in *Is xxxviii 10*, wo Eus für A' überliefert: ἐν τῇ πληρώσει τῶν ἡμερῶν μου = בדמי ימי וג''. Hier hat *Ziegler* σιώπησις vermutet, siehe *Ziegler*, Textkritische Notizen, S. 93.

Obgleich bei dieser Konjektur auch in unserem *V. 2a zwei Irrtümer* in 1173 vonnöten wären, erstens der *Itazismus* und zweitens der *Ausfall des Schluß-σ* durch *Haplographie,* um von σιωπησις zu σιωπηση zu gelangen, entbehrt sie nicht eines Anscheins von Wahrscheinlichkeit.

Aber da σιώπησις bei A′ nirgends überliefert ist, bedarf die Sache genaueren Hinsehens. Ist σιωπήση in 1173 nicht etwa als Aorist *Medium 2.* Person zu deuten, so daß gar *keine Konjektur* nötig wäre? Aber A′ verwendet, wie es scheint, σιωπάω nur aktiv, nie medial. Bei C′ erscheinen passive Formen, z. B. *Ps xxxviii 3a* nach Eus[1121]; *Is xv 1* nach 710; usw. σιωπάομαι Medium scheint also weder bei A′ noch bei C′ vorzukommen!

Doch finden wir nun zu *Ps xxi 3b* folgendes Zeugnis in 1175 (fehlt bei *Field*!): A′ σιωπήση Θ′ σιωπήν · ἡ Є′ σιωπή · ἡ ζ′ ἡ σιγή μοι. Hebräisch: לֹא־דוּמִיָּה לִי, O′ καὶ οὐκ εἰς ἄνοιαν ἐμοί (C′ nach Eus[dem]: σιγή). Den A′ überträgt Hi[com] so: «... *et non tacebis*». *Hieronymus* hat somit diese Form als *Futurum 2. Person* aufgefaßt. Dies kann aber *nur ein Medium* sein: In der Tat ist das *Futurum* von σιωπάω bei den älteren griechischen Schriftstellern σιωπήσομαι, d. h. im Medium, siehe *Liddell-Scott,* A Greek-English Lexicon, S. 1603 a. Der hebräische Ausdruck in *Ps xxi 3a* ist dem von unserem *V. 2a* eng *verwandt:* Verneinung אַל/לֹא, Hauptwort דמי/דוּמִיָּה.

Von dieser *Parallele* aus kann man folgendes vermuten: σιωπάω kann bei A′ im *Futurum Indikativ* als σιωπήσομαι Medium gebraucht werden, wie *Ps xxi 3b* lehrt, obgleich freilich auch *Futurum Aktiv* belegt ist, z. B. *Ps xxix 13a* nach 1098. Dieses *Futurum Medium* wäre übrigens ein weiteres Anzeichen für A′s feines Empfinden für *literarisches Griechisch,* vgl. *Reider,* Prolegomena, S. 32–34. In unserm *V. 2a* liegt eine *verneinte Aufforderung* vor, die wie jede Aufforderung mit dem Futurum wesensverwandt ist, da sie sich ja auch auf Künftiges richtet. Wegen dieser Tatsache und wegen des *Parallelismus* zwischen לֹא־דוּמִיָּה לִי in *Ps xxi 3b* und אַל־דֳמִי־לָךְ *in unserm V. 2a* hat A′ an *beiden Orten* auf die gleiche Weise, d. h. beide Male im *Medium* übertragen, obschon er sonst den *Aorist Aktiv* von σιωπάω gebraucht! Diese *Ausnahme* konnte er besonders unter dem Einfluß des folgenden Umstandes gemacht haben: *Aorist Konjunktiv* und *Futurum Indikativ mit Verneinung* sind ja überhaupt im Griechischen in der *Bedeutung* äquivalent, und sie gleichen sich *formal* oft völlig wegen des *Wegfalls der Augmente,* die den *Aorist* Indikativ vom *Futurum* Indikativ unverwechselbar unterscheiden.

Wiewohl also wahr bleibt, daß A′ σιωπάω *im Aorist* sonst überall durch *aktive* Formen und das *Futurum nur gelegentlich medial* überträgt, so ist es dennoch wahrscheinlich, daß A′ *hier* im besonderen Fall des *verneinten Aoristes Konjunktiv,* der ja eine *Futurumbedeutung* besitzt, durch μὴ σιωπήση übertrug, eine Form, die ja dem *Futurum Indikativ:* ⟨καὶ οὐ⟩ (zur Verneinung vgl. Hi[com]) σιωπήση in *Ps xxi 3b* sehr ähnlich ist und dadurch den Vorteil bietet, die *Ähnlichkeit* der beiden hebräischen Ausdrücke auch im Griechischen spürbar zu machen.

Alles in allem: es besteht *kein genügender Grund:* σιωπήση in *unserm V. 2a* in 1173 = 1122 abzuändern, da diese Form trotz ihrer Besonderheit erklärbar ist. Die Freiheit, den *Ausdruck* דמי durch ein *Verb* darzustellen, gleicht ganz der Freiheit, in *Ps xxi 3b* דוּמִיָּה als Verb zu übertragen. Übrigens folgt A′ ja darin bloß den Spuren der O′. Besonders instruktiv ist *Ps xxi 3b,* wo Θ′, Є′ und ζ′ (ebenso C′ und O′) ein *Substantiv* wählen, während *A′ allein* (er, der als der *wörtlichste* und «sklavischste» Übersetzer gilt) die freiere Übersetzung mit einem Verb ergreift! Vielleicht war bei dieser Entscheidung die Parallele mit unserem Vers nicht ohne Einfluß.

Die Stelle in *Is xxxviii 10* mit דֳמִי muß also vielleicht ohne die Zuhilfenahme der Hypothese σιώπησις geheilt werden. (Ebenso mag *Ps xxxviii 3a* nach 1140 nicht durch eine Nominal-, sondern durch eine Verbalform zu rekonstruieren sein: siehe *Field* z. St.)

Lesart 2

Zum *Vokativ* אלהים bei C′, vgl. oben *Ps lxxxi 8a,* E. 113, L. 2.

ἡσυχάζω für דמם erscheint bei C′ auch in *Ps iv 5c* nach Orig [1121], 264 mg, cat xvii [1134, 1139, 1212] (cat xvii [1047]: σιωπήσατε = Kontamination durch die unmittelbar vorhergehende A′-Lesart mit σιωπήσατε); *Ps xxxvi 7a* nach Eus [1021], cat x [1625, 1706], cat xvii [1047, 1134, 1135, 1139].

Bei C′ ist die Form als *verneinter Imperativ* übersetzt und wie bei A′, anders als bei O′ verstanden: wohl *in Analogie* zu andern ähnlichen Stellen wie z. B. *Ps xxxiv 22a, xxxviii 13c,* u. a. m.

Lesart 3

Є′ hat den *Vokativ* אלהים wie O′ übertragen: ὁ θεός; die andern Zeugnisse sind *in 1098: Ps xvii 29b, xxix 13b, xxxiv 23b* (Vokativ?), *24a* und *in 1175,* 264 mg: *Ps xlii 4c.*

Wohl *auch* ς′: siehe *Ps xxx 6b* in 1098 (אל): ὁ θεός (= O′).

παρασιωπάω ist bei Є′ und ς′ *nie* für דמם belegt. Ja keiner der Übersetzer, O′ miteingeschlossen, lassen παρασιωπάω hebräischem דמה/דמם entsprechen. (Auch C′ nicht: siehe zu *Ps xxix 13* C′ bei *Mercati,* Osservazioni, S. 85–86, und oben L. 1.)

Wohl aber gebrauchen O′ παρασιωπάω für חרש und einmal für חשה. Є′ verwendet παρασιωπάω für חרש in *Ps xxxiv 22a* (= O′) nach 1098. Bei Є′ finden wir auch σιωπάω und bei Є′ς′ κατασιωπάω. Є′ hat offenbar σιωπάω *und seine Komposita* gebraucht, ohne sie streng an *ein* bestimmtes hebräisches Äquivalent zu binden. Für ς′ ist παρασιωπάω hier zum ersten Mal belegt.

Auch hier ist der Ausdruck אל־דמי als verneinter Befehl übertragen: siehe zu A′ in L. 1.

Exzerpt 116. Vers 2b

Lesart 1

Die zweite Hälfte dieser Lesart, die in 1173 sigellos ist, wird durch Eus dem A′ zugeschrieben. Die Form ἐφησυχάσῃς, die in Eus [cat pal = Pat 215] erwähnt ist, scheidet aus, da das ganze Zitat aus Eus in cat pal zu frei ist, um als buchstäbliches Zeugnis gelten zu können.

Bestätigt wird diese *Identifizierung* der Lesart auch durch κωφεύω für חרש *qal* und *hif,* denn dies ist A′s *typische* Wiedergabe, siehe *Reider,* Index, s. v., S. 144. Bezeichnend ist auch die Ersetzung von μηδέ *der* O′ durch *wörtlichstes* καὶ μή sowie ἰσχυρέ für אל Vokativ.

καθησυχάζω ist nur hier als Wiedergabe von שקט bei A′ bezeugt. Sonst wählte er einfaches ἡσυχάζω: שקט qal in *Jer xxxi* (*xlviii*) *11* nach 86; hif in *Is vii 4* nach Eus, Tht, 710 (A′C′Θ′); *lvii 20* nach Eus, Pr; *Job xxxvii 17* nach Field («Cod. 252.»). Das Kompositum καθησυχάζω ist aber deshalb wohl trotzdem richtig. Es ist vielleicht dem καταπραΰνω der O′ angeglichen. Siehe einen ähnlichen Einfluß von O′ auf das Verb κατανέμομαι in *Ps lxxix 14b,* E. 80, L. 4. Eine ähnliche «Inkonsequenz» A′s haben wir auch für דמה/דמם = schweigen, gefunden: es ist überall σιωπάω, nur *ein* Mal in *Os xi 1* (*x 15*) ist es κατασιωπάω: siehe oben E. 115, L. 1.

Lesart 2

Auch in dieser Lesart, die in 1173 anonym ist, überliefern uns andere Zeugen, nämlich *Tht und Eus,* die zweite Hälfte, so daß ihr die Sigel in 1173 zurückerstattet werden kann. ἠρεμέω ist ja übrigens ein Verb, das *C' allein* unter allen Übersetzern, O' eingeschlossen, verwendet.

Freilich hat er שקט recht mannigfaltig wiedergegeben: *qal* ist ἡσυχάζω in *Jer xxxi (xlviii) 11* nach 86, Syh (sub A'); εὐσταθέω in *Is xiv 7* nach Eus; *hif:* ἡσυχάζω in *Is vii 4* nach Tht, Pr, 710 (A'C'Θ'); *Is lvii 20* nach Eus, Pr; ἠρεμίαν δίδωμι in *Job xxxiv 29* nach Field («Olymp. et 'omnes'. Syro-hex. . . .»). Unserm Vers kommt durch die Wortwahl die C'-Übersetzung von *Iud xviii 7* nach z nahe: שקט Partizip aktiv qal ist hier ἐν ἠρεμίᾳ.

Der Rest der Lesart paßt zu C': μηδὲ, bzw. οὐδὲ für ואל, bzw. ולא ist ihm geläufig, siehe oben *Ps lxxvii 37b,* E. 4, L. 4; *Ps lxxx 10b,* E. 94, L. 2; *lxxxi 5a,* E. 109, L. 2. Wenn es bei Eus, Tht heißt: μὴ ἠ. statt μηδὲ ἠ., so ist das kein Gegenzeugnis gegen 1173, sondern vereinfachende Zitierungsweise bei Eus, Tht.

Die *Wortwahl* θεός für אל ist regelmäßig bei C': siehe oben *Ps lxxvii 41a,* E. 11, L. 2.

Der *Vokativ* θεέ ist bei C' eher *selten,* doch ist er *gut bezeugt:* siehe oben *Ps lxxxi 8a,* E. 113, L. 2.

παρασιωπάω ist sonst für C' nicht mehr gesondert überliefert: in *Hab i 13* (חרש hif) A'C'Θ' nach Tht (und Cod. reg. bei *Montfaucon*) könnte es sich tatsächlich um C' handeln nach *Mercati,* Osservazioni, S. 86 und Anm. 47.

Exzerpt 117. Vers 2b–3a

Lesart 1

Bei dieser und der folgenden Lesart ist es besonders schade, daß die *Sigel* in *Unordnung* geraten sind oder fehlen. So bleiben die Fragen ohne sichere Antwort.

Zunächst der *Bezug* der Lesart: wahrscheinlich beziehen sich *beide* Lesarten: A' μηδὲ ἀμελήσῃς, und die folgende: μηδὲ παύσῃ ὁ ἰσχυρός auf *V. 2bβ*: ואל תשקט אל. Das *einleitende* Wort μηδὲ (= O') weist auf diesen Bezug hin.

Ist dies richtig, so haben wir den Beweis, daß die *Sigel A',* die *am Rande* der Zeile 1 steht, *falsch* am Platze ist. Denn die Lesart A' ist in der vorhergehenden Lesartengruppe (oben E. 116, L. 1) schon gegeben. Die Sigel A' ist also *nachträglich* falsch angebracht worden. Sie mag ursprünglich für die *dritte* Lesart: ὤχλασαν bestimmt gewesen sein, siehe unten zu L. 3.

Wem gehört die erste Lesart μηδὲ ἀμελήσῃς an? Sie kann nicht dem C' zugewiesen werden, da C' aus dem vorhergehenden Exzerpt, L. 2, schon bekannt ist. Gehört sie also Θ', Є' oder ς'?

ἀμελέω ist neben O′, wo das Wort nur *vier* Mal (davon *Sap iii 10, ii Mak iv 14* und *Jer iv 17, xxxviii* [*xxxi*] *32;* und in *Jer xxxi* [*xlviii*] *10* findet man ἀμελῶς Adverb) belegt ist, *nur bei C′* nachgewiesen: *Iud xviii 9* nach z für חשׁה hif, und ἀμέλεια für עלם *Partizip passiv* in *Ps lxxxix 8b* nach Eus, Tht, Hi[lat] in Epistola ad Cyprianum Presbyterum de Psalmo lxxxviiii (= ep. cxl), in: S. Eusebii Hieronymi Epistolae, Pars iii, ed. I. *Hilberg*, CSEL lvi (Wien – Leipzig 1918) 280.

Von Є′ und ϛ′ sind keine Übersetzungen des Verbs שׁקט überliefert. Θ′ hat in *Jer xxxvii* (*xxx*) *10* ※ nach Q, Hi[lat] ἡσυχάζω *für qal*, in *Is vii 4* ἡσυχάζω nach Eus, Tht, Pr, 710 (A′C′Θ′) für hif; ἡσυχίαν παρέχω in *Job xxxiv 29* ※ gewählt.

So läßt sich der Schleier über den Verfasser dieser Lesart nicht mehr lüften. Siehe aber zur nächsten Lesart gegen Ende.

Lesart 2

μηδὲ weist darauf hin, daß hier trotz fehlender Sigel eine *neue* Lesart beginnt, die ebenfalls wie die vorhergehende auf *V. 2bβ*, d. h. auf ואל תשקט אל bezogen ist.

Wie ist sie aufzufassen? Ist παύσῃ die *2. Person Aorist Konjunktiv Medium* oder die *3. Person Aorist Konjunktiv Aktiv?* An diese letzte Deutung ließe zunächst ὁ ἰσχυρός denken, eine Form, die ja nicht sogleich nach einem *Vokativ* aussieht! Denn Є′ gibt אל *Vokativ* als ἰσχυρέ wieder, wie *Ps xxx 6b* nach 1098 dartut, und für Θ′ ist in *Ps xv 1b* durch 1175 die Lesart A′Θ′ ἰσχυρέ bewahrt. (Da ϛ′ in *Ps xxx 6b* אל Vokativ nach 1098 mit ὁ θεός überträgt, scheidet sie als Quelle unserer Lesart vielleicht aus. Immerhin ist nicht einmal das völlig sicher bei der Unbeständigkeit von ϛ′!)

Aber weder O′, A′ noch C′ noch auch MT (*keine Varianten* bei *Kennicott* und *de Rossi* in dieser Hinsicht!) wollen hier die *3. Person* verstanden wissen. So muß man doch annehmen, daß ὁ ἰσχυρός Vokativ ist: es handelt sich um ein *Adjektiv ohne Substantiv,* das in der Anrede in den *Nominativ,* nicht in den *Vokativ* gesetzt wird: siehe *Blass-Debrunner,* Grammatik, § 147, 1, S. 97–98.

παύσῃ ist also hier sicher *2. Person Medium.*

Wem gehört die Lesart? Am wahrscheinlichsten ist Θ′. Denn Є′ hat wie gesagt einen *Vokativ* ἰσχυρέ in *Ps xxx 6b* nach 1098. Bei Є′ darf man vielleicht *Konsistenz* in einem solchen Punkt erwarten, so daß bei ihr überall ἰσχυρέ stünde.

Anderseits verwendet ϛ′ nicht oft ἰσχυρός für אל, siehe oben *Ps lxxvii 41a,* E. 11, L. 3, und θεός scheint bei ihr mindestens häufiger zu sein.

Θ′ dagegen überträgt אל mit ἰσχυρός: Siehe oben *Ps lxxvii 41a,* E. 11, L. 1; *lxxx 10a* und *10b,* E. 93, L. 4 und E. 94, L. 3; und *Is ix 6* (5) nach Q, Eus[com, dem], Syh, Chr; *Job xxxiv 23* nach Field («Colb., Reg. unus.»); *xxxiv 31* nach Field («Olymp. et 'omnes' ...»); usw. Freilich soll Θ′ in *Ps xv 1b* ἰσχυρέ *im Vokativ* enthalten haben, aber das ist leider nur ein *kollektives* Zeugnis A′Θ′ in 1175, das sicher auf A′ zutrifft.

Es gibt vielleicht einen weiteren Umstand, der *auf Θ′ deuten könnte:* er überträgt אל *ohne hebräischen Artikel* mitunter mit ὁ ἰσχυρός (also wie in unserem V.): siehe oben E. 11, L. 3. *Job xxxiv 23* Θ′ ohne ※ nach Field («Colb., Reg. unus.»): אל = ὁ ἰσχυρός, macht es wahrscheinlich, daß diese Rezension אל = ὁ ἰσχυρός in den *asterisierten* Stellen bei *Job* zu Recht mit dem Θ′ mindestens des Job-Buches verbunden wird. Є′ scheint dagegen den Artikel *genauer* dem Hebräischen entsprechen zu lassen: in *Ps lxxxviii 27b* überträgt sie nach 1098 אלי mit ἰσχυρός μου ohne Artikel (O′: θεός μου ὁ θεός, siehe *Mercati,* Osservazioni, S. 408 zu *V. 26, 27*).

Freilich ist oben in *Ps lxxvii 41a*, E. 11, L. 3 die Lesart Є′ς′ *mit dem Artikel* τὸν ἰσχυρόν für hebräisches אל *ohne Artikel* überliefert (O′ τὸν θεόν). Є′ mochte dort den Artikel entsprechend O′ gesetzt haben.

παύομαι ist bei *keinem Übersetzer*, auch nicht bei O′, als Äquivalent von שקט bezeugt. Wohl aber finden wir ἀναπαύω und καταπαύω bei O′ als Übersetzungen von שקט.

So bleibt es bei *Wahrscheinlichkeiten*: am ehesten ist es eine Θ′-*Lesart, möglich* ist auch Є′, während ς′ *am wenigsten* in Frage kommt. Somit wäre die erste Lesart, L. 1, entweder Є′ oder ς′ zuzuschreiben. Vielleicht paßt sie am ehesten zu ς′, die ja in diesem Teil des Psalters sich recht kühn von O′ emanzipiert, siehe z. B. *Ps lxxxi 7b, 8b*, E. 112, L. 2; E. 114, L. 2.

Lesart 3

Diese *anonyme* Lesart ist als A′ aus *Eus* schon bekannt.

המה ist bei A′ ὀχλάζω, wie המון ὄχλος ist: siehe *Reider*, Index, s. v., S. 180.

Der erstaunliche *Aorist* für hebräisches Imperfekt mag unter dem Einfluß von O′ zustande gekommen sein, die ja schon mit Aorist übertragen hatten. Bei *Kennicott* ist nur eine Variante in *einer* Hs bezeugt: יהמון, bei *de Rossi* gibt es keine varia lectio. Es ist kaum wahrscheinlich, daß A′ in der ihm im Hebräischen vorliegenden Form ein Perfekt vorgefunden hätte. Zudem ist nach dem Zeugnis von Eus A′s Wahl im parallelen *V. 3b* auf einen Aorist, der allerdings hebräischem Perfekt entspricht, gefallen: selbst A′ konnte in dieser parallelen Folge nicht die Parallele durch so gegensätzliche Zeiten wie Futurum und Aorist zerstören!

Die am Rande hinzugefügte Sigel A′ bei der ersten Lesart, siehe L. 1, mag hierher gehören.

Lesart 4

Auch diese anonyme und abgekürzte Lesart läßt sich *dank Eus* sicher auflösen und dem C′ zurückgeben. Der *accentus acutus* in 1173: συνήχουσιν ist weniger gut als der *Circumflex* in der Eus-Überlieferung: συνηχοῦσιν, siehe *Kühner-Blass*, Grammatik, i, § 83, S. 328–329.

C′ hat in seiner größeren Freiheit das *Präsens* gewählt.

Die Lesart C′ in cat x 1625,1706: ἢ ὡς ὁ σύμμαχος συνήχησαν, gilt bloß dem Unterschied des *Wortes*: συνηχέω (statt ἠχέω), nicht dem der *Form*, Präsens statt Aorist.

Dieses Präsens leitet eine ganze *Reihe von Praesentia* ein: *V. 3b, 4a, 4b*, siehe unten zu den Lesarten, und *V. 5a:* λέγουσιν nach 1140. Siehe besonders den *Grund für das Präsens* bei C′ in E. 119, L. 2.

συνηχέω wird – abgesehen vom Verfasser von *iii Mak vi 17* – nur von C′ gebraucht, und zwar zweimal, beide Male für המה: in unserm *V. 3a* und in *Ps lviii 7* (O′: λιμώσσω, ein ἅπαξ λεγόμενον in O′) nach 1175, Eus.

Exzerpt 118. Vers 3b

Lesart 1

Diese Lesart präsentiert sich als *ein ungeteiltes* Exzerpt mit der Sigel A′. Nach
μισοποιοῦντές σε bezeichnet ein hochgestellter Punkt einen Einschnitt.

Nun bietet *Eus* für A′ folgenden Text: καὶ μισοποιοῦντές σε ἦραν κεφαλήν. *Für C′* gibt Eus:
καὶ οἱ μισοῦντές σε ἐπαίρουσιν κεφαλήν. Für das C′ Zitat besitzen wir auch die *indirekte Überliefe-rung* Eus' in cat pal = Pat 215: σύμμαχος δὲ συνηχοῦσι καὶ ἐπαίρουσι κεφαλήν (1209 teilweise für
dieses Zitat erhalten).

שנא *pi* ist bei A′ μισοποιέω, siehe oben *Ps lxxx 16a*, E. 99, L. 1.

נשא ist bei A′ αἴρω, siehe *Reider*, Index, S. 7–8, und oben *Ps lxxxi 2b*, E. 104, L. 1; נשא
nif ist ἐπαίρομαι, siehe *Mercati*, Osservazioni, S. 44, zu P. 13, l. 1. *Mercati* zweifelt daran, ob
A′ *je* ἐπαίρω für נשא gebraucht habe. Selbst wenn es tatsächlich der Fall wäre, daß A′ bisweilen
auch ἐπαίρω heranzog, da er ja nicht von eherner Konsequenz ist, bliebe bestehen, daß ἐπαίρω
eine große Ausnahme wäre.

Gegen A′ spricht jedoch das *Futurum* ἐπαροῦσιν in 1173 = 1122. Ein *Perfekt*,
das *O′* mit *Aorist* übertragen, verändert A′ schwerlich in Futurum Indikativ, umso
weniger, als er ja im parallelen Stichos *V. 3a* nach Ausweis von 1173, E. 117, L. 3
und Eus schon den Aorist gesetzt hatte!

So neigt sich das Zünglein an der Waage der *Eus-Überlieferung* zu: *A′* hatte
wie O′ ἦραν κεφαλήν. Die Eus-Überlieferung verdient schon deshalb Vertrauen, weil
sie *V. 3a–b vollständig* nach A′ und nach C′ anführt, während 1173 = 1122 viel
bruchstückhafter ist.

Die zweite Hälfte ἐπαροῦσιν κεφαλήν ist also nicht von A′. Es handelt sich um
ein *zweites Exzerpt. Von wem* stammt es?

ἐπαίρω ist ein bei C′ *sehr häufig* gebrauchtes Wort, und sehr oft vertritt es נשא, z. B. *Ps ix 33a
(x 12a)* nach Chr^N; *cxxxviii 20b* nach 1175, Chr (anon.); *Is x 24* (C′Θ′ nach Q), *xxiv 14* nach
Eus, Tht; *xxx 25* nach Eus, 86 (A′C′); *lii 8* nach Eus ^com, dem; usf. Wie nicht anders zu erwarten, hat C′ bisweilen auch *andere Wurzeln*, wie z. B. רום, mit ἐπαίρω verknüpft.

Θ′ ist ebenfalls bezeugt mit ἐπαίρω *für* נשא: *Prov xxx 31* nach Morin. n. ω (3⁰) (= *Prov
xxiv); Is lii 8* nach Eus und in *vielen* zusammenfassenden Lesarten.

ἐπαίρω in E′ wird durch 1098 in *Ps xxvii 9b* (= O′) bezeugt.

Es ist nicht verwunderlich, ἐπαίρω für נשא bei den jüngern Übersetzern zu finden, denn
schon O′ verwendeten ἐπαίρω mit Vorliebe als Wiedergabe von נשא. Auch in unserm *V. 3b* enthält *Hs 210* ἐπῆραν statt ἦραν.

Weiter hilft das *Kriterium der gewählten Zeit:* da in O′ *einhellig,* d. h. ohne
Varianten, *Aorist* überliefert ist, und da E′ *sehr konsequent* hebräisches Perfekt mit
Aorist zusammenspannt (siehe in Einleitung, Kap. IV, 2 über die Zeiten), ist es
äußerst unwahrscheinlich, von E′ zu vermuten, sie habe den *Aorist* der O′, der
hebräischem Perfekt entspricht, *verlassen,* um ihn durch ein *Futurum* zu *ersetzen.*
Dieselbe Überlegung wird auch auf Θ′ zutreffen.

Bei C′ dagegen sind solche *Wechsel* im Gegenteil *keine Ausnahmen.* Übrigens ist in *V. 3a* und in *V. 4 a und b, V. 5a* für C′ das *Präsens* überliefert: Siehe unten E. 119, L. 2.

In *V. 3b* hat C′ ebenfalls das *Präsens nach Eus.*

Weil also ein *brüsker Zeitwechsel,* welcher Є′ und Θ′ gleichzeitig in Gegensatz zu O′ und zu ihrer eigenen Übersetzungsweise brächte, bei diesen Übersetzern *unwahrscheinlich* ist, und weil *durch Eus* für C′ das *Präsens* ἐπαίρουσιν überliefert wird, das gut in den Zusammenhang mit den *Praesentia* von *V. 3a, 4 a und b, 5a* paßt, empfiehlt sich die *doppelte Vermutung für 1173:* es ist erstens die *Sigel C′* vor ἐπαροῦσι κεφαλήν zu ergänzen, und zweitens ist das Verb ins *Präsens:* ἐπαίρουσιν *zu ändern.* (Der *Akzent* in 1122 ἐπάρουσιν paßt übrigens nicht zum *Futurum,* sondern zum *Präsens.* In 1173 fehlt der Akzent.) Der Übergang von ἐπαιρουσιν zu ἐπαρουσιν ist ja sehr leicht.

Exzerpt 119. Vers 4a

Lesart 1

ἐπὶ *mit Akk* ist häufige Entsprechung von עֹל bei A′: siehe oben *Ps lxxviii 6b, 9c; lxxix 18 a, b; lxxx 15b.* Hier hat A′ einfach O′ übernommen.

Ist das *Fürwort* σου nach λαός ausgefallen? *Kennicotts* und *de Rossis* Hss lesen samt und sonders עַמְּךָ. Aber anderseits enthalten *O′* und *C′,* siehe L. 2, σου, so daß es *leichter* vorstellbar ist, A′ habe dieses Possessivpronomen *nie* gesetzt, als daß es *nachträglich* durch Irrtum verschwunden sei. Es ist also zu gewagt, ein σου bei A′ ohne weiteres zu *ergänzen.*

Bisher war das *Verb* bei A′ für die *Wurzel* עָרַם unbekannt. πανουργεύομαι ist durchaus plausibel, denn A′ hat עָרוּם *Adjektiv* mit πανοῦργος übersetzt: *Gn iii 1* nach M und nach v (A′Θ′) (A′ bei M steht jedoch vielleicht irrtümlich für C′, da A′ keine *Steigerungsformen* verwendet, und da v zwei Lesarten bietet, eine A′Θ′ ohne Steigerung, und eine C′ mit jenem gesteigerten πανουργότερος, welches M dem A′ zuweist); *Job xv 5* nach Field, Auctarium («Codd. 252.») (hier ein Beispiel von *griechischem Plural* für *hebräischen Singular* bei A′, siehe oben *Ps lxxxi 7a, E. 111, L. 2,* vorausgesetzt, daß die Überlieferung bei *Field* richtig zitiert ist).

Übrigens ist A′ hier den Fußstapfen von O′ gefolgt, die das Verb πανουργεύομαι in *i Regn xxiii 22* und καταπανουργεύομαι in unserm *V. 4a* verwendet haben. In *Prov xv 5, xix 25* O′ ist πανουργότερος εἰμί die Wiedergabe des hebräischen Hif'il. Das *Nomen* עָרְמָה ist 4 mal πανουργία, je 1 mal δόλος, φρόνησις, βουλή; das *Adjektiv* עָרוּם ist 8 mal πανοῦργος, je 1 mal φρονιμώτατος, συνετός, δυνάστης.

Auffallend ist die Tatsache, daß O′ und A′ πανουργεύομαι wählen, das in der restlichen griechischen Literatur außerordentlich *selten* bezeugt ist. Dafür wird dort πανουργέω viel gebraucht. In den griechischen Papyrusurkunden, soweit sie durch *Preisigke-Kiessling,* Wörterbuch, 1. Aufl., erfaßt sind, gelangen freilich weder πανουργέω noch πανουργεύομαι zur Verwendung. Nach *Stephanus,* Thesaurus, vii, c. 158, kommt πανουργεύομαι *nur in O′* und in *christlichen Schriften* vor. *Liddell-Scott,* A Greek-English-Lexicon, S. 1299a, fügt eine *einzige* Stelle aus *Galen:* Galeni in Hippocratem de natura hominis commentarius, Claudii Galeni Opera omnia, ed. C. G. *Kühn,*

t. xv (Lipsiae 1828) 115, hinzu. Sonst hat *Galen* aber auch πανουργέω gebraucht, so in De sanitate tuenda, lib. iv, o. c., t. vi, p. 269.

Anderseits fehlt das geläufige πανουργέω in O' ganz, und es ist für keine der jüngeren Übersetzungen ausdrücklich bezeugt. πανουργεύομαι ist für O' und A' nachgewiesen. καταπανουργεύω (bzw. Med.) ist bloß aus O' und christlichen Schriftstellern und aus *Suidas* bekannt.

Zum Verb der vorliegenden Lesart muß man auf das *Futurum bei A'* achten, das im Gegensatz zu Aorist bei O' steht. Dieses Futurum entspricht dem hebräischen Imperfekt wie üblich bei A'.

סוד ist bei A' als ἀπόρρητον *Neutrum* (im Singular oder im Plural) gut bezeugt, siehe *Reider*, Index, s. v., S. 28. Hier ist es zum ersten Mal in der Form eines *Adverbs* überliefert. Ein weiteres Beispiel, das zeigt, daß A' nicht *starr* an *einer* Übersetzungsweise festhält, sondern daß er sich innerhalb derselben Wortwahl Variationen gestattet. Hier müßte man übertragen: «sie schmieden Ränke verhohlen».

Lesart 2

Diese Lesart ist von der Lesart A' nur durch ein Kolon getrennt. Die *Sigel fehlt*. Die Lesart C' ist aber aus cat xvii [1047, 1134, 1135, 1139] in einem Exzerpt bekannt, das die *Sigel Origenes* trägt. In verderbter Form bringt die Lesart C' ebenfalls 1140 (μελετῶσιν [in der Hs μελετ͞σ͞᾽· (vid) geschrieben] statt ὁμιλοῦσιν). Auch Syh bietet die ganze C'-Lesart.

κατὰ *mit Genetiv* für על ist dem C' *durch O'* in *V. 4b* nahegelegt worden, wo O' על mit κατὰ und Genetiv übertragen.

ὁμιλέω ist sonst bei C' *Äquivalent von* שׂיח, שׂוח: *Job xii 8* nach Field («Colb., Reg. unus.»); *Job xv 4* nach Field, Auct. («Codd. 137 ..., 161.»); *iii Regn xviii 27* nach j, z. Das ist übrigens auch *A's Übersetzung* von שׂיח/שׂוח.

μελετάω ist bei הגה in *Ps xxxiv 28a* nach 1098 (= O'); *lxii 7b* nach Eus, Tht, ThdMopsv [1133] (= O'); *Is lix 11* C'Θ' nach Eus.

Für סוד finden wir bei C' folgende Wiedergaben: ὁμιλία in *Ps xxiv 14a* nach 264 mg, 1175, Eus [1121], cat x [1625, 1706] (Tht: C'Θ' [= C'Є'] μυστήριον, vgl. 1175, 264 mg, Eus [1121], cat x [1625, 1706]: Є'Θ' oder Θ'Є' μυστήριον: siehe zu dieser Lesart unten E. 121, L. 2); *Ps liv 15a* nach 1175, 264 mg, Eus [com, dem]; *lxxxviii 8a* nach Eus; *Jer xxiii 18* nach Chr, Syh, Hi [lat]; *xxiii 22* nach Hi [lat]; *Ez xiii 9* nach 86, Origenes bei *Ziegler*, z. St.; *Am iii 7* nach Syh. Vielleicht auch in *Job xv 8* nach Field («Sic Nobil., Olymp. et 'omnes'.»), während Field, *Auctarium* («Cod. 252.») μυστήριον bezeugt.

In *Job xix 19* hat C' συνόμιλοι nach Field («Colb., Reg. unus.»).

Weiter findet man als Wiedergaben von סוד bei C' je einmal μυστήριον: *Prov xi 13* nach Morin. n. ρ, aber siehe auch das Schwanken in der Überlieferung zwischen ὁμιλία und μυστήριον bei *Job xv 8* (oben unter den Zeugnissen von ὁμιλία); ἑταιρία: *Jer vi 11* nach 86; σύσκεψις: *Ps lxiii 3a* nach Eus, Syh (mit Schwanken zwischen Ein- und Mehrzahl): siehe dazu unten E. 121, L. 1; συναγωγή: *Jer xv 17* A'C' nach 86.

Die C'-Übertragung unseres Verses mit ὁμιλέω, nicht jene mit μελετάω gewinnt auf dem Hintergrund dieses Gesamtbildes von C's Entsprechungen zu סוד alle Wahrscheinlichkeit. Daß C' im Griechischen die hebräischen Verben mit Adverbien oder Adjektiven und umgekehrt nominale hebräische Umstandsbestimmungen oder

Adverbien, wie hier סוד, mit Verben ins Griechische umsetzt, ist bei ihm nicht selten: siehe z. B. eine *Parallele* in *Ps liv 15a,* wo MT lautet: יחדו נמתיק סוד, welches C' verdolmetscht: ἐκοινολογούμεθα γλυκείαν ὁμιλίαν, oder oben *Ps lxxvii 38c,* E. 5, L. 2: MT והרבה להשיב wird bei C' καὶ ἐπὶ πολὺ ἀπέστρεψεν, und in *Ps lv 7a* überträgt C' hebräisches יגורו ויצפינו συνήγοντο λάθρᾳ; usw.

Was die Wurzel ערם anlangt, hat C' (wie O' meistens) πανοῦργος und dessen Derivate auserkoren. Die Belege sind *Gn iii 1* nach v, *Prov viii 12* nach Morin. n. θ; *Job xv 5* nach Field («Sic Codd. 137 [. . .], 255. Montef. juxta Colb. et Reg. unum Theodotioni tribuit . . .») (nach Field, Auct. [«Cod. 252.»] steht hier A' als Sigel).

C' hat das Verb im *Präsens.* Dieses Präsens steht wohl da, weil der *hebräische Text* in *V. 3a Imperfekt,* in *3b Perfekt,* in *4 a und b Imperfekt,* in *5a Perfekt* aufweist. Um in dieses *Schwanken Einheit* zu bringen, hat C' das *Präsens,* das in der Mitte zwischen Vergangenheit und Zukunft steht, gewählt. Siehe oben zu *V. 3b,* E. 118, L. 1.

Exzerpt 120. Vers 4b

Auf das vorliegende E. 120 folgt in cat xxii das *Scholion des Hesychius parvus,* PG xxvii, c. 1001, Nr. 6: κατὰ | τῶν προφήτων:- und diesem folgt: ἄλλο(ς)· ὁ A' | κατὰ τοῦ κεκρυμμένου σου· ὁ C' κατὰ τοῦ ἀποκρύφου σου· | οὐ καθ' ἡμῶν φησὶ μόνον ταῖς | ἐπιβουλαῖς κέχρηνται· ἀλλὰ | καὶ κατὰ τοῦ ἐν ἡμῖν ἀποκεκρυμ|μένου τοῦτ' ἐστιν τοῦ θῦ λόγου τοῦ ποτὲ | μὲν ἀοράτου· νῦν δὲ σαρκωθέντος | ἐκ παρθένου: – ||

1122: l. 3 ὁ C' κ. τ. ά. σ.: >

Dieses Catenenglied bildet eine Einheit, da es durch ἄλλο(ς) eingeleitet wird: Was in ihm steht, ist ein Auszug aus Tht: l. 3 οὐ καθ' ἡμῶν bis Ende = PG lxxx, c. 1532, ll. 43–46, mit der Beifügung des *Schulzeschen* «cod. 1» = München, Staatsbibliothek, Cod. gr. 478 = R 1114, siehe *Rahlfs,* Verzeichnis, S. 158: siehe die Anm. 96 in PG, l. laud. Vor diesem Auszug aus Tht stehen nun die beiden hexaplarischen Lesarten A' und C', die in ihrer Form nicht mit den Lesarten A' und C' des Exzerptes 120 übereinstimmen. Dieselben zwei Lesarten werden somit in verschiedener Form zweimal angeführt. Die Quellen der Lesarten müssen verschieden sein. Das Exzerpt 120 stammt aus der Quelle der andern hexaplarischen Lesarten der cat xxii. Die andere Quelle ist wohl Tht, obwohl bei Tht die Reihenfolge der beiden Lesarten umgekehrt ist: zuerst C', dann A'. Aber im Wortlaut decken sich die Zitate im vorliegenden Auszug und in der Tht-Überlieferung. Die beiden Zitate stehen im Kommentar Tht's nur wenig vor dem angeführten Auszug aus dem Kommentar: l. laud., ll. 36–38, das Stück Kommentar, ll. 43–46. Die Übersetzer werden *mit dem Artikel* erwähnt wie immer in Tht's Kommentar, nie in der Quelle der hexaplarischen Lesarten von 1173.

Wir können also diese beiden Lesarten *A' und C'* als *Zeugen der Tht-Überlieferung* betrachten, nicht aber als Belege aus der hexaplarischen Quelle von 1173 = 1122.

Lesart 1

A′ hat für יעץ βουλεύομαι gebraucht, siehe *Reider,* Index, s. v., S. 43, für das *Partizip*
יעץ σύμβουλος: siehe ebd., S. 226. Daher ist es auch möglich, daß er συμβουλεύω
für יעץ qal verwendete, obgleich diese Übersetzung für A′ nur in kollektiven Lesarten erhalten ist, l. laud., S. 226.

Nach unserer Lesart zieht er allerdings συμβουλεύομαι *Medium* heran, nicht wie
in den bei *Reider* angeführten Zeugnissen συμβουλεύω Aktiv, wenn anders die *Auflösung* des Kompendiums *analog zu O′* erfolgen soll. In O′ weisen *sämtliche Zeugen*
das *Medium* ἐβουλεύσαντο auf (1 Hs bei *Holmes-Parsons* mit Sg statt Pl). Die bei
Reider erwähnten aktiven Formen mögen auf das Konto der andern Übersetzer in
den kollektiven Lesarten gehen. Es könnte aber auch sein, daß A′ auf den *Unterschied Medium und Aktiv* nicht geachtet hat (siehe oben ein Beispiel von *Schwanken*
zwischen Medium und Aktiv bei σιωπάω, E. 115, L. 1), d. h. daß er bald Aktiv, bald
Medium wählte, vielleicht unter dem Einfluß der ihm jeweils vorliegenden O′. Hier
könnte es auch wegen des *Hitpa'els* geschehen sein, das ja wie das Medium *reflexiven
Charakter* hat. Wegen des Hitpa'els hat er hier vielleicht συμ-βουλεύομαι, nicht wie O′
einfaches βουλεύομαι festgehalten, da so dem *Präformativ* die griechische *Präposition*
entsprechen würde. Schon O′ übertrugen meistens durch βουλεύω und συμβουλεύω,
Aktiv oder Medium. Die jüngern Übersetzer haben hier keine andern Wege eingeschlagen.

Falls die Auflösung der *Abkürzung* von 1173 in 1122 richtig erfolgt ist, und dies
ist sehr wahrscheinlich, hat A′ die *Verbalform* wohl als *Imperfectum consecutivum*
verstanden und daher wie O′ den Aorist gewählt. A′ steht also hier im *Gegensatz*
zur *massoretischen Vokalisierung.*

Der Rest der Lesart ist aus Tht und aus Syh bekannt. Tht gibt freilich den
Singular, wohl unter dem Einfluß der unmittelbar vorher zitierten Lesart C′, die
die Einzahl enthält (siehe unten L. 2). Syh aber bietet richtig den *Plural.* Unter
Tht's Bann stehend hat *Field* bei der Restitution A's aus dem Syrischen den *Artikel,*
der im Syrischen gar nicht angedeutet ist, gesetzt. Die Lesart 1173 = 1122 und Syh
decken sich völlig. Zu συγκρύπτω für צפן siehe *Reider,* Index, S. 225, und unten L. 2.

Es ist noch auf die überraschende Verschiedenheit in der Übersetzung von על
bei A′ hinzuweisen: in *V. 4a* las A′ *mit O′* ἐπὶ und Akkusativ, siehe oben E. 119,
L. 1, hier *mit O′* κατὰ und Genetiv! A′ hat also hier keine *eigene Initiative* ergriffen,
sondern bloß O′ übernommen.

Lesart 2

Diese Lesart ist wieder an die vorhergehende so angeschlossen, daß der Eindruck
einer Lesart entsteht. In Wirklichkeit sind es *zwei:* die A's und die C's. C′ ist aus
cat xvii in einem *Origenesexzerpt* bekannt: siehe oben *V. 4a,* E. 119, L. 2. Das

Präsens des Verbs bestätigt die Zuweisung an C', siehe oben E. 118, L. 1. Die *zweite Hälfte* der C'-Lesart wird durch *Tht* überliefert, und zwar übereinstimmend mit 1173 = 1122 einerseits und *Origenes* in cat xvii andererseits.

Die *Wortwahl* paßt gut zu C': συμβουλεύω *für* יעץ ist bei ihm in *Ez xi 2* nach 86; *Job xxvi 3* A'C' nach Field («Colb.») und in andern zusammenfassenden Lesarten bezeugt. Daneben verwendet er auch βουλεύομαι.

Daß er hier συμβουλεύομαι *Medium* enthält, mag *Einfluß von O'* oder *von A'* oder *von beiden* sein.

Die Wurzel צפן erscheint bei C' wie üblich nicht auf eine einzige Weise übertragen: Qal: ἔκρυψας ἀπόθετον in *Ps xxx 20b* nach 1098, 264 mg (siehe dazu *Mercati*, Osservazioni, S. 127), 1175 (A'C'), Tht (A'C'); einfaches κρύπτω in *Ps xxvi 5a* nach 264 mg; *xxx 21b* nach 1098, 264 mg; durch das *Adverb* λάθρα in *Ps lv 7a* nach Eus, Tht, ThdMopsv[1717], 1175 (anon.); das *Part pass* צפון durch πεφύλακται in *Prov xiii 22* nach Morin. n. α (2⁰); τῶν ἀποθέτων in *Ps xvi 14c* nach Eus[1121], cat xvii [1047, 1134, 1135, 1139] (cat xvii [1212]: anon.), cat xxv [1811, 1137]; τὸ ἀπόκρυφόν μου in *Ez vii 22* nach Syh (86 schreibt diese Lesart dem A' zu: vielleicht zu Unrecht, siehe gleich unten!).

κατὰ *mit Genetiv wie O'* und wie C' in *V. 4a*, siehe oben E. 119, L. 2.

Im Unterschied zu O' steht bei C' der *Singular* κατὰ τοῦ ἀποκρύφου σου. Es besteht kein Anlaß, an dieser Einzahl zu zweifeln. C' las vermutlich צפונך statt צפוניך, wie die *4 Hss* Kennicotts: 73, 131, 259, 681. So hat ja *auch* Є' gelesen, siehe unten L. 3. Übrigens hat sich *Hieronymus* von C' inspirieren lassen, wenn er im Psalterium iuxta Hebraeos übersetzt: «adversum arcanum tuum» (Singular!).

Lesart 3

Im *Unterschied zu O'* hat auch Є', wie alle jüngern Übersetzer, das völlig singuläre ἅγιος für צפון durch das *passive* Partizip des Perfekts vom Stamme κρύπτω ersetzt.

Weiter hat Є' wie C' den *Singular*. In *Hs 204* hat man *bei O'* ebenfalls den *Singular*: κατὰ τὸν ἅγιόν σου, doch handelt es sich hier wohl bloß um einen *orthographischen* Fehler (ο statt ω). Є' hat vermutlich wie C' צפונך ohne י gelesen.

Die *Wortwahl* von Є' entspricht den übrigen Zeugnissen von Є': κρύπτω ist bezeugt in *Ps xxx 20b* nach 1098; *Prov xxvii 16* C'Є' nach Field, Auct. («Cod. 252, Syro-hex.»). Daneben finden wir auch σκεπάζω: *Ps xxvi 5a* nach 264 mg; *xxx 21b* nach 1098.

Lesart 4

Wiewohl diese Lesart *sigellos* sich ans Vorhergehende anschließt, ist sie eine *neue* Lesart, die sich mit Є' in der *Wortwahl*: einfaches κρύπτω deckt, aber die *Mehrzahl* statt der Einzahl enthält. M. a. W. beschränkt sich diese Lesart darauf, *O' unverändert* zu übernehmen, *ausgenommen das* ἁγίων, das durch das Partizip Perfekt Passiv von κρύπτω ersetzt ist.

Als Eigentümer dieser Lesart kommen noch Θ' und ς' in Frage.

Für ς' *ist kein unmittelbares Zeugnis* ihrer Wiedergabe von צָפֻן überliefert. Nur *in Ps xxx 20b* steht in 1175 folgendes Zeugnis: | A'C' | τὸ ἀγ|αθόν σου | ὃς κρύ|ψας (sic) ἀπό|θετον | τοις (sic) Θ'ς' | ὁμοίως | τοῖς ο' |, siehe zur Lesart A'C' *Mercati*, Osservazioni, S. 126. O' steht bei 1175 in der Form der *Rahlfsschen* Ausgabe: ... ἔκρυψας. Wenn es richtig ist, daß die Lesarten Θ' und ς' den gleichen *Umfang* besaßen wie jene A's und C's, so hatten Θ' und ς' hier ἔκρυψας. Dies. ist die *einzige* Erwähnung einer Übertragung von ς'.

O' haben *am meisten* mit κρύπτω gearbeitet, aber *andere* Wiedergaben sind recht *häufig:* κατακρύπτω, ἐγκρύπτω, θησαυρίζω (in Prov), σκεπάζω, τηρέω, φυλάσσω, ἔχω, λανθάνω, ἐκλείπω, ὑπομείνω, ἀποβλέπω, δίδομαι, σκληρός (*Prov xxvii 16*); das *Part. pass.:* ἐπισκοπή (*Ez vii 22*), ἅγιος in unserem *V. 4b.*

Von Θ' ist überliefert in *Job: xv 20* C'Θ' κεκρυμμένος für nif nach Field (*«'Sic omnes, sed alii Symmacho, alii Theodotioni tribuunt.' – Montef.* Nobil. et Nicet. Symmacho adjudicant. ...»); *xvii 4* ※ ἔκρυψας (C'Θ') (für qal) nach Field («Sic Montef. ex Colb. ...»); *xxi 19* κατακρύψει (für qal) nach *Field* («Olymp., Colb., Reg. unus.»); *xx 26* A'Θ' τοῖς ἐγκεκρυμμένοις αὐτοῦ für *Part pass* nach Field («Sic Colb., Reg. unus. ...»). In *Jer xvi 17* für nif: A'Θ' ※ οὐκ ἐκρύβησαν nach Q, 86. In *Jos ii 4* O'A'C'Θ' ἔκρυψεν (für qal) nach v, und schließlich in den Psalmen: *xxx 20b* Θ'ς' nach 1175: ἔκρυψας (für qal), siehe oben.

Aus dem geht hervor, daß Θ' und ς' wohl *beide* dieser Lesart zu Gevatter stehen könnten. Der Umstand, daß sie *nach* Є' kommt, spricht *leise* zugunsten von ς', da die Folge Є', ς' geläufiger ist als Є', Θ'. Doch ist dies ein schwaches Argument, denn verschiedentlich ist in 1173 die *Reihenfolge* Є'Θ' bezeugt (auch wenn Θ'Є' häufiger ist): *lxxvii 37a, lxxviii 1d, 10a, lxxx 10a, b.* Die Frage bleibt also offen. Es könnte übrigens auch die gruppierte Sigel Θ'ς' stehen!

Exzerpt 121. Vers 5b–6b

Lesart 1

μηκέτι ist – abgesehen von wenigen Stellen in O' – bisher nur *einmal* bei einem jüngern Übersetzer bezeugt: dies ist C' in *Ez xxxii 13* ※ nach 86: sollte C' der gleichen Textform der O' gegenübergestanden haben, wie sie von B 62' 46 Tyc bezeugt wird, hätten wir eine *strenge Parallele* zu unserem Vers: לֹא mit עוֹד wird von O' durch οὐ μὴ + *Verb im Aorist Konjunktiv* + ἔτι übertragen, während C' die viel griechischere Negation μηκέτι verwendete. Die Ez-Stelle zeigt jedenfalls, wie immer C's O'-Text gewesen sein mag, ob er mit oder ohne ἔτι war oder allenfalls οὐκέτι enthielt, daß C' μηκέτι (bzw. οὐκέτι) gebrauchte. οὐκέτι seinerseits ist für C' von allen jüngern Übersetzern *am meisten* bezeugt.

Die Folge der Lesart: σὺ ἐσκέψαντο enthält einen *Irrtum.* Der Ausdruck ὁμοθυμαδόν vor καρδία bezieht sich gewiß auf יַחְדָּו. Mit καρδία beginnt also eine neue Lesart, die wiederum ihre Sigel *verloren* hat. Der *Umfang* der C'-Lesart kann also bestimmt werden: μηκέτι *bis* ὁμοθυμαδόν. Daß die Lesart eine *Einheit* bildet, und daß demzufolge die Sigel C' nicht nur dem μηκέτι gilt, sondern dem Ganzen bis ὁμοθυμαδόν, geht aus den *folgenden Beobachtungen* hervor:

ὁμοδυμαδόν ist eine bekannte C'-Übersetzung von יחד: so in *Ps ii 2b* nach 1175, 264 mg (anon.); *xl 8a* nach Eus^{dem}. Gewiß verwendet *auch* Θ' das Wort für יחדו: *Is xi 7* nach Q; *Is xxii 3* ※ nach Q, Syh; *Job xxiv 4* ※ (יחד); *xxiv 17* ※, und C' kennt auch ὁμοῦ, ἐπὶ τὸ αὐτό.

Für A' ist ὁμοδυμαδόν (-ων *) überliefert in *Jer vi 11* nach 86: *Ziegler* schlägt hier vor, Θ' statt A' einzusetzen, da A' יחדו durch ὁμοῦ wiedergibt, siehe *Reider,* Index, s. v., S. 172. In *Ps xxxiii 4b* hätte A' nach 1175, 264 mg ebenfalls ὁμοθυμαδόν für יחדו. Dies ist aber zweifelhaft. Auf jeden Fall ist ὁμοθυμαδόν hier in unserm *V. 6a* nicht A', denn ihm gehört die nächste Lesart mit ὁμοῦ, siehe L. 2.

Für C' spricht indessen klar folgender Tatbestand. In *Ps ii 2b* überliefert 1175, 264 mg (anon.) für C' als Wiedergabe ʾvon נוסדו-יחד συσκέπτονται ὁμοθυμαδόν. Dies ist wohl *dieselbe Wendung,* wie sie von 1173 = 1122 in unserm *V. 6a* in verderbter Form als σὺ ἐσκέψαντο ὁμοθυμαδόν gebracht wird. Der Irrtum erklärt sich einerseits aus der Isolierung der Exzerpte in unserer Catene, die den Zusammenhang der einzelnen Lesarten aufhob und dadurch Fehler leichter machte, anderseits aus dem sehr seltenen Wort συσκέπτομαι, bzw. συσκέψομαι, das im griechischen Alten Testament *nur bei C'* nachgewiesen ist. Es erscheint nach *Stephanus,* Thesaurus, viii, c. 1526, beim Grammatiker *Herodian,* 2. J. n. Chr., und bei *Jamblichus,* 4. J. n. Chr., und später.

Es ist weiter bezeugt in *Ps xxx 14b* nach 264 mg für בהוסדם יחד עלי in der Form: ὅποτε ἀσκεπτόμενοι ἐπὶ τὸ αὐτὸ κατ' ἐμοῦ. *Field* hat schon, gestützt auf *Ps ii 2b* C', in συσκέπτομαι *geändert.* ἀσκέπτομαι ist in der Tat in der gesamten griechischen Literatur nicht belegt; jedenfalls kennen es *Stephanus,* Thesaurus, *Liddell-Scott,* A Greek-English Lexicon, *Preisigke-Kiessling,* Wörterbuch, *Schleusner,* Thesaurus, *Du Cange,* Glossarium nicht. Außerdem ist die Wurzel יסד dieselbe in *Ps ii 2b* und *xxx 14b.* Die *Konjektur Fields* ist demnach wohl *richtig.* Sie wird ja zusätzlich gestützt durch das *nur bei C'* im ganzen griechischen Alten Testament bezeugte Nomen σύσκεψις für סוד in *Ps lxiii 3a* nach Eus: C' hat סוד offenkundig mit der Wurzel יסד in Verbindung gebracht. σύσκεψις scheint nicht bloß ein seltenes, sondern überhaupt *ein von C'* erst geschmiedetes Wort zu sein. Denn in den Wörterbüchern ist es *nur einmal,* an dieser Stelle, und für C' allein belegt.

In unserem *V. 5a* steht freilich eine andere Wurzel, יעץ, nicht יסד. *Kennicott* und *de Rossi* wissen von keiner Hs mit יסד. Dennoch bleibt συσκέπτομαι die *wahrscheinliche* Emendation der schadhaften Überlieferung. Denn יסד, bzw. סוד im Sinne von «ratschlagen», bzw. «Rat, Ratsversammlung» ist יעץ der Bedeutung nach sehr nahe. Da sich überdies die beiden hebräischen Verben an den herangezogenen Stellen, *Ps ii 2b, xxx 14b* und in unserm *V. 6a* darin treffen, daß die Bedeutung des Wortes in malam partem genommen ist, nämlich als «Ränke schmieden», können sie beide mit dem gleichen griechischen Verb συσκέπτομαι ausgedrückt werden. Dies bedeutet allerdings dann nicht, wie *Liddell-Scott,* A Greek-English Lexicon, S. 1733, es für das Verbalnomen σύσκεψις vorschlagen: «much consideration», sondern es erlangt den Sinn, den *Stephanus,* Thesaurus, viii, c. 1526, mit «simul *insidias* struo» umschreibt. Auf deutsch könnte man es mit dem familiären Ausdruck «die Köpfe zusammenstecken» wiedergeben.

Die gesamte, verbesserte Lesart mit den typischen oder wenigstens gut zu C'
passenden Wendungen: μηκέτι, ὅτι, συσκέπτομαι, ὁμοθυμαδόν gehört also keinem andern als C'. Zu C' paßt auch, daß das Wort לב nicht mehr eigens übertragen ist,
da es in ὁμοθυμαδόν schon mitübersetzt ist. Andere Übersetzer wären hier weniger
frei verfahren. Vgl. ähnliche Wiedergaben bei C': *Field,* Origenis Hexaplorum, t. i,
S. xxxi–xxxii.

Lesart 2

Da diese *Lesart ohne Sigel* den *V. 6a* und *6b im Zusammenhang* bietet, ist sie gewiß
eine Einheit.

Sie gehört nicht dem C', denn die vorhergehende und die nachfolgende Lesart C'
(siehe unten E. 122, L. 1) überschneiden sich teilweise mit der hiesigen Lesart. Es
ist eine *ganz wörtliche* Übertragung. Diese Tatsache und die Wortwahl weisen auf A'.
ὁμοῦ ist bei ihm יחדו, wie in L. 1 gesagt wurde. συνθήκη ist sein Wort für ברית,
siehe *Reider,* Index, s. v., S. 229; κόπτω für כרת, siehe ebd., S. 138. Hebräischem
Imperfekt entspricht das griechische Futurum. Die Präposition κατά ist aus O' herübergenommen wie schon oben die Präposition in *V. 4a* und *4b,* E. 119, L. 2;
E. 120, L. 2.

Nichts steht somit der Zuweisung an A' im Wege. Interessant ist die Lesart,
weil sie A's Zeugnis von *Is lv 3* und *lxi 8* nach 86 bestätigt: συνθήκην κόπτω für
כרת ברית.

Wäre es indessen nicht auch denkbar, daß die Lesart jene *des Θ', der Є' oder der Ϛ'* wäre?
יחדו ist allerdings bei Θ' *niemals* mit ὁμοῦ wiedergegeben, wie übrigens auch nie bei O'. *Reider,*
Index, sub ὁμοῦ, S. 172, vermutet freilich ὁμοῦ *für* Θ' in *i Regn xvii 10,* da dort durch j überliefert
wird: A' ὁμοῦ, Θ' ἅμα für יחד. Nun hat *A'* יחד *mit* ἅμα *verknüpft. Reider* oder sein Herausgeber,
l. laud., denkt an eine Verwechslung der Siglen. Da aber Θ' יחדו sonst nie so überträgt, ist es
vielleicht plausibler, für A' eine *andere hebräische Basis* in Anschlag zu bringen: יחדו statt יחד
des MT, selbst wenn *Kennicott* und *de Rossi* diese Variante nicht kennen. Übrigens hat Θ' in
Is lx 13 nach 86 (siehe *Ziegler,* Isaias, z. St.) יחדו auch durch ἅμα übersetzt, ebenso in *Is xli 19*
※ nach Q, 86, Syh!

κόπτω für כרת ist bei Θ' nicht bezeugt. Da aber O' bisweilen κόπτω als Wiedergabe von כרת
gebrauchen, ist diese Möglichkeit auch bei Θ' gegeben.

Doch das *stärkste Kriterium* liegt im Wort συνθήκη beschlossen: Θ' scheint nicht *wie A' und
C'* συνθήκη, sondern nach dem Vorbild der O' διαθήκη als Wiedergabe von ברית geliebt zu haben:
so in *Job xxxi 1* Θ' ※; *Jer xi 2* nach Hi (A', C' pacti, LXX et Θ' testamenti); *Jer xli (xxxiv) 18*
Θ' ※ nach 86; *Ez xx 37* Θ' ※ nach 86, Syh (ohne ※); *Da ix 27, xi 30.* Es ist daher wenig glaubhaft, daß diese wortwörtliche Übersetzung κόπτω συνθήκην und insbesondere der Gebrauch des
Wortes συνθήκη in unserer vorliegenden Lesart von Θ' geprägt worden ist. Die *Bemerkung Tht's*
zu *Ps xcvii 3,* PG lxxx, c. 1660, ll. 25–26: τὴν γὰρ διαθήκην οἱ ἄλλοι ἑρμηνευταὶ συνθήκην εἰρήκασι,
ist nicht so förmlich zu nehmen, als ob alle Übersetzer: A', C', Є', Θ', Ϛ' so übersetzt hätten. Daß
die beiden *Hauptübersetzer* A' und C' so übertragen, genügt, um Tht zu seiner Beobachtung zu
veranlassen.

Das Wort συνθήκη ist bei Θ' nur in *Da xi 6* belegt, aber für מישרים, nicht für ברית, und darin
folgt er O'! Für ברית in *Is xlii 6* und *lix 21* werden kollektive Lesarten geboten: die erste ist die

oben angeführte Bemerkung Tht's zu *Ps xcvii 3* (dazu kommt auch das Zeugnis des Chr), die zweite: «*omnes:* pactum» bei *Hieronymus.* Sie treffen nicht auf Θ′ zu, sondern auf A′ und C′. *Ps xxiv 14c* ist eine zusammenfassende Lesart C′Θ′ bei Tht: diese wird *erstens* nur auf C′ im Wortlaut zutreffen, und *zweitens* ist «Θ′» bei Tht Є′: siehe gleich unten.

Die Lesart A′Θ′ in *iii Regn vi 18 (19)* bei j trifft *im Wortlaut* auf A′, nicht auf Θ′ zu. Somit gibt es kein Zeugnis für ברית = συνθήκη bei Θ′.

συνθήκη ist bei Є′ *nur einmal* bezeugt, nämlich in *Ps xxiv 14c* «Θ′» nach *Tht* (C′ Θ′), Θ′ Є′ *nach cat x* [1625, 1706]. Nun überliefert uns dort 264 mg folgende, *konkurrenzierende* Lesart: Є′ς′ διαθήκην αὐτοῦ. ברית wird von Є′ nach 1098 als διαθήκη übersetzt in *Ps lxxxviii 29b, 35a, 40a* (= O′; A′ und C′ stets συνθήκη). Wenn angenommen werden darf, Є′ sei in einem so wichtigen Wort *konsequent* gewesen, so kann die Wahl nicht schwer fallen: auf der einen Seite zwei *zusammenfassende* Lesarten Tht's und der cat x: *Ps xxiv 14c:* C′Θ′ (= C′Є′), bzw. Θ′Є′ mit συνθήκη, auf der andern *drei* Zeugnisse von 1098, und *ein zusammenfassendes* in 264 mg Є′ς′ mit διαθήκη. Є′ hat somit wohl *wie O′* διαθήκη gebraucht.

ς′ allein ist nicht bekannt, ihr einziges διαθήκη in *Ps ii 7a* entspricht חק nach 1175, 264 mg. Vgl. aber selbstverständlich die gerade genannte *kollektive* Lesart Є′ς′ in *Ps xxiv 14c* nach 264 mg mit διαθήκη (= O′).

Aber es unterliegt wohl keinem Zweifel mehr, daß die vorliegende Lesart von 1173 = 1122 in ihrem Wortlaut dem A′ gehört.

Eine kleine Frage bleibt noch: καρδία könnte auch *als Dativ* aufgefaßt werden, da ja die Hss 1173 und 1122 keine *Iota subscripta* setzen. Eher jedoch hat A′ *asyndetisch* oder *als Apposition* den Nominativ auszudrücken gewünscht, da er ja gewiß dieses adverbiale לב (im Unterschied etwa zu einem בלב oder dergleichen) möglichst genau dem Hebräischen nachbilden wollte. Siehe eine ähnliche Apposition in *Ps lxiii 7c* nach cat xxv [1811, 1137] (wenn diese Apposition nicht einfach Wiederaufnahme des Lemmas von O′ ist!); cat x [1625, 1706] gibt den Akkusativ.

Exzerpt 122. Vers 6b–8a

Lesart 1

Der *Umfang* dieser Lesart ist leicht zu bestimmen, da die folgende, *sigellose* Lesart unverkennbar dem A′ zugehören muß: siehe L. 2. Für die vorliegende Lesart haben wir also den Ausdruck συνθήκην τέμνω für כרת ברית.

Dieser Ausdruck ist hier *zum ersten Mal* bezeugt. συνθήκη war aus mehreren Zeugnissen als C's übliche Übersetzung von ברית bekannt gewesen. τέμνω ist bei C′ überliefert, aber bisher nicht als Äquivalent von כרת. Der Ausdruck ist sehr wörtlich und lehnt sich wohl an A's Wiedergabe: συνθήκην κόπτω an.

Beachtenswert ist der *Aorist* für das hebräische Imperfekt. C′ hatte die in *V. 6a* einmal gewählte Zeitform: Aorist für hebräisches Perfekt bewahrt, ohne den *Zeitwechsel* des Hebräischen wie A′ mitzumachen.

Lesart 2

σκέπη ist A's typische Übersetzung von אהל: siehe oben *Ps lxxvii 51b*, E. 32, L. 3;
lxxvii 55c, E. 39, L. 2. σκέπη wird *auch von* Θ' gebraucht, aber abgesehen von *Ex*
nicht als Entsprechung von אהל, sondern von מגן, צל, סתר. Ebenso von Є' als
Wiedergabe von סתר. Kennzeichnend für A' ist auch die Unterdrückung beider
Artikel der O'. Der Name Edom in *gräzisierter Form* wie bei O' als *Gentilicium* im
Plural: אדום bedeutet für A' und O' offenbar das *Volk*, nicht das Land der Edomiter.

Lesart 3

σκήνωσις ist typisch für C', siehe ebenfalls oben *Ps lxxvii 51b*, E. 32, L. 4; *lxxvii 55c*,
E. 39, L. 1: *er allein* gebraucht das Wort im griechischen Alten Testament.

Im Unterschied zu O' und zu A' hat C' den *Namen* אדום nicht gräzisiert, sondern
transkribiert: so auch in *Ps lix 2a* nach Eus, *Is xi 14* nach 710, Q, Eus (O' ἰδουμαίων,
A' ἰδουμαία, Θ' ἰδουμαία); vgl. auch *Is xxxiv 6* A'C'Θ' ἐδωμ nach 86 (O' ἰδουμαία):
die Lesart trifft *wörtlich* vielleicht *allein* auf C' zu.

ἰδουμαία ist für C' nie bezeugt, denn in *Ps lix 10b* gehört das ἐπὶ τὴν ἰδουμαίαν, das Eus zitiert, wohl nicht zur Lesart C', sondern stammt aus dem *Lemma O'*. Denn Eus geht es um das
ἐπιβήσομαι τῷ ὑποδήματί μου bei C', das im Gegensatz zu ἐκτενῶ τὸ ὑπόδημά μου in O' steht.

Diese hebräische *Transkription* überrascht bei C', denn *Field*, Origenis Hexapla, i, S. xxxiii–
xxxiv, schreibt: Vocabula Hebraea Graecis elementis scripta parcissime admittit Noster; immo
contrariam culpam, modo sit culpa, in eum contulerit aliquis. Sie hängt vielleicht damit zusammen, daß C' einen Unterschied zwischen der zu seiner Zeit modernen, d. h. noch gebrauchten
Bezeichnung Idumäa, Idumäer und dem im Psalm genannten Edom, mit dem David es zu tun
hatte, deutlich machen wollte.

Lesart 4

Diese Lesart gilt der *andern Konstruktion* bei A': ישמעאלים hängt von אהלי ab wie
אדום. Unter den rabbinischen Kommentatoren hat *Radaq* wie A' interpretiert.

Übrigens hat A' den *Artikel*, der bei O' steht, weggelassen. Diesem Unterschied
galt die Lesart ebenfalls.

Lesart 5

Diese Lesart ist *aus Syh* bekannt, und das erlaubt es, sie dem C' zurückzugeben.
Field hatte richtig zurückübersetzt, bloß daß er ἐκ statt ἀπὸ vermutet hatte.

Lesart 6

Diese Lesart ist abermals *namenlos.* Sie unterscheidet sich von O' durch den *fehlenden
Artikel.* Dies läßt an A' denken.

Ein kleines Problem wirft die *Schreibung* von 1173 auf: ἀ- oder ἐγραγηνοί? Ist
das ein Schreibversehen oder eine gewollte Transkription?

Als *Variante in O'* lesen B' 2049 R'' Ga A' ἀγγαρηνοί; P. Bodmer xxiv: αγαρρηνοι; 66 nach Holmes-Parsons: καὶ οἱ ἀγαρινῇ (sic). Hebräische Varianten von הגרים sind keine bekannt.

Da A' die Eigennamen in diesem V. und unten, siehe die Lesarten E. 123, L. 1, 3, *aus O' übernimmt,* ohne sie zu ändern, dürfen wir auch hier für ihn ἀγαρηνοί (eventuell ἀγγαρηνοί, ἀγαρρηνοί) annehmen, die der Catenist *verderbt* abschrieb. Immerhin ist diese vorgeschlagene Lösung nicht ganz gegen Zweifel gefeit, weil sie der *lectio facilior,* d. h. der mit O' identischen Lesart das Wort redet. ἀγραγηνοί ist daher nicht gänzlich ausgeschlossen. Die *Parallelen* mit *i Chr v 19* הגריאים kennen ebenfalls kein ἀγραγηνοί bei O'; *i Chr xi 38:* הגרי: ἀγαρει = B S c₂; ἀγαραι = g h Armen; ἀγηρι = b e₂; ἀραραι = N; ἀρε = f; ἀταραι = A rell; *i Chr xxvii 31:* הגרי: γαρείτης = B m c₂; γαδαρι = b e₂; ἀγαρίτης = A N rell Armen.

Lesart 7

Hier hat C' im Unterschied zu O', wo man γαιβαλ und γεβαλ findet (γεβελ in *P. Bodmer xxiv*), die erste Silbe mit α *vokalisiert.* Zu dieser Vokalisierung α für Šewa mobile in MT wie auch zur Vokalisierung der O': ε für Šewa mobile, siehe *Brønno, Studien,* S. 332–334: Es handelt sich um die verschiedene Wiedergabe eines Murmelvokals. Dieses Schwanken zwischen α, ε und ο läßt sich auch sonst bei griechischen Transkriptionen hebräischer, bzw. massoretischer Šewa beobachten. In andern Beispielen läßt die Transkription überhaupt jeden Vokal weg.

Es ist wohl nicht mit der Möglichkeit einer *Korruptel* in 1173: γαβαλ fälschlich für γαιβαλ zu rechnen.

Exzerpt 123. Vers 10 a–b

Lesart 1

Diese *A'-Lesart* umfaßt wohl nicht bloß den Ausdruck ὡς μαδιαμ, sondern ὡς σισαρα gehört gewiß noch dazu. Dafür spricht der Umstand, daß *beide Glieder* sich auf dieselbe, für A' charakteristische Weise von O' unterscheiden: es fehlt der *Artikel,* der ja im Hebräischen nicht vorkommt. Im Glied ὡς σισαρα tritt noch die Ersetzung des καί durch ὡς hinzu. Da diese Ersetzung auf die völlig wörtliche Wiedergabe des Hebräischen hinausläuft, gewinnt die Lesart noch klarer *aquilanisches Gepräge.*

Die *Eigennamen* lauten wie in O', worauf schon die Abkürzungen hinweisen. Da es in O' nur die Variante μαζιαμ gibt, die aber durch μα^Δ in 1173 bei A' ausgeschlossen ist, kann man für A' die Formen μαδιαμ und σισαρα als gesichert betrachten. Wie oben in *V. 8a,* E. 122, L. 7, bei C' in γαβαλ (γεβαλ bei O') für massoretisches *Šewa mobile* α stand, so auch hier bei O' und A'.

μαδιαμ ist in *Nu xxxi 3* A'Θ' nach *b* (anonym zweimal nach s) überliefert (O': μαδιαν = B, Orig. lat; μαδιαμ rell). Aus Syh in *Ex iv 19* γ' במדין; *xviii 1* οἱ γ' דמדין kann nichts gegen die Form μαδιαμ bei A' gefolgert werden.

Lesart 2

Die vorliegende Lesart ist ihrem *Umfang* nach mit einiger Wahrscheinlichkeit zu bestimmen: ὡς τῷ σισαρα ὡς τῷ ιαβιν sind *parallel* gebaut, *wie im Hebräischen* כסיסרא כיבין. Beide Wendungen sind in dieser Lesart mit ὡς und *Artikel im Dativ* versehen. Es ist daher wohl *derselbe* Übersetzer, der *beide* Glieder auf die *nämliche* Weise übertrug.

Im Unterschied zu O′ nach B′- 2049 R T Sy He* A′ (aber *wie O′* nach L′ 55) übertrug er ὡς τῷ ιαβιν, nicht ὡς ὁ ιαβιν, indem er σισαρα und ιαβιν entsprechend den *Teamim* eng verband.

Wem ist die Lesart zuzuweisen? Wohl *dem C′*. Denn in diesem Psalm, wo das Interesse des Catenisten an den hexaplarischen Exzerpten merklich erlahmt, wie an der *Vernachlässigung der Sigel* deutlich wird, wird auch die *Auswahl der Exzerpte eingeschränkt*: es kommen vor allem A′ und C′ zu Worte: siehe die vorhergehenden und die folgenden Lesarten. Obgleich auch Θ′ oder Є′ denkbar wären, ist es doch das Wahrscheinlichste, C′ anzunehmen.

Die *Form der Namen* wieder *wie in O′*.

Lesart 3

Der Umfang dieser Lesart ist schwerer zu bestimmen. Am nächsten liegt wohl, ὡς ιαβιν ἐν κισων als *eine* Lesart zu betrachten.

Der Ausdruck ὡς ιαβιν, der durch das *Fehlen des Artikels* typisch ist, ist gleich geformt wie die parallelen Ausdrücke in *V. 10a* bei A′. Die Lesart gehört somit diesem Übersetzer.

Ist die Überlieferung von 1173 = 1122 richtig, fehlte der hebräischen Vorlage A′s נחל: A′ hatte bloß בקישון gelesen. Von einem hebräischen Text ohne נחל bewahren weder *Kennicotts* noch *de Rossis* Hss die geringste Spur. Oder hat irgendein Abschreiber im Laufe der Überlieferung des Exzerptes das Wort χειμάρρῳ, das gewöhnliche *Äquivalent für* נחל bei A′ (siehe *Reider*, Index, s. v., S. 254), zwischen ἐν und κισων vergessen? Man hat allerdings Mühe, sich die Ursache eines solchen Irrtums vorzustellen. Außerdem ist die Lesart ohne χειμάρρῳ, das ja auch in O′ vorkommt, die *lectio difficilior*. Dies Lesart ist daher möglicherweise *prout iacet* aus A′s Feder hervorgegangen. Die Sache bleibt zweifelhaft.

Lesart 4

Dieser Lesart gebricht es wie den vorherigen beiden an der *Sigel*. Da sich der Exzerptor oder der Catenist auf A′ und C′ zu beschränken scheint, vermutet man C′, der ja normalerweise auf A′ folgt.

φάραγξ ist *bei A′* Wiedergabe von גיא, siehe *Reider*, Index, s. v., S. 249. In Є′ *und* ϛ′ ist das Wort nicht überliefert. Θ′ gebraucht es am meisten für גיא, siehe *Is xxii 1* nach Syh, Q (C′Θ′);

xxviii 1 nach 86, Eus; aber auch für נַחַל: *Is lvii 6* Θ′ ⁂ nach 86, Syh, Q (anon.); *i Regn xvii 40* C′Θ′ nach j, z (anon.). *C′* verwendet das Wort oft *für* גיא, aber manchmal auch *für* נַחַל: so *Iud v 21* nach z; *i Regn xxx 10* nach j; *Job xxviii 4* nach Field («... Cod. 252. ...»); *Ct vi 10 (11)* nach Field («Nobil., Mat. ...»). Wahrscheinlich ist auch die anonyme Lesart bei Chr in *Ps cxxiii 4b*, wo für נַחְלָה φάραγξ steht, dem Stile nach von *C′*.

Unsere Lesart kann, vom Worte φάραγξ aus beurteilt, somit Θ′s *oder C′s Werk* sein. Θ′ und C′ folgen übrigens bloß O′, die φάραγξ bald für גיא, bald für נַחַל heranzogen.

Ein *anderes Indiz* weist aber doch auf *C′*: der *Artikel* τῆς κισων. Dieser *Artikel* fehlt *bei O′* überall, wo von κισων die Rede ist. In *Iud iv 7, 13; v 21 (bis); iii Regn xviii 40*, in unserm *V. 10b* ist die Wendung stets: χείμαρρος κισων (mit Varianten des Namens κισων, aber *ohne Varianten* in bezug auf den *Artikel*). In *Jos xix 20* steht der Name ohne χείμαρρος und ohne Artikel. Nur in *Jos xxi 28* fällt der Ausdruck τὴν κεισων: aber es handelt sich an den beiden Jos-Stellen um das Wort קשיון, also um einen andern Namen, um einen *Ortsnamen*. (Es ist aber natürlich möglich, daß O′ ihn mit dem *Bachnamen* קישון identifiziert haben.) Θ′, eng den O′ folgend, wird kaum selbständig einen Artikel, dem im Hebräischen ja nichts entsprach, eingeführt haben.

Für *C′* gibt es dagegen gute Gründe, die erklären, weshalb er den Artikel für unerläßlich hielt. Im Griechischen werden nämlich wie bei allen Eigennamen so auch bei den Flußnamen keine Artikel gesetzt, es sei denn, die Flüsse seien bekannt. In diesen Fällen tritt der *anaphorische,* d. h. der auf Bekanntes zurückweisende, Genanntes wiederaufnehmende Artikel vor den Eigennamen: siehe *Kühner-Gerth,* Grammatik, i, § 462a, S. 598–600, *Mayser,* Grammatik, ii, 2, § 56, 4b, S. 16–17.

In *V. 10b* setzen nun die nur anspielenden Vergleiche die Kenntnis der erwähnten Personen und Orte voraus, so daß der anaphorische Artikel in gutem Griechisch notwendig wird.

Der feminine Artikel wirft wohl keine Probleme auf, obwohl die Flußnamen eher männlich zu sein pflegen. Denn hier steht als generischer Begriff φάραγξ, «Schlucht», ein weibliches Wort, das dem weiblichen Artikel beim Eigennamen ruft. In diesem Sinne, daß nämlich Bach- und Flußnamen von ihrer *mitgedachten generischen Bezeichnung* her: ποταμὸς, χείμαρρος, φάραγξ, usw., ihr Geschlecht empfangen, ist die Bemerkung von *Mayser,* Grammatik, ii, 1, § 9, 2a, S. 32, zu verallgemeinern.

Die stilistische Feinheit der Lesart und die Tatsache, daß der Catenist hier fast nur noch A′ und C′ heranzieht, raten dazu, die Lesart für C′ in Anspruch zu nehmen.

Exzerpt 124. Vers 11a

Lesart 1

Das Exzerpt erscheint als ein Ganzes unter der Sigel A′. Es ist offensichtlich, daß in Wirklichkeit *zwei Lesarten* zu einer verschmolzen sind, wie die Analyse sogleich zeigen wird.

Die Lesart A' läßt sich mit Hilfe von cat xxv[1137, 1811, Sinai Cod. gr. 25] abgrenzen, da cat xxv die A'-Lesart ebenfalls anführt, allerdings mit dem Unterschied: ἀενδωρ statt ἠνδωρ wie in 1173 = 1122. Die Form ἠνδωρ wird bezeugt *bei O'* durch La[R], Aug, Psalterium Gallicanum. Wahrscheinlich enthielten die *O' des Exzerptors* ἀενδωρ (oder eine der andern Lesarten, siehe *Rahlfs,* z. St.), jedenfalls *nicht* ἠνδωρ (endor), denn sonst hätte der Exzerptor diesen Namen kaum eigens und unabgekürzt angeführt, vgl. die folgende C'-Lesart! Die ausführliche Erwähnung verdankt die Lesart der besonderen Namensform im Gegensatz zu O'. Damit ist ἀενδωρ bei A' als eine durch O' kontaminierte Form *in cat xxv* erkannt. ἠνδωρ wird *A's ursprüngliche Form* sein (und aus A' ist es vielleicht in hexaplarische O' gekommen).

ἐκτρίβομαι Passiv als Wiedergabe von שמד *nif* auch in *Ps xci 8c* nach Taylor.

Lesart 2

Die Lesart stammt vermutlich von C'. Darauf weist nicht nur der Platz nach A' hin, und nicht bloß die Beschränkung des Exzerptors auf A' und C' bei diesen letzten hexaplarischen Auszügen von 1173. Die *frei eingefügte Konjunktion* ὡς, welche einen syntaktischen Zusammenhang zwischen *V. 10* und *11* andeutet, paßt am besten zu einem Übersetzer wie C': Vgl. zunächst die Einführung einer *Präposition* ὡς, der im Hebräischen nichts entspricht, z. B. in *Ps xli 4a* nach 1175; *xliii 24a* nach Eus[1121], ThdMopsv[1717], Chr[DMN]; *xliv 4a* nach Chr[N]; usw., und besonders die strenge syntaktische *Parallele* mit ὡς Konjunktion in *Ps lxvii 15b*, wo der *asyndetisch* angeschlossene hebräische Satz: תשלג בצלמון bei C' nach Eus wie folgt ins Griechische gewendet ist: ὡς χιονισθεῖσα ἦν, σελμὼν ὄρος θεοῦ κτέ.: es handelt sich ebenfalls um einen *zeitlichen* oder/und *kausalen Nebensatz:* «als, da».

ἐξαίρω ist bei C' Wiedergabe von עתק *hif* in *Job ix 5* nach Field («Nobil., Nicet. et 'omnes', et sine auctore Cod. 256. . . .»); כרת *nif* in *Ps xxxvi 28d* nach 1175; *Is lvi 5* C'Θ' nach 86 (οἱ λ' nach Eus). (*Za iii 2* gehört vielleicht unter ἐξαιρέω, nicht unter ἐξαίρω, siehe oben, E. 67, L. 2.) Obschon es als Wiedergabe von שמד *nif* bisher bei C' nicht belegt ist, läßt sich daraus nichts gegen die Zugehörigkeit der Lesart an C' einwenden.

Freilich verwendet *auch* Θ' ἐξαίρω für נסע in *Nu ii 17* nach s, v, z; סור in *ii Regn xii 10* nach j (freilich auch O' nach b' b(txt) o c₂ e₂ Chr Tht); סלל in *Is lvii 14* nach 86; גאל in *Jer xxvii (l) 36* A'Θ' ※ nach 86 (A' nach Q); נסא in *Da ii 35;* כרת in *Jer vii 28* A'Θ' ※ nach Q, 86; *Ab 9* nach Q[txt], Syh.

Aber es gibt *keine Parallele* für ὡς Konjunktion, die Θ' *ohne entsprechendes Element im Hebräischen* eingeführt hätte. ὡς ist eine *Konjunktion als Übersetzung von* אשר in *Jer xl (xxxiii) 22* nach Q (anon.): eine wohl dem Θ' zuzuschreibende Stelle, siehe *Ziegler,* Ieremias, z. St., und *Da* i 8.

Der *Präposition* muß übrigens nicht immer כ zugrunde liegen; oft ist es ב, ל und dgl., ja es kommt vor, daß der *Präposition* ὡς im Hebräischen (wenigstens im MT) *nichts entspricht.*

Dieselbe Feststellung gilt für Є' und ϛ': *Ps lxxviii 52b* nach 1098 ist die *einzige* Stelle, da ὡς bei Є' Konjunktion, nicht Präposition ist: aber dieses entspricht *hebräischem* אשר.

So bleibt die *Zuweisung an C'* das Wahrscheinlichste.

Die Form von 1122 ist zweifellos eine *Korruptel* des richtigen ἐξήρθησαν.

Exzerpt 125. Vers 11b

Lesart 1

Wie ist dieses lange Exzerpt mit der einzigen Sigel C' am Anfang in sich *abzugrenzen?* Es ist klar, daß auch hier mehrere Lesarten sigellos angeführt werden.

τῇ χθονί gehört sicher *zu A'*, denn er *allein* überträgt auf diese Weise אדמה: für C' ist es zwar auch einmal belegt in *Is xv 9* nach Eus im Onomasticon: aber in der *zusammenfassenden* Lesart A'C', die dort einer bloßen *Transkription* ἀδαμα in O' gegenübersteht. Es mag sein, daß diese Lesart *wörtlich nur auf A'* zutrifft, daß aber C' mit A' dieses gemein hatte, daß er das Wort *übersetzte, nicht bloß* wie O' *transkribierte.* Diese Gemeinsamkeit, und nicht notwendig das gemeinsame Wort mochte für Eus Anlaß zur Zusammenfassung von A' und C' gewesen sein. Jedenfalls ist abgesehen von dieser Stelle das Wort χθών *nur bei A'* im *gesamten griechischen Alten Testament* überliefert. (Freilich steht χθών auch in O' *nach Hs A* in *iii Regn xiv 15* für אדמה, aber Syh schreibt diesen *V. 15* A' zu!) Zu χθών bei A' siehe *Reider,* Index, s. v., S. 256.

Gehört nun κόπριον noch zur Lesart C' oder schon zu jener A's? דמן ist bei den jüngern Übersetzern überliefert in *Jer xvi 4* durch 86: A'C' κόπρος, ebenso in *Jer viii 2* A'C' durch Syh. O' übertragen דמן durch παράδειγμα an *drei* Stellen in *Jer viii 2, ix 22 (21), xvi 4;* durch κόπρια (Neutrum Plural) und durch κοπρία (Feminin Singular) in *iv Regn ix 37* und *Jer xxxii 19 (xxv 33)* nach 36 C'-239-613 26 86^mg 410. Von diesem Befund aus läßt sich nichts entscheiden.

Aber ein *Zitat von cat xxv*[1137, 1811, Sinai Cod. gr 25] schlichtet möglicherweise den Streit; nach ihr steht bei A': ... κόπριον τῆς χθονός. Der *Genetiv* τῆς χθονός in cat xxv ist sicher nicht so gut wie der *Dativ mit Artikel* τῇ χθονί für לאדמה. Aber im gewählten Wort κόπριον für דמן treffen sich 1173 und cat xxv: dieses gehört also zu A'.

Die Lesart C' umfaßt daher vielleicht *ausschließlich* ἐγένοντο statt ἐγενήθησαν in O'. Dies ist C's *beständiger* Gegensatz zu O': wo diese *Aorist Passiv* ἐγενήθην enthalten, vertauscht C' mit *Aorist Medium* ἐγενόμην, siehe oben *Ps lxxviii 4a, E. 57,* Lesart 1.

Da der Exzerptor zweimal, *Ps lxxviii 4a* und *Ps lxxix 18a, E. 84, L. 2,* eine C'-Lesart ausschließlich diesem Gegensatz: Aorist Passiv bei O' gegenüber von Aorist Medium bei C' vorbehalten hat, ist dies ein Grund mehr, die Lesart C' hier mit ἐγένοντο abzugrenzen.

Ganz sicher ist das freilich nicht. Auch C' könnte allenfalls ἐγένοντο κόπριον übertragen haben. Doch da das ὡσεὶ κόπριον der O' doch eleganter wirkt als κόπριον allein, während umgekehrt dieses κόπριον ohne Vergleichspartikel deutlich den hebräischen Wortlaut in seiner nackten Wörtlichkeit nachbildet, ist die Wahrscheinlichkeit, κόπριον gehöre schon zur A'-, nicht mehr zur C'-Lesart, größer.

Lesart 2

Dieser Ausdruck κόπριον τῇ χθονί gehört wohl A', wie der *Vergleich mit cat xxv* zeigt. Siehe dazu *L. 1.*

Der Genetiv τῆς χθονός in cat xxv ist trotz des τοῦ δαυιδ für לדוד bei A' in den Psalmenüberschriften kaum ursprünglich. Man muß gestehen, daß der Genetiv gegenüber dem Dativ τῇ γῇ bei O' *lectio difficilior* ist. Trotzdem ist an τῇ χθονί als der dem Hebräischen näheren Lesart festzuhalten. (Las der Exzerptor der cat xxv oder ihrer Vorlage in O' den Genetiv τῆς γῆς wie die O' der Hss R L^pau 1219? In diesem Falle wäre das A'-Zitat durch den Genetiv dieser O'-Form kontaminiert!)

Lesart 3

Der kurze Ausdruck εἰς γῆν ist unstreitig eine *Einheit,* vom vorhergehenden und vom folgenden abgehoben. Die beiden letzten Lesarten haben ebenfalls לאדמה zum Gegenstand. Wir haben also *vier* Übertragungen von לאדמה, von denen die erste *jene A's* ist, siehe *L. 2.*

Die *auf A' folgende* ist am ehesten *die C's,* umso mehr, als C' אדמה tatsächlich *durch* γῇ übersetzt: *Ps xlviii 12c* nach 1175, 1098 (siehe *Mercati,* Osservazioni, S. 401), cat x^1625, 1707, Chr^DM, ThdMopsv^1717; *Gn iii 17* nach M, c₂; *Is vii 16* nach Eus^dem; *xxiv 21* nach Eus (C'Θ' ※ nach Q, Syh); *xxxii 13* nach Pr; *xlv 9* nach Eus.

Andere Übertragungen sind χῶρα in *Ps civ 35a* nach 1175, 264 mg; κεκονιασμένος nach z (κεκονιμένος nach j) in *ii Regn i 2;* χθών in *Is xv 9* A'C' nach Eus im Onomasticon (oben L. 1).

γῇ ist *bei C'* wie schon *in O'* die *geläufigste* Wiedergabe. Zu Θ', Є' und ς', siehe unten L. 4.

Es ist somit sehr wohl *möglich,* daß εἰς γῆν eine C'-Lesart ist. Im Gegensatz zu MT hat C' ohne Artikel übertragen.

Lesart 4

Im Folgenden stellen sich Fragen nach *Umfang* und *Abgrenzung* der Lesarten. Da ὡσεὶ mit dem griechischen Äquivalent von דמן, nicht mit jenem von לאדמה zusammengehört, ist man sogleich geneigt, *zwischen ὡσεὶ und dem folgenden ἀδαμα zu trennen.* ὡσεὶ wäre dementsprechend eine ganz kurze Lesart. (Da es am Zeilenrand steht, könnte man ja überdies vermuten, es sei ein Wort: κόπρος oder etwas Ähnliches, *verloren* gegangen.)

In diesem Falle hätten O' *des Exzerptors* ὡς (wie Hs B) enthalten, dem diese Lesart gegenübergestellt wurde, oder sie hatten keine Vergleichspartikel wie 2049, P. Bodmer xxiv. *Wem* würde dieses ὡσεὶ gehören? *Denkbar* sind C', Θ' und gewiß auch ς'. Ob auch Є', ist *fraglich,* denn in *Ps xiii 4b* ist nur die *syrische* Form bekannt, und diese als zusammenfassende Lesart A'Є', nicht aber die hier *allein zeugnis-*

fähige griechische. Nun verwendet A′ ὡς, anscheinend nie ὡσεί! In *Ps xxviii 6a* überliefert *1175* ὡσεί für Є′, aber diesem Zeugnis steht *264 mg* Є′ς′ mit ὡς gegenüber.

Das nächste Wort ἀδαμα wäre wiederum als *gesonderte* Lesart zu betrachten, die
nur dem לאדמה gälte. (Vielleicht ist das Wort mit Iota subscriptum als *Dativ* zu
schreiben.) Da Θ′ als jener Übersetzer gilt, der *oft transkribiert* anstatt zu übersetzen, ist der erste Gedanke, ihn hinter dem ἀδαμᾳ (oder ἀδαμα) zu vermuten.

Für אדמה finden wir die *Umschrift* ἀδαμα wie folgt: Als *Eigenname* ist אדמה bei O′ regelmäßig *transkribiert,* so in *Gn x 19; xiv 2,8; Dt xxix 23* (22) ; *Os xi 8.* Die jüngern Versionen fehlen
für diese Stellen. Ferner steht die Transkription bei O′ in *Is xv 9;* A′Θ′ in *Ez xx 38* nach 86;
anonym in *Lev xx 25* nach M, s, v, z. Ferner ist eine *Doppelübersetzung* von אדמה in der Θ′-Lesart
von *Gn iii 17* enthalten: ἡ γῆ ἀδαμα nach M (ἀδαμ nach c₂).
Anderseits haben O′, A′ und C′, wie schon gesagt, mit Regelmäßigkeit übertragen: A′
χθών; O′ *und* C′ *meistens mit* γῆ. Für Θ′ sieht es wie folgt aus: in *Daniel* 3 mal ἡ γῆ; einmal ist
dabei *gegen* O′ die Entsprechung אדמה = γῆ hergestellt (*xi 39; Da xi 9* und *xii 2:* O′ = Θ′). In
Is finden wir 4 mal γῆ: *vii 16* nach Eus[dem]; *xv 9* nach 710, Eus in Onomasticon (anonym);
xxiii 17 Θ′ ※ nach Q, Syh; *xlv 9* nach Eus, Hil[at]. In *Jer* einmal: *xxxii 12* (*xxv 26*) ⟨Θ′⟩ nach 86
bei *Ziegler,* Jeremias, z. St. Dazu treten *zwei Stellen im Psalter: Ps xlviii 12c* nach 1175 (siehe
Mercati, Osservazioni, S. 401) ; *Ps civ 35a* nach 1175, 264 mg: beide mit γῆ!
Was Є′ betrifft, überliefert uns 1098 *eine Stelle* mit γῆ im Plural: γαίων in *Ps xlviii 12c*
(= O′). Diese Übereinstimmung von O′ und Є′ wird *keine Ausnahme* sein: wie O′ meistens durch
γῆ übersetzen, so wohl auch Є′. Von ς′ ist kein Beleg bekannt.

Die *Transkription* ἀδαμα wird nochmals geboten in einer *weitern Lesart,* siehe
unten L. 5. Daraus darf man wohl entnehmen, daß es eine exegetische Tradition
gab, derzufolge man לאדמה hier als *Ortsnamen* deutete. Das ist ja neben den vielen
andern Ortsnamen in der Nachbarschaft dieses Verses kaum erstaunlich. *Adama* ist
eine Stadt, die aus *Gn x 19; xiv 2, 8; Dt xxix 22; Os xi 8* bekannt ist, und über die
sich Gottes Zorngericht ergossen hat.

Transkriptionen von אדמה finden sich aber nun doch bloß bei O′, Θ′ und A′.
(Aus L. 5, siehe dort, wird hervorgehen, daß *vielleicht auch* Є′ im vorliegenden V.
den *Ortsnamen* ἀδαμα transkribiert.) Man gäbe also diese Lesart mit Zögern *dem* Θ′.

Es bliebe noch τῇ γῇ, ebenfalls eine isolierte, gesonderte Lesart. Sie würde voraussetzen, daß O′ des Exzerptors die Form τῆς γῆς enthalten hätten wie R *L*[pau] 1219,
zu der die Lesart τῇ γῇ in Gegensatz träte. Sie könnte *zu* Є′ gehören.

Diese Serie dreier *ganz kurzer* Lesarten ist aber nun doch auffällig. Gewöhnlich
pulverisiert 1173 seine Zitate nicht auf diese extreme Weise. Außerdem läßt sich
eine Art *Parallelität* zwischen der Lesart O′: ὡσεὶ κόπρος τῆς γῆς (oder τῇ γῇ) und der
vorliegenden Fügung ὡσεὶ ἀδαμα τῇ γῇ nicht leugnen. Zu ihr ist übrigens auch die
folgende Wendung parallel: κόπρος τῇ ἀδαμᾳ, siehe unten L. 5. Zwingt uns diese
Parallelität, die zur Diskussion stehende Wendung als eine Einheit zu nehmen,
d. h. als *eine* Lesart?

Bei dieser Annahme stünde statt dem κόπρος der O′ in der zur Diskussion
stehenden Lesart ἀδαμα! Dies ist unwahrscheinlich genug! ἀδαμα, wohl im Dativ,

entspricht doch eindeutig dem hebräischen לאדמה, das bei O' als τῇ γῇ oder τῆς γῆς erscheint. ἀδαμα ist schwerlich Wiedergabe von דמן!

So bietet sich eine mittlere Lösung als die plausibelste an: die Wendung besteht weder aus drei, noch aus einer einzigen, sondern aus *zwei* Lesarten. Die erste umfaßt ὡσεί *allein*. O' des Exzerptors lauteten also auf ὡς, wie O' in Hs B, oder ὡσεί fehlte wie in 2049, P. Bodmer xxiv. B und 2049 vertreten den unterägyptischen Text, P. Bodmer xxiv gehört nach Oberägypten; zu den O' des Exzerptors siehe Einleitung, Kap. IV, 7.

Da ὡσεί auf Θ' passen könnte, vielleicht weniger auf Є', siehe weiter oben, und da die vorhergehende Lesart die C's war, kann man als Sigel Θ' oder Θ'ς' mutmaßen. Die O' werden so selten von 1173 angeführt, daß diese Sigel weniger in Frage kommt.

Die nächste Lesart hieße somit ἀδαμα τῇ γῇ. Sie stellt eine *strenge Parallele* zu Θ' in *Gn iii 17* nach M (ἡ γῇ ἀδαμα) dar. Θ' hatte in *Gen iii 17* den Ausdruck אדמה *sowohl transkribiert als übertragen*. Dieselbe Eigenart finden wir hier wieder! Dies berechtigt uns zu der Vermutung, die Sigel dieser Lesart sei Θ', umsomehr, als nur O', A' und Θ' אדמה zu transkribieren scheinen, siehe oben. (Immerhin ist die Transkription ἀδαμα auch für Є' zu vermuten, siehe unten L. 5.) Dadurch wird auch wahrscheinlich, die Sigel der vorhergehenden Lesart mit ὡσεί sei nicht Θ', oder nicht Θ' allein, sondern eine Doppelsigel mit Θ'; dabei käme am ehesten Θ'ς' in Frage.

Es ist einleuchtend, warum Θ' sich in *Gn iii 17* nicht mit der bloßen Übersetzung begnügte, sondern die Transkription beigab. Der Zusammenhang zwischen ἀδαμα und ἀδαμ, der in Gn O' in *ii 16, 19* (bis), *20* (bis), *21, 22* (bis), usw. mit seinem Namen *Adam* erwähnt wird, sollte klar werden.

In unserem vorliegenden V. soll vielleicht nach Θ' der Doppelsinn des Ausdrucks: אדמה als Ortsname «Adama» und als «dem Erdboden» sichtbar werden, wie Θ' ja solche Mehrdeutigkeiten des Hebräischen in seiner Übersetzung spürbar zu machen liebt.

Lesart 5

Diese Lesart ist durch das Fehlen der Vergleichspartikel ὡς gekennzeichnet sowie durch die Transkription von אדמה.

Das erste läßt sich entweder als Angleichung ans Hebräische erklären, wo ja דמן absolut, ohne כ steht, oder als Abhängigkeit von einer O'-Vorlage, der das ὡς oder ὡσεί mangelte, wie 2049, P. Bodmer xxiv.

Das transkribierte Wort ist mit dem griechischen Artikel versehen. Das deutet auf den *Ortsnamen Adama mit dem anaphorischen Artikel,* der sich gleich erklärt wie jener in E. 123, L. 4 (C'). Da sich dieser Artikel also gut erklärt, ist keine Verderbnis von τῇ aus γῇ zu befürchten. Es stand hier also keine Dublette wie in der vorhergehenden Lesart. Diese hatte offenbar אדמה nicht *nur* als Ortsnamen gedeutet, und darin unterscheidet sie sich von der vorliegenden.

Als Ganze ist die Lesart aber dem Hebräischen eng angeschlossen, wie immer man die Ursache dieser Ähnlichkeit begründet. Insofern wäre die Sigel Є′ vortrefflich am Platze. A′, C′ und wohl Θ′ sind ja oben schon teilweise angeführt worden, so daß nur noch Є′ und ς′ übrigbleiben. Sollte die Lesart mit ὡσεὶ, siehe oben das zu Lesart 4 Gesagte, tatsächlich die Sigel Θ′ς′ tragen, wäre für die uns beschäftigende Lesart Є′ die passendste Übersetzung. Ganz sichere Entscheidungen lassen sich indessen keine fällen.

Exzerpt 126. Vers 12a–b

Lesart 1

Auch diese Lesartengruppe trägt nur zweimal die Sigel A′: zu Beginn und in der Mitte. Doch ist sie in Wirklichkeit aus mehreren Lesarten zusammengesetzt.

Die erste A′-Lesart ist unverkennbar und daher in ihrem Umfang ohne Ungewißheiten zu bestimmen. Die Wortwahl verrät A′:

שׁית ist bei A′ τίθεμαι *Medium* in *Ps ix 21a* nach 1175, 264 mg (O′ anderes Verb); *xlviii 15a* nach 1098 (= O′); *lxxxiii 4b* nach Tht, cat xxv [1137, 1811, Sinai Cod. gr. 25] (O′ aktiv); *lxxxvii 7a* nach Eus (= O′); *Prov xxvii 23* A′Θ′ nach Morin. n. χ (O′ anderes Verb). Nur in *Ps xx 13a* nach 1175, Tht wählt A′ eine *aktive* Form, die mit jener in O′ identisch ist. Ohne Kontamination annehmen zu müssen, kann man vermuten, A′ habe die Form aus O′ unrezensiert adoptiert.

Andererseits ist שׂום τίθημι *Aktiv* an fast allen von *Reider*, Index, S. 236–237, angegebenen Stellen, oft im Gegensatz zu O′, die τίθεμαι Medium aufweisen, z. B. in *Ps xlv 9b* nach 1098, 1175; *lxv 11b* nach Eus; *lxxvii 43a* nach 1173 (Є′ wie O′ Medium!), siehe E. 15, L. 1; *lxxxviii 30a, 41b* nach 1098 (Medium in O′ und Є′!), *xc 9b* nach Taylor, Eus [com, dem]; *cvi 41b* nach Tht; *Job xiii 27* nach Field («Nobil., Nicet., Colb., Orat., Reg. unus.»). An Ausnahmen sind nur *4 Stellen* bezeugt: in der *Jer-Ez-Schicht* in *Ez xix 5* A′ und *xxiii 24* A′C′Θ′ nach 86; und in den *Psalmen: xviii 5c* nach 1175, Eus [1121], cat x [1625, 1706], cat xxv [1137, 1811], Tht (οἱ γ′) (= O′); *li 9a* nach 1175. (*Da iii 12* ist *nur syrisch* überliefert, so daß nicht mehr zwischen Aktiv oder Medium entschieden werden kann.)

Die Statistik läßt wohl den Schluß zu: *A′ überträgt mit τίθημι Aktiv* gewöhnlich שׂום bzw. שׂים, siehe oben *Ps lxxvii 43a*, E. 15, L. 1, während er *mit τίθεμαι Medium* שׁית wiedergibt. Die Ausnahmen, selbst wenn alle zutreffen sollten, sprechen nicht dagegen, da in einem solchen Punkt die Regelmäßigkeit A′s kaum absolut war. Aber die *acht Fälle*, da A′ bei שׂום das *Medium der O′* in τίθημι Aktiv umsetzt, während er bei שׁית einmal das *Aktiv der O′* in τίθεμαι Medium verändert, sprechen zugunsten der Hypothese.

נדיב ist bei A′ ἑκουσιαζόμενος, siehe *Reider*, Index, S. 75.

Auch die *Konstruktionsweise* trägt A′s Stempel aufgeprägt: *Imperativ* wie im Hebräischen und übrigens auch im Hauptteil der O′-Überlieferung; der *Indikativ* ist vorhanden in P. Bodmer xxiv, 2049, La[G], Psautier de Saint-Germain, siehe Psalterium romanum, S. xviii, 206. Vielleicht steht die A′-Lesart auch zu dieser O′-Form, die dann die O′-Form des Exzerptors wäre, im Gegensatz. Siehe den ganz ähnlich gelagerten Fall oben, E. 125, L. 4, 5. *Pronominalobjekt* des Verbs: αὐτούς (von O′ und C′ weggelassen, siehe unten L. 2), kein *Artikel* im Gegensatz zu O′.

Aber eine *Schwierigkeit* erhebt sich: ‫־מו‬ *beim Verb* erscheint als griechischer *Plural* αὐτούς, ‫־מו‬ *beim Nomen* jedoch als griechischer *Singular*. Absicht oder Irrtum?

A′ hat jedoch wie O′, C′, Θ′ und Є′ dieses Pronomen ‫־מו‬ als *Mehrzahl* verstanden, z. B. für ‫למו‬ siehe *Is xvi 4* A′C′ nach Q, Syh (A′); *xxvi 14* A′Θ′ nach Eus, Tht und C′ nach Q, Syh, Eus, Tht, Hi; *xliv 15* Θ′ ※ nach Q (Syh: Singular); *liii 8* A′ nach 86 und C′ nach Eus, 86 (C′Θ′) und Θ′ nach Eus; *Ps ii 4b* A′ nach 1175; *Ps xlviii 14a* A′, C′, O′, Є′ nach 1098; usw.

Wir dürfen daher annehmen, A′ habe ‫נדיבו‬ statt ‫נדיבמו‬ gelesen: dies ‫נדיבו‬ finden wir in *Hs 224 von Kennicott* bezeugt. Hss 224 ist ein *Regiomontanus 2*, den *Kennicott* einen «codex eximius» nennt und in den Anfang des 12. Jahrhunderts datiert, *Kennicott*, i, S. 89.

Lesart 2

‫שית‬ ist *bei* C′ τάσσω in *Ps xx 13a* nach 1175 (Tht bietet τίθημι für C′: dies gehört zum Lemma der O′); *xlviii 15a* nach 1098, 1175, Eus[1121], Tht; *lxxxvii 7a* nach Eus; *Prov xxvii 23* nach Morin. n. χ.

Freilich wird τάσσω *auch von* Θ′ verwendet: *Iud xviii 21, 31* O′Θ′ nach z; *Job xxxi 24* nach Syh, Hi (mit ※); *Job xxxvi 13* Θ′ ※ nach Field («Colb., Reg. unus.»); *Jer xl (xxxiii) 25* nach Q (anonym); *Ez vi 2* nach 86. Aber τάσσω ist dabei *stets* Wiedergabe von ‫שׂוּם‬! In *Da vi 13 (14)* Θ′ nach Hss A″ O L″ 233′ 590 und Chr und ebenso in *Da vi 12 (13)* Θ′ steht τάσσω für aramäisches ‫רשׁם‬; in *Da ix 26* ist das τάξει bei Θ′ aus V. 27 eingedrungen, und zwar verderbt aus στάξει: siehe *Ziegler, Daniel z. St.* ‫שׂית‬ ist also *nirgends* bei Θ′ durch τάσσω übertragen.

ἡγεμών erscheint bei C′ als Ausdruck für ‫נגיד‬ in *Ps lxxv 13a* nach Eus, aber für ‫נדיב‬ in *Ct vii 1 (2)* nach Field («Nobil., Mat., Theodoret. Cod. 252 ... Syro-hex. ...»). A′ hat hier übrigens nach Field («Cod. 252. ...») ebenfalls ἑκουσιαζόμενος, und es gibt eine weitere Lesart: ἄρχων zu diesem Vers, welche Tht – nach Field zu Unrecht – dem A′ zuweist. In *Is xxxii 8* kommt die Wurzel ‫נד(י)ב‬ *dreimal* vor: C′ hat dies nach 86, Eus durch ἄρχων, ἀρχοντικά und ἡγεμών übersetzt. ἡγεμών ist also eine bei C′ geübte Übersetzung von ‫נדיב‬.

Bei Θ′ finden wir ἡγεμών in einer einzigen, und zwar in einer *kollektiven* Lesart: *Jer xlvi (xxxix) 13* A′Θ′ οἱ ἡγεμόνες nach 86 für hebräisches ‫רבי (מלך בבל)‬. Es ist nicht ausgeschlossen, daß die Lesart *auf* Θ′ paßt, denn nach Syh hatte A′ hier διδάσκαλον. Trotzdem ist es für Θ′ weniger wahrscheinlich als für C′, daß er ‫נדיב‬ mit ἡγεμών verband! Denn nur für C′ ist diese Verknüpfung klar belegt.

Wie O′ hat C′ das *Suffix des Verbes* nicht eigens übersetzt; einen andern hebräischen Text braucht man nicht vorauszusetzen.

Lesart 3

Der *Umfang* dieser A′-Lesart ist nicht zum vornehinein bestimmt, da keine weiteren Sigel mehr gegeben werden.

Für ‫נסיך‬ in *Mi v 5 (4)* geben Bas N, 86, Syh und Hi als A′s Übertragung καθεσταμμένους, während 86* κατεσταμμένους liest. Zum Schwanken zwischen κατέσταμαι und καθέσταμαι, Aspirierung oder Psilosis, siehe *Thackeray, Grammar,* § 8, 7, S. 127–128. An der gleichen Stelle bezeugt 86* für C′ χρηστούς, 86ᶜ χρειστούς; χρηστούς auch bei Bas N; χριστούς nach Syh, Hi[lat]. In *Ez xxxii 30* A′ οἱ καθιστάμενοι nach 86, C′ οἱ χριστοί nach Syh.

In *Mi v 5 (4)* ist weiter Θ' überliefert: ἀρχηγούς nach 86, Syh; Θ'Є' principes nach Hi.

καθισταμένους αὐτῶν *ohne Artikel gehört also gewiß auch zu A'*. Aber vor καθισταμένους αὐτῶν fehlt πάντας *für* לכ, das ja in allen hebräischen Hss überliefert ist (*keine Varianten* bei *Kennicott* und *de Rossi*). καθισταμένους αὐτῶν ist somit eine *zweite* Lesart A's, für die die Sigel fehlt.

ὡς ζε(βεε) (καὶ) σαλμο(να) kann *nicht von A'* stammen, denn dieser überträgt wörtlich jede Partikel ו und כ, während hier *frei* das *erste* ו und das *zweite* כ weggelassen sind. Die so entstehende Phrase ist sowohl *näher beim Hebräischen* denn O' als auch *eleganter* im Griechischen. Wir dürfen mit C' rechnen, ohne große Gefahr zu irren.

Somit erstreckt sich die *A'-Lesart* bis ὡς ζη(β). Das folgende ὡς ζη(βεε) (καὶ) σαλμο(να) ist C's Teil, siehe L. 4, worauf wieder A' einsetzt: καθισταμένους αὐτῶν, siehe L. 5.

Die Namen sind sämtlich *abgekürzt*.

Die *Orthographie* ὀρηβ findet sich stets, außer in O' von *Iud vii 25* (ter), *viii 3*, wo der Name buchstabiert ist: ὠρηβ, aber manche Hss lesen auch hier ὀρηβ. Haben *hexaplarische O'* mit ὠ buchstabiert? Der hexaplarische *Zusatz* in *Iud vii 25:* σουρ + ὠρηβ nach Mss: a b c x (Arm) Eus im Onomasticon deutet möglicherweise darauf hin. Sind die *hexaplarischen O'*, die von diesen Zeugen vertreten werden, die O'-Kolumne der Hexapla, könnte man vermuten, in sämtlichen Kolumnen sei ὠρηβ mit ω geschrieben gewesen, nicht nur in O', sondern auch in A'. ὀρηβ mit ὀ bei A' wäre dann durch die geläufigen O'-Hss kontaminiert. Wir sind aber damit nicht nur im Bereich der geringfügigen Orthographica, sondern auch der unbeweisbaren Vermutungen.

Lesart 4

Diese Lesart mit ihrer freien, gut griechischen Wiedergabe, welche aber dem Hebräischen nähersteht als O', gehört *zu C'*: siehe L. 3.

Die *Orthographie* von ζεβεε ist nicht ganz fest; in *Iud viii 5, 6, 7, 10, 12, 15, 16, 21* haben die *Hss* g m n w regelmäßig ζεβεαι (hinzu träten kleinere und isolierte Varianten). Auch für σαλμανα der O' gibt es variae lectiones an denselben Stellen; זבה und צלמנע treten nämlich nur gemeinsam auf! Es erscheinen: σελμανα, σαλμαναν, aber auch σαλμωνα in *Iud viii 5* nach ⟨Hs 18⟩; *viii 7, 21* nach n. σαλμο(να) mit ο (oder vielleicht ω) ist jedenfalls *lectio difficilior* und verdient daher, für C' in Anspruch genommen zu werden.

Lesart 5

Dies ist wiederum eine A' Lesart, wie in den Bemerkungen zu L. 3 deutlich wurde. Die Form καθιστάμενος ist hier vielleicht richtig, obgleich καθεσταμμένος von *Mi v 5 (4)* als *passives Partizip* von καθέσταμαι *Perfekt Passiv,* siehe *Mayser*, Grammatik, i, 2, S. 152, Z. 46 – S. 153, Z. 25 (häufig im 2. und 1. Jahrhundert v. C.) auch gut paßt. Aber wie A' oben נדיב als passives Partizip aufgefaßt und als *Partizip Präsens* übertragen hat: *V. 12a*, E. 126, L. 1, so auch נסיך hier in *V. 12b!* So ist keineswegs auszuschließen, daß A' sich die Freiheit genommen hat, innerhalb von καθί

στημι *Passiv* bald das *Perfekt* Passiv καθέσταμαι, bald das *Präsens* Passiv καθίσταμαι (siehe *Mayser*, Grammatik, i, 2, S. 123, Z. 4–9) *für* נִצָּב zu verwenden. Daß
καθεσταμ(μ)ένος *als Passiv,* nicht nur als Medium, aufgefaßt wurde, zeigen klar
Stellen wie *Nu iii 32* O' (für ein wohl *passives* hebräisches Partizip: פְּקֻדַת), ebenso
Nu xxxi 48, usw.

κατθιστάμενος erscheint in O' bloß als *varia lectio* zu καθεσταμένος bzw. κατεσταμένος und
zwar besonders konsequent in N*, g, v, x, aber zuweilen auch in andern Hss. Das zeigt, daß auch
καθίσταμαι *Präsens als Passiv* verstanden werden konnte. In *Ez xxxii 30* überliefert 86 denn
auch für A' οἱ καθιστάμενοι, welches man vielleicht nicht wie *Ziegler,* Ezechiel, z. St., auf Grund
von *Mi v 5,* in οἱ καθεσταμένοι korrigieren muß, sondern auf Grund unseres Verses *12b* so belassen
kann, wie es steht.

Lesart 6

Daß diese Lesart dem C' gehört, steht nach den *Parallelen* von *Mi v 5 (4), Ez xxxii
30,* siehe L. 3, außer Zweifel.

Daß *Syh* und *Hi* recht hatten, χριστός, nicht χρηστός zu lesen, geht aus der
Tatsache hervor, daß C' נָסַךְ durch χρίω ausdrückt: so in *Ps ii 6a* nach 1175, 264 mg.
So liegt hier und in *Mi v 5 (4)* χριστός vor.

Exzerpt 127. Vers 13

Lesart 1

Wiederum steht eine *einzige* Sigel am Anfang. Wie weit erstreckt sich die erste
A'-Lesart?

A' hat das *indeterminierte* ὅστις vermieden und durch einfaches ὅς, ἥ, ὅν übertragen.

Gehört auch εἶπον dem A'? A' übersetzt *meistens* mit Formen des *schwachen Aorist* von
εἰπεῖν, siehe z. B. in 1098 *Ps xxix 7a, xxx 23a, xxxiv 21a* (O' starker Aorist!), *25 a, b;* und anderswo zahlreiche weitere Belege. Aber es kommt auch der starke *Aorist* vor und zwar vielleicht
sogar dort, wo *O' den schwachen* enthalten: *Iud xii 6* nach *b:* siehe indessen den kritischen Apparat bei *Brooke-McLean* z. St., wo B-Or gr, m den starken Aorist bezeugen. Der *starke Aorist* ist
auch im asterisierten Abschnitt *iii Regn xiv 7* enthalten, der nach Syh von A' stammt. Weiter
Job xxxi 31 nach Field («... Colb. et Reg. unus. ...») (= O'), A'C'Θ' nach Field, Auct. («Cod.
255.»). Der starke Aorist ist für A' auch in *kollektiven* Lesarten bezeugt, wie z. B. in *Gn xxxii 9
(10)* A'C' nach j, v.

Es zwingt uns also nichts, das hiesige εἶπον dem A' abzusprechen, denn dieser
hat den Unterschied zwischen starkem und schwachem Aorist offenbar *nicht völlig*
zugunsten des schwachen Aoristes beseitigt.

Wäre aber nicht ein *anderer Übersetzer* für εἶπον denkbar? Є' hält sich in den angegebenen
Stellen von 1098 an O', ebenso in *Ps lxxvi 11a* und *lxxxviii 3a* nach Eus. Є' hat sich also wohl
wie O' meistens εἶπα zugeneigt, ohne den starken Aoristformen gänzlich den Laufpaß zu geben.

Θ′ hat in *Ps lxxxviii 3a* nach Eus gegen A′, Є′ und O′, aber *mit C′* durch εἶπον übertragen. Aber wir finden bei Θ′ ebenfalls εἶπα, so in *Ps xxx 23a* nach 1175, 264 mg (Θ′ς′); *Job xxii 13* ※ ; *xxviii 22* ※ ; usf. Die Übersetzung mit dem starken Aorist ist also nicht *typisch* für Θ′!

Da gleich nach εἶπον eine C′-Lesart kommt, siehe L. 2, liegt es am nächsten, das Vorhergehende *ganz als A′-Lesart* zu betrachten. Da *L′* εἶπον lesen, ist es ja möglich, daß auch *A's O′-Vorlage* εἶπον enthielt, welche Form A′ unverändert übernommen hätte.

Lesart 2

Das Partizip steht im *starken Aorist.* Der starke Aorist εἶπον ist von C′ *konsequent* bevorzugt worden, zumindest *im Psalter,* siehe oben zu *Ps lxxxi 6a,* E. 111, L. 1.

Weiter liebt C′ die *Partizipialkonstruktionen,* um den hebräischen Satzbau im Griechischen zu variieren. Insbesondere *Relativsätze* wendet er bisweilen durch *Partizipien:* so z. B. oben in *Ps lxxvii 39b,* E. 8, L. 1 (asyndetischer Relativsatz ohne אשר); *lxxvii 43a,* E. 45, L. 2; *lxxviii 6a,* E. 61, L. 6; *6b,* E. 62, L. 2, u. a. m.

Auch der Platz der Lesart nach A′ spricht für C′.

So werden wir hier die *Sigel C′* ergänzen dürfen.

Lesart 3

In *Ps lxxviii 7b,* E. 63, L. 1, sahen wir, daß A′ die Wurzel נ(א)וה mit der Wurzel ὡραιο- verknüpft. Der *Artikel* vor ὡραῖα entspricht dem את, paßt also völlig zu A's Wiedergabe des Artikels. Die Zuweisung der Lesart an A′ unterliegt keinem Zweifel. Bemerkenswert ist, daß A′ der einzige Übersetzer ist, der den *Plural* in wörtlichster Anlehnung an das Hebräische gesetzt hat.

Lesart 4

Daß es sich hier um C′ handelt, macht das *Zeugnis Tht's* klar. Zur Übersetzung C's von נאוה/נוה siehe oben zu *Ps lxxviii 7b,* E. 63, L. 2.

Lesart 5

Diese Lesart mag Θ′, Є′ *oder* ς′ zugehören. Für alle drei ist sie möglich, siehe oben zu *Ps lxxviii 7b,* E. 63, L. 3: da dort Є′, Θ′ und ς′ für denselben Ausdruck: εὐπρέπεια für נוהו *zusammengefaßt* geboten werden, ist das auch sehr wohl hier denkbar und wahrscheinlich.

Exzerpt 128. Vers 14a

Lesart 1

Zu diesem *Vokativ,* der an sich auch für C′ möglich wäre, aber hier klar dem A′ zugewiesen ist, siehe oben *Ps lxxviii 9a,* E. 66, L. 1, *Ps lxxxi 8a,* E. 113, L. 2, *Ps lxxxii 2b,* E. 116, L. 2.

Lesart 2

Ohne Sigel schließt sich die Lesart an A′ an. Aber aus *V. 12a,* E. 126, L. 1 und 2 geht hervor, daß es sich hier nicht um A′ handeln kann, wohl aber um C′. Ihm wird diese Lesart gehören.

Exzerpt 129. Vers 14b

Lesart 1

Zur Übertragung von לִפְנֵי siehe oben *Ps lxxviii 11a,* E. 72, L. 1 (A′) und L. 2 (C′). Nach dem dort Festgestellten ist εἰς πρόσωπον für A′ *typisch.* Die Lesart würde also vorzüglich zu A′ passen.

Aber die *Sigel* ist in 1173 C′. Dieser überträgt לִפְנֵי *meistens mit* ἔμπροσθεν.

In *Ps xvi 2a* hat jedoch nach dem Zeugnis von 1175 auch C′ מִלְפָנֶיךְ durch ἀπὸ τοῦ προσώπου σου (O′ ἐκ προσώπου σου) übersetzt: Es liegt hier also eine *ähnliche* Lage wie in unserm *V. 14b* vor, insofern C′ auch dort *nur die Präposition* der O′, die vor πρόσωπον steht, ändert. Immerhin ist das Besondere hier die Präposition מִן vor לִפְנֵי, die dem Ausdruck die Bedeutung von מִפְנֵי verleiht. מִפְנֵי nun erscheint bei C′ bisweilen als ἀπὸ, bzw. ἐκ προσώπου, siehe oben *Ps lxxviii 11a,* E. 72, L. 2.

Anderseits: πρὸ ist eine gelegentliche Übertragung von לִפְנֵי bei O′. Aber wir finden sie *nie bei* Є′ *oder* Θ′. Für Θ′ ist die Wiedergabe von מִלְפָנֵי in *Ps cxiii 7a* durch Eus [Pat 215] (die Θ′-Lesart fehlt jedoch in 1675) überliefert: ἀπὸ προσώπου (= O′), während Є′ in *Ps xxxiii 1a* nach Eus [1021] A′Є′ εἰς πρόσωπον für לִפְנֵי wählt (O′ = ἐναντίον). An beiden Stellen haben Θ′ und Є′ *das Element* πρόσωπον bewahrt. Es ist daher nicht anzunehmen, sie hätten es in unserem *V. 14b* aus O′ weggestrichen, wo es ja vorhanden war, um es durch ein vom Hebräischen weiter entferntes πρὸ zu ersetzen. Dies würde der Tendenz dieser Rezensionen widerstreben.

πρὸ ἀνέμου der zweiten Lesart ist daher wohl *kaum* Є′ *oder* Θ′ zuzuweisen, und vielleicht auch nicht der ϛ′. So bleibt *nur C′* übrig, denn A′ kommt dafür natürlich nicht in Frage: siehe oben E. 72, L. 1, 2.

Damit ist aber auch entschieden, ˈdaß εἰς πρόσωπον ἀνέμου *nicht dem C′* zugehört. Aber es könnte sehr gut A′, Θ′ oder auch Є′ (wie in *Ps xxxiii 1a* nach Eus[1021]) und vielleicht ϛ′ zugehören! Umso eher als die Korruptel C′ sich *leichter aus* Є′ (ϛ′) als aus A′ erklären würde.

Aber A′ ist trotzdem die *wahrscheinlichere Sigel:* der Unterschied zu O′ besteht ja bloß in der *Vertauschung der Präposition* κατά *mit Akkusativ durch* εἰς. Dieses εἰς bildet genauer ל vor פְנֵי ab als κατά der O′.

Nun verschmäht es Є' in *Ps xvii 43a* nach 1098 nicht, den O' zu folgen, welche עַל פְּנֵי mit κατὰ πρόσωπον übertrugen, A' dagegen heftete sich ganz eng an das Hebräische: ἐπὶ πρόσωπον, während C' kennzeichnenderweise ἔμπροσθεν wählte. Somit haben wir eine *Parallele* zu unserem V.: *A'* verläßt das κατὰ *der O'*, um es durch seine *gewöhnliche Präposition* ἐπὶ = עַל zu ersetzen, so wie es hier mit εἰς = לְ geschieht. Є' scheint an Präpositionen weniger weitgehende Forderungen als A' zu stellen. Für Θ' wird Ähnliches gelten. Er verwendet κατὰ *mit Akkusativ* für כְּ wie schon O' und wie A' und Є'. Auch für עַל־פְּנֵי ist es nachgewiesen in *Prov xxii 6* nach Field («... Codd. 23, 149, 253, 260. Syro-hex. in textu: ... .ת. ※.»). In *Is xxxvi 7* fehlen O'; in einer *A'-Lesart* steht εἰς πρόσωπον nach 86 für לִפְנֵי, während 86 als weitere Lesart unter A'C'Θ' ※ gibt: «... ἔμπροσθεν ...»: eine Übersetzung, die mit großer Wahrscheinlichkeit *symmachianisch* ist. Nun steht als *dritte, anonyme Lesart* nach Q, Syh noch da: κατὰ πρόσωπον; dies muß doch wohl Θ' sein! Wir hätten somit den Erweis, daß Θ' nicht nur κατὰ πρόσωπον *aus O'* übernahm, sondern sogar selbst dort verwendete, wo er von O' *unabhängig* war! κατὰ πρόσωπον für לִפְנֵי ist denn auch in der Tat als von O' unterschiedene Übersetzung (O' ἐναντίον) dem Θ' ausdrücklich zugeschrieben in *Is xli 2 nach Q, 86* (A'C'Θ'). Es ist also nicht anzunehmen, Θ' habe in unserem *V. 14b* κατὰ πρόσωπον in O' verändert.

Von ς' ist kein Gebrauch κατὰ mit Akkusativ überliefert.

Lesart 2

Diese Lesart gehört wohl dem C'. Zwei weitere Übersetzungen von לִפְנֵי durch πρὸ bei C' sind *Ps lxvii 8a* nach Tht; *lxxxiv 14a* (im Kompositum: προελεύσεται αὐτόν = לְפָנָיו יְהַלֵּךְ) nach Eus. Siehe die nähere Begründung der Zuweisung an C' in L. 1.

Die letzten Exzerpte in 1173 begnügen sich ja übrigens meistens mit *Lesarten aus A' und C'*. So ist hier wohl in L. 1 am ehesten *A'* anzunehmen (möglicherweise zusammengefaßt mit Є') und C' in L. 2.

Exzerpt 130. Vers 15 a–b

Lesart 1

Wieder stehen wir vor einer Gruppe mehrerer Lesarten, denen nur eine einzige Sigel A' vorausgeschickt wird, die jedoch nicht auf alle gebotenen Lesarten zutrifft. Es gilt daher, die einzelnen Lesarten nach inneren Kriterien des Wortschatzes und des Stils abzugrenzen.

Der *Umfang* der ersten A'-Lesart unterliegt keinem Zweifel, da der Ausdruck ὡς πῦρ κατακαίει *demselben* hebräischen Ausdruck כְּאֵשׁ תִּבְעַר gilt wie ὡς πυρ⟨ὸς⟩ ἀνάπτοντος (δρυμόν) in der A'-Lesart. Somit reicht A' *bis* δρυμόν.

Die *Wortwahl* der Lesart bestätigt die Zuweisung an A'. Zu ὡς, πῦρ siehe *Reider*, Index, ss. vv., S. 260, 208; δρυμός wie O': so auch in *Ps xcv 12b* nach Tht, vorausgesetzt, der Ausdruck πάντα τὰ ξύλα τοῦ δρυμοῦ sei nicht dem Lemma der O' zuzurechnen! Ebenso in *Is vii 2* nach Q. Die andern bei *Reider*, Index, s. v., S. 61 gegebenen Stellen sind *zusammenfassende* Zeugnisse, die aber gut ihre Richtigkeit für *alle Übersetzer* haben können, da *alle* einschließlich O' δρυμός für יַעַר verwenden.

25

בֹעֵר *bei A'* ist untersucht in *Ps lxxviii 5b*, E. 60, L. 1. Es liegt hier die *einzige* Stelle mit ἀνάπτω Aktiv (statt Medium) vor.

Zur *Form:* das *hebräische Imperfekt* ist als *Partizip gegen O'*, die das *Futurum* innerhalb eines Relativsatzes wählten, wiedergegeben. Dieser zunächst überraschende Umstand ist jedoch für A' kennzeichnend, und es liegt somit in unserm *V. 15a* auch *in 1173* ein Beispiel dafür vor: A' pflegt nämlich *relativ abhängige Verben,* die aber *ohne Relativpartikel* angeschlossen sind, durch *participium coniunctum* oder *absolutum* wiederzugeben: siehe Einleitung, Kap. IV, 2 über die Zeiten, Imperfekt bei A'.

Was aber ist *Subjekt* von ἀνάπτοντος? So wie der Satz in 1173 steht, muß man verstehen: «wie Feuer eines, der den Wald in Brand steckt». Der *parallele V. 15b* hat aus dem Ausdruck einen *Genetivus absolutus* gemacht: καὶ ὡς φλογὸς λαβρωσσούσης ὄρη: siehe unten L. 4. ὡς πυρός empfiehlt sich *im Parallelismus* zu ὡς φλογός, entspricht auch der Gewohnheit A's, *Relativsätze ohne Relativpartikel durch absolute Genetive* zu übertragen und ist als *lectio difficilior* leicht der Kontamination durch ὡσεὶ πῦρ bei O' ausgesetzt. Wir dürfen daher ohne große Verwegenheit ὡς πῦρ in ὡς πυρός restituieren.

A's Übersetzungsweise ist dem Hebräischen dadurch sehr nahe, daß er *kein Relativpronomen* einführt, dem im Hebräischen nichts entspricht, trotzdem aber die *Abhängigkeit* des Ausdruckes: «wie Feuer, das einen Wald in Brand setzt», vom Hauptsatz, *V. 16 a–b,* durch die *Partizipialkonstruktion* bewahrt.

Lesart 2

Was auf A' folgt, müssen *zwei* Übersetzungen *desselben hebräischen Ausdruckes* כְּאֵשׁ תִּבְעַר sein. Wem sind sie zuzuweisen? A' scheidet aus, er ist ja schon gegeben. Die letzte Lesart ὁ καταφλέξει, ist sicher *nicht C's Werk,* denn C' hat den *V. 15b* durch ὡς φλὸξ φλέγει übersetzt, wie aus E. 131, L. 1 hervorgeht: C' wählt wohl kaum in *V. 15a* καταφλέξει neben φλέγει in *V. 15b!*

So liegt es nahe, und es entspricht der *normalen* Reihenfolge der Lesarten, ὡς πῦρ κατακαίει für C' in Anspruch zu nehmen.

Wie überträgt C' בֵּעֵר? *Qal* ist φλέγομαι in *Ex iii 2* nach M, v, z, c₂ (Imperfekt), j (Partizip); *Ps lxxviii 47b* nach 1098, Tht; *Is xxx 27* nach Q, Eus; *xxxiv 9* nach Eus; ἀνακαίομαι in *Ps xxxviii 4b* nach 1140, 1070 (ἐγκαίομαι: Irrtum?), Tht, ThdMopsv 1717, 1121 unter der kollektiven Sigel Eus, Tht, οἱ(?); ἀνάπτομαι in *Is i 31* A'C' nach Q. Die syrische Lesart *Os vii 6* mag hier auf sich beruhen.

Hieraus geht bereits hervor, daß C' φλέγομαι in den erhaltenen Zeugnissen *am meisten* heranzieht, *Komposita* von καίω jedoch nicht grundsätzlich ablehnt. Wie er ἀνακαίομαι wählt, mag er auch κατακαίω gebrauchen. κατακαίω für שָׂרַף haben wir oben *Ps lxxix 17a,* E. 82, L. 3, bei C' angetroffen. Interessant ist die Tatsache, daß C' *wie A'* hier בֵּעֵר *Qal transitiv* auffaßt, und zwar wie bei A' ist dies das *einzige Beispiel,* da C' בֵּעֵר *Qal* so überträgt (vielleicht allerdings von *Os vii 6* abgesehen, wo A' und C' ebenfalls transitiv sein mögen). Dies weist wieder auf einen *Einfluß A's* bei C'!

Deutlich für C′ spricht übrigens auch das *Präsens,* das dem Futurum der O′ und der nächstfolgenden anonymen Lesart gegenübersteht. Dieses typische Präsens für hebräisches Imperfekt findet man in der Tat bei C′ im *parallelen V. 15b.* So ist wohl nichts gegen die Zuweisung dieser Lesart an C′ aus *V. 15a* einzuwerfen.

C′ hat den Satz *nicht relativ* gefaßt. כ leitet den ganzen Satz nach C′s Übersetzung *als Konjunktion* ein. Daher fehlt bei ihm das relative ὅ der O′. Auch diese syntaktische Freiheit paßt vortrefflich zu C′. Wir haben ja schon gesehen, daß ὡς bei C′ *als Konjunktion* mitunter herangezogen wird: *V. 11a,* E. 124, L. 2.

Lesart 3

Diese Lesart ist ϵ′, Θ′, ζ′ oder ihnen gemeinsam oder auch O′ zuzuweisen. Der einzige Unterschied ist die *Änderung des Kompositums* διαφλέξει in καταφλέξει.

Das in O′ vorliegende διαφλέξει ist ἅπαξ λεγόμενον im *griechischen Alten Testament!* בער Qal ist in O′ sonst καίομαι (oder ein Kompositum), einmal κατακαίω *aktiv* (*Job i 16*) und zweimal ἀνάπτω (*Ps xvii 9c, Thren ii 3c*). Dazu kommt διαφλέγω in unserm *V. 15a.*

Keine ζ′-*Wiedergabe* ist für בער überliefert.

ϵ′ ist aus *Ps lxxxviii 47b* nach 1098 bekannt: ἐκκαίομαι = O′ für בער Qal, und in *Ps xlviii 11a* ist das *Adjektiv* בער bei ϵ′ nach 1098 ἄνους = O′. Die ϵ′-*Lesart* von *Os vii 4* nach 86 ist eine jener *Pseudo-* ϵ′-*Lesarten* der zweiten Hand von 86, siehe *Barthélemy,* Quinta, S. 345.

Θ′ ist aus mehreren Zeugnissen bekannt: siehe oben bei *Ps lxxviii 5b,* E. 60, L. 2.

διαφλέγω (als ἅπαξ λεγόμενον!) ist also von keinem der Übersetzer mit בער verknüpft worden. Es ist daher wohl ursprünglich in O′. καταφλέγω dagegen erscheint *bei O′ dreimal im Psalter,* allerdings nie als Wiedergabe von בער. Man möchte deshalb diese Lesart nicht als Werk eines Rezensenten, sondern eher als *Varia lectio von O′* auffassen. Als solche ist sie vielleicht in einer Vorlage von ϵ′, Θ′ oder ζ′ vorgekommen. Freilich ist von dieser varia lectio in den Hss sonst keine Spur mehr übriggeblieben, siehe *Holmes-Parsons* und *Rahlfs* z. St.

Man könnte sich jedoch auch denken, daß καταφλέγω ein *moderneres Wort* war: es erscheint auch in *Sap* und in *i, ii, iii Mak,* und daß ein *Bearbeiter* das sehr seltene διαφλέγω durch ein *geläufigeres* und vielleicht auch *stärkeres* Wort («niederbrennen» statt «durchbrennen») ersetzen wollte.

Lesart 4

Die Lesart ist zwar *anonym,* aber durch die *Wortwahl* und durch den Genetivus absolutus als *aquilanisch* erwiesen. Denn die *Partizipialkonstruktion* ist dieselbe wie bei der ersten Lesart, in *V. 15a,* die ja die *Sigel A′* trägt, und zwar zu Recht, wie wir in L. 1 sahen. Außerdem ist A′ der *einzige* der jüngern Übersetzer, der die *Wurzel* λαβρ- verwendet, und, wie uns nun die vorliegende Lesart lehrt, der *einzige griechische Übersetzer überhaupt,* der das *Verb* λαβρώσσω (oder λαβρόω) heranzieht. In der Tat war aus *Ps lvi 5b* nach Eus, cat xvii [1134, 1135, 1139], cat x [1625, 1706], Tht (mit Irrtum in der

Syntax) die *Übersetzung A's* λάβρων für לְהָטִים, aus *Ps ciii 4b* nach 1175 πῦρ λάβρον für אֵשׁ לֹהֵט bekannt gewesen. *Hatch-Redpath* und *Reider*, Index, S. 144, wie schon *Schleusner*, Thesaurus, iii, S. 421, deuten das Wort als *Adjektiv* λάβρος. Unsere Lesart erhebt es zur Gewißheit, daß A' לֹהֵט *auch als Verb* übertrug. Wenn das *Doppel-σ* in 1173 richtig ist, war es das Verb λαβρώσσω, und das *Partizip* ist ein *Partizip Präsens, wie in V. 15a* ἀνάπτοντος Partizip Präsens ist.

Man könnte auch an λαβρόω denken. Dann wäre λαβρωσούσης mit *einem* Sigma zu lesen und das Partizip wäre vom *Aorist* gebildet. Die Entscheidung ist schwierig, weil dies in jedem Fall ein *Neologismus* A's ist. Immerhin ist λαβρόομαι *Passiv* beim Tragiker *Lykophron* (3. J. v. C.) bezeugt. Für λαβρόω würde also sprechen, daß λαβρόομαι als poetisches Wort der tragischen Sprache nachgewiesen ist, und daß diese Bildung denominativer Verben auf -όω bei A' häufig bezeugt ist, siehe *Reider*, Prolegomena, S. 101–115. Aber λαβρώσσω hat eine *ausgezeichnete Parallele* in A's λιμώσσω, ἐκλιμώσσω, ebd. S. 105, denn die Verben haben einen *verwandten* Sinn: λαβρώσσω = «gefräßig verzehren», (ἐκ-)λιμώσσω = «verzehrenden Hunger verspüren». So ist es am besten, den Text von 1173 *unverändert* anzunehmen und λαβρώσσω für לְהַט bei A' vorauszusetzen.

Der Rest der Lesart gibt zu keinen weiteren Bemerkungen Anlaß. Denn zur *Konstruktion* siehe L. 1, und die *Wortwahl* von ὄρος, aber auch von φλόξ ist die erwartete. Gewiß gibt es für φλόξ = לֶהָבָה nur das *zusammenfassende* Zeugnis A'Θ' in *i Regn xvii 7* nach j. Aber dies ist ein völlig glaubhaftes Zeugnis für A' wie für Θ', denn sowohl O' *wie die jüngern Übersetzer* haben לֶהָבָה *fast ausnahmslos* durch φλόξ übertragen. Im Gegensatz zu O' hat A' auch den *genauen Wortlaut* des hebräischen Textes mit dem ו am Eingang des Stichos durch καὶ ὡς κτέ. wiederhergestellt.

Exzerpt 131. Vers 15a–16b

Lesart 1

Die Lesart oder Lesartengruppe trägt erneut nur die *eine* Sigel C' am Anfang des Exzerpts. Es handelt sich aber um zwei Lesarten, wie sich gleich zeigen wird.

Der *Umfang* der ersten Lesart ist wohl sicher abzugrenzen, wenn man ihn mit der *folgenden Lesart A'* in E. 132, L. 1 vergleicht und in der *Wortwahl* untersucht: die Lesart C' endet mit κατ(αιγίδι σου).

Zur *Wortwahl:* φλόξ *für* לֶהָבָה ist bei C' in *Is x 17* nach Eus nachgewiesen. In *Iud iii 22* hat C' nach M, z (anon.) der besonderen Bedeutung des Wortes לַהַב entsprechend mit ἐχμή = αἰχμή, «Lanzenspitze», übertragen. In *Is iv 5* hat er nach 710 den Ausdruck אֵשׁ לֶהָבָה als πυρὸς φλεγομένου im Griechischen nachgebildet.

לֹהֵט ist bei C' φλέγω in *Ps lvi 5b* nach 1175, Tht, cat x [1625, 1706]; *Job xli 13* C'Θ' nach Field («Syro-hex ... Cod. 23. Hieron.: ... accendet.»). (Die Lesart des *Cod. 23* und des Hi steht *ohne* Sigel im Text der O', während in den *andern Hss* O' תְּלַהֵט *unübersetzt* geblieben ist.) In *Ps ciii 4b* hat C' nach 1175 freier übertragen: אֵשׁ לֹהֵט = πυρίνην φλόγα.

φλόξ und φλέγω sind also durchaus zu C' passende Übertragungen. (בֵּעֵר ist bei C' oft φλέγομαι: siehe oben *V. 15a*, E. 130, L. 2.) φλέγει *Präsens* im vorliegenden

V. 15b entspricht dem *Präsens* im parallelen *V. 15a,* beide Praesentia für hebräisches Imperfekt.

Für C′ spricht auch die *Imperativform* διωξον, die einem hebräischen Imperfekt = Jussiv entspricht. O′ übersetzen durch das Futurum. Die *Freiheit,* von diesem Futurum abzurücken und es durch einen Imperativ zu ersetzen, der dem Hebräischen nicht peinlich genau entspricht, ist am ehesten von C′ zu erwarten, nicht aber von den rezensierenden Übertragungen Θ′s, Є′s oder gar A′s.

διώκω ist C′s Übertragung von רדף auch in *Jos x 19* nach v, z (O′ καταδιώκω!); *Job xix 28* nach Field («Nicet., Orat., Reg. unus.»); *Ps xxx 16c* nach 264 mg (O′ auch καταδιώκω!); *Ps cxviii 150a* nach 1175 (O′ = καταδιώκω!). C′ ist jedoch nicht grundsätzlich gegen die Übersetzung, die bei O′ sehr häufig vorkommt, רדף = καταδιώκω, denn sie figuriert bei C′ in *Ps xvii 38a* nach 1098; *Ps xxxiv 3a* nach ThdMopsv [1133].

καταιγίς schließlich ist bei C′ zwar nicht für סער, wohl aber für סערה bezeugt: *Ps cvi 29a* nach 1175; *Ez xiii 11* nach 86; *Ez xiii 13* C′Θ′ nach 86. In *Ps xlix 3c* nach 1175 (ὁμοίως τοῖς O′ = καταιγίς) und *Job ix 17* nach Field («Colb., Reg. unus.») steht καταιγίς für Wurzel שער = סער. In *Ez i 4* hat C′ רוח סערה durch πνοὴ καταιγιζομένη nach 86, Syh übersetzt. C′ verwendet für die Wurzel סער, bzw. שער auch λαίλαψ, aber seltener: so in *Ps liv 9b* nach cat xvii [1047, 1134, 1135, 1139, 1212]; *lvii 10b*: λαίλαψ ἀρεῖ nach 1175, Eus, Tht, ThdMopsv [1717], cat xxv [1137, 1811]. (Von den *syrisch* überlieferten Lesarten ist hier abgesehen, da ihre Rückübersetzung unsicher ist, siehe auch *Field* zu *Jer xxxvii [xxx] 23,* S. 657, Anm. 61.)

Das *Pronomen* σου ist wohl ohne weiteres mitzuergänzen wie in O′.

Im Unterschied zu O′ hat C′ den *Artikel* ἐν τῇ καταιγίδι σου weggelassen. Der *Grund ist stilistisch*: mit Präpositionen wird der Artikel «ungemein häufig» weggelassen: siehe *Kühner-Gerth,* Grammatik, i, § 462 f, S. 605, vgl. den dort zitierten Ausdruck des *Thukydides*: ἐν χερσὶν αὐτῶν. Auch bei «Gattungsnamen, welche zugleich als Eigennamen oder an der Stelle derselben gebraucht werden, als: ... die Namen der *Winde* und Gestirne ...», ebd. § 462b, S. 602, fehlt oft der Artikel. C′ mag καταιγίς, «Sturm», als ein solches Nomen empfunden haben. Daß die *Vorlage O′* des C′ ohne Artikel gewesen sei, ist weit weniger wahrscheinlich, denn nur das *einzige* Ms 222 hat im Text ἐν καταιγίδι (ohne τῇ noch σου, die aber am Rande beigefügt sind).

Lesart 2

Diese Lesart ist eine *varia lectio in O′:* R L[pau] und insbesondere *Psalterium gallicanum:* man möchte also die *Sigel* ⟨O′⟩ ergänzen! Aber auch *P. Bodmer xxiv* liest κατακαυσει. Wir haben schon bemerkt, daß Є′ mit *P. Bodmer xxiv* oft denselben oberägyptischen Text gemeinsam hat, siehe z. B. oben *Ps lxxxi 6b–7a, E. 111, L. 3.*

So ist auch die *Sigel* Є′ denkbar, die hier keine eigene Initiative, sondern ihre *O′-Vorlage* verträte, die ägyptisch ist, siehe *Venetz,* Quinta, S. 23–27 (= S. 17–21 in der Ausg. 1974, siehe oben, Nachträge, S. XXVII).

Doch wäre auch eine *Rezension* wohl vorstellbar, da es darum geht, *hebräisches Imperfekt* durch *griechisches Futurum* auszudrücken im Gegensatz zu O′, welche *potentialen Optativ* enthalten. Ein Bearbeiter – wie z. B. Є′, die mit großer Beharrlichkeit hebräisches Imperfekt mit griechischem Futurum verknüpft! – wollte vielleicht diese Äquivalenz auch hier herstellen. Immerhin macht das alte Zeugnis von P. Bodmer xxiv diese Erklärung weniger wahrscheinlich.

Die *Bestimmung der Sigel* bleibt daher notgedrungen offen; am ehesten kommen O', Є' (oder/und Θ') in Frage.

Exzerpt 132. Vers 16 a–b

Lesart 1

In diesem letzten Exzerpte liegt eine *einzige* Lesart, jene A's vor, die *V. 16 a–b* umfaßt. Die *Wortwahl* und der *Satzbau* stimmen mit A's Gewohnheiten aufs beste zusammen.

כן ist οὕτως bei A' in *Ex vii 11* nach j, v, z; ebenso *Jer xxxi (xlviii) 30* (bis) nach 86, Syh (semel); *xli (xxxiv) 5* nach 86 (※), Syh. Ob A' οὕτω oder οὕτως oder *beide Formen* promiscue gebrauchte, ist bei den spärlichen Zeugnissen nicht mehr klar zu erkennen, obschon an allen Stellen, wo A' allein, d. h. nicht mit einem andern Übersetzer zusammengefaßt zitiert ist, οὕτως erscheint, *ausgenommen in unserem V. 16a*. Aber in unserm *V. 16a* ist οὕτω lectio difficilior wegen der Form οὕτως in O' und in C', oben E. 131, L. 1, so daß οὕτω hier wohl echt sein kann. Somit scheint A' beide Formen zu verwenden.

רדף ist διώκω bei A': siehe *Reider,* Index, S. 60. καταδιώκω für *A' allein* ist nicht bezeugt: er scheint dieses Kompositum nicht gebraucht zu haben. Die Form διώξι oder διώξει würde eine *dritte Person* nahelegen, aber da im *parallelen Stichos V. 16b* die zweite Person überliefert ist, ist diese auch in *V. 16a* anzunehmen. Bei *Kennicott* und *de Rossi* gibt es die Variante ירדפם nicht. Da wir weiter gewiß das *Futurum* für das hebräische Imperfekt wie in *V. 16b* erwarten müssen (wie schon in O'), ist die *Korruptel* in 1173 ohne weiteres in διώξ⟨εις⟩ zu verbessern.

סער ist für A' in *Ps liv 9b* bezeugt nach cat xvii [1047, 1134, 1135, 1139, 1212]: λαῖλαψ. So überträgt er auch סערה in *Ps cvi 29a* nach 1175; *Is xli 16* nach Q, Syh. Dieser Übertragung entspricht das Verb סער: λαιλαπίζω, eine Schöpfung A's, *Reider,* Prolegomena, S. 109, in *Is liv 11* nach 86, und שער in *Ps xlix 3c* nach 1175, 264 mg, *Ps lvii 10b* nach 1175. Auf der Stufe der *Jer-Ez Übersetzung* findet man schon λαῖλαψ in *Ez xiii 13* nach 86, aber auch καταιγίς in *Ez i 4* nach 86, Hi [lat]. Von den syrischen A'-Lesarten ist abgesehen.

סופה ist συσσεισμός nach Ausweis der folgenden Zeugnisse: *Job xxi 18* nach Field («Cod. 252»); *xxxvii 9* nach Field («' . . . Sic Drusius [Nobil.] . . .'. . . ») = Morin. n. ζ; *Prov i 27* nach Morin. n. θ (2⁰); *Is v 28* nach Q, Syh, 710 (anon.). Die meisten und die ältesten Belege für dieses griechische Wort stammen aus O' und A'. Es ist daher wohl ein von den Übersetzern des Alten Testamentes gebildetes Nomen! κατασπουδάζω für בהל *Pi'el* wird durch 1175 in *Ps ii 5b* überliefert, ebenso durch 264 mg, aber ohne Sigel. Damit ist unsere Lesart durch eine *Parallele* gestützt. «O'» von *Eccl v 1, vii 10 (9)* wählen σπεύδω. בהל *Nif'al* ist κατασπουδάζομαι, נבהלה κατασπουδασμός, siehe *Reider,* Index, S. 131, und *Reider,* Prolegomena, S. 108.

Die *Syntax,* insbesondere die Behandlung der *Artikel,* ist typisch für A'.

INDICES

I.

Hebräisches Wörterverzeichnis zu den Bruchstücken der Hss 1173 = 1122

Alle hebräischen Wörter sind aufgeführt, die als Äquivalente jenen griechischen Wörtern entsprechen, die in den hier erstmals herausgegebenen Bruchstücken vorkommen. Auch die *Partikel* sind mitberücksichtigt, ausgenommen die Konjunktion ו. Aber auch diese figuriert überall dort, wo sie entweder nicht mit καί übertragen ist oder wo sie im Unterschied zum MT einem der griechischen Übersetzer vorzuliegen scheint. *Artikel* und *Pronominalsuffixe* dagegen werden hier nicht besonders aufgeführt.

Zunächst steht die *Wurzel,* dann die *flektierte Form,* die die hexaplarischen Übersetzer wiederzugeben hatten, bisweilen unter Beigabe eines Stückes aus dem Zusammenhang. Darauf folgt die Angabe der *Psalmenstelle,* und zwar nach der Zählung der O′, da diese ja der Ausgabe der Bruchstücke zu Grunde liegt. Diese ist flankiert von der *Übersetzung der* O′ (meist nach Rahlfs) und den *Wiedergaben* der übrigen Übersetzer, soweit sie in den Bruchstücken erhalten sind. Diese griechischen Wiedergaben sind gleichfalls in ihren näheren Kontext eingebettet.

Die hebräischen Wurzeln sind untereinander wie in der Konkordanz Mandelkerns angeordnet.

Eckige Klammern [ ] bedeuten, daß das so bezeichnete hebräische Wort sicher nicht in dieser Form den griechischen Übersetzern vorlag, spitze Klammern ⟨ ⟩, daß das mit ihnen ausgezeichnete hebräische Wort in dieser Form nicht im MT steht, runde Klammern ( ) lassen erkennen, daß diesem so gerahmten hebräischen Wort ein griechisches Äquivalent entspricht, das in den Bruchstücken nicht wörtlich steht, sondern bloß aus einer mehrere Wörter zusammenziehenden Abkürzung erschlossen ist.

Das Wörterverzeichnis gibt die genaue Form der Fragmente nur ungenügend zu erkennen. Man kann von dem Nachschlagen der Bruchstücke daher nicht absehen, wenn man ihre genaue Form festzustellen wünscht.

אב: כַאֲבוֹתָם: lxxvii 57a: O′ καθὼς καὶ οἱ πατέρες αὐτῶν, C′ ὡς οἱ πατέρες αὐτῶν, A′Є′ ὡς πατέρες αὐτῶν

אבד: יֹאבֵדוּ: lxxix 17b: O′ ἀπολοῦνται, A′ ἀπόλοιντο, C′ φυγέτωσαν

אבה: ⟨כִי⟩לֹא־אָבָה לִי: lxxx 12b: O′ οὐ προσέσχεν μοι, A′ οὐκ ἠθέλησεν ἐν ἐμοί, ⟨C′⟩ οὐκ ἐπ⟨ε⟩ίσθη μοι

אביון: פַּלֵּטוּ־דַל וְאֶבְיוֹן: lxxxi 4a: O′ ἐξέλεσθε πένητα καὶ πτωχόν, A′ διασώσατε ἀραιὸν καὶ πτωχόν, ⟨C′⟩ καὶ πένητα

אדם: ⟨וְ⟩עַל־בֶּן־אָדָם: lxxix 18b: O′ καὶ ἐπὶ υἱὸν ἀνθρώπου, A′ καὶ ἐπὶ υἱὸν ἀνθρώπου, C′ περὶ υἱὸν ἀνθρώπου

— כְּאָדָם תְּמוּתוּן: lxxxi 7a: O′ ὡς ἄνθρωποι ἀποθ⟨ανεῖσθε⟩, A′ ὡς ἄνθρωποι ἀποθανεῖσθε, C′ ὡς ἄνθρωποι, Θ′Є′ ὡς ἄνθρωποι ἀποθανεῖσθε

אדמה: הָיוּ דֹמֶן לָאֲדָמָה: lxxxii 11b: O′ ἐγενήθησαν ὡσεὶ κόπρος τῇ γῇ, ⟨A′⟩ κόπριον τῇ χθονί, ⟨C′⟩ εἰς γῆν, ⟨ ⟩ ὡσεὶ ἀδαμα τῇ γῇ, ⟨ ⟩ κόπρος· τῇ ἀδαμα

אדום אהלי אדום: lxxxii 7a: Ο′ τὰ σκηνώματα τῶν ἰδουμαίων, ⟨Α′⟩ σκέπαι ἰδουμαί⟨ων⟩, ⟨C′⟩ σκηνώσεις ἐδώμ

[אדני]: lxxvii 65a: siehe יהוה

(–) אדני: lxxviii 12b: Ο′ κύριε, C′ (κύριε)

⟨–⟩ [יהוה = TM] אדני (אנכי: lxxx 11a: Ο′ ἐγὼ γάρ εἰμι κύριος, Α′C′ ἐγώ εἰμι κύριος, Θ′ ὅτι ἐγώ εἰμι

אהל אהלי אדום: lxxxii 7a: Ο′ τὰ σκηνώματα τῶν ἰδουμαίων, ⟨Α′⟩ σκέπαι ἰδουμαί⟨ων⟩, ⟨C′⟩ σκηνώσεις ἐδώμ

– באהלי־הם: lxxvii 51b: Ο′ ἐν τοῖς σκηνώμασι χαμ, Α′ ἐν σκέπαις, C′ ἐν ταῖς σκηνώσεσι χαμ, Ε′ς′ ἐν τοῖς σκηνώμασιν χαμ

– באהליהם: lxxvii 55c: Ο′ ἐν τοῖς σκηνώμασιν αὐτῶν, Α′ ἐν σκέπαις αὐτῶν, C′ ἐν ταῖς σκηνώσεσιν αὐτῶν

און ראשית אונים ⟨אונם⟩: lxxvii 51b: Ο′ ἀπαρχὴν τῶν πόνων αὐτῶν, Α′ κεφάλαιον λυπῶν, C′ πρωτεῖ⟨ο⟩ν δυνάμεως αὐτῶν, Ε′ς′ ἀρχὴ ὀδύνων

אור hif האר פניך: lxxix 20b: Ο′ καὶ ἐπίφανον τὸ πρόσωπόν σου, Α′ καὶ φάνον τὸ πρόσωπόν σου

אות אתותיו: lxxvii 43a: Ο′ τὰ σημεῖα αὐτοῦ, Α′Ε′ς′ σημεῖα αὐτοῦ

אחד וכאחד השרים: lxxxi 7b: Ο′ καὶ ὡς εἷς τῶν ἀρχόντων, ς′ καὶ ὡς οἱ ἄρχοντες

אחור אחור: lxxvii 66a: Ο′ εἰς τὰ ὀπίσω, Α′ ὀπίσω

אויב ואת־אויביהם: lxxvii 53b: Ο′ καὶ τοὺς ἐχθροὺς αὐτῶν, C′ τοὺς δὲ ἐχθροὺς αὐτῶν

איה איה אלהיהם: lxxviii 10a: Ο′ ποῦ ἐστιν ὁ θεὸς αὐτῶν, Α′ ποῦ θεὸς αὐτῶν

אין ואין קובר: lxxviii 3b: Ο′ καὶ οὐκ ἦν, Α′ καὶ οὐκ ἔστι, C′ καὶ οὐχ ὑπῆρχε

איש על־איש ימינך: lxxix 18a: Ο′ ἐπ′ ἄνδρα δεξιᾶς σου, Α′ ἐπὶ ἄνδρα δεξιᾶς σου, C′ περὶ ἄνδρα δεξιᾶς σου

אכל אכלה אש: lxxvii 63a: Ο′ κατέφαγεν πῦρ, Α′ ἔφαγεν πῦρ, C′ ἀνάλωσεν πῦρ

– [כי אכל = TM] ⟨כי אכלו⟩: lxxviii 7a: Ο′ ὅτι κατέφαγον, Α′ ὅτι ἔφαγον, C′ ἕκαστοι γὰρ αὐτῶν ἔφαγον

– ויאכלם: lxxvii 45a: Ο′ καὶ κατέφαγεν αὐτούς, C′ καταφαγεῖν αὐτούς

מאכל מאכל: lxxviii 2b: Ο′ βρώματα, Α′ κατάβρωμα, C′ βρῶσιν, Ε′ βρῶμα

אכן כלכם כאדם תמותון אכן: lxxxi 7a: Ο′ πάντες· ὑμεῖς δὲ ὡς ἄνθρωποι ἀπο⟨θανεῖ-

σθε⟩, Α′ πάντες ὑμεῖς· ἄρα ὡς ἄνθρωποι ἀποθανεῖσθε, C′ πάντες ὑμεῖς· ὄντως δὲ ὡς ἄνθρωποι, Θ′Ε′ πάντες ὑμεῖς· ἰδοὺ δὴ ὡς ἄνθρωποι ἀποθανεῖσθε

אל אל תזכר־לנו: lxxviii 8a: Ο′ μὴ μνησθῇς ἡμῶν, Α′ μὴ μνησθῇς ἡμῖν, C′ μὴ μνημονεύσῃς ἡμῖν

– אלהים אל־דמי לך: lxxxii 2a: Ο′ ὁ θεός, τίς ὁμοιωθήσεταί σοι, Α′ θεέ μὴ σιωπήσῃ σοι, C′ ὁ θεὸς μὴ ἡσυχάσῃς, Ε′ς′ ὁ θεὸς μὴ παρασιωπήσῃς

– אל־תחרש: lxxxii 2b: Ο′ μὴ σιγήσῃς, ⟨Α′⟩ μὴ κωφεύσῃς, ⟨C′⟩ μὴ παρασιωπήσῃς

– ואל תשקט אל: lxxxii 2b: Ο′ μηδὲ καταπραΰνῃς, ὁ θεός, ⟨Α′⟩ καὶ μὴ καθησυχάσῃς ἰσχυρέ, ⟨C′⟩ μηδὲ ἠρεμήσῃς θεέ, [Α′] ⟨ ⟩ μηδὲ ἀμελήσῃς, ⟨ ⟩ μηδὲ παύσῃ ὁ ἰσχυρός

– אל־גבול אל: lxxvii 54a: Ο′ εἰς ὄρος, Α′ πρὸς ὅριον, Ε′ς′ εἰς ὅριον

– אל־הגוים: lxxviii 6a: Ο′ ἐπὶ ἔθνη, Α′ πρὸς τὰ ἔθνη, C′ τοῖς ἔθνεσι

– אל־חיקם: lxxviii 12a: Ο′ εἰς τὸν κόλπον αὐτῶν, Α′ πρὸς κόλπον αὐτ⟨ῶ⟩ν, ⟨Ε′⟩ εἰς κόλπον αὐτ⟨ῶ⟩ν

אל אל: lxxvii 41a: Ο′ τὸν θεόν, Α′Θ′ ἰσχυρόν, C′ τὸν θεόν, Ε′ς′ τὸν ἰσχυρόν

– לא־יהיה בך אל זר: lxxx 10a: Ο′ οὐκ ἔσται ἐν σοὶ θεὸς πρόσφατος, Α′ οὐκ ἔσται ἐν σοὶ ἰσχυρὸς ἀλλό⟨τριος⟩, C′ μὴ ἔστω ἐν σοὶ θεὸς ξένος, ⟨Ε′⟩Θ′ ἰσχυρὸς πρόσφατος

– ולא תשתחוה לאל נכר: lxxx 10b: Ο′ οὐδὲ προσκυνήσεις θεῷ ἀλλοτρίῳ, Α′ καὶ οὐ προσκυνήσεις τῷ θεῷ τῷ ἰ⟨σ⟩χυρῷ ἀπεξεν⟨ω⟩μένῳ, C′ μηδὲ προσκυνήσῃς θεῷ ἀλλοτρίῳ, Ε′Θ′ ἰσχυρῷ

– אלהים נצב בעדת־אל: lxxxi 1b: Ο′ ὁ θεὸς ἔστη ἐν συναγωγῇ θεῶν, Α′ θεὸς ἔστη ἐν συναγωγῇ ἰσχυρο⟨ῦ⟩, C′ κατέστη ἐν συνόδῳ θεοῦ

– ואל־תשקט אל: lxxxii 2b: Ο′ μηδὲ καταπραΰνῃς, ὁ θεός, ⟨Α′⟩ καὶ μὴ καθησυχάσῃς ἰσχυρέ, ⟨C′⟩ μηδὲ ἠρεμήσῃς θεέ, ⟨ ⟩ μηδὲ παύσῃ ὁ ἰσχυρός

אלהים וימרו את־אלהים: lxxvii 56a: Ο′ καὶ παρεπίκραναν τὸν θεόν, Α′ καὶ προσήρισαν τῷ θεῷ

– יהוה אלהים צבאות: lxxix 5a: Ο′ κύριε ὁ θεὸς τῶν δυνάμεων, Α′ πιπι θεέ στρατιῶν

– אלהים צבאות: lxxix 8a: Ο′ κύριε ὁ θεὸς τῶν δυνάμεων, Α′ θεὲ στρατιῶν

– **אלהים צבאות**: lxxix 20a: Ο' ὁ θεὸς τῶν δυνά-μεων, Α' θεὲ στρατιῶν

– **אלהים נצב בעדת־אל**: lxxxi 1b: Ο' ὁ θεὸς ἔστη ἐν συναγωγῇ θεῶν, Α' θεὸς ἔστη ἐν συνα-γωγῇ ἰσχυρο⟨ῦ⟩

– **בקרב אלהים ישפט**: lxxxi 1c: Ο' ἐν μέσῳ θεοὺς διακρίνει, Α' ἐν ἐγκάτῳ θεῶν κρινεῖ, C' ἐν μέσοις θεὸς κρίνων

– **קומה אלהים**: lxxxi 8a: Ο' ἀνάστα ὁ θεός, Α' ἀνάστηθι θεέ, C' στῆθι ὁ θεός

– **אלהים אל־דמי לך**: lxxxii 2a: Ο' ὁ θεὸς τίς ὁμοιωθήσεταί σοι, Α' θεὲ μὴ σιωπήσῃ σοι, C' ὁ θεὸς μὴ ἡσυχάσῃς, Ε'ς' ὁ θεὸς μὴ παρασιω-πήσῃς

– **את נאות אלהים**: lxxxii 13: Ο' τὸ ἁγιαστή-ριον τοῦ θεοῦ, ⟨Α'⟩ τὰ ὡραῖα θεοῦ, ⟨Θ'Ε'ς'⟩ τὴν εὐπρέπειαν τοῦ θεοῦ

ולא תשתחוה⟨לאלהים⟩לאל נכר⟨–⟩: lxxx 10b: Ο' οὐδὲ προσκυνήσεις θεῷ ἀλλοτρίῳ, Α' καὶ οὐ προσκυνήσεις τῷ θεῷ τῷ ἰ⟨σ⟩χυρῷ ἀπεξεν⟨ω⟩-μένῳ

– **אלהי ישענו**: lxxviii 9a: Ο' ὁ θεὸς ὁ σωτὴρ ἡμῶν, Α' θεὲ σωτηρίου ἡμῶν

– **איה אלהיהם**: lxxviii 10a: Ο' ποῦ ἐστιν ὁ θεὸς αὐτῶν, Α' ποῦ θεὸς αὐτῶν

– **אלהי**: lxxxii 14a: Ο' ὁ θεός μου, Α' θεέ μου

ואלמנתיו אלמנה: lxxvii 64b: Ο' καὶ αἱ χῆραι αὐτῶν, Ε'Α' καὶ χῆραι αὐτοῦ, C' καὶ αἱ χηρευ-θ⟨εῖ⟩σαι αὐτοῦ

נאמנו אמן nif: lxxvii 37b: Ο' ἐπιστώθησαν, Α' ἐπιστώθησαν, C' ἐνέμειναν

⟨ו⟩על־בן־אדם אמצת לך אמץ pi: lxxix 18b: Ο' ὃν ἐκραταίωσας σεαυτῷ, Α' ἐκαρτέρωσάς σοι, C' ὃν ἐκράτυνας

אמרתי אמר: lxxxi 6a: Ο' εἶπα, C' εἶπον

– **אשר אמרו**: lxxxii 13: Ο' οἵτινες εἶπαν, Α' οἱ εἶπον, ⟨C'⟩ τοὺς εἰπόντας

– **למה יאמרו הגוים**: lxxviii 10a: Ο' μήποτε εἴπωσιν τὰ ἔθνη, Α' εἰς τί ἐροῦσι τὰ ἔθνη, C' εἰς τί λέγει τὰ ἔθνη, Θ'Ε' ἵνα μὴ ἔρωσιν ἐν τοῖς ἔθνεσιν, ⟨ς'⟩ ἵνα τί ἔφασαν ἐν τοῖς ἔθνεσιν

ואנחנו עמך אנחנו: lxxviii 13a: Ο' ἡμεῖς δὲ λαός σου, Α' καὶ ἡμεῖς αὐτοὶ λαός σου, C' ἡμεῖς γὰρ λαός σου

אנכי⟩אנכי: [יהוה = TM] ⟨אדני⟩ lxxx 11a: Ο' ἐγὼ γάρ εἰμι κύριος, Α'C' ἐγώ εἰμι κύριος, Θ' ὅτι ἐγώ εἰμι

תאנף אנף: lxxviii 5a: Ο' ὀργισθήσῃ, Α' θυμω-θήσῃ

תבוא ... אנקת אסיר אנקה: lxxviii 11a: Ο' εἰσ-ελθάτω ... ὁ στεναγμὸς τῶν πεπεδημένων, Α' ἔλθοι ... οἰμωγὴ δεσμώτου, C' εἰσέλθοι ... ἡ οἰμωγὴ τῶν δεσμ⟨ί⟩ων σου

תבוא ... אנקת אסיר אסיר: lxxviii 11a: Ο' εἰσ-ελθάτω ... ὁ στεναγμὸς τῶν πεπεδημένων, Α' ἔλθοι ... οἰμωγὴ δεσμώτου, C' εἰσέλθοι ... ἡ οἰμωγὴ τῶν δεσμ⟨ί⟩ων σου

אפו אף: lxxvii 38c: Ο' τὸν θυμὸν αὐτοῦ, Α' θυ-μὸν αὐτοῦ, C' τὴν ὀργὴν αὐτοῦ, ⟨Θ'⟩ τὴν ὀργὴν αὐτοῦ

– **חרון אפו**: lxxvii 49a: Ο' ὀργὴν θυμοῦ αὐτοῦ, Θ' θυμὸν ὀργῆς αὐτοῦ

– **לאפו**: lxxvii 50a: Ο' τῇ ὀργῇ αὐτοῦ, Α' τῷ θυμῷ αὐτοῦ

ימוטו כל־מוסדי ארץ ארץ: lxxxi 5c: Ο' σα-λευθήσονται πάντα τὰ θεμέλια τῆς γῆς, Α' σφαλ-λήτωσαν ... θεμελιώματα τῆς (?) γῆς

– **המעלך מארץ מצרים**: lxxx 11b: Ο' ὁ ἀνα-γαγών σε ἐκ γῆς αἰγύπτου, ⟨ ⟩ ὁ ἀναβιβάσ⟨ας⟩ σε ἀπὸ γῆς αἰγύπτου

אכלה אש אש: lxxvii 63a: Ο' κατέφαγεν πῦρ, Α' ἔφαγεν πῦρ, C' ἀνάλωσεν πῦρ

– **כמו־אש**: lxxviii 5b: Ο' ὡς πῦρ, Α' ὁμοίως πυρί

– **שרפה באש**: lxxix 17a: Ο' ἐμπεπυρισμένη πυρί, C' κατακέκαυται πυρί, ς' ἐν πυρί

– **כאש תבער־יער**: lxxxii 15a: Ο' ὡσεὶ πῦρ, ὃ διαφλέξει δρυμόν, Α' ὡς πυρ⟨ὸς⟩ ἀνάπτοντος δρυμόν, ⟨C'⟩ ὡς πῦρ κατακαίει

יום אשר־פדם אשר: lxxvii 42b: Ο' ἧς ἐλυ-τρώσατο αὐτούς, Α' ἧς ἐλυτρώσατο, C' τὴν ἡμέραν ἐν ᾗ ἐρρύσατο αὐτούς

– **אשר־שם**: lxxvii 43a: Ο' ὡς ἔθετο, Α' ὅσα ἔθηκεν, C' τοῦ ποιήσαντος, Ε' ὃς ἔθετο

– **אל־הגוים אשר לא־ידעוך**: lxxviii 6a: Ο' ἐπὶ ἔθνη τὰ μὴ γινώσκοντά σε, Α' πρὸς τὰ ἔθνη ἃ οὐκ ἔγνωσάν σε, C' τοῖς ἔθνεσι τοῖς μὴ γινώ-σκουσί σε

– **ועל ממלכות אשר ... לא קראו**: lxxviii 6b: Ο' ... βασιλείας αἳ ... οὐκ ἐπεκαλέσαντο, Α' ... βασιλεία ἃ ... οὐκ ἐπεκαλέσαντο, C' ... βασιλεί-αις ταῖς ... μὴ καλούσαις, Ε' [... βασιλείας] αἳ ... ς' καὶ (?) τὰς μὴ ἐπικαλεσαμένας σε

– **חרפתם אשר חרפוך אדני**: lxxviii 12b: Ο' τὸν ὀνειδισμὸν αὐτῶν, ὃν ὠνείδισάν σε κύριε, C' τὸ[ν] ὄνειδο⟨ς⟩ δ[ν] ὠνείδισάν σε κύριε

– **אשר אמרו**: lxxxii 13: Ο' οἵτινες εἶπαν, Α' οἱ εἶπον, ⟨C'⟩ τοὺς εἰπόντας

את nota accusativi: לֹא־זָכְרוּ אֶת־יָדוֹ: lxxvii 42a: Ο' οὐκ ἐμνήσθησαν τῆς χειρὸς αὐτοῦ, C' τὴν χεῖρα αὐτοῦ

– וְאֶת־אֹיְבֵיהֶם: lxxvii 53b: Ο' καὶ τοὺς ἐχθροὺς αὐτῶν, C' τοὺς δὲ ἐχθροὺς αὐτῶν

– וַיַּמְרוּ אֶת־אֱלֹהִים: lxxvii 56a: Ο' καὶ παρεπίκραναν τὸν θεόν, Α' καὶ προσήρισαν τῷ θεῷ

– אֶת־נְבֵלַת: lxxviii 2a: Ο' τὰ θνησιμαῖα, Α' τὸ θνησιμαῖον, C' τὰ πτώματα

– אֶת־יַעֲקֹב: lxxviii 7a: Ο' τὸν ιακωβ, Α' τὸν ιακωβ, C' τὸν ιακωβ

– וְאֶת־נָוֵהוּ: lxxviii 7b: Ο' καὶ τὸν τόπον αὐτοῦ, Α' καὶ τὸ ὡραῖον αὐτοῦ, C' καὶ τὴν καλλονὴν αὐτοῦ, ϛ'Θ'Ε' καὶ τὴν εὐπρέπειαν αὐτοῦ

– אֵת נְאוֹת אֱלֹהִים: lxxxii 13: Ο' τὸ ἁγιαστήριον τοῦ θεοῦ, ‹Α'› τὰ ὡραῖα θεοῦ, ‹C'› τὴν δίαιταν, ‹Ε'Θ'ϛ'› τὴν εὐπρέπειαν τοῦ θεοῦ

– כִּי־אַתָּה תִנְחַל: lxxxi 8b: Ο' ὅτι σὺ κατακληρονομήσεις, Α' καὶ σὺ κληρονομήσεις, C' σὺ γὰρ κληρουχήσεις, Ε' σὺ γὰρ κατακληροδοτήσεις, ϛ' σὺ γὰρ καταβασιλεύσεις

ב: וּבִלְשׁוֹנָם: lxxvii 36b: Ο' καὶ τῇ γλώσσῃ αὐτῶν, ἄλλος ‹ › τῇ γλώσσῃ

– בַּמִּדְבָּר: lxxvii 40a: Ο' ἐν τῇ ἐρήμῳ, Α' ἐν ἐρήμῳ

– בִּישִׁימוֹן: lxxvii 40b: Ο' ἐν γῇ ἀνύδρῳ, Α' ἐν ἠφανισμένῃ, C' ἐν τῇ ἀοικήτῳ, Θ' ἐν τῇ ἀνύδρῳ, C' (?) ἐν τῇ ἀνύδρῳ

– בִּשְׂדֵה־צֹעַן: lxxvii 43b: Ο' ἐν πεδίῳ τάνεως, Α' ἐν χώρᾳ τάνεως

– יְשַׁלַּח בָּהֶם: lxxvii 45a: Ο' εἰς αὐτούς, Α' ἐν αὐτοῖς, C' αὐτοῖς

– בֶּחָנָמַל: lxxvii 47b: Ο' ἐν τῇ πάχνῃ, Α' ἐν κρύει, C' σκώλ‹η›κι

– יְשַׁלַּח־בָּם: lxxvii 49a: Ο' ἐξαπέστειλεν εἰς αὐτούς, Α' ἀπέστειλεν ἐν αὐτοῖς, C' ἔπεμψεν αὐτοῖς, Θ' ἐξαπέστειλεν αὐτοῖς

– בְּמִצְרָיִם: lxxvii 51a: Ο' ἐν γῇ αἰγύπτῳ (vel αἰγύπτου), Α'C'Ε'ϛ' ἐν αἰγύπτῳ

– בְּאָהֳלֵי־חָם: lxxvii 51b: Ο' ἐν τοῖς σκηνώμασι χαμ, Α' ἐν σκέπαις, C' ἐν ταῖς σκηνώσεσι χαμ, Ε'ϛ' ἐν τοῖς σκηνώμασιν χαμ

– בַּמִּדְבָּר: lxxvii 52b: Ο' ἐν ἐρήμῳ, Α'Ε' ἐν ἐρήμῳ, C' διὰ τῆς ἐρήμου

– בְּחֶבֶל נַחֲלָה: lxxvii 55b: Ο' ἐν σχοινίῳ κληροδοσίας, C' σχοινίῳ μέτρῳ

– בְּאָהֳלֵיהֶם: lxxvii 55c: Ο' ἐν τοῖς σκηνώμασιν αὐτῶν, Α' ἐν σκέπαις αὐτῶν, C' ἐν ταῖς σκηνώσεσιν αὐτῶν

– בְּבָמוֹתָם: lxxvii 58a: Ο' ἐν τοῖς βουνοῖς αὐτῶν, Α' ἐν ὑψώμασιν αὐτῶν, C' διὰ τῶν βουνῶν αὐτῶν, ‹ › ἐν τοῖς βωμοῖς αὐτῶν

– וּבִפְסִילֵיהֶם: lxxvii 58b: Ο' καὶ ἐν τοῖς γλυπτοῖς αὐτῶν, Α' καὶ ἐν γλυπτοῖς αὐτῶν, C' καὶ τοῖς γλυπτοῖς αὐτῶν

– וַיִּמְאַס ... בְּיִשְׂרָאֵל: lxxvii 59b: Ο' καὶ ἐξουδένωσεν ... τὸν ισραηλ, Α' καὶ ἀπέρριψεν ... ἐν ισραηλ

– וּבְנַחֲלָתוֹ: lxxvii 62b: Ο' καὶ τὴν κληρονομίαν αὐτοῦ ὑπερεῖδεν, Α' καὶ ἐν κληροδοσίᾳ αὐτοῦ ἀνυπερθέτησεν, C' καὶ ἐν τῇ κληρουχίᾳ αὐτοῦ ἐχολώθη, Ε' καὶ τῇ κληρονομίᾳ αὐτοῦ ὠργίσθη

– בֶּחָרֶב: lxxvii 64a: Ο' ἐν ῥομφαίᾳ, Α' ἐν μαχαίρᾳ, C' μαχαίρᾳ

– בְּשִׁמְךָ לֹא קָרָאוּ: lxxvii 6b: Ο' τὸ ὄνομά σου οὐκ ἐπεκαλέσαντο, Α' ἐν ὀνόματί σου οὐκ ἐπεκαλέσαντο, C' τὸ ὄνομά σου μὴ καλοῦσαις, Ε' ὄνομά σου, ϛ' μὴ ἐπικαλεσαμένας σε

– בַּגּוֹיִם: lxxviii 10b: Ο' ἐν τοῖς ἔθνεσιν, Α' ἐν ἔθνεσιν

‹-› ב‹גדל זרועך › = Α'; TM כגדל = Ο', C': lxxviii 11b: Ο' κατὰ τὴν μεγαλωσύνην τοῦ βραχίονός σου, Α' ἐν μεγέθει βραχίονός σου

– שְׂרֵפָה בָאֵשׁ: lxxix 17a: Ο' ἐμπεπυρισμένη πυρί, C' κατακέκαυται πυρί, ϛ' ἐν πυρί

– וּבְשִׁמְךָ נִקְרָא: lxxix 19a: Ο' καὶ τὸ ὄνομά σου ἐπικαλεσόμεθα, Α' καὶ ἐν ὀνόματί σου ἐπικαλέσομαι, C' καὶ τ‹ῷ› ὀνόμα‹τί σου› κληθησόμεθα, Ε' καὶ ἐν τῷ ὀνόματί σου ἐπικαλεσόμεθα

– בְּסֵתֶר רַעַם: lxxx 8b: Ο' ἐν ἀποκρύφῳ καταιγίδος, Α' ἐν ἀποκρύφῳ, C' διὰ κρυφαίας βροντῆς

– וְאָעִידָה בָּךְ: lxxx 9a: Ο' καὶ [διαμαρτύρομαί σοι], Α' καὶ μαρτύρομαι ἐν σοί, Θ'Ε'ϛ' καὶ διαμαρτύρομαί σοι, C' καὶ διαμαρτυρομένου μου

– לֹא־יִהְיֶה בְךָ אֵל זָר: lxxx 10a: Ο' οὐκ ἔσται ἐν σοὶ θεὸς πρόσφατος, Α' οὐκ ἔσται ἐν σοὶ ἰσχυρὸς ἀλλό‹τριος›, C' μὴ ἔστω ἐν σοὶ θεὸς ξένος

‹-› לֹא־אָבָה ‹בִי› [לִי]: lxxx 12b: Ο' οὐ προσέσχεν μοι = לִי, Α' οὐκ ἠθέλησεν ἐν ἐμοί = בִי, ‹C'› οὐκ ἐπ‹ε›ίσθη μοι = לִי

– בִּשְׁרִירוּת לִבָּם: lxxx 13a: Ο' κατὰ τὰ ἐπιτηδεύματα τῶν καρδιῶν αὐτῶν, Α' ἐν σκολιότητι καρδίας αὐτῶν

– אֱלֹהִים נִצָּב בַּעֲדַת־אֵל: lxxxi 1b: Ο' ὁ θεὸς ἔστη ἐν συναγωγῇ θεῶν, Α' θεὸς ἔστη ἐν συναγωγῇ ἰσχυρο‹ῦ›, C' κατέστη ἐν συνόδῳ θεοῦ

– **בקרב אלהים ישפט**: lxxxi 1c: Ο΄ ἐν μέσῳ θεοὺς διακρίνει, Α΄ ἐν ἐγκάτῳ θεῶν κρινεῖ, C΄ ἐν μέσοις θεὸς κρίνων, ς΄ ἐν μέσῳ δὲ

– **בחשכה יתהלכו**: lxxxi 5b: Ο΄ ἐν σκότει, Α΄C΄ ἐν σκοτίᾳ

– **כי־אתה תנחל בכל־הגוים**: lxxxi 8b: Ο΄ ὅτι σὺ κατακληρονομήσεις ἐν πᾶσιν τοῖς ἔθνεσιν, C΄Є΄ς΄ πάντα τὰ ἔθνη

– **בנחל קישון**: lxxxii 10b: Ο΄ ἐν τῷ χειμάρρῳ κισων, ⟨Α΄⟩ ἐν κισων, ⟨C΄⟩ ἐν τῇ φάραγγι τῆς κισων

– **נשמדו בעין־דאר**: lxxxii 11a: Ο΄ ἐξωλεθρεύθησαν ἐν αενδωρ, Α΄ ἐξετρίβησαν ἐν ηνδώρ

– **תרדפם בסערך**: lxxxii 16a: Ο΄ καταδιώξεις αὐτοὺς ἐν τῇ καταιγίδι σου, Α΄ διώξ⟨εις⟩ αὐτοὺς ἐν λ⟨αί⟩λαπί σου, C΄ δίωξον αὐτοὺς ἐν καταιγίδι σου

– **ובסופתך תבהלם**: lxxxii 16b: Ο΄ καὶ ἐν τῇ ὀργῇ σου ταράξεις αὐτούς, Α΄ καὶ ἐν συσ⟨σ⟩εισμῷ σου κατασπουδάσεις αὐτούς

בגד: **ויבגדו**: lxxvii 57a: Ο΄ καὶ ἠθέτησαν, C΄ καὶ ἠσυνθήκουν, Α΄Є΄ καὶ ἠσυνθέτησαν

בהל pi: **ובסופתך תבהלם**: lxxxii 16b: Ο΄ καὶ ἐν τῇ ὀργῇ σου ταράξεις αὐτούς, Α΄ καὶ ἐν συσ⟨σ⟩εισμῷ σου κατασπουδάσεις αὐτούς

בוא: **תבוא ... אנקת אסיר**: lxxviii 11a: Ο΄ εἰσελθάτω ... ὁ στεναγμὸς τῶν πεπεδημένων, Α΄ ἔλθοι ... οἰμωγὴ δεσμώτου, C΄ εἰσέλθοι ... ἡ οἰμωγὴ τῶν δεσμ⟨ί⟩ων σου

– hif: **ויביאם**: lxxvii 54a: Ο΄ καὶ εἰσήγαγεν αὐτούς, Α΄ καὶ ἤγαγεν αὐτούς

בחן: **אבחנך**: lxxx 8c: Ο΄ ἐδοκίμασά σε, C΄ ἐδοκίμασά σε

בחור: **בחוריו**: lxxvii 63a: Ο΄ τοὺς νεανίσκους αὐτῶν, Α΄ ἐκλεκτ⟨οὺς⟩ αὐτοῦ, C΄⟨Θ΄⟩ τοὺς νεανίσκους αὐτοῦ

בין: **ולא־יבינו**: lxxxi 5a: Ο΄ οὐδὲ συνῆκαν, Α΄ καὶ οὐ συνιᾶσι, C΄ οὐδὲ ἐννοοῦσιν

בכה: **לא תבכינה**: lxxvii 64b: Ο΄ οὐ κλαυσθήσονται, C΄ καὶ οὐκ ἔκλαυσαν

בכור: **כל־בכור**: lxxvii 51a: Ο΄ πᾶν πρωτότοκον, Α΄ πᾶν πρωτότοκον

בל: **בל־ישתיון**: lxxvii 44b: Ο΄ ὅπως μὴ πίωσιν, Α΄ οὐ μὴ πίωσιν

במה: **בבמותם**: lxxvii 58a: Ο΄ ἐν τοῖς βουνοῖς αὐτῶν, Α΄ ἐν ὑψώμασιν αὐτῶν, C΄ διὰ τῶν βουνῶν αὐτῶν, ⟨ ⟩ ἐν τοῖς βωμοῖς αὐτῶν

בן: **על־בן־אדם (ו)**: lxxix 18b: Ο΄ καὶ ἐπὶ υἱὸν ἀνθρώπου, Α΄ καὶ ἐπὶ υἱὸν ἀνθρώπου, C΄ περὶ υἱὸν ἀνθρώπου

– **הותר בני תמותה**: lxxviii 11c: Ο΄ περιποίησαι τοὺς υἱοὺς τῶν τεθανατωμένων, Α΄ περίσσευον υἱοὺς θανατώσεως, C΄ ὑπόλιπε τέκνα τῆς θανατώσεως

בער qal: **תבער**: lxxviii 5b: Ο΄ ἐκκαυθήσεται, Α΄ ἀναφθήσεται, Θ΄ ἐκκαυθήτω

– **כאש תבער־יער**: lxxxii 15a: Ο΄ ὡσεὶ πῦρ, ὃ διαφλέξει δρυμόν, Α΄ ὡς πυρ⟨ὸς⟩ ἀνάπτοντος δρυμόν, ⟨C΄⟩ ὡς πῦρ κατακαίει, ⟨ ⟩ ὃ καταφλέξει

בעיר: **בעירם**: lxxvii 48a: Ο΄ τὰ κτήνη αὐτῶν, Α΄ [καὶ τὰ] βοσκήματα αὐτῶν, C΄ [καὶ] τὰ κτήνη αὐτῶν, Є΄Θ΄ τὰς κτήσεις αὐτῶν

ברד: **לברד**: lxxvii 48a: Ο΄ εἰς χάλαζαν, Α΄ τῇ χαλάζῃ, [C΄ λοιμῷ = **לדבר** !], Θ΄ εἰς χάλαζαν

ברית: **עליך ברית יכרתו**: lxxxii 6b: Ο΄ κατὰ σοῦ διαθήκην διέθεντο, ⟨Α΄⟩ κατὰ σοῦ συνθήκην κόψουσιν, C΄ συνθήκην ἔτεμον

בשר: **בשר חסידיך**: lxxviii 2c: Ο΄ τὰς σάρκας τῶν ὁσίων σου, Α΄ σάρκας τῶν ὁσίων (sic)

בתולה: **ובתולותיו**: lxxvii 63b: Ο΄ καὶ αἱ παρθένοι αὐτῶν, Α΄C΄ καὶ παρθένοι αὐτοῦ, Є΄ καὶ αἱ παρθένοι αὐτῶν

גבל: **גבל**: lxxxii 8a: Ο΄ γεβαλ, C΄ γαβαλ

גבול: **אל־גבול**: lxxvii 54a: Ο΄ εἰς ὄρος, Α΄ πρὸς ὅριον, Є΄ς΄ εἰς ὅριον

גבור: **כגבור**: lxxvii 65b: Ο΄ ὡς δυνατός, C΄ ὡς δυνάστης

גדל: **בגדל זרועך** = TM, ⟨**כגדל זרועך**⟩ = A΄: lxxviii 11b: Ο΄ κατὰ τὴν μεγαλωσύνην τοῦ βραχίονός σου, Α΄ ἐν μεγέθει βραχίονός σου, C΄ κατὰ τὸ μέγεθος τοῦ βραχίονός σου

גוי: **אל־הגוים**: lxxviii 6a: Ο΄ ἐπὶ ἔθνη, Α΄ πρὸς τὰ ἔθνη, C΄ τοῖς ἔθνεσι

– **גוים**: lxxvii 55a: Ο΄ ἔθνη, C΄ ἔθνη

– **למה יאמרו הגוים**: lxxviii 10a: Ο΄ μήποτε εἴπωσιν τὰ ἔθνη, Α΄ εἰς τί ἐροῦσι τὰ ἔθνη, C΄ εἰς τί λέγει τὰ ἔθνη, Θ΄Є΄ ἵνα μὴ ἔρωσιν ἐν τοῖς ἔθνεσιν, ⟨ς΄⟩ ἵνα τί ἔφασαν ἐν τοῖς ἔθνεσιν

– **כי־אתה תנחל בכל־הגוים**: lxxxi 8b: Ο΄ ὅτι σὺ κατακληρονομήσεις ἐν πᾶσιν τοῖς ἔθνεσιν, C΄Є΄ς΄ πάντα τὰ ἔθνη

– **בגוים**: lxxviii 10b: Ο΄ ἐν τοῖς ἔθνεσιν, Α΄ ἐν ἔθνεσιν

גערה: **מגערת**: lxxix 17b: Ο΄ ἀπὸ ἐπιτιμήσεως, C΄ ἀπὸ ἐμβριμήσεως

גפן: גפנם: lxxvii 47a: O' τὴν ἄμπελον αὐτῶν, A' ἄμπελον αὐτῶν

גרש pi: **ויגרש:** lxxvii 55a: O' καὶ ἐξέβαλεν, C' καὶ ἐκβαλὼν

עין־דאר: siehe דאר

דבר: על־דבר כבוד־שמך: lxxviii 9b: O' ἕνεκα τῆς δόξης τοῦ ὀνόματός σου, A' ἐπὶ ῥήματι δόξης ὀνόματός σου, Ε' ἕνεκα λόγου δόξης ὀνόματός σου, C' ἕνεκεν

דבר: לברד [= TM]: ⟨לדבר⟩ lxxvii 48a: O' εἰς χάλαζαν, C' λοιμῷ

— **לדבר:** lxxvii 50c: O' εἰς θάνατον, A'Θ' τῷ λοιμῷ, C' λοιμῷ

מדבר: במדבר: lxxvii 40a: O' ἐν τῇ ἐρήμῳ, A' ἐν ἐρήμῳ

— **במדבר:** lxxvii 52b: O' ἐν ἐρήμῳ, A'Ε' ἐν ἐρήμῳ, C' διὰ τῆς ἐρήμου

דור: לדר ודר: lxxviii 13c: O' εἰς γενεὰν καὶ γενεάν, C' καὶ καθ' ἑκάστην γενεάν, Θ' εἰς γενεὰς καὶ γενεάς

— **לדר ודר:** lxxviii 13c: O' εἰς γενεὰν καὶ γενεάν, C' καὶ καθ' ἑκάστην γενεάν, Θ' εἰς γενεὰς καὶ γενεάς

דלל: כי דלונו: lxxviii 8c: O' ὅτι ἐπτωχεύσαμεν, A' ὅτι ἠρ⟨αι⟩ώθημεν, C'Ε' ὅτι ἠτονήσαμεν

דל: שפטו־דל ויתום: lxxxi 3a: O' ὀρφανὸν καὶ πτωχόν, A' ἀραιῷ καὶ ὀρφανῷ, C' ἀτόνῳ καὶ ὀρφανῷ

— **פלטו־דל ואביון:** lxxxi 4a: O' ἐξέλεσθε πένητα καὶ πτωχόν, A' διασώσατε ἀραιὸν καὶ πτωχόν

דם: לדם: lxxvii 44a: O' εἰς αἷμα, C' εἰς αἷμα

— **נקמת דם־עבדיך:** lxxviii 10c: O' ἡ ἐκδίκησις τοῦ αἵματος τῶν δούλων σου, A' ἐκδίκησις αἵματος δούλ⟨ω⟩ν ⟨σου⟩

— **דמם:** lxxviii 3a: O' τὸ αἷμα αὐτῶν, A' αἷμα αὐτῶν

דמי: אלהים אל־דמי לך: lxxxii 2a: O' ὁ θεός, τίς ὁμοιωθήσεταί σοι, A' θεὲ μὴ σιωπήσῃ σοι, C' ὁ θεὸς μὴ ἡσυχάσῃς, Ε'ς' ὁ θεὸς μὴ παρασιωπήσῃς

דמן: היו דמן לאדמה: lxxxii 11b: O' ἐγενήθησαν ὡσεὶ κόπρος τῇ γῇ, ⟨A'⟩ κόπριον τῇ χθονί, ⟨ ⟩ ὡσεὶ ἄδαμα τῇ γῇ, ⟨ ⟩ κόπρος τῇ ἀδαμα

הגרי: והגרים: lxxxii 7b: O' καὶ οἱ ἀγαρηνοί, ⟨A'⟩ καὶ ⟨ἀγαρηνοί⟩, ⟨C'⟩ καὶ οἱ ἀπὸ ἀγαρ

היה: היו דמן לאדמה: lxxxii 11b: O' ἐγενήθησαν ὡσεὶ κόπρος τῇ γῇ, C' ἐγένοντο

הייני: lxxviii 4a: O' ἐγενήθημεν, C' ἐγενόμεθα

לא־יהיה בך אל זר: lxxx 10a: O' οὐκ ἔσται ἐν σοὶ θεὸς πρόσφατος, A' οὐκ ἔσται ἐν σοὶ ἰσχυρὸς ἀλλό⟨τριος⟩, C' μὴ ἔστω ἐν σοὶ θεὸς ξένος, Ε'ς' οὐκ ἔσται

— **ויהי:** lxxx 16b: O' καὶ ἔσται, C' ἀλλ' ἔσται

— **תהי־ידך:** lxxix 18a: O' γενηθήτω ἡ χείρ σου, C' γενέσθω, Ε' ⟨ἐ⟩γενήθη χείρ σου

הלך: הולך: lxxvii 39b: O' πνεῦμα πορευόμενον, C' πνεῦμα ἀπαλλασσόμενον

— hitp: **יתהלכו:** lxxxi 5b: O' [διαπορεύονται], A' ἐμπεριπατοῦσ⟨ι⟩ν, C' περιπατοῦσιν, Θ' διαπορεύονται

הלל pu: **לא הוללו:** lxxvii 63b: O' οὐκ ἐπενθήθησαν, A' οὐχ ὑμνήθησαν, Ε' οὐκ ἐπηνέθησαν, Θ' οὐκ ἐπηνέθησαν, ⟨O'⟩ οὐκ ἐπένθησαν

תהלה: נספר תהלתך: lxxviii 13c: O' ἐξαγγελοῦμεν τὴν αἴνεσίν σου, A' διηγησόμεθα ὑμνήσεις σου, C' διηγούμενοι τὸν ὕμνον σου

המה: יהמיון: lxxxii 3a: O' ἤχησαν, ⟨A'⟩ ὤχλασαν, ⟨C'⟩ συνηχοῦσ⟨ιν⟩

הפך: ויהפך: lxxvii 44a: O' καὶ μετέστρεψεν, A' καὶ ἔστρεψεν, C' τοῦ μεταβαλ[λ]όντος

— nif: **נהפכו:** lxxvii 57b: O' καὶ μετεστράφησαν, A' ἐστράφησαν, C' ἀπεστρέφοντο

הר: הר: lxxvii 54b: O' ὄρος, C' εἰς τὸ ὄρος, ⟨ ⟩ εἰς τὸ ὄρος

— **וכלהבה תלהט הרים:** lxxxii 15b: O' ὡς εἰ φλὸξ κατακαύσαι ὄρη, ⟨A'⟩ καὶ ὡς φλογὸς λαβρωσσούσης ὄρη, C' ὡς φλὸξ φλέγει ὄρη

הרג: יהרג: lxxvii 47a: O' ἀπέκτεινεν, C' τοῦ ἀποκτείναντος

השתחחה: siehe שחה

ו: ויזכר: lxxvii 39a: O' καὶ ἐμνήσθη, A'Θ' καὶ μνησθήσεται, C' ἀλλὰ ἐμνημόνευσεν

— **וחיתם:** lxxvii 50c: O' καὶ τὰ κτήνη αὐτῶν, C' ἀλλὰ τὴν ζωὴν αὐτῶν

— **ואת־אויביהם:** lxxvii 53b: O' καὶ τοὺς ἐχθροὺς αὐτῶν, C' τοὺς δὲ ἐχθροὺς αὐτῶν

— **ויקץ:** lxxvii 65a: O' καὶ ἐξηγέρθη, A' καὶ ἐξυπ⟨ν⟩ίσθη, C' διηγέρθη γάρ

— **ואנחנו עמך:** lxxviii 13a: O' ἡμεῖς δὲ λαός σου, A' καὶ ἡμεῖς αὐτοὶ λαός σου, C' ἡμεῖς γὰρ λαός σου

— **ולא נסוג:** lxxix 19a: O' καὶ οὐ μὴ ἀποστῶμεν, A' καὶ οὐκ ἀποστραφησόμεθα, C' οὐ γὰρ ἀναχωρήσομεν

– **ולא שמע עמי לקולי**: lxxx 12a: O' καὶ οὐκ ἤκουσεν ὁ λαός μου τῆς φωνῆς μου, C' οὐκ ⟨ὑπ⟩ήκουσεν δὲ ὁ λαὸς τῆς φωνῆς μου

– **ואשלחהו**: lxxx 13a: O' καὶ ἐξαπέστειλα αὐτούς, C' ἀφῆκα οὖν αὐτούς

– **ויהי**: lxxx 16b: O' καὶ ἔσται, C' ἀλλ' ἔσται

⟨–⟩ **ו)אתה תנחל**: lxxxi 8b: O' ὅτι σὺ κατακληρονομήσεις, A' καὶ σὺ κληρονομήσεις, C' σὺ γὰρ κληρουχήσεις, Ε' σὺ γὰρ κατακληροδοτήσεις, ϛ' σὺ γὰρ καταβασιλεύσεις

ולא: siehe **לא**

זבח : כזבח: lxxxii 12b: O' καὶ ζεβεε, ⟨C'⟩ ὡς ζεβεε

זה : הר־זה קנתה: lxxvii 54b: O' ὄρος τοῦτο, ὃ ἐκτήσατο, ⟨ ⟩ εἰς τὸ ὄρος ὃ ἐκτήσατο

זור : לא־זרו: lxxvii 30a: O' οὐκ ἐστερήθησαν, A' οὐκ ἐπεδέ[η]θησαν, C' οὐκ ἀπέστησαν, Ε' οὐκ ἠλλοτριώθησαν

זר : לא־יהיה בך אל זר: lxxx 10a: O' οὐκ ἔσται ἐν σοὶ θεὸς πρόσφατος, A' οὐκ ἔσται ἐν σοὶ ἰσχυρὸς ἀλλό⟨τριος⟩, C' μὴ ἔστω ἐν σοὶ θεὸς ξένος, ⟨Ε'⟩Θ' ἰσχυρὸς πρόσφατος

זאב : וכזאב: lxxxii 12a: O' καὶ ζηβ, A' καὶ ὡς ζηβ

זיז : וזיז שדי: lxxix 14b: O' καὶ ὄνος (seu μόνος) ἄγριος, ⟨A'⟩ καὶ παντοδαπ⟨ὸ⟩ν χώρας, Ε' καὶ μονιὸς ἄγριος, ϛ' καὶ ζῷα ἐρημίας

זכר : לא זכרו: lxxvii 42a: O' οὐκ ἐμνήσθησαν, C' οὐκ ἀνεμιμνήσκοντο

– **ויזכר**: lxxvii 39a: O' καὶ ἐμνήσθη, A'Θ' καὶ μνησθήσεται, C' ἀλλὰ ἐμνημόνευσεν

– **אל תזכר־לנו**: lxxviii 8a: O' μὴ μνησθῇς ἡμῶν, A' μὴ μνησθῇς ἡμῖν, C' μὴ μνημονεύσῃς ἡμῖν

זעם : וזעם: lxxvii 49b: O' καὶ ὀργήν, A' καὶ ἐμβρίμησ⟨ιν⟩, C' καὶ ἐμβρίμησ⟨ιν⟩, Θ' καὶ ἐμβρίμησ⟨ιν⟩, Ε' καὶ ἀπειλήν

זרוע : בגדל זרועך = A': **כגדל זרועך** = TM, lxxviii 11b: O' κατὰ τὴν μεγαλωσύνην τοῦ βραχίονός σου, A' ἐν μεγέθει βραχίονός σου, C' κατὰ τὸ μέγεθος τοῦ βραχίονός σου

חבל : בחבל: lxxvii 55b: O' ἐν σχοινίῳ, C' σχοινίῳ μέτρῳ

חטא : על־חטאתינו: lxxviii 9c: O' ταῖς ἁμαρτίαις ἡμῶν, A' ἐπὶ ἁμαρτίας ἡμῶν, C' περὶ τῶν ἁμαρτιῶν ἡμῶν, Θ' ἀνομίας

חיה pi : תחינו: lxxix 19b: O' ζωώσεις ἡμᾶς, C' ἀναζωώσεις ἡμᾶς

חיה : וחיתם: lxxvii 50c: O' καὶ τὰ κτήνη αὐτῶν, A'Θ' καὶ τὰ ζῷα αὐτῶν, C' ἀλλὰ τὴν ζωὴν αὐτῶν

חיק : אל־חיקם: lxxviii 12a: O' εἰς τὸν κόλπον αὐτῶν, A' πρὸς κόλπον αὐτ⟨ῶ⟩ν, ⟨Ε'⟩ εἰς κόλπον αὐτ⟨ῶ⟩ν

חלץ pi : ואחלצך: lxxx 8a: O' καὶ ἐρρυσάμην σε, A'Ε' ἐξειλάμην σε

חם : באהלי־חם: lxxvii 51b: O' ἐν τοῖς σκηνώμασι χαμ, C' ἐν ταῖς σκηνώσεσι χαμ, Ε'ϛ' ἐν τοῖς σκηνώμασιν χαμ

חמה : כל־חמתו: lxxvii 38d: O' πᾶσαν τὴν ὀργὴν αὐτοῦ, A' πάντα χόλον αὐτοῦ, C' ὅλον τὸν θυμὸν αὐτοῦ

– **חמתך**: lxxviii 6a: O' τὴν ὀργήν σου, A' χόλον σου, ⟨C'⟩ τὸν θυμόν σου, Ε' ὀργήν σου

חנמל : בחנמל: lxxvii 47b: O' ἐν τῇ πάχνῃ, A' ἐν κρύει, C' σκώλ⟨η⟩κι

חסיד : חסידיך: lxxviii 2c: O' τῶν ὁσίων σου, A' τῶν ὁσίων (sic)

חסיל : לחסיל: lxxvii 46a: A' τῷ βρούχῳ, C' τῷ μυζήτῃ, Ε' τῇ ἐρυσίβῃ

חרב : בחרב: lxxvii 64a: O' ἐν ῥομφαίᾳ, A' ἐν μαχαίρᾳ, C' μαχαίρᾳ

– **לחרב**: lxxvii 62a: O' εἰς ῥομφαίαν, A'C' εἰς μάχαιραν, Θ' ἐν τῇ ῥομφαίᾳ

חרון אפו : חרון: lxxvii 49a: O' ὀργὴν θυμοῦ αὐτοῦ, Θ' θυμὸν ὀργῆς αὐτοῦ

חרף pi : חרפתם אשר חרפוך אדני: lxxviii 12b: O' τὸν ὀνειδισμὸν αὐτῶν, ὃν ὠνείδισάν σε κύριε, C' τὸ[ν] ὄνειδο⟨ς⟩ ὃ[ν] ὠνείδισάν σε κύριε

חרפה : חרפה: lxxviii 4a: O' (εἰς) ὄνειδος (εἰς: B, R, La^R, La^G, Psalt. Rom.), C' ὄνειδος

– **חרפת עולם**: lxxvii 66b: O' ὄνειδος, A' ὄνειδος

– **חרפתם**: lxxviii 12b: O' τὸν ὀνειδισμὸν αὐτῶν, A' ὀνειδισμὸν αὐτῶν, C' τὸ[ν] ὄνειδο⟨ς⟩

חרש : אל־תחרש: lxxxii 2b: O' μὴ σιγήσῃς, ⟨A'⟩ μὴ κωφεύσῃς, ⟨C'⟩ μὴ παρασιωπήσῃς

חשך : לא־חשך: lxxvii 50b: O' οὐκ ἐφείσατο, A' οὐχ ὑπεξείλατο

חשכה : בחשכה: lxxxi 5b: O' ἐν σκότει, A'C' ἐν σκοτίᾳ

יאר : יאריהם: lxxvii 44a: O' τοὺς ποταμοὺς αὐτῶν, A' ῥεῖθρα αὐτῶν, Θ' τὸν ποταμόν

יבול : יבולם: lxxvii 46a: O' τὸν καρπὸν αὐτῶν, A' φυὴν αὐτῶν, C' τὰ γενήματα αὐτῶν

יבין : כיבין: lxxxii 10b: O' ὡς ὁ ιαβιν, ⟨C'⟩ ὡς τῷ ιαβιν, ⟨A'⟩ ὡς ιαβιν

ויגיעם יגיע: lxxvii 46b: Ο' καὶ τοὺς πόνους αὐτῶν, Α' καὶ κόπον αὐτῶν, C' καὶ τοὺς κό[λ]πους αὐτῶν

את־ידו יד: lxxvii 42a: Ο' τῆς χειρὸς αὐτοῦ, C' τὴν χεῖρα αὐτοῦ

– **תהי־ידך**: lxxix 18a: Ο' γενηθήτω ἡ χείρ σου, Α' χείρ σου, Ε' ⟨ἐ⟩γενήθη χείρ σου

– **ועל־צריהם אשיב ידי**: lxxx 15b: Ο' καὶ ἐπὶ τοὺς θλίβοντας αὐτοὺς ἐπίβαλον τὴν χεῖρά μου, Α' καὶ ἐπὶ θλίβοντας αὐτοὺς ἐπέστρεψα χεῖρά⟨ς⟩ μου, C' καὶ ἐπὶ τοὺς ἐναντίους αὐτῶν ἀνέστρεψα ⟨ἂν⟩ τὴν χεῖρά ⟨μου⟩

נודה לך ידה hif: lxxviii 13b: Ο' ἀνθομολογησόμεθά σοι, Α' ἐξομολογησόμεθά σοι, C' ἐξομολογούμενοί σοι

לא ידעו ידע: lxxxi 5a: Ο' οὐκ ἔγνωσαν, C'Α' οὐ γινώσκουσιν

– **אל־הגוים אשר לא־ידעוך**: lxxviii 6a: Ο' ἐπὶ ἔθνη τὰ μὴ γινώσκοντά σε, Α' πρὸς τὰ ἔθνη ἃ οὐκ ἔγνωσάν σε, C' τοῖς ἔθνεσι τοῖς μὴ γινώσκουσί σε, ς' ἐπεγνωκότα σε

ידע nif: יודע lxxviii 10b: Ο' καὶ γνωσθήτω, Α' γνωσθήτω, C'Ε' γνωσθήτω

⟨יהוה⟩: lxxvii 65a: Ο' κύριος, Α' πιπι, C' πιπι

יהוה: lxxviii 5a: Ο' κύριε, Α' πιπι

– **יהוה אלהים צבאות**: lxxix 5a: Ο' κύριε ὁ θεὸς τῶν δυνάμεων, Α' πιπι θεὲ στρατιῶν

– **ובשמך נקרא יהוה**: lxxix 20a: Ο' καὶ τὸ ὄνομά σου ἐπικαλεσόμεθα, κύριε, Α' καὶ ἐν ὀνόματί σου ἐπικαλέσομαι πιπι

– **אנכי [יהוה] ⟨אדני⟩**: lxxx 11a: Ο' ἐγὼ γάρ εἰμι κύριος, Α'C' ἐγώ εἰμι κύριος, Θ' ὅτι ἐγώ εἰμι

– **משנאי יהוה**: lxxx 16a: Ο' οἱ ἐχθροὶ κυρίου, Α' μισοποιοῦντες πιπι

יום אשר־פדם יום: lxxvii 42b: Ο' ἡμέρας ἧς ἐλυτρώσατο αὐτούς, C' τὴν ἡμέραν ἐν ᾗ ἐρρύσατο αὐτούς

כי נועצו לב יחדו: lxxxii 6a: Ο' ὅτι ἐβουλεύσαντο ἐν ὁμονοίᾳ ἐπὶ τὸ αὐτό, C' ὅτι ⟨συ⟩σκέψαντο ὁμοθυμαδόν, ⟨Α'⟩ καρδίᾳ ὁμοῦ

מיין יין: lxxvii 65b: Ο' ἐξ οἴνου, C' ἐξ οἴνου

הים ים: lxxvii 53b: Ο' θάλασσα, Α' ἡ θάλασσα

על־איש ימינך (ימין): lxxix 18a: Ο' ἐπ' ἄνδρα δεξιᾶς σου, Α' ἐπὶ ἄνδρα δεξιᾶς σου, C' περὶ ἄνδρα δεξιᾶς σου

מוסדי ארץ מוסד: lxxxi 5c: Ο' σαλευθήσονται ... τὰ θεμέλια τῆς γῆς, Α' θεμελιώματα τῆς γῆς

אלהים נצב בעדת־אל עדה: lxxxi 1b: Ο' ὁ θεὸς ἔστη ἐν συναγωγῇ θεῶν, Α' θεὸς ἔστη ἐν συναγωγῇ ἰσχυρο⟨ῦ⟩, C' κατέστη ἐν συνόδῳ θεοῦ

כי נועצו לב יחדו יעץ nif: lxxxii 6a: Ο' ὅτι ἐβουλεύσαντο ἐν ὁμονοίᾳ ἐπὶ τὸ αὐτό, C' ὅτι ⟨συ⟩σκέψαντο ὁμοθυμαδόν

– **ויתיעצו על־צפוניך** hitp: lxxxii 4b: Ο' καὶ ἐβουλεύσαντο κατὰ τῶν ἁγίων σου, Α' καὶ συνεβουλεύσαντο· κατὰ συγκεκρυμμένων σου, ⟨C'⟩ καὶ συμβουλεύονται κατὰ τοῦ ἀποκρύφου σου

את־יעקב יעקב: lxxviii 7a: Ο' τὸν ιακωβ, Α' τὸν ιακωβ, C' τὸν ιακωβ

כאש תבער־יער יער: lxxxii 15a: Ο' ὡσεὶ πῦρ, ὃ διαφλέξει δρυμόν, Α' ὡς πυρ⟨ὸς⟩ ἀνάπτοντος δρυμόν

קיץ קיץ: siehe

סביבות ירושלם ירושלם: lxxviii 3b: Ο' κύκλῳ ιερουσαλημ, Α' κυκλώθεν ιερουσαλημ, C' τῆς ιερουσαλημ

וקדוש ישראל ישראל: lxxvii 41b: Ο' καὶ τὸν ἅγιον τοῦ ισραηλ, Α' καὶ ἅγιον ισραηλ, C' καὶ τὸν [ἰσχυρὸν] τοῦ ισραηλ, Ε' καὶ τὸν ἅγιον τοῦ ισραηλ

– **ישראל**: lxxvii 55c: Ο' τοῦ ισραηλ, Α' ισραηλ

– **וימאס ... בישראל**: lxxvii 59b: Ο' καὶ ἐξουδένωσεν... τὸν ισραηλ, Α' καὶ ἀπέρριψε ... ἐν ισραηλ

בישימון ישימון: lxxvii 40b: Ο' ἐν γῇ ἀνύδρῳ, Α' ἐν ἠφανισμένῃ, C' ἐν τῇ ἀοικήτῳ, Θ' ἐν τῇ ἀνύδρῳ, C'(?) ἐν τῇ ἀνύδρῳ

אהלי אדום וישמעאלים ישמעאלי: lxxxii 7a: Ο' τὰ σκηνώματα τῶν ιδουμαίων καὶ οἱ ισμαηλῖται, ⟨Α'⟩ καὶ ισμαηλιτῶν

כישן ישן: lxxvii 65a: Ο' ὡς ὁ ὑπνῶν, Α' ὡς ὑπνῶν, C' ὡς ὑπνῶν

ונושעה ישע nif: lxxix 20b: Ο' καὶ σωθησόμεθα, Α' καὶ σωθησόμεθα

אלהי ישענו ישע: lxxviii 9a: Ο' ὁ θεὸς ὁ σωτὴρ ἡμῶν, Α' θεὲ σωτηρίου ἡμῶν

שפטו־דל ויתום יתום: lxxxi 3a: Ο' ὀρφανὸν καὶ πτωχόν, Α' ἀραιῷ καὶ ὀρφανῷ, C' ἀτόνῳ καὶ ὀρφανῷ

הותר בני תמותה יתר hif: lxxviii 11c: Ο' περιποιῆσαι τοὺς υἱοὺς τῶν τεθανατωμένων, Α' περίσσευσον υἱοὺς θανατώσεως, C' ὑπόλιπε τέκνα τῆς θανατώσεως

כ

כצאן: lxxvii 52a: Ο' ὡς πρόβατα, Α'C'Ε' ὡς ποίμνιον

– **כעדר**: lxxvii 52b: Ο' ὡς ποίμνιον, Α'Ε' ὡς ἀγέλην, C' ὡς ἀγέλην

– **כאבותם**: lxxvii 57a: Ο' καθὼς καὶ οἱ πατέρες αὐτῶν, C' ὡς οἱ πατέρες αὐτῶν, Α'Ε' ὡς πατέρες αὐτῶν

- כקשת: lxxvii 57b: O' εἰς τόξον (= ב seu ל), A' ὡς τόξον, C' ὡς τόξον, ⟨ζ'⟩ ὡς τόξον
- כישן: lxxvii 65a: O' ὡς ὁ ὑπνῶν, A' ὡς ὑπνῶν, C' ὡς ὑπνῶν
- כגבור: lxxvii 65b: O' ὡς δυνατός, C' ὡς δυνάστης
- כמים: lxxviii 3a: O' ὡσεὶ ὕδωρ = L' 1219, A' ὡς ὕδωρ
- כגדל זרועך = TM ⟨בגדל = A'⟩: lxxviii 11b: O' κατὰ τὴν μεγαλωσύνην τοῦ βραχίονός σου, A' ἐν μεγέθει βραχίονός σου, C' κατὰ τὸ μέγεθος τοῦ βραχίονός σου
- כאדם תמותון: lxxxi 7a: O' ὡς ἄνθρωποι ἀποθ⟨ανεῖσθε⟩, A' ὡς ἄνθρωποι ἀποθανεῖσθε, C' ὡς ἄνθρωποι, Θ'Ε' ὡς ἄνθρωποι ἀποθανεῖσθε
- וכאחד השרים תפלו: lxxxi 7b: O' καὶ ὡς εἷς τῶν ἀρχόντων πίπτετε, ζ' καὶ ὡς οἱ ἄρχοντες καταπίπτετ⟨ε⟩
- כמדין: lxxxii 10a: O' ὡς τῇ μαδιαμ, A' ὡς μαδιαμ
- כסיסרא: lxxxii 10a: O' καὶ τῷ σισαρα, A' ὡς τῷ σισαρα, ⟨C'⟩ ὡς τῷ σισαρα
- כיבין: lxxxii 10b: O' ὡς ὁ ιαβιν, ⟨A'⟩ ὡς τῷ ιαβιν, ⟨C'⟩ ὡς ιαβιν
- כערב: lxxxii 12a: O' ὡς τὸν ωρηβ, A' ὡς ωρηβ
- וכזאב: lxxxii 12a: O' καὶ ζηβ, A' καὶ ὡς ζηβ
- וכזבח: lxxxii 12b: O' καὶ ζεβεε, ⟨C'⟩ ὡς ζεβεε
- וכצלמנע: lxxxii 12b: O' καὶ σάλμανα, ⟨C'⟩ καὶ σαλμονα
- כאש תבער־יער: lxxxii 15a: O' ὡσεὶ πῦρ, ὃ διαφλέξει δρυμόν, A' ὡς πυρ⟨ὸς⟩ ἀνάπτοντος δρυμόν, ⟨C'⟩ ὡς πῦρ κατακαίει
- וכלהבה תלהט הרים: lxxxii 15b: O' ὡς εἰ φλὸξ κατακαύσαι ὄρη, ⟨A'⟩ καὶ ὡς φλογὸς λαβρωσσούσης ὄρη, C' ὡς φλὸξ φλέγει ὄρη
- על־דבר כבוד־שמך: lxxviii 9b: O' ἕνεκα τῆς δόξης τοῦ ὀνόματός σου, A' ἐπὶ ῥήματι δόξης ὀνόματός σου, Ε' ἕνεκα λόγου δόξης ὀνόματός σου
- כהניו: lxxvii 64a: O' οἱ ἱερεῖς αὐτῶν, A'C' ἱερεῖς αὐτοῦ, Ε' οἱ ἱερεῖς αὐτῶν, Θ' οἱ ἱερεῖς αὐτοῦ
- לא־נכון: lxxvii 37a: O' οὐκ εὐθεῖα, A' οὐχ ἡδρασμένη, C' οὐ βεβαία, Ε'Θ' οὐχ ἑτοίμη, ⟨ζ'⟩ οὐχ ἕτοιμος
- יכזבו: lxxvii 36b: O' ἐψεύσαντο, C' ἐψεύδοντο, ⟨ζ'⟩ (?) [καὶ] ἐψεύδοντο
- יכחשו לו pi: lxxx 16a: O' ἐψεύσαντο αὐτῷ, A' ἀρνήσονται αὐτῷ, C' οἱ ψευσάμενοι αὐτῷ

- כי ⟨אכלו⟩ = TM [אכל]: lxxviii 7a: O' ὅτι κατέφαγον, A' ὅτι ἔφαγον, C' ἕκαστοι γὰρ αὐτῶν ἔφαγον
- כי דלונו: lxxviii 8c: O' ὅτι ἐπτωχεύσαμεν, A' ὅτι ἠρ⟨αι⟩ώθημεν, C'Ε' ὅτι ἠτονήσαμεν
- כי־אתה תנחל: lxxxi 8b: O' ὅτι σὺ κατακληρονομήσεις, A' καὶ σὺ κληρονομήσεις, C' σὺ γὰρ κληρουχήσεις, Ε' σὺ γὰρ κατακληροδοτήσεις, ζ' σὺ γὰρ καταβασιλεύσεις
- כי נועצו לב יחדו: lxxxii 6a: O' ὅτι ἐβουλεύσαντο ἐν ὁμονοίᾳ ἐπὶ τὸ αὐτό, C' ὅτι ⟨συ⟩σκέψαντο ὁμοθυμαδόν
- כל־חמתו: lxxvii 38d: O' πᾶσαν τὴν ὀργὴν αὐτοῦ, A' πάντα χόλον αὐτοῦ, C' ὅλον τὸν θυμὸν αὐτοῦ
- כל־בכור: lxxvii 51a: O' πᾶν πρωτότοκον, A' πᾶν πρωτότοκον
- ובני עליון כלכם: lxxxi 6b: O' καὶ υἱοὶ ὑψίστου πάντες· ὑμεῖς, A' ὑψίστου πάντες ὑμεῖς, C' ὑψίστου πάντες ὑμεῖς, Θ'Ε' πάντες ὑμεῖς
- כי־אתה תנחל בכל־הגוים: lxxxi 8b: O' ὅτι σὺ κατακληρονομήσεις ἐν πᾶσιν τοῖς ἔθνεσιν, C'Ε'ζ' πάντα τὰ ἔθνη
- כמה: lxxvii 40a: O' ποσάκις, A' πόσα [-κις], C' πόσα, Θ'Ε'ζ'Ο' ποσάκις
- כמו־אש: lxxviii 5b: O' ὡς πῦρ, A' ὁμοίως πυρί
- כן תרדפם: lxxxii 16a: O' οὕτως καταδιώξεις αὐτούς, A' οὕτω δίωξ⟨εις⟩ αὐτούς, C' οὕτως δίωξον αὐτούς
- אכניע hif: lxxx 15a: O' ἂν ... ἐταπείνωσα, A' ἐκώλυσα
- כסה pi: lxxvii 53b: O' ἐκάλυψεν, A' ἐκάλυψεν
- כסוחה: lxxix 17a: O' καὶ ἀνεσκαμμένη, A' περικεκλαδευμένη, C' ἐκτέτμηται
- ויכעיסוהו hif: lxxvii 58a: O' καὶ παρώργισαν αὐτόν, C' καὶ παρώργιζον αὐτόν
- ויכפר pi: lxxviii 9c: O' καὶ ἱλάσθητι, A' καὶ ἐξίλασαι, C' καὶ ἐξιλάσθητι, Θ' καὶ ἵλασαι
- יכפר: lxxvii 38b: O' καὶ ἱλάσεται, ⟨A'⟩ ἐξ⟨ι⟩λάσεται, ⟨C'⟩ ἐξ⟨ι⟩λάσκων, Ε' καὶ ἐξ⟨ι⟩λάσεται
- יכרסמנה: lxxix 14a: O' ἐλυμήνατο αὐτήν, A' λυμανεῖται αὐτήν, C' κατ⟨ε⟩μασήσατ⟨ο⟩ αὐτήν, ⟨ ⟩ ἐγαστροποίησεν ἐξ αὐτῆς
- עליך ברית יכרתו: lxxxii 6b: O' κατὰ σοῦ διαθήκην διέθεντο, ⟨A'⟩ κατὰ σοῦ συνθήκην κόψουσιν, C' συνθήκην ἔτεμον

26

ל: לדם: lxxvii 44a: O' εἰς αἷμα, C' εἰς αἷμα

לברד –: lxxvii 48a: O' εἰς χάλαζαν, A' τῇ χαλάζῃ, C' λοιμῷ, Θ' εἰς χάλαζαν

לרשפים –: lxxvii 48b: O' τῷ πυρί, A' τοῖς πτηνοῖς, ⟨C'⟩ οἰωνοῖς

לאפו –: lxxvii 50a: O' τῇ ὀργῇ αὐτοῦ, A' τῷ θυμῷ αὐτοῦ

לדבר: lxxvii 50c: O' εἰς θάνατον, A'Θ' τῷ λοιμῷ, C' λοιμῷ

לחרב: lxxvii 62a: O' εἰς ῥομφαίαν, A'C' εἰς μάχαιραν, Θ' ἐν τῇ ῥομφαίᾳ

לעיים –: lxxviii 1d: O' ὡς (vel εἰς) ὀπωροφυλάκιον, Θ'Ε' εἰς ὀπωροφυλάκιον, ϛ' εἰς ὀχεύματα

לעוף: lxxviii 2b: O' τοῖς πετεινοῖς, A' τῷ πετ⟨ει⟩νῷ

לסביבותינו –: lxxviii 4b: O' τοῖς κύκλῳ ἡμῶν, Θ' τοῖς περικύκλῳ ἡμῶν

לנצח –: lxxviii 5a: O' εἰς τέλος, A' εἰς νῖκος

לא תזכר־לנו: lxxviii 8a: O' μὴ μνησθῇς ἡμῶν, A' μὴ μνησθῇς ἡμῖν, C' μὴ μνημονεύσῃς ἡμῖν, Ε' ἡμῖν

יודע ... לעינינו –: lxxviii 10b: O' καὶ γνωσθήτω ... ἐνώπιον τῶν ὀφθαλμῶν ἡμῶν, A' γνωσθήτω ... εἰς ὀφθαλμοὺς ἡμῶν, C' γνωσθήτω ... ἐν ὀφθαλμοῖς ἡμῶν, Ε' κατ' ὀφθαλμοὺς ἡμῶν

תבוא לפניך אנקת אסיר –: lxxviii 11a: O' εἰσελθάτω ἐνώπιόν σου ὁ στεναγμὸς τῶν πεπεδημένων, A' ἔλθοι εἰς πρόσωπόν σου οἰμωγὴ δεσμώτου, C' εἰσέλθοι ἔμπροσθέν σου ἡ οἰμωγὴ δεσμ⟨ί⟩ων σου

והשב לשכנינו –: lxxviii 12a: O' ἀπόδος τοῖς γείτοσιν ἡμῶν, A' καὶ ἐπίστρεφον τοῖς γείτοσιν ἡμῶν

נודה לך –: lxxviii 13b: O' ἀνθομολογησόμεθά σοι, A' ἐξομολογησόμεθά σοι, C' ἐξομολογούμενοί σοι

לעולם –: lxxviii 13b: O' εἰς τὸν αἰῶνα, A'C'Ε' εἰς αἰῶνα

לדר ודר –: lxxviii 13c: O' εἰς γενεὰν καὶ γενεάν, C' καὶ καθ' ἑκάστην γενεάν, Θ' εἰς γενεὰς καὶ γενεάς

על־בן־אדם אמצת לך –: lxxix 18b: O' ὃν ἐκραταίωσας σεαυτῷ, A' ἐκαρτέρωσάς σοι

ולא תשתחוה ⟨לאלהים⟩ לאל נכר ⟨–⟩: lxxx 10b: O' οὐδὲ προσκυνήσεις θεῷ ἀλλοτρίῳ, A' καὶ οὐ προσκυνήσεις τῷ θεῷ τῷ ἰ⟨σ⟩χυρῷ ἀπεξεν⟨ω⟩μένῳ

ולא תשתחוה לאל נכד –: lxxx 10b: O' οὐδὲ προσκυνήσεις θεῷ ἀλλοτρίῳ, A' καὶ οὐ προσκυνήσεις τῷ θεῷ τῷ ἰ⟨σ⟩χυρῷ ἀπεξεν⟨ω⟩μένῳ, C' μηδὲ προσκυνήσῃς θεῷ ἀλλοτρίῳ, Ε'Θ' ἰσχυρῷ

ולא שמע עמי לקולי –: lxxx 12a: O' καὶ οὐκ ἤκουσεν ὁ λαός μου τῆς φωνῆς μου, C' οὐκ ⟨ὑπ⟩ήκουσεν δὲ ὁ λαὸς τῆς φωνῆς μου

לא־אבה לי ⟨בי⟩ –: lxxx 12b: O' οὐ προσέσχεν μοι = לי, A' οὐκ ἠθέλησεν ἐν ἐμοί = ⟨בי⟩, ⟨C'⟩ οὐκ ἐπ⟨ε⟩ίσθη μοι = לי

יכחשו לו: lxxx 16a: O' ἐψεύσαντο αὐτῷ, A' ἀρνήσονται αὐτῷ, C' οἱ ψευσάμενοι αὐτῷ

עתם לעולם: lxxx 16b: O' ὁ καιρὸς αὐτῶν εἰς τὸν αἰῶνα, A'C' καιρὸς αὐτῶν εἰς αἰῶνα

אלהים אל־דמי לך: lxxxii 2a: O' ὁ θεὸς τίς ὁμοιωθήσεταί σοι, A' θεὲ μὴ σιωπήσῃ σοι, C' ὁ θεὸς μὴ ἡσυχάσῃς, Ε'C' ὁ θεὸς μὴ παρασιωπήσῃς

היו דמן לאדמה: lxxxii 11b: O' ἐγενήθησαν ὡσεὶ κόπρος τῇ γῇ, ⟨A'⟩ κόπριον τῇ χθονί, ⟨C'⟩ εἰς γῆν, ⟨ ⟩ ὡσεὶ ἄδαμα τῇ γῇ, ⟨ ⟩ κόπρος τῇ ἄδαμα

לפני רוח: lxxxii 14b: O' κατὰ πρόσωπον ἀνέμου, ⟨A'⟩ εἰς πρόσωπον ἀνέμου, ⟨C'⟩ πρὸ ἀνέμου

רוח הולך ⟨ולו⟩ ישוב ⟨–⟩: lxxvii 39b: O' πνεῦμα πορευόμενον καὶ οὐκ ἐπιστρέφον, C' πνεῦμα ἀπαλλασσόμενον καὶ μὴ ὑποστρέ⟨φ⟩ον, Ε' καὶ αὐτῷ ἐπιστρέφον

לא־זרו לא: lxxvii 30a: O' οὐκ ἐστερήθησαν, A' οὐκ ἐπεδέ[η]θησαν, C' οὐκ ἀπέστησαν, Ε' οὐκ ἠλλοτριώθησαν

לא־נכון –: lxxvii 37a: O' οὐκ εὐθεῖα, A' οὐχ ἡδρασμένη, C' οὐ βεβαία, Ε'Θ' οὐχ ἑτοίμη

לא־זכרו –: lxxvii 42a: O' οὐκ ἐμνήσθησαν, C' οὐκ ἀνεμιμνήσκοντο

לא־חשך –: lxxvii 50b: O' οὐκ ἐφείσατο, A' οὐχ ὑπεξείλατο

לא שמרו –: lxxvii 56b: O' οὐκ ἐφυλάξαντο, A' οὐκ ἐφύλαξαν, C' οὐκ ἐφύλασσον

לא הוללו –: lxxvii 63b: O' οὐκ ἐπενθήθησαν, A' οὐχ ὑμνήθησαν, ⟨O'⟩ οὐκ ἐπένθησαν, Ε' οὐκ ἐπηνέθησαν, Θ' οὐκ ἐπηνέθησαν

לא תבכינה –: lxxvii 64b: O' οὐ κλαυσθήσονται, C' καὶ οὐκ ἔκλαυσαν

אל־הגוים אשר לא ידעוך –: lxxviii 6a: O' ἐπὶ ἔθνη τὰ μὴ γινώσκοντά σε, A' πρὸς τὰ ἔθνη ἃ οὐκ ἔγνωσάν σε, C' τοῖς ἔθνεσι τοῖς μὴ γινώσκουσί σε

לא קראו –: lxxviii 6b: O' οὐκ ἐπεκαλέσαντο, A' οὐκ ἐπεκαλέσαντο, C' μὴ καλοῦσαις, ϛ' μὴ ἐπικαλεσαμένας σε

לא־יהיה בך אל זר –: lxxx 10a: O' οὐκ ἔσται ἐν σοὶ θεὸς πρόσφατος, A' οὐκ ἔσται ἐν σοὶ ἰσχωρὸς ἀλλό⟨τριος⟩, C′ μὴ ἔστω ἐν σοὶ θεὸς ξένος, Є′ζ′ οὐκ ἔσται

– ⟨בִי⟩ ⟨לִי⟩ לֹא־אָבָה: lxxx 12b: O′ οὐ προσέσχεν μοι, A′ οὐκ ἠθέλησεν ἐν ἐμοί, ⟨C′⟩ οὐκ ἐπ⟨ε⟩ίσθη μοι

– לֹא יָדְעוּ: lxxxi 5a: O′ οὐκ ἔγνωσαν, C′A′ οὐ γινώσκουσιν

– וְלֹא נֶאֶמְנוּ: lxxvii 37b: O′ οὐδὲ ἐπιστώθησαν, A′ καὶ οὐκ ἐπιστώθησαν, C′ οὐδὲ ἐνέμειναν

– וְלֹא־יַשְׁחִית: lxxvii 38b: O′ καὶ οὐ διαφθερεῖ, C′ καὶ μὴ διαφθείρων

– וְלֹא־יָעִיר: lxxvii 38d: O′ καὶ οὐχὶ ἐκκαύσει, Є′A′ καὶ οὐκ ἐξεγερεῖ, C′ καὶ οὐ διήγειρεν

– רוּחַ הוֹלֵךְ וְלֹא יָשׁוּב: lxxvii 39b: O′ πνεῦμα πορευόμενον καὶ οὐκ ἐπιστρέφον, C′ πνεῦμα ἀπαλλασσόμενον καὶ μὴ ὑποστρέ⟨φ⟩ον, Є′ καὶ αὐτῷ ἐπιστρέφον

– וְלֹא־נָסוֹג מִמֶּךָ: lxxix 19a: O′ καὶ οὐ μὴ ἀποστῶμεν ἀπὸ σοῦ, A′ καὶ οὐκ ἀποστραφησόμεθα, C′ οὐ γὰρ ἀναχωρήσομεν, Є′ καὶ οὐκ ἀπέστη ἀπὸ σοῦ

– וְלֹא תִשְׁתַּחֲוֶה: lxxx 10b: O′ οὐδὲ προσκυνήσεις, A′ καὶ οὐ προσκυνήσεις, C′ μηδὲ προσκυνήσῃς

– וְלֹא שָׁמַע עַמִּי לְקוֹלִי: lxxx 12a: O′ καὶ οὐκ ἤκουσεν ὁ λαός μου τῆς φωνῆς μου, C′ οὐκ ⟨ὑπ⟩ήκουσεν ὁ λαὸς τῆς φωνῆς μου

– וְלֹא־יָבִינוּ lxxxi 5a: O′ οὐδὲ συνῆκαν, A′ καὶ οὐ συνιᾶσι, C′ οὐδὲ ἐννοοῦσιν

וְלֹא: siehe auch עוֹד in Ps lxxxii 5b

לֵב: כִּי נוֹעֲצוּ לֵב יַחְדָּו: lxxxii 6a: O′ ὅτι ἐβουλεύσαντο ἐν ὁμονοίᾳ ἐπὶ τὸ αὐτό, C′ ὅτι ⟨συ⟩σκέψαντο ὁμοθυμαδόν, ⟨A′⟩ καρδία ὁμοῦ

– וְלִבָּם: lxxvii 37a: O′ ἡ δὲ καρδία αὐτῶν, A′ καὶ καρδία αὐτῶν, ⟨Є′⟩ καρδία αὐτῶν

– בִּשְׁרִירוּת לִבָּם: lxxx 13a: O′ κατὰ τὰ ἐπιτηδεύματα τῶν καρδιῶν αὐτῶν, A′ ἐν σκολιότητι καρδίας αὐτῶν

לֶהָבָה: וּכְלֶהָבָה תְּלַהֵט הָרִים: lxxxii 15b: O′ ὡς εἰ φλὸξ κατακαύσαι ὄρη, ⟨A′⟩ καὶ ὡς φλογὸς λαβρωσσούσης ὄρη, C′ ὡς φλὸξ φλέγει ὄρη

לַהַט: וּכְלֶהָבָה תְּלַהֵט הָרִים: lxxxii 15b: O′ ὡς εἰ φλὸξ κατακαῦσαι ὄρη, ⟨A′⟩ καὶ ὡς φλογὸς λαβρωσσούσης ὄρη, C′ ὡς φλὸξ φλέγει ὄρη ⟨ ⟩ κατακαύσει

לָמָּה: lxxviii 10a: O′ μήποτε, A′ εἰς τί, C′ εἰς τί, Θ′Є′ ἵνα μή, ⟨ς′⟩ ἵνα τί

לְמַעַן: לְמַעַן שִׁמְךָ: lxxviii 9c: O′ ἕνεκα τοῦ ὀνόματός σου, A′ διὰ ὄνομά σου, C′ διὰ τὸ ὄνομά σου, Θ′ ἕνεκεν

לַעַג: לַעַג: lxxviii 4b: O′ μυκτηρισμός, A′ μυχθισμός, C′ ἐπιλάλημα

לָשׁוֹן: וּבִלְשׁוֹנָם: lxxvii 36b: O′ καὶ τῇ γλώσσῃ αὐτῶν, anon. τῇ γλώσσῃ

מְאֹד: מְאֹד: lxxvii 59b: O′ σφόδρα, A′ σφόδρα

מָאַס: וַיִּמְאַס: lxxvii 59b: O′ καὶ ἐξουδένωσεν, A′ καὶ ἀπέρριψε

מִדְיָן: כְּמִדְיָן: lxxxii 10a: O′ ὡς τῇ μαδιαμ, A′ ὡς μαδιαμ

מָה: עַד־מָה: lxxviii 5a: O′ ἕως πότε, A′ ἕως τίνος

מָהַר: מַהֵר: lxxviii 8b: O′ ταχύ, A′ ταχύ, C′Є′ τάχυνον

מוֹט: יִמּוֹטוּ כָּל־מוֹסְדֵי אָרֶץ: lxxxi 5c: O′ σαλευθήσονται πάντα τὰ θεμέλια τῆς γῆς, A′ σφαλήτωσαν, C′ περιτραπήσεται

מוֹפֵת: וּמוֹפְתָיו: lxxvii 43b: O′ καὶ τὰ τέρατα αὐτοῦ, C′ καὶ τὰ τεράστια,

מוּת: כְּאָדָם תְּמוּתוּן: lxxxi 7a: O′ ὡς ἄνθρωποι ἀποθ⟨ανεῖσθε⟩, A′ ὡς ἄνθρωποι ἀποθανεῖσθε, Θ′Є′ ὡς ἄνθρωποι ἀποθανεῖσθε

– מָמוֹת: lxxvii 50b: O′ ἀπὸ θανάτου, C′ ἐκ θανάτου

– הוֹתֵר בְּנֵי תְמוּתָה: תְּמוּתָה: lxxviii 11c: O′ περιποίησαι τοὺς υἱοὺς τῶν τεθανατωμένων, A′ περίσσευσον υἱοὺς θανατώσεως, C′ ὑπόλιπε τέκνα τῆς θανατώσεως

מַיִם: כְּמַיִם: lxxviii 3a: O′ ὡσεὶ ὕδωρ = L′ 1219, A′ ὡς ὕδωρ

– עַל־מֵי מְרִיבָה: lxxx 8c: O′ ἐπὶ ὕδατος ἀντιλογίας, A′ ἐπὶ ὕδατος διαδικασίας, C′ ἐπὶ τοῦ ὕδατος τῆς μάχης

מַלְאָךְ: מַלְאֲכֵי רָעִים: lxxvii 49c: O′ δι′ ἀγγέλων πονηρῶν, A′ ἀγγέλων πονηρῶν, C′ ἀγγέλων κακούντων

מַמְלָכָה: וְעַל־מַמְלָכוֹת: lxxviii 6b: O′ καὶ ἐπὶ βασιλείας, A′ καὶ ἐπὶ βασίλεια, C′ καὶ βασιλείαις

מִן: מִתְאַוָּתָם: lxxvii 30a: O′ ἀπὸ τῆς ἐπιθυμίας αὐτῶν, A′ ἀπὸ πόθου αὐτῶν, C′Є′ τῆς ἐπιθυμίας αὐτῶν

– מָמוֹת: lxxvii 50b: O′ ἀπὸ θανάτου, C′ ἐκ θανάτου

– מִפְּנֵיהֶם: lxxvii 55a: O′ ἀπὸ προσώπου αὐτῶν, C′ ἐξέμπροσθεν αὐτῶν

– מִיַּיִן: lxxvii 65b: O′ ἐξ οἴνου, C′ ἐξ οἴνου

– מִגְּעָרַת: lxxix 17b: O′ ἀπὸ ἐπιτιμήσεως, C′ ἀπὸ ἐμβριμήσεως

– וְלֹא־נָסוֹג מִמֶּךָ: lxxix 19a: O′ καὶ οὐ μὴ ἀποστῶμεν ἀπὸ σοῦ, Є′ καὶ οὐκ ἀπέστη ἀπὸ σοῦ

– הַמַּעַלְךָ מֵאֶרֶץ מִצְרַיִם: lxxx 11b: Ο' ὁ ἀναγαγών σε ἐκ γῆς αἰγύπτου, ⟨ ⟩ ὁ ἀναβιβάσ⟨ας⟩ σε ἀπὸ γῆς αἰγύπτου

מְנִי־צָר: lxxvii 42b: Ο' ἐκ χειρὸς θλίβοντος, Α' ἐκ θλίβοντος, C' ἐκ τοῦ θλίβοντος, Θ' ἐκ χειρὸς ἐχθροῦ

מִצְרַיִם: הַמַּעַלְךָ מֵאֶרֶץ מִצְרַיִם: lxxx 11b: Ο' ὁ ἀναγαγών σε ἐκ γῆς αἰγύπτου, ⟨ ⟩ ὁ ἀναβιβάσ⟨ας⟩ σε ἀπὸ γῆς αἰγύπτου

– בְּמִצְרַיִם: lxxvii 51a: Ο' ἐν γῇ αἰγύπτῳ (vel αἰγύπτου), Α'C'Є'ς' ἐν αἰγύπτῳ

וַיַּמְרוּ: lxxvii 56a: Ο' καὶ παρεπίκραναν, Α' καὶ προσήρισαν, C' καὶ παρεπίκρα⟨ι⟩νον, ς' καὶ παρώξυναν

– יַמְרוּהוּ: lxxvii 40a: Ο' παρεπίκραναν αὐτόν, Α' προσήρισαν αὐτῷ, C' παρεπίκρα⟨ι⟩ν⟨ον αὐτόν⟩

נאה: אֶת נְאוֹת אֱלֹהִים: lxxxii 13: Ο' τὸ ἁγιαστήριον τοῦ θεοῦ, ⟨Α'⟩ τὰ ὡραῖα θεοῦ, ⟨C'⟩ τὴν δίαιταν, ⟨Є'Θ'ς'⟩ τὴν εὐπρέπειαν τοῦ θεοῦ

נבלה: אֶת־נִבְלַת: lxxviii 2a: Ο' τὰ θνησιμαῖα, Α' τὸ θνησιμαῖον, C' τὰ πτώματα

נדיב: (vel נְדִיבֵמוֹ) שִׁיתֵמוֹ נְדִיבֵמוֹ: lxxxii 12a: Ο' θοῦ τοὺς ἄρχοντας αὐτῶν, Α' θοῦ αὐτοὺς ἑκουσιαζομένους αὐτοῦ, ⟨C'⟩ τάξον τοὺς ἡγεμόνας αὐτῶν

נהג: וַיְנַהֲגֵם: lxxvii 52b: Ο' καὶ ἀνήγαγεν αὐτούς, Α' καὶ ἀπήλασεν αὐτούς, C'Є'Θ' καὶ ἀπήγαγεν αὐτούς, ς' καὶ ἦγεν

נוה: וְאֶל־נָוֵהוּ: lxxviii 7b: Ο' καὶ τὸν τόπον αὐτοῦ, Α' καὶ τὸ ὡραῖον αὐτοῦ, C' καὶ τὴν καλλονὴν αὐτοῦ, ς'Θ'Є' καὶ τὴν εὐπρέπειαν αὐτοῦ

נזל: וְנֹזְלֵיהֶם: lxxvii 44b: Ο' καὶ τὰ ὀμβρήματα αὐτῶν, Α' καὶ καταρροίας αὐτῶν, Θ' καὶ τὰ κατεσκαμμένα

נחל qal: כִּי־אַתָּה תִנְחַל: lxxxi 8b: Ο' ὅτι σὺ κατακληρονομήσεις, Α' καὶ σὺ κληρονομήσεις, C' σὺ γὰρ κληρουχήσεις, Є' σὺ γὰρ κατακληροδοτήσεις ς' σὺ γὰρ καταβασιλεύσεις

נחלה: lxxvii 55b: Ο' κληροδοσίας, C' κληρουχίαν, Θ'Є'ς' κληρονομίας

– וּבְנַחֲלָתוֹ: lxxvii 62b: Ο' καὶ τὴν κληρονομίαν αὐτοῦ ὑπερεῖδεν, Α' καὶ ἐν κληροδοσίᾳ αὐτοῦ ἀνυπερθέτησεν, C' καὶ ἐν τῇ κληρουχίᾳ αὐτοῦ ἐχολώθη, Є' καὶ τῇ κληρονομίᾳ αὐτοῦ ὠργίσθη

נחל: בְּנַחַל קִישׁוֹן: lxxxii 10b: Ο' ἐν τῷ χειμάρρῳ κισων, ⟨Α'⟩ ἐν κισων, ⟨C'⟩ ἐν τῇ φάραγγι τῆς κισων

וַיַּךְ: נכה: lxxvii 51a: Ο' καὶ ἐπάταξεν, Α' καὶ ἔπληξε

– וַיַּךְ: lxxvii 66a: Ο' καὶ ἐπάταξεν, Α' καὶ ἔπληξε

נכר: וְלֹא תִשְׁתַּחֲוֶה לְאֵל נֵכָר: lxxx 10b: Ο' οὐδὲ προσκυνήσεις θεῷ ἀλλοτρίῳ, Α' καὶ οὐ προσκυνήσεις τῷ θεῷ τῷ ἰ⟨σ⟩χυρῷ ἀπεξεν⟨ω⟩μένῳ, C' μηδὲ προσκυνήσῃς θεῷ ἀλλοτρίῳ

נסה pi: וַיְנַסּוּ: lxxvii 41a: Ο' καὶ ἐπείρασαν, Α'Θ' καὶ ἐπείρασαν, C' ἐπείραζον, Є'ς' καὶ παρεπίκραναν

– וַיְנַסּוּ: lxxvii 56a: Ο' καὶ ἐπείρασαν, C' καὶ ἐπείραζον

נסיך: נְסִיכֵמוֹ: lxxxii 12b: Ο' τοὺς ἄρχοντας αὐτῶν, ⟨Α'⟩ καθισταμένους αὐτῶν, ⟨C'⟩ τοὺς χρ⟨ι⟩στοὺς αὐτῶν

נפל qal: נָפְלוּ: lxxvii 64a: Ο' ἔπεσαν sive ἔπεσον, Α' ἔπ(εσον), C' ἔπ(εσον)

– תִּפֹּלוּ: lxxxi 7b: Ο' πίπτετε, Α'C' πε[ι]σε⟨ῖ⟩σθε, ς' καταπίπτετ⟨ε⟩

– hif: וַיַּפִּילֵם: lxxvii 55b: Ο' καὶ ἐκληροδότησεν αὐτούς, Α' καὶ κατέβαλεν αὐτούς, C' ὑπέβαλεν αὐτοῖς, ς' καὶ ἐκληρώσατο

נצב nif: אֱלֹהִים נִצָּב בַּעֲדַת־אֵל: lxxxi 1b: Ο' ὁ θεὸς ἔστη ἐν συναγωγῇ θεῶν, Α' θεὸς ἔστη ἐν συναγωγῇ ἰσχυρο⟨ῦ⟩, C' κατέστη ἐν συνόδῳ θεοῦ

נצח: לָנֶצַח: lxxviii 5a: Ο' εἰς τέλος, Α' εἰς νῖκος

נצל hif: מִיַּד רְשָׁעִים הַצִּילוּ: lxxxi 4b: Ο' ἐκ χειρὸς ἁμαρτωλοῦ ῥύσασθε, Α' ἀσεβῶν ῥύσασθε, C' παρανόμου ἐξέλετ⟨ε⟩

– וְהַצִּילֵנוּ: lxxviii 9b: Ο' ῥῦσαι ἡμᾶς, Α'Є' καὶ ῥῦσαι ἡμᾶς, C' καὶ ἐξελοῦ ἡμᾶς

נקמה: נִקְמַת דַּם: lxxviii 10c: Ο' ἡ ἐκδίκησις τοῦ αἵματος, Α' ἐκδίκησις αἵματος

נשא qal: וּמְשַׂנְאֶיךָ נָשְׂאוּ רֹאשׁ: lxxxii 3b: Ο' καὶ οἱ μισοῦντές σε ἦραν κεφαλήν, ⟨C'⟩ ἐπα⟨ί⟩ρουσιν κεφαλήν

– וּפְנֵי רְשָׁעִים תִּשְׂאוּ: lxxxi 2b: Ο' καὶ πρόσωπα ἁμαρτωλῶν λαμβάνετε, Α' καὶ πρόσωπον ἀσεβῶν αἴρετε, C' καὶ πρόσωπον παρανόμων προσή⟨σε⟩σθε

נתיב: נָתִיב: lxxvii 50a: Ο' τρίβον, Α' ἀτραπόν, C' ἀτραπόν

נתן: נָתְנוּ: lxxviii 2a: Ο' ἔθεντο, Α'C' ἔδωκαν

סביבות: סְבִיבוֹת יְרוּשָׁלִָם: lxxviii 3b: Ο' κύκλῳ ιερουσαλημ, Α' κυκλόθεν ιερουσαλημ

– לִסְבִיבוֹתֵינוּ: lxxviii 4b: Ο' τοῖς κύκλῳ ἡμῶν, Θ' τοῖς περικύκλῳ ἡμῶν

סגר hif: הַסְגִּיר: lxxvii 50c: Ο΄ συνέκλεισεν, Α΄Θ΄ ἀπέκλεισεν, C΄ ἐξέδωκεν

– וַיַּסְגֵּר: lxxvii 48a: Ο΄ καὶ παρέδωκεν, Α΄ καὶ ἀπέκλεισεν, C΄ τοῦ ἐκδόντος, Θ΄ καὶ συνέδωκεν

סוג qal: [וְלֹא־נָסוֹג מִמֶּךָּ]: lxxix 19a: Ο΄ καὶ οὐ μὴ ἀποστῶμεν ἀπὸ σοῦ, Α΄ καὶ οὐκ ἀποστραφησόμεθα, C΄ οὐ γὰρ ἀναχωρήσομεν, Ε΄ καὶ οὐκ ἀπέστη ἀπὸ σοῦ

– nif: וַיִּסֹּגוּ: lxxvii 57a: Ο΄ καὶ ἀπέστρεψαν, C΄ ἀπένευον

סוד עַל־עַמְּךָ יַעֲרִימוּ סוֹד: lxxxii 4a: Ο΄ ἐπὶ τὸν λαόν σου κατεπανουργεύσαντο γνώμην, Α΄ ἐπὶ λαὸν πανουργεύσονται ἀπορρήτως, ⟨C΄⟩ κατὰ τοῦ λαοῦ σου πανούργως ὁμιλοῦσιν

סופה וּבְסוּפָתְךָ תְבַהֲלֵם: lxxxii 16b: Ο΄ καὶ ἐν τῇ ὀργῇ σου ταράξεις αὐτούς, Α΄ καὶ ἐν συσ⟨σ⟩εισμῷ σου κατασπουδάσεις αὐτούς

סלה סֶלָה: lxxxi 2c: Ο΄ διάψαλμα, Α΄Ε΄ ἀεί, ⟨ς΄⟩ εἰς τέλος

סיסרא כְּסִיסְרָא: lxxxii 10a: Ο΄ καὶ τῷ σισαρα, Α΄ ὡς σισαρα, ⟨C΄⟩ ὡς τῷ σισαρα

סער תִּרְדְּפֵם בְּסַעֲרֶךָ: lxxxii 16a: Ο΄ καταδιώξεις αὐτοὺς ἐν τῇ καταιγίδι σου, Α΄ διώξ⟨εις⟩ αὐτοὺς ἐν λ⟨αί⟩λαπί σου, C΄ δίωξον αὐτοὺς ἐν καταιγίδι σου

ספר pi: נְסַפֵּר תְּהִלָּתֶךָ: lxxviii 13c: Ο΄ ἐξαγγελοῦμεν τὴν αἴνεσίν σου, Α΄ διηγησόμεθα ὑμνήσεις σου, C΄ διηγούμενοι τὸν ὕμνον σου

סתר בְּסֵתֶר רַעַם: lxxx 8b: Ο΄ ἐν ἀποκρύφῳ καταιγίδος, Α΄ ἐν ἀποκρύφῳ, C΄ διὰ κρυφαίας βροντῆς

עבד עֲבָדֶיךָ: lxxviii 2a: Ο΄ τῶν δούλων σου, Α΄ δούλων σου

– נִקְמַת דַּם־עֲבָדֶיךָ: lxxviii 10c: Ο΄ ἡ ἐκδίκησις τοῦ αἵματος τῶν δούλων σου, Α΄ ἐκδίκησις αἵματος δούλ⟨ω⟩ν ⟨σου⟩

עבר hitp: הִתְעַבֵּר: lxxvii 62b: Ο΄ ὑπερεῖδεν, Α΄ ἀνυπερθέτησεν, C΄ ἐχολώθη, Θ΄ ὑπερέθετο, Ε΄ ὠργίσθη, ⟨ς΄⟩ παρεῖδεν

– וַיִּתְעַבֵּר: lxxvii 59a: Ο΄ καὶ ὑπερεῖδεν, Α΄ καὶ ἀνυπερθέτησεν, C΄ καὶ ἐχολώθη, Ε΄ καὶ ὠργίσθη, Θ΄ καὶ ὑπερέθετο

עברה עֶבְרָה: lxxvii 49b: Ο΄ θυμόν, Α΄ ἀνυπερθεσίαν, C΄ χόλον, Θ΄ μῆνιν, Ε΄ ὀργήν

עד עַד־מָה: lxxviii 5a: Ο΄ ἕως πότε, Α΄ ἕως τίνος

עדר כָּעֵדֶר: lxxvii 52b: Ο΄ ὡς ποίμνιον, Α΄Ε΄ ὡς ἀγέλην, C΄ ὡς ἀγέλην

עוד וְלֹא יִזָּכֵר שֵׁם יִשְׂרָאֵל עוֹד: כִּי: lxxxii 5b: Ο΄ καὶ οὐ μὴ μνησθῇ τὸ ὄνομα Ἰσραηλ ἔτι. ὅτι ..., C΄ μηκέτι. ὅτι ...

עוד hif: וָאָעִידָה בָּךְ: lxxx 9a: Ο΄ καὶ [διαμαρτύρομαί σοι], Α΄ καὶ μαρτύρομαι ἐν σοί, C΄ καὶ διαμαρτυρομένου μου, Θ΄Ε΄ς΄ καὶ διαμαρτύρομαί σοι

עדות וְעֵדוֹתָיו: lxxvii 56b: Ο΄ καὶ τὰ μαρτύρια αὐτοῦ, Α΄ καὶ μαρτυρίας αὐτοῦ, C΄ καὶ τὰς διαμαρτυρίας αὐτοῦ

עון עֲוֹן: lxxvii 38b: Ο΄ ταῖς ἁμαρτίαις αὐτῶν, Α΄ ἀνομίαν, C΄ ἀδικίας, Ε΄ τῇ ἀνομίᾳ

– אַל־תִּזְכָּר־לָנוּ עֲוֹנֹת: lxxviii 8a: Ο΄ μὴ μνησθῇς ἡμῶν ἀνομιῶν, Α΄ μὴ μνησθῇς ἡμῖν ἀνομίαν, C΄ μὴ μνημονεύσῃς ἡμῖν ἀνομίαν, Ε΄ ἡμῖν ἁμαρτιῶν

עול תִּשְׁפְּטוּ־עָוֶל: lxxxi 2a: Ο΄ κρίνετε ἀδικίαν, Α΄ παράνομον, C΄Ε΄ ἀδικίαν, Θ΄ ἀδίκως

עוף לָעוֹף: lxxviii 2b: Ο΄ τοῖς πετεινοῖς, Α΄ τῷ πετ⟨ει⟩νῷ

עור hif: וְלֹא־יָעִיר: lxxvii 38d: Ο΄ καὶ οὐχὶ ἐκκαύσει, Α΄ καὶ οὐκ ἐξεγερεῖ, C΄ καὶ οὐ διήγειρεν

עי לְעִיִּים: lxxviii 1d: Ο΄ ὡς ὀπωροφυλάκιον, Θ΄Ε΄ εἰς ὀπωροφυλάκιον, ς΄ εἰς ὀχεύματα

עין יוּדַע ... לְעֵינֵינוּ: lxxviii 10b: Ο΄ καὶ γνωσθήτω ... ἐνώπιον τῶν ὀφθαλμῶν ἡμῶν, Α΄ γνωσθήτω ... εἰς ὀφθαλμοὺς ἡμῶν, C΄ ἐν ὀφθαλμοῖς ἡμῶν, Ε΄ κατ' ὀφθαλμοὺς ἡμῶν

עין־דאר נִשְׁמְדוּ בְעֵין־דֹּאר: lxxxii 11a: Ο΄ ἐξωλεθρεύθησαν ἐν ἀενδωρ, Α΄ ἐξετρίβησαν ἐν ηνδωρ

על עַל־דְּבַר כְּבוֹד־שְׁמֶךָ: lxxviii 9b: Ο΄ ἕνεκα τῆς δόξης τοῦ ὀνόματός σου, Α΄ ἐπὶ ῥήματι δόξης ὀνόματός σου, Ε΄ ἕνεκα λόγου δόξης ὀνόματός σου, C΄ ἕνεκεν

– עַל־חַטֹּאתֵינוּ: lxxviii 9c: Ο΄ ταῖς ἁμαρτίαις ἡμῶν, Α΄ ἐπὶ ἁμαρτίας ἡμῶν, C΄ περὶ τῶν ἁμαρτιῶν ἡμῶν

– תְּהִי־יָדְךָ עַל־אִישׁ יְמִינֶךָ: lxxix 18a: Ο΄ γενηθήτω ἡ χείρ σου ἐπ' ἄνδρα δεξιᾶς σου, Α΄ ἐπὶ ἄνδρα δεξιᾶς σου, C΄ περὶ ἄνδρα δεξιᾶς σου

– עַל־מֵי מְרִיבָה: lxxx 8c: Ο΄ ἐπὶ ὕδατος ἀντιλογίας, Α΄ ἐπὶ ὕδατος διαδικασίας, C΄ ἐπὶ τοῦ ὕδατος τῆς μάχης

– עַל־עַמְּךָ יַעֲרִימוּ סוֹד: lxxxii 4a: Ο΄ ἐπὶ τὸν λαόν σου κατεπανουργεύσαντο γνώμην, Α΄ ἐπὶ λαὸν πανουργεύσονται ἀπορρήτως, ⟨C΄⟩ κατὰ τοῦ λαοῦ σου πανούργως ὁμιλοῦσιν

- **וְיִתְיָעֲצוּ עַל־צְפוּנֶיךָ**: lxxxii 4b: Ο΄ καὶ ἐβουλεύσαντο κατὰ τῶν ἁγίων σου, Α΄ καὶ συνεβουλεύσαντο κατὰ συγκεκρυμμένων σου, ⟨C΄⟩ καὶ συμβουλεύονται κατὰ τοῦ ἀποκρύφου σου, Ε΄ κατὰ τοῦ κεκρυμμένου σου, ⟨ ⟩ κατὰ τῶν κεκρυμμένων σου

- **עָלֶיךָ בְּרִית יִכְרֹתוּ**: lxxxii 6b: Ο΄ κατὰ σοῦ διαθήκην διέθεντο, ⟨Α΄⟩ κατὰ σοῦ συνθήκην κόψουσιν

- **וְעַל־מַמְלָכוֹת**: lxxviii 6b: Ο΄ καὶ ἐπὶ βασιλείας, Α΄ καὶ ἐπὶ βασίλεια, C΄ καὶ βασιλείαις

- **עַל־בֶּן־אָדָם** ⟨וְ⟩: lxxix 18b: Ο΄ καὶ ἐπὶ υἱὸν ἀνθρώπου, Α΄ καὶ ἐπὶ υἱὸν ἀνθρώπου, C΄ περὶ υἱὸν ἀνθρώπου

- **וְעַל־צָרֵיהֶם**: lxxx 15b: Ο΄ καὶ ἐπὶ τοὺς θλίβοντας αὐτούς, Α΄ καὶ ἐπὶ θλίβοντας αὐτούς, C΄ καὶ ἐπὶ τοὺς ἐναντίους αὐτῶν

- **הַמַּעַלְךָ מֵאֶרֶץ מִצְרָיִם** hif: lxxx 11b: Ο΄ ὁ ἀναγαγών σε ἐκ γῆς αἰγύπτου, ⟨ ⟩ ὁ ἀναβιβάσ⟨ας⟩ σε ἀπὸ γῆς αἰγύπτου

- **אֶת־אֱלֹהִים עֶלְיוֹן**: lxxvii 56a: Ο΄ τὸν θεὸν ὕψιστον, Α΄ τῷ θεῷ ὑψίστῳ

- **וּבְנֵי עֶלְיוֹן כֻּלְּכֶם**: lxxxi 6b: Ο΄ καὶ υἱοὶ ὑψίστου πάντες· ὑμεῖς, Α΄ ὑψίστου πάντες ὑμεῖς, C΄ ὑψίστου πάντες ὑμεῖς

- **לְעוֹלָם**: lxxviii 13b: Ο΄ εἰς τὸν αἰῶνα, Α΄C΄Ε΄ εἰς αἰῶνα

- **עֵתָם לְעוֹלָם**: lxxx 16b: Ο΄ ὁ καιρὸς αὐτῶν εἰς τὸν αἰῶνα, Α΄C΄ καιρὸς αὐτῶν εἰς αἰῶνα

עִמּוֹ : עַם: lxxvii 37a: Ο΄ μετ᾽ αὐτοῦ, Α΄ μετ᾽ αὐτοῦ, C΄ πρὸς αὐτόν, ⟨ς΄⟩ μετ᾽ αὐτοῦ

עַמּוֹ : עַם: lxxvii 52a: Ο΄ τὸν λαὸν αὐτοῦ, Α΄ λαὸν αὐτοῦ

- **עַמּוֹ**: lxxvii 62a: Ο΄ τὸν λαὸν αὐτοῦ, Α΄C΄ τὸν λαὸν αὐτοῦ

- **וַאֲנַחְנוּ עַמֶּךָ**: lxxviii 13a: Ο΄ ἡμεῖς δὲ λαός σου, Α΄ καὶ ἡμεῖς αὐτοὶ λαός σου, C΄ ἡμεῖς γὰρ λαός σου

- **עַל־עַמְּךָ יַעֲרִימוּ סוֹד**: lxxxii 4a: Ο΄ ἐπὶ τὸν λαόν σου κατεπανουργεύσαντο γνώμην, Α΄ ἐπὶ λαὸν πανουργεύσονται ἀπορρήτως, ⟨C΄⟩ κατὰ τοῦ λαοῦ σου πανούργως ὁμιλοῦσιν

- **שְׁמַע עַמִּי**: lxxx 9a: Ο΄ ἄκουσον λαός μου, Α΄ ἄκουε λαέ μου

- **וְלֹא שָׁמַע עַמִּי לְקוֹלִי**: lxxx 12a: Ο΄ καὶ οὐκ ἤκουσεν ὁ λαός μου τῆς φωνῆς μου, C΄ οὐκ ⟨ὑπ⟩ήκουσεν δὲ ὁ λαὸς τῆς φωνῆς μου

אֶעֶנְךָ : עָנָה: lxxx 8b: Ο΄ ἐπήκουσά σου, Α΄ ἐπακούσω σου

עָנִי וָרָשׁ הַצְדִּיקוּ : עָנִי: lxxxi 3b: Ο΄ ταπεινὸν καὶ πένητα δικαιώσατε, Α΄ πένητα καὶ ἄπορον δικαιώσατε, C΄ πτωχῷ καὶ ἀπόρῳ τὸ δίκαιον ποιήσατε, Θ΄ ταπεινῷ καὶ πένητι, Ε΄ πένητα καὶ ἐνδεῆ

יַעֲצִיבוּהוּ hif: lxxvii 40b: Ο΄ παρώργισαν αὐτόν, Α΄ διεπόνησαν αὐτόν, C΄ ἠνόχλουν αὐτόν

עָרֹב : עָרֹב: lxxvii 45a: Ο΄ κυνόμυιαν, Α΄ πάμμικτον, C΄ κυνόμυιαν

כְּערֵב : עָרֵב: lxxxii 12a: Ο΄ ὡς τὸν ὠρήβ, Α΄ ὡς ὠρήβ

עַל־עַמְּךָ יַעֲרִימוּ סוֹד hif: lxxxii 4a: Ο΄ ἐπὶ τὸν λαόν σου κατεπανουργεύσαντο γνώμην, Α΄ ἐπὶ λαὸν πανουργεύσονται ἀπορρήτως, ⟨C΄⟩ κατὰ τοῦ λαοῦ σου πανούργως ὁμιλοῦσιν

עֲשָׁנְתָ : עָשַׁן: lxxix 5a: Ο΄ ὀργίζῃ, Θ΄ ἐκάπνισας

עֵתָם לְעוֹלָם : עֵת: lxxx 16b: Ο΄ ὁ καιρὸς αὐτῶν εἰς τὸν αἰῶνα, Α΄C΄ καιρὸς αὐτῶν εἰς αἰῶνα

פָּדָם : פָּדָה: lxxvii 42b: Ο΄ ἐλυτρώσατο αὐτούς, Α΄ ἐλυτρώσατο, C΄ ἐρρύσατο αὐτούς

פַּלְּטוּ־דַל וְאֶבְיוֹן pi: lxxxi 4a: Ο΄ ἐξέλεσθε πένητα καὶ πτωχόν, Α΄ διασώσατε ἀραιὸν καὶ πτωχόν, ⟨ ⟩ ῥύσασθε αὐτόν

יְפַלֵּס pi: lxxvii 50a: Ο΄ ὡδοποίησεν, Α΄ ὡδοποίησεν, C΄ διέστρωσεν

וּפְנֵי רְשָׁעִים תִּשְׂאוּ : פָּנִים: lxxxi 2b: Ο΄ καὶ πρόσωπα ἁμαρτωλῶν λαμβάνετε, Α΄ καὶ πρόσωπον ἀσεβῶν αἴρετε, C΄ καὶ πρόσωπον παρανόμων προσή⟨σε⟩σθε

- **מִגַּעֲרַת פָּנֶיךָ יֹאבֵדוּ**: lxxix 17b: Ο΄ ἀπὸ ἐπιτιμήσεως τοῦ προσώπου σου ἀπολοῦνται, Α΄ προσώπου σου ἀπόλοιντο

- **הָאֵר פָּנֶיךָ**: lxxix 20b: Ο΄ καὶ ἐπίφανον τὸ πρόσωπόν σου, Α΄ καὶ φάνον τὸ πρόσωπόν σου

- **לִפְנֵי רוּחַ : לִפְנֵי**: lxxxii 14b: Ο΄ κατὰ πρόσωπον ἀνέμου, ⟨Α΄⟩ εἰς πρόσωπον ἀνέμου, ⟨C΄⟩ πρὸ ἀνέμου

- **תָּבוֹא לְפָנֶיךָ אֶנְקַת אָסִיר**: lxxviii 11a: Ο΄ εἰσελθάτω ἐνώπιόν σου ὁ στεναγμὸς τῶν πεπεδημένων, Α΄ ἔλθοι εἰς πρόσωπόν σου οἰμωγὴ δεσμώτου, C΄ εἰσέλθοι ἔμπροσθέν σου ἡ οἰμωγὴ τῶν δεσμ⟨ί⟩ων σου

- **מִפְּנֵיהֶם : מִפְּנֵי**: lxxvii 55a: Ο΄ ἀπὸ προσώπου αὐτῶν, C΄ ἐξέμπροσθεν αὐτῶν

- **וּבִפְסִילֵיהֶם : פֶּסֶל**: lxxvii 58b: Ο΄ καὶ ἐν τοῖς γλυπτοῖς αὐτῶν, Α΄ καὶ ἐν γλυπτοῖς αὐτῶν, C΄ καὶ τοῖς γλυπτοῖς αὐτῶν

צאן: ואנחנו ... וצאן מרעיתך: lxxviii 13a: Ο' ἡμεῖς δὲ ... καὶ πρόβατα νομῆς σου, Α' καὶ ἡμεῖς αὐτοὶ ... καὶ ποίμνιον νεμήσεώς σου, C' ἡμεῖς γὰρ ... καὶ ποίμνη τῆς νεμήσεώς σου

– **כצאן:** lxxvii 52a: Ο' ὡς πρόβατα, Α'C'Є' ὡς ποίμνιον

צבא: יהוה אלהים צבאות: lxxix 5a: Ο' κύριε ὁ θεὸς τῶν δυνάμεων, Α' πιπι θεὲ στρατιῶν

– **אלהים צבאות:** lxxix 8a: Ο' κύριε ὁ θεὸς τῶν δυνάμεων, Α' θεὲ στρατιῶν

– **אלהים צבאות:** lxxix 20a: Ο' ὁ θεὸς τῶν δυνάμεων, Α' θεὲ στρατιῶν

צדק hif: **עני ורש הצדיקו:** lxxxi 3b: Ο' ταπεινὸν καὶ πένητα δικαιώσατε, Α' πένητα καὶ ἄπορον δικαιώσατε, C' πτωχῷ καὶ ἀπόρῳ τὸ δίκαιον ποιήσατε

צרה: וצרה: lxxvii 49b: Ο' καὶ θλῖψιν, Є' καὶ θλῖψιν

צר: מני־צר: lxxvii 42b: Ο' ἐκ χειρὸς θλίβοντος, Α' ἐκ θλίβοντος, C' ἐκ τοῦ θλίβοντος, Θ' ἐκ χειρὸς ἐχθροῦ

– **צריו:** lxxvii 66a: Ο' τοὺς ἐχθροὺς αὐτοῦ, Α' θλίβοντας αὐτό⟨ν⟩

– **ועל־צריהם:** lxxx 15b: Ο' καὶ ἐπὶ τοὺς θλίβοντας αὐτούς, Α' καὶ ἐπὶ θλίβοντας αὐτούς, C' καὶ ἐπὶ τοὺς ἐναντίους αὐτῶν

צלמנע: וכצלמנע: lxxxii 12b: Ο' καὶ σάλμανα, ⟨C'⟩ καὶ σαλμονα

צען: בשדה־צען: lxxvii 43b: Ο' ἐν πεδίῳ τάνεως, Α' ἐν χώρᾳ τάνεως

צפן: ויתיעצו על־צפוניך ⟨צפונך⟩: lxxxii 4b: Ο' καὶ ἐβουλεύσαντο κατὰ τῶν ἁγίων σου, Α' καὶ συνεβουλεύσαντο κατὰ συγκεκρυμμένων σου, ⟨C'⟩ καὶ συμβουλεύονται κατὰ τοῦ ἀποκρύφου σου, Є' κατὰ τοῦ κεκρυμμένου σου, ⟨ ⟩ κατὰ τῶν κεκρυμμένων σου

קבר: קובר: lxxviii 3b: Ο' ὁ θάπτων, Α' θάπτων, C' θάπτων

קדם pi: **מהר יקדמונו:** lxxviii 8b: Ο' ταχὺ προκαταλαβέτωσαν ἡμᾶς, Α' ταχὺ προφθασάτωσαν ἡμᾶς, C'Є' τάχυνον προλαβέτωσαν ἡμᾶς

קדש: אל־גבול קדשו: lxxvii 54a: Ο' εἰς ὄρος ἁγιάσματος αὐτοῦ, Α' πρὸς ὅριον ἡγιασμένον αὐτοῦ

קדוש: וקדוש ישראל: lxxvii 41b: Ο' καὶ τὸν ἅγιον τοῦ ἰσραηλ, Α' καὶ ἅγιον ισραηλ, C' καὶ τὸν ἰσχυρὸν τοῦ ἰσραηλ, Є' καὶ τὸν ἅγιον τοῦ ισραηλ

קום: קומה אלהים: lxxxi 8a: Ο' ἀνάστα ὁ θεός, Α' ἀνάστηθι θεέ, C' στῆθι ὁ θεός

קול: ולא שמע עמי לקולי: lxxx 12a: Ο' καὶ οὐκ ἤκουσεν ὁ λαός μου τῆς φωνῆς μου, C' οὐκ ⟨ὑπ⟩ήκουσεν δὲ ὁ λαὸς τῆς φωνῆς μου

קיץ: ויקץ: lxxvii 65a: Ο' καὶ ἐξηγέρθη, Α' καὶ ἐξ⟨υ⟩πνίσθη, C' διηγέρθη γάρ, Θ' ἐξεγερθήτω

קישון: בנחל קישון: lxxxii 10b: Ο' ἐν τῷ χειμάρρῳ κισων, ⟨Α'⟩ ἐν κισων, ⟨C'⟩ ἐν τῇ φάραγγι τῆς κισων

קלס: וקלס: lxxviii 4b: Ο' καὶ χλευασμός, Α' καὶ πομπή, C' καὶ χλευασμός

קנא hif: **יקניאוהו:** lxxvii 58b: Ο' παρεζήλωσαν αὐτόν, C' ἐξεζήλουν αὐτόν

קנאה: קנאתך: lxxviii 5b: Ο' ὁ ζῆλός σου, Α' ζῆλός σου

קנה: הר־זה קנתה: lxxvii 54b: Ο' ὄρος τοῦτο ὃ ἐκτήσατο, ⟨ ⟩ εἰς τὸ ὄρος ὃ ἐκτήσατο

מקנה: ומקניהם: lxxvii 48b: Ο' καὶ τὴν ὕπαρξιν αὐτῶν, Α' καὶ κτήσεις αὐτῶν, ⟨C'⟩ καὶ τὰ κτήματα αὐτῶν

קרא: לא קראו: lxxviii 6b: Ο' οὐκ ἐπεκαλέσαντο, Α' οὐκ ἐπεκαλέσαντο, C' μὴ καλοῦσαις, ς' μὴ ἐπικαλεσαμένας σε

– **ובשמך נקרא:** lxxix 19a: Ο' καὶ τὸ ὄνομά σου ἐπικαλεσόμεθα, Α' καὶ ἐν ὀνόματί σου ἐπικαλέσομαι, C' καὶ τ⟨ῷ⟩ ὀνόμα⟨τί σου⟩ κληθησόμεθα, Є' καὶ ἐν τῷ ὀνόματί σου ἐπικαλεσόμεθα

קרב: בקרב אלהים ישפט: lxxxi 1c: Ο' ἐν μέσῳ θεοὺς διακρίνει, Α' ἐν ἐγκάτῳ θεῶν κρινεῖ, C' ἐν μέσοις θεὸς κρίνων, ς' ἐν μέσῳ δὲ

קשת: כקשת: lxxvii 57b: Ο' εἰς τόξον, Α' ὡς τόξον, C' ὡς τόξον, ⟨ς'⟩ ὡς τόξον

ראש: ומשנאיך נשאו ראש: lxxxii 3b: Ο' καὶ οἱ μισοῦντές σε ἦραν κεφαλήν, ⟨C'⟩ ἐπα⟨ί⟩ρουσιν κεφαλήν

ראשון: עונת ראשונים: lxxviii 8a: Ο' ἀνομιῶν ἀρχαίων, Α' ἀνομίαν πρώτων, C' ἀνομίαν τῶν προτέρων

ראשית: ראשית אונים ⟨אונם⟩: lxxvii 51b: Ο' ἀπαρχὴν τῶν πόνων αὐτῶν, Α' κεφάλαιον λυπῶν, C' πρωτεῖ⟨ο⟩ν δυνάμεως αὐτῶν, Є'ς' ἀρχὴ ὀδύνων

רבה hif: **והרבה:** lxxvii 38c: Ο' καὶ πληθυνεῖ, C' καὶ ἐπὶ πολύ, Є' καὶ ἐπλήθυνεν

רדף: כן תרדפם: lxxxii 16a: Ο' οὕτως καταδιώξεις αὐτούς, Α' οὕτω διώξ⟨εις⟩ αὐτούς, C' οὕτως δίωξον αὐτούς

רוח רוח: lxxvii 39b: Ο΄ πνεῦμα, C΄ πνεῦμα

– **רוח לפני**: lxxxii 14b: Ο΄ κατὰ πρόσωπον ἀνέμου, ⟨Α΄⟩ εἰς πρόσωπον ἀνέμου, ⟨C΄⟩ πρὸ ἀνέμου

רחם יקדמונו רחמיך: lxxviii 8b: Ο΄ προκαταλαβέτωσαν ἡμᾶς οἱ οἰκτιρμοί σου, Α΄ προφθασάτωσαν ἡμᾶς [οἱ] οἰκτιρμοί σου, C΄Ε΄ προλαβέτωσαν ἡμᾶς τὰ ἐλέη σου

רחום רחום: lxxvii 38a: Ο΄ οἰκτίρμων, Α΄ οἰκτίρμων, C΄ ἐλεήμων

מריבה על־מי מריבה: lxxx 8c: Ο΄ ἐπὶ ὕδατος ἀντιλογίας, Α΄ ἐπὶ ὕδατος διαδικασίας, C΄ ἐπὶ τοῦ ὕδατος τῆς μάχης

רמיה קשת רמיה: lxxvii 57b: Ο΄ τόξον στρεβλόν, Α΄ τόξον κατεπιθέσεως, C΄ τόξον ἄτονον, Θ΄ δόλου, Ε΄ δόλιον, ⟨ϛ΄⟩ τόξον στρεβλόν

רנן hitpol: מתרנן: lxxvii 65b: Ο΄ κεκραιπαληκώς, C΄ διαλαλῶν

רע מלאכי רעים: lxxvii 49c: Ο΄ ἀγγέλων πονηρῶν, Α΄ ἀγγέλων πονηρῶν, C΄ ἀγγέλων κακούντων

רעה ירענה: lxxix 14b: Ο΄ κατενέμησεν αὐτήν, ⟨Α΄⟩ κατανεμήσεται αὐτήν, C΄ κατεβοσκήσατο αὐτήν, Θ΄Ε΄ϛ΄ κατενεμήσατο αὐτήν, ϛ΄ κατενεμήσατο αὐτήν

מרעית ואנחנו … וצאן מרעיתך: lxxviii 13a: Ο΄ ἡμεῖς δὲ … καὶ πρόβατα νομῆς σου, Α΄ καὶ ἡμεῖς αὐτοὶ … καὶ ποίμνιον νεμήσεώς σου, C΄ ἡμεῖς δὲ … καὶ ποίμνη τῆς νεμήσεώς σου, Ε΄ τῆς νομῆς σου

רעם בסתר רעם: lxxx 8b: Ο΄ ἐν ἀποκρύφῳ καταιγίδος, C΄ διὰ κρυφαίας βροντῆς, Θ΄Ε΄ βροντῆς

רש עני ורש הצדיקו: lxxxi 3b: Ο΄ ταπεινὸν καὶ πένητα δικαιώσατε, Α΄ πένητα καὶ ἄπορον δικαιώσατε, C΄ πτωχῷ καὶ ἀπόρῳ τὸ δίκαιον ποιήσατε, Θ΄ ταπεινῷ καὶ πένητι, Ε΄ πένητα καὶ ἐνδεῆ

רשע ופני רשעים תשאו: lxxxi 2b: Ο΄ καὶ πρόσωπα ἁμαρτωλῶν λαμβάνετε, Α΄ καὶ πρόσωπον ἀσεβῶν αἴρετε, C΄ καὶ πρόσωπον παρανόμων προσή⟨σε⟩σθε

– מיד רשעים הצילו: lxxxi 4b: Ο΄ ἐκ χειρὸς ἁμαρτωλοῦ ῥύσασθε, Α΄ ἀσεβῶν ῥύσασθε, C΄ παρανόμου ἐξέλετ⟨ε⟩

רשף לרשפים: lxxvii 48b: Ο΄ τῷ πυρί, Α΄ τοῖς πτηνοῖς, ⟨C΄⟩ οἰωνοῖς

שדה בשדה־צען: lxxvii 43b: Ο΄ ἐν πεδίῳ τάνεως, Α΄ ἐν χώρᾳ τάνεως

שדי וזיז שדי: lxxix 14b: Ο΄ καὶ ὄνος (vel μόνος) ἄγριος, ⟨Α΄⟩ καὶ παντοδαπ⟨ὸ⟩ν χώρας, Ε΄ καὶ μονιὸς ἄγριος, ϛ΄ καὶ ζῷα ἐρημίας

שום אשר־שם: lxxvii 43a: Ο΄ ὡς ἔθετο, Α΄ ὅσα ἔθηκεν, C΄ τοῦ ποιήσαντος, Ε΄ ὃς ἔθετο

שנא pi: משנאי יהוה: lxxx 16a: Ο΄ οἱ ἐχθροὶ κυρίου, Α΄ μισοποιοῦντες πιπι, C΄ μισοποιοί

– ומשנאיך נשאו ראש: lxxxii 3b: Ο΄ καὶ οἱ μισοῦντές σε ἦραν κεφαλήν, Α΄ καὶ μισοποιοῦντές σε

שר וכאחד השרים: lxxxi 7b: Ο΄ καὶ ὡς εἷς τῶν ἀρχόντων, ϛ΄ καὶ ὡς οἱ ἄρχοντες

שרף שרפה: lxxix 17a: Ο΄ ἐμπεπυρισμένη, Α΄ ἐμπεπυρισμέν⟨η⟩ν, C΄ κατακέκαυται

שבט שבטי ישראל: lxxvii 55c: Ο΄ τὰς φυλὰς τοῦ ισραηλ, Α΄ σκῆπτρα ἰσραηλ, C΄ τὰς φυλάς

שבע שבעתים: lxxviii 12a: Ο΄ ἑπταπλάσιονα, Α΄Θ΄ ἑπταπλασίως, C΄ ἑπτάκις

שוב qal: ישוב: lxxvii 39b: Ο΄ ἐπιστρέφον (Ptc), C΄ ὑποστρέ⟨φ⟩ον (Ptc), Ε΄ ἐπιστρέφον (Ptc)

– וישובו: lxxvii 41a: Ο΄ καὶ ἐπέστρεψαν, C΄ καὶ πάλιν

– hif: להשיב: lxxvii 38c: Ο΄ τοῦ ἀποστρέψαι, Α΄ τοῦ ἐπιστρέψαι, C΄ ἀπέστρεψεν

– והשב: lxxviii 12a: Ο΄ ἀπόδος, Α΄ καὶ ἐπίστρεψον, C΄Ε΄ καὶ ἀπόδος

– ועל־צריהם אשיב ידי: lxxx 15b: Ο΄ καὶ ἐπὶ τοὺς θλίβοντας αὐτοὺς ἐπέβαλον τὴν χεῖρά μου, Α΄ καὶ ἐπὶ θλίβοντας αὐτούς· ἐπέστρεψα χεῖρά⟨ς⟩ μου, C΄ καὶ ἐπὶ τοὺς ἐναντίους αὐτῶν ἀνέστρεψα ⟨ἂν⟩ τὴν χεῖρά ⟨μου⟩

שחה ולא תשתחוה: lxxx 10b: Ο΄ οὐδὲ προσκυνήσεις, Α΄ καὶ οὐ προσκυνήσεις, C΄ μηδὲ προσκυνήσῃς

שחת hif: ולא־ישחית: lxxvii 38b: Ο΄ καὶ οὐ διαφθερεῖ, C΄ καὶ μὴ διαφθείρων

– ותשחיתם: lxxvii 45b: Ο΄ καὶ διέφθειρεν αὐτούς, C΄ διαφθεῖραι αὐτούς

שית שיתמו נדיבמו (sive נדיבו): lxxxii 12a: Ο΄ (ἐ)θοῦ τοὺς ἄρχοντας αὐτῶν, Α΄ θοῦ αὐτοὺς ἑκουσιαζομένους αὐτοῦ, ⟨C΄⟩ τάξον τοὺς ἡγεμόνας αὐτῶν

– שיתמו: lxxxii 14a: Ο΄ θοῦ αὐτούς, ⟨C΄⟩ τάξον αὐτούς

שכן hif: וישכן: lxxvii 55c: Ο΄ καὶ κατεσκήνωσεν, C΄ καὶ ἵδρυσεν

שכן והשב לשכנינו: lxxviii 12a: Ο΄ ἀπόδος τοῖς γείτοσιν ἡμῶν, Α΄ καὶ ἐπίστρεφον τοῖς γείτοσιν ἡμῶν

שלח pi: **ישלח**: lxxvii 45a: Ο΄ ἐξαπέστειλεν, Α΄ ἀπέστ⟨ει⟩λεν, C΄ τοῦ ἐπιπέμψαντος

– **ישלח**: lxxviii 49a: Ο΄ ἐξαπέστειλεν, Α΄ ἀπέστειλεν, C΄ ὃς ἔπεμψεν, Θ΄ ἐξαπέστειλεν

– **ואשלחהו**: lxxx 13a: Ο΄ καὶ ἐξαπέστειλα αὐτούς, C΄ ἀφῆκα οὖν αὐτούς

משלחת: lxxvii 49c: Ο΄ ἀποστολήν, C΄ ἐπαποστολήν, Ε΄ ἀποστολήν

שם: **כבוד־שמך**: lxxviii 9b: Ο΄ τῆς δόξης τοῦ ὀνόματός σου, Α΄ δόξης ὀνόματός σου, Ε΄ δόξης ὀνόματός σου

– **למען שמך**: lxxviii 9c: Ο΄ ἕνεκα τοῦ ὀνόματός σου, Α΄ διὰ ὄνομά σου, C΄ διὰ τὸ ὄνομά σου

– **בשמך לא קראו**: lxxviii 6b: Ο΄ τὸ ὄνομά σου οὐκ ἐπεκαλέσαντο, Α΄ ἐν ὀνόματί σου οὐκ ἐπεκαλέσαντο, C΄ τὸ ὄνομά σου μὴ καλούσαις, Ε΄ ὄνομά σου, Ϛ΄ μὴ ἐπικαλεσαμένας

– **ובשמך נקרא**: lxxix 19a: Ο΄ καὶ τὸ ὄνομά σου ἐπικαλεσόμεθα, Α΄ καὶ ἐν ὀνόματί σου ἐπικαλέσομαι, C΄ καὶ τ⟨ῷ⟩ ὀνόμα⟨τί σου⟩ κληθησόμεθα, Ε΄ καὶ ἐν τῷ ὀνόματί σου ἐπικαλεσόμεθα

שמד nif: **נשמדו בעין־דאר**: lxxxii 11a: Ο΄ ἐξωλεθρεύθησαν ἐν ἀενδώρ, Α΄ ἐξετρίβησαν ἐν ἠνδώρ, ⟨C΄⟩ ὡς ἐξήρθησαν

שמים: **השמים**: lxxviii 2b: Ο΄ τοῦ οὐρανοῦ, Α΄ τοῦ οὐρανοῦ

שמם hif: **השמו**: lxxviii 7b: Ο΄ ἠρήμωσαν, Α΄ ἠφάνισαν, C΄ ἠρήμωσαν, οἱ Ο΄ ἠφάνισαν

שמע: **ולא שמע עמי לקולי**: lxxx 12a: Ο΄ καὶ οὐκ ἤκουσεν ὁ λαός μου τῆς φωνῆς μου, C΄ οὐκ ⟨ὑπ⟩ήκουσεν δὲ ὁ λαός τῆς φωνῆς μου

שמע עמי: lxxx 9a: Ο΄ ἄκουσον, λαός μου, Α΄ ἄκουε λαέ μου

לא שמרו: שמר: lxxvii 56b: Ο΄ οὐκ ἐφυλάξαντο, Α΄ οὐκ ἐφύλαξαν, C΄ οὐκ ἐφύλασσον

שפט: **בקרב אלהים ישפט**: lxxxi 1c: Ο΄ ἐν μέσῳ θεοὺς διακρίνει, Α΄ ἐν ἐγκάτῳ θεῶν κρινεῖ, C΄ ἐν μέσοις θεὸς κρίνων

שפך: **נקמת דם ... השפוך**: lxxviii 10c: Ο΄ ἡ ἐκδίκησις τοῦ αἵματος ... τοῦ ἐκκεχυμένου, Α΄ ἐκδίκησις αἵματος ... τοῦ ἐκκεχυμένου

– **שפך**: lxxviii 6a: Ο΄ ἔκχεον, Α΄ ἔκχεον, ⟨C΄⟩ ἐπίχεε, Ϛ΄ ἔκχεε

שקט: **ואל־תשקט אל**: lxxxii 2b: Ο΄ μηδὲ καταπραΰνῃς ὁ θεός, ⟨Α΄⟩ καὶ μὴ καθησυχάσῃς ἰσχυρέ, ⟨C΄⟩ μηδὲ ἠρεμήσῃς θεέ, [Α΄]⟨ ⟩ μηδὲ ἀμελήσῃς, ⟨ ⟩ μηδὲ παύσῃ ὁ ἰσχυρός

שקמה: **ושקמותם**: lxxvii 47b: Ο΄ καὶ τὰς συκαμίνους αὐτῶν, Α΄ καὶ συκομ⟨ό⟩ρους αὐτῶν, C΄ καὶ τὰς συκομ⟨ό⟩ρους αὐτῶν

שרירות: **בשרירות לבם**: lxxx 13a: Ο΄ κατὰ τὰ ἐπιτηδεύματα τῶν καρδιῶν αὐτῶν, Α΄ ἐν σκολιότητι καρδίας αὐτῶν

שתה: **בל־ישתיון**: lxxvii 44b: Ο΄ ὅπως μὴ πίωσιν, Α΄ οὐ μὴ πίωσιν

תאוה: **מתאותם**: lxxvii 30a: Ο΄ ἀπὸ τῆς ἐπιθυμίας αὐτῶν, Α΄ ἀπὸ πόθου αὐτῶν, C΄Ε΄ τῆς ἐπιθυμίας αὐτῶν

תוה hif: **התוו**: lxxvii 41b: Ο΄ παρώξυναν, Α΄ παρήνεγκαν, C΄ ἐφιστᾶν ἐποίουν, Ε΄ ὡμοίωσαν

II.

Griechisches Wörterverzeichnis
zu den Bruchstücken der Hss 1173 = 1122

Sämtliche griechischen Wörter, die in den hier herausgegebenen hexaplarischen Bruch-stücken vorkommen, erscheinen in diesem Verzeichnis, abgesehen von den folgenden Wortarten:

1. Griechische *Possessiv-* und *Personalpronomen,* soweit sie hebräischen Suffixen entsprechen. (Wo aber ein griechisches Personalpronomen einer hebräischen *Partikel mit Suffix,* z. B. לִי, בָּם, entspricht, wird es aufgeführt. Ebenso sind alle Personalpronomen aufgenommen, die als Satzsubjekte im Nominativ stehen.)
2. Griechische *Artikel.* (Wo aber griechische Artikel nicht einem hebräischen Artikel, sondern einer andern hebräischen Wortart, z. B. לְ, אֶת, אֲשֶׁר, u. a., entsprechen, sind auch sie auf-geführt.)
3. Die *Konjunktion* καὶ, wo sie וְ entspricht. (Wo ihr indessen im MT kein וְ gegenüber steht, wird sie auch aufgeführt.)

Die Abkürzungen der griechischen Wörter werden in diesem Verzeichnis stillschweigend aufgelöst, und die Interpunktion ist weggelassen.

Zunächst erscheint das griechische Wort in seiner *Grundform,* dann die *Sigel des Übersetzers,* der das Wort gewählt hat, hierauf die *besondere Gestalt,* die das Wort in seiner Übertragung annimmt, gewöhnlich begleitet von einem Stück Kontext. Daneben steht sodann die *Stellen-angabe,* an die sich die *Übersetzung der O'* (meistens nach RAHLFS) anschließt. Am Schluß steht die *hebräische Vorlage.*

Die Psalmenzählung ist die der O'.

Kommt das gleiche griechische Wort öfter vor, so wird es nach Art einer Konkordanz in der Reihenfolge der biblischen Stellen angeführt. Kommt es im *gleichen* Vers mehrere Male bei *verschiedenen* Übersetzern vor, so erscheint es nach Möglichkeit in der Ordnung: A', C', Θ', Є', ς', O'. Hier läßt sich jedoch nicht völlige Folgerichtigkeit erreichen, namentlich wegen gruppierender Lesarten.

Eckige Klammern [ ] um Wörter oder Wortteile bedeuten, daß die Hss 1173 und 1122 zwar diese Wörter oder Wortteile lesen, aber zweifellos irrtümlicherweise. Spitze Klammern ⟨ ⟩ bedeuten, daß die so eingerahmten Wörter oder Wortteile gegen die handschriftliche Über-lieferung von 1173 und 1122 verändert oder eingefügt sind, weil jene Überlieferung fehlerhaft ist. Runde Klammern ( ) weisen darauf hin, daß die so eingeklammerten Wörter aus Ab-kürzungen, die mehr als ein Wort umfassen, erschlossen sind, also nicht in den Hss selber figurieren.

Die genaue Form der griechischen Wörter in den Bruchstücken geht aus diesem Ver-zeichnis nicht vollkommen hervor. Sie wird allein in der Ausgabe der Fragmente ganz deutlich.

Wo in einem Verbum *Präsens-* und *Aoriststamm* differieren, wird das Verbum ohne weiteres unter seinem Präsensstamm eingereiht. So muß man z. B. Aoristformen wie εἶδον unter ὁράω, ἔφαγον, κατέφαγον unter ἐσθίω, κατεσθίω, εἶπον unter λέγω, ἦλθον und seine Komposita unter ἔρχομαι und Komposita, usw., nachschlagen.

ἀγάρ: ⟨C'⟩ καὶ οἱ ἀπὸ ἀγάρ, lxxxii 7b, O' καὶ οἱ ἀγαρηνοί, **והגרים**

⟨ἀγαρηνός⟩: ⟨A'⟩ καὶ ⟨ἀγαρηνοί⟩, lxxxii 7b, O' καὶ οἱ ἀγαρηνοί, **והגרים**

ἄγγελος: A' ἀγγέλων πονηρῶν, lxxvii 49c, O' δι' ἀγγέλων πονηρῶν, **מלאכי רעים**

– C' ἀγγέλων κακούντων, lxxvii 49c, O' δι' ἀγγέλων πονηρῶν, **מלאכי רעים**

ἀγέλη: C' ὡς ἀγέλην, lxxvii 52b, O' ὡς ποίμνιον, **כעדר**

– Є'A' ὡς ἀγέλην, lxxvii 52b, O' ὡς ποίμνιον, **כעדר**

ἁγιάζομαι: A' πρὸς ὅριον ἡγιασμένον αὐτοῦ, lxxvii 54a, O' εἰς ὄρος ἁγιάσματος αὐτοῦ, **אל־גבול קדשו**

ἅγιος: A' καὶ ἅγιον ἰσραηλ, lxxvii 41b, O' καὶ τὸν ἅγιον τοῦ ἰσραηλ, **וקדוש ישראל**

– Є' καὶ τὸν ἅγιον τοῦ ἰσραηλ, lxxvii 41b, O' καὶ τὸν ἅγιον τοῦ ἰσραηλ, **וקדוש ישראל**

[ἀγραγηνός]: siehe ⟨ἀγαρηνός⟩ in Ps lxxxii 7b

ἄγριος: Є' καὶ μονιὸς ἄγριος, lxxix 14b, O' καὶ [μονιὸς] ἄγριος, **זיז שדי**

ἄγω: ϛ' καὶ ἦγεν, lxxvii 52b, O' καὶ ἀνήγαγεν αὐτούς, **וינהגם**

– A' καὶ ἤγαγεν αὐτούς, lxxvii 54a, O' καὶ εἰσήγαγεν αὐτούς, **ויביאם**

ἀδαμα: ⟨ ⟩ ὡσεὶ ἀδαμα τῇ γῇ, lxxxii 11b, O' ὡσεὶ κόπρος τῇ γῇ, **דמן לאדמה**

– ⟨ ⟩ κόπρος· τῇ ἀδαμα, lxxxii 11b, O' ὡσεὶ κόπρος τῇ γῇ, **דמן לאדמה**

ἀδικία: C' ἀδικίας, lxxvii 38b, O' ταῖς ἁμαρτίαις αὐτῶν, **עון**

– C'Є' ἀδικίαν, lxxxi 2a, O' ἀδικίαν, **עול**

ἀδίκως: Θ' ἀδίκως, lxxxi 2a, O' ἀδικίαν, **עול**

ἀεί: A'Є' ἀεί, lxxxi 2c, O' διάψαλμα, **סלה**

αἴγυπτος: A'C'Є'ϛ' ἐν αἰγύπτῳ, lxxvii 51a, O' ἐν γῇ αἰγύπτῳ (αἰγύπτου), **במצרים**

– ⟨ ⟩ ἀπὸ γῆς αἰγύπτου, lxxx 11b, O' ἐκ γῆς αἰγύπτου, **מארץ מצרים**

αἷμα: C' εἰς αἷμα, lxxvii 44a, O' εἰς αἷμα, **לדם**

– A' αἷμα αὐτῶν, lxxviii 3a, O' τὸ αἷμα αὐτῶν, **דמם**

– A' ἐκδίκησις αἵματος δούλ⟨ω⟩ν ⟨σου⟩, lxxviii 10c, O' ἡ ἐκδίκησις τοῦ αἵματος τῶν δούλων

σου, **נקמת דם־עבדיך**

αἴρω: A' καὶ πρόσωπον ἀσεβῶν αἴρετε, lxxxi 2b, O' καὶ πρόσωπα ἁμαρτωλῶν λαμβάνετε, **ופני רשעים תשאו**

αἰών: A'C'Є' εἰς αἰῶνα, lxxviii 13b, O' εἰς τὸν αἰῶνα, **לעולם**

– A'C' εἰς αἰῶνα, lxxx 16b, O' εἰς τὸν αἰῶνα, **לעולם**

ἀκούω: A' ἄκουε λαέ μου, lxxx 9a, O' ἄκουσον λαός μου, **שמע עמי**

[–] C' siehe ⟨ὑπακούω⟩ in Ps lxxx 12a

ἀλλά: C' ἀλλὰ ἐμνημόνευσεν, lxxvii 39a, O' καὶ ἐμνήσθη, **ויזכר**

– C' ἀλλὰ τὴν ζωὴν αὐτῶν, lxxvii 50c, O' καὶ τὰ κτήνη αὐτῶν, **וחיתם**

– C' ἀλλ' ἔσται, lxxx 16b, O' καὶ ἔσται, **ויהי**

[ἄλλος]: A' siehe ⟨ἀλλότριος⟩ in Ps lxxx 10a

ἀλλότριος: A' ἰσχυρὸς ἀλλό⟨τριος⟩, lxxx 10a, O' θεὸς πρόσφατος, **אל זר**

– C' μηδὲ προσκυνήσῃς θεῷ ἀλλοτρίῳ, lxxx 10b, O' οὐδὲ προσκυνήσεις θεῷ ἀλλοτρίῳ, **ולא תשתחוה לאל נכר**

ἀλλοτριόω: Є' οὐκ ἠλλοτριώθησαν, lxxvii 30a, O' οὐκ ἐστερήθησαν, **לא־זרו**

ἁμαρτία: Є' ἡμ⟨ῖ⟩ν ἁμαρτιῶν, lxxviii 8a, O' ἡμῶν ἀνομιῶν, **לנו עונת**

– A' ἐπὶ ἁμαρτίας ἡμῶν, lxxviii 9c, O' ταῖς ἁμαρτίαις ἡμῶν, **על־חטאתינו**

– C' περὶ τῶν ἁμαρτιῶν ἡμῶν, lxxviii 9c, O' ταῖς ἁμαρτίαις ἡμῶν, **על־חטאתינו**

ἀμελέω: ⟨ ⟩ μηδὲ ἀμελήσῃς, lxxxii 2b, O' μηδὲ καταπραΰνῃς, **ואל־תשקט**

ἄμπελος: A' ἄμπελον αὐτῶν, lxxvii 47a, O' τὴν ἄμπελον αὐτῶν, **גפנם**

⟨ἄν⟩: C' καὶ ἐπὶ τοὺς ἐναντίους αὐτῶν ἀνέστρεψα ⟨ἄν⟩ τὴν χεῖρά ⟨μου⟩, lxxx 15b, O' καὶ ἐπὶ τοὺς θλίβοντας αὐτοὺς ἐπέβαλον τὴν χεῖρά μου, **ועל־צריהם אשיב ידי**

ἀναβιβάζω: ⟨ ⟩ ὁ ἀναβιβάσ⟨ας⟩ σε, lxxx 11b, O' ὁ ἀναγαγών σε, **המעלך**

ἀναζωόω: C' ἀναζωώσεις ἡμᾶς, lxxix 19b, O' ζωώσεις ἡμᾶς, **תחינו**

ἀναλίσκω: C' ἀνάλωσεν πῦρ, lxxvii 63a, O' κατέφαγεν πῦρ, **אכלה־אש**

ἀναμιμνήσκομαι: C′ οὐκ ἀνεμιμνήσκοντο, lxxvii 42a, O′ οὐκ ἐμνήσθησαν, לא־זכרו

ἀνάπτω: A′ ὡς πυρ⟨ὸς⟩ ἀνάπτοντος δρυμόν, lxxxii 15a, O′ ὡσεὶ πῦρ, ὃ διαφλέξει δρυμόν, כאש תבער־יער

ἀνάπτομαι: A′ ἀναφθήσεται, lxxviii 5b, O′ ἐκκαυθήσεται, תבער

ἀναστρέφω: C′ καὶ ἐπὶ τοὺς ἐναντίους αὐτῶν ἀνέστρεψα ⟨ἂν⟩ τὴν χεῖρά ⟨μου⟩, lxxx 15b, O′ καὶ ἐπὶ τοὺς θλίβοντας αὐτοὺς ἐπέβαλον τὴν χεῖρά μου, ועל־צריהם אשיב ידי

ἀναχωρέω: C′ οὐ γὰρ ἀναχωρήσομεν, lxxix 19a, O′ καὶ οὐ μὴ ἀποστῶμεν, ולא־נסוג

ἄνεμος: ⟨A′⟩ εἰς πρόσωπον ἀνέμου, lxxxii 14b, O′ κατὰ πρόσωπον ἀνέμου, לפני־רוח

– ⟨C′⟩ πρὸ ἀνέμου, lxxxii 14b, O′ κατὰ πρόσωπον ἀνέμου, לפני־רוח

ἀνήρ: A′ ἐπὶ ἄνδρα δεξιᾶς σου, lxxix 18a, O′ ἐπ' ἄνδρα δεξιᾶς σου, על־איש ימינך

– C′ περὶ ἄνδρα δεξιᾶς σου, lxxix 18a, O′ ἐπ' ἄνδρα δεξιᾶς σου, על־איש ימינך

ἄνθρωπος: A′ καὶ ἐπὶ υἱὸν ἀνθρώπου, lxxix 18b, O′ καὶ ἐπὶ υἱὸν ἀνθρώπου, TM: על־בן־אדם, A′: ⟨ו⟩על־בן־אדם

– C′ περὶ υἱὸν ἀνθρώπου, lxxix 18b, O′ καὶ ἐπὶ υἱὸν ἀνθρώπου, על־בן־אדם

– A′ ὡς ἄνθρωποι ἀποθανεῖσθε, lxxxi 7a, O′ ὡς ἄνθρωποι ἀποθ⟨ανεῖσθε⟩, כאדם תמותון

– C′ ὡς ἄνθρωποι, lxxxi 7a, O′ ὡς ἄνθρωποι, כאדם

– Θ′Ε′ ὡς ἄνθρωποι ἀποθανεῖσθε, lxxxi 7a, O′ ὡς ἄνθρωποι ἀποθ⟨ανεῖσθε⟩, כאדם תמותון

ἀνίσταμαι: A′ ἀνάστηθι θεέ, lxxxi 8a, O′ ἀνάστα, ὁ θεός, קומה אלהים

ἀνομία: A′ ἀνομίαν, lxxvii 38b, O′ ταῖς ἁμαρτίαις αὐτῶν, עון

– Ε′ τῇ ἀνομίᾳ, lxxvii 38b, O′ ταῖς ἁμαρτίαις αὐτῶν, עון

– A′ μὴ μνησθῇς ... ἀνομίαν, lxxviii 8a, O′ μὴ μνησθῇς ... ἀνομιῶν, אל־תזכר ... עונות

– C′ μὴ μνημονεύσῃς ... ἀνομίαν, lxxviii 8a, O′ μὴ μνησθῇς ... ἀνομιῶν, אל־תזכר ... עונות

– Θ′ ἀνομίας, lxxviii 9c, O′ ταῖς ἁμαρτίαις ἡμῶν, על־חטאתינו

ἄνυδρος: C′ ἐν τῇ ἀνύδρῳ, lxxvii 40b, O′ ἐν γῇ ἀνύδρῳ, בישימון

– Θ′ ἐν τῇ ἀνύδρῳ, lxxvii 40b, O′ ἐν γῇ ἀνύδρῳ, בישימון

ἀνυπερθεσία: A′ ἀνυπερθεσίαν, lxxvii 49b, O′ θυμόν, עברה

ἀνυπερθετέω: A′ καὶ ἀνυπερθέτησεν, lxxvii 59a, O′ καὶ ὑπερεῖδεν, ויתעבר

– A′ ἀνυπερθέτησεν, lxxvii 62b, O′ ὑπερεῖδεν, התעבר

ἀοίκητος: C′ ἐν τῇ ἀοικήτῳ, lxxvii 40b, O′ ἐν γῇ ἀνύδρῳ, בישימון

ἀπάγω: C′Ε′Θ′ καὶ ἀπήγαγεν αὐτούς, lxxvii 52b, O′ καὶ ἀνήγαγεν αὐτούς, וינהגם

ἀπαλλάσσομαι: C′ πνεῦμα ἀπαλλασσόμενον, lxxvii 39b, O′ πνεῦμα πορευόμενον, רוח הולך

ἀπειλή: Ε′ καὶ ἀπειλήν, lxxvii 49b, O′ καὶ ὀργήν, וזעם

ἀπελαύνω: A′ καὶ ἀπήλασεν αὐτούς, lxxvii 52b, O′ καὶ ἀνήγαγεν αὐτούς, וינהגם

ἀπό: A′ ἀπὸ πόθου αὐτῶν, lxxvii 30a, O′ ἀπὸ τῆς ἐπιθυμίας αὐτῶν, מתאותם

– C′ ἀπὸ ἐμβριμήσεως, lxxix 17b, O′ ἀπὸ ἐπιτιμήσεως, מגערת

– Ε′ καὶ οὐκ ἀπέστη ἀπὸ σοῦ, lxxix 19a, O′ καὶ οὐ μὴ ἀποστῶμεν ἀπὸ σοῦ, ולא־נסוג ממך

– ⟨ ⟩ ἀπὸ γῆς αἰγύπτου, lxxx 11b, O′ ἐκ γῆς αἰγύπτου, מארץ מצרים

– ⟨C′⟩ καὶ οἱ ἀπὸ ἀγάρ, lxxxii 7b, O′ καὶ οἱ ἀγαρηνοί, והגרים

ἀποδίδωμι: C′Ε′ καὶ ἀπόδος, lxxviii 12a, O′ ἀπόδος, והשב

ἀποθνήσκω: A′ ὡς ἄνθρωποι ἀποθανεῖσθε, lxxxi 7a, O′ ὡς ἄνθρωποι ἀποθ⟨ανεῖσθε⟩, כאדם תמותון

– Θ′Ε′ ὡς ἄνθρωποι ἀποθανεῖσθε, lxxxi 7a, O′ ὡς ἄνθρωποι ἀποθ⟨ανεῖσθε⟩, כאדם תמותון

ἀποκλείω: A′ καὶ ἀπέκλεισεν, lxxvii 48a, O′ καὶ παρέδωκεν, ויסגר

– Θ′A′ ἀπέκλεισεν, lxxvii 50c, O′ συνέκλεισεν, הסגיר

ἀπόκρυφον: A′ ἐν ἀποκρύφῳ, lxxx 8b, O′ ἐν ἀποκρύφῳ, בסתר

ἀπόκρυφος, -ν: ⟨C′⟩ κατὰ τοῦ ἀποκρύφου σου, lxxxii 4b, O′ κατὰ τῶν ἁγίων σου, TM: על־צפוניך, C′: על־צפונך

ἀποκτείνω: C′ τοῦ ἀποκτείναντος, lxxvii 47a, O′ ἀπέκτεινεν, יהרג

ἀπόλλυμαι: A′ προσώπου σου ἀπόλοιντο, lxxix 17b, O′ τοῦ προσώπου σου ἀπολοῦνται, פניך יאבדו

ἀπονεύω: C′ ἀπένευον, lxxvii 57a, O′ καὶ ἀπέστρεψαν, ויסגו

ἀποξενόομαι: Α΄ καὶ οὐ προσκυνήσεις τῷ θεῷ τῷ ἰ⟨σ⟩χυρῷ ἀπεξεν⟨ω⟩μένῳ, lxxx 10b, Ο΄ οὐδὲ προσκυνήσεις θεῷ ἀλλοτρίῳ, ולא תשתחוה לאלהים⟩ לאל נכר

ἄπορος: Α΄ πένητα καὶ ἄπορον δικαιώσατε, lxxxi 3b, Ο΄ ταπεινὸν καὶ πένητα δικαιώσατε, עני ורש הצדיקו

– Γ΄ πτωχῷ καὶ ἀπόρῳ τὸ δίκαιον ποιήσατε, lxxxi 3b, Ο΄ ταπεινὸν καὶ πένητα δικαιώσατε, עני ורש הצדיקו

ἀπορρήτως: Α΄ πανουργεύσονται ἀπορρήτως, lxxxii 4a, Ο΄ κατεπανουργεύσαντο γνώμην, יערימו סוד

ἀπορρίπτω: Α΄ καὶ ἀπέρριψε, lxxvii 59b, Ο΄ καὶ ἐξουδένωσεν, וימאס

ἀποστέλλω: Α΄ ἀπέστ⟨ει⟩λεν, lxxvii 45a, Ο΄ ἐξαπέστειλεν, ישלח

– Α΄ ἀπέστειλεν, lxxvii 49a, Ο΄ ἐξαπέστειλεν, ישלח

ἀποστολή: Ε΄ ἀποστολήν, lxxvii 49c, Ο΄ ἀποστολήν, משלחת

ἀποστρέφω: Γ΄ ἀπέστρεψεν, lxxvii 38c, Ο΄ τοῦ ἀποστρέψαι, להשיב

ἀποστρέφομαι: Γ΄ ἀπεστρέφοντο, lxxvii 57b, Ο΄ καὶ μετεστράφησαν, נהפכו

– Α΄ καὶ οὐκ ἀποστραφησόμεθα, lxxix 19a, Ο΄ καὶ οὐ μὴ ἀποστῶμεν, ולא־נסוג

ἄρα: Α΄ πάντες ὑμεῖς ἄρα ὡς ἄνθρωποι ἀποθανεῖσθε, lxxxi 7a, Ο΄ πάντες· ὑμεῖς δὲ ὡς ἄνθρωποι ἀποθ⟨ανεῖσθε⟩, כלכם אכן כאדם תמותון

ἀραιός: Α΄ ἀραιῷ καὶ ὀρφανῷ, lxxxi 3a, Ο΄ ὀρφανὸν καὶ πτωχόν, דל ויתום

– Α΄ διασώσατε ἀραιὸν καὶ πτωχόν, lxxxi 4a, Ο΄ ἐξέλεσθε πένητα καὶ πτωχόν, פלטו־דל ואביון

ἀραιόομαι: Α΄ ὅτι ἠρ⟨αι⟩ώθημεν, lxxviii 8c, Ο΄ ὅτι ἐπτωχεύσαμεν, כי דלונו

ἀρνέομαι: Α΄ ἀρνήσονται αὐτῷ, lxxx 16a, Ο΄ ἐψεύσαντο αὐτῷ, יכחשו־לו

ἀρχή: ϛ΄Ε΄ ἀρχὴ ὀδύνων, lxxvii 51b, Ο΄ ἀπαρχὴν τῶν πόνων αὐτῶν, ראשית אונים

ἄρχων: ϛ΄ καὶ ὡς οἱ ἄρχοντες καταπίπτετ⟨ε⟩, lxxxi 7b, Ο΄ καὶ ὡς εἷς τῶν ἀρχόντων πίπτετε, וכאחד השרים תפלו

ἀσεβής: Α΄ καὶ πρόσωπον ἀσεβῶν αἴρετε, lxxxi 2b, Ο΄ καὶ πρόσωπα ἁμαρτωλῶν λαμβάνετε, ופני רשעים תשאו

– Α΄ ἀσεβῶν ῥύσασθε, lxxxi 4b, Ο΄ ἁμαρτωλοῦ ῥύσασθε, רשעים הצילו

ἀσυνθετέω: Α΄Ε΄ καὶ ἠσυνθέτησαν, lxxvii 57a, Ο΄ καὶ ἠθέτησαν (vel ἠσυνθέτησαν), ויבגדו

ἀσυνθηκέω: Γ΄ καὶ ἠσυνθήκουν, lxxvii 57a, Ο΄ καὶ ἠθέτησαν (vel ἠσυνθέτησαν), ויבגדו

ἀτονέω: Γ΄Ε΄ ὅτι ἠτονήσαμεν, lxxviii 8c, Ο΄ ὅτι ἐπτωχεύσαμεν, כי דלונו

ἄτονος: Γ΄ ὡς τόξον ἄτονον, lxxvii 57b, Ο΄ εἰς τόξον στρεβλόν, כקשת רמיה

– Γ΄ ἀτόνῳ καὶ ὀρφανῷ, lxxxi 3a, Ο΄ ὀρφανὸν καὶ πτωχόν, דל ויתום

ἀτραπός: Α΄ ἀτραπόν, lxxvii 50a, Ο΄ τρίβον, נתיב

– Γ΄ ἀτραπόν, lxxvii 50a, Ο΄ τρίβον, נתיב

αὐτός: Ε΄ καὶ αὐτῷ ἐπιστρέφον, lxxvii 39b, Ο΄ καὶ οὐκ ἐπιστρέφον, ולא ישוב

– Θ΄ ἐξαπέστειλεν αὐτοῖς, lxxvii 49a, Ο΄ ἐξαπέστειλεν εἰς αὐτούς, ישלח־בם

– Γ΄ ἕκαστοι γὰρ αὐτῶν ἔφαγον, lxxviii 7a, Ο΄ ὅτι κατέφαγον, TM: כי אכל, Mss: כי אכלו

– Α΄ καὶ ἡμεῖς αὐτοὶ λαός σου, lxxviii 13a, Ο΄ ἡμεῖς δὲ λαός σου, ואנחנו עמך

ἀφανίζω: Α΄ ἠφάνισαν, lxxviii 7b, Ο΄ ἠρήμωσαν, השמו

– οἱ Ο΄ ἠφάνισαν, lxxviii 7b, Ο΄ ἠρήμωσαν, השמו

ἀφανίζομαι: Α΄ ἐν ἠφανισμένῃ, lxxvii 40b, Ο΄ ἐν γῇ ἀνύδρῳ, בישימון

ἀφίημι: Γ΄ ἀφῆκα οὖν αὐτούς, lxxx 13a, Ο΄ καὶ ἐξαπέστειλα αὐτούς, ואשלחהו

ἀφίσταμαι: Γ΄ οὐκ ἀπέστησαν, lxxvii 30a, Ο΄ οὐκ ἐστερήθησαν, לא־זרו

– Ε΄ καὶ οὐκ ἀπέστη, lxxix 19a, Ο΄ καὶ οὐ μὴ ἀποστῶμεν, ולא־נסוג

βασιλεία: Γ΄ καὶ βασιλείαις, lxxviii 6b, Ο΄ καὶ ἐπὶ βασιλείας, ועל ממלכות

βασίλειον: Α΄ καὶ ἐπὶ βασίλεια, lxxviii 6b, Ο΄ καὶ ἐπὶ βασιλείας, ועל ממלכות

βέβαιος: Γ΄ οὐ βεβαία, lxxvii 37a, Ο΄ οὐκ εὐθεῖα, לא־נכון

βόσκημα: Α΄ [καὶ τὰ] βοσκήματα αὐτῶν, lxxvii 48a, Ο΄ τὰ κτήνη αὐτῶν, בעירם

βουνός: Γ΄ διὰ τῶν βουνῶν αὐτῶν, lxxvii 58a, Ο΄ ἐν τοῖς βουνοῖς αὐτῶν, בבמותם

βραχίων: Α΄ ἐν μεγέθει βραχίονός σου, lxxviii 11b, Ο΄ κατὰ τὴν μεγαλωσύνην τοῦ βραχίονός σου, TM: ⟨כגדל זרועך, Α΄: כגדל זרועך

– Γ΄ κατὰ τὸ μέγεθος τοῦ βραχίονός σου, lxxviii 11b, Ο΄ κατὰ τὴν μεγαλωσύνην τοῦ βραχίονός σου, כגדל זרועך

βροντή: C′ διὰ κρυφαίας βροντῆς, lxxx 8b, O′ ἐν ἀποκρύφῳ καταιγίδος, בסתר רעם

– Θ′Ε′ βροντῆς, lxxx 8b, O′ καταιγίδος, רעם

βροῦχος: A′ τῷ βρούχῳ, lxxvii 46a, O′ τῇ ἐρυσίβῃ, לחסיל

βρῶμα: Ε′ βρῶμα, lxxviii 2b, O′ βρώματα, מאכל

βρῶσις: C′ βρῶσιν, lxxviii 2b, O′ βρώματα, מאכל

βωμός: ⟨ ⟩ ἐν τοῖς βωμοῖς αὐτῶν, lxxvii 58a, O′ ἐν τοῖς βουνοῖς αὐτῶν, במותם

γαβαλ: C′ γαβάλ, lxxxii 8a, O′ γεβαλ, גבל

γάρ: C′ διεγέρθη γάρ, lxxvii 65a, O′ καὶ ἐξηγέρθη, ויקץ

– C′ ἕκαστοι γὰρ αὐτῶν ἔφαγον, lxxviii 7a, O′ ὅτι κατέφαγον, ΤΜ: כי אכל, Mss: כי אכלו

– C′ ἡμεῖς γὰρ λαός σου, lxxviii 13a, O′ ἡμεῖς δὲ λαός σου, ואנחנו עמך

– C′ οὐ γὰρ ἀναχωρήσομεν, lxxix 19a, O′ καὶ οὐ μὴ ἀποστῶμεν, ולא־נסוג

– C′ σὺ γὰρ κληρουχήσεις, lxxxi 8b, O′ ὅτι σὺ κατακληρονομήσεις, כי־אתה תנחל

– Ε′ σὺ γὰρ κατακληροδοτήσεις, lxxxi 8b, O′ ὅτι σὺ κατακληρονομήσεις, כי־אתה תנחל

– ϛ′ σὺ γὰρ καταβασιλεύσεις, lxxxi 8b, O′ ὅτι σὺ κατακληρονομήσεις, כי־אתה תנחל

γαστροποιέω: ⟨ ⟩ ἐγαστροποίησεν ἐξ αὐτῆς, lxxix 14a, O′ ἐλυμήνατο αὐτήν, יכרסמנה

γείτων: A′ καὶ ἐπίστρεψον τοῖς γείτοσιν ἡμῶν, lxxviii 12a, O′ ἀπόδος τοῖς γείτοσιν ἡμῶν, והשב לשכנינו

γενεά: C′ καὶ καθ′ ἑκάστην γενεάν, lxxviii 13c, O′ εἰς γενεὰν καὶ γενεάν, לדר ודר

– Θ′ εἰς γενεάς, lxxviii 13c, O′ εἰς γενεάν, לדר

– Θ′ εἰς ... καὶ γενεάς, lxxviii 13c, O′ εἰς ... καὶ γενεάν, ודר

γένημα: C′ τὰ γενήματα αὐτῶν, lxxvii 46a, O′ τὸν καρπὸν αὐτῶν, יבולם

γῆ: ⟨ ⟩ ἀπὸ γῆς αἰγύπτου, lxxx 11b, O′ ἐκ γῆς αἰγύπτου, מארץ מצרים

– A′ θεμελιώματα τῆς γῆς, lxxxi 5c, O′ τὰ θεμέλια τῆς γῆς, ΤΜ: מוסדי ארץ, A′: מוסדי ⟨הארץ⟩

– ⟨C′⟩ εἰς γῆν, lxxxii 11b, O′ τῇ γῇ, לאדמה

– ⟨ ⟩ ὡσεὶ ἄδαμα τῇ γῇ, lxxxii 11b, O′ ὡσεὶ κόπρος τῇ γῇ, דמן לאדמה

γίγνομαι med.: C′ ἐγενόμεθα, lxxviii 4a, O′ ἐγενήθημεν, היינו

– C′ γενέσθω, lxxix 18a, O′ γενηθήτω, תהי

– C′ ἐγένοντο, lxxxii 11b, O′ ἐγενήθησαν, היו

– pass.: Ε′ ⟨ἐ⟩γενήθη χείρ σου, lxxix 18a, O′ γενηθήτω ἡ χείρ σου, תהי־ידך

γιγνώσκω: A′ ἃ οὐκ ἔγνωσάν σε, lxxviii 6a, O′ τὰ μὴ γινώσκοντά σε, אשר לא־ידעוך

– C′ τοῖς ἔθνεσι τοῖς μὴ γινώσκουσί σε, lxxviii 6a, O′ ἐπὶ τὰ ἔθνη τὰ μὴ γινώσκοντά σε, אל־הגוים אשר לא־ידעוך

– A′ γνωσθήτω, lxxviii 10b, O′ καὶ γνωσθήτω, יודע

– C′Ε′ γνωσθήτω, lxxviii 10b, O′ καὶ γνωσθήτω, יודע

– C′A′ οὐ γινώσκουσιν, lxxxi 5a, O′ οὐκ ἔγνωσαν, לא ידעו

γίνομαι: siehe γίγνομαι

γινώσκω: siehe γιγνώσκω

γλυπτός: A′ καὶ ἐν γλυπτοῖς αὐτῶν, lxxvii 58b, O′ καὶ ἐν τοῖς γλυπτοῖς αὐτῶν, ובפסיליהם

– C′ καὶ τοῖς γλυπτοῖς αὐτῶν, lxxvii 58b, O′ καὶ ἐν τοῖς γλυπτοῖς αὐτῶν, ובפסיליהם

γλῶσσα: ⟨ ⟩ τῇ γλώσσῃ, lxxvii 36b, O′ καὶ τῇ γλώσσῃ αὐτῶν, ובלשונם

δὲ: C′ τοὺς δὲ ἐχθροὺς αὐτῶν, lxxvii 53b, O′ καὶ τοὺς ἐχθροὺς αὐτῶν, ואת־אויביהם

– C′ οὐκ ⟨ὑπ⟩ήκουσεν δὲ ὁ λαός, lxxx 12a, O′ καὶ οὐκ ἤκουσεν ὁ λαός μου, ולא־שמע עמי

– ϛ′ ἐν μέσῳ δὲ, lxxxi 1c, O′ ἐν μέσῳ [δὲ], בקרב

– C′ πάντες ὑμεῖς ὄντως δὲ ὡς ἄνθρωποι, lxxxi 7a, O′ πάντες· ὑμεῖς δὲ ὡς ἄνθρωποι, כלכם אכן כאדם

(δεξιά): A′ ἐπὶ ἄνδρα δεξιᾶς σου, lxxix 18a, O′ ἐπ′ ἄνδρα δεξιᾶς σου, על־איש ימינך

– C′ περὶ ἄνδρα δεξιᾶς σου, lxxix 18a, O′ ἐπ′ ἄνδρα δεξιᾶς σου, על־איש ימינך

⟨δέσμιος⟩: C′ ἡ οἰμωγὴ τῶν δεσμ⟨ί⟩ων σου, lxxviii 11a, O′ ὁ στεναγμὸς τῶν πεπεδημένων, אנקת אסיר

[δεσμός] C′: siehe ⟨δέσμιος⟩ in Ps lxxviii 11a C′

δεσμώτης: A′ οἰμωγὴ δεσμώτου, lxxviii 11a, O′ ὁ στεναγμὸς τῶν πεπεδημένων, אנקת אסיר

δή: Θ′Ε′ πάντες ὑμεῖς ἰδοὺ δὴ ὡς ἄνθρωποι ἀποθανεῖσθε, lxxxi 7a, O′ πάντες· ὑμεῖς δὲ ὡς ἄνθρωποι ἀποθ⟨ανεῖσθε⟩, כלכם אכן כאדם תמותון

διὰ + gen.: C′ διὰ τῆς ἐρήμου, lxxvii 52b, O′ ἐν ἐρήμῳ, במדבר

– C′ διὰ τῶν βουνῶν αὐτῶν, lxxvii 58a, O′ ἐν τοῖς βουνοῖς αὐτῶν, במותם

– C′ διὰ κρυφαίας βροντῆς, lxxx 8b, O′ ἐν ἀποκρύφῳ καταιγίδος, בסתר רעם

– + acc.: Α΄ διὰ ὄνομά σου, lxxviii 9c, Ο΄ ἕνεκα τοῦ ὀνόματός σου, **למען שמך**

– C΄ διὰ τὸ ὄνομά σου, lxxviii 9c, Ο΄ ἕνεκα τοῦ ὀνόματός σου, **למען שמך**

διαδικασία: Α΄ ἐπὶ ὕδατος διαδικασίας, lxxx 8c, Ο΄ ἐπὶ ὕδατος ἀντιλογίας, **על־מי מריבה**

δίαιτα: ⟨C΄⟩ τὴν δίαιταν, lxxxii 13, Ο΄ τὸ ἁγιαστήριον, **את נאות**

διαλαλέω: C΄ διαλαλῶν, lxxvii 65b, Ο΄ κεκραιπαληκώς, **מתרונן**

διαμαρτυρία: C΄ καὶ τὰς διαμαρτυρίας αὐτοῦ, lxxvii 56b, Ο΄ καὶ τὰ μαρτύρια αὐτοῦ, **ועדותיו**

διαμαρτύρομαι: C΄ καὶ διαμαρτυρομένου μου, lxxx 9a, Ο΄ καὶ [διαμαρτύρομαί] σοι, **ואעידה בך**

– Θ΄Ε΄ϛ΄ καὶ διαμαρτύρομαί σοι, lxxx 9a, Ο΄ καὶ [διαμαρτύρομαί] σοι, **ואעידה בך**

διαπονέω: Α΄ διεπόνησαν αὐτόν, lxxvii 40b, Ο΄ παρώργισαν αὐτόν, **יעציבוהו**

διαπορεύομαι: Θ΄ διαπορεύονται, lxxxi 5b, Ο΄ [διαπορεύονται], **יתהלכו**

διαστρώννυμι: C΄ διέστρωσεν, lxxvii 50a, Ο΄ ὡδοποίησεν, **יפלס**

διασῴζω: Α΄ διασώσατε ἀραιὸν καὶ πτωχόν, lxxxi 4a, Ο΄ ἐξέλεσθε πένητα καὶ πτωχόν, **פלטו־דל ואביון**

διαφθείρω: C΄ καὶ μὴ διαφθείρων, lxxvii 38b, Ο΄ καὶ οὐ διαφθερεῖ, **ולא־ישחית**

– C΄ διαφθεῖραι αὐτούς, lxxvii 45b, Ο΄ καὶ διέφθειρεν αὐτούς, **ותשחיתם**

δίδωμι: Α΄C΄ ἔδωκαν, lxxviii 2a, Ο΄ ἔθεντο, **נתנו**

διεγείρω: C΄ καὶ οὐ διήγειρεν, lxxvii 38d, Ο΄ καὶ οὐχὶ ἐκκαύσει, **ולא יעיר**

διεγείρομαι: C΄ διηγέρθη γάρ, lxxvii 65a, Ο΄ καὶ ἐξηγέρθη, **ויקץ**

διηγέομαι: Α΄ διηγησόμεθα, lxxviii 13c, Ο΄ ἐξαγγελοῦμεν, **נספר**

– C΄ διηγούμενοι, lxxviii 13c, Ο΄ ἐξαγγελοῦμεν, **נספר**

δικαιόω: Α΄ πένητα καὶ ἄπορον δικαιώσατε, lxxxi 3b, Ο΄ ταπεινὸν καὶ πένητα δικαιώσατε, **עני ורש הצדיקו**

δίκαιος: C΄ πτωχῷ καὶ ἀπόρῳ τὸ δίκαιον ποιήσατε, lxxxi 3b, Ο΄ ταπεινὸν καὶ πένητα δικαιώσατε, **עני ורש הצדיקו**

διώκω: Α΄ οὕτω διώξ⟨εις⟩ αὐτούς, lxxxii 16a, Ο΄ οὕτως καταδιώξεις αὐτούς, **כן תרדפם**

– C΄ οὕτως δίωξον αὐτούς, lxxxii 16a, Ο΄ οὕτως καταδιώξεις αὐτούς, **כן תרדפם**

δοκιμάζω: C΄ ἐδοκίμασά σε, lxxx 8c, Ο΄ ἐδοκίμασά σε, **אבחנך**

δόλιος: Ε΄ δόλιον, lxxvii 57b, Ο΄ στρεβλόν, **רמיה**

δόλος: Θ΄ δόλου, lxxvii 57b, Ο΄ στρεβλόν, **רמיה**

δόξα: Α΄ ἐπὶ ῥήματι δόξης ὀνόματός σου, lxxviii 9b, Ο΄ ἕνεκα τῆς δόξης τοῦ ὀνόματός σου, **על־דבר כבוד־שמך**

– Ε΄ ἕνεκα λόγου δόξης ὀνόματός σου, lxxviii 9b, Ο΄ ἕνεκα τῆς δόξης τοῦ ὀνόματός σου, **על־דבר כבוד־שמך**

δοῦλος: Α΄ δούλων σου, lxxviii 2a, Ο΄ τῶν δούλων σου, **עבדיך**

– Α΄ ἐκδίκησις αἵματος δούλ⟨ω⟩ν ⟨σου⟩, lxxviii 10c, Ο΄ ἡ ἐκδίκησις τοῦ αἵματος τῶν δούλων σου, **נקמת דם־עבדיך**

δρυμός: Α΄ ὡς πυρ⟨ὸς⟩ ἀνάπτοντος δρυμόν, lxxxii 15a, Ο΄ ὡσεὶ πῦρ, ὃ διαφλέξει δρυμόν, **כאש תבער־יער**

δύναμις: ⟨C΄⟩ πρωτεῖ⟨ο⟩ν δυνάμεως αὐτῶν, lxxvii 51b, Ο΄ ἀπαρχὴν τῶν πόνων αὐτῶν, **ראשית אונים** ⟨**אונם**⟩

δυνάστης: C΄ ὡς δυνάστης, lxxvii 65b, Ο΄ ὡς δυνατός, **כגבור**

ἔγκατον: Α΄ ἐν ἐγκάτῳ θεῶν κρινεῖ, lxxxi 1c, Ο΄ ἐν μέσῳ θεοὺς διακρίνει, **בקרב אלהים ישפט**

ἐγώ: Α΄C΄ ἐγώ εἰμι κύριος, lxxx 11a, Ο΄ ἐγὼ γάρ εἰμι κύριος, TM: **אנכי יהוה**, Α΄C΄ ⟨**אדני**⟩, **אנכי**

– Θ΄ ὅτι ἐγώ εἰμι, lxxx 11a, Ο΄ ἐγὼ γάρ εἰμι, **אנכי**

ἑδράζομαι: Α΄ οὐχ ἡδρασμένη, lxxvii 37a, Ο΄ οὐκ εὐθεῖα, **לא־נכון**

ἐδώμ: ⟨C΄⟩ σκηνώσεις ἐδώμ, lxxxii 7a, Ο΄ τὰ σκηνώματα τῶν ἰδουμαίων, **אהלי אדום**

ἐθέλω: Α΄ οὐκ ἠθέλησεν ἐν ἐμοί, lxxx 12b, Ο΄ οὐ προσέσχεν μοι, TM: **לא־אבה לי**, Α΄: **לא־**, **אבה** ⟨**בי**⟩

ἔθνος: C΄ ἔθνη, lxxvii 55a, Ο΄ ἔθνη, **גוים**

– Α΄ πρὸς τὰ ἔθνη, lxxviii 6a, Ο΄ ἐπὶ ἔθνη, **אל־הגוים**

– C΄ τοῖς ἔθνεσι, lxxviii 6a, Ο΄ ἐπὶ ἔθνη, **אל־הגוים**

– Α΄ εἰς τί ἐροῦσι τὰ ἔθνη, lxxviii 10a, Ο΄ μήποτε εἴπωσιν τὰ ἔθνη, **למה יאמרו הגוים**

– C΄ εἰς τί λέγει τὰ ἔθνη, lxxviii 10a, Ο΄ μήποτε εἴπωσιν τὰ ἔθνη, **למה יאמרו הגוים**

– Ε΄Θ΄ ἐν τοῖς ἔθνεσιν, lxxviii 10a, Ο΄ τὰ ἔθνη, **הגוים**

– ⟨ϛ΄⟩ ἐν τοῖς ἔθνεσιν, lxxviii 10a, Ο΄ τὰ ἔθνη, **הגוים**

– A′ ἐν ἔθνεσιν, lxxviii 10b, O′ ἐν τοῖς ἔθνεσιν, בגיים

– C′E′ϛ′ πάντα τὰ ἔθνη, lxxxi 8b, O′ ὅτι σὺ κατακληρονομήσεις ἐν πᾶσιν τοῖς ἔθνεσιν, כי־אתה תנחל בכל־הגוים

εἰμί: A′ καὶ οὐκ ἔστι, lxxviii 3b, O′ καὶ οὐκ ἦν, ואין

– A′ οὐκ ἔσται, lxxx 10a, O′ [οὐκ ἔσται], לא־יהיה
– C′ μὴ ἔστω, lxxx 10a, O′ [οὐκ ἔσται], לא־יהיה
– E′ϛ′ οὐκ ἔσται, lxxx 10a, O′ [οὐκ ἔσται], לא־יהיה
– A′C′ ἐγώ εἰμι κύριος, lxxx 11a, O′ ἐγὼ γάρ εἰμι κύριος, TM: אנכי יהוה, A′C′ ⟨אדני⟩
– Θ′ ὅτι ἐγώ εἰμι, lxxx 11a, O′ ἐγὼ γάρ εἰμι, אנכי
– C′ ἀλλ᾽ ἔσται, lxxx 16b, O′ καὶ ἔσται, ויהי

εἰς: C′ εἰς αἷμα, lxxvii 44a, O′ εἰς αἷμα, לדם
– Θ′ εἰς χάλαζαν, lxxvii 48a, O′ εἰς χάλαζαν, לברד
– E′ϛ′ εἰς ὅριον, lxxvii 54a, O′ εἰς ὄρος, אל־גבול
– C′ εἰς τὸ ὄρος, lxxvii 54b, O′ ὄρος, הר
– ⟨ ⟩ εἰς τὸ ὄρος, lxxvii 54b, O′ ὄρος, הר
– A′C′ εἰς μάχαιραν, lxxvii 62a, O′ ἐν ῥομφαίᾳ = La, Psalter 1173, O′ εἰς ῥομφαίαν, לחרב
– Θ′E′ εἰς ὀπωροφυλάκιον, lxxviii 1d, O′ ὡς ὀπωροφυλάκιον, לעיים
– ϛ′ εἰς ὀχεύματα, lxxviii 1d, O′ εἰς ὀπωροφυλάκιον, לעיים
– A′ εἰς νῖκ⟨ο⟩ς, lxxviii 5a, O′ εἰς τέλος, לנצח
– A′ εἰς τί ἐροῦσι, lxxviii 10a, O′ μήποτε εἴπωσιν, למה יאמרו
– C′ εἰς τί λέγει τὰ ἔθνη, lxxviii 10a, O′ μήποτε εἴπωσιν τὰ ἔθνη, למה יאמרו הגוים
– A′ εἰς ὀφθαλμοὺς ἡμῶν, lxxviii 10b, O′ ἐνώπιον τῶν ὀφθαλμῶν ἡμῶν, לעינינו
– A′ εἰς πρόσωπόν σου, lxxviii 11a, O′ ἐνώπιόν σου, לפניך
– ⟨E′⟩ εἰς κόλπον αὐτ⟨ῶ⟩ν, lxxviii 12a, O′ εἰς τὸν κόλπον αὐτῶν, אל־חיקם
– A′C′E′ εἰς αἰῶνα, lxxviii 13b, O′ εἰς τὸν αἰῶνα, לעולם
– Θ′ εἰς γενεὰς καὶ γενεάς, lxxviii 13c, O′ εἰς γενεὰν καὶ γενεάν, לדר ודר
– A′C′ εἰς αἰῶνα, lxxx 16b, O′ εἰς τὸν αἰῶνα, לעולם
– ⟨ϛ′⟩ εἰς τέλος, lxxxi 2c, O′ διάψαλμα, סלה
– ⟨C′⟩ εἰς γῆν, lxxxii 11b, O′ τῇ γῇ, לאדמה
– ⟨A′⟩ εἰς πρόσωπον ἀνέμου, lxxxii 14b, O′ κατὰ πρόσωπον ἀνέμου, לפני־רוח

εἰσέρχομαι: C′ εἰσέλθοι... ἡ οἰμωγὴ τῶν δεσμ⟨ί⟩ων σου, lxxviii 11a, O′ εἰσελθάτω ... ὁ στεναγμὸς τῶν πεπεδημένων, תבוא ... אנקת אסיר

ἐκ, ἐξ: siehe auch: ἐξέμπροσθεν
– A′ ἐκ θλίβοντος, lxxvii 42b, O′ ἐκ χειρὸς θλίβοντος, מני־צר
– C′ ἐκ τοῦ θλίβοντος, lxxvii 42b, O′ ἐκ χειρὸς θλίβοντος, מני־צר
– Θ′ ἐκ χειρὸς ἐχθροῦ, lxxvii 42b, O′ ἐκ χειρὸς θλίβοντος, מני־צר
– C′ ἐκ θανάτου, lxxvii 50b, O′ ἀπὸ θανάτου, ממות
– C′ ἐξ οἴνου, lxxvii 65b, O′ ἐξ οἴνου, מיין
– ⟨ ⟩ ἐγαστροποίησεν ἐξ αὐτῆς, lxxix 14a, O′ ἐλυμήνατο αὐτήν, יכרסמנה

ἕκαστος: C′ ἕκαστοι γὰρ αὐτῶν ἔφαγον, lxxviii 7a, O′ ὅτι κατέφαγον, TM: כי אכל, Mss: כי אכלו
– C′ καὶ καθ᾽ ἑκάστην γενεάν, lxxviii 13c, O′ εἰς γενεὰν καὶ γενεάν, לדר ודר

ἐκβάλλω: C′ καὶ ἐκβαλών, lxxvii 55a, O′ καὶ ἐξέβαλεν, ויגרש

ἐκδίδωμι: C′ τοῦ ἐκδόντος, lxxvii 48a, O′ καὶ παρέδωκεν, ויסגר
– C′ ἐξέδωκεν, lxxvii 50c, O′ συνέκλεισεν, הסגיר

ἐκδίκησις: A′ ἐκδίκησις αἵματος δούλ⟨ω⟩ν ⟨σου⟩, lxxviii 10c, O′ ἡ ἐκδίκησις τοῦ αἵματος τῶν δούλων σου, נקמת דם־עבדיך

ἐκζηλόω: C′ ἐξεζήλουν αὐτόν, lxxvii 58b, O′ παρεζήλωσαν αὐτόν, יקניאוהו

ἐκκαίομαι: Θ′ ἐκκαυθήτω, lxxviii 5b, O′ ἐκκαυθήσεται, תבער

ἐκλεκτός: A′ ἐκλεκτ⟨οὺς⟩ αὐτοῦ, lxxvii 63a, O′ τοὺς νεανίσκους αὐτῶν, בחוריו

ἑκουσιάζομαι: A′ θοῦ αὐτοὺς ἑκουσιαζομένους αὐτοῦ, lxxxii 12a, O′ θοῦ τοὺς ἄρχοντας αὐτῶν, שיתמו נדיבמו

ἐκτέμνομαι: C′ ἐκτέτμηται, lxxix 17a, O′ καὶ ἀνεσκαμμένη, כסוחה

ἐκτρίβομαι: A′ ἐξετρίβησαν ἐν ἠνδώρ, lxxxii 11a, O′ ἐξωλεθρεύθησαν ἐν ἀενδωρ, נשמדו בעין־דאר

ἐκχέω: A′ ἔκχεον, lxxviii 6a, O′ ἔκχεον, שפך
– ϛ′ ἔκχεε, lxxviii 6a, O′ ἔκχεον, שפך

ἐκχέομαι: A′ αἵματος δούλ⟨ω⟩ν ⟨σου⟩ τοῦ ἐκκεχυμένου, lxxviii 10c, O′ τοῦ αἵματος τῶν δούλων σου τοῦ ἐκκεχυμένου, דם־עבדיך השפוך

ἐλεήμων: C′ ἐλεήμων, lxxvii 38a, O′ οἰκτίρμων, רחום

ἔλεος: C΄Ε΄ προλαβέτωσαν ἡμᾶς τὰ ἐλέη σου, lxxviii 8b, Ο΄ προκαταλαβέτωσαν ἡμᾶς οἱ οἰκτιρμοί σου, יקדמונו רחמיך

ἐμβρίμησις: Α΄ καὶ ἐμβρίμησ⟨ιν⟩, lxxvii 49b, Ο΄ καὶ ὀργήν, וזעם

– C΄ καὶ ἐμβρίμησ⟨ιν⟩, lxxvii 49b, Ο΄ καὶ ὀργήν, וזעם

– Θ΄ καὶ ἐμβρίμησ⟨ιν⟩, lxxvii 49b, Ο΄ καὶ ὀργήν, וזעם

– C΄ ἀπὸ ἐμβριμήσεως, lxxix 17b, Ο΄ ἀπὸ ἐπιτιμήσεως, מגערת

ἐμμένω: C΄ οὐδὲ ἐνέμειναν, lxxvii 37b, Ο΄ οὐδὲ ἐπιστώθησαν, ולא נאמנו

ἐμπεριπατέω: Α΄ ἐμπεριπατοῦσ⟨ι⟩ν, lxxxi 5b, Ο΄ [διαπορεύονται], יתהלכו

ἔμπροσθεν: siehe auch ἐξέμπροσθεν

– C΄ ἔμπροσθέν σου, lxxviii 11a, Ο΄ ἐνώπιόν σου, לפניך

ἐμπυρίζομαι: Α΄ ἐμπεπυρισμέν⟨η⟩, lxxix 17b, Ο΄ ἐμπεπυρισμένη, שרפה

ἐν: Α΄ ἐν ἐρήμῳ, lxxvii 40a, Ο΄ ἐν τῇ ἐρήμῳ, במדבר

– Α΄ ἐν ἠφανισμένῃ, lxxvii 40b, Ο΄ ἐν γῇ ἀνύδρῳ, בישימון

– C΄ ἐν τῇ ἀοικήτῳ, lxxvii 40b, Ο΄ ἐν γῇ ἀνύδρῳ, בישימון

– C΄ ἐν τῇ ἀνύδρῳ, lxxvii 40b, Ο΄ ἐν γῇ ἀνύδρῳ, בישימון

– Θ΄ ἐν τῇ ἀνύδρῳ, lxxvii 40b, Ο΄ ἐν γῇ ἀνύδρῳ, בישימון

– C΄ τὴν ἡμέραν ἐν ᾗ, lxxvii 42b, Ο΄ ἡμέρας ἧς, יום אשר

– Α΄ ἐν χώρᾳ τάνεως, lxxvii 43b, Ο΄ ἐν πεδίῳ τάνεως, בשדה־צען

– Α΄ ἐν αὐτοῖς, lxxvii 45a, Ο΄ εἰς αὐτούς, בהם

– Α΄ ἐν κρύει, lxxvii 47b, Ο΄ ἐν τῇ πάχνῃ, בחנמל

– Α΄ ἐν αὐτοῖς, lxxvii 49a, Ο΄ εἰς αὐτούς, בם

– Α΄C΄Ε΄ς΄ ἐν αἰγύπτῳ, lxxvii 51a, Ο΄ ἐν γῇ αἰγύπτῳ (vel αἰγύπτου), במצרים

– Α΄ ἐν σκέπαις, lxxvii 51b, Ο΄ ἐν τοῖς σκηνώμασι χαμ, באהלי־חם

– C΄ ἐν ταῖς σκηνώσεσι χαμ, lxxvii 51b, Ο΄ ἐν τοῖς σκηνώμασι χαμ, באהלי־חם

– ς΄Ε΄ ἐν τοῖς σκηνώμασιν χαμ, lxxvii 51b, Ο΄ ἐν τοῖς σκηνώμασι χαμ, באהלי־חם

– Ε΄Α΄ ἐν ἐρήμῳ, lxxvii 52b, Ο΄ ἐν ἐρήμῳ, במדבר

– Α΄ ἐν σκέπαις αὐτῶν, lxxvii 55c, Ο΄ ἐν τοῖς σκηνώμασιν αὐτῶν, באהליהם

– C΄ ἐν ταῖς σκηνώσεσιν αὐτῶν, lxxvii 55c, Ο΄ ἐν τοῖς σκηνώμασιν αὐτῶν, באהליהם

– Α΄ ἐν ὑψώμασιν αὐτῶν, lxxvii 58a, Ο΄ ἐν τοῖς βουνοῖς αὐτῶν, במותם

– ⟨ ⟩ ἐν τοῖς βωμοῖς αὐτῶν, lxxvii 58a, Ο΄ ἐν τοῖς βουνοῖς αὐτῶν, במותם

– Α΄ καὶ ἐν γλυπτοῖς αὐτῶν, lxxvii 58b, Ο΄ καὶ ἐν τοῖς γλυπτοῖς αὐτῶν, ובפסיליהם

– Α΄ καὶ ἀπέρριψε … ἐν ἰσραηλ, lxxvii 59b, Ο΄ καὶ ἐξουδένωσεν … ἰσραηλ, וימאס … בישראל

– Θ΄ ἐν τῇ ῥομφαίᾳ, lxxvii 62a, Ο΄ ἐν ῥομφαίᾳ = La, Psalter 1173, Ο΄ εἰς ῥομφαίαν, לחרב ⟨בחרב ?⟩

– Α΄ καὶ ἐν κληροδοσίᾳ αὐτοῦ ἀνυπερθέτησεν, lxxvii 62b, Ο΄ καὶ τὴν κληρονομίαν αὐτοῦ ὑπερεῖδεν, ובנחלתו התעבר

– C΄ καὶ ἐν τῇ κληρουχίᾳ αὐτοῦ ἐχολώθη, lxxvii 62b, Ο΄ καὶ τὴν κληρονομίαν αὐτοῦ ὑπερεῖδεν, ובנחלתו התעבר

– Α΄ ἐν μαχαίρᾳ, lxxvii 64a, Ο΄ ἐν ῥομφαίᾳ, בחרב

– Α΄ ἐν ὀνόματί σου οὐκ ἐπεκαλέσαντο, lxxviii 6b, Ο΄ τὸ ὄνομά σου οὐκ ἐπεκαλέσαντο, בשמך לא קראו

– Ε΄Θ΄ ἐν τοῖς ἔθνεσιν, lxxviii 10a, Ο΄ τὰ ἔθνη, הגוים

– ⟨ς΄⟩ ἐν τοῖς ἔθνεσιν, lxxviii 10a, Ο΄ τὰ ἔθνη, הגוים

– Α΄ ἐν ἔθνεσιν, lxxviii 10b, Ο΄ ἐν τοῖς ἔθνεσιν, בגיים

– C΄ ἐν ὀφθαλμοῖς ἡμῶν, lxxviii 10b, Ο΄ ἐνώπιον τῶν ὀφθαλμῶν ἡμῶν, לעינינו

– Α΄ ἐν μεγέθει βραχίονός σου, lxxviii 11b, Ο΄ κατὰ τὴν μεγαλωσύνην τοῦ βραχίονός σου, TM: ⟨בגדל זרועך⟩, Α΄: כגדל זרועך

– ς΄ ἐν πυρί, lxxix 17a, Ο΄ πυρί, באש

– Α΄ καὶ ἐν ὀνόματί σου ἐπικαλέσομαι, lxxix 19b, Ο΄ καὶ τὸ ὄνομά σου ἐπικαλεσόμεθα, נקרא ובשמך

– Ε΄ καὶ ἐν τῷ ὀνόματί σου ἐπικαλεσόμεθα, lxxix 19b, Ο΄ καὶ τὸ ὄνομά σου ἐπικαλεσόμεθα, ובשמך נקרא

– Α΄ ἐν ἀποκρύφῳ, lxxx 8b, Ο΄ ἐν ἀποκρύφῳ, בסתר

– Α΄ καὶ μαρτύρομαι ἐν σοί, lxxx 9a, Ο΄ καὶ [διαμαρτύρομαί] σοι, ואעידה בך

– Α΄ οὐκ ἔσται ἐν σοί, lxxx 10a, Ο΄ [οὐκ ἔσται] ἐν σοί, לא־יהיה בך

– C΄ μὴ ἔστω ἐν σοί, lxxx 10a, Ο΄ [οὐκ ἔσται] ἐν σοί, לא־יהיה בך

– Α΄ οὐκ ἠθέλησεν ἐν ἐμοί, lxxx 12b, Ο΄ οὐ προσέσχεν μοι, TM: ⟨בי⟩, לא־אבה לי, Α΄: לא־אבה לי

– Α′ ἐν σκολιότητι καρδίας αὐτῶν, lxxx 13a, Ο′ κατὰ τὰ ἐπιτηδεύματα τῶν καρδιῶν αὐτῶν, **בשרירות לבם**

– Α′ θεὸς ἔστη ἐν συναγωγῇ ἰσχυρο⟨ῦ⟩, lxxxi 1b, Ο′ ὁ θεὸς ἔστη ἐν συναγωγῇ θεῶν, **אלהים נצב בעדת־אל**

– C′ κατέστη ἐν συνόδῳ θεοῦ, lxxxi 1b, Ο′ ἔστη ἐν συναγωγῇ θεῶν, **נצב בעדת־אל**

– Α′ ἐν ἐγκάτῳ θεῶν κρινεῖ, lxxxi 1c, Ο′ ἐν μέσῳ θεοὺς διακρίνει, **בקרב אלהים ישפט**

– C′ ἐν μέσοις θεὸς κρίνων, lxxxi 1c, Ο′ ἐν μέσῳ θεοὺς διακρίνει, **בקרב אלהים ישפט**

– ς′ ἐν μέσῳ δὲ, lxxxi 1c, Ο′ ἐν μέσῳ [δὲ], **בקרב**

– Α′C′ ἐν σκοτίᾳ, lxxxi 5b, Ο′ ἐν σκότει, **בחשכה**

– ⟨Α′⟩ ὡς ιαβιν ἐν κισων, lxxxii 10b, Ο′ ὡς ὁ ιαβιν ἐν τῷ χειμάρρῳ κισων, **כיבין בנחל קישון**

– ⟨C′⟩ ἐν τῇ φάραγγι τῆς κισων, lxxxii 10b, Ο′ ἐν τῷ χειμάρρῳ κισων, **בנחל קישון**

– Α′ ἐξετρίβησαν ἐν ηνδωρ, lxxxii 11a, Ο′ ἐξωλεθρεύθησαν ἐν αενδωρ, **נשמדו בעין־דאר**

– Α′ διώξ⟨εις⟩ αὐτοὺς ἐν λ⟨αί⟩λαπί σου, lxxxii 16a, Ο′ καταδιώξεις αὐτοὺς ἐν τῇ καταιγίδι σου, **תרדפם בסערך**

– C′ δίωξον αὐτοὺς ἐν καταιγίδι σου, lxxxii 16a, Ο′ καταδιώξεις αὐτοὺς ἐν τῇ καταιγίδι σου, **תרדפם בסערך**

– Α′ καὶ ἐν συσ⟨σ⟩εισμῷ σου, lxxxii 16b, Ο′ καὶ ἐν τῇ ὀργῇ σου, **ובסופתך**

ἐναντίος: C′ καὶ ἐπὶ τοὺς ἐναντίους αὐτῶν, lxxx 15b, Ο′ καὶ ἐπὶ τοὺς θλίβοντας αὐτούς, **ועל צריהם**

ἐνδεής: Ε′ πένητα καὶ ἐνδεῆ, lxxxi 3b, Ο′ ταπεινὸν καὶ πένητα, **עני ורש**

ἕνεκα: Ε′ ἕνεκα λόγου δόξης ὀνόματός σου, lxxviii 9b, Ο′ ἕνεκα τῆς δόξης τοῦ ὀνόματός σου, **על־דבר כבוד־שמך**

ἕνεκεν: C′ ἕνεκεν, lxxviii 9b, Ο′ ἕνεκα, **על־דבר**

– Θ′ ἕνεκεν, lxxviii 9c, Ο′ ἕνεκα, **למען**

ἐννοέω: C′ οὐδὲ ἐννοοῦσιν, lxxxi 5a, Ο′ οὐδὲ συνῆκαν, **ולא יבינו**

ἐνοχλέω: C′ ἠνόχλουν αὐτόν, lxxvii 40b, Ο′ παρώργισαν αὐτόν, **יעציבוהו**

ἐξαιρέω: C′ ἐξέλετ⟨ε⟩, lxxxi 4b, Ο′ ῥύσασθε, **הצילו**

ἐξαιρέομαι: C′ καὶ ἐξελοῦ ἡμᾶς, lxxviii 9b, Ο′ ῥῦσαι ἡμᾶς, **והצילנו**

– Α′Ε′ ἐξειλάμην σε, lxxx 8a, Ο′ καὶ ἐρρυσάμην σε, **ואחלצך**

ἐξαίρομαι: ⟨C′⟩ ὡς ἐξήρθησαν, lxxxii 11a, ἐξωλεθρεύθησαν ἐν αενδωρ, **נשמדו בעין־דאר**

ἐξαποστέλλω: Θ′ ἐξαπέστειλεν αὐτοῖς, lxxvii 49a, Ο′ ἐξαπέστειλεν εἰς αὐτούς, **ישלח־בם**

ἐξεγείρω: Ε′Α′ καὶ οὐκ ἐξεγερεῖ, lxxvii 38d, Ο′ καὶ οὐχὶ ἐκκαύσει, **ולא־יעיר**

ἐξεγείρομαι: Θ′ ἐξεγερθήτω, lxxvii 65a, Ο′ ἐξηγέρθη, **ויקץ**

ἐξέμπροσθεν: C′ ἐξέμπροσθεν αὐτῶν, lxxvii 55a, Ο′ ἀπὸ προσώπου αὐτῶν, **מפניהם**

ἐξιλάσκω: ⟨C′⟩ ἐξ⟨ι⟩λάσκων, lxxvii 38b, Ο′ καὶ ἱλάσεται, **יכפר**

ἐξιλάσκομαι med.: ⟨Α′⟩ ἐξ⟨ι⟩λάσεται, lxxvii 38b, Ο′ καὶ ἱλάσεται, **יכפר**

– Ε′ καὶ ἐξ⟨ι⟩λάσεται, lxxvii 38b, Ο′ καὶ ἱλάσεται, **יכפר**

– Α′ καὶ ἐξίλασαι, lxxviii 9c, Ο′ καὶ ἱλάσθητι, **וכפר**

– pass.: C′ καὶ ἐξιλάσθητι, lxxviii 9c, Ο′ καὶ ἱλάσθητι, **וכפר**

ἐξομολογέομαι: Α′ ἐξομολογησόμεθά σοι, lxxviii 13b, Ο′ ἀνθομολογησόμεθά σοι, **נודה לך**

– C′ ἐξομολογούμενοί σοι, lxxviii 13b, Ο′ ἀνθομολογησόμεθά σοι, **נודה לך**

ἐξυπνίζομαι: Α′ καὶ ἐξυπ⟨ν⟩ίσθη, lxxvii 65a, Ο′ καὶ ἐξηγέρθη, **ויקץ**

ἐπαινέομαι: Θ′ οὐκ ἐπηνέθησαν, lxxvii 63b, Ο′ οὐκ ἐπενθήθησαν, **לא הוללו**

– Ε′ οὐκ ἐπηνέθησαν, lxxvii 63b, Ο′ οὐκ ἐπενθήθησαν, **לא הוללו**

ἐπαίρω: ⟨C′⟩ ἐπα⟨ί⟩ρουσιν κεφαλήν, lxxxii 3b, Ο′ ἦραν κεφαλήν, **נשאו ראש**

ἐπακούω: Α′ ἐπακούσω σου, lxxx 8b, Ο′ ἐπήκουσά σου, **אענך**

ἐπαποστολή: C′ ἐπαποστολήν, lxxvii 49c, Ο′ ἀποστολήν, **משלחת**

ἐπί + gen.: Α′ ἐπὶ ὕδατος διαδικασίας, lxxx 8c, Ο′ ἐπὶ ὕδατος ἀντιλογίας, **על־מי מריבה**

– C′ ἐπὶ τοῦ ὕδατος τῆς μάχης, lxxx 8c, Ο′ ἐπὶ ὕδατος ἀντιλογίας, **על־מי מריבה**

– Α′ + dat.: ἐπὶ ῥήματι, lxxviii 9b, Ο′ ἕνεκα, **על־דבר**

– C′ + acc.: καὶ ἐπὶ πολύ, lxxvii 38c, Ο′ καὶ πληθυνεῖ, **והרבה**

– Α′ καὶ ἐπὶ βασίλεια, lxxviii 6b, Ο′ καὶ ἐπὶ βασιλείας, **ועל ממלכות**

– Α′ ἐπὶ ἁμαρτίας ἡμῶν, lxxviii 9c, Ο′ ταῖς ἁμαρτίας ἡμῶν, **על־חטאתינו**

– Α′ ἐπὶ ἄνδρα δεξιᾶς σου, lxxix 18a, Ο′ ἐπ᾽ ἄνδρα δεξιᾶς σου, **על־איש ימינך**

– Α′ καὶ ἐπὶ υἱὸν ἀνθρώπου, lxxix 18b, Ο′ καὶ
ἐπὶ υἱὸν ἀνθρώπου, TM: על־בן־אדם, Α′:
‹ו›על־בן־אדם

– Α′ καὶ ἐπὶ θλίβοντας αὐτούς, lxxx 15b, Ο′ καὶ
ἐπὶ τοὺς θλίβοντας αὐτούς, ועל צריהם

– C′ καὶ ἐπὶ τοὺς ἐναντίους αὐτῶν, lxxx 15b, Ο′
καὶ ἐπὶ τοὺς θλίβοντας αὐτούς, ועל צריהם

– Α′ ἐπὶ λαὸν πανουργεύσονται ἀπορρήτως, lxxxii
4a, Ο′ ἐπὶ τὸν λαόν σου κατεπανουργεύσαντο
γνώμην, TM: סוד, Α′: על־עמך יערימו סוד, Α′: על־
‹עם› יערימו סוד

ἐπιγιγνώσκω: ϛ′ ἐπεγνωκότα σε, lxxviii 6a, Ο′
τὰ μὴ γινώσκοντά σε, אשר לא־ידעוך

ἐπιγινώσκω: siehe ἐπιγιγνώσκω

ἐπιδέομαι: Α′ οὐκ ἐπεδε[ή]θησαν = ‹ἐπεδέθησαν›,
lxxvii 30a, Ο′ οὐκ ἐστερήθησαν, לא־זרו

ἐπιθυμία: C′Ε′ τῆς ἐπιθυμίας αὐτῶν, lxxvii 30a,
Ο′ ἀπὸ τῆς ἐπιθυμίας αὐτῶν, מתאותם

ἐπικαλέομαι: Α′ οὐκ ἐπεκαλέσαντο, lxxviii 6b,
Ο′ οὐκ ἐπεκαλέσαντο, לא קראו

– ϛ′ καὶ τὰς μὴ ἐπικαλεσαμένας σε, lxxviii 6b,
Ο′ αἳ τὸ ὄνομά σου οὐκ ἐπεκαλέσαντο, אשר
בשמך לא קראו

– Α′ καὶ ἐν ὀνόματί σου ἐπικαλέσομαι, lxxix 19b,
Ο′ καὶ τὸ ὄνομά σου ἐπικαλεσόμεθα, ובשמך נקרא

– Ε′ καὶ ἐν τῷ ὀνόματί σου ἐπικαλεσόμεθα,
lxxix 19b, Ο′ καὶ τὸ ὄνομά σου ἐπικαλεσόμεθα,
ובשמך נקרא

ἐπιλάλημα: C′ ἐπιλάλημα, lxxviii 4b, Ο′ μυκτηρισμός, לעג

ἐπιπέμπω: C′ τοῦ ἐπιπέμψαντος, lxxvii 45a, Ο′
ἐξαπέστειλεν, ישלח

ἐπιστρέφω: Α′ τοῦ ἐπιστρέψαι, lxxvii 38c, Ο′ τοῦ
ἀποστρέψαι, להשיב

– Ε′ ἐπιστρέφον, lxxvii 39b, Ο′ ἐπιστρέφον, ישוב

– Α′ καὶ ἐπίστρεφον, lxxviii 12a, Ο′ ἀπόδος, והשב

– Α′ καὶ ἐπὶ θλίβοντας αὐτοὺς ἐπέστρεψα χεῖρά‹ς›
μου, lxxx 15b, Ο′ καὶ ἐπὶ τοὺς θλίβοντας αὐτούς
ἐπέβαλον τὴν χεῖρά μου, ועל צריהם אשיב ידי

ἐπιχέω: ‹C′› ἐπίχεε, lxxviii 6a, Ο′ ἔκχεον, שפך

ἑπτάκις: C′ ἑπτάκις, lxxviii 12a, Ο′ ἑπταπλασίονα,
שבעתים

ἑπταπλασίως: Α′Θ′ ἑπταπλασίως, lxxviii 12a, Ο′
ἑπταπλασίονα, שבעתים

ἐρημίας: ϛ′ καὶ ζῷα ἐρημίας, lxxix 14b, Ο′ καὶ
[μονιὸς] ἄγριος, וזיז שדי

ἔρημος: Α′ ἐν ἐρήμῳ, lxxvii 40a, Ο′ ἐν τῇ ἐρήμῳ,
במדבר

– Ε′Α′ ἐν ἐρήμῳ, lxxvii 52b, Ο′ ἐν ἐρήμῳ, במדבר

– C′ διὰ τῆς ἐρήμου, lxxvii 52b, Ο′ ἐν ἐρήμῳ,
במדבד

ἐρημόω: C′ ἠρήμωσαν, lxxviii 7b, Ο′ ἠρήμωσαν,
השמו

ἐρυσίβης: Ε′ τῇ ἐρ‹υ›σίβῃ, lxxvii 46a, Ο′ τῇ
ἐρυσίβῃ, לחסיל

ἔρχομαι: Α′ ἔλθοι ... οἰμωγὴ δεσμώτου, lxxviii
11a, Ο′ εἰσελθάτω ... ὁ στεναγμὸς τῶν πεπεδημένων, תבוא ... אנקת אסיר

ἐσθίω: Α′ ἔφαγεν πῦρ, lxxvii 63a, Ο′ κατέφαγεν
πῦρ, אכלה־אש

– Α′ ὅτι ἔφαγον, lxxviii 7a, Ο′ ὅτι κατέφαγον,
TM: כי אכל, Mss: אכלו

– C′ ἕκαστοι γὰρ αὐτῶν ἔφαγον, lxxviii 7a, Ο′
ὅτι κατέφαγον, TM: כי אכל, Mss: כי אכלו

ἕτοιμος: Ε′Θ′ οὐχ ἑτοίμη, lxxvii 37a, Ο′ οὐκ
εὐθεῖα, לא־נכון

– ‹ϛ′› ἕτοιμος, lxxvii 37a, Ο′ οὐκ εὐθεῖα, לא־נכון

εὐπρέπεια: ϛ′Θ′Ε′ καὶ τὴν εὐπρέπειαν αὐτοῦ,
lxxviii 7b, Ο′ καὶ τὸν τόπον αὐτοῦ, ואת־נוהו

– ‹Ε′Θ′ϛ′› τὴν εὐπρέπειαν τοῦ θεοῦ, lxxxii 13,
Ο′ τὸ ἁγιαστήριον τοῦ θεοῦ, את נאות אלהים

ἐφίστημι: C′ ἐφιστᾶν ἐποίουν, lxxvii 41b, Ο′
παρώξυναν, התוו

ἐχθρός: Θ′ ἐκ χειρὸς ἐχθροῦ, lxxvii 42b, Ο′ ἐκ
χειρὸς θλίβοντος, מני־צד

– C′ τοὺς δὲ ἐχθροὺς αὐτῶν, lxxvii 53b, Ο′ καὶ
τοὺς ἐχθροὺς αὐτῶν, ואת־אויביהם

ἕως: Α′ ἕως τίνος, lxxviii 5a, Ο′ ἕως πότε, עד־מה

ζεβεε: ‹C′› ὡς ζεβεε, lxxxii 12b, Ο′ καὶ ζεβεε,
וכזבח

ζηβ: Α′ καὶ ὡς ζηβ, lxxxii 12a, Ο′ καὶ ζηβ, וכזאב

ζῆλος: Α′ ζῆλός σου, lxxxii 5b, Ο′ ὁ ζῆλός σου,
קנאתך

ζωή: C′ ἀλλὰ τὴν ζωὴν αὐτῶν, lxxvii 50c, Ο′ καὶ
τὰ κτήνη αὐτῶν, וחיתם

ζῷον: Θ′Α′ καὶ τὰ ζῷα αὐτῶν, lxxvii 50c, Ο′ καὶ
τὰ κτήνη αὐτῶν, וחיתם

– ϛ′ καὶ ζῷα ἐρημίας, lxxix 14b, Ο′ καὶ [μονιὸς]
ἄγριος, וזיז שדי

ἡγεμών: ‹C′› τάξον τοὺς ἡγεμόνας αὐτῶν, lxxxii
12a, Ο′ θοῦ τοὺς ἄρχοντας αὐτῶν, שיתמו נדיבמו

ἡμεῖς: Α′ μὴ μνησθῇς ἡμῖν, lxxviii 8a, Ο′ μὴ
μνησθῇς ἡμῶν, אל־תזכר־לנו

– C′ μὴ μνημονεύσῃς ἡμῖν, lxxviii 8a, Ο′ μὴ
μνησθῇς ἡμῶν, אל־תזכר־לנו

– Ε′ ἡμ⟨ῖ⟩ν, lxxviii 8a, Ο′ μὴ μνησθῇς ἡμῶν, **אל־תזכר־לנו**

– Α′ καὶ ἡμεῖς αὐτοὶ λαός σου, lxxviii 13a, Ο′ ἡμεῖς δὲ λαός σου, **ואנחנו עמך**

– C′ ἡμεῖς γὰρ λαός σου, lxxviii 13a, Ο′ ἡμεῖς δὲ λαός σου, **ואנחנו עמך**

ἡμέρα: C′ τὴν ἡμέραν ἐν ᾗ, lxxvii 42b, Ο′ ἡμέρας ἧς, **יום אשר**

ἠνδώρ: Α′ ἐξετρίβησαν ἐν ἠνδώρ, lxxxii 11a, Ο′ ἐξωλεθρεύθησαν ἐν ἀενδωρ, **נשמדו בעין־דאר**

ἠρεμέω: ⟨C′⟩ μηδὲ ἠρεμήσῃς θεέ, lxxxii 2b, Ο′ μηδὲ καταπραΰνῃς ὁ θεός, **ואל־תשקט אל**

ἡσυχάζω: C′ ὁ θεὸς μὴ ἡσυχάσῃς, lxxxii 2a, Ο′ ὁ θεός, τίς ὁμοιωθήσεταί σοι, **אלהים אל־דמי־לך**

θάλασσα: Α′ ἡ θάλασσα, lxxvii 53b, Ο′ θάλασσα, **הים**

θάνατος: C′ ἐκ θανάτου, lxxvii 50b, Ο′ ἀπὸ θανά-του, **ממות**

θανάτωσις: Α′ περίσσευσον υἱοὺς θανατώσεως, lxxviii 11c, Ο′ περιποίησαι τοὺς υἱοὺς τῶν τεθανατωμένων, **הותר בני תמותה**

– C′ ὑπόλιπε τέκνα τῆς θανατώσεως, lxxviii 11c, Ο′ περιποίησαι τοὺς υἱοὺς τῶν τεθανατωμένων, **הותר בני תמותה**

θάπτω: Α′ θάπτων, lxxviii 3b, Ο′ ὁ θάπτων, **קובר**

– C′ θάπτων, lxxviii 3b, Ο′ ὁ θάπτων, **קובר**

θέλω: siehe ἐθέλω

θεμελίωμα: Α′ θεμελιώματα τῆς γῆς, lxxxi 5c, Ο′ τὰ θεμέλια τῆς γῆς, ΤΜ: **מוסדי ארץ**, Α′: **מוסדי ⟨הארץ⟩**

θεός: C′ τὸν θεόν, lxxvii 41a, Ο′ τὸν θεόν, **אל**

– Α′ καὶ προσήρισαν τῷ θεῷ, lxxvii 56a, Ο′ καὶ παρεπίκραναν τὸν θεόν, **וימרו את־אלהים**

– Α′ θεὲ σωτηρίου ἡμῶν, lxxviii 9a, Ο′ ὁ θεὸς ὁ σωτὴρ ἡμῶν, **אלהי ישענו**

– Α′ ποῦ θεὸς αὐτῶν, lxxviii 10a, Ο′ ποῦ ἐστιν ὁ θεὸς αὐτῶν **איה אלהיהם**

– Α′ πιπι θεὲ στρατιῶν, lxxix 5a, Ο′ κύριε ὁ θεὸς τῶν δυνάμεων, **יהוה אלהים צבאות**

– Α′ θεὲ στρατιῶν, lxxix 8a, Ο′ κύριε ὁ θεὸς τῶν δυνάμεων, **אלהים צבאות**

– Α′ θεὲ στρατιῶν, lxxix 20a, Ο′ ὁ θεὸς τῶν δυνάμεων, **אלהים צבאות**

– C′ θεὸς ξένος, lxxx 10a, Ο′ θεὸς πρόσφατος, **אל זר**

– Α′ καὶ οὐ προσκυνήσεις τῷ θεῷ τῷ ἰ⟨σ⟩χυρῷ ἀπεξεν⟨ω⟩μένῳ, lxxx 10b, Ο′ οὐδὲ προσκυνή-σεις θεῷ ἀλλοτρίῳ, **ולא תשתחוה ⟨לאלהים/לאלהים⟩ לאל נכר**

– C′ μηδὲ προσκυνήσῃς θεῷ ἀλλοτρίῳ, lxxx 10b, Ο′ οὐδὲ προσκυνήσεις θεῷ ἀλλοτρίῳ, **ולא תשתחוה לאל נכר**

– Α′ θεὸς ἔστη, lxxxi 1b, Ο′ ὁ θεὸς ἔστη, **אלהים נצב**

– C′ κατέστη ἐν συνόδῳ θεοῦ, lxxxi 1b, Ο′ ἔστη ἐν συναγωγῇ θεῶν, **נצב בעדת־אל**

– Α′ ἐν ἐγκάτῳ θεῶν κρινεῖ, lxxxi 1c, Ο′ ἐν μέσῳ θεοὺς διακρίνει **בקרב אלהים ישפט**

– C′ ἐν μέσοις θεὸς κρίνων, lxxxi 1c, Ο′ ἐν μέσῳ θεοὺς διακρίνει, **בקרב אלהים ישפט**

– Α′ ἀνάστηθι θεέ, lxxxi 8a, Ο′ ἀνάστα, ὁ θεός, **קומה אלהים**

– C′ στῆθι ὁ θεός, lxxxi 8a, Ο′ ἀνάστα, ὁ θεός, **קומה אלהים**

– Α′ θεὲ μὴ σιωπήσῃ σοί, lxxxii 2a, Ο′ ὁ θεός, τίς ὁμοιωθήσεταί σοι, **אלהים אל־דמי־לך**

– C′ ὁ θεὸς μὴ ἡσυχάσῃς, lxxxii 2a, Ο′ ὁ θεός, τίς ὁμοιωθήσεταί σοι, **אלהים אל־דמי־לך**

– Ε′ς′ ὁ θεὸς μὴ παρασιωπήσῃς, lxxxii 2a, Ο′ ὁ θεὸς τίς ὁμοιωθήσεταί σοι, **אלהים אל־דמי־לך**

– ⟨C′⟩ μηδὲ ἠρεμήσῃς θεέ, lxxxii 2b, Ο′ μηδὲ καταπραΰνῃς ὁ θεός, **ואל־תשקט אל**

– ⟨Α′⟩ τὰ ὡραῖα θεοῦ, lxxxii 13, Ο′ τὸ ἁγιαστή-ριον τοῦ θεοῦ, **את נאות אלהים**

– ⟨Ε′Θ′ς′⟩ τὴν εὐπρέπειαν τοῦ θεοῦ, lxxxii 13, Ο′ τὸ ἁγιαστήριον τοῦ θεοῦ, **את נאות אלהים**

– Α′ θεέ μου, lxxxii 14a, Ο′ ὁ θεός μου, **אלהי**

θλίβω: Α′ ἐκ θλίβοντος, lxxvii 42b, Ο′ ἐκ χειρὸς θλίβοντος, **מני־צר**

– C′ ἐκ τοῦ θλίβοντος, lxxvii 42b, Ο′ ἐκ χειρὸς θλίβοντος, **מני־צר**

– Α′ θλίβοντας αὐτό⟨ν⟩, lxxvii 66a, Ο′ τοὺς ἐχ-θροὺς αὐτοῦ, **צריו**

– Α′ καὶ ἐπὶ θλίβοντας αὐτούς, lxxx 15b, Ο′ καὶ ἐπὶ τοὺς θλίβοντας αὐτούς, **ועל צריהם**

θλίψις: Ε′ καὶ θλίψιν, lxxvii 49b, Ο′ καὶ θλίψιν, **וצרה**

θνησιμαῖον: Α′ τὸ θνησιμαῖον δούλων σου, lxxviii 2a, Ο′ τὰ θνησιμαῖα τῶν δούλων σου, **את־נבלת עבדיך**

θυμόομαι: Α′ θυμωθήσῃ, lxxviii 5a, Ο′ ὀργισθήσῃ, **תאנף**

θυμός: Α′ θυμὸν αὐτοῦ, lxxvii 38c, Ο′ τὸν θυμὸν αὐτοῦ, **אפו**

– C′ ὅλον τὸν θυμὸν αὐτοῦ, lxxvii 38d, Ο′ πᾶσαν τὴν ὀργὴν αὐτοῦ, **כל־חמתו**

– Θ′ θυμὸν ὀργῆς αὐτοῦ, lxxvii 49a, Ο′ ὀργὴν θυμοῦ αὐτοῦ, **חרון אפו**

- Α' τῷ θυμῷ αὐτοῦ, lxxvii 50a, Ο' τῇ ὀργῇ αὐτοῦ, לאפו
- ⟨C'⟩ τὸν θυμόν σου, lxxviii 6a, Ο' τὴν ὀργήν σου, חמתך

ἰαβιν: ⟨Α'⟩ ὡς ἰαβιν, lxxxii 10b, Ο' ὡς ὁ ἰαβιν, כיבין
- ⟨C'⟩ ὡς τῷ ἰαβιν, lxxxii 10b, Ο' ὡς ὁ ἰαβιν, כיבין

ἰακωβ: Α' τὸν ἰακωβ, lxxviii 7a, Ο' τὸν ἰακωβ, את־יעקב
- C' τὸν ἰακωβ, lxxviii 7a, Ο' τὸν ἰακωβ, את־יעקב

ἰδού: Θ'Ε' πάντες ὑμεῖς ἰδοὺ δὴ ὡς ἄνθρωποι ἀποθανεῖσθε, lxxxi 7a, Ο' πάντες· ὑμεῖς δὲ ὡς ἄνθρωποι ἀποθ⟨ανεῖσθε⟩, כלכם אכן כאדם תמותון

ἰδουμαῖος: ⟨Α'⟩ σκέπαι ἰδουμαί⟨ων⟩, lxxxii 7a, Ο' τὰ σκηνώματα τῶν ἰδουμαίων, אהלי אדום

ἰδρύω: C' καὶ ἴδρυσεν, lxxvii 55c, Ο' καὶ κατεσκήνωσεν, וישכן

ἰερεύς: Α'C' ἱερεῖς αὐτοῦ, lxxvii 64a, Ο' οἱ ἱερεῖς αὐτῶν, כהניו
- Θ' οἱ ἱερεῖς αὐτοῦ, lxxvii 64a, Ο' οἱ ἱερεῖς αὐτῶν, כהניו
- Ε' οἱ ἱερεῖς αὐτῶν, lxxvii 64a, Ο' οἱ ἱερεῖς αὐτῶν, כהניו

ἰερουσαλημ: Α' κυκλόθεν ἰερουσαλημ, lxxviii 3b, Ο' κύκλῳ ἰερουσαλημ, סביבות ירושלם
- C' τῆς ἰερουσαλημ, lxxviii 3b, Ο' ἰερουσαλημ, ירושלם

ἰλάσκομαι: Θ' καὶ ἵλασαι, lxxviii 9c, Ο' καὶ ἰλάσθητι, וכפר

ἵνα: Ε'Θ' ἵνα μὴ ἔρωσιν (sic), lxxviii 10a, Ο' μήποτε εἴπωσιν, למה יאמרו
- ⟨ς'⟩ ἵνα τί ἔφασαν, lxxviii 10a, Ο' μήποτε εἴπωσιν, למה יאמרו

ἰσμαηλίτης: Α' καὶ ἰσμαηλιτῶν, lxxxii 7a, Ο' καὶ οἱ Ἰσμαηλῖται, וישמעאלים

ἰσραηλ: Α' καὶ ἅγιον ἰσραηλ, lxxvii 41b, Ο' καὶ τὸν ἅγιον τοῦ ἰσραηλ, וקדוש ישראל
- C' καὶ τὸν ἰσχυρὸν τοῦ ἰσραηλ, lxxvii 41b, Ο' καὶ τὸν ἅγιον τοῦ ἰσραηλ, וקדוש ישראל
- Ε' καὶ τὸν ἅγιον τοῦ ἰσραηλ, lxxvii 41b, Ο' καὶ τὸν ἅγιον τοῦ ἰσραηλ, וקדוש ישראל
- Α' σκῆπτρα ἰσραηλ, lxxvii 55c, Ο' τὰς φύλας τοῦ ἰσραηλ, שבטי ישראל
- Α' καὶ ἀπέρριψε ... ἐν ἰσραηλ, lxxvii 59b, Ο' καὶ ἐξουδένωσεν ... ἰσραηλ, וימאס ... בישראל

ἵσταμαι: Α' θεὸς ἔστη, lxxxi 1b, Ο' ὁ θεὸς ἔστη, אלהים נצב

- C' στῆθι ὁ θεός, lxxxi 8a, Ο' ἀνάστα, ὁ θεός, קומה אלהים
ἰσχυρός: Α'Θ' ἰσχυρόν, lxxvii 41a, Ο' τὸν θεόν, אל
- Ε'ς' τὸν ἰσχυρόν, lxxvii 41a, Ο' τὸν θεόν, אל
- C' καὶ τὸν ἰσχυρὸν τοῦ ἰσραηλ, lxxvii 41b, Ο' καὶ τὸν ἅγιον τοῦ ἰσραηλ, וקדוש ישראל
- Α' ἰσχυρὸς ἀλλό⟨τριος⟩, lxxx 10a, Ο' θεὸς πρόσφατος, אל זר
- ⟨Ε'⟩Θ' ἰσχυρὸς πρόσφατος, lxxx 10a, Ο' θεὸς πρόσφατος, אל זר
- Α' καὶ οὐ προσκυνήσεις τῷ θεῷ τῷ ἰ⟨σ⟩χυρῷ ἀπεξεν⟨ω⟩μένῳ, lxxx 10b, Ο' οὐδὲ προσκυνήσεις θεῷ ἀλλοτρίῳ, ולא תשתחוה ⟩לאלהים לאל נכר
- Ε'Θ' ἰσχυρῷ, lxxx 10b, Ο' θεῷ, לאל
- Α' θεὸς ἔστη· ἐν συναγωγῇ ἰσχυρο⟨ῦ⟩, lxxxi 1b, Ο' ὁ θεὸς ἔστη ἐν συναγωγῇ θεῶν, אלהים נצב בעדת־אל
- ⟨Α'⟩ καὶ μὴ καθησυχάσῃς ἰσχυρέ, lxxxii 2b, Ο' μηδὲ καταπραΰνῃς ὁ θεός, ואל־תשקט אל
- ⟨ ⟩ μηδὲ παύσῃ ὁ ἰσχυρός, lxxxii 2b, Ο' μηδὲ καταπραΰνῃς ὁ θεός, ואל־תשקט אל

καθησυχάζω: ⟨Α'⟩ καὶ μὴ καθησυχάσῃς, lxxxii 2b, Ο' μηδὲ καταπραΰνῃς, ואל־תשקט
καθίσταμαι: C' κατέστη ἐν συνόδῳ θεοῦ, lxxxi 1b, Ο' ἔστη ἐν συναγωγῇ θεῶν, נצב בעדת־אל
- ⟨Α'⟩ καθισταμένους αὐτῶν, lxxxii 12b, Ο' τοὺς ἄρχοντας αὐτῶν, נסיכמו
καί: C' καὶ οὐκ ἔκλαυσαν, lxxvii 64b, Ο' οὐ κλαυσθήσονται, TM: תבכינה, C' ⟨ו⟩תבכינה ?
- Α' καὶ σὺ κλη⟨ρονομήσεις⟩, lxxxi 8b, Ο' ὅτι σὺ κατακληρονομήσεις, TM: כי־אתה תנחל, Α' ⟨ו⟩אתה תנחל
καὶ μή: siehe μή in Ps lxxvii 39b: C', lxxxii 2b: Α'
καὶ οὐ, οὐκ, οὐχ: siehe οὐ, οὐκ, οὐχ in Ps lxxvii 37b: Α', 38d: Α'Ε', C', lxxx 10b: Α'
καιρός: Α'C' καιρὸς αὐτῶν, lxxx 16b, Ο' ὁ καιρὸς αὐτῶν, עתם
κακόω: C' ἀγγέλων κακούντων, lxxvii 49c, Ο' δι' ἀγγέλων πονηρῶν, מלאכי רעים
καλέω: C' ταῖς τὸ ὄνομά σου μὴ καλούσαις, lxxviii 6b, Ο' αἱ τὸ ὄνομά σου οὐκ ἐπεκαλέσαντο, אשר בשמך לא קראו
καλέομαι: C' καὶ τ⟨ῷ⟩ ὀνομα⟨τί σου⟩ κληθησόμεθα, lxxix 19b, Ο' καὶ τὸ ὄνομά σου ἐπικαλεσόμεθα, ובשמך נקרא

καλλονή: C′ καὶ τὴν καλλονὴν αὐτοῦ, lxxviii 7b,
O′ καὶ τὸν τόπον αὐτοῦ, **ואת־נוהו**

καλύπτω: A′ ἐκάλυψεν, lxxvii 53b, O′ ἐκάλυψεν,
כסה

καπνίζω: Θ′ ἐκάπνισας, lxxix 5a, O′ ὀργίζῃ, **עשנת**

καρδία: A′ καὶ καρδία αὐτῶν, lxxvii 37a, O′ ἡ
δὲ καρδία αὐτῶν, **ולבם**

– ⟨Ε′⟩ καρδία αὐτῶν, lxxvii 37a, O′ ἡ δὲ καρδία
αὐτῶν, **ולבם**

– A′ ἐν σκολιότητι καρδίας αὐτῶν, lxxx 13a, O′
κατὰ τὰ ἐπιτηδεύματα τῶν καρδιῶν αὐτῶν,
בשרירות לבם

– ⟨A′⟩ καρδία ὁμοῦ, lxxxii 6a, O′ ἐν ὁμονοίᾳ ἐπὶ
τὸ αὐτό, **לב יחדו**

καρτερόω: A′ ἐκαρτέρωσάς σοι, lxxix 18b, O′ ὃν
ἐκραταίωσας σεαυτῷ, **אמצת לך**

κατά + gen.: ⟨C′⟩ κατὰ τοῦ λαοῦ σου πανούργως
ὁμιλοῦσιν, lxxxii 4a, O′ ἐπὶ τὸν λαόν σου κατεπανουργεύσαντο γνώμην, **על־עמך יערימו סוד**

– A′ κατὰ συγκεκρυμμένων σου, lxxxii 4b, O′
κατὰ τῶν ἁγίων σου, **על־צפוניך**

– ⟨C′⟩ κατὰ τοῦ ἀποκρύφου σου, lxxxii 4b, O′
κατὰ τῶν ἁγίων σου, TM: **על־צפוניך**, C′:
⟨על־צפונך⟩

– Ε′ κατὰ τοῦ κεκρυμμένου σου, lxxxii 4b, O′
κατὰ τῶν ἁγίων σου, TM: **על־צפוניך**, Ε′:
⟨על־צפונך⟩

– ⟨ ⟩ κατὰ τῶν κεκρυμμένων σου, lxxxii 4b, O′
κατὰ τῶν ἁγίων σου, **על־צפוניך**

– ⟨A′⟩ κατὰ σοῦ, lxxxii 6b, O′ κατὰ σοῦ, **עליך**

– + acc.: Ε′ κατ′ ὀφθαλμοὺς ἡμῶν, lxxviii 10b,
O′ ἐνώπιον τῶν ὀφθαλμῶν ἡμῶν, **לעינינו**

– C′ κατὰ τὸ μέγεθος τοῦ βραχίονός σου, lxxviii
11b, O′ κατὰ τὴν μεγαλωσύνην τοῦ βραχίονός
σου, **כגדל זרועך**

– C′ καὶ καθ′ ἑκάστην γενεάν, lxxviii 13c, O′ εἰς
γενεὰν καὶ γενεάν, **לדר ודר**

καταβάλλω: A′ καὶ κατέβαλεν αὐτούς, lxxvii 55b,
O′ καὶ ἐκληροδότησεν αὐτούς, **ויפילם**

καταβασιλεύω: ς′ σὺ γὰρ καταβασιλεύσεις, lxxxi
8b, O′ ὅτι σὺ κατακληρονομήσεις, **כי־אתה תנחל**

καταβόσκομαι: C′ κατεβοσκήσατο αὐτήν, lxxix
14b, O′ κατενεμήσατο αὐτήν, **ירענה**

κατάβρωμα: A′ κατάβρωμα, lxxviii 2b, O′ βρώματα, **מאכל**

καταιγίς: C′ ἐν καταιγίδι σου, lxxxii 16a, O′ τῇ
καταιγίδι σου, **בסערך**

κατακαίω: ⟨C′⟩ ὡς πῦρ κατακαίει, lxxxii 15a, O′
ὡσεὶ πῦρ, ὃ διαφλέξει δρυμόν, **כאש תבער־יער**

– ⟨ ⟩ κατακαύσει, lxxxii 15b, O′ κατακαύσαι,
תלהט

κατακαίομαι: C′ κατακέκαυται πυρί, lxxix 17a,
O′ ἐμπεπυρισμένη πυρί, **שרפה באש**

κατακληροδοτέω: Ε′ σὺ γὰρ κατακληροδοτήσεις,
lxxxi 8b, O′ ὅτι σὺ κατακληρονομήσεις, **כי־אתה
תנחל**

καταμασάομαι: C′ κατ⟨ε⟩μασήσατ⟨ο⟩ αὐτήν, lxxix
14a, O′ ἐλυμήνατο αὐτήν, **יכרסמנה**

κατανέμομαι: A′ κατανεμήσεται αὐτήν, lxxix 14b,
O′ κατενεμήσατο αὐτήν, **ירענה**

– Θ′Ε′ς′ κατενεμήσατο αὐτήν, lxxix 14b, O′
κατενεμήσατο αὐτήν, **ירענה**

– ς′ κατενεμήσατο αὐτήν, lxxix 14b, O′ κατενεμήσατο αὐτήν, **ירענה**

καταπίπτω: ς′ καὶ ὡς οἱ ἄρχοντες καταπίπτετ⟨ε⟩,
lxxxi 7b, O′ καὶ ὡς εἷς τῶν ἀρχόντων πίπτετε,
וכאחד השרים תפלו

κατάρροια: A′ καὶ καταρροίας αὐτῶν, lxxvii 44b,
O′ καὶ τὰ ὀμβρήματα αὐτῶν, **ונזליהם**

κατασκάπτομαι: Θ′ καὶ τὰ κατεσκαμμένα, lxxvii
44b, O′ καὶ τὰ ὀμβρήματα αὐτῶν, **ונזליהם**

κατασπουδάζω: A′ καὶ ἐν συσ⟨σ⟩εισμῷ κατασπουδάσεις αὐτούς, lxxxii 16b, O′ καὶ ἐν τῇ
ὀργῇ σου ταράξεις αὐτούς, **ובסופה תבהלם**

καταφλέγω: ⟨ ⟩ ὃ καταφλέξει, lxxxii 15a, O′ ὡσεὶ
πῦρ, ὃ διαφλέξει δρυμόν, **כאש תבער־יער**

κατεπίθεσις: A′ ὡς τόξον κατεπιθέσεως, lxxvii
57b, O′ εἰς τόξον στρεβλόν, **כקשת רמיה**

κατεσθίω: C′ καταφαγεῖν αὐτούς, lxxvii 45a, O′
καὶ κατέφαγεν αὐτούς, **ויאכלם**

κεφάλαιον: A′ κεφάλαιον λυπῶν, lxxvii 51b, O′
ἀπαρχὴν τῶν πόνων αὐτῶν, **ראשית אונים**

κεφαλή: ⟨C′⟩ ἐπα⟨ί⟩ρουσιν κεφαλήν, lxxxii 3b,
O′ ἦραν κεφαλήν, **נשאו ראש**

κισων: ⟨A′⟩ ὡς ιαβιν ἐν κισων, lxxxii 10b, O′ ὡς
ὁ ιαβιν ἐν τῷ χειμάρρῳ κισων, **כיבין בנחל קישון**

– ⟨C′⟩ ἐν τῇ φάραγγι τῆς κισων, lxxxii 10b, O′
ἐν τῷ χειμάρρῳ κισων, **בנחל קישון**

κλαίω: C′ καὶ οὐκ ἔκλαυσαν, lxxvii 64b, O′ οὐ
κλαυσθήσονται, **לא תבכינה**

κληροδοσία: A′ καὶ ἐν κληροδοσίᾳ αὐτοῦ ἀνυπερθέτησεν, lxxvii 62b, O′ καὶ τὴν κληρονομίαν
αὐτοῦ ὑπερεῖδεν, **ובנחלתו התעבר**

κληρονομέω: A′ καὶ σὺ κληρονομήσεις, lxxxi 8b,
O′ ὅτι σὺ κατακληρονομήσεις, TM: **כי־אתה
תנחל**, A′ **⟨ואתה תנחל⟩**

κληρονομία: Ε′Θ′ς′ κληρονομίας, lxxvii 55b, O′
κληροδοσίας, **נחלה**

– Ε′ καὶ τῇ κληρονομίᾳ αὐτοῦ ὠργίσθη, lxxvii
62b, Ο′ καὶ τὴν κληρονομίαν αὐτοῦ ὑπερεῖδεν,
ובנחלתו התעבר

κληρόομαι: ϛ′ καὶ ἐκληρώσατο, lxxvii 55b, Ο′
καὶ ἐκληροδότησεν, **ויפילם**

κληρουχέω: C′ σὺ γὰρ κληρουχήσεις, lxxxi 8b,
Ο′ ὅτι σὺ κατακληρονομήσεις, **כי־אתה תנחל**

κληρουχία: C′ κληρουχίαν, lxxvii 55b, Ο′ κληροδοσίας, **נחלה**

– C′ καὶ ἐν τῇ κληρουχίᾳ αὐτοῦ ἐχολώθη, lxxvii
62b, Ο′ καὶ τὴν κληρονομίαν αὐτοῦ ὑπερεῖδεν,
ובנחלתו התעבר

κόλπος: Α′ πρὸς κόλπον αὐτ⟨ῶ⟩ν, lxxviii 12a,
Ο′ εἰς τὸν κόλπον αὐτῶν, **אל־חיקם**

– ⟨Ε′⟩ εἰς κόλπον αὐτ⟨ῶ⟩ν, lxxviii 12a, Ο′ εἰς
τὸν κόλπον αὐτῶν, **אל־חיקם**

κόπος: Α′ καὶ κόπον αὐτῶν, lxxvii 46b, Ο′ καὶ
τοὺς πόνους αὐτῶν, **ויגיעם**

– C′ καὶ τοὺς κό[λ]πους αὐτῶν, lxxvii 46b, Ο′
καὶ τοὺς κόπους αὐτῶν, **ויגיעם**

κόπριον: ⟨Α′⟩ κόπριον τῇ χθονί, lxxxii 11b, Ο′
ὡσεὶ κόπρος τῇ γῇ, **דמן לאדמה**

κόπρος: ⟨ ⟩ κόπρος· τῇ ἀδάμα, lxxxii 11b, Ο′
ὡσεὶ κόπρος τῇ γῇ, **דמן לאדמה**

κόπτω: ⟨Α′⟩ κατὰ σοῦ συνθήκην κόψουσιν, lxxxii
6b, Ο′ κατὰ σοῦ διαθήκην διέθεντο, **עליך ברית
יכרתו**

κρατύνω: C′ ὃν ἐκράτυνας, lxxix 18b, Ο′ ὃν ἐκραταίωσας σεαυτῷ, **אמצת לך**

κρίνω: Α′ ἐν ἐγκάτῳ θεῶν κρινεῖ, lxxxi 1c, Ο′ ἐν
μέσῳ θεοὺς διακρίνει, **בקרב אלהים ישפט**

– C′ ἐν μέσοις θεὸς κρίνων, lxxxi 1c, Ο′ ἐν μέσῳ
θεοὺς διακρίνει, **בקרב אלהים ישפט**

κρύος: Α′ ἐν κρύει, lxxvii 47b, Ο′ ἐν τῇ πάχνῃ,
בחנמל

κρύπτομαι: Ε′ κατὰ τοῦ κεκρυμμένου σου, lxxxii
4b, Ο′ κατὰ τῶν ἁγίων σου, ΤΜ: **על־צפוניך**,
Ε′: **על־⟨צפונך⟩**

– ⟨ ⟩ κατὰ τῶν κεκρυμμένων σου, lxxxii 4b, Ο′
κατὰ τῶν ἁγίων σου, **על־צפוניך**

κρυφαῖος: C′ διὰ κρυφαίας βροντῆς, lxxx 8b, Ο′
ἐν ἀποκρύφῳ καταιγίδος, **בסתר רעם**

κτάομαι: ⟨ ⟩ εἰς τὸ ὄρος ὃ ἐκτήσατο, lxxvii 54b,
Ο′ ὄρος τοῦτο, ὃ ἐκτήσατο, **הר־זה קנתה**

κτῆμα: ⟨C′⟩ καὶ τὰ κτήματα αὐτῶν, lxxvii 48b,
Ο′ καὶ τὴν ὕπαρξιν αὐτῶν, **ומקניהם**

κτῆνος: C′ [καὶ] τὰ κτήνη αὐτῶν, lxxvii 48a, Ο′
τὰ κτήνη αὐτῶν, **בעירם**

κτῆσις: Ε′Θ′ τὰς κτήσεις αὐτῶν, lxxvii 48a, Ο′
τὰ κτήνη αὐτῶν, **בעירם**

– Α′ καὶ κτήσεις αὐτῶν, lxxvii 48b, Ο′ καὶ τὴν
ὕπαρξιν αὐτῶν, **ומקניהם**

κυκλώθεν: Α′ κυκλώθεν ιερουσαλημ, lxxviii 3b,
Ο′ κύκλῳ ιερουσαλημ, **סביבות ירושלם**

κυνόμυια: C′ κυνόμυιαν, lxxvii 45a, Ο′ κυνόμυιαν,
ערב

(κύριος): C′ κύριε, lxxviii 12b, Ο′ κύριε, **אדני**

κύριος: Α′C′ ἐγώ εἰμι κύριος, lxxx 11a, Ο′ ἐγὼ
γάρ εἰμι κύριος, ΤΜ: **אנכי יהוה**, Α′C′ **אנכי
⟨אדני⟩**

κωλύω: Α′ ἐκώλυσα, lxxx 15a, Ο′ ἂν ... ἐταπείνωσα, **אכניע**

κωφεύω: ⟨Α′⟩ μὴ κωφεύσῃς, lxxxii 2b, Ο′ μὴ
σιγήσῃς, **אל־תחרש**

λαβρώσσω: ⟨Α′⟩ καὶ ὡς φλογὸς λαβρωσσούσης
ὄρη, lxxxii 15b, Ο′ ὡς εἰ φλὸξ κατακαύσαι ὄρη,
וכלהבה תלהט הרים

λαῖλαψ: Α′ διώξ⟨εις⟩ αὐτοὺς ἐν λ⟨αί⟩λαπί σου,
lxxxii 16a, Ο′ καταδιώξεις αὐτοὺς ἐν τῇ καταιγίδι σου, **תרדפם בסערך**

λαός: Α′ λαὸν αὐτοῦ, lxxvii 52a, Ο′ τὸν λαὸν
αὐτοῦ, **עמו**

– Α′C′ τὸν λαὸν αὐτοῦ, lxxvii 62a, Ο′ τὸν λαὸν
αὐτοῦ, **עמו**

– Α′ καὶ ἡμεῖς αὐτοὶ λαός σου, lxxviii 13a, Ο′
ἡμεῖς δὲ λαός σου, **ואנחנו עמך**

– C′ ἡμεῖς γὰρ λαός σου, lxxviii 13a, Ο′ ἡμεῖς
δὲ λαός σου, **ואנחנו עמך**

– Α′ ἄκουε λαέ μου, lxxx 9a, Ο′ ἄκουσον λαός
μου, **שמע עמי**

– C′ οὐκ ⟨ὑπ⟩ήκουσεν δὲ ὁ λαός, lxxx 12a, Ο′
καὶ οὐκ ἤκουσεν ὁ λαός μου, **ולא־שמע עמי**

– Α′ ἐπὶ λαὸν πανουργεύσονται ἀπορρήτως, lxxxii
4a, Ο′ ἐπὶ τὸν λαόν σου κατεπανουργεύσαντο γνώμην, ΤΜ: **על־⟨עם⟩**, Α′: **על־עמך יערימו סוד**,
יערימו סוד

– ⟨C′⟩ κατὰ τοῦ λαοῦ σου πανούργως ὁμιλοῦσιν,
lxxxii 4a, Ο′ ἐπὶ τὸν λαόν σου κατεπανουργεύσαντο γνώμην, **על־עמך יערימו סוד**

λέγω: Α′ εἰς τί ἐροῦσι, lxxviii 10a, Ο′ μήποτε
εἴπωσιν, **למה יאמרו**

– C′ εἰς τί λέγει τὰ ἔθνη, lxxviii 10a, Ο′ μήποτε
εἴπωσιν τὰ ἔθνη, **למה יאמרו הגוים**

– Ε′Θ′ ἵνα μὴ ἔρωσιν (sic), lxxviii 10a, Ο′ μήποτε
εἴπωσιν, **למה יאמרו**

– C′ εἶπον, lxxxi 6a, Ο′ εἶπα, **אמרתי**

– Α' οἳ εἶπον, lxxxii 13, Ο' οἵτινες εἶπαν, אשר אמרו

– ⟨C'⟩ τοὺς εἰπόντας, lxxxii 13, Ο' οἵτινες εἶπαν, אשר אמרו

λόγος: Ε' ἕνεκα λόγου, lxxviii 9b, Ο' ἕνεκα, על־דבר

λοιμός: C' λοιμῷ, lxxvii 48a, Ο' εἰς χάλαζαν, [TM: לברד] ⟨C': לדבר⟩

– Α'Θ' τῷ λοιμῷ, lxxvii 50c, Ο' εἰς θάνατον, לדבר

– C' λοιμῷ, lxxvii 50c, Ο' εἰς θάνατον, לדבר

λυμαίνομαι: Α' λυμανεῖται αὐτήν, lxxix 14a, Ο' ἐλυμήνατο αὐτήν, יכרסמנה

λυπή: Α' κεφάλαιον λυπῶν, lxxvii 51b, Ο' ἀπαρχὴν τῶν πόνων αὐτῶν, ראשית אונים

λυτρόομαι: Α' ἐλυτρώσατο, lxxvii 42b, Ο' ἐλυτρώσατο αὐτούς, פדם

μαδιαμ: Α' ὡς μαδιαμ, lxxxii 10a, Ο' ὡς τῇ μαδιαμ, כמדין

μαρτυρία: Α' καὶ μαρτυρίας αὐτοῦ, lxxvii 56b, Ο' καὶ τὰ μαρτύρια αὐτοῦ, ועדותיו

μαρτύρομαι: Α' καὶ μαρτύρομαι ἐν σοί, lxxx 9a, Ο' καὶ [διαμαρτύρομαί] σοι, ואעידה בך

μάχαιρα: Α'C' εἰς μάχαιραν, lxxvii 62a, Ο' ἐν ῥομφαίᾳ = Lᵃ, Psalter 1173, Ο' εἰς ῥομφαίαν, לחרב

– Α' ἐν μαχαίρᾳ, lxxvii 64a, Ο' ἐν ῥομφαίᾳ, בחרב

– C' μαχαίρᾳ, lxxvii 64a, Ο' ἐν ῥομφαίᾳ, בחרב

μάχη: C' ἐπὶ τοῦ ὕδατος τῆς μάχης, lxxx 8c, Ο' ἐπὶ ὕδατος ἀντιλογίας, על־מי מריבה

μέγεθος: Α' ἐν μεγέθει βραχιόνός σου, lxxviii 11b, Ο' κατὰ τὴν μεγαλωσύνην τοῦ βραχίονός σου, TM: כגדל זרועך, Α': ⟨בגדל זרועך⟩

– C' κατὰ τὸ μέγεθος τοῦ βραχίονός σου, lxxviii 11b, Ο' κατὰ τὴν μεγαλωσύνην τοῦ βραχίονός σου, כגדל זרועך

μέσος: C' ἐν μέσοις θεὸς κρίνων, lxxxi 1c, Ο' ἐν μέσῳ θεοὺς διακρίνει, בקרב אלהים ישפט

– ϛ' ἐν μέσῳ δέ, lxxxi 1c, Ο' ἐν μέσῳ [δέ], בקרב

μετά + gen.: Α' μετ' αὐτοῦ, lxxvii 37a, Ο' μετ' αὐτοῦ, עמו

– ⟨ϛ'⟩ μετ' αὐτοῦ, lxxvii 37a, Ο' μετ' αὐτοῦ, עמו

μεταβάλλω: C' τοῦ μεταβαλ[λ]όντος, lxxvii 44a, Ο' καὶ μετέστρεψεν, ויהפך

μέτρον: siehe σχοινίον μέτρον C'

μή: C' καὶ μὴ διαφθείρων, lxxvii 38b, Ο' καὶ οὐ διαφθερεῖ, ולא־ישחית

– C' πνεῦμα ἀπαλλασσόμενον καὶ μὴ ὑποστρέ⟨φ⟩ον, lxxvii 39b, Ο' πνεῦμα πορευόμενον καὶ οὐκ ἐπιστρέφον, רוח הולך ולא ישוב

– C' τοῖς ἔθνεσι τοῖς μὴ γινώσκουσί σε, lxxviii 6a, Ο' ἐπὶ ἔθνη τὰ μὴ γινώσκοντά σε, אל־הגוים אשר לא־ידעוך

– C' ταῖς τὸ ὄνομά σου μὴ καλούσαις, lxxviii 6b, Ο' αἳ τὸ ὄνομά σου οὐκ ἐπεκαλέσαντο, אשר בשמך לא קראו

– ϛ' καὶ τὰς μὴ ἐπικαλεσαμένας σε, lxxviii 6b, Ο' αἳ τὸ ὄνομά σου οὐκ ἐπεκαλέσαντο, אשר בשמך לא קראו

– Α' μὴ μνησθῇς ἡμῖν, lxxviii 8a, Ο' μὴ μνησθῇς ἡμῶν, אל־תזכר־לנו

– C' μὴ μνημονεύσῃς ἡμῖν, lxxviii 8a, Ο' μὴ μνησθῇς ἡμῶν, אל־תזכר־לנו

– Ε'Θ' ἵνα μὴ ἔρωσιν (sic), lxxviii 10a, Ο' μήποτε εἴπωσιν, למה יאמרו

– C' μὴ ἔστω, lxxx 10a, Ο' [οὐκ ἔσται], לא־יהיה

– Α' θεὲ μὴ σιωπήσῃ σοί, lxxxii 2a, Ο' ὁ θεός, τίς ὁμοιωθήσεταί σοι, אלהים אל־דמי־לך

– C' ὁ θεὸς μὴ ἡσυχάσῃς, lxxxii 2a, Ο' ὁ θεός, τίς ὁμοιωθήσεταί σοι, אלהים אל־דמי־לך

– Ε'ϛ' ὁ θεὸς μὴ παρασιωπήσῃς, lxxxii 2a, Ο' ὁ θεός, τίς ὁμοιωθήσεταί σοι, אלהים אל־דמי־לך

– ⟨Α'⟩ μὴ κωφεύσῃς, lxxxii 2b, Ο' μὴ σιγήσῃς, אל־תחרש

– ⟨C'⟩ μὴ παρασιωπήσῃς, lxxxii 2b, Ο' μὴ σιγήσῃς, אל־תחרש

– ⟨Α'⟩ καὶ μὴ καθησυχάσῃς, lxxxii 2b, Ο' μηδὲ καταπραΰνῃς, ואל־תשקט

μηδέ: C' μηδὲ προσκυνήσῃς, lxxx 10b, Ο' οὐδὲ προσκυνήσεις, ולא תשתחוה

– C' μηδὲ ἠρεμήσῃς, lxxxii 2b, Ο' μηδὲ καταπραΰνῃς, ואל־תשקט

– ⟨ ⟩ μηδὲ ἀμελήσῃς, lxxxii 2b, Ο' μηδὲ καταπραΰνῃς, ואל־תשקט

– ⟨ ⟩ μηδὲ παύσῃ ὁ ἰσχυρός, lxxxii 2b, Ο' μηδὲ καταπραΰνῃς ὁ θεός, ואל־תשקט אל

μηκέτι: C' μηκέτι, lxxxii 5b, Ο' ἔτι, ולא ... עוד

μῆνις: Θ' μῆνιν, lxxvii 49b, Ο' θυμόν, עברה

μιμνήσκομαι: Α'Θ' καὶ μνησθήσεται, lxxvii 39a, Ο' καὶ ἐμνήσθη, ויזכר

– Α' μὴ μνησθῇς ἡμῖν, lxxviii 8a, Ο' μὴ μνησθῇς ἡμῶν, אל־תזכר־לנו

μισοποιέω: Α' μισοποιοῦντες πιπι, lxxx 16a, Ο' οἱ ἐχθροὶ κυρίου, משנאי יהוה

– Α' καὶ μισοποιοῦντές σε, lxxxii 3b, Ο' καὶ οἱ μισοῦντές σε, ומשנאיך

μισοποιός: C′ μισοποιοί, lxxx 16a, Ο′ οἱ ἐχθροί, **משנאי**

μνημονεύω: C′ ἀλλὰ ἐμνημόνευσεν, lxxvii 39a, Ο′ καὶ ἐμνήσθη, **ויזכר**

– C′ μὴ μνημονεύσῃς ἡμῖν, lxxviii 8a, Ο′ μὴ μνησθῇς ἡμῶν, **אל־תזכר־לנו**

μονιός: Ε′ καὶ μονιὸς ἄγριος, lxxix 14b, Ο′ καὶ [μονιὸς] ἄγριος, **וזיז שדי**

μυζήτης: C′ τῷ μυζήτῃ, lxxvii 46a, Ο′ τῇ ἐρυσίβῃ, **לחסיל**

μυχθισμός: Α′ μυχθισμός, lxxviii 4b, Ο′ μυκτηρισμός, **לעג**

νεανίσκος: C′⟨Θ′⟩ τοὺς νεανίσκους αὐτοῦ, lxxvii 63a, Ο′ τοὺς νεανίσκους αὐτῶν, **בחוריו**

νέμησις: Α′ καὶ ποίμνιον νεμήσεώς σου, lxxviii 13a, Ο′ καὶ πρόβατα νομῆς σου, **וצאן מרעיתך**

– C′ καὶ ποίμνη τῆς νεμήσεώς σου, lxxviii 13a, Ο′ καὶ πρόβατα νομῆς σου, **וצאן מרעיתך**

νῖκος: Α′ εἰς νῖκ⟨ο⟩ς, lxxviii 5a, Ο′ εἰς τέλος, **לנצח**

νομή: Ε′ τῆς νομῆς σου, lxxviii 13a, Ο′ νομῆς σου, **מרעיתך**

ξένος: C′ θεὸς ξένος, lxxx 10a, Ο′ θεὸς πρόσφατος, **אל זר**

ὁ, ἡ, τὸ art.: C′ τοῦ ποιήσαντος, lxxvii 43a, Ο′ ὡς ἔθετο, **אשר־שם**

– Α′ καὶ προσήρισαν τῷ θεῷ, lxxvii 56a, Ο′ καὶ παρεπίκραναν τὸν θεόν, **וימרו את־אלהים**

– Α′ τὸ θνησιμαῖον, lxxviii 2a, Ο′ τὰ θνησιμαῖα, **את־נבלת**

– Α′ τῷ πετεινῷ, lxxviii 2b, Ο′ τοῖς πετεινοῖς, **לעוף**

– C′ τοῖς ἔθνεσι τοῖς μὴ γινώσκουσί σε, lxxviii 6a, Ο′ ἐπὶ ἔθνη τὰ μὴ γινώσκοντά σε, **אל־הגוים אשר לא־ידעוך**

– C′ καὶ βασιλείαις ταῖς ... μὴ καλούσαις, lxxviii 6b, Ο′ καὶ ἐπὶ βασιλείας, αἳ ... οὐκ ἐπεκαλέσαντο, **ועל ממלכות אשר ... לא קראו**

– ς′ καὶ τὰς μὴ ἐπικαλεσαμένας σε, lxxviii 6b, Ο′ αἳ τὸ ὄνομά σου οὐκ ἐπεκαλέσαντο, **אשר בשמך לא קראו**

– Α′ τὸν ἰακωβ, lxxviii 7a, Ο′ τὸν ἰακωβ, **את־יעקב**

– Α′ καὶ τὸ ὡραῖον αὐτοῦ, lxxviii 7b, Ο′ καὶ τὸν τόπον αὐτοῦ, **ואת־נוהו**

– Α′ τῷ θεῷ τῷ ἰ⟨σ⟩χυρῷ ἀπεξεν⟨ω⟩μένῳ, lxxx 10b, Ο′ θεῷ ἀλλοτρίῳ, ΤΜ: **לאל נכר**, Α′: ⟨**לאלהים**⟩ **לאל נכד**

– ⟨ ⟩ ὁ ἀναβιβάσ⟨ας⟩ σε, lxxx 11b, Ο′ ὁ ἀναγαγών σε, **המעלך**

– ⟨C′⟩ καὶ οἱ ἀπὸ ἀγάρ, lxxxii 7b, Ο′ καὶ οἱ ἀγαρηνοί, **והגרים**

– ⟨Α′⟩ κόπριον τῇ χθονί, lxxxii 11b, Ο′ ὡσεὶ κόπρος τῇ γῇ, **דמן לאדמה**

– ⟨ ⟩ ὡσεὶ ἀδαμα τῇ γῇ, lxxxii 11b, Ο′ ὡσεὶ κόπρος τῇ γῇ, **דמן לאדמה**

– ⟨ ⟩ κόπρος τῇ ἀδαμα, lxxxii 11b, Ο′ ὡσεὶ κόπρος τῇ γῇ, **דמן לאדמה**

– ⟨C′⟩ τοὺς εἰπόντας, lxxxii 13, Ο′ οἵτινες εἶπαν, **אשר אמרו**

– ⟨Α′⟩ τὰ ὡραῖα θεοῦ, lxxxii 13, Ο′ τὸ ἁγιαστήριον τοῦ θεοῦ, **את נאות אלהים**

ὁδοποιέω: Α′ ὡδοποίησεν, lxxvii 50a, Ο′ ὡδοποίησεν, **יפלס**

ὀδύνη: ς′Ε′ ἀρχὴ ὀδύνων, lxxvii 51b, Ο′ ἀπαρχὴν τῶν πόνων αὐτῶν, **ראשית אונים**

οἰκτιρμός: Α′ προφθασάτωσαν ἡμᾶς [οἱ] οἰκτιρμοί σου, lxxviii 8b, Ο′ προκαταλαβέτωσαν ἡμᾶς οἱ οἰκτιρμοί σου, **יקדמונו רחמיך**

οἰκτίρμων: Α′ οἰκτίρμων, lxxvii 38a, Ο′ οἰκτίρμων, **רחום**

οἰμωγή: Α′ οἰμωγὴ δεσμώτου, lxxviii 11a, Ο′ ὁ στεναγμὸς τῶν πεπεδημένων, **אנקת אסיר**

– C′ ἡ οἰμωγὴ τῶν δεσμ⟨ί⟩ων σου, lxxviii 11a, Ο′ ὁ στεναγμὸς τῶν πεπεδημένων, **אנקת אסיר**

οἶνος: C′ ἐξ οἴνου, lxxvii 65b, Ο′ ἐξ οἴνου, **מיין**

οἰωνός: ⟨C′⟩ οἰωνοῖς, lxxvii 48b, Ο′ τῷ πυρί, **לרשפים**

ὅλος: C′ ὅλον τὸν θυμὸν αὐτοῦ, lxxvii 38d, Ο′ πᾶσαν τὴν ὀργὴν αὐτοῦ, **כל־חמתו**

ὁμιλέω: ⟨C′⟩ κατὰ τοῦ λαοῦ σου πανούργως ὁμιλοῦσιν, lxxxii 4a, Ο′ ἐπὶ τὸν λαόν σου κατεπανουργεύσαντο γνώμην, **על־עמך יערימו סוד**

ὁμοθυμαδόν: C′ ὅτι ⟨συ⟩σκέψαντο ὁμοθυμαδόν, lxxxii 6a, Ο′ ὅτι ἐβουλεύσαντο ἐν ὁμονοίᾳ ἐπὶ τὸ αὐτό, **כי נועצו לב יחדו**

ὁμοιόω: Ε′ ὡμοίωσαν, lxxvii 41b, Ο′ παρώξυναν, **התוו**

ὁμοίως: Α′ ὁμοίως πυρί, lxxviii 5b, Ο′ ὡς πῦρ, **כמו־אש**

ὁμοῦ: ⟨Α′⟩ καρδία ὁμοῦ, lxxxii 6a, Ο′ ἐν ὁμονοίᾳ ἐπὶ τὸ αὐτό, **לב יחדו**

ὀνειδίζω: C′ τὸ[ν] ὄνειδο⟨ς⟩ δ[ν] ὠνείδισάν σε, lxxviii 12b, Ο′ τὸν ὀνειδισμὸν αὐτῶν, ὃν ὠνείδισάν σε, **חרפתם אשר חרפוך**

ὀνειδισμός: Α′ ὀνειδισμὸν αὐτῶν, lxxviii 12b, Ο′ τὸν ὀνειδισμὸν αὐτῶν, **חרפתם**

ὄνειδος (neutr.): Α' ὄνειδος, lxxvii 66b, O'
ὄνειδος, חרפת־עולם

– C' ὄνειδος, lxxviii 4a, O' ὄνειδος, O' εἰς ὄ.: B,
R, La^G, La^R, Psalt. Rom., חרפה

⟨–⟩ C' τὸ[ν] ὄνειδο⟨ς⟩, lxxviii 12b, O' τὸν
ὀνειδισμὸν αὐτῶν, חרפתם

[–] (masc.): Für das irrtümliche C' τὸν ὄνειδον
ὃν in Ps lxxviii 12b: siehe ⟨ὄνειδος⟩ neutr.

ὄνομα: Α' ἐν ὀνόματί σου οὐκ ἐπεκαλέσαντο,
lxxviii 6b, O' τὸ ὄνομά σου οὐκ ἐπεκαλέσαντο,
בשמך לא קראו

– C' ταῖς τὸ ὄνομά σου μὴ καλούσαις, lxxviii 6b,
O' αἲ τὸ ὄνομά σου οὐκ ἐπεκαλέσαντο, אשר
בשמך לא קראו

– Ε' ὄνομά σου, lxxviii 6b, O' τὸ ὄνομά σου, בשמך

– Α' ἐπὶ ῥήματι δόξης ὀνόματός σου, lxxviii 9b,
O' ἕνεκα τῆς δόξης τοῦ ὀνόματός σου, על־דבר
כבוד־שמך

– Ε' ἕνεκα λόγου δόξης ὀνόματός σου, lxxviii 9b,
O' ἕνεκα τῆς δόξης τοῦ ὀνόματός σου, על־דבר
כבוד־שמך

– Α' διὰ ὄνομά σου, lxxviii 9c, O' ἕνεκα τοῦ
ὀνόματός σου, למען שמך

– C' διὰ τὸ ὄνομά σου, lxxviii 9c, O' ἕνεκα τοῦ
ὀνόματός σου, למען שמך

– Α' καὶ ἐν ὀνόματί σου ἐπικαλέσομαι, lxxix
19b, O' καὶ τὸ ὄνομά σου ἐπικαλεσόμεθα, ובשמך
נקרא

– C' καὶ τ⟨ῷ⟩ ὄνομα⟨τί σου⟩ κληθησόμεθα, lxxix
19b, O' καὶ τὸ ὄνομά σου ἐπικαλεσόμεθα, ובשמך
נקרא

– Ε' καὶ ἐν τῷ ὀνόματί σου ἐπικαλεσόμεθα, lxxix
19b, O' καὶ τὸ ὄνομά σου ἐπικαλεσόμεθα, ובשמך
נקרא

ὄντως: C' πάντες ὑμεῖς ὄντως δὲ ὡς ἄνθρωποι,
lxxxi 7a, O' πάντες ὑμεῖς δὲ ὡς ἄνθρωποι,
כלכם אכן כאדם

ὀπίσω: Α' ὀπίσω, lxxvii 66a, O' εἰς τὰ ὀπίσω,
אחור

ὀπωροφυλάκιον: Θ'Ε' εἰς ὀπωροφυλάκιον, lxxviii
1d, O' ὡς ὀπωροφυλάκιον, לעיים

ὀργή: C' τὴν ὀργὴν αὐτοῦ, lxxvii 38c, O' τὸν
θυμὸν αὐτοῦ, אפו

– ⟨Θ'⟩ τὴν ὀργὴν αὐτοῦ, lxxvii 38c, O' τὸν
θυμὸν αὐτοῦ, אפו

– Θ' θυμὸν ὀργῆς αὐτοῦ, lxxvii 49a, O' ὀργὴν
θυμοῦ αὐτοῦ, חרון אפו

– Ε' ὀργήν, lxxvii 49b, O' θυμόν, עברה

– Ε' ὀργήν σου, lxxviii 6a, O' τὴν ὀργήν σου,
חמתך

ὀργίζομαι: Ε' καὶ ὠργίσθη, lxxvii 59a, O' καὶ
ὑπερεῖδεν, ויתעבר

– Ε' ὠργίσθη, lxxvii 62b, O' ὑπερεῖδεν, התעבר

ὀρήβ: Α' ὡς ὀρήβ, lxxxii 12a, O' ὡς τὸν ὠρήβ,
כערב

ὄριον: Α' πρὸς ὄριον, lxxvii 54a, O' εἰς ὄρος,
אל־גבול

– Ε'ς' εἰς ὄριον, lxxvii 54a, O' εἰς ὄρος, אל־גבול

ὄρος: C' εἰς τὸ ὄρος, lxxvii 54b, O' ὄρος, הר

– ⟨ ⟩ εἰς τὸ ὄρος, lxxvii 54b, O' ὄρος, הר

– ⟨Α'⟩ καὶ ὡς φλογὸς λαβρωσσούσης ὄρη, lxxxii
15b, O' ὡς εἰ φλὸξ κατακαύσαι ὄρη, וכלהבה
תלהט הרים

– C' ὡς φλὸξ φλέγει ὄρη, lxxxii 15b, O' ὡς εἰ
φλὸξ κατακαύσαι ὄρη, וכלהבה תלהט הרים

ὀρφανός: Α' ἀραιῷ καὶ ὀρφανῷ, lxxxi 3a, O' ὀρφανὸν καὶ πτωχόν, דל ויתום

– C' ἀτόνῳ καὶ ὀρφανῷ, lxxxi 3a, O' ὀρφανὸν καὶ
πτωχόν, דל ויתום

ὅς, ἥ, ὅ rel.: C' τὴν ἡμέραν ἐν ᾗ, lxxvii 42b, O'
ἡμέρας ἧς, יום אשר

– Α' ἧς ἐλυτρώσατο, lxxvii 42b, O' ἧς ἐλυτρώσατο αὐτούς, אשר־פדם

– Ε' ὃς ἔθετο, lxxvii 43a, O' ὡς ἔθετο, אשר־שם

– C' ὃς ἔπεμψεν αὐτοῖς, lxxvii 49a, O' ἐξαπέστειλεν εἰς αὐτούς, ישלח־בם

– ⟨ ⟩ εἰς τὸ ὄρος ὃ ἐκτήσατο, lxxvii 54b, O' ὄρος
τοῦτο ὃ ἐκτήσατο, הר־זה קנתה

– Α' πρὸς τὰ ἔθνη ἃ οὐκ ἔγνωσάν σε, lxxviii 6a,
O' ἐπὶ ἔθνη τὰ μὴ γινώσκοντά σε, אל־הגוים
אשר לא־ידעוך

– Α' καὶ ἐπὶ βασίλεια ἃ ... οὐκ ἐπεκαλέσαντο,
lxxviii 6b, O' καὶ ἐπὶ βασιλείας, αἲ ... οὐκ
ἐπεκαλέσαντο, ועל ממלכות אשר ··· לא קראו

– Ε' αἲ, lxxviii 6b, O' αἲ, אשר

– C' τὸ[ν] ὄνειδο⟨ς⟩ ὃ[ν] ὠνείδισάν σε, lxxviii
12b, O' τὸν ὀνειδισμὸν αὐτῶν, ὃν ὠνείδισάν σε,
חרפתם אשר חרפוך

– C' ὃν ἐκράτυνας, lxxix 18b, O' ὃν ἐκραταίωσας
σεαυτῷ, אמצת לך

– Α' οἳ εἶπον, lxxxii 13, O' οἵτινες εἶπαν, אשר
אמרו

– ⟨ ⟩ ὃ καταφλέξει, lxxxii 15a, O' ὡσεὶ πῦρ, ὃ
διαφλέξει δρυμόν, כאש תבער־יער

ὅσιος: Α' τῶν ὁσίων, lxxviii 2c, O' τῶν ὁσίων
σου, ⟨Α': ?⟩ בשר חסידיך ⟨החסידים⟩

ὅσοι, ὅσαι ὅσα: Α΄ ὅσα ἔθηκεν, lxxvii 43a, Ο΄ ὡς ἔθετο, אשר־שם

ὅτι: Α΄ ὅτι ἔφαγον, lxxviii 7a, Ο΄ ὅτι κατέφαγον, TM: כי אכל, Mss: כי אכלו

– Α΄ ὅτι ἠρ⟨αι⟩ώθημεν, lxxviii 8c, Ο΄ ὅτι ἐπτω-χεύσαμεν, כי דלונו

– C΄Ε΄ ὅτι ἠτονήσαμεν, lxxviii 8c, Ο΄ ὅτι ἐπτω-χεύσαμεν, כי דלונו

– Θ΄ ὅτι ἐγώ εἰμι, lxxx 11a, Ο΄ ἐγώ γάρ εἰμι, אנכי

– C΄ ὅτι ⟨συ⟩σκέψαντο, lxxxii 6a, Ο΄ ὅτι ἐβουλεύ-σαντο, כי נועצו

οὐ, οὐκ, οὐχ: Α΄ οὐκ ἐπεδέ[η]θησαν, lxxvii 30a, Ο΄ οὐκ ἐστερήθησαν, לא־זרו

– C΄ οὐκ ἀπέστησαν, lxxvii 30a, Ο΄ οὐκ ἐστε-ρήθησαν, לא־זרו

– Ε΄ οὐκ ἠλλοτριώθησαν, lxxvii 30a, Ο΄ οὐκ ἐστε-ρήθησαν, לא־זרו

– Α΄ οὐχ ἡδρασμένη, lxxvii 37a, Ο΄ οὐκ εὐθεῖα, לא־נכון

– C΄ οὐ βεβαία, lxxvii 37a, Ο΄ οὐκ εὐθεῖα, לא־נכון

– Ε΄Θ΄ οὐχ ἑτοίμη, lxxvii 37a, Ο΄ οὐκ εὐθεῖα, לא־נכון

– Α΄ καὶ οὐκ ἐπιστώθησαν, lxxvii 37b, Ο΄ οὐδὲ ἐπιστώθησαν, ולא נאמנו

– Ε΄Α΄ καὶ οὐκ ἐξεγερεῖ, lxxvii 38d, Ο΄ καὶ οὐχὶ ἐκκαύσει, ולא־יעיר

– C΄ καὶ οὐ διήγειρεν, lxxvii 38d, Ο΄ καὶ οὐχὶ ἐκκαύσει, ולא־יעיר

– C΄ οὐκ ἀνεμιμνήσκοντο, lxxvii 42a, Ο΄ οὐκ ἐμ-νήσθησαν, לא־זכרו

– Α΄ οὐχ ὑπεξείλατο, lxxvii 50b, Ο΄ οὐκ ἐφείσατο, לא־חשך

– Α΄ οὐκ ἐφύλαξαν, lxxvii 56b, Ο΄ οὐκ ἐφυλάξαντο, לא שמרו

– C΄ οὐκ ἐφύλασσον, lxxvii 56b, Ο΄ οὐκ ἐφυλάξαν-το, לא שמרו

– Α΄ οὐχ ὑμνήθησαν, lxxvii 63b, Ο΄ οὐκ ἐπενθήθη-σαν, לא הוללו

– Θ΄ οὐκ ἐπηνέθησαν, lxxvii 63b, Ο΄ οὐκ ἐπενθήθη-σαν, לא הוללו

– Ε΄ οὐκ ἐπηνέθησαν, lxxvii 63b, Ο΄ οὐκ ἐπεν-θήθησαν, לא הוללו

– ⟨Ο΄⟩ οὐκ ἐπένθησαν, lxxvii 63b, Ο΄ οὐκ ἐπεν-θήθησαν, לא הוללו

– C΄ καὶ οὐκ ἔκλαυσαν, lxxvii 64b, Ο΄ οὐ κλαυσ-θήσονται, לא תבכינה

– Α΄ καὶ οὐκ ἔστι, lxxviii 3b, Ο΄ καὶ οὐκ ἦν, ואין

– C΄ καὶ οὐχ ὑπῆρχε, lxxviii 3b, Ο΄ καὶ οὐκ ἦν, ואין

– Α΄ ἃ οὐκ ἔγνωσάν σε, lxxviii 6a, Ο΄ τὰ μὴ γινώσκοντά σε, אשר לא־ידעוך

– Α΄ οὐκ ἐπεκαλέσαντο, lxxviii 6b, Ο΄ οὐκ ἐπεκαλέ-σαντο, לא קראו

– Α΄ καὶ οὐκ ἀποστραφησόμεθα, lxxix 19a, Ο΄ καὶ οὐ μὴ ἀποστῶμεν, ולא־נסוג

– C΄ οὐ γὰρ ἀναχωρήσομεν, lxxix 19a, Ο΄ καὶ οὐ μὴ ἀποστῶμεν, ולא־נסוג

– Ε΄ καὶ οὐκ ἀπέστη, lxxix 19a, Ο΄ καὶ οὐ μὴ ἀποστῶμεν, ולא־נסוג

– Α΄ οὐκ ἔσται, lxxx 10a, Ο΄ [οὐκ ἔσται], לא־יהיה

– Ε΄ς΄ οὐκ ἔσται, lxxx 10a, Ο΄ [οὐκ ἔσται], לא־יהיה

– Α΄ καὶ οὐ προσκυνήσεις, lxxx 10b, Ο΄ οὐδὲ προσκυνήσεις, ולא תשתחוה

– C΄ οὐκ ⟨ὑπ⟩ήκουσεν δὲ ὁ λαός, lxxx 12a, Ο΄ καὶ οὐκ ἤκουσεν ὁ λαός μου, ולא־שמע עמי

– Α΄ οὐκ ἠθέλησεν ἐν ἐμοί, lxxx 12b, Ο΄ οὐ προσέσχεν μοι, TM: לא־אבה לי, Α΄: לא אבה ⟨בי⟩

– ⟨C΄⟩ οὐκ ἐπ⟨εί⟩σθη μοι, lxxx 12b, Ο΄ οὐ προσ-έσχεν μοι, לא־אבה לי

– C΄Α΄ οὐ γινώσκουσιν, lxxxi 5a, Ο΄ οὐκ ἔγνωσαν, לא ידעו

– Α΄ καὶ οὐ συνιᾶσι, lxxxi 5a, Ο΄ οὐδὲ συνῆκαν, ולא יבינו

οὐδέ: C΄ οὐδὲ ἐνέμειναν, lxxvii 37b, Ο΄ οὐδὲ ἐπι-στώθησαν, ולא נאמנו

– C΄ οὐδὲ ἐννοοῦσιν, lxxxi 5a, Ο΄ οὐδὲ συνῆκαν, ולא יבינו

οὐ μή + Aor. Konj.: Α΄ οὐ μὴ πίωσιν, lxxvii 44b, Ο΄ ὅπως μὴ πίωσιν, בל־ישתיון

οὖν: C΄ ἀφῆκα οὖν αὐτούς, lxxx 13a, Ο΄ καὶ ἐξαπέστειλα αὐτούς, ואשלחהו

οὐρανός: Α΄ τῷ πετ⟨ει⟩νῷ τοῦ οὐρανοῦ, lxxviii 2b, Ο΄ τοῖς πετεινοῖς τοῦ οὐρανοῦ, לעוף השמים

οὕτω: Α΄ οὕτω διώξ⟨εις⟩ αὐτούς, lxxxii 16a, Ο΄ οὕτως καταδιώξεις αὐτούς, כן תרדפם

οὕτως: C΄ οὕτως διώξον αὐτούς, lxxxii 16a, Ο΄ οὕτως καταδιώξεις αὐτούς, כן תרדפם

ὀφθαλμός: Α΄ εἰς ὀφθαλμοὺς ἡμῶν, lxxviii 10b, Ο΄ ἐνώπιον τῶν ὀφθαλμῶν, לעינינו

– C΄ ἐν ὀφθαλμοῖς ἡμῶν, lxxviii 10b, Ο΄ ἐνώπιον τῶν ὀφθαλμῶν ἡμῶν, לעינינו

– Ε΄ κατ᾽ ὀφθαλμοὺς ἡμῶν, lxxviii 10b, Ο΄ ἐνώπιον τῶν ὀφθαλμῶν ἡμῶν, לעינינו

ὄχευμα: ϛ′ εἰς ὀχεύματα, lxxviii 1d, Ο′ εἰς ὀπω
ροφυλάκιον, **לעיים**

ὀχλάζω: ⟨Α′⟩ ὤχλασαν, lxxxii 3a, Ο′ ἤχησαν,
יהמיון

πάλιν: C′ καὶ πάλιν, lxxvii 41a, Ο′ καὶ ἐπέστρε
ψαν, **וישובו**

πάμμικτος: Α′ πάμμικτον, lxxvii 45a, Ο′ κυνό
μυιαν, **ערוב**

παντοδαπόν: Α′ καὶ παντοδαπ⟨ὸ⟩ν χώρας, lxxix
14b, Ο′ καὶ [μονιὸς] ἄγριος, **שדי זיז**

πανουργεύομαι: Α′ ἐπὶ λαὸν πανουργεύσονται ἀπορ
ρήτως, lxxxii 4a, Ο′ ἐπὶ τὸν λαόν σου κατεπαν
ουργεύσαντο γνώμην, ΤΜ: **יערימו על־עמך**
סוד, Α′: **עם⟨–⟩על יערימו סוד**

πανούργως: ⟨C′⟩ κατὰ τοῦ λαοῦ σου πανούργως
ὁμιλοῦσιν, lxxxii 4a, Ο′ ἐπὶ τὸν λαόν σου κατε
πανουργεύσαντο, **יערימו על־עמך סוד**

παράνομον: Α′ παράνομον, lxxxi 2a, Ο′ ἀδικίαν, **עול**

παράνομος: C′ καὶ πρόσωπον παρανόμων προσ
ή⟨σε⟩σθε, lxxxi 2b, Ο′ καὶ πρόσωπα ἁμαρ
τωλῶν λαμβάνετε, **ופני רשעים תשאו**

– C′ παρανόμου ἐξέλετ⟨ε⟩, lxxxi 4b, Ο′ ἁμαρ
τωλοῦ ῥύσασθε, **רשעים הצילו**

παραπικραίνω: C′ παρεπίκρα⟨ι⟩ν⟨ον αὐτόν⟩, lxxvii
40a, Ο′ παρεπίκραναν αὐτόν, **ימרוהו**

– Ε′ϛ′ καὶ παρεπίκραναν, lxxvii 41a, Ο′ καὶ
ἐπείρασαν, **וינסו**

– C′ καὶ παρεπίκρα⟨ι⟩νον, lxxvii 56a, Ο′ καὶ
παρεπίκραναν, **וימרו**

παρασιωπάω: Ε′ϛ′ ὁ θεὸς μὴ παρασιωπήσῃς,
lxxxii 2a, Ο′ ὁ θεός, τίς ὁμοιωθήσεταί σοι,
אלהים אל־דמי־לך

– ⟨C′⟩ μὴ παρασιωπήσῃς, lxxxii 2b, Ο′ μὴ σιγή
σῃς, **אל־תחרש**

παραφέρω: Α′ παρήνεγκαν, lxxvii 41b, Ο′ παρ
ώξυναν, **התוו**

παρθένος: Α′C′ καὶ παρθένοι αὐτοῦ, lxxvii 63b,
Ο′ καὶ αἱ παρθένοι αὐτῶν, **ובתולתיו**

– Ε′ καὶ αἱ παρθένοι αὐτῶν, lxxvii 63b, Ο′ καὶ
αἱ παρθένοι αὐτῶν, **ובתולתיו**

παροξύνω: ϛ′ καὶ παρώξυναν, lxxvii 56a, Ο′ καὶ
παρεπίκραναν, **וימרו**

παροράω: ⟨ϛ′⟩ παρεῖδεν, lxxvii 62b, Ο′ ὑπερεῖδεν,
התעבר

παροργίζω: C′ καὶ παρώργιζον αὐτόν, lxxvii 58a,
Ο′ καὶ παρώργισαν αὐτόν, **ויכעיסוהו**

πᾶς: Α′ πάντα χόλον αὐτοῦ, lxxvii 38d, Ο′ πᾶσαν
τὴν ὀργὴν αὐτοῦ, **כל־חמתו**

– Α′ πᾶν πρωτότοκον, lxxvii 51a, Ο′ πᾶν πρω
τότοκον, **כל־בכור**

– Α′ ὑψίστου πάντες ὑμεῖς ἄρα, lxxxi 6b, Ο′
ὑψίστου πάντες· ὑμεῖς δὲ, **עליון כלכם: אכן**

– C′ ὑψίστου πάντες ὑμεῖς ὄντως δὲ, lxxxi 6b,
Ο′ ὑψίστου πάντες· ὑμεῖς δὲ, **עליון כלכם: אכן**

– Θ′Ε′ πάντες ὑμεῖς ἰδοὺ δὴ, lxxxi 6b, Ο′ πάν
τες· ὑμεῖς δὲ, **כלכם: אכן**

– C′Ε′ϛ′ πάντα τὰ ἔθνη, lxxxi 8b, Ο′ ἐν πᾶσιν
τοῖς ἔθνεσιν, **בכל־הגוים**

πατήρ: Α′Ε′ ὡς πατέρες αὐτῶν, lxxvii 57a, Ο′
καθὼς καὶ οἱ πατέρες αὐτῶν, **כאבותם**

– C′ ὡς οἱ πατέρες αὐτῶν, lxxvii 57a, Ο′ καθὼς
καὶ οἱ πατέρες αὐτῶν, **כאבותם**

παύομαι: ⟨ ⟩ μηδὲ παύσῃ ὁ ἰσχυρός, lxxxii 2b,
Ο′ μηδὲ καταπραΰνῃς ὁ θεός, **ואל־תשקט אל**

πείθομαι: ⟨C′⟩ οὐκ ἐπ⟨εί⟩σθη μοι, lxxx 12b, Ο′
οὐ προσέσχεν μοι, **לא־אבה לי**

[–]: [πείσεσθε] in Ps lxxxi 7b ist in πεσε⟨ῖ⟩σθε,
von ⟨πίπτω⟩, zu ändern: siehe dort.

πειράζω: Α′Θ′ καὶ ἐπείρασαν, lxxvii 41a, Ο′ καὶ
ἐπείρασαν, **וינסו**

– C′ ἐπείραζον, lxxvii 41a, Ο′ καὶ ἐπείρασαν, **וינסו**

– Ε′ϛ′ ἐπείρασαν, lxxvii 41a, Ο′ καὶ ἐπείρασαν,
וינסו

– C′ καὶ ἐπείραζον, lxxvii 56a, Ο′ καὶ ἐπείρασαν,
וינסו

πέμπω: C′ ὃς ἔπεμψεν, lxxvii 49a, Ο′ ἐξαπέ
στειλεν, **ישלח**

πένης: Α′ πένητα καὶ ἄπορον δικαιώσατε, lxxxi
3b, Ο′ ταπεινὸν καὶ πένητα δικαιώσατε, **עני**
ורש הצדיקו

– Ε′ πένητα καὶ ἐνδεῆ, lxxxi 3b, Ο′ ταπεινὸν καὶ
πένητα, **עני ורש**

– Θ′ ταπεινῷ καὶ πένητι, lxxxi 3b, Ο′ ταπεινὸν
καὶ πένητα, **עני ורש**

– ⟨C′⟩ καὶ πένητα, lxxxi 4a, Ο′ καὶ πτωχόν,
ואביון

πενθέω: ⟨Ο′⟩ οὐκ ἐπένθησαν, lxxvii 63b, Ο′ οὐκ
ἐπενθήθησαν, **לא הוללו**

περί: siehe auch περικύκλω

περί + gen.: C′ περὶ τῶν ἁμαρτιῶν ἡμῶν, lxxviii
9c, Ο′ ταῖς ἁμαρτίαις ἡμῶν, **על־חטאתינו**

περί + acc.: C′ περὶ ἄνδρα δεξιᾶς σου, lxxix
18a, Ο′ ἐπ᾽ ἄνδρα δεξιᾶς σου, **על־איש ימינך**

– C′ περὶ υἱὸν ἀνθρώπου, lxxix 18b, Ο′ καὶ ἐπὶ
υἱὸν ἀνθρώπου, **על־בן־אדם**

περικλαδεύομαι: Α′ περικεκλαδευμένην, lxxix 17a,
Ο′ καὶ ἀνεσκαμμένη, **כסוחה**

περικύκλῳ: Θ′ τοῖς περικύκλῳ ἡμῶν, lxxviii 4b, Ο′ τοῖς κύκλῳ ἡμῶν, **לסביבותינו**

περιπατέω: C′ περιπατοῦσιν, lxxxi 5b, Ο′ [διαπορεύονται], **יתהלכו**

περισσεύω: Α′ περίσσευσον υἱοὺς θανατώσεως, lxxviii 11c, Ο′ περιποίησαι τοὺς υἱοὺς τῶν τεθανατωμένων, **הותר בני תמותה**

περιτρέπομαι: C′ περιτραπήσεται, lxxxi 5c, Ο′ σαλευθήσονται, **ימוטו**

πετεινόν: Α′ τῷ πετ⟨ει⟩νῷ, lxxviii 2b, Ο′ τοῖς πετεινοῖς, **לעוף**

πίνω: Α′ οὐ μὴ πίωσιν, lxxvii 44b, Ο′ ὅπως μὴ πίωσιν, **בל־ישתיון**

πιπι: Α′ πιπι, lxxvii 65a, Ο′ κύριος, [TM: **אדני**], Mss: **יהוה**

– C′ πιπι, lxxvii 65a, Ο′ κύριος, [TM = **אדני**], Mss: **יהוה**

– Α′ πιπι, lxxviii 5a, Ο′ κύριε, **יהוה**

– Α′ πιπι θεὲ στρατιῶν, lxxix 5a, Ο′ κύριε ὁ θεὸς τῶν δυνάμεων, **יהוה אלהים צבאות**

– Α′ πιπι, lxxix 20a, Ο′ κύριε, **יהוה**

– Α′ μισοποιοῦντες πιπι, lxxx 16a, Ο′ οἱ ἐχθροὶ κυρίου, **משנאי יהוה**

πίπτω: Α′ ἔπεσον, lxxvii 64a, Ο′ ἔπεσον (vel ἔπεσαν), **נפלו**

– C′ ἔπεσον, lxxvii 64a, Ο′ ἔπεσον (vel ἔπεσαν), **נפלו**

⟨–⟩ Α′C′ πε[ι]σε⟨ῖ⟩σθε, lxxxi 7b, Ο′ πίπτετε, **תפלו**

πιστόομαι: Α′ καὶ οὐκ ἐπιστώθησαν, lxxvii 37b, Ο′ οὐδὲ ἐπιστώθησαν, **ולא נאמנו**

πλήγνυμι: Α′ καὶ ἔπληξε, lxxvii 51a, Ο′ καὶ ἐπάταξεν, **ויך**

– Α′ καὶ ἔπληξε, lxxvii 66a, Ο′ καὶ ἐπάταξεν, **ויך**

πληθύνω: Ε′ καὶ ἐπλήθυνεν, lxxvii 38c, Ο′ καὶ πληθυνεῖ, **והרבה**

πλήσσω: siehe πλήγνυμι

πνεῦμα: C′ πνεῦμα, lxxvii 39b, Ο′ πνεῦμα, **רוח**

πόθος: Α′ ἀπὸ πόθου αὐτῶν, lxxvii 30a, Ο′ ἀπὸ τῆς ἐπιθυμίας αὐτῶν, **מתאותם**

ποιέω: C′ ἐφιστᾶν ἐποίουν, lxxvii 41b, Ο′ παρώξυναν, **התוו**

– C′ τοῦ ποιήσαντος, lxxvii 43a, Ο′ ὡς ἔθετο, **אשר־שם**

– C′ πτωχῷ καὶ ἀπόρῳ τὸ δίκαιον ποιήσατε, lxxxi 3b, Ο′ ταπεινὸν καὶ πένητα δικαιώσατε, **עני ורש הצדיקו**

ποίμνη: C′ καὶ ποίμνη τῆς νεμήσεώς σου, lxxviii 13a, Ο′ καὶ πρόβατα νομῆς σου, **וצאן מרעיתך**

ποίμνιον: Α′C′Ε′ ὡς ποίμνιον, lxxvii 52a, Ο′ ὡς πρόβατα, **כצאן**

– Α′ καὶ ποίμνιον νεμήσεώς σου, lxxviii 13a, Ο′ καὶ πρόβατα νομῆς σου, **וצאן מרעיתך**

πολύς: C′ καὶ ἐπὶ πολύ, lxxvii 38c, Ο′ καὶ πληθυνεῖ, **והרבה**

πομπή: Α′ καὶ πομπή, lxxviii 4b, Ο′ καὶ χλευασμός, **וקלס**

πονηρός: Α′ ἀγγέλων πονηρῶν, lxxvii 49c, Ο′ δι᾽ ἀγγέλων πονηρῶν, **מלאכי רעים**

[ποσάκις]: siehe ⟨πόσα⟩ in Ps lxxvii 40a Α′

ποσάκις: Θ′Ε′ϛ′Ο′ ποσάκις, lxxvii 40a, Ο′ ποσάκις, **כמה**

⟨πόσον⟩: Α′ πόσα[κις], lxxvii 40a, Ο′ ποσάκις, **כמה**

πόσον: C′ πόσα, lxxvii 40a, Ο′ ποσάκις, **כמה**

ποταμός: Θ′ τὸν ποταμόν, lxxvii 44a, Ο′ τοὺς ποταμοὺς αὐτῶν, **יאריהם**

ποῦ: Α′ ποῦ θεὸς αὐτῶν, lxxviii 10a, Ο′ ποῦ ἐστιν ὁ θεὸς αὐτῶν, **איה אלהיהם**

πρό: ⟨C′⟩ πρὸ ἀνέμου, lxxxii 14b, Ο′ κατὰ πρόσωπον ἀνέμου, **לפני־רוח**

προλαμβάνω: C′Ε′ προλαβέτωσαν ἡμᾶς τὰ ἐλέη σου, lxxviii 8b, Ο′ προκαταλαβέτωσαν ἡμᾶς οἱ οἰκτιρμοί σου, **יקדמונו רחמיך**

πρός: C′ πρὸς αὐτόν, lxxvii 37a, Ο′ μετ᾽ αὐτοῦ, **עמו**

– Α′ πρὸς ὅριον, lxxvii 54a, Ο′ εἰς ὄρος, **אל־גבול**

– Α′ πρὸς τὰ ἔθνη, lxxviii 6a, Ο′ ἐπὶ ἔθνη, **אל־הגוים**

– Α′ πρὸς κόλπον αὐτ⟨ῶ⟩ν, lxxviii 12a, Ο′ εἰς τὸν κόλπον αὐτῶν, **אל־חיקם**

προσερίζω: Α′ προσήρισαν αὐτῷ, lxxvii 40a, Ο′ παρεπίκραναν αὐτόν, **ימרוהו**

– Α′ καὶ προσήρισαν, lxxvii 56a, Ο′ καὶ παρεπίκραναν, **וימרו**

προσίεμαι: C′ καὶ πρόσωπον παρανόμων προσή-⟨σε⟩σθε, lxxxi 2b, Ο′ καὶ πρόσωπα ἁμαρτωλῶν λαμβάνετε, **ופני רשעים תשאו**

προσκυνέω: Α′ καὶ οὐ προσκυνήσεις, lxxx 10b, Ο′ οὐδὲ προσκυνήσεις, **ולא תשתחוה**

– C′ μηδὲ προσκυνήσῃς, lxxx 10b, Ο′ οὐδὲ προσκυνήσεις, **ולא תשתחוה**

πρόσφατος: ⟨Ε′⟩Θ′ ἰσχυρὸς πρόσφατος, lxxx 10a, Ο′ θεὸς πρόσφατος, **אל זר**

πρόσωπον: Α′ εἰς πρόσωπόν σου, lxxviii 11a, Ο′ ἐνώπιόν σου, **לפניך**

– Α′ προσώπου σου ἀπόλοιντο, lxxix 17b, Ο′ τοῦ προσώπου σου ἀπολοῦνται, **פניך יאבדו**

– Α΄ καὶ φάνον [τὸ] πρόσωπόν σου, lxxix 20b, Ο΄
καὶ ἐπίφανον τὸ πρόσωπόν σου, **הָאֵר פָּנֶיךָ**

– Α΄ καὶ πρόσωπον ἀσεβῶν αἴρετε, lxxxi 2b, Ο΄
καὶ πρόσωπα ἁμαρτωλῶν λαμβάνετε, **וּפְנֵי רְשָׁעִים
תִּשְׂאוּ**

– C΄ καὶ πρόσωπον παρανόμων προσή⟨σε⟩σθε,
lxxxi 2b, Ο΄ καὶ πρόσωπα ἁμαρτωλῶν λαμβάνετε, **וּפְנֵי רְשָׁעִים תִּשְׂאוּ**

– ⟨Α΄⟩ εἰς πρόσωπον ἀνέμου, lxxxii 14b, Ο΄ κατὰ
πρόσωπον ἀνέμου, **לִפְנֵי־רוּחַ**

πρότερος: C΄ ἀνομίαν τῶν προτέρων, lxxviii 8a,
Ο΄ ἀνομιῶν ἀρχαίων, **עֲוֺנֹת רִאשֹׁנִים**

προφθάνω: Α΄ προφθασάτωσαν ἡμᾶς [οἱ] οἰκτιρμοί
σου, lxxviii 8b, Ο΄ προκαταλαβέτωσαν ἡμᾶς
οἱ οἰκτιρμοί σου, **יְקַדְּמוּנוּ רַחֲמֶיךָ**

πρωτεῖον: ⟨C΄⟩ πρωτεῖ⟨ο⟩ν δυνάμεως αὐτῶν,
lxxvii 51b, Ο΄ ἀπαρχὴν τῶν πόνων αὐτῶν,
רֵאשִׁית אוֹנִים

πρῶτος: Α΄ ἀνομίαν πρώτων, lxxviii 8a, Ο΄ ἀνομιῶν ἀρχαίων, **עֲוֺנֹת רִאשֹׁנִים**

πρωτότοκος: Α΄ πᾶν πρωτότοκον, lxxvii 51a, Ο΄
πᾶν πρωτότοκον, **כָּל־בְּכוֹר**

πτηνός: Α΄ τοῖς πτηνοῖς, lxxvii 48b, Ο΄ τῷ πυρί,
לָרְשָׁפִים

πτῶμα: C΄ τὰ πτώματα, lxxviii 2a, Ο΄ τὰ θνησιμαῖα, **אֶת־נִבְלַת**

πτωχός: C΄ πτωχῷ καὶ ἀπόρῳ τὸ δίκαιον ποιήσατε,
lxxxi 3b, Ο΄ ταπεινὸν καὶ πένητα δικαιώσατε,
עָנִי וָרָשׁ הַצְדִּיקוּ

– Α΄ διασώσατε ἀραιὸν καὶ πτωχόν, lxxxi 4a, Ο΄
ἐξέλεσθε πένητα καὶ πτωχόν, **פַּלְּטוּ־דַל וְאֶבְיוֹן**

πῦρ: Α΄ ἔφαγεν πῦρ, lxxvii 63a, Ο΄ κατέφαγεν
πῦρ, **אָכְלָה־אֵשׁ**

– C΄ ἀνάλωσεν πῦρ, lxxvii 63a, Ο΄ κατέφαγεν
πῦρ, **אָכְלָה־אֵשׁ**

– Α΄ ὁμοίως πυρί, lxxviii 5b, Ο΄ ὡς πῦρ, **כְּמוֹ־אֵשׁ**

– C΄ κατακέκαυται πυρί, lxxix 17a, Ο΄ ἐμπεπυρισμένη πυρί, **שְׂרֻפָה בָאֵשׁ**

– ϛ΄ ἐν πυρί, lxxix 17a, Ο΄ πυρί, **בָאֵשׁ**

– Α΄ ὡς πυρ⟨ός⟩, lxxxii 15a, Ο΄ ὡσεὶ πῦρ, **כְּאֵשׁ**

– ⟨C΄⟩ ὡς πῦρ, lxxxii 15a, Ο΄ ὡσεὶ πῦρ, **כְּאֵשׁ**

ῥεῖθρον: Α΄ ῥεῖθρα αὐτῶν, lxxvii 44a, Ο΄ τοὺς ποταμοὺς αὐτῶν, **יְאֹרֵיהֶם**

ῥῆμα: Α΄ ἐπὶ ῥήματι, lxxviii 9b, Ο΄ ἕνεκα, **עַל־דְּבַר**

ῥομφαία: Θ΄ ἐν τῇ ῥομφαίᾳ, lxxvii 62a, Ο΄ ἐν ῥομφαίᾳ = Lᵃ, Psalter 1173, Ο΄ εἰς ῥομφαίαν,
⟨?⟩ לַחֶרֶב ⟨בְּחֶרֶב⟩

ῥύομαι: C΄ ἐρρύσατο αὐτούς, lxxvii 42b, Ο΄ ἐλυτρώσατο αὐτούς, **פָּדָם**

– Α΄Ε΄ καὶ ῥῦσαι ἡμᾶς, lxxviii 9b, Ο΄ ῥῦσαι ἡμᾶς,
וְהַצִּילֵנוּ

– Α΄ ἀσεβῶν ῥύσασθε, lxxxi 4b, Ο΄ ἁμαρτωλοῦ
ῥύσασθε, **רְשָׁעִים הַצִּילוּ**

– ⟨ ⟩ ῥύσασθε αὐτόν, lxxxi 4b, Ο΄ ῥύσασθε, TM:
⟨הַצִּילֻהוּ ? ⟩, הַצִּילוּ

σαλμων: ⟨C΄⟩ καὶ σαλμονα, lxxxii 12b, Ο΄ καὶ σαλμανα, **וְכַצַלְמֻנָּע**

σάρξ: Α΄ σάρκας τῶν ὁσίων, lxxviii 2c, Ο΄ τὰς
σάρκας τῶν ὁσίων σου, **בְּשַׂר חֲסִידֶיךָ**

σημεῖον: Α΄Ε΄ϛ΄ σημεῖα αὐτοῦ, lxxvii 43a, Ο΄ τὰ
σημεῖα αὐτοῦ, **אֹתוֹתָיו**

σισαρα: Α΄ ὡς σισαρα, lxxxii 10a, Ο΄ καὶ τῷ σισαρα, **כְּסִיסְרָא**

– ⟨C΄⟩ ὡς τῷ σισαρα, lxxxii 10a, Ο΄ καὶ τῷ σισαρα, **כְּסִיסְרָא**

σιωπάω: Α΄ θεὲ μὴ σιωπήσῃ σοί, lxxxii 2a, Ο΄ ὁ
θεός, τίς ὁμοιωθήσεταί σοι, **אֱלֹהִים אַל־דֳּמִי־לָךְ**

σκέπη: Α΄ ἐν σκέπαις, lxxvii 51b, Ο΄ ἐν τοῖς σκηνώμασι χαμ, **בְּאָהֳלֵי־חָם**

– Α΄ ἐν σκέπαις αὐτῶν, lxxvii 55c, Ο΄ ἐν τοῖς
σκηνώμασιν αὐτῶν, **בְּאָהֳלֵיהֶם**

– ⟨Α΄⟩ σκέπαι ἰδουμαί⟨ων⟩, lxxxii 7a, Ο΄ τὰ σκηνώματα τῶν ἰδουμαίων, **אָהֳלֵי אֱדוֹם**

σκήνωμα: ϛ΄Ε΄ ἐν τοῖς σκηνώμασιν χαμ, lxxvii
51b, Ο΄ ἐν τοῖς σκηνώμασι χαμ, **בְּאָהֳלֵי־חָם**

σκήνωσις: C΄ ἐν ταῖς σκηνώσεσι χαμ, lxxvii 51b,
Ο΄ ἐν τοῖς σκηνώμασι χαμ, **בְּאָהֳלֵי־חָם**

– C΄ ἐν ταῖς σκηνώσεσιν αὐτῶν, lxxvii 55c, Ο΄ ἐν
τοῖς σκηνώμασιν αὐτῶν, **בְּאָהֳלֵיהֶם**

– ⟨C΄⟩ σκηνώσεις ἐδώμ, lxxxii 7a, Ο΄ τὰ σκηνώματα τῶν ἰδουμαίων, **אָהֳלֵי אֱדוֹם**

σκῆπτρον: Α΄ σκῆπτρα ἰσραηλ, lxxvii 55c, Ο΄ τὰς
φυλὰς τοῦ ἰσραηλ, **שִׁבְטֵי יִשְׂרָאֵל**

σκολιότης: Α΄ ἐν σκολιότητι καρδίας αὐτῶν, lxxx
13a, Ο΄ κατὰ τὰ ἐπιτηδεύματα τῶν καρδιῶν αὐτῶν, **בִּשְׁרִירוּת לִבָּם**

σκοτία: Α΄C΄ ἐν σκοτίᾳ, lxxxi 5b, Ο΄ ἐν σκότει,
בַּחֲשֵׁכָה

σκώληξ: C΄ σκώλ⟨η⟩κι, lxxvii 47b, Ο΄ ἐν τῇ πάχνῃ, **בַּחֲנָמַל**

στρατιά: Α΄ πιπι θεὲ στρατιῶν, lxxix 5a, Ο΄ κύριε
ὁ θεὸς τῶν δυνάμεων, **יְהוָה אֱלֹהִים צְבָאוֹת**

– Α΄ θεὲ στρατιῶν, lxxix 8a, Ο΄ κύριε ὁ θεὸς τῶν
δυνάμεων, **אֱלֹהִים צְבָאוֹת**

– Α΄ θεὲ στρατιῶν, lxxix 20a, Ο΄ ὁ θεὸς τῶν δυνάμεων, **אלהים צבאות**

στρεβλός: ⟨ϛ΄⟩ ὡς τόξον στρεβλόν, lxxvii 57b, Ο΄
εἰς τόξον στεβλόν, **כקשת רמיה**

στρέφω: Α΄ καὶ ἔστρεψεν, lxxvii 44a, Ο΄ καὶ μετέστρεψεν, **ויהפך**

– Α΄ ἐστράφησαν, lxxvii 57b, Ο΄ καὶ μετεστράφησαν, **נהפכו**

σύ: Α΄ ἐξομολογησόμεθά σοι, lxxviii 13b, Ο΄
ἀνθομολογησόμεθά σοι, **נודה לך**

– C΄ ἐξομολογούμενοί σοι, lxxviii 13b, Ο΄ ἀνθομολογησόμεθά σοι, **נודה לך**

– Α΄ ἐκαρτέρωσάς σοι, lxxix 18b, Ο΄ ὃν ἐκραταίωσας σεαυτῷ, **אמצת לך**

– Α΄ καὶ σὺ κληρονομήσεις, lxxxi 8b, Ο΄ ὅτι
σὺ κατακληρονομήσεις, TM: **כי־אתה תנחל**,
Α΄: ⟨**ואתה תנחל**⟩

– C΄ σὺ γὰρ κληρουχήσεις, lxxxi 8b, Ο΄ ὅτι σὺ
κατακληρονομήσεις, **כי־אתה תנחל**

– Ε΄ σὺ γὰρ κατακληροδοτήσεις, lxxxi 8b, Ο΄ ὅτι
σὺ κατακληρονομήσεις, **כי־אתה תנחל**

– ϛ΄ σὺ γὰρ καταβασιλεύσεις, lxxxi 8b, Ο΄ ὅτι
σὺ κατακληρονομήσεις, **כי־אתה תנחל**

– Α΄ θεὲ μὴ σιωπήσῃ σοί, lxxxii 2a, Ο΄ ὁ θεός,
τίς ὁμοιωθήσεταί σοι, **אלהים אל־דמי־לך**

– ⟨Α΄⟩ κατὰ σοῦ συνθήκην κόψουσιν, lxxxii 6b, Ο΄
κατὰ σοῦ διαθήκην διέθεντο, **עליך ברית יכרתו**

συγκρύπτομαι: Α΄ κατὰ συγκεκρυμμένων σου,
lxxxii 4b, Ο΄ κατὰ τῶν ἁγίων σου, **על־צפוניך**

συκόμορος: Α΄ καὶ συκομ⟨ό⟩ρους αὐτῶν, lxxvii
47b, Ο΄ καὶ τὰς συκαμίνους αὐτῶν, **ושקמותם**

– C΄ καὶ τὰς συκομ⟨ό⟩ρους αὐτῶν, lxxvii 47b, Ο΄
καὶ τὰς συκαμίνους αὐτῶν, **ושקמותם**

συμβουλεύομαι: Α΄ καὶ συνεβουλεύσαντο, lxxxii
4b, Ο΄ καὶ ἐβουλεύσαντο, **ויתיעצו**

– ⟨C΄⟩ καὶ συμβουλεύονται, lxxxii 4b, Ο΄ καὶ ἐβουλεύσαντο, **ויתיעצו**

συναγωγή: Α΄ θεὸς ἔστη ἐν συναγωγῇ ἰσχυρο⟨ῦ⟩,
lxxxi 1b, Ο΄ ὁ θεὸς ἔστη ἐν συναγωγῇ θεῶν,
אלהים נצב בעדת־אל

συνδίδωμι: Θ΄ καὶ συνέδωκεν, lxxvii 48a, Ο΄ καὶ
παρέδωκεν, **ויסגר**

συνηχέω: ⟨C΄⟩ συνηχοῦσ⟨ιν⟩, lxxxii 3a, Ο΄ ἤχησαν, **יהמיון**

συνθήκη: ⟨Α΄⟩ κατὰ σοῦ συνθήκην κόψουσιν, lxxxii
6b, Ο΄ κατὰ σοῦ διαθήκην διέθεντο, **עליך ברית
יכרתו**

– C΄ συνθήκην ἔτεμον, lxxxii 6b, Ο΄ διαθήκην διέθεντο, **ברית יכרתו**

συνίημι: Α΄ καὶ οὐ συνιᾶσι, lxxxi 5a, Ο΄ οὐδὲ
συνῆκαν, **ולא יבינו**

σύνοδος: C΄ κατέστη ἐν συνόδῳ θεοῦ, lxxxi 1b, Ο΄
ἔστη ἐν συναγωγῇ θεῶν, **נצב בעדת־אל**

⟨συσκέπτομαι⟩: C΄ ὅτι ⟨συ⟩σκέψαντο ὁμοθυμαδόν,
lxxxii 6a, Ο΄ ὅτι ἐβουλεύσαντο ἐν ὁμονοίᾳ ἐπὶ
τὸ αὐτό, **כי נועצו לב יחדו**

συσσεισμός: Α΄ καὶ ἐν συσ⟨σ⟩εισμῷ σου, lxxxii
16b, Ο΄ καὶ ἐν τῇ ὀργῇ σου, **ובסופתך**

σφάλλομαι: Α΄ σφαλήτωσαν, lxxxi 5c, Ο΄ σαλευθήσονται, **ימוטו**

σφόδρα: Α΄ καὶ ἀπέρριψε σφόδρα, lxxvii 59b, Ο΄
καὶ ἐξουδένωσεν σφόδρα, **וימאס מאד**

σχοινίον μέτρον: C΄ σχοινίῳ μέτρῳ, lxxvii 55b, Ο΄
ἐν σχοινίῳ, **בחבל**

σῴζομαι: Α΄ καὶ φάνον [τὸ] πρόσωπόν σου καὶ σωθησόμεθα, lxxix 20b, Ο΄ καὶ ἐπίφανον τὸ πρόσωπόν σου καὶ σωθησόμεθα, **האר פניך ונושעה**

σωτήριον: Α΄ θεὲ σωτηρίου ἡμῶν, lxxviii 9a, Ο΄
ὁ θεὸς ὁ σωτὴρ ἡμῶν, **אלהי ישענו**

τάνις: Α΄ ἐν χώρᾳ τάνεως, lxxvii 43b, Ο΄ ἐν πεδίῳ
τάνεως, **בשדה־צען**

ταπεινός: Θ΄ ταπεινῷ καὶ πένητι, lxxxi 3b, Ο΄
ταπεινὸν καὶ πένητα, **עני ורש**

τάσσω: ⟨C΄⟩ τάξον τοὺς ἡγεμόνας αὐτῶν, lxxxii
12a, Ο΄ θοῦ τοὺς ἄρχοντας αὐτῶν, **שיתמו נדיבמו**

– ⟨C΄⟩ τάξον αὐτούς, lxxxii 14a, Ο΄ θοῦ αὐτούς,
שיתמו

ταχύ: Α΄ ταχὺ προφθασάτωσαν ἡμᾶς, lxxviii 8b,
Ο΄ ταχὺ προκαταλαβέτωσαν ἡμᾶς, **מהר יקדמונו**

ταχύνω: C΄Ε΄ τάχυνον προλαβέτωσαν ἡμᾶς, lxxviii
8b, Ο΄ ταχὺ προκαταλαβέτωσαν ἡμᾶς, **יקדמונו
מהר**

τέκνον: C΄ ὑπόλιπε τέκνα τῆς θανατώσεως, lxxviii
11c, Ο΄ περιποίησαι τοὺς υἱοὺς τῶν τεθανατωμένων, **הותר בני תמותה**

τέλος: ⟨ϛ΄⟩ εἰς τέλος, lxxxi 2c, Ο΄ διάψαλμα, **סלה**

τέμνω: C΄ συνθήκην ἔτεμον, lxxxii 6b, Ο΄ διαθήκην διέθεντο, **ברית יכרתו**

τεράστιον: C΄ καὶ τὰ τεράστια αὐτοῦ, lxxvii 43b,
Ο΄ καὶ τὰ τέρατα αὐτοῦ, **ומופתיו**

τίθημι: Α΄ ὅσα ἔθηκεν, lxxvii 43a, Ο΄ ὡς ἔθετο,
אשר־שם

τίθεμαι: Ε΄ ὃς ἔθετο, lxxvii 43a, Ο΄ ὡς ἔθετο,
אשר־שם

– Α΄ θοῦ αὐτοὺς ἑκουσιαζομένους αὐτοῦ, lxxxii
12a, Ο΄ θοῦ τοὺς ἄρχοντας αὐτῶν, **שיתמו נדיבמו**

τίς, τί: Α′ ἕως τίνος, lxxviii 5a, Ο′ ἕως πότε,
עַד־מָה

– Α′ εἰς τί ἐροῦσι, lxxviii 10a, Ο′ μήποτε εἴπωσιν, **לָמָּה יֹאמְרוּ**

– C′ εἰς τί λέγει τὰ ἔθνη, lxxviii 10a, Ο′ μήποτε
εἴπωσιν τὰ ἔθνη, **לָמָּה יֹאמְרוּ הַגּוֹיִם**

– ⟨ϛ′⟩ ἵνα τί ἔφασαν, lxxviii 10a, Ο′ μήποτε
εἴπωσιν, **לָמָּה יֹאמְרוּ**

τόξον: Α′ ὡς τόξον, lxxvii 57b, Ο′ εἰς τόξον,
כְּקֶשֶׁת

– C′ ὡς τόξον, lxxvii 57b, Ο′ εἰς τόξον, **כְּקֶשֶׁת**

– ⟨ϛ′⟩ ὡς τόξον, lxxvii 57b, Ο′ εἰς τόξον, **כְּקֶשֶׁת**

ὕδωρ: Α′ ὡς ὕδωρ, lxxviii 3a, Ο′ ὡσεὶ ὕδωρ = *L′*
1219, **כַּמַּיִם**

– Α′ ἐπὶ ὕδατος διαδικασίας, lxxx 8c, Ο′ ἐπὶ ὕδατος ἀντιλογίας, **עַל־מֵי מְרִיבָה**

– C′ ἐπὶ τοῦ ὕδατος τῆς μάχης, lxxx 8c, Ο′ ἐπὶ
ὕδατος ἀντιλογίας, **עַל־מֵי מְרִיבָה**

υἱός: Α′ περίσσευσον υἱοὺς θανατώσεως, lxxviii
11c, Ο′ περιποίησαι τοὺς υἱοὺς τῶν τεθανατωμένων, **הוֹתֵר בְּנֵי תְמוּתָה**

– Α′ καὶ ἐπὶ υἱὸν ἀνθρώπου, lxxix 18b, Ο′ καὶ
ἐπὶ υἱὸν ἀνθρώπου, TM: **עַל־בֶּן־אָדָם**, Α′:
וְ⟩עַל־בֶּן־אָדָם

– C′ περὶ υἱὸν ἀνθρώπου, lxxix 18b, Ο′ καὶ ἐπὶ
υἱὸν ἀνθρώπου, **עַל־בֶּן־אָדָם**

ὑμεῖς: Α′ πάντες ὑμεῖς ἄρα, lxxxi 6b, Ο′ πάντες·
ὑμεῖς δὲ, **כֻּלְּכֶם: אָכֵן**

– C′ πάντες ὑμεῖς ὄντως δὲ, lxxxi 6b, Ο′ πάντες·
ὑμεῖς δὲ, **כֻּלְּכֶם: אָכֵן**

– Θ′Ε′ πάντες ὑμεῖς ἰδοὺ δή, lxxxi 6b, Ο′ πάντες·
ὑμεῖς δὲ, **כֻּלְּכֶם: אָכֵן**

ὑμνέομαι: Α′ οὐχ ὑμνήθησαν, lxxvii 63b, Ο′ οὐκ
ἐπενθήθησαν, **לֹא הוּלָּלוּ**

ὕμνησις: Α′ διηγησόμεθα ὑμνήσεις σου, lxxviii
13c, Ο′ ἐξαγγελοῦμεν τὴν αἴνεσίν σου, **נְסַפֵּר
תְּהִלָּתֶךָ**

ὕμνος: C′ διηγούμενοι τὸν ὕμνον σου, lxxviii
13c, Ο′ ἐξαγγελοῦμεν τὴν αἴνεσίν σου, **נְסַפֵּר
תְּהִלָּתֶךָ**

⟨ὑπακούω⟩: C′ οὐκ ⟨ὑπ⟩ήκουσεν δὲ ὁ λαός, lxxx
12a, Ο′ καὶ οὐκ ἤκουσεν ὁ λαός μου, **וְלֹא שָׁמַע
עַמִּי**

ὑπάρχω: C′ καὶ οὐχ ὑπῆρχε, lxxviii 3b, Ο′ καὶ
οὐκ ἦν, **וָאֵין**

ὑπεξαιρέομαι: Α′ οὐχ ὑπεξείλατο, lxxvii 50b, Ο′
οὐκ ἐφείσατο, **לֹא־חָשַׂךְ**

ὑπερτίθεμαι: Θ′ καὶ ὑπερέθετο, lxxvii 59a, Ο′ καὶ
ὑπερεῖδεν, **וַיִּתְעַבָּר**

– Θ′ ὑπερέθετο, lxxvii 62b, Ο′ ὑπερεῖδεν, **הִתְעַבָּר**

ὑπνόω: Α′ ὡς ὑπνῶν, lxxvii 65a, Ο′ ὡς ὁ ὑπνῶν,
כְּיָשֵׁן

– C′ ὡς ὑπνῶν, lxxvii 65a, Ο′ ὡς ὁ ὑπνῶν, **כְּיָשֵׁן**

ὑποβάλλω: C′ ὑπέβαλεν αὐτοῖς, lxxvii 55b, Ο′ καὶ
ἐκληροδότησεν αὐτούς, **וַיַּפִּילֵם**

ὑπολείπω: C′ ὑπόλιπε τέκνα τῆς θανατώσεως,
lxxviii 11c, Ο′ περιποίησαι τοὺς υἱοὺς τῶν τεθανατωμένων, **הוֹתֵר בְּנֵי תְמוּתָה**

ὑποστρέφω: C′ πνεῦμα ... ὑποστρέ⟨φ⟩ον, lxxvii
39b, Ο′ πνεῦμα ... ἐπιστρέφον, **רוּחַ ... יָשׁוּב**

ὕψιστος: Α′ τῷ θεῷ ὑψίστῳ, lxxvii 56a, Ο′ τὸν
θεὸν ὕψιστον, **אֶת־אֱלֹהִים עֶלְיוֹן**

– Α′ ὑψίστου πάντες ὑμεῖς ἄρα, lxxxi 6b, Ο′ ὑψίστου πάντες· ὑμεῖς δὲ, **עֶלְיוֹן כֻּלְּכֶם: אָכֵן**

– C′ ὑψίστου πάντες ὑμεῖς ὄντως δὲ, lxxxi 6b, Ο′
ὑψίστου πάντες· ὑμεῖς δὲ, **עֶלְיוֹן כֻּלְּכֶם: אָכֵן**

ὕψωμα: Α′ ἐν ὑψώμασιν αὐτῶν, lxxvii 58a, Ο′ ἐν
τοῖς βουνοῖς αὐτῶν, **בְּבָמוֹתָם**

φαίνω: Α′ καὶ φάνον [τὸ] πρόσωπόν σου, lxxix 20b,
Ο′ καὶ ἐπίφανον τὸ πρόπωπόν σου, **הָאֵר פָּנֶיךָ**

φάραγξ: ⟨C′⟩ ἐν τῇ φάραγγι τῆς κισων, lxxxii 10b,
Ο′ ἐν τῷ χειμάρρῳ κισων, **בְּנַחַל קִישׁוֹן**

φεύγω: C′ φυγέτωσαν, lxxix 17b, Ο′ ἀπολοῦνται,
יֹאבֵדוּ

φημί: ⟨ϛ′⟩ ἵνα τί ἔφασαν (vid), lxxviii 10a, Ο′
μήποτε εἴπωσιν, **לָמָּה יֹאמְרוּ**

φλέγω: C′ ὡς φλὸξ φλέγει ὄρη, lxxxii 15b, Ο′ ὡς
εἰ φλὸξ κατακαῦσαι ὄρη, **וּכְלֶהָבָה תְּלַהֵט הָרִים**

φλόξ: ⟨Α′⟩ καὶ ὡς φλογὸς λαβρωσσούσης ὄρη,
lxxxii 15b, Ο′ ὡς εἰ φλὸξ κατακαύσαι ὄρη,
וּכְלֶהָבָה תְּלַהֵט הָרִים

– C′ ὡς φλὸξ φλέγει ὄρη, lxxxii 15b, Ο′ ὡς εἰ
φλὸξ κατακαύσαι ὄρη, **וּכְלֶהָבָה תְּלַהֵט הָרִים**

φυή: Α′ φυὴν αὐτῶν, lxxvii 46a, Ο′ τὸν καρπὸν
αὐτῶν, **יְבוּלָם**

φυλάσσω: Α′ οὐκ ἐφύλαξαν, lxxvii 56b, Ο′ οὐκ
ἐφυλάξαντο, **לֹא שָׁמְרוּ**

– C′ οὐκ ἐφύλασσον, lxxvii 56b, Ο′ οὐκ ἐφυλάξαντο, **לֹא שָׁמְרוּ**

φυλή: C′ τὰς φυλάς, lxxvii 55c, Ο′ τὰς φυλάς,
שִׁבְטֵי

φωνή: C′ οὐκ ⟨ὑπ⟩ήκουσεν δὲ ὁ λαὸς τῆς φωνῆς μου, lxxx 12a, O′ καὶ οὐκ ἤκουσεν ὁ λαός μου τῆς φωνῆς μου, ולא שמע עמי לקולי

χάλαζα: A′ τῇ χαλάζῃ, lxxvii 48a, O′ εἰς χάλαζαν, לברד
– Θ′ εἰς χάλαζαν, lxxvii 48a, O′ εἰς χάλαζαν, לברד

χαμ: C′ ἐν ταῖς σκηνώσεσι χαμ, lxxvii 51b, O′ ἐν τοῖς σκηνώμασι χαμ, באהלי־חם
– ζ′Ε′ ἐν τοῖς σκηνώμασιν χαμ, lxxvii 51b, O′ ἐν τοῖς σκηνώμασι χαμ, באהלי־חם

χείρ: C′ τὴν χεῖρα αὐτοῦ, lxxvii 42a, O′ τῆς χειρὸς αὐτοῦ, את־ידו
– Θ′ ἐκ χειρὸς ἐχθροῦ, lxxvii 42b, O′ ἐκ χειρὸς θλίβοντος, מני־צר
– A′ χείρ σου, lxxix 18a, O′ ἡ χείρ σου, ידך
– Ε′ ⟨ἐ⟩γενήθη χείρ σου, lxxix 18a, O′ γενηθήτω ἡ χείρ σου, תהי־ידך
– A′ καὶ ἐπὶ θλίβοντας αὐτοὺς ἐπέστρεψα χεῖρά⟨ς⟩ μου, lxxx 15b, O′ καὶ ἐπὶ τοὺς θλίβοντας αὐτοὺς ἐπέβαλον τὴν χεῖρά μου, ועל צריהם אשיב ידי
– C′ καὶ ἐπὶ τοὺς ἐναντίους αὐτῶν ἀνέστρεψα ⟨ἂν⟩ τὴν χεῖρά ⟨μου⟩, lxxx 15b, O′ καὶ ἐπὶ τοὺς θλίβοντας αὐτοὺς ἐπέβαλον τὴν χεῖρά μου, ועל צריהם אשיב ידי

χήρα: Ε′A′ καὶ χῆραι αὐτοῦ, lxxvii 64b, O′ καὶ αἱ χῆραι αὐτῶν, ואלמנתיו

χηρεύομαι: C′ καὶ αἱ χηρευθ⟨εῖ⟩σαι αὐτοῦ, lxxvii 64b, O′ καὶ αἱ χῆραι αὐτῶν, ואלמנתיו

χθών: ⟨A′⟩ κόπριον τῇ χθονί, lxxxii 11b, O′ ὡσεὶ κόπρος τῇ γῇ, דמן לאדמה

χλευασμός: C′ καὶ χλευασμός, lxxviii 4b, O′ καὶ χλευασμός, וקלס

χολόομαι: C′ καὶ ἐχολώθη, lxxvii 59a, O′ καὶ ὑπερεῖδεν, ויתעבר
– C′ ἐχολώθη, lxxvii 62b, O′ ὑπερεῖδεν, התעבר

χόλος: A′ πάντα χόλον αὐτοῦ, lxxvii 38d, O′ πᾶσαν τὴν ὀργὴν αὐτοῦ, כל־חמתו
– C′ χόλον, lxxvii 49b, O′ θυμόν, עברה
– A′ χόλον σου, lxxviii 6a, O′ τὴν ὀργήν σου, חמתך

χριστός: ⟨C′⟩ τοὺς χρ⟨ι⟩στοὺς αὐτῶν, lxxxii 12b, O′ τοὺς ἄρχοντας αὐτῶν, נסיכמו

χώρα: A′ ἐν χώρᾳ τάνεως, lxxvii 43b, O′ ἐν πεδίῳ τάνεως, בשדה צען
– A′ καὶ παντοδαπ⟨ὸ⟩ν χώρας, lxxix 14b, O′ καὶ [μονιὸς] ἄγριος, וזיז שדי

ψεύδομαι: C′ ἐψεύδοντο, lxxvii 36b, O′ ἐψεύσαντο יכזבו
– ⟨ζ′⟩ [καὶ] ἐψεύδοντο, lxxvii 36b, O′ ἐψεύσαντο, יכזבו
– C′ οἱ ψευσάμενοι αὐτῷ, lxxx 16a, O′ ἐψεύσαντο αὐτῷ, יכחשו־לו

ὡραῖος: A′ καὶ τὸ ὡραῖον αὐτοῦ, lxxviii 7b, O′ καὶ τὸν τόπον αὐτοῦ, ואת־נוהו
– ⟨A′⟩ τὰ ὡραῖα θεοῦ, lxxxii 13, O′ τὸ ἁγιαστήριον τοῦ θεοῦ, את נאות אלהים

ὡς: A′C′Ε′ ὡς ποίμνιον, lxxvii 52a, O′ ὡς πρόβατα, כצאן
– Ε′A′ ὡς ἀγέλην, lxxvii 52b, O′ ὡς ποίμνιον, כעדר
– C′ ὡς ἀγέλην, lxxvii 52b, O′ ὡς ποίμνιον, כעדר
– A′Ε′ ὡς πατέρες αὐτῶν, lxxvii 57a, O′ καθὼς καὶ οἱ πατέρες αὐτῶν, כאבותם
– C′ ὡς οἱ πατέρες αὐτῶν, lxxvii 57a, O′ καθὼς καὶ οἱ πατέρες αὐτῶν, כאבותם
– A′ ὡς τόξον, lxxvii 57b, O′ εἰς τόξον, כקשת
– C′ ὡς τόξον, lxxvii 57b, O′ εἰς τόξον, כקשת
– ⟨ζ′⟩ ὡς τόξον, lxxvii 57b, O′ εἰς τόξον, כקשת
– A′ ὡς ὑπνῶν, lxxvii 65a, O′ ὡς ὁ ὑπνῶν, כישן
– C′ ὡς ὑπνῶν, lxxvii 65a, O′ ὡς ὁ ὑπνῶν, כישן
– C′ ὡς δυνάστης, lxxvii 65b, O′ ὡς δυνατός, כגבור
– A′ ὡς ὕδωρ, lxxviii 3a, O′ ὡσεὶ ὕδωρ = L′ 1219, כמים
– A′ ὡς ἄνθρωποι ἀποθανεῖσθε, lxxxi 7a, O′ ὡς ἄνθρωποι ἀπο⟨θανεῖσθε⟩, כאדם תמותון
– C′ ὡς ἄνθρωποι, lxxxi 7a, O′ ὡς ἄνθρωποι, כאדם
– Θ′Ε′ ὡς ἄνθρωποι ἀποθανεῖσθε, lxxxi 7a, O′ ὡς ἄνθρωποι ἀποθ⟨ανεῖσθε⟩, כאדם תמותון
– ζ′ καὶ ὡς οἱ ἄρχοντες καταπίπτετ⟨ε⟩, lxxxi 7b, O′ καὶ ὡς εἷς τῶν ἀρχόντων πίπτετε, וכאחד השרים תפלו
– A′ ὡς μαδιαμ, lxxxii 10a, O′ ὡς τῇ μαδιαμ, כמדין
– A′ ὡς σισαρα, lxxxii 10a, O′ καὶ τῷ σισαρα, כססרא
– ⟨C′⟩ ὡς τῷ σισαρα, lxxxii 10a, O′ καὶ τῷ σισαρα, כססרא

28

– ⟨Α′⟩ ὡς ἰαβιν ἐν κισων, lxxxii 10b, Ο′ ὡς
ὁ ἰαβιν ἐν τῷ χειμάρρῳ κισων, **כיבין בנחל
קישון**

– ⟨C′⟩ ὡς τῷ ἰαβιν, lxxxii 10b, Ο′ ὡς ὁ ἰαβιν,
כיבין

– ⟨C′⟩ ὡς ἐξήρθησαν, lxxxii 11a, Ο′ ἐξωλεθρεύθησαν ἐν ἀενδωρ, **נשמדו בעין־דאר**

– Α′ ὡς ὀρηβ, lxxxii 12a, Ο′ ὡς τὸν ὠρηβ,
כערב

– Α′ καὶ ὡς ζηβ, lxxxii 12a, Ο′ καὶ ζηβ, **וכזאב**

– ⟨C′⟩ ὡς ζέβεε, lxxxii 12b, Ο′ καὶ ζέβεε,
וכזבח

– Α′ ὡς πυρ⟨ὸς⟩, lxxxii 15a, Ο′ ὡσεὶ πῦρ, **כאש**

– ⟨C′⟩ ὡς πῦρ, lxxxii 15a, Ο′ ὡσεὶ πῦρ, **כאש**

– ⟨Α′⟩ καὶ ὡς φλογός, lxxxii 15b, Ο′ ὡς εἰ φλόξ,
וכלהבה

– C′ ὡς φλόξ, lxxxii 15b, Ο′ ὡς εἰ φλὸξ κατακαύσαι ὄρη, **וכלהבה תלהט הרים**

ὡσεί: ⟨ ⟩ ὡσεὶ ἀδαμα τῇ γῇ, lxxxii 11b, Ο′ ὡσεὶ
κόπρος τῇ γῇ, **דמן לאדמה**

III.

Verzeichnis der angeführten Bibelstellen

Dieses Verzeichnis umfaßt das *größte* Teil der in *Teil III, Erläuterungen*, aufgeführten *Bibelstellen*.

Die Anordnung des Verzeichnisses ist folgende: Nach der Angabe der *biblischen Stelle* steht gewöhnlich die *Sigel* des hexaplarischen Übersetzers, um dessentwillen die Stelle zitiert ist. Daran schließt sich das *griechische Wort* oder der *griechische Ausdruck* an, um den es im Zitat geht, und darauf folgt die *hebräische Vorlage*. Diese steht üblicherweise in der nicht-flektierten Wurzelform. (In selteneren Fällen, wo die biblische Stelle nur wegen des Hebräischen, wegen einer syrischen Übersetzung oder auch wegen eines syntaktischen Bezuges aufgeführt wurde, erscheint sie in diesem Index entsprechend *nur in dieser Form*.) Abgeschlossen wird das Ganze durch die Zahl des *Exzerptes* (E.), der *Lesart* (L.), und der *Seite* (S.).

Runde Klammern ( ) um das Griechische zeigen an, daß es aus einer andern Sprache *rückübersetzt* ist. *Eckige Klammern* [ ] bedeuten, daß das Eingeklammerte durch die Tradition *unkorrekt* überliefert wurde, während *spitze Klammern* ⟨ ⟩ zeigen, daß das Eingeklammerte gegen die Überlieferung *korrigiert* oder *ergänzt* wurde.

Die durch *Schrägschrift* hervorgehobenen Bibelstellen schließlich sind solche, die nicht bloß angeführt, sondern mit einer *Erörterung* versehen sind.

Genesis

Gn i 3, 6 (*ter*), A' ὕδατα Pl, **מים**, E. 55, L. 1, S. 204

Gn i 20, A' ὕδατα Pl, **מים**, E. 55, L. 1, S. 204

Gn i 30, A' ζῷον, **חיה**, E. 29, L. 1, S. 158

Gn i 30, A'C' ζῷον, **חיה**, E. 30, L. 1, S. 159

Gn ii 7, οἱ λ' εἰς, **ב**, E. 27, L. 1, S. 153

Gn ii 19, A'C' ζῷον, **חיה**, E. 30, L. 1, S. 159

Gn ii 20, A' ζῷον, **חיה**, E. 29, L. 1, S. 158

Gn ii 20, A'C' ζῷον, **חיה**, E. 30, L. 1, S. 159

Gn ii 21, A' ἀποκλείω, **סגר**, E. 25, L. 1, S. 149

Gn ii 21, C' συγκλείω, **סגר**, E. 25, L. 2, S. 149

Gn iii 1, A' ζῷον, **חיה**, E. 29, L. 1, S. 158

Gn iii 1, A'Θ' πανοῦργος, **ערום**, E. 119, L. 1, S. 325

Gn iii 1, C' πανουργότερος, **ערום**, E. 119, L. 1, S. 325; L. 2, S. 327

Gn iii 14, A' ζῷον, **חיה**, E. 29, L. 1, S. 158

Gn iii 14, A'C' ζῷον, **חיה**, E. 30, L. 1, S. 159

Gn iii 17, C' γῆ, **אדמה**, E. 125, L. 3, S. 340

Gn iii 17, Θ' ἡ γῆ ἀδαμα, **אדמה**, E. 125, L. 4, S. 341, 342

Gn iii 19 (bis), A' ἐπιστρέφω, **שוב** qal, E. 5, L. 1, S. 120

Gn iv 2, C' πάλιν, **יסף**, E. 11, L. 2, S. 132

Gn iv 6, C' εἰς τί, **למה**, E. 69, L. 3, S. 231

Gn iv 13, A' ἀνόμημα, **עון**, E. 4, L. 10, S. 118

Gn iv 20, C' κτηνοτρόφια, **מקנה**, E. 26, L. 4, S. 152

Gn iv 24, A' ἑπταπλασίως, **שבעתים**, E. 74, L. 3, S. 241

Gn iv 24, C' ἑβδομαῖος, **שבעתים**, E. 74, L. 4, S. 241

Gn iv 24, Θ' ἑβδομάδας, **שבעתים**, E. 74, L. 3, S. 241

Gn iv 26, A' καλέω, **קרא**, E. 62, L. 1, S. 214

Gn v 22, 24, O′ εὐαρεστέω, הִתְהַלֵּךְ, E. 109, L. 5, S. 307

Gn v 22, 24, A′ περιπατέω, הִתְהַלֵּךְ, E. 109, L. 5, S. 307

Gn vi 6, A′ διε⟨π⟩ονήθη, עצב, E. 10, L. 1, S.130

Gn vi 6, C′ ἐπιπίπτω, עצב, E. 10, L. 5, S. 132

Gn vi 9, O′ εὐαρεστέω, הִתְהַלֵּךְ, E. 109, L. 5, S. 307

Gn vi 9, A′C′ περιπατέω, הִתְהַלֵּךְ, E. 109, L. 5, S. 307

Gn x 19, O′ ἀδαμα, אדמה, E. 125, L. 4, S. 341

Gn xiv 2, 8, O′ ἀδαμα, אדמה, E. 125, L. 4, S. 341

Gn xx 18, O′ ἕνεκα, עַל־דְּבַר, E. 66, L. 1, S. 226

Gn xxviii 16, C′ ὄντως, אכן, E. 111, L. 4, S. 313

Gn xxviii 19, A′ πρότερον, וְאוּלָם, E. 64, L. 1, S. 223

Gn xxix 25, A′ ἐπιτίθεμαι, רמה pi, E. 43, L. 1, S. 181

Gn xxx 38, C′ βόσκημα, צאן, E. 33, L. 1, S. 162

Gn xxx 41, 42, C′ βόσκημα, צאן, E. 33, L. 1, S. 162

Gn xxx 41, C′ Ἰακωβ, יעקב, E. 63, L. 2, S. 218

Gn xxxii 9 (10), A′C′ ὁ εἰπών aor ii, הָאֹמֵר, E. 127, L. 1, S. 346

Gn xxxii 20 (21), O′ ἐξιλάσκομαι, כפר pi, E. 4, L. 7, S. 117

Gn xxxiii 1, C′ Ἰακωβ, יעקב, E. 63, L. 2, S. 218

Gn xxxiv 7, A′ διαπονέω, עצב, E. 10, L. 1, S.130

Gn xxxvi 24, A′ βόσκω, רעה, E. 80, L. 4, S. 253

Gn xxxvii 2, A′ κατήνεγκεν, בוא hif, E. 80, L. 4, S. 254

Gn xxxvii 14, [A′], [A′]C′ βόσκημα, צאן, E. 26, L. 1, S. 151; E. 33, L. 1, S. 161–162

Gn xxxvii 27, C′ πείθομαι, שמע, E. 97, L. 3, S. 286

Gn xxxviii 22, A′ ἀποστρέφω, שוב qal, E. 5, L. 1, S. 121

Gn xl 3, A′ δεδεμένος, אסור, E. 72, L. 1, S. 236

Gn xli 2, A′ σάρξ Sg, בשר, E. 54, L. 1, S. 203

Gn xli 32, C′ βέβαιος, נכון, E. 3, L. 4, S. 114

Gn xli 36, A′ ὀλεθρευθήσεται, כרת nif, E. 80, L. 4, S. 254

Gn xli 43, A′ (εἰς πρόσωπον), לפנים, E. 37, L. 1, S. 168

Gn xli 43, C′ (ἔμπροσθεν), לפנים, E. 37, L. 1, S. 168

Gn xlii 7, O′ ἀλλοτριόω, הִתְנַכֵּר, E. 1, L. 3, S. 109

Gn xlii 15, A′C′ δοκιμάζω, בחן, E. 90, L. 4, S. 273

Gn xliii 3, O′ διαμαρτυρία, עוד hif, E. 41, L. 2, S. 176

Gn xliii 30, A′C′ σπλάγχνα, רחמים, E. 4, L. 5, S. 116

Gn xlv 17, A′C′ (iumenta vestra), בעירכם, E. 25, L. 4, S. 150; E. 60, L. 1, S. 208

Gn xlvii 19, O′ ἐρημόω, שמם, E. 63, L. 4, S. 221

Gn xlix 3, A′ κεφάλαιον, ראשית, E. 32, L. 1, S. 160

Gn xlix 3, A′ λυπή, און, E. 32, L. 1, S. 160

Exodus

Ex ii 24, A′C′ τῆς οἰμωγῆς, אנקה, E. 72, L. 1, S. 236

Ex iii 1, A′ ἐλαύνω, נהג, E. 34, L. 1, S. 162

Ex iii 2, A′ ἀνάπτομαι, בער qal, E. 60, L. 1, S. 208

Ex iii 2, C′ φλέγομαι, בער qal, E. 130, L. 2, S. 350

Ex iii 13, O′ ἐρωτάω, אמר, E. 69, L. 1, S. 230

Ex iii 15, O′ γενεαί Pl, דור, E. 78, L. 2, S. 246

Ex iii 22, A′C′ σκυλεύσετε, נצל, E. 67, L. 2, S. 227

Ex iii 22, C′ συσκευάσασθε (?), נצל, E. 67, L. 2, S. 227

Ex iv 7, A′ ἀποστρέφω, שוב qal, E. 5, L. 1, S. 121

Ex iv 19, γ′ (μαδιαμ), מדין, E. 123, L. 1, S. 335

Ex v 3, A′ λοιμός, דבר, E. 29, L. 1, S. 158

Ex vii 11, A′ οὕτως, כן, E. 132, L. 1, S. 354

Ex vii 24, A′ κυκλόθεν, סביבת, E. 56, L. 1, S. 204

Ex vii 24, A′ ῥεῖθρον, יאר, E. 18, L. 1, S. 144

Ex vii 24, C′ κύκλῳ c. gen, סביבת, E. 56, L. 2, S. 205

Ex viii 21 (17), A′ (πάνμικτον), ערב, E. 19, L. 1, S. 145

Ex viii 21 (17), C′ (κοινόμυια) ?, ערב, E. 19, L. 2, S. 146

Ex xiii 20, A′C′Θ′ ἐν, ב, E. 27, L. 1, S. 153

Ex xiv 20, A′ φωτίζω, אור hif, E. 89, L. 2, S. 269

Ex xiv 26, A′ ἐπιστρέφω, שוב qal, E. 5, L. 1, S. 120

Ex xv 17, ⟨A′⟩ κληροδοσία, נחלה, E. 38, L. 2, S. 171

Ex xvii 16, O′ γενεαί Pl, דור, E. 78, L. 2, S. 246

Ex xviii 1, οἱ γ′ (μαδιαμ), מדין, E. 123, L. 1, S. 335

Ex xix 13, A′ παραφέρω, יבל, E. 12, L. 1, S. 136
Ex xix 18, O′ καπνίζω, עשן, E. 79, L. 2, S. 248
Ex xxii 5 (4), O′ καταβόσκω, בער, E. 81, L. 1, S. 254
Ex xxiii 11, A′ ζῷον, חיה, E. 29, L. 1, S. 158
Ex xxx 15, 16, O′ ἐξιλάσκομαι, כפר pi, E. 4, L. 7, S. 117
Ex xxxii 1, A′ ἀνάστηθι, קום, E. 113, L. 1, S. 314
Ex xxxii 31, Θ′A′O′ ἐπιστρέφω, שוב qal, E. 5, L. 1, S. 120
Ex xxxiv 9, O′ κληροδοτέω, נחל qal, E. 38, L. 2, S. 171
Ex xxxiv 29, A′C′ testimonii, עדת, E. 41, L. 2, S. 176

Leviticus

Lev xiii 4, Θ′ συγκλείω, סגר hif, E. 25, L. 3, S. 150
Lev xiii 5, Θ′ συγκλείω, סגר hif, E. 25, L. 3, S. 150
Lev xiii 11, C′ ὑπερτίθεμαι, סגר hif, E. 46, L. 4, S. 186
Lev xiii 13, A′ στρέφω, הפך, E. 17, L. 1, S. 143
Lev xiii 26, Θ′ συγκλείω, סגר hif, E. 25, L. 3, S. 150
Lev xvi 10, O′A′ τοῦ ἐξιλάσασθαι, כפר pi, E. 4, L. 7, S. 117
Lev xvii 13, A′ ζῷον, חיה, E. 29, L. 1, S. 158
Lev xix 15, 35, O′ ἄδικον, עול, E. 103, L. 1, S. 296
Lev xix 19, C′ ὑποβάλλω, רבע hif, E. 37, L. 1, S. 168
Lev xx 25, ⟨ ⟩ ἀδαμα, אדמה, E. 125, L. 4, S. 341
Lev xxvi 22, O′ ἐρημόω, שמם, E. 63, L. 4, S. 221
Lev xxvi 31, 32, O′ ἐξερημόω, שמם hif, E. 63, L. 4, S. 221
Lev xxvi 33, O′ ἔρημος, שממה, E. 63, L. 4, S. 221
Lev xxvi 34, 35, O′ ἐρήμωσις, שמם hof, E. 63, L. 4, S. 221
Lev xxvi 39, A′ ἀνομία Sg/Pl, עון, E. 64, L. 1, S. 222
Lev xxvi 39 (bis), A′ ἀνομία, עון, E. 4, L. 10, S. 118
Lev xxvi 39, C′ ἁμαρτία (bis), עון, E. 4, L. 11, S. 119
Lev xxvi 43, O′ ἐρημόω, שמם hof, E. 63, L. 4, S. 221

Lev xxvii 26, A′ βόσκημα, שה, E. 26, L. 1, S. 151
Lev xxvii 26, A′ πρωτότοκον, בכור, E. 30, L. 2, S. 159

Numeri

Nu i 19, ἔρημος, מדבר, E. 9, L. 4, S. 129
Nu ii 17, Θ′ ἐξαίρω, נסע, E. 124, L. 2, S. 338
Nu iii 10, C′[A′] ἀλλότριος, זר, E. 93, L. 1, S. 278
Nu iii 32, O′ καθεσταμένος, פקדת, E. 126, L. 5, S. 346
Nu iii 38, A′ ἀλλότριος, זר, E. 1, L. 3, S. 109; E. 93, L. 1, S. 278
Nu iii 38, C′ ἀλλότριος, זר, E. 93, L. 1, S. 278
Nu vi 5, A′ μεγεθύνων, גדל pi Ptz ?, E. 73, L. 1, S. 238
Nu xiii 34 (33), τεράστιοι, נפלים, E. 16, L. 1, S. 142
Nu xviii 20, ⟨A′⟩ κληροδοσία, נחלה, E. 38, L. 2, S. 171
Nu xx 4, O′C′Θ′ ἵνα τί, למה, E. 69, L. 3, S. 231
Nu xx 24, O′ παροξύνω, מרה qal, E. 40, L. 3, S. 174
Nu xx 24, O′ παροξύνω, מרה qal, E. 40, L. 3, S. 175
Nu xxi 30, O′ γυναῖκες, נשים, E. 63, L. 4, S. 221
Nu xxiv 22, A′ usque ad quendam, עד־מה, E. 59, L. 1, S. 207
Nu xxiv 22, A′ (ἐπιλέγω) ?, בער pi, E. 60, L. 1, S. 208
Nu xxxi 3, A′Θ′ μαδιαμ, מדין, E. 123, L. 1, S. 335
Nu xxxi 16, O′ ἔνεκα, על־דבר, E. 66, L. 1, S. 226
Nu xxxi 48, O′ καθεσταμένοι, פקודים, E. 126, L. 5, S. 346
Nu xxxvi 4, A′ παραφέρω, יבל, E. 12, L. 1, S. 136

Deuteronomium

Dt i 26, C′ παραπικραίνω, מרה hif, E. 9, L. 2, S. 128
Dt i 37, O′ θυμόομαι, אנף, E. 59, L. 1, S. 208
Dt i 38, O′ κατακληροδοτέω, נחל hif, E. 38, L. 2, S. 171; E. 114, L. 1, S. 316
Dt i 40, A′ ἔρημος, מדבר, E. 9, L. 4, S. 129
Dt ii 7, C′ ἐννοέω, ידע, E. 109, L. 2, S. 306
Dt iii 18, A′ ἐξηρημένος, חלוץ, E. 90, L. 1, S. 271

Dt iii 26, Ο' ὑπερεῖδεν, התעבר, E. 46, L. 4, S. 185

Dt iii 26, Α' ὑπερτίθεμαι, התעבר, E. 46, L. 4, S. 186

Dt iii 26, Θ' ὑπερτίθεμαι, התעבר, E. 46, L. 4, S. 185–186

Dt iii 28, Α' ⟨καρτέρωσον⟩, אמץ pi, E. 85, L. 3, S. 265

Dt iv 19, C' ὅλος, כל, E. 6, L. 4, S. 124

Dt iv 20, Α' κληροδοσία, נחלה, E. 38, L. 2, S. 170

Dt iv 21, Ο' θυμόομαι, אנף, E. 59, L. 1, S. 208

Dt iv 23, Α' φυλάσσω, שמר, E. 41, L. 3, S. 177

Dt vi 12, Α' φυλάσσω, שמר, E. 41, L. 3, S. 177

Dt vi 14, Ο' Art. + περικύκλῳ, אשר סביבת, E. 58, L. 3, S. 207

Dt vii 9, Ο' γενεαί Pl, דור, E. 78, L. 2, S. 246

Dt vii 15, Α' ὅσος, אשר, E. 15, L. 1, S. 140

Dt vii 15, Α' πονηρός, רע, E. 28, L. 4, S. 156

Dt ix 8, 20, Ο' θυμόομαι, אנף, E. 59, L. 1, S. 208

Dt x 11, Α' ἀνάστηθι, קום, E. 113, L. 1, S. 314

Dt xiii 7 (8), Ο' Art. + περικύκλῳ, אשר סביבת, E. 58, L. 3, S. 207

Dt xiv 8, Α' νεκριμαῖον, נבלה, E. 53, L. 3, S. 201

Dt xv 4, 7, 11, Ο' ἐνδεής, אביון, E. 108, L. 3, S. 304

Dt xviii 8, C' ἕκαστος, —, E. 63, L. 2, S. 217

Dt xviii 8, C' κτῆσις, מכרים, E. 25, L. 4, S. 150

Dt xix 1, Α'Θ' (ἐξολεθρεύω), כרת hif, E. 80, L. 4, S. 254

Dt xix 13, Θ' ἐξαίρω, בער hif, E. 60, L. 2, S. 209

Dt xix 14, C' ἐπελεύσει, ⟨נשג⟩, E. 42, L. 1, S. 178

Dt xxi 16, Ο' κατακληροδοτέω, נחל hif, E. 38, L. 2, S. 171; E. 114, L. 1, S. 316

Dt xxi 17, C' ἰσχύς, און, E. 32, L. 2, S. 161

Dt xxi 21, Α' ἐπιλέγω, בער hif, E. 60, L. 1, S. 208

Dt xxi 21, Θ' ἐξαίρω, בער hif, E. 60, L. 2, S. 209

Dt xxiv 7, Α' ἐπιλέγω, בער hif, E. 60, L. 1, S. 208

Dt xxiv 7, Ο'C'Θ' ἐξαίρω, בער hif, E. 60, L. 2, S. 209

Dt xxiv 14, Ο' ἐνδεής, אביון, E. 108, L. 3, S. 304

Dt xxv 2, Α' πτωματίζω, נפל hif, E. 38, L. 1, S. 169

Dt xxv 5, Θ'C'Α' ἀλλότριος, זר, E. 93, L. 1, S. 278

Dt xxv 16, Ο' ἄδικον, עול, E. 103, L. 1, S. 296

Dt xxv 10, Α' ἐξαιρεθείς, חלוץ, E. 90, L. 1, S. 271

Dt xxv 16, ⟨Α'⟩ κληροδοσία, נחלה, E. 38, L. 2, S. 171

Dt xxvi 2, Α' ὅσος, אשר, E. 15, L. 1, S. 140

Dt xxvi 13, Α' ἐπιλέγω, בער hif, E. 60, L. 1, S. 208

Dt xxvi 14, Α' ἐπιλέγω, בער hif, E. 60, L. 1, S. 208

Dt xxvi 14, Α' λυπή, און, E. 32, L. 1, S. 160

Dt xxvi 14, C' πένθος, און, E. 32, L. 2, S. 161

Dt xxvii 1, C' φυλάσσω, שמר, E. 41, L. 2, S. 177

Dt xxviii 20, Ο' ἀνάλωσις, מגערת, E. 83, L. 1, S. 260

Dt xxviii 21, Α' λοιμός, דבר, E. 29, L. 1, S. 158

Dt xxviii 37, Ο' αἴνιγμα, לשמה, E. 63, L. 4, S. 221

Dt xxviii 37, Α' ἀφανισμός, שמם, E. 63, L. 1, S. 216

Dt xxviii 53, Α' ἐπιχέω, צוק, E. 61, L. 2, S. 210

Dt xxviii 56, Α' πειράζω, נסה, E. 11, L. 1, S. 132

Dt xxix 20 (19), Ο' καίω, עשן, E. 79, L. 2, S. 248

Dt xxix 23 (22), Ο' ἄδαμα, אדמה, E. 125, L. 4, S. 341

Dt xxxi 21, Α' μαρτύριον, עד, E. 41, L. 1, S. 176

Dt xxxii 10, Α' ἠφανισμένη, ישימון, E. 10, L. 2, S. 130

Dt xxxii 7, Ο' γενεαί Pl, דור, E. 78, L. 2, S. 246

Dt xxxii 8a, Α' κληροδοτέω, נחל hif, E. 38, L. 2, S. 170

Dt xxxii 16, Ο' παροξύνω, קנא hif, E. 45, L. 2, S. 185

Dt xxxii 24, A' ab ave, רשף, E. 26, L. 3, S. 152

Josue

Jos ii 4, Ο'Α'C'Θ' ἔκρυψεν, צפן, E. 120, L. 4, S. 330

Jos v 2, Α' ἐπιστρέφω, שוב qal, E. 5, L. 1, S. 120

Jos viii 28, Ο' ἀοίκητος, שממה, E. 63, L. 4, S. 221

Jos x 2, οἱ λ' πόλεων τῶν βασιλέων, ערי ממלכה, E. 62, L. 1, S. 213

Jos x 11, Ο'Α'C' χάλαζα, ברד, E. 25, L. 1, S. 149

Jos x 19, C' διώκω, רדף, E. 131, L. 1, S. 353

Jos xi 13, C' ἕκαστος, —, E. 63, L. 2, S. 217

Jos xi 13, C' ἱδρύω, עמד qal, E. 39, L. 1, S. 173

Jos xiii 32, Ο' κληροδοτέω, נחל pi, E. 38, L. 2, S. 171

Jos xix 8, O′ Art. + περικύκλῳ, **אשר סביבת**,
E. 58, L. 3, S. 207

Jos xix 20, O′ κισων, **קשיון**, E. 123, L. 4, S. 337

Jos xix 48 (49), O′ κληροδοτέω, **נחל**, E. 38, L. 2,
S. 171

Jos xix 51, O′ κληροδοτέω, **נחל** pi, E. 38, L. 2,
S. 171

Jos xxi 28, O′ τὴν κεισων, **קשיון**, E. 123, L. 4,
S. 337

Jos xxiii 4, C′ ὑποβάλλω, **נפל** hif, E. 37, L. 1,
S. 168

Iudices et Ruth

Iud i 15, C′ κτῆσις, **גלת**, E. 25, L. 4, S. 150

Iud ii 22, xiii 14, O′ φυλάσσομαι Med, **שמר**,
E. 41, L. 2, S. 176

Iud iii 22, C′ ἐχμή = αἰχμή, **להב**, E. 131, L. 1,
S. 352

Iud iv 7, 13, O′ κισων, **קישון**, E. 123, L. 4, S. 337

Iud v 16, C′ διὰ τί, **למה**, E. 69, L. 3, S. 231

Iud v 21 (bis), O′ κισων, **קישון**, E. 123, L. 4,
S. 337

Iud v 21, C′ φάραγξ, **נחל**, E. 123, L. 4, S. 337

Iud v 27, [A′ μάχαιρα], **חרב**, E. 50, L. 1, S. 194

Iud vii 3, A′ ἀποστρέφω, **שוב** qal, E. 5, L. 1, S. 121

Iud vii 25 (ter), O′ ὡρηβ, **ערב**, E. 126, L. 3, S. 345

Iud viii 3, O′ ὡρηβ, **ערב**, E. 126, L. 3, S. 345

Iud xii 2, C′ μάχη, **ריב**, E. 90, L. 4, S. 273

Iud xii 6, A′ εἶπον aor ii, **ויאמר**, E. 127, L. 1,
S. 346

Iud xvi 14, 20, O′ ἐξυπνίζομαι, **יקץ**, E. 51, L. 2,
S. 197

Iud xviii 7, C′ ἐνοχλέω, **כלם** hif, E. 10, L. 5,
S. 132

Iud xviii 7, C′ ἐν ἠρεμίᾳ, **שקט** qal Ptz, E. 116,
L. 2, S. 321

Iud xviii 9, C′ ἀμελέω, **חשה** hif, E. 117, L. 1,
S. 322

Iud xviii 21, O′Θ′ κτῆσις, **מקנה**, E. 25, L. 4,
S. 150

Iud xviii 21, O′Θ′ τάσσω, **שים**, E. 126, L. 2,
S. 344

Iud xviii 31, O′Θ′ τάσσω, **שים**, E. 126, L. 2,
S. 344

Ruth iv 7, O′ μαρτύριον, **תעודה**, E. 41, L. 1,
S. 175

Ruth iv 7, C′ κληρουχία, **גאלה**, E. 38, L. 3, S. 172

Regnorum i–iv

i Regn v 6, A′Θ′ ἐφαγεδαίνησεν, ⟨**המם**⟩, E. 63,
L. 1, S. 216

i Regn viii 5, 6, O′ δικάζω c. acc, **שפט** c. acc,
E. 105, L. 2, S. 300

i Regn ix 12, [A′ ὕψωμα], **במה**, E. 44, L. 2,
S. 183

i Regn ix 24, C′ ὑπολείπω, **שאר**, E. 73, L. 2,
S. 240

i Regn x 13, O′ βουνός, **במה**, E. 44, L. 1, S. 182

i Regn x 20, 21 (bis), O′ κατακληρόομαι, **לכד**
nif, E. 38, L. 2, S. 169

i Regn xii 14, 15, O′ ἐρίζω, **מרה**, E. 9, L. 1, S. 128

i Regn xiii 17, C′ οἱ διαφθείροντες, **שחת** hif, E. 4,
L. 12, S. 120

i Regn xiii 18, C′ ὅριον, **גבול**, E. 36, L. 3, S. 166

i Regn xiv 41, O′ κληρόομαι seu κατακληρόομαι,
לכד nif, E. 38, L. 2, S. 169

i Regn xiv 42 (bis), O′ κατακληρόομαι, **נפל** hif,
לכד nif, E. 38, L. 2, S. 169

i Regn xiv 47, O′ κατακληρόομαι, **לכד**, E. 38,
L. 2, S. 169

i Regn xvii 7, A′Θ′ φλόξ, **להבה**, E. 130, L. 4,
S. 352

i Regn xvii 10, A′ ὁμοῦ, ⟨**יחדו**⟩, E. 121, L. 2,
S. 332

i Regn xvii 10, Θ′ ἅμα, ⟨**יחדו**⟩, E. 121, L. 2,
S. 332

i Regn xvii 40, C′Θ′ φάραγξ, **נחל**, E. 123, L. 4,
S. 337

i Regn xviii 23, A′C′, A′ ἄπορος, **רש**, E. 106, L. 1,
3, S. 301

i Regn xx 34, A′ διαπονέω, **עצב**, E. 10, L. 1,
S. 130

i Regn xx 34, C′ ὀδύνω, **עצב**, E. 10, L. 5, S. 132

i Regn xxi 14, **תוה**, E. 12, L. 3, S. 138

i Regn xxiii 12, Θ′ παραδίδωμι, **סגר**, E. 25, L. 3,
S. 150

i Regn xxiii 19, 24, A′ ἠφανισμένη, **ישימון**, E. 10,
L. 2, S. 130

i Regn xxiii 22, O′ πανουργεύομαι, **ערם** hif,
E. 119, L. 1, S. 325

i Regn xxiii 23, C′ βέβαιος, **נכון**, E. 3, L. 4,
S. 114

i Regn xxiii 24, C′ ἀοίκητος, **ישימון**, E. 10, L. 5,
S. 132

i Regn xxiv 16, O′ δικάζω c. dat, **שפט** c. acc,
E. 105, L. 2, S. 300

i Regn xxv 7, C′ ἐνοχλέω, כלם hif, E. 10, L. 5, S. 132

i Regn xxv 34, C′ ἄν, —, E. 98, L. 2, S. 289

i Regn xxv 34, C′ οὐκ ἂν ὑπελείφθη, אם־נותר, E. 73, L. 2, S. 240

i Regn xxv 39, A′ ἐξαιρέομαι, חשך, E. 28, L. 8, S. 158; E. 90, L. 1, S. 271

i Regn xxv 42, A′ ※ ταχύνω, מהר pi, E. 65, L. 1, S. 224

i Regn xxvi 1, 3, A′ ἠφανισμένη, ישימון, E. 10, L. 2, S. 130

i Regn xxvi 1, 3, C′ ἔρημος, ישימון, E. 10, L. 3, S. 130

i Regn xxvi 16, O′ θανάτωσις, מות, E. 73, L. 2, S. 240

i Regn xxvi 19, C′ θεοὶ ἀλλόκοτοι, אלהים אחרים, E. 94, L. 2, S. 282

i Regn xxvi 23, C′ ἀποδίδωμι, שוב hif, E. 74, L. 2, S. 240

i Regn xxvii 5, C′ βασιλεία, ממלכה, E. 62, L. 2, S. 214

i Regn xxviii 12, A′ ἐπιτίθεμαι, רמה pi, E. 43, L. 1, S. 181

i Regn xxviii 20, C′ ὅλος, כל, E. 6, L. 4, S. 124

i Regn xxx 2, 22, A′ ἐλαύνω, נהג, E. 34, L. 1, S. 162

i Regn xxx 10, C′ φάραγξ, נחל, E. 123, L. 4, S. 337

ii Regn i 2, C′ κεκονιασμένος, אדמה, E. 125, L. 3, S. 340

ii Regn iii 34, C′ ἄδικος, בן־עולה, E. 103, L. 2, S. 297

ii Regn iv 9, C′ λυτρόομαι, פדה, E. 13, L. 2, S. 138

ii Regn vi 3, O′ ἦγαν, נהג, E. 34, L. 3, S. 163

ii Regn vii 8, A′ ὡραιότης, נ⟨א⟩וה, E. 63, L. 1, S. 216

ii Regn vii 8, C′ νομή, נוה, E. 63, L. 2, S. 219

ii Regn viii 1, A′ ἐκόλασεν, כנע hif, E. 98, L. 1, S. 288

ii Regn x 9, A′C′ ἐκλεκτῶν, בחור, E. 48, L. 1, S. 190

ii Regn xii 6, A′Θ′ τετραπλάσιον, ארבעתים, E. 74, L. 3, S. 241

ii Regn xii 6, C′ τετραπλασίως, ארבעתים, E. 74, L. 3, 4, S. 241

ii Regn xii 10, Θ′ ἐξαίρω, סור, E. 124, L. 2, S. 338

ii Regn xii 14, Θ′ ἐναντίος, צר, E. 98, L. 2, S. 289

ii Regn xii 25, C′ ἕνεκεν, בעבור, E. 66, L. 2, S. 226

ii Regn xiv 13, C′ διὰ τί, למה, E. 69, L. 3, S. 231

ii Regn xxi 2, A′ ζηλόω, קנא pi, E. 45, L. 2, S. 185

ii Regn xxi 2, C′ ζηλόω, קנא pi, E. 45, L. 2, S. 185

ii Regn xxi 2, Θ′ ζηλόω, קנא pi, E. 45, L. 2, S. 185

ii Regn xxi 4, O′ θανάτωσις, מות hif, E. 73, L. 2, S. 240

iii Regn iii 15, O′ ἐξεγείρομαι, יקץ, E. 51, L. 2, S. 197

iii Regn iv 19, O′, A′C′ ※ βασίλειον, ממלכה, E. 62, L. 1, S. 212

iii Regn vi 18 (19), A′[Θ′] συνθήκη, ברית, E. 121, L. 2, S. 333

iii Regn xi 26, A′ χήρα, אלמנה, E. 50, L. 3, S. 195

iii Regn xii 32, C′ (βωμός), במה, E. 44, L. 1, S. 183

iii Regn xiii 2, 33, C′ (βωμός), במה, E. 44, L. 1, S. 183

iii Regn xiii 30, O′ ※ νεκριμαῖον, נבלה, E. 53, L. 3, S. 201

iii Regn xiv 7, A′ εἶπον / εἶπε aor ii, אמרי, E. 127, L. 1, S. 346

iii Regn xiv 8, O′A′ ※ βασίλειον, ממלכה, E. 62, L. 1, S. 212

iii Regn xiv 10, ⟨A′⟩ ※ ἐξολεθρεύω, כרת hif, E. 80, L. 4, S. 254

iii Regn xiv 15, O′ ※ (= A′) ὕδωρ Sg, מים, E. 55, L. 1, S. 204

iii Regn xiv 15, A′ χθών, אדמה, E. 125, L. 1, S. 339

iii Regn xv 14, C′ ὑψηλός (-ν), במה, E. 44, L. 1, S. 183

iii Regn xvii 20, C′ κακόω, רעע, E. 28, L. 5, S. 157

iii Regn xviii 24, 25, 26, O′ ἐπικαλέομαι ἐν, קרא ב, E. 88, L. 3, S. 269

iii Regn xviii 27, C′ ὁμιλέω, שיח, E. 119, L. 2, S. 326

iii Regn xviii 40, O′ κισσων, קישון, E. 123, L. 4, S. 337

iii Regn xxi (xx) 7, A′ καὶ οὐκ ἐκώλυσα, ולא מנעתי, E. 98, L. 1, S. 287

iii Regn xxi (xx) 8, Α΄ θέλω, אבה, E. 97, L. 2, S. 286

iii Regn xxi (xx) 9 (2), Α΄ ἄγγελος, מלאך, E. 28, L. 4, S. 156

iii Regn xxi (xx) 9, Α΄ ἐπιστρέφω, שוב hif, E. 5, L. 1, S. 120

iii Regn xxi (xx) 38, C΄ κατὰ + ὀφθαλμός c. art. et possess., E. 70, L. 3, S. 233

iii Regn xxii 16, Α΄ ἕως πόσων, עד־כמה, E. 9, L. 1, S. 128

iii Regn xxii 16, C΄ ποσάκις, כמה, E. 9, L. 2, S. 128

iii Regn xxii 50, Α΄ ※ ἠθέλησεν, אבה, E. 97, L. 2, S. 286

iv Regn v 11, Ο΄ ἐπικαλέομαι ἐν, קרא ב, E. 88, L. 3, S. 269

iv Regn viii 1, Α΄ ἀνάστηθι, קומי, E. 113, L. 1, S. 314

iv Regn viii 1, C΄ ἀναστάς (sic), קומי, E. 113, L. 2, S. 314

iv Regn ix 20, Α΄ ἐλαύνω, נהג, E. 34, L. 1, S. 162

iv Regn ix 20 (bis), Α΄ ἔλασις, מנהג, E. 34, L. 1, S. 162

iv Regn ix 20, C΄ ἄγω, נהג, E. 34, L. 2, S. 163

iv Regn ix 20 (bis), C΄ ἀγωγή, מנהג, E. 34, L. 2, S. 163

iv Regn ix 20, Θ΄ ἄγω, נהג, E. 34, L. 2, S. 163

iv Regn ix 37, Ο΄ κοπρία, דמן, E. 125, L. 1, S. 339

iv Regn xi 12, Α΄ μαρτυρία, עדות, E. 41, L. 1, S. 176

iv Regn xi 12, C΄ μαρτύριον, עדות, E. 41, L. 2, S. 176

iv Regn xv 19, Ο΄, Α΄ ※ βασίλειον, ממלכה, E. 62, L. 1, S. 212

iv Regn xvii 9, C΄ (βωμός), במה, E. 44, L. 1, S. 183

iv Regn xvii 18, Ο΄ θυμόομαι, אנף, E. 59, L. 1, S. 208

iv Regn xxiii 20, C΄ (βωμός), במה, E. 44, L. 1, S. 183

iv Regn xxiii 20, 25, Α΄ ἐπιστρέφω, שוב qal, E. 5, L. 1, S. 120

iv Regn xxiii 22, Α΄ κρίνω c. acc, שפט c. acc, E. 105, L. 2, S. 299

iv Regn xxiii 24, Α΄ ἐπιλέγω, בער pi, E. 60, L. 1, S. 208

iv Regn xxiii 26, Α΄ ἀποστρέφω, שוב qal, E. 5, L. 1, S. 121

Chronicarum i–ii

i Chr v 19, Ο΄ ἀγαρηνοί, הגריאים, E. 122, L. 6, S. 335

i Chr vi 65 (50), Ο΄ καλέω ἐν ὀνόμασιν, … קרא בשמות, E. 88, L. 3, S. 269

i Chr xi 38, Ο΄ ἀγαρεί, הגרי, E. 122, L. 6, S. 335

i Chr xvi 8, Ο΄ ἐπικαλέομαι ἐν, קרא ב, E. 88, L. 3, S. 269

i Chr xvi 15, Ο΄ γενεαί, דור, E. 78, L. 2, S. 246

i Chr xxvii 28, Ο΄ ⟨συκο⟩μόρων, שקמות, E. 24, L. 1, S. 148

i Chr xxvii 31, Ο΄ γαρείτης, הגרי, E. 122, L. 6, S. 335

ii Chr vi 36, Ο΄ θυμόομαι, אנף, E. 59, L. 1, S. 208

ii Chr xiii 5, Ο΄ βασιλεύς, ממלכה, E. 62, L. 1, S. 213

ii Chron xxviii 11, 13, Ο΄ ὀργή, חרון אף, E. 27, L. 3, S. 154

ii Chr xxviii 15, Ο΄ ἐπικαλέομαι ἐν, ⟨קרא ב⟩, E. 88, L. 3, S. 269

Esdras i–ii

i Esdr ii 17 (18), Ο΄ ὑποβάλλομαι, חיט, E. 37, L. 1, S. 168

i Esdr ix 4, Ο΄ ἀλλοτριόω, בדל nif, E. 1, L. 3, S. 109

ii Esdr ix 3, 4, Ο΄ ἠρεμάζω, שמם, E. 63, L. 1, S. 217

ii Esdr ix 12, Ο΄ κληροδοτέω, נחל, E. 38, L. 2, S. 171

ii Esdr xix 22 = Neh ix 22, Ο΄ βασιλεύς, ממלכה, E. 62, L. 1, S. 213

ii Esdr xxi 20 = Neh xi 20, Ο΄ κληρουχία, נחלה, E. 38, L. 3, S. 172

Esther

Est i 4, Ο΄ βασιλεύς, מלכות, E. 62, L. 1, S. 213

Est iv 11, Ο΄ [κληρόομαι] καλέομαι, קרא nif, E. 38, L. 2, S. 169

Est iv 17, Ο΄ ἱλάσκομαι c. acc, כפר, E. 68, L. 6, S. 229

Maccabaeorum i–iv

i Mak iii 36, Ο΄ κατακληροδοτέω, —, E. 38, L. 2, S. 171

i Mak vi 24, xi 53, xv 27, Ο΄ ἀλλοτριόω, —, E. 1, L. 3, S. 109

i Mak x 89, O′ κληροδοσία, —, E. 38, L. 2, S.171

ii Mak iv 14, O′ ἀμελέω, —, E. 117, L. 1, S. 322

ii Mak vi 7, O′ πομπεύω, —, E. 58, L. 1, S. 206

ii Mak xiv 35, O′ σκήνωσις, —, E. 32, L. 4, S. 161

iii Mak vi 17, O′ συνηχέω, —, E. 117, L. 4, S. 323

iv Mak xvi 16, O′ διαμαρτυρία, E. 41, L. 2, S. 176

iv Mak xvii 3, O′ ἱδρύω, E. 39, L. 1, S. 173

Job

Job i 14, A′ ἄγγελος, מַלְאַךְ, E. 28, L. 4, S. 156

Job i 16, O′ κατακαίω, בער qal, E. 130, L. 3, S. 351

Job ii 9, C′ ἐμμένω, עֹדְךָ מַחֲזִיק, E. 4, L. 4, S. 116

Job iii 8, A′ ἐξεγείρω, עור pol, E. 6, L. 1, S.123

Job iii 8, C′ διεγείρω, עור pol, E. 6, L. 2, S.123

Job iii 18, A′Θ′ δέσμιος, אסיר, E. 72, L. 1, S. 236

Job iii 18, C′ δεσμώτης, אסיר, E. 72, L. 2, S. 237

Job iii 24, A′ στεναγμός, אנחה, E. 72, L. 1, S. 235

Job v 3, ⟨A′?⟩ εὐπρέπεια, נוה, E. 63, L. 1, S. 216

Job v 3, C′ τὴν εὐπρέπειαν αὐτῶν, נ⟨א⟩וה, E. 63, L. 2, S. 219

Job v 7, A′ πτηνός, רשׁף, E. 26, L. 3, S. 152

Job v 7, C′ τέκνα, בנים, E. 73, L. 2, S. 240

Job v 13, C′ [ταραχθήσεται], מהר, E. 65, L. 2, S. 225

Job v 16, C′ ἀτόνῳ, דל, E. 43, L. 2, S. 181; E. 105, L. 3, S. 300

Job v 24, A′ ὡραιότης, נ⟨א⟩וה, E. 63, L. 1, S.216

Job v 24, ⟨ ⟩ τῆς εὐπρέπειάς σου, נוה, E. 63, L. 3, S. 220

Job vi 4, A′ χόλος, חמה, E. 6, L. 3, S. 124

Job vi 29, A′ παρανομία, עולה, E. 103, L. 1, S. 296

Job viii 6, C′ εὐπρέπειαν, נ⟨א⟩וה, E. 63, L. 2, S. 219

Job viii 6, Θ′ εὐπρέπεια, נוה, E. 63, L. 3, S. 220

Job viii 16, A′ εἰς πρόσωπον, לפני, E. 37, L. 1, S. 168

Job ix 3, C′Θ′ ※ ὑπακούω, ענה, E. 97, L. 1, S. 285

Job ix 5, C′ ἐξαίρω, עתק hif, E. 124, L. 2, S. 338

Job ix 6, ⟨C′⟩ περιτρέπομαι, פלץ hitp, E. 110, L. 2, S. 308

Job ix 11, C′ ἐννοέω, בין, E. 109, L. 2, S. 306

Job ix 17, C′ καταιγίς, שער, E. 131, L. 1, S. 353

Job ix 19, C′ ἀνυπόστατος, אמיץ, E. 85, L. 4, S. 266

Job ix 20, C′ δικαιότερος ἀναφανῶ, צדק, E. 106, L. 3, S. 301

Job ix 26, C′ βορά, אכל, E. 53, L. 7, S. 202

Job x 19, A′Θ′ ἀνηνέχθην, יבל, E. 22, L. 1, S.147

Job xi 8, C′ ἀπορέω, שמים, E. 63, L. 2, S. 219

Job xi 14, A′ παρανομία, עולה, E. 103, L. 1, S. 296

Job xii 8, C′ ὁμιλέω , שׂיח, E. 119, L. 2, S. 326

Job xiii 7, O′ δόλος, רמיה, E. 43, L. 4, S. 182

Job xiii 27, A′ τίθημι, שׂים, E. 12, L. 1, S. 343

Job xiv 17, C′ ἀνομία, עון, E. 4, L. 11, S. 119

Job xv 4, C′ ὁμιλέω, שׂיח, E. 119, L. 2, S. 326

Job xv 5, A′ πανοῦργος, ערום, E. 119, L. 1, S.325

Job xv 5, C′ πανοῦργος, ערום, E. 119, L. 2, S. 327

Job xv 8, C′ μυστήριον, סוד, E. 119, L. 2, S. 326

Job xv 8, C′ ὁμιλία, סוד, E. 119, L. 2, S. 326

Job xv 14, A′Θ′ δικαιόομαι, צדק qal, E. 106, L. 1, S. 301; E. 107, L. 1, S. 302

Job xv 20, C′Θ′ κεκρυμμένος, נצפן, E. 120, L. 4, S. 330

Job xvi 5, Syh O′ (πτῶμα), E. 53, L. 5, S. 201

Job xvi 9, C′ ἕκαστος, —, E. 63, L. 2, S. 217

Job xvi 9, C′ ἐναντίος, צר, E. 98, L. 2, S. 288

Job xvii 4, C′Θ′ ※ ἔκρυψας, צפן, E. 120, L. 4, S. 330

Job xviii 12, Syh O′ (πτῶμα), E. 53, L. 5, S. 201

Job xviii 15, ⟨A′⟩ ὡραιότης, נ⟨א⟩וה, E. 63, L. 1, S. 216

Job xviii 20, ⟨C′⟩ ἀδημονήσουσιν, שמם, E. 63, L. 1, S. 216; L. 2, S. 219

Job xix 19, C′ συνόμιλοι, סוד, E. 119, L. 2, S. 326

Job xix 28, C′ διώκω, רדף, E. 131, L. 1, S. 353

Job xx 5, Syh O′ (πτῶμα), E. 53, L. 5, S. 201

Job xx 10, A′ ἐπιστρέφω, שוב hif, E. 5, L. 1, S. 120

Job xx 21, C′ τροφή, אכל, E. 53, L. 7, S. 202

Job xx 26, A′Θ′ τοῖς ἐγκεκρυμμένοις αὐτοῦ, לצפוניו, E. 120, L. 4, S. 330

Job xxi 3, C′ στήσετε, לעג hif, E. 58, L. 2, S. 207

Job xxi 5, A′ ἐξαπορήθητε, שמם, E. 63, L. 1, S. 217

Job xxi 5, C′ ἄφθογγος γίνομαι, שמם hif, E. 63, L. 2, S. 219–220

Job xxi 18, A′ συσσεισμός, סופה, E. 132, L. 1, S. 354

Job xxi 19, Θ′ κατακρύψει, צפן, E. 120, L. 4, S. 330

Job xxi 29, Θ′ ※ ἀπαλλοτριόω, התנכר, E. 1, L. 3, S. 109

Job xxi 30, A′ ὑπεξαιρέομαι, חשך, E. 28, L. 8, S. 158

Job xxi 30, C′ συντηρέω, חשך, E. 28, L. 8, S. 158

Job xxi 30, Θ′ ※ ὀργή, עברה, E. 27, L. 3, S. 154

Job xxii 3, C′ δικαιόομαι, צדק qal, E. 106, L. 3, S. 301

Job xxii 13, Θ′ ※ εἶπα aor i, אמר, E. 127, L. 1, S. 347

Job xxii 30, C′ ἕκαστος, —, E. 63, L. 2, S. 217

Job xxiii 8, ⟨A′⟩ ἀρχηθεν, קדם, E. 52, L. 2, S. 198

Job xxiii 8, ⟨A′⟩ οὐχ ὑπάρχων, אין, E. 52, L. 2, S. 198

Job xxiii 8, ⟨A′⟩ συνίημι, בין, E. 52, L. 2, S. 198

Job xxiii 8, ⟨A′⟩ ὀπίσω, אחור, E. 52, L. 2, S. 198

Job xxiii 10, C′ δοκιμάζω, בחן, E. 90, L. 4, S. 273

Job xxiv 4, C′ πένης, אביון, E. 108, L. 3, S. 304

Job xxiv 4, Θ′ ※ ὁμοθυμαδόν, יחד, E. 121, L. 1, S. 331

Job xxiv 17, Θ′ ※ ὁμοθυμαδόν, יחדו, E. 121, L. 1, S. 331

Job xxiv 21, οἱ λ′ χήρα, אלמנה, E. 50, L. 3, S. 195

Job xxiv 21, O′ ἀγύναιον sive γύναιον, אלמנה, E. 50, L. 3, S. 195

Job xxvi 3, A′C′ συμβουλεύω, יעץ, E. 120, L. 2, S. 329

Job xxvi 14, C′ ἐννοέω, בין hitpol, E. 109, L. 2, S. 306

Job xxviii 4, C′ φάραγξ, נחל, E. 123, L. 4, S. 337

Job xxviii 5, Θ′ ※ στρέφω, הפך, E. 17, L. 1, S. 143

Job xxviii 8, C′ τέκνα, בנים, E. 73, L. 2, S. 240

Job xxviii 10, A′ (ῥεῖθρον), יאר, E. 18, L. 1, S. 144

Job xxviii 15, A′ ἀπόκλειστον, סגר, E. 25, L. 1, S. 149

Job xxviii 15, Θ′ συγκλεισμός, סגר, E. 25, L. 3, S. 150

Job xxviii 22, Θ′ ※ εἶπα aor i, אמר, E. 127, L. 1, S. 347

Job xxviii 25, A′ ὕδωρ Sg, מים, E. 55, L. 1, S. 204

Job xxix 11, [A′]C′ μαρτυρέω, עוד hif, E. 91, L. 2, S. 276; E. 92, L. 2, S. 277

Job xxx 11, Θ′ ※ ἐξαποστέλλω, שלח, E. 27, L. 3, S. 153

Job xxx 24, O′ ?, עי, E. 53, L. 2, S. 200

Job xxxi 1, A′ παρθένος, בתולה, E. 49, L. 2, S. 191

Job xxxi 1, C′ ἐννοέω, בין hitpol, E. 109, L. 2, S. 306

Job xxxi 1, C′ παρθένος, בתולה, E. 49, L. 2, S. 191

Job xxxi 1, Θ′ ※ διαθήκη, ברית, E. 121, L. 2, S. 332

Job xxxi 1, Θ′ ※ παρθένος, בתולה, E. 49, L. 2, S. 191

Job xxxi 24, Θ′ τάσσω, שים, E. 126, L. 2, S. 344

Job xxxi 29, Syh O′ (πτῶμα), E. 53, L. 5, S. 201

Job xxxi 31, A′, A′C′Θ′ εἶπον aor ii, אמרו, E. 127, L. 1, S. 346

Job xxxii 8, C′ ὄντως, אכן, E. 111, L. 4, S. 313

Job xxxiii 17, Syh O′ (πτῶμα), E. 53, L. 5, S. 201

Job xxxiii 28, Θ′ ※ ἡ ζωή, חיה, E. 29, L. 1, S. 158

Job xxxiv 10, C′ ἀδικία, עול, E. 103, L. 2, S. 297

Job xxxiv 23, Θ′ ἰσχυρός, אל, E. 117, L. 2, S. 322

Job xxxiv 25, ※ Θ′ στρέφω, הפך, E. 17, L. 1, S. 143

Job xxxiv 29, C′ ἠρεμίαν δίδωμι, שקט hif, E. 116, L. 2, S. 321

Job xxxiv 29, Θ′ ※ ἡσυχίαν παρέχω, שקט hif, E. 117, L. 1, S. 322

Job xxxiv 31, Θ′ ἰσχυρός, אל, E. 117, L. 2, S. 322

Job xxxvi 13, Θ′ ※ τάσσω, שים, E. 126, L. 2, S. 344

Job xxxvi 27, Θ′ ※ ἐπιχέω, זקק, E. 61, L. 2, S. 210

Job xxxvi 31, C′ τροφή, אכל, E. 53, L. 7, S. 202

Job xxxvi 33, C′ ζῆλος, אף, E. 26, L. 4, S. 152

Job xxxvi 33, Θ′ ※ κτῆσις, מקנה, E. 25, L. 2, S. 150

Job xxxvii 9, A′ συσσεισμός, סופה, E. 132, L. 1, S. 354

Job xxxvii 16, Syh O′ (πτῶμα), E. 53, L. 5, S. 201

Job xxxvii 17, A′ ἡσυχάζω, שקט hif, E. 116, L. 1, S. 320

Job xxxvii 18, C′ ἰσχυρός, חֹזֶק, E. 12, L. 2, S. 137

Job xxxviii 5, C′ σχοινίον μέτρου, קָו, E. 38, L. 3, S. 172

Job xxxviii 20, C′ ἀτραπός, נָתִיב, E. 28, L. 7, S. 158

Job xxxviii 32, C′ ἕκαστος, —, E. 63, L. 1, S. 217

Job xxxix 3, Θ′ ※ ἐξαποστέλλω, שָׁלַח, E. 27, L. 3, S. 153

Job xxxix 4, C′ ὑποστρέφω, שׁוּב qal, E. 8, L. 1, S. 127

Job xxxix 29, A′ βρῶμα, אֹכֶל, E. 53, L. 6, S. 202

Job xl 3 (*8*), C′ ἄδικον ποιήσεις με, רֶשַׁע hif, E. 106, L. 3, S. 302

Job xl 3 (*8*), C′ δικαιόομαι, צָדֵק qal, E. 106, L. 3, S. 301, 302

Job xl 11 (16), O′ δύναμις, אוֹן, E. 32, L. 2, S. 161

Job xl 14, O′ ὁμολογέω, יָדָה hif, E. 77, L. 2, S. 244

Job xli 7, ⟨A′⟩ ἀποκλείστου, סָגוּר, E. 25, L. 1, S. 149

Job xli 13, C′Θ′ φλέγω, לָהַט, E. 131, L. 1, S. 352

Job xlii 9, C′ προσίεμαι, נָשָׂא פָנִים, E. 104, L. 2, S. 298

Job xlii 12, C′Θ′ ὑπὲρ τὰ ἔμπροσθεν, רֵאשִׁית, E. 32, L. 2, S. 161

Psalmi

Ps ii 1a, C′ εἰς τί, לָמָּה, E. 69, L. 3, S. 231

Ps ii 2b, C′ ὁμοθυμαδόν, יַחַד, E. 121, L. 1, S. 331

Ps ii 2b, C′ συσκέπτονται ὁμοθυμαδόν, נוֹסְדוּ־יַחַד, E. 121, L. 1, S. 331

Ps ii 4a, A′ μυχθίζω, לָעַג, E. 58, L. 1, S. 206

Ps ii 4b, A′ αὐτούς, לָמוֹ, E. 126, L. 1, S. 344

Ps ii 5b, A′ κατασπουδάζω, בָּהַל pi, E. 132, L. 1, S. 354

Ps ii 6a, C′ χρίω, נָסַךְ, E. 126, L. 6, S. 346

Ps ii 7a, Θ′ ἰσχυρός, אֵל, E. 11, L. 1, S. 132; E. 93, L. 4, S. 280

Ps ii 7a, ϛ′ διαθήκη, חֹק, E. 121, L. 2, S. 333

Ps ii 7a, ϛ′ εἰς, אֵל, E. 36, L. 2, S. 166

Ps ii 7a, ϛ′ θεός, אֵל, E. 11, L. 3, S. 134–135

Ps iv 1a, C′ διά, בְּ, E. 44, L. 1, S. 182

Ps iv 5c, C′ ἡσυχάζω, דָּמַם, E. 115, L. 2, S. 320

Ps v 12c, A′ γαυριάσουσιν, עָלַץ, E. 72, L. 1, S. 235

Ps vi 2a, A′ θυμός, אַף, E. 28, L. 8, S. 158

Ps vi 2b, C′ ὀργή, חֵמָה, E. 61, L. 2, S. 210

Ps vi 6a, C′ ἀνάμνησίς σου, זִכְרֶךָ, E. 6, L. 6, S. 126

Ps vii 7a, A′ ἀνυπερθεσία, עֶבְרָה, E. 28, L. 1, S. 154

Ps vii 7a, C′ χόλος, עֶבְרָה, E. 28, L. 2, S. 155

Ps vii 7a, Є′ ὀργή, עֶבְרָה, E. 28, L. 3, S. 155

Ps vii 9a, O′ κρίνω c. acc, דִּין c. acc, E. 105, L. 2, S. 300

Ps vii 9b, O′ κρίνω c. acc, שָׁפַט c. acc, E. 105, L. 2, S. 300

Ps vii 12b, ⟨C′⟩ ἐμβριμώμενος, זָעַם, E. 28, L. 3, S. 155

Ps vii 12b, ⟨Є′⟩ ἀπειλούμενος, זָעַם, E. 28, L. 3, S. 155–156

Ps viii 5a, ⟨C′⟩ μνημονεύω, זָכַר, E. 6, L. 6, S. 125–126

Ps ix 3a, A′ καὶ γαυριάσω, עָלַץ, E. 72, L. 1, S. 235

Ps ix 3b, C′ ὕψιστος, עֶלְיוֹן, E. 111, L. 4, S. 312

Ps ix 4b, C′ ἐκ προσώπου, מִפְּנֵי, E. 72, L. 2, S. 237

Ps ix 15a, תְּהִלָּתֶיךָ Sg sive Pl, E. 78, L. 5, S. 247

Ps ix 15a, [Θ′] τὰς ὑμνήσεις σου, תְּהִלָּתֶךָ sive תְּהִלָּתֶיךָ, E. 78, L. 5, S. 247

Ps ix 21a, A′ τίθεμαι, שִׁית, E. 126, L. 1, S. 343

Ps ix 22b (*x 1b*), C′ ἐν, לְ, E. 70, L. 3, S. 233

Ps ix 24a (*x 3a*), A′ ἐπὶ πόθῳ ψυχῆς αὐτοῦ, עַל־תַּאֲוֹת נַפְשׁוֹ, E. 1, L. 4, S. 110

Ps ix 24a (*x 3a*), C′ ἐπιθυμία, תַּאֲוָה, E. 1, L. 5, S. 111

Ps ix 27b (x 6b), C′ εἰς γενεὰν καὶ γενεάν, לְדֹר וָדֹר, E. 78, L. 1, S. 246

Ps ix 33a (*x 12a*), A′[C′] ἰσχυρός, אֵל, E. 93, L. 4, S. 280

Ps ix 33a (*x 12a*), A′C′ ἀνάστηθι, קוּמָה, E. 113, L. 1, 2, S. 314

Ps ix 33a (x 12a), C′ ἐπαίρω, נָשָׂא, E. 118, L. 1, S. 324

Ps ix 35a (x 14a), C′ παροργισμός, כַּעַס, E. 44, L. 1, S. 182

Ps ix 39a (*x 18a*), O′ κρίνω c. dat, שָׁפַט c. acc, E. 105, L. 2, S. 300

Ps ix 39a (*x 18a*), A′ κρίνω c. dat, שָׁפַט c. acc, E. 105, L. 2, S. 299

Ps xi 6a, A′ οἰμωγή, אֲנָקָה, E. 72, L. 1, S. 236

Ps xi 6a, C′ οἰμωγή, אֲנָקָה, E. 72, L. 1, S. 236; L. 2, S. 237

Ps xi 6a, C′ πτωχός, עָנִי, E. 108, L. 3, S. 304

Ps xi 6b, A' πτωχός, אביון, E. 108, L. 1, S. 303

Ps xi 6b, C' πένης, אביון, E. 108, L. 3, S. 304

Ps xi 8b, C' [A'] ἅμα τῇ γενεᾷ τῇ αἰωνίᾳ, מן־ הדור זו לעולם, E. 100, L. 1, S. 292

Ps xiii 4b, A'Є' (sicut), —, E. 125, L. 4, S. 340–341

Ps xv 1b, A'Θ' ἰσχυρέ, אל, E. 93, L. 4, S. 280; E. 117, L. 2, S. 322

Ps xv 1b, C' θεός, אל, E. 11, L. 2, S. 133

Ps xv 4a, A' διαπόνημα, עצבת, E. 10, L. 1, S. 130

Ps xvi 1d, C' διά, ב, E. 44, L. 1, S. 182

Ps xvi 2a, C' ἀπὸ τοῦ προσώπου σου, מלפניך, E. 72, L. 2, S. 237; E. 129, L. 1, S. 348

Ps xvi 4b, C' φυλάσσομαι, שמר, E. 41, L. 2, S. 177

Ps xvi 10a, C' ἀποφράττω, סגר qal, E. 25, L. 2, S. 149

Ps xvi 13a, A' προφθάνω, קדם, E. 65, L. 1, S. 224

Ps xvi 13a, C' προφθάνω, קדם, E. 65, L. 2, S. 225

Ps xvi 13c, A' μάχαιρα, חרב, E. 47, L. 1, S. 187

Ps xvi 13c, C' μάχαιρα, חרב, E. 47, L. 1, S. 187

Ps xvi 14c, C' τῶν ἀποθέτων, צפון, E. 120, L. 2, S. 329

Ps xvii 9b, C' ἀναλίσκω, אכל, E. 48, L. 2, S. 190

Ps xvii 9c, O' ἀνάπτω, בער qal, E. 130, L. 3, S. 351

Ps xvii 13b, A'C'Θ' χάλαζα, ברד, E. 25, L. 1, S. 149; L. 3, S. 150

Ps xvii 25b, C' ἀντικρὺς + art. + ὀφθαλμοί + possessivum, E. 70, L. 3, S. 233

Ps xvii 27a, b, A' μετά, עם, E. 3, L. 3, S. 114

Ps xvii 27a, b, C' πρός, עם, E. 3, L. 4, S. 114

Ps xvii 28a, Є' πένης, עני, E. 106, L. 2, S. 301

Ps xvii 29a, A' φαίνω, אור hif, E. 89, L. 2, S. 269

Ps xvii 29a, C' γάρ, כי, E. 51, L. 1, S. 196

Ps xvii 29b, Є' ὁ θεός voc, אלהי, E. 115, L. 3, S. 320

Ps xvii 30a, b, C' διά, ב, E. 44, L. 1, S. 182

Ps xvii 31a, 33a, Є' ἰσχυρός אל, E. 11, L. 3, S. 134

Ps xvii 32a, C' γάρ, כי, E. 51, L. 1, S. 196

Ps xvii 32b, C' δέ, ו, E. 35, L. 1, S. 164

Ps xvii 33a, A' περιζωννύς με εὐπορίαν, המאזרני חיל, E. 103, L. 1, S. 296

Ps xvii 33a, Θ' ἰσχυρός, אל, E. 11, L. 1, S. 132; E. 93, L. 4, S. 280

Ps xvii 34b, C' ὑψηλός (-ν), במה, E. 44, L. 1, S. 183

Ps xvii 36b, C' ὑπακούω, ענה, E. 97, L. 1, S. 285

Ps xvii 36c, C' αὐξάνω, רבה hif, E. 5, L. 2, S. 121

Ps xvii 36c, Є' πληθύνω, רבה hif, E. 5, L. 3, S. 121

Ps xvii 37b, A' καὶ οὐ, ולא, E. 4, L. 3, S. 115

Ps xvii 37b, A' ἀτονέω, מעד qal, E. 43, L. 2, S. 181

Ps xvii 38a, C' καταδιώκω, רדף, E. 131, L. 1, S. 353

Ps xvii 38b, A' ἐπιστρέφω, שוב qal, E. 5, L. 1, S. 120

Ps xvii 38b, A' καὶ οὐ, ולא, E. 4, L. 3, S. 115

Ps xvii 39a, A' καὶ οὐ, ולא, E. 4, L. 3, S. 115

Ps xvii 41b, A' ἐξολεθρεύσω, צמת hif, E. 80, L. 4, S. 254

Ps xvii 42b, C' ὑπακούω, ענה, E. 97, L. 1, S. 285

Ps xvii 43a, A' ἐπὶ πρόσωπον, על־פני, E. 129, L. 1, S. 349

Ps xvii 43a, C' ἔμπροσθεν, על־פני, E. 129, L. 1, S. 349

Ps xvii 43a, Є' κατὰ πρόσωπον, על־פני, E. 129, L. 1, S. 349

Ps xvii 44a, Є' ῥύομαι, נצל, E. 67, L. 1, S. 227

Ps xvii 44b, Є' καθίστημι, שים, E. 15, L. 3, S. 141

Ps xvii 45b, C' ἀλλότριος, נכר, E. 94, L. 2, S. 282

Ps xvii 46a, A' ἀπεξενωμένος, נכר, E. 94, L. 1, S. 281

Ps xvii 46a, C' ἀλλότριος, נכר, E. 94, L. 2, S. 282

Ps xvii 46b, A' ἀπὸ ⟨ἀποκλεισμῶν⟩, ממסגרת, E. 25, L. 1, S. 149

Ps xvii 46b, C' περίφραγμα, מסגרת, E. 25, L. 2, S. 149

Ps xvii 48a, Є' [θεός], אל, E. 11, L. 3, S. 134

Ps xviii 5c, A' τίθεμαι, שים, E. 126, L. 1, S. 343

Ps xviii 5c, Θ' σκήνωμα, אהל, E. 31, L. 2, S. 160

Ps xviii 5c, Є' σκήνωμα, אהל, E. 31, L. 2, S. 160

Ps xviii 5c, Є' τίθεμαι, שים, E. 15, L. 3, S. 141

Ps xx 13a, A' τίθημι, שית, E. 126, L. 1, S. 343

Ps xx 13a, C' τάσσω, שית, E. 126, L. 2, S. 344

Ps xxi 2a, C' ἐξαιρέω, נצל, E. 67, L. 2, S. 227

Ps xxi 2b, C′ ἀφέστηκα, רחוק, E. 1, L. 2, S. 109

Ps xxi 2b, Є′ λόγος, דבר, E. 66, L. 1, S. 226

Ps xxi 3a, C′ ὁ θεός voc, אלהי, E. 113, L. 2, S. 314

Ps xxi 3b, O′ καὶ οὐκ εἰς ἄνοιαν ἐμοί, ולא־דומיה לי, E. 115, L. 1, S. 319

Ps xxi 3b, A′ σιωπήσῃ, דומיה, E. 115, L. 1, S. 319

Ps xxi 3b, Θ′ σιωπήν, דומיה, E. 115, L. 1, S. 319

Ps xxi 3b, Є′ σιωπή, דומיה, E. 115, L. 1, S. 319

Ps xxi 3b, Ϛ′ σιγή μοι, דומיה לי, E. 115, L. 1, S. 319

Ps xxi 4a, οἱ ἄλλοι · ὕμνος, תהלה, E. 78, L. 5, S. 247

Ps xxi 15a, C′ ἐκχέω, שפך, E. 61, L. 2, S. 210

Ps xxi 15c, C′ γίνομαι med, היה, E. 57, L. 1, S. 205

Ps xxi 17a, C′ γὰρ, כי, E. 51, L. 1, S. 196

Ps xxi 19b, A′ βαλοῦσιν, נפל hif, E. 38, L. 1, S. 169

Ps xxi 21a, C′ ἔξελον act, נצל hif, E. 67, L. 2, S. 227; E. 108, L. 5, S. 305

Ps xxi 21a, C′ μάχαιρα, חרב, E. 47, L. 1, S. 187

Ps xxi 25b, A′ ἀποστρέφω, סתר hif, E. 5, L. 1, S. 121

Ps xxi 28a, A′ ἐπιστρέφω, שוב qal, E. 5, L. 1, S. 120

Ps xxi 28b, A′ εἰς πρόσωπον, לפני, E. 72, L. 1, S. 235

Ps xxi 30b, A′ εἰς πρόσωπον, לפני, E. 72, L. 1, S. 235

Ps xxi 30b, C′ ἔμπροσθεν, לפני, E. 72, L. 2, S. 237

Ps xxii 2a, A′ ἐν ὡραιότητι, נאות, E. 63, L. 1, S. 216

Ps xxii 2a, [A′C′] ἐν ὡραιότητι, נאות, E. 63, L. 2, S. 218–219

Ps xxii 3b, C′ ἀτραπός, מעגל, E. 28, L. 7, S. 158

Ps xxii 3b, C′ διὰ, ב, E. 34, L. 5, S. 164

Ps xxiii 9b, Θ′ αἰώνιος, עולם, E. 77, L. 3, S. 245

Ps xxiii 9b, Є′ αἰώνιος, עולם, E. 77, L. 3, S. 245

Ps xxiv 2b, A′ γαυριάομαι, עלץ, E. 72, L. 1, S. 235

Ps xxiv 3b, A′ ἀθετέω, בגד, E. 42, L. 2, S. 179, 180

Ps xxiv 3b, C′ ἀθετέω, בגד, E. 42, L. 1, S. 178

Ps xxiv 3b, Є′ [ἀποστατοῦντες], בגד, E. 42, L. 2, S. 179, 180

Ps xxiv 3b, Є′ ⟨ἀθετέω⟩, בגד, E. 42, L. 2, S. 180

Ps xxiv 3b, Ϛ′ ἀποστατοῦντες, בגד, E. 42, L. 2, S. 180

Ps xxiv 6a, A′ οἰκτιρμοί, רחמים, E. 4, L. 5, S. 116

Ps xxiv 6a, 7a, b, C′ μνημονεύω, זכר, E. 6, L. 6, S. 125

Ps xxiv 11a, A′ διὰ ὄνομά σου, למען שמך, E. 68, L. 4, S. 228

Ps xxiv 11a, C′ διὰ τὸ ὄνομά σου, למען שמך, E. 68, L. 5, S. 228

Ps xxiv 11b, O′ γὰρ, כי, E. 114, L. 1, S. 316

Ps xxiv 11b, ⟨A′⟩ ἱλάσκομαι c. acc, סלח, E. 68, L. 6, S. 229

Ps xxiv 14a, C′ ὁμιλία, סוד, E. 119, L. 2, S. 326

Ps xxiv 14c, C′ συνθήκη, ברית, E. 121, L. 2, S. 333

Ps xxiv 14c, Є′Ϛ′ διαθήκη, ברית, E. 121, L. 2, S. 333

Ps xxiv 20a, ⟨C′⟩ ἐξαιρέομαι, נצל, E. 67, L. 2, S. 227

Ps xxv 1b, O′, οἱ λ′ κρῖνόν με, שפטני, E. 105, L. 2, S. 300

Ps xxv 1c, A′ ἀτονέω, מעד qal, E. 43, L. 2, S. 181

Ps xxv 8b, C′ σκήνωσις, משכן, E. 32, L. 4, S. 161

Ps xxvi 2a, C′ καταφαγεῖν, אכל, E. 19, L. 2, S. 145

Ps xxvi 2b, C′ ἐναντίος, צל, E. 98, L. 2, S. 289

Ps xxvi 5a, C′ κρύπτω, צפן, E. 120, L. 2, S. 329

Ps xxvi 5a, Є′ σκεπάζω, צפן, E. 120, L. 3, S. 329

Ps xxvi 6b, A′ περικύκλῳ μου, סביבותי, E. 56, L. 1, S. 205

Ps xxvi 6b, C′ κύκλῳ c. gen, סביבות, E. 56, L. 2, S. 205

Ps xxvi 9b, A′ θυμός, אף, E. 5, L. 1, S. 121

Ps xxvi 12a, A′ θλίβων, צר, E. 14, L. 2, S. 139; c. acc, E. 98, L. 1, S. 288

Ps xxvi 12a, C′ ἐναντίος, צר, E. 98, L. 2, S. 289

Ps xxvi 14b, A′ καρτερούσθω, אמץ hif, E. 85, L. 3, S. 265

Ps xxvii 3a, C′ παράνομος, רשע, E. 104, L. 2, S. 298

Ps xxvii 3b, Є′Ϛ′ ἀνομία, און, E. 64, L. 2, S. 223

Ps xxvii 4c, A′ ἐπιστρέφω, שוב hif, E. 5, L. 1, S. 120

Ps xxvii 5b, Є′ εἰς, אל, E. 36, L. 2, S. 166

Ps xxvii 7c, A′ γαυριάομαι, עלז, E. 72, L. 1, S. 235

Ps xxvii 9a, A′ κληροδοσία, **נחלה**, E. 38, L. 2, S. 170

Ps xxvii 9a, E′ κληρονομία, **נחלה**, E. 38, L. 4, S. 173

Ps xxvii 9b, A′ νέμω, **רעה**, E. 80, L. 4, S. 254

Ps xxvii 9b, C′ ποιμαίνω, **רעה**, E. 80, L. 4, S. 254

Ps xxvii 9b, E′ ἐπαίρω, **נשא**, E. 118, L. 1, S. 324

Ps xxviii 1c, E′ ἰσχυρός, **אל**, E. 11, L. 3, S. 134

Ps xxviii 3a, A′ ὕδατα Pl, **מים**, E. 55, L. 1, S. 204

Ps xxviii 3b, O′ βροντάω, **רעם** hif, E. 90, L. 3, S. 272

Ps xxviii 3b, A′ βροντάω, **רעם** hif, E. 90, L. 3, S. 272

Ps xxviii 3b, C′ βροντάω, **רעם** hif, E. 90, L. 3, S. 272

Ps xxviii 3b, C′ θεός, **אל**, E. 11, L. 2, S. 133

Ps xxviii 3b, E′ βροντάω, **רעם** hif, E. 90, L. 3, S. 272

Ps xxviii 3b, E′ [θεός], **אל**, E. 11, L. 3, S. 134

Ps xxviii 6a, E′ ὡσεί, E′ς′ ὡς, **כמו**, E. 125, L. 4, S. 341

Ps xxviii 6b, A′ ὁμοίως c. dat, **כמו**, E. 60, L. 1, S. 209

Ps xxviii 10b, A′C′E′ εἰς αἰῶνα, **לעולם**, E. 77, L. 3, S. 245; E. 100, L. 1, S. 292

Ps xxix 2a, E′ ἐξαιρέομαι, **דלה** pi, E. 90, L. 1, S. 271

Ps xxix 3, C′ ὁ θεός voc, **אלהי**, E. 113, L. 2, S. 314

Ps xxix 4a, C′ ἀνάγω, **עלה** hif, E. 96, L. 1, S. 284

Ps xxix 4a, E′ ἀνάγω, **עלה** hif, E. 96, L. 1, S. 284

Ps xxix 6a, A′ θυμός, **אף**, E. 5, L. 1, S. 121

Ps xxix 6a, E′ θυμός, **אף**, E. 5, L. 4, S. 123

Ps xxix 6d, C′ δέ, **ו**, E. 35, L. 1, S. 164

Ps xxix 7a, A′ εἶπα aor i, **אמרתי**, E. 127, L. 1, S. 346

Ps xxix 7b, C′ εἰς αἰῶνα, **לעולם**, E. 100, L. 1, S. 291

Ps xxix 7b, E′ εἰς τὸν αἰῶνα, **לעולם**, E. 77, L. 3, S. 245

Ps xxix 8b, C′ γίνομαι med, **היה**, E. 57, L.1, S. 205

Ps xxix (xxx) 9b, A′ κύριον, **אדני**, E. 51, L. 1, S. 196

Ps xxix (xxx) 9b, C′ τὸν δεσπότην μου, **אדני**, E. 51, L. 1, S. 196

Ps xxix (xxx) 9b, E′ κύριόν μου, **אדני**, E. 51, L. 1, S. 196

Ps xxix 10b, C′ εἰς, **אל**, E. 74, L. 6, S. 242

Ps xxix 10b, E′ εἰς, **אל**, E. 74, L. 6, S. 242

Ps xxix 10c, A′ ἐξομολογέομαι, **ידה** hif, E. 77, L. 1, S. 244

Ps xxix 11b, C′ γίνομαι med, **היה**, E. 57, L. 1, S. 205

Ps xxix 12a, A′ στρέφω, **הפך**, E. 17, L. 1, S. 143

Ps xxix 12a, C′ μεταβάλλω, **הפך**, E. 17, L. 2, S. 143

Ps xxix 13a, A′ σιωπήσω act, **דמם**, E. 115, L. 1, S. 319

Ps xxix 13b, C′ ἀποσιωπάω, **דמם**, E. 115, L. 3, S. 320

Ps xxix 13b, C′ δι′ αἰῶνος, **לעולם**, E. 100, L. 1, S. 291

Ps xxix 13b, C′ θεέ, **אלהים**, E. 113, L. 2, S. 314

Ps xxix 13b, E′ εἰς τὸν αἰῶνα, **לעולם**, E. 77, L. 3, S. 245

Ps xxix 13b, E′ ὁ θεός voc, **אלהי**, E. 115, L. 3, S. 320

Ps xxx 2a, C′ εἰς αἰῶνα, **לעולם**, E. 100, L. 1, S. 291

Ps xxx 2a, E′ εἰς τὸν αἰῶνα, **לעולם**, E. 77, L. 3, S. 245

Ps xxx 2b, E′ ῥύομαι, **פלט**, E. 67, L. 1, S. 227

Ps xxx 3b, A′ ταχέως, **מהרה**, E. 65, L.1, S. 224

Ps xxx 3b, C′ ἀδικία, **עון**, E. 4, L. 11, S. 119

Ps xxx 3b, C′ ἐξαιρέομαι, **נצל**, E. 67, L. 2, S. 227

Ps xxx 3b, E′ ἐξαιρέομαι, **נצל**, E. 67, L. 2, S. 227; E. 90, L. 1, S. 271

Ps xxx 4b, C′ ἕνεκα, **למען**, E. 66, L. 2, S. 226

Ps xxx 5a, A′ ἐν ἐμοί, [**לי**], E. 97, L. 2, S. 286

Ps xxx 5c, C′ περί, **על**, E. 68, L. 5, S. 228

Ps xxx 6a, C′ περί, **על**, E. 68, L. 5, S. 228

Ps xxx 6b, C′ θεέ, **אל**, E. 11, L. 2, S. 133; E. 113, L. 2, S. 314

Ps xxx 6b, E′ ἰσχυρέ, **אל**, E. 11, L. 3, S. 134; E. 117, L. 2, S. 322

Ps xxx 6b, ς′ ὁ θεός voc, **אל**, E. 11, L. 3, S. 134; E. 115, L. 3, S. 320; E. 117, L. 2, S. 322

Ps xxx 7a, A′ φυλάσσω, **שמר**, E. 41, L. 3, S. 177

Ps xxx 8c, E′C′ θλίψεις, **צרה**, E. 28, L. 3, S. 156

Ps xxx 8c, Θ′ς′ ἐκ τῶν ἀναγκῶν, **צרה**, E. 28, L. 3, S. 156

Ps xxx 10b, C′ ὁ ὀφθαλμός μου, **עיני**, E. 70, L. 3, S. 233

Ps xxx 10b, C′ παροργισμός, כעס, E. 44, L. 1, S. 182

Ps xxx 11a, C′ γὰρ, כי, E. 51, L. 1, S. 196

Ps xxx 11b, A′ στεναγμός, אנחה, E. 72, L. 1, S. 236

Ps xxx 11c, A′ ἀνομία, עון, E. 4, L. 10, S. 118

Ps xxx 11c, C′ κάκωσις, עון, E. 4, L. 11, S. 119

Ps xxx 11c, C′ ἀτονέω, כשל, E. 43, L. 2, S. 181

Ps xxx 11c, Θ′Є′ ἐν ἀνομίᾳ, עון, E. 4, L. 9, S. 118

Ps xxx 12a, C′ γίνομαι med, היה, E. 57, L. 1, S. 205

Ps xxx 13b, C′ γίνομαι med, היה, E. 57, L. 1, S. 205

Ps xxx 14a, C′ γὰρ, כי, E. 51, L. 1, S. 196

Ps xxx 14b, C′ ὅποτε συσκεπτόμενοι ἐπὶ τὸ αὐτὸ κατ᾽ εμοῦ, בהוסדם יחד עלי, E. 121, L. 1, S. 331

Ps xxx 16b, C′ ἐξαιρέομαι, נצל, E. 67, L. 2, S. 227

Ps xxx 16c, C′ διώκω, רדף, E. 131, L. 1, S. 353

Ps xxx 17a, A′ φάνον πρόσωπόν σου, האירה פניך, E. 89, L. 2, S. 269

Ps xxx 19a, C′ ψευδής, שקר, E. 94, L. 2, S. 282

Ps xxx 20b, C′ ἔκρυψας ἀπόθετον, צפן, E. 120, L. 2, S. 329

Ps xxx 20b, Θ′ ἔκρυψας, צפן, E. 120, L. 4, S. 330

Ps xxx 20b, Є′ κρύπτω, צפן, E. 120, L. 3, S. 329

Ps xxx 20b, ϛ′ ἔκρυψας, צפן, E. 120, L. 4, S. 330

Ps xxx 21b, C′ κρύπτω, צפן, E. 120, L. 2, S. 329

Ps xxx 21b, Є′ σκεπάζω, צפן, E. 120, L. 3, S. 329

Ps xxx 23a, A′ εἶπα aor i, אמרתי, E. 127, L. 1, S. 346

Ps xxx 23a, C′ εἶπον aor ii, אמרתי, E. 111, L. 1, S. 309

Ps xxx 23a, Θ′ εἶπα aor i, אמרתי, E. 127, L. 1, S. 347

Ps xxx 23b, C′ ἐξ ἔμπροσθεν, מנגד, E. 37, L. 1, S. 168

Ps xxx 23b, C′ ἔμπροσθεν + art. + ὀφθαλμοὶ + possessivum, E. 70, L. 3, S. 233

Ps xxx 23c, O′ διὰ τοῦτο, אכן, E. 111, L. 3, S. 311

Ps xxx 23c, C′ ὄντως, אכן, E. 111, L. 4, S. 313

Ps xxx 23c, Є′ διὰ τοῦτο, אכן, E. 111, L. 3, S. 311

Ps xxx 24c, A′ ἀποδίδωμι, שלם pi, E. 74, L. 2, S. 240

Ps xxx 24c, C′ ἀνταποδίδωμι, שלם pi, E. 74, L. 2, S. 240

Ps xxx 24c, Є′ ἀποδίδωμι, שלם pi, E. 74, L. 2, S. 240

Ps xxxi 2a, C′ ἀνομία, עון, E. 4, L. 11, S. 119

Ps xxxi 2a, Є′ϛ′ ἀνομίαν, עון, E. 4, L. 9, S. 118

Ps xxxi 2b, O′ δόλος, רמיה, E. 43, L. 4, S. 182

Ps xxxi 2b, A′ κατεπίθεσις, רמיה, E. 43, L. 1, S. 180

Ps xxxi 3b, A′ ὅλην τὴν ἡμέραν, כל־היום, E. 6, L. 3, S. 124; E. 28, L. 3, S. 155

Ps xxxi 3b, C′ κατὰ πᾶσαν ἡμέραν, כל־היום, E. 28, L. 3, S. 155

Ps xxxi 4a, C′ γὰρ, כי, E. 51, L. 1, S. 196

Ps xxxi 4b, A′ στρέφω, הפך, E. 17, L. 1, S. 143

Ps xxxi 4b, Θ′ στρέφω, הפך, E. 17, L. 1, S. 143

Ps xxxi 5b, A′ ἀνομία, עון, E. 4, L. 10, S. 118

Ps xxxi 5b, C′ ἀδικία, עון, E. 4, L. 11, S. 119

Ps xxxi 5c, O′ ἐξαγορεύω, ידה hif, E. 77, L. 1, S. 244

Ps xxxi 5c, A′ ἐξομολογέομαι, ידה hif, E. 77, L. 1, S. 244

Ps xxxi 5c, C′ εἶπον aor ii, אמרתי, E. 111, L. 1, S. 309

Ps xxxi 5c, C′ ὁμολογέω, ידה hif, E. 77, L. 2, S. 244

Ps xxxi 5d, A′ ἀνομία, עון, E. 4, L. 10, S. 118

Ps xxxi 5d, C′ ἄνομος, עון, E. 4, L. 11, S. 119

Ps xxxi 5d, Θ′ ἁμαρτία τῆς ἀσεβείας μου, עון חטאתי, E. 68, L. 6, S. 228

Ps xxxi 6b, A′ ὕδατα Pl, מים, E. 55, L. 1, S. 204

Ps xxxi 7a, A′ θλίβων, צר, E. 14, L. 2, S. 139

Ps xxxi 10a, C′ παράνομος, רשע, E. 104, L. 2, S. 298

Ps xxxii 1c, A′ ὡραιόω, נאוה, E. 63, L. 1, S. 215

Ps xxxii 1c, C′ πρέπει, נאוה, E. 63, L. 2, S. 218

Ps xxxii 7a, A′ ὕδατα Pl, מים, E. 55, L. 1, S. 204

Ps xxxii 9a, C′ γίνομαι med, היה, E. 57, L. 1, S. 205

Ps xxxii 11a, A′C′ εἰς αἰῶνα, לעולם, E. 100, L. 1, S. 292

Ps xxxii 11b, O′ γενεά sive γενεαί, דור, E. 78, L. 2, S. 246

Ps xxxii 11b, C′ ἕκαστος, —, E. 78, L. 1, S. 245

Ps xxxii 12b, A′ κληροδοσία, נחלה, E. 38, L. 2, S. 170

Ps xxxii 15a, C′ ἕκαστος, —, E. 63, L. 2, S. 217

Ps xxxii 16b, C′ διαφεύγω, נצל, E. 67, L. 2, S. 227

Ps xxxii 16b, Ε′ σῴζω, נצל, E. 67, L. 1, S. 227

Ps xxxii 19a, C′ ἐξαιρέομαι, נצל, E. 67, L. 2, S. 229

Ps xxxii 19a, Ε′ ῥύομαι, נצל, E. 67, L. 1, S. 227

Ps xxxiii 1a, A′ εἰς πρόσωπον, לפני, E. 72, L. 1, S. 235

Ps xxxiii 1a, A′Ε′ εἰς πρόσωπον, לפני, E. 129, L. 1, S. 348

Ps xxxiii 1a, C′ ἔμπροσθεν, לפני, E. 72, L. 2, S. 237

Ps xxxiii 4b, A′ ὁμοθυμαδόν, יחדו, E. 121, L. 1, S. 331

Ps xxxiii 5b, C′ ἐξαιρέομαι, נצל, E. 67, L. 2, S. 227

Ps xxxiv 2a, A′ ἀνάστηθι, קומה, E. 113, L. 1, S. 314

Ps xxxiv 2a, C′ στῆθι, קומה, E. 113, L. 2, S. 314

Ps xxxiv 3a, C′ καταδιώκω, רדף, E. 131, L. 1, S. 353

Ps xxxiv 3a, C′ περιφράττω, סגר qal, E. 25, L. 2, S. 149

Ps xxxiv 10b, C′ ἐξαιρεῖ act, נצל hif, E. 67, L. 2, S. 227; E. 108, L. 5, S. 305

Ps xxxiv 13c, A′ ἐπιστρέφω, שוב qal, E. 5, L. 1, S. 120

Ps xxxiv 13c, C′ εἰς τὸν κόλπον μου, על־חיקי, E. 74, L. 6, S. 242

Ps xxxiv 13c, C′ ὑποστρέφω, שוב qal, E. 8, L. 1, S. 127

Ps xxxiv 13c, Ε′ εἰς κόλπον μου, על־חיקי, E. 74, L. 6, S. 242

Ps xxxiv 14a, O′, ϛ′ εὐαρεστέω, התהלך, E. 109, L. 5, S. 307

Ps xxxiv 14a, A′, Ε′ ἐμπεριπατέω, התהלך, E. 109, L. 5, S. 307

Ps xxxiv 15a, C′ δὲ, ו, E. 35, L. 1, S. 164

Ps xxxiv 16a, A′ λέξεων, לעגי, E. 58, L. 1, S. 206

Ps xxxiv 16a, C′ φθέγμα, לעג, E. 58, L. 2, S. 207

Ps xxxiv 17a, A′ πόσα, כמה, E. 9, L. 1, S. 128

Ps xxxiv 17a, C′ πόσα, כמה, E. 9, L. 2, S. 128

Ps xxxiv 17b, A′ ἐπιστρέφω, שוב hif, E. 5, L. 1, S. 120

Ps xxxiv 17b, Ε′ ἐπιστρέφω, שוב hif, E. 8, L. 2, S. 127

Ps xxxiv 18b, Ε′ αἰνέσω, הלל, E. 49, L. 2, S. 192

Ps xxxiv 19a, C′ ψευδής, שקר, E. 94, L. 2, S. 282

Ps xxxiv 19a, Θ′ μάτην, שקר, E. 103, L. 3, S. 298

Ps xxxiv 21a, A′ εἶπαν aor i, אמרו, E. 127, L. 1, S. 346

Ps xxxiv 22a, Ε′ παρασιωπάω, חרש, E. 115, L. 3, S. 320

Ps xxxiv 23a, A′ ἐξεγείρω, עור hif, E. 6, L. 1, S. 123

Ps xxxiv 23a, Ε′ ἐξεγείρω, עור hif, E. 6, L. 1, S. 123

Ps xxxiv 23b, A′ ⟨δικασία⟩, ריב, E. 90, L. 5, S. 274

Ps xxxiv 23b, C′ διαδικασία, ריב, E. 90, L. 5, S. 273–274

Ps xxxiv 23b, 24a, C′ ὁ θεός voc, אלהי, E. 113, L. 2, S. 314

Ps xxxiv 23b, 24a, Ε′ ὁ θεός voc, אלהי, E. 115, L. 3, S. 320

Ps xxxiv 24a, A′ κρίνω c. acc, שפט c. acc, E. 105, L. 2, S. 299

Ps xxxiv 25a, b, A′ εἶπαισαν aor i, יאמרו, E. 127, L. 1, S. 346

Ps xxxiv 28a, C′ μελετάω, הגה, E. 119, L. 2, S. 326

Ps xxxiv 28b, A′ ὅλην τὴν ἡμέραν, כל־היום, E. 6, L. 3, S. 124; E. 103, L. 1, S. 296

Ps xxxiv 28b, O′, A′, Ε′ ὅλην τὴν ἡμέραν, כל־היום, E. 28, L. 3, S. 155

Ps xxxiv 28b, C′ κατὰ πᾶσαν ἡμέραν, כל־היום, E. 28, L. 3, S. 155

Ps xxxiv 28b, C′ ὕμνος, תהלה, E. 78, L. 6, S. 247

Ps xxxv 2b, C′ ἀντικρὺς + art. + ὀφθαλμοὶ + possessivum, E. 70, L. 3, S. 233

Ps xxxv 4a, 5a, Ε′ ἀδικία, און, E. 64, L. 2, S. 223

Ps xxxv 4b, C′ ἐννοέω, השכיל, E. 109, L. 2, S. 306

Ps xxxvi 3b, A′ νέμομαι med, רעה, E. 80, L. 4, S. 254

Ps xxxvi 3b, C′ διηνεκῶς, אמונה, E. 4, L. 4, S. 116

Ps xxxvi 3b, C′ ποιμαίνω, רעה, E. 80, L. 4, S. 254

Ps xxxvi 7a, C′ ἡσυχάζω, דמם, E. 115, L. 2, S. 320

Ps xxxvi 12a, C′ ἐννοέω, זמם, E. 109, L. 2, S. 306

Ps xxxvi 14c, C′ πτωχὸς καὶ πένης, עני ואביון, E. 108, L. 3, S. 304

Ps xxxvi 26a, Α′ ὅλην τὴν ἡμέραν, כל־היום,
E. 6, L. 3, S. 124

Ps xxxvi 27b, C′ εἰς αἰῶνα, לעולם, E. 100, L. 1,
S. 291

Ps xxxvi 28d, C′ ἐξαίρομαι, כרת nif, E. 124,
L. 2, S. 338

Ps xxxvii 4a, Α′C′ ἐμβρίμησις, זעם, E. 28, L. 1,
S. 154

Ps xxxvii 4b, C′ διὰ, מפני, E. 72, L. 2, S. 237

Ps xxxvii 7b, C′ περιπατέω, הלך, E. 109, L. 4,
S. 307

Ps xxxvii 15b, C′ διὰ, ב, E. 34, L. 5, S. 164

Ps xxxviii 2a, C′ εἶπον aor ii, אמרתי, E. 111,
L. 1, S. 309

Ps xxxviii 3a, Α′ σιωπῇ, דומיה, E. 115, L. 1,
S. 319

Ps xxxviii 3a, C′ σιωπάομαι pass, חשה hif,
E. 115, L. 1, S. 319

Ps xxxviii 4b, C′ ἀνακαίομαι, בער, E. 130, L. 2,
S. 350

Ps xxxviii (xxxix) 8a, C′ δέσποτα, אדני, E. 51,
L. 1, S. 196

Ps xxxviii 8a, C′ οὖν, ו, E. 97, L. 4, S. 287

Ps xxxviii 9a, C′ ἐξαιρέομαι, נצל, E. 67, L. 2,
S. 227

Ps xxxviii 9b, Α′ ὄνειδος, חרפה, E. 52, L. 2,
S. 198

Ps xxxviii 9b, Ε′ μὴ δῷς με, שים, E. 15, L. 3,
S. 141

Ps xxxviii 12a, C′ ἀδικία, עון, E. 4, L. 11,
S. 119

Ps xxxix 6c, C′ διηγέομαι, ספר pi, E. 78, L. 4,
S. 247

Ps xxxix 8a, Ο′ εἶπον aor ii, אמרתי, E. 111, L. 1,
S. 309

Ps xxxix 8a, C′ εἶπον aor ii, אמרתי, E. 111, L. 1,
S. 309

Ps xl 8a, C′ ὁμοθυμαδόν, יחד, E. 121, L. 1,
S. 331

Ps xl 8b, C′ ἐννοέω, חשב, E. 109, L. 2, S. 306

Ps xl 13b, C′ δι᾽αἰῶνος, לעולם, E. 100, L. 1,
S. 291

Ps xl 13b, C′ ἔμπροσθεν, לפני, E. 72, L. 2, S. 237

Ps xli 3a, אלהים אל, E. 94, L. 1, S. 281

Ps xli 4a, C′ ὡς, —, E. 124, L. 2, S. 338

Ps xli 5a, C′ διαχέω, שפך, E. 61, L. 2, S. 210

Ps xli 10b, C′ ἵνα τί, למה, E. 69, L. 3, S. 231

Ps xli 10b, C′ περιπατέω, הלך, E. 109, L. 4,
S. 307

Ps xli 11a, C′ ἐναντίος, צרר, E. 98, L. 2, S. 289

Ps xlii 1b, Ο′ κρίνω c. acc, שפט c. acc, E. 105,
L. 2, S. 300

Ps xlii 1c, Α′ παρανομία, עולה, E. 103, L. 1,
S. 296

Ps xlii 3c, ⟨C′⟩ σκήνωσις, משכן, E. 32, L. 4,
S. 161

Ps xlii 4c, C′ ὁ θεὸς ὁ θεός μου voc, אלהים אלהי,
E. 113, L. 2, S. 314

Ps xlii 4c, Ε′ ὁ θεὸς ὁ θεός μου, אלהים אלהי,
E. 115, L. 3, S. 320

Ps xliii 3b, Α′ ἐξαποστέλλω, שלח pi, E. 19, L. 1,
S. 145

Ps xliii 5a, C′ ὁ θεός voc, אלהים, E. 113, L. 2,
S. 314

Ps xliii 5b, Ο′ Ἰακωβ, יעקב, E. 63, L. 2, S. 218

Ps xliii 5b, C′ τοῦ Ἰακωβ, יעקב, E. 63, L. 2, S. 218

Ps xliii 7a, 8a, Ο′ γὰρ, כי, E. 114, L. 1, S. 316

Ps xliii 9a, Α′ καυχάομαι, הלל, E. 49, L. 3, S. 192

Ps xliii 11a, C′ ἐναντίος, צר, E. 98, L. 2, S. 289

Ps xliii 12a, C′ βόσκημα, צאן, E. 33, L. 1, S. 162

Ps xliii 12a, C′ βρῶσις, מאכל, E. 53, L. 7, S. 202

Ps xliii 12b, C′ ἔθνος, גוי, E. 37, L. 1, S. 168

Ps xliii 13a, C′ ἀποδίδομαι, מכר, E. 74, L. 2,
S. 241

Ps xliii 14b, Α′ τοῖς κύκλῳ ἡμῶν, לסביבותינו,
E. 56, L. 1, S. 204

Ps xliii 14b, Α′ πομπή, קלס, E. 58, L. 1, S. 206

Ps xliii 14b, C′ κύκλῳ c. gen, סביבות, E. 56, L. 2,
S. 205

Ps xliii 14b, C′ προπηλακισμός, לעג, E. 58, L. 2,
S. 207

Ps xliii 14b, C′ χλευασμός, קלס, E. 58, L. 2,
S. 207

Ps xliii 15a, C′ ἔθνος, גוי, E. 37, L. 1, S. 168

Ps xliii 15a, C′ ποιέω, שים, E. 15, L. 2, S. 141

Ps xliii 16a, C′ ὅλος, כל, E. 6, L. 4, S. 124

Ps xliii 17b, C′ ἀπὸ προσώπου, מפני, E. 72, L. 2,
S. 237

Ps xliii 19a, C′ ἀποχωρέω, סוג, E. 42, L. 1,
S. 177–178

Ps xliii 23, Α′Θ′ ὅλην τὴν ἡμέραν, כל־היום, E. 6,
L. 3, S. 124

Ps xliii 24a, Α′Ε′ ἐξεγέρθητι, עור qal, E. 6, L. 1,
S. 123

Ps xliii (xliv) 24a, C′ δέσποτα, אדני, E. 51, L. 1,
S. 196

Ps xliii 24a, C′ ἵνα τί, למה, E. 69, L. 3, S. 231

Ps xliii 24a, C′ ὑπνόω, ישן, E. 51, L. 1, S. 196

Ps xliii 24a, C' ὡς, —, E. 124, L. 2, S. 338

Ps xliii 25a, C' ἵνα τί, למה, E. 69, L. 3, S. 231

Ps xliii 27b, C' λυτρόομαι, פדה, E. 13, L. 2, S. 138

Ps xliv 2c, A' ταχεινός, מהיר, E. 65, L. 1, S. 224

Ps xliv 4a, A' μάχαιρα, חרב, E. 47, L. 1, S. 187

Ps xliv 4a, C' μάχαιρα, חרב, E. 47, L. 1, S. 187

Ps xliv 4a, C' ὡς, —, E. 124, L. 2, S. 338

Ps xliv 7a, C' ὁ θεός voc, אלהים, E. 113, L. 2, S. 314

Ps xliv 15a, A' ἀνενεχθήσονται, יבל, E. 22, L. 1, S. 147

Ps xliv 15a, C' ἀκολουθέω, יבל, E. 22, L. 2, S. 147

Ps xliv 17a, C' γίνομαι med, היה, E. 57, L. 1, S. 205

Ps xliv 18c, A' ἐξομολογέομαι, ידה hif, E. 77, L. 1, S. 244

Ps xliv 18c, C' εἰς αἰῶνα, לעולם, E. 100, L. 1, S. 291

Ps xlv 2b, E' θλῖψις, צרה, E. 28, L. 3, S. 156

Ps xlv 5b, C' ὕψιστος, עליון, E. 111, L. 4, S. 312

Ps xlv 5b, E' ἅγιος, קדוש, E. 12, L. 3, S. 137.

Ps xlv 6a, A' οὐ μὴ, בל, E. 18, L. 1, S. 144

Ps xlv 7a, A' βασιλεύς, ממלכה, E. 62, L. 1, S. 212, 213

Ps xlv 7a, C' βασιλεία, ממלכה, E. 62, L. 2, S. 214

Ps xlv 7a, C' ἔθνος, גוי, E. 37, L. 1, S. 168

Ps xlv 7a, C' περιτρέπομαι, מוט, E. 110, L. 2, S. 308

Ps xlv 7a, E' βασιλεία, ממלכה, E. 62, L. 3, S. 214

Ps xlv 8a, A' μετά, עם, E. 3, L. 3, S. 114

Ps xlv 9b, O' τέρατα, שמות, E. 63, L. 4, S. 221

Ps xlv 9b, A' ἀφανισμός, שמם, E. 63, L. 1, S. 216

Ps xlv 9b, A' ὅσοι, אשר, E. 15, L. 1, S. 140

Ps xlv 9b, A' τίθημι, שים, E. 126, L. 1, S. 343

Ps xlv 9b, C' κατάργησις, שמה, E. 63, L. 2, S. 219

Ps xlv 9b, C' ποιέω, שים, E. 15, L. 2, S. 141

Ps xlv 9b, E' ἀφανισμένα, שמות, E. 63, L. 4, S. 221

Ps xlv 9b, E' τίθεμαι, שים, E. 15, L. 3, S. 141

Ps xlv 9b, ς' τέρατα, שמות, E. 63, L. 4, S. 221

Ps xlv 10c, O' ἐν πυρί, באש, E. 82, L. 2, S. 258

Ps xlv 10c, O' κατακαίω, שרף, E. 82, L. 2, S. 258

Ps xlv 10c, A' ἐν πυρί, באש, E. 82, L. 2, S. 258

Ps xlv 10c, C' κατακαίω, שרף, E. 82, L. 3, S. 259

Ps xlv 10c, E' ἐν πυρί, באש, E. 82, L. 2, S. 258

Ps xlv 10c, E' κατακαίω, שרף, E. 82, L. 2, S. 258

Ps xlvi 5b, C' ἰακωβ, יעקב, E. 63, L. 2, S. 218

Ps xlvii 10a, C' ὁ θεός voc, אלהים, E. 113, L. 2, S. 314

Ps xlvii 14c, O' εἰς γενεὰν ἑτέραν, לדור אחרון, E. 78, L. 1, S. 246

Ps xlvii 14c, C' γενεᾷ μεταγενεστέρᾳ, לדור אחרון, E. 78, L. 1, S. 246

Ps xlviii 3b, A' πτωχός, אביון, E. 108, L. 1, S. 303

Ps xlviii 3b, C' πένης, אביון, E. 108, L. 3, S. 304

Ps xlviii 3b, E' πένης, אביון, E. 108, L. 3, S. 304

Ps xlviii 6a, A' πονηρός, רע, E. 28, L. 4, S. 156, 157

Ps xlviii 6a, C' διὰ τί, למה, E. 69, L. 3, S. 231

Ps xlviii 6b, A' ἀνομία, עון, E. 4, L. 10, S. 118

Ps xlviii 6b, C' ἀνομία, עון, E. 4, L. 11, S. 119

Ps xlviii 6b, E' ἀνομία, עון, E. 4, L. 9, S. 118; E. 64, L. 2, S. 223

Ps xlviii 8b, A' ἐξίλασμα, כפר, E. 4, L. 7, S. 117

Ps xlviii 8b, E' ἐξίλασμα, כפר, E. 4, L. 9, S. 117

Ps xlviii 10a, A' εἰς νῖκος, לנצח, E. 59, L. 1, S. 207

Ps xlviii 10a, C' τῷ αἰῶνι τούτῳ, לעולם, E. 100, L. 1, S. 292

Ps xlviii 10a, E' εἰς τὸν αἰῶνα, לעולם, E. 77, L. 3, S. 245

Ps xlviii 11a, A' ἀσύνετος, בער, E. 60, L. 1, S. 208

Ps xlviii 11a, E' ἄνους, בער, E. 130, L. 3, S. 351

Ps xlviii 12a, C' εἰς αἰῶνα, לעולם, E. 100, L. 1, S. 291

Ps xlviii 12a, E' εἰς τὸν αἰῶνα, לעולם, E. 77, L. 3, S. 245

Ps xlviii 12c, C' γῆ, אדמה, E. 125, L. 3, S. 340

Ps xlviii 12c, C' ὀνομάζω, קרא, E. 62, L. 2, S. 214

Ps xlviii 12c, Θ' γῆ, אדמה, E. 125, L. 4, S. 341

Ps xlviii 12c, E' γαίων, אדמה, E. 125, L. 4, S. 341

Ps xlviii 13b, E' ὡμοιώθη, דמה nif, E. 12, L. 3, S. 137

Ps xlviii 14a, O', A', C', E' αὐτούς, למו, E. 126, L. 1, S. 344

Ps xlviii 15a, A' νέμω, רעה, E. 80, L. 4, S. 254

Ps xlviii 15a, A' τίθεμαι, שית, E. 126, L. 1, S. 343

Ps xlviii 15a, C' βόσκημα, צאן, E. 33, L. 1, S. 162

Ps xlviii 15a, C' τάσσω, שית, E. 126, L. 2, S. 344

Ps xlviii 15a, E' ὡς πρόβατα, כצאן, E. 33, L. 1, S. 162

Ps xlix 1b, אלהים אל, E. 94, L. 1, S. 281

Ps xlix 1b, οἱ γ' ἰσχυρός, אל, E. 11, L. 3, S. 134; E. 94, L. 1, S. 281

Ps xlix 3b, ⟨A'⟩ εἰς πρόσωπον, לפְנֵי, E. 37, L. 1, S. 168; E. 72, L. 1, S. 235

Ps xlix 3b, ⟨C'⟩ ἔμπροσθεν αὐτοῦ, לפָנָיו, E. 37, L. 1, S. 168; E. 72, L. 1, S. 235

Ps xlix 3c, A' λαιλαπίζω, שער, E. 132, L. 1, S. 354

Ps xlix 3c, C' καταιγίς, שער, E. 131, L. 1, S. 353

Ps xlix 7b, C' μαρτύρομαι, עוד hif, E. 92, L. 2, S. 277

Ps xlix 11b, O' ὡραιότης, זיז, E. 80, L. 4, S. 252

Ps xlix 11b, A' παντοδαπά, זיז, E. 80, L. 3, S. 252

Ps xlix 11b, C' πλῆθος, זיז, E. 80, L. 4, S. 252

Ps xlix 11b, Є' (ὄναγρος), זיז, E. 80, L. 4, S. 252; E. 81, L. 3, S. 255–256

Ps xlix 21c, C' ἐνώπιον, לעֵינַי, E. 70, L. 3, S. 233

Ps l 7a, C' ἀδικία, עון, E. 4, L. 11, S. 119

Ps l 16b, C' διαλαλέω, רנן, E. 52, L. 1, S. 198

Ps li 4b, O' δόλος, רמיה, E. 43, L. 4, S. 182

Ps lii 2b, C' διεφθάρησαν, שחת hif, E. 4, L. 12, S. 120

Ps li 9a, A' τίθεμαι, שים, E. 126, L. 1, S. 343

Ps lii 2b, C' μετὰ ἀδικίας, עול, E. 103, L. 2, S. 297

Ps liv 4a, C' ὑπὸ, מפני, E. 72, L. 2, S. 237

Ps liv 7a, C' εἶπον aor ii, אמר, E. 111, L. 1, S. 309

Ps liv 8a, b, C' ἄν, —, E. 98, L. 2, S. 289

Ps liv 9a, C' ἄν, —, E. 98, L. 2, S. 289

Ps liv 9b, A' λαίλαψ, סער, E. 132, L. 1, S. 354

Ps liv 9b, C' λαίλαψ, סער, E. 131, L. 1, S. 353

Ps liv 10b, A' ⟨διαδικασία⟩, מריבה, E. 90, L. 5, S. 273, 274

Ps liv 11a, C' τὰ τείχη αὐτῆς, חומתיה, E. 47, L. 1, S. 188

Ps liv 15a, C' ἐκοινολογούμεθα γλυκείαν ὁμιλίαν, יחדו נמתיק סוד, E. 119, L. 2, S. 327

Ps liv 15a, C' ὁμιλία, סוד, E. 119, L. 2, S. 326

Ps liv 22b, C' ἡ καρδία ἑκάστου αὐτῶν, לבו, E. 63, L. 2, S. 218

Ps lv 5a, C' ἐπαινέσω, הלל, E. 49, L. 2, S. 192

Ps lv 5a, Є' λόγος, דבר, E. 66, L. 1, S. 226

Ps lv 6a, C' φροντίζω, עצב, E. 10, L. 5, S. 132

Ps lv 7a, C' λάθρα, צפן, E. 120, L. 2, S. 329

Ps lv 7a, C' συνήγοντο λάθρα, יגורו ויצפינו, E. 119, L. 2, S. 327

Ps lv 8a, Є' ὑπὲρ τοῦ μὴ εἶναι, ⟨על־אין⟩, E. 64, L. 2, S. 223

Ps lv 10a, A'C'Θ'Є' ἐπιστρέφω, שוב qal, E. 8, L. 2, S. 127

Ps lv 11a, A' καυχάομαι, הלל, E. 49, L. 3, S. 192

Ps lv 13a, C' ἀποδίδωμι, שלם, E. 74, L. 2, S. 241

Ps lv 14c, C' ἔμπροσθεν, לפני, E. 72, L. 2, S. 237

Ps lvi 5b, A' λάβρων, להטים, E. 130, L. 4, S. 351–352

Ps lvi 5b, C' φλέγω, להט, E. 131, L. 1, S. 352

Ps lvii 3b, A' διασταθμίζω, פלס, E. 28, L. 6, S. 157

Ps lvii 4b, C' ψευδής, כזב, E. 94, L. 2, S. 282

Ps lvii 9a, A' ὁμοίως c. dat, כמו, E. 60, L. 1, S. 209

Ps lvii 10b, A' λαιλαπίζω, שער, E. 132, L. 2, S. 354

Ps lvii 10b, C' λαίλαψ ἀρεῖ, שער, E. 131, L. 1, S. 353

Ps lviii 5a, C' ἁμαρτία, עון, E. 4, L. 11, S. 119

Ps lviii 7, C' συνηχέω, המה, E. 117, L. 4, S. 323

Ps lviii 8a, C' μάχαιρα, חרב, E. 47, L. 1, S. 187

Ps lviii 9b, C' ἐπιφθέγγομαι, לעג, E. 58, L. 1, S. 207

Ps lviii 14a, A' χόλος, חמה, E. 6, L. 3, S. 124

Ps lviii 14a, C' θυμός, חמה, E. 6, L. 4, S. 124

Ps lix 1, A' μαρτυρία, עדות, E. 41, L. 1, S. 176

Ps lix 1, C' μαρτυρία, עדות, E. 41, L. 2, S. 176

Ps lix 2a, C' ἐδώμ, אדום, E. 122, L. 3, S. 334

Ps lix 3b, A' θυμόομαι, אנף, E. 59, L. 1, S. 208

Ps lix 6b, C' ἀπὸ προσώπου, מפני, E. 72, L. 2, S. 237

Ps lix 8b, A' γαυριάσομαι, עלז, E. 72, L. 1, S. 235

Ps lix 8b, C' γαυριάσω, עלז, E. 72, L. 1, S. 235

Ps lix 9c, Θ' ἀκριβαζόμενός μου, מחקקי, E. 11, L. 3, S. 135

Ps lix 10b, [C'] ἰδουμαία, אדום, E. 122, L. 3, S. 334

Ps lx 3a, A' ἐπικαλέομαι med, קרא, E. 62, L. 1, S. 213

Ps lx 4b, C' ἀπὸ προσώπου, מפני, E. 72, L. 2, S. 237

Ps lx 7b, γενεά sive γενεαί, דור, E. 78, L. 2, S. 246

Ps lx 7b, C' εἰς γενεὰν καὶ γενεάν, כמו־דר ודר, E. 78, L. 1, S. 246

Ps lx 8a, C' ἔμπροσθεν, לפני, E. 72, L. 2, S. 237

Ps lx 9b, C' ἀποδίδωμι, שלם, E. 74, L. 2, S. 241

Ps lxii 2a, אלהים אל, E. 94, L. 1, S. 281

Ps lxii 7a, C' ἀναμιμνήσκομαι, זכר, E. 6, L. 6, S. 126

Ps lxiii 3a, C' σύσκεψις, סוד, E. 119, L. 2, S. 326; E. 121, L. 1, S. 331

Ps lxiii 4b, ⟨Ε′⟩ λόγος, דבר, E. 66, L. 1, S. 226

Ps lxiii 7a, C′ ἀνομία, עולה, E. 103, L. 2, S. 297

Ps lxiv 4a, C′ ἀνομία, עון, E. 4, L. 11, S. 119

Ps lxiv 4b, O′ ἱλάσκομαι c. acc. כפר, E. 68, L. 6, S. 229

Ps lxiv 10c, A′ ὕδατα Pl, מים, E. 55, L. 1, S. 104

Ps lxiv 13a, A′ ἔρημος, מדבר, E. 9, L. 4, S. 129

Ps lxiv 13a, A′ τὰ ὡραῖα, נאות, E. 63, L. 1, S. 215

Ps lxiv 13a, C′ αἱ νομαί, נאות, E. 63, L. 2, S. 219

Ps lxiv 13a, Θ′ τὰ ὡραῖα, נאות, E. 63, L. 3, S. 220

Ps lxv 3b, A′C′Θ′Ε′ϛ′ σοί, לך, E. 99, L. 3, S. 290

Ps lxv 6a, C′ μεταβάλλω, הפך, E. 17, L. 2, S. 143

Ps lxv 8b, C′ ὕμνος, תהלה, E. 78, L. 6, S. 247

Ps lxv 11b, A′ τίθημι, שים, E. 126, L. 1, S. 343

Ps lxv 19a, O′ διὰ τοῦτο, אכן, E. 111, L. 3, S. 311

Ps lxvi 7a, C′ φορά, יבול, E. 22, L. 2, S. 147

Ps lxvii 5c, ⟨A′?⟩ καὶ γαυριᾶσθε εἰς πρόσωπον, ועלזו לפניו, E. 72, L. 1, S. 235–236

Ps lxvii 6a, A′ χήρα, אלמנה, E. 50, L. 3, S. 195

Ps lxvii 7b, C′ δεδεμένος, אסיר, E. 72, L. 2, S. 238

Ps lxvii 8a, C′ πρό, לפני, E. 72, L. 1, S. 236; E. 129, L. 2, S. 349

Ps lxvii 8c, C′ ἀοίκητος, ישימון, E. 10, L. 5, S. 132

Ps lxvii 9b, C′ ἀπὸ προσώπου, E. 72, L. 2, S. 237

Ps lxvii 10b, A′ κληροδοσία, נחלה, E. 38, L. 2, S. 170–171

Ps lxvii 13b, A′ ὡραιότης, נ⟨א⟩וה, E. 63, L. 1, S. 216

Ps lxvii 13b, C′ δίαιτα, נוה, E. 63, L. 2, S. 219

Ps lxvii 15b, C′ ὡς χιονισθεῖσα ἦν σελμῶν ὄρος θεοῦ, תשלג בצלמון, E. 124, L. 2, S. 338

Ps lxvii 17a, C′ εἰς τί (?), E. 69, L. 3, S. 231

Ps lxvii 21a, C′ θεός, אל, E. 11, L. 2, S. 133

Ps lxvii 23a, C′ ὑποστρέψαι ποιήσω (?), שוב hif, E. 12, L. 2, S. 136

Ps lxvii 23b, C′ ἀναστρέψαι ποιήσω, שוב hif, E. 12, L. 2, S. 136

Ps lxvii 30a, C′ τῆς ἱερουσαλημ, ירושלם, E. 56, L. 2, S. 205

Ps lxvii 32a, A′ ἐκ, מני, E. 14, L. 2, S. 139

Ps lxvii 36a, C′ θεέ, אלהים, E. 113, L. 2, S. 314

Ps lxviii 5c, A′ ἐπιστρέφω, שוב hif, E. 5, L. 1, S. 120

Ps lxviii 7a, C′ κύριε θεὲ τῶν δυνάμεων, אדני יהוה צבאות, E. 113, L. 2, S. 314

Ps lxviii 7b, C′ θεέ, אלהים, E. 113, L. 2, S. 314

Ps lxviii 11b, C′ ὄνειδος, חרפה, E. 57, L. 1, S. 206

Ps lxviii 11b, C′ ὄνειδος neutr., חרפה, E. 75, L. 2, S. 242

Ps lxviii 18c, A′ ταχύ, מהר, E. 65, L. 1, S. 224

Ps lxviii 21a, C′ ὀνειδισμός, חרפה, E. 75, L. 2, S. 243

Ps lxviii 22b, C′ ἐν, ל, E. 70, L. 3, S. 233

Ps lxviii 23a, C′ ἔμπροσθεν, לפני, E. 72, L. 2, S. 237

Ps lxviii 24b, A′ ἀτονόω, מעד hif, E. 43, L. 2, S. 181

Ps lxviii 26a, A′ ἀφανίζω, שמם, E. 63, L. 1, S. 216

Ps lxviii 34b, C′ δεσμώτης, אסיר, E. 72, L. 2, S. 237

Ps lxx 6c, O′ ὕμνησις, תהלה, E. 78, L. 3, S. 247; L. 5, S. 247

Ps lxx 7a, C′ τέρας, מופת, E. 16, L. 1, S. 142

Ps lxx 14b, O′ τὴν αἴνεσίν σου, תהלתך, E. 78, L. 5, S. 247

Ps lxx 14b, A′ ὑμνήσεις σου, תהלתך sive תהלתיך, E. 78, L. 5, S. 247

Ps lxx 14b, C′ ὕμνος, תהלה, E. 78, L. 6, S. 247

Ps lxx 14b, C′ τοῖς ὕμνοις σου, תהלתך sive תהלתיך, E. 78, L. 5, S. 247

Ps lxx 15a, C′ διηγέομαι, ספר pi, E. 78, L. 4, S. 247

Ps lxx 19a, C′ μεγαλεῖος, גדול, E. 73, L. 1, S. 238

Ps lxx 20a, A′ ὅσος, אשר, E. 15, L. 1, S. 140

Ps lxx 21a, A′ μεγαλειότης, גדלה, E. 73, L. 1, S. 239

Ps lxx 21a, C′ αὐξάνω, רבה hif, E. 5, L. 2, S. 121

Ps lxx 21a, C′ μεγαλειότης, גדלה, E. 73, L. 2, S. 240

Ps lxx 21a, Θ′ μεγαλωσύνη, גדלה, E. 73, L. 1, S. 239

Ps lxx 22b, A′ ἅγιε Ἰσραηλ, קדוש ישראל, E. 12, L. 1, S. 136

Ps lxxi 4a, O′ κρίνω c. acc. שפט c. acc, E. 105, L. 2, S. 300

Ps lxxi 5b, O′ γενεαί Pl, דור, E. 78, L. 2, S. 246

Ps lxxi 5b, A′ εἰς πρόσωπον, לפני, E. 72, L. 1, S. 235

Ps lxxi 5b, C′ ἔμπροσθεν, לפני, E. 72, L. 2, S. 237

Ps lxxi 9a, A′ εἰς πρόσωπον, **לפני**, E. 72, L. 1, S. 235

Ps lxxi 9a, C′ ἔμπροσθεν, **לפני**, E. 72, L. 2, S. 237

Ps lxxi 12a, C′ οἰμώζω, **שוע**, E. 72, L. 2, S. 237

Ps lxxi 12a, C′ πένης, **אביון**, E. 108, L. 3, S. 304

Ps lxxii 2b, C′ λύω, **שפך**, E. 61, L. 2, S. 210

Ps lxxii 7b, C′ μελετάω, **הגה**, E. 119, L. 2, S. 326

Ps lxxii 9b, C′ περιπατέω, **הלך**, E. 109, L. 4, S. 307

Ps lxxii 11a, 17a, C′ θεός, **אל**, E. 11, L. 2, S. 133

Ps lxxii 11a, Θ′ ἰσχυρός, **אל**, E. 11, L. 1, S. 132; E. 93, L. 4, S. 280

Ps lxxii 11b, C′ ὕψιστος, **עליון**, E. 111, L. 4, S. 312

Ps lxxii 15b, O′ ἀσυνθετέω, **בגד**, E. 42, L. 2, S. 179

Ps lxxii 22a, A′ ⟨ἀσύνετος⟩, **בער**, E. 60, L. 1, S. 208

Ps lxxii 26a, C′ εἰς τὸν αἰῶνα, **לעולם**, E. 100, L. 1, S. 292

Ps lxxiii 1b, A′ εἰς νῖκος, **לנצח**, E. 59, L. 1, S. 207

Ps lxxiii 1b, C′ ἵνα τί, **למה**, E. 69, L. 3, S. 231

Ps lxxiii 1c, O′ ὀργίζομαι, **עשן**, E. 79, L. 2, S. 248

Ps lxxiii 1c, A′C′ (καπνίζεται s. καπνισθήσεται), **עשן**, E. 79, L. 2, S. 248, 249

Ps lxxiii 2b, C′ κληρουχία, **נחלה**, E. 38, L. 3, S. 172

Ps lxxiii 2b, Θ′ κληρονομία, **נחלה**, E. 38, L. 4, S. 173

Ps lxxiii 2c, O′ τοῦτο δ, **זה**, E. 36, L. 4, S. 167

Ps lxxiii 8b, O′ κατακαίω, **שרף**, E. 82, L. 1, S. 257

Ps lxxiii 8b, A′ ἐμπίμπρημι, **שרף**, E. 82, L. 1, S. 257

Ps lxxiii 8b, C′ ἐμπίμπρημι, **שרף**, E. 82, L. 1, S. 257

Ps lxxiii 8b, Θ′ ἐμπυρίζω, **שרף**, E. 82, L. 1, S. 257

Ps lxxiii 8b, Θ′ ἰσχυρός, **אל**, E. 11, L. 1, S. 132; E. 93, L. 4, S. 280

Ps lxxiii 8b, Є′ κατακαίω, **שרף**, E. 82, L. 1, S. 257

Ps lxxiii 8b, ϛ′ κατακαίω, **שרף**, E. 82, L. 1, S. 257

Ps lxxiii 13b, A′ ὕδατα Pl, **מים**, E. 55, L. 1, S. 204

Ps lxxiii 20b, A′ ἀδικία, **חמס**, E. 63, L. 1, S. 216

Ps lxxiii 20b, ⟨A′⟩ ὡραιότης, **נאות**, E. 63, L. 1, S. 216

Ps lxxiii 20b, [C′] ὡραιότης, **נאות**, E. 63, L. 2, S. 218

Ps lxxiii 22a, C′ μάχη, **ריב**, E. 90, L. 4, S. 273

Ps lxxiii 22a, C′ στῆθι, **קומה**, E. 113, L. 2, S. 314

Ps lxxiii 22b, C′ μνημονεύω, **זכר**, E. 6, L. 6, S. 125

Ps lxxiii 22b, C′ ὄνειδος, **חרפה**, E. 57, L. 1, S. 206

Ps lxxiii 22b, C′ ὄνειδος neutr., **חרפה**, E. 75, L. 2, S. 242

Ps lxxiv 5a, C′ [εἶπα aor i], **אמרתי**, E. 111, L. 1, S. 309

Ps lxxiv 5b, C′ παράνομος, **רשע**, E. 104, L. 2, S. 298

Ps lxxv 4b, A′ μάχαιρα, **חרב**, E. 47, L. 1, S. 187

Ps lxxv 4b, C′ μάχαιρα, **חרב**, E. 47, L. 1, S. 187

Ps lxxv 4c, ϛ′ εἰς τέλος, **סלה**, E. 105, L. 1, S. 299

Ps lxxv 7a, C′ ἐμβρίμησις, **גערה**, E. 83, L. 1, S. 260

Ps lxxv 7a, C′ ἰακωβ, **יעקב**, E. 63, L. 2, S. 218

Ps lxxv 10c, ϛ′ εἰς τέλος, **סלה**, E. 105, L. 1, S. 299

Ps lxxv 11a, b, C′ θυμός, **חמה**, E. 6, L. 4, S. 124

Ps lxxv 13a, C′ ἡγεμών, **נגיד**, E. 126, L. 2, S. 344

Ps lxxvi 3c, C′ οὐ πείθομαι, **מאן**, E. 97, L. 3, S. 286

Ps lxxvi 4b, C′ διαλαλέω, **שיח**, E. 52, L. 1, S. 198

Ps lxxvi 7a, C′ διαλαλέω, **שיח**, E. 52, L. 1, S. 198

Ps lxxvi 9b, C′ ἕκαστος, —, E. 78, L. 1, S. 245

Ps lxxvi 11a, Є′ εἶπα aor i, **אמר**, E. 127, L. 1, S. 346

Ps lxxvi 11b, C′ ὕψιστος, **עליון**, E. 111, L. 4, S. 312

Ps lxxvi 19a, A′ βροντή, **רעם**, E. 90, L. 3, S. 272

Ps lxxvi 19a, C′ βροντή, **רעם**, E. 90, L. 3, S. 272

Ps lxxvi 19a, Θ′ βροντή, **רעם**, E. 90, L. 3, S. 272

Ps lxxvii 2b, A′ ἐκ, **מני**, E. 14, L. 2, S. 139

Ps lxxvii 5a, C′ διαμαρτυρία, **עדות**, E. 41, L. 2, S. 176

Ps lxxvii 8a, C′ πρό, **לפני**, E. 72, L. 2, S. 237

Ps lxxvii 8b, C′ προσερίζω, **מרה**, E. 40, L. 3, S. 175

Ps lxxvii 8d, C′ ἀβέβαιος ἦν, **אמן** nif + neg, E. 4, L. 4, S. 116

Ps lxxvii 9a, C′ κληρουχία, **נחלה**, E. 38, L. 3, S. 172

Ps lxxvii 15a, A′ ἔρημος, מדבר, E. 9, L. 4, S. 129

Ps lxxvii 17b, A′ προσερίζω c. dat, מרה, E. 9, L. 1, S. 128

Ps lxxvii 17b, C′ ὕψιστος, עליון, E. 111, L. 4, S. 312

Ps lxxvii 17b, C′ φιλονεικέω, מרה, E. 40, L. 3, S. 175

Ps lxxvii 21a, A′ ἀνυπερθετέω, התעבר, E. 46, L. 2, S. 185

Ps lxxvii 21a, C′ χολόομαι, התעבר, E. 46, L. 2, S. 185

Ps lxxvii 25a, C′ φαγεῖν, אכל, E. 19, L. 2, S. 145

Ps lxxvii 26b, C′ ἐπάγω, נהג, E. 34, L. 2, S. 163

Ps lxxvii 28b, C′ κύκλῳ c. gen, סביב, E. 56, L. 2, S. 205

Ps lxxvii 29a, C′ φαγεῖν, אכל, E. 19, L. 2, S. 145

Ps lxxvii 29b, C′ ἐπιθυμία, תאוה, E. 1, L. 5, S. 111

Ps lxxvii 30b, C′ βρῶσις, אכל, E. 53, L. 7, S. 202

Ps lxxvii 31a, C′ οὖν, ו, E. 97, L. 4, S. 287

Ps lxxvii 31b, C′ νεανίσκοι, בחור, E. 48, L. 3, S. 191

Ps lxxvii 35b, C′ ὕψιστος, עליון, E. 111, L. 4, S. 312

Ps lxxvii 38b, O′ ἱλάσκομαι c. dat, כפר, E. 68, L. 6, S. 229

Ps lxxvii 38b, C′ ἐξιλάσκω, כפר, E. 68, L. 2, S. 228

Ps lxxvii 38b, E′ ἀνομία, עון, E. 64, L. 2, S. 223

Ps lxxvii 38c, C′ καὶ ἐπὶ πολὺ ἀπέστεψεν, והרבה להשיב, E. 119, L. 2, S. 327

Ps lxxvii 38c, C′ ὀργή, אף, E. 5, L. 2, S. 121

Ps lxxvii 38d, A′ χόλος, חמה, E. 61, L. 2, S. 209

Ps lxxvii 38d, C′ θυμός, חמה, E. 61, L. 2, S. 210

Ps lxxvii 39a, C′ μνημονεύω, זכר, E. 64, L. 3, S. 223

Ps lxxvii 40b, A′ ἠφανισμένη, ישימון, E. 63, L. 1, S. 217

Ps lxxvii 41a, A′Θ′ ἰσχυρός, אל, E. 93, L. 4, S. 280; E. 117, L. 2, S. 322

Ps lxxvii 41a, E′ϛ′ τὸν ἰσχυρόν, אל, E. 117, L. 2, S. 323

Ps lxxvii 43a, A′ τίθημι, שים, E. 126, L. 1, S. 343

Ps lxxvii 44a, C′ εἰς, ל, E. 70, L. 3, S. 233

Ps lxxvii 45b, A′ διαφθεῖραι, שחת hif, E. 4, L.12, S. 120

Ps lxxvii 48a, C′ ἐκδίδωμι, סגר hif, E. 30, L. 1, S. 159

Ps lxxvii 48a, C′ λοιμός, דבר, E. 30, L. 1, S.159

Ps lxxvii 48a, C′ dativus sine praep., ל, E. 70, L. 3, S. 233

Ps lxxvii 48b, A′ κτήσεις αὐτῶν, מקנה, E. 25, L. 4, S. 150

Ps lxxvii 49a, A′ ἀποστέλλω, שלח, E. 19, L. 1, S. 145

Ps lxxvii 49a, C′ πέμπω, שלח, E. 19, L. 2, S.146

Ps lxxvii 50a, A′ θυμός, אף, E. 5, L. 1, S. 121

Ps lxxvii 50c, C′ ἐκδίδωμι, סגר hif, E. 25, L. 2, S. 149

Ps lxxvii 50c, C′ λοιμός, דבר, E. 25, L. 2, S.150

Ps lxxvii 51b, A′ σκέπη, אהל, E. 122, L. 2, S. 334

Ps lxxvii 51b, C′ σκήνωσις, אהל, E. 122, L. 3, S. 334

Ps lxxvii 52a, E′ ποίμνιον, צאן, E. 34, L. 4, S. 164

Ps lxxvii 54a, A′ πρός, אל, E. 61, L. 5, S. 211; E. 74, L. 5, S. 241

Ps lxxvii 54a, E′ εἰς, אל, E. 74, L. 6, S. 242

Ps lxxvii 55a, C′ ἐξ ἔμπροσθεν, מפני, E. 72, L. 2, S. 237

Ps lxxvii 55b, O′ κληροδοσία, נחלה, E. 38, L. 2, S. 171

Ps lxxvii 55b, O′ κληροδοτέω, נפל hif, E. 38, L. 2, S. 171

Ps lxxvii 55b, E′ κληρονομία, נחלה, E. 38, L. 4, S. 173

Ps lxxvii 55c, A′ σκέπη, אהל, E. 122, L. 2, S.334

Ps lxxvii 55c, C′ σκήνωσις, אהל, E. 32, L. 4, S. 161; E. 122, L. 3, S. 334

Ps lxxvii 56a, A′ προσερίζω c. dat, מרה hif, E. 9, L. 1, S. 128

Ps lxxvii 56a, C′ παραπικραίνω, מרה hif, E. 9, L. 2, S. 128

Ps lxxvii 57a, O′ ἀσυνθετέω, בגד, E. 42, L. 2, S. 179

Ps lxxvii 57b, A′ στρέφω, הפך, E. 17, L. 1, S. 143

Ps lxxvii 58a, O′ βουνός, במה, E. 44, L. 1, S.182

Ps lxxvii 59a, C′ χολόομαι, התעבר, E. 28, L. 2, S. 155

Ps lxxvii 59a, E′ ὀργίζομαι, התעבר, E. 28, L. 3, S. 155

Ps lxxvii 60a, b, C′ σκήνωσις, אהל, E. 32, L. 4, S. 161

Ps lxxvii 60b, C′ ἱδρύω, שכן qal, E. 39, L. 1, S. 173

Ps lxxvii 60b, C′ σκήνωσις, **אֹהֶל**, E. 39, L. 1, S. 173

Ps lxxvii 61b, ⟨A′⟩ θλίβων, **צר**, E. 98, L. 2, S. 289

Ps lxxvii 61b, ⟨C′/Θ′⟩ θλίβων, **צר**, E. 98, L. 2, S. 289

Ps lxxvii 62a, C′ εἰς, **ל**, E. 70, L. 3, S. 233

Ps lxxvii 62b, A′ ἀνυπερθετέω, **התעבר**, E. 46, L. 1, 2, S. 185

Ps lxxvii 62b, A′ κληροδοσία, **נחלה**, E. 38, L. 2, S. 170

Ps lxxvii 62b, C′ κληρουχία, **נחלה**, E. 38, L. 3, S. 172

Ps lxxvii 62b, C′ χολόομαι, **התעבר**, E. 46, L. 2, S. 185

Ps lxxvii 62b, Θ′ ὑπερτίθεμαι, **התעבר**, E. 46, L. 4, S. 186

Ps lxxvii 62b, Є′ ὀργίζομαι, **התעבר**, E. 46, L. 3, S. 185

Ps lxxvii 62b, Є′ κληρονομία, **נחלה**, E. 38, L. 4, S. 173

Ps lxxvii 63a, C′ ἀναλίσκω, **אכל**, E. 19, L. 2, S. 145

Ps lxxvii 65a, A′ πιπι, [**יהוה**], E. 79, L. 1, S. 248

Ps lxxvii 65a, C′ γάρ, **ו**, E. 76, L. 2, S. 243; E. 86, L. 2, S. 267

Ps lxxvii 65a, C′ πιπι, [**יהוה**], E. 79, L. 1, S. 248

Ps lxxvii 66a, A′ θλίβων, **צר**, E. 14, L. 2, S. 139; c. acc, E. 98, L. 1, S. 288

Ps lxxvii 66a, C′ ἐναντίος, **צר**, E. 98, L. 2, S. 289

Ps lxxvii 66b, A′ ὀνειδισμός, **חרפה**, E. 75, L. 1, S. 242

Ps lxxvii 69a, A′ ὁμοίως c. dat, **כמו**, E. 60, L. 1, S. 209

Ps lxxvii 69b, C′ εἰς τὸν αἰῶνα, **לעולם**, E. 100, L. 1, S. 292

Ps lxxviii 4a, C′ γίνομαι med, **היה**, E. 125, L. 1, S. 339

Ps lxxviii 4a, C′ ὄνειδος, **חרפה**, E. 75, L. 2, S. 242

Ps lxxviii 5a, A′ πιπι, **יהוה**, E. 79, L. 1, S. 248

Ps lxxviii 5b, C′ ἕκαστος, —, E. 78, L. 1, S. 245

Ps lxxviii 6a, A′ πρός, **אל**, E. 74, L. 5, S. 241

Ps lxxviii 6a, A′ χόλος, **חמה**, E. 6, L. 3, S. 124

Ps lxxviii 6a, C′ θυμός, **חמה**, E. 6, L. 4, S. 124

Ps lxxviii 6b, A′ ἐπὶ c. acc, **אל**, E. 119, L. 1, S. 325

Ps lxxviii 7a, C′ φαγεῖν, **אכל**, E. 19, L. 2, S. 145

Ps lxxviii 8a, A′ ἀνομία, **עון**, E. 4, L. 10, S. 118

Ps lxxviii 8a, C′ ἀνομία, **עון**, E. 4, L. 11, S. 119

Ps lxxviii 8a, C′ μνημονεύω, **זכר**, E. 6, L. 6, S. 125

Ps lxxviii 8a, C′ dativus sine praep., **ל**, E. 70, L. 3, S. 233

Ps lxxviii 8a, Є′ ἁμαρτίαι, **עון**, E. 4, L. 9, S. 118

Ps lxxviii 8c, A′ ἀραιόω, **דלל**, E. 105, L. 2, S. 299

Ps lxxviii 8c, C′ ἀτονέω, **דלל**, E. 43, L. 2, S. 181

Ps lxxviii 9a, A′ θεέ, **אלהי**, E. 91, L. 1, S. 275

Ps lxxviii 9c, A′ ἐξιλάσκομαι med, **כפר** pi, E. 4, L. 7, S. 117

Ps lxxviii 9c, A′ ἐπὶ c. acc, **על**, E. 119, L. 1, S. 325

Ps lxxviii 9c, C′ ἐξιλάσκομαι, **כפר** pi, E. 4, L. 7, 8, S. 117

Ps lxxviii 9c, C′ περί, **אל**, E. 84, L. 5, S. 263

Ps lxxviii 12a, A′ ἐπιστρέφω, **שוב** hif, E. 5, L. 1, S. 120

Ps lxxviii 12a, Є′ εἰς, **אל**, E. 36, L. 2, S. 166

Ps lxxviii 13a, A′ ποίμνιον, **צאן**, E. 33, L. 1, S. 161

Ps lxxviii 13a, C′ γάρ, **ו**, E. 51, L. 1, S. 196; E. 86, L. 2, S. 267

Ps lxxviii 13a, C′ ποίμνη, **צאן**, E. 33, L. 1, S. 162

Ps lxxviii 13b, O′ ἀνθομολογέομαι, **ידה** hif, E. 77, L. 1, S. 244

Ps lxxviii 13b, A′C′Є′ εἰς αἰῶνα, **לעולם**, E. 77, L. 3, S. 245; E. 100, L. 1, S. 292

Ps lxxviii 13c, A′ διηγέομαι, **ספר** pi, E. 11, L. 3, S. 135

Ps lxxix 1a, A′C′ μαρτυρία, **עדות**, E. 41, L. 1, S. 176

Ps lxxix 2b, C′ ποίμνια, **צאן**, E. 33, L. 1, S. 162

Ps lxxix 2b, Θ′ καθοδηγέω, **נהג**, E. 34, L. 2, S. 163

Ps lxxix 3a, A′ εἰς πρόσωπον, **לפני**, E. 72, L. 1, S. 235

Ps lxxix 4b, O′ ἐπιφαίνω τὸ πρόσωπον, **האיר** **פנים**, E. 89, L. 2, S. 269

Ps lxxix 5a, 8a, 20a, A′ θεέ, **אלהים**, E. 91, L. 1, S. 275

Ps lxxix 5a, A′C′ (καπνίσεις), **עשן**, E. 79, L. 2, S. 248, 249

Ps lxxix 8b, O′ ἐπιφαίνω τὸ πρόσωπον, **האיר** **פנים**, E. 89, L. 2, S. 269

Ps lxxix 10a, C′ ἔμπροσθεν, **לפני**, E. 72, L. 2, S. 237

Ps lxxix 12a, Θ′Є′ ἐξαπέστειλεν, **שלח**, E. 28, L. 3, S. 156

Ps lxxix 14b, ⟨A'⟩ κατανέμομαι, רעה qal, E. 60, L. 1, S. 208; E. 116, L. 1, S. 320

Ps lxxix 17a, Ο' ἀνεσκαμμένη, כסוחה, E. 82, L. 4, S. 259

Ps lxxix 17a, C' κατακαίω, שרף, E. 130, L. 2, S. 350

Ps lxxix 17a, C' τετμημένη, כסוחה, E. 82, L. 4, S. 259

Ps lxxix 18a, b, A' ἐπὶ c. acc, על, E. 119, L. 1, S. 325

Ps lxxix 18a, C' γίνομαι med, היה, E. 125, L. 1, S. 339

Ps lxxix 19a, C' γὰρ, ו, E. 51, L. 1, S. 196

Ps lxxix 19a, C' ἀναχωρέω, סוג, E. 42, L. 1, S. 177

Ps lxxix 19a, Є' ἀπὸ, מן, E. 1, L. 5, S. 111

Ps lxxix 19b, A' ἐπικαλέομαι, קרא, E. 62, L. 1, S. 213–214

Ps lxxix 19b, C' καλέω, קרא, E. 62, L. 2, S. 214

Ps lxxix 20a, A' πιπι, יהוה, E. 79, L. 1, S. 248

Ps lxxx 6a, C' μαρτυρία, עדות, E. 41, L. 2, S. 176

Ps lxxx 8c, A' ὕδατα Pl, מים, E. 55, L. 1, S. 204

Ps lxxx 10a, A' ἀλλότριος, זר, E. 1, L. 3, S. 109

Ps lxxx 10a, Θ' ἰσχυρός, אל, E. 117, L. 2, S. 322

Ps lxxx 10a, ⟨Є'⟩ ἰσχυρός, אל, E. 11, L. 3, S. 134

Ps lxxx 10b, C' ἀλλότριος, נכר, E. 93, L. 3, S. 279

Ps lxxx 10b, Є'Θ' ἰσχυρός, אל, E. 93, L. 4, S. 280

Ps lxxx 11a, [A'C' κύριος], יהוה, E. 79, L. 1, S. 248

Ps lxxx 12a, C' δὲ, ו, E. 35, L. 1, S. 164

Ps lxxx 13a, A' ἐξαποστέλλω, שלח pi, E. 19, L. 1, S. 145

Ps lxxx 15a, A' θλίβων, צר, E. 14, L. 2, S. 139

Ps lxxx 15a, C' ἂν, —, E. 98, L. 2, S. 289

Ps lxxx 15b, A' ἐπὶ c. acc, על, E. 119, L. 1, S. 325

Ps lxxx 15b, A' ἐπιστρέφω, שוב hif, E. 5, L. 1, S. 120

Ps lxxx 16a, A' πιπι, יהוה, E. 79, L. 1, S. 248

Ps lxxxi 3a, A' ἀραιός, דל, E. 43, L. 2, S. 181

Ps lxxxi 4b, A' ῥύομαι, נצל, E. 67, L. 1, S. 227

Ps lxxxi 4b, C' ἐξαιρέω, נצל, E. 67, L. 2, S. 227

Ps lxxxi 6b, A' ὕψιστος, עליון, E. 40, L. 2, S. 174

Ps lxxxi 8a, Ο' κρίνω c. acc, שפט c. acc, E. 105, L. 2, S. 300

Ps lxxxi 8b, C' κληρουχέω, נחל, E. 38, L. 3, S. 172

Ps lxxxi 8b, Є' κατακληροδοτέω, נחל, E. 38, L. 2, S. 171; L. 4, S. 173

Ps lxxxii 2b, C' θεός, אל, E. 11, L. 2, S. 133

Ps lxxxii 4a, Ο' καταπανουργεύομαι, ערם hif, E. 119, L. 1, S. 325

Ps lxxxii 4a, A' ἐπὶ c. acc, על, E. 121, L. 2, S. 332

Ps lxxxii 4a, C' κατὰ c. gen, על, E. 120, L. 2, S. 329

Ps lxxxii 4b, A' κατὰ c. gen, על, E. 121, L. 2, S. 332

Ps lxxxii 7a, ⟨C'⟩ σκήνωσις, אהל, E. 32, L. 4, S. 161

Ps lxxxii 13a, ⟨A'⟩ τὰ ὡραῖα, נאות, E. 63, L. 1, S. 215

Ps lxxxii 13a, C' δίαιτα, נאות, E. 63, L. 2, S. 219

Ps lxxxii 13a, ⟨ ⟩ τὴν εὐπρέπειαν, נאות, E. 63, L. 3, S. 220

Ps lxxxii 14b, ⟨A'⟩ εἰς πρόσωπον, לפני, E. 72, L. 1, S. 236

Ps lxxxii 14b, ⟨C'⟩ πρὸ, לפני, E. 72, L. 1, S. 236

Ps lxxxii 15a, A' ἀνάπτω, בער qal, E. 60, L. 1, S. 208

Ps lxxxiii 4b, A' τίθεμαι, שית, E. 126, L. 1, S. 343

Ps lxxxiii 10b, A' ἐπιστρέφω, נבט hif, E. 5, L. 1, S. 121

Ps lxxxiv 4a, Ο' ὀργή, עברה, E. 28, L. 3, S. 155

Ps lxxxiv 9a, [Θ' θεός], אל, E. 11, L. 1, S. 132; E. 93, L. 4, S. 280

Ps lxxxiv 14a, C' ἕκαστος, —, E. 63, L. 1, S. 217

Ps lxxxiv 14a, C' προελεύσεται αὐτόν, לפניו יהלך, E. 72, L. 1, 2, S. 236, 237; E. 129, L. 2, S. 349

Ps lxxxv 7a, A' ἐπικαλέομαι, קרא, E. 62, L. 1, S. 214

Ps lxxxvi 1b, A' θεμελίωσις, יסודה, E. 110, L. 3, S. 308

Ps lxxxvi 5c, C' ὕψιστος, עליון, E. 111, L. 4, S. 312

Ps lxxxvii 6a, A' ὁμοίως c. dat, כמו, E. 60, L. 1, S. 209

Ps lxxxvii 6b, C' μνημονεύω, זכר, E. 6, L. 6, S. 125

Ps lxxxvii 7a, A' τίθεμαι, שית, E. 126, L. 1, S. 343

Ps lxxxvii 7a, C′ τάσσω, שׁית, E. 126, L. 2, S. 344

Ps lxxxvii 8a, C′ θυμός, חמה, E. 6, L. 4, S. 124

Ps lxxxvii 14a, C′ οἰμωγή, שׁוע, E. 72, L. 2, S. 237

Ps lxxxvii 14b, C′ προφθάνω, קדם, E. 65, L. 2, S. 225

Ps lxxxvii 15a, C′ ἵνα τί, למה, E. 69, L. 3, S. 231

Ps lxxxviii 3a, A′ εἶπα aor i, אמר, E. 127, L. 1, S. 347

Ps lxxxviii 3a, Θ′ εἶπον aor ii, אמר, E. 127, L. 1, S. 347

Ps lxxxviii 3a, E′ εἶπα aor i, אמר, E. 127, L. 1, S. 346, 347

Ps lxxxviii 6b, E′ ἅγιος, קדושׁ, E. 12, L. 3, S. 137

Ps lxxxviii 8a, C′ θεέ, אל, E. 113, L. 2, S. 314

Ps lxxxviii 8a, C′ ὁμιλία, סוד, E. 119, L. 2, S. 326

Ps lxxxviii 22a, C′ βεβαίως συνέσται, כון nif, E. 3, L. 4, S. 114

Ps lxxxviii 23b, C′ υἱὸς ἀδικίας, בן־עולה, E. 103, L. 2, S. 297

Ps lxxxviii 24a, C′ ἀπὸ ἔμπροσθεν, מפני, E. 72, L. 2, S. 237

Ps lxxxviii 27b, E′ ἰσχυρός μου, אלי, E. 11, L. 3, S. 134; E. 117, L. 2, S. 322

Ps lxxxviii 28a, A′ πρωτότοκος, בכור, E. 30, L. 2, S. 159

Ps lxxxviii 28b, C′ ἀνώτατος, עליון, E. 111, L. 4, S. 312

Ps lxxxviii 29a, C′ εἰς αἰῶνα, לעולם, E. 100, L. 1, S. 291

Ps lxxxviii 29a, E′ εἰς τὸν αἰῶνα, לעולם, E. 77, L. 3, S. 245

Ps lxxxviii 29b, A′, C′ συνθήκη, ברית, E. 121, L. 2, S. 333

Ps lxxxviii 29b, E′ διαθήκη, ברית, E. 121, L. 2, S. 333

Ps lxxxviii 30a, A′ τίθημι, שׂים, E. 126, L. 1, S. 343

Ps lxxxviii 30a, C′ ποιέω, שׂים, E. 15, L. 2, S. 141

Ps lxxxviii 30a, E′ τίθεμαι, שׂים, E. 15, L. 3, S. 141

Ps lxxxviii 32a, E′ τὰ ἠκριβασμένα μου, חקתי, E. 11, L. 3, S. 135

Ps lxxxviii 33a, C′ ἐν, ב, E. 24, L. 2, S. 149

Ps lxxxviii 33b, A′ ἀνομία, עון, E. 4, L. 10, S. 118

Ps lxxxviii 33b, A′ ἀνομία Sg, עונם, E. 64, L. 1, S. 222

Ps lxxxviii 33b, C′ ἀδικία, עון, E. 4, L. 11, S. 119

Ps lxxxviii 33b, E′ ἀνομία, עון, E. 64, L. 2, S. 223

Ps lxxxviii 33b, E′ ἀνομίαι, עון, E. 4, L. 9, S. 118

Ps lxxxviii 35a, A′, C′ συνθήκη, ברית, E. 121, L. 2, S. 333

Ps lxxxviii 35a, E′ διαθήκη, ברית, E. 121, L. 2, S. 333

Ps lxxxviii 36a, A′ μίαν ὤμοσα, אחת נשבעתי, E. 103, L. 1, S. 296

Ps lxxxviii 38a, C′ δι'αἰῶνος, עולם, E. 100, L. 1, S. 291–292

Ps lxxxviii 38a, A′ ἑτοιμασθήσεται αἰῶνα, יכון עולם, E. 103, L. 1, S. 296

Ps lxxxviii 38a, ⟨Θ′⟩ αἰωνίως, עולם, E. 103, L. 3, S. 298

Ps lxxxviii 38a, E′ εἰς αἰῶνα, ⟨ל⟩עולם, E. 77, L. 3, S. 245

Ps lxxxviii 38b, C′ διὰ, ב, E. 34, L. 5, S. 164

Ps lxxxviii 38b, E′ ἑτοιμασθήσεται, כון nif, E. 4, L. 1, S. 115

Ps lxxxviii 39b, A′ ἀνυπερθετέω, התעבר, E. 46, L. 2, S. 185

Ps lxxxviii 39b, C′ χολόομαι, התעבר, E. 46, L. 2, S. 185

Ps lxxxviii 39b, E′ ὀργίζομαι, התעבר, E. 46, L. 3, S. 185

Ps lxxxviii 40a, A′, C′ συνθήκη, ברית, E. 121, L. 2, S. 333

Ps lxxxviii 40a, E′ διαθήκη, ברית, E. 121, L. 2, S. 333

Ps lxxxviii 41b, A′ τίθημι, שׂים, E. 126, L. 1, S. 343

Ps lxxxviii 41b, C′ ποιέω, שׂים, E. 15, L. 2, S. 141

Ps lxxxviii 41b, E′ τίθεμαι, שׂים, E. 15, L. 3, S. 141

Ps lxxxviii 42b, A′ ὄνειδος, חרפה, E. 52, L. 2, S. 198

Ps lxxxviii 42b, C′ ὄνειδος, חרפה, E. 57, L. 1, S. 206

Ps lxxxviii 42b, C′ ὄνειδος, חרפה, E. 75, L. 2, S. 242

Ps lxxxviii 43a, A′ θλίβων, צר, E. 14, L. 2, S. 139; c. acc, E. 98, L. 1, S. 288

Ps lxxxviii 44a, A′ ἐπιστρέφω, שׁוב hif, E. 5, L. 1, S. 120

Ps lxxxviii 44a, C′ ἀποστρέφω, שׁוב hif, E. 5, L. 2, S. 121

Ps lxxxviii 44a, C′ μάχαιρα, חרב, E. 47, L. 1, S. 187

Ps lxxxviii 44b, A′ καὶ οὐ, ולא, E. 4, L. 3, S. 115

Ps lxxxviii 47a, A′ ἕως τίνος ... εἰς νῖκος, **עד־מה ... לנצח**, E. 59, L. 1, S. 207

Ps lxxxviii 47b, A′ ἀνάπτομαι, בער qal, E. 60, L. 1, S. 208

Ps lxxxviii 47b, A′ ὁμοίως c. dat, כמו, E. 60, L. 1, S. 209

Ps lxxxviii 47b, A′ χόλος, חמה, E. 6, L. 3, S. 124

Ps lxxxviii 47b, C′ θυμός, חמה, E. 6, L. 4, S. 124

Ps lxxxviii 47b, C′ φλέγομαι, בער qal, E. 130, L. 2, S. 350

Ps lxxxviii 47b, E′ ἐκκαίομαι, בער qal, E. 130, L. 3, S. 351

Ps lxxxviii 47b, E′ ὀργή, חמה, E. 61, L. 2, S. 210

Ps lxxxviii 48a, 51a, C′ μνημονεύω, זכר, E. 6, L. 6, S. 125

Ps lxxxviii 49b, E′ ῥύομαι, מלט, E. 67, L. 1, S. 227

Ps lxxxviii 50a, C′ πρῶτος, ראשון, E. 64, L. 3, S. 224

Ps lxxxviii 51a, C′ ὄνειδον, חרפה, E. 57, L. 1, S. 206

Ps lxxxviii 51a, C′ ὄνειδος masc., חרפה, E. 75, L. 2, S. 242

Ps lxxxviii 52b, E′ ὡς, אשר, E. 124, L. 2, S. 338

Ps lxxxviii 53a, C′ εἰς αἰῶνα, לעולם, E. 100, L. 1 S. 291

Ps lxxxviii 53a, E′ εἰς τὸν αἰῶνα, לעולם, E. 77, L. 3, S. 245

Ps lxxxix 1b, C′ ἕκαστος, —, E. 78, L. 1, S.245

Ps lxxxix 3b, A′ ἐπιστρέφω, שוב qal, E. 5, L. 1, S. 120

Ps lxxxix 4a, O′ ἐν ὀφθαλμοῖς + possessivum sine art., E. 70, L. 3, S. 233

Ps lxxxix 8a, C′ ἀνομία, עון, E. 4, L. 11, S. 119

Ps lxxxix 8b, C′ ἀμέλεια, עלום, E. 117, L. 1, S. 322

Ps lxxxix 9a, O′ ὀργή, עברה, E. 28, L. 3, S. 155

Ps lxxxix 9a, C′ χόλος, עברה, E. 28, L. 2, S. 155

Ps lxxxix 11a, C′ θυμός, אף, E. 5, L. 2, S. 121

Ps lxxxix 11b, C′ ὀργή, עברה, E. 28, L. 2, S. 155

Ps lxxxix 16b, C′ τέκνα, בנים, E. 73, L. 2, S.240

Ps xc 1b, C′ ὕψιστος, עליון, E. 111, L. 4, S. 312

Ps xc 3b, A′ λοιμός, דבר, E. 29, L. 1, S. 158

Ps xc 6a, A′ λοιμός, דבר, E. 29, L. 1, S. 158

Ps xc 6a, C′ λοιμός, דבר, E. 25, L. 2, S. 150

Ps xc 9b, C′ ὕψιστος, עליון, E. 111, L. 4, S. 312

Ps xc 9b, A′ τίθημι, שים, E. 126, L. 1, S. 343

Ps xc 9b, E′ τίθεμαι, שים, E. 15, L. 3, S. 141

Ps xc 11a, A′ ἄγγελος, מלאך, E. 28, L. 4, S. 156

Ps xc 11b, A′ φυλάσσω, שמר, E. 41, L. 3, S. 177

Ps xci 7a, A′ ἀσύνετος, בער, E. 60, L. 1, S. 208

Ps xci 8c, A′ ἐκτρίβομαι, נשמד, E. 124, L. 1, S. 338

Ps xci 16b, C′ ἀδικία, עולה, E. 103, L. 2, S. 297

Ps xcii 5a, C′ μαρτυρίαι, עדה, E. 41, L. 2, S. 176

Ps xciii 23a, E′ς′ τὰς ὀδύνας αὐτῶν, און, E. 31, L. 2, S. 160

Ps xcv 12a, A′ γαυριάομαι, עלז, E. 72, L. 1, S. 235

Ps xcv 12a, C′ γαυριάω, עלז, E. 72, L. 1, S. 235

Ps xcv 12b, A′ δρυμός, יער, E. 130, L. 1, S. 349

Ps xcv 13a, A′ εἰς πρόσωπον, לפני, E. 72, L. 1, S. 235

Ps xcvi 3a, A′ εἰς π⟨ρόσωπον⟩, לפני, E. 72, L. 1, S. 235

Ps xcvi 4a, A′ ⟨φωτίζω⟩, אור hif, E. 89, L. 2, S. 269

Ps xcvi 6a, A′ πονηρός, רע, E. 28, L. 4, S. 156

Ps xcvi 7a, [A′ γλυπτόν], פסל, E. 45, L. 1, S. 184

Ps xcvi 7c, A′ θεοί, אלהים, E. 101, L. 1, S. 295

Ps xcvi 9b, A′ θεοί, אלהים, E. 101, L. 1, S. 295

Ps xcix 5b, O′ γενεά sive γενεαί, דר, E. 78, L. 2, S. 246

Ps c 2a, C′ ἐννοέω, השכיל, E. 109, L. 2, S. 306

Ps ci 2b, C′ οἰμωγή, שוע, E. 72, L. 2, S. 237

Ps ci 19a, O′ εἰς γενεὰν ἑτέραν, לדור אחרון, E. 78, L. 1, S. 246

Ps ci 21a, A′ δέσμιος, אסיר, E. 72, L. 1, S. 236

Ps ci 21a, A′ τοῦ ἀκοῦσαι τῆς οἰμωγῆς δεσμίου, **לשמע אנקת אסיר**, E. 72, L. 1, S. 236

Ps ci 21b, A′ θανάτωσις, תמותה, E. 73, L. 1, S. 239

Ps ci 22a, A′, C′ διηγέομαι, ספר pi, E. 78, L. 3, S. 246

Ps ci 22b, O′ τὴν αἴνεσιν αὐτοῦ, תהלתו, E. 78, L. 5, S. 247

Ps ci 22b, A′ ὑμνήσεις αὐτοῦ, תהלתו (sic), E. 78, L. 5, S. 247

Ps ci 23b, O′ βασιλεύς, ממלכה, E. 62, L. 1, S. 213

Ps ci 23b, A′ καὶ βασιλεῖς, וממלכות, E. 62, L. 1, S. 212, 213

Ps ci 29b, A′ εἰς πρόσωπον, לפני, E. 72, L. 1, S. 235

Ps cii 3a, A′ ἀνομήματι, עון, E. 4, L. 10, S. 118

Ps cii 3a, Α΄ ἱλάσκομαι c. dat, **כפר**, E. 68, L. 6, S. 229

Ps cii 4b, Α΄ οἰκτιρμοί, **רחמים**, E. 4, L. 5, S. 116

Ps cii 14b, C΄ μνημονεύω, **זכר**, E. 6, L. 6, S. 125

Ps ciii 4b, Α΄ πῦρ λάβρον, **אש להט**, E. 130, L. 4, S. 352

Ps ciii 4b, C΄ πυρίνην φλόγα, **אש להט**, E. 131, L. 1, S. 352

Ps ciii 32b, Ο΄ καπνίζω, **עשן**, E. 79, L. 2, S. 248

Ps civ 1b, C΄ κηρύσσω, **קרא**, E. 62, L. 2, S. 214

Ps civ 8b, Ο΄ γενεάς Pl, **דור**, E. 78, L. 2, S. 246

Ps civ 28b, Α΄ προσερίζω, **מרה** hif, E. 40, L. 2, S. 174

Ps civ 28b, Α΄ προσερίζω, **מרה** hif, E. 40, L. 3, S. 175

Ps civ 28b, C΄ ἀπειθέω, **מרה** hif, E. 40, L. 3, S.175

Ps civ 28b, Ε΄Θ΄ παραπικραίνω, **מרה** hif, E. 40, L. 3, S. 175

Ps civ 28b, Ο΄ παραπικραίνω, **מרה** hif, E. 40, L. 3, S. 175

Ps civ 28b, ϛ΄ παραπικραίνω, **מרה** hif, E. 40, L. 3, S. 175

Ps civ 35a, C΄ χῶρα, **אדמה**, E. 125, L. 3, S. 340

Ps civ 35a, Θ΄ γῆ, **אדמה**, E. 125, L. 4, S. 341

Ps civ 40a, Α΄ ἄγω, **בוא** hif, E. 36, L. 1, S. 165

Ps cv 7c, Ο΄ παραπικραίνω, **מרה** hif, E. 40, L. 3, S. 175

Ps cv 7c, Α΄ ⟨προσερίζω⟩, **מרה** hif, E. 40, L. 3, S. 175

Ps cv 7c, C΄ παροργίζω, **מרה** hif, E. 40, L. 3, S. 175

Ps cv 7c, C΄ παροργίζω, **מרה** hif, E. 44, L. 1, S. 182

Ps cv 7c, Ε΄ παραπικραίνω, **מרה** hif, E. 40, L. 3, S. 175

Ps cvi 29a, Α΄ λαῖλαψ, **סערה**, E. 132, L. 1, S. 354

Ps cvi 29a, C΄ καταιγίς, **סערה**, E. 131, L. 1, S. 353

Ps cvi 41a, Α΄ πτωχός, **אביון**, E. 108, L. 1, S. 303

Ps cvi 41a, C΄ πένης, **אביון**, E. 108, L. 3, S. 304

Ps cvi 41b, Α΄ τίθημι, **שים**, E. 126, L. 1, S. 343

Ps cvi 41b, C΄ ποίμνια, **צאן**, E. 33, L. 1, S. 162

Ps cvi 41b, C΄ [ποίμνη], **צאן**, E. 33, L. 1, S. 162

Ps cvii 11a, C΄ ἀπάγω, **יבל**, E. 22, L. 1, S. 147

Ps cviii 1b, Θ΄ αἴνεσις, **תהלה**, E. 78, L. 5, S. 247

Ps cix 3c, Α΄ μήτρα, **רחם**, E. 4, L. 5, S. 116

Ps cx 5b, C΄ αἰώνιος, **לעולם**, E. 100, L. 1, S. 292

Ps cx 5b, C΄ μνημονεύω, **זכר**, E. 6, L. 6, S. 125

Ps cxi 10a, C΄ ὀργίζομαι, **כעס** qal, E. 44, L. 1, S. 182

Ps cxiii 7a, Θ΄ ἀπὸ προσώπου, **מלפני**, E. 129, L. 1, S. 348

Ps cxiii 8a, Α΄Θ΄ στρέφω, **הפך**, E. 17, L. 1, S. 143

Ps cxiii 8a, C΄ μεταβάλλω, **הפך**, E. 17, L. 2, S. 143

Ps cxiv 6b, C΄ ἀτονέω, **דלל**, E. 43, L. 2, S. 181; E. 105, L. 3, S. 300

Ps cxv 2a, C΄ εἶπον aor ii, **אמרתי**, E. 111, L. 1, S. 309

Ps cxvii 23b, Ο΄ ἐν ὀφθαλμοῖς + possessivum sine art., E. 70, L. 3, S. 233

Ps cxviii 3a, C΄ ὁμολογέω, **ידה** hif, E. 77, L. 2, S. 244

Ps cxviii 23b, Ε΄ ἀκρίβασμα, **חק**, E. 11, L. 3, S. 135

Ps cxviii 24a, C΄ μαρτύριον, **עדות**, E. 41, L. 2, S. 176

Ps cxviii 29a, C΄ ψευδής, **שקר**, E. 94, L. 2, S. 282

Ps cxviii 86a, C΄ διάμενον, **אמונה**, E. 4, L. 4, S. 116

Ps cxviii 98b, C΄ εἰς αἰῶνα, **לעולם**, E. 100, L. 1, S. 291

Ps cxviii 118a, Α΄ ἀποστρέφομαι, **שגה**, E. 5, L. 1, S. 121

Ps cxviii 118a, Θ΄Ε΄ ἀκρίβασμα, **חק**, E. 11, L. 3, S. 135

Ps cxviii 120a, Α΄ σάρξ Sg, **בשר**, E. 54, L. 1, S. 203

Ps cxviii 121b, Α΄ μή, **בל**, E. 18, L. 1, S. 144

Ps cxviii 135a, Ο΄ ἐπιφαίνω τὸ πρόσωπον, **האיר פנים**, E. 89, L. 2, S. 269

Ps cxviii 138a, C΄ μαρτυρία, **עדות**, E. 41, L. 2, S. 176

Ps cxviii 138b, C΄ διαμένουσαν, **אמונה**, E. 4, L. 4, S. 116

Ps cxviii 139b, Α΄ θλίπτης, **צר**, E. 14, L. 2, S. 140

Ps cxviii 147a, C΄ προανίσταμαι, **קדם**, E. 65, L. 2, S. 225

Ps cxviii 150a, C΄ διώκω, **רדף**, E. 131, L. 1, S. 353

Ps cxviii 152a, C΄ μαρτυρίων, **עדות**, E. 41, L. 2, S. 176

Ps cxviii 154a, Θ΄Ε΄ δικάζω, **ריב**, E. 107, L. 1, S. 302

Ps cxviii 158a, Ο΄ ἀσυνθετέω, **בגד**, E. 42, L. 2, S. 179

Ps cxviii 158a, Α΄Θ΄ϛ΄ ἀσυνθετοῦντας, **בגד**, E. 42, L. 2, S. 179, 180

Ps cxviii 158a, C΄ ἀθετέω, **בגד**, E. 42, L. 1, S. 178

Ps cxviii 158a, Θ' ἀσυνθετέω, בגד, E. 42, L. 2, S. 179

Ps cxviii 158a, Є' ἀθετέω, בגד, E. 42, L. 2, S. 180

Ps cxviii 158a, ς' ἀσυνθετέω, בגד, E. 42, L. 2, S. 179

Ps cxix 3b, Ο' δόλιος, רמיה, E. 43, L. 3, S. 181

Ps cxix 3b, ⟨Α'⟩ κατεπίθεσις, רמיה, E. 43, L. 1, S. 180

Ps cxx 3a, C' περιτρέπομαι, מוט, E. 110, L. 2, S. 308

Ps cxxi 4b, C' ἐκκλησία, עדות, E. 41, L. 2, S. 176

Ps cxxi 6a, C' τὴν ἱερουσαλημ, ירושלם, E. 56, L. 2, S. 205

Ps cxxii 4b, Α' μυχθισμός, לעג, E. 58, L. 1, S. 206

Ps cxxii 4b, C' ἐπιλαλούντων, לעג, E. 58, L. 2, S. 207

Ps cxxiii 4b, ⟨C'⟩ φάραγξ, נחלה, E. 123, L. 4, S. 337

Ps cxxiv 1c, C' εἰς αἰῶνα, לעולם, E. 100, L. 1, S. 292

Ps cxxv 4b, Α' κατάρροια, אפיק, E. 18, L. 1, S. 144

Ps cxxvi 2c, Α' διαπόνημα, עצב, E. 10, L. 1, S. 130

Ps cxxvii 2a, C' κόπος, יגיע, E. 22, L. 2, S. 148

Ps cxxix 1b, Α' ἐπικαλέομαι, קרא, E. 62, L. 1, S. 214

Ps cxxix 1b, C' καλέω, קרא, E. 62, L. 2, S. 214

Ps cxxx 1d, C' μεγαλειότης, גדולה, E. 73, L. 2, S. 240

Ps cxxx 1d, ⟨Є'⟩ μεγαλωσύνη, גדולה, E. 73, L. 1, S. 239

Ps cxxxi 10b, Α' ἐπιστρέφω, שוב hif, E. 5, L. 1, S. 120

Ps cxxxi 10b, C' ἀποστρέφω, שוב hif, E. 5, L. 2, S. 121

Ps cxxxiv 13b, Ο' γενεά sive γενεαί, דור, E. 78, L. 2, S. 246

Ps cxxxviii 19b, C' ἀπονεύω, סור, E. 42, L. 1, S. 177

Ps cxxxviii 20b, C' ἐναντίος, עיר, E. 98, L. 2, S. 289

Ps cxxxviii 20b, C' ἐπαίρω, נשא, E. 118, L. 1, S. 324

Ps cxxxix 9a, Α' μὴ δῷς, אל־תתן, E. 1, L. 5, S. 111

Ps cxxxix 9a, C' μὴ δῷς, אל־תתן, E. 1, L. 5, S. 111

Ps cxxxix 9a, Α' ἐπιποθήματα, מאויים, E. 1, L. 4, S. 110

Ps cxxxix 9a, C' ἐπιθυμίαι, מאויים, E. 1, L. 5, S. 111

Ps cxxxix 9a, Є' ἐπιθυμία, מאויים, E. 1, L. 5, S. 111

Ps cxxxix 11b, Α' πτωματίζω, נפל hif, E. 38, L. 1, S. 168

Ps cxl 2a, ⟨C'⟩ ἔμπροσθεν, לפני, E. 72, L. 2, S. 237

Ps cxl 4b, C' ἐννοέω, התעלל, E. 109, L. 2, S. 306

Ps cxli 4b, Ο' τρίβος, נתיב, E. 28, L. 6, S. 157

Ps cxli 7b, C' ἀτονέω, דלל, E. 43, L. 2, S. 181

Ps cxli 8a, Α' ἀποκλεισμός, מסגר, E. 25, L. 1, S. 149

Ps cxlii 5c, [C' διαλαλέω], שיח, E. 52, L. 1, S. 198

Ps cxliii 4a, [Є'] ὡμοιώθη, דמה qal, E. 12, L. 3, S. 137

Ps cxliii 5b, Ο' καπνίζω, עשן, E. 79, L. 2, S. 248

Ps cxliii 5b, ⟨C'⟩ καπνίζω, עשן, E. 79, L. 2, S. 248

Ps cxliii 12b, Θ' ἱδρυμένα, מגדלים, E. 39, L. 1, S. 173

Ps cxliv 1a, C' ὕμνος, תהלה, E. 78, L. 6, S. 247

Ps cxliv 1a, Θ' αἴνεσις, תהלה, E. 78, L. 5, S. 247

Ps cxliv 2b, C' εἰς αἰῶνα, לעולם, E. 100, L. 1, S. 293

Ps cxliv 6b, Α' μεγαλωσύνη, גדולה, E. 73, L. 1, S. 239

Ps cxliv 6b, Θ' μεγαλωσύνη, גדולה, E. 73, L. 1, S. 239

Ps cxliv 14a, Ο' καταπίπτω, נפל, E. 112, L. 2, S. 313

Ps cxlv 4a, Θ'Α' ἀποστρέφω, שוב qal, E. 5, L. 1, S. 121

Ps cxlvi 1c, Α' ὡραιόω, נאוה, E. 63, L. 1, S. 215

Ps cxlvi 1c, C' εὐπρεπής, נאוה, E. 63, L. 2, S. 218

Ps cxlvi 1c, Θ'Є' ὡραιώθη, נאוה, E. 63, L. 3, S. 220

Ps cxlvi 6a, C' ἀνακτώμενος, מעודד, E. 92, L. 2, S. 277

Ps cxlvii 7a, Θ' ἐξαποστέλλω, שלח, E. 27, L. 3, S. 153

Ps cxlvii 8a, Є' λόγος, דבר, E. 66, L. 1, S. 226

Ps cxlviii 6a, ⟨C'⟩ διαμένειν αἰωνίως, לעד לעולם, E. 100, L. 1, S. 292

Proverbia

Prov i 3, ἐννοέω, בִּין, E. 109, L. 2, S. 306

Prov i 15, Α'Θ' κωλύω, מנע, E. 98, L. 1, S. 287

Prov i 27, Α' συσσεισμός, סוּפָה, E. 132, L. 1, S. 354

Prov ii 16, C' ἀλλότριος, זר, E. 93, L. 1, S. 278

Prov iv 21, C' ἐξ ὀφθαλμῶν ..., מֵעֵינֶיךָ, E. 70, L. 3, S. 233

Prov iv 26, Α' ὁδοποιέω, פלס, E. 28, L. 6, S. 157

Prov iv 26, C' διατήρησον, פלס, E. 28, L. 7, S. 157

Prov v 3, Α'C'Θ' ἀλλότριος, זר, E. 93, L. 1, S. 278

Prov vi 8, Α' βρώματα αὐτοῦ, מאכלה, E. 53, L. 6, S. 202

Prov vi 8, C' τὰ δέοντα αὐτοῦ, מאכלה, E. 53, L. 7, S. 202

Prov vi 22, ⟨ ⟩ διεγείρω, קוּץ, E. 51, L. 1, S. 196

Prov vi 35, Θ' λύτρωσις, כפר, E. 68, L. 3, S. 228

Prov vii 11, C' ἀφέστηκα, סור pol, E. 1, L. 2, S. 109

Prov viii 12, C' πανουργία, ערמה, E. 119, L. 2, S. 327

Prov viii 21, Α'C'Θ' κληροδοτέω, נחל hif, E. 38, L. 2, S. 170

Prov viii 22, C' ἀρχή, ראשית, E. 32, L. 2, S. 161

Prov viii 29, Θ' ※ ἀκριβασμός, חק, E. 11, L. 3, S. 135

Prov x 21, Α' ποιμαίνω, רעה, E. 80, L. 4, S. 253–254

Prov x 25, Α'C'Θ' θεμέλιος, יסד, E. 110, L. 3, S. 308

Prov xi 9, Α' ῥύομαι, חלץ, E. 90, L. 1, S. 271

Prov xi 13, C' μυστήριον, סוד, E. 119, L. 2, S. 326

Prov xii 8, C' ἐπαινέομαι, הלל pu, E. 49, L. 4, S. 192

Prov xii 10, Α' οἰκτιρμοί, רחמים, E. 4, L. 5, S. 116

Prov xii 17, C' ψευδής, שקר, E. 94, L. 2, S. 282

Prov xii 24, 27, O' δόλιος, רמיה, E. 43, L. 3, S. 181

Prov xiii 7, C' πτωχευόμενοι, מתרשש, E. 106, L. 3, S. 301

Prov xiii 8, Α'C'Θ' ἐπιτίμησις, גערה, E. 83, L. 1, S. 260

Prov xiii 12, C'Θ'Є' (ἐπιθυμία), תאוה, E. 1, L. 5, S. 111

Prov xiii 18, C' πενία, רישׁ, E. 106, L. 3, S. 301

Prov xiii 22, C' πεφύλακται, צפון, E. 120, L. 2, S. 329

Prov xiii 22, ⟨ ⟩ κληροδοτέω, נחל hif, E. 38, L. 2, S. 171

Prov xiii 23, Є' (πτωχός), רש, E. 106, L. 2, S. 301

Prov xiv 10, C' ἀλλότριος, זר, E. 93, L. 1, S. 278

Prov xiv 14, C' βαρυμωροκάρδιος, סוג לב, E. 42, L. 1, S. 178

Prov xiv 18, Α'C'Θ' κληρονομέω, נחל qal, E. 113, L. 3, S. 315

Prov xiv 31, C' πένης, אביון, E. 108, L. 3, S. 304

Prov xiv 34, C' ὄνειδος, חסד, E. 75, L. 2, S. 242

Prov xiv 35, Θ' θυμός, עברה, E. 27, L. 3, S. 154

Prov xv 5, O' πανουργότερος εἰμί, ערם hif, E. 119, L. 1, S. 325

Prov xv 14, C' ποιμαίνω, רעה, E. 80, L. 4, S. 254

Prov xv 22 (23), O' ὑπερτίθεμαι, פרר, E. 46, L. 4, S. 186

Prov xvi 11, Α' σταθμός, פלס, E. 28, L. 6, S. 157

Prov xvi 18, Syh O' (πτῶμα), E. 53, L. 5, S. 201

Prov xvii 3, Α'C'Θ' δοκιμάζω, בחן, E. 90, L. 4, S. 273

Prov xvii 7, O' ἁρμόσει, נאוה, E. 63, L. 2, S. 218

Prov xvii 7, C' πρέπει, נאוה, E. 63, L. 2, S. 218

Prov xvii 10, Θ' ἐπιτίμησις, גערה, E. 83, L. 1, S. 260

Prov xvii 16, Α'C' ἵνα τί, למה, E. 69, L. 3, S. 231

Prov xvii 20, Α' στρέφω, הפך, E. 17, L. 1, S. 143

Prov xviii 1, Α'C' ἐπιθυμία, תאוה, E. 1, L. 5, S. 111

Prov xix 10, O' συμφέρει, נאוה, E. 63, L. 2, S. 218

Prov xix 10, C' πρέπει, נאוה, E. 63, L. 2, S. 218

Prov xix 10, οἱ λ' δυνάστης, משל (?), E. 52, L. 1, S. 198

Prov xix 15, Θ' δόλιος, רמיה, E. 43, L. 4, S. 182

Prov xix 25, O' πανουργότερος εἰμί, ערם hif, E. 119, L. 1, S. 325

Prov xx 3, Α' ἀντιδικασία, ריב, E. 90, L. 5, S. 275

Prov xx 16, Θ' ※ ἀλλότριος, זר, E. 93, L. 1, S. 278

Prov xxi 10, C' ἐν ὀφθαλμοῖς ..., בעיניו, E. 70, L. 3, S. 233

Prov xxi 24, C' ὀργή, עברה, E. 28, L. 2, S. 155

Prov xxi 25, C'Θ' ἐπιθυμία, תאוה, E. 1, L. 5, S. 111

Prov xxii 6, Θ′ κατά c. acc., עַל־פִּי, E. 129, L. 1, S. 349

Prov xxii 8, C′ ἀνομία, עוֹלָה, E. 103, L. 2, S. 297

Prov xxiii 10, C′ μετακινέω, סוּג, E. 42, L. 1, S. 178

Prov xxiii 11, A′C′Θ′ δικάζω, רִיב, E. 107, L. 1, S. 302

Prov xxiii 16, C′ ἀγαυριάω, עֲלֹז, E. 72, L. 1, S. 235

Prov xxiii 27, C′ ἀλλότριος, נָכְרִי, E. 93, L. 3, S. 279

Prov xxiii 28, Θ′ ἀσυνθετοῦντας, בָּגַד, E. 42, L. 2, S. 179

Prov xxiv 11, C′ σῴζω, נָצַל, E. 67, L. 2, S. 227

Prov xxiv 15, A′Θ′ ὡραιότης, גֵּוָה, E. 63, L. 3, S. 220

Prov xxiv 15, C′ δίαιτα, גֵּוָה, E. 63, L. 2, S. 219

Prov xxv 5, A′Θ′ ἀπέλασον, הָגוּ, E. 34, L. 1, S. 163

Prov xxv 6, A′C′Θ′ ἐπιστῆς, תַּעֲמֹד, E. 12, L. 2, S. 137

Prov xxv 9, A′C′Θ′ δικάζω, רִיב, E. 107, L. 1, S. 302

Prov xxvi 1, O′ ἔστιν, נָאוֶה, E. 63, L. 2, S. 218

Prov xxvi 1, C′Θ′ ἔπρεψεν, נָאוֶה, E. 63, L. 2, S. 218

Prov xxvi 1, C′Θ′ οὐκ ἔπρεψεν, לֹא־נָאוֶה, E. 63, L. 3, S. 220

Prov xxvii 13, A′C′ ἀλλότριος, זָר, E. 93, L. 1, S. 277, 278

Prov xxvii 16, O′ σκληρός, צָפֹן, E. 120, L. 4, S. 330

Prov xxvii 16, C′E′ κρύπτω, צָפֹן, E. 120, L. 3, S. 329

Prov xxvii 23, A′Θ′ τίθεμαι, שִׁית, E. 126, L. 1, S. 343

Prov xxvii 23, C′ τάσσω, שִׁית, E. 126, L. 2, S. 344

Prov xxviii 3, A′Θ′ ἄπορος, רָשׁ, E. 106, L. 1, S. 301

Prov xxviii 7, A′ νέμω, רֵעָה, E. 80, L. 4, S. 254

Prov xxviii 10, A′ κληροδο⟨τη⟩θήσονται, נָחַל qal, E. 38, L. 2, S. 170; E. 113, L. 3, S. 315

Prov xxviii 13, Θ′ ὁμολογέω, יָדָה hif, E. 77, L. 2, S. 244

Prov xxviii 16, C′ δυνάστης, נָגִיד, E. 52, L. 1, S. 198

Prov xxix 3, A′ νέμω, רֵעָה, E. 80, L. 4, S. 254

Prov xxix 13, E′ (πτωχός), רָשׁ, E. 106, L. 2, S. 301

Prov xxix 15, A′ ἐξαποστέλλω, שָׁלַח pu, E. 19, L. 1, S. 145

Prov xxx 2, A′ ἀσύνετος, בַּעַר, E. 60, L. 1, S. 208

Prov xxx 8, A′ εἰκαιότητα, שָׁוְא, E. 103, L. 1, S. 296

Prov xxx 11, 12, 13, 14, O′ ἔκγονον κακόν, דּוֹר, E. 78, L. 1, S. 246

Prov xxx 16, A′ μήτρα, רַחַם, E. 4, L. 5, S. 116

Prov xxx 31, Θ′ ἐπαίρω, נָשָׂא, E. 118, L. 1, S. 324

Prov xxx 33, A′ θυμός, אַף, E. 28, L. 8, S. 158

Ecclesiastes

Eccl i 9, O′ πρόσφατος, חָדָשׁ, E. 93, L. 4, S. 280

Eccl i 10, O′ ἀπὸ ἔμπροσθεν, מִלְּפָנֵי, E. 37, L. 1, S. 168

Eccl i 16, O′ ἔμπροσθεν, לְפָנַי, E. 37, L. 1, S. 168; E. 82, L. 1, S. 257

Eccl ii 1, O′ πειράζω, נָסָה, E. 11, L. 1, S. 132

Eccl ii 3, O′ ὡδήγησαν, נָהַג, E. 34, L. 1, S. 162

Eccl ii 3, C′ μετάγω, נָהַג, E. 34, L. 2, S. 163

Eccl ii 7, O′ ἔμπροσθεν, לְפָנַי, E. 37, L. 1, S. 168; E. 82, L. 1, S. 257

Eccl ii 7, O′ κτῆσις, מִקְנֶה, E. 26, L. 3, S. 152

Eccl ii 7, O′ ποίμνιον, צֹאן, E. 33, L. 1, S. 161

Eccl ii 9, O′ ἀπὸ ἔμπροσθεν seu ἔμπροσθεν, לְפָנַי, E. 37, L. 1, S. 168

Eccl ii 9, C′ μεγέθει ὑπερέβαλον, גָּדַלְתִּי, E. 73, L. 2, S. 240

Eccl iii 6; iv 17; v 7; viii 2, 5; xii 13, O′ φυλάσσω, שָׁמַר, E. 41, L. 3, S. 177

Eccl iii 22, O′ ἄγω, בּוֹא hif, E. 36, L. 1, S. 165

Eccl iv 12, O′ ταχέως, מְהֵרָה, E. 65, L. 1, S. 224

Eccl iv 14, O′ δέσμιος, הָסוּר, E. 72, L. 1, S. 236

Eccl iv 14, C′ ἠπορήθη, רָשׁ, E. 106, L. 3, S. 301

Eccl iv 16, O′ ἔμπροσθεν, לְפָנֵי, E. 37, L. 1, S. 168; E. 82, L. 1, S. 257

Eccl v 1, O′ σπεύδω, בָּהַל pi, E. 132, L. 1, S. 354

Eccl v 1, O′ ταχύνω, מָהַר pi, E. 65, L. 1, S. 224

Eccl v 10, C′ ὀφθαλμός + Possessivum sine art. nec praep., E. 70, L. 3, S. 233

Eccl v 11, O′ ὑπνόω, יָשֵׁן, E. 51, L. 2, S. 197

Eccl v 12, O′ κακία, רָעָה, E. 28, L. 4, S. 156

Eccl v 12, O′ φυλασσόμενον, שָׁמוּר, E. 41, L. 2, S. 177

Eccl v 12, [A′] πονηρόν, רָעָה, E. 28, L. 4, S. 156

Eccl vi 2, C′ ἀλλότριος, נָכְרִי, E. 93, L. 3, S. 279

Eccl vi 8, Ο΄ πένης, עֲנִי, E. 106, L. 1, S. 301

Eccl vii 6 (5), Ο΄ ἐπιτίμησις, גַּעֲרָה, E. 83, L. 1, S. 260

Eccl vii 10 (9), C΄ ὀργή, כַּעַס, E. 44, L. 1, S. 182

Eccl vii 10 (9), C΄ παροργίζω, כַּעַס qal, E. 44, L. 1, S. 182

Eccl vii 10 (9), Ο΄ σπεύδω, בהל pi, E. 132, L. 1, S. 354

Eccl vii 12 (11), Ο΄ κληροδοσία, נַחֲלָה, E. 38, L. 2, S. 170

Eccl vii 17 (16), C΄ ἵνα μή, לָמָּה, E. 69, L. 3, S. 231

Eccl vii 17 (16), Ο΄ ἐκπλαγῇς, שָׁמֵם, E. 63, L. 1, S. 217

Eccl vii 17 (16), C΄ ἀδημονέω, שָׁמֵם, E. 63, L. 2, S. 219

Eccl vii 24 (23), Ο΄ πειράζω, נסה, E. 11, L. 1, S. 132

Eccl vii 27 (26), Ο΄ δεσμός, אֵסוּר, E. 72, L. 1, S. 236

Eccl viii 1, Ο΄ φωτίζω, אור hif, E. 89, L. 2, S. 269

Eccl viii 8, C΄ παρατάσσομαι, מִשְׁלַחַת, E. 28, L. 5, S. 157

Eccl viii 11, Ο΄ ταχύ, מְהֵרָה, E. 65, L. 1, S. 224

Eccl ix 12, Ο΄ κακόν, רָעָה, E. 28, L. 4, S. 156

Eccl ix 12, [Α΄] πονηρόν, רַע, E. 28, L. 4, S. 156

Eccl x 3, C΄ περιπατέω, הלך, E. 109, L. 4, S. 307

Eccl x 5, C΄ ἐξ ἔμπροσθεν, מִלִּפְנֵי, E. 37, L. 1, S. 168

Eccl x 9, Ο΄ διαπονέω, עצב, E. 10, L. 1, S. 130

Eccl xi 1, Α΄ ἀποστέλλω, שלח, E. 19, L. 1, S. 145

Eccl xi 4, Ο΄ τηρέω, שמר, E. 41, L. 3, S. 177

Eccl xi 8, Ο΄ μιμνήσκομαι c. acc, זכר, E. 64, L. 1, S. 222

Eccl xi 9, Ο΄ ἄγω, בוא hif, E. 36, L. 1, S. 165

Eccl xi 9, Ο΄ νεανίσκος, בָּחוּר, E. 48, L. 1, S. 190

Eccl xi 9, Ο΄ νεότης, בְּחוּרוֹת, E. 48, L. 1, S. 190

Eccl xii 1, Ο΄ νεότης, בְּחוּרֹת, E. 48, L. 1, S. 190

Eccl xii 3, Ο΄ φύλαξ, שמר Ptz, E. 41, L. 3, S. 177

Eccl xii 14, Ο΄ ἄγω, בוא hif, E. 36, L. 1, S. 165

Eccl xii 14, Ο΄ παροράω, עלם, E. 47, L. 7, S. 189

Canticum

Ct i 8, C΄ ποίμνια, צֹאן, E. 33, L. 1, S. 162

Ct ii 12, Α΄C΄, C΄ κλάδευσις, זָמִיר, E. 82, L. 4, S. 259

Ct ii 16, C΄ ποιμαίνω, רָעָה, E. 80, L. 4, S. 254

Ct iii 3, Α΄ φυλάσσω, שמר, E. 41, L. 3, S. 177

Ct iv 16, Α΄ ῥυήτωσαν, נזל, E. 18, L. 1, S. 144

Ct v 6, C΄ ἀπονεύω, חמק, E. 42, L. 1, S. 177

Ct vi 1 (2), Α΄C΄ς΄ νέμομαι pass, רעה, E. 80, L. 4, S. 254

Ct vi 2 (3), C΄ ποιμαίνω, רעה, E. 80, L. 4, S. 254

Ct vi 5 (6), Α΄, C΄ ἀγέλη, עֵדֶר, E. 34, L. 4, S. 164

Ct vi 8 (9), C΄ ἐπαινέω, הלל, E. 49, L. 4, S. 192

Ct vi 10 (11), C΄ φάραγξ, נחל, E. 124, L. 4, S. 337

Ct vi 11 (12), C΄ ἠπόρησέ με, שְׁמַתְנִי, E. 63, L. 2, S. 219

Ct vii 1 (vi 12) (bis), Α΄ ἐπιστρέφω, שוב qal, E. 5, L. 1, S. 120

Ct vii 1 (2), Α΄ ἑκουσιαζόμενος, נדיב, E. 126, L. 2, S. 344

Ct vii 1 (2), C΄ ἡγεμών, נדיב, E. 126, L. 2, S. 344

Ct viii 6, Α΄ λαμπάδες, רשף, E. 26, L. 3, S. 152

Sapientia Salomonis

Sap iii 10, Ο΄ ἀμελέω, —, E. 117, L. 1, S. 322

Sap iv 2, Ο΄ πομπεύω, —, E. 58, L. 1, S. 206

Sap iv 18, Syh Ο΄ (πτῶμα), E. 53, L. 5, S. 201

Sap v 23 (24), Ο΄ περιτρέπω, —, E. 110, L. 2, S. 308

Ecclesiasticus

Eccli xvii 11, Ο΄ κληροδοτέω, —, E. 38, L. 2, S. 171

Eccli xxxi (xxxiv) 6, Syh Ο΄ (πτῶμα), E. 53, L. 5, S. 201

Eccli xxxiv (xxxi) 16, Syh Ο΄ (πτῶμα), E. 53, L. 5, S. 201

Eccli xxxvi (xxxiii) 6, Ο΄ ὀχεῖον, —, E. 53, L. 2, S. 200

Dodecapropheton

Os v 10, Α΄ ἀνυπερθεσία, עֶבְרָה, E. 28, L. 1, S. 154

Os v 10, C΄ παρορίζω, סוג, E. 42, L. 1, S. 178

Os v 10, Θ΄ χόλος, עֶבְרָה, E. 27, L. 3, S. 154

Os v 13, Α΄ ἐπίδεσις, מָזוֹר, E. 1, L. 1, S. 109

Os v 13, Α΄ συνδεσμός, מָזוֹר, E. 1, L. 1, S. 109

Os vi 2, Α΄C΄ ἀναζωόω, חיה pi, E. 87, L. 2, S. 267

Os vi 3, C΄ οὖν, ו, E. 97, L. 4, S. 287

Os vi 3, [Ε΄] βεβαία, נכון, E. 4, L. 1, S. 115

Os vii 2, Α΄ μήποτε, וּבַל, E. 18, L. 1, S. 144

Os vii 2, Α΄ μιμνήσκομαι c. acc, זכר, E. 64, L. 1, S. 222

Os vii 6, Α′ ὑπνόω, **יש**, E. 51, L. 2, S. 197

Os vii 6, Α′ [(ζωπυρῶν)], **בער** qal, E. 60, L. 1, S. 208

Os vii 6, Θ′ (ἀνακαίομαι), **בער** qal, E. 60, L. 2, S. 209

Os vii 16, Α′ μυχθισμός, **לעג**, E. 58, L. 1, S. 206

Os vii 16, Α′C′ ἐμβρίμησις, **זעם**, E. 28, L. 1, S. 154

Os vii 16, C′ [ἀνεστραμμένον], **רמיה**, E. 43, L. 2, S. 181

Os vii 16, C′ ἀντεστραμμένον, **רמיה**, E. 43, L. 2, S. 181

Os vii 16, C′ φθέγγομαι, **לעג**, E. 58, L. 2, S. 207

Os vii 16, [C′] διάστροφον, **רמיה**, E. 43, L. 3, S. 181–182

Os viii 12, Α′ ἀλλότριος, **זר**, E. 1, L. 3, S. 109; E. 93, L. 1, S. 278

Os viii 12, C′ ἀλλότριος, **זר**, E. 93, L. 1, S. 278

Os ix 13, Α′C′ ἐν κατοικίᾳ, **נוה**, E. 63, L. 1, S. 216; L. 2, S. 219

Os ix 13, Θ′ οἱ υἱοὶ αὐτοῦ, ⟨**בניהו**⟩, E. 63, L. 3, S. 220

Os x 6, Α′C′ (δικάζω), **ריב**, E. 107, L. 1, S. 302

Os x 8, O′ βωμός, **במה**, E. 44, L. 3, S. 183

Os xi 1 (x 15), Α′ κατασιωπάω, **נדמה**, E. 116, L. 1, S. 320

Os xi 4, Α′ (βρῶμα), **אכל**, E. 53, L. 6, S. 202

Os xi 4, C′ τροφή, **אכל**, E. 53, L. 7, S. 202

Os xi 8, O′ ἄδαμα, **אדמה**, E. 125, L. 4, S. 341

Os xii 1 (2), Α′C′ (ποιμαίνω), **רעה**, E. 80, L. 4, S. 254

Os xii 8 (9), Α′ ἀνώφελες, **און**, E. 32, L. 1, S. 161

Os xiii 6, C′ νομή, **מרעית**, E. 76, L. 2, S. 243

Os xiii 12, Θ′ ἀδικία, **עון**, E. 68, L. 6, S. 228

Am i 11, Α′ ⟨σπλάγχνα⟩, **רחמים**, E. 4, L. 5, S. 116

Am iii 2, Α′ ἀνομία, **עון**, E. 4, L. 10, S. 118

Am iii 2, C′ ἀδικία, **עון**, E. 4, L. 11, S. 119

Am iii 7, C′ (ὁμιλία), **סוד**, E. 119, L. 2, S. 326

Am iv 10, Α′ λοιμός, **דבר**, E. 29, L. 1, S. 158

Am vii 2, C′ ἰακωβ, **יעקב**, E. 63, L. 2, S. 218

Am vii 9, O′ βωμός, **במה**, E. 44, L. 3, S. 183

Am vii 9, C′ ὑψηλός(-ν), **במה**, E. 44, L. 1, S. 183

Am vii 9, C′ τοῦ ιακωβ, ⟨**יעקב**⟩, E. 63, L. 2, S. 218

Am vii 14, Α′ συκομόρους, **שקמות**, E. 24, L. 1, S. 148

Am vii 14, C′ συκομόρους, **שקמות**, E. 24, L. 1, S. 148

Am vii 14, Θ′ συκαμίνους, **שקמות**, E. 24, L. 1, S. 148

Mi i 6, O′ ὡς, **ל**, E. 53, L. 1, S. 200

Mi i 15, Α′ κληρονομέω, **ירש** qal, E. 113, L. 3, S. 315

Mi ii 6, C′ κωλύω, **סוג**, E. 42, L. 1, S. 178

Mi iii 6, O′ σκοτία, **חשכה**, E. 109, L. 3, S. 306

Mi iii 12, Θ′ (βουνός), **במה**, E. 44, L. 3, S. 184

Mi v 5 (4), Α′ καθεσταμμένους, **נסיך**, E. 126, L. 3, S. 344; L. 5, S. 345–346

Mi v 5 (4), C′ χριστούς, **נסיך**, E. 126, L. 3, S. 344; L. 6, S. 346

Mi v 5 (4), Θ′ ἀρχηγούς, **נסיך**, E. 126, L. 3, S. 345

Mi vi 6, O′ ἀντιλαμβάνω, καταλαμβάνω, **קדם**, E. 65, L. 2, S. 225

Mi vi 13, Α′ (ἀφανισμός), **שמם**, E. 63, L. 1, S. 216

Mi vi 14, C′ ἥξεις, ⟨**נשג**⟩, E. 42, L. 1, S. 178

Mi vii 12 (semel), Α′ (ἐκ), **מני**, E. 14, L. 2, S. 139

Jo i 3, O′ εἰς γενεὰν ἑτέραν, **לדור אחר**, E. 78, L. 1, S. 246

Jo i 8, ⟨　⟩ παρθένος, **בתולה**, E. 49, L. 2, S. 191

Jo ii 2, O′ γενεαί Pl, **דור**, E. 78, L. 2, S. 246

Jo ii 22, C′ ἡ νομή, **נאוה**, E. 63, L. 2, S. 219

Jo iv 20, O′ γενεαί Pl, **דור**, E. 78, L. 2, S. 246

Ab 7, Α′ (ἐπὶ δέσιν), **מזור**, E. 1, L. 1, S. 109

Ab 9, Θ′ ἐξαίρω, **כרת**, E. 124, L. 2, S. 338

Jon ii 5, C′Θ′ ἐξεβλήθην, **גרש** nif, E. 37, L. 1, S. 168

Jon ii 5, C′ πάλιν, **יסף**, E. 11, L. 2, S. 132

Jon ii 9, Α′ φυλάσσω, **שמר**, E. 41, L. 3, S. 177

Jon iii 8, Α′Θ′ ἐπιστρέφω, **שוב** qal, E. 5, L. 1, S. 120

Na iii 14, Α′ ὕδωρ Sg, **מים**, E. 55, L. 1, S. 204

Hab i 10, Α′ (πομπεύω), **קלס**, E. 58, L. 1, S. 206

Hab i 13, Α′C′Θ′ παρασιωπάω, **חרש** hif, E. 116, L. 2, S. 321

Hab ii 5, C′ εὐπραγήσει seu εὐπορήσει, **נוה**, E. 63, L. 2, S. 219

Hab ii 7, οἱ λ′ ἐξυπνισθήσεται, **יקץ**, E. 51, L. 2, S. 197

Hab ii 15, Α′ χόλος, **חמה**, E. 6, L. 3, S. 124

Hab iii 3, Α′Θ′ τῆς αἰνέσεως αὐτοῦ, **תהלה**, E. 78, L. 5, S. 247

Hab iii 5, Α′ λοιμός, **דבר**, E. 29, L. 1, S. 158

Hab iii 5, Α′ πτηνός, **רשף**, E. 26, L. 3, S. 152

Hab iii 12, O′ ἀπειλή, **זעם**, E. 28, L. 3, S. 155

Hab iii 14, C′ καταφαγεῖν, **אכל**, E. 19, L. 2, S. 145

Hab iii 14, C′ κρυφαίως, **במסתר**, E. 90, L. 4, S. 273

So i 15, 18, O′ ὀργή, עברה, E. 28, L. 3, S. 155

So ii 2, O′ ὀργή, חרון אף, E. 27, L. 3, S. 154

So ii 6, A′ ὡραιότης, גא⟨א⟩וה, E. 63, L. 1, S. 216

So ii 6, C′ παράλιον, נוה, E. 63, L. 2, S. 219

So iii 8, O′ βασιλεύς, ממלכה, E. 62, L. 1, S. 213

So iii 9, A′Θ′ στρέφω, הפך, E. 17, L. 1, S. 143

Ag ii 22 (bis), O′ βασιλεύς, ממלכה, E. 62, L. 1, S. 213

Za iii 2, C′ ⟨ἐξαιρέομαι⟩, נצל hof, E. 67, L. 2, S. 227; E. 124, L. 2, S. 338

Za iii 8, C′ θαυμαστοί, מופת, E. 16, L. 1, S. 142

Za vi 3, A′ καρτεροί, אמץ, E. 85, L. 3, S. 265

Za ix 9, Ε′ πτωχός, עני, E. 106, L. 2, S. 301

Za ix 11, 12, O′ δέσμιος, אסיר, E. 72, L. 1, S. 236

Za xi 11, [A′] φυλασσόμενοι, שמר qal, E. 41, L. 3, S. 177

Mal ii 11, C′ (θεοῦ ἀπαλλοτριώσεως), אל נכר, E. 94, L. 2, S. 282

Mal ii 11, Θ′ (ἠλ), אל, E. 94, L. 3, S. 283

Mal ii 13, A′ οἰμωγή, אנקה, E. 72, L. 1, S. 236

Mal ii 13, C′ οἰμώσσοντες, אנקה, E. 72, L. 1, S. 236; L. 2, S. 237

Mal ii 13, Θ′ στένοντες, אנקה, E. 72, L. 1, S. 236

Isaias

Is i 4, A′ ἀνομία, עון, E. 4, L. 10, S. 118

Is i 4, [A′] ※ εἰς τὰ ὀπίσω, אחור, E. 52, L. 2, S. 198

Is i 4, C′ ἀνομία, עון, E. 4, L. 11, S. 119

Is i 4, C′ τὸν ἅγιον, קדוש, E. 12, L. 2, S. 137

Is i 4, ⟨Θ′⟩ ἀπαλλοτριόω, זור, E. 1, L. 3, S. 109

Is i 4, Θ′ ἀνομία, עון, E. 68, L. 6, S. 228

Is i 6, A′ ἐπιδέω, זור, E. 1, L. 1, S. 109

Is i 6, A′ καὶ οὐ, ולא, E. 4, L. 3, S. 115

Is i 17, 23, O′ κρίνω c. dat, שפט c. acc, E. 105, L. 2, S. 300

Is i 22, A′ ὕδωρ Sg, מים, E. 55, L. 1, S. 204

Is i 23, A′C′Θ′ χήρα, אלמנה, E. 50, L. 3, S. 195

Is i 24, A′ θλίβων, צר, E. 14, L. 2, S. 139; c. acc, E. 98, L. 1, S. 288

Is i 31, A′C′ ἀνάπτομαι, בער qal, E. 60, L. 1, S. 208; E. 130, L. 2, S. 350

Is ii 2, C′Θ′ ἕτοιμος, נכון, E. 4, L. 1, S. 115

Is iii 2, O′ γίγαντα καὶ ἰσχύοντα, גבור, E. 52, L. 1, S. 198

Is iii 2, A′ δυνατός, גבור, E. 52, L. 1, S. 198

Is iii 2, C′ ἀνδρεῖος, גבור, E. 52, L. 1, S. 198

Is iii 2, Θ′ δυνάστης, גבור, E. 52, L. 1, S. 198

Is iii 5, C′ μαχαίρᾳ πεσοῦνται, יפלו בחרב, E. 50, L. 2, S. 194

Is iii 8, A′ προσερίζω c. dat, מרה, E. 9, L. 1, S. 128

Is iii 8, A′ τοῦ cum infinit., ל cum infinit., E. 5, L. 1, S. 120

Is iii 8, C′ παραπικραίνω, מרה hif, E. 9, L. 2, S. 128

Is iii 14, A′ κατανέμομαι, בער pi, E. 60, L. 1, S. 208; E. 80, L. 4, S. 253

Is iii 14, C′ καταβόσκω, בער pi, E. 81, L. 1, S. 254

Is iii 25, A′ ἐν μαχαίρᾳ πεσοῦνται, בחרב נפלו, E. 50, L. 1, S. 194

Is iv 5, A′C′Θ′ καπνός, עשן, E. 79, L. 2, S. 249

Is iv 5, C′ καπνός, עשן, E. 79, L. 2, S. 249

Is iv 5, C′ πυρὸς φλεγομένου, אש להבה, E. 131, L. 1, S. 352

Is v 17, A′C′ νέμομαι pass, רעה, E. 80, L. 4, S. 254

Is v 18, C′ ἀνομία, עון, E. 4, L. 11, S. 119

Is v 22, A′ τοῦ cum infinit., ל cum infinit., E. 5, L. 1, S. 120

Is v 24, A′ ἁγίου ᾽Ισραηλ, קדוש ישראל, E. 12, L. 1, S. 136

Is v 24, C′ τοῦ ἁγίου ᾽Ισραηλ, קדוש ישראל, E. 12, L. 2, S. 137

Is v 28, A′ συσσεισμός, סופה, E. 132 L. 1, S. 354

Is vi 10, C′ ἐν + ὀφθαλμός c. art. et possess., E. 70, L. 3, S. 233

Is vi 13, C′ καταβόσκησις, בער, E. 81, L. 1, S. 254

Is vii 2, A′ δρυμός, יער, E. 130, L. 1, S. 349

Is vii 3, C′ ἀνώτερος, עליון, E. 111, L. 4, S. 312

Is vii 4, A′ ἡσυχάζω, שקט hif, E. 116, L. 1, S. 320

Is vii 4, C′ ἡσυχάζω, שקט hif, E. 116, L. 2, S. 321

Is vii 4, Θ′ ἡσυχάζω, שקט hif, E. 117, L. 1, S. 322

Is vii 6, A′ ἐξυπνίζω, קיץ, E. 51, L. 2, S. 197

Is vii 9, C′ διαμένω, אמן nif, E. 4, L. 4, S. 116

Is vii 14, A′ καλέω, קרא, E. 62, L. 1, S. 214

Is vii 14, C′ καλέω, קרא, E. 62, L. 2, S. 214

Is vii 15, A′ τοῦ cum infinit., ל cum infinit., E. 5, L. 1, S. 120

Is vii 16, C′ γῆ, אדמה, E. 125, L. 3, S. 340

Is vii 16, Θ′ γῆ, אדמה, E. 125, L. 4, S. 341

Is vii 17, C′ ἀφίσταμαι, סור, E. 1, L. 2, S. 109

Is vii 18, [A′] C′ ῥεῖθρον, יאר, E. 18, L. 1, S. 144

Is vii 18, Θ′ ποταμοῦ, יארים, E. 18, L. 2, S. 144

Is vii 25, C′ ἄφεσις, משלח, E. 28, L. 5, S. 157

Is viii 1, A′ ταχύ, מהר, E. 65, L. 1, S. 224

Is viii 14, Syh O′ (πτῶμα), E. 53, L. 5, S. 201

Is viii 16, A′ μαρτύριον, תעודה, E. 41, L. 1, S. 175

Is viii 16, C′ μαρτύριον, תעודה, E. 41, L. 2, S. 176

Is viii 16, Θ′ μαρτύριον, תעודה, E. 41, L. 2, S. 176

Is viii 20, O′ βοήθεια, תעודה, E. 41, L. 1, S. 175

Is ix 1 (viii 23), C′ πρῶτος, ראשון, E. 64, L. 3, S. 224

Is ix 5 (4), A′ κατάβρωμα, מאכלת, E. 53, L. 6, S. 202

Is ix 5 (4), C′ κατάβρωμα, מאכלת, E. 53, L. 7, S. 202

Is ix 6 (5), O′ ἰσχυρός, גבור, E. 52, L. 1, S. 198

Is ix 6 (5), A′ δυνατός, גבור, E. 52, L. 1, S. 198

Is ix 6 (5), C′ δυνατός, גבור, E. 52, L. 1, S. 198

Is ix 6 (5), C′ καλέω, קרא, E. 62, L. 2, S. 214

Is ix 6 (5), C′ κληθήσεται, יקרא, E. 88, L. 2, S. 268

Is ix 6 (5), Θ′ δυνάστης, גבור, E. 52, L. 1, S. 198

Is ix 6 (5), Θ′ ἰσχυρός, אל, E. 117, L. 2, S. 322

Is ix 9 (8), A′ μέγεθος, גדל, E. 73, L. 1, S. 239

Is ix 10 (9), οἱ λ′ συκομόρους, שקמות, E. 24, L. 1, S. 148

Is ix 13 (12), A′ ἐπιστρέφω, שוב qal, E. 5, L. 1, S. 120

Is ix 14 (13), A′ ὀλ⟨ε⟩θρεύσει, כרת hif, E. 80, L. 4, S. 254

Is ix 17 (16), A′ ἐπίλεκτος, בחור, E. 48, L. 1, S. 190

Is ix 18 (17), A′ καπνός, עשן, E. 79, L. 2, S. 249

Is ix 18 (17), C′ καπνός, עשן, E. 79, L. 2, S. 249

Is ix 18 (17), Θ′ καπνός, עשן, E. 79, L. 2, S. 249

Is x 4, C′ δεσμοί, אסיר, E. 72, L. 2, S. 238

Is x 12, A′C′, A′ ἐκτέμνω, בצע pi, E. 82, L. 5, S. 260

Is x 12, A′ μέγεθος, גדל, E. 73, L. 1, S. 239

Is x 12, C′ εὐφροσύνη, גדל, E. 73, L. 2, S. 240

Is x 13, C′ ὅριον, גבול, E. 36, L. 3, S. 166

Is x 17, C′ καταφάγομαι med, אכל, E. 19, L. 2, S. 145

Is x 17, C′ φλόξ, להבה, E. 131, L. 1, S. 352

Is x 24, C′ ἐπαίρω, נשא, E. 118, L. 1, S. 324

Is xi 4, O′ κρίνω c. dat, שפט c. acc, E. 105, L. 2, S. 300

Is xi 6, A′ ἐλαύνω, נהג, E. 34, L. 1, S. 162

Is xi 7, A′ νέμομαι pass, רעה, E. 80, L. 4, S. 254

Is xi 7, Θ′ ὁμοθυμαδόν, יחדו, E. 121, L. 1, S. 331

Is xi 14, O′ ἰδουμαίων, אדום, E. 122, L. 3, S. 334

Is xi 14, A′ ἰδουμαία, אדום, E. 122, L. 3, S. 334

Is xi 14, C′ ἐδώμ, אדום, E. 122, L. 3, S. 334

Is xi 14, C′ ἔκτασις, משלוח, E. 28, L. 5, S. 157

Is xi 14, Θ′ ἰδουμαία, אדום, E. 122, L. 3, S. 334

Is xii 4, A′ ἐπικαλέομαι, קרא, E. 62, L. 1, S. 214

Is xiii 3, ⟨A′⟩ θυμός, אף, E. 28, L. 8, S. 158

Is xiii 4, 19, O′ βασιλεύς, ממלכה, E. 62, L. 1, S. 213

Is xiii 5, C′ ὀργή, זעם, E. 28, L. 2, S. 155

Is xiii 9, Θ′ ὀργῆς καὶ θυμοῦ, חרון אף, E. 27, L. 3, S. 154

Is xiii 9, Θ′ μῆνις, עברה, E. 27, L. 3, S. 154

Is xiii 19, C′ βασιλεία, ממלכה, E. 62, L. 2, S. 214

Is xiv 4, O′ βασιλεύς, ממלכה, E. 62, L. 1, S. 213

Is xiv 7, C′ εὐσταθέω, שקט qal, E. 116, L. 2, S. 321

Is xiv 11, C′ πτῶμα, נבלה, E. 53, L. 4, S. 201

Is xiv 14, C′ ὑψηλός(-ν), במה, E. 44, L. 1, S. 183

Is xiv 14, C′ ὕψιστος, עליון, E. 111, L. 4, S. 312

Is xiv 17, A′C′Θ′ δέσμιος, אסיר, E. 72, L. 1, S. 236

Is xiv 17, C′ δέσμιος, אסיר, E. 72, L. 2, S. 237

Is xiv 21, C′ ἀνομία, עון, E. 4, L. 11, S. 119

Is xiv 23, A′ ὕδατα Pl, מים, E. 55, L. 1, S. 204

Is xv 1, C′ σιωπάομαι pass, נדמה, E. 115, L. 1, S. 319

Is xv 2, O′ βωμός, במה, E. 44, L. 3, S. 183

Is xv 5, A′ ἐξανεγείρω, עור pol, E. 6, L. 1, S. 123

Is xv 6, A′C′Θ′ ἀφανίζω, שמם, E. 63, L. 1, S. 216

Is xv 9, O′ ἀδαμα, אדמה, E. 125, L. 1, S. 339; L. 4, S. 341

Is xv 9, A′C′ τῇ χθονί, אדמה, E. 125, L. 1, S. 339; L. 3, S. 340

Is xv 9, Θ′ γῆ, אדמה, E. 125, L. 4, S. 341

Is xvi 2, A′ ἐξαποστέλλω, שלח pu, E. 19, L. 1, S. 145

Is xvi 2, A′ πετεινόν, עוף, E. 53, L. 6, S. 202

Is xvi 4, A′C′ αὐτούς, למו, E. 126, L. 1, S. 344

Is xvi 6, C′ ὀργή, עברה, E. 28, L. 2, S. 155

Is xvi 6, Θ′ ※ μῆνις, עברה, E. 28, L. 3, S. 154

Is xvi 12, O′ βωμός, במה, E. 44, L. 3, S. 183, 184

Is xvii 2 (1), O′ >, עי, E. 53, L. 2, S. 200

Is xvii 11 (bis), O′ κληρόομαι, נחלה, E. 38, L. 2, S. 169

Is xvii 13, C′ ἐμβριμάομαι, גער, E. 83, L. 1, S. 260

Is xvii 13, C′ καὶ ἐμβριμήσεται αὐτῷ καὶ φεύξεται πόρρω, וגער בו ונס ממרחק, E. 83, L. 3, S. 261

Is xix 5, A′ ὕδατα Pl, מים, E. 55, L. 1, S. 204

Is xix 20, C′ ἐξαιρέομαι, נצל, E. 67, L. 2, S. 227

Is xxi 2 (bis), C′ ἀθετέω, בגד, E. 42, L. 1, S. 178

Is xxi 4, C′ ποιέω, שים, E. 15, L. 2, S. 141

Is xxi 6, A′ ὅσος, אשר, E. 15, L. 1, S. 140

Is xxi 12, A′ ἐπιστρέφω, שוב qal, E. 5, L. 1, S. 120

Is xxii 1, Θ′ φάγαρξ, גיא, E. 123, L. 4, S. 336

Is xxii 3, Θ′ ※ ὁμοθυμαδόν, יחדו, E. 121, L. 1, S. 331

Is xxiii 11, O′ βασιλεύς, ממלכה, E. 62, L. 1, S. 213

Is xxiii 12, A′C′Θ′ παρθένος, בתולה, E. 49, L. 2, S. 191

Is xxiii 17, Θ′ ※ γῆ, אדמה, E. 125, L. 4, S. 341

Is xxiv 14, C′ ἐπαίρω, נשא, E. 118, L. 1, S. 324

Is xxiv 16, Θ′ ἀθετέω, ἀθεσία, בגד, E. 42, L. 2, S. 179

Is xxiv 16 (bis), A′ ἀθετέω, בגד, E. 42, L. 2, S. 179

Is xxiv 16 (bis), C′ ἀθετέω, בגד, E. 42, L. 1, S. 178

Is xxiv 21, C′ γῆ, אדמה, E. 125, L. 3, S. 340

Is xxiv 22, C′ δέσμιος, אסיר, E. 72, L. 2, S. 237

Is xxv 5, Θ′ ※ ἀλλογενής, זר, E. 93, L. 1, S. 278

Is xxv 7, A′Θ′ σκοτία, לוט, E. 109, L. 3, S. 306

Is xxv 8, C′ ὄνειδος, חרפה, E. 57, L. 1, S. 206

Is xxv 8, C′ ὄνειδος neutr., חרפה, E. 75, L. 2, S. 242

Is xxvi 14, A′Θ′ αὐτούς, למו, E. 126, L. 1, S. 344

Is xxvi 14, C′ αὐτούς, למו, E. 126, L. 1, S. 344

Is xxvi 21, C′ ἀνομία, עון, E. 4, L. 11, S. 119

Is xxvii 9, A′C′Θ′ ἐξιλασθήσεται, כפר, E. 68, L. 3, S. 228

Is xxvii 10, C′ γάρ, כי, E. 51, L. 1, S. 196

Is xxvii 10, C′ καλή, ⟨א⟩וה, E. 63, L. 2, S. 219

Is xxvii 11, A′ φωτίζω, אור hif, E. 89, L. 2, S. 269

Is xxviii 1, Θ′ φάραγξ, גיא, E. 123, L. 4, S. 337

Is xxviii 2, A′ χάλαζα, ברד, E. 25, L. 1, S. 149

Is xxviii 2, A′C′Θ′ ὡς ἐντίναγμα χαλάζης, כזרם ברד, E. 25, L. 1, S. 149; L. 3, S. 150

Is xxviii 16, A′C′Θ′ θεμελιῶν, יסד, E. 110, L. 3, S. 308

Is xxviii 17, C′ χάλαζα, ברד, E. 25, L. 1, S. 149

Is xxviii 17, Θ′ χάλαζα, ברד, E. 25, L. 1, S. 149; L. 3, S. 150

Is xxviii 21, C′Θ′ ἀλλότριος, נכרי, E. 93, L. 3, S. 285

Is xxviii 24, A′C′Θ′ ὅλην τὴν ἡμέραν, כל־היום, E. 6, L. 3, S. 124

Is xxix 2, A′ λυπηρὰ καὶ λυπουμένη, תאניה ואניה, E. 72, L. 1, S. 236

Is xxix 19, A′ πτωχός, אביון, E. 108, L. 1, S. 303

Is xxix 19, Θ′ ἐνδεής, אביון, E. 108, L. 3, S. 304

Is xxix 23, C′ τέκνα, ילדים, E. 73, L. 2, S. 240

Is xxix 23, C′ τὸν ἅγιον Ιακωβ, קדוש יעקב, E. 12, L. 2, S. 137

Is xxx 11, C′ τὸν ἅγιον (τοῦ) Ἰσραηλ, קדוש ישראל, E. 12, L. 2, S. 137

Is xxx 13, 14, Syh O′ (πτῶμα), E. 53, L. 5, S. 201

Is xxx 14, A′ ὕδωρ Sg, מים, E. 55, L. 1, S. 204

Is xxx 17, A′ ἀπὸ προσώπου, מפני, E. 83, L. 1, S. 260

Is xxx 17, ⟨A′⟩ ἐπιτ⟨ί⟩μησις, גערה, E. 83, L. 1, S. 260

Is xxx 19, C′ κλαίω, בכה, E. 51, L. 1, S. 196

Is xxx 23, A′C′Θ′ ἡ κτῆσίς σου, מקנה, E. 25, L. 4, S. 150

Is xxx 25, C′ ἐπαίρω, נשא, E. 118, L. 1, S. 324

Is xxx 27, C′ φλέγομαι, בער qal, E. 130, L. 2, S. 350

Is xxx 27, Θ′ ἐμβρίμησις, זעם, E. 27, L. 3, S. 154

Is xxxi 8, A′C′Θ′ εἰς, ל, E. 27, L. 1, S. 153

Is xxxii 2, A′ ἐντίναγμα, זרם, E. 25, L. 1, S. 149

Is xxxii 2, C′ ἀνυδρία, ציון, E. 10, L. 3, S. 130

Is xxxii 2, C′ ἰσχυρός, כבד, E. 12, L. 2, S. 137

Is xxxii 4, A′Θ′ ταχύνω, מהר nif, E. 65, L. 1, S. 224

Is xxxii 4, C′ ἀνόητος, נמהר, E. 65, L. 2, S. 225

Is xxxii 7, C′ ταπεινός, אביון, E. 108, L. 3, S. 304

Is xxxii 8, C′ ἄρχων, נדיב, E. 126, L. 2, S. 344

Is xxxii 8, C′ ἀρχοντικά, נדיבות, E. 126, L. 2, S. 344

Is xxxii 8, C′ ἡγεμόνων, נדיבות, E. 126, L. 2, S. 344

Is xxxii 13, C′ γῆ, אדמה, E. 125, L. 3, S. 340

Is xxxii 14, A′ ἀγέλη, עדר, E. 34, L. 4, S. 164

Is xxxii 14, A′ νομή, מרעה, E. 76, L. 3, S. 244; E. 80, L. 4, S. 254

Is xxxii 18, C′ οἰκία, נוה, E. 63, L. 2, S. 219

Is xxxii 19, A′C′ χάλαζα, ברד, E. 25, L. 1, S. 149

Is xxxiii 1 (quater), C′ ἀθετέω, בגד, E. 42, L. 1, S. 178

Is xxxiii 7, C′ κλαίω, בכה, E. 51, L. 1, S. 196

Is xxxiii 8, C′ ἀφανίζω, שמם, E. 63, L. 2, S. 219

Is xxxiii 12, O′ ἐρριμμένη, כסוחה, E. 82, L. 4, S. 259

Is xxxiii 19, C′ διάλεκτος, לעג, E. 58, L. 2, S. 207

Is xxxiii 20, C′Θ′ κατοίκησις, נוה, E. 63, L. 2, S. 219

Is xxxiii 20, C′Θ′ κατοίκησις, נוה, E. 63, L. 3, S. 220

Is xxxiii 21, A′ ῥεῖθρον, יאר, E. 18, L. 1, S. 144

Is xxxiv 6, O′ ἰδουμαία, אדום, E. 122, L. 3, S. 334

Is xxxiv 6, A′C′Θ′ ἐδώμ, אדום, E. 122, L. 3, S. 334

Is xxxiv 9, C′ φλέγομαι, בער qal, E. 130, L. 2, S. 350

Is xxxiv 10, οἱ γ′ εἰς γενεάν, לדור, E. 78, L. 2, S. 246

Is xxxv 3, C′ κρατύνω, אמץ pi, E. 85, L. 4, S. 266

Is xxxv 4, A′ ταχινός, נמהר, E. 65, L. 1, S. 224

Is xxxv 4, C′ ἀνόητος, נמהר, E. 65, L. 2, S. 225

Is xxxv 9, A′ ζῷον, חיה, E. 29, L. 1, S. 158

Is xxxv 9, C′ θηρίον, חיה, E. 30, L. 1, S. 159

Is xxxv 9, Θ′ θηρίον, חיה, E. 29, L. 1, S. 158

Is xxxvi 7, A′ εἰς πρόσωπον, לפני, E. 129, L. 1, S. 349

Is xxxvi 7, ⟨C′⟩ ※ ἔμπροσθεν, לפני, E. 129, L. 1, S. 349

Is xxxvi 7, C′ τῇ ἱερουσαλημ, ירושלם, E. 56, L. 2, S. 205

Is xxxvi 7, ⟨Θ′⟩ κατὰ πρόσωπον, לפני, E. 129, L. 1, S. 349

Is xxxvii 7, C′ ὑποστρέφω, שוב qal, E. 8, L. 1, S. 127

Is xxxvii 11, A′C′Θ′ ※ ῥύομαι, נצל, E. 108, L. 2, S. 304

Is xxxvii 22, C′ ἐχλεύασεν seu ἐξεφαύλισε, לעג hif, E. 58, L. 2, S. 207

Is xxxvii 24, C′ μέγεθος, מרום, E. 73, L. 2, S. 240

Is xxxvii 33, A′C′Θ′ προφθάσει, קדם, E. 65, L. 1, S. 224

Is xxxviii 6, A′ ῥύομαι, נצל, E. 67, L. 1, S. 227

Is xxxviii 6, C′ ἐξαιρέομαι, נצל, E. 67, L. 2, S. 227

Is xxxviii 8, A′Θ′ ἐπιστρέφω, שוב qal, E. 5, L. 1, S. 120

Is xxxviii 8, C′ ὑποστρέφω, שוב qal, E. 8, L. 1, S. 127

Is xxxviii 10, A′ ἐν τῇ πληρώσει τῶν ἡμερῶν μου, בדמי ימי, E. 115, L. 1, S. 318, 319

Is xxxviii 12, O′ συγγενεία, דור, E. 78, L. 1, S. 246

Is xxxviii 12, A′ ἐκτέμνω, בצע pi, E. 82, L. 5, S. 260

Is xxxviii 12, C′ ἐκτέμνω, בצע pi, E. 82, L. 5, S. 260

Is xxxviii 12, Θ′ ἡ γενεά μου, דור, E. 78, L. 2, S. 246

Is xl 3, A′ ἔρημος, מדבר, E. 9, L. 4, S. 129

Is xl 7, Θ′ ※ (ἀληθῶς), אכן, E. 111, L. 3, S. 311; L. 4, S. 313

Is xl 11, C′ ἀγέλη, עדר, E. 34, L. 5, S. 164

Is xl 11, C′ βόσκω, רעה, E. 80, L. 4, S. 253

Is xl 12, A′ ὕδατα Pl, מים, E. 55, L. 1, S. 204

Is xl 19, A′ γλυπτόν, פסל, E. 45, L. 1, S. 184

Is xl 26, C′Θ′ δύναμις, און, E. 32, L. 2, S. 161

Is xl 27, C′ διὰ τί, למה, E. 69, L. 3, S. 231

Is xl 27, C′ ιακωβ, יעקב, E. 63, L. 2, S. 218

Is xl 29, A′ λυπή, און, E. 32, L. 1, S. 160

Is xl 29, C′ ἀδυνάτοις, לאין אונים, E. 32, L. 2, S. 161

Is xl 29, C′ πληθύνω, רבה hif, E. 5, L. 2, S. 121

Is xli 2, Θ′ κατὰ πρόσωπον, לפני, E. 129, L. 1, S. 349

Is xli 4, C′ πρῶτος, ראשון, E. 64, L. 3, S. 224

Is xli 7, Θ′ ⟨sive C′⟩ βόσκω, רעה, E. 80, L. 4, S. 253

Is xli 16, A′ λαίλαψ, סערה, E. 132, L. 1, S. 354

Is xli 16, C′ τῷ ἁγίῳ Ἰσραηλ, קדוש ישראל, E. 12, L. 2, S. 137

Is xli 17, A′[C′] οἱ πένητες καὶ οἱ πτωχοί, העניים והאביונים, E. 108, L. 1, S. 303; L. 3, S. 304

Is xli 17, Θ′ ἐνδεής, אביון, E. 108, L. 3, S. 304

Is xli 19, Θ′ ※ ἅμα, יחדו, E. 121, L. 2, S. 332

Is xli 22, C′ πρῶτος, ראשון, E. 64, L. 3, S. 224

Is xlii 6, ⟨A′, C′⟩ συνθήκη, ברית, E. 121, L. 2, S. 332–333

Is xlii 9, C′ πρῶτος, ראשון, E. 64, L. 3, S. 224

Is xlii 14, C′ ἀναπνεύσω, ⟨נשם⟩, E. 63, L. 2, S. 219

Is xlii 20, C′ φυλάσσω, שמר, E. 41, L. 2, S. 177

Is xliii 3, A′ ἐξιλασμοῦ, כפר, E. 4, L. 7, S. 117

Is xliii 7, οἱ λ′ εἰς, ל, E. 27, L. 1, S. 153

Is xliii 21, C′ ὕμνος, תהלה, E. 78, L. 6, S. 247

Is xliii 22, C′ ιακωβ, יעקב, E. 63, L. 2, S. 218

Is xliii 22, C′ καλέω, קרא, E. 62, L. 2, S. 214

Is xliii 25, Θ′ ※ ἕνεκεν, למען, E. 68, L. 6, S. 229

Is xliv 5, C′ κληθήσεται τῷ ὀνόματι ιακωβ, יקרא בשם יעקב, E. 88, L. 2, S. 268

Is xliv 15, Θ′ ※ αὐτούς, למו, E. 126, L. 1, S. 344

Is xlv 9, C′ γῆ, אדמה, E. 125, L. 3, S. 340

Is xlv 9, Θ′ γῆ, אדמה, E. 125, L. 4, S. 341

Is xlv 13, ⟨C′⟩ ἐκπέμπω, שלח, E. 19, L. 2, S. 146

Is xlv 15, C′ κρυφαῖος, מסתתר, E. 90, L. 4, S. 273

Is xlv 15, C′ ὄντως, אכן, E. 111, L. 4, S. 313

Is xlv 15, Θ′ διὰ τοῦτο, אכן, E. 111, L. 3, S. 311

Is xlvi 1, C′ ζῷον, חיה, E. 30, L. 1, S. 159

Is xlvii 5, C′ βασιλεία, ממלכה, E. 62, L. 2, S. 214

Is xlvii 11, A′C′ ἐξιλάσασθαι, כפר pi, E. 4, L. 7, S. 117

Is xlviii 8, C′ ἀσύνθηκος, פשע, E. 42, L. 1, S. 178

Is xlviii 19, ⟨C′⟩ ἐξ ἔμπροσθεν, מלפני, E. 37, L. 1, S. 168

Is xlix 4, O′ διὰ τοῦτο, אכן, E. 111, L. 3, S. 311

Is xlix 8, A′ ἀφανίζω, שמם, E. 63, L. 1, S. 216

Is xlix 8, ⟨A′⟩ κληροδοτῆσαι κληροδοσίας ἠφανισμένας, הנחיל נחלות שממות, E. 38, L. 2, S. 170

Is xlix 15, C′, Θ′ οἰκτείρω, רחם, E. 4, L. 5, S. 116

Is xlix 19, O′ καταπίπτω, ארץ הריסות, E. 112, L. 2, S. 314

Is xlix 22, A′ ἄγω, בוא hif, E. 36, L. 1, S. 165

Is l 2, C′ ἐπιτίμησις, גערה, E. 83, L. 1, S. 260

Is l 4 (bis), A′ ἐξεγείρω, עור hif, E. 6, L. 1, S. 123

Is l 9, C′ καταφάγομαι med, אכל, E. 19, L. 2, S. 145

Is l 11, A′ διαπόνησις, מעצבה, E. 10, L. 1, S. 130

Is li 9 (bis), A′ ἐξεγείρω, עור qal, E. 6, L. 1, S. 123

Is li 11, A′ ἐπιστρέφω, שוב qal, E. 5, L. 1, S. 120

Is li 14, A′ ταχύνω, מהר pi, E. 65, L. 1, S. 224

Is li 19, Syh O′ (πτῶμα), E. 53, L. 5, S. 201

Is li 20, C′ ὀργή, חמה, E. 61, L. 2, S. 210

Is li 20, C′ ἐπιτίμησις, גערה, E. 83, L. 1, S. 260

Is li 20, Θ′ ἐπιτίμησις, גערה, E. 83, L. 1, S. 260

Is li 21, C′ κεκακωμένος, עניה, E. 106, L. 3, S. 301

Is li 22, A′ χόλος, חמה, E. 6, L. 3, S. 124

Is li 22, C′ θυμός, חמה, E. 6, L. 4, S. 124

Is lii 4, C′ ἕνεκεν, ב, E. 66, L. 2, S. 226

Is lii 5, C′ ὅλος, כל, E. 6, L. 4, S. 124

Is lii 7, A′ ὡραιώθησαν, נאוה, E. 63, L. 1, S. 215

Is lii 7, C′ εὐπρεπεῖς, נאוה, E. 63, L. 2, S. 218

Is lii 7, Θ′ εὐπρεπεῖς, נאוה, E. 63, L. 3, S. 220

Is lii 8, C′ ἐπαίρω, נשא, E. 118, L. 1, S. 324

Is lii 8, Θ′ ἐπαίρω, נשא, E. 118, L. 1, S. 324

Is lii 10, C′ ἐνώπιον, לעיני, E. 70, L. 3, S. 233

Is liii 4, [A′] ἡμεῖς δὲ, ואנחנו, E. 76, L. 1, S. 243

Is liii 4, C′ ὄντως, אכן, E. 111, L. 4, S. 313

Is liii 5, A′ ἀνομία, עון, E. 4, L. 10, S. 118

Is liii 6, C′ ἀνομία, עון, E. 4, L. 11, S. 119

Is liii 7, C′ προσφέρω, יבל, E. 22, L. 2, S. 147

Is liii 7, C′ προσάγω, יבל, E. 22, L. 2, S. 147

Is liii 7, C′ ὑπακούω, ענה, E. 97, L. 1, S. 285

Is liii 8, A′ αὐτούς, למו, E. 126, L. 1, S. 344

Is liii 8, C′ αὐτούς, למו, E. 126, L. 1, S. 344

Is liii 8, Θ′ αὐτούς, למו, E. 126, L. 1, S. 344

Is liii 11, C′ ἀσέβεια, עון, E. 4, L. 11, S. 119

Is liv 2, A′ (ὑπεξαιρέομαι vel ἐξαιρέομαι), חשך, E. 28, L. 8, S. 158

Is liv 3, A′C′ ἀφανίζω, שמם, E. 63, L. 1, S. 216

Is liv 3, C′ ἀφανίζω, שמם, E. 63, L. 2, S. 219

Is liv 6, C′ κατοδύνω, עצב, E. 10, L. 5, S. 132

Is liv 9, A′ ὕδατα Pl, מים, E. 55, L. 1, S. 204

Is liv 9, C′ ἐπιτιμάω, גער, E. 83, L. 1, S. 260

Is liv 9, Θ′ ἐπιτιμάω, גער, E. 83, L. 1, S. 260

Is liv 11, A′ λαιλαπίζω, סער, E. 132, L. 1, S. 354

Is lv 2, C′ διὰ τί, למה, E. 69, L. 3, S. 231

Is lv 2, C′ κόπος, יגיע, E. 22, L. 2, S. 148

Is lv 3, A′ συνθήκην κόπτω, כרת ברית, E. 121, L. 2, S. 332

Is lv 7, C′ πολὺς γάρ ἐστιν, רבה hif, E. 5, L. 2, S. 121

Is lv 10, C′ ὑποστρέφω, שוב qal, E. 8, L. 1, S. 127

Is lv 11, C′ ὑποστρέφω, שוב qal, E. 8, L. 1, S. 127

Is lv 12, C′ ὁδηγέω, יבל, E. 22, L. 2, S. 147

Is lvi 3, C′ ἀλλότριος, נכר, E. 93, L. 3, S. 279; E. 94, L. 2, S. 282

Is lvi 5, A′ ὀλ⟨ε⟩θρευθήσεται, כרת nif, E. 80, L. 4, S. 254

Is lvi 5, C′Θ′ ἐξαίρω, כרת nif, E. 124, L. 2, S. 338

Is lvi 9, A′ ζῷον, חיה, E. 29, L. 1, S. 158

Is lvii 6, C′ ἀναβιβάζω, עלה hif, E. 96, L. 1, S. 284

Is lvii 6, Θ′ ※ φάραγξ, נחל, E. 123, L. 4, S. 337

Is lvii 9, C′Θ′ πληθύνω, רבה hif, E. 5, L. 2, S. 121

Is lvii 10, C′ ζωή, חיה, E. 30, L. 1, S. 159

Is lvii 13, A′ κληροδο⟨τη⟩θήσονται, נחל hif, E. 38, L. 2, S. 170

Is lvii 13, C′ ἐξαιρέομαι, נצל, E. 67, L. 2, S. 227

Is lvii 13, Θ′ ῥύομαι, נצל, E. 108, L. 2, S. 304

Is lvii 14, Θ′ ἐξαίρω, סלל, E. 124, L. 2, S. 338

Is lvii 16, A′C′Θ′ δικάζω, ריב, E. 107, L. 1, S. 302

Is lvii 20, A′ ἡσυχάζω, שקט hif, E. 116, L. 1, S. 320

Is lvii 20, A′ ὕδατα Pl, מים, E. 55, L. 1, S. 204

Is lvii 20 (bis), C′ ἐκβράσσω, גרש, E. 37, L. 1, S. 168

Is lvii 20, C′ ἡσυχάζω, שקט hif, E. 116, L. 2, S. 321

Is lviii 3, A′ διαπόνημα, עצב, E. 10, L. 1, S. 130

Is lviii 3, C′ διὰ τί, למה, E. 69, L. 3, S. 231

Is lviii 6, C′ συγγραφὴ ψευδής, מוטה, E. 94, L. 2, S. 282

Is lviii 11, A′ ⟨ἐξελεῖται⟩, חלץ hif, E. 90, L. 1, S. 271

Is lviii 12, A′ ※ ἀτραπός, נתיב, E. 28, L. 6, S. 157

Is lviii 12, A′ ἐπιστρέφω, שוב pol, E. 5, L. 1, S. 121

Is lviii 12, C′ ※ τρίβος, נתיב, E. 28, L. 7, S. 158

Is lix 2, [A′] ἁμαρτίαι, עון, E. 4, L. 10, S. 118

Is lix 11, C′Θ′ μελετάω, הגה, E. 119, L. 2, S. 326

Is lix 13, A′ ἀρνέομαι ἐν, כחש ב, E. 99, L. 3, S. 290

Is lix 13, C′ ψεύδομαι, כחש, E. 99, L. 3, S. 290

Is lix 18, A′ χόλος, חמה, E. 6, L. 3, S. 124

Is lix 18, A′ θλίβων, צר, E. 14, L. 2, S. 139

Is lix 18, C′ θυμός, חמה, E. 6, L. 4, S. 124

Is lix 18, Θ′ ἐναντίος, צר, E. 98, L. 2, S. 289

Is lix 20, A′ ἀποστρέφω, שוב qal, E. 5, L. 1, S. 121

Is lix 20, C′ ἰακωβ, יעקב, E. 63, L. 2, S. 218

Is lix 21, ⟨A′, C′⟩ (συνθήκη), ברית, E. 121, L. 2, S. 332–333

Is lx 1, A′ ἀνάστηθι, קומי, E. 113, L. 1, S. 314

Is lx 1, C′ ἀνάστηθι, קומי, E. 113, L. 1, S. 314

Is lx 5, A′ στρέφω, הפך, E. 17, L. 1, S. 143

Is lx 10, C′Θ′ ἀλλότριος, נכר, E. 93, L. 3, S. 279; E. 94, L. 2, S. 282

Is lx 10, A′C′Θ′ οἰκτείρω, רחם, E. 4, L. 5, S. 116

Is lx 12, O′ βασιλεύς, ממלכה, E. 62, L. 2, S. 213

Is lx 13, Θ′ ἅμα, יחדו, E. 121, L. 2, S. 332

Is lx 19, A′ φωτίζω, אור hif, E. 89, L. 2, S. 269

Is lxi 4, C′ ἀρχαῖος, ראשן, E. 64, L. 3, S. 224

Is lxi 5, A′ νέμω, רעה, E. 80, L. 4, S. 254

Is lxi 5, C′ ξένος, נכר, E. 94, L. 2, S. 282

Is lxi 5, C′Θ′ ποιμαίνω, רעה, E. 80, L. 4, S. 254

Is lxi 8, A′ συνθήκην κόπτω, כרת ברית, E. 121, L. 2, S. 332

Is lxii 1, A′ ἀνάπτομαι, בער qal, E. 60, L. 1, S. 208

Is lxii 4, A′C′Θ′ ἀφανίζω, שמם, E. 63, L. 1, S. 216

Is lxii 5, A′ ἐπίλεκτος, בחור, E. 48, L. 1, S. 190

Is lxii 6, C′ ※ μὴ ἡσυχάσητε, אל־דמי, E. 115, L. 1, S. 318

Is lxii 7, C′ μηδὲ δῶτε ἡσυχάσαι, ואל־תתנו דמי, E. 115, L. 1, S. 318–319

Is lxii 7, C′ τὴν ιερουσαλημ, ירושלם, E. 56, L. 2, S. 205

Is lxiii 3, C′ θυμός, אף, E. 5, L. 2, S. 121

Is lxiii 3, C′ ὀργή, חמה, E. 61, L. 2, S. 210

Is lxiii 5, A′ ἐξαπορήθην, שמם, E. 63, L. 1, S. 217

Is lxiii 8, C′ ἀσυνθηκέω, שקר, E. 42, L. 1, S. 178

Is lxiii 11, A′ ὁ ἀναβιβάσας αὐτοὺς ἀπὸ θαλάσσης, המעלם מים, E. 96, L. 1, S. 284

Is lxiii 11, C′ ἀνάγω, עלה hif, E. 96, L. 1, S. 284

Is lxiii 11, Θ′ ὁ ἀναβιβάσας ἀπὸ τῆς θαλάσσης, המעלם מים, E. 96, L. 1, S. 284

Is lxiv 10 (9), C′ ἀφανισμός, שממה, E. 63, L. 2, S. 219

Is lxiv 11 (10), C′ ὄνειδος, ⟨חרפה⟩, E. 57, L. 1, S. 206

Is lxiv 11 (10), C′ ὄνειδος neutr., [חרבה], E. 75, L. 2, S. 242

Is lxvi 3, C′Θ′ ※ ποίμνιον Sg, צאן, E. 33, L. 1, S. 162

Is lxvi 4, A′ ἄγω, בוא hif, E. 36, L. 1, S. 165

Is lxvi 11, O′ εἴσοδος, זיז, E. 80, L. 4, S. 252

Is lxvi 11, A′ παντοδαπία, זיז, E. 80, L. 4, S. 252

Is lxvi 11, C′ λίπος, זיז, E. 80, L. 4, S. 252

Is lxvi 11, Θ′ πλῆθος, זיז, E. 80, L. 4, S. 252

Is lxvi 14, O′ ἀπειλέω, זעם, E. 28, L. 3, S. 155

Is lxvi 15, A′C′Θ′ ἐπιτίμησις, גערה, E. 83, L. 1, S. 260

Is lxvi 15, οἱ λ′ σκορακισμός, גערה, E. 83, L. 1, S. 260

Jeremias, Threni, Baruch

Jer i 10, O′ βασιλεύς, ממלכה, E. 62, L. 1, S. 213

Jer i 16, C′ (θεοὶ ψευδεῖς), אלהים אחרים, E. 94, L. 2, S. 282

Jer ii 12, A′C′ (ἀπορέομαι) seu (ἐξαπορέομαι), שמם, E. 63, L. 1, S. 217

Jer ii 15, O′ εἰς ἔρημον seu εἰς ἀφανισμόν seu εἰς ἔρημον ἀφανισμοῦ, לשמה, E. 63, L. 4, S. 221

Jer ii 34, A′C′Θ′ ※ πένης, אביון, E. 108, L. 1, S. 303; L. 3, S. 304

Jer iii 7, 8, 10, 11, O′ ἀσύνθετος, בגד, E. 42, L. 2, S. 179

Jer iii 23, O′ ὄντως, אכן, E. 111, L. 3, S. 311; L. 4, S. 313

Jer iv 9, C′ (ἀπορέω), שמם, E. 63, L. 2, S. 219

Jer iv 10, O′ ἄρα γε, אכן, E. 111, L. 3, S. 311

Jer iv 14, A′ ἀνώφελες, און, E. 32, L. 1, S. 161

Jer iv 14, C′ ἀδικία, און, E. 32, L. 2, S. 161

Jer iv 17, O′ ἀμελέω, מרה, E. 117, L. 1, S. 322

Jer iv 27, A′ (ἀφανισμός), שממה, E. 63, L. 1, S. 217

Jer iv 27, C′ ἄκοσμος, שממה, E. 63, L. 2, S. 219

Jer v 19, ⟨C′⟩ (ψευδεῖς), אלהי נכר, E. 94, L. 2, S. 282

Jer v 27, A′ πετεινῶν, עוף, E. 53, L. 6, S. 202

Jer v 28, A′C′ (πένης), אביון, E. 108, L. 1, S. 303; L. 3, S. 304

Jer v 30, A′ ἀφανισμός, שמה, E. 63, L. 1, S. 217

Jer v 30, C′ σύγχυσις, שמה, E. 63, L. 2, S. 219

Jer vi 2, A′Θ′ ※ τὴν ὡραίαν, נאוה, E. 63, L. 1, S. 215; L. 3, S. 220

Jer vi 10, C′ προσίεμαι, חפץ, E. 104, L. 2, S. 298

Jer vi 11, A′ θυμός, חמה, E. 6, L. 3, S. 124

Jer vi 11, A′ ἐκχέω, שפך, E. 61, L. 1, S. 209

Jer vi 11, A′ ὁμοθυμαδόν, יחדו, E. 121, L. 1, S. 331

Jer vi 11, C′ ἐκχέω, שפך, E. 61, L. 2, S. 210

Jer vi 11, C′ ἑταιρία, סוד, E. 119, L. 2, S. 326

Jer vi 11, C′ νεανίσκος, בחור, E. 48, L. 3, S. 191

Jer vi 16, A′Θ′ τρίβος, נתיב, E. 28, L. 6, S. 157

Jer vi 16, C′ τρίβος, נתיב, E. 28, L. 7, S. 158

Jer vii 6, C′ θεοὶ ἀλλόκοτοι, אלהים אחרים, E. 94, L. 2, S. 282

Jer vii 12, C′ ἐν ἀρχῇ, ראשון, E. 64, L. 3, S. 224

Jer vii 28, A′Θ′ ※ ἐξαίρω, כרת, E. 124, L. 2, S. 338

Jer vii 31, O′ βουνός, במה, E. 44, L. 1, S. 182; L. 3, S. 183, 184

Jer vii 31, C′ ὑψηλός(-ν), במה, E. 44, L. 1, S. 183

Jer viii 2, O′ παράδειγμα, דמן, E. 125, L. 1, S. 339

Jer viii 2, A′C′ (κόπρος), דמן, E. 125, L. 1, S. 339

Jer viii 5, A′ ἐνθύμημα, תרמית, E. 43, L. 1, S. 181

Jer viii 8, אכן הנה, E. 111, L. 3, S. 311

Jer ix 10 (9), A′ τὰ ὡραῖα, נאות, E. 63, L. 1, S. 215

Jer ix 11, A′ ἀφανισμός, שממה, E. 63, L. 1, S. 217

Jer ix 22 (21), O′ παράδειγμα, דמן, E. 125, L. 1, S. 339

Jer x 8, A′ (ἀσυνετίζω), בער qal, E. 60, L. 1, S. 208

Jer x 8, Θ′ ※ ἐκκαίομαι, בער qal, E. 60, L. 2, S. 209

Jer x 10, Θ′ ※ ὀργή, זעם, E. 27, L. 3, S. 154

Jer x 21, A′C′ νομή, מרעית, E. 76, L. 2, S. 243

Jer x 25, A′ (ἀφανίζω), שמם, E. 63, L. 1, S. 217

Jer x 25, A′ εὐπρέπεια, נוה, E. 63, L. 1, S. 216

Jer x 25, C′ κατοίκησις, נוה, E. 63, L. 2, S. 219

Jer xi 2, A′, C′ (συνθήκη), ברית, E. 121, L. 2, S. 332

Jer xi 2, Θ′ (διαθήκη), ברית, E. 121, L. 2, S. 332

Jer xi 7, Θ′ ※ ἀνάγω, עלה hif, E. 96, L. 1, S. 284

Jer xi 7, Θ′ ※ ἐπιμαρτύρομαι (bis), ἐπιμαρτυρία, עוד hif, E. 92, L. 1, S. 277

Jer xi 8, A′ (σκολιότης), שרירות, E. 97, L. 5, S. 287

Jer xi 19, C′ ἀπάγω, יבל, E. 22, L. 2, S. 147

Jer xii 6, C′ προδίδωμι, בגד, E. 42, L. 1, S. 178

Jer xii 13, A′ ἐκληρονόμησαν, נחל, E. 38, L. 2, S. 170

Jer xii 13, A′C′ (κληροδοτέω), [נחל], E. 113, L. 3, S. 315

Jer xiii 10, C′ θεοῖς ἀλλοκότοις, אלהים אחרים, E. 94, L. 2, S. 282

Jer xiii 10, C′ (θεοὶ ψευδεῖς), אלהים אחרים, E. 94, L. 2, S. 282

Jer xiii 17, C′ κλαίω, בכה, E. 51, L. 1, S. 196

Jer xiii 17, C′ ὑπακούω, שמע, E. 97, L. 1, S. 285

Jer xiii 20, C′ βόσκημα, צאן, E. 33, L. 1, S. 162

Jer xiii 23, A′ ἐπιστρέφω, הפך, E. 17, L. 1, S. 143

Jer xiii 23, C′ μεταβάλλω, הפך, E. 17, L. 2, S. 143

Jer xiv 7, A′ ἀνομήματα, עון, E. 4, L. 10, S. 118

Jer xiv 14, A′ ἐνθύμημα, תרמית, E. 43, L. 1, S. 181

Jer xiv 17, A′C′ ※ παρθένος, בתולה, E. 49, L. 2, S. 191

Jer xiv 17, A′ παρθένος, בתולה, E. 49, L. 2, S. 191

Jer xv 1, C′ ἐξ ἔμπροσθεν, מעל־פני, E. 37, L. 1, S. 168

Jer xv 5, C′Θ′ ※ ἐρωτάω, שאל, E. 69, L. 1, S. 230

Jer xv 11, C′ ὑπολείπω, שאר, E. 73, L. 2, S. 240

Jer xv 12, C′ κακόω, רעע, E. 28, L. 5, S. 157

Jer xv 17, A′C′ ἐμβρίμησις, זעם, E. 28, L. 1, S. 154

Jer xv 17, A′C′ συναγωγή, סוד, E. 119, L. 2, S. 326

Jer xv 18, A′ ὕδωρ Sg, מים, E. 55, L. 1, S. 204

Jer xv 18, C′ εἰς τί, למה, E. 69, L. 3, S. 231

Jer xvi 3, Θ′ ὑψηλά, במה, E. 44, L. 3, S. 184

Jer xvi 4, O′ παράδειγμα, דמן, E. 125, L. 1, S. 339

Jer xvi 4, A′C′ κόπρος, דמן, E. 125, L. 1, S. 339

Jer xvi 4, C′ πτῶμα, נבלה, E. 53, L. 4, S. 201

Jer xvi 12, A′ (σκολιότης), שרירות, E. 97, L. 5, S. 287

Jer xvi 16, C′ πέμπω, שלח, E. 19, L. 2, S. 146

Jer xvi 16, C' μεταπέμπομαι, שלח, E. 19, L. 2, S. 146

Jer xvi 17, Α'Θ' ※ ἐκρύβησαν, נצפן, E. 120, L. 4, S. 330

Jer xvi 19, C' ὄντως, אך, E. 111, L. 4, S. 313

Jer xvi 19, C' ψευδής, שקר, E. 94, L. 2, S. 282

Jer xvii 14, A' (αἴνεσις), תהלה, E. 78, L. 5, S. 247

Jer xviii 10, ⟨A'⟩ σκολιότης, שרירות, E. 97, L. 5, S. 287

Jer xviii 12, A' (σκολιότης), שרירות, E. 97, L. 5, S. 287

Jer xviii 14, A' (ἀλλότριος), זר, E. 93, L. 1, S. 278

Jer xviii 14, A' καταρρέονται, נזל, E. 18, L. 1, S. 144

Jer xviii 14, C' (ἀλλότριος), זר, E. 93, L. 1, S. 278

Jer xviii 21, A' (ἐκλεκτός), בחור, E. 48, L. 1, S. 190

Jer xviii 23, A' ἀνομία, עון, E. 4, L. 10, S. 118

Jer xix 8, C' ἀπορ[ρ]ηθήσεται, שמם, E. 63, L. 2, S. 219

Jer xx 7, C' καταφλυαρέω, לעג, E. 58, L. 2, S. 207

Jer xx 7, C' ὅλος, כל, E. 6, L. 4, S. 124

Jer xx 13, A' αἰνέω, הלל, E. 49, L. 3, S. 192

Jer xx 17, A' μήτρα, רחם, E. 4, L. 5, S. 116

Jer xxii 9, C' (θεοὶ ψευδεῖς), אלהים אחרים, E. 94, L. 2, S. 282

Jer xxii 16, A' (πένης), אביון, E. 108, L. 1, S. 303

Jer xxii 16, C' (πένης), אביון, E. 108, L. 3, S. 304

Jer xxiii 3, A' (εὐπρέπεια), נוה, E. 63, L. 1, S. 216

Jer xxiii 10, A' (εὐπρέπειαι), נאות, E. 63, L. 1, S. 216

Jer xxiii 18, C' ὁμιλία, סוד, E. 119, L. 2, S. 326

Jer xxiii 22, C' ὁμιλία, סוד, E. 119, L. 2, S. 326

Jer xxv 11, O' ἐρήμωσις, חרבה, E. 63, L. 4, S. 221

Jer xxvi (xlvi) 5, C' (ἀποστρέφω), סוג, E. 42, L. 1, S. 178

Jer xxvii (l) 7, A'Θ' εὐπρέπεια, נוה, E. 63, L. 1, S. 216

Jer xxvii (l) 7, A'Θ' εὐπρέπεια, נוה, E. 63, L. 3, S. 220

Jer xxvii (l) 7, C' κατοικιστής, נוה, E. 63, L. 2, S. 219

Jer xxvii (l) 8, C' ποίμνια, צאן, E. 33, L. 1, S. 162

Jer xxvii (l) 12, π', οἱ γ' ※ ἄνυδρος, ציה, E. 10, L. 4, S. 131

Jer xxvii (l) 13, C' (ἀπορέω), שמם, E. 63, L. 2, S. 219

Jer xxvii (l) 19, A' εὐπρέπεια, נוה, E. 63, L. 1, S. 216

Jer xxvii (l) 19, C' κατοίκησις, נוה, E. 63, L. 2, S. 219

Jer xxvii (l) 19, C' ὑποστρέφω, שוב pol, E. 8, L. 1, S. 127

Jer xxvii (l) 33, A' ἀποστέλλω, שלח, E. 19, L. 1, S. 145

Jer xxvii (l) 34, A' δίκη δικάσεται τὴν δίκην αὐτῶν, ריב יריב את־ריבם, E. 90, L. 5, S. 274

Jer xxvii (l) 36, A'Θ' ※ ἐξαίρω, גאל, E. 124, L. 2, S. 338

Jer xxvii (l) 37, A' σύμμικτος, ערב, E. 19, L. 1, S. 145

Jer xxvii (l) 38, C' ἰσχυρός, אמים, E. 12, L. 2, S. 137

Jer xxvii (l) 42, A'C' οἰκτείρω, רחם, E. 4, L. 5, S. 116

Jer xxvii (l) 44, A' κατοικητήριον, נוה, E. 63, L. 1, S. 216

Jer xxvii (l) 44, C' κατοικητήριον, נוה, E. 63, L. 2, S. 219

Jer xxvii (l) 45, A' κατοικητήριον, נוה, E. 63, L. 1, S. 216

Jer xxviii (li) 2, A'C' λικμήτης, זר, E. 93, L. 3, S. 279

Jer xxviii (li) 13, C' [κτῆμα], ⟨τμῆμα⟩, בצע, E. 26, L. 4, S. 152

Jer xxviii (li) 20, O' βασιλεύς, ממלכה, E. 62, L. 1, S. 213

Jer xxviii (li) 26, A' ἀφανισμός, שממה, E. 63, L. 1, S. 217

Jer xxviii (li) 26, C' ἀφανισμός, שממה, E. 63, L. 2, S. 219

Jer xxviii (li) 27, C' βασιλεῖς, ממלכות, E. 62, L. 1, S. 213; L. 2, S. 214

Jer xxviii (li) 34, O' κοιλία, כרש, E. 80, L. 3, S. 252

Jer xxviii (li) 41, A'C' ἔπαινος, תהלה, E. 78, L. 5, S. 247

Jer xxviii (li) 45, Θ' ※ ἀπὸ θυμοῦ ὀργῆς, מחרון אף, E. 27, L. 3, S. 154

Jer xxviii (li) 52, A' στενάξει, אנק, E. 72, L. 1, S. 236

Jer xxviii (li) 52, C' οἰμώζω, אנק, E. 72, L. 2, S. 237

Jer xxviii (li) 57, A'Θ' ⁂ ὑπνόω, ישן, E. 51, L. 2, S. 197

Jer xxviii (li) 58, A'C' ἀνάπτομαι, יצת nif, E. 60, L. 1, S. 208

Jer xxix 20 (19) (xlix 19), A' ἐκλεκτός, בחור, E. 48, L. 1, S. 190

Jer xxix 20 (xlix 19), A' κατοικητήριον, נוה, E. 63, L. 1, S. 216; L. 3, S. 220

Jer xxix 20 (xlix 19), A' (εὐπρέπεια), נוה, E. 63, L. 1, S. 216; L. 3, S. 220

Jer xxix 20 (xlix 19), C' (κατοικητήριον), נוה, E. 63, L. 2, S. 219

Jer xxx 9 (xlix 31), A'C' ἀνάστητε, קומו, E. 113, L. 1, S. 314

Jer xxx 14 (xlix 25), A'C' ἐπαινετός, תהלה, E. 78, L. 5, S. 247

Jer xxxi (xlviii) 2, οἱ γ' (ἔπαινος), תהלה, E. 78, L. 5, S. 247

Jer xxxi (xlviii) 10, O' ἀμελῶς, רמיה, E. 117, L. 1, S. 322

Jer xxxi (xlviii) 11, A' ἡσυχάζω, שקט qal, E. 116, L. 1, S. 320

Jer xxxi (xlviii) 11, C' ἡσυχάζω, שקט qal, E. 116, L. 2, S. 321

Jer xxxi (xlviii) 30, A' μῆνις, עברה, E. 28, L. 1, S. 154

Jer xxxi (xlviii) 30 (bis), A' οὕτως, כן, E. 132, L. 1, S. 354

Jer xxxi (xlviii) 35, O' βωμός, במה, E. 44, L. 3, S. 183

Jer xxxi (xlviii) 35, A'C' (ἀναφέρω), עלה hif, E. 96, L. 1, S. 284

Jer xxxii 4 (xxv 18), C' ἀφανισμός, שמה, E. 63, L. 2, S. 219

Jer xxxii 12 (xxv 26), ⟨Θ'⟩ γῆ, אדמה, E. 125, L. 4, S. 341

Jer xxxii 16 (xxv 30), A'Θ' εὐπρέπεια, נוה, E. 63, L. 1, S. 216

Jer xxxii 16 (xxv 30), A'Θ' εὐπρέπεια, נוה, E. 63, L. 3, S. 220

Jer xxxii 16 (xxv 30), C' ἐπὶ τῇ θελήσει αὐτοῦ, נ⟨א⟩וה, E. 63, L. 2, S. 219

Jer xxxii 19 (xxv 33), O' κόπρια, דמן, E. 125, L. 1, S. 339

Jer xxxii 21 (xxv 35), C' ἰσχυρός, אדיר, E. 12, L. 2, S. 137

Jer xxxii 22 (xxv 36), A'C' (νομή), מרעית, E. 76, L. 2, S. 243

Jer xxxii 23 (xxv 37), A'[C'] τὰ ὡραῖα, נאות,

E. 63, L. 1, S. 215; L. 2, S. 192

Jer xxxii 23 (xxv 37), C' (δίαιτα), נאות, E. 63, L. 2, S. 219

Jer xxxii 24 (xxv 38), A'C'Θ' ⁂ ὀργῆς θυμοῦ, חרון אף, E. 27, L. 3, S. 154

Jer xxxiii (xxvi) 22, Θ' ⁂ ἐξαποστέλλω, שלח, E. 27, L. 3, S. 153

Jer xxxiv (xxvii) 1, A' ⁂ ἐν ἀρχῇ βασιλέως, בראשית ממלכת, E. 62, L. 1, S. 213

Jer xxxiv (xxvii) 11 (14), C' ψευδής, שקר, E. 94, L. 2, S. 282

Jer xxxiv (xxvii) 18 (22), Θ' ⁂ ἀναβιβῶ, עלה hif, E. 96, L. 1, S. 284

Jer xxxv (xxviii) 8, A'Θ' ⁂ θάνατος, דבר, E. 29, L. 1, S. 159

Jer xxxvi 11 (xxix 12), A'Θ' ⁂ ἐπικαλέομαι, קרא, E. 62, L. 1, S. 214

Jer xxxvi (xxix) 17, 20, Θ' ἐξαποστέλλω, שלח, E. 27, L. 3, S. 153

Jer xxxvi (xxix) 17, 18, Θ' ⁂ θάνατος, דבר, E. 29, L. 1, S. 159

Jer xxxvi (xxix) 18, O' ⁂ ἀφανισμός, שמה, E. 63, L. 4, S. 221

Jer xxxvi (xxix) 18, Θ' ⁂ ἀφανισμός, שמה, E. 63, L. 4, S. 221

Jer xxxvii (xxx) 8, C' (ἀλλότριος), זר, E. 93, L. 1, S. 278

Jer xxxvii (xxx) 10, Θ' ⁂ ἡσυχάζω, שקט qal, E. 117, L. 1, S. 322

Jer xxxvii (xxx) 17, A' ἀνάγω, עלה hif, E. 96, L. 1, S. 284

Jer xxxvii (xxx) 18, A' οἰκτείρω, רחם, E. 4, L. 5, S. 116

Jer xxxviii (xxxi) 6, A'C' ἀνάστητε, קומו, E. 113, L. 1, S. 314

Jer xxxviii (xxxi) 7, C' Ἰακωβ, יעקב, E. 63, L. 2, S. 218

Jer xxxviii (xxxi) 12, C' βόσκημα, צאן, E. 33, L. 1, S. 162

Jer xxxviii (xxxi) 13, A' νεανίσκος, בחור, E. 48, L. 1, S. 190

Jer xxxviii (xxxi) 17, A' (ὅριον), גבול, E. 36, L. 1, S. 165

Jer xxxviii (xxxi) 23, A'C' (κατοικιστής), נוה, E. 63, L. 2, S. 219

Jer xxxviii (xxxi) 24 (23), A' ποίμνιον, עדר, E. 34, L. 4, S. 164

Jer xxxviii (xxxi) 24 (23), C' ἀγέλη, עדר, E. 34, L. 5, S. 164

Jer xxxviii (xxxi) 32, O′ ἀμελέω, בעל, E. 117, L. 1, S. 322

Jer xxxviii 35 (xxxi 37), A′ θεμέλιον, מוסד, E. 110, L. 3, S. 308

Jer xxxviii (xxxi) 40, Syh A′C′ (πτῶμα), E. 53, L. 5, S. 201

Jer xxxix (xxxii) 8, Θ′ κληρονομία, —, E. 38, L. 4, S. 173

Jer xxxix (xxxii) 22, C′ μεγαλεῖος, גדול, E. 73, L. 1, S. 238

Jer xxxix (xxxii) 29, C′ (θεοὶ ψευδεῖς), אלהים אחרים, E. 94, L. 2, S. 282

Jer xxxix (xxxii) 30, C′ παροργίζω, כעס hif, E. 44, L. 1, S. 182

Jer xxxix (xxxii) 31, A′ ὀργή, חמה, E. 6, L. 3, S. 124

Jer xxxix (xxxii) 35, O′ βωμός, במה, E. 44, L. 3, S. 183

Jer xxxix (xxxii) 41 (bis), C′ ὅλος, כל, E. 6, L. 4, S. 124

Jer xxxix (xxxii) 44, A′ (testificari), עוד hif, E. 91, L. 2, S. 276

Jer xl (xxxiii) 22, ⟨Θ′⟩ ὡς, אשר, L. 124, L. 2, S. 338

Jer xl (xxxiii) 25, ⟨Θ′⟩ τάσσω, שים, E. 126, L. 2, S. 344

Jer xli (xxxiv) 5, A′ ἔμπροσθεν, פנים, E. 37, L. 1, S. 168

Jer xli (xxxiv) 5, A′ ἐμπυρισμός, משרפה, E. 82, L. 1, S. 257

Jer xli (xxxiv) 5, A′ οὕτως, כן, E. 132, L. 1, S. 354

Jer xli (xxxiv) 18, Θ′ ※ διαθήκη, ברית, E. 121, L. 2, S. 332

Jer xliii (xxxvi) 22, A′ ἐκκεκαυμένη, בער pu, E. 60, L. 1, S. 208

Jer xliii (xxxvi) 28, C′ πρότερος, ראשן, E. 64, L. 3, S. 224

Jer xliii (xxxvi) 30, C′ πτῶμα, נבלה, E. 53, L. 4, S. 201

Jer xliv (xxxvii) 15, A′ θυμόομαι, קצף, E. 59, L. 1, S. 208

Jer xlv (xxxviii) 2, A′Θ′ ※ θάνατος, דבר, E. 29, L. 1, S. 159

Jer xlv (xxxviii) 2, C′ λοιμός, דבר, E. 25, L. 2, S. 150

Jer xlv (xxxviii) 10, C′ ἀνάγω, עלה hif, E. 96, L. 1, S. 284

Jer xlv (xxxviii) 10, Θ′ ἀνάγω, עלה hif, E. 96, L. 1, S. 284

Jer xlv (xxxviii) 22, C′ (ἀποστρέφω), סוג, E. 42, L. 1, S. 178

Jer xlvi (xxxix) 12, C′ πρὸ ὀφθαλμῶν σου, ועיניך, E. 70, L. 3, S. 233

Jer xlvi (xxxix) 13, A′ (διδάσκαλον), רבי, E. 126, L. 2, S. 344

Jer xlvi (xxxix) 13, A′Θ′ οἱ ἡγεμόνες, רבי, E. 126, L. 2, S. 344

Jer xlix (xlii) 17, Θ′ ※ θάνατος, דבר, E. 29, L. 1, S. 159

Jer xlix (xlii) 19, A′ ※ διαμαρτύρομαι, עוד hif, E. 91, L. 2, S. 276

Jer xlix (xlii) 22, A′Θ′ ※ θάνατος, דבר, E. 29, L. 1, S. 159

Jer l (xliii) 9, C′ βλεπόντων, לעיני, E. 70, L. 3, S. 233

Jer li (xliv) 9, C′ ἑκάστου αὐτῶν, ?, E. 63, L. 2, S. 218

Jer li 33 (xlv 3), A′ στεναγμός, אנחה, E. 72, L. 1, S. 236

Jer li 33 (xlv 3), Θ′ στεναγμός, אנחה, E. 72, L. 1, S. 236

Thren i 4, C′ (ἔρημος), שמם Ptz qal, E. 63, L. 2, S. 219

Thren i 11, C′ φαγεῖν, אכל, E. 53, L. 7, S. 202

Thren i 12, C′ θυμός, אף, E. 5, L. 2, S. 121

Thren i 13, ⟨C′⟩ (ἀπορέω), שמם, E. 63, L. 2, S. 219

Thren i 16, C′ ἔρημος, שמם Ptz qal, E. 63, L. 2, S. 219

Thren i 17, C′ κύκλῳ c. gen., סביב, E. 56, L. 2, S. 205

Thren ii 3, O′ ἀνάπτω, בער qal, E. 60, L. 1, S. 208; E. 130, L. 3, S. 351

Thren ii 5, A′ (λυπηρὰ καὶ λυπουμένη), תאניה ואניה, E. 72, L. 1, S. 236

Thren iii 34, O′ δέσμιος, אסיר, E. 72, L. 1, S. 236

Thren iv 20, A′ μυκτήρ, אפים, E. 28, L. 8, S. 158

Thren v 13, C′ (νεανίσκος), בחור, E. 48, L. 3, S. 191

Thren v 18, C′ (ἄβατος), שמם, E. 63, L. 2, S. 219

Ba iv 33, Syh O′ (πτῶμα), E. 53, L. 5, S. 201

Ezechiel

Ez i 4, A′ καταιγίς, סערה, E. 132, L. 1, S. 334

Ez i 4, C′ πνοὴ καταιγιζομένη, רוח סערה, E. 131, L. 1, S. 353

Ez i 13, A′ ζῷον, חיה, E. 29, L. 1, S. 158

Ez i 14, Θ′ ⁘ τὰ ζῷα, חיה, E. 29, L. 1, S. 158

Ez i 19, C′ ζῷον, חיה, E. 30, L. 1, S. 159

Ez iii 15, A′ ἠρεμάζω, שמם, E. 63, L. 1, S. 217

Ez iii 15, C′ ἀδημονέω, שמם, E. 63, L. 2, S. 219

Ez iv 16, C′ ἀκηδία, שממון, E. 63, L. 2, S. 219

Ez v 12, A′ ⁘ πεσοῦνται ἐν ῥομφαίᾳ, בחרב יפלו, E. 50, L. 1, S. 194

Ez v 15, O′ ⁘ ἀφανισμός, משמה, E. 63, L. 4, S. 221

Ez v 15, C′ ὀργή, אף, E. 5, L. 2, S. 121

Ez v 15, C′ (ἀπορία), משמה, E. 63, L. 2, S. 219

Ez v 15, Θ′ ⁘ ἀφανισμός, משמה, E. 63, L. 4, S. 221

Ez v 16, A′ ⁘ ἀποστέλλω, שלח, E. 19, L. 1, S. 145

Ez vi 2, Θ′ τάσσω, שים, E. 126, L. 2, S. 344

Ez vi 4, O′ ⁘ ἀφανίζομαι, שמם nif, E. 63, L. 4, S. 221

Ez vi 4, Θ′ ⁘ ἀφανίζομαι, שמם nif, E. 63, L. 4, S. 221

Ez vi 6, A′ ὕψωμα, במה, E. 44, L. 2, S. 183

Ez vii 19, Θ′ ⁘ ὀργή, עברה, E. 27, L. 3, S. 154

Ez vii 22, O′ ἐπισκοπή, צפון, E. 120, L. 4, S. 330

Ez vii 22, C′ τὸ ἀπόκρυφόν μου, צפוני, E. 120, L. 2, S. 329

Ez viii 6, A′Θ′ ἐπιστρέψας, שוב qal, E. 11, L. 2, S. 132

Ez viii 6, C′ ⁘ πάλιν, שוב qal, E. 11, L. 2, S. 132

Ez viii 17, A′ μυκτήρ, אף, E. 28, L. 8, S. 158̣

Ez ix 4, תוה, E. 12, L. 3, S. 138

Ez x 17, A′ ζῷον, חיה, E. 29, L. 1, S. 158

Ez x 19, A′ κατ′ ὀφθαλμούς ⟨μου⟩, לעיני, E. 71, L. 1, S. 234

Ez xi 2, C′ συμβουλεύω, יעץ, E. 120, L. 2, S. 329

Ez xii 7, C′ σκοτία, בעלטה, E. 109, L. 3, S. 307

Ez xii 19, C′ ἀδημονία, שממון, E. 63, L. 2, S. 219

Ez xiii 9, C′ ὁμιλία, סוד, E. 119, L. 2, S. 326

Ez xiii 11, C′ καταιγίς, סערה, E. 131, L. 1, S. 353

Ez xiii 13, A′ λαῖλαψ, סערה, E. 132, L. 1, S. 354

Ez xiii 13, C′Θ′ καταιγίς, סערה, E. 131, L. 1, S. 353

Ez xvi 32, C′ (ἀλλότριος), זר, E. 93, L. 1, S. 278

Ez xvi 49, C′ πτωχὸς καὶ πένης, עני ואביון, E. 108, L. 3, S. 304

Ez xvi 63, C′ ἐξιλάσκομαι pass, כפר pi, E. 68, L. 2, S. 228

Ez xvi 63, C′ ἐξιλάσκομαι, כפר pi, E. 4, L. 7, 8, S. 117

Ez xviii 24, O′ ἀδικίας Pl, עול, E. 103, L. 2, S. 297

Ez xviii 26, O′ παραπτώματα, עול, E. 103, L. 2, S. 297

Ez xix 3, A′ ἀναφέρω, עלה hif, E. 96, L. 1, S. 284

Ez xix 3, Θ′ ἀναβιβάζω, עלה hif, E. 96, L. 1, S. 284

Ez xix 5, A′ τίθεμαι, שים, E. 126, L. 1, S. 343

Ez xix 7, A′ χήρα, אלמנה, E. 50, L. 3, S. 195

Ez xx 26, A′ μήτρα, רחם, E. 4, L. 5, S. 116

Ez xx 28, C′ παροργισμός, כעס, E. 44, L. 1, S. 182

Ez xx 29, A′ ὕψωμα, במה, E. 44, L. 2, S. 183

Ez xx 37, Θ′ ⁘ διαθήκη, ברית, E. 121, L. 2, S. 332

Ez xx 38, A′Θ′ ἄδαμα, אדמה, E. 125, L. 4, S. 341

Ez xxi 14 (19), C′ ἐπιδιπλωθήσεται γὰρ μάχαιρα, ויתכפל חרב, E. 51, L. 1, S. 196

Ez xxi 31 (36), A′ ἀνάπτω, נפח hif, E. 60, L. 1, S. 208

Ez xxi 31 (36), A′ ἀπειλή, זעם, E. 28, L. 1, S. 155; L. 3, S. 156

Ez xxi 31 (36), C′ ἐμβρίμησις, זעם, E. 28, L. 2, S. 155

Ez xxi 31 (36), Θ′ ἐμβρίμημα, זעם, E. 27, L. 3, S. 154

Ez xxii 16, A′ κατακληροδοτήσω, נחלת, E. 38, L. 2, S. 170; E. 114, L. 1, S. 316

Ez xxii 21, 31, O′ ὀργή, עברה, E. 28, L. 3, S. 155

Ez xxii 24, C′ (ἐπιτίμησις), זעם, E. 28, L. 2, S. 155

Ez xxiii 21, C′ ἕνεκεν, למען, E. 66, L. 2, S. 226

Ez xxiii 24, A′C′Θ′ τίθεμαι, שים, E. 126, L. 1, S. 343

Ez xxiii 32, C′ (ἐπιλάλημα), לעג, E. 58, L. 2, S. 207

Ez xxiii 33, O′ ⁘ ἀφανείας καὶ ἀφανισμοῦ, שמה ושממם, E. 63, L. 4, S. 221

Ez xxiii 33, C′ ἀδημονία, שמה, E. 63, L. 2, S. 219

Ez xxiii 33, Θ′ ⁘ ἀφαν⟨ε⟩ίας καὶ ἀφανισμοῦ, שמה ושממה, E. 63, L. 4, S. 221

Ez xxiii 37, A′C′Θ′ εἰς βρῶσιν, אכלה, E. 53, L. 6, S. 202

Ez xxv 15, C′ εἰς διαφθοράν, שחת hif, E. 4, L. 12, S. 120

Ez xxvii 4, A′ ὅριον, גבול, E. 36, L. 1, S. 165

Ez xxvii 4, C′ ὅμοροι, גבול, E. 36, L. 3, S. 166

Ez xxvii 35, Θ′ θαυμάζω, שמם, E. 63, L. 1, S. 217

Ez xxviii 19, Θ′ θαυμάζω, שמם, E. 63, L. 1, S. 217

Ez xxviii 24, O′ Art. + περικύκλῳ, סביבת, E. 58, L. 3, S. 207

Ez xxix 3, ⟨Θ′⟩ τὸν ποταμόν, יארים, E. 18, L. 2, S. 144

Ez xxix 5, A′O′ ※ κατά⟨βρωμα⟩, אכלה, E. 53, L. 6, S. 202

Ez xxix 12, O′ ※ ἀφανισμός, שממה, E. 63, L. 4, S. 221

Ez xxix 12, C′Θ′ ※ ἀφανισμός, שממה, E. 63, L. 4, S. 221

Ez xxx 7, O′ ※ ἠφανισμένων, שמם Ptz nif, E. 63, L. 4, S. 221

Ez xxx 7, Θ′ ※ ἠφανισμένων, שמם Ptz nif, E. 63, L. 4, S. 221

Ez xxx 12, O′ ἀπολῶ sive ἀφανιῶ, שמם hif, E. 63, L. 4, S. 221

Ez xxxi 5, A′ ※ ἀποστέλλω, שלח, E. 19, L. 1, S. 145

Ez xxxi 12, C′ ἄσπλαγχνοι, עריצי, E. 93, L. 3, S. 279

Ez xxxi 18, A′Θ′O′ ※ μεγαλειότης, גדל, E. 73, L. 1, S. 239

Ez xxxii 13, C′ ※ μηκέτι, לא ... עוד, E. 121, L. 1, S. 330

Ez xxxii 23, Θ′ περικύκλῳ c. gen, סביבות, E. 58, L. 3, S. 207

Ez xxxii 30, A′ οἱ καθιστάμενοι, נסיך, E. 126, L. 3, S. 344; L. 5, S. 346

Ez xxxii 30, C′ (οἱ χριστοί), נסיך, E. 126, L. 3, S. 344; L. 6, S. 346

Ez xxxiii 7, A′ φυλάσσω, זהר, E. 41, L. 3, S. 177

Ez xxxiii 18, O′ ἀνομίαι, עול, E. 103, L. 2, S. 297

Ez xxxiii 28, O′ ※ ἠφανισμένην, משמה, E. 63, L. 4, S. 221

Ez xxxiv 2, C′ ποιμαίνω, רעה, E. 80, L. 4, S. 254

Ez xxxiv 4, Θ′ ἐνοχλούμενον, נחלות, E. 10, L. 5, S. 132

Ez xxxiv 8 (bis), C′ ποίμνια, צאן, E. 33, L. 1, S. 162

Ez xxxiv 14, A′Θ′ εὐπρέπεια, נוה, E. 63, L. 1, S. 216

Ez xxxiv 14, A′Θ′ εὐπρέπεια, נוה, E. 63, L. 2, S. 220

Ez xxxiv 14, C′ νομή, נוה, E. 63, L. 2, S. 219

Ez xxxv 15, Θ′ ※ ἠφανίσθη, שמם, E. 63, L. 4, S. 221

Ez xxxv 15, Θ′ κληρονομία, נחלה, E. 38, L. 4, S. 173

Ez xxxvi 3, O′ ※ ἀφανισμός, שמות, E. 63, L. 4, S. 221

Ez xxxvi 4, 7, O′ Art. + περικύκλῳ, סביב, E. 58, L. 3, S. 207

Ez xxxvii 21, O′ Art. + περικύκλῳ, סביב, E. 58, L. 3, S. 207

Ez xxxviii 19, O′ ὀργή, עברה, E. 28, L. 3, S. 155

Ez xxxix 9, O′ καίω, בער pi, E. 60, L. 2, S. 209

Ez xxxix 9, Θ′ ※ ἐκκαίω, בער pi, E. 60, L. 2, S. 209

Ez xl 12, C′ ὅριον, גבול, E. 36, L. 3, S. 166

Ez xliii 13, C′ περιορισμός, גבול, E. 36, L. 3, S. 166

Ez xliii 17, C′ (περιορισμός), גבול, E. 36, L. 3, S. 166

Ez xliv 12, Θ′ ※ ἀνομία, עון, E. 68, L. 6, S. 228

Ez xlvii 19, O′ μαριμωθ, מריבות, E. 90, L. 5, S. 274

Ez xlviii 28, O′ μαριμωθ, מריבות, E. 90, L. 5, S. 274

Ez xlviii 28, A′ διαδικασμός, מריבות, E. 90, L. 5, S. 273, 274

Ez xlviii 28, A′ [διαδικασία], מריבה, E. 90, L. 5, S. 273, 274

Ez xlviii 28, C′ ἀντιλογία, מריבות, E. 90, L. 4, S. 273

Daniel

Da i 8, Θ′ ὡς, אשר, E. 124, L. 2, S. 338

Da ii 35, Θ′ ἐξαίρω, נשא, E. 124, L. 2, S. 338

Da iii 9, Θ′, O′ [ὑποβάλλω] ὑπολαμβάνω, ענה, E. 37, L. 1, S. 168

Da iii 12, A′ (τίθημι act vel med), שים, E. 126, L. 1, S. 343

Da vi 12 (13), Θ′ τάσσω, רשם, E. 126, L. 2, S. 344

Da vi 13 (14), Θ′ τάσσω, רשם, E. 126, L. 2, S. 344

Da viii 4, Θ′ θηρία, חיה, E. 29, L. 1, S. 158

Da viii 19, Θ′ ὀργή, זעם, E. 27, L. 3, S. 154

Da viii 22, Θ′, O′ βασιλεύς, מלכות, E. 62, L. 1, S. 213

Da ix 16, O′ Art. + περικύκλῳ, לסביב, E. 58, L. 3, S. 207

Da ix 16, Θ′ ἐν πᾶσι τοῖς περικύκλῳ ἡμῶν, לכל־סביבתינו, E. 58, L. 3, S. 207

Da ix 17, Θ′ ἐπιφαίνω τὸ πρόσωπον, **הָאֵיר פָּנִים**, E. 89, L. 2, S. 269

Da ix 18, Θ′ ἀφανισμός, **שְׁמָמָה**, E. 63, L. 4, S. 221

Da ix 24, Α′ (ἄγω), **בוא** hif, E. 36, L. 1, S. 165

Da ix 24, Θ′ ἐξιλάσκομαι c. acc, **כפר**, E. 68, L. 6, S. 229

Da ix 26, Α′C′ ἐρημώσεων, **שמם**, E. 63, L. 1, S. 216

Da ix 26, C′ ἐρήμωσις, **שְׁמָמָה**, E. 63, L. 2, S. 219

Da ix 26 (*cf. 27*), Θ′ ⟨στάξει⟩, **תתך**, E. 126, L. 2, S. 344

Da ix 27, Θ′ διαθήκη, **בְּרִית**, E. 121, L. 2, S. 332

Da ix 27 (*bis*), C′ ἐρημόω, **שמם**, E. 63, L. 2, S. 219

Da x 8, Θ′ στρέφω, **הָפַך**, E. 17, L. 1, S. 143

Da x 13, O′ βασιλεύς, **מַלְכוּת**, E. 62, L. 1, S. 213

Da x 16, Θ′ στρέφω, **הָפַך**, E. 17, L. 1, S. 143

Da xi 2, 21 (bis), O′ βασιλεύς, **מַלְכוּת**, E. 62, L. 1, S. 213

Da xi 6, Θ′ συνθήκη, **מֵישָׁרִים**, E. 121, L. 2, S. 332

Da xi 9, Θ′ γῆ, **אֲדָמָה**, E. 125, L. 4, S. 341

Da xi 11, O′ παροξύνω, **הִתְמַרְמַר**, E. 40, L. 3, S. 174

Da xi 21, O′ κληροδοσία, **חֲלַקְלַקָּה**, E. 38, L. 2, S. 171

Da xi 30, Θ′ διαθήκη, **בְּרִית**, E. 121, L. 2, S. 332

Da xi 31, Θ′ ἠφανισμένον, **שמם** Ptz pol, E. 63, L. 4, S. 221

Da xi 34, O′ κληροδοσία, **חֲלַקְלַקָּה**, E. 38, L. 2, S. 171

Da xi 36, Θ′ ὀργή, **זַעַם**, E. 27, L. 3, S. 154

Da xi 39, Θ′ γῆ, **אֲדָמָה**, E. 125, L. 4, S. 341

Da xii 2, Θ′ γῆ, **אֲדָמָה**, E. 125, L. 4, S. 341

IV.

Index rerum nominumque

Kurzgefaßtes Verzeichnis zu *Teil III*, *Erläuterungen*, wichtigere Stichwörter zu *Grammatik* und *Textgeschichte* sowie Namen *alter Autoren* und *Schriften* enthaltend.

Abkürzungen in 1173, 1122: E. 1, L. 5, S. 111–112; E. 9, L. 2, S. 128 (Abgrenzung der A.); E. 11, L. 3, S. 133–134; E. 47, L. 1, S. 187; E. 48, L. 1, S. 190; E. 50, L. 1, S. 194; E. 55, L. 1, S. 204; E. 70, L. 1, S. 232; E. 101, L. 1, S. 294; E. 111, L. 2, S. 310

Adverbialer Akkusativ: E. 13, L. 2, S. 138 (C′); E. 103, L. 1, S. 296 (O′, A′); E. 103, L. 3, S. 298 (O′, Θ′)

Aeschylus: E. 100, L. 1, S. 291

Ägyptische O′: E. 69, L. 4, S. 232; E. 81, L. 2, 3, S. 255; E. 125, L. 4, S. 342; E. 131, L. 2, S. 353

Akkusativ: siehe *Adverbialer Akkusativ*

Alexander Rhetor: E. 80, L. 2, S. 250

Alte O′: siehe *O′, alte*

Anaphora des Artikels bei Eigennamen: E. 63, L. 2, S. 218 (C′); E. 123, L. 3, S. 337 (C′); E. 125, L. 5, S. 342 (C′)

Aorist, stark u. schwach: E. 50, L. 1 (A′), 2 (C′), S. 194 (πίπτω); E. 111, L. 1, S. 309 (εἶπον statt εἶπα bei C′); E. 127, L. 1, S. 346 (εἶπα statt εἶπον bei A′); L. 2, S. 347 (C′: εἶπον)

Aquila, *zweite* Ausgabe: E. 29, L. 1, S. 158; E. 63, L. 1, S. 216; E. 63, L. 3, S. 220; E. 80, L. 4, S. 253

Aramäischer Einfluß: E. 53, L. 2, S. 201; E. 58, L. 1, S. 206; E. 73, L. 1, S. 239

Artikel bei O′: E. 104, L. 1, S. 298 (Wegfall des A.)

Artikel bei A′: E. 40, L. 2, S. 174; E. 89, L. 2, S. 270; E. 94, L. 1, S. 281

Artikel bei C′: E. 104, L. 1, S. 298 (Wegfall des A.); E. 123, L. 4, S. 337 (A. bei Eigennamen); E. 131, L. 1, S. 353 (Wegfall des A.)

Artikel bei E′: E. 3, L. 2, S. 114 (Wegfall des A.); E. 15, L. 4, S. 141–142; E. 74, L. 6, S. 241–242 (Wegfall des A.); E. 84, L. 3, S. 262 (Wegfall des A.)

Attisches Griechisch: E. 111, L. 1, S. 309

Attraktion des Relativums: vermieden bei C′: E. 13, L. 3, S. 138

Augment: E. 48, L. 2, S. 190 (unaugmentierte Form)

Casus *ohne* Präposition bei C′ für hebr. Präpositionen: E. 61, L. 6, S. 211

Clemens Alexandrinus: E. 111, L. 3, S. 311

Collectiva des Hebräischen: E. 4, L. 9, S. 118 (O′ Pl); E. 26, L. 1, S. 150 (A′ Pl); E. 33, L. 1, S. 162 (E′ Pl); E. 64, L. 1, S. 223 (A′ Pl); E. 72, L. 2, S. 238 (C′ Pl?); E. 78, L. 2, S. 246 (O′, Θ′ Pl); E. 97, L. 4, S. 287 (O′ C′ Pl); E. 111, L. 2, S. 309–310 (A′ Pl)

Cyprianus: E. 105, L. 2, S. 300; E. 114, L. 2, S. 317

Dativus für ב instrumenti bei O′: E. 50, L. 2, S. 194; E. 82, L. 2, S. 258

Dativus für ב instrumenti bei C′: E. 24, L. 2, S. 148; E. 38, L. 3, S. 172; E. 45, L. 2, S. 185; E. 50, L. 2, S. 194; E. 82, L. 3, S. 259

Dativus für ב loci bei C': E. 19, L. 2, S. 146; E. 27, L. 2, S. 153

Demosthenes: E. 100, L. 1, S. 291

Distributives Pronomen: E. 78, L. 1, S. 245–246 (C')

Elision: E. 3, L. 3, S. 114; E. 68, L. 4, S. 228; *E. 84, L. 4, S. 262–263 (A')*

Eustathius v. Thessalonike: E. 75, L. 2, S. 242

Euthymius v. Zigabene: E. 110, L. 2, S. 308

Flavius Iosephus: siehe *Iosephus Flavius*

Galenus: E. 119, L. 1, S. 325–326

Genetiv: siehe *Temporaler Genetiv*

Genetivus absolutus: E. 15, L. 2, S. 140–141 (C'); siehe auch *Partizipialkonstruktionen bei C'*

Geoponika: E. 82, L. 4, S. 259

Gruppierte Lesarten Є'ς': *E. 15, L. 4, S. 142;* E. 120, L. 4, S. 330

Herodianus Grammaticus, 2. J. n. Chr.: E. 121, L. 1, S. 331

Herodotus: E. 85, L. 4, S. 266

Hesychius Lexicographus: E. 80, L. 3, S. 251

Hexapla: E. 19, L. 2, S. 146

Hexaplarische O': E. 10, L. 3, S. 130–131; E. 31, L. 1, S. 160; E. 36, L. 4, S. 166–167; E. 40, L. 3, S. 175; E. 42, L. 2, S. 179; E. 44, L. 3, S. 183, 184; E. 46, L. 5, S. 186; E. 47, L. 2, S. 188; E. 49, L. 2, S. 192; E. 49, L. 4, S. 193; E. 53, L. 1, S. 200; E. 63, L. 4, S. 222; E. 65, L. 1, S. 224; E. 69, L. 1, S. 231; E. 69, L. 4, S. 232; E. 70, L. 1, S. 233; E. 71, L. 1, S. 234; E. 85, L. 1, S. 264; E. 95, L. 2, S. 283–284; E. 108, L. 2, S. 304; E. 111, L. 2, S. 310; E. 126, L. 3, S. 345

Hieronymus, Ad Sunniam et Fretelam: E. 19, L. 1, S. 145; E. 19, L. 2, S. 146; E. 36, L. 4, S. 166–167; E. 42, L. 1, S. 178

Hif'il: siehe *Kausativ*

Hippokrates: E. 80, L. 2, S. 250; E. 100, L. 1, S. 291

Homerus: E. 85, L. 4, S. 266

Iamblichus: E. 121, L. 1, S. 331

Imperativ Aorist 2 bei Θ': E. 51, L. 3, S. 197; E. 60, L. 2, S. 209

Imperativ Präsens: E. 91, L. 1, S. 275 (A')

Imperfekt in O': E. 34, L. 3, S. 164

Imperfekt bei C': E. 2, L. 2, S. 113; E. 40, L. 1, S. 174; E. 41, L. 2, S. 176; E. 42, L. 1, S. 177; E. 43, L. 2, S. 181; E. 45, L. 2, S. 185; E. 56, L. 2, S. 205

Imperfekt bei ς': E. 2, L. 3, S. 113; E. 34, L. 3, S. 163–164 (καὶ m. Impf)

Infinitiv mit ל bei A': E. 5, L. 1, S. 120

«Inkonsequenz» A's in seinen Wiedergaben: E. 9, L. 1, S. 128; E. 12, L. 1, S. 136; E. 14, L. 2, S. 140; E. 18, L. 1, S. 144; E. 28, L. 4, S. 156; E. 63, L. 1, S. 217; E. 80, L. 4, S. 253

«Inkonsequenz» der ς' in ihren Wiedergaben: E. 11, L. 3, S. 135

Interpunktion in 1173, 1122: E. 2, L. 1, S. 112; E. 13, L. 2, S. 139; E. 36, L. 3, S. 166; E. 37, L. 1, S. 169; E. 47, L. 7, S. 189

Iob, Rezension Θ' ※ : E. 11, L. 3, S. 136; E. 117, L. 2, S. 322

Iosephus Flavius: E. 74, L. 3, S. 241; E. 104, L. 2, S. 298; E. 112, L. 2, S. 314

Iustinus Martyr: E. 111, L. 2, S. 310; L. 3, S. 311–312

Irrealis: E. 98, L. 1, S. 288 (A')

Itazismus: E. 25, L. 1, S. 149; E. 25, L. 2, S. 150; E. 97, L. 3, S. 286; E. 104, L. 2, S. 298; E. 115, L. 1, S. 319

Kausativ bei C': E. 12, L. 2, S. 136–137; E. 106, L. 3, S. 303

Kohortativ des hebr. Verbums bei O', A': E. 91, L. 2, S. 276; E. 92, L. 1, S. 276

Kollektivbegriffe: siehe *Collectiva des Hebräischen*

Kolumne ς': E. 15, L. 4, S. 142

Komparativ: *siehe Steigerung des Adjektivs*

Kompositum anstatt einfachem Verbum bei C': E. 61, L. 6, S. 212; E. 62, L. 2, S. 214

Konjunktion ohne hebr. Vorlage: E. 4, L. 9, S. 117–118 (Є', O')

Leo Diaconus, Historiae: E. 75, L. 2, S. 242

Lukianische O': E. 31, L. 1, S. 160; E. 53, L. 1, S. 200; E. 55, L. 1, S. 203; E. 66, L. 2, S. 226; passim

Lycophron Tragicus: E. 130, L. 4, S. 352

Menaḥem ben Saruq: E. 80, L. 2, S. 251; E. 80, L. 3, S. 252

Midrasch Tehillim: E. 81, L. 4, S. 256; E. 84, L. 3, S. 262; E. 101, L. 1, S. 294; E. 111, L. 2, S. 310; E. 114, L. 2, S. 317

Mischna Pea 2, 7: E. 80, L. 2, S. 251

MT, verschieden von der Vorlage der hexapl. Übersetzer: E. 9, L. 4, S. 129–130 (A'); E. 34, L. 1, S. 163 (A'); E. 41, L. 3, S. 177 (A'); E. 50, L. 2, S. 195 (A', C'); E. 53, L. 7, S. 202 (C'); E. 57, L. 1, S. 206 (C'); E. 63, L. 1, S. 216 (A'); E. 63, L. 2, S. 219 (C'); E. 64, L. 2, S. 223 (Є'); E. 70, L. 1, S. 232 (A'); E. 82, L. 2, S. 258 (A', Є', Ϛ'); E. 120, L. 1, S. 328 (A'); E. 121, L. 2, S. 332 (A', Θ')

Negation bei A': E. 6, L. 1, S. 123; E. 18, L. 1, S. 144; *E. 86, L. 1, S. 266;* E. 94, L. 1, S. 280; E. 116, L. 1, S. 320

Negation bei C': E. 8, L. 1, S. 126; E. 94, L. 2, S. 281; E. 116, L. 2, S. 321

Negation bei Є': E. 6, L. 1, S. 123

Neues Testament: E. 85, L. 4, S. 266

Nicephorus Gregoras, Hist. Byzantina: E. 75, L. 2, S. 242

O', alte: E. 34, L. 3, S. 164; E. 38, L. 2, S. 169–171; E. 38, L. 4, S. 172–173; E. 53, L. 8, S. 203; E. 61, L. 4, S. 211; E. 61, L. 7, S. 212; E. 65, L. 1, S. 224; E. 71, L. 1, S. 234; E. 111, L. 3, S. 311–312; E. 114, L. 3, S. 317

O' bei Eusebius: E. 44, L. 3, S. 184

Onosander, Tacticus: E. 42, L. 1, S. 178

Palästinische Rezension der O': E. 2, L. 3, S. 113; E. 8, L. 2, S. 127; E. 46, L. 5, S. 186

Papyrus Oxyrhynchos 904.2: E. 42, L. 1, S. 178

Parḥon: E. 80, L. 2, S. 251

Partizip bei Ϛ': E. 2, L. 3, S. 113; E. 61, L. 7, S. 212; E. 62, L. 4, S. 215

Partizip für hebr. Relativsätze bei A': E. 4, L. 12, S. 120; E. 130, L. 1, S. 350; L. 4, S. 351; siehe auch *Relativsätze ohne Relativum*

Partizipialkonstruktionen bei C': E. 4, L. 8, S. 117; L. 12, S. 120; E. 15, L. 2, S. 141–142; E. 17, L. 2, S. 143; E. 19, L. 2, S. 146; E. 23, L. 1, S. 148; E. 25, L. 2, S. 150; E. 37, L. 1, S. 168; E. 61, L. 6, S. 212; E. 62, L. 2, S. 214; E. 77, L. 2, S. 244; E. 78, L. 4, S. 247; E. 92, L. 2, S. 277; E. 101, L. 2, S. 295; E. 127, L. 2, S. 347

Paul von Tella: E. 93, L. 1, S. 278; E. 94, L. 2, S. 282

Partikel des Dativ u. Akkusativ mit Personalpronomen: E. 97, L. 2, S. 286 (A')

Philo v. Alexandrien: E. 38, L. 2, S. 171; E. 85, L. 4, S. 266; E. 90, L. 5, S. 274

Photius, Contra Manichaeos: E. 75, L. 2, S. 242

Plural statt Singular bei A': E. 54, L. 1, S. 203; E. 64, L. 1, S. 223; siehe auch *Collectiva des Hebräischen*

Possessivum bei Є': E. 3, L. 2, S. 114

Präpositionen bei C': E. 1, L. 5, S. 111 (Vermeidung der P. nach einem Kompositum, das die P. enthält); E. 36, L. 3, S. 166 (P. ohne Entsprechung im Hebräischen); E. 61, L. 2, S. 211 (Vermeidung der P. nach dem Kompositum mit der P.)

Psalterium gallicanum: E. 5, L. 3, S. 122; E. 10, L. 3, S. 130–131; E. 36, L. 2, S. 165; E. 36, L. 4, S. 166–167; E. 37, L. 1, S. 168; E. 38, L. 1, S. 169; E. 38, L. 3, S. 172; E. 40, L. 3, S. 175; E. 47, L. 2, S. 188; E. 53, L. 1, S. 200; E. 53, L. 6, S. 202; E. 54, L. 1, S. 203; E. 70, L. 1, S. 233; E. 78, L. 2, S. 246; E. 81, L. 2, 3, S. 255; E. 85, L. 1, S. 264; E. 95, L. 2, S. 283; E. 102, L. 1, S. 295; E. 105, L. 2, S. 300; E. 108, L. 2, S. 304; E. 111, L. 2, S. 310; E. 124, L. 1, S. 338; E. 131, L. 2, S. 353

Psalterium iuxta Hebraeos: E. 36, L. 4, S. 167; E. 48, L. 3, S. 191; E. 53, L. 6, S. 201; E. 54, L. 1, S. 203; E. 78, L. 2, S. 246; E. 85, L. 1, S. 264; E. 93, L. 3, S. 279; E. 95, L. 2, S. 283; E. 111, L. 2, S. 310; E. 114, L. 3, S. 317; E. 120, L. 2, S. 329

Psalterium mozarabicum: E. 5, L. 3, S. 122; E. 14, L. 1, S. 139; E. 21, L. 3, S. 147; E. 53, L. 1, S. 200

Psalterium romanum: E. 5, L. 3, S. 122; E. 21, L. 3, S. 147; E. 53, L. 1, S. 200; E. 57, L. 1, S. 206; E. 126, L. 1, S. 343

Pseudo-Quinta in Os: E. 4, L. 1, S. 115; E. 43, L. 3, S. 181–182; E. 130, L. 3, S. 351

Radaq: E. 122, L. 4, S. 334

Rajbag: E. 80, L. 2, S. 251

Reflexivpronomen: E. 85, L. 3, S. 265 (O', A')

Relativsätze ohne Relativum: E. 4, L. 12, S. 120 (A'); E. 13, L. 2, S. 138 (C'); E. 82, L. 1, S. 257 (A'); E. 127, L. 2, S. 347 (C'); E. 130, L. 1, S. 350 (A'); L. 4, S. 351 (A')

Reflexives Possessivum: E. 47, L. 1, S. 188

Rezension Θ': E. 14, L. 3, S. 140; E. 68, L. 3, S. 228; siehe auch *Iob, Rezension Θ'* ※

Rezension in O': E. 34, L. 3, S. 164; E. 38, L. 2, 4, S. 169–171, 172–173; E. 41, L. 2, S. 176–177; E. 44, L. 3, S. 183–184; E. 44, L. 3, S. 183–184; E. 53, L. 8, S. 203; E. 60, L. 1, S. 208 (Rezension καίγε); E. 61, L. 4, S. 211; E. 61, L. 7, S. 212; E. 71, L. 1, S.234, siehe auch *Palästinische Rezension der O'*

Sa'adja Ga'on: E. 80, L. 2, S. 251; E. 80, L. 3, S. 252

Sahidischer Psalter: E. 68, L. 6, S. 229

Savilius: E. 6, L. 6, S. 125–126

Singular statt Plural bei A': E. 54, L. 1, S. 203

Sophokles: E. 100, L. 1, S. 291

Steigerung des Adjektivs: E. 119, L. 1, S. 325

Stilempfinden bei A': E. 115, L. 1, S. 319

Stilempfinden bei C': E. 13, L. 2, S. 138; E.73, L. 2, S. 240; E. 85, L. 4, S. 266; E. 100, L. 1, S. 291, 292; E. 123, L. 4, S. 337

Suidas: E. 119, L. 1, S. 326

Symmachus, *zweite* Ausgabe: E. 81, L. 4, S. 256; E. 94, L. 2, S. 282

Temporaler Akkusativ: siehe *Adverbialer Akkusativ*

Temporaler Genetiv: E. 13, L. 2, S. 138 (O', C'); E. 14, L. 1, S. 139 (A', C')

Tetragrammaton: E. 51, L. 1, S. 196–197; E. 79, L. 1, S. 248; E. 95, L. 1, S. 283;

E. 113, L. 2, S. 314 (C' ersetzt das T. durch θεός nach אדני)

Theodotion in Daniel: E. 6, L. 5, S. 125

Thukydides: E. 85, L. 4, S. 266; E. 131, L. 1, S. 353

Transkription: E. 122, L. 3, S. 334; L. 7, S. 335; E. 125, L. 4, S. 341–342 (אדמה)

Trennungszeichen in 1173, 1122: E. 2, L. 1, S. 112; siehe auch *Interpunktion in 1173, 1122*

Verneinung: siehe *Negation*

Vokativ von θεός bei C': E. 113, L. 2, S. 314; E. 116, L. 2, S. 321

Vokativ von θεός bei Є': E. 115, L. 3, S. 320

Vorlage von 1173 hatte die hexaplarischen Lesarten exzerpiert, nicht der Kompilator von 1173: E. 2, L. 1, S. 112; E. 2, L. 3, S. 113; E. 13, L. 2, S. 139; *E. 39, L. 1, S. 173; E. 42, L. 2, S. 180; E. 47, Vorbemerkung, S. 186–187; E. 79, Vorbemerkung, S. 248*

Vorläufer A's: E. 5, L. 1, S. 120; E. 8, L. 2, S. 127; E. 11, L. 3, S. 135; E. 38, L. 2, S. 171; E. 63, L. 1, S. 217; E. 65, L. 1, S. 224; E. 66, L. 1, S. 226; E. 73, L. 1, S. 239; E. 109, L. 5, S. 307

Zufriedenheit: sie möge den wohlwollenden Leser bei jedem Gebrauch dieses Buches *passim* erfüllen

ERRATA ET CORRIGENDA

S. 72, Z. 4: Ps lxxvii 51a-b: statt L^pau muß *L*^pau stehen.

S. 74, Z. 18, 20: Ps lxxvii 56a: statt ⟨καὶ⟩ muß (καὶ) stehen.

S. 94, Z. 16: Ps lxxx 12a: statt C' οὐκ ⟨ὑπ⟩ήκουσεν muß stehen: οὐ⟨χ ὑπ⟩ήκουσεν; 1173 u. 1122 lesen οὐκ. Entsprechend sind die Stellen in den Indices 1 u. 2 zu korrigieren.